# MEYERS
# GROSSES
# TASCHEN
# LEXIKON

Band 20

# MEYERS GROSSES TASCHEN LEXIKON

in 24 Bänden

Herausgegeben und bearbeitet
von Meyers Lexikonredaktion
3., aktualisierte Auflage

Band 20:
Schw – Spin

B.I.-Taschenbuchverlag
Mannheim/Wien/Zürich

Chefredaktion:
Werner Digel und Gerhard Kwiatkowski
Redaktionelle Leitung der 3. Auflage:
Dr. Gerd Grill M.A.
Redaktion:
Eberhard Anger M.A., Dipl.-Geogr. Ellen Astor,
Dipl.-Math. Hermann Engesser, Reinhard Fresow, Ines Groh,
Bernd Hartmann, Jutta Hassemer-Jersch, Waltrud Heinemann,
Heinrich Kordecki M.A., Ellen Kromphardt, Wolf Kugler,
Klaus M. Lange, Dipl.-Biol. Franziska Liebisch, Mathias Münter,
Dr. Rudolf Ohlig, Heike Pfersdorff M.A., Ingo Platz,
Joachim Pöhls, Dr. Erika Retzlaff,
Hans-Peter Scherer, Ulrike Schollmeier, Elmar Schreck,
Kurt Dieter Solf, Klaus Thome, Jutta Wedemeyer, Dr. Hans Wißmann,
Dr. Hans-Werner Wittenberg

CIP-Titelaufnahme der Deutschen Bibliothek
**Meyers Großes Taschenlexikon:** in 24 Bänden/hrsg. u. bearb.
von Meyers Lexikonred. [Chefred.: Werner Digel
u. Gerhard Kwiatkowski].
Mannheim; Wien; Zürich: BI-Taschenbuch-Verl.
Früher im Bibliograph. Inst., Mannheim, Wien, Zürich.
ISBN 3-411-11003-1 kart. in Kassette
ISBN 3-411-02900-5 (2., neu bearb. Aufl.)
ISBN 3-411-02100-4 (Aktualisierte Neuausg.)
ISBN 3-411-01920-4 (Ausg. 1981)
NE: Digel, Werner [Red.]
Bd. 20. Schw – Spin. – 3., aktualisierte Aufl. – 1990
ISBN 3-411-11203-4

Als Warenzeichen geschützte Namen
sind durch das Zeichen Ⓦz kenntlich gemacht
Etwaiges Fehlen dieses Zeichens bietet keine Gewähr dafür,
daß es sich um einen nicht geschützten Namen handelt,
der von jedermann benutzt werden darf

Das Wort MEYER ist für
Bücher aller Art für den Verlag
Bibliographisches Institut & F.A. Brockhaus AG
als Warenzeichen geschützt

Lizenzausgabe mit Genehmigung
von Meyers Lexikonverlag, Mannheim

Alle Rechte vorbehalten
Nachdruck, auch auszugsweise, verboten
© Bibliographisches Institut & F.A. Brockhaus AG, Mannheim 1990
Druck: Pfälzische Verlagsanstalt GmbH, Landau/Pfalz
Einband: Wilhelm Röck GmbH, Weinsberg
Printed in Germany
Gesamtwerk: ISBN 3-411-11003-1
Band 20: ISBN 3-411-11203-4

# Schw

**Schwarzburg,** 1971 erloschenes thüring. Adelsgeschlecht sowie deren ehem. Gft. (ab 1697 bzw. 1710 zwei Ft.). 1123 benannte sich erstmals Graf Sizzo nach der Stammburg im Schwarzatal. Bis 1275 konnten die Grafen um die Oberläufe der Flüsse Gera, Ilm und Schwarza eine Herrschaft aufbauen, die bis etwa 1428 zw. den Flüssen Helme und Unstrut u. a. um Frankenhausen (1340) und Sondershausen (1356) ausgeweitet wurde. Nach zahlr. Teilungen (*S.-Blankenburg* stellte 1349 in Günther [XXI.] den Gegenkönig Karls IV.) bildeten sich 1571/99 die Hauptlinien *S.-Sondershausen* und *S.-Rudolstadt* heraus, deren Ft. 1909 in Personalunion verbunden wurden und 1920 im Land Thüringen aufgingen.

**Schwarzdorn,** svw. ↑Schlehdorn.
**Schwarzdrossel,** svw. ↑Amsel.
**Schwarze Berge** ↑Kaukasus.
**Schwarze Bohnenblattlaus,** svw. ↑Bohnenblattlaus.
**Schwarze Drachenfische** ↑Drachenfische.
**Schwarze Elster,** rechter Nebenfluß der Elbe, entspringt im Lausitzer Gefilde, mündet 15 km oberhalb von Wittenberg, 181 km lang.
**schwarze Fahne,** Trauer-, auch Protestsymbol (z. B. bei Demonstrationen gegen Betriebsstillegungen oder bei Bauerndemonstrationen); auch Banner des Anarchismus.
**Schwarze Fliegen,** svw. ↑Kriebelmükken.
**Schwarze Front,** 1931–33 bestehender Zusammenschluß der von O. Strasser 1930 gegr. „Kampfgemeinschaft revolutionärer Nationalsozialisten" mit ähnl. Gruppierungen.
**Schwarze Hand** (serbokroat. Crna ruka), am 11. Mai 1911 gegr. serb. Geheimbund zur Befreiung der unter östr.-ungar. und osman. Oberhoheit stehenden Serben; verantwortl. für das Attentat von Sarajevo; 1917 zerschlagen.
**Schwarze Johannisbeere** ↑Johannisbeere.
**Schwarze Körös** [ungar. 'kørøʃ] ↑Körös.
**Schwarze Krähenbeere** ↑Krähenbeere.
**schwarze Krankheit,** svw. ↑Kala-Azar.
**Schwarze Kunst,** svw. schwarze ↑Magie; auch Bez. für die Druckkunst.

**schwarze Listen,** Verzeichnisse von (meist wirtsch.) nicht vertrauenswürdigen oder polit. nicht genehmen Personen, Firmen, Verbänden usw. oder auch von mißliebigen Schriften.

**schwarze Löcher,** in der Astronomie Bez. für infolge Gravitationskollapses (↑Gravitation) völlig in sich zusammenstürzende Sterne einschl. des sehr kleinen Raumbereichs um sie herum, aus dem infolge hoher Gravitation keine Photonen mehr herausgelangen können, so daß ein entfernter Beobachter keine elektromagnet. Signale mehr erhält. Die Oberfläche dieses kugelförmigen Raumbereichs, dessen Ausdehnung durch den *Schwarzschild-Radius* festgelegt ist, stellt gewissermaßen einen Ereignishorizont für alle fernen Beobachter dar. Sie können s. L. nur noch an ihrer starken Gravitationswirkung auf in ihrer Nähe befindl. Materie erkennen. Man vermutet, daß jeweils im Zentrum der Quasare und Galaxien ein schwarzes Loch existiert, in das aus der näheren Umgebung Materie stürzt und dabei die beobachtete, immens starke Strahlung erzeugt.

**schwarze Messe** ↑Teufelsmesse.
**Schwarzenbachtalsperre** ↑Stauseen (Übersicht).

**Schwarzenberg,** fränk. edelfreies, seit 1429 Freiherren-, seit 1566/99 Grafen-, seit 1671 Fürstengeschlecht, das sich nach der 1405/21 erworbenen Burg (= Scheinfeld) und Herrschaft S. benannte und nach reichen Erwerbungen u. a. in Südböhmen, in der Obersteiermark, in Krain und im Westfälischen im 18. Jh. zu den führenden Fam. des Reiches aufstieg. Bed. Vertreter:

**S.,** Felix Fürst zu, * Krumau (= Český Krumlov) 2. Okt. 1800, † Wien 5. April 1852, östr. Staatsmann. - Seit 1824 als Offizier im diplomat. Dienst; infolge der Wiener „Oktoberrevolution" am 21. Nov. 1848 Min.präs., erreichte die Thronbesteigung Franz Josephs I. (2. Dez. 1848) und leitete als Anhänger eines autokrat. Zentralismus die der oktroyierten Verfassung vom 4. März 1849 und der Auflösung des Reichstags von Kremsier (7. März 1849) die Phase des Neoabsolutismus ein. Zwar gelang es ihm, Machtstellung und Einheit der östr. Monarchie noch einmal zu sichern, doch blieben wesentl. innere Probleme des Kaisertums (v. a. die Nationalitätenfrage) ungelöst.

5

# Schwarzenberg

**S.,** Johann Frhr. von, * Burg Schwarzenberg 26. (25.?) Dez. 1465 (1463?), † Nürnberg 21. Okt. 1528, Staatsmann und Humanist. - Wurde mit der Bambergischen Halsgerichtsordnung (1507) zum Wegbereiter der ersten großen Strafrechtsreform im dt. Recht.

**S.,** Karl Philipp Fürst zu, * Wien 15. April 1771, † Leipzig 15. Okt. 1820, östr. Feldmarschall (seit 1812). - Teilnehmer an den ersten 3 Koalitionskriegen; Botschafter in Rußland (1805, 1808, 1809) und Frankr. (1809, 1810–12, 1813); von Napoleon I. 1812 mit der Leitung des östr. Hilfskorps der Großen Armee betraut; scheitert als Friedensvermittler zw. Frankr. und Rußland; in den Befreiungskriegen Oberbefehlshaber der alliierten Truppen.

**Schwarzenberg,** Landkr. im Bez. Karl-Marx-Stadt, DDR.

**Schwarzenberg/Erzgeb.,** Krst. im westl. Erzgebirge, Bez. Karl-Marx-Stadt, DDR, 450 m ü. d. M., 17 400 E. Verwaltungssitz des Landkr. Schwarzenberg; Bergbaumuseum; Herstellung von Waschmaschinen, Kühlschränken u. a. - Neben einer um 1170 errichteten Burg entstanden, 1282 erstmals als Stadt bezeugt; seit etwa 1500 Zinn- und Eisenerzbergbau; nach 1945 zeitweilig Abbau von Uranerzen. - Barocke Stadtkirche (1690–99); ehem. Schloß (12., 15. und 19. Jh.).

**Schwarzenburg,** Bez.hauptort im schweizer. Kt. Bern, 16 km ssw. von Bern, 792 m ü. d. M., 4 800 E. Mineralquelle; Kurzwellensender. - Kleines Schloß (16. Jh.).

**Schwärzender Bofist,** svw. ↑Eierbofist.

**Schwärzender Saftling** (Hygrocybe nigrescens), vom Sommer bis Herbst in Wäldern und auf Grasplätzen wachsender Blätterpilz: Hut stumpfkegelförmig, 4–6 cm breit, wachsartig, rot bis orange, im Alter schwarz werdend; Stiel faserig gestreift und zitronenbis orangegelb; Lamellen dick, gelb, weit auseinanderstehend; der an verletzten Stellen austretende Saft verfärbt sich an der Luft schwärzl. violett; Speisepilz.

**Schwarze Nieswurz,** svw. ↑Christrose.

**schwarze Pocken** (schwarze Blattern, hämorrhag. Pocken, Variola haemorrhagica, Variola nigra), bes. schwerer Verlauf einer Pockenerkrankung, wobei es in Verbindung mit ausgedehnten Haut- und Schleimhautblutungen zu einem Blutigwerden des Inhalts der (z. T. zusammenfließenden) Pockenpusteln und zu flächenhaft entzündl. Schädigungen des betroffenen Gewebes kommt. Unter hohem Fieberanstieg verläuft diese Erkrankung meist tödlich.

**Schwarze Pumpe,** Ind.gem. im Bez. Cottbus, DDR, 3 600 E. Standort des größten Braunkohleveredelungswerks Europas.

**Schwarzer,** Alice, * Wuppertal 3. Dez. 1942, dt. Publizistin. - Journalistin (u. a. Korrespondentin in Paris 1969–74); seit Mitte der 1970er Jahre v. a. in der Frauenbewegung tätig, u. a. mit dem Buch „Der kleine Unterschied und seine großen Folgen" (1975), „Meine Leidenschaft" (1982), sowie als Hg. der Zeitschrift „Emma" (ab 1977).

**Schwarzer Adlerorden** ↑Adlerorden.
**Schwarzer Apollo** ↑Apollofalter.
**schwarze Rasse** ↑Negride.
**Schwarzer Brüllaffe** ↑Brüllaffen.
**Schwarzerden** ↑Bodenkunde.
**Schwarzer Dornhai** ↑Dornhaie.
**Schwarzer Drin** ↑Drin.

**Schwarze Reichswehr,** Bez. für die Einheiten von sog. Zeitfreiwilligen bzw. Arbeitskommandos, die 1919 bzw. 1921 zur kurzfristigen Ausbildung von Wehrwilligen, zur Bewachung illegaler Waffenlager und zum Grenzschutz speziell gegenüber Polen direkt von oder mit Duldung der Reichswehr eingerichtet wurden; stellte eine friedensvertragswidrige Verstärkung der Reichswehr dar und bedeutete innenpolit. wegen ihrer rechtsradikalen Tendenzen eine Gefahr; verlor nach der Ruhrbesetzung an Bed.; das Zeitfreiwilligensystem wurde 1924 abgeschafft.

**schwarzer Film,** Bez. für ein Genre des amerikan. ↑Films zw. 1941 und 1953.

**Schwarzer Freitag,** urspr. Bez. für Freitag, den 24. Sept. 1869, an dem durch Manipulationen amerikan. Spekulanten auf dem Goldmarkt viele Anleger ruiniert wurden; in neuerer Zeit für den 13. Mai 1927, an dem infolge einer Änderung der Devisenbewirtschaftung starke Kursverluste an den dt. Effektenbörsen eintraten, gefolgt von einer anhaltenden Baisse. Auch der 10. Juli 1931 ging als S. F. in die Geschichte ein, als die Darmstädter und Nationalbank ihre Zahlungen einstellte. In den USA bedeutete der Kurssturz am 25. Okt. 1929 das Ende der Börsenhausse der Prosperitätsperiode.

**Schwarzer Germer** ↑Germer.
**Schwarzer Holunder** ↑Holunder.

**schwarzer Humor,** Spielart des Humors, die Makabres, Groteskes und v. a. Tabubereiche (Verbrechen, Krankheit, Tod) in unsinnigen oder paradoxen Bezügen unangemessen verharmlost, als normal und selbstverständl. darstellt.

**Schwarzer Jura** (Lias), untere Abteilung der Juraformation (↑Geologie, Formationstabelle).

**Schwarzer Klammeraffe** ↑Klammeraffen.

**Schwarzer Kornwurm** ↑Kornkäfer.
**schwarzer Körper,** svw. ↑schwarzer Strahler.
**Schwarzerle** ↑Erle.
**schwarzer Markt** ↑Schwarzhandel.
**Schwarzer Maulbeerbaum** ↑Maulbeerbaum.
**Schwarzer Milan** ↑Milane.
**Schwarzer Moderkäfer** ↑Moderkäfer.
**Schwarzer Nachtschatten** (Solanum nigrum), weltweit verbreitete Nachtschatten-

# Schwarzfäule

art; einjährige, 10–80 cm hohe Ruderalpflanze mit verzweigten, dunkelgrünen Stengeln, breit dreieckig-rautenförmigen Blättern und weißen Blüten in kurzgestielten, doldenartigen Wickeln; Früchte schwarze, glänzende, erbsengroße, giftige Beeren (↑ auch Tabelle Giftpflanzen, Bd. 8, S. 213).

**schwarze Romantik,** Strömung innerhalb der europ. ↑ Romantik.

**Schwarzer Panther** ↑ Leopard.

**Schwarzer Peter,** Kartenspiel mit ungerader Kartenzahl zw. beliebig vielen Personen; wird wie Quartett gespielt. Wer als letzter die Schwarze-P.-Karte behält, wird S. P. gen. und im Gesicht schwarz angemalt.

**schwarzer Pfeffer** ↑ Pfeffer.

**Schwarzer Prinz** ↑ Eduard, Prinz von Wales.

**Schwarzer Rübenaaskäfer** ↑ Rübenaaskäfer.

**Schwarzer Schwan,** svw. Trauerschwan (↑ Schwäne).

**Schwarzer Senf** (Senfkohl, Brassica nigra), wahrscheinl. im Mittelmeergebiet beheimatete, heute auch in S-, O- und M-Europa z. T. kultivierte, verwilderte und eingebürgerte Art des Kohls; 0,5–1,5 m hohe, einjährige Pflanze mit gestielten, leierförmigen, gezähnten unteren und lanzettförmigen oberen, blaugrünen Blättern; Blüten goldgelb, in lockeren Doldentrauben. Die runden, kurzgeschnäbelten, etwa 2 cm lang Schoten liegen angedrückt am Stengel. Das in den dunkelbraunen Samen enthaltene Senfölglykosid *Sinigrin* wird u. a. zur Herstellung von Senf und hautreizenden Pflastern verwendet.

**Schwarzer Spitz** ↑ Großspitze.

**schwarzer Star,** Form der Erblindung, bei der jede Lichtempfindung der Augen erloschen ist.

**schwarzer Strahler** (schwarzer Körper, Planckscher Strahler), ein idealer, im therm. Gleichgewicht befindl. Temperaturstrahler, der auftreffende elektromagnet. Strahlung aller Wellenlängen vollständig absorbiert und selbst Strahlung entsprechend seiner absoluten Temperatur gemäß der Strahlungsgesetze abstrahlt. Diese **schwarze Strahlung** ist daher nur von seiner Temperatur, nicht aber von seiner materiellen Beschaffenheit abhängig. Der s. S. wird prakt. realisiert durch eine kleine Öffnung in einem innen geschwärzten Hohlraum.

**schwarzer Tee** ↑ Tee.

**Schwarzer Tod,** svw. Beulenpest (↑ Pest).

**Schwarzer Volta,** rechter Quellfluß des Volta, rd. 800 km lang.

**Schwarzes Bilsenkraut,** svw. ↑ Bilsenkraut.

**Schwarze Schafgarbe** ↑ Schafgarbe.

**Schwarze Schar** ↑ Lützow.

**schwarzes Fieber,** svw. ↑ Kala-Azar.

**Schwarzes Kohlröschen** ↑ Kohlröschen.

**Schwarzes Kopfried** ↑ Kopfried.

**Schwarzes Meer,** Randmeer des Mittelländ. Meeres, mit ihm durch Bosporus und Dardanellen, mit dem Asowschen Meer durch die Straße von Kertsch verbunden, 0,46 Mill. $km^2$, bis 2244 m tief; Anrainer sind Sowjetunion, Rumänien, Bulgarien, Türkei. Der südl. Teil des S. M. gehört zum mediterranen, der nördl. zum gemäßigten Klimabereich. Im Sommer erreichen die Wassertemperaturen etwa 22–25 °C, in der Schelfzone z. T. bis zu 30 °C. Die mittlere Zahl von Eistagen liegt bei 50 an der N- und NO-Küste. Der Abfluß aus dem S. M. zum Mittelmeer übersteigt den Zufluß aus dem Asowschen Meer um 3 $km^3$/Jahr, wobei das salzärmere Oberflächenwasser abströmt. Die Verdunstung beträgt rd. 354 $km^3$/Jahr. Der Salzgehalt liegt im Zentrum bei 17,5–18,5‰, verringert sich aber in Küstennähe bis auf 3‰. Da unterhalb von 100 m u. d. M. der Sauerstoff fast völlig fehlt und der Gehalt an Schwefelwasserstoff sehr hoch liegt, ist pflanzl. und tier. Leben auf die obersten Wasserschichten beschränkt. Von den etwa 1 500 verschiedenen Fischarten h. a. Stör, Hausen, Sardelle, Hering, Makrele und Scholle, ferner Schalentiere wirtsch. Bed. Unter dem Meeresboden sind Uranvorkommen nachgewiesen. Starker Fremdenverkehr an den Küsten in der Sowjetunion, in Rumänien und Bulgarien. Die wichtigsten Handelshäfen sind Odessa, Sewastopol, Batumi (alle Sowjetunion), Konstanza (Rumänien) und Warna (Bulgarien). - Abb. S. 8.

**Schwarzes Nashorn,** svw. Spitzmaulnashorn (↑ Nashörner).

**schwarzes Theater,** Bez. für eine Pantomime vor einem schwarzen Hintergrund. Schwarz gekleidete Akteure bewegen vor einem dunklen Hintergrund helle Gegenstände, die so zu schweben scheinen; nach chin. Vorbildern werden Pantomimen dieser Art heute am Prager „S. T." aufgeführt.

**Schwarze Susanne** ↑ Thunbergie.

**Schwarze Witwe** (Latrodectus mactans), von S-Kanada bis Argentinien und Chile verbreitete, etwa 0,3 (♂)–1,2 cm (♀) lange Kugelspinne mit roten bis rötlichgelben Flecken auf dem schwarzen Hinterleib; Anzahl und Form dieser Flecken sehr unterschiedl., am beständigsten die uhrglasförmige Zeichnung auf der Unterseite des Hinterleibs. S. W. sind ausgesprochene Kulturfolger, die ihre Netze (sackförmige Röhren) und lockeren, unregelmäßigen Fangfäden in wenig benutzten Räumen weben. Die ♂♂ leben im Netz der ♀♀; sie werden unmittelbar nach der Paarung vom ♀ gefressen (Name!). Der Biß der S. W. ist auch für den Menschen gefährlich.

**Schwarzfahren** ↑ Erschleichung.

**Schwarzfäule,** Bez. für mehrere Pilzkrankheiten an Kulturpflanzen und Früchten, wobei als auffallendes Symptom

7

# Schwarzfersenantilope

unterschiedl. pilzspezif. Fäulniserscheinungen mit schwärzl. Verfärbungen auftreten; z. B. tiefreichende, trockene Faulstellen am Wurzelkopf der Möhre oder am Fruchtstielansatz (Kelch) der Tomate.

**Schwarzfersenantilope,** svw. ↑ Impala.

**schwarzfiguriger Stil** ↑ Vasenmalerei.

**Schwarzfleckenkrankheit,** Bez. für verschiedene durch Schlauchpilze hervorgerufene Pflanzenkrankheiten, gekennzeichnet durch schwärzl. Flecken; bekannt z. B. beim Klee, beim Ahorn und bei der Weinrebe.

**Schwarzforelle** ↑ Bachforelle.

**Schwarzfußindianer** ↑ Blackfoot.

**Schwarzhalsschwan** ↑ Schwäne.

**Schwarzhalstaucher** ↑ Lappentaucher.

**Schwarzhandel** (Schleichhandel), Verkauf von Waren unter Umgehung gesetzl. Vorschriften oder übl. Handelswege, z. B. der Absatz von Schmuggelware oder der Handel mit Rauschgift; bes. verbreitet in warenknappen Zeiten mit Bewirtschaftung und Rationierung durch den Staat, z. B. durch Ausgabe von Bezugsscheinen für bestimmte Waren. Als Folge eines dabei vorhandenen Nachfrageüberhanges entsteht ein **schwarzer Markt** für die betreffenden Waren mit stark überhöhten Preisen.

**Schwarzhemden,** Bez. für die Faschisten nach den schwarzen Hemden ihrer Uniformen, v. a. in Italien, aber auch in anderen Ländern (Niederlande, Großbrit.).

**Schwarzhören,** Betreiben einer Hörfunkempfangsanlage (bzw. einer Fernsehempfangsanlage [*„Schwarzsehen"*]) ohne fernmelderechtl. Genehmigung oder unter Verstoß gegen die Rundfunkgebührenpflicht.

**Schwarzkäfer** (Dunkelkäfer, Schattenkäfer, Tenebrionidae), mit rd. 20 000 Arten weltweit verbreitete, v. a. in Steppen und Wüsten der Tropen und Subtropen vorkommende Fam. etwa 2 bis über 30 mm langer Käfer von größtenteils dunkler bis schwarzer Färbung; vorwiegend nachtaktive, von Pflanzenstoffen (auch faulenden Substanzen) lebende Insekten mit meist stark verkümmerten Flügeln und unbewegl. Flügeldecken; können z. T. schädl. werden durch Fraß an Kulturpflanzen und Vorräten (z. B. ↑ Mehlkäfer).

**Schwarzkehlchen** ↑ Schmätzer.

**Schwarzkiefer** ↑ Kiefer.

**Schwarzkittel,** scherzhafte wm. Bez. für das Wildschwein.

**Schwarzkopf,** Elisabeth, Jarotschin (= Jarocin bei Kalisz) 9. Dez. 1915, dt. Sängerin (Sopran). - Opern-, Lied- und Konzertsängerin; bed. Mozart- und Strauss-Interpretin.

**Schwarzkultur** ↑ Moorkultur.

**Schwarzkümmel** (Nigella), Gatt. der Hahnenfußgewächse mit rd. 20 Arten, v. a. im Mittelmeergebiet; einjährige Kräuter mit fiederteiligen Blättern und einzelstehenden, verschiedenfarbigen Blüten; Blüten und Früchte sind von einer haarförmig zerschlitzten Hochblatthülle umgeben. Eine bekannte Art ist **Gretel im Busch** (Jungfer im Grünen, Braut in Haaren, Nigella damascena), einjährig, 40–50 cm hoch, Stengel aufrecht verzweigt, Blätter fein zerteilt, Blüten einzeln, endständig, hell- bis dunkelblau oder weiß, von einem Kranz fein zerteilter Hochblätter umgeben, Fruchtblätter zu einer aufgeblasenen Frucht zusammengewachsen, seit dem 16. Jh. kultiviert.

**Schwarzlichtlampe,** svw. ↑ Analysenlampe.

**Schwarzlot,** svw. Schwarz-Braun-Lot (↑ Glasmalerei).

**Schwarzmeerniederung,** leicht nach S geneigte Ebene am Schwarzen und Asowschen Meer.

**Schwarznuß** ↑ Walnuß.

**Schwarzort** ↑ Neringa.

**Schwarzpappel** ↑ Pappel.

**Schwarzpinseläffchen** ↑ Pinseläffchen.

**Schwarzpulver** ↑ Sprengstoffe.

**Schwarz-Rheindorf,** Stadtteil von Bonn, am rechten Rheinufer unterhalb Beuel gelegen. Berühmte roman. Doppelkapelle (Unterkirche 1151 geweiht, 1173 wurde der Zentralraum nach W erweitert und der Vierungsturm zum Obergeschoß der Kapelle

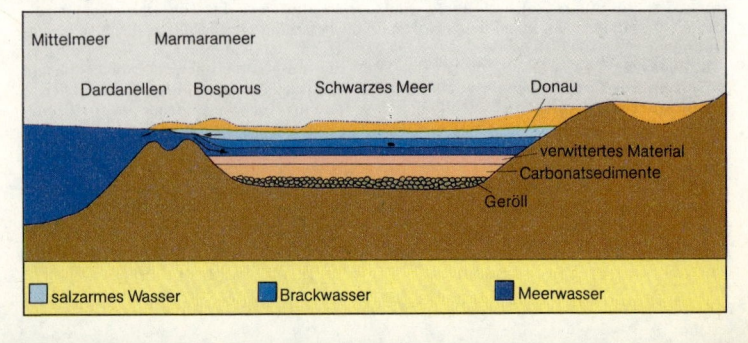

Schwarzes Meer. Austausch von Salzwasser aus dem Mittelmeer und von relativ salzarmem Wasser aus dem Schwarzen Meer in der Meerenge am Bosporus

aufgestockt); Zyklus von bed. Wandmalereien in der Unterkirche (vor 1151).

**Schwarzriesling** ↑ Burgunderreben.

**Schwarzrost,** Rostkrankheit des Getreides (und einiger Futtergräser); Erreger ist der S.pilz Puccinia graminis. Zur Entwicklung des S. ist ein Wirtswechsel dieses Pilzes zw. Berberitze (Keimung der Basidiosporen) und Gräsern (Keimung der Äzidiosporen) zur Bildung von Sommer- und Wintersporen notwendig. Der S. ist erkennbar an den zuerst auftretenden orangebraunen Sommersporen auf Blattspreiten, Blattscheiden, Spelzen und Körnern. Später zeigen sich strichförmige, aus der aufgerissenen Epidermis (v. a. an den Halmen und Blattspreiten) hervorragende schwarze Wintersporenlager.

**Schwarz-Rot-Gold** ↑ deutsche Farben.

**Schwarzschild,** Karl, * Frankfurt am Main 9. Okt. 1873, † Potsdam 11. Mai 1916, dt. Astronom. - Prof. und Direktor der Sternwarte in Göttingen, danach in Potsdam. Von S. stammen grundlegende Beiträge zu fast allen Bereichen der Astronomie, insbes. zur photograph. Photometrie, über die Eigenbewegung der Sterne und die Stellarstatistik sowie über die Theorie der Sternatmosphären; daneben Arbeiten über geometr. Optik, Theorie der opt. Instrumente, Sonnenspektrum, Theorie der Atomspektren.

**Schwarzschild-Effekt** [nach K. Schwarzschild], in der Photographie bei langen oder extrem kurzen (Kurzzeiteffekt) Belichtungszeiten auftretende Unterbelichtung trotz ausreichender Gesamtlichtmenge; bei Farbfilmen tritt außerdem eine Farbverschiebung (Farbstich) auf. - ↑ auch photographische Effekte.

**Schwarz-Schilling,** Christian, * Innsbruck 19. Nov. 1930, dt. Politiker (CDU). - 1966-76 MdL in Hessen, 1967-80 stellv. Landesvors. und Generalsekretär der hess. CDU; 1969-75 Mgl. des CDU-Bundesvorstands, seit 1976 MdB; seit Okt. 1982 Bundesmin. für das Post- und Fernmeldewesen (seit 1990: Post und Telekommunikation).

**Schwarzschimmel** ↑ Schimmel (Pferd).

**Schwarzsender,** ohne Genehmigung betriebene Fernmelde-, insbes. Funkanlagen. S. können eingezogen werden, ihr Betreiben ist strafbar. - ↑ auch Piratensender.

**Schwarzspecht** (Dryocopus martius), mit 50 cm Länge etwa krähengroßer, schwarzer Specht in größeren Wäldern Europas und N-Asiens; nicht sehr häufiger, vorwiegend Ameisen und holzbewohnende Käferlarven fressender Vogel mit hornfarbenem Schnabel und im ♂ Geschlecht roter Kopfplatte (♀ mit rotem Hinterhauptsfleck).

**Schwarzstorch** ↑ Störche.

**Schwarzwald,** Mittelgebirge in Bad.-Württ., erhebt sich steil aus dem Oberrheingraben, begleitet von einer sich nach N verschmälernden Vorbergzone. Nach O dacht sich der S. ab, seine Grenze fällt hier mit dem Auftreten des Muschelkalks zusammen. Im S bilden Hochrhein und Dinkelberg die Grenze, im N die Kraichgaumulde. Die N-S-Erstreckung beträgt rd. 160 km, die Breite 30-50 km. Höchste Erhebung ist mit 1 493 m der Feldberg. Dem westl. und südl. stark zertalten Täler-S. stehen im O weite Grundgebirgsrumpfflächenreste und die wenig zerschnittenen Hochflächen des Deckgebirges gegenüber. Nach dem Großrelief wird der S. in Nördl., Mittleren und Südl. S. geteilt. Im Nördl. S. (bis zur Linie Oberkirch-Alpirsbach) herrschen große Buntsandsteinareale vor. Sie überragen mit einer durchschnittl. 200 m hohen Schichtstufe (Hornisgrinde, Kniebis) die tiefer liegenden Grundgebirgsstockwerke des westl. Täler-S. Der Mittlere

Schwarzwald. Blick vom Landwassereck in Richtung Mühlenbachtal (Ortenaukreis)

# Schwarzwald-Baar-Heuberg

S. (bis zur Linie Freiburg im Breisgau–Bonndorf) ist durch das von der Kinzig und ihren Nebenflüssen stark zerschnittene Grundgebirge gekennzeichnet. Der Südl. S. ist am stärksten herausgehoben. Vom Feldbergmassiv gingen in der Würmeiszeit bis zu 25 km lange Gletscher aus, durch deren Endmoränen Seen aufgestaut sind. - Das Klima zeichnet sich durch kühle Sommer und milde, schneereiche Winter aus. Die Vegetation besteht heute überwiegend aus Misch- und Nadelwald. Die Waldgrenze liegt im S bei rd. 1 300 m. Der im MA blühende Bergbau auf Blei und Silber lohnt nicht mehr, ebenso der auf Eisenerze in der Vorbergzone. Abgebaut werden nur noch Fluß- und Schwerspat. Vorhandene Uranerze werden bisher nicht genutzt. Die im 16./17. Jh. entwickelte Hausind. bildete die Grundlage für die spätere exportorientierte Industrialisierung (Uhren, Musikinstrumente, elektron. Geräte). Weit verbreitet sind Holz- und Papierindustrie. Der Fremdenverkehr, ursprüngl. an Thermen und Mineralquellen gebunden, hat heute das ganze Gebirge erfaßt; Skisport wird seit den 1890er Jahren ausgeübt.

📖 *Liehl, E., u. a.: Der S. Bühl 1981. - Metz, R.: Mineralog.-landeskundl. Wanderungen im Nordschwarzwald. Lahr ²1977.*

**Schwarzwald-Baar-Heuberg,** Region in Bad.-Württ.

**Schwarzwald-Baar-Kreis,** Landkr. in Bad.-Württ.

**Schwarzwälder Hochwald** ↑Hunsrück.

**Schwarzwälder Kirschtorte,** Schichttorte aus mit Kirschwasser getränkten Schokoladenbiskuitböden, Schlagsahne u. Sauerkirschen.

**Schwarzwälder Trachten** ↑Volkstrachten.

**Schwarzwale** (Berardius), Gattung der Schnabelwale mit je 1 Art im nördl. und südl. Pazifik; Körperlänge etwa 9–13 m; meist einheitl. braunschwarz, Unterseite manchmal mit helleren Flecken; Kopf relativ klein.

**Schwarzwasserfieber,** fiebrige Hämoglobinurie als Folge einer schweren Malariaerkrankung und einer Chininbehandlung; mit charakterist. Dunkel- bis Schwarzfärbung des Urins durch Hämolyse und Hämoglobinämie.

**Schwarzwasserflüsse,** Flüsse mit durchsichtigem, olivgrünem, kaffee- bis rotbraunem (durch Humusmaterial gefärbt), saurem Wasser im Amazonastiefland.

**Schwarz-Weiß-Rot** ↑deutsche Farben.

**Schwarzwild,** wm. Bez. für Wildschweine.

**Schwarzwurzel** (Scorzonera), Gatt. der Korbblütler mit rd. 100 Arten in Eurasien und N-Afrika; milchsaftführende Kräuter mit ganzrandigen Blättern und gelben, hellroten oder hellviolettfarbenen Blüten in langgestielten, einzelnen Köpfchen. Eine bekannte Art ist die als Gemüsepflanze kultivierte **Gartenschwarzwurzel** (Scorzonera hispanica; bis 120 cm hohe Staude, mit dicker, bis 30 cm langer, außen schwärzl., innen weißer Wurzel, die als Wintergemüse verwendet wird). Der Milchsaft der in Z-Asien heim. Art Scorzonera tau-saghyz wird zu Kautschuk verarbeitet. Auf steinigen Hängen in Süddeutschland kommt vereinzelt die **Purpurschwarzwurzel** (Scorzonera purpurea; weinrote, nach Vanille duftende Blüten) vor.

**Schwaz,** östr. Bez.hauptstadt in Tirol, am Inn, 545 m ü. d. M., 12 000 E. Ordensschule und religionspädagog. Inst. der Franziskaner; Tabakwarenfabrik, Nahrungsmittel-, Textil- und holzverarbeitende Ind., Herstellung von Goldmajolika- und Steingutwaren. - 930 erstmals erwähnt, 1333 als Markt gen.; erhielt 1899 Stadtrecht. - Spätgot. Pfarrkirche; Franziskanerkloster mit spätgot. (im Innern barockisierter) Kirche und Kreuzgang; Fuggerhaus (16. Jh.), Palais Enzenberg (um 1700). Über der Stadt Schloß Freundsberg mit roman. Bergfried und spätgot. Schloßkapelle.

**Schweb,** svw. ↑Flußtrübe.

**Schwebebahn,** Beförderungsmittel für Personen und Lasten, dessen Laufwerk auf einer Schiene (Hängebahnen) oder auf Drahtseilen (Seilbahn) abrollt oder mit Hilfe von Magnetfeldern über Metallschienen schwebend geführt wird (Magnetschwebebahnen).

**Schwebegeräte,** Turn- und Gymnastikgeräte für Schweb-, Gleichgewichts- und Balancierübungen; der im Frauenturnen benutzte **Schwebebalken** ist ein 5 m langer [kunststoffbeschichteter] Balken mit 10 cm breiter Lauffläche, der auf pyramidenförmigen Untersetzern aufliegt; bei Wettkämpfen 1,20 m hoch.

**schweben,** sich frei in einer Flüssigkeit oder einem Gas befinden, ohne über eine Grenzfläche (z. B. die Wasseroberfläche) hinauszuragen.

**schwebende Lagerung,** bergmänn. Bez. für waagrechte Lagerung von Schichten, Kohlenflözen und Erzgängen.

**schwebende Unwirksamkeit,** Zustand eines Rechtsgeschäfts, das zu seiner Wirksamkeit noch der Zustimmung eines Dritten, z. B. (bei Geschäften Minderjähriger) des gesetzl. Vertreters, bedarf.

**Schwebfliegen** (Schwirrfliegen, Syrphidae), mit rd. 4 500 Arten fast weltweit verbreitete Fam. durchschnittl. 1,5 cm langer Fliegen (Unterordnung Deckelschlüpfer), davon rd. 300 Arten einheim.; meist metall. glänzende oder auffallend schwarz-gelb gefärbte Insekten, von denen einige Arten (z. B. Hummel-S., „Mistbienen") wehrhafte Bienen, Wespen oder Hummeln nachahmen; ausgezeichnete Flieger, die im Schwirrflug fast bewegungslos in der Luft stehen und bei Beunruhigung seitl. „wegschießen"; Imagines wichtig als Blütenbestäuber (bes. bei Doldenblütlern); Larven z. T. nützl. durch Vertilgen von Blattläusen, z. T. schädl. in Blumenzwiebeln. Einige Larven (z. B. die der Hummelschwebfliegen) ernähren sich in Hummel- und Wespennestern von deren Nestinsassen.

**Schwebrenken** ↑ Felchen.

**Schwebstoffe,** in einer Flüssigkeit oder in einem Gas enthaltene, fein verteilte Stoffe, die infolge des Auftriebs nahezu schweben. Die S. der Luft werden als Aerosole bezeichnet.

**Schwebung,** Bez. für die Erscheinung der period. Amplitudenschwankung bei einer Schwingung, die durch Überlagerung von 2 gleichgerichteten Schwingungen mit nur geringem Frequenzunterschied entsteht. In der Akustik treten Schwebungserscheinungen beim Zusammenklingen von 2 Tönen auf, deren Frequenzen $f_1$ und $f_2$ sich nur um einen geringen Betrag unterscheiden. Das menschl. Gehör nimmt dabei nur einen einzigen Ton der Frequenz $(f_1 + f_2)/2$ wahr, dessen Stärke mit der *Schwebungsfrequenz* $f_S = |f_1 - f_2|$ period. schwankt. Ist die Schwebungsfrequenz $f_S$ größer als 16 Hz, nimmt man nicht mehr die Lautstärkeschwankungen wahr, sondern hört die Schwebungserscheinungen als selbständigen Ton.

**Schwechat,** niederöstr. Stadt, sö. an Wien anschließend, 160 m ü. d. M., 15 000 E. Erdölraffinerie, petrochem., Textil- u. a. Ind.; ✈ von Wien. – Um 1034 erstmals ew. Siedlung an der Stelle des röm. **Ala Nova**; erhielt vor 1563 Marktrecht; seit 1922 Stadt. - Barokke Stadtpfarrkirche (1764) und Filialkirche (17. und 18. Jh.), Schloß Thurnmühle (18. Jh.) und Schloß Rothmühle (17. Jh.).

## Schweden

(amtl.: Konungariket Sverige), Staat in Nordeuropa, zw. 55° 20′ und 69° 04′ n. Br. und 10° 58′ und 24° 10′ ö. L. **Staatsgebiet:** S. grenzt im W an Norwegen und im NO an Finnland. Alle anderen Begrenzungen ergeben sich aus Meeresteilen der Ostsee. **Fläche:** 449 964 km², davon 411 615 km² Landareal. **Bevölkerung:** 8,36 Mill. E (1985), 18,6 E/km². **Hauptstadt:** Stockholm. **Verwaltungsgliederung:** 24 Län. **Amtssprache:** Schwedisch. **Staatskirche:** Ev.-luth. Staatskirche. **Nationalfeiertag:** 30. April und 6. Juni. **Währung:** Schwed. Krone (skr) = 100 Öre. **Internat. Mitgliedschaften:** UN, Nord. Rat, Europarat, EFTA, OECD. **Zeitzone:** MEZ.

**Landesnatur:** S. erstreckt sich über 1 500 km in N–S- und 200 km in W–O-Richtung. Die Küstenlänge beträgt etwa 6 700 km. Im Lee des skand. Zentralgebirges gelegen, ist S. ein kontinental-balt. Land. Nord-S. senkt sich

Schweden. Wirtschaftskarte

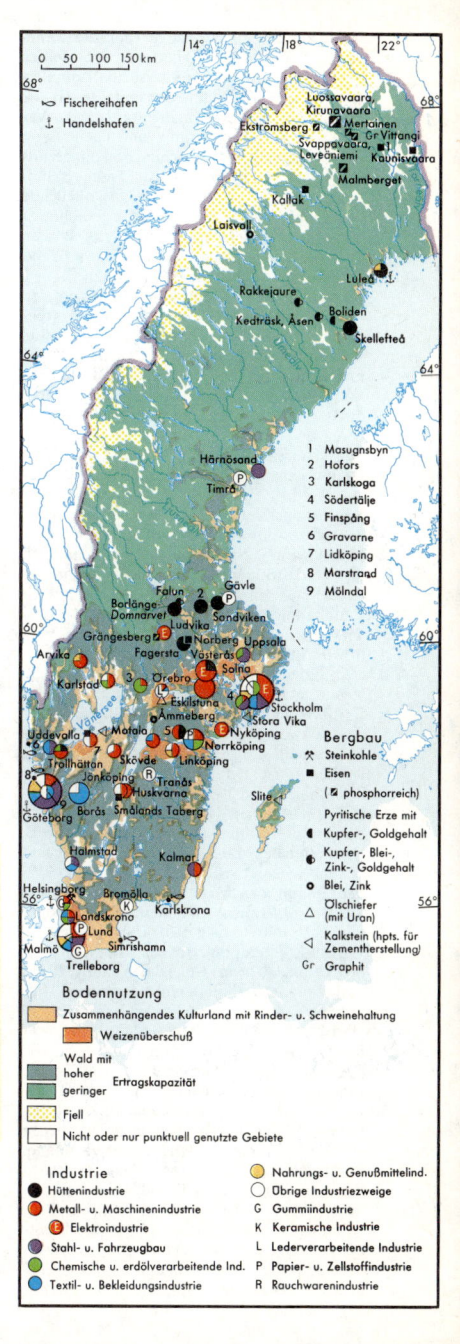

# Schweden

vom skand. Zentralgebirge (höchste Erhebung: Kebnekajse 2111 m) als flachwellige Hochfläche allmähl. zur Ostsee ab (Rumpfflächen). Südl. des Siljansees schließt sich die Mittelschwed. Senke an, die von Mälar-, Väner- und Vättersee geprägt und nach S von der flachwelligen Hochfläche Smålands (Taberg 343 m) begrenzt wird. Dieses zu Süd-S. gehörige Bergland und die anschließende Moränenlandschaft der Halbinsel Schonen leiten nach Mitteleuropa über. Der gesamten O-Küste sind neben den großen Inseln Öland und Gotland Schären vorgelagert.

**Klima:** S. gerät leicht unter kontinentalen Einfluß, mit gemäßigten Sommern und strengen, schneereichen Wintern. Das Julimittel der Temperatur beträgt in Stockholm +18 °C und in Kiruna +13 °C. Die Niederschläge sind abhängig von den W-Winden, so daß die W-Seite des südschwed. Berglandes besser beregnet ist als die O-Küste (Göteborg 670 mm, Kalmar 471 mm Niederschlag/Jahr). Hauptniederschlagsmonate sind Juli und August.

**Vegetation:** Der N-Rand der mittelschwed. Senke ist die wichtigste pflanzengeograph. Grenze von S. Nördl. dieser Linie dehnt sich der Nadelwaldgürtel aus, südl. davon erstreckt sich ein Mischwaldgebiet mit hohem Laubbaumanteil.

**Tierwelt:** In S. leben noch Wolf, Luchs, Vielfraß und Bär. Elche kommen außer im äußersten Süden überall vor. Die genannten Tiere stehen unter Naturschutz.

**Bevölkerung:** Den größten Teil der Bev. bilden Schweden, neben einer finn. und lapp. Minderheit. Ein bevölkerungspolit. Problem ist die unterschiedl. Verteilung der Bev. über die Staatsfläche. 87 % der Bev. leben näml. südl. des 61. Breitengrades, also auf etwa 40 % der Landesfläche. Allein in den drei Großstadtbereichen von Stockholm, Göteborg und Malmö leben etwa 2,5 Mill. Menschen (30 % der Gesamtbev.). Mehr als 40 % aller Arbeitskräfte sind Frauen. Allg. Schulpflicht besteht von 7–16 Jahren. Es gibt 10 Univ. (Göteborg, Karlstad, Linköping, Luleå, Lund, Örebro, Stockholm, Umeå, Uppsala, Växjö), 2 TU (Göteborg, Stockholm), und 1 Agrarwiss. Universität.

**Wirtschaft:** Nur 9 % der Gesamtfläche werden landw. genutzt. Schwerpunkte sind die Ebenen von Schonen und Halland sowie Östergötland und das Land um die mittelschwed. Seen. S. ist eines der waldreichsten Länder Europas. Die größten Areale liegen im südl. Norrland, in Dalarna und Värmland. S. verfügt über bed. Eisenerz- (Kiruna, Bergslagen, Gällivare), Kupfer- und Bleiervorkommen (Skellefteteld) sowie über die größten Uranerzreserven in Europa (300 000 t), die aus polit. Gründen bisher nicht ausgebeutet werden. 53 % der elektr. Energie wurden 1985 durch Wasserkraft gewonnen. 1986 waren 7 Kernkraftwerke mit einer Gesamtleistung von rd. 7000 MW in Betrieb. Führende Industriezweige sind Stahl- und Papierindustrie; es folgen Nahrungsmittel-, chem., Textil- und Automobilind. sowie Schiff- und Maschinenbau. Die wichtigsten Ind.standorte konzentrieren sich in Mittel-S. und an der Küste. Wegen des begrenzten Binnenmarktes ist die Ind. stark vom Export abhängig. Ein stark expandierender Wirtschaftszweig ist gegenwärtig der Fremdenverkehr.

**Außenhandel:** Der Anteil der EG- und EFTA-Länder am schwed. Außenhandel liegt zw. 65 % und 70 %. 1984 erreichten die Exporte einen Wert von 242,8 Mrd. skr, die Importe 218,4 Mrd. skr. Wichtigster Handelspartner ist die BR Deutschland, gefolgt von Großbrit., Norwegen und Dänemark. Die wichtigsten Exportgüter sind Maschinen, Papier, Pappe, Kfz., Eisen und Stahl, Zellstoff, Holz u. a. Importiert werden Erdöl und Erdölprodukte, Maschinen, chem. Produkte, Textilwaren, Nahrungsmittel und Wasserfahrzeuge.

**Verkehr:** Das Eisenbahnnetz hat eine Länge von 12 063 km, davon sind 7557 km elektrifiziert. 279 km haben Schmalspur und sind Privatbahnen. Von den 206 291 km Straßen sind 12 944 km Nationalstraßen. Mehr als 42 % der schwed. Straßen sind befestigt. Das Binnenschiffahrtsnetz hat eine Länge von 640 km; 4000 km Wasserwege werden noch zum Holzfloßtransport benutzt. Die wichtigsten Häfen sind Göteborg, Luleå, Helsingborg, Stockholm und Malmö sowie der Erdölhafen Nynäshamn. S. ist zu ⅓ an der Scandinavian Airlines System (SAS) beteiligt. Internat. ✈ ist Arlanda, nördl. von Stockholm, mit Direktverbindungen nach 21 Ländern.

**Geschichte:** Zur Vorgeschichte ↑ Europa. - *Mittelalter:* Die Stammesbildung des schwed. Volkes liegt im Dunkeln. Um 300 n. Chr. treten Svear und Gauten (Göten) als Stämme im heutigen Mittel-S. hervor. Große Grabhügel, bes. bei den alten Kult- und Herrscherstätten Alt-Uppsala und Vendel (Verw.-Geb. Uppsala), und Schiffsbeisetzungen zeugen von den Stammeskönigtümern des Ynglingargeschlechts. Könige aus dem Geschlecht der Ynglingar hatten sich im 9.Jh. im Vestfold (westl. des Oslofjordes) festgesetzt, Erich VII. Segersäll („der Siegreiche") beherrschte in der 2. Hälfte des 10.Jh. auch Dänemark. Zu gleicher Zeit erschlossen schwed. Kriegerkaufleute (Waräger) die östl. Ostseeküsten und die Stromgebiete von Wolga und Dnjepr über einen regelmäßigen Handel und erreichten Byzanz. Zu Beginn des 11.Jh. drang das Christentum nach vorangegangenen Einzelmissionen von Götaland nach N vor; König Olaf III. Skötkonung („Schoßkönig"; ⚔ etwa 995–1022) nahm mit der Taufe zugleich die Bischofsverfassung und die in M-Europa längst ausgebildeten staatl. Verwaltungsformen für S. an. Die folgenden

# Schweden

## VERWALTUNGSGLIEDERUNG (Stand 1985)

| Verw.-Gebiet (Län) | Fläche km² | Einwohner (in 1000) | Hauptstadt |
|---|---|---|---|
| Älvsborg | 11 395 | 426,3 | Vänersborg |
| Blekinge | 2 941 | 151,7 | Karlskrona |
| Gävleborg | 18 191 | 290,5 | Gävle |
| Göteborg och Bohus | 5 141 | 712,1 | Göteborg |
| Gotland | 3 140 | 56,2 | Visby |
| Halland | 5 454 | 238,3 | Halmstad |
| Jämtland | 49 443 | 134,7 | Östersund |
| Jönköping | 9 944 | 300,9 | Jönköping |
| Kalmar | 11 170 | 239,4 | Kalmar |
| Kopparberg | 28 194 | 285,1 | Falun |
| Kristianstad | 6 087 | 280,3 | Kristianstad |
| Kronoberg | 8 458 | 174,3 | Växjö |
| Malmöhus | 4 938 | 747,1 | Malmö |
| Norbotten | 98 913 | 263,7 | Luleå |
| Örebro | 8 517 | 271,0 | Örebro |
| Östergötland | 10 562 | 392,9 | Linköping |
| Skaraborg | 7 938 | 1 562,5 | Mariestad |
| Södermanland | 6 060 | 249,7 | Nyköping |
| Stockholm | 6 488 | 270,4 | Stockholm |
| Uppsala | 6 989 | 250,5 | Uppsala |
| Värmland | 17 584 | 280,5 | Karlstad |
| Västerbotten | 55 401 | 245,2 | Umeå |
| Västernorrland | 21 678 | 263,6 | Härnösand |
| Västmanland | 6 302 | 255,7 | Västerås |

Fehden zwischen christl. Gauten und heidn. Svear, deren Gegenkönige die neue Staatsform zu beseitigen suchten, wurden erst im 12. Jh. beendet, als S. seine kirchl. Organisation mit der Gründung des eigenen Erzbistums Uppsala (1164) erreichte.
Obwohl die Königsgeschlechter die Erbmonarchie anstrebten, blieb S. ein Wahlkönigreich. Unter Knut Eriksson (⚭ etwa 1167–96) entfaltete sich das Städtewesen in S. nach dt. Vorbild. Bemerkenswert ist die stets freie Stellung der schwed. Bauerntums, so daß sich scharfe ständ. Unterschiede nicht ausgebildet haben. Um 1350 erfolgte die Kodifizierung des schwed. Reichsrechts. 1364 wurde nach einem Machtverfall Hzg. Albrecht von Mecklenburg zum König gewählt; als er 1389 von einem dän. Heer besiegt und gefangengenommen wurde, fiel ganz S. der Dänenkönigin Margarete I. zu, die in Kalmar die Vereinigung der 3 skand. Reiche erklärte (Kalmarer Union). Gustav Eriksson Wasa beseitigte von Dalarna aus mit Unterstützung Lübecks die Dänenherrschaft und wurde 1521 zum Reichsverweser ernannt, 1523 als Gustav I. zum König gekrönt.
*Die Großmacht S.:* Die Einführung der Reformation mit Einziehung des Kirchenguts, die Neuordnung der Landesverteidigung, der Staatsfinanzen und der Verwaltung kennzeichneten die Reg.tätigkeit des ersten Herrschers eines neuzeitl. schwed. Territorial- und Nat.staates. Der Anspruch auf die führende polit. und wirtsch. Rolle im Ostseeraum (Dominium maris Baltici) wurde für anderthalb Jh. das bestimmende Ziel der schwed. Großmachtpolitik. Das Vorhaben, Livland und Nowgorod zu erobern und über die Neugründung Göteborg Handelsfahrten nach Archangelsk zu führen, scheiterte am Eingreifen der Dänen, die 1611 über Kalmar nach Mittel-S. einfielen.
Die Erkenntnis, daß S. eng mit dem Schicksal des europ. Kontinents verflochten war, führte 1630 zum Eingreifen Gustavs II. Adolf in den Dreißigjährigen Krieg. Die noch immer bestehende Befürchtung der Rückwirkung einer poln.-kath., mit den Habsburgern verbündeten Wasa-Dyn. auf S., der Ehrgeiz, die schwed. Stellung als Beherrscher der Ostsee durch territoriale Umrandung unangreifbar zu machen, schließl. die selbständige Steuerung schwed. Güterexports (Holz, Kupfer, Eisen) waren die Hauptmotive in der europ. Politik bis dahin fast unbeachtet gebliebenen neuen schwed. Großmacht. Die machtpolit. Voraussetzungen hatte Gustav II. Adolf genial genutzt: das schwed. Volksheer durch Übernahme des niederl. Militärwesens in Taktik und Technik auf den neuesten Stand gebracht; eine Flotte wurde geschaffen, die Staatsverwaltung straff nach dem Vorbild der niederl. Finanzverfassung organisiert.
Nach der Abdankung von Gustav Adolfs

## Schweden

Tochter Christine war 1654 ihr Vetter Karl X. Gustav aus dem Haus Pfalz-Zweibrücken zum schwed. König gewählt worden. Er suchte Gustav Adolfs Werk zu vollenden durch Ausschaltung Polens im Bündnis mit Brandenburg, wogegen sich jedoch bald eine russ.-poln.-dän. Koalition bildete (1. Nord. Krieg, 1655–60). Im Frieden von Roskilde (1658) verlor Dänemark endgültig Schonen und Halland an S., im Frieden von Oliva wurde unter der Garantie der europ. Mächte 1660 S. der Besitz fast ganz Livlands, Estlands mit Ösel und Schonens bestätigt, doch beseitigte der Friede von Nystad (1721) die schwed. Großmachtstellung: S. behielt seine Besitzungen auf der skand. Halbinsel und in Finnland; von seinen festländ. Erwerbungen verblieben ihm nur Vorpommern westl. der Peene mit Rügen und Wismar.

*Entwicklung des modernen S.:* Die schwed. „Freiheitszeit" (1718–72) war bestimmt durch den Führungsanspruch der Stände gegenüber dem Regiment des Reichsrats (1720–38 unter dem Vorsitz von A. B. Graf Horn). 1771 beseitigte Gustav III. die Ständeherrschaft, regte das Geistesleben der Zeit an (Gründung der Schwed. Akad. 1786) und regierte im Stil des aufgeklärten Absolutismus („Gustavian. Epoche"). Sein Nachfolger Gustav IV. Adolf begann mit überfälligen Agrarreformen, außenpolit. wurde er jedoch bald in die Europa umfassenden Veränderungen der Revolutionszeit hineingezogen. Seine Unterschätzung der polit. Realitäten und die polit. Fehlschläge führten 1809 zur Absetzung des Königs. In der Wahl des frz. Marschalls J.-B. Bernadotte zum Thronfolger (1810) glaubten die schwed. Stände, eine Garantie für die Inte-

### SCHWEDEN, NORWEGEN, DÄNEMARK 1397–1905

- Kalmarer Union 1397–1523
- Skandinavien unter Gustav Wasa 1523–1560
- Schwedische Erwerbungen bis 1654
- Gebietsveränderungen bis zum Frieden von Kiel 1814
- Vereinigtes Königreich von Dänemark und Norwegen bis 1814

# Schweden

grität ihres Landes zu finden. Bernadotte hat als König Karl XIV. Johann (1818–44) S. aus äußeren Konflikten herausgehalten; gemäßigte liberale Reformansätze wurden z. B. im Wahlrecht verwirklicht. Der als liberal geltende Oskar I. (༄ 1844–59) verfolgte zunächst außenpolit. Ziele im Sinne der gesamtskand. Bewegung, für deren Durchsetzung gegenüber dem Dt. Bund er im Dt.-Dän. Krieg 1848–50 Dänemark Truppenhilfe gab und nach dem Waffenstillstand von 1849 in Nordschleswig ein schwed. Militärgouvernement einrichtete. Im Krimkrieg blieb S. neutral; seither ist die Neutralität ein Grundsatz der schwed. Politik. In der Innenpolitik wurden kleinere Reformen fortgesetzt; die „liberale Alleinherrschaft" des Königs wirkte sich im Abbau der Pressezensur, in der Armenfürsorge, im Justizwesen und in der Umbildung des Staatsrates aus. Unter dem Eindruck der dt. Reichsgründung wurde die Außenpolitik Oskars II. (༄ 1872–1907) von einer engen Anlehnung an das Dt. Reich bestimmt. Die Lösung Norwegens aus der Personalunion mit S. war 1905 unter den damals dafür ungewöhnl. günstigen polit. Verhältnissen nicht zu verhindern. Die Unversehrtheit des Besitzstandes der Ostsee- und Nordsee-Anliegerstaaten wurde 1908 in Verträgen mit Frankr., Großbrit., den Niederlanden, Dänemark, dem Dt. Reich und Rußland dokumentiert. 1909 wurde für die 2. schwed. Kammer das allg. Wahlrecht und für beide Kammern das Verhältniswahlrecht

## SCHWEDISCHE KÖNIGE
(Reihenfolge und Daten sind in der ältesten Zeit unsicher)

**Ynglingar**
| | |
|---|---|
| Björn der Alte | etwa 900– 950 |
| Erich VII. Segersäll | |
| („der Siegreiche") | etwa 950– 994 |
| Olaf III. Skötkonung | |
| („Schoßkönig") | etwa 995–1022 |
| Anund Jakob | etwa 1022–1051 |
| Emund | etwa 1051–1056 |

**Stenkilgeschlecht**
| | |
|---|---|
| Stenkil (Steinkjel) | etwa 1060–1066 |
| Inge (Inger) I. | etwa 1080–1112 |
| Halstan | |
| (Gegenkönig) | etwa 1080 |
| Philipp | etwa 1112–1118 |
| Inge II. | etwa 1118–1130 |

**Sverkergeschlecht, Erichsgeschlecht, Gegenkönige**
| | |
|---|---|
| Sverker I. | etwa 1130–1156 |
| Erich IX., der Heilige | etwa 1156–1160 |
| Karl VII. Sverkersson | etwa 1160–1167 |
| Knut Eriksson | etwa 1167–1196 |
| Sverker II. Karlsson | etwa 1196–1208 |
| Erich X. Knutsson | etwa 1208–1216 |
| Johann I. Sverkersson | etwa 1216–1222 |
| Erich XI. Eriksson | etwa 1222–1229 und 1234 |
| Knut Långe | etwa 1229–1234 |

**Folkunger**
| | |
|---|---|
| Birger Jarl (Regent) | 1250–1266 |
| Waldemar Birgersson | 1250–1278 |
| Magnus I. Birgersson, gen. Ladulås | |
| („Scheunenschloß") | 1278–1290 |
| Birger Magnusson | 1302–1318 |
| Magnus II. Eriksson | 1319–1363 |
| Erich XII. (Mitkönig) | 1350 |
| Håkon Magnusson | 1362–1363 |

**Haus Mecklenburg**
| | |
|---|---|
| Albrecht | 1364–1389 |

**Kalmarer Union**
| | |
|---|---|
| Margarete | 1389–1412 |
| Erich XIII., der Pommer | 1397–1439 |
| Christoph | 1441–1448 |
| Karl VIII. Knutsson | 1448–1457 |
| (Gegenkönig) | 1464–1465 |
| | 1467–1470 |
| Christian I. | 1457–1464/1471 |
| Johann II. (Hans) | 1497–1501 |
| Christian II. | 1520–1523 |

**Haus Wasa**
| | |
|---|---|
| Gustav I. Eriksson | 1523–1560 |
| Erich XIV. | 1560–1568 |
| Johann III. | 1569–1592 |
| Sigismund | 1592–1599 |
| Karl IX. | 1600/1604–1611 |
| Gustav II. Adolf | 1611–1632 |
| Christine (Kristina) | 1632–1654 |

**Haus Pfalz-Zweibrücken**
| | |
|---|---|
| Karl X. Gustav | 1654–1660 |
| Karl XI. | 1660–1697 |
| Karl XII. | 1697–1718 |
| Ulrike Eleonore | 1718–1720 |

**Haus Hessen**
| | |
|---|---|
| Friedrich I. | 1720–1751 |

**Haus Holstein-Gottorf**
| | |
|---|---|
| Adolf Friedrich | 1751–1771 |
| Gustav III. | 1771–1792 |
| Gustav IV. Adolf | 1792–1809 |
| Karl XIII. | 1809–1818 |

**Haus Bernadotte**
| | |
|---|---|
| Karl XIV. Johann | 1818–1844 |
| Oskar I. | 1844–1859 |
| Karl XV. | 1859–1872 |
| Oskar II. | 1872–1907 |
| Gustav V. | 1907–1950 |
| Gustav VI. Adolf | 1950–1973 |
| Karl XVI. Gustav | seit 1973 |

# Schweden

eingeführt. Entsprechend den 1912 getroffenen Vereinbarungen blieb S. mit den beiden anderen skand. Staaten im 1. Weltkrieg neutral. Nach der Loslösung Finnlands von Rußland 1920 erhob S. auf die schwed. besiedelten Ålandinseln Anspruch, doch wurde vom Völkerbundsrat die Inselgruppe 1921 Finnland zugesprochen. Seit den Wahlrechtsreformen von 1918/19 (allg. Wahlrecht auch für die 1. Kammer, Frauenwahlrecht für die 2. Kammer; 1921 bestätigt) wurde 1920 die erste rein sozialdemokrat. Reg. in S. unter H. Branting gebildet, der weitere Kabinette vornehml. sozialdemokrat. Zusammensetzung folgten (bis 1976; im Wechsel mit Konservativen 1923/24, 1928–30 und Freisinnigen 1926–28, 1930–32). Bei Ausbruch des 2. Weltkrieges im Sept. 1939 erklärte S. entsprechend der Grundsatzdeklaration vom Mai desselben Jahres mit den anderen skand. Staaten seine Neutralität und vermochte diese Stellung mit Hilfe einer relativ starken mobilisierten „Neutralitätswacht" aufrechtzuerhalten. Das Hilfegesuch Finnlands im Finn.-Sowjet. Winterkrieg 1939/40 wurde von der schwed. Regierung offiziell abgelehnt.

*S. nach dem 2. Weltkrieg:* Hohe soziale Ansprüche und Leistungen, Bildungsreform, rasche Motorisierung, Straßenbau und modernes Siedlungswesen bestimmten die Reg.arbeit in den Nachkriegsjahrzehnten. 1951 wurde der Nord. Rat in Stockholm gegründet. S. hat damit die Führung in allen gesamtskand. Fragen und beteiligt sich, polit. blockfrei und neutral, im Rahmen der OECD an den finanziellen und wirtsch. Maßnahmen für Entwicklungsländer. Im Auftrage der UN haben schwed. Streitkräfte, bes. im Nahen Osten, Sicherheitsaufträge durchgeführt.

Nach dem Rücktritt des seit 1946 an der Spitze der Reg. stehenden T. Erlander 1969 leitete O. Palme als sozialdemokrat. Min.präs. das schwed. Kabinett, bis 1976 seine Partei durch eine bürgerl. Koalitionsreg. unter T. Fälldin abgelöst wurde. Über die Frage der Kernkraftwerke stürzte die Reg. Fälldin, so daß 1978 unter O. Ullsten eine nur von den 39 liberalen Abg. getragene Minderheitsreg. gebildet werden mußte. Auch der von den Sozialdemokraten bekämpften Minderheitsreg. gelang es nicht, Inflation und Stagnation, die durch einen sinkenden Export bedingt sind, nachhaltig zu bekämpfen. Nach den Reichstagswahlen von 1979 wurde wieder T. Fälldin Min.präs. einer bürgerl. Koalitionsreg. aus Zentrumspartei, Gemäßigter Sammlungspartei und Volkspartei. Da sich auch die neue Reg. nicht in der Lage sah, eine endgültige Entscheidung in der Kernenergiefrage herbeizuführen, ordnete sie deshalb für März 1980 ein entsprechendes Referendum an: Fast 60% befürworteten die Nutzung und den weiteren Ausbau der Kernenergie, während 38,6% der Stimmberechtigten sich dagegen aussprachen. Ende April/Anfang Mai 1980 erschütterte der seit Jahrzehnten härteste Konflikt zw. Arbeitnehmern und Arbeitgebern das Land. Im Mai 1981 verließ die Sammlungspartei die Koalition, unterstützte sie aber weiter. Die Reichstagswahlen vom Sept. 1982 und Sept. 1985 brachten wieder die sozialdemokrat. Partei unter Min.präs. O. Palme an die Regierung. Palme wurde am 28. Febr. 1986 von einem Unbekannten erschossen; sein Nachfolger wurde I. Carlsson.

**Politisches System:** S. ist eine konstitutionelle Erbmonarchie (seit 1809) mit parlamentar. Reg.system, deren Grundlage die Verfassung von 1975 ist. Formelles Staatsoberhaupt ist der König (seit Sept. 1973 Karl XVI. Gustav). Seine Funktion ist ausschließl. auf zeremonielle und repräsentative Aufgaben beschränkt. In beratender Funktion hat er den Vorsitz im parlamentar. Sonderausschuß des Reichstags für auswärtige Angelegenheiten und ist berechtigt, zu seiner Information Sondersitzungen der Reg. einzuberufen. Die *Exekutive* liegt bei der dem Parlament verantwortl. Reg., wobei bes. die verfassungsrechtl. starke Stellung des Min.präs. zu betonen ist. Er ernennt die Min., deren Ministerien als Abteilungen der übergeordneten Kanzlei des Reg.chefs gelten. Jeder einzelne Min. kann durch Mißtrauensvotum des Reichstags gestürzt, vom Min.präs. entlassen werden oder durch dessen Rücktritt sein Amt verlieren. Während der Amtszeit der Min. üben Stellvertreter ihr Stimmrecht und ihre Abg.tätigkeit aus. Die *Legislative* liegt allein beim Reichstag (349 auf 3 Jahre gewählte Abg.), der seit 1971 nur noch aus einer Kammer besteht. Durch das mit einfacher Stimmenmehrheit mögl. Mißtrauensvotum gegenüber einzelnen Min. oder der Reg. unterliegt die Exekutive der parlamentar. Kontrolle. Weitere Kontrollinstanzen gegenüber der Reg. sind der Verfassungsausschuß, der die Amtsführung nach verwaltungsmäßigen und jurist. Gesichtspunkten überprüfen kann, die vom Parlament bestellten 12 Reichstagsrevisoren und die Ombudsmänner. Zur Wahrung bürgerl. Rechte kontrollieren sie bei unbeschränkter Einsicht in alle Unterlagen die Maßnahmen der zivilen und militär. Behörden, der Justiz u.a. öffentl. Institutionen. Im Reichstag sind derzeit 5 *Parteien* vertreten: Die Socialdemokratiska Arbetarepartiet (Sozialdemokrat. Arbeiterpartei, SAP), gegr. 1889, jetzige Reg.partei in einer Minderheitenreg., die christl.-demokrat. Centerpartiet (Zentrumspartei, gegr. 1900), ferner die konservative Moderata Samlingspartiet (Gemäßigte Sammlungspartei, gegr. 1904), die sozialliberale Folkpartiet (Volkspartei, gegr. 1934) und die kommunist. Vänsterpartiet Kommunisterna (Linkspartei Kommunisten, VKP, gegr. 1917). Die wenigen, aber mitgliederstarken *Interessenverbände,* die teilweise

## schwedische Kunst

organisator. und personell mit den Parteien verbunden sind, haben großen Einfluß auf das polit. Geschehen. Einflußreichster Verband ist der Zentralverband der Gewerkschaften (Landsorganisationen i Sverige, LO; gegr. 1898), in dem in 24 Einzelgewerkschaften etwa 80% aller Lohn- und Gehaltsempfänger (95% der Arbeiter, 70% der Angestellten, insgesamt rd. 2 Mill. Arbeitnehmer) organisiert sind. Weitere wichtige Gewerkschaftsverbände gibt es für Beamte und öffentl. Angestellte (Tjänstemännens Centralorganisation, TCO) sowie für Akademiker (Sveriges Akademikers Centralorganisation, SACO). Mit dem Arbeitgeberverband (Svenska Arbetgivareföreningen, SAF; gegr. 1902) wurden eine Reihe arbeitsrechtl. und sozialer Probleme vertragl. geregelt, die die Gesetzgebung ersetzten oder ergänzten.
*Verwaltung:* S. ist in 24 Prov. (Län) unterteilt. Die Verwaltungsaufgaben werden vom Provinzialrat wahrgenommen, wobei der Reg.-präs. und 5 Mgl. von der Zentralreg., 5 Mgl. vom Provinziallandtag (Landsting) ernannt werden. Die Kommunalverwaltung erfolgt in 278 Großgemeinden. Das schwed. *Recht* geht zurück auf german. Recht und zu einem kleinen Teil auf röm. Recht. Die Rechtsprechung erfolgt durch die etwa 100 Gerichte 1. Instanz (Tingsrätter), zuständig für Zivil- und Strafsachen. Charakterist. sind die aus der ma. Tradition der Bauerngerichte stammenden Laienbeisitzer, die im Unterschied zu Schöffen auch in Rechtsfragen mit dem Richter beraten. Die 2. Instanz umfaßt die 6 Berufungsgerichte (Hovrätter). Darüber steht der Oberste Gerichtshof (Högsta domstolen), der über eine einheitl. Gesetzesauslegung zu wachen hat. Als unabhängige Kontrollinstanz fungieren zudem der „Justitiekansler", eingesetzt von der Reg., und die Ombudsmänner. Es gibt außerdem eine eigene Verwaltungs- und Finanzgerichtsbarkeit. Die *Streitkräfte* sind rd. 65 650 Mann stark (Heer 47 000, Marine 9 650, Luftwaffe 9 000). Als Reserve gibt es freiwillige Verteidigungsorganisationen in einer Stärke von rd. 735 000 Mann. Es besteht allg. Wehrpflicht; der Wehrdienst dauert bei Heer und Marine 7-15 Monate, bei der Luftwaffe 8-12 Monate.

📖 *John, B. S.: Scandinavia. A new geography. London u. New York 1984. - Buci-Glucksmann, C./Therborn, G.: Der sozialdemokrat. Staat. Dt. Übers. Hamb. 1982. - Petersen, H.: S. Bewährte Demokratie u. neue Zeit. Köln 1981. - Imber, W./Tietze, W.: S. Bern; Mchn. 1978. - Scott, F. D.: Sweden. The nation's history. Minneapolis (Minn.) 1977. - Gerhardt, M./ Hubatsch, W.: Deutschland u. Skandinavien im Wandel der Jh. Bonn ²1977. - Hofsten, E.: Swedish population history. Main trends from 1750 to 1970. Stockholm 1976. - Huntford, R.: Wohlfahrtsdiktatur: das schwed. Modell. Dt. Übers. Ffm. u. a. 1973. - Board, J. B.: Government and politics of Sweden. Boston (Mass.) u. New York 1970. - Gadolin, A. v.: S.: Gesch. u. Landschaften. Mchn. 1973. - Imhof, A. E.: Grundzüge der nord. Gesch. Darmst. 1970.*

**Schwedenklee** ↑ Klee.
**Schwedentrunk** ↑ Folter.
**Schwedisch,** zum nord. Zweig der german. Sprachen gehörende Sprache, die heute in Schweden und Teilen Finnlands gesprochen wird (insgesamt etwa 8 Mill. Sprecher). - Mit dem Beginn der Wikingerzeit (um 800) löste sich das S. aus dem Verband des Urnordischen; die ältesten sprachl. Quellen sind die etwa 2 500 Runendenkmäler Schwedens (↑ Runen). Die literar. Überlieferung setzte erst im 13. Jh. ein, die Landschaftsgesetze bildeten eine wichtige Quelle der damaligen Sprache. Dazu kam im späten MA die stark durch das Kloster Vadstena des Birgittenordens geprägte religiöse Literatursprache (Altschwedisch). Mit der Reformation begann die Epoche des Neuschwed.; 1526 erschien die erste Übersetzung des N. T., 1540/41 die „Gustav-Wasa-Bibel". Damit gewann die Sprache des Mälardistriktes an Einfluß. Während diese Bibelsprache altertüml. und feierl. war, brachte Olof von Dalins „Then swänska Argus" in erhöhtem Maße die umgangssprachl. Norm zur Geltung; damit begann das Neuschwed. i. e. S.; es ist geprägt von Ausgleichstendenzen, die begünstigt werden durch eine polit. und administrative Zentralisierung, eine lebhafte literar. Tätigkeit, Volksbildungsbewegungen u. ä. Daneben bestehen jedoch ausgeprägt dialektale Räume. Die histor. gewordene sprachgeograph. Gliederung wird jedoch überlagert durch das heutige Hochschwed. („Rikssprâk"), das die Geltung der Mundarten mehr und mehr einschränkt. Seit dem 18. Jh. haben wiederholte Orthographiereformen stattgefunden, um das graph. System dem gesprochenen Sprache anzupassen. Eine wichtige Funktion erfüllen hier die Wortlisten der Schwed. Akad., die seit dem Ende des 19. Jh. erscheinen und 1950 durch königl. Verordnung zur Norm für den offiziellen Sprachgebrauch erhoben wurden.

📖 *Wessén, E.: Schwed. Sprachgesch. Dt. Übers. Bln. 1970. 3 Bde.- Hammar, E.: Schwed. Gramm. Stockholm ²1967.*

**Schwedische Akademie** (Svenska akademien), 1786 nach dem Vorbild der Académie française von König Gustav III. gestiftete Gesellschaft mit 18 Mgl. zur Pflege der schwed. Sprache, Dichtung und Rhetorik mit Sitz in Stockholm. Seit 1901 verleiht die S. A. den Nobelpreis für Literatur.

**schwedische Kunst,** sie wurde zu allen Zeiten im wesentl. von dt., engl. und frz. Einflüssen bestimmt.
*Mittelalter:* Baukunst: Wie in Norwegen wurden im MA auch in Schweden hölzerne Stabkirchen gebaut (einziges erhaltenes Beispiel in Hedared [Verw.-Geb. Älvsborg, 13. Jh.]).

## schwedische Literatur

Frühe Steinkirchen entstanden in Sigtuna (am Mälarsee), Husaby (Verw.-Geb. Skaraborg), die „Wiege der schwed. Architektur", und Skara. 1145 wurde auf damals dän. Boden die Domkirche von Lund geweiht. Gegen Ende des 12. Jh. bauten Zisterzienser burgund. geprägte Klöster (Varnhem, Verw.-Geb. Skaraborg; Kirche geweiht 1250). Der Backstein als Baumaterial wurde von den Bettelorden aus N-Deutschland über Dänemark eingeführt (Gumlösa, Schonen, Sigtuna und Strängnäs). Aus Sachsen und Westfalen wurde die Hausteintechnik in Östergötland und auf Gotland heimisch (Visby). Nach gotländ. Vorbild wurde im 13. Jh. auch die Domkirche von Linköping geplant, der bed. Hallenchor wurde erst 1408 ff. durch den Kölner Meister Gerlach und seine ebenfalls rhein. Nachfolger errichtet. Der größte sakrale Bau Schwedens ist die Domkirche von Uppsala (13.–15. Jh.), sie ist von frz. Bauten beeinflußt. *Plastik*: Meisterwerke von hohem Rang entstanden in Gotland, z. B. das Triumphkreuz in Öja (um 1270) oder die Madonna aus Viklau (um 1150), auf dem Festland z. B. Maria und Johannes aus Edshult (Småland; um 1300) sowie die Muttergottes aus Mosjö (Närke; Mitte des 12. Jh.), heute alle in Stockholm im Histor. Museum. Nach 1400 wurde die Plastik Lübecks führend, insbes. wurde in der Nikolaikirche in Stockholm 1489 die Sankt-Georgs-Gruppe von B. Notke aufgestellt. *Malerei:* Ma. Wandmalereien sind aus dem 12.–15. Jh. überliefert, Albertus Pictor hat 1473–1509 etwa 20 Kirchen v. a. um den Mälarsee ausgemalt, so in Härkeberga und Täby (beide um 1480).

**Nachreformator. Kunst bis zum Klassizismus:** König Gustav I. berief v. a. fremde Fachleute für seine Schloßanlage in Gripsholm (1537 ff.), Uppsala (1547 ff.) und Kalmar (Ende des 16. Jh.). Willem Boyen aus Mechen (* um 1520, † 1592) schuf das Grabmal König Gustavs I. in der Domkirche von Uppsala (1562–70). Im 17. Jh. war v. a. der Adel Auftraggeber (Schloß Skokloster am Mälarsee, 1653 ff., für K. G. Wrangel; Grabkapellen). Der Franzose Simon de la Vallée (* um 1590, † 1642) begründete den Klassizismus der schwed. Großmachtzeit (Riddarhus in Stockholm, 1641 ff.). Sein Schüler N. Tessin d. Ä. entwarf den Plan für die Domkirche in Kalmar und begann 1662 den Neubau des Schlosses Drottningholm, sein Sohn, N. Graf Tessin d. J., den Neubau des Königl. Schlosses in Stockholm (1697 ff.). Auch in der Malerei wurden ausländ. Künstler, bes. Porträtisten, geschätzt, wie der Flame J. Hoefnagel (* 1575, † um 1630) oder der Hamburger D. K. Ehrenstrahl (* 1628, † 1698). Bed. schwed. Porträtisten waren L. Pasch d. Ä. (* 1702, † 1766) und A. Roslin († 1718, † 1793). Zw. Rokoko und Klassizismus steht Schwedens großer Bildhauer J. T. Sergel.

**19. und 20. Jahrhundert:** Ein bed. Maler der Romantik war C. J. Fahlcrantz. In der 2. Hälfte des 19. Jh. sind in der *Malerei* u. a. A. Hagborg (* 1852, † 1921), H. Birger (* 1854, † 1887), C. O. Larsson (* 1853, † 1919) zu nennen; der führende Impressionist war A. Zorn (* 1860, † 1920). Außerdem zeigten sich Einflüsse des Expressionismus, der abstrakten Malerei, des Surrealismus wie auch in jüngster Zeit des Neuen Realismus. Die neuere schwed. *Bildhauerei* vertritt bes. C. Miller (Orpheus-Brunnen, 1936, Stockholm), viele Künstler folgen auch hier der internat. Entwicklung. Am Beginn der neueren *Architektur* steht F. Boberg (* 1860, † 1946) mit kompakten Bauten (Postgebäude in Stockholm, 1904, und Malmö, 1906). Ein Denkmal der nat. Romantik ist das Rathaus in Stockholm (1909–23) von R. Östberg. Bed. wegweisende moderne Architekten waren O. Almqvist und E. G. Asplund, führend ist Schweden im modernen Siedlungsbau (O. Almqvist, S. Backström, S. G. Markelius). - Abb. S. 20. ⊞ *Reclams Kunstführer Schweden. Ditzingen 1985. - Kusch, E.: Alte Kunst in Skandinavien. Nürnberg 1964.*

**schwẹdische Literatur,** Zeugnisse aus der Epoche vor der Christianisierung (vor 1100 n. Chr.) finden sich auf den zahlr. schwed. Runensteinen (Heldenlieder, Götterhymnen, Spruchdichtung).

**Mittelalter:** Mit der Christianisierung kamen lat. Sprache und Schrift sowie Rechtsbücher nach Schweden. Die religiöse Literatur fand ihren Höhepunkt in den myst. Visionen der hl. Birgitta. Zur weltl. muttersprachl. Literatur zählen Reimchroniken und Ritterepen. Erster bed. Dichter in schwed. Sprache war Bischof Thomas von Strängnäs († 1443). Die erst im 19. Jh. gesammelten Volksballaden entwickelten sich aus mündl. Literatur am Ende des 13. Jahrhunderts. Die Geschichtsschreibung des Erzbischofs Olaus Magnus (* 1490, † 1558) zeigte bereits den Einfluß von Humanismus und Renaissance.

**Reformationszeit** (1520–1600): Die zunächst stark polem. Reformationsliteratur (O. und L. Petri) erhielt durch die Bibelübersetzungen ihr volkssprachl. Fundament.

**Großmachtzeit** (1611–1718): Die Epochenbezeichnungen in der schwed. Literaturgeschichte nach 1600 sind seit jeher mehr von der polit. Geschichte als von den gleichzeitigen literar. Strömungen Europas geprägt worden. Künste und Wiss. wurden vom schwed. Hof gefördert und dort zentralisiert. Parallel zu dieser Öffnung nach Europa entwickelte sich eine kulturelle Selbstbestimmung, der „Götizismus". Das enzyklopäd.-polyhistor. Bewußtsein der Epoche spiegelte v. a. der Universalgelehrte O. Rudbeck. Während der volkstüml. Lyriker L. Wivallius (* 1605, † 1669) noch in der muttersprachl. Tradition stand, waren später die Vertreter

## schwedische Literatur

einer europ. beeinflußten rhetor.-repräsentativen Kunstdichtung dominierend, u.a. G. Stiernhielm (* 1598, † 1672), L. Johansson (* 1638, † 1674), J. Runius (* 1679, † 1713), G. Dahlstierna (* 1661, † 1709).
**Aufklärung** (1718–72): Mit dem Beginn des 18. Jh., der sog. „Freiheitszeit", verdrängten frz. und engl. Einflüsse die kulturelle Dominanz der Deutschen. Einheit und Divergenz der Epoche zeigten sich in der naturwiss. Systematik C. von Linnés und in der religiös-phantast. Mystik E. Swedenborgs; O. von Dalin als Begründer der modernen schwed. Prosasprache, J. H. Mörk (* 1714, † 1763), der erste Humorist J. Wallenberg (* 1746, † 1778). Eine akadem. Stilrichtung vertraten die Mgl. des „Ordens der Gedankenbauer": H. C. Nordenflycht (* 1718, † 1763), G. P. Graf Creutz (* 1731, † 1785), C. Graf Gyllenborg. Größter Dichter des Jh. war C. M. Bellman.
**Klassizismus (Rokoko)** (1772–1809): Wichtig waren die Gründungen der Stockholmer Oper (1772) und des Theaters (1787) sowie der Schwed. Akademie (1786) durch König Gustav III., der selbst Opern und Dramen verfaßte. Die Dichter J. G. Graf Oxenstierna, J. H. Kellgren und C. G. af Leopold (* 1756, † 1829) sowie die Idyllikerin A. M. Lenngren verteidigten den klass. frz. Geschmack gegen die von Rousseau und vom dt. Sturm und Drang beeinflußten B. Lidner (* 1757, † 1793) und T. Thorild (* 1759, † 1808).
**Romantik** (1810–30): Zwei Hauptrichtungen waren prägend: eine von Schelling beeinflußte romant. Universalpoesie, vertreten durch den „Auraraförbundet" (Mgl. waren u.a. P. D. A. Atterbom, L. Hammarskjöld, * 1785, † 1827, V. F. Palmblad, * 1788, † 1852) und eine auf den Götizismus des 17. Jh. zurückgehende Nationalromantik des „Got. Bundes", dem u.a. E. G. Geijer, A. A. Afzelius und P. H. Ling, E. Tegnér und E. J. Stagnelius angehörten. Keiner Richtung gehörte F. M. Franzén an.
**Liberalismus** (1830–80): Die Ideen des europ. Liberalismus bewirkten ab 1830 eine langsame Ablösung romant. Dichtungsideale durch einen sozialen Realismus v.a. durch C. J. L. Almqvist, F. Cederborgh (* 1784, † 1835), J. L. Runeberg, Z. Topelius (* 1818, † 1898). Entschiedene Sozialkritik übte E. Flygare-Carlén (* 1807, † 1892), nachromant. Lyrik verfaßten C. V. Böttiger (* 1807, † 1878) und B. E. Malmström (* 1816, † 1865); O. P. Sturzen-Becker (* 1811, † 1869) und K. V. A. Strandberg (* 1818, † 1877) verfaßten polit. Lieder und Schriften. Den vordringenden Nationalismus bekämpften u.a. C. D. af Wirsén (* 1847, † 1912) und der Ästhetiker C. R. Nyblom (* 1832, † 1907). Außerhalb der literar. Bewegungen stand V. Rydberg.
**Naturalismus, Impressionismus und Symbolismus** (1880–1910): Überragende Gestalt war zunächst A. Strindberg, der den Naturalismus in Schweden einleitete, eine bed. naturalist., später symbolist.-myst. Dramatik schuf und die Entwicklung des modernen Dramas vom Expressionismus über den Surrealismus bis zum absurden Theater entscheidend beeinflußte. Zus. mit G. af Geijerstam (* 1858, † 1909) stand v.a. die Gruppe „Das junge Schweden" in einer gemeinsamen realist.-radikalen Front gegen den „romant. Nachklang" und den Konservatismus: der Lyriker A. U. Bååth (* 1853, † 1912), der Journalist und Dramatiker T. H. Hedberg, die Erzähler O. Hansson, A. C. Leffler, K. A. Tavaststjerna; fast alle vollzogen in den 1890er Jahren die Wendung zum Impressionismus und Symbolismus mit. V. von Heidenstam wandte sich 1889/90 zus. mit Levertin gegen den „Schuhmacherrealismus" und forderte eine Verinnerlichung der Literatur; neuromant. Gefühl, Geschichtsbewußtsein und Heimatliebe reflektierten G. Fröding, S. Lagerlöf, V. Ekelund, A. J. Österling, H. Söderberg, B. H. Bergman und E. Key.
**20. Jahrhundert**: Die psycholog. vertiefte Gesellschaftsschilderung im 2. Jahrzehnt des 20. Jh. begründete eine bis in die Gegenwart fortwirkende Tradition sozialkrit. Dichtung: L. Nordström, E. Wägner, S. Siwertz, S. Lidman stellten das Bürgertum dar, H. Hedenvind-Eriksson (* 1880, † 1967), E. Lindorm, die Arbeitswelt. Eine Wendung ins Religiöse zeigte sich v.a. bei D. Andersson. Eine subjektivist. Richtung vertrat H. F. E. Bergman. Sensitive Lyrik verfaßten u.a. V. Ekelund, A. J. Österling, B. Malmberg, K. M. Boye, während B. Sjöberg die Lyrik einem formalen Modernismus zuführte. Vom dt. Expressionismus beeinflußt, wandelte P. F. Lagerkvist den unverbind. Humanismus in pazifist. Bekenntnisdichtung, deren antifaschist. und christl. Elemente nach 1933 bzw. 1945 bed. Einfluß auf die schwed. Geistesgeschichte hatte. Aus einer Vielzahl von Programmen der 1920er und 1930er Jahre der 1929 verkündete Primitivismus der „Fünf Jungen" N. A. Lundkvist, H. Martinson, G. Sandgren, E. Asklund (* 1908, † 1980), J. Kjellgren (* 1907, † 1948) hervor. Zykl. Romane verfaßten A. von Krusenstjerna, V. Moberg, I. Lo-Johansson, M. Martinson; bed. Prosaisten sind auch E. Johnson, C. O. Hedberg, S. Stolpe, S. H. Dagerman, L. Ahlin, L. J. W. Gyllensten. Die konkretist. Experimente der 1950er Jahre mündeten in den 1960er Jahren in eine neue linksorientierte, sozial engagierte Literatur ein; die polit. Inhalte (Vietnamkrieg, Dritte Welt u.a.) verlangten nach neuen literar. Formen wie dem v.a. von P. O. Sundman vertretenen Dokumentarroman; bed. auch Sara Lidman, P. Wästberg, G. Sonnevi, J. Myrdal. Die Drehbücher des Regisseurs I. Bergman öffneten die Gattungsgrenzen zw. Film und Literatur.

## schwedische Literatur

Schwedische Kunst.
Links (von oben):
Albertus Pictor,
Glücksrad (um 1480). Gewölbemalerei
in der Vorhalle der Kirche von
Härkeberga; Alexander Roslin,
Jean-François Marmontel (1767).
Paris, Louvre; rechts: Muttergottes
aus Mosjö (Närke; Mitte
des 12. Jh.). Stockholm,
Historisches Museum

Gesellschaftl. Probleme bestimmen auch die Literatur der 1970er Jahre, v. a. in den Romanen von P. G. Evander (* 1933), S. Claesson (* 1928), S. Seeberg (* 1938), L. Molin (* 1942), in der Lyrik von G. Sonnevi, B. Julén (* 1927), R. Ekner (* 1929), P. Bergman (* 1934).

**Finnlandschwedische Literatur:** Schwedisch schreibende finn. Dichter der Barockzeit waren J. O. Lilienstedt (* 1655, † 1732) und J. Frese (* 1691, † 1729). Eine spezif. finnlandschwed. Bewegung entwickelte sich mit der nat. gestimmten Åbo-Romantik"; bed. Vertreter waren u. a. F. M. Franzén, E. Lönnrot, J. L. Runeberg, in dessen Werk sich die Tendenzen der finnlandschwed. Literatur des 19. Jh. vereinigten: Vermischung von Klassik, Romantik und Liberalismus in Verbindung mit einer patriot.-finn. Gesinnung. Der Wandel vom Realismus zum Naturalismus vollzog sich um 1885 (K. A. Tavaststjerna). Nach der finn. Unabhängigkeitserklärung (1917) wurde der europ. Modernismus vorherrschender Schreibstil, u. a. bei H. Olsson, E. I. Södergran. Romane verfaßten T. Colliander (* 1904) und S. Salminen. Die Orientierung an schwed. Vorbildern wird bes. nach 1945 deutl., v. a. in der Lyrik von B. Carpelan (* 1926) und T. Warburton (* 1918). Bed. Prosaautor ist C. Kihlman (* 1930) mit seiner Kritik am finnlandschwed. Provinzialismus. Die sozialkrit. Sachliteratur der 1960er Jahre repräsentiert J. Donner (* 1933) mit krit. Reportagen.

📖 *Nord. Literaturgesch.* Hg. v. M. Brøndsted

u.a. Dt. Übers. v. H. K. Fink. Mchn. 1982–1984. 2 Bde. - *Grundzüge der neueren skandinav. Literaturen.* Hg. v. F. Paul. Darmst. 1982.

**schwedische Musik**, von der Volksmusik des MA sind keine direkten Quellen erhalten. Der seit dem 11. Jh. gepflegte Gregorian. Gesang blieb an das von außen übernommene Repertoire gebunden. Das reformator. Kirchenlied stand zunächst unter starkem dt. Einfluß; erst das 1697 gedruckte Melodiepsalmbuch von Rudbeck-Vallerius zeigt eigenständige Züge. Das heutige schwed. Volkslied ist weitgehend durch das Schaffen A. F. Lindblads (* 1801, † 1878) geprägt. Ausländ. Einflüsse prägten auch die höf. Musik (Hofkapelle seit 1526, Hofkantorei seit Ende des 16. Jh.). Die erste bekannte mehrstimmige Komposition mit schwed. Text („Fader vår") schrieb der Italiener V. Albrici (* 1631, † 1696), die „Odae sveticae" (1674) in monod. Stil G. Düben (* 1624, † 1690). Die Regierungszeit Gustav III. und Gustav IV. Adolf brachte eine bes. Blüte, u.a. 1771 die Gründung der Musikakademie, 1771 die der Hofoper, an der ausländ. Musiker wie J. G. Naumann („Gustaf Wasa", 1786; erste schwed. Oper), G. J. Vogler dominierten. Der erste bed. schwed. Komponist von internat. Rang war J. H. Roman. Unter dt. Einfluß stand F. Berwald, mit dem sich nach 1850 eine nat. Schule entwickelte, u.a. E. Sjögren (* 1853, † 1918), W. Stenhammar (* 1871, † 1927), H. Alfvén. Nat. Elemente betonten auch die Spätromantiker, u.a. T. Rangström, K. M. Atterberg. An der internat. Moderne, bes. am Neoklassizismus orientierten sich seit den 1920er Jahren u.a. G. Nyström (* 1890, † 1966), H. Rosenberg, D. Wirén (* 1905). Zeitgenöss. Musik vertreten v.a. K.-B. Blomdahl, S.-E. Bäck, I. Lidholm, B. Hambraeus und B. Nilsson.

**Schwedische Reichsbank** (Sveriges riksbank), Zentralnotenbank Schwedens, Sitz Stockholm. Die S. R. (1686 gegründet) ist die älteste Zentralbank der Welt.

**Schwedt/Oder**, Ind.stadt in der sö. Uckermark, Bez. Frankfurt, DDR, 4 m ü. d. M., 51 600 E. Petrochem. Kombinat, Papier- und Zellstoffwerk, Rohtabakverarbeitung. - Bei einer im 12.Jh. erbauten Burg um 1250 entstanden, 1265 als Stadt belegt; 1689–1788 Sitz der Nebenlinie Schwedt der brandenburg. Hohenzollern.

**Schwefel**, chem. Symbol S; nichtmetall. Element aus der VI. Hauptgruppe des Periodensystems der chem. Elemente, Ordnungszahl 16, mittlere Atommasse 32,064. S. tritt in mehreren allotropen Modifikationen auf: bei Normaltemperatur in leuchtend gelben, rhomb. Kristallen (Dichte 2,07 g/cm³, Schmelzpunkt 112,8 °C; α-*Schwefel*), oberhalb 95,6 °C als monoklin kristallisierender hellgelber β-*Schwefel* (Dichte 1,957 g/cm³, Schmelzpunkt 119 °C), oberhalb 119 °C bildet S. eine leicht bewegl., gelbe Flüssigkeit (λ-*Schwefel*), die ab 160 °C in eine rotbraune, viskose Masse übergeht. Ab 200 °C nimmt die Viskosität der Schmelze ab, bei 444,6 °C verdampft Schwefel. Beim Abschrecken der Schmelze entsteht plast. Schwefel (λ-*Schwefel* und amorpher μ-*Schwefel*). α-, β- und λ-Schwefel enthalten ringförmige Moleküle, $S_8$, während sich in der Schmelze mit zunehmender Temperatur länger werdende Kettenmoleküle bilden, die die Viskositätszunahme bewirken, oberhalb 200 °C jedoch wieder aufgebrochen werden. S. kommt in den Wertigkeitsstufen −2, +2, +4 und +6 vor. An der Luft entzündet er sich bei 260 °C und verbrennt zu S.dioxid, $SO_2$. S. ist in der Erdkruste zu 0,048 Gew.-% enthalten und steht in der Häufigkeit der chem. Elemente an 15. Stelle. In der Natur kommt S. in vulkan. Gebieten gediegen und v.a. in zahlr. Erzen und Mineralen gebunden vor (z. B. im Pyrit, Kupferkies, Bleiglanz und der Zinkblende sowie in Sulfaten). S. ist auch Bestandteil von Kohle, Erdöl und Erdgas und in zahlr. natürl. organ. Verbindungen, wie Aminosäuren (Methionin, Cystein), Enzymen (Coenzym A), Vitaminen (Thiamin) und Antibiotika (Penicillin) enthalten. Gediegener S. wird im Tage- oder Untertagebau abgebaut bzw. durch das Frasch-Verfahren († Frasch) gewonnen. Der verunreinigte Roh-S. wird durch Umschmelzen und Destillieren gereinigt und fällt je nach den Kondensationsbedingungen als feines Pulver *(sublimierter S., S.blüte, S.blume)* oder als flüssiger S. an, den man in Formen erstarren läßt. Eine große Rolle bei der Gewinnung von S. spielt der in Erd-, Kokerei- und Raffineriegasen enthaltene S.wasserstoff, $H_2S$. S.

Schwefelkristalle

# Schwefelbakterien

wird zur Herstellung von Sulfiten, S.kohlenstoff, S.farbstoffen, Thiosulfaten, Polysulfiden sowie zur Vulkanisation von Kautschuk verwendet. S. reagiert mit Proteinen unter Bildung von giftigem S.wasserstoff und wird daher bei Pilzerkrankungen der Haut, bei Krätze und (in Form der S.kalkbrühe) zur Bekämpfung pflanzenpathogener Pilze angewandt.

**Geschichte:** S. war in elementarer Form schon im Altertum bekannt. Plinius d. Ä. erwähnt „S.dämpfe" (S.dioxid) zum Bleichen von Tuch. Seit dem MA wurde S. zur Herstellung von Schwarzpulver verwendet. A. L. de Lavoisier zählte S. zu den chem. Elementen.

📖 *Organic sulphur chemistry. Hg. v. C. J. M. Stirling. London 1976.* - *Topics in sulfur chemistry. Hg. v. A. Senning. Stg. 1976–77. 3 Bde.* - *Maas, K.: Themen zur Chemie des S. Hdbg. 1975.*

**Schwefelbakterien,** Bakterien, die Schwefel, Schwefelwasserstoff u. a. Schwefelverbindungen oxidieren. Die Oxidationsenergie wird zur ↑Chemosynthese (z. B. bei Thiobazillen) verwendet. Die phototrophen S. (z. B. Chlorobakterien) benutzen den Schwefel als Elektronendonator bei der Photosynthese (statt Wasser).

**Schwefelblüte** (Schwefelblume) ↑Schwefel.

**Schwefelchloride,** Verbindungen des Schwefels mit Chlor; wichtig ist das **Dischwefeldichlorid,** $S_2Cl_2$, eine orangegelbe, erstickend riechende Flüssigkeit, die als gutes Lösungsmittel für Schwefel bei der Vulkanisation von Kautschuk verwendet wird.

**Schwefeldioxid** ↑Schwefeloxide.

**Schwefelfarbstoffe,** hochmolekulare, amorphe, braune, blaue, gelbe oder schwarze Farbstoffe, die durch Erhitzen substituierter aromat. oder heterocycl. Verbindungen (Benzol-, Naphthalin-, Phenazin- oder Carbazolderivate) mit Schwefel oder schwefelabgebenden Substanzen (z. B. Natrium[poly]sulfid) entstehen und nur in wäßriger Natriumsulfidlösung lösl. sind; sie dienen zum Färben von Pflanzenfasern.

**Schwefelfreie Purpurbakterien** (Athiorhodaceae), Fam. begeißelter, orange, rot oder gelbgrün gefärbter Purpurbakterien (Stäbchen oder Spirillen). Sie können anaerob als phototrophe Bakterien leben (mit organ. Säuren, Wasserstoff oder Thiosulfaten als Elektronendonatoren bei den Stoffwechselprozessen), oder sie können aerob als heterotrophe Bakterien im Dunkeln oder im Licht leben und werden dann farblos. Sie sind in Binnengewässern weit verbreitet.

**Schwefelkies,** svw. ↑Pyrit.

**Schwefelkohlenstoff** (Kohlen[stoff]-disulfid), $CS_2$, farblose, stark lichtbrechende, nach längerer Lagerung unangenehm riechende, sehr giftige Flüssigkeit, die als Lösungsmittel für Wachse, Öle, Fette, Harze, Schwefel und Phosphor sowie zur Herstellung von Viskose und Tetrachlorkohlenstoff dient.

**Schwefelkopf** (Nematoloma), in M-Europa mit rd. 10 Arten vertretene Gatt. der Lamellenpilze; mit rötl., schwefel- oder grüngelbem Hut, anfangs gelbl., später grauvioletten bis dunkelbraunen Lamellen, schlankem Stiel und mehr oder weniger deutl. ausgeprägtem Ring; meist gruppenweise auf Laub- und Nadelholzstümpfen, z. B. der von Frühling bis Spätherbst bes. auf Fichtenstümpfen gehäuft wachsende **Rauchblättrige Schwefelkopf** (Nematoloma capnoides); blaß ockergelb, Hut gewölbt, blaßgelb, in der Mitte braungelb; Speisepilz. Ebenfalls eßbar ist der von Sept. bis Nov. büschelig, oft dicht gedrängt auf morschen Laubholzstümpfen wachsende **Ziegelrote Schwefelkopf** (Nematoloma sublateritium); Hut 5–12 cm breit, ziegelrot mit blaßgelbem Rand. Wegen seines bittern Geschmacks ungenießbar ist die büschelig wachsende **Grünblättrige Schwefelkopf** (Nematoloma fasciculare), der auf Eichen- und Buchenstümpfen wächst: Hut bis 6 cm groß, dünnfleischig, schwefelgelb bis ockerbraun; Lamellen schwefelgelb bis grüngrau.

**Schwefelleber** (Kali-S., Badeschwefel, Kalium sulfuratum), Gemisch aus Kaliumpolysulfiden und Kaliumthiosulfat; bildet braune bis gelbgrüne Stücke, die in wäßriger Lösung feinverteilten Schwefel abgeben; werden für Bäder bei Hautkrankheiten verwendet.

**Schwefeln,** zum Bleichen von Textilien, zur Konservierung und Farberhaltung von Obstprodukten sowie in der Kellereiwirtschaft zur Sterilisierung von Geräten und zur Unterbindung unerwünschter enzymat. oder nichtenzymat. Reaktionen angewandte Behandlung mit gasförmigem oder in Wasser gelöstem Schwefeldioxid bzw. mit Sulfit-, Hydrogensulfit- oder Disulfitlösungen.

**Schwefeloxide,** die Verbindungen des Schwefels mit Sauerstoff. Das wichtigste S. ist das gasförmige, farblose, stechend riechende *Schwefeldioxid,* $SO_2$, das v. a. beim Abrösten sulfid. Erze gewonnen und zur Herstellung von Schwefelsäuren, in der Zellstoffind., bei der Sulfochlorierung sowie zum Schwefeln verwendet wird. Da es in den Abgasen schwefelhaltiger Brennstoffe (Erdgas, Heizöl, Kohle) enthalten ist, spielt es als luftverunreinigender Schadstoff (Beschleunigung von Korrosion, Zerstörung von Fassaden, Verätzung der Schleimhäute) eine große Rolle. Weitere S. sind das feste *Schwefeltrioxid,* $SO_3$, ein Zwischenprodukt bei der Schwefelsäureherstellung, das gasförmige *Schwefelmonoxid,* $SO$, *Dischwefeloxid,* $S_2O$, *Dischwefeltrioxid,* $S_2O_3$, und die festen polymeren S. *Dischwefelheptoxid,* $S_2O_7$, sowie *Schwefeltetroxid,* $SO_4$.

**Schwefelporling** (Eierporling, Polyporus sulphureus), vom Frühjahr bis in den Sommer recht häufig an Laubbäumen auftretender, parasit. Pilz (Porling); Hut mit kurzem, strunkartigem Stiel, schwefel- bis orangegelb, 30 bis 40 cm groß; Poren schwefelgelb, fein; Fleisch jung gelbl., saftig; eßbar.

**Schwefelpurpurbakterien** (Thiorhodaceae), zu den Purpurbakterien zählende Fam. von gramnegativen, begeißelten, phototrophen Bakterien, die Schwefelwasserstoff oder elementaren Schwefel oxidieren; leben in anaeroben Gewässerzonen.

**Schwefelquellen**, Wässer mit einem Schwefelgehalt von mindestens 1 mg/l in Form von Schwefelwasserstoff und anderen Schwefelverbindungen.

**Schwefelritterling** (Tricholoma sulphureum), verbreiteter, mittelgroßer, schwefelgelber Ritterling der herbstl. Laubwälder; mit voneinander relativ weit entfernt stehenden, dicken Lamellen; von unangenehmem, gasartigem Geruch (Schwefeldioxid); Hutmitte oft bräunlichgelb; ungenießbar.

**Schwefelsauerstoffsäuren**, Sauerstoffsäuren, deren Moleküle Schwefel (in verschiedenen Wertigkeitsstufen) als Zentralatom enthalten. Es werden zwei Reihen von S. mit den allg. Formeln $H_2SO_n$ und $H_2S_2O_n$ *(Dischwefelsäuren)* unterschieden. Zur ersten Reihe (mit n = 2, 3, 4, 5) gehören: die *Sulfoxylsäure*, $H_2SO_2$, (Salze: *Sulfoxylate*), die *schweflige Säure*, $H_2SO_3$, (Salze: *Sulfite*), die *Schwefelsäure*, $H_2SO_4$, (Salze: *Sulfate*) und die *Peroxomonoschwefelsäure (Carosche Säure)*, $H_2SO_5$, (Salze: *Peroxosulfate*). Zur zweiten Reihe (mit n = 4, 5, 6, 7, 8) zählen die *dithionige Säure (hyposchweflige Säure)*, $H_2S_2O_4$, (Salze: *Dithionite, Hyposulfite*), die *dischweflige Säure*, $H_2S_2O_5$, (Salze: *Disulfite*), die *Dithionsäure*, $H_2S_2O_6$, (Salze: *Dithionate, Hyposulfate*), die *Dischwefelsäure (Pyroschwefelsäure)*, $H_2S_2O_7$, (Salze: *Disulfate*) und die *Peroxodischwefelsäure*, $H_2S_2O_8$, (Salze: *Peroxodisulfate*). Nur die Schwefelsäure, Dischwefelsäure, Peroxomono- und Peroxodischwefelsäure sind in freiem Zustand bekannt; die übrigen S. existieren nur in Form ihrer Salze. Durch Austausch eines Sauerstoffatoms durch ein Schwefelatom entstehen die *thioschweflige Säure*, $H_2SO_2$, (Salze: *Thiosulfite*), die *Thioschwefelsäure*, $H_2S_2O_3$, (Salze: *Thiosulfate*) und die *Thiodischwefelsäure (Trithionsäure)*, $H_2S_2O_6$, (Salze: *Thiodisulfate*). Polythionsäuren, $H_2S_{3+n}O_6$ (n = 1, 2, 3 usw.), entstehen durch Einlagerung weiterer Schwefelatome in die Thiodischwefelsäure.

**Schwefelsäure**, $H_2SO_4$, die Sauerstoffsäure des sechswertigen Schwefels. Wasserfreie S. ist eine farblose, ölige Flüssigkeit, Dichte 1,845 g/cm³, Schmelzpunkt 10 °C, Siedepunkt 338 °C. Sog. „rauchende S." (↑ Oleum) enthält große Mengen an gelöstem Schwefeltrioxid, $SO_3$, konzentrierte S. ist 96 %ig, Akkumulatorensäure 30%ig, verdünnte S. etwa 16%ig. S. ist außerordentl. hygroskopisch (sie wirkt auf organ. Substanzen verkohlend) und löst sich unter starker Wärmeentwicklung in Wasser; S. darf nur durch Eingießen in kaltes Wasser verdünnt werden, niemals umgekehrt, da es sonst zum Verspritzen heißer S. kommt. S. ist eine starke zweibasige Mineralsäure, sie bildet als Salze die primären sauren *Hydrogensulfate* (Bisulfate) und die neutralen *Sulfate*, deren natürl. Vorkommen (Sulfatminerale) die Grundlage vieler großtechn. Synthesen bilden. Bei der Herstellung von S. wird Schwefeldioxid, $SO_2$, das beim Rösten sulfid. Erze entsteht, zu $SO_3$ oxidiert. Beim älteren *Nitrose-* oder *Stickoxidverfahren* wird $SO_2$ durch den sog. Gloverturm geleitet und reagiert mit nitroser Säure. Die dabei entstehende 80 %ige S. *(Gloversäure)* wird abgezogen. Im anschließenden *Bleikammerverfahren* bzw. beim heute gebräuchl. *Turmverfahren* wird überschüssiges $SO_2$ mit Hilfe von Stickoxiden zu $SO_3$ oxidiert, das durch Einsprühen von Wasser zu S. *(Kammersäure)* gelöst wird. Die Stickstoffoxide werden mit Gloversäure wieder zu nitroser Säure umgesetzt. Heute wird S. v. a. nach dem *Kontaktverfahren* hergestellt, wobei gereinigtes $SO_2$ über Vanadinpentoxidkatalysatoren bei 500 °C zu $SO_3$ oxidiert wird. Das abgekühlte Gas wird durch 98 %ige S. geleitet und das $SO_3$ unter Bildung von Dischwefelsäure absorbiert; durch Verdünnen mit Wasser enthält man S. jeder gewünschten Konzentration. Ein mit der Herstellung von Zement gekoppeltes Verfahren zur Herstellung von S. ist das *Gips-S.-Verfahren (Müller-Kühne-Verfahren)*, wobei man durch Erhitzen von Gips mit Kohlenstoff $SO_2$ erhält, das katalyt. zu $SO_3$ oxidiert und mit Wasser zu S. umgesetzt wird. Die Hälfte der erzeugten S.menge wird zur Herstellung von Düngemitteln verwendet; ferner dient S. als Akkumulatorensäure, zur Herstellung von Phosphor- und Salzsäure, Sulfonsäuren sowie (als Bestandteil von Nitriersäure) Nitroverbindungen.

*Geschichte:* S. wird um 1300 in der alchimist. Literatur erwähnt. Um 1746 wurde sie erstmals in Großbrit. nach dem Bleikammerverfahren hergestellt. Ab 1875 konnte das Kontaktverfahren nach Arbeiten von R. Knietsch in den großtechn. Maßstab übertragen werden.

 *Sittig, M.*: Sulfuric acid manufacture and effluent controll. Park Ridge (N. J.) 1971. - *Kusnezow, D. A.*: Die Herstellung der S. Dt. Übers. Lpz. 1953.

**Schwefeltrioxid** ↑ Schwefeloxide.

**Schwefelwasserstoff** (Wasserstoffsulfid), $H_2S$, farbloses, unangenehm riechendes, sehr giftiges, mäßig wasserlösl. Gas, das bei der Zersetzung von Eiweiß entsteht, im Erdgas und Erdöl sowie in vulkan. Gasen und Schwefelquellen enthalten ist. Als schwache zweibasige Säure bildet S. zwei Salzreihen, die *sauren Sulfide* (primäre Sulfide, Hydrogensulfide) mit der Formel Me'HS und die *neutralen Sulfide*

# Schwefelwasserstoffgruppe

(sekundäre Sulfide) mit der Formel $Me_2'S$. Schwermetallsulfide kommen in der Natur in vielen Mineralen vor (↑Sulfidminerale).

**Schwefelwasserstoffgruppe,** in der chem. Analyse Bez. für Metallionen, die in saurer Lösung durch Schwefelwasserstoff unter Sulfidbildung ausgefällt werden (z. B.: Sn, Pb, As, Sb, Bi, Cu, Cd u. a.).

**schweflige Säure,** $H_2SO_3$, durch Einleiten von Schwefeldioxid in Wasser entstehende schwache Säure. Da das temperaturabhängige Gleichgewicht zw. Schwefeldioxid und s. S. stark auf der Seite des Schwefeldioxids liegt, kann die s. S. als solche nicht isoliert werden. Sie bildet 2 Salzreihen, die sauren Sulfite (primäre Sulfite, Hydrogensulfite) mit der Formel $Me'HSO_3$ und die neutralen Sulfite (sekundäre Sulfite) mit der Formel $Me_2'SO_3$. Die Sulfite wirken stark reduzierend. Calciumhydrogensulfit hat techn. Bed. für die Gewinnung von Zellstoff nach dem Sulfitverfahren, weitere Sulfite werden als Bleichmittel und Antioxidanzien verwendet.

**Schwegel,** im MA zunächst Bez. für verschiedene Holzblasinstrumente, später v. a. für Flöten, seit dem 16./17. Jh. speziell für eine zylindr. gebohrte, eng mensurierte Schnabelflöte mit drei Grifflöchern, vom 13. bis 17. Jh. v. a. als Instrument der Spielleute, in S-Frankreich und in den bask. Provinzen bis heute als Volksinstrument in Gebrauch. Er wurde mit der linken Hand (*Einhandflöte*) gespielt, während die rechte eine am linken Arm oder an der Schulter befestigte kleine Trommel schlug. – Im Oberdeutschen Bez. für die ↑Querpfeife. – In der Orgel ein Register mit offenen, meist zylindr. Labialpfeifen von mittelweiter Mensur, meist zu 4-, 2- und 1-Fuß.

**Schweidnitz** (poln. Świdnica), Stadt in der Weistritz, Polen', 247 m ü. d. M., 57 000 E. Trachtenmuseum, Kaufmannsmuseum und Theater. Metallverarbeitung, Textil-, Leder-, Holz- und Nahrungsmittelind. - Erste Erwähnung 1250, vor 1267 Stadtrecht; 1291-1392 Sitz einer Nebenlinie der niederschles. Piasten. - Spätgot. Pfarrkirche (14./15. Jh.) mit 103 m hohem Kirchturm (höchster Schlesiens), ev. Friedenskirche (1656).

**Schweifaffen** (Sakis, Sakiwinkis, Pithecia), Gatt. der Kapuzineraffenartigen mit 2 Arten in Wäldern des zentralen und nw. S-Amerika; Fell grob und langhaarig; Schwanz lang und buschig; Gesicht weitgehend nackt; Körper schlank, mit langen Gliedmaßen; gut springende Baumbewohner. Etwa 40 cm lang, grau und weiß meliert ist der **Mönchsaffe** (Zottelaffe, Pithecia monachus); mit langen Schulterhaaren und perückenähnl. Kopffell.

**schweifen,** einen Blechstreifen durch Streckschmieden einer Längshälfte krümmen.

**Schweifrübe** (Schwanzrübe), der kurze, dicke, basale, von den Schwanzwirbeln gebildete Teil des Schweifs der Pferde.

**Schweigen,** eine Verhaltensweise des Menschen, die sich in der Religionsgeschichte als Ausdruck der Ehrfurcht und als eigtl. gottgewollte Haltung findet. In der Mystik ist S. ein Mittel der Meditation, im Mönchtum oft eine asket. Forderung, die ebenso für das ind. Mönchtum gilt wie für das christl., das sie in den Orden der Kartäuser und Trappisten am strengsten befolgt.

**Schweigepflicht,** für Angehörige bestimmter Berufe oder Amtsträger bestehende Verpflichtung, Geheimnisse, die ihnen in Ausübung ihres Berufes oder Amtes anvertraut wurden, nicht zu offenbaren. Die S. trifft insbes. Ärzte, Apotheker, Berufspsychologen, Rechtsanwälte und Notare sowie die Angehörigen bestimmter Beratungsstellen und Versicherungen, ebenso für Amtsträger, Mgl. der Personalvertretungen und Betriebsräte, der Gesetzgebungsorgane des Bundes und der Länder. Für diesen Personenkreis ist die unbefugte Offenbarung von Geheimnissen strafbar. Ein Bruch der S. kann aber zur Verhinderung geplanter bes. schwerer Straftaten im Einzelfall geboten sein. Für Geistliche gilt das ↑Beichtgeheimnis, für Banken das ↑Bankgeheimnis.

**Schweikart,** Hans, * Berlin 1. Okt. 1895, † München 1. Dez. 1975, dt. Schauspieler und Regisseur. - 1918 – 23 bei M. Reinhardt in Berlin, 1923–29 an den Münchner Kammerspielen, 1934–38 Oberspielleiter am Münchner Residenztheater (Shakespeare-Zyklus), 1947–63 Intendant der Münchner Kammerspiele.

**Schweine** (Altweltl. S., Borstentiere, Suidae), Fam. etwa 50–180 cm langer Paarhufer (Unterordnung Nichtwiederkäuer) mit 8 Arten in Eurasien und Afrika, kräftige, meist in kleinen Gruppen lebende Allesfresser mit rüsselartiger Schnauze; Körper gedrungen, Beine relativ kurz, Kopf groß, mehr oder weniger langgestreckt, häufig mit Warzen oder Höckern sowie (bes. bei den ♂♂) stark verlängerten Eckzähnen; Fell borstig, oft mit Nacken- oder Rückenmähne. Die Sauen werfen einmal pro Jahr meist viele Junge (*Ferkel, Frischlinge*). - Zu den S. zählen ↑Wildschweine (mit dem Euras. Wildschwein als Stammform des ↑Hausschweins), ↑Flußschwein, ↑Riesenwaldschwein und ↑Warzenschwein.

**Geschichte:** Die Domestikation des Schweins ab etwa der Mitte des 6. Jt. v. Chr. wurde v. a. durch das soziale [Rangordnungs]verhalten der Wildschweine begünstigt. Im Iran war das Schwein bereits im 5. Jt. und in Mesopotamien im 4. Jt. v. Chr. Haustier. Im ägypt. Raum ist die S.zucht vom Neolithikum bis in die Spätzeit nachweisbar. In Palästina wurde noch während der sog. kanaanäischen Epoche intensiv S.zucht betrieben. Erst die Hebräer, die wegen ihrer halbnomad. Lebensweise keine S. halten konnten, lehnten den Genuß von S.fleisch ab. Später wurde diese

Haltung durch strenge Speisegesetze verstärkt und von den islam. Völkern übernommen. - Bei den Griechen und Römern war S.fleisch sehr beliebt. Neben dem Schaf und dem Stier war das S. auch das wichtigste Opfertier.
**Volksglauben und Volksbrauch:** Die Redensart „Schwein haben" ([unverdientes] Glück) war urspr. eine iron. Feststellung, da bei ma. Wettspielen ein Schwein der Trostpreis war. Das S. war sowohl Dämon als auch Glücksbringer, z. B. als Amuletttanhänger (Glücksschwein) bei den Ehrenketten der dem Antonius geweihten Schützenbruderschaften.

**Schweinebandwurm** (Taenia solium), meist 2–4 m langer Bandwurm im Dünndarm von Fleischfressern und des Menschen (heute selten); Kopf mit vier Saugnäpfen und einem Hakenkranz. Die reifen, in kleinen Gruppen sich ablösenden Glieder (Proglottiden) werden meist vom Hausschwein mit der Nahrung aufgenommen. Aus den Eiern entwickelt sich eine Larve, aus dieser eine (sich in der Muskulatur festsetzende) ↑ Finne. Durch Genuß von rohem, finnigem Schweinefleisch bildet sich dann im Endwirt der fertige Bandwurm aus. - Abb. Bd. 3, S. 35.

**Schweinebucht,** Bucht des Karib. Meeres an der S-Küste Kubas. - Hier wurde 1961 von Exilkubanern ein von der CIA geplanter (gescheiterter) Invasionsversuch unternommen.

**Schweinelähme** (Teschener Krankheit, Meningoencephalomyelitis enzootica suum), anzeigepflichtige, durch ein Virus hervorgerufene seuchenhafte Gehirn-Rückenmarks-Entzündung beim Hausschwein; Verlauf meist tödlich.

**Schweinepest** (europ. S.), anzeigepflichtige, meist tödl. verlaufende, ansteckende Viruskrankheit der Schweine; u. a. mit Blutungen, Fieber, Durchfall sowie Entzündungen von Darmkanal und Lunge.

**Schweinerotlauf,** svw. ↑ Rotlauf.

**Schweineseuche,** schnell tödl. verlaufende, seuchenhafte bakterielle Lungenerkrankung der Schweine; mit hohem Fieber, Husten, Atembeschwerden sowie Blaufärbung von Ohren und Rüssel.

**Schweinfurt,** Stadt am oberen Mittelmain, Bay., 225 m ü. d. M., 51 000 E. Verwaltungssitz des Landkr. S.; Abteilung der Fachhochschule Würzburg-S., Ev.-Luth. Fachakad. für Sozialpädagogik; Museum, Theater. Wichtigster Ind.zweig ist die Metallverarbeitung, außerdem Farben-, Kunststoff-, Nahrungsmittelind.; Hafen. - Wohl im 7. Jh. entstanden; 791 als **Suinvurde** gen.; 1003 zerstört; im 11./12. Jh. entwickelte sich an gleicher Stelle eine königl. Marktsiedlung („Neustadt"), wurde zw. 1210 und 1230 Reichsstadt, die sich 1542 der Reformation anschloß; große Zerstörungen wohl um 1242/43, 1554 und im 2. Weltkrieg. - Erhalten bzw. wiederhergestellt u. a. das Renaissancerathaus (1570–72); Sankt Kilianskirche mit Chorfensterwand von G. Meistermann (1951).

**S.,** Landkr. in Bayern.

**Schweinfurter Grün** [nach der Stadt Schweinfurt] (Braunschweiger Grün), grünes Kupferpigment der chem. Zusammensetzung $Cu(CH_3COO)_2 \cdot 3\ Cu(AsO_2)_2$; wird wegen seiner Giftigkeit heute nicht mehr als Malerfarbe verwendet.

**Schweinfurth,** Georg, * Riga 29. Dez. 1836, † Berlin 19. Sept. 1925, dt. Afrikaforscher. - Bereiste 1863–66 Ägypten und den Ostsudan; konnte mit der Entdeckung des Uelle das Nilgebiet im SW abgrenzen; ab 1872 Reisen in NO Afrikas.

**Schweinsaffe** ↑ Makaken.

**Schweinsfisch** (Anisotremus virginicus), etwa 40 cm langer Barschfisch im trop. W-Atlantik; Vorderkörper mit zwei dunklen Querbinden, dahinter hellblaue und gelbe Längsstreifen; Flossen gelb; kann durch Aneinanderreiben der Schlundzähne Töne hervorbringen.

**Schweinsfuß** (S.nasenbeutler, Stutzbeutler, Chaeropus exaudatus), etwa 25 cm langer Beuteldachs in Australien; mit 10–15 cm langem Schwanz, stark zugespitztem Kopf, langen Ohren und langen, dünnen Extremitäten. An den Vorderfüßen lediglich die zweite und dritte Zehe entwickelt und miteinander verwachsen, an den Hinterfüßen nur die vierte Zehe voll ausgebildet; Fell rauh, oberseits grau bis gelbbraun, unterseits hell.

**Schweinshai** ↑ Hundshai.

**Schweinshaxe** ↑ Eisbein.

**Schweinsohr** (Keulenpfifferling, Cantharellus clavatus), von Aug. bis Okt. bes. in Weißtannenwäldern in büscheligen, Hexenringe bildenden Gruppen wachsender Leistenpilz; Fruchtkörper bis 6 cm hoch, kurzgestielt, zunächst violettpurpurn, später fleischrötl. bis ockergrau gefärbt, mit weißem Fleisch; Speisepilz.

**Schweinspflaume** ↑ Mombinpflaume.

**Schweinswale** (Phocaenidae), Fam. vorwiegend fischfressender Zahnwale mit sieben bis etwa 2 m langen Arten; Kopf kurz, abgerundet, ohne vorgezogene Schnauze, mit kleinen Hautverknöcherungen als vermutl. Reste eines Hautpanzers. In den Küstengewässern der Nordhalbkugel kommt der **Kleine Tümmler** (Finnen-S., Meerschwein, Phocaena phocaena) vor; bis etwa 1,8 m lang, Rückenfinne dreieckig; Oberseite schwarz, Bauchseite weiß.

**Schweiß** (Sudor), das farblose, (unzersetzt und ohne das Sekret von Duftdrüsen) weitgehend geruchlose, salzig schmeckende, wäßrige Absonderungsprodukt der ↑ Schweißdrüsen, das neutral bis schwach sauer reagiert. Neben Wasser enthält S. je nach Tierart und auch beim Menschen unterschiedl. Mengen an Mineralsalzen, bes. Koch-

## Schweißbrenner

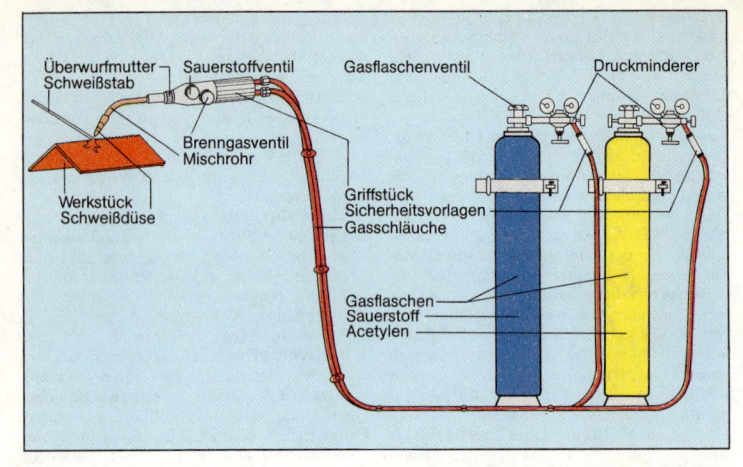

Autogenschweißanlage

salz, außerdem geringe Mengen organ. Verbindungen wie Harnstoff, Harnsäure, Glucose, Milchsäure, Aceton, Kreatin, Aminosäuren, Fettsäuren. Verschiedene organ. Substanzen im S. entstammen dem Sekret von Duftdrüsen bzw. sind bakterielle Zersetzungsprodukte. Sie ergeben zus. mit Milchsäure, Komponenten aus der aufgenommenen Nahrung (z. B. nach Knoblauchgenuß) den (individuell unterschiedl. S.- bzw. Körpergeruch. Der S. spielt eine wichtige Rolle im Rahmen der Temperaturregulation des Körpers (↑Schweißsekretion) und hat daneben auch eine (geringe) exkretor. Funktion. Außerdem bildet der S. einen schützenden (antibakteriellen) Säuremantel auf der Haut.

**Schweißbrenner,** Gerät zur autogenen Metallbearbeitung (z. B. zum Gasschweißen), in dem ein Brenngas (meist Acetylen) und Sauerstoff in getrennten Schlauchleitungen einem Griffstück mit auswechselbarem Mischrohr zugeführt werden, nach Vermischung durch eine Schweißdüse nach außen treten und gezündet werden (Temperaturen bis über 3 000 °C). Auswechselbare Schneideinsätze mit Schneiddüsen erlauben z. B. auch die Verwendung als *Schneidbrenner* zum autogenen Schneiden (↑Brennschneiden) von Metallen.

**Schweißdraht** ↑Schweißverfahren.

**Schweißdrüsen** (Glandulae sudoriferae), meist über die gesamte Haut verteilte, jedoch auch lokal konzentrierte, unverzweigte, tubulöse Hautdrüsen beim Menschen und den meisten Säugetieren in Form von ↑Schweiß absondernden Knäueldrüsen, deren knäuelförmig aufgewundener, sezernierender Hauptteil im Unterhautbindegewebe liegt und von glatten Muskelzellen umgeben ist. Die 2–4 μm weite Mündung *(Schweißpore)* liegt zw. den Haaren bzw. auf den Hautleisten. Die ↑Schweißsekretion wird nerval gesteuert. - Die S. des Menschen, die zu den ekkrinen ↑Drüsen gehören, sind über den gesamten Körper verteilt; bes. dicht stehen sie am Handteller und an der Fußsohle (etwa 360 pro cm$^2$).

**Schweißen** ↑Schweißverfahren.

**Schweißhunde,** an der Leine *(Schweißriemen)* geführte Hunde zum Aufspüren des angeschossenen Wildes auf dem durch Blut *(Schweiß)* gekennzeichneten Fluchtweg.

**Schweißsekretion** (Schweißabsonderung, Diaphorese, Transpiration), die über cholinerg. Fasern des Sympathikus und sog. *Schweißzentren* im Zwischenhirn, verlängerten Mark und in den Seitenhörnern des Rückenmarks gesteuerte Ausscheidung von Schweiß aus den Schweißdrüsen der Säugetiere. S. bei trockener Haut etwa 0,1 l pro Tag, sonst normalerweise 0,3–0,7 l, bei starker körperl. Arbeit bzw. starker Erwärmung aber auch bis 5 l, in den Tropen sogar bis 15 l pro Tag. V. a. bei trockener Luft verdunstet der von den Drüsen fortgesetzt abgegebene Schweiß sofort wieder auf der Haut und wird nicht bemerkt. Kommt es (bei feucht werdender Haut) zu einer spürbaren S., so spricht man von *Schwitzen.* In einer Schrecksituation kann durch eine plötzl. Kontraktion der Schweißdrüsenmuskeln sehr rasch sog. *kalter Schweiß* in Tropfenform ausgepreßt werden. - Bei starkem Schwitzen kommt es zu einem beträchtl. Verlust an Kochsalz, das dem Körper umgehend wieder zugeführt werden muß.

**schweißtreibende Mittel** (Hidrotika, Diaphoretika, Sudorifera), die Schweißabsonderung anregende Mittel; z. B. fiebersenkende Mittel, Acetylcholin, Pilokarpin und Muskarin; auch heiße Getränke (bes. Tees), die über

eine verstärkte Wärmezufuhr wirksam werden.
**Schweißtuch der Veronika** ↑ Veronika, hl.
**Schweißverfahren,** Verbindungsverfahren für schweißbare Werkstoffe. Hinsichtl. des Zwecks unterscheidet man zw. *Verbindungsschweißen,* dem Verschweißen von zwei oder mehreren Teilen zu einem Schweißteil, und *Auftragschweißen,* dem Auftragen von Werkstoff auf Werkstücke.
Beim **Preßschweißen** wird das Werkstück zunächst an der Verbindungsstelle erhitzt und nachfolgend im plast. Zustand unter Druck zusammengefügt. Beim **Kaltpreßschweißen** erfolgt die Vereinigung unter sehr hohem Druck ohne Wärmeeinwirkung. Beim **Feuerschweißen** werden die Werkstückteile im Schmiedefeuer erwärmt und durch Hämmern *(Hammerschweißen)* oder durch Pressen und Walzen miteinander verbunden. Beim **Widerstandspreßschweißen** erzielt man die Erwärmung mit einem elektr. Strom durch den einen elektr. Widerstand darstellenden Werkstoff. Ähnlich arbeitet das **Punktschweißen,** das zur punktweisen Verbindung von Blechen dient; der Strom wird dabei über Druckelektroden zugeführt. Das *Nahtschweißen* verwendet scheibenförmige Elektrodenrollen zur Verbindung von Blechen. Beim **Induktionsschweißen** wird die induktive Erwärmung durch ein Wechselfeld mittlerer Frequenz (10 000 Hz) bewirkt. Beim **Schmelzschweißen** werden die Werkstückteile durch Aufschmelzen im Bereich der Verbindungsstelle miteinander verbunden. Meist wird mit einem Zusatzwerkstoff gearbeitet, der in der Stab- oder Drahtform *(Schweißstäbe, Schweißdrähte)* zugeführt wird und der Füllung der Schweißfuge dient. Der Zusatzwerkstoff hat normalerweise die gleiche Zusammensetzung wie der Grundwerkstoff und enthält höchstens zur Verbesserung des Flusses Legierungszusätze. Als Wärmequellen dienen z. B. heiße Gase, elektr. Strom, chem. Umsetzungen. Die **Autogen-** oder **Gasschweißverfahren** arbeiten meist mit Acetylen-Sauerstoff-Flammen. Große Bed. hat das **Lichtbogenschweißen,** bei dem ein Lichtbogen zum Aufschmelzen des Grund- und des Zusatzwerkstoffes dient; der Zusatzwerkstoff wird dabei als Elektrode geschaltet oder stromlos zugeführt. Beim **Lichtbogenschweißen unter Schutzgas** werden im Bereich der Schmelze Reaktionen mit der Außenatmosphäre durch Zuführen eines Edelgases *(Edelgas-Lichtbogenschweißen),* z. B. Helium, Argon, oder von Kohlendioxid verhindert. Während bei diesen Verfahren das Schutzgas nur zur Abschirmung gegen die Außenatmosphäre dient, wird das Gas beim **atomaren Lichtbogenschweißen** auch an der Energieumsetzung im Bereich der Schweißstelle beteiligt *(Metall-Aktivgas-Verfahren, MAG-Verfahren).* Beim *Arcatomverfahren* brennt der Lichtbogen zw. zwei Wolframelektroden, die von Wasserstoff umspült werden. Entsprechend arbeitet mit einem bes. Plasmabrenner das **Plasmaschweißen.** Weitere Schutzgas-S. sind z. B. das *Wolfram-Inertgas-Verfahren (WIG-Verfahren)* mit Wolframelektrode und Zusatzwerkstoff, das *Metall-Inertgas-Verfahren (MIG-Verfahren),* das mit abschmelzender Metallelektrode arbeitet. Beim **Thermitschmelzschweißen** *(aluminotherm. Schmelzschweißen)* wird das Verschweißen durch die unter starker Wärmeentwicklung erfolgende Umsetzung von Aluminiumpulver und Metalloxid zu Aluminiumoxid und flüssigem Metall erzielt. Ein neueres Verfahren ist das **Elektronenstrahlschweißen,** bei dem Elektronenstrahlen hoher Energiedichte, die durch elektr. oder magnet. Felder gesteuert und scharf gebündelt werden, als Wärmequelle dienen; es erfolgt vorwiegend im Vakuum. Damit lassen sich Werkstoffe mit sehr hohem Schmelzpunkt (z. B. Wolfram, Molybdän, Tantal) miteinander verbinden. Ebenfalls neu ist das **Schweißen mit Laserstrahlen,** wodurch Spezialschweißungen, insbes. an hochschmelzenden Werkstoffen, möglich sind. Beim **Ultraschallschweißen** erzeugen hochfrequente mechan. Schwingungen eine örtl. Reibung zw. den fest zusammengepreßten zu verbindenden Teilen (z. B. Aluminium-, Kunststoffteile, auch Metall, Glas).
📖 *Schweißtechnik. 1.* Hg. v. DIN. Bln. u. Köln [10]*1985.* - Killing, R.: Hdb. der S. Tl. 1 Düss. *1984.* - Lohrmann, G. R./Lueb, H.: *Kleine Werkstoffkunde f. das Schweißen v. Stahl u. Eisen.* Düss. [7]*1984.* - Neumann, A.: *Schweißtechn. Hdb. für Konstrukteure.* Düss. [4–5]*1984–86. 3 Tle.* - Rellensmann, K. H.: *Moderne Schweiß- u. Schneidtechnik. Ein Lehrb. für Ausbildung u. Fertigung.* Hamb. [4]*1984.*
**Schweißwolle** (Schmutzwolle), frisch geschorene, ungewaschene Wolle.
**Schweitzer,** Albert, * Kaysersberg bei Colmar 14. Jan. 1875, † Lambaréné (Gabun) 4. Sept. 1965, elsäss. ev. Theologe, Musiker, Arzt und Philosoph. - S. gründete 1913 das Tropenhospital Lambaréné und wirkte dort als Missionsarzt; 1927 Vergrößerung des Spitals auf eigenem Gelände. Trotz allg. Anerkennung seiner Verdienste um die medizin. und soziale Betreuung der Menschen in seinem Hospital sind seine Methoden nicht unumstritten geblieben. - S. leistete als entschiedener Vertreter einer konsequenten Eschatologie bed. Beiträge zur Theologie, v. a. zur Leben-Jesu-Forschung. Verdienste als Musiker erwarb er sich v. a. durch seinen Einsatz für die „Elsäss. Orgelreform". - 1951 erhielt S. den Friedenspreis des Dt. Buchhandels, 1952 den Friedenspreis. - *Werke:* Das Messianitäts- und Leidensgeheimnis. Eine Skizze des Lebens Jesu (1901), Dt. und frz. Orgelbaukunst (1906), Von Reimarus zu Wrede (1906, seit 1913 u. d. T. Geschichte der Le-

ben-Jesu-Erforschung), J. S. Bach (1908), Das Problem des Friedens in der heutigen Welt (1954), Briefe aus Lambarene 1924–27 (1955). 📖 *Pierhal, J.: A. S. Ffm. 1982. - Grässer, E.: A. S. als Theologe. Tüb. 1979. - Jacobi, E. R.: A. S. u. die Musik. Wsb. 1975. - A. S. Sein Denken u. sein Werk. Hg. v. H. W. Bähr. Tüb. 1962.*

Albert Schweitzer

**S.**, Johann (Jean) Baptist von, * Frankfurt am Main 12. Juli 1833, † Giessbach (= Brienz [BE]) 28. Juli 1875, dt. Politiker. - Jurist; ab 1863 Mgl. des Allg. dt. Arbeitervereins (ADAV), Vertrauter Lassalles und 1864 als dessen Nachfolger Präs. des ADAV (bis 1871). Gegner der „Eisenacher" um Bebel und W. Liebknecht; 1867–71 MdR; 1872 aus dem ADAV ausgeschlossen. - Auch erfolgreicher Lustspieldichter.

## Schweiz

(frz. Suisse, italien. Svizzera, rätoroman. Svizra; amtl.: Schweizer. Eidgenossenschaft, frz. Confédération Suisse, italien. Confederazione Svizzera), Bundesstaat in Mitteleuropa, zw. 45° 49′ und 47° 49′ n. Br. sowie 5° 57′ und 10° 30′ ö. L. **Staatsgebiet:** Die S. grenzt an die BR Deutschland im N, an Österreich und Liechtenstein im NO und O, an Italien im SO und S und an Frankreich im W. **Fläche:** 41 293 km$^2$. **Bevölkerung:** 6,48 Mill. E (1986), 157,0 E/km. **Hauptstadt:** Bern. **Verwaltungsgliederung:** 23 Kt., die Kt. Appenzell, Basel und Unterwalden sind in je 2 Halbkantone geteilt. **Amtssprachen:** Deutsch, Französisch, Italienisch; zusätzl. Nationalsprache Rätoromanisch. **Nationalfeiertag:** 1. Aug. **Währung:** Schweizer Franken (sfr) = 100 Rappen (Rp) bzw. 100 Centimes (c). **Internationale Mitgliedschaften:** Sonderorganisationen der UN, OECD, GATT, EFTA, Europarat; der EWG assoziiert. **Zeitzone:** MEZ (mit Sommerzeit).

**Landesnatur:** Die S. hat Anteil an drei Großlandschaften: den Alpen mit rd. 60%, dem Schweizer Mittelland mit 30% und dem Jura mit 10% an der Gesamtfläche. Die schweizer. Alpen gehören im wesentl. zu den Westalpen, deren morpholog. Grenze gegen die Ostalpen etwa entlang der Linie Bodensee-Alpenrhein-Splügen-Comer See verläuft. Durch eine W–O-gerichtete Längsfurche, der das obere Rhonetal, das Urserental und das Vorderrheintal folgen, gliedern sich die schweizer. Alpen in eine südl. Zone mit den Walliser Alpen, den Tessiner Alpen, der Gotthardgruppe und der Adula sowie in eine nördl. Zone mit den Berner Alpen, den Glarner Alpen, den Thuralpen und der Finsteraarhorngruppe. Den Kern der schweizer. Alpen bildet das aus Finsteraarhorn- und Gotthardgruppe bestehende Aare-Gotthard-Massiv. In den Walliser Alpen liegen die höchsten Gipfel der schweizer. Alpen mit dem 4 634 m hohen Dufourspitze des Monte Rosa. Der schweizer. Anteil am Alpenvorland, das Schweizer Mittelland, zw. Alpen und Jura gelegen, zeigt eine sehr unterschiedl. Oberflächengestaltung. Während der SW zw. Genfer See und Neuenburger See plateauartig ausgebildet ist, wird nach O hin, z. B. im Vorland des Säntis, eine Schichtrippenlandschaft dominierend. Den W- und NW-Rand des Schweizer Mittellandes bildet das Mittelgebirge des Jura, dessen höchster Punkt in der S. der Mont Tendre (1 679 m) ist. Den größten schweizer. Teil am Jura umfaßt der Kettenjura. Am Plateaujura hat die S. nur in den Freibergen an der frz. Grenze Anteil.

**Klima:** Das gemäßigte, teils ozean. beeinflußte Klima der S. wird durch die Alpen erhebl. abgewandelt. Während die nach S geöffneten Täler des Tessin und Graubündens bereits mediterran beeinflußt sind, zeigt der Alpennordrand kühlgemäßigte Klimaeinflüsse, wobei Unterschiede zw. der West-S. und der Ost-S. erkennbar sind. Im Schweizer Mittelland liegen die Niederschlagswerte/Jahr bei 790 mm in Basel und bei 1 154 mm in Luzern und die Temperaturmittelwerte/Jahr bei 8,2 °C in Zürich und 9,1 °C in Basel. Höher liegen die Niederschlags- und Temperaturmittelwerte unmittelbar am Alpenrand. Die Schneegrenze verläuft auf der Alpennordseite in etwa 2 500 m und im inneralpinen Raum in 3 300 m Höhe. Firn- und vergletscherte Bereiche bedecken 1 342 km$^2$.

**Vegetation:** Klima- und Vegetationsbild entsprechen sich weitgehend. Die Zone des Laubmischwaldes (heute im wesentl. Kulturland) reicht bis 700 m, die Stufe des Berglaubwaldes bis etwa 1 200 m, dieser folgt die Nadelwaldzone bis 1 800 m Höhe. Darüber schließen sich bis 2 500 m zwergwüchsige Nadelgehölze an. In der Süd-S. und im zentralalpinen Raum liegen die Obergrenzen dieser Zonen etwa 200–500 m höher.

**Bevölkerung:** Rd. 50% des Landes sind ständig bewohnt. Die größte Bev.dichte findet

# Schweiz

sich im Schweizer Mittelland, v. a. in den Flußtälern von Aare und Limmat mit Ballungsgebieten um Bern, Olten, Aarau, Zürich und am Zürichsee, ferner um Sankt Gallen, Winterthur, Basel und am Genfer See. Relativ dicht sind auch die Alpentäler (v. a. in den Fremdenverkehrsgebieten des Wallis, Graubündens und des Tessin) sowie die industrialisierten Juratäler besiedelt. In hohem Maße sind jedoch die Alpentäler, in denen der Fremdenverkehr oder bestehende Industrien nicht genügend Arbeitsplätze bieten, vom Bev.-rückgang betroffen, so v. a. die abgelegenen Siedlungen im Tessin. Der Anteil der ausländ. Bev. an der Gesamtbev. lag 1986 bei 14,8% (Ende 1985 rd. 960 700). Die Zahl der ausländ. Arbeitnehmer betrug 1986 rd. 734 000. 50% der Bev. sind prot., 44% röm.-kath. Die S. hat infolge ihrer Lage im Grenzgebiet dreier Sprachen mehrere Amtssprachen: Deutsch wird von 74% der Bev. gesprochen, es folgen Frz. (20%) und Italien. (5%) sowie Rätoroman. (1%; seit 1938 vierte Nationalsprache). Während Deutsch in den Schulen als Schriftsprache gelehrt wird, ist die Verkehrssprache in der deutschsprachigen S. das Schweizerdeutsch. Das Bildungswesen unterliegt im Be-

reich der allgemeinbildenden Schulen der kantonalen Gesetzgebung. Der Besuch dieser Schulen ist für die Dauer von 8 bzw. 9 Jahren obligatorisch. Neben den Univ. in Basel, Bern, Freiburg, Genf, Lausanne, Neuenburg und Zürich sowie den ETH in Zürich und Lausanne bestehen eine Hochschule für Wirtschafts- und Sozialwiss. in Sankt Gallen und die Theolog. Fakultät Luzern.

**Wirtschaft:** Obwohl nur 25% der Gesamtfläche des Landes landw. genutzt werden, deckt die Landw. heute noch rd. 55% des Inlandbedarfs an Agrarerzeugnissen. Hauptanbaugeb. für Brotgetreide sind das Schweizer Mittelland und die Talböden des Wallis und des Rhein- und Tessintales. Futtergetreide wird in größeren Mengen importiert. Im Obstbau erfolgt die Umstellung von Hochstamm- (Mostobst) auf rationeller zu bearbeitende Niederstammkulturen (Tafelobst). Gartenbau (Gemüse, Beeren- und Steinfrüchte) wird im Rhonetal (Wallis), im Tessin und im Umland der Städte betrieben. Der Weinbau beschränkt sich auf die südexponierten Hänge der Kt. Wallis, Genf, Waadt, Neuenburg, Bern, Zürich und Tessin. Die Viehwirtschaft (Jura, Voralpen, Alpen) erbringt etwa 75% des agrar. Gesamtertrages und ist Grundlage einer bed. milchverarbeitenden Ind.; die Bo-

Schweiz. Wirtschaftskarte

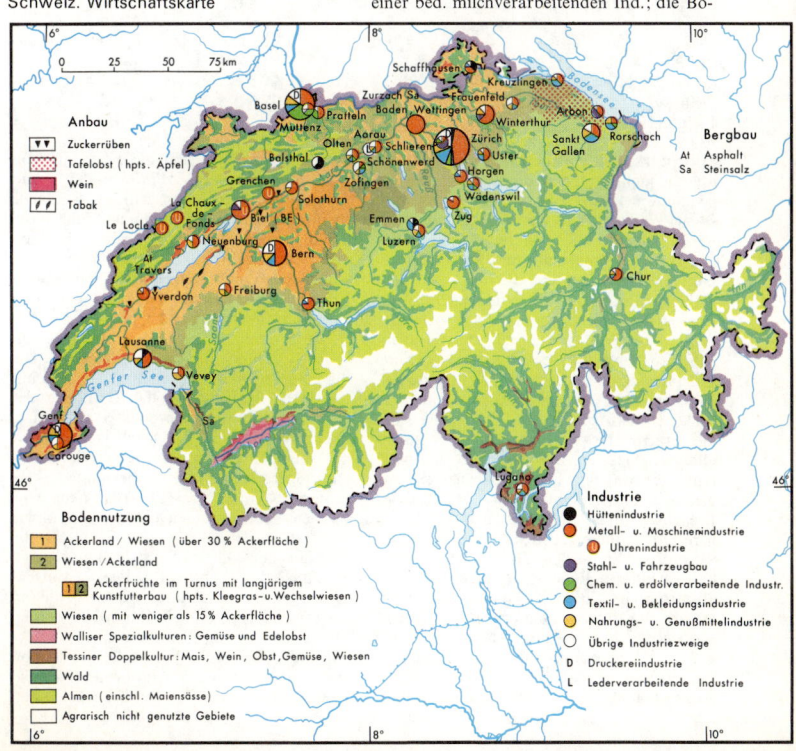

# Schweiz

## VERWALTUNGSGLIEDERUNG (Stand 1986)

| Kanton | Fläche km² | Einwohner (in 1000) | Hauptort |
|---|---|---|---|
| Aargau | 1 405 | 468,2 | Aarau |
| Appenzell Außerrhoden | 243 | 49,1 | Herisau |
| Appenzell Innerrhoden | 172 | 13,1 | Appenzell |
| Basel-Landschaft | 428 | 225,0 | Liestal |
| Basel-Stadt | 37 | 195,9 | Basel |
| Bern | 6 049 | 922,9 | Bern |
| Freiburg | 1 670 | 192,4 | Freiburg |
| Genf | 282 | 362,1 | Genf |
| Glarus | 685 | 36,4 | Glarus |
| Graubünden | 7 106 | 165,6 | Chur |
| Jura | 837 | 64,6 | Delémont |
| Luzern | 1 492 | 303,9 | Luzern |
| Neuenburg | 797 | 154,9 | Neuenburg |
| Sankt Gallen | 2 014 | 401,2 | Sankt Gallen |
| Schaffhausen | 298 | 69,6 | Schaffhausen |
| Schwyz | 908 | 102,1 | Schwyz |
| Solothurn | 791 | 218,7 | Solothurn |
| Tessin | 2 811 | 275,3 | Bellinzona |
| Thurgau | 1 013 | 190,7 | Frauenfeld |
| Unterwalden nid dem Wald (Nidwalden) | 276 | 30,6 | Stans |
| Unterwalden ob dem Wald (Obwalden) | 491 | 27,3 | Sarnen |
| Uri | 1 076 | 33,5 | Altdorf |
| Waadt | 3 219 | 543,7 | Lausanne |
| Wallis | 5 226 | 229,5 | Sitten |
| Zug | 239 | 80,3 | Zug |
| Zürich | 1 729 | 1 128,2 | Zürich |

denschätze sind unbedeutend. Die wichtigste Energiequelle der S. ist das Wasser. Die Alpenkantone besitzen die meisten Kraftwerke: 74 im Wallis, 70 in Graubünden und 26 im Tessin. Die drei Kernkraftwerke (Beznau I und II, Mühleberg) sind mit 39% an der gesamten Elektrizitätsproduktion beteiligt. Kohle, Erdgas sowie Erdöl und seine Derivate müssen importiert werden. Der wichtigste Wirtschaftszweig ist die Ind. (mit 55% am Bruttosozialprodukt beteiligt), die sehr arbeitsintensiv und exportorientiert ist. Bedeutendster Ind.zweig ist der Maschinenbau (elektr. Maschinen, Textil-, Werkzeug-, Papierverarbeitungs-, Druckerei- und Büromaschinen, Meß- und Prüfgeräte, Motoren, Kompressoren und Pumpen sowie elektron., daten- und nachrichtentechn. Erzeugnisse). Die Textilind. ist am stärksten in der NO-S. verbreitet (Baumwollstickerei, Seidenbandweberei und Stoffdruck). Die feinmechan. Ind. hat sich auf die Uhrenherstellung spezialisiert (Zentrum: La Chaux-de-Fonds) und ist der am stärksten exportorientierte Ind.zweig (v.a. Uhren werden zu 88% ausgeführt). Der Anteil der S. an der Weltproduktion ist jedoch rapide gesunken. Im Zusammenhang mit der Uhrenherstellung entstand die Schmuckwarenherstellung in Genf und die Fertigung von Schallplattenspielern, Photogeräten und Schreibmaschinen hauptsächl. im Jura. Die chem. Ind. mit Zentrum in und um Basel umfaßt neben der bed. Arzneimittelherstellung v.a. die Produktion von Farbstoffen, Kunststoffen und Düngemitteln. Ferner sind Konservenind. sowie Schokoladen- und Tabakwarenherstellung zu nennen. Zu den erfolgreichsten Branchen der schweizer. Volkswirtschaft zählt das Bankgewerbe. Die Bilanzsumme aller Banken erreichte 1985 mit 738 Mrd. sfr mehr als das Dreifache des Bruttosozialproduktes (241 Mrd. sfr). Einen wesentl. Wirtschaftsfaktor bildet der Fremdenverkehr, der drittgrößte Devisenbringer. Neben den altbekannten Ausgangspunkten Luzern und Interlaken entstanden neue Fremdenverkehrszentren wie Zermatt, Saas-Fee, Davos oder Sankt Moritz.

**Außenhandel:** Die wichtigsten Handelspartner sind die EG-Länder, v.a. die BR Deutschland, Frankr., Italien und Großbrit., sodann die USA und Österreich. Exportiert werden Maschinen, Uhren, Pharmazeutika, Edelmetallwaren, Schmuck, Farbstoffe sowie opt. und feinmechan. Geräte. Importiert werden chem. Grundstoffe und Geräte, Kfz., Walz-

# Schweiz

und Ziehprodukte aus Eisen sowie Rohöl.
**Verkehr:** Die S. ist dank ihrer zentralen Lage in Europa ein wichtiges Transitland. Die Gesamtlänge des Schienennetzes beträgt 5 028 km (davon elektrifiziert 3 000 km). Das Straßennetz umfaßt rd. 67 000 km (davon Autobahnen 1 300 km). Gegenwärtig steht das Nationalstraßennetz im Ausbau, in ihm bilden die W–O-Verbindungen Genf–Bern–Zürich–Sankt Margrethen und die N–S-Transversale Basel–Sankt-Gotthard–Chiasso sowie die Alpenübergänge Großer Sankt Bernhard, Simplon, Sankt-Bernhardin-Paß die Hauptverkehrslinien. Wichtigster Wasserweg ist der Rhein. Nat. Fluggesellschaft mit weltweitem Flugnetz ist die Swissair. Dem internat. Flugverkehr dienen die ✈ Zürich-Kloten, Genf-Cointrin, Bern sowie der ✈ von Basel-Mülhausen auf frz. Staatsgebiet.

**Geschichte: Voreidgenöss. Zeit:** 58 v. Chr. wurde durch Cäsar der kelt. Stamm der Helvetier in der mittleren und westl. S. als Verbündeter ins Röm. Reich eingegliedert, 15 v. Chr. folgten die östl. und alpinen Gebiete der Räter; wichtigstes Zentrum: Aventicum (= Avenches). Nach dem Rückzug der röm. Legionen (Anfang 5. Jh.) entstanden die 4 heute noch greifbaren histor. Räume. Im S gehören die alpinen Randgebiete ab 568 zum lombard. Raum (heute Kt. Tessin, Südtäler von Graubünden), geprägt von langobard. Recht und italien. Volkssprachen. Der rät. Raum ist der alpine Teil der röm. Raetia prima (großenteils ident. mit dem Bistum Chur) unter der einheim. Lex Romana Curiensis. Das Mittelland vom Bodensee bis in die Aaregegend bildete einen Teil des Hzgt. Alemannien (später Schwaben). Hier galt die Lex Alamannorum, gesprochen wurden alemann. Dialekte. Der W bildete den „ultrajuran." („jenseits des Jura gelegenen") Teil des Kgr. Burgund. Das Gesetz war die Lex Burgundionum. Hier dominierten frankoprovenzal. Dialekte. 497 wurde Alemannien, 534 Burgund, 539 Rätien, 773/774 die Lombardei in das Fränk. Reich eingegliedert, nach dessen Reichsteilungen Burgund (888–1032) und die Lombardei (888–951) erneut eine Periode der Selbständigkeit erlebten. Das Hzgt. Schwaben wurde im 12./13. Jh. im Reich durch die Staufer bedeutsam. Die Hzg. von Zähringen (1098–1218) konnten sich als Rektoren von Burgund (ab 1127) eine starke Position schaffen.

**Die Entstehung der Eidgenossenschaft:** Im 13. Jh. kristallisierten sich 3 Bündnissysteme von Städten und Talschaften heraus: Bünde der Städte Bern und Freiburg im burgund. Raum, Bund der Waldstätte Uri, dem für den späteren Gesamtstaat namengebenden „demokratischsten" Ort, Schwyz, und Unterwalden (Bundesbrief von 1291, erneuert 1315; Befreiungssage erst im 15. Jh. belegt) im Gotthardgebiet, Bünde von Zürich u. a. Städten um den Bodensee. Die Waldstätten erweiterten ab 1315 (Schlacht am Morgarten) ihr Bündnissystem mit Luzern, Zürich, Zug, Glarus und Bern zum Bund der „Acht alten Orte". Militär. entscheidend war der Sieg von Sempach (1386) gegen die Habsburger im Rahmen des oberdt. Städtekrieges. Die Städte waren i. d. R. durch Räte regierte Reichsstädte, die sich ein eigenes Territorium schufen, aus dem die „Stadtkantone" entstanden. Die Talschaften („Länder") waren i. d. R. durch die Landsgemeinde (jährl. Volksversammlung) regierte Reichsländer, deren Leitung in der Hand von Landammann und Räten einer ländl. Oberschicht lag. Zw. 1415 (Eroberung des Aargaus) und 1474 (Beginn des Burgunderkrieges) bildete sich ein festes Staatssystem, die Eidgenossenschaft der Schweizer (bis 1536 erweitert); sie umfaßte die Dreizehn alten Orte: Aristokrat.-zünft. Stadtrepubliken (Zürich, Bern, Luzern, Basel, Freiburg, Solothurn und Schaffhausen) und „demokrat." Länder (Uri, Schwyz, Unterwalden, Glarus, Appenzell), außerdem das halb städt., halb ländl. Zug. Dazu traten Verbündete verschiedenen Grades als † zugewandte Orte, v. a. die Städte Sankt Gallen, Biel (BE), Rottweil (bis 17. Jh.), Mülhausen und Genf, die Abtei Sankt Gallen, das Ft. Neuenburg und das Bistum Basel (erst 1579). Schließl. hatten die beiden Alpenrepubliken, das Wallis und der Freistaat der Drei Bünde (Graubünden), mit der Eidgenossenschaft der Dreizehn alten Orte engeren Kontakt gewonnen. Die Dreizehn alten Orte und ein Teil der zugewandten Orte waren durch Zweierdelegationen an der Tagsatzung vertreten. Diese wachte als Gesandtenkongreß über die gemeinsamen Angelegenheiten, unbeschadet der Souveränität des einzelnen Orts (Kantons). Die Kantone verwalteten zus. Untertanengebiete (gemeine Herrschaften, Landvogteien). - Der Bund der Schweizer gelangte nach erfolgreich überstandener innerer Krise im Alten Zürichkrieg (Toggenburger Erbschaftskrieg [1440–46/50]) zu internat. Ansehen durch die unerwarteten Siege über Karl den Kühnen von Burgund (Grandson und Murten 1476; Nancy 1477). Die schon längst als gute Krieger bekannten Schweizer stellten ihre überschüssige Jungmannschaft den Mächten als Söldner zur Verfügung. Der Versuch, in den großen Italienkrieg zw. den Valois und den Habsburgern selbständig einzugreifen (1511–15), mißlang jedoch nach anfängl. Erfolgen gegen Frankr. (1515 Niederlage von Marignano), mit dem 1516 ein ewiger Frieden und 1521 ein enges Bündnis geschlossen wurde. - Die ganze Entwicklung der Eidgenossenschaft hatte sich im Rahmen des Hl. Röm. Reiches vollzogen. Anfängl. förderten die Kaiser (bes. die Luxemburger) die Entwicklung der schweizer. Reichsstädte und Reichsländer (gegen die Habsburger). Die Reichsreformpläne des Reichstags von Worms (1495) lehnten die

# Schweiz

Schweizer, auf alte Reichsprivilegien pochend, ab, da sie als Städte und Länder im Reich der Fürsten und Herren nicht mitzureden hatten. Der Schwabenkrieg von 1499 endete nach schweizer. Erfolgen mit dem Kompromiß des Friedens von Basel (22. Sept. 1499). Die Eidgenossenschaft bewahrte ihre alten Privilegien und schied fakt. aus dem Reich aus.

**Konfessionelle Spaltung und wirtsch. Umbruch:** Die Reformation war in der S. schon vorbereitet durch staatskirchl. Maßnahmen der Kantone. In U. Zwingli fand Zürich einen Reformator, der sowohl die theolog.-kirchl. wie die polit.-soziale Seite der Neuordnung in Angriff nahm. 1523/25 beschloß die Stadt Zürich die Reformation. Ihr folgte die Mehrzahl der Städte, 1528 das territorial bed. Bern. Die fünf Orte (Luzern, Uri, Schwyz, Unterwalden, Zug) organisierten den kath. Widerstand. 1531 kam es zum konfessionellen Krieg. Zwingli fiel in der Schlacht von Kappel ([Kappel am Albis, Kt. Zürich], 11. Okt. 1531). Die geschlagenen ref. Kantone mußten sich dem 2. Landfrieden von Kappel (20. Nov. 1531) unterwerfen, der eine kath. Hegemonie schuf. Fortan gab es 2 Blöcke: die kath. S. (Fünf Orte, Freiburg und Solothurn, Wallis, Abtei Sankt Gallen, Rottweil, Ennetberg. Vogteien), die ref. S. (Zürich, Bern, Basel, Schaffhausen, Stadt Sankt Gallen, Biel [BE], Mülhausen, Neuenburg, Genf). Paritätisch (meist ref. Mehrheit) entwickelten sich Glarus, Appenzell, Graubünden, Toggenburg und die meisten gemeinen Herrschaften diesseits der Alpen. In der „Confessio Helvetica posterior" von 1566 schlossen sich die schweizer. Zwinglianer und Kalvinisten zu einer Glaubensgemeinschaft zusammen. Der ref. Neuorganisation folgte bald die kath., angeregt durch das Konzil von Trient. Im Goldenen Bund von 1586, den ein Bündnis mit Spanien (1587) ergänzte, schlossen sich die kath. Kt. noch enger zus., doch blieb der Wille zur eidgenöss. Zusammenarbeit stark genug, um das Bündnissystem aufrechtzuerhalten. Die Dreizehn alten Orte entwickelten während des Dreißigjährigen Krieges ihre grundsätzl. Neutralität, die sich in der Folge in allen europ. Kriegen des 17./18. Jh. bewährte und erstmals 1674 im Niederl.-Frz. Krieg als Neutralitätserklärung zu Händen der kriegführenden Mächte unter gleichzeitigem militär. Aufgebot zur Grenzbesetzung (Prinzip der bewaffneten Neutralität) deklariert wurde. Im Westfäl. Frieden (1648) gelang es dem Basler Bürgermeister J. R. Wettstein (* 1594, † 1666) als Gesandtem der Eidgenossenschaft, deren Entlassung („Exemtion") aus dem Reichsverband zu erreichen. Nach dem Dreißigjährigen Krieg kam es infolge der wirtsch. Nachkriegskrise zu einem Zusam-

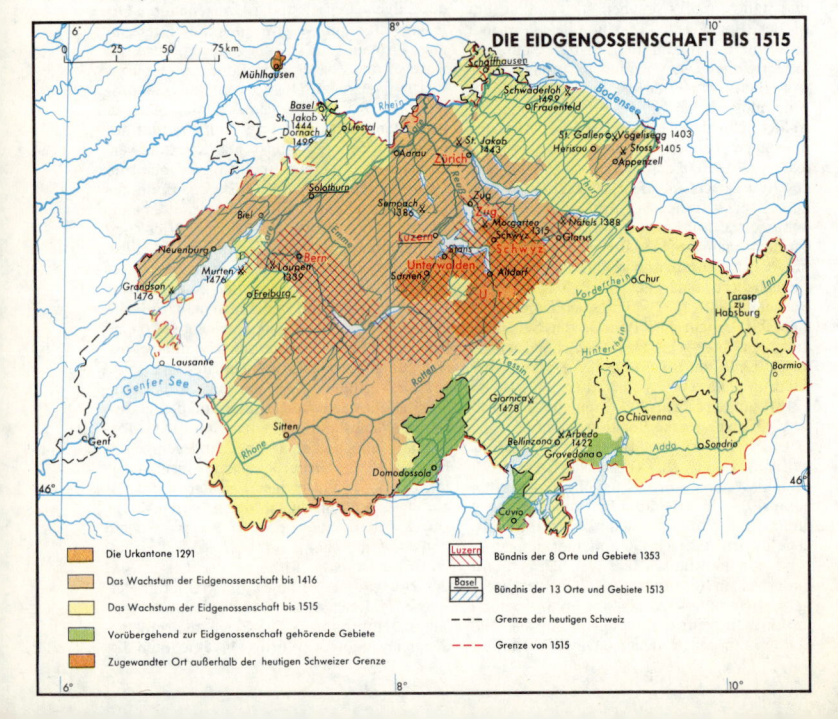

## DIE EIDGENOSSENSCHAFT BIS 1515

- Die Urkantone 1291
- Das Wachstum der Eidgenossenschaft bis 1416
- Das Wachstum der Eidgenossenschaft bis 1515
- Vorübergehend zur Eidgenossenschaft gehörende Gebiete
- Zugewandter Ort außerhalb der heutigen Schweizer Grenze
- Bündnis der 8 Orte und Gebiete 1353
- Bündnis der 13 Orte und Gebiete 1513
- Grenze der heutigen Schweiz
- Grenze von 1515

# Schweiz

menstoß zw. den Regierenden und den Untertanen der Stadtkantone, dem „Schweizer. Bauernkrieg" von 1653: erfolglose Erhebung des Besitzbauerntums im Mittelland gegen immer energischer werdenden Verwaltungszentralismus der Städte. Unruhen aus konfessionellen Gründen blieben i. d. R. regional beschränkt, doch kam es in den beiden Villmerger Kriegen (1656, 1712) zum offenen gesamteidgenöss. Bürgerkrieg zw. den führenden ref. Kantonen Zürich und Bern und den kath. Fünf Orten.
In der ref. S. bahnte sich seit dem 17. Jh. die Industrialisierung an: Textilind. in Form des Verlags (Heimind.) von den alten Zentren Zürich, Sankt Gallen und Basel aus. Neuenburg und Genf entwickelten neben Textilv. a. Schmuck- und Uhrenind., die sich im unfruchtbaren Voralpen- und Juragebiet ansiedelten, wo die besitzlose, unterste ländl. Schicht, die „Tauner", nun ein besseres Auskommen fanden. Der wirtsch. Umschwung hatte allerdings soziale Folgen: Es bildeten sich nun zwei neue Schichten ländl. Unternehmer, die durch die städt. Zunftgesetzgebungen und durch die städt. polit.-sozialen Vorrechte in der Entwicklung gehemmt wurden. Unruhen in Stadt und Land waren Zeichen davon, die jedoch nie koordiniert waren und einfach altes Herkommen verteidigten. Eine Ausnahme war die Republik Genf, wo das ganze Jh. hindurch das Magistratspatriziat mit der neuen Unternehmerschicht in zeitweise offenem Kampfe lag und sich auch, neu, aufsteigende Macht schon die Arbeiterschaft meldete.
Staatskrise (1798-1848): Nach dem Frieden von Campoformio (1797) wurde die S. in die imperialen Ziele des frz. Direktoriums einbezogen, da sie als alliiertenfreundl. galt. Nach kurzer Gegenwehr (Bern) kapitulierten die Kt. im März 1798. Ein verspäteter Widerstand in den Alpen (nur der Kt. Schwyz verteidigte sich mit allen Kräften) wurde im Mai gebrochen. Die S. blieb selbständige Republik, allerdings nach der Verfassung einer frz. „Schwesterrepublik". Die von P. Ochs entworfene Verfassung der Helvet. Republik (1798-1803; sog. Helvetik) machte mit dem bisherigen Föderalstaat ein Ende. Die Kt. (territorial teils stark verändert) wurden bloße Verwaltungsbezirke. Das Reg.system bestand aus Legislative (2 Kammern), Exekutive (Direktorium) und Jurisdiktion (oberster Gerichtshof). Das Wahlrecht war zwar allg., aber restriktiv geordnet. Die Verfassung garantierte Bürgerrechte und polit. Gleichheit. Schon im Frühling 1799 wurde die S. Kriegsschauplatz des 2. Koalitionskrieges. Bis Ende 1800 geriet sie wieder vollständig in frz. Hände. Die Helvet. Reg. zerfiel im Parteihader zw. konservativen (Föderalisten) und fortschrittl. (Unitarier) Gruppierungen. Verschiedene Staatsstreiche führten im Sommer 1802 zum Bürgerkrieg. Frankr. vermittelte eine neue Verfassung, diesmal die konservativeren Kräfte stützend (Mediationsakte, 1803-13). Äußerl. blieb es bei der Abhängigkeit im Napoleon. System (Soldtruppen); innerl. wurden die Dreizehn alten Orte wieder selbständig, ergänzt um Graubünden und 5 neue Kt. aus ehem. Untertanengebieten (Sankt Gallen, Aargau, Thurgau, Tessin, Waadt). Der Gesamtstaat - fortan „Schweizer. Eidgenossenschaft" gen. - erhielt eine Verfassung mit einer Gesamtbehörde in Form der Tagsatzung. - Der Wiener Kongreß erkannte die S. als unabhängigen Staat an und garantierte die Fortführung der Neutralität als immerwährend, ferner die Zusammensetzung der S. aus 22 Kantonen (zu den 19 von 1803 kamen die unter Napoleon I. frz. gewordenen Kt. Genf, Neuenburg und Wallis). Das säkularisierte Bistum Basel wurde großenteils dem Kt. Bern (als Berner Jura) eingegliedert. Die Verfassung von 1815 (Bundesvertrag) glich der Mediationsverfassung, betonte jedoch noch mehr die Unabhängigkeit der Kt., die sich etwas stärker restaurieren konnten. Das „System Metternich" zwang die liberaleren Kt. zur Unterordnung unter eine restriktive Flüchtlingspolitik und zur Einschränkung der Pressefreiheit (1823-29). Eine starke nat. Bewegung mit liberalen, demokrat. und zentralist. Zügen, geführt durch Juristen und Wirtschaftsunternehmer, gelangte in der Mehrheit der Kt. ab 1830 an die Macht (Regeneration, 1830-48). Hinter dem nat. Aufbruch stand ein sozialer Umbruch infolge um sich greifender Industrialisierung, veränderter Landw., wachsender Armut (Pauperismus). Es bildeten sich 2 Kantonsgruppen: Konservative, agrar. und ausschließl. kath.-klerikale Kt. einerseits, die 1845 den Sonderbund gründeten (Fünf Orte mit Freiburg und Wallis); andererseits die weit überlegene Gruppe der liberalen bzw. radikalen, industrialisierten und prot. bzw. freisinnig-kath. Kt. Der Sieg der Majorität im Sonderbundskrieg (Nov. 1847) ermöglichte die Annahme einer neuen Bundesverfassung (1848). Die neue Verfassungsstruktur wurde dem kantonalen Modell nachgebildet: Die Exekutive bestand aus 7 Bundesräten, vom Parlament gewählt, als kollegialer Leitung der Bundesverwaltung im Bundesrat (kein Präsidialregime); die Legislative lag bei einem Doppelparlament (Bundesversammlung), bestehend aus den gleichberechtigten Kammern Nationalrat (der Bev. entsprechend) und Ständerat (2 Vertreter je Kt., d. h. Fortsetzung der Tagsatzung; das Bundesgericht war die oberste Instanz über die kantonalen Gerichten. Die Verfassung, die im wesentl. heute noch in Kraft ist, schuf bürgerl. Gleichheit, allg. und gleiches Wahlrecht (für Männer) und garantierte die liberalen Grundrechte. Zentralisiert wurden nur Maße, Gewichte, Münze, Post- und Telegrafenwesen, Zoll. In der Zuständigkeit der

# Schweiz

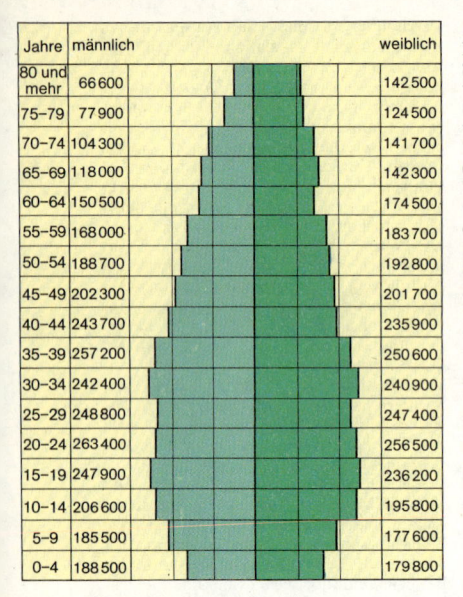

| Jahre | männlich | weiblich |
|---|---|---|
| 80 und mehr | 66 600 | 142 500 |
| 75–79 | 77 900 | 124 500 |
| 70–74 | 104 300 | 141 700 |
| 65–69 | 118 000 | 142 300 |
| 60–64 | 150 500 | 174 500 |
| 55–59 | 168 000 | 183 700 |
| 50–54 | 188 700 | 192 800 |
| 45–49 | 202 300 | 201 700 |
| 40–44 | 243 700 | 235 900 |
| 35–39 | 257 200 | 250 600 |
| 30–34 | 242 400 | 240 900 |
| 25–29 | 248 800 | 247 400 |
| 20–24 | 263 400 | 256 500 |
| 15–19 | 247 900 | 236 200 |
| 10–14 | 206 600 | 195 800 |
| 5–9 | 185 500 | 177 600 |
| 0–4 | 188 500 | 179 800 |

Schweiz. Altersaufbau der schweizerischen Wohnbevölkerung, Stand 1986

Kt. blieben Kirche, Schule, Armenwesen, Polizei, Steuerwesen, Prozeßordnung, Zivil-, Straf- und Obligationenrecht sowie ihre eigene Volkswirtschaft.

Die Vorherrschaft des Freisinns (1848–1914): Der Bund stützte die bewaffnete Neutralitätspolitik durch Handelsverträge und gute Beziehungen zu möglichst vielen Staaten ab. Schwierigkeiten zu den Nachbarn entstanden v. a. aus der Flüchtlingspolitik (Aufnahme italien. und dt. Revolutionäre, später Anarchisten). Mit der Gründung des Roten Kreuzes (1863) begann eine bewußte Politik der Förderung und Beteiligung an den entstandenen internat. Organisationen, die zunehmend die S. als Sitz ihrer Hauptbüros wählten. Die Einbindung der S. in ein größeres Netz europ. Einheiten verlief parallel (Münzreform von 1850 auf der Grundlage des frz. Münzsystems [Schweizer Franken], Beitritt zum Lat. Münzbund 1865, Einführung des metr. Maßsystems 1874). In der Innenpolitik dominierten die Freisinnigen. Als Volksbewegung mit einem breiten Meinungsspektrum konnten sie allerdings die Ggs. zw. liberaler Unternehmerschaft und konservativem bäuerl.-kleingewerbl. Mittelstand oft nur schwer meistern. In den Kt. existierten konservative Oppositionsgruppen, deren gemeinsame Grundsätze Föderalismus, Klerikalismus und eine betonte Ind.feindlichkeit waren.

Der Kulturkampf fand in erster Linie auf kantonaler Ebene statt (und in den großen Städten Genf, Basel, Bern) und führte zu teilweise bis heute nicht völlig überwundenen Spaltungen zw. Altkatholiken, romorientierten Katholiken und Protestanten. Durch den Einbau verschärfter antiklerikaler Artikel (v. a. Verbot der Errichtung neuer Klöster, Verschärfung des Jesuitenverbotes von 1848) in die revidierte Verfassung von 1874 wurde eine Ausdehnung des Konflikts verhindert. Einer starken, von kleinbürgerl. Schichten getragenen Bewegung innerhalb des Freisinns gelang es seit den 1860er Jahren, die Beteiligung des Volkes an der polit. Willensbildung auf Bundesebene auszubauen und eine notwendig gewordene Sozialpolitik voranzutreiben: 1874 u. a. Einführung des fakultativen Referendums, allmähl. Übergang zum Proporzsystem bei den Parlamentswahlen einiger Kt., erste Schritte zur Konsensdemokratie auf kantonaler Ebene; auf sozialpolit. Gebiet 1877 Fabrikgesetz (Gesundheitssicherungen, Verbot der Kinderarbeit, Arbeitszeitbeschränkung, Einsetzung von Fabrikinspektoren). Die Freisinnigen förderten konsequent eine weitere Vereinheitlichung und Zentralisation in Verwaltung und Rechtswesen; die Streitkräfte wurden vom alten Kontingentsystem zu einer einheitl. Bundesarmee umgebildet (1874/1907). Weitergehende Zentralisationsversuche (z. B. im Unterrichtswesen) scheiterten. Neben der Auseinandersetzung zw. Föderalisten und Zentralisten bestimmte die soziale Frage die 2. Hälfte des 19. Jh., das vom konsequenten Wirtschaftsliberalismus einerseits (Freihandel bis zum Ende der 1870er Jahre) und der Verschlechterung der sozialen Lage der Bev. anderseits gekennzeichnet war. Zu den traditionellen Hauptzweigen Textil- und Uhrenind. traten in der 1. Jh.hälfte die Maschinenind., in der 2. Jh.hälfte die Nahrungsmittel- und die chem. Ind.; der Tourismus erfaßte allmähl. den gesamten Alpenraum. Als Motor des wirtsch. Aufschwungs erwies sich der Eisenbahnbau (Gotthardbahn, 1882; Simplontunnel, 1906). Die wirtsch. Entwicklungen, verbunden mit einem starken Bev.wachstum (1860–1914 von 2,5 auf etwa 4 Mill. E), führten zu einer relativen Entvölkerung des Alpen- und Juraraumes zugunsten des Mittellandes. Als Reaktion auf die große Depression erfolgte seit dem letzten Viertel des Jh. eine stärker protektionist. Wirtschaftspolitik (Schutzzölle ab 1884, Gesetz zur Förderung der Landw. 1893), die von den sich entwickelnden gesamtschweizer. Arbeiterorganisationen und Interessenverbänden angestrebt wurde. Im Zuge der Verschärfung der sozialen Ggs. in den 1890er Jahren und mit dem Aufstieg der Sozialdemokratie löste sich die urspr. Verbindung der frühen Arbeiterbewegung mit dem Freisinn, der näher an die Konservativen rückte.

# Schweiz

Die Entwicklung zur Konsensdemokratie (seit 1914): Die Neutralität der S. im 1. Weltkrieg wurde von den kriegführenden Mächten respektiert; wirtsch. aber stand die S. unter starkem Druck der Entente. Die gesinnungsmäßige Spaltung zw. welscher und dt. S. wurde allmähl. durch soziale Spannungen abgelöst. Ein Generalstreik im Nov. 1918 wurde mit massivem Truppenaufgebot beantwortet und endete mit einem Sieg des bürgerl. Staates, der jedoch kurz danach soziale Maßnahmen ergriff (u. a. 48-Stunden-Woche, bessere Entlohnung für Angestellte). Vorzeitige Neuwahlen des Nat.rates (1919) nach dem im Okt. 1918 vom Volk beschlossenen Verhältniswahlrecht brachten den Freisinnigen den Verlust der absoluten Mehrheit. Die 1920er Jahre waren durch den Ggs. zw. Bürgerblock (Freisinn, Bauern-, Gewerbe- und Bürgerpartei, Kath. Konservative) und Sozialdemokratie geprägt. Im Völkerbund, dem die S. 1920 gegen heftigen Widerstand konservativer, deutschfreundl. und sozialist. Kräfte beitrat, mußte sie sich nur an wirtsch., nicht an militär. Sanktionen beteiligen. Eine von der Weltwirtschaftskrise begünstigte Rechtsopposition gegen den herrschenden liberalen Staat (Frontismus) kam über Anfangserfolge nicht hinaus. Die Antwort auf die Bedrohung durch NS und Faschismus war der Zusammenschluß der „geistigen Landesverteidigung" von links bis rechts. Außenpolit. sicherte sich die S. 1938 durch die Rückkehr zur integralen Neutralität ab (keine Verpflichtung mehr zur

Schweiz. Schema des politischen Systems und des Gesetzgebungsverfahrens

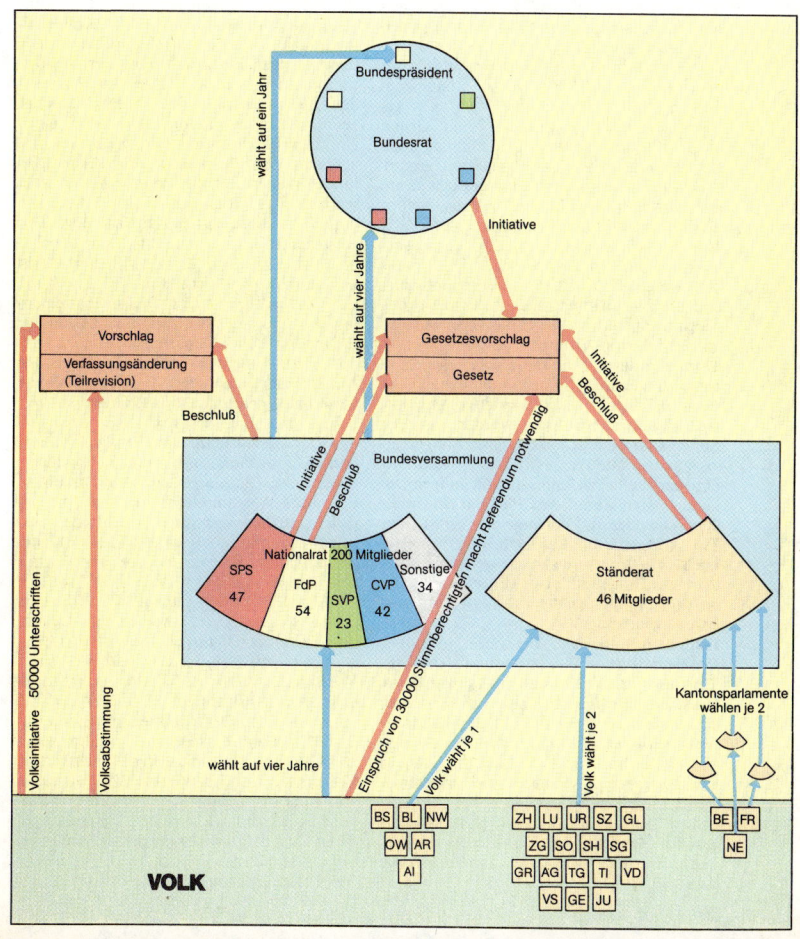

# Schweiz

Teilnahme an Völkerbundssanktionen). Mit dem Ausscheiden Frankr. aus dem Krieg 1940 wurde die Lage der nun völlig von den Achsenmächten umschlossenen S. in jeder Beziehung schwierig. V. a. Probleme der Asylgewährung und der Pressefreiheit belasteten Öffentlichkeit und Reg. Nach dem Krieg beteiligte sich die S. intensiv am wirtsch. Wiederaufbau der europ. Nachbarstaaten. Sie schloß sich zwar nicht den UN an, betätigte sich aber in deren nichtpolit. Sonderorganisationen. Auch den westeurop. Integrationsbestrebungen blieb die S. fern. 1959/60 war sie Gründungs-Mgl. der EFTA, sie schloß 1972 ein Freihandelsabkommen mit der EWG. Eine lang anhaltende Hochkonjunktur führte die S. wirtschaftl. in die Spitzengruppe der europ. Staaten. Als Folge des während des Krieges gewachsenen Solidaritätsgefühls erhielt nach 1945 die Sozialpolitik einen höheren Stellenwert. Die 1947 beschlossenen „Wirtschaftsartikel" verankerten den schon längst praktizierten Staatsinterventionismus in der Verfassung. 1971 wurde auf Bundesebene den Frauen Stimm- und Wahlrecht gewährt. Die Jurafrage wurde 1979 auf Grund einer Volksabstimmung durch Bildung eines eigenen Kt. gelöst. Der Ggs. zw. bürgerl. Block und Sozialisten verringerte sich schon kurz vor dem 2. Weltkrieg. Seit 1943 stellen die Sozialdemokraten einen, seit 1959 zwei Mgl. des Bundesrates, womit die „Konsensdemokratie" erreicht ist, abgesehen von Protestbewegungen (z. B. seit 1967 die Republikaner und die Nat. Aktion, eine Rechtsbewegung gegen die Überfremdung; die verschiedenen linksgerichteten Gruppen aus der Protestbewegung der 1960er Jahre arbeiten teils in der Sozialdemokratie, teils unabhängig). Im April 1978 legte eine Expertenkommission, die 1974 dazu beauftragt worden war, den Entwurf für eine neue Schweizer Bundesverfassung vor. Die Wahlen 1979, 1983 und 1987 brachten keine wesentl. Veränderungen der Parteistärken. Zum 1. Jan. 1985 trat ein Gesetz über die berufl. Vorsorge in Kraft, das Zwangssparen für alle Arbeitnehmer vorsieht. Im Sept. 1985 wurde in einer Volksabstimmung die Umgestaltung des Eherechts im Sinne der Gleichberechtigung von Mann und Frau angenommen.

**Politisches System:** Die Schweizer. Eidgenossenschaft ist eine föderative und demokrat. Republik aus 20 Kt. und 6 Halbkantonen. Die seit der Revision im Jahre 1874 bestehende Bundesverfassung (BV), deren Totalrevision noch diskutiert wird, gesteht der Bundesverwaltung ausdrückl. nur die ihr von den Kt. übertragenen Rechte zu; die verfassungsrechtl. Entwicklung der S. ist daher vom Ringen zw. kantonaler Selbständigkeit und Ausbau der Zentralgewalt des Bundes geprägt, wobei die zentralisierenden Tendenzen sich stetig verstärken.

*Staatsoberhaupt* ist der Bundespräsident; er besitzt als Primus inter pares gegenüber seinen Reg.kollegen nur unbed. Vorrechte (Vorsitz in den Bundesratssitzungen, Vertretung der S. nach außen). Jährl. wechselt das Amt nach dem Dienstalter; diese Rotation verhindert ein Übergewicht des Präs., der die Leitung seines Departements beibehält. Die *Exekutive* liegt bei der Reg., dem Bundesrat, der durch 4 Merkmale gekennzeichnet ist: Nicht-Hierarchisierung, verfassungsrechtl. fixierte Siebenzahl der Min. (Bundesräte), Fehlen einer parlamentar. Verantwortlichkeit und permanente „große Koalition", die sich jedoch auf keinen expliziten Koalitionsvertrag stützt. Die 7 Bundesräte verstehen sich in erster Linie als Chefs ihrer Ministerien (Departemente) und erst in zweiter Linie als Mgl. eines Kollegialorgans, das jedoch in allen wichtigen Reg.angelegenheiten formelle Entscheidungsinstanz bleibt. Das Kollegialitätsprinzip erschwert die Koordination zw. den einzelnen Departementen, der Ressortpartikularismus ist bes. ausgeprägt. Während der Legislaturperiode des Nat.rats ist es der Bundesversammlung formell verwehrt, einen einzelnen Bundesrat oder die ganze Reg. abzusetzen. Überdies können erneut kandidierende Bundesräte mit sicherer Wiederwahl rechnen. Das Parlament beschränkt sich darauf, zufällige, durch Rücktritt oder Tod entstehende Vakanzen im Bundesrat zu beheben. Seit 1959 sind die 4 größten Parteien im Bundesrat im Verhältnis 2:2:2:1 (FdP, CVP, SPS, SVP) vertreten. Die 7 Departemente sind das für Außenpolitik zuständige Eidgenöss. Polit. Departement, das Eidgenöss. Departement des Innern, das Eidgenöss. Militärdepartement, das Eidgenöss. Volkswirtschaftsdepartement, das Eidgenöss. Verkehrs- und Energiewirtschaftsdepartement, das Eidgenöss. Finanz- und Zolldepartement und das Eidgenöss. Justiz- und Polizeidepartement. Die *Legislative* liegt beim Parlament, der Bundesversammlung, die aus 2 rechtl. gleichgestellten Kammern besteht: Der Nationalrat repräsentiert das Volk, der Ständerat vertritt die Kt. Die 200 Abg. des Nat.rats (seit den Wahlen von 1987: FdP 51; CVP 42; SPS 41; SVP 25; LdU 8; LPS 9; EVP 3; Grüne 9; sonstige 12) werden auf 4 Jahre von den über 20jährigen gewählt (Frauenwahlrecht auf Bundesebene seit 1971). In 5 Wahlkreisen wird jeweils ein Nat.rat nach dem Mehrheitswahlrecht (Majorz) gewählt, in den übrigen 20 Wahlkreisen werden zw. 2 und 35 Nat.räte nach dem Verhältniswahlrecht (Proporz) gewählt. Jeder Wähler verfügt über soviel Stimmen, wie sein Wahlkreis Abg. entsendet, der Wähler kann dabei in den Parteilisten Kandidaten streichen, 2 Stimmen auf einen Kandidaten vereinigen (kumulieren) oder Kandidaten von anderen Parteilisten übernehmen (panaschieren). Entspricht die

# Schweiz

Kandidatenzahl in einem Kt. der Mandatszahl, so erfolgt eine stille Wahl, d. h., die Kandidaten werden ohne Urnengang als gewählt erklärt. Die Zusammensetzung des Ständerates (insgesamt 46 Mgl.) entspricht weitgehend dem bundesstaatl. Prinzip von der gleichen Repräsentation ungleicher Gliedstaaten: Auf jeden Kanton entfallen 2, auf jeden Halbkanton 1 Vertreter. Wahlmodus und Mandatsdauer bestimmt das kantonale Recht. Alle Kt. sind zur Volkswahl übergegangen (i. d. R. Majorzsystem). Die aus den beiden Kammern bestehende Bundesversammlung ist ein Milizparlament, das i. d. R. 4mal jährl. zu je 3–4wöchigen Sessionen zusammentritt. Sie wählt den Bundesrat, den Bundespräs., das Bundesgericht, das Versicherungsgericht, den Bundeskanzler, den General der eidgenöss. Armee und entscheidet über Begnadigungsgesuche und Kompetenzstreitigkeiten zw. Bundesbehörden. Der Bundesversammlung als oberster Gewalt obliegen neben der Gesetzgebung u. a. die Verwaltungskontrolle, das Budget, Bündnisse und Verträge mit dem Ausland und die Entscheidung über Krieg und Frieden.

Die dominierende Stellung des Bundesrats im polit. System der S. hat ein gewisses Gegengewicht - eine parlamentar. Kontrolle (Mißtrauensvotum) durch eine Opposition fehlt - in den direktdemokrat. Rechten *der Bürger* in Referendum und Volksinitiative (↑ auch Volksabstimmung).

*Parteien und Verbände:* Das schweizer. Parteiwesen weist zwar eine durch die verschiedenen polit. Traditionen der Kt. bedingte außerordentl. Vielfalt auf, zeichnet sich aber durch eine große Stabilität aus. Bundesweit vertreten sind ledigl. 3 Parteien: Die liberale Freisinnig-demokrat. Partei der S. (Abk. FdP), die Sozialdemokrat. Partei der S. (Abk. SPS) und die bürgerl.-konservative Christlichdemokrat. Volkspartei der S. (Abk. CVP). 4. Bundesratspartei ist die mittelständ. Schweizer. Volkspartei (Abk. SVP). Diese 4 Bundesratsparteien haben sich einander programmat. stark angenähert. Kantonale Reg.parteien sind ferner der der Migros-Genossenschaft nahestehende Landesring der Unabhängigen (Abk. LdU), im Nat.rat stärkste Oppositionsfraktion, und die rechtsliberale Liberale Partei der S. (Abk. LPS, früher Liberal-demokrat. Union der S.), mit der sich die Ev. Volkspartei der S. (Abk. EVP) im Nat.rat zu einer Fraktion zusammengeschlossen hat. Ebenfalls im Nat.rat vertreten sind die Partei der Arbeit (Abk. PdA), Nachfolgeorganisation der 1940 verbotenen KP der S., sowie die beiden rechtsgerichteten Gruppen Schweizer. Republikan. Bewegung und die Nat. Aktion gegen die Überfremdung von Volk und Heimat (Abk. NA). Das polit. und organisator. Schwergewicht der Parteien liegt - im Ggs. zu den großen Verbänden - eindeutig in den Kt. Die Kantonalparteien treten nicht notwendigerweise unter dem gleichen Namen auf wie die nat. Formation, der sie angehören. Umgekehrt nehmen gleichnamige Parteien nicht unbedingt in allen Kt. die gleiche Stellung im polit. Spektrum ein. Das schweizer. Verbändesystem zeichnet sich durch eine relativ hohe Organisationsdichte aus. Innerhalb des polit. Systems spielen die Verbände eine außerordentl. wichtige Rolle, v. a. im vorparlamentar. Gesetzgebungsverfahren, da sie, anders als die Parteien, zentralist. strukturiert und finanzkräftiger sind. Weitaus stärkste Organisation der schweizer. *Gewerkschaften* ist der Schweizer. Gewerkschaftsbund (Abk. SGB). Wichtigster Spitzenverband auf seiten der Unternehmer ist der Schweizer. Handels- und Industrie-Verein mit Sitz in Zürich, kurz „Vorort" gen. Daneben sind wichtig der Zentralverband schweizer. Arbeitgeber-Organisationen, der Schweizer. Gewerbeverband (Abk. SGV), die Schweizer. Bankiervereinigung und der Schweizer. Bauernverband.

*Verwaltung:* Der Charakter der S. als Bundesstaat bedingt eine weitgehende Aufteilung der Verwaltungstätigkeit auf den Bund, die Kt. und die Gemeinden. Auf Grund der Residualkompetenz der BV nehmen die Kt. u. a. Unterrichtswesen, Polizei, Rechtspflege, Bauwesen, Gesundheitswesen selbständig wahr. Im Rahmen der mittelbaren Bundesverwaltung übernehmen Kt., aber auch Gemeinden, weitgehend den Vollzug der unter die Bundeskompetenz fallenden Gesetze und Verordnungen. Z. T. delegiert der Bund Verwaltungsaufgaben an private Verbände. Das Ausmaß der „privatisierten Verwaltung" ist schwer schätzbar. Alle Kt. haben eine eigene Verfassung, die vom Bund genehmigt werden muß. Die kantonale Zentralverwaltung wird in Form eines Kollegialorgans vom Reg.rat (auch: Kleiner Rat, in den roman. Kantonen Conseil d'Etat bzw. Consiglio di Stato) geleitet. Die Reg.- bzw. Staatsräte als Vorsteher der 5–9 Departemente werden vom Volk durch Urnenwahl bzw. durch die Landsgemeinde direkt gewählt. Alle größeren Kt. sind in Bezirke (Ämter) eingeteilt, die oft auch unterste Einheit im Gerichtswesen sind. Jeder von ihnen umfaßt eine Anzahl Gemeinden mit eigenen Behörden, die jedoch nur als ausführende Organe der kantonalen Instanzen wirken. Die polit. bedeutsamen Untergliederungen der Kt. bilden die Gemeinden (z. Z. 3050). Je nach Größe der Gemeinde wird deren Exekutive direkt von der Gemeindeversammlung oder indirekt durch das Gemeindeparlament gewählt.

Das schweizer. *Recht* ist heute weitgehend vereinheitlicht. Die Rechtspflege gehört verfassungsmäßig zur Zuständigkeit der Kt., so daß es erhebl. Unterschiede von Kanton zu Kanton hinsichtl. Zusammensetzung und Wahl der Gerichte wie auch der Rechtsmittel-

# Schweizer

ordnung gibt. Die Richter werden i. d. R. vom Volk gewählt, in einzelnen Kantonen für die unteren Gerichte durch die der oberen ernannt. Das ↑Bundesgericht als letzte Instanz in zivil- und strafrechtl. Fällen sorgt jedoch für die einheitl. Anwendung des Bundesrechts. *Landesverteidigung:* Gemäß der schweizer. Doktrin der bewaffneten Neutralität dient die schweizer. Armee in erster Linie der Verteidigung der Unabhängigkeit des Landes, ferner zur Wahrung von Ruhe und Ordnung im Landesinnern. Die Miliz ist die organisator. Form, in der die allg. Wehrpflicht verwirklicht wird. Diese dauert vom 20. bis zum 50., für Offiziere bis zum 55. Lebensjahr. Die Wehrpflichtigen werden in 3 Klassen unterteilt: Die 21-32jährigen bilden den *Auszug,* die 33-42jährigen die *Landwehr* und die 43-50jährigen den *Landsturm.* Nach 17 Wochen umfassender Grundausbildung muß der Wehrpflichtige im Laufe seines Lebens 12-13 in der Dauer gestaffelte Wiederholungskurse absolvieren, so daß eine Gesamtdienstzeit von etwa 1 Jahr erreicht wird. Nur die Kommandeure der Flieger- und Flugabwehrtruppen, die der Divisionen und der 4 Armeekorps, der Generalstab sowie ein Teil der Piloten und des Ausbildungskorps sind hauptberufl. Militärs (insgesamt 6 500). Alle anderen Offiziere (bis zum Brigadekommandanten) sind Milizoffiziere. Im Falle einer Mobilmachung erreicht die schweizer. Armee innerhalb von 48 Stunden eine Stärke von 625 000 Mann (davon Heer 580 000, Luftwaffe 45 000). Ein General als militär. Oberkommandierender wird erst im Fall eines größeren Truppenaufgebots von der Bundesversammlung gewählt.
📖 *Wiesli, U.:* Die S. Darmst. 1986. - *Aubert, J.-A.:* So funktioniert die S. Dt. Übers. Bern ³1982. - *Labhart, T.:* Geologie der S. Bern 1982. - *Helbling, H.: Gesch. der S.* Ffm. Neuaufl. 1982. - *Brugger, H.:* Die schweizer. Landwirtschaft: 1850 bis 1914. Frauenfeld 1979. - *Ungerer, A.: Finanzplatz S.* Sanie Gesch., Bed. u. Zukunft. Düss. 1979. - *Jeanneret, F., u. a.:* S. Alpenland im Herzen Europas. Mchn.; Bern 1978. - *Kleinewefers, H./Pfister, R.:* Die Volkswirtschaft der S. Frauenfeld 1977. - *Im Hof, U.: Gesch. der S.* Stg. u. a. ²1976. - *Nigg, W.:* S. Land, Volk, Wirtschaft in Stichworten. Wien 1975. Das polit. System in der S. Hg. v. J. Steiner u. E. Bucher. Mchn. 1971. - *Bonjour, E.: Gesch. der schweizer. Neutralität.* Basel ¹⁻⁶1970-76. 9 Bde. - *Schwarz, D. W. H.:* Die Kultur der S. Zürich 1967. - *Gutersohn, H.: Geographie der S.* Bern ¹⁻²1968-74. 3 Bde. in 5 Tlen. - *Koenig, M. A.: Kleine Geologie der S.* Thun u. Mchn. 1967.

**Schweizer,** Bez. für Angehörige der Schweizergarde, für Kirchendiener; in Süddeutschland auch Bez. für Melker.

**Schweizer Bürgerrecht,** die Summe der rechtl. Beziehungen, die eine Person zum Angehörigen der Schweizer. Eidgenossenschaft *(Schweizerbürger)* macht. Das S. B. wird durch das Gemeindebürgerrecht und das Kantonsbürgerrecht vermittelt, deren Regelung den Kantonen obliegt. Erwerb und Verlust können unmittelbar auf Grund gesetzl. Bestimmungen oder behördl. Beschlüsse eintreten. Das S. B. ist Grundlage der Ausübung der polit. Rechte; es berechtigt zur Teilnahme an allen eidgenöss. Abstimmungen und Wahlen; es verbietet die Ausweisung aus der Schweiz und dem Heimatkanton. An das S. B. knüpfen auch Pflichten an, darunter die Pflicht zum Militärdienst.

**Schweizerdeutsch** (Schwyzerdytsch, Schwyzertütsch), die auf den Mundarten basierende Verkehrssprache in der deutschsprachigen Schweiz, die auch von Gebildeten und auch öffentlich (z. B. im Parlament oder vor Gericht) verwendet wird. - Dialektgeograph. gehört die deutschsprachige Schweiz zum Süd- oder Hochalemannischen, nur der N, bes. Basel, ist niederaleman. beeinflußt. Der als „Höchstalemannisch" bezeichnete S ist eine Reliktlandschaft, der altertümlichste Teil ist das Oberwallis sowie die von dort ausgegangenen Walsersiedlungen.

**Schweizer Franken,** Abk. sfr; Währungseinheit in der Schweiz; 1 sfr = 100 Rappen (Rp) bzw. 100 Centimes (c).

**Schweizergarde,** Truppeneinheiten aus Schweizer Söldnern, die vom Spät-MA bis zur Entstehung der Nat.heere auf Grund ihrer bed. Siege in vielen Staaten Waffendienste leisteten. - Heute besteht nur noch die 1506 gegr. päpstl. S. (italien. Guardia Svizzera Pontificia, Abk. GSP).

**Schweizerische Aluminium AG** (Alusuisse), schweizer. Holding-Gesellschaft, Sitz Chippis (Wallis); gegr. 1888 als Aluminium-Industrie-AG, seit 1963 heutiger Name.

**Schweizerische Bankgesellschaft,** zweitgrößte schweizer. Geschäftsbank, Sitz Zürich. Gegr. 1862 in Winterthur, seit dem Zusammenschluß mit der Toggenburger Bank 1912 heutiger Name.

**Schweizerische Bundesbahnen** (frz. Chemins de fer fédéraux suisses [CFF], italien. Ferrovie federali Svizzere [FFS], Abk. SBB, staatl. schweizer. Eisenbahngesellschaft, gegr. 1902, Sitz Bern. Die ersten Eisenbahnen in der Schweiz wurden mit privatem Kapital gebaut und betrieben. Ein erster Verstaatlichungsversuch wurde 1888 unternommen, scheiterte jedoch. Die dann 1. Jan. 1902 geschaffenen S. B. umfaßten zunächst nur die Schweizer. Centralbahn und die Nordostbahn. Im gleichen Jahr kamen die Vereinigten Schweizerbahnen und 1903 die Jura-Simplon-Bahn hinzu. Bis 1947 wurden noch mehrere kleinere Bahnen eingegliedert.

**Schweizerische Eidgenossenschaft** (frz. Confédération Suisse, italien. Confederazione Svizzera), amtl. Name der ↑Schweiz.

## schweizerische Literatur

**Schweizerische Kreditanstalt,** älteste Großbank der Schweiz, gegr. 1856, Sitz Zürich.

**schweizerische Kunst,** den sprachl. und kulturellen Unterschieden der Schweiz entsprechend eine Kunst, die in O-, W- und S-Schweiz jeweils mehr oder weniger derjenigen der Nachbarländer Deutschland, Frankr., Italien und Tirol nahesteht. - **Mittelalter:** Den Anfang einer christl. Kunst setzten seit dem 5. Jh. Klostergründungen. Der Klosterplan von Sankt Gallen (820) vermittelt die Vorstellung einer karoling. Klosteranlage. Zu den wichtigsten der noch erhaltenen karoling. Bauten gehört St. Johann in Münster mit umfangreichem Zyklus karoling. Wandmalereien (Anfang 9. Jh.). Ende des 9. Jh. war Sankt Gallen bed. Zentrum der Buchmalerei. - Die bedeutendsten roman. Kirchenbauten sind die Abteikirche in Schaffhausen und die Münster von Zürich (1080–1250) und Basel (Galluspforte 1170). In St. Martin in Zillis hat sich eine bemalte roman. Holzdecke erhalten (um 1130/40), auch bed. Beispiele roman. Wandmalerei (Nikolauskapelle bei Sankt Gallen, um 1160–70) und Glaskunst. - Hervorragendes Beispiel got. Baukunst ist die Kathedrale von Lausanne (1175–1232). Höhepunkt got. Glasmalerei bilden die Chorfenster (1325–30) der Abteikirche in Königsfelden. Den hohen Stand got. Buchmalerei in der Schweiz dokumentiert die wohl in Zürich um 1320 entstandene Große Heidelberger Liederhandschrift. Außer Zürich waren im 14./15. Jh. Bern und Luzern bed. künstler. Zentren. Die Werke des aus Rottweil stammenden, seit 1434 in Basel ansässigen Konrad Witz bedeuten eine Wende in der got. Tafelmalerei. - **Renaissance:** Ebenfalls in Basel wirkte etwa 100 Jahre später H. Holbein d. J. aus Augsburg. Mit Urs Graf in Basel, N. Manuel aus Bern und Hans Leu in Zürich setzte eine eigenständige Schweizer Entwicklung in Tafel- und Wandmalerei sowie Druckgraphik ein, die sich innerhalb der Renaissance durch kraftvollen Ausdruck und kühne Formübersteigerungen auszeichnet. Von einem der vielseitigsten Renaissancemeistern der Schweiz, T. Stimmer, stammt die Fassadenmalerei (1567–70) am Haus zum Ritter in Schaffhausen. Eine Besonderheit der Schweizer Renaissance sind die Kabinettscheiben (v. a. aus Solothurn seit 1470). Abgesehen v. a. von Basel, das in der 2. Hälfte des 15. Jh. keinen Niedergang erlebte und deshalb zahlr. spätgot. profane Baudenkmale besitzt (Stadttore, Brunnen, Rathaus von 1504 ff.), entwickelte sich der Profanbau im allg. erst mit dem neuen Aufblühen der Städte in der 2. Hälfte des 16. Jh. Er wurde vom Renaissancestil geprägt. Zahlr. Städte erhielten nun Befestigungen mit repräsentativen Toren, Rathäuser (Murten, Romont, Solothurn, Luzern, Schaffhausen), Zunfthäuser (Basel, Geltenzunfthaus, 1578) und Patrizierhäuser (Luzern, Rittterscher Palast, 1556–61; Brig, Stockalper Palast, 1658–78). Bern und Freiburg sind für ihre Arkadengänge und Brunnen berühmt. Bemerkenswerte Renaissancekirchen entstanden v. a. im Tessin (u. a. San Lorenzo in Lugano) und in Luzern (Hofkirche). - **17.–20. Jahrhundert:** Der barocke Kirchenbau wurde in der Schweiz v. a. durch Vorarlberger Baumeister geprägt (K. Moosbrugger, P. Thumb u. a.), so v. a. die monumentalen Anlagen von Einsiedeln und Sankt Gallen. Aus dem Tessin stammen viele große Barockbaumeister Italiens (v. a. F. Borromini). Auch die bedeutendsten der Schweizer Maler des 18. und 19. Jh. waren v. a. im Ausland tätig (A. Graff, J. E. Liotard, J. H. Füssli, A. Böcklin). Eine Eigenentwicklung entstand in der romant. Landschaftsmalerei mit der Erschließung der Alpenwelt (C. Wolff, A. Calame u. a.). Über die Grenzen der Schweiz hinaus bedeutsam wurde die Malerei F. Hodlers, der zu den Wegbereitern des Jugendstils zählt. Paul Klee legte mit seinem Werk eine wesentl. Grundlage der modernen Malerei. 1916 ging von Zürich die Dada-Bewegung aus, an der als einzige Schweizerin S. Taeuber-Arp teilnahm. Führende Bildhauer des 20. Jh. sind Schweizer, neben A. Giacometti u. a. M. Bill, B. Luginbühl und J. Tinguely. Der bedeutendste Schweizer Architekt Le Corbusier (Genf, Maison Charté, 1930) war vorwiegend im Ausland tätig. Hervorzuheben sind Terrassensiedlungen, z. B. Siedlung Halen bei Bern (1959–61, Gruppe Atelier 5), in Zug (1957–60, Stucki und Meuli), Mühlenhalde (1966, Scherer, Strickler und Weber) sowie Schulbauten, bes. von D. Schnebli (* 1928). Auch die jüngsten Kunstrichtungen, Objektkunst (D. Spoerri), Konzeptkunst (D. Roth), die Weiterentwicklung der surrealen (der Zeichner A. Thomkins) und der konkreten Kunst (K. Gerstner), der neue Realismus in der Malerei (F. Eggenschwiler), Photorealismus (F. Gertsch) und Lichtkinetik (C. Megert), sind vertreten. - Tafel S. 91.

📖 *Inventar der neueren Schweizer Architektur 1850–1920. Bern 1982. - Dreißiger Jahre Schweiz. Ausstellungskat. Zürich 1981. - S. K. '70–'80. Ausstellungskat. Luzern 1981. - Kunstführer durch die Schweiz. Begr. v. H. Jenny. Wabern* [5] *1971–83. 3 Bde. - Gantner, J./Reinle, A.: Kunstgeschichte der Schweiz. Frauenfeld* [1-2] *1947–68. 4 Bde.*

**schweizerische Literatur,** das in dt., frz., italien. und rätoroman. Sprache verfaßte Schrifttum der Schweiz.

**Deutschsprachige Literatur** (seit 1648, als sich im Westfäl. Frieden die Schweizer Eidgenossenschaft aus dem Reichsverband löste): An den Strömungen der europ. Literatur hatte die deutschsprachige Schweiz seit A. von Hallers Gedicht „Die Alpen" (1729) teil, insbes. durch die 1761 gegr. aufklärer. „Helvet. Ge-

## schweizerische Literatur

sellschaft" und ihre Mgl. S. Geßner und J. K. Lavater. Den von J. C. Gottsched vertretenen klass. Normen der frz. Literatur setzten J. J. Bodmer u. J. J. Breitinger engl. Vorbilder, bes. Shakespeare entgegen, dem v. a. U. Bräker verpflichtet war. Der Einfluß Rousseaus und der frz. Revolutionsliteratur gab den Anstoß zu J. H. Pestalozzis pädagog. Schriften, didakt. Romanen und Erzählungen; aufklärer. Volkserzählungen schrieb H. Zschokke. Nach 1835 entfaltete sich ein polit. stark engagiertes Schrifttum. Vorläufer des sozialen Engagements im Naturalismus war J. Gotthelf. Das polit. pädagog. engagierte Denken G. Kellers wurde in der Gründerzeit durch die Erkenntnis wachsender Korruption gedämpft. In größerer Distanz zum Zeitgeschehen schrieb C. F. Meyer, dessen spätrealist. Stil vom frz. Symbolismus mitgeprägt war. Kulturpessimismus und das Formenspiel der Neuromantik prägten die Dichtungen C. Spittelers, während der sozial engagierte, psycholog. vertiefte Naturalismus J. Boßharts vor und während des 1. Weltkrieges expressionist. Welterlösungsideen propagierte; expressionist. war auch die Lyrik des beginnenden 20. Jh. (z. B. K. Stamm); schizoide Labilität und gesellschaftl. Frustration kennzeichnet die Prosa R. Walsers.

Als Folge des geistigen Einflusses der dt. Exilanten während des 1. Weltkriegs entwickelte sich der Dadaismus zuerst in Zürich. In der Zwischenkriegszeit war bed. der Dramatiker C. von Arx. Während der Zeit des NS in Deutschland und Österreich entfalteten sich Kabarett und städt. Sprechbühnen, die von der Emigrantenwelle vielfältige Impulse bekamen. M. Frisch und F. Dürrenmatt führten die deutschsprachige Theatersatire und Komödie zu einem Höhepunkt. Der Tradition verpflichtete Lyriker sind u. a. U. M. Strub und S. Walter. Auf älterer Volksliedtradition aufbauend, vermochte sich die Mundartlyrik und -dramatik seit Anfang des 20. Jh. bis in die Gegenwart zu halten (M. Lienert, R. von Tavel [* 1866, † 1934], A. Bächtold [* 1891], M. Matter [* 1936], E. Eggimann [* 1936], E. Burren [* 1944], H. Schneider [* 1938] und E. Gomringer, als Vertreter der konkreten Poesie). Daneben entwickelte sich eine neue Art Kabarett und Bänkelsang mit immer stärkerer Politisierung (K. Marti). Mit Ursprüngen in der Zwischenkriegszeit wurden der Detektiv- und psycholog. untermauerte Kriminalroman (F. Glauser [* 1896, † 1938], F. Dürrenmatt) sowie der gesellschaftskrit. realist. Zeitroman (M. Inglin) zu parabelhaften Abbildungen von Grundproblemen bürgerl. Ideologie. Hieran anknüpfend die neorealist. Prosa, deren polit. Engagement als bewußte Teilnahme an der schweizer. Gesellschaft, als Versuch, sie schreibend mitzugestalten und zu verändern, starke Beachtung fand, trotz unterschiedl. schriftsteller. Mittel (Tagebuch, Reportage, Kurzgeschichte, Erlebnis-, Dorf-, Arbeiterroman); zur älteren Generation zählen: A. Muschg, O. F. Walter, P. Bichsel, W. M. Diggelmann (* 1927, † 1980), P. Nizon, J. Federspiel, W. Vogt, H. Loetscher; zur neueren: W. Kauer (* 1935), G. Späth, B. Brechbühl, W. Schmidli, E. Y. Meyer, H. Wiesner, J. Steiner, F. Hohler, S. Blattner (* 1946), C. Geiser (* 1949), J. Laederach (* 1945). Lyr. Prosa über Kindheit und Traumhaftes oder auch Autobiographisches schrieben die Autorinnen S. Walter, E. Pedretti, E. Meylan (* 1937), G. Leutenegger (* 1948).

**Französischsprachige Literatur:** Im 18. und frühen 19. Jh. erlangte sie mit H. B. de Saussure, C. Bonnet, J.-J. Rousseau, C. V. von Bonstetten (* 1745, † 1832) bei Madame de Staël europ. Bedeutung. Es begann die Vermittlerrolle der französischsprachigen Schweiz zw. dt. und frz. Kultur. Dies führte zu einer engeren Angliederung an die frz. Literatur im 19. Jh., stärkte andererseits aber auch das Nationalbewußtsein der Schweizer. Im 19. Jh. bed. waren der Genfer Prosaist R. Toepffer, die Waadtländer E. Rambert (* 1830, † 1886) und A. Vinet (* 1797, † 1847). In Frankr. Erfolg hatten V. Cherbuliez (* 1829, † 1899) und E. Rod (* 1857, † 1910), F. Amiel und B. Valloton. Im 20. Jh. erhielt durch den Erzähler C. F. Ramuz der Regionalroman weltliterar. Bed.; eine sprachkünstler. Eigenart vertrat auch H. Spiess (* 1876, † 1940). Verf. verschiedl. Bühnenstücke war R. Morax. Genfer kosmopolit. Liberalismus kennzeichnete den Kreis um R. de Traz und J. Cheneviève (* 1886, † 1976); Erzähler im Gefolge von Ramuz waren C. F. Landry und M. Zermatten; als Lyriker traten G. Roud (* 1897, † 1976), C. Bille (* 1912, † 1979) und P. Jaccottet (* 1925) hervor. Bed. Romanciers sind G. de Pourtalès, B. Cendrars, M. Saint-Hélier. Die moderne französischsprachige L. vertreten die Romanciers J.-P. Monnier (* 1921), R. Pinget und Y. Velan (* 1925), der Lyriker und Romancier J. Chessex (* 1934), der Lyriker A. Voisard (* 1930), die Dramatiker H. Deblue (* 1914) und L. Gaulis (* 1932).

**Italienischsprachige Literatur:** Die geringe Zahl der Italienischsprechenden und das Fehlen eines Kulturzentrums sowie die Nähe der italien. Kulturmetropole Mailand haben der Entstehung eines bes. schweizer. Schrifttums in italien. Sprache entgegengewirkt. Ein eigenes Kulturbewußtsein konnte sich erst nach der Verselbständigung des Tessins im Rahmen der Eidgenossenschaft (1803) entfalten. Weltweiten Ruf erlangte der Erzähler, Lyriker und Essayist F. Chiesa; z. T. von ihm beeinflußt sind G. Zoppi sowie G. Galgari (* 1905, † 1969). Illusionslose Gegenwartsschilderungen geben in ihren Romanen P. Scanziani (* 1908), P. Martini (* 1923), M. Agliati (* 1922) und Giovanni Orelli (* 1928). Lyriker

**schweizerische Kunst**

Schweizerische Kunst. Links (von oben): Christus zwischen Petrus und Paulus. Figuren im Tympanon der Galluspforte (1170). Basel, Münster; Jona besteigt das Schiff (um 1160). Randfeld auf der nördlichen Seite der Decke von Sankt Martin in Zilis; Arnold Böcklin, Die Toteninsel (1880). Leipzig, Museum der bildenden Künste; rechts (von oben): Sophie Taeuber-Arp, Komposition mit Dreiecken, Rechtecken und Kreisen (1916). Privatbesitz; Franz Eggenschwiler, Holzschraube (1969). Basel, Öffentliche Kunstsammlung

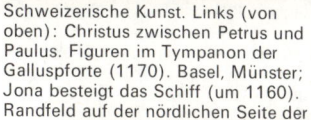

## schweizerische Musik

sind u. a. Giorgio Orelli (* 1936) und R. Fasani (* 1922). Bedeutendste Dialektdichterin war A. Borioli (* 1887, † 1965).
**Literatur in rätoroman. Sprache** ↑ rätoromanische Literatur.

📖 Altwegg, J.: Leben u. Schreiben in der Schweiz. Zürich 1983. - Die viersprachige Schweiz. Hg. v. R. Schläpfer. Zürich u. Köln 1982. - Helvet. Steckbriefe. Zürich u. Mchn. 1981. - Expressionismus in der Schweiz. Hg. v. M. Stern. Bern 1981.

**schweizerische Musik,** die sprachl., kulturell, histor., regional differenzierte Musik auf dem Gebiet der Schweiz, bei der meist dt. und frz. Orientierung vorherrschen. Für Gregorian. Gesang, Tropus und Sequenz waren im MA die Benediktinerklöster Sankt Gallen und Engelberg bedeutend. Neben der weltl. Liedkunst des Minnesangs (bed. die „Maness. Handschrift") wurden Spielleute und Pfeifer in Europa bekannt. Die Reformation drängte die kirchl. und öffentl. Musikpflege zurück, so daß viele bed. Musiker (v. a. L. Senfl) in ausländ. Dienste traten. Daneben wirkten der große Musiktheoretiker H. L. Glareanus, ferner die Hofhaimer-Schüler H. Kotter (* um 1480, † 1541), H. Buchner (* 1483, † 1538). Die Sonderform der vierstimmigen, homophonen humanist. Ode beeinflußte später den volkssprachl. Psalmengesang. Die hiervon ausgehenden, seit 1600 entstehenden patriz. Musikgesellschaften (z. B. in Zürich, Winterthur) erweiterten bald ihr Repertoire. Um 1700 trat H. Albicastro mit Instrumentalwerken hervor; später F. J. L. Meyer von Schauensee (* 1720, † 1789) mit ersten schweizer. Opern. Im Gefolge Pestalozzis begründete Anfang des 19. Jh. H. G. Nägeli eine weitausstrahlende Chor- und Volkserziehungsbewegung. Auf diese und auf Musikfeste gesamteidgenöss. Vereinigungen bezog sich u. a. X. Schnyder von Wartensee (* 1786, † 1868); an lokale Traditionen knüpften in Zürich F. Hegar, in Basel H. Huber (* 1852, † 1921), H. Suter an. Von der Spätromantik gehen aus O. Schoeck, W. Burkhard, A. Oboussier, C. Beck, A. Brunner (* 1901), H. Sutermeister, P. Burkhard; sie leiten zur Moderne, die bed. A. Honegger, F. Martin, W. Vogel (russ. Herkunft) über, die heute u. a. von R. Liebermann, A. Schibler, J. Wildberger, K. Huber, R. Kelterborn, J. Wyttenbach vertreten ist.

**Schweizerische Nationalbank,** Zentralnotenbank der Schweiz, gegr. durch Bundesgesetz vom 6. 10. 1905, eröffnet 1907, Sitz Bern und Zürich. Sie hat das Notenausgabemonopol und (beschränkt) die übl. Aufgaben einer Zentralbank.

**Schweizerische Post-, Telefon- und Telegrafenbetriebe,** Abk. PTT, rechtl. selbständiger Betrieb für alle Angelegenheiten des Post- und Fernmeldewesens unter der Oberaufsicht des Bundesrats, die vom Verkehrs- und Energiewirtschaftsdepartement ausgeübt wird. - *Geschichte:* Das Postwesen in der Schweiz entwickelte sich aus amtl. Botenverbindungen der Städte und Kantone sowie aus privaten Pachtbetrieben von Kaufleuten und Familienunternehmen. Nachdem mehrere Kantone das Postregal eingeführt hatten, wurde das Postwesen 1798 durch Gesetz zentralisiert, fiel jedoch 1803 an die Kantone zurück und ging erst 1849 endgültig an den Bund über.

**Schweizerische Radio- und Fernsehgesellschaft** (1931-60: Schweizer. Rundspruch-Gesellschaft; frz. Société suisse de radiodiffusion et télévision [SSR], italien. Società svizzera di radiotelevisione [SSR]), Abk. SRG, privatrechtl. organisierter Verein (Mgl. sind die 3 Regionalgesellschaften der jeweiligen Sprachbereiche), der auf Grund der durch den Bundesrat (erstmals 1964) erteilten Konzession den Rundfunk in der Schweiz betreibt; verbreitet je 3 Hörfunkprogramme in dt. und frz. Sprache und 2 Hörfunkprogramme in italien. Sprache, je 1 Fernsehprogramm in dt., frz. und italien. Sprache sowie (zus. mit ZDF und ORF) das dt.sprachige Satellitenprogramm 3SAT und das frz.sprachige Satellitenprogramm TV 5. Das *Schweizer Radio International* strahlt Kurzwellensendungen in 9 Sprachen aus.

**Schweizerischer Bankverein,** größte schweizer. Bank, gegr. 1872, Sitz Basel.

**Schweizerischer Gewerkschaftsbund,** Abk. SGB, 1880 gegr. gewerkschaftl. Spitzenverband mit Sitz in Bern. Der SGB ist konfessionell und parteipolit. neutral und umfaßt Arbeiter, Angestellte und Beamte. Wichtigste Aufgaben sind u. a. die Wahrung der Interessen der 15 Einzelgewerkschaften und ihrer Mgl. (1985 insgesamt 442 800). Einsatz für den Ausbau demokrat. Rechte und Freiheiten, für die Sicherung der Vollbeschäftigung und die Hebung des Lebensstandards, für den Ausbau der Sozialgesetzgebung und des Arbeiterschutzes, Förderung der Gemeinwirtschaft sowie Einsatz für die Forderungen nach Arbeitnehmermitbestimmung und nach einer menschengerechten Umwelt. - *Präs.* ist seit 1982 Fritz Reimann (* 1924). Dt.sprachige *Publikationsorgane* sind die „Gewerkschaftskorrespondenz", die „Gewerkschaftl. Rundschau" sowie die „Gewerkschaftsjugend".

**Schweizerische Rundspruch-Gesellschaft,** 1931-60 Bez. der heute in der ↑ Schweizerische Radio- und Fernsehgesellschaft zusammengeschlossenen privaten Rundfunkanstalten.

**schweizerisches Recht,** im schweizer. Raum lassen sich in einigen Rechten Einflüsse der Ligurer nachweisen; daneben gibt es Überbleibsel aus röm. Zeit. Nach der Völkerwanderung prägten bes. die Stammesrechte der Burgunder, im 7. Jh. der „Pactus Legis Alamannorum" das Rechtsleben. Die ↑ ger-

manischen Volksrechte bestimmten dieses Rechtsleben der Schweiz mit ihrer verschiedenartigen ethn. Zusammensetzung noch lange Zeit.
Seit dem 12. Jh. entstanden in der Schweiz Stadtrechte, die sich auch in den Landschaften auswirkten. Am frühesten gelangten in der Schweiz die Bischofsstädte Basel, Lausanne, Sitten, Genf und Chur zu eigenem Recht.
Mit der Ausbildung des öffentl. *Strafrechts* wurde der Versuch unternommen, die Fehde zurückzudämmen oder wenigstens in geordnete Bahnen zu lenken. In den ersten Bundesbriefen von 1291 und 1315 wurde gemeinsames Vorgehen gegen des Todes schuldige Totschläger, gegen Brandstifter und Räuber beschlossen. Die verschiedenen Rechtsquellen enthalten häufig Strafkataloge. Neben der Todesstrafe finden sich darin mannigfache Körperstrafen, die teilweise durch Geldstrafen abgelöst werden konnten. Der Verbannung ähnlich waren die **Bußwallfahrten**. Schließl. wurde als Ehrenstrafe der Pranger in verschiedenen Formen angewendet. Die peinliche Gerichtsordnung Kaiser Karls V. von 1532 († Carolina) erlangte in der Schweiz zwar keine Gesetzeskraft, doch wurde sie in einigen Kt. als subsidiäres Recht angewandt. - Im 19. Jh. erfaßte die allg. Kodifikationsbewegung auch die Schweiz. Als 1942 das schweizer. StGB in Kraft trat, hatten mit zwei Ausnahmen alle Kt. ihre eigenen Strafgesetze.
In der *Privatrechtsgesetzgebung* der Kt. lassen sich drei Bereiche unterscheiden, die entweder ihren Kodifikationen den frz. Code civil von 1804 († Code) oder das östr. ABGB von 1811 oder das privatrechtl. Gesetzbuch von J. K. † Bluntschli zugrundelegten. Daneben gab es jedoch auch Kt., die bis zum Erlaß des schweizer. ZGB, das 1912 in Kraft trat, auf eine Kodifikation verzichteten.
Im *Staatsrecht* wurde der bis dahin bestehende lose Staatenbund 1798 von der Verfassung der † Helvetischen Republik abgelöst. Nach Napoleons Sturz schlossen die Kt. 1815 den Bundesvertrag, der die gemeinsamen Geschäfte wieder wie vor 1798 der Tagsatzung übertrug. Nach schweren inneren Auseinandersetzungen trat 1848 die Bundesverfassung in Kraft, die 1874 einer Total- und seither vielen Teilrevisionen unterzogen wurde. Eine neue Totalrevision ist in Vorbereitung.

📖 *Elsener, F.: Die Schweizer Juristenschulen vom 16. bis zum 19. Jh. ... Zürich 1975. - Carlen, L.: Rechtsgesch. der Schweiz. Bern 1968.*

**Schweizerische Unfallversicherungsanstalt**, öffentl.-rechtl. Anstalt des Bundes mit Sitz in Luzern, bei der die Arbeitnehmer von durch Gesetz bestimmten Betrieben pflichtversichert sind.

**Schweizerische Volkspartei**, Abk. SVP, 1971 durch den Zusammenschluß der 1919 gegr. Bauern-, Gewerbe- und Bürgerpartei (Abk. BGB) mit der Demokrat. Partei der Kt. Glarus und Graubünden entstandene schweizer. polit. Partei; konservativ geprägt; hat im Nationalrat 23 (von 200), im Ständerat 5 (von 46) Sitze.

**Schweizer Käse**, allgemeinsprachl. für den wichtigsten Exportkäse der Schweiz, den Emmentaler Käse.

**Schweizerkrieg 1499**, svw. † Schwabenkrieg.

**Schweizer Mannsschild** † Mannsschild.

**Schweizer Mittelland**, schweizer. Teil des † Alpenvorlandes, erstreckt sich mit einer Breite zw. 10 km bei Genf und 80 km am Bodensee vom SW-Ende des Genfer Sees aus nach NO bei einer Durchschnittshöhe von 400–500 m ü. d. M.; es umfaßt rd. 13 000 km² $1/3$ des schweizer. Staatsgebietes.

**Schweizer Sennenhunde**, in der Schweiz gezüchtete, vier sehr alte Rassen um-

| Mitglieder der Zentralverbände | |
|---|---|
| (Stand 31. Dez. 1985) | (in Tsd.) |
| Schweizerischer Metall- und Uhrenarbeitnehmerverband (SMUV) | 118,3 |
| Gewerkschaft Bau und Holz (GBH) | 115,2 |
| Schweizerischer Eisenbahner-Verband (SEV) | 57,9 |
| Schweizerischer Verband des Personals öffentlicher Dienste (VPOD) | 40,4 |
| Verband der Arbeitnehmer in Handels-, Transport- und Lebensmittelbetrieben der Schweiz (VHTL) | 28,4 |
| Union Schweizerischer Post-, Telephon- und Telegraphenbeamter (PTTU) | 26,5 |
| Gewerkschaft Druck und Papier (GDP) | 15,7 |
| Gewerkschaft Textil-Chemie-Papier (GTCP) | 12,5 |
| Schweizerischer Lithographenbund (SLB) | 6,7 |
| Verband Schweizerischer Postbeamter (VSPB) | 6,5 |
| Verband der Bekleidungs-, Leder- und Ausrüstungsarbeitnehmer (VBLA) | 4,4 |
| Verband Schweizerischer Telephon- und Telegraphenbeamter (VSTTB) | 4,5 |
| Verband Schweizerisches Zollpersonal (VSZP) | 3,7 |
| Syndikat Schweizerischer Medienschaffender (SSM) | 1,7 |
| Schweizerischer Verband der Seidenbeuteltuchweberei (SVSW) | 0,4 |
| SGB insgesamt | 442,8 |

fassende Gruppe kräftiger Treib- und Hütehunde mit breitem Kopf und Hängeohren; charakterist. Fellfärbung: schwarz mit gelben oder rotbraunen und symmetr. weißen Abzeichen. Zu den S. S. zählen der **Appenzeller Sennenhund** (bis knapp 60 cm Schulterhöhe; mit glänzendem, kurzem und dichtem Haar und Ringelrute), der **Große Schweizer Sennenhund** (bis 70 cm schulterhoch; stockhaarig; mit langer Hängerute), der **Entlebucher Sennenhund** (bis 50 cm Schulterhöhe; mit glänzendem, kurzem Haar und [angeborenem] Stummelschwanz) und der ↑ Berner Sennenhund.

**Schweizer Trachten** ↑ Volkstrachten.

**Schweizervolk,** Bez. für die Gesamtheit der bei eidgenöss. Wahlen und Abstimmungen stimmberechtigen bzw. tatsächl. stimmenden Schweizerbürger (↑ Schweizer Bürgerrecht), also die Aktivbürgerschaft der ganzen Eidgenossenschaft, im Ggs. zur Aktivbürgerschaft der verschiedenen Kantone.

**Schwelen,** Verbrennungsvorgang, der wegen mangelnder Sauerstoffzufuhr oder wegen Feuchtigkeit des Brennstoffs nur langsam und mit geringer Flammen-, aber starker Rauchentwicklung verläuft; in der Chemie Bez. für die trockene Destillation von Brennstoffen (v. a. Braun- und Steinkohle).

**Schwelle,** in der *Bautechnik* ein als unterer Abschluß oder als tragendes Element dienender, meist waagrechter Bauteil.
◆ in der *Geologie* Bez. für sehr langsam aufsteigende Hebungsräume.
◆ in der *Ozeanographie* Bez. für Rücken, die einzelne Meeresbecken voneinander trennen.
◆ in der *Sinnesphysiologie* und *-psychologie* ↑ Reizschwelle. Als *S. des Bewußtseins* Bez. für die Grenze, über die hinaus alles klar und voll bewußt erscheint und unterhalb derer die als unbewußt geltenden Inhalte liegen.

**Schwellenmächte,** Staaten, die ihre nukleartechnolog. Entwicklung so weit vorangetrieben haben, daß sie in der Lage sind, Atomwaffen herzustellen. Da hierfür v. a. Plutonium erforderl. ist, das beim Betrieb von Kernreaktoren mit Uran-Brennelementen entsteht, gelten als S. alle Staaten, in denen Kernreaktoren arbeiten (gegenwärtig [1987] 26). Diejenigen unter ihnen, die - wie die BR Deutschland - den Atomwaffensperrvertrag unterzeichnet haben, haben sich damit auch verpflichtet, die Schwelle zur Atommacht nicht durch Eigenproduktion solcher Waffen zu überschreiten.

**Schwellenwert,** der kleinste Wert einer Größe, der als Ursache einer erkennbaren Veränderung ausreicht. Bei elektr. Meßgeräten der kleinste Meßwert, auf den das Gerät noch anspricht.

**Schwellkörper** (Corpora cavernosa), bei Säugetieren (einschl. Mensch) die Harn-Samen-Röhre umschließende, den Penisschaft bildende Bluträume (Ruten-S. und Harnröhren-S.), die sich bei geschlechtl. Erregung mit Blut füllen und die ↑ Erektion des ↑ Penis bewirken. - S. befinden sich auch im ↑ Kitzler, in den Schamlippen und im Scheideneingang.

**Schwellton,** svw. ↑ Messa di voce.
**Schwellvers** ↑ Vers.

**Schwellwerk,** Gesamtheit derjenigen Register einer Orgel, die zwecks stufenloser Lautstärkeregulierung in einem Kasten mit Öffnungsmechanismus (Jalousie, daher auch *Jalousieschweller*) aufgestellt sind. Mit dem an manchen Orgeln vorhandenen *Rollschweller* (Crescendowalze), einer mit den Füßen zu bedienenden Walze, lassen sich nach und nach alle Register crescendoartig ein- bzw. abschalten.

**Schwelm,** Krst. im Berg. Land, NRW, 230 m ü. d. M., 29 900 E. Verwaltungssitz des Ennepe-Ruhr-Kr.; Heimatmuseum. Metallverarbeitende, Elektro-, Textil-, Nahrungsmittel- u. a. Ind., Klavierfabrik. - Um 900 erstmals gen.; erhielt 1496/1590 Stadtrecht. - Ehem. Wasserburg Haus Martfeld (im 18. Jh. umgebaut); ehem. Badehaus Friedrichsbad (19. Jh. im Empirestil); Christuskirche (nach Zerstörung im 2. Weltkrieg roman. wiederaufgebaut).

**Schwelung,** svw. ↑ Schwelen.

**Schwemmkegel** (Schwemmfächer), kegel- oder fächerförmige Aufschüttung, entsteht durch Nachlassen der Transportkraft bei der Mündung eines Nebenflusses in das Haupttal.

**Schwemmland,** in geolog. junger Zeit entstandenes Land mit wenig oder unverfestigten Sedimenten.

**Schwenckfeld** (Schwenkfeld), Kaspar (Caspar) von, * Ossig bei Liegnitz 1489, † Ulm 10. Dez. 1561, dt. reformator. Theologe und Mystiker. - Seit 1511 im Hofdienst Friedrichs II. von Liegnitz, den er 1521 für die Reformation gewann. Wegen seines spiritualist. Abendmahlsverständnisses und Verdachts des Täufertums kam es 1525 zum Bruch mit Luther. 1529 verließ er Liegnitz und fand, da er von den luth. Theologen verurteilt und wegen seiner Christologie (die menschl. Natur Jesu sei unkreatürl. und die Geschöpflichkeit des Menschen eine zu überwindende Sündhaftigkeit) auch von den Schweizern bekämpft wurde, keine Ruhe mehr. Seine Lehre steht dem Neuplatonismus nahe: Die Materie kann den Geist nicht vermitteln. Deshalb bindet S. Gott ausschließl. an die Innerlichkeit des Menschen. Sein Streben nach Wiederherstellung der Urgemeinde führt notwendig zur „Absonderung" der Heiligen von der „kreatürl. Kirche" (Separatisten). - Seine Schriften sind im „Corpus Schwenckfeldianorum" (19 Bde., 1907–61) gesammelt.

**Schwendwirtschaft,** v. a. in der *Völkerkunde* gebräuchl. Bez. für Feldbau, der auf Brandrodung basiert.

**Schwengel,** Hebel zur Betätigung einer

Pumpe; auch Bez. für den Klöppel einer Glocke.

**Schwenkfeld,** Caspar von ↑Schwenckfeld, Kaspar von.

**Schwenkflügel** (Verstellflügel), Flugzeugtragflächen, deren Pfeilung durch Schwenken während des Fluges verändert werden kann; schwache Pfeilung für Langsamflug, starke Pfeilung für Überschallflug.

**Schwenkkeilentfernungsmesser** ↑Entfernungsmesser.

**Schwenningen am Neckar** ↑Villingen-Schwenningen.

**Schwerathletik,** zusammenfassende Bez. für athlet. Sportarten wie Boxen, Ringen Gewichtheben, Judo, Rasenkraftsport; **Kunstkraftsport** umfaßt Parterre- (Gleichgewichtsübungen auf ebener Erde, Balanceübungen auf Podesten, Walzen und anderen Geräten) und Luftakrobatik (u. a. Übungen am Trapez, Vertikalseil).

**Schwerbehinderte,** Personen, deren Erwerbsfähigkeit auf Grund einer körperl., geistigen oder seel. Behinderung um wenigstens 50% gemindert ist. Für S. gelten verschiedene bes. rechtl. Regelungen, die insbes. im Gesetz zur Sicherung der Eingliederung Schwerbehinderter in Arbeit, Beruf und Gesellschaft (**Schwerbehindertengesetz**) enthalten sind. Das Vorliegen einer Behinderung und der Grad der Minderung der Erwerbsfähigkeit werden auf Antrag des Behinderten vom Versorgungsamt festgestellt. Arbeitgeber, die über mindestens 16 Arbeitsplätze verfügen, sind verpflichtet, wenigstens 6% der Arbeitsplätze mit S. zu besetzen; andernfalls ist eine monatl. *Ausgleichsabgabe* (100 DM je unbesetzter Stelle) zu entrichten. Die *Kündigung* des Arbeitsverhältnisses eines S. durch den Arbeitgeber bedarf der vorherigen Zustimmung einer Hauptfürsorgestelle. Auf betriebl. Ebene werden die S. durch einen von ihnen gewählten *Vertrauensmann* vertreten, der u. a. an allen Sitzungen des Betriebs- bzw. Personalrats beratend teilnehmen kann. Außerdem haben S. Anspruch auf bezahlten *Zusatzurlaub* von 6 Arbeitstagen im Jahr und auf *unentgeltl. Beförderung* im öffentl. Nahverkehr, wenn sie infolge ihrer Behinderung in ihrer Bewegungsfähigkeit im Straßenverkehr erheblich beeinträchtigt sind.

**Schwerbenzin** ↑Erdöl.

**Schwere,** in der *Physik* allg. svw. ↑Gewichtskraft. In der *Geophysik* versteht man unter S. die Fallbeschleunigung (↑Fall).

**Schwereanomalie,** Abweichung der beobachteten Fallbeschleunigung von der Normfallbeschleunigung, z. B. infolge unterschiedl. Verteilung spezifisch leichter und schwerer Massen in der Erdkruste, v. a. über Salzstöcken verbreitet.

**Schwerebeschleunigung** ↑Fall.

**schwere Brandstiftung** (besonders schwere Brandstiftung) ↑Brandstiftung.

**Schwerefeld,** das Gravitationsfeld eines Himmelskörpers, insbes. das der Erde (↑Gravitation).

**schwereloser Punkt,** svw. ↑abarischer Punkt.

**Schwerelosigkeit** (Gewichtslosigkeit), der Zustand, in dem sich ein Körper befindet, wenn die auf ihn wirkende Schwerkraft durch eine entgegengesetzte, gleich große Kraft aufgehoben wird (z. B. am ↑abarischen Punkt) oder wenn er im Vakuum frei fällt oder sich auf einer Wurfparabel bewegt (z. B. bei der Simulation der S. beim Astronautentraining im Flugzeug auf parabelförmiger [Sink]flugbahn).

**Schweremessung,** svw. ↑Gravimetrie.

**schwerer Diebstahl** ↑Diebstahl.

**schwerer Wasserstoff,** svw. ↑Deuterium.

**Schwererziehbarkeit,** Erziehungsschwierigkeiten auf Grund von ↑Verhaltensstörungen.

**schweres Heizöl** ↑Erdöl.

**Schweresinn,** svw. ↑Gleichgewichtssinn.

**schweres Wasser,** Wasser, dessen Moleküle anstatt gewöhnl. Wasserstoff ($^1_1H$) Deuterium ($^2_1D$) enthalten und dessen Formel $D_2O$ lautet; Gefrierpunkt bei 3,72 °C, Siedepunkt bei 101,42 °C, größte Dichte von 1,107 g/cm$^3$ bei 11,6 °C. S. W. wird durch Elektrolyse aus natürl. Wasser gewonnen; es reichert sich bis über 98% im Rückstand an. Wegen seiner Bremswirkung und geringen Absorption für Neutronen wird s. W. als Moderator für Kernreaktoren (Schwerwasserreaktoren) verwendet. Wasser mit Tritiumatomen ($^3_1T$) im Molekül wird **überschweres Wasser** genannt.

**Schwerewellen,** Wellen an der Oberfläche von Flüssigkeiten, die unter dem Einfluß der Schwerkraft zustande kommen. Im Ggs. zu den unter Einfluß der Oberflächenspannung entstehenden ↑Kapillarwellen haben S. eine relativ große Wellenlänge.

**Schwergewicht** ↑Sport (Gewichtsklassen, Übersicht).

**Schwerhörigkeit** (Hebetudo auris, Hypakusis), vermindertes Hörvermögen infolge defekter Schalleitung (Schäden am Trommelfell, der Gehörknöchelchenkette; *Mittelohr-S.*) oder infolge gestörter Schallempfindung *(Innenohr-S.)*. Zur Behandlung kommt im ersten Fall u. U. eine Operation (Schalleitungsplastik), im zweiten ein Hörgerät in Frage.

**Schwerin,** Hauptstadt des Bez. S., DDR, am W-Ufer des Schweriner Sees, 38 m ü. d. M., 127 500 E. Staatsarchiv, Staatliches Museum, Museum für Vor- und Frühgeschichte; Philharmonie, Staatstheater, Zoo. Maschinen- und Getriebebau, Holz- und Kunststoffverarbeitung, Lederwaren, Futtermittel- und Nahrungsmittelind. - Entstand als dt. Kaufmannssiedlung in Anlehnung an die

## Schwerin

1018 erstmals erwähnte wend. Burg wohl in der 1. Hälfte des 12. Jh., erhielt 1160 Stadtrecht, wurde Sitz des Bistums S.; seit Ende des 15. Jh. (außer 1764–1837) Residenz der Herzöge von Mecklenburg; 1918–34 Hauptstadt des Freistaates Mecklenburg-S., 1934–52 des Landes Mecklenburg. - Got. Dom (14. und 15. Jh.), barocke Schelfkirche (Nikolaikirche, 1708–13); ehem. Residenzschloß (1843 ff.), klassizist. Marstall (1838–43), barockes Neustädt. Rathaus am Schelfmarkt (18. Jh.).

**S.,** Landkr. im Bez. S., DDR.

**S.,** Bez. in der DDR, im sw. Teil des ehem. Landes Mecklenburg, 8 672 km$^2$, 592 200 E (1985), Hauptstadt Schwerin. Der N ist Teil der Mecklenburg. Seenplatte, deren welligwellige Grundmoränenflächen landw. genutzt werden. In dem sich südl. von NW nach SO hinziehenden Endmoränengürtel finden sich ausgedehnte Buchenwälder. Südl. davon erstrecken sich weite Sanderflächen mit Wäldern, Flachmooren, Niederungen zur Elbe entwässernder kleiner Flüsse und einzelne Grundmoränenplatten. Im SW hat der Bez. Anteil an der Elbeniederung. Das Klima ist durch relativ milde Winter und hohe sommerl. Niederschläge gekennzeichnet. An Bodenschätzen besitzt S. Sand, Kies, Lehm, Ton und Torf. Schwerpunkte des Siedlungsnetzes sind die Städte S., Güstrow, Wittenberge, Parchim, Perleberg, Ludwigslust, Boizenburg/Elbe und Hagenow. Die Landw. ist bed.; angebaut werden Winterroggen, Kartoffeln, Feldfutterpflanzen, Zuckerrüben u. a. Die feuchten Talniederungen dienen v. a. der Grünlandwirtschaft. Forsten und Holzungen nehmen fast $^1/_4$ der Wirtschaftsfläche ein. Die wichtigsten Ind.zweige sind Nahrungsmittel- und Baustoffind., daneben Schiff-, Schiffsausrüstungs- und Fahrzeugbau, Maschinen- und Gerätebau für die Landw.; Ind.standorte sind v. a. die oben gen. Städte. Die Seen sind Anziehungspunkte des Fremdenverkehrs.

Das Eisenbahn- und Straßennetz ist weitmaschig, deshalb kam dem Bau der durch den Bez. führenden Autobahn Berlin–Rostock bes. Bed. zu. Die wichtigsten Wasserstraßen sind Elbe und Elde.

**S.,** ehem. dt. Bistum in Mecklenburg, 1160 von Heinrich dem Löwen neu begr.; Suffragan von Hamburg-Bremen; 1180 reichsunmittelbar, 1533/68 prot., 1648 als säkularisiertes Ft. dem Hzgt. Mecklenburg eingegliedert.

**Schweriner See,** See im W der Mecklenburg. Seenplatte, 63 km$^2$, 38 m ü.d.M., bis 54 m tief, durch einen künstl. Straßendamm in den nördl. sog. Außensee und den südl. sog. Binnensee geteilt.

**Schwerin von Krosigk,** Johann Ludwig (Lutz) Graf (seit 1925 [durch Adoption]), *Rathmannsdorf bei Staßfurt 22. Aug. 1887, † Essen 4. März 1977, dt. Politiker. - Parteiloser, konservativer Finanzfachmann, 1932–45 Reichsfinanzmin.; 2.–23. Mai 1945 Leiter der geschäftsführenden Reichsreg., Außen- und Finanzmin.; vom amerikan. Militärgericht 1949 zu 10 Jahren Gefängnis verurteilt, 1951 vorzeitig entlassen.

**Schwerin von Schwanenfeld,** Ulrich-Wilhelm Graf, * Kopenhagen 21. Dez. 1902, † Berlin-Plötzensee 8. Sept. 1944 (hingerichtet), dt. Widerstandskämpfer. - Großgrundbesitzer; führendes Verbindungsglied zw. militär. und zivilen Widerstandskreisen.

**Schwerionenbeschleuniger** ↑Teilchenbeschleuniger.

**Schwerkraft,** die auf einen auf der Erde befindl. Körper wirkende und von seiner Masse abhängige Kraft; setzt sich zusammen aus der durch die Gravitation bewirkten Anziehungskraft der Erde und durch die Erdrotation bewirkten Zentrifugalkraft.

**Schwerkraftsinn,** svw. ↑Gleichgewichtssinn.

**Schwerle,** svw. ↑Kopfried.

**Schwermetalle** ↑Metalle.

**Schwermut,** durch Traurigkeit, Mutlosigkeit und Leere gekennzeichnete depressive psych. Verfassung (↑Depression).

**Schwernik,** Nikolai Michailowitsch [russ. 'ʃvjernik], * Petersburg 19. Mai 1888, † Moskau 24. Dez. 1970, sowjet. Politiker. - Seit 1905 Bolschewik; 1946–53 Vors. des Präsidiums des Obersten Sowjets, 1953–56 des Allunionsrates der Gewerkschaften, 1953–57 Kandidat, 1957–66 Mgl. des Politbüros der KPdSU.

**Schweröl,** zw. 230 °C und 270 °C siedender Anteil des Erdöls und des Steinkohlenteers; als Treibstoff für große Schiffsmotoren, als Schmier- und Heizöl verwendet.

**Schwerpunkt** (Massenmittelpunkt), ein für alle Teilchensysteme (z. B. starre Körper), aber auch für andere physikal. Systeme mit einer Massen- oder Energiedichteverteilung (z. B. Felder) definierter Punkt, der sich nach den Grundgesetzen der Mechanik so bewegt, als ob die gesamte Masse des Systems in ihm vereinigt wäre und als auf das System wirkenden äußeren Kräfte (speziell die Schwerkraft) in ihm angreifen würden. Für den S. gilt den für die ↑Erhaltungssätze.

**Schwerspat,** svw. ↑Baryt.

**Schwerstein,** svw. ↑Scheelit.

**Schwert,** Nahkampfwaffe für Hieb und Stich, bestehend aus Gefäß und Klinge; im vorgeschichtl. Europa seit der mittleren Bronzezeit als Stich-S. (Rapier); in der jüngeren Bronzezeit durch das Hiebschwert (mit weidenblattförmiger Klinge) abgelöst; seit der älteren Hallstattzeit gibt es das eiserne Hieb-S., in der myken. Kultur das sehr schlanke, zweischneidige Griffzungenschwert. Das griech. S. war gerade und zweischneidig („xíphos"), für Hieb und Stich geeignet; daneben gab es das gekrümmte einschneidige S. („mácheira"), eine Art Kampfmesser. Die Rö-

# Schwertlilie

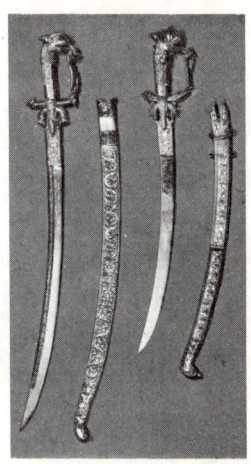

Schwert. Links: Römisches Prunkschwert, sogenanntes Schwert des Tiberius (1. Jh. n. Chr.). Scheide: Silber mit getriebenem Dekor. London, British Museum; Mitte: Wikingerschwerter (um 1000). Griffteile: Getriebener Dekor auf vergoldetem Silber (mittleres Schwert) und Einlegearbeiten in Silber, Kupfer und Bronze. Stockholm, Statens Sjöhistoriska Museum. Rechts: Lang- und Kurzschwert aus Sri Lanka (um 1700). Griffe und Scheiden mit getriebenem Dekor, zum Teil vergoldet, Klingen ziseliert. London, Wallace Collection

mer benutzten ein kurzes, gerades, zweischneidiges S. („gladius") für Hieb und Stich; erst seit dem 1. Jh. v. Chr. ging man zum Lang-S. über. Dem einschneidigen Sax und der zweischneidigen Spata der Germanen folgte im 8./9. Jh. das Wikinger-S. mit breiter, zweischneidiger Klinge. Seit dem 8. Jh. wurden die Parierstangen vergrößert. Im 14. Jh. hatte das mit einer Hand zu führende S. mit 110–120 cm seine größte Länge erreicht; Neubildungen waren das Bohr-S., das Stoß-S. und das S. anderthalb Hand. Im 15. Jh. entwickelte sich das Küriß- oder Reitschwert. Die Landsknechte führten das Kurz-S. und den bis zu 2 m langen Bidenhänder. In der Folge bestanden keine klaren Unterschiede mehr zw. S. und Degen.
Als *Rechts-* und *Herrschaftssymbol* der obrigkeitl. Gewalt galt v. a. das S. des Königs als Zeichen seiner Schutzherrschaft und Friedenssicherung (Herr über Leben und Tod), das S. des Richters (Gerichts-S.) als Symbol hoher Gerichtsbarkeit; in der *Zweischwerter-* *lehre* des MA war das S. darüber hinaus Sinnbild der höchsten päpstl. Jurisdiktion. Als Symbol der Macht spielte das S. zu allen Zeiten in Sage und Dichtung eine bedeutende Rolle.

📖 *Seitz, H.: Blankwaffen. Braunschweig 1965– 68. 2 Bde.*

◆ absenkbare, mittschiffs (Mittel-S.) oder an den beiden Schiffsseiten (Seiten-S.) angebrachte Holz- oder Metallplatte zur Verhinderung der Abdrift bei Küstenseglern und Segelbooten.

**Schwertadel,** im MA der durch die Schwertleite in den Ritterstand erhobene Adel.

**Schwertbrüderorden,** 1202 unter Mitwirkung des Bischofs Albert I. von Riga mit 10 Rittern für die Mission in Livland gegr. Ritterorden; 1237 mit dem Dt. Orden vereinigt.

**Schwerte,** Stadt an der Ruhr, NRW, 127 m ü. d. M., 47 900 E. Ruhrtal-Museum; metallverarbeitende, chem. und Nahrungsmittelind. - Erste Erwähnung 2. Hälfte des 10. Jh.; besaß 1363 Ratsverfassung und erhielt 1367 erweiterte Stadtrechte. - Ev. Pfarrkirche (ehem. Sankt Viktor; v. a. 14. Jh.) mit spätgot. Chor und bed. got. Wandmalereien (um 1310–20), spätgot. Rathaus (1547).

**Schwertfisch** ↑Sternbilder (Übersicht).
**Schwertfisch** ↑Makrelenartige.
**Schwertleite** ↑Rittertum.
**Schwertlilie** (Schilflilie, Iris), Gatt. der S.gewächse mit rd. 200 Arten in der nördl. gemäßigten Zone; ausdauernde Pflanzen mit Rhizomen, Knollen oder Zwiebeln; Laubblätter schwertförmig, grasähnl. stielrund; Blüten groß, einzeln oder in wenigblütigen Trauben. Blütenhülle zweiteilig. In Deutschland heim. sind u. a.: **Sibirische Schwertlilie** (Iris sibirica), 0,3–1 m hoch,

# Schwertliliengewächse

schilfähnl., leicht bräunl., am Grund weinrote Blätter, äußere Blütenhüllblätter hellblau, innere violett; **Sumpfschwertlilie** (Gelbe S., Wasser-S., Iris pseudacorus), 0,5–1 m hoch, Blüten gelb, Zipfel der äußeren Blütenhüllblätter eiförmig, der inneren linealförmig, schmal. - Die Rhizome der aus dem Mittelmeergebiet stammenden, blaßblau blühenden **Dt. Schwertlilie** (Iris germanica) und der blau blühenden **Florentiner Schwertlilie** (Iris florentina) liefern ↑Iriswurzel. Zahlr. Arten und Sorten der S. sind beliebte Gartenblumen, u. a. die frühblühende, meist niedrig bleibende, Zwiebeln ausbildende **Netziris** (Stammart ist Iris reticulata) sowie v. a. die vielen hohen oder niedrigen Sorten der Rhizome bildenden **Bartiris** (Iris barbata), deren hängende Blütenblätter einen Bart aus Haaren tragen.

**Schwertliliengewächse** (Iridaceae), Pflanzenfam. der Einkeimblättrigen mit rd. 1 500 Arten in etwa 70 Gatt. in den Tropen und Subtropen, im N bis in die gemäßigten Gebiete; Kräuter, selten niedrige Halbsträucher, überwiegend mit Rhizomen oder Knollen, seltener mit Zwiebeln; Blüten mit 6 blumenblattartigen Hüllblättern in 2 Kreisen; Fruchtknoten unterständig. Bekannte Gatt., v. a. als beliebte Gartenzierpflanzen, sind Schwertlilie und Krokus.

**Schwertrübe** ↑Aufbereitung, ↑auch Bohren.

**Schwerttanz** (Schwertertanz) ↑Waffentanz.

**Schwertträger** (Xiphophorus helleri), etwa 7 cm (♂) bis 12 cm (♀) langer Lebendgebärender Zahnkarpfen in S-Mexiko und Guatemala; unterste Strahlen der Schwanzflosse beim ♂ zu schwertartigem, bis körperlangem Fortsatz ausgezogen; Rücken olivfarben, Seiten grünl., mit 3 roten Längslinien; „Schwert" des ♂ orangefarben, schwarz gesäumt; bei Zuchtformen viele Farbvarianten; verbreiteter Warmwasseraquarienfisch.

**Schwertwale**, Bez. für 2 Arten mit Ausnahme der Polarmeere weltweit verbreiteter Delphine, die große kegelförmige spitze Zähne besitzen: **Großer Schwertwal** (Schwertwal, Mörderwal, Mordwal, Raubwal, Orka, Orcinus orca; 4,5–9 m lang) und **Kleiner Schwertwal** (Kleiner Mörderwal, Pseudorca crassidens; 4,5–6 m lang).

**Schwerwasserreaktor** ↑Kernreaktor.

**Schwester**, weibl. Nachkomme im Verhältnis zu den anderen Nachkommen der gleichen Eltern.

**Schwetambaras** ↑Dschainismus.

**Schwetz an der Weichsel** ↑Świecie.

**Schwetzingen,** Stadt im Oberrhein. Tiefland, Bad.-Württ., 102 m ü.d.M., 18 200 E. Fachhochschule für den öffentl. Dienst (Rechtspflege); Zentrum eines Spargelanbaugebiets; u. a. Nahrungs- und Genußmittelind., Behälter- und Elektromotorenbau, Schilderfabrik; alljährl. Festspiele. - In fränk. Zeit gegr., 766 erstmals erwähnt; 1743–78 Sommerresidenz der Kurfürsten von der Pfalz; wurde 1759 Marktflecken, erhielt 1833 Stadtrecht. - Aus einer Wasserburg des MA entstandenes Barockschloß (1699–1715) mit weiträumiger Parkanlage, 1748 ff. als frz. Garten gestaltet, 1772 ff. im engl. Stil erweitert, Parkbauten u. a. Moschee (1778–85); Rokokotheater (1752).

**Schwidetzky,** Ilse [...ki], * Lissa (= Leszno) 6. Sept. 1907, dt. Anthropologin. - Prof. in Mainz; Arbeiten v. a. zur Völkerbiologie und Rassenkunde sowie zur Sozial- und Kulturanthropologie. - *Werke:* Grundzüge der Völkerbiologie (1950), Das Menschenbild der Biologie (1959), Hauptprobleme der Anthropologie (1972), Grundlagen der Rassensystematik (1974).

**Schwiele** (Tylom, Tylose), große, flächenhafte (bindegewebige) Narbe; als *Haut-S.* oft die Folge einer chron., durch mechan. Einwirkungen hervorgerufenen Hautreizung mit Verdickung insbes. der Hornschicht.

**Schwielensohler** (Tylopoda), Unterordnung wiederkäuender Paarhufer mit kleinen, nagelartigen Hufen; treten im Unterschied zu fast allen anderen Paarhufern nicht nur auf der Spitze der letzten Zehenglieder, sondern auf den beiden letzten Gliedern auf, die eine Sohlenfläche aus einer dicken, federnden Schwiele ausbilden; einzige rezente Fam. ↑Kamele.

**Schwimmaufbereitung,** svw. Flotation (↑Aufbereitung).

**Schwimmbad,** Bez. für eine öffentliche Badeanstalt. Man unterscheidet Frei- und Hallenbäder. Ein **Freibad** ist entweder ein an einem fließenden bzw. stehenden Gewässer errichtetes oder ein im Freien angelegtes S. mit einem ausbetonierten oder gekachelten, rechteckigen Schwimmbecken oder Bassin (Länge 25 oder 50 m, bes. für sportl. Schwimmwettbewerb). Meist sind zusätzl. Schwimm- oder Planschbecken geringerer Tiefe für Kinder sowie sog. Sprungbecken größerer Tiefe zum Springen von Sprungbrettern aus u. a. vorhanden. Beim **Hallenbad** befindet sich das Schwimmbecken samt Umkleidekabinen, Toiletten u. a. in einem festen Gebäude (Schwimmbeckengröße mindestens 20 × 10 m). Die Wassertemperatur, oft auch in Freibädern künstl. konstant gehalten, liegt gewöhnl. zw. 20 und 23 °C; Vorreinigungsanlagen (Brausen, Fußbecken) sowie Chlorierung und häufiger Austausch des Beckenwassers sorgen für hygien. Verhältnisse. - In zunehmendem Maße werden kleinere Schwimmbecken auch in Privathäusern, Hotels, Klubs u. a. bzw. (als sog. **Swimming-pools**) im Freien angelegt. - ↑auch Bad.

**Schwimmbeutler** (Yapok, Wasseropossum, Chironectes minimus), bis 40 cm körperlange Beutelratte in bzw. an stehenden oder langsam fließenden Süßgewässern Gua-

# Schwimmfarn

temalas bis S-Brasiliens; Schwanz nackt, schuppig, über körperlang, abgeplattet; mit Schwimmhäuten an den Hinterfüßen; Fell kurz und dicht, grau, mit großen, dunkelbraunen Flecken; lebt in selbstgegrabenen Erdhöhlen am Ufer; jagt unter Wasser v. a. Wirbellose; nachtaktiv; ♀ taucht auch mit Jungen im fest verschließbaren Beutel.

**Schwimmblase,** (Fischblase, Nectocystis, Vesica natatoria) gasgefüllter, längl. Sack, der bei allen nicht über Lungen atmenden Knochenfischen v. a. ein hydrostat. Organ darstellt. Die S. ist eine bei verschiedenen primitiven Panzerfischen trop. Süßgewässer des Devons zunächst als Lunge ausgebildete Vorderdarmausstülpung, die dann bei den ins freie Wasser bzw. in das Meer auswandernden späteren Formen der Knochenfische wieder überflüssig wurde (sie fehlt daher von vornherein allen Knorpelfischen, da diese Freiwasserbewohnern entstammen); sie bildete sich zurück oder blieb in neuer Funktion als i. d. R. unpaare und über dem Darm liegende S. erhalten († auch Fische). Bei verschiedenen primitiven Knochenfischen (z. B. den Flösselhechten) ist die S. noch lungenähnl. und stellt eine Atmungshilfseinrichtung dar. Oft (v. a. bei Karpfenfischen, Welsen) übernimmt die S. auch als Schalleiter und Schallverstärker eine wichtige Rolle beim Hörvorgang der Fische und kann manchmal auch über Muskeln, die die S.wand zum Vibrieren bringen, Töne erzeugen.

♦ (Aerozyste) bei verschiedenen langen, relativ schweren Meeresalgen in Mehrzahl auftretender, mit Luft gefüllter Hohlraum (z. B. †Blasentang).

**Schwimmdock** †Dock.

**schwimmen,** sich frei in einer Flüssigkeit befinden und z. T. aus ihr herausragen.

**Schwimmen,** Aufenthalt bzw. Fortbewegung des menschl. Körpers im Wasser mit Hilfe von Arm- und Beinbewegungen. Der **Schwimmsport** ist in verschiedene Fachbereiche unterteilt. Heute gültige [Wettkampf]stilarten im **Sportschwimmen** sind: *Brust-S.* (bei ihm befindet sich der Körper in der sog. Gleitbootlage; Schultergürtel und Kopf ragen aus dem Wasser; die Beinbewegung wird mit der Armbewegung [Zug-Druck-Bewegung] zur Gesamtbewegung koordiniert), *Kraul-S.* (dauernder Wechselschlag der Arme und Beine), *Rückenkraul-S.* (*Rücken-S.;* Kopf auf der Brust liegend; die Arme werden fast gestreckt von seitl. oben zur Hüfte durchgezogen), *Schmetterlings-S.* (früher *Delphin-S.* oder *Butterflystil;* dauernde Wellenbewegung des Körpers, wobei der Vortrieb durch Armarbeit verstärkt wird; die Arme schwingen über Wasser nach vorn; die nahezu geschlossenen Beine schlagen ständig in einer von der Hüfte zu den Zehen gezogenen Bewegung auf und ab). Nach Brustkraul-S. (in dem, da es die schnellste Schwimmart ist, die Wettbewerbe im *Freistil-S.* ausgetragen werden) ist Delphin-S. die zweitschnellste, Brust-S. die langsamste Schwimmart. Bei der Durchführung von Wettkämpfen werden die Stile von Stilrichtern überwacht, außerdem Start und Wenden, die stilartspezif. vorgeschrieben sind. Internat. anerkannt werden seit 1957 nur noch Zeiten, die auf 50-m-Bahnen erzielt wurden. Es werden Distanzen von 100 bis 1 500 m geschwommen. Außer Einzel- und Staffelwettbewerben in einer Stilart gibt es noch Lagenwettbewerbe, in denen von einzelnen Schwimmern oder in der Staffel die Stilarten gewechselt werden müssen *(Lagen-S.).* Z. Z. gibt es 29 olymp. Konkurrenzen, dazu 2 Weltrekorddistanzen über 800-m-Freistil und 4 × 200-m-Freistil der Damen.

Im **Wasserspringen** unterscheidet man *Kunstspringen* vom federnden 1-m- und 3-m-Brett sowie *Turmspringen* von 5-m-, 7-m- und 10-m-Plattformen. Im **Kunstschwimmen** bzw. **Synchronschwimmen** (wettkampfmäßig nur von Frauen und Mädchen ausgeführt) sollen „tänzer.", formschöne Bewegungen kunstvoll mit Musik in Einklang gebracht werden. **Rettungsschwimmen** umfaßt Flossenkraulen, Kleiderschwimmen, Streckentauchen, Tieftauchen. Weitere Fachbereiche des Schwimmsports sind †Tauchen und †Wasserball. - Abb. S. 50.

📖 Pflesser, W.: Die Entwicklung des Sport-S. Celle 1980. - Counsilman, J. E.: S. Technik, Trainingsmethoden u. Trainingsorganisation. Bad Homburg v. d. H. ⁵1978.

♦ in der Zoologie †Fortbewegung.

**schwimmender Estrich** †Estrich.

**Schwimmenten** (Gründelenten, Anatini), Gattungsgruppe der †Enten. Die meisten S. gehören der Gattung *Anas* an; tauchen im allgemeinen nicht.

**Schwimmer,** in der Technik Bez. für Hohlkörper mit geringer Dichte (Holz, Kork u. a.), deren Auftrieb in einer Flüssigkeit zum Überwasserhalten einer Last oder eines Geräts (z. B. die bootsförmigen S. von Wasserflugzeugen), als Meßwertgeber zur Flüssigkeitsstandanzeige (z. B. beim Kraftstoffmengenanzeiger), zur Zu- oder Abflußregelung (z. B. beim Vergaser eines Motors) u. a. dient.

**Schwimmerregel** †Ampèresche Regel.

**Schwimmfarn** (Schwimmblatt, Salvinia), einzige Gatt. der *Schwimmfarngewächse* (Salviniaceae) mit nur wenigen Arten, v. a. im trop. Amerika und Afrika; freischwimmende Wasserpflanzen auf der Oberfläche ruhiger Gewässer. Die wenig verzweigten Pflanzen haben an jedem Knoten 3 Blätter, deren 2 obere als Schwimmblätter ausgebildet sind. Das untere, untergetauchte Blatt ist fadenförmig zerschlitzt und übernimmt die Funktionen der fehlenden Wurzeln; es trägt auch die erbsengroßen Sporenbehälter.

49

## Schwimmflosse

**Schwimmflosse** (Flosse), im Tauchsport ein dem Gänsefuß ähnl. [mit einem Fersenband am Fuß gehaltener] Gummischuh.

**Schwimmhaut,** bei bestimmten *Wassertieren* (wie z. B. Schwimmvögeln, Lurchen) zw. allen oder nur einigen Zehen auf deren ganzer Länge oder nur ein Stück weit ausgebildete Haut, die als Ruderfläche dient.

**Schwimmkäfer** (Dytiscidae), mit rd. 4 000 Arten v. a. auf der Nordhalbkugel verbreitete Fam. wenige Millimeter bis 5 cm langer Käfer, davon einheim. rd. 150 Arten; Körper abgeplattet, oval; Hinterbeine als Schwimmbeine abgeflacht und mit Schwimmhaaren besetzt; mehr oder weniger gut an das Wasserleben angepaßt, kommen zum Luftschöpfen an die Wasseroberfläche; verlassen nachts das Wasser, um zu anderen Gewässern zu fliegen; Larven mit Saugzangen, ebenfalls im Wasser und wie die Käfer Beutejäger; nur wenige Arten Pflanzenfresser. - Bekannte Gatt. sind ↑Gelbrandkäfer und **Schnellschwimmer** (Agabus; gelbrandkäferähnl.; dorsoventral abgeplattet; mit über 25 einheim., 6–12 mm langen Arten).

**Schwimmkompaß** ↑Kompaß.
**Schwimmkran** ↑Krane.
**Schwimmnest** ↑Nest.
**Schwimmpanzer** ↑Panzer.

**Schwimmpflanzen,** meist wurzellose Wasserpflanzen, die entweder frei auf der Wasseroberfläche (z. B. Wasserlinse, Froschbiß, Wasserhyazinthe) oder untergetaucht schwimmen (z. B. Tausendblatt, Wasserschlauch).

**Schwimmsand,** mit Grundwasser durchtränkter, breiig-fließfähiger Feinsand; stark behindernd bei Tiefbauarbeiten.

**Schwimmsport** ↑Schwimmen.
**Schwimmstabilität** ↑Stabilität.

**Schwimmwanzen** (Naucoridae), mit rd. 150 Arten v. a. in den Tropen verbreitete Fam. der Wasserwanzen; Gestalt schwimmkäferartig; Vorderbeine meist spitze, einklappbare Fangbeine, Hinterbeine zu Schwimmbeinen umgewandelt; leben räuber. im Süßwasser; einzige einheim. Art: **Schwimmwanze** (Naucoris cimicoides), 12–16 mm lang, olivbraun, glänzend; in stehenden Gewässern zw. Wasserpflanzen; Stich für den Menschen sehr schmerzhaft.

**Schwimmweste** ↑Seenotrettung.

**Schwind,** Moritz von, * Wien 21. Jan. 1804, † München 8. Februar 1871, österreichisch-deutscher Maler und Zeichner. - Einerseits der Wiener Spätromantik verbunden, kam er doch unter dem Einfluß von P. von Cornelius' Monumentalstil zu einer großzügigen Gestaltung mit wenigen Figuren. Zunächst v. a. tätig als Illustrator für die „Fliegenden Blätter" und die „Münchner Bilderbogen". Seine volkstüml. und poet. Märchenbilder und seine Bilderzyklen gehören zu den wichtigsten Werken der dt. Romantik: „Die Symphonie" (1852; München, Bayer. Staatsgemäldesammlungen), „Die sieben Raben" (1857/58; Weimar, Staatl. Kunstsammlungen), „Die schöne Melusine" (1869/70; Wien, Östr. Galerie). Sehr bekannt auch seine Gemälde, u. a. „Rübezahl" (um 1845; München, Schack-Galerie), „Im Walde" (um 1848; ebd.), „Die Hochzeitsreise" (Mitte der 1850er Jahre; ebd.), „Die Morgenstunde" (um 1860; ebd.), malte auch zahlr. Wandbilder, deren Höhepunkt die Freskenzyklen auf der Wartburg (1853–55) bilden. - Abb. Bd. 18, S. 311.

**Schwindel** (Vertigo), oft mit vegetativen Erscheinungen wie Übelkeit, Herzklopfen, Schweißausbrüchen und Erbrechen einhergehendes unangenehmes Gefühl des gestörten

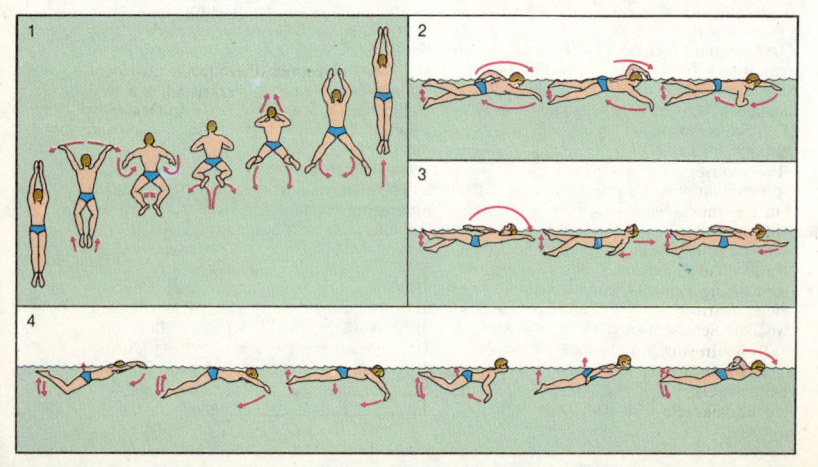

---

Schwimmen. Stilarten (schematisch):
1 Brust-, 2 Kraul-, 3 Rücken-,
4 Schmetterlingsschwimmen

Körpergleichgewichts. S. ist wahrscheinl. die Folge der fehlenden Koordination zw. den Meldungen aus dem Gleichgewichtsorgan und den opt. bzw. sensiblen Signalen über die Lage und Bewegung des Körpers im Raum. Je nach der Ursache des S. bzw. dem Ort des ihn auslösenden Prozesses werden unterschieden: *kreislaufbedingter S.* (Minderdurchblutung und Sauerstoffmangel im Bereich bestimmter Hirngebiete); *opt.* oder *okulärer S.* (bei Augenmuskellähmungen oder Brechungsfehlern des Auges); *zerebelarer S.* bei Kleinhirnerkrankungen; *vestibulärer* oder *labyrinthärer S.* bei inadäquater oder allzu starker Reizung der Gleichgewichtsorgane sowie bei Erkrankung des Ohrlabyrinths und der zugehörigen Bahnen oder Hirnkerne durch Tumoren, Traumen oder Vergiftungen (bes. Alkohol und Nikotin). - ↑auch Bewegungskrankheit.

**Schwinden** (Schwindung), Abnahme des Volumens bzw. der Abmessungen von Werkstücken u. a. Körpern; bei Zement bzw. Beton als Folge des Abbindens, bei Gußwerkstücken infolge des Abkühlens und Erstarrens der Schmelze, beim Holz infolge der Wasserabgabe.

**Schwindling** (Marasmius), artenreiche Gatt. der Lamellenpilze; meist zierl., schlankgestielte Pilze mit Trockenheit stark einschrumpfende Pilze mit weißem Sporenstaub und voneinander entfernt stehenden Lamellen; mehrere geschätzte Würzpilze: z. B. **Nelkenschwindling** (Marasmius oreades; etwa 7 cm groß; lederbraun, dünnfleischig, an der Basis weißfilziger Stiel) und **Knoblauchschwindling** (Echter Mousseron, Marasmius scorodonius; etwa 5 cm langer Stiel, 2,5 cm breiter Hut; rotbraun; in Nadelwäldern).

**Schwindsucht,** svw. ↑Phthise.
**Schwingachse** ↑Fahrwerk.
**Schwingalgen** (Oscillatoria, Oszillatoria), Gatt. der Blaualgen mit rd. 100 Arten im Wasser und auf Schlamm; unverzweigte, geldrollenartige Fäden (Zellkolonien), die Kriech- und Schwingbewegungen ausführen können.

**Schwingel** (Festuca), Gatt. der Süßgräser mit über 200 Arten auf der ganzen Erde. In Deutschland kommen rd. 20 sehr formenreiche Arten vor; fast ausschließl. ausdauernde Rispengräser mit flachen oder zusammengerollten Blättern; Ährchen in Rispen, meist lanzenförmig, zwei- oder mehrblütig. Häufige einheim. Arten sind Riesenschwingel, Waldschwingel, Rohrschwingel und die auch als Futter- und Rasengras verwendeten Arten Wiesenschwingel und Rotschwingel sowie der in vielen Varietäten als Gartenzierpflanze verwendete Schafschwingel.

**Schwingen,** svw. ↑Schwungfedern.
**Schwingen,** im Skilauf eine Fahrtechnik, bei der weite Bögen bei gleichlaufender Skiführung nacheinander gefahren werden.

**Schwinger,** Julian [Seymour] [engl. ˈʃwɪŋɡə], * New York 12. Febr. 1918, amerikan. Physiker. - Prof. an der Harvard University und in Los Angeles. Seine Formulierung der Quantenelektrodynamik ermöglichte die Berechnung des anomalen magnet. Moments der Elektronen u. a. Hierfür erhielt er 1965 zus. mit R. P. Feynman und S. Tomonaga den Nobelpreis für Physik. Weitere Arbeiten betreffen die Quantenfeldtheorie, Theorie der Elementarteilchen und der Gravitation.

**Schwinger,** svw. ↑Oszillator.
♦ mit leicht angewinkeltem Arm ausgeführter [aus größerer Entfernung hergeholter] Boxschlag.

**Schwingkölbchen,** svw. ↑Halteren.
**Schwingkreis** (Resonanzkreis), ein elektr. Schaltkreis, der im einfachsten Fall eine Kapazität $C$ (Kondensator), eine Induktivität $L$ (Spule) sowie einen ohmschen Widerstand $R_0$ enthält und in dem die Elektronen zu *elektr. Schwingungen* angeregt werden können. Der aufgeladene Kondensator entlädt sich über die Spule, um die sich während des Stromflusses ein magnet. Feld aufbaut; ist der Kondensator entladen, bricht das Magnetfeld zusammen, wodurch der urspr. Stromfluß noch eine Zeitlang aufrechterhalten wird und der Kondensator sich umgekehrt auflädt. Nach völligem Zusammenbruch des Magnetfeldes entlädt sich der Kondensator wiederum über die Spule. Der Vorgang wiederholt sich, bis der Kondensator seinen urspr. Ladungszustand erreicht hat und alles von neuem beginnt. Für die bis dahin verstrichene Zeit, die *Schwingungsdauer* $T$ gilt: $T = 2\pi \sqrt{L \cdot C}$ (*Thomsonsche Formel*). Der S. ist einer der grundlegenden Bauteile der Funktechnik (Sender- und Empfängerschaltungen). Durch Verändern von $C$ und/oder $L$ läßt sich die Frequenz in weiten Grenzen verändern (z. B. in Abstimmkreisen).

**Schwingmetall,** schwingungsdämpfendes Bauteil, bestehend aus einem zw. Metallplatten gelegten und einvulkanisierten Gummiklotz.

**Schwingquarz** (Piezoquarz, Oszillatorquarz), aus einem Quarzkristall herausgeschnittene Quarzplatte, die v. a. in Oszillator-

Schwingkreis aus Kondensator (Kapazität $C$), Spule (Induktivität $L$) sowie einem ohmschen Widerstand ($R_0$)

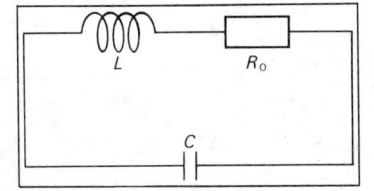

# Schwingung

schaltungen von Sendern und Empfängern sowie in Quarzuhren als frequenzbestimmendes (bzw. -konstanthaltendes) Element verwendet wird. Unter Ausnutzung des piezoelektr. Effektes wird der S. durch ein elektr. Wechselfeld zu mechan. Resonanzschwingungen angeregt. Durch diese Deformationsschwingungen wird im S. eine piezoelektr. Polarisation gleicher Frequenz erzeugt, die als Wechselspannung an 2 Metallelektroden abgegriffen wird. Die zw. $10^3$ und $10^8$ Hz liegende Resonanzfrequenz kann sehr genau eingehalten werden, wenn für Temperaturkonstanz gesorgt wird. S. werden auch zur Erzeugung von Ultraschall verwendet.

**Schwingung** (Oszillation), zeitl. period. Zustandsänderung, die auftritt, wenn bei Störungen eines mechan., elektr. oder auch therm. Gleichgewichts Kräfte wirksam werden, die den Gleichgewichtszustand wiederherzustellen suchen. Bei mechan. S., Lageänderungen materieller Teilchen, bei *elektromagnet. S.* Änderungen eines magnet. und elektr. Feldes; Beispiel für eine mechan. S. ist die Bewegung eines aus seiner Ruhelage gebrachten Pendels; man bezeichnet die jeweilige Entfernung von der Ruhelage als **Elongation** $x$, die größtmögl. Elongation als **Amplitude** (S.weite) $A$, die Zeit zw. 2 Zuständen mit gleicher Elongation und Richtung als **Schwingungsdauer** $T$ und die Zahl der S. pro Sekunde als **Schwingungszahl** oder **Frequenz** $v$. Ist die zur Ruhelage zurücktreibende Kraft proportional der Entfernung von der Ruhelage, so tritt eine *harmon. S.* (Sinus-S.) auf; für sie gilt folgende Beziehung zw. Elongation und Zeit $t$:

$$x = A \sin\left(\frac{2\pi t}{T} + \varphi\right)$$

wobei $\varphi$ der [Null]phasenwinkel ist; die Größe $2\pi/T = 2\pi v = \omega$ bezeichnet man als **Kreisfrequenz** der S. und schreibt kürzer: $x = A \sin(\omega t + \varphi)$. Nimmt die Amplitude einer S. infolge Energieverlustes ständig ab, spricht man von einer *gedämpften S.*; ist der Energieverlust so groß, daß bei Rückgang in die Ruhelage diese nicht wieder verlassen wird (aperiod. Dämpfung), so handelt es sich um eine *aperiod. Schwingung.* Als *erzwungene S.* bezeichnet man solche, die durch zeitl. period. äußere Kräfte angeregt werden; ihre Frequenz ist die der einwirkenden Kraft. - **Schwingungsknoten** sind diejenigen Stellen einer stehenden Welle, an denen die Teilchen des Ausbreitungsmediums ständig in Ruhe bleiben; Stellen, an denen sie ständig mit maximaler Amplitude schwingen, bezeichnet man als **Schwingungsbäuche**.

**Schwingungsgleichung** (harmon. Differentialgleichung), die aus der Bewegungsgleichung eines harmon. Oszillators hervorgehende Differentialgleichung 2. Ordnung $d^2x/dt^2 + \omega^2 x = 0$, wobei $x = x(t)$ die von der Zeit $t$ abhängige Elongation des Oszillators und $\omega$ seine Kreisfrequenz ist. Die Lösungen der S. sind von der Form $x(t) = A \sin(\omega t + \varphi)$.

**Schwingungsweite,** svw. ↑Amplitude. - ↑auch Schwingung.

**Schwingungszahl,** svw. Frequenz. - ↑auch Schwingung.

**Schwippert,** Hans, * Remscheid 25. Juni 1899, † Düsseldorf 18. Okt. 1973, dt. Architekt. - Seit 1950 Vors. des Dt. Werkbundes; trat für ein betont funktionelles Bauen ein: u.a. Seitenflügel des Bundeshauses in Bonn (1949), Kirche Sankt Engelbert in Mülheim a. d. Ruhr (1953), Großkraftwerk „Anna" in Alsdorf (1953/54), Wohnhochhaus im Berliner Hansaviertel (1957).

**Schwirle** (Locustella), Gatt. unscheinbar gefärbter Singvögel (Fam. Grasmücken) mit sieben Arten; v. a. auf Wiesen und in dichtem Pflanzenwuchs Eurasiens und N-Afrikas; ♂♂ mit monotonem, surrendem Gesang („Schwirren"); bauen ihre napfförmigen Ne-

Schwingung am Beispiel eines Federpendels (1); Darstellung der Schwingung in einem Koordinatensystem (2); graphische Darstellung einer harmonischen Schwingung (3)

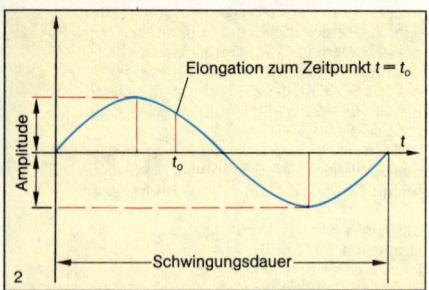

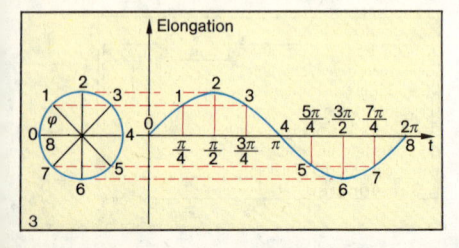

ster dicht über oder auf dem Boden; meist Zugvögel, die in Afrika überwintern. - Zu den S. gehören u. a.: **Feldschwirl** (Locustella naevia), etwa 13 cm groß, oberseits olivbraun längsgefleckt, mit rostfarbenem Bürzel; in mittleren Breiten Eurasiens; **Rohrschwirl** (Nachtigallenschwirl, Locustella luscinoides), etwa 14 cm groß, oberseits rötlichbraun, unterseits gelblichweiß; in N-Afrika und Eurasien; **Schlagschwirl** (Locustella fluviatilis), etwa 13 cm groß, oberseits dunkelbraun, unterseits weißl. mit dunklen Bruststreifen; in O- und M-Europa.

**Schwirrfliegen,** svw. ↑ Schwebfliegen.

**Schwirrholz,** ein einfaches Aerophon, bestehend aus einem schmalen, linsenförmigen Holzbrettchen, an dessen einem Ende eine Schnur durch ein Loch gezogen ist. Wird es im Kreis geschwungen, dreht es sich um die eigene Achse und bewirkt einen schwirrenden Ton; u. a. bei Naturvölkern Australiens, Afrikas und Amerikas gebraucht.

**Schwitters,** Kurt, * Hannover 20. Juni 1887, † Ambleside bei Kendal 8. Januar 1948, dt. Maler und Schriftsteller. - Mitarbeiter an der expressionist. Zeitschrift „Der Sturm"; 1923-27 Hg. der dadaist. Zeitschrift „Merz". Emigrierte 1935 nach Norwegen, 1940 nach Großbritannien. Seine dadaist. künstler. und literar. Arbeit beruht auf der Collagetechnik, die er unter dem Begriff *Merzkunst* zusammenfaßte, zw. *Merzdichtung, Merzmalerei* bzw. *Merzbildern* und *Merzbauten* unterscheidend („Merz" nach einem Schnipsel mit dem Ende des Wortes „Kommerz" auf einer Collage). - Mit seinen Texten bzw. Textcollagen lehnte sich S. gegen die von Presse und Technokratie mißbrauchte Sprache auf und suchte sie für die Poesie neu zu beleben. Er gilt als Vorläufer der konkreten Poesie. Berühmt sein Gedichtband „Anna Blume" (1919). Viele seiner Texte erschienen in seiner Zeitschrift. - 1919 entstanden die ersten Collagen und Assemblagen aus beliebigem Material mit gemalten Zusätzen (auf die er in der Folge verzichtete). Seit 1922 trat anstelle der kubist. Kompositionsgrundlage eine geometr. Konzeption. 1923 gestaltete S. sein Haus in Hannover zum ersten Merzbau um, das das ganze Hausinnere einnehmende Assemblage (1943 zerstört). Nach der Emigration errichtete S. 2 weitere Merzbauten (ab 1937 in Lysaker bei Oslo und ab 1945 in Langdale im engl. Lake District). - Abb. auch Bd. 5, S. 179.

**Schwitzbad,** zu Hyperthermie und zum Schweißausbruch führendes Bad; z. B. als Wasserbad, Dampfbad oder Heißluftbad.

**schwitzen,** Schweiß absondern.
◆ Wasser ausscheiden; auf Pflanzen bezogen (↑ Guttation).

**Schwitzwasser,** Kondenswasser an kalten Flächen, deren Temperatur niedriger ist als die Taupunktstemperatur des sie umgebenden, Wasserdampf enthaltenden Luft- oder Gasraumes; führt häufig zu Korrosionserscheinungen.

**Schwob,** Marcel, * Chaville (Hauts-de-Seine) 23. Aug. 1867, † Paris 12. Febr. 1905, frz. Schriftsteller. - Seine Erzählungen, die seel. Abenteuer des Menschen in der Vergangenheit schildern, verbinden Wirklichkeit, Phantastisches, Burleskes, Bizarres und Tragisches, u. a. „Der Kinderkreuzzug" (Legende, 1896).

**Schwöbber,** Teil der Gemeinde (Flekken) Aerzen, 9 km sw. von Hameln; Schloß im Stil der Weserrenaissance (1570-1604).

**Schwöden** ↑ Lederherstellung.

**Schwojen** [niederl.] (Schwoien, Schwaien), kreissegmentförmige Drehbewegung ankernder Schiffe um den Anker, verursacht durch Wind oder/und Strömung.

**Schwüle,** durch bes. Luftfeuchtigkeits-Temperatur-Verhältnisse gekennzeichnete klimat. Situation (z. B. über 80 % Luftfeuchtigkeit bei 20 °C, über 65 % bei 25 °C, über 40 % bei 30 °C), die das menschl. Wohlbefinden beeinträchtigt. Infolge der hohen Luftfeuchtigkeit ist (bei erhöhter Schweißsekretion) die Verdunstung des Schweißes herabgesetzt; da auch die Wärmeabgabe über die Atemwege vermindert ist, kann über Wärmestau und Hyperthermie die Gefahr eines Hitzschlags bestehen.

**Schwulst,** urspr. Bez. für eine krankhafte Schwellung bzw. Geschwulst; seit dem letzten Drittel des 17. Jh. übertragen auf Stilphänomene der Barockliteratur; bezeichnet in abwertendem Sinne den gehäuften Einsatz rhetor. Figuren, dunkler Metaphern und Tropen; z. T. im Euphuismus, Gongorismus.

**Schwund,** Gewichts- oder Volumenabnahme eines Körpers oder Materials, z. B. bei der Lagerung oder beim Transport.
◆ (Fading) die auf die Wirkung der leitenden Schichten der Ionosphäre zurückzuführende nachteilige Beeinflussung des Funkempfangs (insbes. im Kurzwellenbereich), die sich v. a. in Intensitätsschwankungen bemerkbar macht.

**Schwundstufe** (Nullstufe), Form des quantitativen Ablauts, bei der in nicht haupttonigen Silben ein kurzer Vollstufenvokal vollständig schwindet.

**Schwungfedern** (Schwingen, Remiges), die als Konturfedern zum Großgefieder zählenden großen, relativ steifen und doch elast., durch Luftanströmung Auftrieb und Vortrieb erzeugenden Flügelfedern der Vögel, von denen die bes. langen, harten äußeren Handschwingen den *Handflügel (Handfittich),* die kürzeren, etwas breiteren und weicheren Armschwingen am Unterarm den *Armflügel ( Armfittich)* des Vogelflügels bilden. Die S. werden oberseits und unterseits der Flügel zur Hälfte von Deckfedern überlagert.

**Schwungrad,** Rad sehr großer Masse

(großes Trägheitsmoment) zur Speicherung mechan. Energie.

**Schwungstemme,** im Turnen eine Übung am Barren, Stufenbarren, Reck und an Ringen; führt durch Rück- und Vorschwung (mit gestreckten Armen) vom Hang in den Stütz- oder Handstand.

**Schwur,** svw. ↑ Eid.

**Schwurgericht,** beim Landgericht fungierende Strafkammer, die gem. § 74 Abs. 2 GVG zuständig ist für Mord, Totschlag, Kindestötung und für bestimmte Delikte mit Todesfolge. Das S. ist mit 3 Berufsrichtern und 2 Schöffen besetzt, die in der Hauptverhandlung mit gleichem Stimmrecht über Schuld und Straffrage entscheiden (↑ ordentliche Gerichtsbarkeit, Abb. Bd. 16, S. 111). Im *östr. Recht* entsprechen den S. die **Geschworenengerichte.** Diese sind zur Aburteilung schwerster Kriminaldelikte zuständig, bestehen am Sitz eines jeden ↑ Gerichtshofes 1. Instanz und setzen sich aus dem *Schwurgerichtshof* (3 Berufsrichter) und der *Geschworenenbank* (8 Geschworne) zusammen. Die Schuldfrage entscheiden die Geschworen allein, die Straffrage jedoch unter Beiziehung der Berufsrichter. Im *schweizer. Recht* ist die Bez. S. Synonym des Begriffs Geschworenengericht, das sich aus einem *Gerichtshof* (3 Berufsrichter) und der Geschworenenbank (5–12 Geschworne) zusammensetzt. Die Geschworenenbank beurteilt je nach Kt. entweder wie im östr. Recht die Schuldfrage allein oder entscheidet entsprechend dem dt. Recht mit dem Gesamtgericht gemeinsam die Straf- und Schuldfrage.

**Schwyz** [ʃviːts], Hauptort des schweizer. Kt. und Bez. S., am Fuße der Mythen, 516 m ü. d. M., 12 400 E. Bundesarchiv, Gemäldegalerie; Metallverarbeitung und Textilind. - 972 erstmals als **villa Suittes** erwähnt. Die Geschichte des Ortes ist ident. mit der des gleichnamigen Kantons. - Barocke Pfarrkirche Sankt Martin (18. Jh.), Renaissancerathaus (1642/43); zahlr. Häuser aus Spätgotik, Renaissance und Barock.

**S.,** zentralschweizer. Kt., 908 km², 102 100 E (1986), Hauptort Schwyz. Der Kt. umfaßt Teile des Alpennordrandes zw. den Glarner Alpen im O und SO, Vierwaldstätter und Zuger See im W und dem S-Ende des Zürichsees mit der sö. anschließenden, bereits zum Schweizer Mittelland gehörenden Linthebene im Norden. S. ist auch heute noch ein stark landw. geprägtes Gebiet; Viehhaltung, insbes. Milchwirtschaft herrscht vor, Ackerbau wird v. a. im Tal von S. betrieben. Maschinenbau, Textil-, Möbel- sowie Nahrungsmittelind. findet sich v. a. in den Gem. am Zürichsee sowie in Einsiedeln; bed. Fremdenverkehr.

**Geschichte:** Das 972 erstmals als Suittes bezeichnete Gebiet des heutigen Kt. war zum größten Teil im Besitz des Klosters Einsiedeln; erlangte 1240 Reichsfreiheit, doch wurde die Reichsunmittelbarkeit von den Habsburgern nie anerkannt. 1291 schloß S. das „Ewige Bündnis" mit Uri und Unterwalden. Nach Erlangung der polit. Selbständigkeit (1315) weitete S. im 14./15. Jh. seinen Machtbereich aus und hatte um die Mitte des 15. Jh. seine heutige Ausdehnung erreicht (Reichenburg und Gersau kamen erst 1817 endgültig zu Schwyz). Nachdem sich S. vergebl. der Bildung der Helvet. Republik widersetzt hatte, gehörte es 1798–1803 zum neugebildeten Kt. Waldstätten, entstand aber 1803 in seinen alten Grenzen wieder. 1814 lehnte es den Bundesvertrag ab, 1831 erzwangen eidgenöss. Truppen eine liberale Verfassung, 1845–47 gehörte S. zum Sonderbund.

**Verfassung:** Nach der Verfassung vom 23. Okt. 1898 liegt die Exekutive beim vom Volk auf 4 Jahre gewählten Regierungsrat (7 Mgl.). Die Legislative bilden der vom Volk auf 4 Jahre gewählte Kantonsrat (100 Mgl.) und das Volk selbst (Volksabstimmung). Seit 1972 haben die Frauen Stimm- und Wahlrecht.

**Schwyzer,** Eduard [ˈʃviːtsər], bis 1899 E. Schweizer, * Zürich 15. Febr. 1874, † Berlin 3. Mai 1943, schweizer. Indogermanist. - Prof. in Zürich, Bonn, ab 1932 in Berlin; grundlegende Arbeiten zur sprachhistor. Erforschung des Griech.; Hauptwerk ist die „Griech. Grammatik" (1939–50; Register-Bde., hg. 1953–71).

**Schwyzerdytsch** [ˈʃviːtsərdyːtʃ] (Schwyzertütsch), svw. ↑ Schweizerdeutsch.

Hanna Schygulla (1983)

**Schygulla,** Hanna, * Kattowitz 25. Dez. 1943, dt. Schauspielerin. - Begann Mitte der 1960er Jahre bei R. W. Fassbinders „antitheater"; später in Bochum und Frankfurt am Main. S. vermag die unterschiedlichsten individuellen und sozialen Typen darzustellen; spielte zunächst v. a. in Filmen R. W. Faßbinders („Katzelmacher", 1969; „Fontane Effi Briest", 1974; „Die Ehe der Maria Braun", 1979; „Die dritte Generation", 1979; „Lili

# Scientology

Marleen", 1981); weitere Filme: „Die Zukunft heißt Frau" (1984), „Peter der Große" (1986), „Für immer Lulu" (1986).

**Schynige Platte** [ˈʃiːnɪɡə], Aussichtsberg bei Interlaken, 2101 m hoch.

**Sciascia,** Leonardo [italien. ˈʃaʃʃa], *Racalmuto (Prov. Agrigent) 8. Jan. 1921, italien. Schriftsteller. - Schildert in Erzählungen und [Kriminal]romanen sozialkrit. engagiert sizilian. Leben und sizilian. [polit.] Verhältnisse, u. a. „Sizilian. Verwandtschaft" (R., 1960), „Der Tag der Eule" (R., 1961), „Tote auf Bestellung" (R., 1966), „Tote Richter reden nicht" (R., 1971), „Candodo oder ein Traum in Sizilien" (R., 1977). - † 20. Nov. 1989.

**Science-fiction** [engl. ˈsaɪəns ˈfɪkʃn „Wissenschaftsdichtung, wiss. Erzählung"], Bez. für Romane, Erzählungen, Hörspiele, Comic strips und Filme, die sich spekulativ mit künftigen, z. T. aber physikal. und techn. nicht realisierbaren Entwicklungen der Menschheit befassen: Weltraumfahrten, Entdeckung und Besiedlung ferner Himmelskörper, Invasionen und Besuche der Erde durch außerird. Wesen u. a. - Die Entstehung der **Science-fiction-Literatur** wird allg. mit den Romanen von J. Verne angesetzt; in Deutschland waren von Bed. K. Laßwitz und H. Dominik. Zum Erfolg der S.-f. haben v. a. die in den USA seit 1926 erscheinenden **Science-fiction-Magazine** beigetragen, v. a. „Amazing stories" von H. Gernsback (* 1884, † 1967), dem die Prägung des Terminus „S.-f." zugeschrieben wird. S.-f. entwickelte sich zur [trivialen] Massenliteratur, deren Ideologie ein unbedingter Glaube an den Segen des techn. Fortschritts war (positive Utopie). Wichtige Autoren: I. Asimov (* 1920), J. Brunner (* 1934), P. K. Dick (* 1928, † 1982), T. Sturgeon (* 1918). Die Beschäftigung mit sozialen Fragen wurde in der westl. S.-f. bis in die Gegenwart v. a. von sog. „negativen Utopien" („Anti-Utopien") verfolgt, in denen heutige gesellschaftl. Fehlentwicklungen - konsequent weitergedacht - als negatives Bild einer künftigen Welt dargestellt werden (A. Huxley, G. Orwell). Kritik an der Betonung des technolog. Bereichs, am nur in die Zukunft transponierten reaktionären Gesellschafts- und Menschenbild sowie an rassist. und faschist. Tendenzen der S.-f. führte 1964 zur „New wave" („neuen Welle") der S.-f.-Literatur, die v. a. auf die Autoren des brit. S.-f.-Magazins „New worlds" zurückging: M. Moorcock (* 1940), J. G. Ballard (* 1930); sie arbeiteten u. a. mit experimenteller Prosa, stellten Raumfahrtmotive oft als Wahnvorstellungen von Psychotikern dar oder thematisierten die Veränderung des Menschen und seines Bewußtseins durch Drogeneinfluß und Technik. Bekannte amerikan. Autoren sind T. M. Dish (* 1940) und J. Sladek (* 1937). Die Handlungen der S.-f. in den osteurop. Ländern spielen überwiegend in einer kommunist. Zukunftsgesellschaft oder schildern deren Entstehung. Bed. Autoren: S. Lem, A. A. Bogdanow, A. N. Tolstoi, J. I. Samjatin, I. A. Jefremow (* 1907) sowie A. N. und B. N. Strugazki. Originär dt. S.-f.-Literatur ist die Serie „Perry Rhodan" (seit 1961), deren Zukunftsbeschreibungen auf autoritärer Herrschaft, aggressivem Imperialismus, techn. Rationalität und natürl. Auslese basieren. Superhelden stellen v. a. die **Science-fiction-Comics** vor: Z. B. sind „Superman", „Batman", „Iron Man" auserwählt, Bewahrer des Bestehenden, des Rechts und der Ordnung zu sein; sie leben unerkannt unter den Menschen, um nur in [permanent auftretenden] Notsituationen sich in das ihnen innewohnende Superwesen zu verwandeln, das als charismat. Führerfigur die Menschheit oder die ganze Erde rettet.

**Science-fiction-Hörspiele:** Als bemerkenswertestes Hörspielereignis gilt bis heute O. Welles' Rundfunkfassung von H. G. Wells' „Der Krieg der Welten" (1938). Lagen zunächst literar. Vorlagen v. a. brit. und amerikan. Stories den Sendungen zugrunde, so gibt es heute eigenständige dt. S.-f.-Hörspiele, die auch Satire und Sozialkritik miteinbeziehen, u. a. von U. Brandner (* 1941), J. Ziem, H. W. Franke (* 1927).

Als einer der ersten **Science-fiction-Filme** gilt „Die Reise zum Mond" (1902) von G. Meliès; bed. auch „Metropolis" (1927) von F. Lang, S. Kubricks „2001: Odyssee im Weltraum" (1968), A. Tarkowskis „Solaris" (1972). - ↑ auch Film (Geschichte).

💠 *Wuckel, D.: Illustrierte Lit.-Gesch. der S. F. Hildesheim 1986. - Hahn, R./Jansen, V.: Lex. des S.-F.-Films. Mchn. 1983. - Reclams S.-F.-Führer. Hg. v. H. J. Alpers u. a. Ditzingen 1982. - Pesch, H. W.: Fantasy. Theorie u. Gesch. einer literar. Gattung. Köln 1982.*

**Scientia media** [lat.] ↑ Molinismus.

**Scientology** [engl. saɪənˈtɒlədʒɪ, zu lat. scientia „Wissen" und ↑...logie], nach eigenem Verständnis eine angewandte, religiösen Anspruch erhebende Philosophie über das „Studium des Wissens" zur Veränderung der Lebensbedingungen des einzelnen und der Gesellschaft. S. geht zurück auf den Science-fiction-Autor L. R. Hubbard (* 1911, † 1986), der 1950 „Dianetics, the modern science of mental health" (Dianetik, die moderne Wiss. von der geistigen Gesundheit) veröffentlichte, aus dem er eine Art Psychotechnik („dianet. Engrammtheorie") entwickelte: Mit Hilfe eines techn. Geräts, des sog. „E-Meters", sollen in vielen Sitzungen („Auditings") durch geistige Eindrucksbilder („Engramme") negative geistige Prägungen („Aberrationen"), auch aus zahlr. früheren Leben (z. T. vor Bestehen der Welt), entdeckt und dann „gelöscht" werden. 1954 wurde S. in den USA offiziell registriert und nahm das Aussehen einer Kirche an; seit 1970 gibt es die *S. Kirche Deutschland* (Sitz München). Die Vereinigung arbeitet wie

# scilicet

Jan van Scorel, Die heilige Maria Magdalena (Ausschnitt; undatiert). Amsterdam, Rijksmuseum

ein Wirtschaftsunternehmen, das immer neue kostspielige Kurse zur Erlangung der „totalen Freiheit" anbietet. Ihre Methoden sind in ihrer Wirkung auf den Menschen umstritten.

**scilicet** [lat.], Abk. sc., scil., nämlich.

**Scilly-Inseln** [engl. 'sılı], engl. Inselgruppe im Atlant. Ozean, 45 km sw. von Land's End, 16,4 km², rd. 140 Inseln und Klippen, davon 5 bewohnt; Verwaltungssitz Hugh Town auf Saint Mary's.

**Scindapsus** [griech.], Gatt. der Aronstabgewächse mit rd. 20 Arten in Malesien (einem Teilareal des paläotrop. Florenreichs); meist Kletterpflanzen mit Luftwurzeln und etwas ledrigen Blättern. Eine als Zimmerpflanze beliebte Art ist **Scindapsus aureus** mit hell gefleckten Blättern, die in der Jugendform 6–10 cm lang und 6–8 cm breit, in der Altersform 20–60 cm lang und 20–50 cm breit sind.

**sciolto** ['ʃɔlto; italien.], musikal. Vortragsbez.: frei, ungebunden im Vortrag.

**Scipio**, Beiname im röm. Patriziergeschlecht der Cornelier, bes. bekannt:
**S.**, Publius Cornelius S. Aemilianus Africanus d. J. (S. d. J.), * 185 oder 184, † 129, Feldherr und Politiker. - Adoptivsohn des Publius Cornelius S., des Sohnes des Scipio d. Ä.; 147 Konsul; eroberte und zerstörte Karthago im Frühjahr 146; 142 Zensor, 134 erneut Konsul, vernichtete Numantia im Sommer 133 (Beiname Numantinus); Gegner der Gesetzgebung und der Reformpolitik seines Schwagers Tiberius Sempronius Gracchus. S. galt als unbestechl. und als guter Redner.
**S.**, Publius Cornelius S. Africanus d. Ä. (S. d. Ä.), * 236 oder 235, † Liternum (Kampanien) 184 oder 183, Politiker und Feldherr. - Erhielt 211 den militär. Oberbefehl in Spanien (Eroberung von Carthago Nova [= Cartagena] 209), das er 206 unterwarf; Konsul 205 und 194; landete 204 in Afrika und beendete durch den Sieg über Hannibal bei Zama (202) den 2. Pun. Krieg; 199 Zensor; zog sich nach Bestechungsvorwürfen aus der Politik zurück.
**S.**, Publius Cornelius S. Nasica Serapio, † Pergamon 132 v. Chr., Politiker. - Pontifex maximus seit 141, Konsul 138; Führer der Optimaten und Gegner seines Verwandten Tiberius Sempronius Gracchus, den er 133 ermorden ließ.

**Sclera** (Sklera) [lat.], svw. Lederhaut (↑Auge).

**Scolex** (Skolex) [griech.], das Kopfende der ↑Bandwürmer.

**Scooter** ['sku:tər] ↑Skooter.

**Scopolamin** [nach dem Nachtschattengewächs ↑Scopolia] (Skopolamin, Hyoscin), in einigen Nachtschattengewächsen vorkommendes Alkaloid mit beruhigender, krampflösender, in höheren Dosen lähmender Wirkung; auch als Mittel gegen Erbrechen (Antiemetikum) verwendet.

**Scopolia** [nach dem italien. Naturwissenschaftler G. A. Scopoli, * 1723, † 1788], svw. ↑Tollkraut.

**Scordatura** (Skordatur) [lat.-italien. „Verstimmung"], die von der übl. Stimmung abweichende Umstimmung von Saiteninstrumenten (Laute, Gitarre, Violine), um bes. Klangfarben zu erzeugen oder schwierige Passagen und Akkorde zu erleichtern.

**Scorel**, Jan van [niederl. 'sko:rəl] (Schorel), latinisiert Scorel[l]ius, * Schoorl bei Alkmaar 1. Aug. 1495, † Utrecht 6. Dez. 1562, niederl. Maler. - Als maßgebl. Vermittler italien. Renaissancekunst an die nördl. Niederlande wurde S. stilbildend für den ↑Romanismus. Seine Altarbilder, z. B. das „Lochorst-Triptychon mit dem Einzug Christi" (1525–27; Utrecht, Centraal Museum), sind von lichter, kühler Farbigkeit; auch Bildnisse, u. a. „Agatha van Schoonhoven" (1529; Rom, Galleria Doria Pamphili).

**Scorpiones**, svw. ↑Skorpione.

**Scorpius** [griech.-lat.] ↑Sternbilder (Übersicht).

**Scorza**, Manuel [span. es'kɔrsa], * Lima 1928, † bei Madrid 27. Febr. 1983 (Flugzeugabsturz), peruan. Schriftsteller. - Behandelt in seinen Romanen wie „Trommelwirbel für Rancas ... Eine Ballade" (1970), „Garabombo, der Unsichtbare" (1972) den Kampf indian. Bauern gegen Oligarchie und Militär. Auch bed. Lyriker.

**Scorzonera** [span.], svw. ↑Schwarzwurzel.

**Scotch** [skɔtʃ; engl.], svw. schottischer ↑Whisky.

**Scotchterrier** ['skɔtʃ], svw. ↑Schottischer Terrier.

**Scotismus** (Skotismus) [nach J. ↑Duns Scotus] ↑Scholastik.

**Scotland** [engl. 'skɔtlənd], engl. Name für Schottland.

**Scotland Yard** [engl. 'skɔtlənd 'jɑːd], Bez. für die Londoner [Kriminal]polizei und das Polizeigebäude nach dessen früherer Lage am ehem. schott. Residenzhof (Great S. Y.; ab 1890 New S. Y. am Victoria Embankment, seit 1967 in einer Seitenstraße der Victoria Street); wurde 1829 von Sir Robert Peel zu einer schlagkräftigen Polizeibehörde ausgebaut; untersteht dem Innenmin. und wird von einem von der Krone ernannten Beamten geleitet.

**Scott** [engl. skɔt], Cyril [Meir], * Oxton (= Birkenhead) 27. Sept. 1879, † Eastbourne 31. Dez. 1970, engl. Komponist. - Beschäftigte sich mit östl. Philosophie, die sich auch in seinen Kompositionen niederschlug, u. a. Opern („The alchemist", 1925), ein Ballett, Orchesterwerke (3 Sinfonien, Konzerte), Kammer- und Klaviermusik, Chorwerke.

**S.,** Sir (seit 1872) George Gilbert, * Gawcott (Buckinghamshire) 13. Juli 1811, † London 27. März 1878, engl. Baumeister. - Schuf Kirchen in neugot. Stil (Nikolaikirche in Hamburg [1846 ff.]; Saint Mary's Cathedral in Edinburgh [1874 ff.]) sowie das Albert Memorial im Londoner Hydepark (1863-72).

**S.,** Robert Falcon, * Devonport (= Plymouth) 6. Juni 1868, † in der Antarktis 29. (?) März 1912, brit. Polarforscher. - Unternahm 1901-04 auf der „Discovery" seine erste Südpolarexpedition. Brach am 24. Okt. 1911 von Kap Evans (auf der Rossinsel) aus zum Südpol auf, den er am 18. Jan. 1912 (nach R. Amundsen) erreichte. Kam mit seinen Begleitern in Schneestürmen um.

**S.,** Tony, eigtl. Anthony Sciacca, * Morristown (N. Y.) 17. Juni 1927, amerikan. Jazzmusiker (Klarinettist). - Arbeitet seit Ende der 1950er Jahre mit eigenen Gruppen vorwiegend in Europa und in den Ländern des Fernen Ostens; stark durch die Musikkulturen Asiens beeinflußt.

**S.,** Sir (seit 1820) Walter, * Edinburgh 15. Aug. 1771, † Abbotsford (Roxburghshire) 21. Sept. 1832, schott. Dichter. - Schrieb zunächst ep. Versromanzen „Der letzte Minstrel" (1805), „Das Fräulein vom See" (1810) u. a. Versdichtungen; auch Nachdichtungen der Lieder, Sagen und Balladen seiner Heimat. Begründer des histor. Romans: „Waverley" (1814) schildert die Zeit des 18. Jh., „Ivanhoe" (1819) stellt das ma. Schottland, „Kenilworth" (1821) die Zeit Königin Elisabeths I. von England dar. S. hatte „Waverley" anonym veröffentlicht und wertete den Erfolg dieses Romans geschickt mit der Serie der Romane „vom Verf. von Waverley" aus (insges. erschienen 27 Bände; erst 1827 gab er seine Identität preis). - *Weitere Werke:* Old Mortality (1816, 1824 u. d. T. Die Presbyterianer), Das Herz von Midlothian (1818), Robin der Rothe (1818), Quentin Durward (1823).

**Scotus,** Johannes Duns ↑Duns Scotus, Johannes.

**Scout** [engl. skaʊt „Kundschafter", letztl. zu lat. auscultare „horchen"], engl. Bez. für Pfadfinder.

**Scrabble** ⓦ [engl. skræbl, zu scrabble „scharren, herumsuchen"], aus den USA kommendes Buchstabenspiel, bei dem auf einem Brett mit verschieden bewerteten Feldern Buchstaben[steine] kreuzworträtselartig zu Wörtern zusammengefügt werden.

**Scram** [engl. skræm, eigtl. „verdufte!"], Schnellabschaltung eines Kernreaktors.

**Scranton** [engl. 'skræntən], Stadt in den Alleghany Mountains, Pennsylvania, 230 m ü. d. M., 88 100 E. Kath. Bischofssitz; Univ. (gegr. 1888), College. Handelszentrum; u. a. Verlage, Textil- und Metallind., Maschinen- und Fahrzeugbau. - Entstand 1798 als **Unionville** an der Stelle einer wegen Indianerangriffen 1778 aufgegebenen Siedlung; 1845 **Harrison;** heutiger Name seit 1853.

**Scraper** ['skreːpər; engl.], svw. Straßenhobel, Schürfkübelwagen.

**Screening-Test** [engl. 'skriːnɪŋ; zu engl. to screen „durchsieben"], einfache Suchmethode, die an einer großen Zahl von [Versuchs]objekten durchgeführt werden kann, um ein bestimmtes Merkmal zu erkennen.

**Screwball-Comedy** [engl. 'skruːbɔːl‚kɔmɪdɪ], Bez. für die amerikan. Filmkomödie der 1930er und 1940er Jahre, deren männl. Helden - spleenig oder bis zur Verrücktheit in eine Idee verrannt (engl. screwball „verschrobener Kerl, Sonderling") - kaum mehr Individuumcharakter haben, sondern wie die Clowns des Stummfilms auf den Mechanismus einer korrupten, verrückten und lächerl. Welt fixiert sind, während ihre realitätsbezogenen Frauen ihnen als „gute Kameradinnen" zur Seite stehen.

**Scribe,** Eugène [frz. skrib], * Paris 24. Dez. 1791, † ebd. 20. Febr. 1861, frz. Dramatiker. - Schrieb (z. T. mit zahlr. Mitarbeitern) rd. 400 Stücke und zahlr. Opernlibretti, die bei seinen Zeitgenossen sehr beliebt waren; gespielt wird heute nur noch die Komödie „Das Glas Wasser" (1840).

**Scriptum** (Mrz. Scripta) ↑Skript.

**Scrophulariaceae** [lat.], svw. ↑Rachenblütler.

**Scrotum** [lat.], svw. ↑Hodensack.

**Scrub** [engl. skrʌb „Gebüsch"], trop. und subtrop. Strauchformationen Australiens.

**Scudéry,** Madeleine de [frz. skyde'ri], * Le Havre 15. Okt. 1607, † Paris 2. Juni 1701, frz. Schriftstellerin. - Kam 1639 zu ihrem Bruder Georges de S. (* 1601, † 1667) nach Paris, wo sie, zunächst unter dessen Namen (und wahrscheinl. z. T. auch unter seiner Mitwir-

## Scudo

kung), eine Serie erfolgreicher, in ganz Europa gelesener pseudohistor.-galanter [Schlüssel]-romane veröffentlichte. Ihr Werk, bes. „Artamène ou le grand Cyrus" (10 Bde., 1649–53) und „Clelia: eine Röm. Geschichte" (10 Bde. 1654–60), markierte den Höhepunkt der zeitgenöss. preziösen Literatur und bereitete den frz. psycholog. Gesellschafts- und Liebesroman vor.

**Scudo** [lat.-italien. „Schild"], in Italien Bez. für im Lande zw. 1551 und 1856 selbst entwickelte Talersorten (Ggs. Tallero).

**sculpsit** [lat. „hat gestochen"], Abk. sculps., sc., auf Kupferstichen vor oder hinter dem Namen des Stechers.

**Sculptor** [lat. „Bildhauer"] ↑Sternbilder (Übersicht).

**Scupi,** antiker Name von ↑Skopje.

**Scutum** [lat. „Schild"] ↑Sternbilder (Übersicht).

**Scyphozoa** [griech.] (Schirmquallen, Scheibenquallen, Skyphozoen), Klasse meerbewohnender Nesseltiere mit rd. 200 Arten; meist mit Generationswechsel zw. der sich ungeschlechtl. fortpflanzenden, sehr kleinen (etwa 1–7 mm langen), unauffälligen Polypengeneration *(Skyphopolypen)* und der Geschlechtsorgane ausbildenden, oft sehr großen (Durchmesser bis 1 m, selten 2 m), auffälligen Medusengeneration *(Skyphomedusen).* Die Medusengeneration tritt oft in riesigen (bis 15 km langen), oberflächennahen Schwärmen auf. Aus den befruchteten Eizellen der Medusen gehen Schwimmlarven hervor, die sich am Untergrund festsetzen und sich zu Skyphopolypen entwickeln. Zu den S. gehören u.a. Ohrenqualle, Kompaßqualle und Leuchtqualle.

**SD,** Abk. für: ↑Sicherheitsdienst.

**SDAP,** Abk. für: Sozialdemokratische Arbeiterpartei (↑Sozialdemokratie).

**SDB,** Abk. für: Societas Salesiana Sancti Joannis Don Bosco (↑Salesianer).

**S.D.G.,** Abk. für: ↑soli Deo gloria.

**SDI** ↑Strategic defense initiative.

**SDP** [engl. 'esdi:'pi:], Abk. für: ↑Social Democratic Party.

**SDS,** Abk.:
♦ für Societas Divini Salvatoris, ↑Salvatorianer.
♦ für ↑Sozialistischer Deutscher Studentenbund.

**Se,** chem. Symbol für ↑Selen.

**Seaborg,** Glenn Theodore [engl. 'si:bɔ:g], *Ishpeming (Mich.) 19. April 1912, amerikan. Chemiker. - Seit 1945 Prof. in Berkeley; 1961–71 Leiter der amerikan. Atomenergiekommission. S. ist Mitentdecker der Transurane Plutonium (1940/41), Americium (1944/45), Curium (1944/45), Berkelium und Californium (1950). 1951 erhielt S. (zus. mit E. M. McMillan) den Nobelpreis für Chemie und 1959 den Enrico-Fermi-Preis.

**Seal** [engl. si:l „Robbe"] (Sealskin), Handelsbez. für das fertig bearbeitete Fell von Pelzrobben, bes. der ausgewachsenen Bärenrobbe (meist im Alter von 3 Jahren). Es besteht nach der Veredelung (Entfernung der Grannenhaare) nur aus der kurzen, seidenweichen Unterwolle und ist dunkelbraun bis fast schwarz. S. ist sehr haltbar und wertvoll. - Als S. wird auch das Fell junger Tiere anderer Robbenarten bezeichnet, z. B. der Mähnenrobbe *(Rock-S.),* der Ringelrobbe *(Ring-S.)* und der Sattelrobbe *(Harp-S.).*

**Sealbisam** [engl. si:l] ↑Bisam.

**Sealsfield,** Charles [engl. 'si:lzfi:ld], eigtl. Karl Anton Postl, *Poppitz (= Popice, Südmähr. Gebiet) 3. März 1793, †Gut Unter den Tannen bei Solothurn 26. Mai 1864, östr. Schriftsteller. - Bauernsohn; 1814 Priesterweihe, später Sekretär des Kreuzherrenordens. Floh 1823 in die Schweiz, dann in die USA (1830 Redakteur in New York); dann Korrespondent in London und Paris; ab 1832 in der Schweiz. Anfängl. polit. engagierter Journalist und Reiseschriftsteller, der das liberale Gedankengut der östr. Spätaufklärung in der Verfassung der USA verwirklicht fand und den Spannungen zw. restaurativen und nationalliberalen Tendenzen Ausdruck gab; dann frührealist. Erzähler mit polit. und pädagog. Engagement. Erster bed. deutschsprachiger Schilderer der amerikan. Landschaft und Gesellschaft; stellte in seinen Charakter- und Milieuzeichnungen die harmon. Entsprechung von Mensch und Landschaft bei der Herausbildung demokrat. Staatsformen in Mexiko und im amerikan. Südwesten dar. Trat für eine konservative, bürgerl. Agrargesellschaft ein und warnte vor den sozialen Folgen der fortschreitenden Industrialisierung. - *Werke:* Die Vereinigten Staaten von Nordamerika (1827), Lebensbilder aus beiden Hemisphären (Romane, 6 Bde., 1835–37), Neue Land- und Seebilder oder ... (R., 1839/40), Das Cajütenbuch oder Nationale Charakteristiken (R., 1841), Süden und Norden (R., 1842).

**Seami Motokijo,** auch Jusaki Motokijo, *Jusaki 1363, †Kioto 1443, jap. No-Dichter. - Vollender des klass. No-Spiels, für das er als Autor, Schauspieler und Regisseur eine eigene Schule schuf; schrieb über 200 Stücke.

**Séance** [frz. se'ã:s; lat.-frz.], Bez. für eine (häufig spiritist.) Sitzung.

**Searle** [engl. sə:l], Humphrey, *Oxford 26. Aug. 1915, †London 12. Mai 1982, engl. Komponist und Musikschriftsteller. - Schüler von A. Webern, bed. Vertreter der Neuen Musik in England. Komponierte Opern (u.a. „Hamlet", 1968), Ballette, Orchester- und konzertante Werke, Kammermusik und Vokalwerke.

**S.,** John Rogers, *Denver 31. Juli 1932, amerikan. Sprachphilosoph. - Entwickelte die „Sprechakttheorie" (↑Sprechakt) seines Lehrers J. L. ↑Austin weiter, in der Sprechen

# Sebastiano del Piombo

als regelgeleitete Form des Verhaltens betrachtet wird. - *Werke:* Sprechakte (1969), The philosophy of language (1971).

**S.,** Ronald, * Cambridge 3. März 1920, engl. Zeichner. - Wurde berühmt durch die Cartoons über die boshaften Schulmädchen von Saint Trinian's („The belles of Saint Trinian's", 1954); auch polit. und sozialkrit. Karikaturen sowie Witzzeichnungen; u. a. „Anatomie eines Adlers. Ein Deutschlandbuch" (1966), „Die Katzen des R. S." (1967/68), „R. Searles großes Katzenbuch" (1982).

**SEAT,** Abk. für: Sociedad Española de Automóviles de Turismo, S. A., größtes span. Unternehmen der Kfz.-Ind., Tochtergesellschaft der Volkswagen AG.

**SEATO** [ze'a:to, engl. 'si:toʊ], Abk. für engl.: South East Asia Treaty Organization, Südostasienpakt, 1954 in Manila unterzeichnetes und 1955 in Kraft getretenes Verteidigungsbündnis zw. Australien, Frankr., Großbrit., Neuseeland, Pakistan, den Philippinen, Thailand und den USA. Ziele: gemeinsame Verteidigung, ständige Konsultationen und wirtsch.-techn. Kooperation. In einem Zusatzprotokoll wurden Kambodscha, Laos und Süd-Vietnam als von der SEATO im Falle eines Angriffs zu verteidigende Interessengebiete genannt. Zur Koordination der Politik der SEATO-Staaten wurden ein *Rat* mit ständigen Vertretern und einem Sekretariat in Bangkok eingerichtet sowie ein militär. Planungsstab und Arbeitsstellen für polit., wirtsch. und kulturelle Fragen gebildet. Ein gemeinsames Armeeoberkommando kam nicht zustande. Die SEATO sollte den bereits mit dem ANZUS-Pakt, dem Bagdadpakt und der NATO aufgebauten (antikommunist.) militär. Gürtel vervollständigen. 1972 traten Pakistan, 1974 Frankr., 1975 Thailand und die Philippinen aus. Im Sept. 1975 beschloß der Rat, die Tätigkeit der SEATO einzustellen; am 30. Juni 1977 wurde sie aufgelöst.

**Seattle** [engl. sɪ'ætl], Stadt im Bundesstaat Washington, USA, an der O-Küste des Puget Sound, 491 900 E, Metropolitan Area 1,6 Mill. E. Sitz eines kath. Erzbischofs, eines anglikan. und eines methodist. Bischofs; 3 Univ. (gegr. 1861, 1891, 1892), Colleges; histor. Museum, Kunstmuseen. Flugzeug- und Schiffbau, Eisen- und Stahlind., Bleischmelze, Aluminiumverarbeitung, Holz-, Textil-, Nahrungsmittelind.; Hafen, Ausgangspunkt von Schiffahrtslinien nach Asien und Alaska. - Gegr. 1851; Goldfunde in British Columbia und später in Alaska sowie der Eisenbahnbau (alles letztes Drittel des 19. Jh.) und die Eröffnung des Panamakanals (1914) trugen zur raschen Entwicklung der Stadt bei.

**Sebald** (Sebaldus), alter dt. männl. Vorname, Nebenform von ↑Siegbald.

**Sebastian,** männl. Vorname (zu griech. sebastós „verehrungswürdig, ehrwürdig, erhaben").

Ronald Searle, Cartoon aus der Folge „The belles of Saint Trinian's" (1954): Schmeiß sie weg – die sind alle harmlos

**Sebastian,** hl., * Mailand (?), † Rom im 3. oder 4. Jh., Märtyrer. - Röm. Offizier und Märtyrer der Diokletian. Verfolgung in Rom. Der von Pfeilen durchbohrte S. wurde im MA zum vielverehrten Pestpatron (Pestpfeile), auch der Jäger, Schützen (Sebastianus-Bruderschaften), Steinmetzen u. a. - Fest: 20. Januar.

**Sebastiani,** Antonio, italien. Schriftsteller, ↑Minturno, Antonio.

**Sebastiano del Piombo,** eigtl. S. Luciani, * Venedig um 1485, † Rom 21. Juni

Sebastiano del Piombo, Madonna mit Kind, heiligem Joseph, Johannes dem Täufer und Stifter (undatiert). Privatbesitz

1547, italien. Maler. - Seine künstler. Entwicklung führte von einer durch maler. Sorgfalt und kolorist. Nuancenreichtum gekennzeichneten venezian. Manier über die Aufnahme von Einflüssen Raffaels und Michelangelos zu den von kraftvollen und dramat. bewegten Figuren beherrschten, monumentalen Kompositionen einer typ. röm. Formensprache. Bed. auch seine Porträts. - *Werke:* Kardinal Carondolet und sein Sekretär (um 1512-15; Privatbesitz), Geißelung Christi (Rom, San Pietro in Montorio), Andrea Doria (1526, Rom, Galleria Doria-Pamphili), Clemens VII. (um 1526, Neapel, Capodimonte), Clemens VII. und sein Sekretär (Parma, Galleria Nazionale), Heimsuchung (Rom, Santa Maria delle Pace).

**Seberg,** Jean [engl. 'siːbəːg], * Marshalltown (Iowa) 13. Nov. 1938, † Paris 30. Aug. 1979 (Selbstmord?), amerikan. Filmschauspielerin. - Hatte ihren ersten Filmerfolg mit „Saint Joan" (1957) als hl. Johanna; Hauptdarstellerin der frz. „Neuen Welle", v. a. durch den Film „Außer Atem" (1960). - *Weitere Filme:* Lilith (1964), Die Straße von Korinth (1967), Vögel sterben in Peru (1968), Besuch bei Mr. Scruby (1974), Operation Kolwezi (1979).

**Sebeș** [rumän. 'sebeʃ] (dt. Mühlbach), rumän. Stadt in Siebenbürgen, 30 000 E. Museum für Geschichte und Volkskunde; Papier-, Trikotagenind., Leder-, Pelz- und Holzverarbeitung. - Im 12. Jh. Ansiedlung dt. Kolonisten, erhielt 1387 Befestigungsrecht. - Ev. spätgot. Kirche (14. und 15. Jh.) mit roman. Bauteilen.

**Sebnitz,** Krst. am Rande des Elbsandsteingebirges, Bez. Dresden, DDR, 275 m ü. d. M., 11 800 E. Webereien, Bekleidungsu. a. Ind. - Um die Mitte des 13. Jh. vermutl. als städt. Siedlung gegr. - Stadtkirche Sankt Petrus und Paulus (15. und 17. Jh.).

**S.,** Landkr. im Bez. Dresden, DDR.

**Seborrhö** [lat./griech.] (Talgfluß, Schmerfluß), die (anlagemäßig) gesteigerte Absonderung der Talgdrüsen mit entsprechend vermehrtem Fettmantel der Haut, bes. im Bereich des Kopfes, der Achselhöhlen oder des Rumpfs. Auf der Basis einer S. treten verschiedene Hautkrankheiten, so u. a. Akne und Milchschorf auf.

**Sebou, Oued** [frz. wɛdsə'bu], Fluß in Marokko, entspringt im Mittleren Atlas, mündet nahe Kénitra in den Atlantik, etwa 450 km lang.

**Sebus,** Johanna, * Rindern (= Kleve) 28. Dez. 1791, † Brienen (= Kleve) 13. Jan. 1809. - Landmädchen, das bei dem Versuch, beim Eisgang des Rheins eine Frau mit 3 Kindern zu retten, ertrank. Dichter. Gestaltungen von Goethe (Kantate, 1809) und R. Benedix (Dr., 1835).

**sec,** älteres Einheitenzeichen für ↑ Sekunde.

◆ Funktionszeichen für den Sekans (↑ trigonometrische Funktionen).

**sec** [frz.] (italien. secco), trocken, Bez. für geringe Süße bei Wein und Schaumwein.

**SECAM** ↑ Fernsehen.

**Secco** ['zɛko, italien. 'sekko „trocken"], Kurzform für das nur von Generalbaßinstrumenten (wie Cembalo oder Laute) begleitete *Recitativo secco* (↑ Rezitativ), im Unterschied zum orchesterbegleiteten ↑ Accompagnato (*Recitativo accompagnato*).

**Seccomalerei** ['zɛko, italien. 'sekko], Wandmalerei auf trockenen Putz; ↑ auch a secco, ↑ Freskomalerei.

**Secession,** früher übl. Schreibweise für ↑ Sezession.

**Secessio plebis** [lat.], z. Z. der röm. Republik Rückzug der Plebejer aus dem polit. Leben Roms durch Verlassen der Stadt (494, 449, 445 [?], 342 [?], 287); diente zur Durchsetzung eigener polit. Forderungen.

**Sechseck** (Hexagon), ein Vieleck mit sechs Ecken; die Seitenlänge des regelmäßigen S. ist gleich dem Radius des Umkreises.

**Sechseläuten,** alljährl. am 3. Montag im April gefeiertes Züricher Frühlingsfest.

**Sechsender** ↑ Geweih.

**Sechser,** Bez. für viele Münzen vom 6fachen Nennwert einer kleineren Geldeinheit; volkstüml. für die „Halbgroschen" zu 5 Pfennig der Währung des Dt. Reiches ab 1874.

**Sechsflach,** svw. ↑ Hexaeder.

**Sechskampf,** in der *Leichtathletik* Mehrkampfdisziplin für Frauen: 100-m-Lauf, Diskuswerfen, Hochsprung, Kugelstoßen, Weitsprung, 100-m-Hürdenlauf.

◆ (Kür-S.) Wettkampfprogramm im *Kunstturnen* (Bodenturnen, Seitpferd, Ringe, Langpferd, Barren, Reck).

**Sechsstädtebund** ↑ Oberlausitz.

**Sechstagefahrt** (Internationale S.), seit 1913 ausgetragene schwerste Prüfung für Motorräder; wird in 6 Tagen der insges. 2 000 km von Nationalmannschaften gefahren. Gilt als Mannschaftsweltmeisterschaft im Geländesport.

**Sechstagekrieg,** der 3. ↑ Israelisch-Arabische Krieg.

**Sechstagerennen,** Radrennen auf Hallenbahnen über 6 Tage bzw. Nächte, von Mannschaften aus 2 sich beliebig ablösenden Berufsfahrern ausgetragen; das Rennen ruht während der *Neutralisation* in den frühen Morgen- und Vormittagsstunden; Sieg durch Rundengewinn oder bei Rundengleichheit nach Punkten.

**Sechste Flotte,** Großverband der amerikan. Kriegsmarine, im Mittelmeer stationiert; besteht aus 2 Flugzeugträgern, 15 Kampfschiffen und 1 amphib. Truppenteil.

**sechste Krankheit** ↑ Dreitagefieber.

**sechster Sinn,** im Volksmund das angebl. Vermögen zu ↑ außersinnlichen Wahrnehmungen.

# Sedimentation

**Sechsundsechzig,** Kartenspiel zw. 2 bis 4 Personen (mit dt. oder frz. Karten und wechselnder Trumpffarbe). Gewinner ist, wer zuerst 66 Punkte erreicht.

**Sechter,** Simon, * Friedberg (= Frymburk, Südböhm. Gebiet) 11. Okt. 1788, † Wien 10. Sept. 1867, östr. Komponist und Musikpädagoge. - Einer der bedeutendsten Musiktheoretiker („Die Grundsätze der musikal. Komposition", 1853/54) und Lehrer (u. a. von A. Bruckner) seiner Zeit.

**Sechzehntelnote** (Sechzehntel), Zeichen ♪, ↑ Noten.

**Sechzehntelpause,** Zeichen ?, ↑ Noten.

**Seckau,** östr. Ort in der Steiermark, nördl. von Knittelfeld, 1 300 E. Benediktinerabtei mit bed. roman. Basilika Mariä Himmelfahrt (1150–64; spätgot. Sterngewölbe 1480–1510; Querschiff, Dreiapsidenschluß und die beiden W-Türme von 1892), spätgot. Bischofskapelle (14. Jh.). Mausoleum Erzherzog Karls II. im Spätrenaissancestil, Stiftsgebäude (16. und 17. Jh., westl. Innenhof mit dreigeschossigen Arkaden).

**Seckauer Alpen,** südöstlichster Teil der Niederen Tauern, bis 2 416 m hoch.

**Secondhand-Shop** [engl. sɛknd'hænd-ʃɒp], Gebrauchtwarengeschäft.

**Secondo** [lat.-italien. „der zweite"], beim vierhändigen Klavierspiel der Spieler des Baßparts, im Ggs. zu ↑ Primo.

**Secrétan,** Charles [frz. səkre'tã], * Lausanne 19. Jan. 1815, † ebd. 22. Jan. 1895, schweizer. [Religions]philosoph. - Prof. in Lausanne und Neuenburg. In Orientierung an Kant maß S. in seiner Religionsphilosophie der Ethik mit den Grundbegriffen Freiheit, Pflicht, Gewissen zentrale Bed. zu. Voraussetzung einer Erneuerung der Sittlichkeit war für ihn die Lösung der sozialen Frage, wobei sich S. insbes. gegen ungleiche Güterverteilung und Klassenprivilegien richtete und für die Gleichberechtigung der Frau einsetzte.

**Secretary of State** [engl. 'sɛkrətri əv 'steɪt „Staatssekretär"], in Großbrit. im 16. Jh. der leitende Min.; heute Titel der wichtigsten Min.; in den USA Titel des Außenministers.

**Secret Service** [engl. 'siːkrɪt 'səːvɪs], in Großbrit. die berühmteste Geheimdienstorganisation, die dem Joint Intelligence Bureau als übergeordneter Zentralstelle (für die Koordination der militär. Abwehr und für Staatssicherheit) untersteht. - In den USA wurde 1865 v. a. zur Verhinderung des Umlaufs von Falschgeld ein S. S. eingerichtet, der in den Weltkriegen Aufgaben der (Gegen)spionage, seither häufig Schutzfunktionen für führende Politiker übernahm.

**Section d'Or** [frz. sɛksjõ'dɔːr „Goldsektion"], 1912 gegr. frz. Künstlervereinigung. Ihre Mitglieder (u. a. J. Villon, A. Gleizes, F. Picabia, J. Gris und M. Duchamp) orientierten sich nicht an kubist. sondern geometr. Formen und Zahlenverhältnissen.

**Section Française de l'Internationale Ouvrière** [frz. sɛk'sjõ frã'sɛz dəl'ɛtɛrnəsjɔnal uvri'ɛːr „Frz. Sektion der Arbeiterinternationale"], Abk. SFIO, Name des 1905 erfolgten Zusammenschlusses der Hauptgruppen des frz. Sozialismus (Reformismus, Marxismus, Blanquismus). 1920 beschloß die Mehrheit den Beitritt zur Komintern und bildete die KPF. Die SFIO blieb im Parlament zweitstärkste Partei. 1936/37 führte sie mit L. Blum an der Spitze eine Reg. der Volksfront. In der Résistance hatten Sozialisten führende Positionen inne. Nach 1945 lehnte die SFIO den Zusammenschluß mit den Kommunisten ab. 1946–51 an den Reg. beteiligt, stellte sie mehrfach den Min.-präs., zuletzt 1956/57; unterstützte 1958 die Berufung de Gaulles und beteiligte sich an der Begründung der 5. Republik, wandte sich aber 1959 der Opposition zu; schloß sich 1965 mit anderen Linksgruppierungen zur Fédération de la Gauche Démocrate et Socialiste zusammen; 1969 unter Anschluß weiterer sozialist. Parteien Umbenennung in ↑ Parti Socialiste.

**Secundinae** [lat.], svw. ↑ Nachgeburt.

**SED,** Abk. für: ↑Sozialistische Einheitspartei Deutschlands.

**Sedan** [frz. sə'dã], frz. Stadt an der Maas, Dep. Ardennes, 23 500 E. Stahlwerk u. a. Ind.-betriebe. - Urkundl. zuerst 1259 als Besitz des Klosters Mouzon erwähnt; zeitweilig wichtige Festung; kam endgültig 1642 in den Besitz der frz. Krone. - Die Kapitulation der frz. Hauptarmee und die Gefangennahme Kaiser Napoleons III. bei S. am 2. Sept. 1870 wurden zum Wendepunkt des Dt.-Frz. Krieges 1870/71. Im 1. Weltkrieg ab Aug. 1914 in dt. Hand, im 2. Weltkrieg beim Durchbruch der dt. Truppen durch die Maginotlinie stark zerstört.

**Sedativa** [lat.], svw. ↑ Beruhigungsmittel.

**Sede Boqer** [hebr. sə'dɛ bɔ'kɛr], Kibbuz im zentralen Negev, Israel, Wüstenforschungsinst. - 1952 gegr.

**Seder** [hebr. „Ordnung"], v. a. die häusl. Liturgie am ersten und zweiten Abend des jüd. Passahfestes (von den sefard. Juden auch *Haggada* genannt).

**Sedes Apostolica** [lat.] ↑Apostolischer Stuhl.

**Sedierung** [lat.], die Beruhigung eines Kranken, z. B. vor Operationen, mit Hilfe von Beruhigungsmitteln (Sedativa).

**Sedile** [lat.] (Mrz. Sedilien), lehnloser liturg. Sitz für amtierende Geistliche und deren Assistenz bei der Eucharistiefeier.

**Sediment** [zu lat. sedimentum „Bodensatz"], i. e. S. nicht verfestigte Ablagerung, i. w. S. svw. Sedimentgestein (↑ Gesteine).

**Sedimentation** [zu lat. sedimen „Satz, Bodensatz"] (Ablagerung), Vorgang der Gesteinsbildung durch Absatz von Gesteins-

# Sedimentgesteine

bruchstücken, Ausfällen gelöster Bestandteile aus Lösungen, Anreicherung von Pflanzen- und Tierresten.
**Sedimentgesteine** ↑ Gesteine.
**Sedisvakanz** [lat.], das Unbesetztsein des päpstl. oder eines bischöfl. Stuhls („sedes"); auch Zeitraum zw. Freiwerden und Neubesetzung dieser Ämter.
**Sedlmayr,** Hans ['ze:dəlmaɪər], * Hornstein (Burgenland) 18. Jan. 1896, † Salzburg 9. Juli 1984, östr. Kunsthistoriker. - Prof. in Wien (1936-45) und München (1951-63). - *Werke:* Östr. Barockarchitektur (1930), Die Architektur Borrominis (1930), Verlust der Mitte (1948), Die Entstehung der Kathedrale (1950), Die Revolution der modernen Kunst (1956), Johann Bernhard Fischer von Erlach (1956), Kunst und Wahrheit. Zur Theorie und Methode der Kunstgeschichte (1958).
**Sedom** [hebr. sə'dɔm], Ind.siedlung am S-Ende des Toten Meeres, Israel, 396 m u. d. M.; chem. Werk, das aus dem Toten Meer in Verdunstungsbecken Kaliumcarbonat, Brom, Tafelsalz sowie Magnesiumoxid gewinnt.
**Sedow,** Leonid Iwanowitsch [russ. sɪ'dɔf], * Rostow am Don 14. Nov. 1907, sowjet. Physiker. - Prof. am Moskauer Zentralinst. für Flugzeugmotorenbau; Vors. der Kommission, die die sowjet. Raketen- und Erdsatellitenprojekte leitete und zu ersten Erfolgen führte („Sputnik", 1957).
**Sedum** [lat.], svw. ↑ Fetthenne.
**See,** svw. Meer (die See).
◆ (Binnensee) Wasseransammlung in einer geschlossenen, natürl. Hohlform (S.becken) der Landoberfläche. Grabenseen finden sich in tekton. Gräben (z. B. Baikal-, Tanganjikasee), Kraterseen in vulkan. Hohlformen (z. B. die Maare der Eifel), Reliktseen in abgeschnürten Meeresteilen (z. B. Aralsee, Kasp. Meer). Bes. häufig finden sich S. in ehem. vergletscherten Gebieten (Kar-S. in Gebirgen, langgestreckte S. in Zungenbecken). Abdämmungs-S. entstehen nicht nur durch Moränen, sondern auch durch Bergstürze, Schuttkegel, Lavaströme, Sinterabsätze oder im Zusammenhang mit der Bildung von Mäandern und Altwasserarmen. Durch Küstenversatz bilden sich Strandseen. Hohlformen in Karstgebieten sind oft nur period. mit Wasser erfüllt. Die Wasserzufuhr erfolgt durch Niederschläge, Grundwasser, Quellen und Flüsse. Abfluß und Verdunstung regeln den Wasserhaushalt, in Trockengebieten oft nur die Verdunstung, verbunden mit Versalzung (End-S.). S. verlanden durch Auffüllung infolge ständiger Materiallieferungen der Zuflüsse sowie die vom Ufer vordrängende Vegetation. Bei größeren S. werden durch vom Wind erzeugte Wellen dauernde Abrasionsterrassen (Uferbänke) geformt, die bei steilen S.ufern landwärts an Kliffe grenzen und seewärts oft steil (Seehalde) zum S.boden (Schweb) abfallen.

📖 *Schmidt, Eberhardt:* Ökosystem S. Hdbg. ³*1978.*

**Seeaal,** (Meeraal, Conger conger, Conger vulgaris) bis 3 m lange Art der ↑ Meeraale in fast allen Meeren, erwachsen in Küstennähe; Oberseite grau bis schwärzlichbraun, Bauch weißlich; Raubfisch; Fleisch geräuchert im Handel.
◆ Handelsbez. für das in Gelee marinierte Fleisch des Gemeinen Dornhais.
**Seeadler** (Haliaeetus, Haliaetus), mit Ausnahme S-Amerikas weltweit verbreitete Gatt. mächtiger, bis 1,1 m langer, hochschnäbeliger Greifvögel mit acht Arten, v. a. in gewässerreichen Landschaften und an Küsten; gut segelnde, rot- bis schwarzbraune, häufig an Kopf, Hals, Brust, Flügelbug und Schwanz weiß gefärbte Vögel, die sich bes. von Wasservögeln und Fischen ernähren; sehr ruffreudig (hohe und helle Rufe); bauen große Horste auf Bäumen oder Sträuchern (mitunter auch auf der Erde). - Zu den S. gehören u. a.: **Euras. Seeadler** (Haliaeetus albicilla), bis 90 cm lang, maximale Spannweite 2,4 m; in Europa (östl. der Elbe) und in den nördl. und gemäßigten Regionen Asiens; Gefieder einfarbig graubraun, mit weißem Schwanz; Teilzieher; **Schreiseeadler** (Haliaeetus vocifer), bis 70 cm lang, an Süßgewässern Afrikas südl. der Sahara; Kopf, Hals, Brust, Rücken und Schwanz weiß, Bauch und Schultern rotbraun, Flügel schwarz.
**Seealpen** ↑ Meeralpen.
**Seeamt,** Kollegialbehörde in größeren Hafenstädten zur Untersuchung von Ursachen und Umständen von Seeunfällen; führt eine Hauptverhandlung in Anwendung der StPO durch und kann schuldhaftes Verhalten eines Beteiligten feststellen und einem Beteiligten die Befähigung als Kapitän, Steuermann usw. aberkennen. Gegen den Spruch des S. ist Berufung zum Bundesoberseeamt möglich.
**Seeanemonen** (Anemonia), Gatt. der Aktinien mit bis zu 200 langen Tentakeln, die häufig leicht abbrechen und kräftig zu nesseln vermögen.
**Seebader,** svw. ↑ Doktorfische.
**Seebär,** svw. ↑ Bärenrobbe.
**Seebären,** svw. ↑ Pelzrobben.
**Seebarsch** (Wolfsbarsch, Roccus labrax), bis etwa 80 cm langer Zackenbarsch im nö. Atlantik (einschl. Nord- und westl. Ostsee) bis NW-Afrika und im Mittelmeer, auch in Flußmündungen; Rücken grau bis schwarzgrau, Seiten gelblichsilbern; Kiemendeckel mit schwarzem Fleck; Speisefisch.
**Seebeben** ↑ Erdbeben.
**Seebeck-Effekt,** ein von dem dt. Physiker T. J. Seebeck (* 1770, † 1831) 1821 entdeckter thermoelektr. Effekt: Wird die Kontaktstelle zweier verschiedener metall. Leiter (auch Halbleiter) eines Stromkreises erwärmt, so entsteht eine temperaturabhängige *Ther-*

# Seefedern

## SEEN (Auswahl)

| | Erdteil | km² | | Erdteil | km² |
|---|---|---|---|---|---|
| Kaspisches Meer | Asien | rd. 371 000 | Ladogasee | Europa | 18 135 |
| Oberer See | Nordamerika | 84 131 | Eyresee | Australien | bis 13 000 |
| Victoriasee | Afrika | 68 000 | Onegasee | Europa | 9 700 |
| Aralsee | Asien | rd. 64 000 | Turkanasee (Rudolfsee) | Afrika | über 8 500 |
| Huronsee | Nordamerika | 61 797 | Nicaraguasee | Mittelamerika | 8 264 |
| Michigansee | Nordamerika | 58 016 | Titicacasee | Südamerika | 8 100 |
| Tanganjikasee | Afrika | 34 000 | | | |
| Großer Bärensee | Nordamerika | 31 792 | zum Vergleich: | | |
| Baikalsee | Asien | 31 500 | Vänersee | Europa | 5 585 |
| Njassasee (Malawisee) | Afrika | 30 800 | Saimaseesystem | Europa | 4 400 |
| Großer Sklavensee | Nordamerika | 28 438 | Inarisee | Europa | 1 050 |
| Eriesee | Nordamerika | 25 612 | Plattensee | Europa | 591 |
| Winnipegsee | Nordamerika | 24 514 | Genfer See | Europa | 581 |
| Balchaschsee | Asien | bis 22 000 | Bodensee | Europa | 538 |
| Tschadsee | Afrika | bis 24 000 | Gardasee | Europa | 370 |
| Ontariosee | Nordamerika | 18 941 | Neusiedler See | Europa | bis 320 |

mospannung, bei geschlossenem Stromkreis ein *Thermostrom*. Der S.-E. ist die Umkehrung des ↑ Peltier-Effektes.

**Seeberg,** Staffan [schwed. ˌseːbærj], * Stockholm 14. Aug. 1938, schwed. Schriftsteller. - Arzt; begründete einen neuen realist. Prosastil, der das inneres und äußeres Erleben des Menschen zur Darstellung bringt, u. a. in „Der Lungenfisch" (R., 1970), „Der Wald von Grönland" (R., 1980).

**Seeberufsgenossenschaft** ↑ Seesozialversicherung.

**Seebohm,** Hans-Christoph, * Emanuelsegen (= Murcki bei Kattowitz) 4. Aug. 1903, † Bonn 17. Sept. 1967, dt. Politiker. - 1947–56 2. Vors. der Dt. Partei; 1946–51 MdL, 1946–48 Min. in Niedersachsen; Mgl. des Parlamentar. Rats; 1949–67 MdB; 1960 Übertritt zur CDU; Bundesverkehrsmin. 1949–66; Sprecher der Sudetendt. Landsmannschaft (ab 1959).

**Seebull** ↑ Groppen.

**Seebüll,** Teil der Gem. Neukirchen, 1,5 km südl. der dän. Grenze, Schl.-H. Ehem. Haus von E. Nolde (1927–37; heute Museum).

**Seeckt,** Hans von, * Schleswig 22. April 1866, † Berlin 27. Dez. 1936, dt. General. - Im 1. Weltkrieg Generalstabsoffizier; 1919 zum Chef des Truppenamtes im Reichswehrministerium, 1920 zum Chef der Heeresleitung ernannt; organisierte die Reichswehr als Kadertruppe, verhinderte jedoch ihre Integration in die Republik durch strikte Entpolitisierung bei Förderung monarchist.-nationalist. Traditionen. Gegner der parlamentar. Demokratie, setzte S. die Reichswehr gegen Gegner von links ein (Reichsexekutionen gegen erwartete sozialist.-kommunist. Umsturzversuche in Sachsen und Thüringen, 1923), verfolgte aber bei Putschversuchen von rechts eine Hinhaltetaktik (Kapp-Putsch und Hitler-putsch). Ab 9. Nov. 1923 Inhaber der Exekutive gemäß Art. 48 der Reichsverfassung, lehnte er (entgegen seinen urspr. Absichten) einen Staatsstreich ab. 1926 verabschiedet, 1930–32 MdR (DVP), an der Bildung der Harzburger Front beteiligt; 1933 und 1934/35 militär. Berater Chiang Kai-sheks.

**Seedrachen** (Chimären, Meerdrachen, Meerkatzen, Seekatzen, Holocephali), Unterklasse bis 1,5 m langer ↑ Knorpelfische mit rd. 25, ausschließl. meerbewohnenden Arten; Körper schlank, mit auffallend großem Kopf und langem, peitschenschnurartig verlängertem Hinterkörper; ernähren sich vorwiegend von Höheren Krebsen, Muscheln und Schnecken, die sie mit ihren zu festen Platten verbundenen Zähnen zermahlen.

**See-Elefanten** (Elefantenrobben, Meerwölfe, Morunga, Mirounga), Gatt. der Rüsselrobben in südl. Meeren und an der nordamerikan. Pazifikküste; größte rezente Robben; ♂♂ bis 6,5 m, ♀♀ bis 3,5 m lang; Gewicht bis 3 600 kg; Nase bei ♂♂ rüsselartig verlängert (bes. bei alten Tieren), wird bei Erregung aufgebläht; sehr gesellig; ♂♂ mit „Harem"; überwiegend nachtaktiv, jagen Fische und Kopffüßer; längerer Landaufenthalt führt zum Haarwechsel, bei dem gleichzeitig die oberste Hautschicht abgestoßen wird. - Man unterscheidet zwei Arten: **Südl. See-Elefant** (Mirounga leonina; in den subantarkt. Meeren; bis 6,5 m lang; oberseits blaugrau, Unterseite heller; Rüssel mäßig lang; nicht selten in zoolog. Gärten); **Nördl. See-Elefant** (Mirounga angustirostris; Rüssel noch stärker verlängert; gelb- bis graubraun; weitgehend ausgerottet.

**Seefahrt,** jede Schiffahrt seewärts eines durch völkerrechtl. Regelungen festgelegten Küstenbereiches, insbes. auf hoher See.

**Seefedern** (Pennatularia), Ordnung der Oktokorallen mit rd. 300 Arten; bilden meist federförmige, oft große (bei Tiefseeformen bis 2,3 m hoch werdende) Kolonien, die über einen durch Wasseraufnahme stark schwellbaren Stiel im Bodengrund verankert sind; meist lebhaft gefärbt, oft mit Leuchtvermögen.

**Seefeld in Tirol,** östr. Gem. auf dem *Seefelder Sattel,* über den die Fernstraße und die Mittenwaldbahn München–Innsbruck führen, 1 182 m ü. d. M., 2 500 E. Höhenluftkurort mit Heilquelle, Wintersportplatz.

**Seeforelle** ↑ Forellen.

**Seefrachtgeschäft,** gewerbsmäßig durchgeführter Transport von Gütern mit Schiffen auf hoher See. Die rechtl. Grundlage des S., der Seefrachtvertrag, ist im HGB gesondert geregelt.

**Seefried,** Irmgard, * Köngetried (Landkr. Unterallgäu) 9. Okt. 1919, östr. Sängerin (Sopran). - Mgl. der Wiener Staatsoper, v. a. Mozart-Sängerin und Liedinterpretin. ∞ mit W. Schneiderhan. - †24. Nov. 1988.

**Seefrosch** ↑ Frösche.

**Seefuchs,** ↑ Marderhund.

◆ svw. Fuchshai (↑ Drescherhaie).

**Seefunkdienst,** Funkdienst zw. Küstenfunkstellen und Seefunkstellen (an Bord von Seefahrzeugen), abgewickelt als [Morse]telegraphie oder Sprechfunk, neuerdings auch unter Zuhilfenahme von speziellen Kommunikationssatelliten; Frequenzen: Mittelwelle (405–535 kHz), Grenzwelle (1,6–3,8 MHz), Kurzwelle (4-, 6-, 8-, 12-, 16-, 22- und 25-MHz-Bereich), UKW (152–162 MHz).

**Seegang,** die Wellenbewegung auf See. Wie bei den Windstärken unterscheidet man S.stärken von 0 (glatte See) bis 9 (äußerst schwere See).

**Seegatt** (Seegat), enge Fahrrinne zw. Inseln oder Riffen.

**Seegefecht** ↑ Seeherrschaft.

**Seeger,** Peter R. (Pete) [engl. 'si:gǝ], * New York 3. Mai 1919, amerikan. Folksänger. - Sammelte mit den Folkloristen J. und A. Lomax um 1939 Volkslieder, sang im Duo mit W. Guthrie und trug, selber sozialistisch orientiert, mit zum Folksong-Revival in den USA bei.

**Seeger-Ring,** Sicherungsring in Form eines offenen Federrings zum Sichern von Naben, Kugellagern, Ringen usw. auf einer Welle bzw. in einer Bohrung gegen axiales Verschieben.

**Seegras** (Zostera), Gatt. der Laichkrautgewächse mit rd. zehn Arten auf den Meeresböden der Küstengebiete der gemäßigten Zonen; untergetauchte, ausdauernde Pflanzen mit grasartigen, schmalen Blättern. In der Nord- und Ostsee kommen zwei Arten vor: das bis über 1 m lange *Gemeine S.* (Zostera marina), das als Polstermaterial und Düngemittel verwendet wird, und das bis 40 cm lange *Zwerg-S.* (Zostera nana).

**Seegräser,** Sammelbez. für einkeimblättrige, grasartig beblätterte Blütenpflanzen aus den Fam. der Froschbiß- und Laichkrautgewächse; mit kriechenden Wurzelstöcken; festsitzend auf sandig-schlammigem Meeresboden und im flachen Wasser. S. bilden die sog. unterseeischen Wiesen des ozean. Florenreichs.

**Seegurken** (Seewalzen, Meergurken, Holothurien, Holothuriidea), Klasse der Stachelhäuter mit über 1 000 etwa 1 cm bis 2 m langen, wurst- oder gurken- bis wurmförmigen Arten; Mund- und Afteröffnung an den Körperenden, Mundöffnung von (der Nahrungsaufnahme dienenden) Tentakeln umstellt; Haut lederartig; Skelett fast stets aus isolierten Kalkkörperchen; Enddarm mit als Wasserlungen dienenden Ausstülpungen. - S. leben fast ausschließl. am Boden. Sie werden in SO-Asien z. T. gekocht und getrocknet und kommen als *Trepang* (Nahrungsmittel; auch als Aphrodisiakum) in den Handel.

**Seehähne,** svw. ↑ Knurrhähne.

**Seehandbücher,** von nat. hydrograph. Diensten der Küstenländer herausgegebene, zur Information der naut. Offiziere bestimmte und alle zur sicheren Navigation notwendigen Angaben enthaltende Sammelwerke.

**Seehase** (Meerhase, Lump, Cyclopterus lumpus), etwa 30 (♂) bis 50 cm (♀) langer Knochenfisch (Fam. Scheibenbäuche) an den Küsten des N-Atlantiks; Körper plump, hochrückig; Haut schuppenlos, mit Knochenhöckern und -stacheln; Bauchflossen zu einer Saugscheibe verwachsen; Schwimmblase fehlt; dunkelgrau bis schwärzl., Bauch hell, beim ♂ während der Laichzeit ziegelrot; Fleisch wenig geschätzt. Der Rogen des S. kommt, mit Geschmacksstoffen versetzt und schwarz gefärbt, als Kaviarersatz *(deutscher Kaviar)* in den Handel.

**Seehasen** (Aplysia), Gatt. bis 40 cm langer, plumper, meerbewohnender Schnecken (Überordnung Hinterkiemer) mit fast völlig rückgebildeter, weitgehend vom Mantel überwachsener Schale; vermögen (nach Aneinanderlegen zweier Seitenlappen des Fußes zu einem Rückenrohr) durch Rückstoß zu schwimmen.

**Seehechte** (Meerhechte, Hechtdorsche, Merlucciidae), weitverbreitete Fam. bis über 1 m langer (meist kleinerer) Dorschfische; Körper schlank, hechtähnl.; Raubfische mit großer, zahnbewehrter Mundöffnung; u. a. **Seehecht** (Merluccius merluccius): an Küsten Europas und N-Afrikas; Oberseite graubraun, mit schwarzen Punkten, sonst silbrig; Speisefisch.

**Seeheim-Jugenheim,** hess. Gem. an der Bergstraße, 138 m ü. d. M., 16 500 E. Schulungszentrum der Dt. Lufthansa, Schuldorf Bergstraße; Luftkurort.

**Seeherrschaft,** die Machtposition, die maritime Verbindungswege für eigene wirtsch. und militär. Zwecke offenzuhalten und deren Nutzung gegnerischen Staaten zu

# Seeherrschaft

Seehunde. Kegelrobbe

Gemeiner Seehund

verwehren. Nach der Lehre des US-Admirals A. T. Mahan (* 1840, † 1914) ist die S. für die allg. histor. Entwicklung von großer Bedeutung. Sie resultiert aus der Stärke der Kriegs- und Handelsflotte, der geograph. Lage des Staates sowie dem Besitz und Ausbau weitgespannter seestrateg. Positionen in Form von Stützpunkten, Militärbasen oder Handelsniederlassungen.

In der Neuzeit konnte England nach Ausschaltung von Spanien, der Niederlanden und Frankr. eine hegemoniale Stellung als Seemacht erringen. Die durch zahlr. Kolonien und Stützpunkte gesicherte brit. Führungsrolle wurde in der Periode des Imperialismus, als man eine starke Flotte als Ausdruck des Weltmachtsanspruchs verstand, durch den Aufstieg des Dt. Reichs zur zweitstärksten Seemacht (1898–1914) und auch von Japan und den USA in Frage gestellt, konnte aber im 1. Weltkrieg nochmals behauptet werden. Im Washingtoner Flottenabkommen von 1922 mußte Großbrit. den Aufstieg der USA, von Japan, Frankreich und Italien (im Verhältnis der Kriegsschifftonnage von 5 : 5 : 3 : 1,75 : 1,75) als konkurrierende Seemächte hinnehmen. Deutschland erhielt im Dt.-Brit. Flottenabkommen 1935 35 % der brit. Flottenstärke zugebilligt. Abrüstungsbemühungen blieben sowohl auf der Genfer Flottenabrüstungskonferenz von 1927 als auch auf den Londoner Seemächtekonferenzen von 1930 und 1935/36 erfolglos. Auch im 2. Weltkrieg beeinflußte der Besitz der S. den Kriegsverlauf, so bes. im Pazifik zw. den USA und Japan.

Nach Rückgang der brit. Seemacht ab 1945 besaßen die USA uneingeschränkt die S. In der gegenwärtigen weltpolit. Lage ist auch die Sowjetunion zu einer zur S. befähigten Seemacht ersten Ranges aufgestiegen. Der Bau atomgetriebener und raketenbestückter Überwasser- und Unterwasserschiffe (Atom-Flugzeugträger, Atom-U-Boote, Raketenkreuzer) weist auf die Bed. der S. auch für die gegenseitige atomare Abschreckung hin. Die Gewinnung der S. ist Ziel der Seekriegführung, kann aber auch zeitweise durch Einsatz von Luftstreitkräften erreicht werden. Abgesehen von wenigen reinen **Seekriegen** (z. B. im 16. Jh. die engl.-span. Seekriege, im 17. Jh. die engl.-niederl. Seekriege) gab es meist kombinierte Land- und Seekriege bzw. seit dem 20. Jh. See-Luft-Kriege (auch See-Luft-Land-Kriege), oder die Seekriegshandlungen dienten der Landung der eigenen Landstreitkräfte an der feindl. Küste (z. B.

Seeigel. Querschnitt: A After,
Am Ampullen, C Cölom, D Darm,
E Endoskelett, F Füßchen,
Gd Geschlechtsdrüsen, K Kieme,
LdA Laterne des Aristoteles, M Mund,
Mp Madreporenplatte, P Pedizellarien,
P-S Poli-Sammelblasen, Rak Radiärkanal,
Ran Radiärnerv, Rk Ringkanal,
Rn Ringnerv, St Stacheln,
Stk Steinkanal, Z Zahn

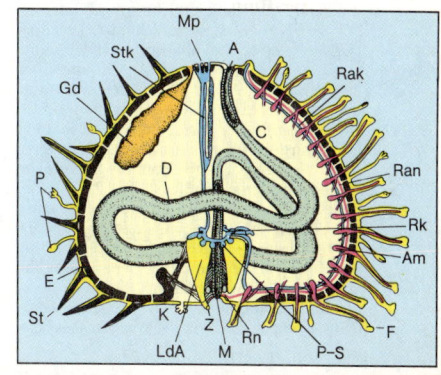

## Seehöhe

im Russ.-Jap. Krieg 1904/05). In **Seegefechten** (d. h. Kämpfen zw. Verbänden von leichten Seestreitkräften bzw. einzelnen Schiffen) und größeren **Seeschlachten** streben die Flottenverbände nach der Vernichtung der feindl. Seestreitkräfte oder der Kontrolle der Seewege (Wirtschaftskrieg, Seeblockade).
📖 *Potter, E. B./Nimitz, C. W.: Seemacht. Eine Seekriegsgesch. v. der Antike bis zur Gegenwart. Dt. Übers. Neuaufl. Herrsching 1982. - Seemacht u. Außenpolitik. Hg. v. D. Mahncke u. H.-P. Schwarz. Ffm. 1974. - Martin, L. W.: The sea in modern strategy. New York 1967.*

**Seehöhe**, svw. Meereshöhe (↑ Normalnull).

**Seehund**, Handelsbez. für Pelzwaren aus dem Fell von Jungtieren des Gemeinen Seehunds; zählt mit seinem silberblauen, seidigen Haar zu den schönsten Fellen der Robben.

**Seehunde** (Phocinae), Unterfam. etwa 1,2 bis über 3 m langer Robben mit 8 Arten, v. a. an Meeresküsten der N-Halbkugel; vermögen im Unterschied zu den Ohrenrobben und dem Walroß ihre Hinterfüße nicht nach vorn unter den Körper zu bringen, weswegen sie sich an Land nur äußerst ungeschickt fortbewegen können. Am bekanntesten ist der die Küsten Eurasiens und N-Amerikas bewohnende **Gemeine Seehund** (Seehund i. e. S., Meerkalb, Phoca vitulina); etwa 1,5 m (♀) bis 2 m (♂) lang, bis rd. 100 kg schwer; Fell der erwachsenen Tiere weißgrau bis dunkelgraubraun, kurzhaarig, glatt mit schwärzl. Flecken- oder Ringelzeichnung; ernährt sich v. a. von Fischen; nach einer Tragezeit von etwa 11 Monaten wird ein Junges (seltener 2) geboren mit auf silberblauem Grund dunkel granitfarben geflecktem Fell (bei der Geburt von 2 Jungen wird nur ein Jungtier von der Mutter angenommen; das andere, als „Heuler" bezeichnete Junge, geht zugrunde). Weitere Arten: **Bartrobbe** (Erignathus barbatus), bis 3 m lang, gelbbraun bis bräunlichgrau; an den Küsten N-Europas, Asiens und N-Amerikas; Oberlippe mit Bart aus auffallend langen, hellen Haaren; **Kegelrobbe** (Halichoerus grypus), 2,2–3 m lang, Oberseite teils bis dunkelgrau mit hellerer Scheckung, Unterseite lichter; im N-Atlantik; Schnauze kegelförmig langgestreckt; **Mützenrobbe** (Klappmütze, Cystophora cristata), bis 3,8 m lang, über 400 kg schwer, blau- bis dunkelgrau, meist dunkel gefleckt; im N-Atlantik und nördl. Eismeer; mit bei Erregung aufblasbarem, mützenartigen Kopfaufsatz; Pelz jüngerer Tiere als *Blueback* im Handel; **Sattelrobbe** (Pagophilus groenlandicus), bis 2,2 m lang, oberseits grau bis gelbl., unterseits silbergrau, Gesicht schwarzbraun; im Treibeisgebiet der Arktis; an den Körperseiten mit dunkler, bandförmiger Zeichnung; S. ziehen im Frühjahr in großen Herden nach S (Sankt-Lorenz-Strom, Neufundland), wo die ♀♀ je ein weißfelliges Junges gebären, die von den Robbenfängern stark verfolgt werden. Die **Ringelrobben** (Pusa, Phoca) sind eine Gatt. kleiner, bis 1,4 m langer Robben mit 3 Arten im N-Polarmeer und in osteurop. und asiat. Binnenseen; Färbung variabel, mit Ringflecken am Rücken: *Eismeerringelrobbe* (Pusa hispida), *Kaspirobbe* (Pusa caspica, im Kasp. Meer) und *Baikalrobbe* (Pusa sibirica, v. a. im Baikalsee). - ↑ auch Robben.

Seehunddarstellungen auf Knochenwerkzeugen des Magdalénien S-Frankr. und auf jungsteinzeitl. Felsbildern in Norwegen zeigen, daß die Seehundarten der europ. Küsten seit dieser Zeit gejagt wurden. Bei den Eskimo spielen S. in Mythologie und Sagenwelt eine große Rolle. - Wie die meisten Robben werden die S. wegen ihres Felles stark bejagt und sind z. T. in ihrem Bestand gefährdet. - Abb. S. 65.

**Seeigel** (Echinoidea), seit dem Silur bekannte, heute mit fast 900 Arten in allen Meeren (z. T. auch in Brackgewässern) weltweit verbreitete Klasse wenige Millimeter bis 32 cm großer Stachelhäuter; im Unterschied zu Seesternen ohne Arme ausgebildete, meist schwarze, dunkelbraune, violette bis schmutziggelbe Tiere. In ihre kugelige bis scheibenförmig abgeflachte Körperwandung sind fest miteinander verwachsene Skelettplatten eingelagert, so daß ein festes (jedoch stets von einer Epidermis bedecktes) Außenskelett gebildet wird, auf dem häufig lange (auf gelenkförmigen Höckern durch Muskeln bewegbare, z. T. mit Giftdrüsen versehene) Stacheln stehen. Ein Großteil der radial angeordneten Plattenreihen (*Ambulakralplatten*) ist mit Poren versehen, durch die ↑ Pedizellarien und der Fortbewegung dienende (mit dem Wassergefäßsystem in Verbindung stehende) Saugfüßchen treten. - S. sind getrenntgeschlechtl. Tiere, deren Geschlechtsprodukte durch Poren der Afterregion ins Meereswasser gelangen, wo die Befruchtung stattfindet. Die Entwicklung erfolgt über eine planktont. lebende Larve (*Echinopluteus*). - Je nach Körperform und Bauplan unterscheidet man unter den S. zwei Gruppen: 1. *Reguläre S.* (Regularia): mit kugeligem bis wenig abgeflachtem, radiär-symmetrisch gebautem Körper; Mund zum Boden gerichtet, mit kräftigem Kauapparat (↑ Laterne des Aristoteles), der dem Abweiden des Aufwuchses vom Untergrund dient; After und ↑ Madreporenplatte dorsal (oben) gelegen. Hierher gehören die meisten S., z. B. Strandseeigel, Steinseeigel, Lanzenseeigel, Eßbarer Seeigel und Diademseeigel. 2. *Irreguläre S.* (Irregularia): mit mäßig bis stark scheibenförmig abgeflachtem, sekundär bilateral-symmetr. Körper; ohne Stacheln; leben eingegraben in sandigem oder schlammigem Grund; ernähren sich von Mikroorganismen. Hierzu werden v. a. Sanddollars und Herzseeigel gerechnet. - Abb. S. 65.

**Seeigelkaktus** (Scheinigelkaktus, Echi-

# Seeland

nopsis), Kakteengatt. mit rd. 40 Arten in S-Amerika, v. a. in Argentinien und Uruguay; zuerst kugelige, später säulige, oft stark sprossende Kakteen mit durchlaufenden oder unterbrochenen Rippen und stark bedornten Areolen; Blüten trichterförmig, meist weiß oder rot, seltener gelb, oft duftend; zahlr. Arten werden kultiviert.

**Seejungfern** (Prachtlibellen, Calopterygidae, Agriidae), weltweit verbreitete Fam. metall. bläulichgrün glänzender Kleinlibellen (↑ Libellen) mit in M-Europa 2–7 cm spannenden Arten, die der Gatt. ↑ Schönjungfern angehören.

**Seekabel** (Unterwasserkabel), im Meer bzw. in größeren Binnengewässern verlegte Starkstrom-, Telegraphie- oder Fernsprechkabel mit bes. Bewehrung. Fernsprechkabel enthalten extrem zuverlässige Verstärker (Unterwasserverstärker), die in speziellen druck- und korrosionsfesten Behältern in den Kabelzug eingebaut werden.

**Seekadett,** in der Bundesmarine dem Fahnenjunker entsprechende Dienstgradbez. für Offizieranwärter.

**Seekarauschen** (Cantharus), Gatt. der Meerbrassen, u. a. mit der Art **Streifenbrassen** (Brandbrassen, Seekarausche, Cantharus lineatus): bis 50 cm lang; im Mittelmeer, westl. Schwarzen Meer und an den Atlantikküsten N-Afrikas sowie W-Europas bis zur westl. Nordsee; graublau, mit feinen, blauen Längslinien und etwa neun dunklen Querbinden; Flossen blau.

**Seekarpfen,** svw. ↑ Graubarsch.

**Seekarte,** winkeltreue kartograph. Darstellung eines bestimmten Meeres- oder Küstengebiet, die alle für die Schiffahrt bzw. terrestr. Navigation wichtigen Angaben enthält. Amtl. S. wurden früher meist von den Admiralitäten bzw. Marineleitungen der seefahrenden Nationen herausgegeben und daher als **Admiralitätskarten** bezeichnet.

**Seekasse** ↑ Seesozialversicherung.

**Seekatzen,** svw. ↑ Seedrachen.

**Seekiefer,** svw. ↑ Aleppokiefer.

**Seeklima** (maritimes Klima, ozeanisches Klima), vom Meer beeinflußtes Klima. Das. S. ist gekennzeichnet u. a. durch hohe Luftfeuchtigkeit, ergiebige Niederschläge, starke Bewölkung und einen ausgeglichenen Tages- und Jahresgang der Lufttemperatur mit milden Wintern und kühlen Sommern. - ↑ auch Kontinentalklima.

**Seekrankheit** ↑ Bewegungskrankheit.

**Seekreide,** kalkige Ablagerungen in stehenden Gewässern, häufig reich an versteinerten Pflanzen, Schnecken und Muscheln.

**Seekrieg** ↑ Seeherrschaft.

**Seekriegsleitung,** Abk. SKL, Bez. für: 1. die im Aug. 1918 unter der Leitung des Chefs des Admiralstabs gebildete oberste Kommandobehörde der dt. Marine; 2. die dem Oberbefehlshaber der Kriegsmarine unterstellte oberste Kommandostelle der dt. Kriegsmarine im 2. Weltkrieg.

**Seekriegsrecht,** weitgehend ungeschriebenes Gewohnheitsrecht für die Kriegführung auf hoher See. Grundlagen des S. sind insbes. die „Pariser Erklärungen von 1856" (Abschaffung der Kaperei, die Sicherung feindl. Ladung unter neutraler Flagge und die Freiheit neutralen Guts unter Feindesflagge von Beschlagnahme), das Haager Abkommen von 1907 (↑ Haager Friedenskonferenzen, ↑ Prisenrecht) sowie das 2. Genfer Abkommen von 1949 zur Verbesserung des Loses der Verwundeten im Seekrieg (↑ Genfer Konventionen). Das Londoner Protokoll vom 5. 11. 1936 über die Anerkennung der allg. Regeln des S. (insbes. über die Regeln für den U-Boot-Krieg) wurde praktisch nie angewendet.

**Seekühe** (Sirenen, Sirenia), Ordnung 2,5–4 m langer, maximal fast 400 kg wiegender Säugetiere mit vier rezenten Arten in küstennahen Meeresteilen der Tropen und Subtropen, auch in Flüssen und Binnenseen; Körper massig, walzenförmig, mit dicker Speckschicht; Kopf nicht durch äußerl. erkennbaren Hals vom Rumpf abgesetzt; erwachsen ohne Haarkleid; Vordergliedmaßen flossenartig, Hintergliedmaßen völlig fehlend (Skelettreste des Beckens vorhanden); Schwanz zu waagerechtem Ruder verbreitert; Zähne stark rückgebildet, mit hornigen Reibeplatten in der schräg abwärts gerichteten Vorderschnauze; Pflanzenfresser mit großem Nahrungsbedarf (können in Kanälen zum Freihalten des Wassers von Wasserpflanzen eingesetzt werden); Augen klein, Nasenlöcher verschließbar, Ohrmuscheln fehlend; ♀♀ mit zwei bruststständigen Zitzen („Meerjungfrau"); gesellig lebend; verlassen nie das Wasser, in dem auch die Jungen geboren werden. - Man unterscheidet die beiden Fam. ↑ Gabelschwanzseekühe und ↑ Manatis.

**Seelachs** ↑ Dorsche.

**Seeland,** Prov. in den sw. Niederlanden, 3 040 km², 355 800 E (1986), Verwaltungssitz Middelburg. S. umfaßt die Inseln Schouwen-Duiveland, Tholen, Noord-Beveland, Walcheren und Zuid-Beveland, die Halbinsel Sint Philipsland im Mündungsgebiet von Schelde, Rhein und Maas und einen Teil von Flandern (Seeländ.-Flandern). Überwiegend seit dem 13. Jh. trockengelegtes Polderland mit Landw. und Erwerbsgartenbau; daneben Fischfang, Schiffbau, Textil-, Nahrungsmittel-, petrochem. u. a. Ind. Wichtigste Häfen sind Vlissingen und Terneuzen.

*Geschichte:* Schon in röm. Zeit besiedelt. Das Land westl. der Oosterschelde kam 1012 als Reichslehen an die Grafen von Flandern, die Inseln zw. den Scheldearmen um 1090 bzw. 1323 an die Grafen von Holland. S. schloß sich 1587 der Republik der Vereinigten Niederlande an. Der festländ. Teil bildete,

## Seeland

1577 von den Niederländern erobert, 1648–1795/96 als *Staatenflandern* ein Generalitätsland. 1795 wurde Staatenflandern, 1810 ganz S. von Frankr. annektiert; 1814/15 wurden S. und Staatenflandern (jetzt Seeländ.-Flandern gen.) als Prov. S. Teil des Kgr. der Vereinigten Niederlande.

**S.,** Teil des Schweizer Mittellandes zw. Neuenburger See, Murtensee, Bieler See und Aare.

**S.,** größte Insel Dänemarks, zw. dem Sund, dem Großen Belt und dem Kattegat, 7026 km$^2$. Die Küsten sind stark durch Halbinseln und tief eingreifende Buchten gegliedert, die Oberfläche durch eiszeitl. Ablagerungen geprägt, bis 126 m hoch. An der nördl. O-Küste liegt Kopenhagen.

**Seele,** das geistige, lebensspendende Prinzip im Menschen. Der S.glaube ist weltweit verbreitet, jedoch keineswegs stets mit nur *einer* S. des Menschen verbunden *(S.pluralismus)*. Wo die Anschauung von nur einer einzigen S. des Menschen besteht, kann diese so eng mit dem Körper verbunden gedacht sein, daß man von einer *Ganzheits-S.* spricht, die meist mit dem Leben selbst identifiziert wird. Häufig gilt der Atem als S.träger; für diese *Hauch-S.* ist bezeichnend, daß das griech. Wort „pneûma" sowohl „Hauch" als auch „S." bedeutet und der ind. S.begriff ↑Atman mit dem dt. Wort „atmen" sprachverwandt ist. Daneben gibt es auch die Vorstellung von einer freien, nur gelegentl. dem Körper innewohnenden „Außen-S." (engl. *external soul*), die dann auch nach dem Tod des Menschen in andere Lebewesen, sog. **Seelentiere** (z. B. Schlange, Eidechse, Rabe, Taube) eingehen kann, sowie von der ständigen Einwohnung in einem Tier oder einer Pflanze (Alter ego). Die sublimste Form der S.vorstellung ist die *Ich-* oder *Ego-S.,* die als Geist, Wille und Gemüt eines Menschen verstanden und gewöhnl. im Kopf oder im Herzen lokalisiert gedacht wird. Diese S.vorstellung nähert sich am ehesten derjenigen der *christl. Theologie,* die die S. als von Gott geschaffene geistige und unsterbl. Wesensform des Menschen ansieht, die seine unverwechselbare Individualität bestimmt. - Zum Problem der S. in der *Philosophie* ↑Leben. - Neben dem Glauben an die *Menschen-S.* besteht derjenige an eine *Weltseele.* Er findet sich im Platonismus und Neuplatonismus sowie in der Stoa und in verschiedenen Richtungen des Pantheismus. Als Träger (Substrat) psych. Vorgänge und Erscheinungen war die S. bis zum 19. Jh. Gegenstand der *Psychologie* als Teilgebiet der Philosophie. Mit der Entwicklung der Psychologie zur eigenständigen wiss. Disziplin, die sich naturwiss. Methoden bedient, wurden Fragen nach der (substantiellen) Natur der S. als empirisch nicht entscheidbar aufgegeben. Heute wird die Bez. S. als wiss. Begriff kaum noch verwendet.

📖 *Sonnemans, H.: S. - Unsterblichkeit - Auferstehung.* Freib. 1984. - *Carus, C. G.: Psyche. Zur Entwicklungsgesch. der S.* Darmst. Nachdr. 1975. - *Spranger, E.: Die Magie der S.* Tüb. $^2$1949. - *Bertholet, A.: Dynamismus u. Personalismus in der S.auffassung.* Tüb. 1930.

♦ in der *Waffentechnik* Bez. für die Längsbohrung (das Innere des Laufs oder Rohrs) einer Feuerwaffe; ihre gedachte Achse wird als **Seelenachse** bezeichnet.

♦ in der *Kabel-* und *Seilherstellung* Bez. für den Innenstrang von Kabeln, Drahtseilen u. a.

♦ bei *Streichinstrumenten* der ↑Stimmstock.

**Seelengärtchen** ↑Hortulus animae.

**Seelenkult,** die rituelle Verehrung der Seelen Verstorbener, insbes. der Ahnen.

**Seelenmesse,** Messe zum Gedächtnis eines Verstorbenen.

**Seelentiere** ↑Seele.

**Seelenwanderung** (Metempsychose, Palingenesie, Reinkarnation), Geburtenkreislauf durch wiederholte Erdenleben in verschiedenen Existenzweisen, zu denen meist auch tier., gelegentl. pflanzl. gerechnet werden. Das klass. Land des Wiedergeburtsglaubens ist Indien. Die Befreiung aus dem Kreislauf der S. (Samsara) wird als Erlösung gesehen. - In neuerer Zeit ist die S. aus ind. Traditionen von der Theosophie und der Anthroposophie übernommen worden.

**Seeleopard** ↑Robben.

**Seeler,** Uwe, * Hamburg 5. Nov. 1936, dt. Fußballspieler. - Spielte 72mal in der Nationalmannschaft der BR Deutschland (1954–70), nahm an vier Weltmeisterschaften teil.

**Seeleute,** Arbeitnehmer auf Seeschiffen; die bes. Rechtsverhältnisse der S., v. a. das ↑Heuerverhältnis, sind im Seemannsgesetz geregelt. - ↑auch Seesozialversicherung.

**Seelilien** ↑Haarsterne.

**seelische Gesundheit,** in der psychiatr. Epidemiologie und Dokumentation wird derjenige als seel. gesund bezeichnet, der nicht in psychiatr. Behandlung ist bzw. nach Psychiaterurteil als nicht behandlungsbedürftig erscheint oder in sorgfältig erarbeiteten Fragebögen und Skalen bestimmte Störungsanzeichen nicht aufweist. In der Psychotherapie werden relative Freiheit von inneren oder äußeren Zwängen und Konflikten, Selbstbestimmung, befriedigende soziale und sexuelle Kontakte, Leistungsmotivation u. a. als Elemente s. G. aufgefaßt. - Erste Ansätze für gesellschaftspolit. Maßnahmen zugunsten der s. G. erfolgten in den USA, u. a. durch Gründung der American Mental Health Association (1909) und durch den Community Mental Health Center Act (1963). Ähnl. Entwicklungen lassen sich auch in europ. Ländern verfolgen (in der BR Deutschland z. B. die Errichtung des Zentralinstituts für Seel. Gesundheit [1975] in Mannheim).

**seelische Krankheiten,** Sammelbez.

für Störungen bzw. Abweichungen des Verhaltens und Erlebens von der Norm. Die internat. Klassifikation der Weltgesundheitsorganisation unterscheidet folgende Gruppen: 1. exogene (körperl. begründbare) Psychosen und organ. Psychosyndrome; 2. endogene (oder funktionelle) ↑ Psychosen, bei denen die Zusammenhänge zw. körperl. Ursachen bzw. Veränderungen und Verhaltensänderungen weitgehend unklar sind; 3. Neurosen, Konfliktreaktionen und Psychopathien (mit unterschiedl. Grenzen zur jeweiligen gesellschaftl. Norm; hinzugerechnet werden meist auch Süchte und sexuelle Normabweichungen). Die Formen des Schwachsinns († Oligophrenie) werden neuerdings als eigene Gruppe gezählt.

Nach §§ 20 und 21 StGB ist Schuldunfähigkeit oder verminderte Schuldfähigkeit bei einer krankhaften seel. Störung, wegen einer tiefgreifenden Bewußtseinsstörung oder wegen Schwachsinns oder einer schweren anderen seel. Abartigkeit vorgesehen.

**seelisches Gleichgewicht,** aus der Physiologie übernommener psycholog. Begriff, der den Zustand einer relativ stabilen Balance (Ruhe, „Ausgeglichenheit") bezeichnet, dessen stetige Erreichung nach Störungen durch innere oder äußere Reize, die zu Erregungen führen, durch psych. Regelungsprozesse der Konstanterhaltung angestrebt wird.

**Seelord,** (engl. Sea Lord), Amtsleiter in der brit. Admiralität (seit 1968 als Navy Department Teil des Verteidigungsministeriums). Der **Erste Seelord** (engl. First Sea Lord) ist Chef des Admiralstabes.

**Seelow** ['ze:lo], Krst. am Oderbruch, Bez. Frankfurt, DDR, 51 m ü. d. M., 5 000 E. Nahrungsmittelind. - 1252 erstmals erwähnt, seit 1278 als Flecken oder Städtchen bezeichnet. **S.,** Landkr. im Bez. Frankfurt, DDR.

**Seelöwe,** militär. Unternehmen im 2. ↑ Weltkrieg.

**Seelöwen** (Haarrobben), zusammenfassende Bez. für sechs Arten der Ohrenrobben, die sich von den Pelzrobben durch das Fehlen der Unterwolle, ihre größere Gestalt und ihre lauten Rufe unterscheiden. Am bekanntesten, da oft in zoolog. Gärten gehalten, ist der **Kaliforn. Seelöwe** (Zalophus californianus): vorwiegend an der kaliforn. Pazifikküste; etwa 1,8 (♀) bis 2,4 m (♂) lang; schlank, mit schmalem Kopf; dunkelbraun; schneller Schwimmer, auch an Land sehr behende; sehr spielfreudig und gelehrig.

**Seelsorge,** der Heilsdienst der christl. Kirchen an den Gläubigen im Sinne einer Fortsetzung des Heilswerkes Christi; sie ist in Gottes allg. Heilswillen begründet und wird von den Kirchen in der Vollmacht Christi durch das dazu bestellten Seelsorgegeistlichen und zunehmend auch von kirchl. beauftragten Laien (**Seelsorgehelfer**) vollzogen. Nach Lehre der kath. Kirche ist dem Papst die Fülle der seelsorgl. Vollmacht gegeben; in seinem Auftrag bestimmt der Bischof die Priester, v. a. den Pfarrer als den Vorsteher einer Pfarrei zur S. am Ort. Das 2. Vatikan. Konzil hat neben der ordentl. Pfarr-S. die zunehmende Bed. der außerordentl. Standes-, Berufs- und Gruppen-S. (z. B. Anstalts-, Schiffer-, Nachbarschafts-, Kinder-, Jugend-, Frauen-, Arbeiter-, Gefängnis-S.) im Sinne einer über- bzw. unterpfarrl. S. herausgestellt. Träger der S. ist außerdem die wiederhergestellte Weihestufe des ständigen Diakons zum Einsatz in der Liturgie, der Wortverkündigung und der Karitas in pfarrl. und überpfarrl. Aufgaben. In den *ev. Kirchen* bedeutet S. die Vermittlung der zentralen reformator. Erfahrung „Rechtfertigung des Sünders aus Glauben" (Röm. 3,28) an den einzelnen. Ziel der S. ist, Blockierungen des Menschen in seinem Innern, seinen mitmenschl. Beziehungen und seinem Verhältnis zu Gott abzubauen und ihm zu helfen, Lebens- und Glaubensprobleme zu bewältigen und seine personalen Möglichkeiten zu entfalten. Dabei ist immer der ganze Mensch als Einheit von Leib, Seele und Geist gesehen. S. gehört zu den Amtspflichten des Pfarrers, wird jedoch schon in der Urkirche von Laien („allg. Priestertum") ausgeübt. - Die wiss. Analyse und Darstellung von S. erfolgt in der Pastoraltheologie bzw. der prakt. Theologie.

*Jentsch, W.: Der Seelsorger. Moers* ³*1984. - Kroeger, M.: Themenzentrierte S. Stg. u. a.* ³*1983. - Frielingsdorf, K./Stöcklin, G.: S. als Sorge um Menschen. Mainz* ²*1978. - Weß, P.: Gemeindekirche, Zukunft der Volkskirche. Freib. u. a. 1976. - Goldbrunner, J.: S., eine vergessene Aufgabe. Freib.* ³*1974.*

**Seemacht,** Staat, dessen Status im internat. Staatensystem aus seiner Flottenstärke (Kriegs- und Handelsflotte) und der Fähigkeit zur wirtsch. und militär. Präsenz auf den Weltmeeren resultiert (Ggs.: Landmacht). S. des Altertums sind Kreta, Athen (Att.-Del. Seebund), Karthago, Rom, des MA v. a. Venedig und der Neuzeit Portugal, Spanien, die Niederlande, Frankr. und England/Großbrit., das im 19. Jh. die Seeherrschaft ausübte. Im 20. Jh. entwickelten v. a. das Dt. Reich, Japan, die USA und die Sowjetunion bed. Flottenbauprogramme.

**Seemannsamt,** eine Landesbehörde in größeren Hafenstädten zur Durchführung des Seemannsgesetzes, zuständig für die Ausstellung der Seefahrtbücher und der Musterrollen, die Durchführung der Musterung, die vorläufige Regelung von Streitigkeiten zw. Kapitän und Besatzungsmitgliedern und den Erlaß von Bußgeldbescheiden.

**Seemannsgarn** ↑ Garn.

**Seemannsgesetz,** Gesetz vom 26. 7. 1957, das die bes. Rechtsverhältnisse der Seeleute regelt, z. B. das Heuerverhältnis, den

## Seemannsliebchen

Arbeitsschutz und seine Durchführung sowie die Zuständigkeiten des ↑Seemannsamts.

**Seemannsliebchen,** svw. ↑Seemaßliebchen.

**Seemarsch** ↑Marsch.

**Seemaßliebchen** (Seemannsliebchen, Sonnenrose, Cereus pedunculatus), bis 9 cm hohe, vorwiegend rot gefärbte Hexakoralle (Ordnung Seerosen), verbreitet von der Nordsee bis zum Mittelmeer. Die im Durchmesser bis 6 cm erreichende Mundscheibe wird von zahlr. (bis 700) weißl., bis 2 cm langen Tentakeln umgeben; Körperseiten mit weißl. Warzen.

**Seemaus** (Filzwurm, Seeraupe, Aphrodite aculeata), Art der Seeraupen (Fam. Vielborster) auf schlammigen Böden europ. Küsten; bis 20 cm lang, längl.-oval; Rücken mit feinem Haarborstenfilz. Körperseiten mit metall. grün und golden schillernden, langen Haarborsten, dazwischen kräftige braune Borsten.

**Seemäuse,** volkstüml. Bez. für die von einer Hornschale umgebenen, an den Ecken fadenförmig ausgezogenen Eier von Haifischen und Rochen.

**Seemeile** (internat. Seemeile, naut. Meile, engl.: [international] nautical mile), Einheitenzeichen sm oder NM, in der Seefahrt und Luftfahrt internat. verwendete Längeneinheit: 1 sm = 1,852 km (entspricht etwa 1 Bogenminute auf einem Erdmeridian).

**Seemoos,** Bezeichnung für getrocknete Polypenstöcke bes. des Korallen- und Zypressenmooses, die gefärbt zu Kunstblumen und Girlanden verarbeitet werden.

**Seenadeln** (Syngnathidae), Fam. bis 60 cm langer Knochenfische (Unterordnung Büschelkiemer) mit rd. 175 Arten in allen Meeren (bes. der trop. und subtrop. Regionen); Körper entweder mäßig langgestreckt (↑Seepferdchen) oder stabförmig, unbeschuppt, mit Knochenschildern bedeckt; Mund lang, röhrenförmig, saugt Kleinkrebse u. a. Plankton ein; ♂♂ treiben Brutpflege. - Zu den S. gehören z. B. die **Große Seenadel** (Syngnathus acus; an den Küsten W- und M-Europas; bis 45 cm lang) und die **Kleine Seenadel** (Syngnathus rostellatus; mit gleicher Verbreitung; bis 17 cm lang).

**Seenelke** (Metridium senile), bis 30 cm hohe Seerose im nördl. Atlantik, in der Nord- und westl. Ostsee; große Mundscheibe mit zahlr. (600–1 000) kurzen, feinen Tentakeln; Kleintierfresser; Färbung rötl., orange bis gelb oder weiß bis hellblau oder braun.

**Seenotrettung,** Bez. für die Gesamtheit der Maßnahmen zur Rettung von einzelnen Menschen, Schiffen oder auch Luftfahrzeugen und deren Besatzungen bzw. Passagieren aus Notlagen auf See, aus denen diese sich ohne Hilfe nicht befreien können. Es gibt verschiedene S.dienste in staatl. oder privater Trägerschaft, deren Aufgaben durch nat. und internat. Vereinbarungen geregelt sind. In der BR Deutschland sind dies die ↑Deutsche Gesellschaft zur Rettung Schiffbrüchiger und der ↑SAR-Dienst, daneben in Küstengebieten auch die ↑Deutsche Lebens-Rettungs-Gesellschaft. Zur Erfüllung der S.aufgaben stehen S.kreuzer (große, schnelle, sinksichere Schiffe mit Tochterbooten), kleinere S.boote (ebenfalls mit Tochterboot), S.hubschrauber (mit Rettungsausrüstung und Seilwinde) sowie Strandrettungsboote und Rettungsraketenapparate zur Verfügung. Daneben ist jeder (und jedes Schiff) zur Hilfeleistung und S. verpflichtet, der dazu unter zumutbaren Umständen in der Lage ist. Die Hilfe wird durch Seenotsignale (↑Notsignale) angefordert.

Art, Zahl, Größe, Ausführung und Ausstattung der S.mittel, die Schiffe und Flugzeuge über See für Seenotfälle mitführen müssen (meist in den Signalfarben rot oder orange gehalten), ist durch nat. und internat. Vorschriften geregelt. Dazu gehören: **Rettungsboote,** ausgestattet mit Wasser, Notproviant, Signalmitteln und weiteren Hilfsmitteln, eingerichtet zum Rudern und Segeln, mit Hand- oder motorgetriebenem Propeller; werden durch Davits zu Wasser gelassen und sind durch Luftkästen oder Ausschäumung unsinkbar, heute oft auch unkenterbar und selbstaufrichtend und rundum geschlossen. **Rettungsinseln,** Schlauchboote mit Zeltdach, rund oder viereckig, enthalten ebenfalls eine Notausrüstung. Sie befinden sich zusammengefaltet in einem tonnenförmigen Kunststoffbehälter und blasen sich, nachdem sie ins Wasser geworfen worden sind, selbsttätig auf. **Rettungsflöße,** kasten- oder floßartige Schwimmkörper, auf denen Schiffbrüchige sich für kürzere Zeit aufhalten können. **Rettungsringe,** aus Kork oder Kunststoff, mit Segeltuch umspannt und von einer Greifleine umgeben; z. T. mit Nachtrettungslicht; sollen

Seenotrettung. Seenotrettungskreuzer „John T. Essberger". Geschwindigkeit 32 kn, Länge 44,50 m, Breite 8,05 m, Tiefgang 2,58 m, Gesamtleistung der drei Motoren 5,3 MW (7 200 PS), Baujahr 1975

# Seerechtskonferenzen

ins Wasser gefallenen Menschen zugeworfen werden, damit sie sich daran festhalten können. **Rettungskragen** und **Rettungsschwimmweste,** früher aus Kapok oder Kork, heute oft auch als aufblasbarer Schwimmkragen mit Notsender, Licht und Trillerpfeife sowie Wasserfärbemittel; sie müssen so gestaltet sein, daß sie einen Menschen nicht nur an der Wasseroberfläche halten, sondern daß auch bei Bewußtlosigkeit des Trägers das Gesicht über Wasser gehalten wird.

**Seeohren** (Meerohren, Haliotis), weltweit verbreitete Gatt. bis etwa 30 cm langer Meeresschnecken (Überordnung Vorderkiemer); Pflanzenfresser; vorwiegend in der Brandungszone; mit ohrförmig gestalteten Schalen; Saugfuß mit zahlr. fädigen Fortsätzen. - Zu den S. gehören u. a. die Abalonen.

**Seeperlmuscheln** (Echte Perlmuscheln, Pinctada), Gatt. in trop. Meeren lebender Muscheln mit 6 Arten, die als Perlen- und Perlmutterlieferanten wirtsch. bed. sind; Schalen halbkreisförmig, stark schuppig; wichtigste Arten: **Echte Seeperlmuschel** (Große Seeperlmuschel, Pinctada margaritifera; bis über 25 cm groß; dunkel braungrün; im Ind. Ozean und angrenzenden Pazifik) und **Japan. Seeperlmuschel** (Pinctada mertensi; bis 7 cm groß; braun; im Pazifik um Japan).

**Seepferdchen** (Hippocampus), Gatt. der Knochenfische (Fam. Seenadeln) mit 25 Arten, bes. in warmen Meeren (davon drei Arten an den Küsten S-Europas); meist in senkrechter Körperhaltung langsam schwimmend; Kopf nach vorn abgewinkelt; Schwanz stark verlängert, sehr dünn, ohne Schwanzflosse, als Greiforgan dienend; ♂ treibt Brutpflege.

**Seepocken** (Meereicheln, Balanomorpha), Unterordnung der Krebstiere mit über 250, meist 1–1,5 cm großen Arten in oft dichten, weißl. Ansiedlungen, bes. in der Gezeitenzone; Außenskelett aus kalkigen, zu einem ringmauerförmigen Rand verwachsenen Plättchen, die meist einen Deckel aus vier bewegl. Klappen einschließen, zw. denen die Extremitäten hervorgestreckt werden; bekannteste Fam. Balanidae (auch in der Nordsee).

**Seeräuberei,** völkerrechtl. Delikt der Gewaltanwendung außerhalb des Völkerkriegsrechtes durch ein privates Schiff auf hoher See gegen ein anderes mit der Absicht der Bereicherung.

**Seerecht,** die Gesamtheit der Sondernormen, die das Recht der See und der Seeschiffahrt betreffen. Das *private* S. der BR Deutschland umfaßt insbes. das Seehandelsrecht (↑Handelsgesetzbuch). Im *öffentl. Recht* fällt die Seeschiffahrt in die konkurrierende Gesetzgebungszuständigkeit des Bundes (Art. 74 Nr. 21 GG). Nach dem Gesetz über die Aufgaben des Bundes auf dem Gebiet der Seeschiffahrt vom 1. 1. 1987 obliegen dem Bund

Seepferdchen. Hippocampus guttulatus

im allgem. dt. Interesse insbes. die Förderung der dt. Handelsflotte, die Schiffahrtspolizei für alle die Bundesflagge führenden Schiffe sowie die Überwachung und Unterstützung der Fischerei. Wichtige Teile des öffentl. S. sind das *Seestaats-* und *Seeverwaltungsrecht* (Flaggenrecht, Schiffsregistrierung, Seestraßen- und Seehäfenordnung, Seeunfallrecht) und das im SeemannsG geregelte *Seearbeitsrecht*. Das *völkerrechtl.* S. enthält insbes. internat. Vereinbarungen über das Anlaufen fremder Häfen, die Hilfeleistung in Seenot, die Verschmutzung der Meere, die ↑Freiheit der Meere sowie über die Abgrenzung der Küstengewässer und den Festlandsockel (↑Schelf). Auf Grund der zunehmenden wirtsch. Nutzung des Meeresbodens und der Errichtung nat. Fischereischutzzonen wird bei den internat. ↑Seerechtskonferenzen eine weltweite Vereinheitlichung des Seerechts angestrebt.

**Seerechtskonferenzen,** internat. Konferenzen, die sich angesichts der Intensivierung der Meeresnutzung mit der Kodifizierung, Ergänzung und Fortbildung des bisher gewohnheitsrechtl. geltenden Seevölkerrechts befassen, so z. B. die Haager Kodifikationskonferenz des Völkerbundes 1930 und die beiden S. der Vereinten Nationen 1958 und 1960 *(Genfer S.)*. Ergebnis der Konferenz 1958 waren insbes. 4 Abkommen über: 1. das ↑Küstenmeer und die Anschlußzone, 2. die hohe See (diejenigen Meeresteile, an denen Hoheitsrechte weder bestehen noch begründet werden können), 3. die Fischerei (↑Fischereirecht) und 4. den Festlandsockel (↑Schelf), die bis heute Grundlage des geltenden öffentl. Seerechts sind. Die 3. UN-S. (1973–82) erar-

# Seerose

beitete eine im Dez. 1982 gegen den Widerstand v. a. der USA unterzeichnete **Seerechtskonvention,** derzufolge das Hoheitsgebiet der Küstenstaaten künftig von 3 auf 12 Seemeilen ausgedehnt werden kann; die wirtsch. Nutzung steht den Küstenstaaten innerhalb einer Wirtschaftszone von 200 Seemeilen zu; der Meeresbodenbergbau außerhalb dieser Zone soll durch eine Meeresbodenbehörde geregelt werden.

**Seerose** (Nymphaea), Gatt. der S.gewächse mit rd. 40 fast weltweit verbreiteten Arten. In Deutschland kommen vor: **Weiße Seerose** (Nymphaea alba), in stehenden oder langsam fließenden Gewässern; mit herzförmigen Schwimmblättern und weißen Blüten. **Glänzende Seerose** (Nymphaea candida), mit kleineren, weißen, nur halbgeöffneten Blüten; beide Arten sind geschützt. Neben zahlr. winterharten, u. a. aus der Weißen S. entstandenen Sorten sind die aus N- und M-Afrika stammenden Arten **Blaue Lotosblume der Ägypter** (Nymphaea caerulea) und **Weiße Lotosblume der Ägypter** (Nymphaea lotus) sowie die aus O-Indien stammende **Rote Seerose** (Nymphaea rubra) und die **Blaue Lotosblume von Indien** (Nymphaea stellata) aus S- und SO-Asien beliebte Pflanzen für das Warmwasserbecken.

**Seerosen** (Seeanemonen, Aktinien, Actiniaria), Ordnung meist einige mm langer bis maximal 1,5 m Durchmesser erreichender ↑Hexakorallen mit über 1 000 Arten in allen Meeren (bes. der trop. Regionen); oft lebhaft bunt gefärbte, meist einzeln lebende Tiere mit zylindr., skelettlosem Körper, der häufig mit einer flachen Fußscheibe am Untergrund festgeheftet ist; Fortbewegung vielfach durch wellenförmige Bewegungen der Fußscheibe; Tentakel in einem oder mehreren Kreisen um die Mundscheibe herum angeordnet, mit zahlr. Nesselkapseln, die dem Fang von Fischen, Krebsen, Weichtieren usw. dienen; Fortpflanzung getrenntgeschlechtl.; manche Arten leben in Symbiose mit Einsiedlerkrebsen, andere mit Anemonenfischen. - Zu dieser Ordnung gehören u. a. Gürtelrose, Seenelke, Riesenseerosen, Seeanemonen und **Aktinien** (Actinia) mit der Purpurseerose als bekannter Art. S. sind seit der Antike in verschiedenen Mittelmeerländern als Nahrungsmittel bekannt. Sie werden roh oder in Teig gebacken gegessen.

**Seerosengewächse** (Nymphaeaceae), weltweit verbreitete Pflanzenfam. der Zweikeimblättrigen mit rd. 80 Arten in 8 Gatt.; Wasser- oder Sumpfpflanzen mit Wurzelstock, selten freischwimmend; stets mit spiralig angeordneten, langgestielten, schwimmenden oder untergetauchten, meist schild- oder herzförmigen Blättern; Blüten meist groß, einzeln. Wichtige Gatt. sind Seerose, Teichrose, Lotosblume, Haarnixe.

**Seesaibling** (Rotforelle, Rotfisch, Ritter, Salvelinus alpinus salvelinus), Unterart des Wandersaiblings in Seen der bayr. und östr. Alpen; etwa 10 bis 75 cm lang; Färbung variabel: Rücken grünl. bis braun. Unterseite hell, während der Laichzeit meist orange- bis karminrot, Seiten stets mit hellen Tupfen; Speisefisch.

**Seesalz** ↑Kochsalz.

**Seescheiden** (Aszidien, Ascidiacea), artenreiche Klasse der Chordatiere (Unterstamm Manteltiere); erwachsen stets festsitzend, einzellebend oder durch Knospung Kolonien bildend; Mantel oft stark entwickelt, oben mit Einström-, seitl. mit Ausströmöffnung. Bekannte Gatt.: Clavelina.

**Seeschiffahrt** (Seefahrt), die gewerbsmäßige Beförderung von Gütern und Personen über die offene See und über Seewasserstraßen, ohne Küstenschiffahrt und den Seeverkehr der Binnenhäfen (Ggs. ↑Binnenschiffahrt). Unterschieden wird zwischen *kleiner Fahrt* (in küstennahen Gewässern) und *großer Fahrt* (über die Weltmeere). Nachdem die Personenbeförderung durch die S. - abgesehen von Fährverkehr und Touristik - wegen des Luftverkehrs ihre urspr. Bedeutung verloren hat, ist nahezu ausschließl. Aufgabe der S. der Güterverkehr. Wichtigstes Einzelgut ist dabei Mineralöl; auf Tanker entfallen 43 % der Welthandelsflotte (↑Handelsflotte), wobei Ende der 1970er Jahre erhebl. Überkapazitäten auftraten. Für den Transport der verschiedenen anderen Rohstoffe wurden verschiedene spezielle Schiffstypen entwickelt (z. B. Erzfrachter, Gastanker; der Transport von Stückgut erfolgt zunehmend im Containerverkehr. - Die BR Deutschland empfing im grenzüberschreitenden Güterverkehr durch die S. 1984 rd. 84 Mill. t und versendete rd. 44 Mill. t.

**Seeschiffahrtsrecht,** das Recht der gewerbsmäßigen Beförderung von Personen und Gütern auf hoher See und Seewasserstraßen (Ggs. ↑Binnenschiffahrtsrecht). Für den *privatrechtl.* Bereich ist das S. v. a. im HGB geregelt. Es enthält u. a. Vorschriften über die Rechtsverhältnisse der Reederei, über das Frachtgeschäft und die Versicherung. Die *öffentl.-rechtl.* Regelung der Seeschiffahrt ist v. a. im Gesetz über die Aufgaben des Bundes auf dem Gebiet der Seeschiffahrt vom 24. 5. 1965 enthalten. Es weist dem Bund als erste Aufgabe die Förderung der dt. Handelsflotte zu. - ↑auch Seerecht.

**Seeschildkröten,** svw. ↑Meeresschildkröten.

**Seeschlacht,** Kampf zw. Flottenverbänden aus großen Kriegsschiffen; geeignetstes Mittel zur Erringung der ↑Seeherrschaft. Der Ablauf von Seeschlachten hat sich seit dem Altertum parallel zur Entwicklung der Großkampfschiffe (große Galeere, Galeone, Segellinienschiff, Hochseepanzerschiff, Linienschiff, Panzerkreuzer, Schlachtschiff, Schlachtkreu-

zer, Flugzeugträger) grundlegend geändert. In der Antike wurden die Ruderkriegsschiffe im Rahmen der Rammtaktik direkt als Stoßwaffe verwendet (Seeschlacht bei Salamis, 480 v. Chr.). In den Pun. Kriegen wurden die Schiffe durch Einsatz der Enterbrücke selbst zum Kampfplatz (Schlacht bei Mylae [= Milazzo], 260 v. Chr. und bei den Ägad. Inseln, 241 v. Chr.). Das Aufeinanderfahren in breiter Front mit Rammen und Entern sowie die Verwendung von Steinschleudern (Katapulten) blieb bis ins 16. Jh. gebräuchlichste Kampfform.
Die zu Ende des MA eingeführte Artillerie ermöglichte den Kampf nebeneinander fahrender Gegner auf größere Distanz (rd. 1 000 m). Die Seeschlacht von Lepanto 1571 war die letzte zw. Galeerenflotten. Beim Seezug der span. Armada 1588 wurde vorwiegend mit Artillerie gefochten. Klass. Seeschlachten zw. Segelschiffsflotten waren v. a. die Schlachten der Vier Tage 1666, bei Texel 1677, Kap Henry (Chesapeake Bay) 1781, Abukir 1798, Trafalgar 1805 und Navarino (= Pilos) 1827. Bei Lissa (= Vis) wurde 1866 von der östr. Flotte nochmals die Rammtaktik angewandt. Mitte des 19. Jh. veränderten Dampfantrieb, Panzerung, Sprenggranate und Notwendigkeit der Brennstoffergänzung (Kohle, Öl) das Kampfgeschehen. Um die Jh.wende nahmen die Gefechtsentfernungen durch Verbesserung der Artillerie zu: von 3 000 m (Jalu 1894) über 6 000 m (Tsuschima 1905) bis zu 18 000 m (Skagerrak 1916). Zur Gefechtsaufklärung wurden Kreuzer, gegen Torpedo- und U-Boote Zerstörer eingesetzt.
Mit dem Auftreten der Flugzeuge traten die Flugzeugträger (Waffenwirkung rd. 400 km) an die Stelle der Schlachtschiffe. Im 2. Weltkrieg kämpften dt. U-Boote in der Schlacht im Atlantik um die Seeblockade gegen Britannien. Größere See-Luft-Schlachten erfolgten im Krieg zw. Japan und USA u. a. Mai 1942 im Korallenmeer, Juni 1942 bei den Midway Islands und Okt. 1944 bei den Philippinen. Seit dem Aufkommen der Atomwaffen sind Seeschlachten im Stil des 2. Weltkrieges nicht mehr wahrscheinl.; kombinierte Kampfverbände umfassen nur noch wenige Schiffe, die über ein großes Seegebiet verteilt operieren und für den verbundenen See-Luft-Landkrieg (Koreakrieg 1950/53) konzipiert sind.

📖 *Warner, O., u.a.: Kriegsschiffe u. Seeschlachten. Dt. Übers. Bayreuth 1976. - Pemsel, H.: Von Salamis bis Okinawa; eine Chronik zur Seekriegsgesch. Mchn. 1975.*

**Seeschlangen** (Hydrophiidae), rd. 50 Arten umfassende, nur in den warmen, küstennahen Gewässern des Ind. und Pazif. Ozeans vorkommende Fam. furchenzähniger Giftschlangen von etwa 80 cm bis knapp 3 m Länge; ernähren sich vorwiegend von Fischen, die sie durch Giftbiß lähmen.

**Seeschmetterlinge,** Bez. für zwei Arten der Schleimfische im Mittelmeer und im Atlantik mit sehr hoher, zweiteiliger Rückenflosse: 1. **Blennius ocellaris,** bis 25 cm lang, rötl. oder graugrün, mit breiten, braunen Querbinden und großem, schwarzem Fleck auf dem Vorderteil der Rückenflosse; 2. **Gehörnter Schleimfisch** *(Blennius tentacularis),* bis 15 cm lang, hellbraun, mit dunkler Fleckung und zwei häutigen, gefiederten Tentakeln auf der Stirn.

**Seeschwalben** (Sternidae), Fam. etwa 20–60 cm langer, vorwiegend (mit Ausnahme der grauen Oberseite und der schwarzen Kopfplatte) weißer Möwenvögel mit rd. 40 Arten an Meeresküsten und Binnengewässern der trop., subtrop. und gemäßigten Regionen; Schnabel gerade und spitz, Schwanz oft gegabelt; Koloniebrüter. - Zu den S. gehören u. a.: **Flußseeschwalbe** (Sterna hirundo), etwa 35 cm lang, mit gegabeltem Schwanz, dessen Spieße (im Unterschied zur Küsten-S.) die Spitzen der zusammengefalteten Flügel nicht überragen; Schnabel orangerot mit schwarzer Spitze; an Binnengewässern und flachen Meeresküsten großer Teile Eurasiens und N-Amerikas. **Küstenseeschwalbe** (Sterna macrura), etwa 38 cm lang, im Sommer grauer als die Fluß-S., Schnabel blutrot; im arkt. N bis zur Nord- und Ostsee. **Raubseeschwalbe** (Hydroprogne caspia), bis 56 cm lang, weiß mit grauen Flügeln, Schwanz schwach gegabelt, Füße schwarz, Schnabel rot; an Meeresküsten.

**Seesen,** Stadt am nw. Harzrand, Nds., 250 m ü. d. M., 22 000 E. Konserven-, Spielwaren- und Blechwarenind. - Im 10. Jh. Entstehung einer Kaufmannssiedlung, seit 1428 Stadtrecht. Die 1673 abgebrannte Oberstadt wurde planmäßig mit rechtwinkligem Straßennetz wieder aufgebaut. - Sankt Andreaskirche (1695–1702), Jagdschloß (1705; Museum).

**Seeskorpion** ↑Groppen.
**Seeskorpione,** svw. ↑Drachenköpfe.
**Seesozialversicherung,** Sammelbez. für die gesetzl. Kranken-, Renten- und Unfallversicherung der Seeleute auf dt. Seeschiffen. Die S. unterscheidet sich von der sonstigen Sozialversicherung v. a. durch ihre eigenständige Organisation; Träger der See-Unfallversicherung ist die *Seeberufsgenossenschaft* bzw. der Bund oder ein Land für Unternehmen, die Bund oder Land für eigene Rechnung betreiben. Träger der Rentenversicherung für Seeleute ist die *Seekasse,* die von der Seeberufsgenossenschaft errichtet wurde. Träger der Seekrankenversicherung ist die *Seekrankenkasse,* eine bes. Abteilung der Seekasse.

**Seespinnen** (Meerspinnen, Majidae), Fam. der Krabben mit zahlr. Arten in den Uferzonen fast aller Meere; Rückenschild vorn stark verschmälert, häufig in zwei Spitzen auslaufend; Beine spinnenartig lang und dünn. - Zu den S. gehören u. a. ↑Gespensterkrabben.

# Seesterne

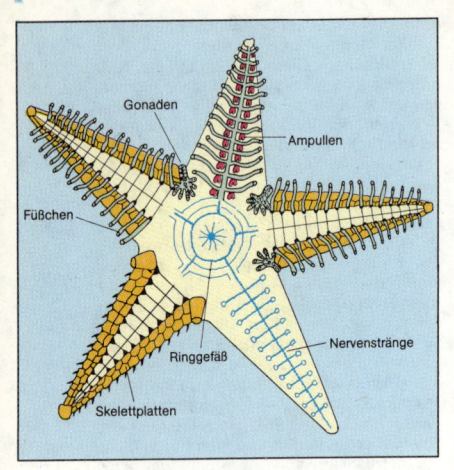

Gemeiner Seestern. Schema

**Seesterne** (Asteroidea), Klasse der Stachelhäuter mit rd. 1 500, etwa 3 cm bis knapp 1 m spannenden Arten; meist fünf Arme; oberseits meist bestachelt, im Unterschied zu den ↑Schlangensternen wenig von der zentralen Körperscheibe abgesetzt; in Rinnen auf der Körperunterseite Saugfüßchen zur Fortbewegung; ernähren sich von Muscheln, Schnecken und Seepocken. Die ♂♂ und ♀♀ entleeren ihre Geschlechtsprodukte ins Wasser. - Die bekannteste Gatt. ist *Asterias* mit dem **Gemeinen Seestern** (Asterias rubens): vom Weißen Meer bis zur europ. und westafrikan. Atlantikküste verbreitet, auch in der Nord- und Ostsee; etwa 12–40 cm spannend; Oberseite rötl. bis braun oder violett, auch fahlgelb, grünl. oder fast schwarz.

**Seestichling** ↑Stichlinge.
**Seestör** ↑Makrelenhaie.
**Seestücke** ↑Marinemalerei.
**Seetaler Alpen,** Gebirgszug der Ostalpen, erstreckt sich südl. der Mur zw. Neumarkter und Obdacher Sattel, bis 2 396 m hoch.
**Seetang** (Tang), Sammelbez. für derbe Braun- und Rotalgen.
**Seetaucher** (Gaviidae), Fam. kräftiger, etwa 60–90 cm langer Wasservögel mit 4 (in der Gatt. *Gavia* zusammengefaßten) Arten an nord. Meeren (außerhalb der Brutzeit) bzw. an Süßgewässern der Tundren (während der Brutzeit); bis 90 km/h schnell fliegende, tief und lang (maximal 5 Minuten) tauchende Vögel mit kräftigem, spitzem Schnabel und weit hinten am Körper eingelenkten Beinen. S. bauen ein Bodennest dicht am Ufer. - Etwa bis 65 cm lang ist der auf Gewässern N-Eurasiens und N-Kanadas vorkommende **Prachttaucher** (Gavia arctica); im Winter Oberseite grau und braun, Unterseite weiß. Der **Sterntaucher** (Gavia stellata) ist fast 60 cm lang; ♂ und ♀ im Brutkleid oberseits graubraun, unterseits weiß, mit aschgrauem Kopf und rotbraunem Kehlfleck. - ↑auch Eistaucher.

**Seeteufel,** ↑Anglerfische.
◆ svw. Seeskorpion (↑Groppen).
**Seetönnchen,** volkstüml. Bez. für ↑Salpen.
**Seetüchtigkeit,** durch Bauausführung und Seeverhalten, i. w. S. auch durch sachgerechte Ausstattung sowie fachkundige Besatzung charakterisierte Qualität eines Schiffes; seetüchtige Schiffe müssen insbes. Sturm und Seegang gewachsen sein.
**Seeversicherung,** Teil der Transportversicherung und ältester nach kaufmänn. Gesichtspunkten betriebener Versicherungszweig. Soweit nichts anderes vereinbart ist, deckt die S. alle Gefahren, denen die Güter während der Dauer der Versicherung ausgesetzt sind.
**Seewald,** Richard, *Arnswalde 4. Mai 1889, †München 29. Okt. 1976, dt.-schweizer. Maler, Graphiker und Schriftsteller. - Schrieb Kunstbetrachtungen („Giotto", 1950) und Reisebücher („Glanz des Mittelmeeres", 1956), Erzählungen („Zufälle, Einfälle", 1966) und Tierbücher, z. T. von ihm selbst illustriert.
**Seewasserstraßen,** der Seeschiffahrt dienende, für den Verkehr bes. eingerichtete Seewasser- und Flußmündungsstrecken.
**Seewetterdienst,** Teilgebiet der Meteorologie, dem die meteorolog. Sicherung der Seefahrt obliegt. Zu den Aufgaben des S. gehören Sturm- und Nebelwarnungen durch Funk bzw. opt. Signale und die tägl. Verbreitung von Seewetterberichten und Wettervorhersagen durch Funk.
**Seewinkel,** Landschaft im nö. Burgenland, zw. Neusiedler See (im W) und ungar. Grenze; Salzsteppe mit Sümpfen und Lachen.
**Seewölfe** (Wolfsfische, Anarrhichadidae), Fam. der Knochenfische mit neun etwa 2 m langen Arten in kalten und gemäßigten nördl. Meeren; langgestreckt; Kopf auffallend plump, mit breiter Mundspalte und sehr kräftigem Gebiß; ernähren sich v. a. von Muscheln, Stachelhäutern und Krebsen. Die bekannteste Art ist der **Atlant. Seewolf** (Gestreifter Seewolf, Katfisch, Kattfisch, Anarrhichas lupus); bis 1,2 m lang, an europ. und amerikan. Küsten des N-Atlantiks; graubraun mit schwarzbraunen Querbinden; das Fleisch kommt als *Austernfisch, Karbonadenfisch* oder auch *Steinbeißer* filetiert in den Handel.
**Seezeichen,** im Wasser oder an Land befindliche, feste (Leuchtfeuer, Richtfeuer, Baken, Stangen und Pricken) oder schwimmende (Feuerschiffe sowie Spitz-, Stumpf-, Baken-, Leucht-, Spieren-, Faß- oder Kugeltonnen) Hilfsmittel zur sicheren Navigation, deren Form, Farbe, eventuell Toppzeichen und

## laterale Zeichen
(dienen der Bezeichnung der Backbordseite und Steuerbordseite eines Fahrwassers)

**Backbordseite**
Farbe: rot
Form: Stumpftonne, Leuchttonne, Spierentonne oder Spiere
Toppzeichen: (wenn vorhanden): ein roter Zylinder

**Steuerbordseite**
Farbe: grün
Form: Spitztonne, Leuchttonne oder Spiere
Toppzeichen (wenn vorhanden): ein grüner Kegel, Spitze nach oben

## Einzelgefahrzeichen
Farbe: schwarz mit einem oder mehreren breiten waagerechten roten Bändern
Form: Leuchttonne, Spiere oder Bakentonne
Toppzeichen: zwei schwarze Bälle übereinander

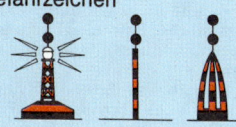

## Mitte-Fahrwasser-Zeichen
Farbe: rote und weiße senkrechte Streifen
Form: Kugel, Leuchttonne oder Spiere
Toppzeichen (wenn vorhanden): ein roter Ball

## kardinale Zeichen
(zeigen die Passierseite des Bezugsobjektes in Kompaßrichtung an)

Form: Leuchttonne, Spiere oder Bakentonne
Toppzeichen: zwei schwarze Kegel übereinander

**Nord**
Toppzeichen: Spitzen oben
Tonnenfarbe: schwarz über gelb

**Süd**
Toppzeichen: Spitzen unten
Tonnenfarbe: gelb über schwarz

**Ost**
Toppzeichen: Spitzen voneinander
Tonnenfarbe: schwarz mit einem breiten waagerechten gelben Band

**West**
Toppzeichen: Spitzen zueinander
Tonnenfarbe: gelb mit einem breiten waagerechten schwarzen Band

Seezeichen nach dem Internationalen Betonnungssystem „A"

Kennung genau festgelegt sind. Als laterale (seitenbezogene) S. bezeichnen sie die Fahrwasser von See- und Seeschiffahrtsstraßen, als kardinale (ortsbezogene) S. Untiefen, Schiffahrtshindernisse und Sperrgebiete. Im Internat. Betonnungssystem „A", das seit 1977 in nw.-europ. Gewässern eingeführt wird, sind von See her kommend, bzw. im Uhrzeigersinn um Landmassen herumführend, die S. an Backbord (links) stumpf und rot und an Steuerbord (rechts) spitz und grün.

**Seezollgrenze** ↑Zollgrenze.

**Seezungen** (Zungen, Soleidae), Fam. der ↑Plattfische in gemäßigten bis trop. Meeren, verschiedene Arten in Süßgewässern; Körper gestreckt-oval; Augen auf der rechten Körperseite; geschätzte Speisefische, z. B. die **Europ. Seezunge** (Solea solea): 30–60 cm lang; an den Küsten von S-Schweden bis N-Afrika (auch im Mittelmeer); Körper grau bis graubraun, mit sehr kleinen Schuppen.

**Sefer** [hebr.], jüd. Bez. für Buch, z. B. Sefer hassefarim „Buch der Bücher" (= Bibel).

**Seferis,** Jeorjios, eigtl. J. Seferiadis, * Smyrna (= İzmir) 29. Febr. 1900, † Athen 20. Sept. 1971, neugriech. Lyriker. - Gelangte in seiner Lyrik (u. a. „Sechzehn Haikus" [dt. Auswahl, 1968]), zu einer neuen, von jeder Tradition gelösten Form, die auf die gesamte Moderne in Griechenland entscheidenden Einfluß ausgeübt hat. In dt. Sprache erschie-

## Segal

nen ferner: „Poesie" (1962) und „Delphi" (Essays. 1962). Nobelpreis 1963.

**Segal** [engl. 'si:gəl], Erich [Wolf], * New York 16. Juni 1937, amerikan. Philologe und Schriftsteller. - Seit 1968 Prof. für klass. Literatur an der Yale University. Welterfolg hatte sein Trivialroman „Love Story" (1970), den er mit „Oliver's Story" (1977) fortsetzte. Schrieb auch „... und sie wollten die Welt verändern" (R., dt. 1986).

**S.,** George, * New York 26. Nov. 1924, amerikan. Bildhauer. - Bed. Vertreter der Pop-art. Seine lebensgroßen weißen Gipsfiguren (überarbeitete Abgüsse) sind teilweise in karge natürl. Ensembles und Environments gestellt.

**Segeberg,** Landkr. in Schleswig-Holst.

**Segeberg, Bad** ↑ Bad Segeberg.

**Segel** ↑ Sternbilder (Übersicht).

**Segel,** aus festem dichtem Baumwoll-, Flachs-, Hanf- oder Kunststoffgewebe (Segeltuch) hergestellte Tuchfläche drei- oder viereckigen Zuschnittes, die bei Segelschiffen oder -booten an Mast, Rah, Gaffel, Stenge, Baum oder Stag mit Tauen oder Ösen befestigt, ausgespannt durch Winddruck ein Fahrzeug vorwärts bewegt. Segel unterscheidet man: 1. nach der Art ihrer Anbringung in längsschiffs stehende Schrat-S. und querschiffs stehende Rah-S. (jeweils in Ruhestellung); 2. nach ihrer Form und der Art der Takelung als Rah-S., Gaffel-S., Lugger-S., Lateiner-S., Spitz-S., Spriet-S., Fledermaus-S., Stag-S., Hoch-S. und Ballon-S. (Spinnaker); 3. nach dem Ort ihrer Anbringung, z. B. Voruntermars-S.: das Segel im unteren Bereich der Marsstenge des Vormasts.

Segel. a Rah-, b Gaffel-, c Lugger-,
d Lateiner-, e Spitz-, f Spriet-,
g Fledermaus-, h Stag-, i Hoch-,
k Ballonsegel

**Segelbader** ↑ Doktorfische.

**Segelboote,** kleine, durch Windkraft fortbewegte Boote, entweder als Kiel- (↑ Jacht) oder als Schwertboot (↑ Jolle, ↑ Jollenkreuzer) aus Holz, Leichtmetall, Stahl oder Glasfaserkunststoff GFK gebaut. Nach ihrer Takelage unterscheidet man einmastige Catboote, Slups oder Kutter, anderthalbmastige Ketschs und Yawls und zwei und mehrmastige Schoner. Die Sport-S. werden nach nat., internat. und olympischen Klassen in Bauart, Takelung und Größe unterschieden (↑ Segelsport). Vermessene S. führen ihre Klassenbez. und das Nationalitätssignum (G = BR Deutschland, GO = DDR, OE = Österreich, Z = Schweiz) im Großsegel. Zur Erreichung von Höchstgeschwindigkeiten benutzt man heute Zweirumpf-(↑ Katamaran) und Dreirumpf-S. (↑ Trimaran).

**Segelechse** (Soa-Soa, Hydrosaurus amboinensis), bis über 1 m lange Agame auf den Sundainseln und Neuguinea; bräunlicholiv mit schwarzer Fleckung; vordere Hälfte des hinten abgeflachten Schwanzes mit segelartigem, durch Wirbelfortsätze gestütztem Hautkamm.

**Segelfalter** (Iphiclides podalirius), bis 7 cm spannender Tagschmetterling (Fam. Ritterfalter) in M- und S-Europa sowie in N-Afrika und Kleinasien; Raupen gedrungen, nach hinten stark verjüngt, grün mit roten Flecken und gelben Schrägstreifen. Der S. steht in der BR Deutschland unter Naturschutz.

**Segelflosser** (Blattflosser, Pterophyllum), Gatt. der Buntbarsche mit drei Arten im Amazonas und seinen Nebenflüssen. Körper scheibenförmig; treiben Brutpflege; bekannteste Art: **Großer Segelflosser** (**Skalar,** Pterophyllum scalare), 12–15 cm lang, 20–26 cm (mit Flossen) hoch, silbriggrau, mit zuweilen bläul. Glanz und grauen bis tiefschwarzen

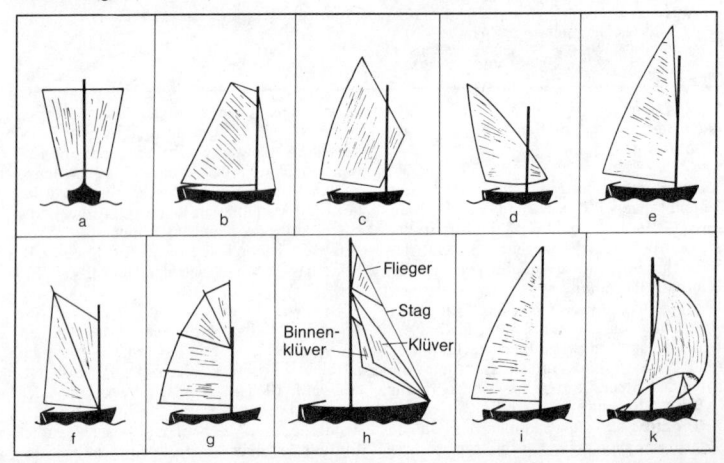

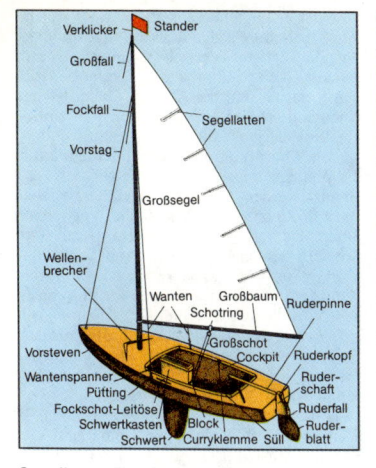

# Segelflugzeug

Segelboot. Bezeichnung der Bootsteile

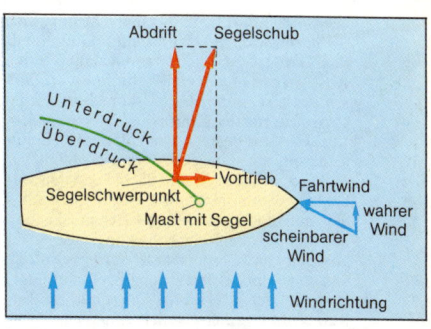

Segeln. Wirkung des Windes

Querbinden; Rücken- und Afterflossen lang, segelartig ausgezogen; z. T. beliebte Warmwasseraquarienfische.

**Segelflug,** Form des antriebslosen Fliegens, bei der aufsteigende Luftströmungen zum Höhengewinn ausgenutzt werden; in aufwindlosen Luftschichten oder bei zu geringem Aufwind ist der S. nur als Gleitflug unter dauerndem Höhenverlust möglich. Nach Art der Aufwinde unterscheidet man: *Hang-S.* im Aufwind an Berghängen; *Thermik-S.* in vertikalen Luftströmungen über Gebieten, die durch Sonneneinstrahlung stark erwärmt werden; *Gewitter-* und *Fronten-S.* in den Frontaufwinden vor Gewitter-, Kalt- und Warmfronten; *Wellen-S.* in den Aufwindgebieten (Steigzonen) von Leewellen.

**Segelflugsport,** verbreiteste Sportart des Flugsports mit motorlosen Fluggeräten (Segelflugzeugen). Wettbewerbsformen sind: *freier Streckenflug* (Startrichtung und Landeort sind nicht vorgeschrieben), *Zielstreckenflug* (Startort und Ziel sind festgelegt), *Zielflug mit Rückkehr zum Startort* (vor der Rückkehr muß ein bestimmter Wendepunkt überflogen werden), *Höhenflug* (gemessen wird die Höhe über dem Meeresspiegel und der reale Höhengewinn), *Dreiecksflug* (über 2 Wendepunkte Rückkehr zum Standort; Flugstrecke beträgt 100, 300 oder 500 km), *Geschwindigkeitsflug* (schnellstmögl. Abfliegen einer Geraden; Streckenlängen: 100, 200, 300 oder 500 km).

**Segelflugzeug,** Leichtflugzeug ohne eigene Antriebsmaschine, das mit Hilfe eines motorgetriebenen Schleppflugzeugs (*Flug-*

Segelflugzeug aus Kunststoff

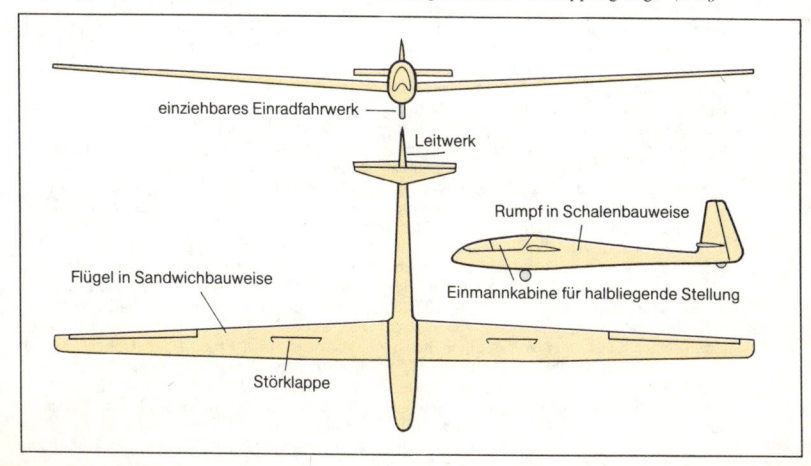

## Segelkalmare

*zeugschleppstart*) oder einer Motorwinde (*Windenstart*), mit Hilfe eines Gummiseils (am Hang; *Gummiseilstart*) oder auch durch Anschleppen mit einem Kraftfahrzeug (*Autoschleppstart*) zum Fliegen gebracht wird; im Ggs. dazu starten S. mit Hilfsmotor (sog. *Motorsegler*) aus eigener Kraft. Um die Hauptforderungen hinsichtl. geringstmöglicher Sinkgeschwindigkeit und flachstem Gleitwinkel bei größtmögl. Auftrieb erfüllen zu können, muß das S. eine kleine Flächenbelastung und eine große Flügelstreckung, also auch große Spannweite haben. S. werden einsitzig und als Doppelsitzer gebaut, für militär. Zwecke auch als Lastensegler mit großem Rumpf. Man unterscheidet *Schulgleiter* (einsitzige Gleitflugzeuge, einfache Bauweise, bes. sichere Flugeigenschaften) und meist doppelsitzige Übungs-S. sowie ein- oder zweisitzige *Leistungs-* und *Hochleistungs-S*. mit Gleitzahlen von 1:10 bis 1:50, d. h. 1 m Höhenverlust auf 10 bis 50 m Flugstrecke. Konstruktion und Bau erfolgen z. T. noch in Gemischtbauweise aus Holz mit Stahlrohr-Fachwerkrumpf, Sperrholzbeplankung bzw. Stoffbespannung; vorwiegend wird heute die GFK- bzw. KFK-Bauweise (Verwendung glasfaserbzw. kohlefaserverstärkter Kunststoffe) angewandt. Der Flügel wird als Einholmflügel oder Schalenflügel ausgeführt. Das Fahrwerk besteht meist aus einem Einradfahrwerk mit Hecksporn, ersatzweise auch eine abgefederte Kufe unter dem Vorderrumpf. Die Steuerung ist eine einfache Knüppelsteuerung. Im Cockpit befinden sich als notwendige Ausrüstung: Fahrtmesser, Höhenmesser, Kompaß, Kreiselhorizont, Uhr, Variometer und Wendezeiger, meist auch ein Funksprechgerät.

**Segelkalmare** ↑ Kalmare.
**Segelklappen** ↑ Herz.
**Segeln**, das Voranbringen eines Segelfahrzeuges unter möglichst geschickter Ausnutzung der Windkraft auf einem bestimmten Kurs. Dies kann entweder *vor dem Wind* (wahrer und scheinbarer Wind von hinten, in Fahrtrichtung wehend), mit *raumem Wind* (schräg von hinten), mit *halbem Wind* (quer von der Seite) oder *beim/am Wind* (schräg von vorne) geschehen, wobei außer beim Wind in Fahrtrichtung jeweils der „scheinbare Wind" gemeint ist (Resultat aus wahrem Wind und Fahrtwind). Je nach Art der Takelage kann man mehr oder weniger hart am Wind (gegen den Wind) segeln. Wird der Winkel zw. der Vorausrichtung des Seglers und der Richtung, aus der der Wind kommt, kleiner als etwa 40°, muß man kreuzen, d. h. sich dem Ziel durch abwechselnde Schläge nach jeweils einer Halse oder Wende über Steuerbord- oder Backbordbug nähern. Der Vortrieb erfolgt beim S. (außer beim S. vor dem Wind) dadurch, daß der Wind, an der gewölbten Segelfläche entlangstreifend, auf der Luvseite einen Über- entlang auf der Leeseite einen Unterdruck erzeugt. Dieser seitl. leewärts gerichtete Segelschub, gedacht als eine rechtwinklig zum Segel im Segelschwerpunkt oder zur Gesamttakelage angreifende Kraft, bewirkt den Vortrieb und die Abdrift. Dabei ist bei einem gut geschnittenen und getrimmten Segel die Vortriebskraft etwa fünfmal so stark wie die Abdriftkomponente. Außerdem kann die Windkraft desto besser zum Vortrieb ausgenutzt werden, je größer der Lateralwiderstand (Widerstand gegen seitliches Vertreiben durch Rumpfgröße und -form, Kiel und Schwert) des Segelboots ist. - Abb. S. 77.

**Segelschiff** (Segler), großes, durch Windkraft getriebenes Wasserfahrzeug; nach den Vorschriften des Germanischen Lloyd jedes Schiff, dessen Segelfläche größer als das 1,5fache seiner Länge mal Breite ist, unabhängig von der Stärke der vorhandenen Maschinenanlage. So unterscheidet man reine S. ohne Hilfsantrieb und Motor- oder Auxiliar-S. Weitere Unterscheidungsmerkmale sind die Zahl der Masten (Ein- bis Siebenmaster) und die Art der Segel (Rah- oder Gaffelsegel). *Vollschiffe* sind immer dreimastige S., bei mehr Masten muß die Anzahl der Masten mitgenannt werden, die „voll getakelt", d. h. rahgetakelt sind; *Barken* sind ebenfalls Dreimaster, deren hinterster Mast Gaffeltakelung hat. Die Namen der Masten einer Fünfmastbark sind von vorne nach hinten: Vor- (oder Fock-), Groß-, Mittel-, Achter- und Besanmast, die eines Fünfmastvollschiffes: Vor- (oder Fock-), Groß-, Mittel-, Haupt- und Kreuzmast. Amerikanische Siebenmastschoner benannten ihre Masten nach den Wochentagen. *Schoner* sind schrat- bzw. gaffelgetakelte S. († auch Segel). - Zu den S. gehören auch die Rotorschiffe, bei denen die Takelage durch sich drehende Zylinder ersetzt waren († Flettner, Anton, ↑ auch Magnus-Effekt). - Zur Geschichte ↑ Schiff. - Abb. S. 80 f.

📖 *Mondfeld, W. zu:* Schicksale berühmter Segelschiffe. Herford 1984. - *Brennecke, J.:* Windjammer. Herford ³1980. - *Ried, W.:* Segler der sieben Meere. Oldenburg u. a. 1981.

**Segelschlitten**, svw. ↑ Eisjacht.
**Segelschulschiff** ↑ Schulschiff.
**Segelsport**, allg. Bez. für das Befahren von Flüssen, Seen und Meeren unter sportl. Gesichtspunkten mit bes. dazu hergerichteten Segelfahrzeugen. Die wichtigsten **Bootsklassen** sind neben den ↑ olympischen Klassen die *internat. Klassen* (Optimist-Dingi, Moth, Drachen, 420er, OK-Jolle, Vaurien, Star, Laser, A-Katamaran, 505, Flying Junior, Fireball, Contender, Europe, Dart-Katamaran), *nat. Klassen* (z. B. Dyas, H-Jolle, Hansa-Jolle, Korsar, O-Jolle, Pirat, Trias, Conger, Ixton, Kielzugvogel, Schwertzugvogel, 15-qm-, 16-qm- und 20-qm-Jollenkreuzer), *ausländ. Klassen* (z. B. Folkeboot, IF-Boot, A-12er-Klasse, OK-Jolle, Moth-Jolle). Die Boote der *Einheitsklassen* sind alle nach demselben Bauplan

und sehr enggefaßten Vorschriften gebaut; *Konstruktionsklassen* dürfen innerhalb von Grenzbestimmungen für Abmessungen und Formen konstruiert werden; *Formeljachten* sind nicht nach Klassenvorschriften mit Höchst- und Mindestmaßen gebaut, sondern nach einer Bauformel, in die die einzelnen Größen, wie z. B. Länge, Tiefgang, Gewicht, Segelfläche usw., eingesetzt werden. - Bei nat. oder internat. **Regatten** gibt es *Dreiecksregatten* auf Binnenrevieren oder an den Küsten, die als *Revierfahrten* durchgeführt werden, wobei jeweils Boote derselben Bootsklasse gegeneinander fahren. I. d. R. orientiert sich der zu bewältigende Kurs an der olymp. Regattabahn: Auf einem Rundkurs von 2 Seemeilen Durchmesser sind in regelmäßigem Abstand 8 Marken (Bojen) verteilt (bei Finn-Dingis beträgt der Durchmesser etwa 1,5 Seemeilen). Erst 10 Minuten vor dem Start werden jene Marken bekanntgegeben, die während des Rennens zu umsegeln sind. Die Sieger des Wettbewerbs werden durch mehrere Wettfahrten (2-7) ermittelt; über die Plazierung entscheidet eine Punktwertung. Olymp. Segelwettbewerbe werden seit 1900 ausgetragen, wobei die Bootsklassen immer wieder wechseln. Bei den *Hochseerennen* (Inselumsegelungen, Regatten zw. verschiedenen Seehäfen) segeln meist verschiedene Klassen gegeneinander. Der unterschiedl. „Rennwert" der einzelnen Boote wird mittels einer sog. Handikapformel bestimmt. Zu den bekanntesten internationalen Regatten zählen u. a. der Amerikapokal, Admiral's Cup und Bermuda Race.

*Denk, R.: Neue Segelschule. Mchn. ⁹1985. - Schmidt, Calle: Segeln. Niedernhausen 1985. - Twiname, E.: Die Wettsegelbestimmungen 1985-1988. Bielefeld ³1985. - Denk, R.: Richtig Fahrtensegeln. Mchn. 1984. - Schult, J.: Segeltechnik leicht gemacht. Mchn. ⁵1983.*

**Segelträger** (Segelfische, Fächerfische, Istiophoridae), bes. in warmen Meeren weit verbreitete Fam. bis über 4 m langer, fast torpedoförmiger Knochenfische (Unterordnung Makrelenartige); mit langer, meist hoher, segelartiger Rückenflosse, sichelförmiger Schwanzflosse und langem, speerförmigem Fortsatz am Oberkiefer; Raubfische; Fleisch sehr geschätzt. - Zu den S. gehören u. a. die **Marline**, z. B. der Gestreifte Marlin (Makaira audax), der Blaue Marlin (Makaira ampla) und der Weiße Marlin (Makaira albida).

**Segeltuch**, festes, dichtes, grobfädiges, meist leinwandbindiges Gewebe aus Baumwolle, Flachs, Hanf oder Chemiefasern; häufig imprägniert; u. a. für Planen, Zelte, Schiffsegel und Sportschuhe.

**Segen** [zu kirchenlat. signum „Zeichen (des Kreuzes)"], in der Religionsgeschichte Wort mit heil- und glückbringender Wirkung; steht im Ggs. zu Verwünschung und Fluch, die unheilvoll wirken sollen. Der S. wird verstärkt durch Handauflegung, mehrmalige Wiederholung oder die in seine Formulierung eingeflochtene Nennung eines Gottesnamens. Spender des S. sind Priester, Prophet, Familienvater, Häuptling, König oder Medizinmann. Empfänger des S. sind v. a. Menschen, aber auch Tiere und Gegenstände. - Nach *ev.* Verständnis ist S. eine gottesdienstl. Handlung, durch die der Machtund Wirkungsbereich Gottes und seines Willens als Verdichtung des Evangeliums in Form einer Bitte zugesprochen wird. Ähnl. bezeichnet S. in der *kath.* Liturgie einen im Wort ausgesprochenen und durch rituell festgelegte Zeichen begleiteten Zuspruch von Heilsgütern (Benediktion), um deren Gewährung Gott gebeten wird.

**Segesta,** lat. Name einer ehem. Stadt der Elymer in NW-Sizilien, bei Alcamo. In klass. Zeit führte die Feindschaft mit †Selinunt zum Bündnis mit Athen (bes. 416 v. Chr.), 410 mit Karthago; ab 263 röm. Bundesgenosse. - Die mehrfach zerstörte Stadt (397 und 260 v. Chr.) lag auf einem gegen O steil abfallenden Plateau; u. a. Reste eines Theaters (wohl 3. Jh. v. Chr.). Unterhalb der Stadt ein noch nicht systemat. erforschter archaischer Kultbezirk (6. Jh. v. Chr.). Westl. vor der Stadt auf einem kleinen Hügel ein berühmter, gut erhaltener dor. Tempel des 5. Jh. v. Chr. (6 × 14 Säulen, 23 × 58 m); im Ggs. zur Ringhalle samt Gebälk ist die Cella dem Steinraub zum Opfer gefallen.

**Segge** [niederdt.] (Carex), Gatt. der Riedgräser mit rd. 1 100 Arten von weltweiter Verbreitung. In Deutschland kommen über 100 oft schwer zu unterscheidende Arten vor; überwiegend ausdauernde Pflanzen mit oft deutl. dreieckigen Stengeln; Blüten eingeschlechtig, stark reduziert, in einblütigen Ährchen, die in ährenartigen Blütenständen zusammengefaßt sind. S. sind oft bestandbildend, u. a. in Ufer- und Sumpfgebieten und auf Sauerwiesen. Bekannt sind u. a.: **Sandsegge** (Carex arenaria), Blätter starr und rauh, Ährchen (6-16) in einer dichten, bis etwa 6 cm langen, ährenartigen Rispe; v. a. auf Dünen der norddt. Küstengebiete. **Waldsegge** (Carex silvatica), 30-60 cm hoch, ♀ Ährchen langgestielt, hängend; verbreitet in Laubwäldern.

**Seghers,** Anna [ˈzeːgərs], eigtl. Netty Radványi, geb. Reiling, * Mainz 19. Nov. 1900, † Berlin (Ost) 1. Juni 1983, dt. Schriftstellerin. - 1928 Eintritt in die KPD; 1933 Emigration u. a. nach Frankreich, Spanien, Mexiko; lebte seit ihrer Rückkehr (1947) in Berlin (Ost); 1952-78 Präs. des Dt. Schriftstellerverbandes der DDR. Ihr Werk ist gekennzeichnet durch die knappe, konzentrierte Darstellung aktueller sozialrevolutionärer Kämpfe und des antifaschist. Widerstandes aus der Perspektive psych. unkomplizierter Menschen im Stil der Neuen Sachlichkeit, später des sozialist. Realismus. „Auf-

# Seghers

stand der Fischer von St. Barbara" (E., 1928) schildert die Geschichte des Streiks breton. Fischer gegen Ausbeutung; Weltruhm erlangten die Exilromane „Das siebte Kreuz" (1942) und „Transit" (span. 1944, dt. 1948), in denen sie Schicksale aus der Zeit des NS gestaltete. Den Widerspruch zw. Kapitalismus und Sozialismus spiegelnde Gesellschaftsromane sind „Die Toten bleiben jung" (1949), „Die Entscheidung" (1959), „Das Vertrauen" (1968). Schrieb auch Essays („Über Kunst und Wirklichkeit", 1970/71) und Erzählungen („Sonderbare Begegnungen", 1973). Erhielt 1928 den Kleist-Preis, 1947 den Georg-Büchner-Preis. - *Weitere Werke:* Der Kopfflöh (R., 1933), Die Rettung (R., 1937), Ausflug der toten Mädchen (E., 1946), Überfahrt (E., 1971), Steinzeit/Wiederbegegnung (En., 1977).

**S.,** Hercules [niederl. ˈseːxɔrs], * Haarlem 1589 oder 1590, † Den Haag nach Jan. 1638, niederl. Maler und Radierer. - Malte und radierte Gebirgs- und Flachlandschaften mit phantast. Elementen (die beiden Ansichten von Rhenen, nach 1625; Berlin-Dahlem); sehr bed. sind seine Radierungen in verschiedenen, z. T. experimentellen Techniken: mehrfarbig auf unterschiedl. getönten Papieren.

**S.,** Pierre [frz. seˈgɛrs], * Paris 5. Jan. 1906, frz. Lyriker und Verleger. - Schrieb während der Zeit der dt. Besetzung zum inneren Widerstand aufrufende Gedichte; sein Verlag war Sammelpunkt der Dichter der Résistance. - † 4. Nov. 1987.

**Segler** (Apodidae), mit rd. 75 Arten weltweit verbreitete Fam. 10–30 cm langer, sehr schnell (bis 180 km/h) fliegender Vögel der Ordnung Seglerartige; vorwiegend graubraun bis schwärzl. befiederte, häufig mit weißen Abzeichen versehene Tiere mit schmalen, sichelförmigen Flügeln, sehr kurzen, kräftigen Beinen und sehr kleinem Schnabel, Nester meist aus Halmen und ähnl. Material, das mit zähem Speichel verklebt wird. Z. T. Zugvögel. - Zu den S. gehören u. a. ↑Stachelschwanzsegler, **Mauersegler** (Apus apus, in Großteilen Eurasiens; etwa 16 cm lang, rußschwarz, mit weißem Kinn, gegabeltem Schwanz und sehr langen, sichelförmigen Flügeln) sowie der **Alpensegler** (Apus melba; in den Alpen und in felsigen Gebirgen sowie an steilen Meeresküsten der Mittelmeerländer, SW- und S-Asiens, O- und S-Afrikas; oberseits graubraun, unterseits [ausgenommen eine braune Brustbinde] weiß).

**Seglerartige** (Schwirrvögel, Schwirrflügler, Macrochires), weltweit verbreitete Ordnung der Vögel mit den Fam. ↑Segler und ↑Kolibris.

**Segment** [zu lat. segmentum „Schnitt"], in der *Geometrie* Bez. für das von einer Sehne einer Kurve und dem zugehörigen Kurvenbogen begrenzte Flächenstück (z. B. *Kreis-S.*); auch Bez. für den von einer gekrümmten Fläche und einer sie schneidenden Ebene begrenzten Teil des Raumes bzw. eines Körpers (z. B. *Kugelsegment*).

◆ in der *Zoologie* svw. Metamer (↑Metamerie).

**Segmentierung,** in der *Biologie* svw. ↑Metamerie.

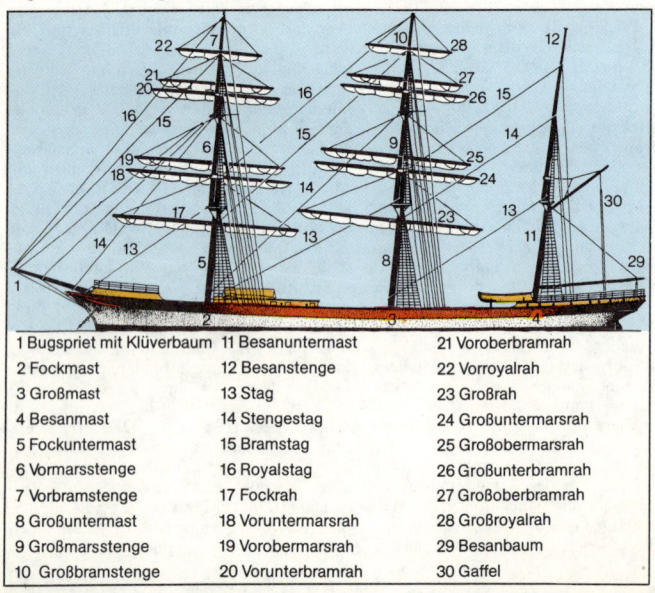

Segelschiff. Takelage einer Bark

| | | |
|---|---|---|
| 1 Bugspriet mit Klüverbaum | 11 Besanuntermast | 21 Voroberbramrah |
| 2 Fockmast | 12 Besanstenge | 22 Vorroyalrah |
| 3 Großmast | 13 Stag | 23 Großrah |
| 4 Besanmast | 14 Stengestag | 24 Großuntermarsrah |
| 5 Fockuntermast | 15 Bramstag | 25 Großobermarsrah |
| 6 Vormarsstenge | 16 Royalstag | 26 Großunterbramrah |
| 7 Vorbramstenge | 17 Fockrah | 27 Großoberbramrah |
| 8 Großuntermast | 18 Voruntermarsrah | 28 Großroyalrah |
| 9 Großmarsstenge | 19 Vorobermarsrah | 29 Besanbaum |
| 10 Großbramstenge | 20 Vorunterbramrah | 30 Gaffel |

◆ in der strukturalist. *Sprachwiss.* Bez. für eine Analyseoperation, die dazu dient, die in einem Korpus sprachlicher Äußerungen sich wiederholenden Laute und Formen zu isolieren und als Einheiten des Sprachsystems (**Segmente**) zu identifizieren. Durch S. kann z. B. die Äußerung *er kommt oft* auf phonologischer Ebene in die Laute [e:/g/k/ɔ/m/t/'/ɔ/f/t], auf morpholog. Ebene in die Morphe *er/komm/-t/oft* und auf syntakt. Ebene stufenweise in die Konstituenten

*er komm- -t oft*

zerlegt werden. Hauptmethoden der S. sind die Minimalpaaranalyse und die Konstituentenanalyse. Durch Klassifikation werden aus den Segmenten die Phoneme, Morpheme und Konstituentenklassen einer Sprache ermittelt.

**Segner,** Johann Andreas von (ungar. János András S.), *Preßburg 9. Okt. 1704, †Halle/Saale 5. Okt. 1777, dt. Physiker und Mathematiker. - Prof. in Jena, Göttingen und Halle; erfand 1750 eine Vorform der Wasserturbine (*S.-Reaktionsrad*); führte das Konzept der Haupträgheitsachsen starrer Körper ein.

**Segni,** Antonio [italien. 'seɲɲi], *Sassari 2. Febr. 1891, †Rom 1. Dez. 1972, italien. Politiker. - 1954–62 Prof. in Rom; nach dem 1. Weltkrieg in der Partito Popolare Italiano, 1943 Mitbegr. der DC; ab 1946 mehrfach Min., 1955–57 und 1959/60 Min.präs., 1962–64 Staatspräs.; bed. Vertreter des rechten Flügels der DC

**Segno** ['zɛnjo; lat.-italien.], Abk. S., Zeichen 𝄋 oder ⊕§, Anweisung in der Notenschrift, ein Musikstück vom Zeichen (*dal segno*) an zu wiederholen oder bis zum Zeichen (*al segno*), nicht bis zum Schluß zu spielen.

**Ségou** [frz. se'gu], Regionshauptstadt in Mali, am Niger, 289 m ü. d. M., 64 900 E. Kath. Bischofssitz; landw. Versuchsanstalt; kulturelles Zentrum der Bambara; Textilwerk, Reismühle, Teefabrik; Flußhafen (von Juli–Dez. erreichbar); ✈. - 1660–1861 Zentrum des Bambarareiches Ségou; 1890 von frz. Truppen erobert.

**Segovia,** Andrés [span. se'ɣoβja], *Linares 21. Febr. 1893, span. Gitarrist. - Konzertiert seit 1909 als gefeierter Virtuose in der ganzen Welt. Er schrieb eigene Kompositionen und bearbeitete klass. und romant. Werke für sein Instrument. - †2. Juni 1987.

**Segovia** [span. se'ɣoβja], span. Stadt in Altkastilien, 1 002 m ü. d. M., 53 000 E. Verwaltungssitz der Prov. S.; kath. Bischofssitz; Textil- und keram. Ind., Elektrogerätebau, Kautschukverarbeitung. - Stadt der Keltiberer, um 80 v. Chr. von den Römern erobert; 13.–15. Jh. Residenz der Könige von Kastilien. - Röm. Aquädukt mit 170 Bogen (1. Jh. n. Chr.); spätgot. Kathedrale (1525 ff.), über 20 roman. Kirchen (12./13. Jh.); Hieronymitenkloster del Parral (gestiftet 1447), Alkazar (11., 14./15. Jh.); Stadtmauer (urspr. iber., dann röm. sowie 11. und 12. Jh.) mit 3 Toren und zahlr. Türmen.

**Segrè,** Emilio [italien. se'grɛ], *Tivoli 1. Febr. 1905, amerikan. Physiker italien. Her-

Segelschiff. Segel einer Bark

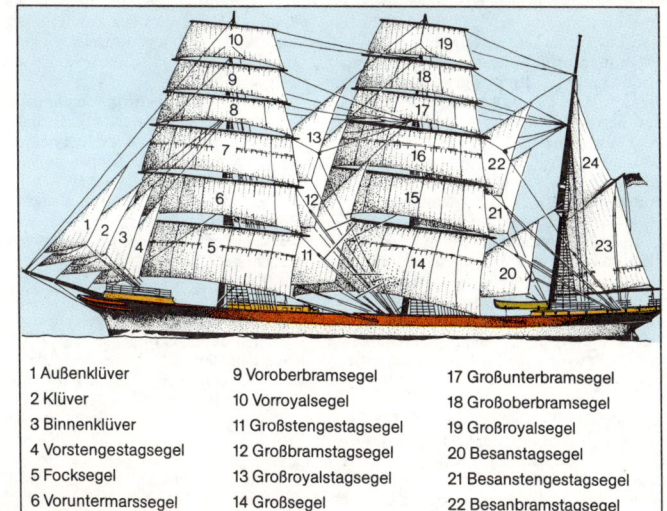

1 Außenklüver
2 Klüver
3 Binnenklüver
4 Vorstengestagsegel
5 Focksegel
6 Voruntermarssegel
7 Vorobermarssegel
8 Vorunterbramsegel
9 Voroberbramsegel
10 Vorroyalsegel
11 Großstengestagsegel
12 Großbramstagsegel
13 Großroyalstagsegel
14 Großsegel
15 Großuntermarssegel
16 Großobermarssegel
17 Großunterbramsegel
18 Großoberbramsegel
19 Großroyalsegel
20 Besanstagsegel
21 Besanstengestagsegel
22 Besanbramstagsegel
23 Besansegel
24 Gaffeltoppsegel

**Segregation**

kunft. - Prof. in Rom, Palermo und Berkeley (Calif.). 1934/35 an den Neutronenexperimenten von E. Fermi und dem Nachweis langsamer Neutronen beteiligt. Mit anderen wies er 1937 (als erstes künstl. Element) Tectium, später Astat und Plutonium 239 nach. Mit O. Chamberlain (u. a.) entdeckte er 1955 das Antiproton; hierfür erhielten beide 1959 den Nobelpreis für Physik. - †22. April 1989.

**Segregation** [engl. sɛgrɪˈgeɪʃən; zu lat. segregatio „Absonderung, Trennung"], in der *Soziologie* die räuml. Trennung von Personen mit gleichen sozialen Merkmalen (ethn., rass., religiöser, biolog., kultureller oder schichtspezif. Art) zur Vermeidung oder Verhinderung von Kontakten mit anderen Personen oder Gruppen; auch Bez. für den Prozeß, der zu dieser Trennung führt. S. wird (i. d. R. von Minderheiten) freiwillig angestrebt oder kann z. B. durch diskriminierende Maßnahmen einschl. der Verweigerung freier Berufsausübung, der Einschränkung von Wahlrechten, Verhinderung sozialer Gleichheit, Abschiebung in Ghettos, Obdachlosenasyle u. a. erzwungen werden. S. wird häufig mit Hinweis sowohl auf religiöse Lehren als auch auf [pseudo-]wiss. Theorien ideolog. gerechtfertigt. - I. e. S. ist S. Bez. für die (verbotene) Rassentrennung in den USA.

**segue** [ˈzeːɡue; italien. „es folgt"], in der Notenschrift am Ende einer Seite oder eines Satzes der Hinweis, daß das Werk [auf der nächsten Seite] weitergeht; auch Hinweis auf gleichbleibende Begleitfiguren (↑auch simile).

**Segui,** Antonio [span. seˈɣi], * Córdoba 1934, argentin. Maler. - Lebt seit 1963 in Paris; seine figürl. farbl. reich nuancierte Malerei ist themat. auf die gesellschaftl. Krisensituation Lateinamerikas ausgerichtet.

**Seguraland** [span. seˈɣura], südostspan. Landschaft im Einzugsgebiet der **Segura** (325 km langer Zufluß zum Mittelmeer), zw. der Sierra Morena, der Mancha, dem Bergland von Alcoy und den nö. Ausläufern der Betischen Kordillere; im äußersten W bis 2107 m hoch; wichtigste Stadt ist Murcia.

**Sehdingfeld** ↑Gesichtsfeld.

**Sehen,** Leistung des Lichtsinns bzw. Gesichtssinns (einschließl. des Farbensehens), die durch das Zusammenwirken opt., biochem., nervl. und psycholog. Prozesse zustande kommt und auch vom Sehobjekt selbst und dem den Raum zw. diesem und dem Lichtsinnesorgan einnehmenden Medium beeinflußt wird. Ein Objekt wird nur gesehen, wenn Größe, Leuchtdichte und Kontrast zur Umgebung ausreichend sind.

Ein **indirektes Sehen** (peripheres S., Geistersehen) erfolgt, wenn ein dunkeladaptiertes Auge ein schwaches Licht nicht fixiert, sondern danebenblickt. ↑Binokulares Sehen ist Voraussetzung für die dreidimensionale visuelle Wahrnehmung, das **räuml. Sehen** (plast. S., stereoskop. S.), also für Tiefenwahrnehmung und Erfassung räuml. Strukturen und Zusammenhänge.

Das S. macht einen langwierigen Lernprozeß während der menschl. Individualentwicklung erforderlich. Dies zeigt sich deutl. darin, daß blind aufgewachsene, nach einer späteren Operation wieder Lichtreize empfindende Menschen das opt. Erkennen der Dinge und Eigenschaften erst mühsam erlernen müssen. - ↑auch Auge.

**Seher,** v. a. in der Religionsgeschichte Bez. für eine Person, der die Gabe zugeschrieben wird, zukünftige Ereignisse vorherzusagen oder gegenwärtige autoritativ zu deuten, wobei die Grenzen zw. S. und Propheten oft fließend sind.

**Sehfarbstoffe** (Sehpigmente), die in den Sehzellen des Auges lokalisierten Farbstoffe, v. a. Chromoproteide aus Retinal und dem Protein Opsin, die bei Belichtung mit unterschiedl. Lichtwellenlängen (Farbe) und unterschiedl. großen Lichtintensitäten zerfallen und dadurch eine Erregung in den Sehzellen auslösen. Der Sehfarbstoff für das Dämmerungssehen ist bei den meisten Wirbeltieren das ↑Rhodopsin.

**Sehhügel,** svw. ↑Thalamus.

**Sehloch,** svw. Pupille (↑Auge).

**Sehne** [zu althochdt. sen(a)wa, eigtl. „Verbindendes, Band"], (Tendo) ↑Sehnen.
◆ eine Strecke, die zwei Punkte einer Kurve (speziell eines Kreises) verbindet.

**Sehnen** (Tendines, Einz. Tendo), straffe, nur wenig dehnbare Bündel paralleler Bindegewebsfasern, die die Skelettmuskeln der Wirbeltiere (einschließl. Mensch) mit dem Skelett verbinden bzw. über die die Muskeln am Knochen ansetzen oder von ihm abgehen. Viele S. sind von einer doppelwandigen bindegewebigen Hülle (S.*scheide*, Vagina tendinis) umgeben.

**Sehnenentzündung** (Tendinitis), häufig rheumatisch bedingte, auch nach Infektionskrankheiten oder Wundinfektionen auftretende Entzündung des Sehnenbindegewebes.

**Sehnenformeln,** in der ebenen Trigonometrie Bez. für die von den Seiten $a$, $b$, $c$ eines Dreiecks ($\alpha$, $\beta$, $\gamma$ die Dreieckswinkel) und dem Radius $r$ seines Umkreises geltenden Beziehungen:

$$a = 2r \cdot \sin\alpha, \; b = 2r \cdot \sin\beta, \; c = 2r \cdot \sin\gamma.$$

**Sehnenreflex,** als ↑Eigenreflex ablaufende Muskelkontraktion bei mechan. Einwirkung (Beklopfen, Schlag) auf die Sehnen durch Erregung der Dehnungsrezeptoren im Muskel; z. B. ↑Patellarsehnenreflex.

**Sehnensatz,** Lehrsatz der Geometrie: Wenn zwei durch einen innerhalb eines Kreises gelegenen Punkt $P$ gehende Geraden den Kreis in den Punkten $A$ und $B$ bzw. $C$ und $D$ schneiden, so gilt für die Abschnitte $\overline{PA} : \overline{PC} = \overline{PD} : \overline{PB}$ bzw. $\overline{PA} \cdot \overline{PB} = \overline{PC} \cdot \overline{PD}$.

**Sehnenscheide** ↑Sehnen.

**Sehnenscheidenentzündung** (Tendovaginitis), Entzündung der Sehnenscheide. **Tendovaginitis crepitans** nennt man die fibrinöse S. mit Bewegungsschmerzen, lederartigem Knarren und Druckempfindlichkeit; sie entsteht meist infolge berufl. oder sportl. Überanstrengung, bes. im Bereich der Hand-Unterarm-Gegend; Therapie Ruhigstellung, u. U. lokale Kortikosteroidapplikation. **Tendovaginitis purulenta** nennt man die infektionsbedingte, eitrige S. (z. B. Panaritium tendinosum; ↑ Fingervereiterung), die operativ behandelt wird.

**Sehnenzerrung,** von örtl. Schwellung und Schmerzen begleitete Überdehnung einer Sehne.

**Sehnerv** (Nervus opticus) ↑ Gehirnnerven.

**Sehnervenkreuzung** ↑ Auge.

**Sehorgane,** Organe (bei Einzellern Organellen) des ↑ Lichtsinns (↑ Auge).

**Sehpurpur,** svw. ↑ Rhodopsin.

**Sehrohr,** svw. ↑ Periskop.

**Sehschwäche** ↑ Augenschwäche.

**Sehtest** (Sehprobe), Bestimmung der Sehschärfe durch Erkennen der auf einer Tafel *(Sehtafel)* in einer Prüfentfernung von 6 m in einem bestimmten Winkel dargebotenen Ziffern-, Buchstaben- oder Figurenfolgen abnehmender Größe; obligatorisch für den Erwerb des Führerscheins.

**Sehtext** ↑ visuelle Dichtung.

**Sehwinkel** (Gesichtswinkel), in der *physiolog. Optik* der je nach Feinstruktur des erregten Netzhautbezirks verschiedene und durch opt. Hilfsmittel (Mikroskop, Fernglas u. a.) veränderbare Winkel, unter dem die lineare Ausdehnung eines Objekts dem Auge erscheint.

**Sehzellen,** die die Lichtreize aufnehmenden Zellen (Photorezeptoren; z. B. Stäbchen, Zapfen) in den Lichtsinnesorganen (↑ Auge) der Tiere und des Menschen, in denen bei Lichteinwirkung durch photochem. Abbau eines Pigment-Protein-Komplexes (Sehfarbstoff) Nervenimpulse ausgelöst werden.

**Seiber,** Mátyás [ˈzaɪbər, ungar. ˈʃaːjbɛr], \* Budapest 4. Mai 1905, † im Krüger-Nationalpark 25. Sept. 1960 (Verkehrsunfall), engl. Komponist ungar. Herkunft. - Schüler von Z. Kodály; seit 1935 in London; einer der führenden engl. Komponisten serieller Musik.

**Seiches** [frz. sɛʃ], Eigenschwingungen der Wassermassen in Becken, Buchten und großen Seen.

**Seichur** ↑ Orientteppiche (Übersicht).

**Seide,** svw. ↑ Kleeseide.

**Seide** [zu mittellat. seta mit gleicher Bed.], Bez. für die aus den Gespinsten mehrerer Tierarten erhaltenen, aus Proteinen bestehenden natürl. Fasern, die als Textilrohstoffe verwendet werden (sog. *Natur-S.* im Ggs. zu *Kunst-S.* auf Zellulosebasis). Die weitaus größte Bed. haben die von ↑ Seidenspinnern [beim Spinnen der Puppenkokons] erzeugten

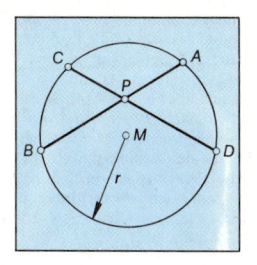

Sehnensatz

sog. *Raupen-S.* und unter diesen v. a. die vom Maulbeerseidenspinner gewonnene *Maulbeer-S. (edle* oder *echte S., Bombyx-S.).* Als *Wild-S.* werden die von mehreren anderen Seidenspinnern erhaltenen S. (z. B. Eriaseide, Fagaraseide, Tussahseide), ferner auch die von einigen Steckmuschelarten erzeugte Muschelseide sowie die von Seidenspinnen erzeugte *Spinnen-S.* zusammengefaßt. *Vegetabil. S.* bestehen aus weichen Pflanzenfasern (z. B. die von der Seidenpflanze erhaltenen Samenhaare).

Maulbeer-S. besteht zu 75 % aus Fibroin (der eigentl. S.substanz) und zu 25 % aus dem das Fibroin umhüllenden Sericin (S.leim, S.bast). Zur Gewinnung des S.fadens werden die Kokons zum Abtöten der Puppen mit heißem Dampf oder heißer Luft behandelt, danach in heißes Wasser getaucht (wobei das Sericin erweicht) und so lange maschinell gebürstet, bis sich die äußeren wirren Fäden *(Flock-S.)* und der Anfang des Fadens in der Bürste verfangen haben. Je nach gewünschter Fadenstärke werden drei bis acht Kokons zus. abgehaspelt. Ein Kokon enthält etwa 3 000 m Faden, jedoch können nur 300 bis 800 m als Grège *(Haspel-S., reale S.)* gewonnen werden. Die Reste der Kokons werden zu *Schappe-S.* verarbeitet. Kürzere Fasern werden zu *Bourette-S.* versponnen. Die beim Abhaspeln erhaltene *Roh-S.* hat gelbl. bis grünstichige Farbe, harten Griff und nur geringen Glanz. Durch leichtes Zusammendrehen von zwei oder drei Rohseidenfäden erhält man *Trame (Schuß-S.),* durch stärkeres Drehen *Organsin (Kett-S.);* bes. scharf gedrehte Rohseidenfäden werden als *Grenadine,* überdrehte Fäden als *S.krepp* bezeichnet. Eine veredelte S. mit weichem Griff, verstärktem Glanz und ohne die Naturfarbe erhält man durch das sog. Entbasten, wobei durch Kochen mit Seifenlösung der S.leim entfernt wird; je nach dem Entbastungsgrad unterscheidet man die vollständig entbastete, weiße *Cuite-S.* und die teilweise entbastete *Souple-S. (souplierte S.).* Durch Kochen mit Wasser erhält man die gelbl. *Ecruseide.* S. wird v. a. zur Herstellung von Näh-S. und Stickgarnen, ferner von Kleider-, Blusen- und Hemdenstoffen verwendet.

## Seidel

Haupterzeugungsländer sind Japan, Korea, China, Indien, Italien und Frankreich.
**Geschichte:** Die Seidenraupenzucht breitete sich von China (dort seit dem 3 Jt. v. Chr. nachweisbar) über Korea nach Japan, später über Indien nach Persien und Vorderasien aus. Rohseide und fertige Gewebe wurden über die ↑Seidenstraßen nach dem Westen transportiert. In Europa wurde die Zucht der Seidenraupen, nachdem sie durch byzantin. Mönche bekannt geworden war, v. a. in Italien gepflegt. - Abb. S. 86.
ǀǀǀ *Linde, W. W./Ossipow, P. A.: Die S. Dt. Übers. Lpz. 1954.*

**Seidel,** Hanns, * Schweinheim (= Aschaffenburg) 12. Okt. 1901, † München 5. Aug. 1961, dt. Politiker (CSU). - Jurist; 1946 MdL, 1947–54 Wirtschaftsmin., 1957–60 Min.präs. von Bayern; 1955–61 Vors. der CSU.

**S.,** Heinrich, * Perlin (Bez. Schwerin) 25. Juni 1842, † Groß-Lichterfelde (= Berlin) 7. Nov. 1906, dt. Schriftsteller. - Erzählt in seinen Gedichten, Romanen („Leberecht Hühnchen", 1882) und Novellen humorvoll von Sonderlingen und den versponnenen, zeitfernen Idyllen des kleinbürgerl. Lebens.

**S.,** Heinrich Wolfgang, * Berlin 28. Aug. 1876, † Starnberg 22. Sept. 1945, dt. Schriftsteller. - Sohn von Heinrich S.; heiratete 1907 seine Kusine Ina S.; suchte als Autor besinnl. humoresker Romane („George Palmerstone", 1922) und Erzählungen („Abend und Morgen", 1934) die Verbindung von Geheimnisvollem mit religiös inspiriertem Nationalismus.

**S.,** Ina, * Halle/Saale 15. Sept. 1885, † Schäftlarn bei München 2. Okt. 1974, dt. Schriftstellerin. - In myst.-myth. Verbrämung und voller Schicksalspathos treten als Hauptthemen ihrer erzählenden Prosa „das Mütterliche", das „Geheimnis des Blutes" sowie „Vererbung und Eigenleben" auf. Idealist. Schicksalsgläubigkeit kennzeichnet die Anlehnung an einen Romantizismus, der rückständige Geschichtsinterpretation konserviert, z. B. „Sterne der Heimkehr" (R., 1923), „Das Wunschkind" (R., 1930). Hitler feierte sie in romant. Versen, was sie später als Irrtum bedauerte; dennoch verharmlosen ihre Werke nach 1945 (v. a. der Roman „Michaela", 1959) den Faschismus. - *Weitere Werke:* Das unverwesl. Erbe (R., 1954), Lebensbericht 1885–1923 (Autobiogr., 1970), Aus den schwarzen Wachstuchheften (Skizzen, Lyrik, Notizen; hg. 1980).

**Seidel** (Seitel) [zu lat. situla „Eimer"], Schankgefäß für Bier (Bier-S.), früher zugleich Hohlmaß (in Bayern 0,535 Liter).

**Seidelbast** (Daphne), Gatt. der S.gewächse mit rd. 70 Arten in Europa, N-Afrika, im gemäßigten und subtrop. Asien und in Australien; immer- oder sommergrüne Sträucher mit kurzgestielten, ganzrandigen Blättern; Blüten trichterförmig, weiß, gelb oder rot, stark duftend. In Deutschland kommen vier geschützte Arten vor. Die bekannteste einheim. Art ist der in Europa, Sibirien und Kleinasien verbreitete **Gemeine Seidelbast** (Kellerhals, Zeiland, Pfefferstrauch, Daphne mezereum): mit 0,5–1,25 m hohen Stämmchen, sommergrünen, erst nach den rosenroten, meist zu dreien in sitzenden Büscheln angeordneten Blüten erscheinenden Blättern und erbsengroßen, roten, giftigen, fleischigen Steinfrüchten. Verschiedene andere Arten, z. B. der rosenrot blühende **Rosmarinseidelbast** (Heideröschen, Daphne cneorum) werden als Zierpflanzen kultiviert.

**Seidelbastgewächse** (Thymelaeaceae), Pflanzenfam. der Zweikeimblättrigen mit rd. 650 Arten in knapp 50 Gatt. von fast weltweiter Verbreitung, v. a. in S-Afrika, Australien, im Mittelmeergebiet und in den Steppen Asiens; überwiegend Sträucher mit ganzrandigen Blättern; Blüten meist in Ähren oder Trauben; Bast der Rinde netzartig, sehr fest, seidenartig. Bekannte Gatt.: ↑Seidelbast.

**Seidenäffchen,** svw. ↑Pinseläffchen.

**Seidenbienen** (Colletinae), Unterfam. primitiver, mit den Urbienen nahe verwandter, einzeln lebender Bienen mit zahlr. Arten in Eurasien, Afrika und Australien; in Europa nur die Gatt. **Colletes** mit 13 einheim., etwa 10 mm großen Arten; Rüssel sehr kurz; Hinterleib kegelförmig, vorn abgestutzt, dicht dunkel behaart, oft mit hellen Querbinden; bauen mehrzellige, von einem seidenartigen Gespinst ausgekleidete Nester.

**Seidengras** (Ravennagras, Erianthus), Grasgatt. mit über 20 Arten in den wärmeren Gebieten der Erde; meist hohe Gräser mit schmalen, überhängenden Blättern und zu paarweisen Ährchen gebildeten Blütenrispen, die von langen, seidigen Haaren bedeckt sind. Die bekannteste Art ist **Erianthus ravennae** aus dem Mittelmeergebiet: bis 2 m hohe Staude mit anfangs violetten, später grauweiß gefärbten Rispen.

**Seidenhölzer,** svw. ↑Satinhölzer.

**Seidenpapier,** dünnes, leichtes Papier aus Zellstoff (Flächengewicht etwa 20 g/m$^2$).

**Seidenpflanze** (Asclepias), Gatt. der Schwalbenwurzgewächse mit rd. 100 Arten, v. a. in N-Amerika, aber auch in M- und S-Afrika; meist sommergrüne Stauden mit weißen, rosafarbenen, orangegelben, roten oder grünl., radförmigen, fünfspaltigen Blüten in meist vielblütigen Trugdolden.

**Seidenraupen** ↑Seidenspinner.

**Seidenreiher** ↑Reiher.

**Seidenschwänze** (Bombycillidae), Fam. bis 24 cm langer, Insekten und Beeren fressender Singvögel mit 8 Arten, v. a. auf der Nordhalbkugel. Die bekannteste Art ist der **Europ. Seidenschwanz** (Bombycilla garrulus): 18 cm lang, v. a. in Nadelwäldern N-Eurasiens, Alaskas und großer Teile Kanadas; Färbung rötlichbraun, mit schwarzer Kehle, gelber Endbinde auf dem schwärzlichgrauen

Schwanz und gelb, weiß, schwarz und rot gezeichneten Hand- und Armschwingen; Kopf mit aufrichtbarem Schopf; Zugvogel mit unregelmäßigen, invasionsartigen Wanderzügen.

**Seidenspinnen** (Nephilinae), mit rd. 70 Arten v. a. in den Tropen verbreitete Unterfam. der Radnetzspinnen; ♀♀ bis 6 cm lang; ♂♂ meist nur 4 mm groß, leben in den Netzen der ♀♀; Spinnfäden so stark, daß sich auch Vögel in den Netzen verfangen. Die sehr großen Netze werden von Eingeborenen zum Fischfang verwendet.

**Seidenspinner**, allg. Bez. für Schmetterlingsarten, überwiegend aus der Fam. der Augenspinner, deren Raupen (**Seidenraupen**) wirtsch. verwertbare Seide durch ihre Puppenkokons liefern. Die für die Seidenproduktion wichtigsten Arten werden v. a. in Asien gehalten. Neben ↑ Maulbeerseidenspinner und ↑ Eichenseidenspinner spielt der **Ailanthusspinner** (Götterbaumspinner, Philosamia cynthia) eine bes. Rolle: bis 13 cm spannend; Flügel lehmgelb bis olivbraun, mit schmalem, gebogenem Halbmond im Zentrum und weißer, innen schwarz und außen rötl. geränderter Querbinde; Hinterleib mit Reihen kleiner, weißer Wollbüschel; erwachsene Raupen bläulichgrau, dunkel gepunktet, mit sechs Reihen bläulichgrüner Fleischzapfen, fressen v. a. am Götterbaum, ferner u. a. auch an Holunder, Walnuß und Prunusarten; Kokon besteht aus äußerer loser Seide und innerem festen Gespinst; Seide grob, liefert nur zähe Gewebe.

**Seidenstraßen**, mindestens seit dem 2. Jh. v. Chr. bes. für den Handel mit Seide benutzte Karawanenstraßen, die von China über Zentralasien bis nach Indien und ins Gebiet des Röm. Reiches (Syrien) führten. Da der Handel v. a. in Form des Zwischenhandels abgewickelt wurde, kam es kaum zu einem kulturellen Austausch.

**Seidenwollbaum** (Baumwollbaum, Bombax), Gatt. der Wollbaumgewächse mit rd. 60 Arten in den Tropen v. a. Amerikas; hohe Bäume, selten Sträucher, mit gefingerten Blättern, einzelnen oder gebüschelten Blüten mit zahlr. Staubblättern und holzigen oder ledrigen Kapselfrüchten, deren Innenwände mit kürzeren Haaren oder seidiger Wolle bedeckt sind.

**Seidl**, Gabriel von (seit 1900), * München 9. Dez. 1848, † Bad Tölz 27. April 1913, dt. Baumeister. - Bed. Vertreter des historisierenden und z. T. eklektizist. Stils in München um die Jh.wende. Baute in München u. a. das Lenbachhaus (1881–91), die Bayer. Nationalmuseum (1894–99) und das Dt. Museum (1906 ff.).

**Seidler**, Alma, * Leoben 18. Juni 1899, † Wien 8. Dez. 1977, östr. Schauspielerin. - Seit 1918 am Wiener Burgtheater; spielte u. a. Hedwig in H. Ibsens Drama „Die Wildente" (1918), Hannele in G. Hauptmanns „Hanneles Himmelfahrt" (1935).

**Seiendes** (lat. ens), in der Ontologie der Seinsphilosophien (Scholastik, Neuscholastik, bei Heidegger) das, was „ist", sei es real, gedacht oder nur möglich; S. „ist" immer auf bestimmte Art und Weise, d. h. es unterliegt bestimmten Seinsweisen (Kategorien), die es von jedem anderen S. unterscheiden. Allem S. gemeinsam ist die Teilhabe am Sein.

**Seifen**, die Natrium- und Kaliumsalze der höheren Fettsäuren (allg. Formel R–COONa bzw. R–COOK). S. sind wasserlösl. Substanzen, die auf Grund ihrer polaren Molekülstruktur (die Carboxylatgruppe –COO-Na bzw. –COOK ist hydrophil, die Reste R sind hydrophob) oberflächenaktive Stoffe darstellen und reinigende Wirkung haben, die jedoch in hartem Wasser durch Bildung unlösl. Kalkseife herabgesetzt ist. Bei der Herstellung werden Fette (Talg, Palmkernfett, Olivenöl usw.) mit Natron- bzw. Kalilauge umgesetzt, wobei flüssiger S.leim entsteht, aus dem durch Zusatz von Kochsalz die eigtl. S. abgeschieden wird. S. lassen sich auch durch Umsetzen von Fettsäuren mit Soda- oder Pottaschelösungen herstellen. Natron-S. sind fest (im Ggs. zu den als **Schmierseife** gehandelten Kali-S.) und kommen als **Kernseife** in den Handel. Feste gereinigte S. aus hochwertigen Fetten mit Farbstoff- und Parfümölzusätzen werden als *Fein-* oder *Toiletten-S.* bezeichnet. I. w. S. zählen zu den S. auch die ↑ Metallseifen, die als Waschrohstoffe verwendeten Fettalkoholsulfate und Alkylsulfonate sowie die als Desinfektionsmittel verwendeten **Invertseifen**, deren der hydrophobe Molekülanteil sich im Kation-befindet (z. B. Cetyltrimethylammoniumchlorid, $[C_{16}H_{31}N(CH_3)_3]^+Cl^-$).

*Geschichte*: S.artige Erzeugnisse waren schon im 3. Jt. v. Chr. bei den Sumerern bekannt; sie wurden u. a. zum Waschen von Textilien sowie als salbenartige Medizin verwendet. Der röm. Arzt Galen vermerkte, daß Seife nicht nur als Heilmittel, sondern auch zum Reinigen der Wäsche und des Körpers zu verwenden sei. Die Germanen wie die Gallier stellten zu Galens Zeit S. her. Im 9. Jh. n. Chr. war Marseille, im 15. und 16. Jh. waren die oberitalien. Städte, v. a. Savona, Venedig und Genua, führend in Produktion und Handel in Europa.

**Seifen** [zu mittelhochdt. sīfen „tröpfeln, sickern"], in der *Lagerstättenkunde* Bez. für sekundäre abbauwürdige Vorkommen von spezif. schweren oder/und verwitterungsbeständigen Mineralen, z. B. **Goldseifen**, die entstanden sind durch Verwitterung und Abtragung primärer Goldlagerstätten und späterer Anreicherung in fluviatilen Sand- und Geröllschichten.

**Seifenbaum**, (Quillaja) Gatt. der Rosengewächse mit nur drei Arten in S-Amerika;

## Seifenbaumgewächse

**Seide.** 1 Raupen des Seidenspinners auf Blättern des Maulbeerbaumes; nach der 5. Altersstufe (2) umspinnt (3) sich die Raupe mit einem Kokon (4), in dem sie sich zur Puppe entwickelt (5); in der Seidenraupenzucht werden die Raupen in besonderen Stellagen gefüttert (6); die Kokons werden in Heißwasserbädern erweicht (7), der Seidenfaden wird abgehaspelt (8), etwa acht Fäden werden zum Grègefaden vereinigt, von denen je zwei miteinander zu Seidensträngen verzwirnt werden (9), die auf Spulen aufgewickelt werden (10); 11 Verzwirnen zu festeren Fäden; 12 Färben; 13 Musterentwurf; 14 Umsetzen des Entwurfs zur Patrone; 15 Übertragen der Patrone auf eine Lochkarte; 16 Weben

**Seifenbaumgewächse,** (Sapindusgewächse, Sapindaceae) Pflanzenfam. der Zweikeimblättrigen mit rd. 1 500 Arten in rd. 140 Gatt. in den Tropen und Subtropen, nur wenige Arten in den gemäßigten Gebieten; vielgestaltige Bäume und Sträucher, z. T. mit Sproßranken und von lianenartigem Wuchs; mit gefiederten oder einfachen Blättern; vorwiegend mit milchsaftartigen oder harzigen, saponinhaltigen Sekreten; Blüten klein, in end- oder achselständigen Blütenständen; liefern z. T. Öle oder Gifte.

◆ (Sapotagewächse, Sapotengewächse, Sapotaceae) Pflanzenfam. der Zweikeimblättrigen mit rd. 800 Arten in rd. 50 Gatt. in den Tropen und Subtropen, wenige Arten in gemäßigten Gebieten; meist immergrüne, Milchsaft führende Bäume oder Sträucher mit meist ganzrandigen, wechselständigen Blättern; Blüten mit verwachsener Krone. - Zu den S. gehören wichtige Nutzpflanzen, z. B. Guttaperchabaum.

**Seifengold** ↑ Gold.

**Seifenkistenrennen,** Wettfahrt von Jugendlichen mit Kleinfahrzeugen ohne Motor, die auf einer leicht abfallenden Strecke durchgeführt wird. Bis auf Radsatz und Lenkung müssen die Teilnehmer ihr Fahrzeug selbst anfertigen.

**Seifenkraut** (Saponaria), Gatt. der Nelkengewächse mit rd. 30 Arten im Mittelmeergebiet und im gemäßigten Eurasien; einjährige oder ausdauernde Kräuter. In Deutschland heim. sind 3 Arten: das v. a. an Wegrändern, auf Schutt und an Ufern wachsende **Gemeine Seifenkraut** (Echtes S., Saponaria officinalis; mit 30-70 cm hohen Stengeln, längl.-lanzenförmigen Blättern und blaßrosafarbenen bis weißen Blüten in büscheligen Blütenständen), das in den östl. Z-Alpen wachsende **Niedrige Seifenkraut** (Saponaria pumila; niedrige Polster bildend, mit großen roten Blüten) und das in den Gebirgen SW-Europas und in den Alpen vorkommende **Rote Seifen-**

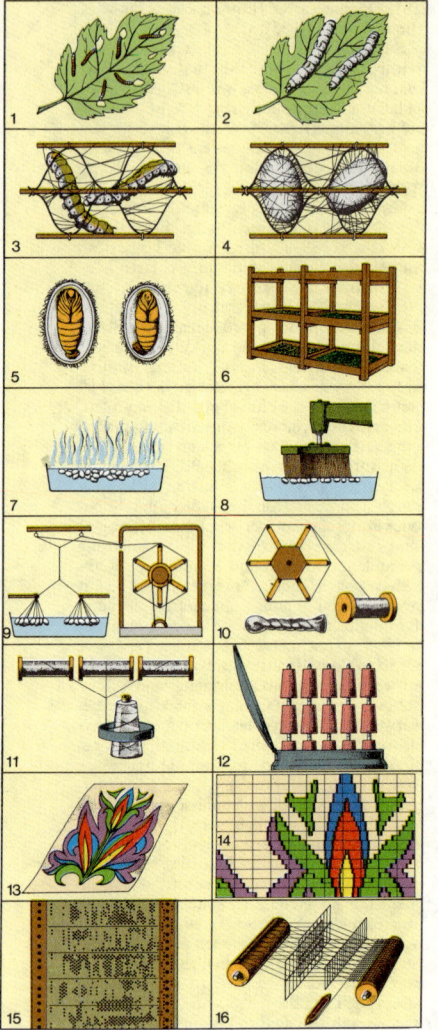

immergrüne, kleine Bäume oder Sträucher mit ledrigen Blättern.

◆ (Sapindus) Gatt. der S.gewächse (Sapindaceae) mit rd. 15 Arten im trop. Amerika und in Asien; mittelgroße Bäume mit meist gefiederten Blättern und in Rispen angeordneten Blüten. Bekannt ist der von Mexiko bis Argentinien vorkommende **Echte Seifenbaum** (Sapindus saponaria), dessen saponinhaltiges Fruchtfleisch von den Einheimischen als Seife verwendet wird.

**kraut** (Saponaria ocimoides; bis 20 cm hoch, mit ästigen, ausgebreitet unterliegenden Stengeln und hellpurpurfarbenen Blüten).

**Seifenstein,** svw. ↑Saponit.

**Seifenstuhl,** svw. ↑Kalkseifenstuhl.

**Seifert,** Jaroslav, *Prag 23. Sept. 1901, †ebd. 10. Jan. 1986, tschech. Schriftsteller, Literatur-Nobelpreis 1984. - *Werke:* Im Spiegel hat er es im Dunkel (Ged. 1982), Ein Himmel voller Raben (E., 1985), Der Halleysche Komet (Ged., 1986).

**Seige** [zu mittelhochdt. seige „Senkung"] (Rösche), bergmänn. Bez. für eine Rinne, in der das Grubenwasser abfließt.

**Seigerung** (Seigern), in der Metallurgie die Entmischung einer geschmolzenen, nichteutekt. Legierung im Verlauf des Gießens und Erstarrens, was zur Verschlechterung der Werkstoffeigenschaften durch Zonenbildung im Gußstück *(Block-S.)* oder Bildung unterschiedl. zusammengesetzter Mischkristalle *(Kristall-S., Korn-S.)* führt. In einigen Fällen wird die S. zum Trennen von Metallgemischen (Ausschmelzen) genutzt.

**Seignetteelektrizität** [zɛnˈjɛt; ↑Seignettesalz], svw. ↑Ferroelektrizität.

**Seignettesalz** [zɛnˈjɛt, nach dem frz. Apotheker P. Seignette, *1660, †1719] (Rochellesalz, Kaliumnatriumtartrat), $KNaC_4H_4O_6 \cdot 4H_2O$, das farblose, wasserlösl. Kaliumnatriumsalz der Weinsäure; zur Herstellung von Fehlingscher Lösung (↑Fehling, H. von) verwendet.

**Seigneur** [zɛnˈjøːr, frz. sɛˈnœːr; zu ↑Senior] (Kurzformen: Sire und Sieur), in Frankr. bis 1789 i. w. S. jeder Herr, der Rechte über Personen oder Sachen besaß, i. e. S. der Lehns- oder Grundherr. **Seigneur justicier** bezeichnete den Inhaber hoher oder niederer Gerichtsbarkeit in seinem Machtbereich (**Seigneurie**).

**Seikantunnel** [jap.seːˈkaŋ], im Bau befindl. Eisenbahntunnel unter der Tsugarustraße, zw. den jap. Inseln Hondo und Hokkaido, 53,85 km lang, davon 23,3 km unter Wasser, bis 240 m u. d. M.

**Seil,** aus Naturfasern wie Manila-, Sisalfasern, Hanf, Kokosfasern u. a. oder Kunststofffasern (Polyamid-, Polyester-, Polypropylenfasern) - sog. Faserseil - oder aus einzelnen Drähten (↑Drahtseil) hergestelltes Erzeugnis, das insbes. der Übertragung von Zugkräften dient. Die traditionelle S.herstellung erfolgt auf der *Seilerbahn* (Reep[er]bahn), heute zunehmend mit Hilfe von Litzen- und Verseilmaschinen (Seilschlagmaschinen).

**Seiland** [norweg. ˌsɛjlan], norweg. Insel sw. von Hammerfest, vom Festland durch den **Vargsund** getrennt, 559 km$^2$, bis 1075 m ü. d. M.

**Seilbahn** (Drahtseilbahn), Beförderungsmittel, bei dem die Wagen oder Kabinen mit Hilfe langer Seile gezogen werden oder an Tragseilen laufen. Bei *Stand-S.* laufen die Wagen auf Schienen (am Boden), bei *Seilhängebahnen* an Hängeschienen, bei *Seilschwebebahnen (Luft-S.)* an Tragseilen. Bei *Ein-S.* dient ein umlaufendes, endloses Drahtseil als Trage- und Zugseil; die Kabinen, Gondeln, Kübel u. a. können abkuppelbar oder ständig am Seil festgeklemmt sein (so z. B. die Sitze der *Sessellifte* oder -bahnen). Bei *Zwei-S.* laufen die Kabinen oder Wagen mit einem bes., mit einer beim Bruch des Zugseils wirkenden Fangbremse ausgerüsteten Laufwerk auf einem Tragseil und werden von einem oder zwei Zugseilen bewegt. - Abb. S. 88.

**Seilerhanf** ↑Faserhanf.

**Seilkurve,** svw. ↑Kettenlinie.

**Seilschaft** ↑Bergsteigen.

**Seiltragwerk,** ein weitgespanntes, zumeist doppelt gekrümmtes Flächentragwerk, bestehend aus einem an Masten aufgehängten System von zugbeanspruchten, verspannten Drahtseilen, die an Randseilen u. a. verankert sind, und einer leichten Bedeckung bzw. Wandung (z. B. Kunststoffhaut).

**Sein** (lat. esse), Grundbegriff der Ontologie, v. a. der Scholastik, Neuscholastik und der Philosophie Heideggers. - S. ist das, wodurch jedes Seiende ist; dabei begründet das S. nicht nur das wirkl. Dasein (Existenz), sondern auch das bloße Aussagbar- bzw. Denkbar-S. eines Seienden. Würde man bei einem Seienden (z. B. *A*) von allen endl. (zufälligen) bzw. kontingenten) Bestimmungen (z. B. *groß, rot, Mensch*) absehen (abstrahieren), bliebe als letzte Aussage (Prädikat): *A* ist. Selbst das Nicht-S. bzw. das Nichts ist nur mit Hilfe des S. begriffl. zu fassen. Insofern ist also das S. das Umfassendste, das Unendliche, das Vollkommenste schlechthin, außerhalb dessen und ohne das nichts „ist". Das Verhältnis von S. und Seiende wird als Teilhabe (Partizipation) bestimmt, wobei aber das S. selbst nicht in Teile zerfällt. Seiendes ist also Seiendes nur insofern, als es am S. teilhat, ihm S. zukommt. - In Auseinandersetzung mit dem S. als dem höchsten Seienden behauptet Heidegger eine „ontolog. Differenz" von S. und Seiendem, die darin bestehe, daß das S. als das, was auf Aufruf zur Verwirklichung unseres Selbst[-S.] auf uns kommt, nicht das ist, was bereits verwirklicht (seiend) ist. - Die Kritik an der S.philosophie (v. a. durch die sprachanalyt. Philosophiekritik) lehnt den substantiv. Gebrauch des Wortes „sein" ab und weist darauf hin, daß „sein" bzw. ledigl. ein Wort für verschiedene Redepartikel und deshalb für die Philosophie weitgehend unbrauchbar sei.

 *Heidegger, M.:* S. u. Zeit Tüb. $^{15}$1984.

**Seine** [ˈzɛːnə, frz. sɛn], Fluß in Frankr., entspringt auf dem Plateau von Langres, quert das sö. Pariser Becken, mündet in einem breiten Ästuar bei Le Havre in den Kanal, 776 km lang. Wichtiger Schiffahrtsweg, da der Unterlauf eine natürl. Öffnung des Pariser Raumes zum Meer darstellt. Haupthäfen sind Paris, Rouen und Le Havre. Querverbindungen bestehen mit dem gesamten frz. Binnenwasserstraßennetz.

**Seine-et-Marne** [frz. sɛne'marn], Dep. in Frankreich.

**Seine-Maritime** [frz. sɛnmari'tim], Dep. in Frankreich.

**Seine-Oise-Marne-Kultur** [frz. sɛn, wa:z, marn], nach ihrem Hauptverbreitungsgebiet ben. jungneolith. Kultur in M-, N- und NW-Frankr. (2. Hälfte des 3. Jt. v. Chr.); gekennzeichnet u. a. durch einfache, unverzierte Keramik, Feuersteinbeile; die „Statuesmenhirs" (Menhire in Form einer stilisierten Figur) werden ihr zugewiesen.

**Seine-Saint-Denis** [frz. sɛnsɛ̃d'ni], Dep. in Frankreich.

**Seingalt,** Chevalier de [frz. sɛ̃'galt], italien. Abenteurer und Schriftsteller, ↑Casanova, Giacomo Girolamo.

**Seipel,** Ignaz, * Wien 19. Juli 1876, † Pernitz (Niederösterreich) 2. Aug. 1932, östr. Politiker. - Prälat, 1909 Prof. in Salzburg, 1917 in Wien; Okt./Nov. 1918 im letzten kaiserl. Kabinett Arbeits- und Sozialmin.; seit 1919 Mgl. der Nationalversammlung bzw. des Nationalrats; an der Ausarbeitung der östr. Verfassung führend beteiligt, überwand als Bundeskanzler einer bürgerl. Koalitionsreg. seit 1922 nur z. T. die wirtsch. Krise, doch gelang die Sanierung der Währung; sein konservativer innenpolit. Kurs verschärfte die sozialen Spannungen und zwang ihn - nach einem Attentat auf ihn - zum Rücktritt (Nov. 1924); 1926-29 erneut Bundeskanzler, stützte sich auf die Heimwehren als Instrument zur Zurückdrängung der Sozialdemokratie; S., der die östr. Nachkriegspolitik wesentl. mitbestimmte, propagierte eine autoritäre ständ. Verfassungsreform und wurde damit zum Wegbereiter der Reg. Dollfuß.

**Sei Schonagon** [jap. se:'ʃo:na,ɡoŋ], * um 965, † nach 1000, jap. Dichterin. - Schuf mit dem Werk „Das Kopfkissenbuch der Dame Sei Shônagon" (entstanden um 1000, teilweise dt. 1944) eine neue Literaturgattung, die Suihitsu, eine Aufzeichnung von Einfällen, scharf beobachteten Erlebnissen und Stimmungen. Das Werk gibt ein interessantes Bild vom Leben am Kaiserhof; es gilt als eines der großen Werke der klass. jap. Literatur.

**Seiser Alm,** Hochfläche in den Südtiroler Dolomiten, durchschnittl. 1800-2000 m hoch; Fremdenverkehrsgebiet.

**Seismik** [zu griech. seismós „Erschütterung"] (Erdbebenkunde, Seismologie), die Wiss. von der Entstehung, Ausbreitung und Auswirkung von Erdbeben. Während sich die **Makroseismik** mit den Erdbeben allg., ihren geolog. Ursachen und Wirkungen sowie ihrer geograph. Verteilung befaßt, untersucht die **Mikroseismik** die physikal. Probleme der Erdbebenentstehung und -ausbreitung; sie befaßt sich außerdem mit der Aufzeichnung der Erdbebenwellen. Die **Sprengseismik**, ein Teilbereich der angewandten Seismik bzw. geophysikal. Prospektion, hat die Aufgabe, aus dem Ausbreitungsverhalten von künstl., durch Sprengungen erzeugten Erdbebenwellen Rückschlüsse auf Art, Mächtigkeit und Verlauf von Gesteinsschichten, Lagerstätten u. a. zu gewinnen. Die künstl. erzeugten elast. Wellen breiten sich u. a. infolge der unterschiedl. Elastizität der Gesteine unterschiedl. schnell im Untergrund aus und werden an Schichtgrenzen gebrochen (refraktiert) oder zurückgeworfen (reflektiert). Die an die Erdoberfläche zurückgelangenden Wellen werden mit Hilfe von Geophonen registriert.

**seismische Wellen,** svw. Erdbebenwellen (↑Erdbeben).

**seismo..., Seismo...** [zu griech. seismós

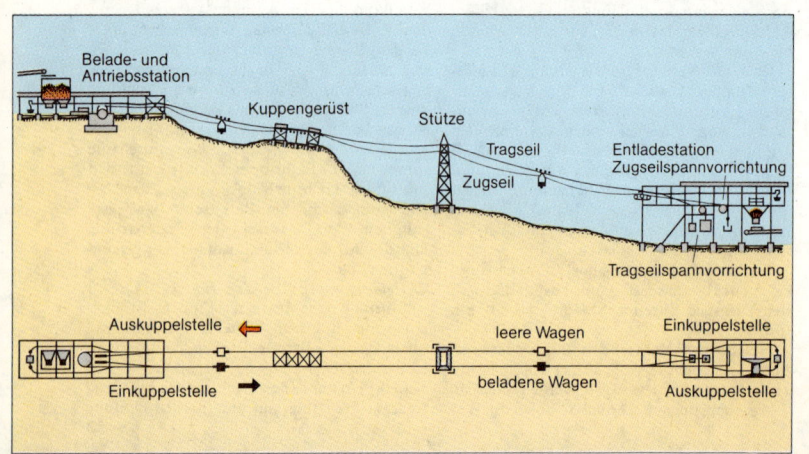

Seilbahn. System einer Zweiseil-Umlaufbahn

# Seitenlinienorgane

„Erschütterung"], Bestimmungswort in Zusammensetzungen mit der Bed. „Erdbeben...".

**Seismograph** (Seismometer), Gerät zur Registrierung und Messung von Bodenerschütterungen (insbes. Erdbeben); besteht im Prinzip aus einer schweren Masse, die so gelagert ist, daß sie durch Bewegungen des Bodens möglichst wenig beeinflußt wird (Pendelaufhängung, Schneidenlagerung). Erschütterungen des Erdbodens werden als relative Verschiebungen gegenüber der (ruhenden) Masse im einfachsten Fall von einem Hebelmechanismus auf eine Schreibvorrichtung übertragen und aufgezeichnet (**Seismogramm**). Moderne Geräte arbeiten mit opt. (z. B. Spiegel), elektr. (z. B. mit Induktionsspulen beim ↑Galitzin-Pendel) und elektron. Hilfsmitteln (z. B. Verstärkern). Erdbebenwarten sind gewöhnl. mit zwei Horizontal-S. (zur Registrierung von N-S-Bewegungen und O-W-Bewegungen, z. B. Horizontalpendel) und einem Vertikal-S. ausgestattet.

**Seismonastie** ↑Nastie.
**Seismophon**, svw. ↑Geophon.
**Seitel**, svw. ↑Seidel.
**Seitengänge**, Dressurübung, bei der das Pferd mit der Vorderhand auf einem anderen Hufschlag geht als mit der Hinterhand.
**Seitengewehr**, kurze Hieb- und Stichwaffe, seitlich am Koppel getragen; diente als Handwaffe oder Bajonett.
**Seitenhalbierende** (Mittellinie), Verbindungsstrecke einer Ecke eines Dreiecks mit der Mitte der gegenüberliegenden Seite. Die drei S. schneiden sich im Schwerpunkt des Dreiecks.

**Seitenkettentheorie** (Ehrlich-Seitenkettentheorie), Theorie P. Ehrlichs über die Antikörperbildung, die besagt, daß Blutzellen chem. Gruppen bzw. Seitenketten besitzen, die rein zufällig zu den chem. Gruppen der eingedrungenen Giftstoffe (Antigene) passen. Durch das Reagieren miteinander (↑Antigen-Antikörper-Reaktion) sollen vermehrt Seitenketten (Antitoxine) gebildet und aus den Zellen in die Blutflüssigkeit abgegeben werden.

**Seitenlaut** (Lateral, Laterallaut), Laut, bei dessen Artikulation der Luftstrom an der mittleren Längsachse der Zunge im Mundraum gestoppt wird; die Luft kann dann seitl. an einer Seite (unilateral) oder an beiden Seiten (bilateral) der Zunge entweichen, z. B. beim [l].

**Seitenleitwerk** ↑Flugzeug.

**Seitenlinienorgane** (Seitenorgane, Lateralisorgane), der Wahrnehmung von Geschwindigkeit und Richtung von Wasserströmungen dienende Hautsinnesorgane bei wasserbewohnenden Wirbeltieren (Fische, Amphibienlarven und ständig im Wasser lebende Amphibien); sie setzen sich zusammen aus *Neuromasten*, d. h. Gruppen von sekundären Sinneszellen, die von Gehirnzellen innerviert werden und deren haarartiger Fortsatz (Sinneshaar) in einen Gallertkegel hineinragt; dieser wird durch Wasserströmungen (z. B. von festen Körpern reflektierte oder durch sich nähernde Objekte erzeugte Wasserwellenbewegungen) in seiner Stellung verändert. Die S. liegen meist hintereinandergereiht in Rinnen oder in unter der Haut gelegenen, durch kurze Röhren mit dem umgebenden Wasser in Verbindung stehenden Kanälen am Kopf und Rumpf. Dabei tritt ein auf jeder Körperseite vom Kopf bis zum Schwanz verlaufender einzelner Sinnesstrang, die **Seitenlinie**, bes. in Erscheinung. Diese bildet bei Fischen eine Grenzlinie zw. der Rücken- und der Bauchmuskulatur.

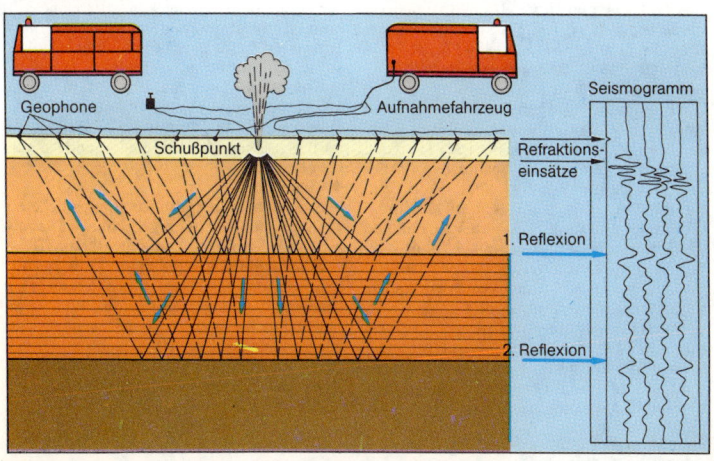

Sprengseismik. Prinzip der Reflexionsseismik. Der Kurvenverlauf des Seismogramms (rechts) wird mit Hilfe empirisch bekannter Daten ausgewertet

**Seitenmaßstab,** svw. ↑ Abbildungsmaßstab.

**Seitenmoräne** ↑ Gletscher.

**Seitenruder,** steuerbare Klappe des Seitenleitwerks eines ↑ Flugzeugs.

**Seitenschiff,** Teil des Langhauses einer Basilika; meist vom Mittelschiff durch Pfeiler oder Säulen abgetrennt.

**Seitenschneider** ↑ Zange.

**Seitenschrift,** svw. ↑ Berliner-Schrift.

**Seitenstechen** ↑ Milz.

**Seitenstrang** (Plica salpingopalatina), paarige, Lymphknötchen enthaltende Schleimhautfalte, die beiderseits im Rachen von der Mündung der Eustachi-Röhre zum Gaumensegel verläuft. Die **Seitenstrangangina** (Angina lateralis) wird meist durch Streptokokken hervorgerufen; Symptome und Behandlung wie bei ↑ Angina.

**Seitentrawler** [ˈtrɔːlər] ↑ Fischerei.

**Seitenverhältnis,** svw. ↑ Abbildungsmaßstab.

**Seitenwagen** (Beiwagen), mit dem Rahmen eines Motorrades (↑ Kraftrad) fest verbundenes [Teil]fahrzeug zur Personenbeförderung.

**Seitenwinder** ↑ Klapperschlangen.

**Seiters,** Rudolf, * Osnabrück 13. Okt. 1937, dt. Politiker (CDU). - Jurist; seit 1969 MdB; seit 1984 1. Parlamentar. Fraktionsgeschäftsführer; seit April 1989 Bundesmin. im Bundeskanzleramt.

**seitliche Verzweigung,** Verzweigungsart der Sproßsysteme bei Schachtelhalmen, Farnen und Samenpflanzen durch seitl. Ausgliederung von Tochterachsen aus der Mutterachse.

**Seitpferd** ↑ Pferd (Turngerät).

**Seitz,** Karl, * Wien 4. Sept. 1869, † ebd. 3. Febr. 1950, östr. Politiker (SPÖ). - 1901–18 Mgl. des östr. Reichsrats; einer der 3 gleichberechtigten Präs. der provisor. Nationalversammlung 1918/19; Febr. 1919–Dez. 1920 Erster Präs. der konstituierenden Nationalversammlung und vorläufiges Staatsoberhaupt; 1920–34 Vors. der SPÖ; 1944/45 im KZ Ravensbrück; 1945–50 Ehrenvors. der SPÖ.

**Seiwal** [norweg.] ↑ Furchenwale.

**Seja** [russ. ˈzjejɛ], linker Nebenfluß des Amur, entspringt im Stanowoigebirge, mündet bei Blagoweschtschensk, 1 242 km lang.

**Sejan** (Lucius Aelius Seianus), * Volsinii um 20 v. Chr., † Rom 18. Okt. 31 n. Chr., röm. Prätorianerpräfekt (seit 14 n. Chr.). - Günstling des Kaisers Tiberius; veranlaßte die Ermordung des Kaisersohnes Julius Caesar Drusus und schaltete die Familie des Germanicus aus; wegen einer Verschwörung (?) gegen den Kaiser verhaftet und hingerichtet.

**Sejm** [zaim, poln. sɛjm], der poln. Reichstag, seit 1493 das oberste Gesetzgebungsorgan in Polen; bestand aus den Vertretern der Landtage (Landbotenstube) und hohen Kron- und Landesbeamten sowie den Bischöfen (Oberhaus). Der S. lähmte sich durch das seit 1652 häufig im Interesse der Nachbarmächte eingelegte ↑ Liberum veto. - In der Republik Polen (1919–39) bildete der S. mit 444 Abg. die 2. Kammer neben dem Senat (111 Mgl.); nach den Wahlen 1947 als Einkammerparlament errichtet (↑ auch Polen, politisches System).

**Sek.,** Abk. für: ↑ Sekunde.

**Sekans** [lat.] ↑ trigonometrische Funktionen.

**Sekante** [lat.], eine Gerade, die eine Kurve (speziell einen Kreis) in mindestens zwei Punkten schneidet. Das zw. den Schnittpunkten gelegene Stück der S. ist die *Sehne.*

**Sekles,** Bernhard, * Frankfurt am Main 20. März 1872, † ebd. 8. Dez. 1934, dt. Komponist. - Lehrer für Komposition am Hochschen Konservatorium in Frankfurt am Main (Schüler u. a. P. Hindemith und H. Rosbaud); komponierte Opern (u. a. „Scheherazade", 1917), Kammer- und Klaviermusik, Chorwerke und Lieder.

**Sekondi-Takoradi,** Stadt in SW-Ghana, am Golf von Guinea, 175 400 E. Verwaltungssitz der Western Region; kath. Bischofssitz; Technikum; Bootswerft, Textil-, Sägewerke; Exporthafen; Marinestützpunkt. - Im 17. Jh. engl. und niederl. Forts, um 1690 von den Ahanta zerstört; das wieder aufgebaute niederl. Fort Orange kauften 1872 die Briten; S. entstand im 19. Jahrhundert.

**Sékou Touré** [frz. sekutyˈre] ↑ Touré, Sékou.

**Sekret** [lat.], in der lat. Liturgie (bis 1970; seither Oratio super oblata [Gabengebet]), die Oration, die die Gabenbereitung abschließt und die Präfation einleitet.

**Sekretär** [mittellat.-frz.] (Sagittarius serpentarius), langbeiniger, im Stand etwa 1 m hoher, bis 2 m spannender, vorwiegend grauer ↑ Greifvogel in den Steppen Afrikas (südl. der Sahara); sich bes. von Schlangen und Eidechsen ernährender Vogel mit langen, z. T. schwarzen Schmuckfedern am Hinterkopf, schwarzen Schwingen und Unterschenkeln sowie gelbl. Füßen.

**Sekretär** [mittellat.-frz.], 1. leitender Funktionär einer Partei, Gewerkschaft oder einer anderen Organisation; 2. Beamter des mittleren Dienstes bei Bund, Ländern und Gemeinden.

◆ ↑ Schrank.

**Sekretariate** [mittellat.] (päpstliche S.), 1960 eingeführter ständiger, kollegial verfaßter Behördentyp der römischen ↑ Kurie.

**Sekretärin** [mittellat.-frz.], Berufsbez. für eine mit niederl. Bürotätigkeiten betraute und unterschiedl. qualifizierte Angestellte, die einer oder mehrere Führungskräfte von Routinetätigkeiten u. a. z. B. Sichtung der eingehenden Post, selbständige Erledigung von Routineschriftwechsel, Korrespondenz nach Stichworten, Steno- oder Phonodiktat, Über-

# Sektor

wachen und Führen des Terminkalenders) entlasten soll.

**Sekrete** [lat.], die bei der Sekretion v. a. von Drüsen oder einzelnen Drüsenzellen *(Sekretzellen)*, aber auch z. B. von Epidermiszellen (wenn sie eine Kutikula absondern) oder von Neurohormone bildenden Nervenzellen (↑Neurosekretion) abgesonderten Produkte. Die S. erfüllen im Unterschied zu den ↑Exkreten i. d. R. noch bestimmte Aufgaben für das Lebewesen. Sekrete i. e. S. sind u. a. Hormone (Inkrete), Verdauungsenzyme, Schutz-, Abwehr-, Duft- und Farbstoffe, Schleimstoffe, Nährsubstanzen (z. B. die Milch aus den Milchdrüsen), der pflanzl. Nektar, die Wuchsstoffe. Die S. werden in der Zelle in Form bestimmter Proteine von den Ribosomen in die Zisternen des endoplasmat. Retikulums hinein gebildet. Im Golgi-Apparat werden dann Kohlenwasserstoffe angelagert und die S. schließl. nach außen abgegeben.

**Sekretion** [lat.], (Absonderung) die Ausscheidung von Sekreten nach außen oder ins Körperinnere *(innere S.;* Inkretion [↑auch Inkrete]).

♦ teilweise oder gänzl. Ausfüllung von Gesteinshohlräumen durch Ausscheidungen eingedrungener Lösungen.

**Sekt** [zu italien. vino secco „trockener Wein"] ↑Schaumwein.

**Sekten,** religionswiss. Begriff für zahlen- und bedeutungsmäßig kleinere Glaubensgemeinschaften, die sich von einer Mutterreligion abgespalten haben. So gibt es sektenmäßige Abspaltungen in fast allen Hochreligionen. - Sprachgeschichtl. entspricht „S." dem lat. „secta" und dem griech. „haíresis" und bedeutet urspr. - ohne wertenden Akzent - eine bestimmte Denk- oder Glaubensrichtung. Der Begriff gewann jedoch im *christl. Raum* bald den ausschließl. negativen Sinn von eigenwilliger, ja verblendeter Abweichung vom rechten christl. Glauben und Abspaltung von der wahren kirchl. Gemeinschaft und hatte zunächst nur innerkirchl. Bed.; als aber im 4. Jh. das Christentum Staatsreligion wurde, waren christl. Glaube und Kirchenmitgliedschaft Bürgerpflicht. Damit war der „Sektierer" als Ketzer auch gesellschaftl. und eth. disqualifiziert; er wurde inquisitor. aufgespürt und durch die weltl. Macht bestraft (↑auch Inquisition). Diese Bed. hielt sich über die Reformationszeit hinaus weitgehend bis heute trotz Aufklärung und Säkularisation, trotz Betonung religiöser Toleranz und Ausbildung eines weltanschaul. neutralen Staates. - Theologen verwenden daher den Begriff „S." nur noch zögernd. Denn „Irrlehren" und „verschrobene" Glaubensformen können innerhalb einer Kirche genauso auftreten wie außerhalb. Zudem ist die Anzahl der S. so groß, ihr Selbstverständnis und ihre Thematik so unterschiedl., daß man (anders als bei den Kirchen) kaum eine zusammenfassende Charakterisierung geben kann. Daher wird immer häufiger anstatt von S. von „*christl. Sondergemeinschaften*" gesprochen, womit das Kennzeichnende dieser Gruppen in ihrer Absonderung von der ökumen. verstandenen Gesamtkirche gesehen wird. - Die heute in der BR Deutschland etablierten „Sondergemeinschaften" stammen fast alle aus dem angelsächs. Raum. Man kann sie unterteilen in: 1. *streng bibelgebundene* Gruppen, die entweder die wahre christl. Gemeinde darstellen (z. B. Neuapostol. Gemeinde) oder den urspr. Glauben wiedergewinnen wollen (Pfingstbewegung, Heiligungsbewegung) oder das Weltende und die Wiederkunft Christi erwarten (Adventisten, Zeugen Jehovas u. a.); 2. *prophet.* Gruppen, die sich auf neue, die Bibel weiterführende Offenbarungen stützen (z. B. Mormonen); 3. *spekulative* Gruppen, die ein neues religiöses System vermitteln (z. B. Christian Science, Gralsbewegung). Daneben finden sich auch *fremdreligiöse* Gruppen (Bahaismus) und schließl. ehem *weltanschaul.* Gruppierungen (z. B. Spiritismus, Ufologie, Neugeistbewegung, Transzendentale Meditation, Scientology). - Die Gesamtzahl der Mgl. außerkirchl. christl. Glaubensgemeinschaften in der BR Deutschland wird auf rd. 900 000 geschätzt.

📖 *Barthel, H.: Die S. Waldeck 1985. - Eggenberger, O.: Kirchen, Sondergruppen u. religiöse Vereinigungen.* Zürich ³1983. - *Hutten, K.: Seher, Grübler, Enthusiasten.* Stg. ¹²1982. - *Was glauben die anderen?* Hg. v. *K. Eberhardt.* Gütersloh ²1978.

**Sektierer** [mittellat.], Anhänger, v. a. auch Wortführer einer Sekte.

**Sektion** [zu lat. sectio „das Schneiden"], allg. svw. Abteilung [einer Behörde]; Zweig, Gruppe.

♦ in Österreich Abteilung in einem Ministerium, der ein **Sektionschef** vorsteht.

♦ (Sectio) kunstgerechte ↑Leichenöffnung und -zergliederung. Eine S. umfaßt neben der äußerl. Inspektion der Leiche die Besichtigung von Kopf-, Brust- und Bauchhöhle sowie der darin befindl. Organe. Sie dient der Erkennung von Todesursachen bzw. Krankheiten, deren Diagnose u. U. zu Lebzeiten des Patienten nicht gestellt werden konnte.

♦ (Sectio) in der zoolog. und botan. Systematik eine fakultative Kategorienstufe unterhalb der Untergatt. und oberhalb der Art; heute weitgehend durch den Begriff *Artengruppe* ersetzt.

**Sektionsbauweise** ↑Schiff.

**Sektor** [zu lat. sector, eigtl. „Abschneider"], allg. svw. [Sach]gebiet, Bezirk, Teil.

♦ (Wirtschafts-S.) Zusammenfassung gleichartiger Wirtschaftssubjekte in der volkswirtschaftl. Gesamtrechnung. In der BR Deutschland werden dabei die S. Unternehmen, Staat und private Haushalte unterschieden. Der *Unternehmens-S.,* der alle Wirtschaftssubjekte

umfaßt, die Sachgüter und Dienstleistungen produzieren und verkaufen, teilt sich in die eigtl. Produktionsunternehmen, die Kreditinstitute und die Versicherungsunternehmen. Der *staatl. S.* umfaßt die Teil-S. Gebietskörperschaften und Sozialversicherungen. Der *S. private Haushalte* untergliedert sich in die Teil-S. private Haushalte i. e. S. und private Organisationen ohne Erwerbscharakter wie z. B. Kirchen, Vereine, Gewerkschaften oder polit. Parteien. - Von dieser Gliederung zu unterscheiden ist die Einteilung der Unternehmen in Betriebe der Urproduktion *(primärer S.)*, der Verarbeitung *(sekundärer S.)* und Dienstleistungsbetriebe *(tertiärer Sektor)*.
♦ in der *Geometrie:* von den Schenkeln eines Winkels und einer gekrümmten Linie begrenztes Flächenstück (z. B. der Kreis-S.); auch Bez. für einen von einem Kegelmantel und einer gekrümmten Fläche begrenzten Raumteil bzw. Körper (z. B. der Kugelsektor).

**Sektorenblende** ↑Filmkamera.

**Sekunda** [zu lat. secunda (classis) „die zweite (Klasse)"], Bez. für die sechste (Unter-S.) und siebente (Ober-S.) Klasse im Gymnasium; die amtl. Bez. lautet heute (für alle Schularten) zehnte und elfte Klasse.

**Sekundakkord** [lat./frz.], die dritte Umkehrung des ↑Septimenakkords.

**Sekunda materia** (Materia secunda) [lat.] ↑Materia prima.

**Sekundant** [lat.], Helfer, Berater, Betreuer eines Sportlers während des Wettkampfes (v. a. beim Boxen und Schach); früher: Beistand beim Duell.

**sekundär** [lat.-frz.], an zweiter Stelle, zweitrangig, untergeordnet, nachträglich hinzukommend.
♦ in der *Chemie* in mehrfacher Bedeutung gebrauchtes Wort zur Kennzeichnung von Verbindungen: *s. Salze* sind Salze mehrbasiger Säuren, in denen zwei Wasserstoffatome durch Metallatome ersetzt sind; *s. Kohlenstoff-* oder *Stickstoffatome* sind mit zwei weiteren Kohlenstoffatomen verbunden; bei *s. Alkoholen* ersetzt die Hydroxylgruppe ein an ein s. Kohlenstoffatom gebundenes Wasserstoffatom.

**Sekundär** [lat.] (Sekundärzeit), alter Name für das Mesozoikum (↑Geologie, Formationstabelle).

**Sekundäreffloreszenzen** ↑Effloreszenz.

**sekundäre Geschlechtsmerkmale** ↑Geschlechtsmerkmale.

**sekundäre Knochen,** svw. ↑Deckknochen.

**sekundäre Lagerstätten,** aus älteren Gesteinen durch Verwitterung und Abtragung hervorgegangene Lagerstätten.

**Sekundärelektronen,** Elektronen, die beim Auftreffen einer [primären] Strahlung (insbes. Elektronenstrahlung) auf ein Material (Metall) aus diesem herausgelöst werden.

**Sekundärelektronenvervielfacher** ↑Photomultiplier.

**Sekundärelemente** ↑elektrochemische Elemente.

**Sekundärenergie,** Bez. für die durch Umwandlung natürl. Energieträger (Primärenergie) gewonnene Energie (z. B. Elektrizität).

**sekundärer Generationswechsel** ↑Generationswechsel.

**sekundäre Rinde,** svw. Bast (↑Rinde).

**sekundäres Dauergewebe,** aus sekundärem Meristem entstehendes Dauergewebe höherer Pflanzen. Zu den sekundären D. zählen auch die aus dem faszikulären Bereich des Kambiums im Verlauf des sekundären Dickenwachstums entstehenden Holz- und Bastanteile von Sproß und Wurzel.

**sekundäres Dickenwachstum** ↑Dickenwachstum.

**sekundäres Kiefergelenk,** das Kiefergelenk (↑Kiefer) der Säugetiere (einschließl. Mensch).

**Sekundärfollikel** ↑Eifollikel.

**Sekundärgruppe** ↑Gruppe.

**Sekundärheilung,** verzögerte Heilung von Operationswunden und Weichteilverletzungen, zumeist als Folge einer Wundinfektion oder einer schlechten Wundheilungstendenz.

**Sekundärinfektion,** Zweitinfektion (eines Organismus, entzündl. Herds oder Prozesses) durch einen (neuen, auch gleichen) Krankheitserreger, dessen Ansiedlung und Ausbreitung durch die Erstinfektion begünstigt wird.

**Sekundärliteratur** (Forschungsliteratur), wiss. Untersuchungen und Kommentare zu Werken aus den verschiedensten Gebieten des literar. Schaffens (zur sog. Primärliteratur); wird in Bibliographien zusammengestellt.

**Sekundärrollen** ↑Rolle.

**Sekundärspannung** ↑Sekundärwicklung.

**Sekundärstrahlung,** durch Aufprall von [primärer] Strahlung auf Materie erzeugte neue Strahlung, z. B. Röntgenstrahlung.

**Sekundarstufe,** im internat. Sprachgebrauch (UNESCO) Bez. für die auf der ↑Primarstufe aufbauenden allgemeinbildenden und berufsbezogenen Bildungsgänge. Der Sekundarbereich gliedert sich in die S. I und II. In der S. I (5.–10. Schuljahr) mit der Möglichkeit eines qualifizierten ersten Abschlusses für die Mehrzahl aller Schüler soll eine Grundbildung vermittelt werden. Die S. II (nach dem 10. Schuljahr), die die gymnasiale Oberstufe, Berufs-, Fach- und Fachoberschule umfaßt, soll sich bei weiterer Differenzierung des Bildungsangebots und der Abschlüsse wissenschaftspropädeut. Methoden und Inhalten öffnen und Zugangsmöglichkei-

# Selbstablehnung

ten innerhalb und außerhalb des Hochschulbereichs schaffen.

**Sekundärvegetation,** die sich nach Vernichtung der urspr. Vegetation *(Primärvegetation)* durch den Menschen (z. B. durch Abholzung oder durch Rodung mit zeitl. begrenzter landw. Nutzung) selbsttätig einstellende (meist artenärmere) natürl. Vegetation.

**Sekundärwicklung,** die Wicklung eines Transformators, in der von der Primärwicklung aus die *Sekundärspannung* induziert wird.

**Sekunde** [zu lat. pars minuta secunda „zweiter verminderter Teil", d. h. der Teil, der entsteht, wenn der „erste verminderte Teil" († Minute) durch 60 geteilt wird], Abk.: Sek., sec., s., Einheitenzeichen s, SI-Einheit der Zeit. Festlegung seit 1967: 1 Sekunde ist das 9 192 631 770fache der Periodendauer bei dem Übergang zw. den beiden Hyperfeinstrukturniveaus des Grundzustandes von Atomen des Nuklids $^{133}Cs$ entsprechenden Strahlung. Urspr. war eine S. festgelegt als der 86 400ste Teil des mittleren Sonnentages.
♦ der 3 600ste Teil eines Winkelgrades († Grad).
♦ †Bogensignatur.
♦ das †Intervall, das ein Ton mit seinem diaton. Nachbarton bildet. Die große S. (z. B. c-d) entspricht einem Ganzton, die kleine S. (z. B. e-f) einem Halbton, die übermäßige S. (z. B. c-dis) in enharmon. Umdeutung der kleinen Terz (c-es), die verminderte S. (z. B. h-ces) der Prime. In der Harmonie- und Kontrapunktlehre gilt die S. als auflösungsbedürftige Dissonanz.

**Sekundenherztod,** plötzl. Tod durch Herzversagen und Kreislaufstillstand; u. a. bei Kammerflimmern, auch bei Herzstillstand infolge reflektor. Vaguserregung.

**Sekundenpendel** †Pendel.

**Sekundenphänomen,** das rasche Verschwinden fokalinfektionöser Beschwerden für etwa acht Stunden unmittelbar nach Injektion von Impletol Ⓡⓔⓖ (ein Procainpräparat) oder dgl. in den Herdbereich (oberer Pol der Gaumenmandeln, Zahnwurzeln oder Narbengewebe). Das S. wurde von F. Huneke entdeckt (Hinweis auf einen tonsillären, dentalen oder narbenbedingten Störherd [sog. *Fokaltest*]).

**Sekundenstil,** eine v. a. von A. Holz entwickelte, in ihm †Naturalismus erstmals realisierte literar. Technik, die eine vollkommene Deckungsgleichheit von Erzählzeit und erzählter Zeit anstrebt, vergleichbar einer film. Dauereinstellung ohne Raffung und Dehnung; das Zeitkontinuum bildet die einzige Ordnungsstruktur, während der Autor völlig zurücktritt.

**Sekundogenitur** [lat.] †Primogenitur.

**Sekurit** Ⓡ [zu lat. securitas „Sicherheit"], ein Einscheibensicherheitsglas.

**SEL,** Abk. für: †Standard Elektrik Lorenz AG.

**Sẹla** [hebr.], häufiges Wort in den alttestamentl. Psalmen, dessen Etymologie und Bed. dunkel sind; wahrscheinl. Anweisung für den Psalmenvortrag.

**Selachii** [...xi-i; griech.] (Selachier), svw. †Haifische.

**Seladonporzellan** [ˈzeːladɔn, ˈzɛ..., zelaˈdõː], chin. Porzellan mit grüner Glasur in verschiedenen Nuancen; seit der Sungzeit hergestellt. Bes. charakterist. die durch Sauerstoffzufuhr nach dem Brennen bewirkte Rotfärbung des Scherbens an den von der Glasur freigebliebenen Stellen.

**Selaginẹlla** [lat.], svw. †Moosfarn.

**Selam** (Salem) [arab.], Wohlbefinden, Heil, Friede; *S. aleikum!* Heil über euch! (arab. Gruß).

**Selangor** [indones. səˈlaŋɔr], Gliedstaat Malaysias, im W der Halbinsel Malakka, 8 200 km², 1,47 Mill. E (1980), Hauptstadt Shah Alam. S. erstreckt sich von der Küstenebene an der Malakkastraße bis zur zentralen Gebirgskette (1 500 m hoch). Den wirtsch. Schwerpunkt bildet das rd. 100 km langen Kelang; hier wird Zinnerz abgebaut. Von Bed. sind ferner Kautschukgewinnung, Ölpalmen- und Ananaskulturen. Ind.standorte sind Petaling Jaya und Kelang. Port Kelang ist einer der führenden Überseehäfen Malaysias. - Unabhängiger Staat seit dem 18. Jh.; Protektorat seit 1874; schloß 1896 der Föderation malaiischer Staaten an; 1942-45 jap. besetzt, 1948 Teil des Malaiischen Bundes und 1963 Teil Malaysias.

**Sẹlb,** Stadt im Fichtelgebirge, Bay., 555 m ü. d. M., 20 300 E. Staatl. Berufsbildungszentrum für Keramik mit Fachschule für Porzellan; Porzellanind., ferner Maschinen- und Apparatebau, elektrotechn. Ind. - Erste Erwähnung 1271, 1426 Stadtrecht.

**Sẹlbdritt,** Johannes, Pseud. des dt. Schriftstellers A. T. †Wegner.

**Selbst,** Begriff für einen zentralen Bereich der Persönlichkeit, der das seiner selbst bewußt werdende († Selbstbewußtsein) und gleichzeitig sich selbst zum Objekt werdende Subjekt bezeichnet. W. James und G. H. Mead führten die Bez. S. in die Sozialpsychologie ein und unterschieden am S. einen Subjektaspekt (Ich) vom Objektaspekt (Mich). Letzteres wurde in der Folgezeit immer stärker betont und reicht vom Körpergefühl *(materielles S.)* über soziale Stellung und Rolle *(soziales S.)* bis zu Wertvorstellungen und Weltanschauungen *(geistiges Selbst).*

**Selbstablehnung,** Anzeige einer Amtsperson, insbes. eines Richters, von Umständen, die zur Ausschließung ihrer Person von einem Entscheidungsverfahren führen oder für Beteiligte ein Ablehnungsrecht begründen könnten. Ob die S. berechtigt ist, wird vom Entscheidungsgremium ohne Mitwirkung des

## selbständige Arbeit

Betroffenen bzw. vom Behördenleiter entschieden. Ledigl. ein Einzelrichter oder Behördenleiter kann sich selbst vom Verfahren ausschließen.

**selbständige Arbeit** ↑Arbeit.

**Selbständige Evangelisch-lutherische Kirche,** Abk. SELK, luth. Freikirche, die 1972 aus einer Vereinigung der Ev.-luth. Freikirche, der Ev.-luth. (altluth.) Kirche und der S. e.-l. K. (↑Altlutheraner) entstanden ist. Die SELK ist nicht Gliedkirche der EKD und der VELKD.

**selbständige Garantie** ↑Mängelhaftung.

**Selbstanzeige,** im Steuerstrafrecht die Möglichkeit zur Erlangung von Straffreiheit durch tätige Reue; S. führt in Fällen der *Steuerhinterziehung* zur Straffreiheit, wenn dadurch unrichtige oder unvollständige Angaben berichtigt oder ergänzt bzw. unterlassene Angaben nachgeholt werden.

**Selbstauslöser,** [Zusatz]einrichtung am Kameraverschluß; löst über ein Federwerk erst nach einer Vorlaufzeit den Verschluß aus.

**Selbstbedienung** ↑Supermärkte.

**Selbstbefriedigung,** Sammelbez. für alle Formen sexueller Stimulierung (einschl. einer „Befriedigung"; ↑Orgasmus) ohne Beteiligung eines Partners (z. B. durch ↑Masturbation).

**Selbstbefruchter** (Selbstbestäuber), Pflanzen, die sich durch ↑Selbstbestäubung befruchten. Bei Arten mit Zwitterblüten wird der Pollen innerhalb derselben Blüte übertragen (z. B. bei Erbsen, Bohnen, Kartoffeln). Bei einhäusigen Arten wird der Pollen zw. den ♂ und ♀ Blüten desselben Individuums übertragen (z. B. bei der Walnuß).

**Selbstbefruchtung,** Folge der ↑Selbstbestäubung; bei einer zwittrigen Blüte kann der Pollenschlauch des eigenen Pollens in die Samenanlage eindringen, und die beiden Spermakerne können die [doppelte] Befruchtung von Eizellen und sekundärem Embryosackkern durchführen. Durch S. entstehen in der Erbanlage gleiche Exemplare (Biotypus) einer Population.- S. kommt auch im Tierreich vor, z. B. bei Bandwürmern.

**Selbstbehauptungstraining,** svw. ↑Selbstsicherheitstraining.

**Selbstbestäuber,** svw. ↑Selbstbefruchter.

**Selbstbestäubung** (Eigenbestäubung, Idiogamie), die Bestäubung unter den Blüten desselben Vegetationskörpers, neben der Nachbarbestäubung *(Geitonogamie)* zw. benachbarten Blüten derselben Pflanze v. a. die Bestäubung derselben Blüte *(Autogamie, direkte Bestäubung)*. Es gibt zwei Möglichkeiten zur S.: entweder öffnen sich die Staubbeutel und die Pollenkörner fallen auf die Narbe *(chasmanthere Blüten)*, oder die Pollenkörner treiben Schläuche aus, die aus den Staubbeutelfächern herauswachsen und in die Narbe eindringen *(Kleistogamie,* bei geschlossen bleibenden, *kleistantheren Blüten).* Nach einer S. unterbleibt vielfach die Entwicklung keimfähiger Samen (genet. Inkompatibilität). S. tritt bei einigen Arten, die unter sehr ungünstigen Klimaverhältnissen blühen, regelmäßig auf (Hochgebirgs-, Steppenpflanzen).

**Selbstbestimmung,** in der prakt.-philosoph. Theorie individuelle, gesellschaftl., polit. Handlungen, die Aufhebung der Fremdbestimmung und die Möglichkeit und Fähigkeit des autonomen Subjekts, der Gesellschaft, des Staates, frei der eigenen Vernunft gemäß zu handeln und die Gesetze, Normen, Regeln des Handelns zu entwerfen (↑Freiheit).

**Selbstbestimmungsrecht** (Autodetermination), 1. im *Verfassungsrecht* der BR Deutschland das Recht des einzelnen und gesellschaftl. Gruppen auf freigewählte, eigenverantwortl. Daseinsgestaltung (v. a. im weltanschaul., familiären und vermögensrechtl. Bereich); 2. im *Völkerrecht* das zu den Grundrechten der Staaten gezählte Recht aller Völker und Nationen, ihren polit., wirtsch., sozialen und kulturellen Status frei zu bestimmen; insbes. der Anspruch eines Volkes, sich in freier Entscheidung zu einem selbständigen Staat zusammenzuschließen, was den Grundsatz beinhaltet, daß Annexion oder Abtretung eines Staatsgebiets nur mit mehrheitl. Zustimmung der betroffenen Bevölkerung zulässig ist. Das S. ist zwar als eines der grundlegenden Ziele in der UN-Charta genannt, aber noch kein anerkannter Satz des Völkerrechts. - Die BR Deutschland hat sich in der Präambel des GG sowie in dem Brief zur dt. Einheit anläßl. des ↑Grundvertrages auf ihr S. berufen.

**Selbstbewußtsein,** im *allg. Sprachgebrauch* die Überzeugung vom Wert der eigenen Persönlichkeit; in der *Philosophie* das inhaltl. Wissen um bestimmte innere Zustände, aber auch das formale Wissen um die einheitl. bzw. einheitsstiftende geistige Instanz (Ich, Selbst), die selbst nicht näher bestimmt wird. Kant unterscheidet das „reine S." vom „empir. S.", das ein materiales Wissen um die innere Zuständlichkeit ist. In Ausarbeitung von Kants erkenntniskrit. Idealismus bestimmt Fichte das S. oder Ich als „Tathandlung". Bei Hegel ist das S. die mittlere der Stufen der Erscheinungsweisen des Geistes.

S. bildet sich erst im Verlauf der Persönlichkeitsentwicklung heraus; das Kleinkind lebt noch in ungetrennter Subjekt-Objekt-Einheit, langsam entwickelt es sich zum selbständigen Subjekt. In der Erfahrung von Erfolg und Mißerfolg entsteht S. in dem Maße, in dem Selbstbild und Wunschbild sich entsprechen.

**Selbstbildnis** ↑Selbstporträt.

**Selbstentfremdung** ↑Person.

**Selbstentzündung,** durch die Energie

# Selbstreinigung

spontan ablaufender chem. Reaktionen (z. B. Oxidation) oder physikal. Vorgänge (z. B. Reibung) ausgelöste Entzündung brennbarer Stoffe, z. B. von weißem Phosphor, feucht gelagertem Heu, ölgetränkten Lappen u. a. Wichtig ist die S. von Kraftstoff im Dieselmotor.

**Selbsterfahrungsgruppe,** zeitl. begrenzt zusammentretende Gruppe, die ihren Teilnehmern systemat. vermittelt, wie sie sich (ihre Person und ihr Verhalten) emotional wahrnehmen und wie sie selbst von anderen wahrgenommen werden. S. werden (in unterschiedl. Form) u. a. im Bereich der Gruppentherapie und Gruppendynamik sowie bei der Ausbildung von Psychotherapeuten gebildet.

**Selbsterhaltungstrieb,** Sammelbez. für psych. Antriebe oder Bedürfnisse in bezug auf die [Gesund]erhaltung des (menschl. oder tier.) Individuums.

**Selbsterkenntnis,** in der *Erkenntnistheorie* die Einsicht des erkennenden „Ich" („Selbst") in seine Subjektivität sowie in die ihm zugehörigen Eigenschaften, Abhängigkeiten, Fähigkeiten u. a. In der *Religionsgeschichte* ein Ziel der Gewissenserforschung, aus der eth. (moral.) Folgerungen für künftiges Handeln bzw. Verhalten gezogen werden können.

**Selbsterregung,** der durch Selbstinduktion erfolgende Aufbau des Magnetfeldes in elektr. Generatoren.

♦ Anregung einer sich selbst erhaltenden Schwingung in Stromkreisen mit einem Schwingkreis.

**Selbstfahrlafette,** Geschütz- oder Raketenwerferlafette mit eigenem Antrieb; meist panzerähnl. Kettenfahrzeuge.

**selbstfruchtbar** (selbstfertil), samenbildend; gesagt von Pflanzen (z. B. Aprikosenbaum), deren Pollen auf der eigenen Narbe auskeimen.

**Selbstherrschaft,** von dem Moskauer Großfürsten Iwan III. Wassiljewitsch begründetes Herrschaftssystem, bei dem der Herrscher selbst und allein regiert. **Selbstherrscher aller Reußen** war bis 1917 ein Titel der russ. Zaren.

**Selbsthilfegruppen,** freiwillige Zusammenschlüsse von Menschen, die gleichgelagerte Probleme haben und sich gegenseitig ohne professionell geschulte Kräfte (Psychologen, Ärzte u. a.) helfen. Es gibt inzwischen sehr vielfältige S., die bedeutendste ist die der ↑ Anonymen Alkoholiker.

**Selbsthilferecht,** das Recht zur eigenmächtigen Durchsetzung oder Sicherung eines Anspruchs, wenn obrigkeitl. Hilfe nicht rechtzeitig zu erlangen ist und ohne sofortiges Eingreifen die Gefahr besteht, daß die Verwirklichung des Anspruchs vereitelt oder wesentl. erschwert wird (§ 229 BGB). Dabei darf die Selbsthilfe nicht weiter gehen, als zur Abwendung der Gefahr erforderl. ist. Wer irrtüml. Selbsthilfe vornimmt, ist auf jeden Fall zum Schadenersatz verpflichtet (§ 231 BGB). Das S. im Sinne des § 229 BGB ist zu unterscheiden von der ↑ Notwehr und vom weitergehenden S. des Besitzers *( Abwehrrecht )*.

**Selbsthilfeverkauf** (Notverkauf), Verkauf oder Versteigerung einer geschuldeten bewegl. Sache, die zur ↑ Hinterlegung nicht geeignet ist, durch den Schuldner, wenn der Gläubiger sich (mit der Annahme der Sache) im Verzug befindet.

**Selbstinduktion** (Eigeninduktion), die magnet. Rückwirkung eines sich ändernden elektr. Stromes auf den eigenen Leiterkreis (↑ Induktion).

**Selbstinduktionskoeffizient** ↑ Induktivität.

**Selbstkontrolle,** im publizist. Bereich die eigenverantwortl. Kontrolle der Massenmedien, die Mißbräuche der Meinungs- und Pressefreiheit verhindern und mögl. staatl. Eingriffen zuvorkommen soll; Einrichtungen in der BR Deutschland: ↑ Freiwillige Selbstkontrolle der Filmwirtschaft, ↑ Deutscher Presserat, S. der Illustrierten Zeitschriften (seit 1966; 1957–64 „S. der Illustrierten").

**Selbstkontrolltechniken,** bes. im Bereich der Verhaltenstherapie entwickelte Verfahren, die auf eine Stärkung der Selbststeuerung des Verhaltens beim Klienten abzielen. Dazu gehören u. a. systemat. Selbstbeobachtung (z. B. Protokollieren der Häufigkeit bestimmter Verhaltensweisen, einschließl. vorausgehender und nachfolgender Bedingungen), realist. Vorsatzbildung, Stimuluskontrolle (z. B. Rauchen nur noch im Stehen), Selbstverstärkung und verdeckte Sensibilisierung (Kopplung von angenehmen Gefühlen mit erwünschten und unangenehmen Gefühlen mit unerwünschten Verhaltensweisen in der Vorstellung). - S. werden v. a. bei Suchtproblemen angewandt.

**Selbstkritik,** allg. die krit. Reflexion auf das Ich als eine Bedingung der [Selbst]vervollkommnung. - I. e. S. Bez. für die in der Sowjetunion entwickelte und von den anderen kommunist. Organisationen und Staaten übernommene Methode zur Korrektur individueller Abweichungen, Fehler, Mängel und Irrtümer durch den sozialen Zwang zur Selbstanklage und zum Eingeständnis von Verfehlungen.

**Selbstladepistole** ↑ Pistole.

**Selbstlaut,** svw. ↑ Vokal.

**Selbstmord** ↑ Selbsttötung.

**Selbstporträt** [...trɛː] (Selbstbildnis), gemalte, graph., plast. oder photograph. Selbstdarstellung; Sonderfall des ↑ Bildnisses. Spiegelt v. a. gesellschaftl. Status und individuelle Selbsteinschätzung der unterschiedlichen Künstlerpersönlichkeiten wider. Die Typenskala reicht von entschiedener Idealisierung bis zur Karikatur.

**Selbstreinigung,** die bei gesunden Gewässern nach einer gewissen Fließzeit und Fließstärke durch biolog. Tätigkeit stattfindende Reinigung von fäulnisfähigen Schmutzstoffen (z. B. eingeleitete gereinigte oder ungereinigte Abwässer). Mikroorganismen nehmen feinverteilte organ. (teils auch anorgan.) Stoffe auf, die sie zum Aufbau der eigenen Körpersubstanz nutzen oder zur Energiegewinnung zu Wasser und Kohlendioxid bzw. einfachen chem. Stoffen abbauen (↑ Mineralisation). Den Bakterien, Algen und Pilzen folgen in der S.kette Protozoen, Krebse, Muscheln, Würmer, Insektenlarven und Schnecken, schließl. Fische und Wasservögel. Wasserpflanzen liefern den für die aeroben Mikroorganismen notwendigen Sauerstoff und nutzen die abgebauten Minerale als Nahrung. Diese biolog. S. wird von chem. Prozessen (v. a. Oxidations- und Reduktionsvorgänge) begleitet und durch physikal. Faktoren (Fließgeschwindigkeit, Turbulenz, Wassertiefe, Wassertemperatur, Intensität der Sonneneinstrahlung u. a.) unterstützt. Ungünstige Veränderungen schon eines einzigen Faktors können die S. empfindl. stören oder gar verhindern.

**Selbstschüsse,** Sicherheitsvorrichtungen, bei denen versteckt ausgelegte Drähte bei Berührung Schüsse auslösen.

**Selbstschutz** ↑ Zivilschutz.

**Selbstsicherheitstraining** (Selbstbehauptungstraining), verhaltenstherapeut. Verfahren zur Behandlung gestörter sozialer Interaktionen. S. bezweckt v. a. den Abbau von Ängsten oder Hemmungen bzw. den Aufbau von sozialen Einstellungen und Ansprüchen. Typ. Methoden sind Rollenspiele und Übungen realer Situationen. Für häufig vorkommende Probleme (z. B. die Unfähigkeit, „nein" zu sagen, Gefühle zu äußern oder Kontakte aufzunehmen) gibt es strukturierte Gruppenübungsprogramme. - ↑ auch Gruppentherapie.

**Selbstspinner,** svw. ↑ Selfaktor.

**selbststeril** (autosteril, selbstunfruchtbar), ohne Samenbildung; gesagt von Pflanzen, bei denen die Samenbildung nach Bestäubung mit dem eigenen Pollen von genotyp. gleichen Individuen ausbleibt. S. sind viele Stein- und Kernobstsorten, die meisten Roggenarten sowie die Kulturformen des Ananas, Banane und des Apfelbaums.

**Selbsttäuschung,** das Beharren auf einer falschen Annahme über sich selbst oder seine Umwelt trotz gegenteiliger Evidenzen. Dient die S. in großem Maßstab zur Verhinderung des Zusammenbruchs des Selbstwertgefühls, wird sie zur sog. *Lebenslüge.*

**Selbsttötung** (Suizid, Freitod, Selbstmord), absichtl. Vernichtung des eigenen Lebens. - S. läßt sich als Ausschöpfung spezifisch menschl. Freiheit deuten. Allerdings sind S., die nach eingehender distanzierter Abwägung (meist unter geplantem Ausschluß jegl. Rettungsmöglichkeit) geschehen, relativ selten. Weitreichende Wirkung kann gelegentl. die gezielt als polit. Protest eingesetzte S. haben. Eine gewisse Bed. kommt auch der von gesellschaftl. Bräuchen vorgeschriebenen S. (z. B. Harakiri) zu. Der weitaus größte Teil der S. und S.versuche jedoch hat eher kurzschlußartigen, affektiven Charakter (meist in einer momentanen Ausweglosigkeit); er enthält einen Appell um Hilfe und läßt i. d. R. Rettungsmöglichkeiten offen. Letzteres trifft für etwa 92% der S.versuche zu. Bei etwa 10% der S.versuche erfolgt eine Wiederholung mit steigender Wahrscheinlichkeit eines tödl. Ausgangs.

Geschlechtsspezif. Unterschiede bestehen bes. darin, daß von Männern sog. harte Methoden (z. B. Erhängen oder Erschießen), von Frauen eher weiche Methoden (z. B. Einnehmen einer Überdosis an Schlafmitteln; insgesamt etwa $^2/_3$ aller S.versuche) bevorzugt werden. S. ist bei Männern, bei alten Menschen und in Wirtschaftskrisen häufiger, in Kriegszeiten seltener. Risikogruppen sind Arbeitslose, Geschiedene, sozial Isolierte, Suchtkranke (z. B. Alkoholiker), psych. Gestörte (insbes. Depressive in bestimmten Phasen) sowie Menschen, die schon einen S.versuch hinter sich haben (häufig Frauen und Heranwachsende). Die die S. begünstigenden soziolog. Aspekte faßte É. Durkheim unter dem Begriff ↑ Anomie zusammen.

Als Motive für den S.versuch geben Frauen am häufigsten Liebeskummer, Ehe- und Familienkonflikte, Männer dagegen am häufigsten wirtsch. und soziale (insbes. berufl.) Schwierigkeiten an. Freuds Annahme, daß hinter der S. ein sog. Todestrieb stehe, scheint zu einfach zu sein. Dagegen findet die psychoanalyt. These, daß zur S. auch verdrängte Aggression (etwa Selbstbestrafung wegen Mordphantasien) führen kann, eine gewisse empir. Stütze darin, daß Mord und S. sich in verschiedenen Gesellschaften in ihrer Häufigkeit gegensinnig verhalten.

Befragungen ergaben, daß der Mehrzahl der S. eindeutige Signale, ja offenes Reden von der geplanten S. vorausgehen. - Die beste *Prophylaxe* von Anfang an sowie nach erfolgtem S.versuch sind tragfähige soziale Beziehungen. Diese ergeben sich in einer fortschreitenden Leistungs- und Massengesellschaft häufig nicht von selbst. Neben dem Ringen um humanere gesellschaftl. Strukturen müssen allg. zugängl. soziale Hilfen in schwierigen Lebenslagen, Beratungen in gemeindenahen Einrichtungen (Eheberatungszentren u. a.), interdisziplinäre Telefonseelsorge und psychotherapeut. Ambulanzen verfügbar sein.

Aus *rechtl.* Sicht ist die S. bzw. der S.versuch seit der Lösung des Strafrechts aus religiösen Bindungen nicht mehr strafbar. Demzufolge sind auch Anstiftung und Beihilfe zur S. straftatbestandslos, es sei denn, die S. beruht nicht

# Selbstverwaltung

| Todesfälle durch Selbsttötung und Selbstbeschädigung in der BR Deutschland je 100 000 E | | | | Selbsttötungsrate im internat. Vergleich (1981–84) | |
|---|---|---|---|---|---|
| Jahr | insgesamt | nur männl. | nur weibl. | Bulgarien | 13,4 |
|  |  |  |  | Frankreich | 19,6 |
|  |  |  |  | Griechenland | 3,5 |
| 1977 | 22,7 | 30,2 | 15,8 | Niederlande | 12,0 |
| 1978 | 22,2 | 30,1 | 15,1 | Österreich | 27,0 |
| 1979 | 21,5 | 29,0 | 14,6 | Ungarn | 45,9 |
| 1980 | 20,8 | 28,2 | 14,1 | USA | 12,2 |
| 1981 | 21,7 | 29,6 | 14,4 | Israel | 6,1 |
| 1982 | 21,3 | 29,8 | 13,6 | Japan | 20,4 |
| 1983 | 21,3 | 29,0 | 14,3 | Australien | 11,2 |
| 1984 | 20,5 | 28,5 | 13,1 | Neuseeland | 10,9 |

auf einem freien, eigenverantwortl. Entschluß (z. B. bei Anzeichen für psych. Störungen oder Zwangsvorstellungen). Die Abgrenzung zur ↑Tötung auf Verlangen ist schwierig. Die christl. Kirchen betrachten die S. als Sünde. Während die kath. Moraltheologie in der S. einen Verstoß gegen das bibl. Tötungsverbot (5. Gebot) und somit als Eingriff in die Souveränität des Schöpfergottes, des alleinigen Herrn über Leben und Tod, sieht, begründet die ev. Sittenlehre ihre Verwerfung der S. v. a. mit dem in ihr sichtbar werdenden Mangel an Glauben, der nicht wahrnimmt, daß jede Erlösung allein aus der Gnade Jesu Christi kommt.

⏍ Améry, J.: Hand an sich legen. Diskurs über den Freitod. Stg. [8]1983. - Holderegger, A.: Suizid u. Suizidgefährdung. Freib. 1980. - Pohlmeier, H.: Selbstmord u. Selbstmordverhütung. Mchn. u. Wien 1978. - Suizid u. Euthanasie als human- u. sozialwiss. Problem. Hg. v. A. Eser. Stg. 1976. - Linden, K. J.: Der Suizidversuch. Stg. 1969.

**selbsttragende Karosserie** ↑Karosserie.

**Selbstunterricht,** Aneignung von Wissen und Erweiterung der Bildung weitgehend ohne Lehrer (↑Autodidakt). Formen von S. sind z. B. im ↑programmierten Unterricht, im ↑Sprachlabor, im ↑Fernunterricht (↑auch Fernstudium) möglich.

**Selbstverdopplung,** svw. ↑Autoreduplikation.

**Selbstverlag,** Verlag, bei dem die Funktion der berufsmäßigen Verleger und z. T. auch die der Buchhändler durch den Autor bzw. eine Autorengemeinschaft übernommen wird.

**Selbstverstümmelung,** im Strafrecht die Wehrpflichtentziehung durch Verstümmelung der eigenen Person. Gemäß § 109 StGB wird mit Freiheitsstrafe von drei Monaten bis zu fünf Jahren bestraft, wer sich oder einen anderen (*Fremdverstümmelung*) durch Verstümmerung zur Erfüllung der Wehrpflicht untauglich macht oder machen läßt. Die S. eines Soldaten wird gemäß § 17 Wehrstrafgesetz bestraft.

♦ (Autotomie, Autoamputation) die Fähigkeit vieler niederer Tiere (Würmer, Weichtiere, Stachelhäuter, Gliederfüßer) und einiger Wirbeltiere (v. a. Eidechsen), Teile ihres Körpers aktiv freizugeben bzw. abzuwerfen, wenn diese irgendwie festgehalten, gequetscht oder verletzt werden; auch können überflüssig gewordene Körperanhänge abgeworfen oder abgebissen werden (z. B. bei Ameisen und Termiten die Flügel nach dem Hochzeitsflug). Die Abtrennung erfolgt häufig reflektorisch und i. d. R. an einer ganz bestimmten (präformierten) Stelle (Wundverschluß durch präformierte doppelte Membran). Durch Regeneration können die preisgegebenen Körperteile oft (wenigstens z. T.) wieder nachwachsen.

**Selbstverwaltung,** allg. die (meist ehrenamtl.) Mitwirkung der Bürger bei der Wahrnehmung öffentl. Aufgaben; im jurist. Sinne die im Ggs. zur ↑Auftragsverwaltung eigenverantwortl. Verwaltung öffentl. Aufgaben durch öffentl.-rechtl. Körperschaften *(S.körperschaften),* insbes. durch ↑Gemeinden und Gemeindeverbände, denen das Recht auf S. im eigenen Wirkungskreis verfassungsrechtl. (Art. 28 Abs. 2 GG) garantiert ist. Weitere S.körperschaften sind die der Universitäten, die Sozialversicherungsträger, bestimmte Berufskammern (z. B. Rechtsanwalt-, Ärztekammern), die Industrie- und Handelskammern sowie die Handwerks- und Landwirtschaftskammern. Das Gesetz kann es dem Träger der S. freistellen, ob er einzelne Aufgaben der Verwaltung wahrnehmen will *(freiwillige S.angelegenheiten)* oder ihn dazu verpflichten *(Pflichtaufgaben).* Die Wahrnehmung der S.angelegenheiten ist weitgehend weisungsfrei und unterliegt nur insoweit der Staatsaufsicht (Rechtsaufsicht), als die Rechtmäßigkeit (nicht die Zweckmäßigkeit) der S.tätigkeit staatlicherseits überprüft wird. Die Bedeutung der S. liegt v. a. in der größeren Sach-, Orts- und Bürgernähe sowie der Dezentralisierung der Verwaltung, was eine unmittelbare Bürgerbeteiligung und autonome re Selbstreg. beinhaltet. In der Geschichte ist das S.recht immer wieder beschränkt worden (z. B. im ↑Absolutismus, ↑Nationalsozia-

lismus). Angesichts mangelhafter Finanzausstattung und der Interdependenz und Komplexität der auf lokaler und überregionaler Ebene zu lösenden Probleme ist die S. als staatstragendes Prinzip erneut gefährdet.
In *Österreich* gilt im wesentl. dem dt. Recht Entsprechendes. Die territoriale S. erfaßt Gemeinden und Gemeindeverbände und ist in Art. 115–119 a Bundesverfassung gewährleistet. Formen der nichtterritorialen S. sind die berufl. und die soziale S. im Bereich der Sozialversicherungsträger. - In der *Schweiz* ist die S. der Gemeinden bundesrechtl. nicht ausdrückl. garantiert, demzufolge ist der Umfang der S. in den einzelnen Kantonen sehr unterschiedl. geregelt.

**Selbstwählferndienst** ↑ Fernsprechen.

**Selbstwertgefühl,** bewußtes Erleben des eigenen Persönlichkeitswerts. Im Vergleich zu Einschätzungen durch Mitmenschen kann S. verringert oder gesteigert sein und von Selbstüberschätzung bis zum Gefühl der Omnipotenz reichen (↑auch Minderwertigkeitsgefühl). Die Psychoanalyse sieht die Entwicklung des S. in engem Zusammenhang mit frühen Entwicklungsphasen des Ich. Verlust des S. kann zu Depressionen und im Extremfall auch zur Selbsttötung führen.

**Selbstzweck,** Absichten, die nicht nur als Schritte auf dem Weg zur Erreichung anderer Zwecke verfolgt werden, d. h., die nicht nur als Mittel, sondern auch um ihrer selbst willen erstrebenswert sind. S. gelten in der philosoph. Tradition als der eigtl. Inhalt des guten Lebens. Soweit sich ein Mensch nicht in S. verwirklichen und sich damit nur als Mittel verstehen kann, gilt sein Leben als entfremdet.

**Selby,** Hubert [engl. 'sɛlbɪ], * New York 23. Juli 1928, amerikan. Schriftsteller. - Seine Romane „Letzte Ausfahrt Brooklyn" (1964) und „Mauern" (1971) schildern schockierend-naturalist. die ausweglose Existenz der Menschen in den Slums von Brooklyn.

**Selçuk** [türk. 'sɛltʃuk], türk. Ort in W-Anatolien, 11 000 E. Archäolog. Museum. - Ruine der Basilika des hl. Johannes (6. Jh., nach 1330 Moschee); Große Moschee (1375); Zitadelle in beherrschender Lage. Nahebei die Ruinen von ↑ Ephesus.

**Seldschuken,** alttürk. Dyn. in Vorderasien, 1040–1157 (in Anatolien bis 1308), die von Seldschuk (um 1000 n. Chr.), einem Häuptling der Ogusen, abstammte. Bis 1092 konnten die S. ihr Reich bis an den Amu-Darja und über Syrien (mit Palästina) ausdehnen und damit zum mächtigsten Staat im Vorderen Orient werden, dann zerfiel das Reich. In Syrien und Mesopotamien wurden die S. von Lokalfürsten abgelöst, ein Zweig der S. gründete im Beginn des 12. Jh. das Reich der ↑ Rum-Seldschuken.

**Seldte,** Franz, * Magdeburg 29. Juni 1882, † Fürth 1. April 1947, dt. Fabrikant und Politiker. - Gründete 1918 den 1933 der SA eingegliederten Stahlhelm, den er als Bundesführer im antirepublikan. Sinn und in der Opposition gegen Erfüllungs- und Verständigungspolitik führte; 1933/34 Reichskommissar für den Arbeitsdienst, 1933–45 (mit abnehmenden Kompetenzen) Reichsarbeitsmin.; starb in amerikan. Haft.

**selektieren** [lat.], auswählen, aussondern; **selektiv:** auf Auslese beruhend, auswählend.

**Selektion** [zu lat. selectio „das Auslesen"], in der *Biologie* svw. ↑ Auslese.
◆ in der *Saatgut-* und *Pflanzgutvermehrung* die (vorgeschriebene) Bereinigung eines Bestands von art- und sortenfremden sowie kranken Pflanzen.
◆ im Sprachgebrauch des NS während des 2. Weltkrieges Bez. für den Vorgang in den KZ, in dem nach äußerem Augenschein (arbeitsfähig, alt, krank, Kind) darüber entschieden wurde, ob Häftlinge für Arbeiten eingesetzt wurden oder zu töten waren.

**Selektionstheorie,** zur wiss. Fundierung der Deszendenztheorie unter Überwindung der Katastrophentheorie und des Lamarckismus von C. R. Darwin begr. und der Darwinismus zugrundeliegende Theorie, die auf dem Ausleseprinzip (Selektionsprinzip) beruht. Die prinzipiellen Überlegungen Darwins zur S. sind folgende: 1. Die Lebewesen auf der Erde produzieren eine gewaltige Menge an Nachkommen; davon müssen viele vor Erlangung der Geschlechtsreife zugrunde gehen. 2. Die Nachkommen der Lebewesen weisen Unterschiede auf, die sich manchmal positiv, manchmal negativ auswirken; manche dieser Variationen sind erbl. 3. Im ständigen Konkurrenzkampf (*Kampf ums Dasein,* engl. *struggle for life*) bleiben diejenigen Individuen am Leben und können sich vermehren, die besser an die jeweils herrschenden Bedingungen angepaßt, d. h. den anderen überlegen sind (phylet. Anpassung). Es kommt zu einer (natürl.) Auslese *(Selektion)* unter den Individuen einer Population. 4. Durch räuml. (geograph.) Barrieren (z. B. Wasserflächen, Gebirgsketten, nahrungsarme Zonen) zw. verschiedenen Populationen einer Art kann sich deren Erbgut nicht mehr mischen. Eine solche Isolation führt dementsprechend zu isolierten Entwicklungsabläufen. Es bilden sich bes. Rassen aus, die zu neuen, nicht mehr untereinander fortpflanzungsfähigen Arten werden können. 5. Im Verlauf der Weiterentwicklung der Lebewesen kann auch der *Zufall* Bed. erlangen. So können rein zufällige Ereignisse, wie z. B. ein Steppenbrand oder ein Vulkanausbruch, das biolog. Gleichgewicht innerhalb eines bestimmten Lebensraumes erhebl. stören.

**Selektivität** [lat.], svw. ↑ Trennschärfe.

**Selektron** ['zeːlɛktrɔn, zeˈlɛktrɔn; lat./griech.], elektron. gesteuertes Reproduktionsgerät zur Herstellung von Farbauszügen und Duplikatdiapositiven, für Maskierung und Rasterungen sowie zur Reproduktion transparenter Vorlagen.

**s-Elektron,** ein Atom-, Molekül- bzw. Festkörperelektron, das sich in einem Energiezustand mit der Bahndrehimpulsquantenzahl $l = 0$ (sog. *s-Zustand*) befindet.

**Selen** [zu griech. selēnē „Mond" (nach der Verwandtschaft mit dem Element ↑Tellur)], chem. Symbol Se; halbmetall. Element aus der VI. Hauptgruppe des Periodensystems der chem. Elemente, Ordnungszahl 34, mittlere Atommasse 78,96. Wie der im Periodensystem darüber stehende Schwefel kommt S. in mehreren verschiedenen Zustandsformen (allotropen Modifikationen) vor. Die einzige thermodynam. stabile Form ist das hexagonal kristallisierende metall., *graue S.* (Schmelzpunkt 217 °C, Siedepunkt 684,9 °C, Dichte 4,79 g/cm³). Bei Belichtung steigt die Leitfähigkeit um das Tausendfache gegenüber der Dunkelleitfähigkeit an. Die nichtmetall., nichtleitenden Modifikationen sind das durch rasche Abkühlung von S.dampf erhaltene rote *amorphe S.* und das durch Abschrecken von geschmolzenem S. entstehende dunkelbraune *glasige S.*, aus dessen Lösung in Schwefelkohlenstoff 2 rote, monoklin kristallisierende Formen unterschiedl. Dichte auskristallisiert werden können. Glasiges S. geht oberhalb 72 °C in graues S. über. S. tritt in seinen Verbindungen in den Wertigkeitsstufen $+2$, $+4$, $+6$ und $-2$ auf. Es ist zu $8 \cdot 10^{-5}$ Gewichts-% in der Erdkruste enthalten und steht in der Häufigkeit der chem. Elemente an 60. Stelle. Reine S.minerale sind selten; S. kommt v. a. als Beimengung sulfid. Schwermetallerze vor. Es wird aus dem bei der Schwefelsäureherstellung anfallenden Bleikammerschlamm oder aus den beim Abrösten der Metallsulfide entstehenden Flugstäuben gewonnen. Metall. graues S. wird wegen seiner Halbleitereigenschaften zur Herstellung von S.gleichrichtern und Photozellen verwendet. Unter Verwendung von S. und S.verbindungen hergestellte Gläser sind leuchtend rosa bis rubinrot gefärbt; sie werden für Warnlichter und bei Signalanlagen verwendet. S. und seine Verbindungen sind stark giftig. - S. wurde 1817 von J. J. von Berzelius als Nebenprodukt bei der Schwefelsäureherstellung entdeckt.

**Selendro** ↑Slendro.

**Selene,** griech. Mondgöttin, der bei den Römern Luna entspricht. Schutzpatronin der Zauberer; man schrieb ihr Einfluß auf Geburt, Gesundheit und Krankheit (v. a. Epilepsie) zu; auch der Menstruationszyklus wurde auf ihr Wirken zurückgeführt.

**Selenga** [russ. sɪlɪnˈga], Zufluß des Baikalsees, entsteht in der Mongol. VR (2 Quellflüsse), mündet in den Baikalsee, 1 024 km lang, rd. 900 km schiffbar.

**Selenide** [griech.] ↑ Selenwasserstoff.

**Selenogradsk** ↑Cranz.

**Selenologie** [griech.], Wiss. von der Beschaffenheit des Mondes.

**Selenoxide,** die Sauerstoffverbindungen des Selens; wichtig sind das weiße kristalline *Selen(IV)-oxid (Selendioxid),* $SeO_2$, das in wäßriger Lösung die schwache **selenige Säure,** $H_2SeO_3$, ergibt (Salze: **Selenite**), und das *Selen(VI)-oxid (Selentrioxid),* $SeO_3$, das sich in Wasser unter Bildung von **Selensäure,** $H_2SeO_4$, einer stark oxidierenden, kristallinen Substanz (Salze: **Selenate**), löst.

**Selenter See,** fischreicher See östl. von Kiel, 37 m ü. d. M., 22,4 km², bis 34 m tief.

**Selentschukskaja** [russ. zɪlʲɪnˈtʃukskəjə], astrophysikal. Observatorium der Akad. der Wiss. der UdSSR im nördl. Großen Kaukasus; 1975/76 wurde auf einem 1 830 m hohen Gipfel das größte Spiegelteleskop der Erde (Durchmesser des Parabolspiegels 6,10 m) und 1976 in einem Tal nahebei ein Radioteleskop (RATAN) in Betrieb genommen.

**Selenwasserstoff,** $H_2Se$, unangenehm riechendes, sehr giftiges Gas, das in Wasser gelöst eine schwache Säure bildet; ihre Salze, *Selenide* gen., werden z. T. als Halbleiter verwendet.

**Selenzelle,** 1. (Selenphotoelement) Photoelement mit einer aus Selen bestehenden p-leitenden Halbleiterschicht; 2. Photowiderstand mit einer aus Cadmium- oder Bleiselenid bestehenden photoleitenden Halbleiterschicht.

**Sélestat** [frz. selɛsˈta] ↑ Schlettstadt.

**Seleukeia** (Seleucia), Name mehrerer durch Seleukos I. gegr. antiker Städte; bekannt: 1. S. am rechten Tigrisufer (heute Tall Umar), 60 km nö. von Babylon, um 300 v. Chr. an der Stelle einer älteren unbekannten Siedlung gegr.; bis 293 Hauptstadt des Seleukidenreiches; seit 129 v. Chr. endgültig parth.; 116 n. Chr. durch die Römer erobert, 165 zerstört; bestand noch bis in die Zeit der Sassaniden; Ausgrabung 1928 (Grundriß von Wohnvierteln); 2. Pieria, gegr. um 310 v. Chr., Hafen Antiochias (= Antakya); Teile der Stadtmauer erhalten.

**Seleukiden,** hellenist. Herrscher-Dyn. (321 bzw. 312–64/63 v. Chr.), begr. von Seleukos I. Das **Seleukidenreich,** nach 312 aus der Satrapie Babylon entstanden, umfaßte ab 304/281 ein Territorium vom Ägäischen Meer bis nach O-Gedrosien und Arachosien, vom Kaukasus bis zum Pers. Golf, zerfiel aber bald durch Selbständigwerden einzelner (z. T. nie ganz unterworfener) Gebiete (u. a. Bithynien [endgültig 297], Pergamon [280/262], Baktrien [endgültig wohl 239/238], Judäa [ab 167], Partherreich [ab 250/247]). Dazu kamen die Verluste an die Ptolemäer in den Syr. Kriegen (ab 274); 188 ging W-Kleinasien an Pergamon und Rhodos, 129 Mesopotamien an die Parther verloren. 64/63 v. Chr. wandelte Pompejus den Reststaat in die röm.

## Seleukos

Prov. Syria um. - Energ. Bemühungen der S. um Ausbreitung griech. Zivilisation und Kultur (bes. Neugründung und Gründung von Städten, z. B. Antiochia, Apameia) machten ihre Epoche zu einer Zeit des allg. Fortschritts für die betroffenen Länder.

**Seleukos,** Name hellenist. Könige aus der Dyn. der Seleukiden, bes. bekannt:

**S. I. Nikator** („der Sieger"), * um 358, † Aug./Sept. 281 (ermordet), Satrap von Babylon (seit 321), König von Babylon (seit 309/308), König des Seleukidenreiches (seit 305). - Vater Antiochos' I.; ehem. Phalanxkommandeur Alexander d. Gr., Begründer des Seleukidenreiches; 316 vertrieben, dehnte nach seiner Rückkehr 312 seinen Machtbereich bis nach O-Gedrosien und Arachosien aus (304 Grenzvertrag mit Tschandragupta Maurja) und gewann nach der Schlacht bei Ipsos (301) große Teile Syriens (ohne Palästina); nach dem Krieg (281) gegen Lysimachos ermordet.

**S. II. Kallinikos** („der ruhmreiche Sieger"), * um 265, † 226, König (seit 246). - Sohn Antiochos' II.; behauptete sich im 3. Syr. Krieg (246–241); mußte aber den Abfall der Parther und den endgültigen Verlust Baktriens hinnehmen.

**S. IV. Philopator** („der Vaterliebende"), * um 220, † , König (seit 187). - Sohn Antiochos' III., Vater Demetrios' I. Soter; bemühte sich um Festigung des Reiches und um ein gutes Verhältnis zu Rom; von seinem Kanzler Heliodor ermordet.

**Selfaktor** [zu engl. self actor, eigtl. „selbsttätig"] (Absetzspinner, Selbstspinner, Wagenspinner), zum Feinspinnen von Garnen dienende Maschine v. a. in der Streichgarnspinnerei.

**Self-fulfilling prophecy** [engl. 'sɛlfful,filɪŋ 'prɔfɪsɪ], Bez. für das Phänomen, daß sozialwiss. Prognosen über Ereignisse, die durch menschl. Handeln bedingt sind, bei Bekanntwerden dieser Prognosen das Handeln beeinflussen und die vorhergesagte Entwicklung noch bestärken. Prognosen über zu befürchtende negative Ereignisse, die die vorhergesagten Ereignisse abwenden, werden **Self-defeating prophecy** genannt.

**Selfgovernment** [engl. 'sɛlf gʌvnmənt], engl. Bez. für Selbstverwaltung, ausgebildet seit dem 14. Jh. in Gemeinde, Kirche, Schule u. a.; von den USA und den brit. Dominions übernommen.

**Selfkant,** Landschaft in NRW westl. der unteren Rur bis zur niederl. Grenze.

**Selfmademan** [engl. 'sɛlfmeɪd'mæn, eigtl. „selbst gemachter Mann"], aus dem Amerikan. übernommene Bez. für jemanden, der sich - oft ohne qualifizierte Ausbildung und ohne Besitz - gegen alle Regeln zu Macht und Reichtum emporgearbeitet hat.

**Selfservice** [engl. 'sɛlfsə:vɪs], engl. Bez. für Selbstbedienung.

**Seligenstadt,** hess. Stadt am linken Untermainufer, 110 m ü. d. M., 16 900 E. Pendlerwohngemeinde nach Hanau und Offenbach am Main; Leder-, elektrotechn., metall- und holzverarbeitende Ind. - Westl. der Abtei Limeskastell der 2. Hälfte des 1. Jh. n. Chr. nachgewiesen. Einhard gründete nach der Übertragung der (angebl.) Gebeine der hl. Marcellinus und Petrus von Steinbach bei Michelstadt nach S. (828) das Kloster (Abtei 1803 säkularisiert), bei dem eine Siedlung entstand, die seit 1175 als Stadt bezeugt ist. - Einhardsbasilika mit karoling. Langhaus (vor 840 vollendet) und frühgot. umgestalteten O-Teilen (um 1240–53) sowie bed. barocker Ausstattung. Die Klosteranlage ist weitgehend barock (um 1700). Ruine der Kaiserpfalz (13. Jh.). Roman. und got. Steinhaus, Fachwerkhäuser des 15. bis 18. Jahrhunderts.

**Seligkeit,** nach kath. Glaubenslehre die Existenzweise der sündlos Gestorbenen und jener, die ihre Sündenstrafen im Fegefeuer verbüßt haben, im Jenseits; die S. besteht in der unmittelbaren und ewigen Gottesschauung. Nach ev. Glaubenslehre der durch die Rechtfertigung erreichte Zustand des Glaubenden.

**Seligpreisungen,** die im Stil des Makarismus gehaltene eschatolog. Verheißung der 8 Seligkeiten im N. T. (Matth. 5, 3–12; ↑auch Bergpredigt).

**Seligsprechung,** kirchl. Akt, auf Grund dessen einem Verstorbenen kirchenamtl. Verehrung (als *Seligem*) erwiesen werden darf. Die S. ist Vorstufe der Heiligsprechung und wird in einem nach strengen Normen durchgeführten Verfahren (S.prozeß) vorbereitet.

**Selim** ↑Salim.

**Selimović,** Meša [serbokroat. sɛ'li:mɔvitɕ], * Tuzla 26. April 1910, † Belgrad 11. Juli 1982, serb. Schriftsteller. - Neben I. Andrić der bedeutendste Nachkriegsautor der Serben. Im 2. Weltkrieg Partisan; ab 1947 Prof. für Pädagogik und Direktor des Nationaltheaters in Sarajevo. - *Werk:* Der Derwisch und der Tod (R., 1966).

**Selinko,** Annemarie, verh. Kristiansen, * Wien 1. Sept. 1914, † Kopenhagen 28. Juli 1986, östr.-dän. Schriftstellerin. - Seit 1938 in Dänemark. Arbeitete während der dt. Besetzung in der dän. Widerstandsbewegung. Weltbekannt wurde ihr histor. Roman „Désirée" (1951).

**Selinunt** (italien. Selinunte [italien. seli'nunte], Ruinenstätte an der SW-Küste Siziliens, Italien, 12 km sö. von Castelvetrano. - In der Antike **Selinus,** 628 (oder 651) v. Chr. gegr.; stand 480 v. Chr. als einzige Griechenstadt auf der Seite Karthagos; 409 und 250 v. Chr. von Karthago zerstört, restlos durch Erdbeben im 6. Jh. n. Chr. - Reste zahlr. Tempel in mehreren hl. Bezirken, u. a. auf der Akropolis, deren ältester, der Tempel C (1. Hälfte des 6. Jh. v. Chr.), im dor. Stil erbaut ist; auf einem flachen Hügel östl. der Akropolis u. a. der riesige Tempel G (begonnen 2. Hälfte des 6. Jh.; Apollon geweiht); jenseits des Flusses Selinus (= Modione) u. a. das vorgriech. Heiligtum der Demeter Malophoros sowie eine griech. Nekropole.

**Selkirk Mountains** [engl. ˈsɛlkəːk ˈmaʊntɪnz] ↑ Columbia Mountains.

**Sell,** Hans Joachim, * Neustettin 25. Juli 1920, dt. Schriftsteller. - Sein Werk „Der rote Priester. Eine span. Erfahrung" (1976) ist eine literar. Aufarbeitung von Grundfragen christl. Existenz. - *Weitere Werke:* Auf der Fährte eines Sohnes (R., 1970), Zerstörung eines Parks. Schwarze Erzählungen (1973), Thekengespräche (1975), Eisfahrten (1979).

**Sella curulis** [lat.] ↑ kurulischer Stuhl.

**Sellafield** [engl. ˈsɛləfiːld], Kernforschungszentrum an der nw. engl. Küste, Gft. Cumbria, ssö. von Whitehaven, mit Reaktor (32 MW) und Wiederaufbereitungsanlage für Kernbrennstoffabfälle.

**Sellagruppe,** Gebirgsstock in zentraler Lage der Südtiroler Dolomiten, bis 3 151 m hoch.

**Selle,** Thomas, * Zörbig 23. März 1599, † Hamburg 2. Juli 1663, dt. Komponist und Kantor. - 1641 Kantor am Johanneum in Hamburg und Musikdirektor der Hauptkirchen. Bed. für die Geschichte des Liedes und der Passion.

**Seller** [engl. ˈsɛlə, zu to sell „verkaufen"], kurz für Bestseller bzw. Longseller.

**Sellerie** [...ri; griech.-italien.] (Apium), Gatt. der Doldengewächse mit ed. 20 Arten in den gemäßigten Gebieten der Nordhalbkugel sowie in den trop. Gebirgen, nur eine Art auf der Südhalbkugel; einjährige, zweijährige oder ausdauernde Kräuter mit wechselständigen, einfachgefiederten Blättern und grünlichweißen Blüten. Eine seit langer Zeit als Nutz- und Heilpflanze bekannte, fast über die ganze Erde verbreitete Art ist die **Echte Sellerie** (Apium graveolens), eine v. a. auf Salzböden vorkommende, zweijährige Pflanze mit 0,6–1 m hohen Stengeln, langgestielten, gefiederten Grund- und dreizähligen Stengelblättern mit rauten- oder keilförmigen Blättchen und 6–12strahligen Dolden aus gelblichweißen oder grün. Blüten. Alle Teile des Echten S. enthalten ein stark aromat. duftendes und schmeckendes äther. Öl. Echter S. wird in zahlr. Sorten angebaut: *Schnitt-S.* (Apium graveolens var. secalinum; mit krausen Blättern; für Suppengrün), *Bleich-S.* (Stiel-S., Stengel-S., Stangen-S., Apium graveolens var. dulce; mit verlängerten, fleischigen Blattstielen, die als Salat und Gemüse gegessen werden) und v. a. *Knollen-S.* (Wurzel-S., Apium graveolens var. rapaceum; mit bis rd. 20 cm dicker, eßbarer, knollenartiger Wurzel; diese wird für Salate und Gemüse sowie als Suppengewürz verwendet).

**Sellers,** Peter [engl. ˈsɛləz], * Southsea (= Portsmouth) 8. Sept. 1925, † London 24.

Peter Sellers (1977)

Juli 1980, brit. Filmschauspieler. - Gab gelungene kom. Charakterporträts v. a. in „Ladykillers" (1955), „Die Maus, die brüllte" (1959), „Dr. Seltsam oder wie ich lernte, die Bombe zu lieben" (1963), „Der Partyschreck" (1967), „Die Rückkehr des rosaroten Panthers" (1975), „Der Gefangene von Zenda" (1979), „Dabei sein" (1980).

**Sellin,** Ernst, * Alt Schwerin (am Plauer See) 26. Mai 1867, † Epichnellen (= Förtha bei Eisenach) 1. Jan. 1946, dt. ev. Theologe. - Prof. für A.T. in Wien, Rostock, Kiel und Berlin. Bed. Exeget, Einleitungswissenschaftler und Religionsgeschichtler. - *Werke:* Einleitung in das A.T. (1910), Alttestamentl. Theologie auf religionswiss. Grundlage (2 Bde., 1933).

**Sellner,** Gustav Rudolf, * Traunstein 25. Mai 1905, dt. Regisseur. - 1951–61 Intendant des Landestheaters Darmstadt, 1961–63 Intendant, dann bis 1972 Generalintendant der Dt. Oper Berlin; daneben Regisseur u. a. am Berliner Schillertheater, am Wiener Burgtheater, an der Hamburg. Staatsoper und bei den Salzburger Festspielen; bekannt v. a. durch Inszenierungen altgriech. Tragödien, avantgardist. Stücke sowie moderner Opern.

**Selma,** Name aus der Ossian-Dichtung von J. Macpherson, den Klopstock als Frauenname auffaßte und der sich so im Deutschen einbürgerte.

**seltene Erden** ↑ Metalle der seltenen Erden.

**Seltersswasser,** kohlensäurehaltiges Tafelwasser, urspr. aus Niederselters (= Selters [Taunus]).

**Selvas** [brasilian., zu lat. silva „Wald"], trop. Regenwälder des Amazonastieflandes.

**Selye,** Hans [ˈzɛlje], * Wien 26. Jan. 1907, † Montreal 16. Okt. 1982, östr.-kanad. Mediziner u. Biochemiker. - Stellte bei Hormonforschungen fest, daß es bei starken Umweltbelastungen zu einer unspezif. Alarmreaktion des Organismus kommt, die durch schnelles Einsetzen innersekret. Leistungen die Reaktions- und Widerstandsfähigkeit des Organismus

## Selznick

gewährleistet; prägte die Begriffe (und begr. die Lehre vom) Streß (1936) und Adaptationssyndrom.

**Selznick,** David O[liver] [engl. 'sɛlznɪk], * Pittsburgh 10. Mai 1902, † Los Angeles-Hollywood 22. Juni 1965, amerikan. Filmproduzent. - Gründete 1936 die S. Intercontinental Pictures, Inc. (seit 1940 David O. S. Productions), die 1939 „Vom Winde verweht" produzierte. Seit 1949 ∞ mit J. Jones.

**Sem,** Gestalt des A. T., ältester Sohn Noahs; in der bibl. Genealogie als Ahnherr der Semiten angenommen.

**Sem** [zu griech. sēma „Zeichen"], kleinste semant. Komponente, semant. Merkmal. Die Bed. eines sprachl. Zeichens, das Semem, kann in S. aufgelöst werden (z. B. die Bed. von *Hengst* in die S. „männl." und „Pferd").

**Semantik** [zu griech. sēmantikós „bezeichnend"] (Bedeutungslehre), Teildisziplin der *Sprachwiss.*, die die Bed. von Wörtern, Sätzen und Texten erforscht. Die S. ist eine relativ junge linguist. Disziplin, hervorgegangen aus Lexikologie, Etymologie und Rhetorik. Nach dem Gegenstand kann man unterscheiden zw. Wort-S. (lexikal. S.), Satz-S. und Text-S.; hinsichtl. des verwendeten Bed.begriffs ist zu differenzieren zw. Gegenstands- oder Referenztheorie, Begriffs- oder Vorstellungstheorie und Gebrauchstheorie der Bedeutung.

Die *traditionelle* S. untersucht die Bedeutung[en] des Einzelworts; sie faßt Bed. auf als sprachunabhängig zu fassende Begriffe oder Vorstellungen, die im Bewußtsein des Individuums üblicherweise mit den Wörtern assoziativ verknüpft sind. Ihr systemat. Interesse gilt der Klassifikation der Bed. (↑ Semasiologie). Eine entgegengesetzte Fragestellung (↑ Onomasiologie) geht aus von Gegenständen oder Begriffen und fragt nach ihren Bez. in verschiedenen Dialekten oder histor. Sprachstufen.

Die *strukturelle* S. untersucht Wortbedeutungen im System einer Einzelsprache. Sie faßt Bed. auf als von der Stellung eines Wortes im Sprachsystem bestimmte Beziehung von Lautform und Vorstellung (Ausdruck und Inhalt). Ihr systemat. Interesse gilt der Struktur des Wortschatzes. Die ältere Wortfeldforschung konnte zeigen, daß die Bed. eines Wortes abhängt von seiner Stellung im Feld verwandter Wörter. Die neuere S. präzisiert die Beschreibung von Wortfeldern, indem sie die Bed.beziehungen zw. den Wortinhalten eines Feldes ermittelt und diese Inhalte in Teilinhalte (↑ Sem, ↑ semantisches Merkmal) zerlegt.

Die *generative* S. erzeugt („generiert") Satzbedeutungen als syntakt. strukturierte Komplexe einfachster Begriffe. Darüber hinaus will sie zeigen, wie Sätze auf Gegenstände in einer Welt referieren (↑ Referenz) und wie Sätze bestimmte Präsuppositionen (Voraussetzungen) mit ausdrücken (*Klaus weiß, daß zwei mal zwei vier ist* setzt z. B. voraus *Zwei mal zwei ist vier*).

Die *prakt.* S. begreift Sprechen als Handeln nach sozialen Regeln (↑ Pragmatik) und beschreibt Bed. als Regeln des Gebrauchs sprachl. Ausdrücke im Interaktionszusammenhang. Sie formuliert Regeln von der Form *Man x-t, wenn Z, indem man y-t* (z. B.: „Man grüßt, wenn es Vormittag/Nachmittag/Abend ist, indem man Guten Morgen!/Guten Tag!/ Guten Abend! wünscht").

📖 *Fehr, E.:* S. von Programmiersprachen. Hdbg. 1985. - *Kaempfert, M.:* Wort u. Wortverwendung. Göppingen 1984. - *Geckeler, H.:* Strukturelle S. u. Wortfeldtheorie. Mchn. ³1982. - Generative S. Hg. v. *W. Abraham, R. Binnick, G. Carden u. a. Wsb.* ²1979. - *Heringer, H.-J.:* Prakt. S. Stg. 1974.

♦ (log. Semantik) die sich auf die extensionalen Bed. beschränkende Theorie der *Interpretation* formaler Sprachen bzw. axiomat. Theorien und ihrer Formalisierungen. Von einer solchen Interpretation ist es abhängig, ob die betrachteten Aussagen „wahr" heißen dürfen („wahr" und „falsch" sind Begriffe der S.).

**semantische Definition** ↑ Definition.

**semantisches Merkmal,** in der Linguistik Bez. für elementare, nicht weiter teilbare Komponenten, aus denen sich die begriffl. Wort-Bed. zusammensetzt, z. B. *Junge:* [+ belebt, + menschl., + männl., − erwachsen]. Semant. M. geben die sprachl. relevanten Eigenschaften von Gegenständen der Wirklichkeit wieder.

**Semaphor** [zu griech. sēma „Zeichen" und phorós „tragend"] (Flügeltelegraf), Signaleinrichtung, bei der die Signale durch die unterschiedl. Stellung bewegl. „Arme" übermittelt werden, z. B. *Wind-S.* zur Anzeige der Windverhältnisse für die Küstenschiffahrt.

**Semarang,** indones. Hafenstadt an der N-Küste Javas, 1,03 Mill. E. Verwaltungssitz der Prov. Mitteljava; kath. Erzbischofssitz; Univ. (gegr. 1960). Maschinenbau, Elektro-, Glas-, Schuh-, Textil-, Zigarettenind., Schiffbau; Fischerei.

**Semasiologie** [zu griech. sēmasía „das Bezeichnen"], in der *Medizin* svw. ↑ Symptomatologie.

♦ Wortbedeutungslehre; sprachwiss. Disziplin, die im Ggs. zur ↑ Onomasiologie vom Wort ausgeht und dessen Bed. isoliert oder im Kontext untersucht. Die S. wird als das Kernstück der ↑ Lexikologie betrachtet, indem sie den Aufbau des Wortschatzes, die Beziehungen zw. seinen Elementen, ihre Bed. und ihre bedeutungsmäßigen Beziehungen herausstellt.

**Se-ma Tsien** ↑ Ssu-ma Ch'ien.

**Semele,** Gestalt der griech. Mythologie. Urspr. phryg. Erdgottheit, im griech. Mythos die von Zeus geliebte schöne Tochter des theban. Königs Kadmos.

**Semem** [griech.], inhaltl. Seite, Bed. des sprachl. Zeichens. Das S. kann aufgefaßt werden als Bündel elementarer Einheiten, den Semen (↑Sem).
**Semen** [lat.], in der *Botanik* ↑Samen.
◆ in der *Zoologie* svw. ↑Sperma.
**Semeru,** mit 3 676 m höchster Berg (Vulkan) Javas, im O der Insel.
**Semester** [zu lat. semestris „Zeitraum von 6 Monaten"], seit dem 15. Jh. Bez. für das akadem. Studienhalbjahr; in der BR Deutschland Sommer-S. (Abk. SS) vom 1. April bis 30. Sept. und Winter-S. (Abk. WS) vom 1. Okt. bis 31. März.
**Semgallen** (lett. Zemgale [lett. 'zɛmgale]), histor. Landschaft in der Lett. SSR, UdSSR, südl. der Düna. - S. war Teil des alten ↑Livland. Als die balt. Lande 1561 ihren staatl. Zusammenhang verloren, kam S. zum Hzgt. ↑Kurland.
**semi..., Semi...** [lat.], Bestimmungswort von Zusammensetzungen mit der Bed. „halb".
**semiarid** ↑arid.
**Semibrevis,** musikal. Notenwert der ↑Mensuralnotation.
**Semicarbazone** [lat.], aus *Semicarbazid* (Carbaminsäurehydrazid), $H_2N-CO-NH-NH_2$, einer farblosen, kristallinen Substanz, und Aldehyden oder Ketonen gebildete kristalline Substanzen (allg. Formel RR'C = N−NH−CO−NH$_2$; R, R' Wasserstoff oder organ. Rest), die sich durch verdünnte Säuren wieder in die Ausgangsstoffe zerlegen lassen. S. dienen zur Isolierung und Reinigung von Aldehyden und Ketonen.
**Semifinale** (Halbfinale), Vorschlußrunde bei Sportwettkämpfen (die in mehreren Runden durchgefüht werden) zur Ermittlung der Gegner für das Finale.
**semihumid** ↑humid.
**Semikolon** (Strichpunkt), Zeichen der Interpunktion, das zw. Sätzen oder Wortgruppen steht und eine geringere Trennung als der Punkt, jedoch eine stärkere als das Komma bewirkt.
**Semiminima,** musikal. Notenwert der ↑Mensuralnotation.
**Seminar** [zu lat. seminarium „Pflanzschule, Baumschule"], Ausbildungsstätte, bes. für pädagog. und geistl. Berufe: 1. die vom Konzil von Trient 1563 für die lat. Kirche verpflichtend vorgeschriebene Ausbildungsstätte des Weltklerus; die wiss. Ausbildung geschieht (laut Reichskonkordat) dort, wo eine kath.-theolog. Fakultät (Fachbereich) an einer staatl. Univ. besteht, sonst an philosoph.-theolog. Hochschulen; die abschließende Ausbildung und Vorbereitung für die Priesterweihe erfolgt in einem Priesterseminar; 2. (Lehrer-S.) früher Ausbildungsstätte für Volksschullehrer; seit den 1920er Jahren durch die PH abgelöst; 3. (Studien-S.) 2jährige Lehrgänge für Studienreferendare, die sich auf das 2. Staatsexamen vorbereiten; 4. Hochschulinstitut eines bestimmten Fachgebiets; 5. Lehrveranstaltung an einer Hochschule mit kleinerem, oft begrenztem Teilnehmerkreis, in der der Studierende in die selbständige wiss. Arbeit eingeführt werden soll, indem er sich an der Diskussion beteiligt und eigene Arbeiten anfertigt: i. d. R. *Pro-S.* für Studienanfänger, *Mittel-* und *Haupt-S.* als Examensvoraussetzung, *Ober-* bzw. *Doktorandenseminar.*
**Seminarium praeceptorum** [prɛ...; lat.], 1696 von A. H. Francke in Halle/Saale gegr. Lehrerseminar, dem 1707 ein „S. selectum p." für eine intensive 2jährige Ausbildung angegliedert wurde. Das S. p. steht am Anfang einer geregelten pädagog. Lehrerausbildung.
**Seminolen,** Indianerstamm in Florida und v. a. in Oklahoma, eine der Fünf zivilisierten Nationen; sprechen eine Muskogeesprache und stehen kulturell dem Creek nahe.
**Seminom** [lat.], häufigste Form eines bösartigen Hodentumors (etwa 40% aller Fälle); eine Erkrankung, die im mittleren Lebensalter vorkommt und klin. meist als schmerzlose einseitige Hodenschwellung in Erscheinung tritt; Entfernung des gesamten befallenen Hodens.
**Semiotik** [griech.], in der *Medizin* svw. ↑Symptomatologie.
◆ in Verallgemeinerung zur Linguistik und zur Logik die Lehre von den Zeichen (insbes. den Symbolen). Man gliedert die S. in Syntaktik, Semantik und Pragmatik. Dabei werden in der *Syntaktik* die Eigenschaften von Zeichenreihen ohne Bezug auf ihre Bed. und Verwendung untersucht. In der *Semantik* allg. werden die Beziehungen zw. einem Zeichen und dem Bezeichneten untersucht. In der *Pragmatik* wird die Zeichenverwendung unter Berücksichtigung der Unterscheidung von Zeichenproduzent und -rezipient und damit unter Einschluß auch der klass. Probleme der Hermeneutik thematisiert.
**Semipalatinsk** [russ. sımıpa'latinsk], sowjet. Geb.hauptstadt am Irtysch, Kasach. SSR, 207 m ü. d. M., 317 000 E. Medizin. und veterinärmedizin. Hochschule, PH; 2 Theater; Nahrungsmittel-, Leder-, Schuh-, Textilu. a. Ind., Schiffsreparatur; Anlegeplatz, Bahnstation an der Turksib. - 1718 als Festung 18 km unterhalb des heutigen S. gegr., 1776 an die heutige Stelle verlegt.
**Semipelagianismus,** seit 1576 übl. Bez. für den im 5. Jh. geführten Widerspruch gegen die Gnaden- und Prädestinationslehre des Augustinus. Zwar hielt der S. an der Lehre von der Erbsünde fest, aber der Fall Adams habe den menschl. Willen zum Guten nur geschwächt, nicht getötet; Wille und Gnade wirken zusammen. Der S. war in ganz S-Gallien („Massilienser") verbreitet; 529 verurteilte die Synode von Orange unter dem Einfluß des Cäsarius von Arles den S.; dennoch führten nichtgelöste Fragen des S. spä-

## semipermanente Siedlung

ter im Gnadenstreit (↑ Molinismus) zu einer neuen Auseinandersetzung.

**semipermanente Siedlung,** feste Siedlung, die für einige Jahre benutzt, dann jedoch, z. B. nach Erschöpfung des Bodens, wieder aufgegeben wird.

**semipermeable Membran** [lat.] (halbdurchlässige Membran), bei der Osmose und Dialyse verwendete, 2 Lösungen unterschied. Konzentration trennende Wand, die für größere Moleküle undurchlässig, für kleinere (Lösungsmittel)moleküle aber durchlässig ist. Früher wurden Schweinsblasen als s. M. verwendet, heute dienen Celluloseacetat-, Polyäthylen- oder Polystyrolfolien (oft mit bestimmten Porengrößen) als s. M. In der Biologie wirken häufig als s. M. tier. und pflanzl. Zellmembranen.

**Semiramis,** griech. Name einer legendären assyr. Königin: Gattin des Assyrerkönigs Ninos, soll nach dessen Tod allein regiert haben, auf Kriegszügen bis Ägypten und Indien vorgestoßen sein, nach einem Attentatsversuch ihres Sohnes Ninyas abgedankt haben, zu den Göttern entrückt bzw. in eine Taube verwandelt worden sein. Ihr werden in Babylon v. a. die hängenden Gärten zugeschrieben. Die z. T. volkstüml.-märchenhafte Tradition knüpft bei der histor. gesicherten **Sammuramat,** Gattin des Assyrerkönigs Schamschi-Adad V., an, die eine bed. Rolle spielte (eigene Stele in Assur).

**Semiten,** übl., aber verfälschende Bez. für Angehörige der orientaliden Menschenrasse (Orientalide). Die S. sind eine Gruppe von Völkern mit untereinander verwandten Sprachen (↑ semitische Sprachen).

**semitische Sprachen,** Bez. für eine Gruppe der ↑ hamitosemitischen Sprachen. Der Ausdruck „semitisch" wurde 1781 von A. L. Schlözer im Anschluß an 1. Mos. 10, 21–31; 11,10–26 geprägt. Unterschieden werden die nordostsemit. Sprachen mit den ↑ Akkadischen; die nordwestsemit. Sprachen mit dem Altkanaanäischen, das nur aus akkad. Texten des 14. Jh. v. Chr. bekannt ist, sowie Ugaritisch und Amoritisch, ↑ Phönikisch, Moabitisch, ↑ Hebräisch und ↑ Aramäisch, die beide heute noch gesprochen werden; südwestsemit. Sprachen sind die ↑ arabische Sprache und die äthiop. Sprachen. - Zu den sprachl. Charakteristika der s. S. gehören bes. Rachen- und Kehllaute sowie konsonant. Wurzeln (meist mit 3 Konsonanten), die eine eigene Bed. tragen und aus denen Verben und Nomina gebildet werden. In vielen s. S., so etwa in Arabischen, v. a. aber im Neuhebräischen, lassen sich in den letzten 100 Jahren verstärkt Einflüsse indogerman. Sprachen nachweisen. Die phönik. Schrift war die Grundlage für weitere semit. Schriften; auch die griech. Schrift und damit letztl. das lat. Alphabet gehen auf diese Schrift zurück.

📖 *Bergsträsser, G.: Einf. in die s. S. Mchn.*

[3]*1975. - An introduction to the comparative grammar of the Semitic languages.* Hg. v. S. Moscati. Wsb. [2]1969.

**Semitistik** (semit. Philologie), Teildisziplin der Orientalistik, die sich mit der Erforschung der semit. Sprachen und Schriften beschäftigt. Ausgehend von Erkenntnissen der ma. jüd. und arab. Grammatiker, betrachtete man in Europa bis ins 17. Jh. Hebräisch als „Ursprache" und betrieb philolog. Studien v. a. aus theolog. Interesse. In der 1. Hälfte des 19. Jh. begann man die semit. Sprachen mit den Methoden der vergleichenden Sprachwiss. zu untersuchen und ihre Beziehungen untereinander aufzuzeigen.

**Semjonow** [russ. sɪˈmjɔnɐf], Nikolai Nikolajewitsch, *Saratov 15. April 1896, † Moskau 25. Sept. 1986, sowjet. Chemiker. - 1931–44 Prof. in Leningrad, ab 1944 Direktor des physikal.-chem. Instituts der Akad. der Wiss. in Moskau. S. untersuchte die Kinetik von Kettenreaktionen bei Verbrennungsvorgängen. Zus. mit C. N. Hinshelwood erhielt er für die Aufklärung von Reaktionsmechanismen verschiedener chem. Reaktionen 1956 den Nobelpreis für Chemie.

**S.,** Wladimir Semjonowitsch, *Krasnoslobodskoje (= Inokowka, Gebiet Tambow) 16. Febr. 1911, sowjet. Diplomat. - 1939–45 Botschafter in Wilna, Berlin bzw. Stockholm; ab 1945 Berater der sowjet. Militäradministration in Berlin, 1953/54 Hochkommissar und Botschafter in der DDR; seit März 1955 stellv. Außenmin., Mgl. der sowjet. UN-Delegation 1961–63; 1969–78 Delegationsleiter bei den strateg. Abrüstungsverhandlungen (SALT); 1978–86 Botschafter der UdSSR in Bonn.

**Semler,** Johann Salomo, *Saalfeld/Saale 18. Dez. 1725, † Halle/Saale 14. März 1791, dt. ev. Theologe. - Prof. in Halle; suchte die Absicherung der christl. Religion durch den Aufweis ihrer Übereinstimmung mit der Vernunft. Epochemachend für die Entwicklung der Exegese und Hermeneutik wirkte S. durch die Erweiterung der Exegese um die histor. Interpretation und unterschied so zw. der Schrift als dem zeitbedingten, menschl.-geschichtl. Zeugnis der Offenbarung und dem Wort Gottes selbst.

**Semliki,** Fluß im Zentralafrikan. Graben, entfließt dem Eduardsee, bildet nach dem Ruwenzori die Grenze zw. Zaïre und Uganda, mündet in den Albertsee, rd. 250 km lang.

**Semmel** [zu lat. simila „feinstes Weizenmehl"], landschaftl. Bez. für Brötchen. **S.mehl** *(S.brösel)* wird zum Panieren verwendet.

**Semmelstoppelpilz** ↑ Stachelpilze.

**Semmelweis,** Ignaz Philipp (Ignác Fülöp) [ˈzɛməlvaɪs, ungar. ˈzɛmɛlvɒjs], *Ofen (= Budapest) 1. Juli 1818, † Döbling (= Wien) 13. Aug. 1865, ungar. Gynäkologe. - U. a. Prof. in Budapest. S. erkannte die Ursache und Ansteckungsweise des Kindbettfiebers (entdeckt bei von Sektionen her mit Leichengiften infizierten Ärzten) und empfahl die Desinfektion (Antisepsis durch Chlorwasser) als Vorbeugungsmittel.

**Semmering** ↑Alpenpässe (Übersicht).

**Semnonen** (lat. Semnones), Volksstamm der westgerman. Sweben, der die Gegend zw. mittlerer Elbe und Oder im Gebiet des heutigen Brandenburg bewohnte. Auf ihrem Stammesgebiet lag der hl. Hain, der jährl. Versammlungsort (Menschenopfer) aller stammverwandten german. Völker. 178 n. Chr. zum letzten Mal erwähnt; bildeten im SW das Kernvolk der Alemannen.

**Sempach,** Stadt im schweizer. Kt. Luzern, am 14 km$^2$ großen Sempacher See, 2500 E. - In der **Schlacht von Sempach** (Schlachtplan Bd. 5, S. 372) besiegten am 9. Juli 1386 die Eidgenossen die Österreicher unter Herzog Leopold III. (*1351, ✗ 1386), womit das Ende der östr. Herrschaft in der Schweiz angebahnt wurde.

**Sempé,** Jean Jacques [frz. sã'pe], * Bordeaux 17. Aug. 1932, frz. Zeichner und Karikaturist. - Iron.-melanchol. Beobachter des Mißverhältnisses von Mensch und übertechnisierter Hochhaus- und Autokultur.

**Semper,** Gottfried, * Hamburg 29. Nov. 1803, † Rom 15. Mai 1879, dt. Baumeister. - 1834 Prof. in Dresden. 1848 emigrierte er nach Paris, dann London (Mitbegr. des South Kensington Museums, 1852). 1855 ans Polytechnikum in Zürich, 1870 als kaiserl. Architekt nach Wien berufen. Neben K. F. Schinkel war S. der bedeutendste dt. Baumeister des 19. Jh. Dem vorherrschenden romant. Klassizismus stellte er eine klar gegliederte, an der italien. Renaissance, später auch am Barock orientierte Architektur entgegen: Zweckmäßigkeit bestimmt die Gliederung in einzelne Baublöcke, die Gestaltung des Außenbaus entspricht der Grundrißlösung. Die Dresdner Bauten, Opernhaus (1871-78 Neubau nach Brand seines ersten Baus von 1838-41 nach neuen Plänen; in Wiederherstellung) und Gemäldegalerie (1847-54; wiederhergestellt) sind Bauten im Stil der italien. Hochrenaissance. Den Charakter einer Residenz hat auch das verhältnismäßig nüchterne Züricher Polytechnikum (heute ETH, 1858-64) im Renaissancestil (Innenraumanlage barock beeinflußt); ebd. Sternwarte (1861-64). Zum Neubarock sind die Neue Hofburg (Entwurf 1871, Ausführung 1881-94) mit Museumsbauten sowie das [Hof]burgtheater (1874-88) in Wien zu rechnen (beide ausgeführt von K. Hasenauer). Nicht ausgeführt: Entwurf (1864-66) für ein Richard-Wagner-Festspielhaus für München. Von Einfluß bis ins 20. Jh. blieben seine kunsttheoret. Schriften („Der Stil in den techn. und tekton. Künsten", 1861-63), in denen er v. a. für Materialgerechtigkeit plädierte.

**semper aliquid haeret** ['hɛ...; lat.], immer bleibt etwas hängen (wenn jemand verleumdet wird).

**Semperfreie** (eigtl. Sendbarfreie), im MA die Freien, die ihren persönl. Gerichtsstand vor dem Bischof behaupteten, also statt der Sendgerichte die Diözesansynoden besuchten (daher auch „homines synodales").

**semper idem** [lat.], immer derselbe (Cicero über den Gleichmut von Sokrates in „Tusculanae disputationes" [3, 15, 31]).

**Sempervivum** [lat.], svw. ↑Hauswurz.

**semplice** [...itʃe; italien.], musikal. Vortragsbez.: einfach, schlicht.

**sempre** [italien.], svw. immer; in der Musik z. B. s. legato, immer gebunden.

**Semprún,** Jorge, * Madrid 10. Dez. 1923, frz. Schriftsteller und Drehbuchautor span. Herkunft. - Lebt seit dem Span. Bürgerkrieg in Frankr.; bis 1964 Mgl. der span. KP; Mgl. der Résistance; 1943-45 im KZ Buchenwald. Schildert in seinen [autobiograph.] Romanen mit z. T. beklemmender psycholog. Eindringlichkeit Verhaltensweisen von Individuen in Ausnahmesituationen, u. a. „Der zweite Tod des Ramón Mercader" (1969). „Federico Sánchez. Eine Autobiographie" (1977) ist eine scharfe Auseinandersetzung mit den Praktiken der span. KP in der Vergangenheit. Schrieb auch „Yves Montand" (1983).

**Semstwo** [russ. 'zjɛmstvɐ], Organ der lokalen Selbstverwaltung auf Gouvernements- und Kreisebene im europ. Rußland von 1864-1917. Gewählte Vertreter des Adels, der das Übergewicht hatte, sowie der Städter und Bauern bildeten unter Vorsitz des Adelsmarschalls die S.versammlung und -verwaltung, der die Förderung des Verkehrs-, Gewerbe-, Gesundheits- und Volksschulwesens oblag.

**Sen,** jap. Münzname, seit mindestens dem 8. Jh. n. Chr.; seit 1870 1 S. = $^1/_{100}$ Yen; seit 1943 nur noch Rechnungsgröße.

**sen.,** Abk. für lat.: ↑senior.

**Sena Gallica** ↑Senigallia.

**Senancour,** Étienne Pivert de [frz. senã'ku:r], * Paris 5. oder 6. Nov. 1770, † Saint-Cloud 10. Jan. 1846, frz. Schriftsteller. - Sein Briefroman „Obermann" (1804), dessen Hauptfigur den Typ des romant., resignierenden reflektierenden Helden verkörpert, gilt als eines der bedeutendsten Werke der frz. Frühromantik.

**Senarmontit** [nach dem frz. Mineralogen H. H. de Sénarmont, *1808, †1862], kubisches, farbloses Mineral, $Sb_2O_3$. Es kommt v. a. auf antimonithaltigen Gängen vor; wird als Antimonerz (bes. in Algerien) abgebaut; Mohshärte 2; Dichte 5,2 bis 5,3 g/cm$^3$.

**Senat** [lat. senatus „Rat der Ältesten"], offizielles Beratungsgremium der röm. Staates. Der S. bestand in der Königszeit aus den Häuptern der patriz. Geschlechter (patres; Patrizier), wohl vom 5. Jh. v. Chr. an

kamen minderberechtigte, angesehene Plebejer (*conscripti* [Eingeschriebene]) dazu. Die Gesamtzahl der Mgl. betrug seitdem 300 (unter Sulla 600, Cäsar 900, Augustus 600) Personen; in frührepublikan. Zeit von den Konsuln, wohl ab 312 v. Chr. von den Zensoren berufen; seit dem 2./1. Jh. hatten ehem. Magistrate Anspruch auf Aufnahme; Zugehörigkeit zum S. war lebenslänglich. Abzeichen der senator. Würde war der breite Purpurstreifen an Toga und Tunika. Die **Senatoren** durften Italien nicht ohne Genehmigung verlassen und keinen Handel treiben (seit 218 v. Chr.). Die rechtl. Stellung und die Befugnisse des S., bes. im Verhältnis zu den Magistraten, sind im einzelnen unklar, doch bewirkte das Ansehen des S., daß die S.beschlüsse (**senatus consulta**) bindend waren. Eine wichtige Rolle spielte der S. bei der Vorbereitung der Gesetzesvorschläge, bei Kriegserklärung, Friedensschlüssen, Empfang und Absenden von Gesandtschaften, Einrichtung von Provinzen, Aufstellung und Ausrüstung des Heeres sowie Bewilligung von Triumphen. Dazu kamen die Kontrolle der Beamten, die Verwaltung des ↑Aerariums und die Verhängung des Ausnahmezustandes (**senatus consultum ultimum**; erstmals 121 v. Chr.). - In der Kaiserzeit bestimmte der Prinzeps Funktion und Zusammensetzung des S. (Selbstergänzung durch Senatorensöhne [Mitgliedschaft im S. nun erblich] und kaiserl. Ergänzung aus dem Ritterstand; auch Aufnahme von Provinzialen). Die Wahrnehmung der Aufgaben und die Gerichtstätigkeit geschahen immer mehr in Abhängigkeit vom Kaiser.
📖 *Meyer, Ernst:* Röm. Staat u. Staatsgedanke. Zürich u. Stg. ⁴*1975.*
◆ nach röm. Vorbild seit dem MA Bez. für die Reg.organe bed. Städte (Venedig, Reichsstädte, Hansestädte, Freie Stadt Danzig 1920-39). - In der BR Deutschland Name der Landesreg. der Stadtstaaten Bremen, Hamburg und (seit 1950) Berlin (West).
◆ in polit. Zweikammersystemen Bez. für die erste Kammer des Parlaments, in Bundesstaaten häufig Bez. für die Kammer der Vertretung der Einzelstaaten, in anderen Staaten die Kammer der Regionalvertretungen; bestand u. a. in Frankr. (1799-1814, 1852-70 und 1875-1940), Polen (1921-39) und in der Tschechoslowakei (1920-39). Von den Ländern der BR Deutschland verfügt nur Bayern über einen S. mit ständ. Zusammensetzung und beratender Funktion. V. a. zur Vertretung von Regionalinteressen besteht ein S. in Frankr. (seit 1958), Belgien, Italien, Kanada und Südafrika. Im Rahmen einer föderativen Verfassung haben die USA, wo der S. mit dem Repräsentantenhaus den Kongreß bildet (↑auch USA [politisches System]), und nach deren Vorbild Australien Senate.
◆ mit mehreren Richtern besetztes Spruchkörper höherer Gerichte; Zusammensetzung und Zuständigkeit ergeben sich aus der Gerichtsverfassung und dem Geschäftsverteilungsplan.
◆ oberstes kollegiales Selbstverwaltungsorgan der wiss. Hochschulen in der BR Deutschland, in Österreich und in der Schweiz. Es besteht je nach Verfassung der Hochschule aus dem Rektor (Präs.), Vertretern der verschiedenen Gruppen des Lehrkörpers sowie Studenten und sonstigen Mitarbeitern. In der BR Deutschland sind die Zuständigkeiten des S. im Hochschulrahmengesetz des Bundes vom 26. Jan. 1976 geregelt.

**Senatus Populusque Romanus** [lat. „Senat und röm. Volk"], Abk. S.P.Q.R., z. Z. der röm. Republik und des frühen Prinzipats Formel zur Kennzeichnung der den röm. Staat tragenden Kräfte; offizielle Bez. des röm. Staates.

**Senckenberg,** Johann Christian, ≈ Frankfurt am Main 28. Febr. 1707, † ebd. 15. Nov. 1772, dt. Arzt. - Arzt in Frankfurt; vermachte 1763 sein Vermögen einer Stiftung (medizin. Inst., botan. Garten, chem. Laboratorium, Sammlungen und Bibliothek), aus 1817 die ↑Senckenbergische Naturforschende Gesellschaft vereinigt wurde.

**Senckenbergische Naturforschende Gesellschaft,** Abk. SNG, 1817 nach einem Aufruf J. W. von Goethes gegr. und nach J. C. Senckenberg ben. naturwiss. Gesellschaft in Frankfurt am Main. Die SNG ist eine freie, unabhängige Einrichtung und Trägerin des *Naturmuseums und Forschungsinstituts Senckenberg* (größtes dt. Forschungsmuseum; Arbeitsgebiete: Zoologie, Botanik, Geologie/Paläontologie, Meeresbiologie, Anthropologie). 1914 stiftete sie der neugegr. Frankfurter Univ. das zoolog., geolog.-paläontolog. und das mineralog. Institut. Die größte Außenstation der SNG ist das 1928 gegr. *Institut für Meeresgeologie und Meeresbiologie Senckenberg* in Wilhelmshaven. Von bes. Bed. ist die *Senckenberg. Bibliothek* (Sondersammelgebiet für biolog. Wiss. und Medizin); zahlr. Veröffentlichungen.

**Sendai,** jap. Stadt im nördl. Hondo, 700 200 E. Verwaltungssitz der Präfektur Mijagi; kath. Bischofssitz; Univ. (gegr. 1907), Handels- und Ind.zentrum; Kochsalzthermen. - Frühgeschichtl. Zeugnisse; im 8. Jh. Tempelbau und Einrichtung des Verwaltungszentrums für N-Japan; um 1600 Errichtung einer Burg und Anlage einer Burgstadt; seit 1876 Hauptstadt der Präfektur Mijagi.

**Sendak,** Maurice [engl. 'sɛndæk], * New York 10. Juni 1928, amerikan. Illustrator und Schriftsteller poln.-jüd. Abstammung. - Bekannt v. a. als Kinderbuchautor und -illustrator („Wo die wilden Kerle wohnen", 1963; „Als Papa fort war", 1981).

**Sendelbinde** [nach dem Seidenstoff Zendel], im 15. Jh. aus einem langen Stoffstreifen bestehende männl. Kopfbedeckung.

# Senefelder

**Sender,** Ramón José, * Alcolea de Cinca (Prov. Huesca) 3. Febr. 1902, † San Diego (Calif.) 16. Jan. 1982, span. Schriftsteller. - Seit 1942 in den USA, 1946 naturalisiert; wendet sich gegen jede Art von Unterdrückung und Ausbeutung, v. a. in den Romanen „Der Verschollene" (1939), „Der König und die Königin" (1947), „Die Heilige und die Sünder" (1967) und „Requiem für einen span. Landmann" (Nov., 1953).

**Sender,** allg. eine Anlage, die [eine Information enthaltende] Energie erzeugt und abstrahlt; i. e. S. eine nachrichtentechn. Anlage, die Signale bzw. Informationen in modulierte elektromagnet. Wellen umsetzt und abstrahlt (*Funk-, Rundfunk-S.*). Zur Erzeugung der elektromagnet. Wellen dienen in den sog. *Röhren-S.* spezielle Oszillatoren, in denen eine kleine, zw. Gitter und Kathode einer Elektronenröhre angelegte Wechselspannung in einem im Anodenkreis liegenden Schwingkreis eine größere Wechselspannung erzeugt. - Werden anstelle der Elektronenröhren Transistoren verwendet, so spricht man von *Transistorsendern.* - Der zur Erzeugung von Schwingungen einer bestimmten Frequenz (Resonanzfrequenz des Schwingkreises) dienende, auch als *Hochfrequenzgenerator* bezeichnete Oszillator des S. wird ergänzt: 1. durch Bauelemente zur Modulation der Trägerfrequenz (z. B. Telegrafiezeichen, Mikrophonströme); 2. durch Verstärker (*Senderverstärker*); 3. durch die Sendeantenne.
◆ (Kommunikator, Quelle) in der Kommunikationsforschung Bez. für den Zeichengeber einer Aussage im Unterschied zum Rezipienten und zum Medium († auch Kommunikation).

**Sender Freies Berlin** † Rundfunkanstalten (Übersicht).

**Sendgericht** (Send) [letztl. zu griech. sýnodos „Zusammenkunft, Versammlung"], kirchl. Sittengericht, das sich vor 800 aus der Richterfunktion des Bischofs bei Visitationen gebildet hat; existierte z. T. bis Anfang 19. Jh.; urspr. war jeder Getaufte, ab etwa 900 nur noch der Laie sendgerichtspflichtig; Gerichtsort (*Sendort*) war die Kirche, Gerichtsbez. ihr Sprengel, ständiger Träger der Gerichtsbarkeit (*Sendherr*) der Bischof; vom S. ausgenommen waren die hohen Stände († Semperfreie) und schwere Vergehen.

**Sendschirli** † Zincirli.

**Sendungsideologie,** die verabsolutierte Form einer Bewußtseinsüberzeugung, die subjektiv als *Sendungsbewußtsein* empfunden wird und derzufolge die in einem sozialen, religiösen oder polit. Verband ausgebildeten Wertvorstellungen auch für andere Menschen, Gruppen oder ganze Völker verbindl. sein sollten. Entsteht aus der Überzeugung eigener Überlegenheit sowie der Vorstellung, zur Vermittlung des selbst erreichten zivilisator. Status, der eigenen Errungenschaften, Ordnungs- und Wertvorstellungen berechtigt und im Sinne einer geschichtl. Aufgabe verpflichtet zu sein. Dient als Rechtfertigung von Expansionsbestrebungen polit., militär., wirtsch. oder auch kultureller Art. Im *religiösen* Bereich führt die S. meist zu missionar. Tätigkeit, *säkularisiert* tritt sie im polit. Bereich auf.

**Seneca,** Lucius Annaeus, d. J., * Corduba (= Córdoba) um 4 v. Chr., † Rom 65 n. Chr. (Selbstmord), röm. Politiker, Philosoph und Dichter. - Sohn von Lucius Annaeus S. d. Ä. (* um 55 v. Chr., † um 40 n. Chr.), der mit „Controversiae" und „Suasoriae" eine wichtige Quelle für die Rhetorik der frühen Kaiserzeit verfaßte. Unter Kaiser Claudius als Opfer einer Hofintrige nach Korsika verbannt (41–48); Rückberufung durch Kaiserin Agrippina d. J., die ihm die Erziehung ihres Sohnes Nero übertrug; leitete (als Konsul) 54–59 zus. mit Burrus die gesamte Reichspolitik; wurde nach dem Scheitern der Pison. Verschwörung als angebl. Mitwisser zur Selbsttötung gezwungen. Neben seinem Neffen Lukan der wichtigste Repräsentant der röm., sich von der ciceron.-augusteischen Klassik distanzierenden „Moderne". Die philosoph. Schriften suchen die stoische Ethik für die eigene Zeit fruchtbar zu machen. Die Tragödien sind freie Bearbeitungen von Stücken der griech. Klassiker (Aischylos, Sophokles, Euripides), z. T. auch von hellenist. Dramen; sie haben das neuzeitl. Drama bis zur frz. Klassik stärker beeinflußt als die griech. Originale. Die „Apocolocyntosis" („Veräppelung"; wörtl.: „Verkürbissung") ist eine Satire auf den verstorbenen Kaiser Claudius. S. galt während des MA als Christ (ein gefälschter Briefwechsel mit Paulus ist erhalten).
⌑ Sørensen, V.: S. Mchn. ²1985. - Grimal, P.: S. *Macht u. Ohnmacht des Geistes.* Darmst. 1978. - *S. als Philosoph.* Hg. v. G. Maurach. Darmst. 1975. - *Senecas Tragödien.* Hg. v. E. Lefèvre. Darmst. 1972.

**Seneca** [engl. ˈsɛnɪkə], Indianerstamm im W des Staates New York, bildete das Hauptkontingent der irokes. Truppen, die die Huronen und andere westirokes. Konföderationen im 17. Jh. besiegten. Die S. kämpften im Sezessionskrieg auf der Seite der Briten gegen die Amerikaner und mußten nach Kriegsende nach Kanada fliehen.

**Senecio** [lat.], sww. † Greiskraut.

**Senefelder,** Alois (Aloys), * Prag 6. Nov. 1771, † München 26. Febr. 1834, östr. Erfinder. - Fand bei Versuchen, Musiknoten billig herzustellen, zu seinen Druckerfindungen und -entdeckungen. S. druckte zunächst mit Kupferplatten, die er mit fetthaltiger Tinte beschrieb und ätzte (Hochdruck). 1797 beschrieb er geschliffene Kalkplatten mit Fettkreide oder -tinte und stellte fest, daß die Druckfarbe nur an den beschriebenen Stellen haften blieb; damit hatte er das Flachdruckverfahren gefunden.

# Senegal

## Senegal

(amtl.: République du Sénégal), Republik in W-Afrika, zw. 12° 20′ und 16° 40′ n. Br. sowie 11° 20′ und 17° 33′ w. L. **Staatsgebiet:** S. grenzt im W an den Atlantik, im N an Mauretanien, im SO an Mali, im S an Guinea und Guinea-Bissau. Im südl. Landesteil greift von der Küste her 475 km den Fluß Gambia aufwärts der Staat Gambia in das Staatsgeb. von S. hinein. **Fläche:** 196 192 km². **Bevölkerung:** 6,58 Mill. E (1985), 33,5 E/km². **Hauptstadt:** Dakar. **Verwaltungsgliederung:** 10 Regionen. **Amtssprache:** Französisch. **Nationalfeiertag:** 4. April (Unabhängigkeitstag). **Währung:** CFA-Franc = 100 Centimes (c). **Internationale Mitgliedschaften:** UN, OAU, ECOWAS, OCAM, Frz. Gemeinschaft (Communauté), CEAO, UMOA, OMVS; der EWG assoziiert. **Zeitzone:** MEZ −1 Std.

**Landesnatur:** S. liegt im Bereich des Sudan und Sahel. Es wird weitgehend vom Küstentiefland an den Flüssen Senegal und Gambia eingenommen, das landeinwärts bis 40 m ü. d. M. ansteigt. Überwiegend Flachküste, z. T. versumpft. Im SW des Landes greifen Ausläufer des Fouta Djalon auf S. über. Die höchsten Erhebungen dieser Schichtstufenlandschaft liegen bei 400 m.

**Klima:** Der Süden S. hat randtrop. Klima mit einer langen Regenzeit von April–Nov. (1 200 mm Niederschlag/Jahr), der N Trokkenklima mit einer kurzen Regenzeit von Ende Juli–Okt. (300 mm Niederschlag/Jahr).

**Vegetation:** Südl. des Gambia wächst Feuchtwald, weiter nördl. folgt Feuchtsavanne mit Affenbrotbäumen und anschließend Trocken- und Dornstrauchsavanne.

**Tierwelt:** V. a. im östl. S. kommen Elefanten, Löwen, Leoparden, Antilopen vor sowie Affen und zahlr. Vögel, in den Flüssen Flußpferde und Krokodile. Die Küstengewässer sind reich an Krustentieren und Fischen.

**Bevölkerung:** Sie besteht überwiegend aus Stämmen der Sudaniden (37% Wolof, 17 % Fulbe, 16,5 % Serer, 9 % Tukolor, 6,5 % Malinke u. a.). 91% sind Muslime, 4% Anhänger traditioneller Religionen, 5% Christen. Neben Grundschulen und berufsbildenden Schulen gibt es 2 Univ. in Dakar und Gorée.

**Wirtschaft:** Dominierend ist die Landw. in kleinbäuerl. Betrieben. 75 % der Bev. lebt von der Landw.; wichtigstes Anbau- und Exportprodukt sind Erdnüsse. Landw. Entwicklungsprojekte mit Hilfe künstl. Bewässerung (Anbau von Reis, Baumwolle, Zuckerrohr) sind in Angriff genommen. Hochsee- und Binnenfischerei wird betrieben, Fangmenge (1983) 213 000 t. Exportiert werden Thunfischkonserven, eingefrorene Sardinen, Krabben, Seezungen, Langusten. Bed. Fremdenverkehr.

**Außenhandel:** Der wichtigste Handelspartner ist Frankr., gefolgt von der Elfenbeinküste, der BR Deutschland, Spanien und Thailand. Ausgeführt werden Erdnüsse und Erdnußprodukte, Naturphosphate, Erdölderivate, Fische, eingeführt Textilien, Maschinen, Reis, Kfz., Erdöl, Zucker.

**Verkehr:** Das Eisenbahnnetz ist 1 186 km, das Straßennetz rd. 14 000 km lang (davon rd. 3 300 km asphaltiert). Wichtigster Hafen ist der von Dakar, Hochseehäfen besitzen außerdem Saint-Louis, Kaolack und Ziguinchor. S. ist Teilhaber an der Air Afrique, die den Regionaldienst in W-Afrika versieht. Internat. ✈ bei Dakar, der modernste W-Afrikas und daher ein Luftkreuz am Nordatlantik mit Direktverbindungen nach 32 Ländern.

**Geschichte:** Das Gebiet an der Senegalmündung lag im Einflußbereich der afrikan. Reiche Gana und Mali. 1444 errichteten Portugiesen, im 16. Jh. Niederländer, 1659 Franzosen Handelsniederlassungen. 1814/17 sicherten sich die Franzosen endgültig die Île de Gorée und Saint-Louis. 1854 riefen sie die Kolonie S. aus, 1879–90 wurde die Eroberung von S. in seinen heutigen Grenzen vollendet; 1895 wurde in das Generalgouvernement Frz.-Westafrika eingegliedert, erhielt jedoch 1904 eine eigene Verwaltung. 1848–51 und ab 1871 entsandte die Kolonie einen Abg. in die frz. Nationalversammlung. 1946 bekam die Kolonie den Status eines Überseeterritoriums innerhalb der Frz. Union; 1955 gewährte Frankr. S. die innere Autonomie. Die 1958 gegr. autonome Republik S. schloß sich Anfang 1959 mit der Schwesterrepublik Soudan (↑ Mali) zur Föderation Mali innerhalb der Frz. Gemeinschaft zusammen, konstituierte sich aber am 20. Aug. 1960 als unabhängige Republik unter Führung von Staatspräs. L. S. Senghor. Er bildete S. in 2 Verfassungsänderungen (1963 und 1970) zu einer präsidialen Republik mit Einheitspartei um. Zeichen für ein polit. liberaleres Klima und die vorsichtige Rückkehr zum demokrat. Pluralismus waren 1974 und 1976 die Freilassung polit. Gegner und die Zulassung weiterer Parteien seit 1974. 1978 wählte das Volk nach freiem Wahlkampf Parlament und Präs. neu, Senghor erhielt 82% der Stimmen. Am Jahresende 1980 trat er zurück; Nachfolger wurde der bisherige Min.präs. Diouf. S. ist seit Febr. 1982 Mgl.staat der Föderation ↑ Senegambia, in deren Rahmen seit 1984 intensiv über eine Wirtschafts- und Währungsunion verhandelt wird, die Gambia noch verzögert, weil es Schäden für die eigene Wirtschaft fürchtet. Bei den Wahlen 1988 konnte sich Präs. Diouf trotz Einbußen seiner Sozialist. Partei noch einmal durchsetzen.

**Politisches System:** Nach der Verfassung vom 7. Febr. 1963 (revidiert 1970, 1976 und 1978) ist S. eine präsidiale Republik. Der für 5 Jahre (bei mögl. Wiederwahl) direkt gewählte Präs. ist *Staatsoberhaupt*, oberster Inhaber der *Exekutive* und Oberbefehlshaber der Streitkräfte.

Er ernennt und entläßt die Min., die dem Parlament verantwortl. sind. Die *Legislative* liegt beim Einkammerparlament, der Nationalversammlung (100 auf 5 Jahre gewählte Abg.); der Präs. hat weitgehende Befugnisse im Gesetzgebungsverfahren. Gegenwärtig gibt es 14 *Parteien* in Senegal. Reg.partei (1966–74 Einheitspartei) ist die Parti Socialiste Démocratique (Abk. PSD; bis Dez. 1976 als Union Progressiste Sénégalaise), deren Generalsekretär Diouf ist (79,9 % der Stimmen). Seit 1974 als Oppositionspartei zugelassen ist die liberal-demokrat. Parti Démocratique Sénégalais (Abk. PDS; rd. 14 %). Die kommunist. Parti Africain de l'Indépendance (Abk. PAI) wurde 1976 zugelassen, 1979 das Mouvement Républicain Sénégalais (MRS) als konservative Partei. Wichtigster *Gewerkschafts*verband ist die Confédération Nationale des Travailleurs Sénégalais (Abk. CNTS; gegr. 1969), deren Mgl. seit 1976 nicht mehr automat. der PSD angehören. *Verwaltungs*mäßig ist S. in 10 Regionen unterteilt, die je einem Gouverneur unterstehen. Das *Rechts*wesen folgt frz. Vorbild. Höchste Instanz des 3stufigen Gerichtsaufbaus ist der Oberste Gerichtshof in Dakar, dessen Mgl. der Präs. ernennt. Die *Streitkräfte* umfassen rd. 9 700 Mann (Heer 8 500, Marine 700, Luftwaffe 500), daneben gibt es paramilität. Kräfte in einer Stärke von rd. 6 800 Mann.

📖 *Gellar, S.: S.: An african nation between Islam and the west. Aldershot 1983. - Löser, H.: Wanderarbeit u. soziale Mobilität. Das Beispiel des S. Mchn. 1979. - Oppenheimer, J.: Genesis u. Entwicklung der „Unterentwicklung". Das Beispiel des frz. Kolonialismus im S. Kassel 1978. - Reichhold, W., u. a.: Die Nutzbarmachung des S.-Beckens. Mchn. 1978. - Burisch, M.: Der Wirtschaftsraum Senegambien. Hamb. 1976. - Schumacher, E. J.: Politics, bureaucracy, and rural development in S. Berkeley (Calif.) 1975.*

**Senegal,** Fluß in W-Afrika, entsteht bei Bafoulabé, Mali, durch den Zusammenfluß von Bafing und Bakoy, bildet nach der Einmündung des Falémé die Grenze zw. Mauretanien und Senegal und mündet bei Saint-Louis in den Atlantik, 1 080 km, mit Bafing 1 430 km lang. Ab Podor (270 km flußaufwärts) ganzjährig schiffbar. Die Gezeiten sind 440 km landeinwärts bemerkbar, bei Niedrigwasser (Nov.–Juli) dringt Salzwasser flußaufwärts. Zur wirtsch. Entwicklung des S.beckens haben Senegal, Mauretanien und Mali die OMVS (Organisation pour la Mise en Valeur du Fleuve Sénégal) gegründet.

**Senegambia,** am 1. Febr. 1982 gebildete Konföderation von Senegal und Gambia. *Organe:* Präs. (Präs. von Senegal), Vizepräs. (Präs. von Gambia), Min.rat, Bundesparlament (²/₃ der Abg. aus Senegal, ¹/₃ aus Gambia). Die Mgl.staaten behalten ihre Souveränität.

**Seneschall** (Seneschalk; frz. sénéchal) [Rückentlehnung aus dem Frz., eigtl. „der Älteste der Dienerschaft"], am fränk. Hof der für das Verpflegungswesen zuständige Amtsträger (entspricht dem Truchseß). Unter den Kapetingern wurde der S. in Frankr. zum mächtigsten Kronbeamten (Aufgaben in Verwaltung, Heerwesen, Gerichtsbarkeit). Seit 1191 wurde dieses Amt nicht mehr besetzt, der S. blieb lokaler königl. Beamter.

**Seneszenz** [lat.], körperl. und geistiger Leistungsabfall im hohen Alter.

**Senf** [griech.-lat.], (Sinapis) Gatt. der Kreuzblütler mit zehn Arten, v. a. im Mittelmeergebiet; einjährige oder ausdauernde Kräuter mit ungeteilten oder leierförmig-fiederspaltigen bis fiederteiligen Blättern und meist gelben Blüten. Bekannte Arten sind ↑ Ackersenf und ↑ Weißer Senf.
◆ Bez. für einige Arten der Gatt. Kohl (Brassica), z. B. ↑ Indischer Senf.

**Senf** [griech.-lat.] (Mostrich), Würzpaste aus gemahlenen Senfkörnern und Essig.

**Senfgas** (Lost, Yperit, 2,2'-Dichloräthylsulfid), $ClCH_2-CH_2-S-CH_2-CH_2Cl$, braune, ölige, stechend riechende Substanz; sehr gefährl. Hautgift, im 1. Weltkrieg als [Gelbkreuz]kampfstoff verwendet.

**Senfgurken,** in Essig mit Senfkörnern, u. a. eingelegte Schälgurkenstücke.

**Senfklapper** (Pillenbaum, Spinnenblume, Cleome), Gatt. der Kaperngewächse mit rd. 20 Arten in wärmeren und trop. Gebieten, v. a. in Wüsten- und Steppengebieten; einjährige Kräuter oder Halbsträucher mit einfachen Blättern und weißen, gelben oder purpurfarbenen Blüten in Trauben oder einzelstehend; Kapselfrüchte schotenartig. Die nierenförmigen Samen bleiben nach dem Abfallen der Fruchtklappen am Rahmen und werden z. T. wie Senfsamen verwendet.

**Senfkörner,** als Gewürz verwendete Samenkörner von Schwarzem und Weißem Senf.

**Senfl,** Ludwig [...fəl] (Senfli, Sennfl u. a.), *Basel um 1486, †München zw. 2. Dez. 1542 und 10. Aug. 1543, dt.-schweizer. Komponist.- Mgl. der Hofkapelle Kaiser Maximilians, trat 1523 in die Münchner Hofkapelle Herzog Wilhelms IV. ein; wichtigster Vertreter der dt. Vokalpolyphonie der 1. Hälfte des 16. Jh.; der Schwerpunkt seines Schaffens lag auf dem Gebiet der geistl. lat. Motette, der Messe und des deutschsprachigen weltl. Liedes.

**Senföle,** die Ester der Isothiocyansäure (allg. Formel $R-N=C=S$; R organ. Rest), die (glykosid. gebunden) als stechend riechende äther. Öle in Kreuzblütlern (z. B. Schwarzer Senf, Meerrettich, Kresse) vorkommen.

**Senftenberg,** Krst. an der Schwarzen Elster, Bez. Cottbus, DDR, 102 m ü. d. M., 32 300 E. Heimatmuseum; Zentrum eines Braunkohlenreviers. - Im Schutz einer Burg (im 16./17. Jh. zu einem befestigten Schloß ausgebaut) entstanden; 1279 Stadtrecht.- Spätgot. Pfarrkirche (um 1400).

**Senftenberg**

**S.,** Landkr. im Bez. Cottbus, DDR.

**Senfweißling** (Leptidea sinapis), etwa 4 cm spannender, weißer, zartflügeliger, von W-Europa bis Syrien und bis zum Kaukasus verbreiteter Falter der Fam. Weißlinge; Vorderflügel beim ♂ mit großem, rundem, schwarzem Fleck an der Spitze, beim ♀ undeutl. ausgeprägt; auf Waldwiesen und an Waldrändern; Raupe grün mit gelben Seitenstreifen.

**Senfwickel,** Auflegen von mit lauwarmem und senfmehlhaltigem Wasser getränkten Tüchern; z. B. auf die Brust bei Bronchitis.

**sengen,** in der Textiltechnik ↑gasieren.

**Senghor,** Léopold Sédar [frz. sɛ̃ˈgɔːr, sãˈgɔːr], *Joal (Region Thiès) 9. Okt. 1906, senegales. Politiker und Lyriker. - Gymnasiallehrer in Tours und Paris; Abg. für Senegal in beiden frz. Konstituanten (1945/46) und in der frz. Nationalversammlung (1946–58); ab 1945 Mgl. der SFIO, begr. 1948 den Bloc Démocratique Sénégalais; 1948–58 Prof. an der École Nationale de la France d'Outremer; ab 1958 als Generalsekretär Führer der Union Progressiste Sénégalaise (seit 1976 Parti Socialiste Démocratique); 1959/60 Präs. der Föderation Mali; seit 1960 Staatspräs., 1962–70 auch Min.präs. der Republik Senegal, trat zum 31. Dez. 1980 freiwillig zurück. Außenpolit. westl. orientiert, setzte sich S. immer wieder für die friedl. Regelung von Konflikten in Afrika und im Nahen Osten ein. Zus. mit A. Césaire und L.-G. Damas einer der führenden Vertreter der ↑Négritude. Erhielt 1968 den Friedenspreis des Dt. Buchhandels. - *Werke:* Tam-Tam schwarz (Ged., dt. Ausw. 1955), Négritude und Humanismus (Essays, 1964). Schrieb auch: Liberté IV. Socialisme et planification (1983).

**Sengiden** (Sangiden, Zengiden), Dyn. in Mosul (1127–1234), begr. von Imad Ad Din Sengi († 1146). Er und sein Sohn Nur Ad Din (*1118, †1174) erkannten die von den Kreuzfahrern ausgehende Bedrohung und einten die Muslime zu erfolgreichem Widerstand. Nur Ad Din vereinte Syrien unter seiner Herrschaft (1154 Besetzung von Damaskus).

**Senhor** [zɐˈɲoːr, portugies. sɪˈɲor (zu ↑Senior)], Herr; *Senhora:* Frau, Dame; *Senhorita:* Fräulein.

**Senigallia,** italien. Stadt am Adriat. Meer, in den Marken, 6 m ü. d. M., 41 000 E. Kath. Bischofssitz; Badeort; Fischerei. - 283 v. Chr. als röm. Kolonie gegr. (**Sena Gallica**); spätestens seit dem 4. Jh. Bischofssitz; gehörte seit dem 6. Jh. zur Pentapolis; kam 754 an den Papst, behielt aber weitgehende Selbständigkeit; 12.–19. Jh. bed. Messeort. - Rocca (Festung) mit Rundtürmen (1480–91), z. T. erhaltene Stadtmauer (um 1500); barocker Dom (1790 und 19. Jh.).

**senil** [lat.], greisenhaft; im hohen Lebensalter auftretend.

**senile Demenz** (Dementia senilis), svw. Altersblödsinn (↑Alterskrankheiten).

**Senilität** (Senilitas) [lat.], die verstärkte Ausprägung von Alterserscheinungen, insbes. ↑Alterskrankheiten.

**senior** [lat.], Abk. sen., älter; (hinter Namen:) der Ältere.

**Senior,** Nassau William [engl. ˈsiːnjə], *Compton Beauchamp (Oxfordshire) 26. Sept. 1790, †Kensington (= London) 4. Juni 1864, brit. Nationalökonom. - Prof. in Oxford 1825–30 und 1847–52. S. bereicherte die polit. Ökonomie um die Abstinenztheorie: Nicht nur die Arbeit ist Quelle des Werts, sondern auch Natur und Abstinenz, d. h., der Verzicht auf einen Genuß in der Gegenwart wird durch den Profit auf die gesparten Werte belohnt. Entsprechend werden nach S. die Preise nicht durch die Produktionskosten gebildet, sondern durch die erbrachten Opfer. S. war an der Reform der Armengesetzgebung beteiligt.

**Senior** [lat. „der Ältere"], (frz. seigneur) verfassungsrechtl. Bez. für den Lehnsherrn, der seinem Vasallen Schutz (Verteidigung mit der Waffe oder vor Gericht) und Unterhalt (v. a. ein Lehen) schuldete; auch svw. Grundherr (↑Seigneur).

◆ in student. Verbindungen, bes. bei ↑Korps, der gewählte Vorsitzende.

◆ im *Sport* Angehöriger der **Seniorenklasse,** in der normalerweise die Höchstleistungen erreicht werden.

◆ (meist Mrz.) Bez. für ältere Menschen (im Rentenalter).

**Seniorat** [lat.], Erb- oder Thronfolgeordnung, bei der ohne Rücksicht auf den Verwandtschaftsgrad der jeweils älteste Erbberechtigte nachfolgt.

**Seniorität** [lat.], svw. ↑Anciennität.

**Senj** [serbokroat. senj], Ort an der jugoslaw. Adriaküste, 4 000 E. Museum; Tabakfabrik; Fährverkehr zu den Inseln Krk und Rab. - Seit dem 5. Jh. Bischofssitz; 1469 königl. Freistadt. - Roman. Dom (12. Jh.); barocke Bürgerhäuser; Burg Nehaj (1558).

**Senja,** Insel in N-Norwegen, 1 590 km², bis 1 010 m ü. d. M.

**Senkakuinseln,** unbewohnte jap. Inselgruppe im Ostchin. Meer, zu den Riukiuinseln gehörend, 6,32 km². - 1945–72 unter Verwaltung der USA; wegen der Erdölvorkommen auch von China und Taiwan beansprucht.

**Senkblei,** svw. ↑Lot.

**Senker,** svw. ↑Entgrater.

◆ bei Schmarotzerpflanzen (z. B. Mistel) aus Nebenwurzeln hervorgehende Saugorgane, die in das Holz der Wirtspflanze eindringen und dort Wasser und Nährstoffe entnehmen.

**Senkfuß** (Fußsenkung) ↑Fußdeformitäten.

**Senkgrube,** abflußlose, auszementierte Grube zur Aufnahme von Fäkalien.

**Senkkasten,** svw. ↑Caisson.

**senkrecht,** mit einer vorgegebenen Geraden oder Ebene einen Winkel von 90° bildend.

**Senkrechtstarter** (VTOL-Flugzeug), Flugzeug, das ohne den bei sog. *Flachstartern* übl. Rollvorgang zur Erreichung der Abhebegeschwindigkeit vertikal abheben, dann in den Horizontalflug übergehen und später wieder mit senkrechtem Abstieg landen kann. Während der Start- bzw. Landephasen werden S. von vertikalen Schubstrahlen getragen, bei *Kippflüglern* werden die Tragflächen mit den daran angebrachten Triebwerken etwa um 90° gedreht. - ↑ auch Flugzeug (Flugzeugkunde).

**Senkspindel,** svw. ↑Aräometer.

**Senkung,** Begriff der Verslehre für eine nicht betonte, druckschwache (leichte) Silbe eines Verses, im Unterschied zur ↑Hebung.
◆ (Blutsenkung) svw. ↑Blutkörperchensenkungsgeschwindigkeit.

**Senkungsfeld,** von Verwerfungen begrenzte Hohlform der Erdoberfläche.

**Senkwaage,** svw. ↑Aräometer.

**Senlis** [frz. sã'lis], frz. Stadt in der Picardie, Dep. Oise, 14 500 E. Heimatgeschichtl., Kunstmuseum; Holz-, Elektro-, Maschinenbau-, chem. und Nahrungsmittelind. - Geht auf ein kelt. Oppidum zurück; in der Römerzeit als **Augustomagus** bed. befestigte Stadt; nach der Überlieferung im 4. Jh. (gesichert 511) Bischofssitz (bis 1802); wurde im Früh-MA Hauptstadt einer Gft.; besaß 1173–1319 städt. Privilegien; gehörte seit Ende des 10. Jh. zur frz. Krondomäne. - Reste eines röm. Amphitheaters, weitgehend erhaltene galloröm. Befestigung. Frühgot. ehem. Kathedrale Notre-Dame (12. und 16. Jh.); spätroman. Kirche Saint-Frambourg (12. Jh.). Schloßruine mit Resten einer karoling. Kapelle und got. Wohnbauten. Rathaus mit barocken Umbauten (18. Jahrhundert).

**Senne,** Landschaft am S-Fuß des Teutoburger Waldes, eine gegen Lippe und Ems sanft abfallende Sanderfläche der Saalevereisung.

**Senne** ↑Orientteppiche (Übersicht).

**Sennenhunde,** Sammelbez. für Hunde, die zum Almauftrieb der Herden und zum Hüten der Herden auf den Almen eingesetzt werden; v. a. die Schweizer Sennenhunde und der Rottweiler.

**Sennesblätter** [arab./dt.], getrocknete, durch ihren Gehalt an *Sennosiden* (Glucoside eines dimeren Anthracenderivats) in der Volksmedizin als Abführmittel (*S.tee, Sennestee*) verwendete Blätter von zwei Kassiearten: *ind. S.* (Tinnevelly-S.; von Cassia angustifolia; heim. in O-Afrika und auf der Arab. Halbinsel; angebaut im östl. und südl. Vorderindien) und *Alexandriner S.* (von Cassia acutifolia, Cassia senna; heim. im trop. Afrika, im Nilgebiet und in Indien).

**Senonen** (lat. Senones), kelt. Volksstamm in M-Gallien (Hauptort Agedincum [=

# Sensibilisatoren

Senkrechtstarter.
Die „McDonnell Douglas AV-8 B"
ist eine Weiterentwicklung
der „Hawker Siddeley Harrier"
für die amerikanische Marine
(Spannweite 9,23 m; Länge
13,08 m; Höhe 3,44 m)

Sens]) und N-Italien; beteiligten sich 52 v. Chr. am Aufstand des Vercingetorix. - Ein Teil der S. zog im 4. Jh. v. Chr. nach Italien.

**Señor** [zɛn'jo:r, span. se'ɲor (zu ↑Senior)], Herr; *Señora:* Frau, Dame; *Señorita:* Fräulein.

**Sens** [frz. sã:s], frz. Stadt 60 km westl. von Troyes, Dep. Yonne, 26 600 E. Kath. Erzbischofssitz; Museen; Gerbereien, Elektro-, holz-, metallverarbeitende Ind. - **Agedincum** war Hauptort der kelt. Senonen, nach denen die Stadt seit der Römerzeit heißt; im 3. Jh. Sitz eines Erzbischofs (ab 1622 nur Bistum, 1801 aufgehoben, 1822 wieder Erzbistum); seit dem 9. Jh. zum Hzgt. Burgund, 1055 an die frz. Krondomäne; ab 1189 Stadtrecht. - Got. Kathedrale (13.–16. Jh.) mit Glasmalereien; got. Palais Synodal (13. Jh.); zahlr. Wohnhäuser (16. und 17. Jh.).

**Sensation** [frz., zu lat. sensus „Wahrnehmung"], [aufsehen]erregendes Ereignis, überraschende Leistung.
◆ *erkenntnistheoretisch* im Rahmen der Theorie der Erfahrung der Sinneseindruck, die (äußere) Sinneswahrnehmung [als Ursprung der Erkenntnis].

**Sense,** landw. Handgerät zum Mähen, besteht aus einem etwa armlangen, leicht gebogenen Stahlmesser (Blatt) und einem langen Stiel (Baum) mit Handgriffen.

**Sensenfische** (Trachipteridae), Fam. der Glanzfischartigen, v. a. in nördl. kalten Meeren; fast bandförmig langgestreckt, vorderster Teil der sehr langen Rückenflosse sensenblattartig aufgerichtet; ohne Afterflosse.

**sensibel** [lat.-frz.], die Empfindung, Reizaufnahme betreffend; Hautreize aufnehmend (über sensible Nerven).
◆ empfindsam, feinfühlig; überempfindlich.

**Sensibilisatoren** [lat.], Stoffe, die die

# Sensibilisierung

Empfindlichkeit eines physikal. oder chem. Systems bzw. eines Organismus gegenüber einwirkenden Stoffen oder Strahlen verursachen oder verstärken, z. B. organ. Farbstoffe, die photograph. Emulsionen für langwelligere Spektralbereiche (außerhalb der Eigenabsorption der Silberhalogenide) empfindl. machen, ohne am photochem. Prozeß beteiligt zu sein. - ↑ auch Sensibilisierung.

**Sensibilisierung** (Sensibilisation) [lat.], allg. das Hervorrufen bzw. die Steigerung einer [Sinnes]empfindlichkeit (Sensibilität); auch Bez. für den dafür verantwortl. Vorgang.
◆ in der *Immunologie* ein Vorgang im Organismus, auf dem die Fähigkeit des Organismus oder eines Gewebes zur Antikörperbildung gegen ein bestimmtes Antigen beruht. Die Antikörperbildung kann auch künstl. durch Zufuhr von Antigenen erzeugt werden (z. B. bei Allergien).
◆ in der *Sinnespsychologie* die Erhöhung der Reaktionsbereitschaft auf Reize, etwa durch unspezif. Erhöhung des Reaktivitätsniveaus.
◆ in der *Photographie* Erweiterung der Farbempfindlichkeit einer photograph. Emulsion über das Eigenabsorptionsgebiet der Silberhalogenide (Blau, Blaugrün) hinaus bis zum Gelb und Orange *(orthochromat. Emulsion)* bis zum Rot *(panchromat. Emulsion)* oder Infrarot *(Infrarotemulsion)* durch Zusatz bestimmter ↑ Sensibilisatoren (organ. Farbstoffe).

**Sensibilität** [lat.], allg. svw. Empfindsamkeit, Feinfühligkeit; auch Überempfindlichkeit. - In der *Sinnesphysiologie* die Fähigkeit des Nervensystems, auf eine Auswahl von Umwelteinflüssen über die Erregung sensor. Nerven und die Integration solcher Erregungen in den sensor. Zentren in Form von Sinneseindrücken, Sinnesempfindungen und schließlich Wahrnehmungen zu reagieren (↑ auch Empfindung). In Abgrenzung gegen die „höheren Sinne" (Gesichts-, Gehör-, Geruchs- und Geschmackssinn) versteht man darunter i. e. S. auch die **Oberflächensensibilität** (von den sensiblen Nervenendigungen der Haut wahrgenommene und von Hautnerven weitergeleitete Berührungs-, Schmerz-, Wärme- und Kälteempfindung) und die **Tiefensensibilität** (Empfindungen über Lage, Bewegungsrichtung und Spannungszustand des Bewegungsapparats, vermittelt v. a. über Gelenk-, Sehnen- und Muskelrezeptoren).

**sensible Phase** ↑ Prägung.

**Sensillen** (Sensilla; Einz.: Sensillum) [lat.], bei Gliederfüßern einfache Sinnesorgane aus mehreren Zellelementen und meist mit Hilfsstrukturen; gehen durch differentielle Teilungen aus einer Stammzelle der Epidermis hervor. Man unterscheidet *Haar-S.* (z. B. Sinneshaare) und (ohne Hilfsstrukturen) *stiftführende S.* als mechano- oder chemorezeptor. S. (von denen manche auch als Thermorezeptoren wirken) sowie *opt. S.* (z. B. die Ommatidien des Facettenauges); durch den Zusammenschluß mehrerer bis zahlr. S. entstehen zusammengesetzte Sinnesorgane.
◆ bei Wirbeltieren einfache Sinnesorgane der Haut (↑ auch Hautsinne).

**sensitiver Charakter** [lat./griech.], nach E. Kretschmer ein ehrgeiziger, innerlich aber weicher und verletzl., autist. Typ mit Neigung zu Zwängen und Beziehungswahn.

**Sensitivitätstraining** [lat./engl.] (Sensitivity-training), zunächst in den USA zur Schulung von Führungskräften, dann in der Gruppentherapie zur Förderung der sozialen Kontaktfähigkeit eingesetzte Verfahren, die u. a. psychische Hemmungen beim Ausdrücken von Gefühlen entgegenwirken sollen.

**Sensitometrie** [lat./griech.], Sammelbez. für die Meßverfahren zur Bestimmung der Eigenschaften photograph. Materialien: Schwärzungsmessung (Densitometrie, Bestimmung der Dichte), Bestimmung der Allg. und spektralen Empfindlichkeit und der Gradation, der Sensibilisierung und des Entwicklungsverhaltens.

**Sensomotorik**, svw. ↑ Sensumotorik.

**Sensor** [lat.], (Meßfühler) derjenige Teil einer Meß- oder Registriervorrichtung, der unmittelbar der zu messenden oder zu erfassenden Erscheinung ausgesetzt wird; auch Bez. für eine auf eine bestimmte physikal. Erscheinung (z. B. Licht, Infrarotstrahlen) ansprechende Vorrichtung.
◆ (S.taste) Schaltvorrichtung für elektron. Geräte, die (ohne Bewegung mechan. Teile) durch bloßes Berühren betätigt wird; Schaltvorgang durch Überbrückung zweier Kontaktflächen durch die Fingerkuppe oder durch eine Kapazitätsänderung beim Berühren.

**sensorisch** (sensoriell), die Sinnesorgane oder die Aufnahme von Sinneswahrnehmungen bzw. -empfindungen betreffend.

**Sensorium** [lat.], der Sinnesapparat, bestehend aus Nervensystem und Sinnesorganen; i. e. S. die Großhirnrinde bzw. ihre Rindenfelder als Sitz der Sinnesempfindungen und des Bewußtseins.

**Sensualismus** [lat.], erkenntnistheoret. häufig, aber nicht notwendig mit materialist. Positionen verbundene, empirist. Richtung, die alle Erkenntnis auf Sinneswahrnehmung - letzl. auf physiolog. Reize - zurückführt. Sensualist. orientiert sind in der Antike z. B. die Kyniker und die Kyrenaiker. In der Neuzeit gewinnt der S. Bed. v. a. in der Philosophie der Aufklärung im Zusammenhang mit dem Empirismus und seiner Radikalisierung (J. Locke u. a.).

**Sensualität** [lat.], svw. Empfindungsvermögen (↑ Empfindung).

**sensuell** [lat.-frz.], die Sinne betreffend; sinnlich wahrnehmbar.

**Sensumotorik** (Sensomotorik) [lat.], die Gesamtheit der mit dem Zusammenspiel von Sinnesorganen (Rezeptoren) sowie Muskeln (Effektoren) zusammenhängenden Vorgänge, die durch ein komplexes System von Reafferenzen (↑ Reafferenzprinzip) gekennzeichnet sind.

**Senta,** weibl. Vorname (Herkunft und Bed. ungeklärt).

**Sentenriß** [niederdt.] ↑ Linienriß.

**Sentenz** [zu lat. sententia „Satz, Sinnspruch, Gedanke"], allg. Satz, der sich durch Geschlossenheit der Aussage sowie Durchbrechen der Handlungsebene und des Handlungsablaufs aus einem literar. Werk heraushebt und Allgemeingültigkeit beansprucht.

**Sentenzen,** urspr. Bez. für einzelne Stellen aus der Hl. Schrift und den Kirchenvätern, die für den theolog. Unterricht exzerpiert und systemat. zusammengestellt wurden; zum „Kompendium theolog. Unterrichtes", im Rang gleich nach der Bibel, wurden die „Sententiarum libri IV" (entstanden 1148–52) des ↑ Petrus Lombardus, die zahlr. S.kommentare, wertvolle theologiegeschichtl. Quellen, zur Folge hatten.

**Sentiment** [frz. sãti'mã; mittellat.-frz.], Empfindung, Gefühl gegenüber einer Sache oder Person.

**sentimental** [mittellat.-engl.], empfindsam, übertrieben gefühlvoll; **Sentimentalität,** übertrieben gefühlsbetonte Einstellung, meist im Sinne von Rührseligkeit.

**Sentinel Range** [engl. 'sɛntɪnl 'reɪndʒ], Gebirgszug am Rand des Filchnerschelfeises mit dem höchsten Berg der Antarktis, dem Mount Vinson (5 140 m).

**Senufo,** Volk der Sudaniden im N der Republik Elfenbeinküste, im SW von Burkina Faso und in S-Mali; Feldbau in der Savanne, Viehhaltung; wohnen in geschlossenen Dörfern aus Lehmburgen, von Lehmmauern und Palisaden umgeben. Ihre Sprache, Senufo, gehört zu den Gursprachen.

**Senussi** [arab.], islam. Bruderschaft, die die Erneuerung des Islams und seine Befreiung vom europ. Einfluß zum Ziel hat; organisiert nach dem Vorbild der Derwischorden, pflegen die Mgl. das myst. Gebet, aber auch Waffenausbildung und Landwirtschaft. 1833 von Muhammad Ibn Ali Sunusi (* 1791, † 1859) gegr.; erlangte unter Muhammad Al Mahdi († 1902) polit. Einfluß. Die S. leistete der italien. Kolonialmacht in Libyen erbitterten Widerstand; der Enkel des Gründers wurde 1950 als Idris I. zum König von Libyen proklamiert (1969 gestürzt).

**senza** [italien.], ohne, ohne; in der Musik z. B. *s. sordino:* ohne Dämpfer; *s. tempo:* ohne festes Zeitmaß.

**Seoul** [ze'u:l, 'ze:ol], Hauptstadt Süd-Koreas, nahe der W-Küste der Halbinsel Korea am unteren Han, im Rang einer Prov. mit 628 km² Fläche und 9,50 Mill. E (1984). Kul-

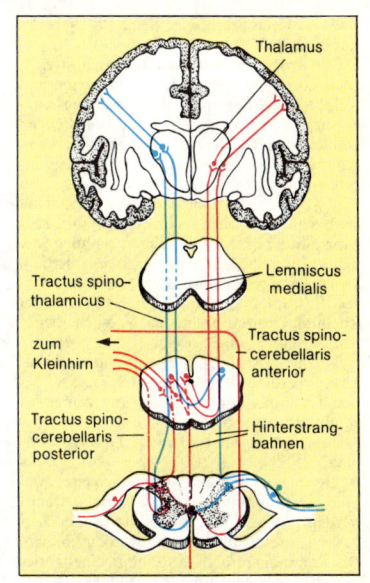

# Separation

Tiefensensibilität.
Schemadarstellung der sensiblen
Projektionsbahnen beim Menschen
(die Bahnen der Tiefensensibilität sind rot,
die der Oberflächensensibilität
grün gezeichnet)

turelles und wirtsch. Zentrum des Landes; kath. Erzbischofssitz; mehrere Univ. und Colleges; Nationalakad. der Künste und der Wiss.; Korean. Inst. für Wiss., Nationalmuseum, Nationalmuseum für moderne Kunst, Nationalbibliothek; bed. Textilind., gefolgt von Metallverarbeitung, Elektro-, chem., Glas- und Nahrungsmittelind., Druckereien und Verlage; internat. ⚓; 1988 Austragungsort der Olymp. Sommerspiele. – Im Altertum befand sich hier ein regionales Verwaltungszentrum; Stadtgründung 1096; unter dem Namen **Hanjang** (mehrfacher Namenswechsel; seit 1945 S.) eine der 3 regionalen Hauptstädte, die Kaesong untergeordnet waren; 1394 Hauptstadt der Yidynastie (1392–1910). 1592 fielen Japaner, 1637 Chinesen in S. ein und richteten schwere Zerstörungen an; 1910–45 Sitz des jap. Generalgouverneurs. Die Stadt bewahrt Paläste aus dem 14.Jh., u. a. den Kyongbokpalast (1394; 1592 zerstört; 1867 wiederaufgebaut; urspr. etwa 100 Gebäude) mit Thronhalle und Pagodengarten, Südtor (1396) und weiteren Toren (15./16. Jh.) sowie dem konfuzian. Altar (1601).

**Separation** [lat.], 1. veraltet für Absonderung (↑ Absonderungsrecht); 2. Gebietsabtrennung zum Zweck der Angliederung an

113

## Separatismus

einen anderen Staat oder der polit. Verselbständigung.

**Separatismus** [lat.], allg. das Bestreben nach Loslösung von einer vorgegebenen und verfaßten Institution oder Abspaltung eines bestimmten Gebietes aus einem bestehenden Staatsverband mit dem Ziel einer staatl. Neugründung oder des Anschlusses an einen anderen Staat. Separatist. Bewegungen sind häufig in Grenzgebieten oder Gebieten zu beobachten, in denen mehrheitlich ethn., religiöse oder polit. Minderheiten wohnen, die sich auf ihr Selbstbestimmungsrecht berufen (↑ auch Partikularismus, ↑ Regionalismus). Insbes. Bez. für die nach dem 1. Weltkrieg im Rheinland unternommenen Versuche einer Abtrennung vom Dt. Reich.

**Separativ** [lat.], Bez. für einen Kasus in indogerman. und anderen Sprachen, der eine Trennung oder Absonderung von etwas angibt, etwa der Ablativ.

**Separator** [lat.], allg. svw. Trennvorrichtung.
♦ Gerät, in dem auf mechan. Weise zwei Flüssigkeiten unterschiedl. Dichte getrennt werden, wobei auch suspendierte Teilchen (z. B. Schmutz) abgeschieden werden können. Die Trennung erfolgt gewöhnl. in einer rotierenden Trommel durch Zentrifugalwirkung. S. werden in der Lebensmitteltechnik (z. B. zum Entrahmen der Milch; *Milch-S.*, *Milchschleuder*), in der Mineralöl- und in der chem. Ind. eingesetzt.
♦ svw. ↑ Massenseparator.

**Separatum** (Mrz. Separata) [lat.], svw. ↑ Sonderdruck.

**Sephardim** [hebr.], Bez. für die Nachkommen der Juden, die 1492 Spanien verlassen mußten *(Spaniolen)*. Nach ihrer Vertreibung gingen die meisten Juden nach N-Afrika, Italien und in das Osman. Reich. Heute werden mit dem Ausdruck S. oft Juden aus den oriental. Ländern bezeichnet, die im Ggs. zu den ↑ Aschkenasim von der Katastrophe der europ. Judenheit unter Hitler kaum betroffen wurden und zum größten Teil nach 1948 in den Staat Israel eingewandert sind. Die S., deren kulturelle Hochblüte im 17. Jh. lag, haben für Gebet und Gottesdienst einen eigenen Ritus. Ihre Aussprachetradition des Hebr. hat sich bei der Wiederbelebung der hebr. Sprache durchgesetzt. Umgangssprache ist Ladino oder Judenspanisch (heute noch in der Türkei und in Griechenland gesprochen).

**Sepia** [griech.], Hauptgatt. der ↑ Sepien.

**Sepia** [griech.], braun- bis grauschwarzes Pigment, das aus dem getrockneten Sekret des Tintenbeutels einiger Kopffüßer, v. a. der Gatt. Sepia, durch Lösen mit Alkali und Fällen mit Salzsäure gewonnen wird. S. diente früher zur Herstellung von Tuschen für Feder- und Pinselzeichnungen.

**Sepiabraun**, svw. ↑ Umbra.

**Sepien** (Sepiidae) [griech.], rd. 80 Arten umfassende Fam. zehnarmiger, meerbewohnender ↑ Kopffüßer; bis mehrere Dezimeter lange, dorsoventral abgeplattete Tiere mit undulierendem Flossensaum. Von der Hauptgatt. *Sepia* ist am bekanntesten der im Mittelmeer und an den atlant. Küsten verbreitete **Gemeine Tintenfisch** (Sepie i. e. S., Sepia officinalis); bis etwa 30 cm lang, oberseits graubraun mit dunklen Querstreifen, unterseits blau oder grün schimmernd; besitzt zwei bes. lange, plötzl. vorstreckbare, nur am keulenförmigen Ende mit Saugnäpfen besetzte Fangarme, die dem Ergreifen von Beutetieren (bes. Fische, Krebse) dienen; vorwiegend dämmerungs- und nachtaktiv; wühlt sich tagsüber in den Sandboden ein; zeigt Farbwechsel; liefert die in Zoogeschäften erhältl. Sepiaschale und den bes. früher verwendeten Farbstoff „Sepia"; geschätztes Nahrungsmittel.

**Sepik**, Fluß auf Neuguinea, entspringt im Zentralgebirge auf indones. Geb., mündet bei Watam (Papua-Neuguinea) in die Bismarcksee; ca. 1 100 km lang; über 500 km schiffbar.

**Seppelt**, Franz Xaver, \* Breslau 13. Jan. 1883, † München 25. Juli 1956, dt. kath. Theologe. - Prof. für Kirchengeschichte in Breslau und München; sein Lebenswerk ist die auf krit. Studien beruhende Erforschung der Papstgeschichte („Geschichte des Papsttums"; 5 Bde., 1931–41).

**Seppuku** ↑ Harakiri.

**Sepsis** [griech.] (Blutvergiftung), Allgemeininfektion mit dauernder und period. Eindringen von Krankheitserregern in die Blutbahn, meist Eitererregern. Die Erreger können von einem lokal abgegrenzten Infektionsherd akuter oder chron. Art, z. B. bei Bindegewebsentzündung, Kindbettfieber, Gallenblasenentzündung, über das Lymphsystem oder direkt durch Einbrechen in die Blutbahn gelangen (*Septik[h]ämie* über einen primären S.herd). Sekundäre S.herde nennt man metastat. Abszesse in anderen Organen, die nun ihrerseits Keime in die Blutbahn ausstreuen. Zu den Symptomen der S. gehören: Bakteriämie, bes. Pyämie, hohes, intermittierendes Fieber mit Schüttelfrost, sehr rascher, kleiner, weicher Puls, Atembeschleunigung, Milzschwellung, Anzeichen tox. Knochenmarksschädigung, sept. Embolien und Abszeßbildung in verschiedenen Organen, zunehmend schwere Allgemeinsymptome, u. U. mit Kreislaufversagen und tödl. Ausgang. - Die Behandlung der S. erfolgt v. a. durch hohe Dosen von Antibiotika nach Resistenzprüfung der Erreger.

**Septakkord**, svw. ↑ Septimenakkord.

**Septem artes liberales** [lat. „sieben freie Künste"] ↑ Artes liberales.

**September** [lat. (mensis) September; zu septem „sieben"], im altröm. Kalender bis 153 v. Chr. bzw. bis zur Kalenderreform durch Cäsar 46 v. Chr. der siebente Monat des Jah-

# Sequenz

res, danach der neunte Monat mit 30 Tagen.
**Septembermorde,** Bez. für die während der Frz. Revolution u. a. durch Marat veranlaßten Massenmorde vom 2. bis 6. Sept. 1792, die der Bergpartei im Nationalkonvent zum Wahlsieg verhalfen.
**Septemberrevolution** ↑ Märzrevolution.
**Septembertestament** ↑ Luther, Martin.
**Septen** [lat.] (Scheidewände, Septa; Einz.: Septum), in der zoolog. und menschl. *Anatomie:* relativ dünne häutige, bindegewebige, durch Kalkeinlagerung feste, knorpelige oder knöcherne Wände zw. zwei Hohlräumen (z. B. Nasenseptum).
**Septennat** [lat.], im Dt. Reich Bez. für die von Bismarck durchgesetzte Festlegung der Friedenspräsenzstärke und des Militärhaushalts auf 7 Jahre durch den Reichstag. Diese Einschränkung des Budgetbewilligungsrechts war ein Kompromiß zw. Bismarcks Ziel eines Äternats (völliger Entzug des parlamentar. Budgetrechts für die Militärausgaben) und den liberalen Forderungen nach uneingeschränktem Budgetrecht.
**Septennium** [lat.], Zeitraum von sieben Jahren.
**Septentrio** [lat.], im alten Rom Bez. für die sieben Sterne des Großen Wagens (Ursa Maior); übertragen auch svw. Norden, Nordwind.
**Septett** [lat.-italien.], Musikstück für 7 Instrumental- oder Vokalstimmen (vorwiegend Bläser und Streicher gemischt) sowie die entsprechende Gruppe der Musizierenden.
**Sept-Îles** [frz. sɛ'til, engl. sɛ'tiːl], kanad. Hafenstadt am Eingang der durch Inseln vom Sankt-Lorenz-Strom abgetrennten Seven Islands Bay, 31 000 E. Umschlagplatz für die Eisenerze von Schefferville und Wabush.
**Septimanien,** histor. Küstenlandschaft in Frankr. zw. Rhone und Garonne, deren Name sich vermutl. von der röm. Veteranensiedlung **Colonia Septimanarum Baeterrae** (= Béziers) ableitet; seit Beginn des 5. Jh. Teil des Westgotenreichs (daher auch *Gothien* gen.); 719–725 von den Arabern besetzt; 759 in das Fränk. Reich eingegliedert; seit 852 Hzgt. S. oder Narbonne, fiel gegen Ende des 11. Jh. an die Grafen von Toulouse; heute Teil der Languedoc.
**Septime** [lat.], das ↑ Intervall, das ein Ton mit einem 8. diaton. Stufen entfernt gelegenen Ton bildet. Man unterscheidet kleine S. (z. B. c–b), große S. (z. B. c–h), die übermäßige (c–his) und die verminderte S. (cis–b).
**Septimenakkord** (Septakkord), Akkord aus vier Tönen, der außer dem Grundton dessen Terz, Quinte und Septime enthält. In der Harmonielehre kommt der S. auf der Dominante (Dominantseptakkord in C-Dur: g-h-d-f) bes. Bed. zu. Die drei mögl. Umkehrungen werden als *Quintsextakkord, Terzquartakkord* und *Sekundakkord* bezeichnet.

**Septimer** (rätoroman. Pass da Sett), Paß in den Graubündener Alpen, zw. Bivio im Oberhalbstein und Casaccia im Bergell, 2 310 m ü. d. M.; bereits zur Römerzeit bekannt; bed. v. a. im MA; heute nur Fußweg.

**Septimius Severus** (Lucius S. S. Pertinax), * Leptis Magna 11. April 146, † Eboracum (= York) 4. Febr. 211, röm. Kaiser (seit 193). - In 2. Ehe ∞ mit Julia Domna, Vater des Caracalla und des Geta; im April 193 in Carnutum von den Truppen zum Kaiser ausgerufen. Innenpolit. beseitigte S. S. den Sonderstatus von Italien, ordnete das Finanzwesen und intensivierte die Rechtspflege. S. S. starb während eines Feldzugs (seit 208) gegen die Kaledonier in Britannien.

**Septimius-Severus-Bogen,** Ehrenbogen im W des Forum Romanum (203 n. Chr.); die Reliefs stellen die Feldzüge gegen Parther und Araber dar.

**septisch** [griech.], auf die Sepsis bezüglich, sepsisartig; keimhaltig, fäulniserregend.

**Septole** (Septimole) [lat.], eine Folge von sieben Noten, die für vier, sechs oder acht Noten gleicher Gestalt bei gleicher Zeitdauer eintreten; angezeigt durch eine Klammer und die Zahl 7.

**Septuagesima** [mittellat. „der siebzigste (Tag vor Ostern)"], der 3. Sonntag vor der Fastenzeit; die Bez. S. wurde 1969 in der kath. Kirche aufgegeben, während die ev. Kirche an ihr festhält.

**Septuaginta** (LXX) [lat. „siebzig"], auf Angaben des ↑ Aristeasbriefs zurückgehende Bez. für die griech. Übersetzung des Pentateuch und dann für die in griech.-hellenist. Sprache abgefaßte Übersetzung des gesamten A. T. und der Apokryphen (3.–1. Jh.; ↑ Bibel).

**Septum** [lat.] ↑ Septen.

**Sequeira,** Domingos António de [portugies. sə'kɐjrɐ], * Belém (= Lissabon) 10. März 1768, † Rom 7. März 1837, portugies. Maler. - 1788–96 in Rom, dann als Laienbruder im Karmelitenkloster Buçaco (bei Coimbra), 1802 Hofmaler; 1823 emigrierte er nach Paris, ging 1826 nach Rom. Malte klassizist. religiöse Tafelbilder und Porträts und gilt als ein Vorläufer É. Manets.

**Sequenz** [zu lat. sequentia „Folge"], liturg. Chorgesang, der im 9. Jh. entstand und sich in der röm. Meßliturgie an das Alleluja anschloß. Mit dem ↑ Tropus war er von entscheidendem Einfluß auf Dichtungs- und Gesangsformen des MA. Während Anfangs- und Schlußstrophe der S. meist eine einfache Anlage aufweisen, wurden die dazwischenliegenden Teile zu Doppelstrophen mit jeweils eigener Melodie zusammengefaßt, wobei in der Doppelstrophe die Melodie zweimal zu neuem Text erklang. Das im späten MA mehrere Tausend umfassende S.repertoire (vielfach in eigenen Handschriften, *Sequentiaren,*

115

zusammengefaßt), wurde durch das Tridentinum auf die S. zu Ostern („Victimae paschali laudes"), Pfingsten („Veni sancte spiritus"), Fronleichnam („Lauda Sion salvatorem") und zur Totenmesse („Dies irae") reduziert. Ihnen wurde 1727 das „Stabat mater dolorosa" zum Fest der Sieben Schmerzen Mariä hinzugefügt. Das vom 2. Vatikan. Konzil beschlossene und 1970 hg. neue röm. Meßbuch berücksichtigt nur noch die S. zu Ostern und Pfingsten.

◆ Bez. für die auf- oder absteigende Wiederholung einer Tonfolge auf einer anderen Tonstufe.

◆ bei manchen *Kartenspielen* Bez. für eine Folge von 3 oder mehr Karten gleicher Farbe, die im Wert aufeinanderfolgen.

◆ im *Film* Folge von Bildeinstellungen, ohne daß der Handlungsablauf unterbrochen wird.

**Sequenzanalyse,** die Ermittlung der Reihenfolge von (molekularen) Bausteinen in Makromolekülen (v. a. Nukleinsäuren und Proteinen), heute weitgehend automatisiert.

**Sequester** [lat.], im Rahmen der Zwangsvollstreckung bei Pfändung eines Anspruchs auf unbewegl. Sachen vom Amtsgericht auf Antrag des Gläubigers zu bestellender Zwangsverwalter.

◆ abgestorbenes,から gesunden Gewebe losgelöstes Organstück; z.B. Knochen-S., Lungensequester.

**Sequestration** [lat.], 1. im *Zivilprozeßrecht* die Übergabe einer Sache an den Sequester; 2. im *Völkerrecht* staatl. Maßnahmen der Erhaltung oder Verwaltung von Sachen oder Rechten bis zur Regelung ihrer internat. Rechtsverhältnisse oder zur Sicherung völkerrechtl. Ansprüche.

**Sequoia** [nach Sequoyah] ↑ Mammutbaum.

**Sequoia National Park** [engl. sɪˈkwɔɪə ˈnæʃənəl ˈpɑːk], 1890 unter Naturschutz gestelltes Geb. im S der Sierra Nevada, USA, mit zahlr. Riesenmammutbäumen (bis 83 m hoch, bis 10 m Durchmesser).

**Sequoyah** [engl. sɪˈkwɔɪə] (Sequoia, Sikwayi), * im östl. Tennessee 1760, † bei San Fernando (Mexiko) im Aug. 1843, Indianerhäuptling (Cherokee). - Entwickelte ab 1809 auf der Grundlage der latein. Schrift eine Schrift für die Cherokee-Sprache; einer der kulturell schöpferischsten Indianer Nordamerikas.

**Séracs** [frz. seˈrak], Eisnadeln oder Eistürme, in die das Gletschereis an Brüchen aufgelöst sein kann.

**Serafimowitsch,** Alexandr Serafimowitsch [russ. sɪrɪfiˈmovitʃ], eigtl. A. S. Popow, * Nischnekurmojarskaja (Gebiet Rostow am Don) 19. Jan. 1863, † Moskau 19. Jan. 1949, russ.-sowjet. Schriftsteller. - Klassiker des sozialist. Realismus; schrieb Romane und Erzählungen aus der Welt der Arbeiter und Bauern, u. a. „Die Stadt in der Steppe" (R., 1912)

und „Der eiserne Strom" (R., 1924), in dem erstmals die revolutionäre [Bauern]masse als „Hauptfigur" gestaltet wird.

**Serail** [zeˈraɪ(l); pers.-türk.-frz.], Palast des Sultans.

**Seraing** [frz. səˈrɛ̃], belg. Gem. an der Maas, 5 km sw. von Lüttich, 67–265 m ü. d. M., 62 600 E. Hauptsitz der belg. Eisen- und Stahlindustrie, bed. chem. Industrie.

**Serao,** Matilde, Pseud. Tuffolina, Gibus, * Patras 7. März 1856, † Neapel 25. Juli 1927, italien. Schriftstellerin und Journalistin. - Schrieb realist. Romane und Novellen aus dem neapolitan. Volksleben, u. a. „Es lebe das Leben!" (1909).

**Serapeion** (Serapeum) [ägypt.-griech.], altägypt. unterird. Begräbnisstätte der hl. Apisstiere, z. B. in Sakkara; die älteren Anlagen sind Einzelgräber, später wurden die Steinsarkophage in Gewölbegängen untergebracht. Von den oberird. Tempeln usw. ist nichts erhalten.

**Seraph** (Mrz. Seraphim) [hebr.], nur Jes. 6, 2 ff. erwähntes 6flügeliges himml. Wesen (schlangenartig?), das Jahwe umschwebt. In der Einteilung der Engel bilden die Seraphim einen der Chöre, der mit den Cherubim das ↑Trishagion singt.

**Seraphimenorden,** schwed. Orden, ↑ Orden (Übersicht).

**Séraphine** [frz. seraˈfin], eigtl. S. Louis, * Arsy (Oise) 2. Sept. 1864, † Clermont-de-l'Oise 11. Dez. 1942, frz. naive Malerin. - Entdeckt von W. Uhde, bei dem sie in Paris als Putzfrau arbeitete. S. malte in ihrer Freizeit ausschließl. Bäume mit üppigem, farbenprächtigem, phantast. Blattwerk.

**Serapionsbrüder,** Bez. für eine nach dem Vorbild der Berliner „S." E. T. A. Hoffmanns 1921 in Petrograd gegr. literar. „Bruderschaft", die eine apolit. Kunsttheorie verfocht und literar. gestaltete. Hauptvertreter: J. I. Samjatin, M. M. Soschtschenko, K. A. Fedin, W. A. Kawerin, W. W. Iwanow, N. S. Tichonow.

**Serapis** ↑ Sarapis.

**Serawschan** [russ. zɪrafˈʃan], Fluß in der Tadschik. und Usbek. SSR, entspringt im O der Turkestankette, fließt zw. Turkestan- und Serawschankette, teilt sich 10 km nö. von Samarkand in 2 Arme, die sich 30 km nw. von Kattakurgan wieder vereinigen, versiegt (Binnendelta) sw. von Buchara in der Kysylkum; 877 km lang.

**Serawschankette** [russ. zɪrafˈʃan], Gebirge südl. des Serawschan, etwa 370 km lang, bis 5489 m hoch.

**Serben,** südslaw. Volk, größte ethn. Gruppe Jugoslawiens, zur dinar. Rasse gehörend.

**Serbien,** größte der jugoslaw. Teilrepubliken, 88 361 km², 9,54 Mill. E (1984), umfaßt den O des Landes und gliedert sich polit. in die autonomen Prov. ↑Wojwodina und

# Serbien

Kosovo sowie das eigtl. S. (Engeres S. oder Alt-S.), Hauptstadt Belgrad. An das Tiefland im N, dem Hügelländer und die Fruška gora eingestreut sind, schließt sich ein waldreiches Bergland an, das im Zentrum Höhen von über 2 000 m erreicht. Die Täler der Morava und der Südl. Morava sind Teil der Morava-Vardar-Furche. S. liegt im kontinentalen Klimabereich. Der südl. Teil weist bereits mediterrane Vegetation auf. Im Ggs. zu den beiden autonomen Prov. leben in Alt-S. überwiegend Serben; sie gehören meist der orth. Kirche an. S. verfügt über Univ. in Belgrad, Novi Sad, Kragujevac, Niš und Priština. $2/3$ der landw. Nutzfläche ist Ackerland, $1/4$ Wiesen und Weiden. Angebaut werden Weizen, Kartoffeln, Sonnenblumen, Zuckerrüben, Roggen, Tabak, Hanf; daneben Obst- (Pflaumen) und Weinbau. An Vieh werden Schweine, Schafe, Rinder und Geflügel gehalten. S. ist reich an Bodenschätzen, u. a. Braunkohle, verschiedene Erze (v. a. im Serb. Erzgebirge), außerdem wird im N Erdöl und Erdgas gefördert. Die Ind. verarbeitet landw. Erzeugnisse und Bergbauprodukte (große Kupferhütte in Bor, größte europ. Bleihütte in Trepča). In Kragujevac befindet sich die größte jugoslaw. Autofabrik, in Niš v. a. Elektroind.; daneben handwerkl. Fertigung von Töpfer-, Flecht-, Lederwaren und Teppichen. Wichtigste Verkehrsleitlinien sind die Täler der Morava und der Nišava; im N Schiffsverkehr auf Donau, Theiß und Save; internat. ✈ bei Belgrad.

**Geschichte:** Es ist strittig, ob die slaw. Serben im 5./6. Jh. n. Chr. oder erst im 7. Jh. auf die Balkanhalbinsel eingewandert sind. Im 9. Jh. christianisiert, blieben sie unter byzantin. bzw. bulgar. Einfluß. Erst Großfürst Stephan Nemanja (⚭ 1166–96), Begründer der Nemanjiden-Dyn., konnte um 1180 gegen Byzanz die Unabhängigkeit seines Ft. (Raszien, das er mit Zeta vereinigte) erkämpfen. 1217 gewann Nemanjas Sohn Stephan (⚭ 1196 bis um 1228) die Königswürde. 1219 entstand ein von Konstantinopel unabhängiges Erzbistum; 1330 errang S. die unter Stephan Dušan (⚭ 1331–55) weiter ausgebaute Vormachtstellung im Balkanraum, zerfiel aber nach seinem Tode. Das serb. Restfürstentum konnte den Osmanen keinen erfolgreichen Widerstand leisten, geriet nach der Niederlage auf dem Amselfeld (1389) in osman. Vasallität und ging 1459 ganz im Osman. Reich auf. Das Land wurde in eine osman. Prov. verwandelt; ein Großteil der serb. Oberschicht wurde ausgerottet, ein anderer Teil islamisiert. Träger einer beschränkten Autonomie der Serben waren die Selbstverwaltungsinstitutionen, aus denen eine neue Oberschicht hervorging, und die orth. Kirche. Auf eine erste stärkere Auswanderungswelle in Richtung Ungarn nach der osman. Eroberung folgte Ende des 17. Jh. wegen osman. Repressalien eine 2., die zur Ausbildung eines eigenständigen serb. Siedlungsraumes in S-Ungarn führte; in die freigewordenen serb. Kerngebiete (Alt-S., Engeres S.) rückten Albaner nach. Der Verfall der osman. Herrschaft, die Ausschreitungen der Janitscharen und die beginnende Verbreitung aufklärer. Gedankengutes führten 1804 zu einer Erhebung unter Karađorđe, 1815 zu einem 2. Aufstand unter dessen Rivalen Miloš Obrenović. 1830 wurde S. als autonomes Erbfürstentum unter osman. Oberhoheit, 1878 als unabhängiger Staat anerkannt (1882 Kgr. unter Milan I. Obrenović); 1833 erhielt es Gebietszuwachs (Grenzlinie jetzt nördl. von Niš, östl. von Novi Pazar), 1878 Niš, Pirot, Vranje, Leskovac, 1912/13 den Sandschak Novi Pazar sowie N- und Zentralmakedonien. Die Auseinandersetzungen darüber, ob sich S. an der Seite Österreich-Ungarns oder Rußlands sichern und seine Expansionswünsche realisieren sollte, führten zum wiederholten Wechsel der Dyn. Karađorđević und Obrenović. Nach der Ermordung von König Alexander I. Obrenović 1903 und der Berufung von Peter I. Karađorđević wurde der Weg zum modernen parlamentar. Reg.system mit der Radikalen Volkspartei des N. Pašić als seinem Hauptträger frei. Am 28. Juli 1914 führte das Attentat von Sarajevo zur Kriegserklärung Österreich-Ungarns an S. und damit zum 1. Weltkrieg. 1915/16–18 war S. von den Mittelmächten besetzt. Die Auflösung der Habsburgermonarchie ermöglichte 1918 die Bildung des Kgr. der Serben, Kroaten und Slowenen (↑ Jugosla-

**DAS GROSS – SERBISCHE REICH 1331–1355**

## serbische Kunst

wien, Geschichte). 1945/46 wurde S. eine Republik innerhalb der Föderativen VR Jugoslawien, 1963 innerhalb der Sozialist. Föderativen Republik Jugoslawien.
📖 *Nationalbewegungen auf dem Balkan.* Hg. v. N. Reiter. Wsb. 1983. - Behschnitt, W. D.: *Nationalismus bei Serben u. Kroaten 1830–1914.* Mch. 1980. - Temperley, H. W. V.: *History of Serbia.* London 1917. Nachdr. New York 1970.

**serbische Kunst** ↑ jugoslawische Kunst.

**serbische Literatur** ↑ jugoslawische Literatur.

**serbisch-orthodoxe Kirche,** die Gründung der heute etwa 7,5 Mill. Mgl. umfassenden s.-o. K. geht auf das 7. Jh. zurück, die innere Bekehrung erfolgte jedoch erst im 9. Jh. nach der Einführung der slaw. Sprache in den Gottesdienst. Zur s.-o. K. gehören v. a. die Serben, Makedonier und Montenegriner. Die Kirche Makedoniens wurde 1958 als autonom anerkannt; 1967 erklärte sie sich gegen den Willen des Belgrader Patriarchen als autokephal (↑ Autokephalie).

**Serbokroatisch** (Kroatoserbisch), zur südl. Gruppe der slaw. Sprachen gehörende Sprache mit etwa 15 Mill. Sprechern v. a. in den jugoslaw. Republiken Bosnien und Herzegowina, Kroatien, Montenegro und Serbien. Die Schriftsprache als gemeinsame Sprache der Serben und Kroaten entstand in der ersten Hälfte des 19. Jh. durch die Bemühungen der Illyristen (bes. L. Gaj); sie beruht auf dem Štokav. Dialekt und verfügt über 2 bed. schriftsprachl. Varianten mit den kulturellen Zentren Belgrad (Serb.) und Zagreb (Kroatisch). Im kroat. Bereich wird in lat., im serb. in kyrill. Schrift geschrieben. - Das phonolog. System besteht aus 6 silbenbildenden (vokal.) und 25 nichtsilbenbildenden (konsonant.) Phonemen; die Nominaldeklination kennt bis zu 7 Kasus; der slaw. Grundwortschatz wurde im kroat. Bereich durch dt., auch ungar., im serb. Bereich v. a. durch türk. Lehnwörter, an der dalmatin. Küste durch roman. und italien. Einflüsse bereichert. - Das S. wird nach den dt. „was" entsprechenden Formen: što, kaj, ča in 3 *Dialektgebiete* gegliedert: Das Štokavische im zentraljugoslaw. Gebiet, das Kajkavische im Gebiet um Zagreb und als Übergangsdialekt zum Slowen., das Čakavische auf den Dalmatin. Inseln und an der Küste von Istrien bis Pelješac. Hinsichtl. der Realisation von urslaw. ě (langer Vokal) als e, ije/je oder i unterscheidet man das Ekavische (Zentrum Belgrad), Jekavische (Zentrum Zagreb) und Ikavische.
📖 *Hamm, J.: Grammatik der serbokroat. Sprache.* Wsb. ³1981. - Schmaus, A.: *Lehrb. der serbokroat. Sprache.* Mchn.; Belgrad ⁷1974. - *Popović, I.: Gesch. der serbokroat. Sprache.* Wsb. 1960.

**Sercq** [frz. sɛrk] ↑ Sark.

**Serdica** ↑ Sofia.

**Sered'** [slowak. 'sɛrɛtj], Stadt an der unteren Waag, ČSSR, 132 m ü. d. M., 17 900 E. Nahrungsmittelind., Nickelhütte, Korbflechterei. - 4 km sw. von S. Funde fast aller prähistor. Perioden vom jungpaläolith. Gravettien bis zu altmagyar. Gräberfeldern des 10. Jh. n. Chr. - Ehem. fürstl. Esterházysches Empireschloß (1840).

**Seremban** [indones. sərəm'ban], Hauptstadt des Gliedstaates Negeri Sembilan, Westmalaysia, 136 300 E. Zentrum eines Kautschukanbau- und Zinnerzbergbaugebiets; an der Bahnlinie Kuala Lumpur–Singapur.

**Serena,** weibl. Vorname, eigtl. „die Heitere" (zu ↑ Serenus).

**Serena** [zu provenzal. ser „Abend"], Gatt. der Troubadourlyrik: Liebeslied, das den Abend als Zeit des Zusammenkunft der Liebenden besingt; Gegenstück zur ↑ Alba.

**Serena, La,** chilen. Regionshauptstadt im Kleinen Norden, 87 500 E. Kath. Erzbischofssitz; archäolog. Museum; Handelszentrum, Fremdenverkehr. - 1534 von Spaniern gegr.; 1549 durch Indianer zerstört; als San Bartolomé de la Serena wiederaufgebaut.

**Serenade** (italien.-frz., letztl. zu lat. serenus „heiter"] (italien. serenata), Komposition für kleinere instrumentale, vokale oder gemischte Besetzungen, oft mit Bläsern. **Serenata** und S. wurden im 18. Jh. gleichbed. gebraucht. Heute wird unter S. meist eine Instrumentalkomposition, unter Serenata eine Festmusik mit Gesang und oft szen. Aktion verstanden, wie sie unter verschiedenen Bez. (Serenata teatrale, Serenata drammatica, Azione teatrale u. a.) an den Höfen des 17. und 18. Jh. gepflegt wurden. Die aus der Suite hervorgegangene Instrumental-S. des 18. Jh. besteht aus einer lockeren Folge von oft 5–7 Einzelsätzen, wie Variationen, Sonaten-, Konzert- und v. a. Tanzsätzen (Menuette), die häufig von einem Eingangs- und einem Schlußmarsch umrahmt sind. S. schrieben östr., süddt. und böhm. Komponisten im Vorfeld der Wiener Klassik und, bes. kunstvoll, W. A. Mozart (am bekanntesten „Eine kleine Nachtmusik" KV 525, 1787). Seit dem späten 18. Jh. komponierten S. u. a. L. van Beethoven, J. Brahms, P. I. Tschaikowski, A. Dvořák, H. Wolf, M. Reger, A. Schönberg und I. Strawinski.

**Serengeti,** Savanne in N-Tansania (mit größerer Kurzgrassteppe im SO und offenen Langgrasarealen im W) im Hochland östl. des Victoriasees, etwa 1 500–1 800 m ü. d. M.; Kerngebiet des *S.-Nationalparks* (12 500 km²) mit der dichtesten Wildkonzentration auf der Erde. Zentrum ist **Seronera** mit Hotel und Landeplatz sowie (2 km entfernt) dem S.-Forschungsinst. (gegr. 1966).

**Serenissimus** [lat. „Durchlauchtigster"], bis ins 19. Jh. Anrede für regierende Fürsten. - Als Kabarettfigur ein vertrottelter Duodezfürst (geschaffen von O. E. Hartleben).

**sereno** [italien.], musikal. Vortragsbez.: heiter.

**Serenus,** männl. Vorname lat. Ursprungs, eigtl. „der Heitere".

**Sereth,** linker Nebenfluß der Donau, entspringt in den Waldkarpaten (UdSSR), mündet südl. von Galatz (Rumänien), 706 km lang.

**Serge** [frz. sɛrʒ], frz. Form von ↑Sergius.

**Sergeant** [zɛrˈʒant, engl. ˈsɑːdʒənt; zu lat. serviens „Dienender"] (frz. Sergent), Unteroffiziersdienstgrad oder untergeordneter Polizeidienstgrad; in Deutschland nach dem 1. Weltkrieg abgeschafft.

**Sergei** [russ. sɪrˈgjej], russ. Form von ↑Sergius.

**Sergejew-Zenski,** Sergei Nikolajewitsch [russ. sɪrˈgjejɪfˈtsɛnskij], eigtl. S. N. Sergejew, * Preobraschenskoje (Gouv. Tambow) 30. Sept. 1875, † Aluschta 3. Dez. 1958, russ.-sowjet. Schriftsteller. - Verf. realist. [histor.] Romane, die meist psycholog. Probleme im vor- und nachrevolutionären Rußland darstellen, u. a. „Die heißen Tage von Sewastopol" (1939/40), „Transfiguration" (1923).

**Sergel,** Johan Tobias [schwed. ˈsærɡəl], * Stockholm 8. Sept. 1740, † ebd. 26. Febr. 1814, schwed. Bildhauer. - Führender Vertreter des Klassizismus in Schweden; schuf Figuren und Gruppen nach antiken Themen, Denkmäler und Statuen, Porträtbüsten und Rundmedaillons. Auch lavierte Federzeichnungen.

**Sergent** [frz. sɛrˈʒã] ↑Sergeant.

**Sergipe** [brasilian. serˈʒipi], Bundesstaat in NO-Brasilien, 21 994 km², 1,3 Mill. E (1985), Hauptstadt Aracaju. S. erstreckt sich von der Küste bis zu den Ausläufern des Brasilian. Berglands. Der größte Teil liegt im Bereich des SO-Passats. Trop. Regenwälder in der Küstenebene, Caatinga im Hügelland. Haupterwerbszweig ist die Landw., deren Erzeugnisse von der Ind. verarbeitet werden. - Im 16. Jh. besiedelt; gehörte im 17. Jh. zum niederl. Machtbereich; 1821 als eigenes Kapitanat aus dem Kapitanat Bahia herausgelöst; 1824 zur Prov. erhoben.

**Sergius,** männl. Vorname lat. Ursprungs, eigtl. „der aus dem Geschlecht der Sergier".

**Sergius I.,** hl., * Palermo, † Rom 8. Sept. 701, Papst (seit 15. Dez. 687). - Syr. Abkunft; gute Verbindung zu Angelsachsen und Franken, weihte Willibrord zum Bischof für die Friesenmission.

**Sergius,** eigtl. Iwan Nikolajewitsch Stragorodski, * Arsamas 23. Jan. 1867, † Moskau 15. Mai 1944, Patriarch von Moskau und ganz Rußland (seit 1943). - 1890 Mönch und Priester, 1917 Metropolit von Nischni Nowgorod; 1925 Leiter der russ.-orth. Kirche (Patriarchatsverweser); inhaftiert und 1927 nach seiner Loyalitätserklärung gegenüber dem sowjet. Staat freigelassen. Nach neuen Gesprächen zw. Staat und Kirche wurde S. 1943 zum Patriarchen gewählt; seine Aktivitäten sind noch wenig erforscht, seine Loyalitätserklärung ist bis heute umstritten.

**Sergius von Radonesch,** hl., eigtl. Warfolomei Kirillowitsch, * bei Rostow 3. Mai 1314, † im Troize-Sergijew-Kloster in Sagorsk 25. Sept. 1392, russ. Mönch und Klostergründer. - Lebte zunächst als Einsiedler in der Nähe von Radonesch; gründete ein Kloster zu Ehren der Hl. Dreifaltigkeit, das Troize-Sergijew-Kloster in Sagorsk, das dann Rußlands größtes Kloster wurde. Lehnte die ihm angebotene Metropolitenwürde ab. - Fest: 25. September.

**Serie** [lat.], allg. svw. Reihe, Folge, zusammenhängende Gruppe [gleichartiger Dinge]; in der *Publizistik* eine Folge von in [regelmäßigen] Fortsetzungen erscheinenden Beiträgen (z. B. in Zeitungen und Zeitschriften u. a. Romane, Reportagen; in Hörfunk und Fernsehen u. a. Sendereihen, Serienfilme).

◆ ↑Spektralserie.

**serielle Kunst** [lat./dt.], zeitgenöss. Kunstrichtung, die mit Reihungen, Verdoppelungen, Wiederholungen und Variationen eine ästhet. Wirkung erzielt. Die s. K. ist v. a. im Bereich der Minimal art, der Op-art und der kinet. Kunst entwickelt worden.

**serielle Musik** [lat./griech.], eine etwa 1950–55 herrschende Strömung in der musikal. Avantgarde, die stilist. durch eine auf totale Vororganisation des Tonmaterials zielende Kompositionsart geprägt ist. In s. M. sollen möglichst alle Strukturelemente (↑Parameter) eines Werkes durch die vorweg festgelegte Ordnung von Zahlen- oder Proportionsreihen bestimmt sein. Allerdings ist die Ausweitung der Zwölftontechnik von der Tonhöhenorganisation auf andere Grundeigenschaften (Dauer, Lautstärke, Klangfarbe) oder gar Eigenschaften wie Artikulationsart nur durch willkürl. Setzung bzw. Zuordnung mögl., da sich bei diesen keine der 12stufigen Tonhöhenskala entsprechenden Skalen ergeben. Zudem ist s. M. adäquat eigtl. nur in elektron. Musik ausführbar. Daher wurde die eine, extreme Form der s. M., die **punktuelle Musik,** bei der sich der Tonsatz aus den einmal gewählten Reihen gewissermaßen automat. ergibt (P. Boulez, „Structure Ia" für 2 Klaviere, 1952; K. Stockhausen, „Kontra-Punkte" für 10 Instrumente, 1953), bald preisgegeben. In der freier konzipierten sog. statist. **seriellen Musik** sind nur die Parameter von z. T. umfangreichen Gruppen (Gruppendauer, Tonumfang, Tonmenge, Dichte) festgelegt, so daß die Parameter der Einzeltöne beliebig gestaltbar werden (Stockhausen, „Gruppen für drei Orchester", 1957). Angeregt wurde die s. M. durch das Klavierstück „Mode de valeurs et d'intensités" (1949) von O. Messiaen, das jeder Tonhöhe eine bestimmte Dauer, Stärke und Anschlagsart zuordnet. Histor. ist die s. M. eine konsequente Fortsetzung

der Zwölftontechnik, damit auch ein Endpunkt der fortschreitenden Durchorganisation des musikal. Materials; zugleich aber ein Umschlagpunkt, da total determinierte Musik wie total undeterminierte klingt. Zufallsprinzipien (↑Aleatorik) lösten bald die Vorherrschaft s. M. ab.
📖 *Stockhausen. Hg. v. H.-K. Metzger u. R. Riehn. Mchn. 1981. - Gieseler, W.: Komposition im 20. Jh. Celle 1975.*

**Seriemas** [indian.] (Schlangenstörche, Cariamidae), Fam. bis 70 cm hoher, langhalsiger Kranichvögel mit 2 Arten in Savannen und lichten Wäldern des östl. und südl. S-Amerika; schlecht fliegende, langbeinige Vögel, die sich bes. von Kleintieren, Schlangen und Früchten ernähren.

**Seriengesetze** ↑Linienspektrum.
**Serienformel** ↑Spektralserie.
**Seriengrenze** ↑Spektralserie.
**Serienschaltung**, svw. ↑Hintereinanderschaltung.
**Serienspektrum**, svw. ↑Linienspektrum.
**Serifen**, kleine abschließende Striche am Buchstabenkörper.
**Serigraphie** [zu griech. sērikós „seiden"], svw. Siebdruck (↑Drucken).
**Serin** [lat.] (α-Amino-β-hydroxypropionsäure), Abk. Ser; aliphat., nichtessentielle, v. a. in Keratinen enthaltene Aminosäure.
**Sering**, Max, *Barby/Elbe 18. Jan. 1857, †Berlin 12. Nov. 1939, dt. Nationalökonom. - 1885 Prof. in Bonn, ab 1889 in Berlin. S. war u. a. tätig im Verein für Sozialpolitik. 1922 gründete er das Dt. Forschungsinst. für Agrar- und Siedlungswesen, das als „S.-Institut" internat. Maßstäbe setzte.
**seriös** [lat.-frz.], ernsthaft, vertrauenswürdig, gediegen; **Seriosität**, gediegenes Wesen, seriöse Art.
**Seripando**, Girolamo, *Neapel 6. Okt. 1492 (1493?), †Trient 17. März 1563, italien. kath. Theologe. - Augustiner-Eremit, auf Wunsch Papst Pauls III. 1539–51 General seines Ordens; in der 1. Periode des Konzils von Trient theolog. Berater von M. Cervini, dem späteren Papst Marcellus II.; 1561 zum Kardinal und Konzilslegaten erhoben; S. gehört zu den bed. Vertretern der humanist. Reformbewegung; theolog. durch patrist. und Bibelstudien geprägt, wurde er gerügt, Luther zu weit entgegenzukommen.
**Serir** [arab.], Kies- oder Geröllwüste; entsteht durch Ausblasung der feinkörnigen Bestandteile und die dadurch bedingte Anreicherung des groben Materials.
**Serkin**, Rudolf ['zɛrkiːn, engl. 'sɜəkɪn], *Eger 28. März 1903, amerikan. Pianist. - Solist und Kammermusiker, v. a. im Duo mit A. Busch und dessen Bruder H. Busch im Busch-S.-Trio; seit 1939 Lehrer am Curtis Institute of Music in Philadelphia; v. a. Interpret der dt. Klassik und Romantik.

**Serlio**, Sebastiano, *Bologna 6. Sept. 1475, †Fontainebleau 1554, italien. Baumeister und Architekturtheoretiker. - Schuf wahrscheinlich den Plan für das Schloß Anzy-le-Franc (Yonne); seit 1541 am frz. Hof in Fontainebleau. Seine theoret. Schriften enthielten u. a. eine systemat. Darstellung der 5 Säulenordnungen des Architekturkanons Vitruvs, Wiedergaben antiker und v. a. der Renaissancebaukunst sowie eine Darstellung der perspektiv. Renaissancebühne.

**Sermo** [lat.], in der röm. Literatur Gespräch, Rede, Vortrag; später Bez. für die christl. ↑Predigt.
**Sermon** [lat.], 1. Rede, Vortrag; 2. langweiliges Geschwätz.
**Serocki**, Kazimierz [poln. sɛˈrɔtski], *Thorn 3. März 1922, †Warschau 9. Jan. 1981, poln. Komponist. - Bed. Komponist der poln. Avantgarde; u. a. 2 Sinfonien (1952, 1953), „Sinfonietta" für 2 Streichorchester (1956), „Sinfon. Fresken" (1964), „Niobe" für 2 Sprecher, Chor und Orchester (1966), „Swinging music" (1970), „Concerto alla cadenza" für Blockflöte und Orchester (1974), „Pianophonie" für Klavier, Orchester und Live-Elektronik (1978).
**Serodiagnostik** (Serumdiagnostik) [lat./griech.], Bez. für diagnost. Untersuchungen des Blutplasmas mit physikal.-chem. (z. B. Elektrophorese) und biolog. Methoden, v. a. für den Nachweis von Antikörpern zur Feststellung von Infektionskrankheiten.
**Serologie** [lat./griech.], Teilgebiet der Immunologie; befaßt sich mit den erbl. Eigenschaften des Blutes (Blutgruppen-S.), zu denen Nachweis antikörperhaltige Seren menschl. oder tier. Herkunft verwendet werden, sowie mit dem Nachweis von Antikörpern, die vom Organismus nach Kontakt mit fremden Strukturen (z. B. Bakterien, Viren, Fremderythrozyten) gebildet werden.
**Seronera** ↑Serengeti.
**serös** [lat.], auf das Blutserum bezügl., aus diesem (wenigstens z. T.) bestehend, ihm ähnl.; von bestimmten Flüssigkeiten gesagt, die im Körper vorkommen bzw. vom Körper oder bestimmten Organen abgesondert werden (z. B. bei Entzündungen, von Wunden); auch von Organen gesagt, die solche Flüssigkeiten bilden.
**Serosa** [lat.] (Serolemma), die dünne, völlig durchsichtige, aus 2 Zellschichten bestehende äußere Embryonalhülle der Amnioten, die aus dem äußeren Blatt der Amnionfalte oder aus dem Trophoblast (Keimblasenwand) direkt hervorgeht (bei Ausbildung von Spaltamnions) und auch den Dottersack sowie die (sich dicht der S. anlegende) Allantois mit einschließt. Bei den plazentalen Säugetieren (einschl. Mensch) bildet die S. Zotten aus und wird so zur Zottenhaut (Chorion; wird oft auch gleichbedeutend mit S. verwandt), die an der Plazentabildung beteiligt ist. - Ent-

sprechend der S. bei den Amnioten, wird auch die (ihr nicht homologe) äußere Embryonalhülle bei Wirbellosen (v. a. bei Insekten und Skorpionen) S. genannt. Sie umschließt den Dotter, ist nur einzelschichtig und geht aus einem bestimmten Blastodermzellenbezirk hervor.

**seröse Drüsen** ↑ Drüsen.
**seröse Entzündung** ↑ Entzündung.
**seröse Häute** (Tunicae serosae), zusammenfassende Bez. für Bauchfell, Brustfell und Herzbeutel, die die aus der sekundären Leibeshöhle (Zölom) hervorgegangenen Körperhohlräume *(seröse Höhlen)* auskleiden und eine seröse Flüssigkeit ausscheiden.

**Serosem** [russ.], Halb- bis Randwüstenboden in sub- und außertrop. trockenen Gebieten, z. B. am N-Rand der Sahara.

**Serotherapie** (Serumtherapie) [lat./griech.], Injektion spezif. Immunseren zur Behandlung von Infektionen oder Vergiftungen (z. B. bei Diphtherie, Masern, Wundstarrkrampf, Gasbrand, Botulismus, Schlangenbiß).

**Serotonin** [lat./griech.] (5-Hydroxytryptamin, 5-HT), biogenes Amin und Gewebshormon, das aus der Aminosäure Tryptophan gebildet wird und als Neurotransmitter im Zentralnervensystem, im Magen-Darm-Trakt und in den Blutplättchen vorkommt; es wirkt kontrahierend auf die glatte Muskulatur des Magen-Darm-Trakts und spielt bei der Blutstillung sowie der Schmerzempfindung eine Rolle.

**Serotypen** [lat./griech.], bes. bei Escherichiaarten und Salmonellen serolog. zu unterscheidende Bakterienstämme; die serolog. Eigenschaften beruhen auf den in Zellinnern, in der Zellwand, in Geißeln oder Kapseln lokalisierten Antigenen.

**Serow,** Walentin Alexandrowitsch [russ. sɪˈrɔf], * Petersburg 19. Jan. 1865, † Moskau 5. März 1911, russ. Maler. - Schüler I. J. Repins und Mgl. der Peredwischniki (ab 1894); realist., zum Impressionismus hinneigende Malweise, v. a. Porträts, meist in der Landschaft oder im Interieur.

**Serow** [russ. sɪˈrɔf], sowjet. Stadt am O-Rand des Nördl. Ural, RSFSR, 101 000 E. Fakultät der polytechn. Hochschule von Swerdlowsk; Theater; Eisenhütten-, Holzverarbeitungskombinat. - Gegr. 1894, seit 1926 Stadt.

**Serpens** [lat.] ↑ Sternbilder (Übersicht).
**Serpent** [lat.], Baßinstrument aus der Familie der Hörner mit schlangenförmig gewundener Holzröhre, die mit Leder umwickelt ist (später Röhre auch aus Metall), 6 Grifflöchern, abgebogenem Anblasrohr aus Metall mit halbkugeligem Mundstück. Der S. wurde Ende des 16. Jh. entwickelt und bis zum 19. Jh. v. a. in der frz. Kirchen- und Militärmusik verwendet.

**Serpentes** [lat.], svw. ↑ Schlangen.

**Serpentin** [zu lat. serpentinus „von Schlangen" (nach der graugrünen, schlangenhautartig gemusterten Färbung)] (Ophit), in dichten Aggregaten auftretendes, muschelig oder splittrig brechendes, meist grünes Mineral, chem. $Mg_6[(OH)_8Si_4O_{10}]$; enthält v. a. FeO, $Fe_2O_3$ und NiO. S. ist ein wichtiges gesteinsbildendes Mineral, das bes. bei der Zersetzung olivinführender magmat. Gesteine wie Basalt, Gabbro u. a. entsteht. Mohshärte 3–4; Dichte 2,5–2,6 g/cm³.

**Serpentine** [zu lat. serpentinus „(in Form) von Schlangen"], Straßenführung an steilen Berghängen, bei der relativ gerade Steigungsstrecken mit engen Kehren (Wendeplatten) wechseln.

**Serpuchow** [russ. 'sjɛrpuxɐf], sowjet. Stadt an der Mündung der Nara in die Oka, RSFSR, 142 000 E. Metall- und holzverarbeitende, Kunstfaser-, Leder- und Nahrungsmittelind., Baumwollkombinat. Nahebei Inst. für Hochenergiephysik, radioastronom. Observatorium und biolog. Forschungszentrum der Akad. der Wiss. der UdSSR. - Erstmals um 1339 erwähnt.

**Serpuliden** (Serpulidae) [lat.], in allen Meeren weit verbreitete Fam. wenige mm bis 10 cm langer Ringelwürmer, deren Körper in 2 Abschnitte gegliedert ist: 1. unterer wurmförmiger Teil, von einer kalkigen, weißl. durchscheinenden Röhre umgeben, die meist stark gewunden und an der Unterlage festgewachsen ist; 2. aus dem oberen Ende der Röhre herausragende, oft bunt gefärbte Tentakelkrone, die dem Herbeistrudeln von Mikroorganismen dient.

**Serpulit** [lat.], v. a. aus den Kalkröhren der Serpuliden bestehender Kalkstein.

**Serra,** Richard Antony [engl. 'sɛrə], * San Francisco 1939, amerikan. Bildhauer. - Einer der wichtigen Vertreter der Minimal art in den USA; baut seine z. T. monumentalen Skulpturen nach dem Kartenhausprinzip (sich statisch gegenseitig haltende Platten).

**Serra** [portugies. 'sɛrrɐ, brasilian. 'sɛrra], portugies. und brasilian. svw. Gebirge.

**Serrá,** griech. Stadt in O-Makedonien, 45 200 E. Hauptort des Verw.-Geb. S.; orth. Bischofssitz; Textil-, Tabakind., Zuckerfabriken. - Thrak. Gründung; im MA byzantin. Festung; nach serb. und (ab 1368) osman. Herrschaft 1913 mit dem neugriech. Staat vereinigt. - Über der Stadt Kastell mit Nikolaoskirche (14. Jh.); ehem. Kathedrale (13. Jh.; jetzt Museum).

**Serradella** [lat.-portugies.] (Vogelfuß, Krallenklee, Klauenschote, Ornithopus), Gatt. der Schmetterlingsblütler mit wenigen Arten in Europa, im Mittelmeergebiet und in Vorderasien. In Deutschland kommen vor: **Kleiner Vogelfuß** (Ornithopus perpusillus; mit weißen Blüten) und der auf Sandböden als Futter- und Gründüngungspflanze in mehreren Kultursorten angebaute **Große Vogelfuß**

(Ornithopus sativus; etwa 30–60 cm hoch; mit langen, schmalen, gefiederten Blättern und bis 8 mm langen, blaß rosafarbenen, oft gelb gefleckten Blüten in Trauben).

**Serranía** [span. sɛrra'nia], span. svw. Gebirgskette.

**Serrano y Domínguez,** Francisco [span. sɛ'rrano ðo'miŋgɛθ], Herzog de la Torre (seit 1862), *Isla de León (= San Fernando) 17. Dez. 1810, † Madrid 26. Nov. 1885, span. General und Staatsmann. - Trat 1867 an die Spitze der Liberalen Union zu den Feinden Königin Isabellas II. über und trug zum Sieg der Revolution von 1868 bei. 1868, 1871 und 1872 Min.präs., führte 1874 einen Staatsstreich und war bis zur Restauration Alfons' XII. (1875) [diktator. regierender] Präs. der Exekutive.

**Sert,** José [span. sɛr, katalan. sɛrt, engl. sɜːt], *Barcelona 1. Juli 1902, † ebd. 15. März 1983, amerikan. Architekt span. Herkunft. - 1929/30 Mitarbeiter von Le Corbusier; wurde 1953 an der Harvard University Nachfolger von W. Gropius. - *Bauten:* Span. Pavillon für die Weltausstellung in Paris (1937), Museumsbau der Fondation Maeght bei Saint-Paul (Alpes-Maritimes) (1959–64), Studentenwohnheime der Harvard University (1962–64), Wohnsiedlungen in Südamerika.

**Sertão** [brasilian. ser'tɐ̃ʊ̯], die weiten Trockenlandschaften des nordostbrasilian. Binnenlandes, ein überwiegend flachwelliges Hochland mit semiaridem Klima.

**Serum** [lat. „wäßriger Teil der geronnenen Milch, Molke"], svw. Blutserum († Blutgerinnung).

**Serumeiweißkörper** (Serumproteine), die im Blutserum (Blutplasma ohne Gerinnungsstoffe) und in der Lymphe enthaltenen Albumine *(Serumalbumine)* und Globuline *(Serumglobuline),* die für den onkot. Druck und die Pufferung (auch † Puffer) des Bluts und der Lymphe wesentl. sind. Eine bes. Fraktion der S. sind die *Gammaglobuline,* bei deren Fehlen die Infektabwehr des Organismus geschwächt ist.

**Serumtherapie,** svw. † Serotherapie.

**Serval** [portugies.-frz., letztl. zu lat. cervus „Hirsch"] ([Afrikan.] Buschkatze, Leptailurus serval, Felis serval), hochbeinige, schlanke, 0,7–1 m körperlange (einschl. Schwanz maximal 1,4 m messende) Kleinkatze, v. a. in Steppen und Savannen Afrikas südl. der Sahara; Kopf relativ klein, Ohren groß; auf gelbl. bis orangebräunl. Grundfärbung z. T. in Reihen angeordnete schwarze Flecke (mit Ausnahme der fast ungefleckten Unterart *Servalkatze* [Leptailurus serval lipostica]); jagt v. a. Vögel und kleine bis mittelgroße Säugetiere, auch Insekten, v. a. Heuschrecken.

**Servan-Schreiber,** Jean-Jacques [frz. sɛrvãʃrɛ'bɛːr], *Paris 13. Febr. 1924, frz. Publizist und Politiker. - 1953 Mitbegr. und bis 1977 Direktor des Nachrichtenmagazins „L'Express"; ab 1969 Generalsekretär, 1971–75 und 1977–79 Präs. der Radikalsozialist. Partei; 1970–78 Abg.; Mai/Juni 1974 Reformmin.; 1976–78 Präs. des lothring. Regionalrates.

**Servatius** (Servaz), männl. Vorname (zu lat. servatus „gerettet").

**Servatius,** hl., † Maastricht im 4. Jh., erster Bischof von Tongern. - Nahm an den Synoden von Sardika und Rimini teil; gehört zu den sog. Eisheiligen. Fest: 13. Mai.

**Servelatwurst,** schweizer. svw. Zervelatwurst.

**Servet,** Michel [frz. sɛr'vɛ], eigtl. Miguel Serveto, *Villanueva de Sigena (Huesca) 29. Sept. 1511 (?), † Genf 27. Okt. 1553, span. Arzt, Jurist und Religionsphilosoph. - Kam als krit. Humanist 1530 nach Basel; Antitrinitarier; floh nach der Inquisition nach Frankr., studierte Medizin und Naturwiss. und ließ sich 1540 in Vienne als Arzt nieder; abendländ. Entdecker des kleinen Blutkreislaufs; veröffentlichte unter dem Pseudonym Michel de Villeneuve sein Hauptwerk „Christianismi restitutio" (1553) als Kritik an Calvins „Institutio Christianae Religionis"; wurde daraufhin - wahrscheinl. unter Mitwirkung Calvins - denunziert und von der Inquisition in Lyon zum Feuertod verurteilt; floh nach Genf, dessen Rat damals aus Gegnern Calvins bestand, wurde jedoch verhaftet; nach Verurteilung durch die ref. Städte ließ Calvin S. verbrennen.

**Service** [zɛr'viːs; lat.-frz.], mehrteiliges, zusammengehöriges Tafelgeschirr.

**Service** [engl. 'sɔːvɪs; lat.-engl.], Dienstleistung, [Kunden]dienst.
♦ Bez. für den Aufschlag[ball] beim Tennis.

**servil** [zu lat. servilis „sklavisch"], unterwürfig; **Servilität,** unterwürfige Gesinnung, Unterwürfigkeit.

**Serviodunum,** antiker Name von † Salisbury.

**Servita,** Paulus † Sarpi, Paolo.

**Serviten** (lat. Ordo Servorum Mariae, Abk. OSM), kath. Ordensgemeinschaft; entstand 1233 aus dem Zusammenschluß von 7 Bürgern aus Florenz. Der Orden nahm die Augustinerregel an und folgte in Organisation und Tätigkeit den Bettelorden. Heute sind die S. in Europa und Übersee mit rd. 1 200 Mgl. v. a. in der Seelsorge tätig.

**Servitut** [lat.], 1. im geltenden Recht svw. † Dienstbarkeit; 2. Begriff des Völkerrechts für Rechtsverhältnisse zw. Völkerrechtssubjekten, auf Grund deren die Gebietshoheit des einen zugunsten des anderen eingeschränkt oder belastet wird.

**Servo...** [zu lat. servus „Diener, Sklave"], Bestimmungswort in Zusammensetzungen mit der Bed. „Hilfs-".

**Servobremse,** Bez. für ein mit einem Bremskraftverstärker ausgerüstetes Bremssystem († Bremse).

**Servoeinrichtung,** Einrichtung, die eine

die einleitende Betätigungskraft übersteigende Hilfskraft erzeugt. Die Kraftverstärkung in der S. kann z. B. elektr., magnet., hydraul. oder pneumat. erfolgen.

**Servofokus** ↑ Schärfentiefe.

**Servolenkung** ↑ Lenkung.

**Servomotor,** Hilfsmotor in Servoeinrichtungen, Steuerungs- und Regelungsanlagen.

**Servranckx,** Victor [niederl. 'sɛrvraŋks], * Diegem bei Brüssel 26. Juni 1897, † Vilvoorde 11. Dez. 1965, belg. Maler. - Pionier abstrakter Kunst in Belgien, stand G. Vantongerloo nahe. Zw. seinen geometr. Phasen malte er auch surrealist. und realist. Bilder; auch Bildhauer.

**Servus!** [lat.], [Ihr] Diener (urspr. östr. Gruß [zum Abschied oder zur Begrüßung gebraucht]).

**Servus servorum Dei** [lat. „Knecht der Knechte Gottes"], seit Papst Gregor I. von den Päpsten als Titel geführte Devotionsformel.

**Sesam** (Sesamum) [semit.-griech.], Gatt. der S.gewächse mit 18 Arten im trop. und subtrop. Afrika und im südl. Indien; ausdauernde oder einjährige Kräuter mit ganzen oder geteilten Blättern und einzeln stehenden, weißen bis purpurfarbenen Blüten und Kapselfrüchten. Eine seit langer Zeit bekannte, in den Tropen und Subtropen, v. a. in Indien, China, in der Türkei, im Sudan und im nördl. S-Amerika, angebaute Kulturpflanze ist die **Indische Sesam** (Sesamum indicum). Die an den Fingerhut erinnernde, einjährige, weiß bis weinrot blühende Pflanze bildet 2 mm lange Samen, die etwa 50% fettes Öl, etwa 25% Eiweiß und rd. 7% Kohlenhydrate enthalten. Durch Pressen der Samen wird das hellgelbe, geruchlose und fast geschmacklose *S.öl* gewonnen, das als Speiseöl und bei der Margarineherstellung verwendet wird. Die Preßrückstände (*S.kuchen*) dienen als Viehfutter.

**Sesambeine** (Sesamknochen, Ossa sesamoidea), bei Wirbeltieren (einschl. Mensch) v. a. im Verlauf von Sehnen und Bändern vorkommende, zuerst knorpelig angelegte, meist kleine, rundl., akzessor. Knochenelemente zur Verbesserung der Zugwirkung des betreffenden Muskels und bei zusätzl. seitl. Beanspruchung der Sehne (zu deren Führung oder als Stützelement). Ein außergewöhnl. großes Sesambein ist die Kniescheibe (↑ Kniegelenk).

**Sesamgewächse** (Pedaliaceae), mit den Rachenblütlern verwandte Pflanzenfam. mit über 50 Arten in 16 Gatt. in den Tropen und Subtropen der Alten Welt; einjährige oder ausdauernde Kräuter, selten Sträucher, mit Schleimdrüsenhaaren, ganzrandigen bis fiederspaltigen Blättern und Blüten mit breitröhrenförmiger, schwach zweilippiger Krone; meist an Meeresküsten oder in Wüsten.

**Seschellen** ↑ Seychellen.

**Sesklokultur,** nach Funden von Seskló (bei Wolos) ben. neolith. Kultur Thessaliens (um 4000 v. Chr.), gekennzeichnet durch verschiedenartige Keramik, realist. geformte weibl. Statuetten, Rechteckhäuser mit Steinsockel und Lehmaufbau.

**Sesostris** (gräzisierte Form des altägypt. Namens Senwosret), Name ägypt. Könige der 12. Dyn., bed. v. a.:
**S. I.,** ⚰ 1971–26. - Sohn und zunächst Mitregent Amenemhets I.; eroberte Nubien endgültig (Sicherung durch Festungen); Pyramide bei Lischt.
**S. III.,** ⚰ 1878–40. - Erweiterte das Reich bis ans S-Ende des 2. Kataraktes; Feldzug nach Sichem zum Schutz Verbündeter gegen Nomaden; Ziegelpyramide in Dahschur.

**sesqui ...** [lat. „einhalbmal mehr"], Bestimmungswort der chem. Nomenklatur mit der Bed. eineinhalb.

**Sesquialtera** [lat.], in der Orgel eine gemischte Stimme meist aus Quinte und Dezime.

**Sesquiterpene** ↑ Terpene.

**Sesshu** [jap. 'se.ʃʃuː], eigtl. Oda Tojo (auch Unkoku), * Akahama (Präfektur Okajama) 1420, † Masuda (Präfektur Shimane) 26. Aug. 1506, jap. Maler. - Hielt sich 1467–69 in China auf, gründete dann in Jamagutschi einen eigenen Tempel, den Unkoku-an (S. war Zenpriester) bzw. eine Malschule. Als größtem Tuschemaler seiner Zeit gelang es S., die chin. Tradition der alten Sung- und Yüanmeister auf die heimatl. Landschaft zu übertragen („Winterlandschaft"; Tokio, Nationalmuseum). - Abb. Bd. 11, S. 34.

**Sessellift** ↑ Seilbahn.

**Session** [lat.], Sitzungszeit[raum], z. B. eines Parlaments.
◆ Kurzform für ↑ Jam Session.

**Sessions,** Roger [Huntington] [engl. 'sɛʃənz], * Brooklyn (= New York-Brooklyn) 28. Dez 1896, † Princeton (N. J.) 16. März 1985, amerikan. Komponist. - Schüler von E. Bloch, komponierte Opern (u. a. „The trial of Lucullus", 1947, nach B. Brecht; „Montezuma", 1964), 8 Sinfonien, Violin-, Klavierkonzert, Kammermusik, Lieder nach J. Joyce.

**Sesterz** (lat. sestertius [nummus]; Nummus), 1. altröm., selten geprägte Silbermünze = $2^1/_2$ As; 2. von Augustus bis etwa 268/270 schwerste Münze der Kupferwährung = 4 As; 3. röm., bis 293 n. Chr. verwendete Rechnungseinheit.

**Sestine** [lat.-italien.], allg.: 6zeilige Strophe; speziell: eine aus der Provence stammende Dichtung, die aus 6 6zeiligen Strophen und einer 3zeiligen Geleitstrophe besteht.

**Set** [engl. sɛt], allg. für Zusammengehörendes, Satz gleichartiger Dinge.

**Set** (Seth), bibl. Gestalt des A. T.; Sohn Adams; seine Nachkommen (Sethiten) bilden von Adam bis Noah 10 Generationen.

**Seta** [lat.] (Kapselstiel), stielartiger, in das

## Setaria

Gewebe der Moospflanze eingesenkter Teil der Mooskapsel. Die S. hebt die Mooskapsel an und erleichtert die Verbreitung der Sporen durch den Wind.

**Setaria** [lat.], svw. ↑Borstenhirse.

**Sète** [frz. sɛt], frz. Hafenstadt auf einer Nehrung am Golfe du Lion, Dep. Hérault, 39 500 E. Meeresbiolog. Forschungsstation; Fährverbindung nach Marokko, Fischereihafen. Chem., Zement- und fischverarbeitende Ind., Brennereien; Seebad. - Früher **Cette**, entstand mit dem Bau eines Großen Hafens (1666–77) als Endpunkt des Canal du Midi, der in beiden Weltkriegen zur Versorgung der Schweiz neutralisiert war.

**Setesdal**, Talschaft im südl. Norwegen, Verw.-Gebiet Aust-Agder, von der Otra durchflossen; v. a. Land- und Waldwirtschaft; Kunstgewerbe.

**Seth**, ägypt. Gott; Gott der Unruhe, der Unordnung, des Verkehrten; mytholog. Gegenspieler des Horus, dessen Vater Osiris er ermordet hat.

**Seth**, bibl. Gestalt, ↑Set.

**Sethe**, Kurt, * Berlin 30. Sept. 1869, † ebd. 6. Juli 1934, dt. Ägyptologe. - 1900 Prof. in Göttingen, ab 1923 in Berlin. Verfaßte maßgebl. Werke zur ägypt. Philologie, Religion und Geschichte.

**Sethos I.**, † 1290 v. Chr., ägypt. König (seit 1303) der 19. Dyn. - S. festigte die ägypt. Herrschaft; Darstellung auf der Außenseite der N-Wand des von ihm erbauten Großen Säulensaals des Amuntempels in Karnak; sein Grab in Biban Al Muluk ist das größte aller ägypt. Könige.

**Sétif**, alger. Dep.hauptstadt im östl. Tellatlas, 1 100 m ü. d. M., 187 000 E. Univ. (gegr. 1978), Archäolog. Museum; landw. Handelszentrum; kunststoffverarbeitende Ind., Schuh-, Batterie- und Akkumulatorenfabrik.

**Seto**, jap. Stadt auf Hondo, am O-Rand der Nobiebene, 121 000 E. Nat. Forschungsinst. für Keramik; Porzellanind. - Schon im Altertum Töpfereien; seit dem 13. Jh. nach Einführung chin. Technik Zentrum der jap. Keramikproduktion; seit Anfang des 19. Jh. Porzellanherstellung. Keramik und Porzellan aus S. heißt *Setojaki* bzw. *Seko*.

**Settat**, Prov.hauptstadt in Marokko, 360 m ü. d. M., 65 200 E. Landwirtschaftl. Anbau-, Handels- und Verarbeitungszentrum.

**Settembrini**, Luigi, * Neapel 17. April 1813, † ebd. 3. Nov. 1876, italien. Politiker und Literaturwissenschaftler. - Als Vorkämpfer gegen die Bourbonenherrschaft und für die italien. Einigung 1839 für 3 Jahre eingekerkert; mußte 1847 wegen seines polit. Pamphlets „Protesta del popolo delle Due Sicilie" nach Malta fliehen; 1848 Unterrichtsmin. in Neapel, 1849 zum Tode verurteilt, dann zu lebenslängl. Haft begnadigt; entkam 1859 nach Großbrit.; nach seiner Rückkehr (1860) Prof. in Neapel, 1873 Senator.

**Setter** [engl.], dem Spaniel nahestehende Rassengruppe langhaariger, etwa 65 cm schulterhoher, temperamentvoller Vorstehhunde. Zu den S. zählen u. a.: **Englischer Setter**, mittelgroß (Widerristhöhe 55 cm), mit langem, seidigem, weißem Fell mit vereinzelten dunkleren Tupfen, Rute mit langer, nichtgelockter Fahne; lebhafter Jagd- und Haushund; **Gordon Setter**, bis 70 cm Schulterhöhe, mit langem, schwarzem (mahagonifarbene Abzeichen) Fell und waagerecht getragenem Schwanz; **Irischer Setter** (Irish Setter), bis 67 cm Schulterhöhe, mit mittellangem, rotbraunem, weichem Fell, Vorder- und Hinterläufe sowie Rute stark behaart; lebhafter Jagd- und Haushund.

**Settlementbewegung** [engl. ˈsɛtlmənt], in Großbrit. sozial- und bildungspolit. Bewegung seit 1869, deren Ziel die Entwicklung gemeinnütziger Einrichtungen (Nachbarschaftsheime) in großstädt. Bezirken war. Führend in den USA waren J. Addams und E. G. Balch.

**Setúbal** [portugies. səˈtuβal], portugies. Stadt an der S-Küste der Halbinsel von S., 76 800 E. Verwaltungssitz des Distr. S.; Fischereihafen, Superphosphat-, Zement-, Papierfabrik, Automobilmontage, Schiffbau, elektrotechn. Ind., Korkverarbeitung; nahebei Salinen. - Geht auf das am gegenüberliegenden Sadoufer gelegene röm. **Cetobriga** zurück; nach 1237 entstanden Burg, Ortschaft und Hafen innerhalb weniger Jahre; 1471–95 Residenz der Könige von Portugal. - Kirche (1491 ff.; im Emanuelstil) des 1490 gegr. Franziskanerinnenklosters; Befestigungsmauer um die Altstadt; Kastell.

**Setúbal, Halbinsel von** [portugies. səˈtuβal], Halbinsel zw. Tejo- und Sadomündung, Portugal, an deren S-Küste sich die Serra da Arrábida erstreckt. Im SW liegt **Kap Espichel** (Wallfahrtskirche, Leuchtturm).

**Setzerei**, Betriebsabteilung im graph. Gewerbe, in der die zur drucktechn. Vervielfältigung von Texten erforderl. Erstellung des Schriftsatzes erfolgt. Dieser Vorgang vollzog sich - seit der Erfindung J. ↑Gutenbergs - über vier Jh. hinweg im noch demselben Prinzip: Einzelne Drucktypen, die sog. *Lettern*, aus einer Bleilegierung gegossen, wurden von Hand (**Handsatz**) zu Wörtern und Texten zusammengesetzt. Das Problem des mechan. Setzens, das diese mühsame und zeitaufwendige Tätigkeit ablösen sollte, wurde erst an der Wende zum 20. Jh. zuverlässig gelöst („Linotype" von O. Mergenthaler, 1884, Patent 1888), obwohl schon 1822 der Brite W. Church eine Setzmaschine gebaut hatte und C. Sörensen (1849) und K. Kastenbein (1869) mit eigenen Konstruktionen erste Erfolge hatten. Der Vorteil dieser **Setzmaschinen**, die ständig verbessert wurden und zum Teil noch heute im Einsatz sind, lag neben der größeren Setzgeschwindigkeit auch in der Verwendung stän-

## Setzerei

Setzerei. Arbeitsplatz eines Setzers mit Dialogbildschirm und Tastatur, mit deren Hilfe über ein modernes Satzsystem Texterfassung und -gestaltung erfolgen

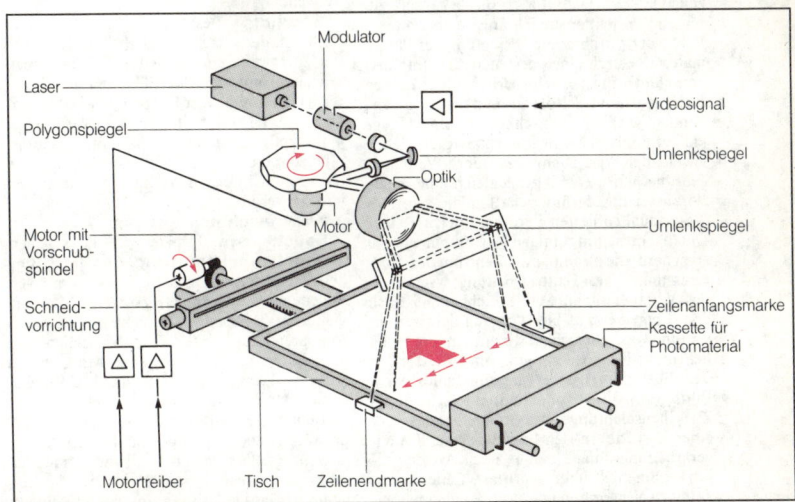

Schema einer Lichtsetzmaschine mit Laserbelichtung

dig neu gegossener Drucktypen, die nach dem Druck wieder eingeschmolzen und zum Gießen neuer Typen verwendet wurden. Bei *Zeilensetzmaschinen* (z. B. Linotype ⓌⓏ) werden mit einer schreibmaschinenähnl. Tastatur die Gießformen (Matrizen) der einzelnen Drucktypen nacheinander aus einem Magazin ausgelöst und mit Hilfe einer Transportvorrichtung zu Zeilen aneinandergereiht. Jede Matrizenzeile wird dann durch Ausgleichen der Wortzwischenräume in die gewünschte Zeilenbreite gebracht („ausgeschlossen") und im Ganzen mit geschmolzenem Letternmetall ausgegossen. Die komplette Schriftzeile wird ausgestoßen, während die Matrizen wieder dem Magazin zugeführt werden. Bei der *Einzelbuchstabensetzmaschine* (Monotype ⓌⓏ, erstmals 1896 von dem Amerikaner T. Lanston gebaut), sind Setz- und Gießteil grundsätzlich voneinander getrennt. Im Setzteil wird der Text über eine Tastatur eingegeben und codiert in einen Papierstreifen gelocht. Dieser

Lochstreifen dient dann zur Steuerung der Gießmaschine, die zeilenweise in Einzelbuchstaben gießt.

Nach dem 2. Weltkrieg begann eine Neuentwicklung, die das Blei aus den Setzereien zunehmend verdrängte: Photo- und Lichtsatz, die einen direkt als Kopiervorlage für die Druckformenherstellung verwendbaren Satz auf Filmmaterial oder Photopapier liefern, brachten einen tiefgreifenden Umschwung in der Satztechnik.

**Photosetzmaschinen** (z. B. Monophoto ⓌⓏ), die die erste Generation des bleilosen Satzes repräsentierten, enthalten eine Kamera mit einer bes. Belichtungseinrichtung, in der transparente Schriftmatrizen (Filmnegative mit durchsichtigen Negativschriftbildern) auf photograph. Material abgebildet werden (Photosatz). Diese Maschinen werden von einem Lochband oder einem Magnetband gesteuert, das den (vom Erfasser in eine Tastatur eingegebenen) Text in codierter Form enthält. Die nächste Entwicklungsstufe - die heute modernste Form der Satzherstellung - ist der *lichtpunktgesteuerte Satz*, kurz als **Lichtsatz** bezeichnet (z. B. Digiset ⓌⓏ). Im Gegensatz zur reinen Projektionsbelichtung wie beim älteren Photosatz wird hier die Belichtung des Photomaterials durch einen gesteuerten Lichtpunkt erreicht. Dazu ist es erforderlich, die einzelnen Buchstaben der Schrift zu digitalisieren, d. h., ähnlich wie das Fernsehbild in einer Folge kleiner Punkte bzw. Striche zu zerlegen, denen jeweils der Wert „Schwarz" oder „Weiß" zugeordnet wird. Damit ist zugleich eine ideale Voraussetzung dafür geschaffen, die Schrift in dieser dual codierten Form im Speicher einer Datenverarbeitungsanlage (Computer) zu speichern, die nunmehr ins Zentrum des Texterfassungs- und Textbearbeitungssystems eines Verlages rückt. Man spricht daher auch vom **Computersatz**. Der Vorgang der Satzherstellung vollzieht sich in wesentl. folgenden Schritten: Der Erfasser gibt den zu setzenden Text über eine Tastatur (mit angeschlossenem Bildschirm) direkt oder indirekt (z. B. durch Zwischenschaltung eines Magnetbandes oder einer Diskette) in den Speicher einer Datenverarbeitungsanlage ein. Je nach Art der zusätzl. „Befehle" über Schriftart, Zeilenbreite, Zeilenzwischenraum usw. werden die im Speicher („Magazin") in digitaler Codierung gespeicherten Zeichen abgerufen und steuern den Elektronenstrahl einer Kathodenstrahlröhre, von der das Schriftbild über eine spezielle Optik auf das als Druckvorlage dienende Photomaterial abgebildet wird. Diese Art des Lichtsatzes wird (nach der englischen Bezeichnung cathode ray tube für Kathodenstrahlröhre) abgekürzt als *CTR-Lichtsatz* bezeichnet. Ohne Zwischenschaltung einer Kathodenstrahlröhre arbeitet der *Laser-Lichtsatz*. Das sogenannte Videosignal, das beim CTR-Lichtsatz den Kathodenstrahl steuert, wird hier zur Modulation eines Laserstrahles benutzt, der über eine komplizierte Spiegel- und Linsenoptik zeilenweise das Photomaterial direkt belichtet.

📖 *Blana, H., u. a.:* Neue Wege zum Satz. Mchn. *1987. - Genzmer, F.:* Das Buch des Setzers. ¹⁰*1976. - Dußler, S./Kolling, F.:* Moderne S. Mchn. 1974.

**Setzfisch,** svw. ↑ Setzling.

**Setzhase** (Satzhase), weidmänn. Bez. für den geschlechtsreifen ♀ Feldhasen.

**Setzholz,** (Pflanzholz) am unteren Ende zugespitztes, kurzes Rundholz (auch mit Metallspitze) mit Knauf oder „Pistolengriff" als Handhabe zum Pflanzen von Setzlingen und Stecklingen.

♦ Bez. für Stecklinge von Holzpflanzen nach dem Laubabwurf.

**Setzkopf,** Bez. für den (unterschiedl. geformten) Kopf eines Niets.

**Setzlatte** (Richtscheit, Richtholz), gerades Lineal mit genau parallelen Flächen (oft mit eingebauter Wasserwaage) zur Erzielung ebener Flächen, gerader Kanten u. ä.; wird v. a. im Maurer- und Zimmermannshandwerk verwendet.

**Setzling,** (Besatzfisch, Satzfisch, Setzfisch) in der Teichwirtschaft ein Jungfisch, der zum weiteren Wachstum in den Streckteich (einsömmriger Karpfen) bzw. den Mastteich (zweisömmriger Karpfen bzw. einsömmrige Forelle) verbracht *(gesetzt)* wird.

♦ (Setzpflanze) in der Pflanzenzucht Jungpflanzen, die aus Anzuchtkästen, Pflanzbeeten u. a. an ihren endgültigen Standort verpflanzt werden.

**Setzmaschinen** ↑ Setzerei.

**Seuche,** svw. ↑ Epidemie, ↑ Tierseuchen.

**Seuchenbekämpfung,** durch das Bundes-Seuchengesetz vom 18. 7. 1961 (mit verschiedenen Änderungen) geregelte Maßnahmen zur Verhütung und Bekämpfung übertragbarer Krankheiten beim Menschen. Zur S. gehören u. a. allg. hygien. Maßnahmen (bezügl. Trinkwasser, Lebensmittelüberwachung, Überwachung von in Lebensmittelbetrieben Beschäftigten), Maßnahmen der persönl. Hygiene, gegebenenfalls Schutzimpfungen. - Maßnahmen im Fall von Epidemien sind u. a. die Isolierung Kranker und Krankheitsverdächtiger (↑ Quarantäne), Desinfektion, Schutzimpfungen, die Schließung von Kindergärten und Schulen, u. U. auch die Überwachung des Grenzverkehrs. - ↑ auch meldepflichtige Krankheiten, ↑ Tierseuchen.

**Seuchenlehre,** svw. ↑ Epidemiologie.

**Seume,** Johann Gottfried, *Poserna (Landkr. Weißenfels) 29. Jan. 1763, † Teplitz 13. Juni 1810, dt. Schriftsteller. - Verf. kulturhistor. bed. Memoiren und Reiseberichte, die in klarer und sachl. Prosa die sozialen, wirtsch., polit. und kulturellen Verhältnisse der Länder, die er bereiste (Rußland, Finnland, Schweden, Sizilien, z. B. „Spaziergang nach Syrakus im Jahre 1802" [1803]), vorstellen; steht in der Tradition der dt. Spätaufklärung; Vorläufer von C. Sealsfield und F. Gerstäcker.

**Seurat,** Georges [frz. sø'ra], * Paris 2. Dez. 1859, † ebd. 29. März 1891, frz. Maler. - Beschäftigte sich systemat. mit der Steigerung der farbl. Intensität durch die Zerlegung von Farben in komplementäre Bestandteile und wurde mit P. Signac Hauptvertreter des Neoimpressionismus (↑ auch Impressionismus). - *Werke:* Ein Sonntagnachmittag auf der Île de la Grande Jatte (1885; Chicago, Art Institute), Akt im Profil (1890; Otterlo, Rijksmuseum Kröller-Müller), Der Zirkus (1891; Paris, Louvre). - Abb. Bd. 10, S. 189.

**Seuren,** Günter, * Wickrath 18. Juni 1932, dt. Schriftsteller. - Verf. von krit.-realist. Zeitromanen wie „Das Gatter" (1964, verfilmt u. d. T. „Schonzeit für Füchse", 1966), „Lebeck" (1966), „Der Abdecker" (1970); auch surrealist. Lyrik („Der Jagdherr liegt im Sterben", 1974) sowie Hör- und Fernsehspiele. - *Weiteres Werk:* Die Asche der Davidoff (R., 1985).

**Seuse,** Heinrich, sel., latinisiert Suso, * Konstanz oder Überlingen 21. März 1295 (1300?), † Ulm 25. Jan. 1366, dt. Mystiker. - 1308 Dominikaner; 1322–24 Schüler Meister Eckharts in Köln; versuchte um 1326 durch das „Büchlein der Wahrheit", die Mystik Eckharts zu verteidigen und gegen die ↑ Brüder und Schwestern des freien Geistes abzugrenzen; wurde deshalb auf dem Ordensgeneralkapitel 1330 gemaßregelt; 1343/44 Prior des nach Diessenhofen verlegten Konstanzer Konvents, 1348 Versetzung nach Ulm. Geprägt durch die spekulative Mystik Meister Eckharts, trägt sein Werk Züge einer ma. Imitatio-Christi-Mystik.

**Severin** [ze:ve'ri:n, 'ze:veri:n] (Severinus), männl. Vorname (zu lat. severus „streng").

**Severing,** Carl, * Herford 1. Juni 1875, † Bielefeld 23. Juli 1952, dt. Politiker (SPD). - 1907–12 MdR; 1919–33 Mgl. der Nationalversammlung bzw. MdR und MdL in Preußen; als Reichs- und Staatskommissar für Westfalen 1919/20 erfolgreich zur Verhinderung von Bergarbeiterstreiks eingesetzt; erreichte als preuß. Innenmin. 1920–26 mit kurzer Unterbrechung 1921) und 1930–32 eine Stabilisierung der preuß. Politik zw. den Extremen von rechts und links; Reichsinnenmin. 1928–30; widersetzte sich seiner Amtsenthebung am 20. Juli 1932 (Preußenputsch) nur halbherzig; nach 1945 am Wiederaufbau der SPD beteiligt; ab 1947 MdL in Nordrhein-Westfalen.

**Severini,** Gino, * Cortona 7. April 1883, † Paris 15. April 1966, italien. Maler. - Schloß sich der Bewegung des Futurismus an und seit 1916 dem synthet. Kubismus (lebte seit 1906 in Paris); um 1920–50 malte er gegenständlich. - *Werke:* Im Tabarin (1912; New York, Museum of Modern Art), Sphär. Expansion des Lichts (1914; Mailand, Privatbesitz).

**Severn** [engl. 'sɛvən], Fluß in Wales und England, entspringt in den Cumbrian Mountains, mündet unterhalb von Gloucester mit einem Ästuar in den Bristolkanal; mit 354 km der längste Fluß Großbritanniens.

**Severos von Antiochia,** hl. (bei den Jakobiten), * Sozopolis (Pisidien) 465, † Xois (Ägypten) 8. Febr. 538, Patriarch von Antiochia (512 bis 518). - 508 Gesandter monophysit. Mönche in Konstantinopel; mußte unter Kaiser Justin I. zu den Kopten fliehen; bed. Kirchenlehrer der Jakobiten.

**Severus Alexander,** Marcus Aurelius (Alexander Severus), eigtl. Gessius Bassianus Alexianus, * Arca Caesarea (Syrien) 1. Okt. 208, † Mogontiacum (= Mainz) 19. (oder 22.) März 235, röm. Kaiser (seit 222). - Förderte insbes. den Senat und die Rechtspflege; kämpfte gegen die Sassaniden; auf einem Kriegszug gegen die Alemannen ermordet.

**Severusbogen** ↑ Septimius-Severus-Bogen.

**Seveso-Gift** [nach dem bei Mailand gelegenen Ort Seveso, in dessen Nähe sich das Gift bei einer Explosion in einer Chemiefabrik am 10. Juli 1976 bildete], 1. Bez. für die hochtox. bereits in Mengen von wenige μg pro kg Körpergewicht tödl. wirkende, tricycl. Chlorkohlenwasserstoffverbindung TCDD (Abk. für: 2,3,7,8-**Te**trachlor**d**ibenzo-**p**-**d**i-**o**xin [unkorrekt auch kurz Dioxin gen.]); reagiert im Organismus mit Nukleinsäuren und Proteinen und greift daher in zahlr. biochem. Vorgänge ein; 2. fälschl. auch Bez. für andere tox. Substanzen aus der Reihe der Chlorkohlenwasserstoffe.

**Sévigné,** Marie Marquise de [frz. sevi'ɲe], geb. de Rabutin-Chantal, * Paris 5. Febr. 1626, † Schloß Grignan (Drôme) 17. April 1696, frz. Schriftstellerin. - Ihre rd. 1 500 Briefe über die Ereignisse in Paris, am Hofe, beim Theater und in der Gesellschaft, die sich durch Lebendigkeit, Witz, Intelligenz und Menschlichkeit auszeichnen, zählen zu den klass. Denkmälern der frz. Prosa.

**Sevilla** [ze'vɪlja, span. se'βiʎa], span. Stadt in Andalusien, am Guadalquivir, 6 m ü. d. M., 653 800 E. Verwaltungssitz der Prov. S.; kath. Erzbischofssitz; Univ. (gegr. 1502), Fachhochschule für Architektur, Kunsthochschule, Hochschule für Musik und Schauspiel, Priesterseminar; Akad. für Literatur und schöne Künste, für Medizin; archäolog., Kunstmuseum; Indienarchiv; Nahrungsmittel-, Textil-, keram. Ind., Weinkellereien, Tabak- sowie Korkverarbeitung, Parfüm- und pharmazeut. Ind. u. a.; hafenabhängig sind die Hüttenwerk sowie Betriebe der Metallverarbeitung und der chem. Industrie. Der Hafen ist für kleinere Hochseeschiffe zugängl.; bed. Fremdenverkehr.

## Sèvres

Sèvresporzellan. Dessertteller mit sogenanntem Juwelendekor (1779). Mannheim, Städtisches Reiß-Museum

**Geschichte:** Das iber. **Hispalis** wurde 45 v. Chr. von Cäsar zur Colonia erhoben (**Colonia Iulia Romula**); wohl nach 420 von den Vandalen besetzt, fiel bald darauf an die Sweben, in der 1. Hälfte des 6. Jh. an die Westgoten; 712 von den Arabern erobert; entwickelte sich zu einem Zentrum des maur. Spanien; 1023–91 Hauptstadt der Abbadiden; den Almoraviden (1091–1147) folgten die Almohaden; 1248 von König Ferdinand III., dem Heiligen, von Kastilien und León erobert. Besaß nach der Entdeckung Amerikas (neben Cádiz) das Monopol für den Überseehandel. 1503–1717 war die Casa de Contratación (Handelshaus) Sitz des Indienrates, dem die Verwaltung aller span. Kolonien oblag.
**Bauten:** Der Sackgassengrundriß der Altstadt ist maur. Ursprungs. Aus röm. Zeit sind Teile der Stadtmauer (von den Arabern restauriert) und Reste eines Aquädukts erhalten. Die fünfschiffige spätgot. Kathedrale (1402 ff.) bewahrt vom Vorläuferbau das Minarett als Glockenturm (die „Giralda", 1184–98; Renaissanceaufsatz 1568); zahlr. Kirchen, im Mudejarstil, u. a. San Marcos und Santa Catalina, barock El Salvador (geweiht 1712). Ein Hauptwerk des Mudejarstils ist der Alkazar (mit Teilen aus almohad. Zeit, aus dem 14. und 16. Jh.; Hof mit 52 Marmorsäulen, 16. Jh.). Rathaus (1527–71), Lonja (Börse, 1583–98 von J. de Herrera) und Univ. (ehem. Jesuitenkolleg, 16. Jh.) im Renaissancestil. Palais d'Alba (1480–1533), Palais de Pilatos (1492) und San Telmo (1682–1796).
📖 *Laffón, R.: Seville.* Engl. Übers. Barcelona [7]1969.

**Sèvres** [frz. sɛːvr], frz. Stadt im sw. Vorortbereich von Paris, Dep. Hauts-de-Seine, 20 200 E. Fachhochschule für Ind.keramik; Forschungszentrum für Pädagogik; Keramikmuseum; bed. Porzellanmanufaktur. - Der am 10. Aug. 1920 zur Beendigung des 1. Weltkrieges zw. der Türkei und den Alliierten abgeschlossene **Friede von Sèvres** wurde von Kemal Atatürk nicht anerkannt und durch den Griech.-Türk. Krieg hinfällig.

**Sèvresporzellan** [frz. sɛːvr], Porzellan der 1738 in Vincennes gegr., 1756 auf Wunsch der Madame Pompadour nach Sèvres verlegten, 1759 königl. Manufaktur; künstler. Blüte 1750–1850. Zunächst wurde Frittenporzellan („pâte tendre" [„porcelaine de France"]) hergestellt, seit 1804 ausschließl. Hartporzellan. Ludwig XV. verlieh der Manufaktur das Privileg für Buntmalerei; leuchtende Fondfarben: „bleu lapis" (dunkelblau), „bleu céleste" (hellblau), „bleu du roy" (Wappenfarbe), „rose" sowie grün und gelb; Goldmalerei. Geschirre, Figuren (É. Falconet), Plaketten (mit Blumenmalerei) für Möbel. Die „pâte dure nouvelle" (1879–87 entwickelt) eignet sich bes. für Emailfarben (geflammte Glasuren).

**SEW,** Abk. für: ↑Sozialistische Einheitspartei Westberlins.

**Sewaisee,** nördlichster der Seen im Abessin. Graben, 1 864 m ü. d. M., etwa 400 km$^2$.

**Sewansee,** See im Hochland von Armenien, Armen. SSR, 1 900 m ü. d. M., 1 262 km$^2$.

**Seward,** William Henry [engl. 'sjuːəd], * Florida (N. Y.) 16. Mai 1801, † Auburn (N. Y.) 10. Okt. 1872, amerikan. Politiker. - Anwalt; 1839–43 Gouverneur von New York, 1849–61 Senator; entschiedener Gegner der Sklaverei und nach der Wahl A. Lincolns dessen einflußreichster und fähigster Berater; Außenmin. 1861–69; setzte 1867 den Kauf Alaskas von Rußland durch.

**Seward Peninsula** [engl. 'sjuːəd pɪ'nɪnsjʊlə], Halbinsel an der W-Küste Alaskas, durch die Beringstraße von Asien getrennt, über 300 km lang (W-O) und bis über 200 km breit, bis 1 437 m hoch; größte Siedlung ist Nome.

**Sewastopol** [sɛ'vastɔpɔl, russ. sıvas'tɔpəlj], sowjet. Stadt an der SW-Küste der Krim, Ukrain. SSR, 341 000 E. Hochschule für Gerätebau, Meeresforschungsinst.; 2 Theater, Museen; Fischverarbeitung, Gerätebau, Bekleidungs-, holzverarbeitende und Baustoffind.; Hafen und Flottenstützpunkt. - Im Gebiet des heutigen S. lag die antike Stadt ↑Chersones. 1783 Bau der Stadt und des Hafens unter dem Namen **Achtiarom,** seit 1784 S.; 1804 Eröffnung des Kriegshafens; im Krimkrieg durch brit.-frz. und osman. Truppen belagert und zerstört; verfiel als Festung nach dem Russ.-Türk. Krieg (1877/78), seit 1890 erneut Marinestützpunkt; im russ. Bürgerkrieg Hauptquartier der Truppen der Weißen; im 2. Weltkrieg 1942 von dt. Truppen

# Sextole

eingenommen; fiel 1944 wieder in sowjet. Hand; bei den Kämpfen fast völlig zerstört; bis 1953 im wesentl. wiederaufgebaut.

**Sewernaja Semlja** [russ. 'sjevɪrnəjɛ zɪm'lja], unbewohnte sowjet. Inselgruppe im Nordpolarmeer, zw. Kara- und Laptewsee, rd. 37 000 km$^2$, z. T. vergletschert.

**Sex** [engl., zu lat. sexus „Geschlecht"], 1. Geschlechtlichkeit (bzw. ↑Sexualität), bes. in den durch Kommunikationsmittel (z. B. Film, Zeitschriften) verbreiteten Erscheinungsformen; wurde v. a. Mitte der 1960er Jahre in den westl. Ind.ländern zum Schlagwort; 2. Geschlecht (Sexus); 3. Geschlechtsverkehr; 4. Sex-Appeal.

**Sexagesima** [mittellat. „der sechzigste (Tag)"], bis 1969 Name des achten Sonntags vor Ostern.

**Sex-Appeal** [engl. 'sɛksə,piːl], starke erot. bzw. sexuelle Anziehungskraft auf das andere Geschlecht.

**Sexchromatin**, svw. ↑Geschlechtschromatin.

**Sexfaktor** [lat.], svw. F-Faktor (↑Pili).

**Sexismus** [lat.], in Analogie zum Begriff Rassismus gebildete Bez. für die wertende Annahme, daß sich Frauen von Männern auf Grund ihrer biolog. Unterschiede auch in ihrem Denken und Handeln unterscheiden und verschiedene geistige und seel. Eigenschaften besitzen. S. bildet die ideolog. Grundlage für die Diskriminierung und Unterdrückung des weibl. durch das männl. Geschlecht.

**Sexologie** [lat./griech.] (Sexuologie, Sexualwissenschaft), wiss. Disziplin, die sich mit der Erforschung der Sexualität und des Sexualverhaltens befaßt. Die Komplexität des Bereichs macht die Zusammenarbeit mit anderen Disziplinen, wie Psychologie, Soziologie, Medizin, Biologie, Ethnologie und Erziehungswiss., erforderlich. - Auf breiter Ebene setzte die Entwicklung der S. Ende des 19. Jh. ein. 1886 veröffentlichte R. von Krafft-Ebing seine „Psychopathia sexualis", in der er die Formen sexuell normalen und sexuell abweichenden Verhaltens zu beschreiben und zu systematisieren suchte. Um die Jh.wende erschienen zahlr. Werke mit sexualwiss. Themen (u. a. von M. Hirschfeld, A. Forel). Zur gleichen Zeit entwickelte S. Freud die Psychoanalyse, bei der er die überragende Bedeutung der Sexualität bzw. des Sexualtriebs erkannte. Die Tabuisierung der Sexualität gestattete den meisten Forschern jedoch nur die Auseinandersetzung mit psychiatr. Erscheinungen. Hirschfeld, Forel u. a. versuchten, auch polit. wirksam zu werden und Modifikationen im Sexualstrafrecht zu erwirken (z. B. Straffreiheit der Homosexualität). Der gesellschaftspolit. Aspekt der Sexualität wurde am stärksten durch die Sexualökonomie W. Reichs betont. - Nach 1945 sind zwei Hauptströmungen zu verzeichnen: die medizin. und die sozialwiss. orientierte Sexualforschung. - Als Hauptvertreter der modernen S. gelten A. C. Kinsey, W. H. Masters und H. Giese.

**Sexpili** [lat.] (Geschlechtspili) ↑Pili.

**Sext** (Sexte) [lat. hora sexta „die sechste Stunde"], die dritte der „kleinen" Horen des ↑Stundengebets in der kath. Kirche.

**Sexta** [lat. „die sechste (Klasse)"], Bez. für die 1. Klasse im Gymnasium (5. Klasse).

**Sextakkord**, Akkord aus drei Tönen, der außer dem tiefsten Ton dessen Terz und Sexte enthält (Generalbaßbezeichnung 6); in der Harmonielehre als erste Umkehrung des Dreiklangs mit der Terz im Baß erklärt (z. B. e-g-c$^1$).

**Sextans** (Sextant) [lat.] ↑Sternbilder (Übersicht).

**Sextant** [zu lat. sextans „der sechste Teil" (da sein Teilkreis ein Sechstel des Kreisumfangs aufweist)], ein v. a. bei der Navigation zur Messung des Winkelabstandes zweier Sterne bzw. zur Bestimmung der Höhe eines Sterns (insbes. der Sonne) über dem Horizont verwendetes Winkelmeßinstrument, bestehend aus einem Fernrohr, einem fest vor dem Fernrohr angeordneten halbdurchlässigen Spiegel und einem bewegl. Spiegel, dessen Winkelabweichung gegenüber dem festen Spiegel auf einem Teilkreis (Limbus und Alhidade) abgelesen werden kann *(Spiegel-S.)*. Durch Drehung des bewegl. Spiegels werden die Bilder zweier Sterne (bzw. von Stern und Horizont) zur Deckung gebracht, wobei bes. beim „Sonneschießen" Filtergläser in den Strahlengang geschwenkt werden; Ablesung des Winkelabstand auf dem Teilkreis. Unabhängig vom Horizont sind der *Libellen-S.* (mit zwei sich rechtwinklig kreuzenden Libellen) und der *Kreisel-S.* mit einer kreiselstabilisierten Bezugsebene (Glasplatte). Messungen der Höhenwinkel von Gestirnen liefern mittels astronom. Tabellen die bekannter Weltzeit die *geograph. Breite*, Messungen des Winkelabstandes des Mondes von der Sonne oder von hellen Sternen die *geograph. Länge*. Aus Messungen von Horizontalwinkeln durch Anvisieren von Landmarken erhält man Standlinien, die bei Abtragen auf einer Seekarte den genauen Standort liefern. - Der S. wurde 1699 von I. Newton erfunden und 1731 von J. Hadley zuerst als Oktant verwirklicht. Heute werden elektron. Geräte, die die Radiostrahlung von Himmelskörpern ausnutzen, als *Radio-S.* bezeichnet. - Abb. S. 130.

**Sexte** [zu mittellat. sexta (vox) „sechster (Ton)"], das Intervall, das ein Ton mit einem 6 diaton. Stufen entfernt gelegenen Ton bildet. Man unterscheidet die große S. (z. B. c-a), kleine S. (c-as) und verminderte S. (cis-as).

**Sextett** [lat.-italien.], Musikstück für 6 Instrumental- oder Vokalstimmen sowie die entsprechende Gruppe der Musizierenden.

**Sextole** [lat.], eine Folge von 6 Noten, die für 4 Noten gleicher Gestalt bei gleicher Zeitdauer eintreten.

## Sexton

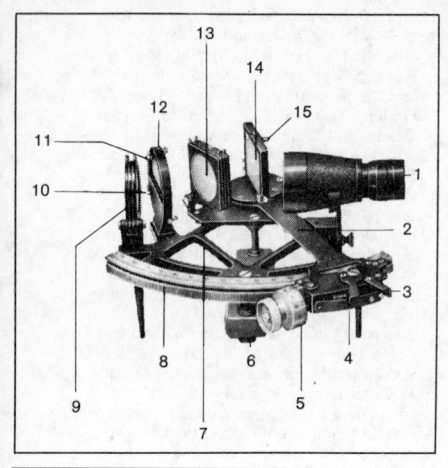

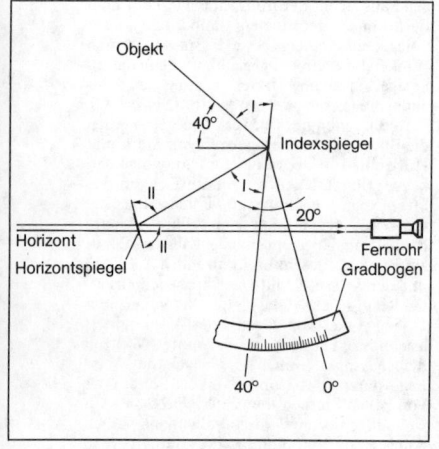

Spiegelsextant. Oben:
1 Fernrohr, 2 Alhidade,
3 Meßspindel, 4 Klinke,
5 Meßtrommel, 6 Handgriff,
7 Rahmen, 8 Gradbogen,
9 runde Schattengläser,
10 untere Justierschraube,
11 obere Justierschraube,
12 Horizontspiegel,
13 eckige Schattengläser,
14 Indexspiegel,
15 Justierschraube; unten:
Schema des optischen Systems

**Sexton,** Anne [engl. 'sɛkstən], * Newton (Mass.) 9. Nov. 1928, † Weston (Mass.) 4. Okt. 1974 (Selbstmord), amerikan. Lyrikerin. - Ihre Bekenntnislyrik erforscht und legt in klarer, mitleidsloser Sprache ihre eigenen Gefühle bloß.

**Sextus Empiricus,** griech. Philosoph und Arzt des 2./3. Jh. n. Chr. - Der Ort seines Wirkens ist nicht bekannt. Seine Skepsis richtet sich gegen den Dogmatismus bes. der Stoa, aber auch gegen die radikale Skepsis des mittleren Platonismus, der er vorwirft, die Unmöglichkeit jegl. Erkenntnis dogmat. zu behaupten. Er kritisiert v. a. metaphys. und wertende Urteile.

**sexual** [zu lat. sexus „Geschlecht"], svw. ↑sexuell.

**Sexualdelikte,** svw. Sexualstraftaten (↑Sexualität).

**Sexualdimorphismus,** svw. ↑Geschlechtsdimorphismus.

**Sexualduftstoffe** (Sexuallockstoffe), zu den ↑Ektohormonen zählende, artspezifisch wirkende Duftstoffe (v. a. bei Wirbeltieren und Insekten), die in Duftdrüsen (Lockdrüsen, Afterdrüsen u. a.) gebildet und in geringsten Mengen wirksam werden; dienen der Anlockung von Geschlechtspartnern (z. B. Bombykol).

**Sexualerziehung** (Geschlechtserziehung), Gesamtheit der die sexuelle Entwicklung eines Menschen beeinflussenden und bewußt eingesetzten Verhaltensweisen.
In der **Familie:** Da die früheste Kindheit für die sexuelle Entwicklung von grundlegender Bed. ist, haben bereits emotionale Zuwendung und Hautkontakte beim Säugling wie wahrheitsgemäße, verständl. Beantwortung kindl. Fragen etwa nach den körperl. Unterschieden zw. den Geschlechtern, nach der Herkunft der Neugeborenen, nach der Schwangerschaft oder nach der Zeugung entscheidende Prägekraft für eine gesunde Entfaltung der Sexualität und der Gesamtpersönlichkeit. Schon vor Beginn der Pubertät sollte das Kind über die bevorstehenden körperl. Veränderungen und ihre Bed. (Menstruation, Pollution) und über sexuelle Praktiken (z. B. Masturbation, Petting, Geschlechtsverkehr) und Empfängnisverhütung informiert sein. Darüber hinaus kann man durchaus bereits über verschiedene Sexualtechniken, Fragen abweichenden Sexualverhaltens und schließl. über soziale und jurist. Aspekte des Sexuallebens sprechen. Eine sachl. uneingeschränkte Wissensvermittlung von der ersten kindl. Frage an sowie Toleranz gegenüber Äußerungen kindl. und jugendl. Sexualität ist Voraussetzung jeder verantwortl. S. im Elternhaus.
In der **Schule:** Nach den Empfehlungen der Kultusministerkonferenz 1968 gehört die S. in der BR Deutschland zum festen Bestandteil des Schulunterrichts. In Zusammenarbeit mit dem Elternhaus sollen die Schüler in einem fächerübergreifenden Unterricht ein umfassendes Wissen erwerben, das die Einsicht in Zusammenhänge, das Wertempfinden, sittl. Entscheidungsfähigkeit und sprachl. Aus-

# Sexualität

drucksvermögen im sexuellen Bereich ermöglicht. S. in diesem Sinne geht also über die reine **Sexualkunde** (Wissensvermittlung über die biolog. Grundlagen der Sexualität) hinaus. - Nach dem Urteil des Bundesverfassungsgerichts 1977 ist die schul. S. nicht von der Zustimmung der Eltern abhängig; die Eltern müssen zwar rechtzeitig über Unterrichtsinhalte informiert werden, haben aber kein Mitbestimmungsrecht an der Ausgestaltung des Unterrichts; eine Befreiung des Schülers von der schul. S. ist nicht möglich.
📖 *Dietz, L. J.: S. - aber wie? Ansbach 1985. - Kluge, N.: S. statt Sexualaufklärung. Ffm. 1985. - Fricke, S., u.a.: S.? Rbk. 1983. - S. u. Persönlichkeitsentfaltung. Hg. v. H. Scarbath u.a. Weinheim 1982. - Janzing, A.: Ganzheitl. Geschlechtserziehung. Mainz ³1982.*

**Sexualethik**, nach *kath.* Moraltheologie die Orientierung der menschl. Geschlechtlichkeit an der bibl. Ethik, an deren Ausformung in den normativen Stellungnahmen des kirchl. Lehramtes, an den (erkennbaren) Naturgesetzen, v. a. aber am eigenen verantwortl. Gewissen. Der Eigenwert der Sexualität wurde seit der Patristik und Scholastik, v. a. in der Abwehr hedonist. Tendenzen, rigorist. in Frage gestellt; zu dieser Fehleinstellung trugen u. a. eine mißverstandene Lehre von der Erbsünde, eine Überbewertung der zur Geschlechtlichkeit gehörenden Keuschheit und der sog. Erst-„Zwecke" der Ehe (Kinderzeugung, Kindererziehung) sowie die Verdächtigung von Leib, Geschlechtslust, Begierde und der Polarität des Menschen zw. Mann und Frau als gegen die personale Würde des Menschen gerichtet bei. Mit dem 2. Vatikan. Konzil bekräftigte auch die *kath.* Kirche die Notwendigkeit, die Geschlechtlichkeit in das Personsein zu integrieren. - Die *ev. S.* betont mit der bibl. Fundierung der Geschöpflichkeit des Menschen und der daraus abgeleiteten jüd.-christl. Anthropologie die leibl.-seel.-geistige Ganzheit des Menschen, in die seine Sexualität als integrativer, bis in seel. Tiefenstrukturen hinabreichender Bestandteil der Person und ihrer Identität eingebettet ist.

**Sexualhormone**, svw. ↑ Geschlechtshormone.

**Sexualindex** ↑ Geschlechterverhältnis.

**Sexualität** [lat.] (Geschlechtlichkeit), beim *Menschen* Gesamtheit der Lebensäußerungen, die auf dem Geschlechtstrieb, einem auf geschlechtl. Beziehung und Befriedigung gezielten Trieb, beruhen (↑ auch Geschlecht); bei *Pflanzen* und *Tieren* ist die S. ident. mit der geschlechtl. ↑ Fortpflanzung. Während jedoch bei niederen Tierarten das Fortpflanzungsverhalten (↑ Sexualverhalten) allein von *Geschlechtshormonen* gesteuert, artspezif. stereotyp und ausschließl. heterosexuell ist, spielt bei höheren Arten die *Großhirnsteuerung* und damit das *Lernen* sexueller Praktiken eine stetig zunehmende Rolle. Die S. wird variationsreicher; die Tiere werden auch außerhalb der Brunst und vor Eintritt der Geschlechtsreife sexuell aktiv; Selbststimulation und -befriedigung sowie homosexuelle Handlungen kommen vor (bes. bei den Menschenaffen). In der aufsteigenden Primatenreihe nimmt ferner die Bevorzugung bestimmter Paarungspartner zu. Mit der Höherentwicklung der Tiere wird somit die sinnl. Funktionslust wichtiger als das Ziel der Fortpflanzung. - Die S. des *Menschen* schließl. geht noch weit über das hinaus, was mit der Lust und den Aktivitäten in Abhängigkeit vom Funktionieren der Geschlechtsorgane sowie mit dem Verhalten, das zur Befruchtung (↑ auch Empfängnisverhütung) führen kann, zusammenhängt. Neben einer größeren Variabilität sexueller Praktiken, dem Übergewicht indirekter Reizung im Vergleich zur genitalen Reizung beim Tier, Unterschiede in den Koituspositionen beim Geschlechtsverkehr, tritt die Tatsache, daß sexuelles Verhalten nicht nur körperl., sondern *psych.* Befriedigung verschafft (z. B. Hebung des Selbstwertgefühls, Befriedigung des Sicherheitsbedürfnisses).

**Sexualität und Gesellschaft:** Sexuelles Verhalten ist Teil sozialen Verhaltens; sexuelle Aktivitäten zeigen sich beim Menschen bereits in den ersten Lebensjahren *(frühkindl. S.)*, nicht erst nach der Geschlechtsreife (↑ Pubertät); diese Aktivitäten werden von der herrschenden **Sexualnorm** (Gesamtheit gesellschaftl. Verbote und Gebote hinsichtl. des sexuellen Verhaltens) der gesamten Gesellschaft oder bestimmter gesellschaftl. Gruppen (v. a. Familie, Spielkameraden) in bestimmte Bahnen gelenkt. Das bedeutet in unserer Industriegesellschaft (im Ggs. zu noch heute geübten Praktiken bei Naturvölkern) i. d. R. Verbot sexueller Aktivitäten, Erzeugung von Angst und Schuldgefühlen, krankmachende Triebverdrängung oder Umsetzung der Triebenergie (↑ Sublimierung) in soziale und kulturelle Aktivitäten. Dabei sind Mädchen oft stärker antisexuellen Erziehungspraktiken ausgesetzt als Jungen; diese Tatsache entspricht den sozialen Rollenerwartungen, die dem Mann eher sexuelle Erfahrungen vor der Ehe und außereheliche Beziehungen zubilligen als der zu Passivität und Unterordnung vorbereiteten Frau.

**Geschichte:** Der Kampf der Christen für Keuschheit und Askese, die Geringschätzung der Frau und der S. (Abschaffung des röm. Scheidungsrechts, Einsetzung der Ehe als kirchl. Sakrament) sind bes. für das Aufkommen von Schuldgefühlen in Verbindung mit der S. verantwortlich. Das höf. Liebesideal (11. Jh.) führte beim Adel u. a. zur Tolerierung des außerehel. Geschlechtsverkehrs, bis seit dem 17. Jh. die (v. a. vom Bürgertum propagierte) Liebesheirat das elterl. Recht der Gattenwahl in Frage stellte. Die Verknüpfung

# Sexualkunde

von Liebe, Ehe und S. schien gefunden. Die durch die früh- und hochkapitalist. Wirtschaftsweise (17. bis 19.Jh.) erforderl. „bürgerl." Tugenden des Arbeitsfleißes, der Sparsamkeit, Nützlichkeit und Selbstbeherrschung (*Triebverzicht*) reduzierten die S. weitgehend auf ihre Fortpflanzungsfunktion. Der Sexualprüderie der „industriellen Revolution" folgte die „sexuelle Revolution" (W. Reich) unter spätkapitalist. Wirtschaftsverhältnissen, die von 1870 an auch durch Kunst (z. B. Ibsen, Strindberg, Wedekind) und Wissenschaft (z. B. R. von Krafft-Ebing, S. Freud, B. K. Malinowski) vorbereitet wurde. Die Funktion sexueller Normen bei der Aufrechterhaltung von Herrschaft wird bes. im Anschluß an W. Reich und H. Marcuse diskutiert. Nach dem 2. Weltkrieg setzte allmähl. das Ende der rigiden Sexualfunktionalismus und eine teilweise sexuelle Liberalisierung bei Abnahme der sexualmoral. Autorität der Kirchen ein. Mit der sexuellen Aufklärung und wiss. Untersuchung der S. (F. A. Beach, A. C. Kinsey, I. L. Reiss; ↑auch Sexologie) geht jedoch auch eine neue Funktionalisierung der S. für wirtsch. Zwecke (Werbung, Mode, Film; S. als Marktlücke für neue Produkte) einher. - Im Rahmen des gesellschaftl. Liberalisierungsprozesses der Sexualmoral ist die Neufassung des Sexualstrafrechts von 1973 in der BR Deutschland zu sehen, das **Sexualstraftaten** im 13. Abschnitt des StGB als „Straftaten gegen die sexuelle Selbstbestimmung" definiert. Konsequent sind diese Änderungen, die den Sexualstraftatbestand nicht von gängigen Moralvorstellungen, sondern von der Frage, ob die sexuelle Freiheit des einzelnen verletzt wird, abhängig machen sollte, jedoch nicht durchgeführt, da z. B. die ↑Vergewaltigung oder ↑sexuelle Nötigung durch den Ehemann kein Straftatbestand sind, jedoch gewalt- und nötigungsfreie Formen von Homosexualität, sexuellen Handlungen Minderjähriger, Prostitution und Pornographie bestraft werden.

📖 *Forsyth, A.: Die S. in der Natur. Mchn. 1987. - Berner, W./Karlick-Bolten, E.: Verlaufsformen der Sexualkriminalität. Stg. 1986. - Zeugungsangst u. Zeugungslust. Hg. v. B. Döhring u. B. Kreß. Darmst. u. Neuwied 1986. - Biener, K.: Jugend u. S. Derendingen 1985. - Bornemann, E.: Das Geschlechtsleben des Kindes. Mchn: 1985. - Freud, S.: Drei Abhandlungen zur Sexualtheorie. Ffm.* [22] *1984. - S. Hg. v. M. Klökker u. a. Gött. 1984. - Haeberle, E.J.: Die S. des Menschen. Hdb. u. Atlas. Bln. 1983. - Wölpert, F.: S., Sexualtherapie, Beziehungsanalyse. Weinheim 1983. - Kentler, H.: Taschenlex. der S. Düss. 1982. - Reich, W.: Die sexuelle Revolution. Ffm. 1981. - Tiefer, L.: Die menschl. S. Einstellungen u. Verhaltensweisen. Dt. Übers. Weinheim 1981. - Eysenck, H.J.: S. u. Persönlichkeit. Dt. Übers. Bln. 1980. - Schneider, H. D.: Sexualverhalten in der zweiten Lebenshälfte. Stg. 1980. - Selg, H./Glombitza, C./ Lischke, G.: Psychologie der Sexualverhaltens. Eine Einf. Stg. 1979. - Walter, H.: Sexual- und Entwicklungsbiologie des Menschen. Mchn. u. Stg. 1978. - Schelsky, H.: Soziologie der S. Rbk.* [21] *1977. - Schlegel, W.: Die Sexualinstinkte des Menschen. Eine naturwiss. Anthropologie der S. Hamb. 1962. - Saller, K.: Zivilisation u. S. Stg. 1956.*

**Sexualkunde** ↑Sexualerziehung.

**Sexuallockstoffe,** svw. ↑Sexualduftstoffe.

**Sexualneurose,** Sammelbez. für Neuroseformen, bei denen sexuelle Unstimmigkeiten physiolog. (Funktionsablauf) und psycholog. Art (Erleben) im Vordergrund stehen und die mit gesteigerter oder gehemmter Sexualerregbarkeit verbunden sind.

**Sexualnorm** ↑Sexualität.

**Sexualökonomie,** Bez. für die von W. Reich in den 1920er Jahren entwickelte Theorie über den Zusammenhang zw. gesellschaftl. Verhältnissen und menschl. Sexualverhalten: Durch die Zwänge bürgerl. Moral und beengter Wohnverhältnisse v. a. in den Industriestädten muß der einzelne seine sexuellen Bedürfnisse zumindest teilweise unterdrücken. Durch diese Sexualunterdrückung wird seine Persönlichkeitsstruktur deformiert und eine polit.-ökonom. Unterdrückung ohne Aufbegehren hingenommen.

**Sexualorgane,** svw. ↑Geschlechtsorgane.

**Sexualpädagogik,** erziehungswiss. Disziplin, deren Aufgabe die theoret. Grundlegung der ↑Sexualerziehung ist. Sie entwickelte sich Ende des 19. Jh. aus verschiedenen Disziplinen (Medizin, Biologie, Psychologie, Psychoanalyse und Theologie); erst seit Ende der 1960er Jahre ist sie jedoch eine diese wiss. Teilbereiche koordinierende interdisziplinäre Wissenschaft. Die S. bemüht sich um didakt. Konzeptionen für die Sexualerziehung im Elternhaus (die sog. *sexuelle Aufklärung*), in der Vorschule und Schule sowie in der außerschulischen Jugend- und Erwachsenenbildung. Wichtige didakt. *Probleme* sind die Tatsachen, daß Eltern und Lehrer oft auf Grund einer eigenen repressiven Sexualerziehung nicht in der Lage sind, ungehemmt über sexuelle Probleme und Erlebnisse zu sprechen, und daß es für die Erzieher schwierig ist, eine angemessene Sprache zu finden, die präzise die Beschaffenheit und Funktion der Geschlechtsorgane sowie sexuelle Verhaltensweisen beschreibt und dennoch allzu wiss. Bez. vermeidet.

**Sexualpathologie,** spezielle Lehre von den krankhaften Störungen und patholog. Erscheinungsformen hinsichtl. der Sexualität des Menschen (v. a. des Sexualtriebs) im organ., psych. und sozialen Bereich.

**Sexualproportion,** svw. ↑Geschlechterverhältnis.

**Sexualpsychologie,** wiss. Disziplin, die sich der Erforschung psycholog. Aspekte der Sexualität widmet. S. stellt kein klar abgrenzbares Fachgebiet dar. Ihre Forschungsgebiete sind u. a. Sexualentwicklung, Geschlechtsunterschiede, Homosexualität, Geschlechterrollen und Geschlechterstereotypen und Einstellungen zur Sexualität.

**Sexualstraftaten** (Sexualdelikte) ↑ Sexualität.

**Sexualtrieb** (Geschlechtstrieb) ↑ Sexualität.

**Sexualverhalten** (Fortpflanzungsverhalten), das artspezif. der geschlechtl. Fortpflanzung dienende Verhalten der Geschlechter zueinander. Es umfaßt alle Verhaltensabläufe, die der Herbeiführung der Paarung dienen sowie gegebenenfalls die Vorbereitungen zur Brutpflege bzw. -fürsorge (z. B. Nestbau). In der systemat. Reihe der Tiere ist eine kontinuierl. Höherentwicklung des S. zu beobachten. Viele zwittrige, festsitzende und wasserlebende Tiere (Schwämme, Hohltiere, Stachelhäuter, Muscheln) sowie Endoparasiten zeigen keinerlei Formen des Sexualverhaltens. Es kommt zur Selbstbefruchtung, oder die Geschlechtsprodukte werden ins Wasser abgegeben. Hochentwickelte Formen des S. treten bei Mollusken, Krebstieren, Spinnen, Insekten und Wirbeltieren auf. Es findet meist eine mit oft komplizierten Ritualen verbundene Werbung oder ein Kampf um den Partner statt (Balz, Brunst). Während bei den meisten Tieren Promiskuität (Bindungslosigkeit der Partner) vorherrscht, kommt es bei vielen Vögeln und Säugetieren zur Bindung an einen oder mehrere Partner (Haremsbildung bei Paarhufern und Robben) über eine Fortpflanzungsperiode hinweg. Die über mehrere Fortpflanzungsperioden dauernde oder lebenslange Bindung an einen Partner (↑ Monogamie) ist selten und kommt bes. bei Vögeln (Entenvögel, Papageien, Greifvögel) vor.

**Sexualwissenschaft,** svw. ↑ Sexologie.

**Sexualzentrum,** in einem Kerngebiet des Hypothalamus gelegenes Zwischenhirnzentrum, das die hormonellen Beziehungen zw. dem Hypophysenvorderlappen und den Keimdrüsen regelt.

**sexuell** [zu lat. sexus „Geschlecht"], geschlechtlich; auf das Geschlecht oder die Geschlechtlichkeit (↑ Sexualität) bezogen.

**sexuelle Entwicklung,** i. e. S. die Entwicklung der Koitus- und Orgasmus- bzw. der Fortpflanzungsfähigkeit (↑ Potenz); i. w. S. die Entwicklung der sexuellen Einstellungen, Verhaltens- und Erlebnisweisen (↑ Sexualität). Die s. E. wird durch biopsycholog. und soziolog. Faktoren bestimmt. Durch ↑ Akzeleration kam es (bes. in den letzten 60 Jahren) zu einer Vorverlegung der ↑ Geschlechtsreife; die ↑ Menopause setzt dagegen später als bisher ein.

**sexuelle Handlungen** (frühere Bez.: unzüchtige Handlungen), als Tatbestandsmerkmal fast aller Sexualstraftaten gemäß § 184 StGB solche Handlungen, die nach dem äußeren Erscheinungsbild die Sexualbezogenheit grundsätzl. erkennen lassen oder durch die Absicht motiviert sind, eigene oder fremde Geschlechtslust zu erregen oder zu befriedigen. S. H. müssen im Hinblick auf das jeweilige geschützte Rechtsgut von einiger Erheblichkeit sein, bzw. vor einem anderen vorgenommen werden, der den Vorgang wahrnimmt.

**sexuelle Nötigung,** Nötigung eines anderen Menschen mit Gewalt oder durch Drohung mit gegenwärtiger Gefahr für Leib oder Leben zur Duldung oder Vornahme außerehel. sexueller Handlungen (auch durch bzw. an einem Dritten). Nach § 178 StGB wird die s. N. als Verbrechen gegen die Freiheit der sexuellen Selbstbestimmung (was hinsichtl. der Nichteinbeziehung ehel. sexueller Handlungen jedoch zweifelhaft ist) mit Freiheitsstrafe von 1–10 Jahren bestraft.

**sexuelle Reaktion,** genitale Erregung durch (reale oder vorgestellte) sexuelle Reize; s. R. sind beim Menschen bereits in der Säuglingszeit sowie noch bis ins hohe Alter möglich.

**sexueller Mißbrauch** (veraltete Bez. Schändung), die Vornahme sexueller Handlungen unter mißbräuchl. Ausnutzung eines bestimmten Obhutsverhältnisses (z. B. am eigenen minderjährigen Kind) oder einer Amtsstellung an Personen unter 14 Jahren und an Widerstandsunfähigen; mit hohen Freiheitsstrafen bedroht.

**sexuelles Trauma,** tiefgreifendes sexuelles Erlebnis (z. B. Verführung im Kindesalter oder Vergewaltigung), das eine kurzfristig nicht verarbeitbare psych. Erschütterung hervorruft und u. U. zur Entstehung einer Neurose führen kann.

**sexuelle Zyklen** (Sexualzyklen), durch ↑ Geschlechtshormone gesteuerte period. Vorgänge (z. B. Brunst oder Menstruation).

**Sexus** [lat.] ↑ Geschlecht.

**sexy** [′sɛksi; lat.-engl.], gemeinsprachl. Bez. für: geschlechtsbetont; von starkem sexuellem Reiz; erotisch-attraktiv.

# Seychellen

[zɛ′ʃɛlən], Staat im westl. Ind. Ozean, zw. 4° und 10° s. Br. sowie 46° und 56° ö. L. **Gebiet:** Umfaßt die nö. von Madagaskar gelegene Inselgruppe der Seychellen (32 Inseln, rd. 220 km², Hauptinseln: Mahé, Praslin, Silhouette, La Digue) sowie die Amiranten, Assumption Island, Astove Island, Cosmoledo Islands, Providence Island, Saint Pierre Island, Cerf Island, Coëtivy Island, Platte Island, Aldabra Islands und Farquhar Islands, insgesamt 90 Inseln bzw. Atolle, davon 36 bewohnt. **Fläche:** 453 km². **Bevölkerung:**

## Seychellennuß

65 100 E (1985), 143,7 E/km². **Hauptstadt:** Victoria (auf Mahé). **Amtssprachen:** Seit 1981 Kreolisch (auf frz. Grundlage). **Nationalfeiertag:** 28. Juni (Unabhängigkeitstag). **Währung:** Seychellen-Rupie (SR) = 100 Cents. **Internat. Mitgliedschaften:** UN, OAU, Commonwealth; der EWG assoziiert. **Zeitzonen:** MEZ +2 Std. bzw. 3 Std.

**Landesnatur:** Die Gruppe der S. besteht überwiegend aus gebirgigen Inseln, die auf Mahé 912 m ü. d. M. erreichen. Alle übrigen zu den S. gehörenden Inseln sind Koralleninseln bzw. Atolle.
**Klima:** Es ist trop.-ozean. mit einer regenarmen, relativ kühlen (Mai–Sept.) und einer regenreichen, heißen Jahreszeit (Dez.–März).
**Vegetation:** Kokospalmen überwiegen. Auf Praslin besteht ein Schutzgeb. für die Seychellennußpalme.
**Tierwelt:** Characterist. sind Land- und Seeschildkröten, die Seychellenbuschgrasmücke und der Seychellen-Vasapapagei.
**Bevölkerung:** Überwiegend Kreolen, daneben ind., chin. und europ. Minderheiten. 90% sind kath., 7,5% anglikan.; rd. 80% der Gesamtbev. leben auf Mahé. Neben Grundschulen und höheren Schulen bestehen 5 berufsbildende Schulen.
**Wirtschaft:** Kokospalmen und Zimtbäume nehmen den größten Teil des Kulturlandes ein. Weitere Erzeugnisse sind Süßkartoffeln, Maniok, Jams, Gemüse, Tabak, Tee, Limetten und Vanille. Reis (Grundnahrungsmittel) und Milchprodukte müssen eingeführt werden. Fisch kann seit 1978 ausgeführt werden. Guano wird v. a. auf den Amiranten abgebaut. Die Ind. verarbeitet landw. Produkte. Der Fremdenverkehr hat sich zum weitaus bedeutendsten Wirtschaftszweig entwickelt.
**Außenhandel:** Ausgeführt werden Kopra, Zimtrinde und -produkte, Fisch, eingeführt Fahrzeuge, Baumaterial, Lebens- und Genußmittel, Erdölprodukte u. a. Wichtigste Handelspartner sind Großbrit., Bahrain, Singapur, die Republik Südafrika, Japan, Frankreich und Kenia.
**Verkehr:** Straßen gibt es auf Mahé (192 km), Praslin und La Digue (65 km). Wichtigste Verkehrsmittel sind Schiff und Flugzeug; Überseehafen in Victoria. Der internat. ✈ auf Mahé wird von 7 Gesellschaften angeflogen.
**Geschichte:** Anfang des 16. Jh. von Portugiesen entdeckt; 1743 von Frankr. in Besitz genommen; kamen 1814 endgültig an Großbrit., wurden Mauritius angeschlossen; ab 1903 (mit weiteren Inseln) brit. Kronkolonie; erhielten am 1. Okt. 1975 mit einer Interimsverfassung die innere Autonomie und die Souveränität über das British Indian Ocean Territory; am 28. Juni 1976 als Republik in die Unabhängigkeit entlassen. Der erste Staatspräs. J. R. M. Mancham (* 1939) wurde 1977 gestürzt; Nachfolger wurde F. A. René (* 1935). Im März 1979 erhielten die S. eine neue Verfassung sozialist. Typs; die Parlamentswahlen vom Juni 1979 erfolgten über eine Einheitsliste. Ein gescheiterter Putschversuch ausländ. Söldner im Nov. 1981 führte zu internat. Verwicklungen.
**Politisches System:** Nach der Verfassung vom 26. März 1979 sind die S. eine präsidiale Republik im brit. Commonwealth. *Staatsoberhaupt* und oberster Inhaber der *Exekutive* ist der vom Volk auf 5 Jahre gewählte Präs.; er ist Chef der Reg. und Oberbefehlshaber der Streitkräfte. Die *Legislative* liegt beim Einkammerparlament, der Nationalversammlung (25 Mgl.; 23 vom Volk für 5 Jahre gewählt, 2 vom Präs. ernannt). Es gibt nur eine *Partei*, die sozialist. Seychelles People's Progressive Front (SPPF), seit 1978 Name der Seychelles People's United Party. Einziger *Gewerkschaftsverband* ist- die 1978 gegr. National Workers' Union. Zur *Landesverteidigung* unterhalten die S. Streitkräfte von rd. 1 200 Mann (Heer 1000, Luftwaffe 100, Marine 100), paramilitär. Kräfte sind 900 Mann stark.

📖 *Mancham, J. R.: Paradise raped: Life, love and power in the Seychelles. London 1983. - Wodtcke, A. R./Dörr, W.: Madagaskar, S., Mauritius, La Réunion. Kirchheim b. Mchn. 1981. - Guderjahn, M.: S. Pforzheim ²1980. - Touboul, R.: Die S. in Farbe. Dt. Übers. Stg. 1979. - Lionnet, G.: The Seychelles. Newton Abbot 1972.*

**Seychellennuß** [zɛˈʃɛlən] (Doppelkokosnuß, Maledivennuß), bis 20 kg schwere, einen von dicker Faser- und Fleischhülle umgebenen Steinkern enthaltende einsamige Frucht (von der Form einer Doppelkokosnuß) der S.palme; größte Baumfrucht der Erde; benötigt bis zur Reife etwa 10 Jahre.

**Seychellennußpalme** [zɛˈʃɛlən] (Maledivennußpalme, Lodoicea), Palmengatt. mit der einzigen Art *Lodoicea sechellarum* auf den Seychellen; Stamm über 30 m hoch, säulenförmig; Blätter mächtig, fächerförmig; Blütenkolben auf armdicken Stielen; Frucht ist die Seychellennuß.

**Seychellenriesenschildkröte** [zɛ-ˈʃɛlən] ↑ Riesenschildkröten.

**Seydlitz** [ˈzaɪdlɪts], Friedrich Wilhelm von, * Kalkar 3. Febr. 1721, † Ohlau 8. Nov. 1773, preuß. General (seit 1757). - Entschied im Siebenjährigen Krieg als Oberbefehlshaber der gesamten preuß. Kavallerie die Siege bei Roßbach (5. Nov. 1757) und Zorndorf (25. Aug. 1758); machte durch seine Reformen der Reiterei zum schlachtentscheidenden Truppenteil.

**S.,** Walther von, eigtl. S.-Kurzbach, * Hamburg 22. Aug. 1888, † Bremen 28. April 1976, dt. General. - Verfügte im Jan. 1943 die Kapitulation seiner Truppen bei Stalingrad; in sowjet. Gefangenschaft 1943–45 Präs. des Bundes Dt. Offiziere und Vizepräs. des Nationalkomitees Freies Deutschland; 1950 in der DDR als Kriegsverbrecher zum Tode verurteilt; 1955 aus sowjet. Haft in die BR Deutschland entlassen.

**Seyfer** (Syfer), Hans, *Sinsheim (?) um 1460, † Heilbronn 1509, dt. Bildhauer. - Seit 1502 als Bürger von Heilbronn nachweisbar. Sein klarer, kraftvoller Stil hat seine Grundlage in der spätgot. Kunst des Oberrheins (N. Gerhaert von Leiden und M. Schongauer). Schuf u. a. den Hauptaltar der Kilianskirche in Heilbronn (1498), die Kreuzigungsgruppe an der Leonhardskirche in Stuttgart (1501; Original in der Spitalkirche) sowie die Ölbergfiguren für den Speyerer Dom (1506–09; 1689 zerstört, Fragmente im Histor. Museum in Speyer).

**Seyhan nehri** [türk. 'sɛjhɑn nɛh'ri], Zufluß des Mittelmeers in der Türkei, entspringt im Inneren Osttaurus, durchfließt die † Çukurova, mündet mit einem Delta 50 km sw. von Adana, 517 km lang; am Unterlauf 2 Staudämme mit Kraftwerken.

**Seyler**, Abel, *Liestal (Schweiz) 23. Aug. 1730, † Rellingen 24. April 1800, dt. Theaterleiter. - War an der Errichtung der Nationaltheater in Hamburg und Mannheim (1781 als Schauspieldirektor) wesentl. beteiligt; trug zur Durchsetzung Shakespeares in Deutschland bei.

**Seymour** [engl. 'si:mɔ, 'sɛimɔ:], David, *Warschau 20. Nov. 1911, † am Sueskanal 10. Nov. 1956, amerikan. Photojournalist poln. Herkunft. - Kam 1939 in die USA; 1947 Mitbegr. der Photographenkooperative „Magnum"; internat. bekannt v. a. durch seine mahnenden Bilder von durch den Krieg elternlos gewordenen, hungernden oder verkrüppelten Kindern.

**S.**, Jane † Johanna, Königin von England.

**S.**, Lynn, geb. L. Springbett, *Wainwright 8. März 1939, kanadische Tänzerin. - Wurde bekannt als Solistin des Royal Ballet, v. a. in Rollenkreationen von K. MacMillan, die sie mit ungewöhn. Ausdruckskraft gestaltete.

**Seyppel**, Joachim, *Berlin 3. Nov. 1919, dt. Schriftsteller und Literaturwissenschaftler. - 1949–60 Lehrtätigkeit in den USA. Versuche einer krit. Gesellschaftsanalyse der Gegenwart und der jüngsten Vergangenheit sind „Abendlandfahrt" (R., 1963), „Columbus Bluejeans oder Das Reich der falschen Bilder" (R., 1965), „Torso Conny der Große" (R., 1969). S., der 1973 in die DDR übersiedelte, wurde 1979 aus dem dortigen Schriftstellerverband ausgeschlossen, im Dez. 1982 aus der DDR ausgebürgert. - *Weitere Werke:* Griech. Mosaik. Impressionen und Analysen (Reportage, 1970), Die Unperson oder Schwitzbad und Tod Majakowskis (Schsp., 1979), Ahnengalerie (R., 1984).

**Seyß-Inquart**, Arthur, *Stannern (= Stonařov bei Iglau) 22. Juli 1892, † Nürnberg 16. Okt. 1946 (hingerichtet), östr. Politiker. - Stand ab 1931 in Verbindung mit der östr. NSDAP (Beitritt 1938); 1937 Mgl. des Staatsrats; am 16. Febr. 1938 auf Verlangen Hitlers zum Innen- und Sicherheitsmin. ernannt; auf ein Ultimatum Hitlers ab 11. März 1938 Bundeskanzler; ermöglichte den dt. Einmarsch und vollzog den Anschluß Österreichs; 1938/39 Reichsstatthalter für die Ostmark im Range eines SS-Obergruppenführers; 1939–45 Reichsmin. ohne Geschäftsbereich; als Reichskommissar für die besetzten Niederlande (1940–45) führend mitverantwortl. für die Ausbeutung des niederl. Arbeitskräfte- und Wirtschaftspotentials, für Judendeportationen und Unterdrückungsmaßnahmen; 1946 vom Internat. Militärgerichtshof zum Tode verurteilt.

**sezernieren** [lat.], ein Sekret absondern; von Drüsen, auch von (offenen) Wunden gesagt.

**Sezession** [zu lat. secessio „die Trennung"], im *Völkerrecht* die Herauslösung eines Staatsteiles aus einem Einheitsstaat oder einer Staatenverbindung, wobei der herausgelöste Staatsteil unmittelbar Teil eines anderen Staatsverbandes wird.

◆ (Secession) Absonderung einer Künstlergruppe von einer älteren Künstlergemeinschaft, z. B. *Münchner S.* (1892), *Wiener S.* unter G. Klimt (1897), *Berliner S.* unter M. Liebermann (1898).

**Sezessionisten**, die Gruppe von 28 dt. Parlamentariern, die sich 1880 von der Nationalliberalen Partei trennten und die † Liberale Vereinigung gründeten.

**Sezessionskrieg** (Amerikan. Bürgerkrieg, Bez. für den Bürgerkrieg in den USA 1861–65, verursacht durch den Ggs. zw. Nord- und Südstaaten, der in der Frage der Sklaverei kulminierte; ausgelöst wurde er durch die Wahl A. Lincolns zum Präs. der USA und den daraufhin erfolgenden Austritt (Sezession) von 11 Südstaaten aus der Union. Diese schlossen sich unter Präs. J. Davis zu den Konföderierten Staaten von Amerika zusammen (1861), während die Nordstaaten auf der Unauflösbarkeit der Union beharrten. Der Konflikt endete nach 4 Jahren mit der völligen Zermürbung der Südstaaten, die nach Erfolgen (u. a. Schlachten von Bull Run, 21. Juli 1861 und 29./30. Aug. 1862; Siebentageschlacht bei Richmond, 26. Juni–2. Juli 1862, Schlacht bei Fredericksburg, 13. Dez. 1862) v. a. an der materiellen Überlegenheit des industrialisierten Nordens scheiterten. Versuche des Generals der Südstaatenarmee, R. E. Lee, den Krieg in die Unionsstaaten zu verlagern, endeten in der Niederlage bei Gettysburg (1.–3. Juli 1863). Mit dem Fall von Vicksburg (4. Juli 1863) kam das ganze Mississippital in die Gewalt der Unionstruppen, die nach der Eroberung von New Orleans von der Seeseite her durch Admiral

D. G. Farragut (26. April 1862) auch nach N vorgedrungen waren. In der Schlacht von Chattanooga (23.–25. Nov. 1863) gelang es General U. S. Grant, den wichtigsten Eisenbahnknotenpunkt des Südens und damit dessen Nachschublinien zu zerstören; die Südstaaten waren durch das Mississippital geteilt und durch die Seeblockade vom Außenhandel abgeschnitten. General Lee kapitulierte am 9. April 1865 in Appomatox; die letzten konföderierten Truppen ergaben sich am 26. Mai 1865. – Der S. hatte die Wirtschafts- und Sozialstruktur des Südens zerstört, dem Norden wirtsch. Vorteile gebracht. Zwar wurden die regionalen wirtsch. Unterschiede schon in der Zeit der ↑Reconstruction (1865–77) verringert, doch konnte sich der Süden erst 20 Jahre später von der Bevormundung des Nordens befreien.

📖 *Boger, J.:* Der US-Bürgerkrieg. Stg. 1984. – *Franz-Willing, G.:* Der weltgeschichtl. Aufstieg der Vereinigten Staaten von Amerika durch die Entscheidung des Bürgerkrieges von 1861–1965. Osnabrück 1979.

**sezieren** [zu lat. secare „schneiden"], eine kunstgerechte Leichenöffnung durchführen.

**sf,** Abk. für: ↑sforzato.

**Sfax,** tunes. Stadt am Golf von Gabès, 231 900 E. Verwaltungssitz des Gouv. S., Museum, Theater; Olivenölbörse; Öl- und Getreidemühlen, Kunstdüngerfabrik, Seifen- und Schuhfabriken, Herstellung von Gläsern für die opt. Ind., Weberei, Parfümherstellung; Seebad; Fischereihafen und wichtiger Exporthafen; Endpunkt der Phosphatbahn von Metlaoui, ⚔. - Antiker Name **Taparura.** - Mauerumgebene Altstadt (Medina) mit der Großen Moschee (10., 11. und 18. Jh.).

**Sfîntu Gheorghe** [rumän. 'sfintu 'george], rumän. Stadt im sö. Siebenbürgen, 62 400 E. Verwaltungssitz des Verw.-Geb. Covasna; wirtsch. und kulturelles Zentrum des Szeklerlandes. - An der Stelle einer dak.-röm. Niederlassung im 12./13. Jh. von Szeklern besiedelt, 1332 erstmals urkundl. erwähnt. - Befestigte ref. Kirche (15. Jh.).

**SFIO** [frz. ɛsɛfi'o], Abk. für: ↑Section Française de l'Internationale Ouvrière.

**Sforza,** italien. Adelsgeschlecht; urspr. Beiname des Kondottiere Muzio Attendolo (* 1369, † 1424), dessen Sohn Francesco S. 1450 Hzg. von Mailand (↑Franz I.) wurde. 1535 erlosch die Mailänder Hauptlinie. Noch bestehende Nebenlinien sind die Hzg. S.-Cesarini und die Grafen S. di Castel San Giovanni. Bed. Vertreter:

**S.,** Carlo Graf, * Montignoso (Prov. Massa-Carrara) 25. (23.?) Sept. 1872, † Rom 4. Sept. 1952, liberaler Diplomat und Politiker. - Außenmin. 1920/21; 1926–43 in der Emigration, bed. Wortführer des antifaschist. Widerstands. 1944 Mgl. der Reg. Badoglio; 1946 Abg. der Konstituante. Als Außenmin. 1947–51 Anhänger der westeurop. Integration; Senator 1919–26 und ab 1948.

**S.,** Ludovico ↑Ludwig, Hzg. von Mailand.

**sforzato** (sforzando, forzato, forzando) [italien.], Abk. sf, sfz bzw. fz, musikal. Vortragsbez.: verstärkt, hervorgehoben; gilt nur für einen Ton bzw. Akkord.

**sfz,** Abk. für: ↑sforzato.

**Sganarelle** [frz. sgana'rɛl], Possenfigur bei Molière.

**Sgraffito** (Sgraffiato, Graffito, Graffiato) [italien.], Kratzputz; auf dem Rauhputz wird der dunkle oder farbige Kratzgrund aufgetragen, darauf die dünnere hellere Kratzschicht; bevor diese ganz hart geworden ist, wird sie partienweise nach der Vorzeichnung abgeschabt. An norditalien. Renaissancebauten war S. bes. beliebt, in der Folge auch in Böhmen, Schlesien, Sachsen und S-Deutschland. Im 19. und 20. Jh. wiederbelebt. Im sog. **Keramikgraffito** werden Konturen an der Glasur herausgeschnitten. Als S. werden auch auf Mauern gekritzelte oder gesprayte Zeichnungen und Texte bezeichnet.

**'s-Gravenhage** [niederl. sxra:vən'ha:xə] ↑Haag, Den.

**Shaba** [frz. ʃa'ba] (früher Katanga), Prov. im SO von Zaïre, 496 965 km², 3,87 Mill. E (1984), Hauptstadt Lubumbashi. Savannenhochland zw. 1 000 und 1 800 m ü. d. M., Papyrussümpfe um den Upembasee. Reiche Erzlagerstätten (Kupfer, Zinn, Kobalt, Uran).

**Shackleton,** Sir (seit 1909) Ernest Henry [engl. 'ʃæklton], * Kilkee (Kildare, Irland) 15. Febr. 1874, † auf Südgeorgien 5. Jan. 1922, brit. Polarforscher. - 1901–04 Mgl. der von R. F. Scott geführten Antarktisexpedition; leitete 1907–09 selbst eine erste intl. Antarktisexpedition; fand auf einer weiteren Expedition (1914–17) 1915 die Cairdküste.

**Shaffer,** Peter [engl. 'ʃæfə], * London 15. Mai 1926, engl. Dramatiker. - Prangert in dem Stück „Fünffingerübung" (1958) menschl. Kontaktlosigkeit und Selbstsucht in einer Familie an. Psycholog. Durchdringung kennzeichnet das Psychiaterstück „Equuus" (1973). - *Weiteres Werk:* Amadeus (Dr., 1979).

**Shaftesbury** [engl. 'ʃɑ:ftsbərɪ], Anthony Ashley Cooper, Earl of (seit 1672), * Wimborne Saint Giles (Dorset) 22. Juli 1621, † Amsterdam 21. Jan. 1683, engl. Staatsmann. - Zunächst Royalist, ab 1644 auf seiten des Parlaments, hatte dann großen Anteil an der Restauration der Stuarts. Unter Karl II. Mgl. des ↑Cabalministeriums; konnte 1679 die Habeaskorpusakte durchsetzen.

**S.,** Anthony Ashley Cooper, Earl of (seit 1699), * London 26. Febr. 1671, † Neapel 4. Febr. 1713, engl. Philosoph. - Einer der bedeutendsten Vertreter der engl. Aufklärung. - Mgl. des engl. Parlaments 1695–98, ab 1699 des Oberhauses; lebte ab 1711 in Italien. - Seine Philosophie steht unter dem Einfluß J. Lockes und des Platonismus. Ein zentrales Problem seines Denkens ist die Begründung der Sittlichkeit im „moral sense" (moral. Bewußtsein). Die Überzeugung, daß die Sittlichkeit zur natürl. Ausstattung des Menschen gehört und unabhängig von den Ansprüchen einer Offenbarungsreligion begründet werden könne, führt zu der These, daß Religion Sittlichkeit bereits voraussetzt. Sittlichkeit besteht in der harmon. Entfaltung des natürl. Vermögens des Menschen. Die Auszeichnung des Gefühls und die Verbindung von ästhet. mit moral. Kategorien machen den bed. Einfluß verständl., den S. insbes. auf A. Pope, J. G. Herder, Schiller, Goethe, J.-J. Rousseau und Voltaire hatte. Die Vorstellung des aus „Enthusiasmus" schaffenden Genies wurde zur Kernidee der moral.-ästhet. Revolte im Sturm und Drang. - *Werke:* Untersuchung über die Tugend (1699), Die Moralisten (1705), Ein Brief über den Enthusiasmus (1708).

**Shag** [engl. ʃæg, eigtl. „Zottel"] ↑Tabak.

**Shagari,** Alhaji Shehu, * Sokoto 1924, nigerian. Politiker. - Seit 1954 Abg. der National Party of Nigeria im Repräsentantenhaus; 1959–66 mehrfach Min. verschiedener Ressorts, 1971–75 Finanzmin.; seit 1977 Mgl. der Verfassunggebenden Versammlung; 1979–83 als Präsident zugleich Staatsoberhaupt und Regierungschef.

**Shah Alam** [indones. ʃah], Hauptstadt von Selangor, Malaysia, Satellitenstadt zw. Kuala Lumpur und Kelang, 24 000 E.

**Shahn,** Ben [engl. ʃɑ:n], * Kaunas 12. Sept. 1898, † New York 17. März 1969, amerikan. Maler, Graphiker und Photograph litauischer Herkunft. - Seit 1906 in den USA, 1925–29 in Europa, trat seit 1930/31 mit sozial- und gesellschaftskrit. Arbeiten hervor (23 Gouachen über den Sacco-Fanzetti-Fall).

**Shake** [engl. ʃeɪk „schütteln"], alkoholfreies Mischgetränk.

**Shakehands** [engl. ʃeɪk'hændz], Händedruck, Händeschütteln.

**Shaker** [engl. 'ʃeɪkə „Schüttler"], Becher zur Bereitung von Longdrinks.

**Shakespeare,** William [engl. 'ʃeɪkspɪə], (Shakspere, Shakspeare), ≈ Stratford-upon-Avon 26. April 1564, † beerd. 23. April 1616, engl. Dichter und Dramatiker. - Sohn eines Handschuhmachers; heiratete 1582 die Landwirtstochter Anne Hathaway (* 1556, † 1623). Spätestens ab 1594 gehörte S. als Schauspieler, Stückeschreiber und Teilhaber einer Theatertruppe an, die unter der Bez. „Chamberlain's Men" (ab 1603 „King's Men") zu einer der beiden führenden, wirtsch. unabhängigen Londoner Schauspielertruppen wurde. Zu Wohlstand gelangt, lebte er wohl ab 1610 wieder in Stratford.

Entstehungszeiten und Chronologie der Werke sind nur indirekt und ungefähr bekannt. Im allg. werden 4 Schaffensperioden unterschieden: Die **1. Periode** (um 1590–95) setzte ein, als England den Gipfelpunkt der Regierungszeit Elisabeths I. erlebte, einer Zeit nat. Hochgefühls (Besiegung der Armada 1588), wirtsch. Aufschwungs und des Vordringens von Renaissanceideen in den Rahmen ma.

## Shakespeare

geprägter Kultur. „Die Komödie der Irrungen" (entstanden um 1591, gedruckt 1621) erweitert die Situationskomik der röm. Komödie; „Liebes Leid und Lust" (entstanden um 1593, gedruckt 1598) ist eine geistreiche Ausgestaltung der Hofkomödie; „Die beiden Veroneser" (entstanden etwa 1590–95, gedruckt 1623) setzt frühere Liebes- und Abenteuerdramatik fort; „Der Widerspenstigen Zähmung" (entstanden um 1593, gedruckt 1623) knüpft an die italienische Renaissancekomödie und an Schwanktraditionen an; „Titus Andronicus" (entstanden etwa 1589–92, gedruckt 1594) folgt dem in Popularisierung von Tragödien Senecas gängigen Typ der Rache- und Greueltragödie. Einem neuerwachten Interesse an nat. Vergangenheit entsprechen die Geschichtsdramen [über die Wirren der Rosenkriege] „Heinrich VI." (entstanden etwa 1590–92, gedruckt 1623) und „Richard III." (entstanden um 1593, gedruckt 1597); sie huldigen einerseits der Tudormonarchie (deren Beginn 1485 am Schluß von „Richard III." signalisiert wird) und ihrer bed. Königin Elisabeth I., warnen andererseits als polit. Lehrstücke vor aktuellen Gefahren. Weiterhin entstanden Verserzählungen („Venus und Adonis", 1593) sowie [petrarkist.] Sonette, mit denen sich S. auch als Dichter profilierte.

Seine Konzeption, engl. Geschichte im umfassenden Dramenzyklus zu präsentieren, wurde in der **2. Periode** (bis 1599) fortgesetzt: Der 2. Historienzyklus „Richard II." (entstanden um 1595, gedruckt 1597), „Heinrich IV." (entstanden 1596/97, gedruckt 1598 bzw. 1600) und „Heinrich V." (entstanden um 1599, gedruckt 1600 [Raubdruck], dann 1623) behandelt die histor. vorausgehende Epoche in komplexeren Stilarten unter weitgehender Thematisierung von Funktion und Legitimation des Königtums, Fürstenerziehung, Usurpation und Revolte, Verstrickung von Schuld und Sühne. 1595 entstanden seine poetischsten Dramen, die in nuancierter Verssprache imaginative Welten erschlossen: die Liebestragödie „Romeo und Julia" (gedruckt 1597 [Raubdruck], dann 1599) und die Komödie „Ein Sommernachtstraum" (gedruckt 1600), die das Wirken poet. Phantasie selbst zum Thema hat. Höhepunkt dieser Zeit sind die 3 sog. romant. Komödien „Viel Lärm um Nichts" (entstanden um 1598, gedruckt 1600), „Wie es euch gefällt" (entstanden um 1599, gedruckt 1623) und „Was ihr wollt" (entstanden um 1601, gedruckt 1623) mit ihren spieler. enthüllenden, von schwankhaftsatir. Prosaepisoden kontrastierten Handlungen um werbende Liebe.

Die **3. Periode** (bis 1609) kennzeichnet einen Umbruch im dramat. Schaffen von S., der zur umfassenden Artikulation eines trag. Weltbilds und zur kühnen Durchbrechung stilist. Konventionen führte. Neben „Julius Caesar" (entstanden um 1599, gedruckt 1623) sind der stärkste Ausdruck dieser Phase die 4 Tragödien: „Hamlet" (entstanden um 1601, gedruckt 1603 [Raubdruck einer Frühfassung?], dann 1604), „Othello" (entstanden 1604, gedruckt 1622), „König Lear" (entstanden um 1605, gedruckt 1608) und „Macbeth" (entstanden um 1608, gedruckt 1623), in denen Welterfahrung auf das Menschenbild bezogen ist und sich durch den Charakter des Helden manifestiert. Zur gleichen Zeit formte S. die Komödie zur Tragikomödie, zum Problemdrama, wobei Konflikte provozierend offenbleiben oder nur in Scheinlösungen münden: „Troilus und Cressida" (entstanden um 1601, gedruckt 1609) entwickelt eine bittersatir. Wertung von Krieg und Liebe; „Ende gut, alles gut" (entstanden etwa 1602/03, gedruckt 1623) und bes. „Maß für Maß" (entstanden um 1604, gedruckt 1623) werfen Widersprüche der Beurteilung von Standesehre und Gerechtigkeit auf. Die Tragödien „Antonius und Kleopatra" (entstanden um 1607, gedruckt 1623) und „Coriolan" (entstanden um 1608, gedruckt 1623) gestalten dramat. Konfrontationen von Kulturkreisen bzw. sozialen Gegensätzen (letzteres vielleicht in Anspielung auf gleichzeitige Volkserhebungen in M- und N-England).

Die Werke der **4. Periode**, insbes. die Dramen „Ein Wintermärchen" (entstanden 1611, gedruckt 1623) und „Der Sturm" (entstanden 1611, gedruckt 1623), setzen auch märchenhafte, phantast. übersinnl. Handlungen den trag. Motiven und gestörten Ordnungen symbolhaft harmon. Visionen entgegen.

Die Nachhaltigkeit der **Wirkungsgeschichte** von S. ist mit der keines anderen neuzeitl. Dramatikers vergleichbar. Schon zu seinen Lebzeiten hochgeschätzt, wurden viele seiner Dramen nach der Aufhebung des vom Puritanerregime (1642–60) verfügten Theaterverbots in England der Restaurationszeit den Verwandlungsbühnen neuer aristokrat. Theater und dem vom frz. Klassizismus beeinflußten Geschmack angepaßt. Daraus hervorgegangene, sprachl. geglättete, um szen. Effekte bereicherte Bühnenbearbeitungen hielten sich z. T. bis Mitte des 19. Jh., sie veranlaßten bes. im 18. Jh. schauspieler. Einzelleistungen und opernhafte Ausgestaltungen. Auch das Erscheinen zahlr. S.ausgaben mit textl. Verbesserungen und regularisierter Akt- und Szeneneinteilung trug im 18. Jh. zur Herausbildung eines S.kults bei, der seinen nachhaltigsten literar. Niederschlag in der Romantik fand. In Deutschland, wo Stoffe von S. zuerst Anfang des 17. Jh. durch die engl. Komödianten bekannt wurden, bereiteten im 18. Jh. Lessing, Herder und Goethe der literar. Aufnahme die Wege; im S.enthusiasmus entzündete sich die Dramatik des Sturm und Drang. - Die Reichhaltigkeit der Dramen an musikal. Elementen regte immer wieder zu Opern und

Ballettmusiken an, nach 1945 auch zu Musicalbearbeitungen; ihre zeitübergreifenden Themen haben zahlr. moderne Bühnenautoren durch Adaptationen aktualisiert.
 *Clemen, W.: Shakespeares Monologe. Mchn. 1985. - Mehl, D.: Die Tragödien Shakespeares. Bln. 1983. - Zander, H.: S. „bearbeitet" Tüb. 1983. - Burgess, A.: S. Dt. Übers.Düss. 1982. - Scheler, M.: Shakespeares Englisch. Bln. 1982. - Suerbaum U.: Shakespeares Dramen. Düss. 1980. - Kott, J.: S. heute. Mchn. 1980. - Klein, K.: Aspekte des Tragischen im Drama Shakespeares u. seiner Zeit. Darmst. 1979. - Jobin, S.: W. S. Bonn 1979. - Naumann, W.: Die Dramen Shakespeares. Darmst. 1978. - Müller-Schwefe, G.: W. S. Welt - Werk - Wirkung. Bln. 1978. - S.-Hdb.: Die Zeit, der Mensch, das Werk ... Hg. v. I. Schabert. Stg. 1972.*

**Shakespearebühne** ['ʃɛɪkspɪə] ↑ Theater.

**Shakespeare-Gesellschaft** ['ʃɛɪkspɪə], älteste dt. literar. Gesellschaft, gegr. 1864 (Sitz Weimar). Setzte sich für Verbreitung und Pflege von Shakespeares Werk und für die Förderung der Kenntnis engl. Sprache und Kultur ein; seit 1963 auf den Bereich der DDR beschränkt. Für die BR Deutschland, Österreich und die Schweiz wird ihre Tradition von der 1963 neugegr. **Deutschen Shakespeare-Gesellschaft West** weitergeführt (Sitz Bochum).

**Shakespeare-Preis** ['ʃɛɪkspɪə] der Stiftung F. V. S. zu Hamburg, 1935 geschaffener [seit 1967 alljährl. verliehener] Preis „zur Auszeichnung von Persönlichkeiten aus dem engl. Sprachraum Europas auf den Gebieten der Geisteswiss. und der Künste".

**Shampoo** [ʃam'puː, 'ʃampuː; Hindiengl.] (Schampon, Schampun), flüssiges Haarwaschmittel.

**Shangdynastie** [ʃaŋ] ↑ chinesische Geschichte.

**Shankar,** Ravi [engl. 'ʃæŋkə], * Benares (= Varanasi) 7. April 1920, ind. Sitarspieler. - Wurde durch Konzertreisen und Schallplattenaufnahmen (auch zusammen mit Y. Menuhin und den Beatles) seit den 1950er Jahren weltweit bekannt.

**Shannon,** Claude [engl. 'ʃænən], * Gaylord (Mich.) 30. April 1916, amerikan. Mathematiker und Informatiker. - Prof. am MIT in Cambridge (Mass.); begründete, ausgehend von Problemen der Nachrichtenkodierung, die Informationstheorie (u. a. „The mathematical theory of communication", 1949).

**Shannon** [engl. 'ʃænən], größter Fluß Irlands, entspringt am Fuß des Tiltinbane, mündet unterhalb von Limerick mit einem 113 km langen Ästuar in den Atlantik, 361 km lang. Der S. verbreitert sich mehrmals zu ausgedehnten Seen. Schiffbar von Limerick bis oberhalb von Carrick-on-Shannon.

**Shannon Airport** [engl. 'ʃænən 'ɛəpɔːt], ir. ✈ rd. 20 km westl. von Limerick.

**Shantung** ['ʃan...], svw. ↑ Schantungseide.

**Shanty** [engl. 'ʃæntɪ] ↑ Lied.

**SHAPE** [engl. ʃeɪp] ↑ NATO (Tafel).

**Sharaku** ↑ Scharaku.

**Share** [engl. ʃɛə], im angloamerikan. Recht das [im wesentl. der dt. Aktie entsprechende] Anteilsrecht an einer AG.

**Sharif,** Omar [ʃaˈriːf], eigtl. Michael Chalhoub, * Alexandria 10. April 1932, ägypt. Schauspieler. - Internat. bekannt als männl.-schöner Heldendarsteller in „Lawrence von Arabien" (1962), „Doktor Schiwago" (1965), „Funny Girl" (1968), „Ashanti" (1978), „Blutspur" (1979). Auch in Fernsehfilmen: „Palast der Winde" (1985), „Peter der Große" (1986).

Omar Sharif (1976)

**Sharon** [hebr. ʃaˈrɔn], zentraler Teil der Küstenebene von Israel, erstreckt sich vom Karmel (im N) bis zum Yarqon, begrenzt vom Bergland Samarias im O; über 50 km lang, bis zu 16 km breit, ein dicht besiedeltes und intensiv erschlossenes Landw.gebiet.

**Sharp** [engl. ʃɑːp], Margery, * 1905, engl. Schriftstellerin. - Verf. zahlr. humorvoller Unterhaltungsromane in leichter und geschickter Handlungsführung, u. a. „Die vollkommene Lady" (1937), „Summer visits" (1977).

**S.,** William, schott. Schriftsteller, ↑ MacLeod, Fiona.

**Shastri** ['ʃɑːstri] (Schastri), eigtl. Lal Bahadur, * Mughalsarai (Uttar Pradesh) 2. Okt. 1904, † Taschkent 11. Jan. 1966, ind. Politiker. - Erwarb 1926 den Gelehrtentitel „Shastri"; ab 1920 aktiv am ind. Unabhängigkeitskampf beteiligt; wiederholt in brit. Haft; 1951 Generalsekretär des Indian National Congress. 1952–64 mehrfach Min. (Eisenbahn, Verkehr, Handel und Ind., Inneres); Premiermin. ab 1964.

**Shavers,** Charlie [engl. 'ʃɛɪvəz], eigtl. Charles James S., * New York 3. Aug. 1917, † ebd. 8. Juli 1971, amerikan. Jazzmusiker (Trompeter). - Stilist. durch R. Eldridge beeinflußt, gehört zu den überragenden Virtuosen des Swing.

**Shaw** [engl. ʃɔː], Artie, eigtl. Arthur Arshawsky, * New York 23. Mai 1910, amerikan. Jazzmusiker (Klarinettist, Orchesterleiter). - Gründete Mitte der 1930er Jahre eines der erfolgreichsten Orchester der Swingära. Als Klarinettist fiel S. v. a. durch seine techn. Brillanz auf.

**S.,** George Bernard, * Dublin 26. Juli 1856, † Ayot Saint Lawrence (Hertford) 2. Nov. 1950, ir. Schriftsteller. - Überzeugter Antialkoholiker, Nichtraucher und Vegetarier; zog 1876 nach London; Journalist. 1884 führendes Mgl. der sozialist. „Fabian Society"; ab 1885 Musik- und Theaterkritiker. Bereiste 1928 die UdSSR, 1931 die USA. In dem Essay „Ein Ibsenbrevier" (1891) legte S. erstmals sein literar. Programm dar: Demaskierung der bürgerl. Gesellschaft, Zerstörung verkrusteter Konventionen, prinzipielle Auflehnung gegen etablierte Normen. In seinen ersten 3 von rd. 70 Schauspielen („unpleasant plays") behandelte S. der Öffentlichkeit unbequeme Themen: „Die Häuser des Herrn Sartorius" (1893, 1907 u. d. T. „Heuchler"), „Frau Warrens Gewerbe" (1898), „Der Liebhaber" (1898); ihnen wurden 4 „pleasant plays" gegenübergestellt: „Helden", „Candida", „Der Mann des Schicksals", „Man kann nie wissen" (alle 1898); danach folgten 3 „plays for Puritans": „Der Teufelsschüler" (1901), „Caesar und Cleopatra" (1901), „Captain Brassbounds Bekehrung" (1901). „Die heilige Johanna" (Dr., 1923) zeigt das histor. Thema in völlig neuartiger Weise (Entmystifizierung Johannas); eine polit. Komödie ist „Der Kaiser von Amerika" (1929). Verfaßte auch zahlr. kunst- und literaturkrit., sozialkrit. und polit. Schriften („Wegweiser für die intelligente Frau zum Sozialismus und Kapitalismus", 1928). Nobelpreis 1925. - *Weitere Werke:* Major Barbara (Schsp., 1905), Pygmalion (Kom., 1913).

📖 *Pearson, H.: B. S. Mchn. 1981. - G. B. S. Hg. v. K. Otten u. G. Rohmann. Darmst. 1978. - Greiner, N.: „Idealism" u. „Realism" im Frühwerk G. B. Shaws. Hdbg. 1977. - Schoeps, K. H.: Bertold Brecht u. B. S. Bonn 1974. - Mayne, F.: The wit and satire of B. S. New York 1967. - Arnold, A.: G. B. S. Bln. 1965.*

**S.,** Irwin, * New York 27. Febr. 1913, † Davos 16. Mai 1984, amerikan. Schriftsteller. - Begann mit Arbeiten für Film und Rundfunk; Verfasser von gesellschafts- und sozialkritischen Dramen, Kurzgeschichten und Romanen. Eigenes Erleben gestaltet der antimilitarist. Kriegsroman „Die jungen Löwen" (1948). - *Weitere Werke:* Stimmen eines Sommertages (R., 1966), Aller Reichtum dieser Welt (R., 1970), Abend in Byzanz (R., 1973), Ende in Antibes (R., 1976), Griff nach den Sternen (R., 1979), Gott war hier, aber er ist schon wieder fort (En., dt. Auswahl 1980).

**S.,** Robert, * Westhoughton (Lancashire) 9. Aug. 1927, † Castlebar bei Dublin 28. Aug. 1978, brit. Schauspieler und Schriftsteller. - Profilierter Darsteller schwerer Shakespearerollen; seit 1955 beim Film. Darsteller männl.-herber Typen u. a. in Aktionsfilmen wie „Der Clou" (1973), „Der weiße Hai" (1975), „Die Tiefe" (1976). Verfaßte auch Romane, u. a. „The man in the glassbooth" (1967, über den Eichmannprozeß).

**Shawn,** Ted [engl. ʃɔːn], * Kansas City (Miss.) 21. Okt. 1891, † Orlando (Fla.) 9. Jan. 1972, amerikan. Tänzer, Choreograph und Tanzpädagoge. - Gründete 1915 mit seiner Frau Ruth Saint-Denis die Denishawn School, die für den modernen Tanz in den USA wegweisend wurde.

**Shawnee** [engl. ʃɔːniː], Indianerstamm der Zentralen Algonkin in N-Amerika, bekannt durch den erbitterten Widerstand gegen die europ. Kolonisten im Ohiotal sowie durch die Bildung einer breiten Allianz (1812–14) unter ihrem Führer † Tecumseh und seinem Bruder, dem Propheten Tenkswatawa (* 1768, † 1837).

**Shearer,** Moira [engl. ʃɪərə], * Dunfermline 17. Jan. 1926, engl. Tänzerin. - Gehörte 1942–52 dem Sadler's Wells Ballet an; bes. bekannt wurde sie durch die Filme „Die roten Schuhe" (1948) und „Hoffmanns Erzählungen" (1950).

**Shearing,** George [engl. ʃɪərɪŋ], * London 13. Aug. 1919, engl. Jazzmusiker (Pianist, Komponist). - Von Geburt an blind; leitete in den 1950er Jahren in den USA eine der kommerziell erfolgreichsten Combos, in der eine popularisierte Form des Bebop gespielt wurde.

**Sheffield** [engl. ʃɛfiːld], engl. Stadt im O-Rand der Pennines, 477 100 E. Anglikan. Bischofssitz; Univ. (gegr. 1905), polytechn. Hochschule, Forschungsinst. der brit. Glasind.; Museen, Kunstgalerie, Theater. Auf Grund lokaler Eisenerzvorkommen und der Kohle des angrenzenden Reviers von S-Yorkshire entwickelte sich die bed. Stahl- sowie metallverarbeitende Industrie. - Im Domesday Book erstmals erwähnt; entwickelte sich im 12. Jh. bei einer normann. Burg; erhielt 1297 Stadtrechte und wurde 1893 City. - Kathedrale (14./15. Jh.) mit Chor und Turm im Perpendicular style.

**Shehu,** Mehmet [alban. ʃehu], * Çorush (S-Albanien) 10. Jan. 1913, † Tirana 18. Dez. 1981 (Selbstmord?), alban. Politiker. - 1943 Kommandeur einer Partisanendivision, 1946–48 alban. Generalstabschef, 1948 Mgl. des Politbüros; 1948–54 Innenmin., seit 1954 Minpräs., 1974–80 zugleich Verteidigungsminister.

**Sheila** [engl. ʃiːlə], engl. weibl. Vorname (zu ir. Síle, einer Kurzform von Cecily).

**Sheldon,** William Herbert [engl. ʃɛldən], * Warwick (R. I.) 19. Nov. 1899, † ..., amerikan. Mediziner und Psychologe. - Prof. an der Columbia University in New York und Direktor des dortigen Constitution Laboratory; stellte in seiner Konstitutionstypologie drei phys. Dimensionen drei psych. Entsprechungen gegenüber („The varieties of human physique", 1940; „The varieties of temperament", 1942). - ↑ auch Körperbautypen.

**Shelley** [engl. 'ʃɛlɪ], Mary Wollstonecraft, * London 30. Aug. 1797, † ebd. 1. Febr. 1851, engl. Schriftstellerin. - Tochter von W. Godwin und dessen 1. Frau Mary; seit 1816 ∞ mit Percy Bysshe S.; ihr Hauptwerk ist der Schauerroman „Frankenstein oder Der moderne Prometheus" (1818), in dem sie ein künstl. erzeugtes lebendes Wesen und dessen Reaktionen auf die Umwelt darstellte.

**S.,** Percy Bysshe, * Field Place (= Warnham, Sussex) 4. Aug. 1792, † bei Viareggio 8. Juli 1822 (Segelunfall), engl. Dichter. - Aus begüterter Adelsfamilie; wegen atheist. Gesinnung 1811 von der Univ. Oxford relegiert. Zus. mit Byron Hauptvertreter der [revolutionären] engl. Romantik und einer der bedeutendsten Lyriker Englands. Lebte ab 1818 ständig in der Schweiz und in Italien. Das philosoph. Jugendgedicht „Königin Mab" (1813) schildert die menschl. Gesellschaft in Vergangenheit, Gegenwart und Zukunft; „Die Empörung des Islam" (1817/18) gestaltet Ereignisse und Ideale der Frz. Revolution in kraftvollen poet. Symbolen. Das lyr. Versdrama „Der entfesselte Prometheus" (1820) entwirft ein Zukunftsbild der Menschheit; Grundgedanke dieser Dichtung ist die humanist. Vorstellung von der Selbstvollendung des Menschen. Das Drama „Die Cenci" (1819) folgt der Tradition der engl. Renaissancedramen; das Versdrama „Hellas" (1822) steht in der Nachfolge von Aischylos. Seine eth. und ästhet. Positionen werden insbes. in „Adonais" (1821), einer Elegie auf den Tod seines Freundes J. Keats, und dem Essay „Verteidigung der Dichtkunst" (hg. 1840) deutlich. Verfaßte auch Natur- und Liebesgedichte wie „Ode an den Westwind" (1819), „Ode an eine Lerche" (1819).

**Shell-Gruppe** [engl. ʃɛl] ↑ Royal Dutch/Shell-Gruppe.

**Shen Chou** (Shen Zhou) [chin. ʃəndʒoʊ], gen. Shen Chi-nan, * bei Sutschou (Kiangsu) 1427, † Tschangtschou (Kiangsu) 1509, chin. Maler. - Malte Landschaften im freien, spontanen Stil des typ. Literatenmalers (eigene Gedichte sind beigegeben), u. a. „Fischerdorf" (Washington, Free Gallery), „Landschaft" (Taipeh, Nationalmuseum).

**Shepard,** Alan [engl. 'ʃɛpəd], * East Derry (New Hampshire) 18. Nov. 1923, amerikan. Astronaut. - Ursprüngl. Testpilot und Marineflugerlehrer; im Rahmen des Mercury-Programms als erster Amerikaner im Weltraum.

**Shepherdia** [ʃɛ'pɛrdia], svw. ↑ Büffelbeere.

**Shepp,** Archie [engl. ʃɛp], * Fort Lauderdale (Fla.) 24. Mai 1937, amerikan. Jazzmusiker (Saxophonist, Komponist). - Leitete 1963/64 mit D. Cherry und J. Tchicai die „New York Contemporary Five"; gehört zu den stilbildenden Musikern des Free Jazz.

**Sherbro Island** [engl. 'ʃɔːbroʊ 'aɪlənd], zu Sierra Leone gehörende Insel vor der westafrikan. Küste, 50 km lang, bis 25 km breit.

**Sheriff** [engl. 'ʃɛrɪf], urspr. in England königl. Beamter mit richterl. und administrativen Funktionen, der den Earl verdrängte und höchster Richter und Verwaltungsbeamter einer Gft. wurde. Heute ist der S. in *England* und *Nordirland* der von der Krone ernannte ehrenamtl. Verwaltungsbeamte und Repräsentant einer County sowie Exekutivorgan der hohen Gerichte; er lädt u. a. die Geschworenen und ist für den sicheren Gewahrsam von Gefangenen verantwortl.; ferner leitet er die Unterhauswahlen in seinem Bezirk und beruft die Gft.versammlung ein. - In den *USA* ist der S. der oberste, auf Zeit gewählte Vollzugsbeamte einer County mit [friedens]-richterl. Befugnissen.

**Sherlock Holmes** [engl. 'ʃɔːlɔk 'hoʊmz], Hauptgestalt in Kriminalromanen und -erzählungen von Sir A. C. Doyle; Meisterdetektiv, der zus. mit seinem Freund **Dr. Watson** mysteriöse Kriminalfälle klärt.

**Sherman** [engl. 'ʃɔːmən], John, * Lancaster (Ohio) 10. Mai 1823, † Washington 22. Okt. 1900, amerikan. Politiker. - Bruder von William Tecumseh S.; 1855–61 Mgl. des Repräsentantenhauses; als Senator (1861–77 und 1881–97) Finanzexperte der Republikan. Partei; 1877–81 Finanzmin., 1897/98 Außenmin.; konzipierte das erste amerikan. Antitrustgesetz (sog. *Sherman Act*, 1890).

**S.,** William Tecumseh, * Lancaster (Ohio) 8. Febr. 1820, † New York 14. Febr. 1891, amerikan. General (seit 1861/63). - 1864 Nachfolger General U. S. Grants im Sezessionskrieg; auf seinem „Marsch zur See" von Atlanta nach Savannah (Nov. bis Dez. 1864) verwüstete er Georgia und zwang die Konföderierten zur Kapitulation.

**Sherpa** (Scherpa) ['ʃɛrpa], tibetonepales. Volksgruppe im nördl. O-Nepal, in Höhen über 3000 m. Die S. bauen Gerste, Buchweizen, Kartoffeln und Gemüse an, sie halten Jaks, Schafe und Ziegen. Der früher einträgl. Fernhandel v. a. nach Tibet hat durch Abschließung der chin. Grenze an Bed. verloren; eine wichtige Einnahmequelle stellt heute die Tätigkeit als Bergführer und Träger für Touristen und Bergsteiger dar.

**Sherriff,** Robert Cedric [engl. 'ʃɛrɪf], * Kingston upon Thames (= London) 6. Juni 1896, † Rosebriars (Esher, Surrey) 13. Nov. 1975, engl. Schriftsteller und Drehbuchautor. - Das Antikriegsdrama „Die andere Seite" (1929; Romanfassung mit V. Bartlett, 1930) schildert [nach eigenem Erleben] die grauenhafte Wirklichkeit moderner krieger. Auseinandersetzungen.

**Sherrington,** Sir (seit 1922) Charles [engl. 'ʃɛrɪŋtən], * London 27. Nov. 1857, † Eastbourne (Sussex) 4. März 1952, brit. Physiologe. - Prof. in Liverpool und Oxford; ab 1920 Präs. der Royal Society. Befaßte sich mit der Physiologie des Nervensystems, insbes. mit den Reflexen. Für seine neurolog. Arbeiten erhielt er 1932 zus. mit E. D. Adrian den Nobelpreis für Physiologie oder Medizin.

**Sherry** [engl. 'ʃɛrɪ; span.-engl.; nach der Stadt Jerez de la Frontera] (Jerezwein), Bez. für trockene bis süße Aperitif- und Dessertweine, urspr. aus der Gegend um Jerez de la Frontera, aus den Rebsorten Pedro Ximénez, Palomino (Listan) und Moscatel. S.weine sind Verschnittweine aus Trauben verschiedener Rebsorten und Jahrgänge. Dem jungen Wein wird alter Grundwein, *Solera*, hinzugefügt, außerdem eingedickter Traubenmost und Weindestillat. *Finos* sind leichtere (mindestens 15,5 Vol.-% Alkohol), trockene Aperitifweine, *Olorosos* sind volle (18–22 Vol.-% Alkohol), bukettreiche, würzige Weine; aus den Finos werden durch längeren Ausbau die *Amontillados* bereitet; die alkoholreichsten und süßesten Sherries sind, bedingt durch einen größeren Anteil an Pedro Ximénez, die *Dulces* oder *Cream-Sherries*.

**'s-Hertogenbosch** [niederl. shɛrtoː-xɔnˈbɔs] ↑ Herzogenbusch.

**Sherwood,** Robert E[mmet] [engl. 'ʃəːwʊd], * New Rochelle (N. Y.) 4. April 1896, † New York 14. Nov. 1955, amerikan. Dramatiker. - Journalist; Freund und Berater F. D. Roosevelts. Schrieb die Antikriegsstücke „Hannibal ante portas!" (1927) und „Die Waterloo-Brücke" (1930). „Der versteinerte Wald" (Dr., 1935) schildert Hilflosigkeit und Depression der bürgerl. Intelligenz in den sozialen Wirren der 1930er Jahre.

**Shetland** [engl. 'ʃɛtlənd], Region in Schottland.

**Shetland** ['ʃɛtlant; engl. 'ʃɛtlənd], urspr. Bez. für Stoffe aus der groben Wolle der auf den Shetlandinseln gezüchteten Schafe. Heute Bez. für grobe, wenig dichte Stoffe in Leinwand- oder Köperbindung; meist aus dicken, melierten Streichgarnen in Kette und Schuß.

**Shetlandinseln** ['ʃɛtlant; engl. 'ʃɛtlənd], nördlichste Inselgruppe der Brit. Inseln, rd. 200 km nö. der schott. Küste, 1 429 km$^2$, 23 500 E (1983), Verwaltungssitz Lerwick. Besteht aus rd. 100 meist buchtenreichen und baumarmen Inseln, Eilanden und Klippen, von denen 17 bewohnt sind, u. a. die 80 km lange, stark gegliederte Hauptinsel **Mainland**. Hauptprodukt der hier vorherrschenden landw. Kleinbetriebe ist die Wolle; verschiedentl. Ponyzucht. Fischerei und fischverarbeitende Betriebe, Herstellung von Strickerei- und Tweedwaren. Rd. 130–160 km nö. der S. bed. Erdölvorkommen in der Nordsee. In **Sullom Voe**, 14 km nördl. von Lerwick, Erdölterminal. - Im 8./9. Jh. von Norwegen erobert und besiedelt. 1472 von Schottland erworben.

**Shetlandpony** ['ʃɛtlant; engl. 'ʃɛtlənd] ↑ Ponys.

**Shibarghan** [ʃibarˈgaːn], Prov.hauptort in N-Afghanistan, am N-Fuß der Hindukuschausläufer, 330 m ü. d. M., etwa 19 000 E. Handelsplatz; Teppichherstellung; sö. von S. das einzige afghan. Erdgasfeld.

**Shift** [engl. ʃɪft „Veränderung"], plötzl. Änderung des Antigenmusters eines Virus (v. a. bei Influenzaviren), wodurch neue Erregertypen entstehen (z. B. Hongkong-Grippe).

**Shiga,** Kiyoshi ↑ Schiga, Kijoschi.

**Shigatse** (Rikeze [chin. rikʌdzʌ]), chin. Stadt in der Autonomen Region Tibet, 3 600 m ü. d. M., etwa 35 000 E. Bed. Handwerk. - Nahebei das Kloster Taschilunpo, die ehem. Residenz des Pantschen Lama.

**Shigellen** (Shigella) [ʃi...; nach K. Schiga], Gatt. gramnegativer, unbewegl., sporenloser Enterobakterien mit mehreren menschenpathogenen Arten, darunter die Erreger der Bakterienruhr.

**Shigellose** [ʃi...; nach K. Schiga] ↑ Ruhr.

**Shih-ching** (Shijing) [chin. ʃidzɪn „Buch der Lieder"], ältestes Denkmal der chin. Literatur; einer der „5 kanon. Klassiker" der chin. Literatur, entstanden im 5. Jh. v. Chr. [angebl. unter der Redaktion des Konfuzius]; enthält 305 Lieder (Volks-, Ritual-, Opfer-, Preislieder, Festgesänge) aus den Teilstaaten der Choudynastie.

**Shiitakepilz,** svw. ↑ Schiitakepilz.

**Shilling** [engl. 'ʃɪlɪŋ] ↑ Schilling.

**Shillong** ['ʃɪlɔŋ], Hauptstadt des ind. Bundesstaates Meghalaya, im Shillong Plateau, 1 961 m ü. d. M., 108 000 E. Kath. Bischofssitz; Univ., Pasteur-Inst., medizin. Forschungsinst., seismolog. Observatorium; Arzneimittel-, Nahrungsmittelindustrie; Straßenknotenpunkt.

**Shillong Plateau** ['ʃɪlɔŋ plæˈtoʊ], Gebirgszug im nordostind. Bundesstaat Meghalaya, zw. dem Brahmaputratal im N, dem Tiefland von Bengalen im W und S sowie den birman. Randketten im O, bis 1 963 m hoch.

**Shimmy** [engl. 'ʃɪmɪ „Hemdchen"], beliebter, aus Amerika stammender Gesellschaftstanz der 1920er Jahre, musikal. dem Foxtrott verwandt.

**Shindo,** Kaneto [ʃɪn...] ↑ Schindo, Kaneto.

**Shintoismus** [ʃɪn...] ↑ Schintoismus.

**Shira** [engl. 'ʃiːraː] ↑ Kilimandscharo.

**Shire** [engl. 'ʃiːreɪ], linker Nebenfluß des Sambesi, entfließt in Malawi dem Njassasee, mündet nördl. von Vila Fontes in Moçambique, etwa 600 km lang.

**Shire** [engl. 'ʃaɪə], Verwaltungsbezirk in England, in angelsächs. Zeit der Amtsbezirk des Sheriffs und des Alderman; heute nur noch übl. [als Zusatz] in engl. Grafschaftsnamen.

**Shirley** [engl. 'ʃəːlɪ], engl. weibl. Vorname (urspr. ein Familienname).

**Shirley,** James [engl. 'ʃəːlɪ], * London 18. (?) Sept. 1596, ▭ ebd. 29. Okt. 1666, engl. Dramatiker. - Erfolgreichster engl. Dramatiker vor der Schließung der Theater durch die Puritaner (1642); mit seinen Schreckenstragödien, Sitten- und Tragikomödien sowie Lustspielen der letzte große Bühnendichter der engl. Renaissance.

**Shirt** [engl. ʃəːt], Baumwollhemd (meist kurzärmlig).

**Shisha Pangma** (Gosainthan), Berg im Himalaja, S-Tibet, 8 012 m ü. d. M. Erstbesteigung 1964 durch eine chin. Expedition.

**Shi Tao** ↑ Tao Chi.

**Shivta** [hebr. ʃiv'ta], Ruinenstätte im nördl. Negev, Israel, 40 km ssw. von Beer Sheva; unbefestigte Nabatäersiedlung, Karawanenstation; Blüte unter byzantin. Herrschaft; 634 arab., allmähl. Verfall. Ruinen v. a. aus byzantin. Zeit; restauriertes landw. Anwesen aus dem 5./6. Jh. zur Erforschung der von den Nabatäern entwickelten Methode der Sturzwasserbewässerung.

**Shkodër** [alban. 'ʃkodər] (dt. Skutari), alban. Stadt am Skutarisee, 70 000 E. Verwaltungssitz des Verw.-Geb. S.; pädagog. Inst., zootechn. Inst., volkskundl.-histor. Museum, Bibliothek, Theater; Metall-, Baustoff-, Textil-, Tabak-, Nahrungsmittelindustrie. - Entwickelte sich aus dem antiken **Skodra** (**Scodra**); Mittelpunkt eines illyr. Reiches (seit um 260/250); seit 168 v. Chr. röm., wurde unter Kaiser Diokletian Prov.hauptstadt; gehörte 395 bis ins 12. Jh. zum Byzantin. Reich; kam 1396 als **Skutari** an Venedig, gehörte 1479–1913 zum Osman. Reich. - Seit 385 Sitz eines kath. Bischofs, seit 1867 Erzbischofssitz (heute verwaist).

**shocking** [engl. 'ʃɔkɪŋ], schockierend, anstößig, peinlich.

**Shockley,** William [Bradford] [engl. 'ʃɔklɪ], * London 13. Febr. 1910, amerikan. Physiker brit. Herkunft. - Prof. an der Stanford University (Calif.); Forschungen v. a. auf dem Gebiet der Halbleiterphysik. Die ab 1946 von ihm in Zusammenarbeit mit J. Bardeen und W. H. Brattain unternommene Suche nach einem Halbleiterverstärker führte zur Entdeckung des Transistoreffekts und zur Entwicklung des Spitzen- und des Flächentransistors auf Germaniumbasis. Dafür wurden die drei Forscher 1956 mit dem Nobelpreis für Physik ausgezeichnet. - † 12. Aug. 1989.

**Shop** [engl. ʃɔp], Laden, Geschäft.

**Shorea** [ˈʃɔːrea], Gatt. der Flügelfruchtgewächse mit rd. 100 Arten in Vorderindien, auf den Philippinen und auf Neuguinea; zahlr. Arten liefern Nutzhölzer und Harze. Eine wirtschaftl. wichtige Art ist der **Salbaum** (Saulbaum, Shorea robusta) mit dauerhaftem, festem Holz.

**Shorter,** Wayne [engl. 'ʃɔːtə], * New Jersey 25. Aug. 1933, amerikan. Jazzmusiker (Tenor- und Sopransaxophonist, Komponist.). - Bekannt durch seine Mitwirkung im Quintett von M. Davis; leitet seit 1974 mit dem Pianisten J. Zawinul die populäre Jazz-Rock-Gruppe „Weather Report".

**Shorthornrind** [engl. 'ʃɔːthɔːn] (Kurzhornrind), alte engl. Rasse mittelschwerer, rotbrauner bis weißer Hausrinder; mit kleinem Kopf und kurzem Hals; wichtige Hausrindrasse. In M-Europa ist das S. v. a. in Schleswig-Holstein heimisch.

**Shorts** [engl. ʃɔːts], kurze Sporthose für Frauen und Männer.

**Short story** [engl. 'ʃɔːt 'stɔːrɪ „Kurzgeschichte"], amerikan. literar. Gattung; entwickelt im 19. Jh. aus älteren erzählenden Formen wie den imaginativen Kurzromanen, Novellen, Märchen („tales") einerseits und den mehr faktenbestimmten Anekdoten und Skizzen („sketches") anderseits, zw. denen sie heute eingeordnet wird (enger ist die Definition der dt. Kurzgeschichte). Als eigtl. Begründer gelten W. Irving und J. K. Paulding; theoret. definiert und prakt. zur Kunstform erhoben wurde sie durch E. A. Poe.

**Shoshone** [engl. ʃoʊ'ʃoʊnɪ] (dt. Schoschonen), eine Gruppe von Indianerstämmen im nördl. Great Basin und im N der Great Plains. Während die östl. Stämme seit dem 18. Jh. stärkeren Einflüssen der Plains- und Präriekultur ausgesetzt waren und zu berittenen Bisonjägern wurden, blieben die westl. S. Wildbeuter. Ihre Sprachen bzw. Dialekte (Shoshone) gehören zu den utoaztek. Sprachen.

**Shotton** [engl. ʃɔtn] ↑ Flint.

**Shout** [engl. ʃaʊt „Ruf, Schrei"] (Shouting), Bez. für den expressiven, schreiartigen Gesangsstil der afroamerikan. Populärmusik, der auch die instrumentale Tonbildung des Jazz beeinflußte.

**Show** [engl. ʃoʊ], bunte, meist aufwendig inszenierte Unterhaltungsdarbietung des kommerziellen Theaters und bes. des sog. **Showbusineß** (z. B. Eisrevue, Zirkus-S.); im Fernsehen ein (auch als Serie gesendetes) Unterhaltungsprogramm mit Gesang, Musik, Humor, Spiel, Ballett, Artistik u. ä., als **Personality-Show** von der Persönlichkeit eines Künstlers getragen. Ein fernsehspezif., in den USA entstandener Typ von Unterhaltungssendungen ist die **Talk-Show,** bei der ein oder mehrere Gastgeber (**Talkmaster**) bekannte Persönlichkeiten zu privaten, berufl. und allg. interessierenden Themen interviewen.

**Shredder** [ˈʃrɛdər], svw. ↑ Schredder.

**Shreveport** [engl. 'ʃriːvpɔːt], Stadt in Louisiana, USA, am Red River, 205 800 E. Colleges; Erdölraffinerie, Baumwollentkörnung, Maschinenbau, Metall- und Holzverarbeitung. - Gegr. 1835 als **Shreve's Landing;** 1863–65 Hauptstadt von Louisiana.

**Shrewsbury** [engl. ˈʃrouzbərɪ], engl. Earlstitel aus normann. Zeit; seit 1442 im Besitz der Fam. Talbot. Bed. Inhaber:
**S.,** Charles Talbot, Earl und (seit 1694) Hzg. von, *24. Juli 1660, †Isleworth (= London-Hounslow) 1. Febr. 1718, Staatsmann. - 1688 Mitunterzeichner des Aufrufs an Wilhelm III. von Oranien, nach England zu kommen. 1688–90 und 1694–98 Min.; 1714 zum Ersten Lord der Schatzkammer ernannt; maßgebl. am Übergang der Krone an das Haus Hannover beteiligt.
**S.,** John Talbot, Earl of (seit 1442), *1384, ✕ bei Castillon-La-Bataille 17. Juli 1453, Heerführer. - Ab 1420 engl. Heerführer im Hundertjährigen Krieg; 1429 bei Patay (Loiret) von Jeanne d'Arc besiegt und bis 1433 gefangengehalten; sein Tod und die engl. Niederlage bei Castillon-La-Bataille leiteten das Ende des engl. Machtanspruchs in Frankr. ein.
**Shrewsbury** [engl. ˈʃrouzbərɪ, ˈʃruːzbərɪ], engl. Stadt am oberen Severn, 59 800 E. Verwaltungssitz der Gft. Shropshire; kath. Bischofssitz; Marktstadt und Ind.standort. - Im 5./6. Jh. als **Pengwern** Residenz der Fürsten von Powys; kam Ende des 8. Jh. zum Kgr. Mercia (**Scrobbesbyrig**); im Domesday Book erstmals als City gen.; 1850 wurde das kath. Bistum S. gegr. - Kirche Saint Mary (um 1170–15. Jh.) mit bed. Glasfenstern; z. T. normann. Abteikirche Holy Cross (um 1080); Burg (12.–14. Jh.).
**Shropshire** [engl. ˈʃrɔpʃɪə], Gft. in England (1974–80 Salop).
**Shu-ching** (Shujing) [chin. ʃudʒiŋ „Buch der Geschichten"], fälschl. Konfuzius zugeschriebenes Konvolut ältester, z. T. im 12./11. Jh. v. Chr. entstandener chin. Texte, die sich u. a. mit der Herrschaftslegitimation durch den „Himmelsauftrag" und anderen staatspolit. Fragen beschäftigen.
**Shultz,** George Pratt, * New York 13. Dez. 1920, amerikan. Politiker. - 1969/70 Arbeitsmin., danach innenpolit. Chefberater Präs. Nixons, 1972–74 Finanzmin.; 1982–89 Außenminister.
**Shunt** [engl. ʃʌnt], in der *Meßtechnik* svw. ↑Nebenschluß.
♦ (Nebenschluß, Nebenleitung) in der *Medizin:* 1. infolge angeborenen Defekts in der Herzscheidewand (↑Links-rechts-Shunt, ↑Rechts-links-Shunt) oder infolge falscher Einmündung der großen, herznahen Blutgefäße auftretender Nebenschluß zw. großen und kleinem Kreislauf. 2. operativ hergestellte künstl. Verbindung zw. Blutgefäßen des großen und kleinen Kreislaufs.
**Shute,** Nevil [engl. ʃuːt], eigtl. N. S. Norway, *Ealing (= London) 17. Jan. 1899, †Melbourne 12. Jan. 1960, engl. Schriftsteller. - Flugzeugingenieur; seine Flieger- und Kriegsromane sind durch wirklichkeitsgetreue techn. Details gekennzeichnet; Aufsehen erregte der utop. Atomkriegsroman „Das letzte Ufer" (1957).

**Shuttle-Transfer** [engl. ʃʌtl] (Elektronen-Shuttle), Bez. für einen indirekten, vom Stoffwechsel der Zelle geregelten Transportmechanismus von Elektronen innerhalb von Zellkompartimenten und an intrazellularen Membranen, bei dem die beteiligten chem. Verbindungen bei Aufnahme der Elektronen reduziert, bei Abgabe der Elektronen wieder oxidiert werden (z. B. bei der Atmungskette und der Photosynthese).

**Shylock** [engl. ˈʃaɪlɔk], Gestalt in Shakespeares Schauspiel „Der Kaufmann von Venedig"; ein jüd. Wucherer, der Geld verleiht und dafür Anspruch auf ein Pfund Fleisch aus dem Körper des verschuldeten Kaufmanns erhebt.

**Si,** die siebente der Solmisationssilben (↑Solmisation); in den roman. Sprachen Bez. für den Ton H.
**Si,** chem. Symbol für ↑Silicium.
**SI,** Abk. für: Système International d'Unités (↑Internationales Einheitensystem).
**Sial** [Kw. aus **Si**licium und **Al**uminium] ↑Erde (Aufbau der Erde).
**Sialinsäuren** [zu griech. sialon „Speichel" (nach dem Vorkommen in den Schleimstoffen der Speicheldrüsen)], Derivate der ↑Neuraminsäure, kommen (meist in Form von Glykosiden) in tier. Gewebe vor. Sialinsäurehaltige Glykoproteide *(Sialoglykoproteide)* sind z. B. wesentl. Bestandteile der Schleimstoffe sowie der Oberfläche von Zellmembranen.
**Sialk,** Ruinenhügel in Iran, ↑Tappe Sialk.
**Sialkot** [engl. ˈsjaːlkoʊt], pakistan. Stadt im nö. Pandschab, 296 000 E. Textil-, metallverarbeitende, Gummi- und Keramikind. - Mausoleum Nanaks (†1539[?]), der die Religion der Sikhs begründete.
**Siam,** früherer Name von ↑Thailand.
**Siamang** [malai.] ↑Gibbons.
**Siamese,** svw. ↑Siamkatze.
**Siamesen,** früherer Name der ↑Thai.
**siamesische Zwillinge,** lebensfähige Doppelmißbildung in Gestalt zweier eineiiger Zwillingsindividuen, die durch Gewebsbrücken (meist an der Brust oder am Rücken, auch an den Köpfen) miteinander verwachsen sind. Eine operative Trennung ist nur mögl., wenn keine lebenswichtigen Körperteile beiden gemeinsam sind, was nur sehr selten der Fall ist. Die Bez. geht auf die Brüder Chang und Eng Bunkes (*1811, †1874) aus Siam (= Thailand) zurück, die am Schwertfortsatz des Brustbeins und über einen Lebergewebestrang miteinander verwachsen waren.
**Siamkatze** (Siames. Katze, Siamese), aus Asien stammende Rasse mittelgroßer Kurzhaarkatzen; Kopf marderähnl., mit blauen Augen; Körper schlank, Schwanz lang und zugespitzt, Hinterbeine etwas länger als Vorderbeine. Die S. wird in sieben Farbvarianten

gezüchtet, meist braun, cremefarben und weiß. Die charakterist. Zeichnung (v. a. Nasenspiegel, Ohren, Pfoten, Schwanz) ist je nach Hauptfarbe hell- oder dunkelbraun, bläul., hellgrau mit rosafarbenem Schimmer, schildpattfarben oder rotgold, stets aber an den äußersten Stellen des Körpers dunkler als die Hauptfarbe. - Abb. S. 146.

**Sian** (Xi'an) [chin. ɕi-an], Hauptstadt der chin. Prov. Schensi, im Zentrum der Weihoebene, 2,9 Mill. E. Univ. (gegr. 1960), mehrere Fachhochschulen, landw. Forschungsinst., chem. Inst. der Chin. Akad. der Wiss., Kunst- und Musikschulen, Provinzmuseum und -bibliothek; botan. Garten. Textilind., Eisen- und Stahlwerk, Herstellung von Bergbau-, Werkzeug- und Landmaschinen, Kraftwerkausrüstungen, Elektroapparaten und elektron. Meßgeräten, von Kunststoffen und Porzellanwaren; Druckereien und Nahrungsmittelindustrie.
**Geschichte:** Seit etwa 200 v. Chr. bekannt; ungefähr seit dem 13./14. Jh. S. gen.; eine der ältesten Siedlungen Chinas; 1027–771 v. Chr. lag westl. des heutigen Zentrums die Hauptstadt der Choudynastie und Ende des 3. Jh. v. Chr. die ehem. Metropole der Ch'indynastie; nw. der Stadt lag im 2./1. Jh. v. Chr. das hanzeitl. Ch'angan. Größte Blüte von S. zw. dem 6. und 9. Jh., wohl größte Stadt der damaligen Welt (1–2 Mill. E).
**Bauten:** Die von einer Mauer mit 4 Toren umgebene Stadt besitzt zahlr. histor. Baudenkmäler, u. a. den „Glockenturm" aus der Zeit der Tangdynastie (618–907), den Trommelturm (1370), den Tempel der Stadtgottheiten (1432 erneuert), den ehem. T'ai-shan-Tempel (gegr. 1116; jetzt Schule), die sog. Kleine-Gans-Pagode (706), den Tempel der großen Wohlwollens (errichtet 647; 1580 wiederhergestellt) mit der sog. Großen-Gans-Pagode (652; im 8. Jh. aufgestockt) sowie die Große Moschee (14. Jh.). Bei S. im Tal des Hwangho 1974 Entdeckung des Grabs des Kaisers Shih Huang Ti (⚯ 221–209) mit 7500 Tonfiguren (lebensgroße Tonsoldaten, -pferde, -streitwagen).

**Siangkiang** (Xiangjiang) [chin. ɕiaŋdziaŋ], rechter Nebenfluß des unteren Jangtsekiang, entspringt im Bergland von N-Kwangsi, mündet 90 km nnw. von Tschangscha in den Tung Ting Hu, der mit dem Jangtsekiang in Verbindung steht; etwa 800 km lang.

**Siangtan** (Xiangtan) [chin. ɕiaŋtan], chin. Stadt am Siangkiang, 400 000 E. Stahlkombinat, bed. Elektro- und baumwollverarbeitende Ind.; Flußhafen.

**Siargao**, philippin. Insel vor der NO-Spitze von Mindanao, 437 km², bis 300 m ü. d. M.

**Sibelius**, Jean, eigtl. Johan Julius Christian S., * Hämeenlinna 8. Dez. 1865, † Järvenpää 20. Sept. 1957, finn. Komponist. - Bedeutendster Komponist seines Landes und Schöpfer eines nat.-finn. Stils; lebte seit 1904 in Järvenpää, wo er 1929 sein letztes Werk schrieb. Sein emotionsreiches Schaffen ist vom Eindruck des „Kalevala" und der finn. Natur geprägt. Bes. die Sinfonik ist breit angelegt und reiht undramat. Klangflächen aneinander. S. schrieb u. a. die einaktige Oper „Die Jungfrau im Turm" (1896), Schauspielmusiken (u. a. zu „Kuolema" mit „Valse triste", 1903); Sinfonien e-Moll (1899), D-Dur (1902), C-Dur (1907), a-Moll (1911), Es-Dur (1915; 2. Fassung 1919), d-Moll (1923), C-Dur (1924); „Karelia-Suite" (1893); sinfon. Dichtungen, u. a. „Vier Legenden aus dem Kalevala" (Nr. 3 „Der Schwan von Tuonela", 1893), „Finlandia" (1899/1900), „Der Barde" (1913), „Tapiola" (1925); Konzert, 2 Serenaden und 6 Humoresken für Violine und Orchester; Chorwerke, Kammermusik, Klavierstücke und Lieder.

Jean Sibelius (1935)

**Šibenik** [serbokroat. ˈʃibεniːk], Stadt an der jugoslaw. Adriaküste, 30 000 E. Kath. Bischofssitz; Theater, Museum; Handelshafen mit Bahnverbindung ins Hinterland; Aluminium-, Textil- und Nahrungsmittelind.; Fremdenverkehr. - Im 10. Jh. gegr., erstmals 1066 erwähnt; im 11. Jh. Residenz der kroat. Könige; seit 1298 kath. Bischofssitz; im 16./17. Jh. von Venedig befestigt. - Dom (1431–1536), Renaissancerathaus mit Loggia (1534–42); zahlr. Palais im venezian. Stil. Über der Stadt 3 venezian. Festungen.

**Sibilant** [lat.] (Zischlaut), Reibelaut, bei dessen Artikulation die Luft über eine Rille in der mittleren Längsachse der Zunge nach außen gelenkt wird, z. B. [s, z, ʃ, ʒ].

**Sibiride** (sibiride Rasse), Übergangsform zw. ↑Mongoliden und ↑Europiden; mit mittellangem Kopf, mittelbreitem Gesicht und gering ausgeprägter Mongolenfalte; v. a. im Tundrengebiet Sibiriens verbreitet.

**Sibirien**, Geb. der UdSSR im nördl. Asien, zw. Ural im W und Pazifik im O, dem Nordpolarmeer im N sowie der Kasach.

# Sibirien

Siamkatze

Schwelle und der Gebirgsumrahmung an den Grenzen zur Mongol. VR und zu China ist S. S. ist ein Teil der RSFSR, geringen Anteil hat die Kasach. SSR am Westsibir. Tiefland. Die N-S-Erstreckung beträgt rd. 3 500 km, die westl.-östl. rd. 7 000 km; 40 Mill. E (1985) bewohnen eine Fläche von rd. 13 Mill. km$^2$. Naturräuml. gliedert sich S. in West-S. (Westsibir. Tiefland, Salairücken, Kusbass und Kusnezker Alatau), Mittel-S. (Mittelsibir. Bergland, Nordsibir. Tiefland, Halbinsel Taimyr) und Ost-S. (Gebirge NO-S., Jana-Indigirka- und Kolymatiefebene, Ferner Osten mit Halbinsel Kamtschatka und der Anadyrtiefebene sowie den Niederungen am unteren Amur und Ussuri und der südl. Gebirgsumrahmung). - Das Klima ist kontinental mit extrem kalten Wintern (Kältepol der N-Halbkugel bei Oimjakon mit −70°C) und geringen Niederschlägen. Die Durchschnittstemperaturen betragen z. B. im Mittelsibir. Bergland im Jan. −20°C (im SW) bis −44°C (im NO) und im Juli 12°C (im N) bis 17°C (im S). Dauerfrostböden (durchschnittl. 300 m tief gefroren) finden sich daher im nördl. S., im gesamten Mittelsibir. Bergland und in Ost-S. - Die Vegetationszonen verlaufen annähernd breitenparallel. Von N nach S folgen Tundra, Taiga, Waldsteppe und Steppe. Östl. des Altai grenzen Taiga und Gebirgswälder dicht aneinander, so daß Waldsteppe und Steppe im O von S. nur noch inselhaft auftritt. Die Taiga von Mittel- und Ost-S. ist das größte zusammenhängende Waldgebiet der Erde. - Mit Ausnahme des Fernen Osten (Amur, Anadyr) wird S. zum Nordpolarmeer entwässert. Die größten Flüsse sind Ob, Irtysch, Jenissei, Lena, Chatanga, Indigirka, Kolyma u. a. Da die Flüsse über weite Teile des Jahres vereist sind, ist ihre Nutzung als Verkehrsträger beschränkt. Große Bed. für die Energiegewinnung haben Ob (Nowossibirsker Stausee) und Jenissei (Krasnojarsker Stausee sowie eine im Bau befindl. größte sowjet. Wasserkraftwerk bei Schuschenskoje). Die Besiedlung erstreckt sich hauptsächl. auf einen Gürtel beiderseits der Transsibir. Eisenbahn und zum geringeren Teil entlang den großen Flüssen. Punktuelle Siedlungen finden sich in Verbindung mit Bergbau (Norilsk, Mirny) und Holzwirtschaft (Igarka). Landw. und Ind. konzentrieren sich auf den S von S. Der S von West-S. bietet der Landw. im Waldsteppenbereich die günstigsten Voraussetzungen für den Ackerbau (Weizen, Mais, Sonnenblumen und im Altaivorland Zuckerrüben) und die Milchwirtschaft. Östl. des Altai inselhaft auftretender Ackerbau und stärker verbreitete Viehzucht (Transbaikalien, Jakutien). Pelztierjagd und Holzwirtschaft in der Taiga. Die größten Bergbau- und Ind.geb. liegen im klimat. begünstigteren S von S. Neben dem Kusbass sind längs der Transsib weit auseinanderliegende Ind.zentren entwickelt (Tjumen, Kurgan, Petropawlowsk, Omsk, Nowossibirsk, Krasnojarsk, Irkutsk, Angarsk, Ulan-Ude, Tschita, Chabarowsk), die auf bed. Kohle- und Eisenerzvorkommen basieren. Es gibt kaum einen Ind.zweig, der in S. nicht vertreten ist. Energieträger sind neben Wasser Kohle, Erdöl, Erdgas und Torf. Seit 1974/75 arbeitet in NO-S. das Kernkraftwerk Bilibino. Hauptverkehrsader ist die Transsibir. Eisenbahn, von der Stichbahnen zu Rohstoff- und Ind.gebieten führen. Die 3 200 km lange Baikal-Amur-Magistrale (BAM) wurde 1985 fertiggestellt. Die Transsib, ergänzt durch die BAM, verbindet die Oberläufe der S-N gerichteten großen Flüsse, die Nordöstl. Durchfahrt verbindet deren Mündungen. Nördl. des Polarkreises besteht eine 122 km lange Eisenbahnlinie von Norilsk nach Dudinka (Hafen am Jenissei). An der O-Küste sind die Haupthäfen Wladiwostok und Nachodka. Wichtige Erdöl- und Erdgasleitungen transportieren sibir. Rohstoffe nach dem europ. Teil der Sowjetunion.

**Geschichte:** Im Paläolithikum war S. wohl nur im S besiedelt. Jungpaläolith. Funde sind v. a. an den Oberläufen der großen Ströme und am Baikalsee häufig. Im Neolithikum wurden auch weite Gebiete nördl. des Polarkreises besiedelt. Erst seit der frühen Bronzezeit (Anfang des 2. Jt. v. Chr.) gab es Pferdezucht. Eine reiche Bronzeindustrie entwickelten die Steppenbauern der Andronowokultur und der Karassukkultur (etwa 1200−800). Am Ende dieser Phase vollzog sich unter den Steppenvölkern der Übergang zum Reiterkriegertum, was zu stärkerer sozialer Differenzierung führte. Seit dem 7. Jh. v. Chr. übernahmen die Skythen die Herrschaft über die westl. Teile dieser Reitervölker. Seit dem 3. Jh. v. Chr. gehörte S-S. (im Kerngebiet der heutigen Mongolei) zum Einflußbereich der Hunnen. Seit dem 6. Jh. siedelten in einigen Gebieten von S. Turkvölker; Mitte des 13. Jh. gehörte ganz S. zum Mongolenreich, West-S. zur Goldenen Horde, nach deren Zerfall sich das Sibir. Khanat bildete. Ende des 16. Jh.

# Sichelmöhre

war der russ. Staat stark genug, um die Angliederung von S. in Angriff zu nehmen. Von der Kama aus drang 1579 oder 1581 eine Expedition des Kosaken Jermak Timofejewitsch bis zum Irtysch vor (Okt. 1582). Bereits 1604 wurde Tomsk gegr., 1619 der Jenissei, 1632 die Angara (Bratsk) im S und die Lena im O, 1639 der N-Pazifik (Ochotsk 1648) und 1645 die Amurmündung erreicht. Während das militär. stärkere China 1689 Rußland zum Verzicht auf das Amurgebiet zwang, mußte es 1858/60 alle Ansprüche auf die Gebiete an Amur und Ussuri aufgeben. Im 18./19. Jh. wurde S. durch weitere Expeditionen erschlossen. S. wurde zunächst direkt von Moskau aus verwaltet; erst 1708 wurde das Gouvernement S. (Zentrum Tobolsk) errichtet, seit 1764 gab es die Gouvernements Tobolsk und Irkutsk, 1803 wurde das Generalgouvernement S. gebildet; ab 1822 gab es die Generalgouvernements West-S. (Zentrum Tobolsk, seit 1839 Omsk) und Ost-S. (Irkutsk) sowie in Petersburg das Sibir. Komitee. 1897 wurde S. in 4 Gouvernements (Tobolsk, Tomsk, Jenisseisk, Irkutsk) eingeteilt. Heute gibt es in S. 3 Autonome Republiken, 15 Gebiete, 3 Autonome Gebiete und 8 Nat. Bezirke.
Im 19. Jh. setzte die Verbannung von Verbrechern, polit. Mißliebigen und religiösen Dissidenten nach S. ein. Im 19. Jh. kamen über 1 Mill. Verbannte (einschl. ihrer Familien) nach S.; 1900 zählte man 287 000 Verbannte (ohne Zwangsarbeiter); 1947 gab es nach Angaben ehem. Häftlinge zw. 4 und 6 Mill. Verbannte in Sibirien.

📖 *Höfling, H.: S. Das schlafende Land erwacht. Braunschweig 1985. - Mayer, Fred: S. Zürich 1983. - Schinkarjow, L.: Mein S. Dt. Übers. Lpz. 1979. - Semjonow, J.: S. Schatzkammer des Ostens. Düss. 1975. - Okladnikow, A. P.: Der Mensch kam aus S. Russ. Archäologen auf den Spuren fernöstl. Frühkulturen. Dt. Übers. Wien u. a. 1974. - Okladnikov, A. P.: Ancient populations of Siberi and its cultures. New York 1959.*

**Sibirische Schwertlilie** ↑ Schwertlilie.
**Sibiu** ↑ Hermannstadt.
**Sibylle** (Sibylla), aus dem Lat. übernommener weibl. Vorname (eigtl. Bed. ungeklärt).
**Sibylle** (lat. Sibylla), im Altertum Name von (etwa 12) weissagenden Frauen; geht wahrscheinl. zurück auf eine legendäre Prophetin, die in einer Quellgrotte in Eretria ihre Orakel verkündete; bei der Besiedlung Unteritaliens durch die Eretrier gelangten diese Orakel nach Cumae, woraus die Vorstellung einer eigenen S. von Cumae entstand, der man die 83 v. Chr. verbrannten **Sibyllin. Bücher** zuschrieb, die unter der etrusk. Dyn. der Tarquinier nach Rom kamen. Mehrere Männer verwalteten das Orakel der S., dessen Entscheid auf Beschluß des röm. Senats in allen Notfällen angerufen und befolgt wurde. - Ausgehend von der aus Byzanz stammenden Legende, die S. von Tibur habe Kaiser Augustus die Ankunft Christi geweissagt, werden S. in die christl. Kunst übernommen und z. B. in der Zehnzahl (Chorgestühl des Ulmer Münsters, 1469–74, von J. Syrlin d. Ä.) heidn. Philosophen, in der Zwölfzahl den Propheten oder Aposteln gegenübergestellt. Am berühmtesten sind die fünf S. von Michelangelo an der Decke der Sixtin. Kapelle im Vatikan.

**Sibyllinen,** Orakel der Sibylle, einer griech. Prophetinnengestalt oriental. Ursprungs; sibyllin. Orakel zirkulierten bereits im Athen des 5. Jh. v. Chr., dann auch in Rom. Die sibyllin. Literatur, die sich mit der Ausweitung der röm. Herrschaft zum Vehikel antiröm. Propaganda entwickelte, wurde zunächst von jüd., dann von christl. Seite aufgegriffen und ausgestaltet. Die im Christentum überlieferten 14 Bücher (**Sibyllinische Orakel**) zeigen deutl. jüd. Einfluß.

**Sica,** Vittorio De ↑ De Sica, Vittorio.
**Sicariidae** [griech.], svw. ↑ Speispinnen.
**Sichel,** weltweit gebräuchl. Handgerät zum Schneiden von Gras, Ried, Getreide u. a.; bestehend aus einer sich vorn verjüngenden, konkav gekrümmten Stahlklinge und abgewinkeltem, im Holzgriff verankertem Dorn. Einfache Urformen dieses ältesten Erntemessers sind in unterschiedl. Typen schon aus neolith. Kulturkreisen bekannt.
◆ ↑ Blütenstand.

**Sichel des Archimedes,** svw. ↑ Arbelos.
**Sichelflügler,** svw. ↑ Sichelspinner.
**Sichelhopfe** ↑ Hopfe.
**Sichelkeim** ↑ Malaria.
**Sichelklee** ↑ Schneckenklee.
**Sichelmöhre** (Sichelwurz, Falcaria), Gatt. der Doldengewächse mit nur wenigen Arten in Europa, im Mittelmeergebiet und in Vorderasien. In Deutschland kommt in Unkrautgesellschaften auf trockenen, nährstoff- und kalkreichen Böden die **Gemeine Sichelmöhre** (Falcaria vulgaris) vor: meist

Sichel mit Feuersteinen
(ägyptisch;
etwa 3 000 v. Chr.)

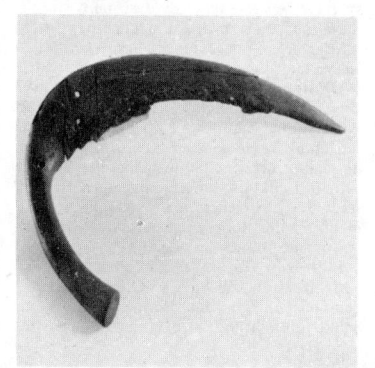

# Sichelschrecken

zweijährige Pflanze mit 20 bis 90 cm hohen Stengeln, doppelt dreizählig gefiederten oder fiederteiligen Blättern mit scharf gesägten, oft schwach sichelförmig gebogenen Fiedern und mit kleinen, weißen Blüten in Dolden.

**Sichelschrecken** (Phaneropteridae), Fam. der Laubheuschrecken mit sieben einheim. Arten; Fühler länger als der Körper; Flügel meist stark verkürzt, beim ♀ schuppenförmig; Legeröhre sichelartig aufgebogen; u. a. die **Gemeine Sichelschrecke** (Phaneroptera falcata) in Süddeutschland, die einzige geflügelte Art, auf niedrigen Büschen in trockenen Heidegebieten; 13–18 mm lang, Flügel den Hinterleib weit überragend; Körper grün, Kopf, Halsschild und Beine oft rostrot.

**Sichelspinner** (Sichelflügler, Drepanidae), mit rd. 400 Arten weltweit (außer in S-Amerika) verbreitete Schmetterlingsfam. mit sieben einheim. Arten; Körper zart, mit relativ breiten, 2–2,5 cm spannenden Flügeln; Vorderflügelspitze sichelartig vorgezogen; Raupen mit aufgerichteter Spitze am Hinterende (umgewandeltes letztes Bauchfußpaar), manchmal schädl. an Laubbäumen.

**Sicheltanne,** svw. ↑Japanzeder.

**Sichelwespen** (Ophioninae), Unterfam. der Schlupfwespen mit etwa 600 einheim., durchschnittl. 2–3 cm langen, gelbbraun bis gelbrot gefärbten Arten; Hinterleib seitl. stark zusammengedrückt und sichelförmig gebogen; Larven überwiegend parasitär in Schmetterlingsraupen.

**Sichelzellen** (Drepanozyten), bei Sauerstoffmangel (z. B. nach minutenlanger venöser Blutstauung) sich sichelförmig deformierende rote Blutkörperchen mit stark verkürzter Lebensdauer (nur rd. 40 Tage statt vier Monate).

**Sichelzellenanämie** (Sichelzellanämie, Drepanozytose, Drepanozytenanämie, Herrick-Anämie), erbl. bedingte, nur bei Homozygotie klin. manifest werdende Erkrankung der roten Blutkörperchen, die als ↑Sichelzellen bei ↑Hypoxie relativ schnell hämolysieren, wobei es u. a. durch Kapillarverstopfung zu einem dem hämolyt. Ikterus (↑Gelbsucht) entsprechenden Krankheitsbild kommt. Die S., die v. a. bei Negern, aber u. a. auch im Mittelmeergebiet (Griechenland, Türkei) verbreitet ist, verläuft i. d. R. tödlich.

**Sichem,** im Altertum bed. Stadt M-Palästinas, heute Ruinenhügel Tall Balata nahe von ↑Nablus; bereits im 2. Jt. v. Chr. in ägypt. Texten als kanaanäisches Zentrum erwähnt; hatte als zentrales Stämmeheiligtum gesamtisraelit. Funktion, unter Jerobeam I. Hauptstadt des N-Reiches; ab dem 5. Jh. v. Chr. Hauptort der Religionsgemeinschaft der Samaritaner; 109 v. Chr. zerstört.

**sicheres Geleit** ↑freies Geleit.

**Sicherheit,** Zustand des Undrohtseins, der sich objektiv im Vorhandensein von Schutz[einrichtungen] bzw. im Fehlen von Gefahr[enquellen] darstellt und subjektiv als Gewißheit von Individuen oder sozialen Gebilden über die Zuverlässigkeit von Sicherungs- und Schutzeinrichtungen empfunden wird. - ↑auch soziale Sicherheit, ↑Sicherheitspolitik.

**Sicherheiten,** schuld- oder sachenrechtl. Positionen (z. B. Bürgschaften, Hypotheken) zur Sicherung von Forderungen.

**Sicherheitsbeauftragter,** in allen Betrieben mit mehr als 20 Beschäftigten zu bestellender Mitarbeiter, der den Arbeitgeber bei der Durchführung des ↑Unfallschutzes unterstützt.

**Sicherheitsdienst** (S. des Reichsführers SS), Abk. SD, ↑Schutzstaffel.

**Sicherheitsfahrschaltung** (Sifa) ↑Eisenbahn (Sicherheits- und Bremsanlagen).

**Sicherheitsglas,** Bez. für alle Arten von Flachglas, die bei Bruch keine oder kaum scharfen Splitter bilden (sog. splitterfreies Glas); v. a. für Verglasungen bei Fahrzeugen. *Einscheiben-S. (vorgespanntes Glas)* besteht aus einer einzigen Flachglasscheibe, die unter definierten Bedingungen abgekühlt wurde, so daß im Glas Spannungen vorhanden sind; bei Bruch zerfällt es in stumpfe Glaskrümel. *Verbund-S.* besteht aus 2, *Panzerglas* aus 3 und mehreren Flachglasscheiben mit elast. Zwischenschichten (u. a. aus Zelluloseacetat oder Polyvinylacetalen); bei Bruch haften die Splitter an der Zwischenschicht.

**Sicherheitsgurte** (Anschnallgurte), in Kfz. und Flugzeugen verwendete Gurtbänder aus unelast. dehnbarem, hochfestem Material (spezielle Gewebe aus Synthesefasern), die bei Unfällen (in Flugzeugen auch bei Turbulenzen) Personen auf dem Sitz halten und Verletzungen durch Aufprall verhindern sollen. In Kraftfahrzeugen wird überwiegend der **Dreipunktgurt** verwendet. Er ist an 3 Punkten der Karosserie verankert und verläuft über Brust- und Beckenbereich (Kombination von Brust- und Beckengurt). Als **Automatikgurt** erlaubt er eine weitgehende Bewegungsfreiheit durch langsame Freigabe von zusätzl. Gurtband, das auf einer Rückholspule aufgerollt ist. Bei ruckartiger Belastung (z. B. bei scharfem Bremsen) wird das Gurtband durch eine Automatik arretiert und der Insasse wie mit einem starren Dreipunktgurt gesichert. **Zweipunktgurte** (Verankerung an 2 Punkten der Karosserie) werden als Beckengurte oder Schultergurte in Kraftfahrzeugen für Mittel- und Rücksitze, in Flugzeugen allg. für Passagiersitze verwendet. An 4 Punkten verankerte **Hosenträger-** oder **Rucksackgurte** werden v. a. im Motorsport und von Flugzeugpiloten verwendet. - Das Gurtschloß von Kfz-S. soll als Drucktastenschloß (internat. Kennzeichnung: PRESS) ausgebildet sein.

Die in Kraftfahrzeugen nach §35a der Straßenverkehrs-Zulassungs-Ordnung in der BR Deutschland vorgeschriebenen S. müssen

# Sicherung

während der Fahrt angelegt werden (§ 21 a der Straßenverkehrsordnung); Verstöße werden mit einem Bußgeld geahndet und können im Schadensfall zum Verlust von Versicherungsansprüchen und/oder zur Minderung von Schadensersatzansprüchen führen (da Mitverschulden). - Die **Anschnallpflicht** besteht auch in vielen anderen Ländern, z. B. in der DDR, in Österreich und in der Schweiz.

**Sicherheitsingenieur,** für den Arbeits- und Unfallschutz sowie die Sicherheit aller Betriebseinrichtungen zuständiger Ingenieur in industriellen, insbes. kerntechn. Anlagen.

**Sicherheitslampe,** svw. ↑ Wetterlampe.

**Sicherheitsleistung,** Mittel zur Abwendung der Gefahr künftiger Rechtsverletzung oder sonstiger Benachteiligung. Im *Zivilrecht* kann sich die Pflicht zur S. aus Vertrag *(Kaution)*, richterl. Anordnung oder Gesetz ergeben. Hauptformen sind die S. zur Sicherung des Darlehensgebers beim Darlehen und die S. des Mieters an den Vermieter (Mietkaution). - Im *Zivilprozeßrecht* kann das Gericht in bestimmten Fällen eine S. für die Prozeßkosten und bei Vollstreckungsmaßnahmen festlegen.

In *Österreich* und der *Schweiz* ein Mittel zur Sicherung von Forderungen.

**Sicherheitspolitik,** i. e. S. alle polit. Maßnahmen eines Staates oder Staatensystems, die darauf abzielen, gewaltsame grenzübergreifende Auseinandersetzungen zu vermeiden, einzudämmen oder zu beenden; i. w. S. auf nat. Ebene auch Maßnahmen zur Stabilisierung der inneren Sicherheit sowie auf internat. Ebene zum Ausgleich zw. den Interessen und zur Angleichung der Lebensbedingungen zw. den Ind.nationen und den Ländern der Dritten Welt (Entwicklungspolitik). Zum Instrumentarium nat. S. gehören die Pflege internat. Beziehungen (Diplomatie, Konferenzpolitik), die Information über gegner. Absichten (Spionage), die Unterhaltung von Streitkräften, das Eingehen von Bündnissen und internat. Verträgen sowie für gewisse Staaten) die Einhaltung strikter Neutralität. - Maßnahmen im Staatsinnern zum Schutz der geltenden Staats- und Rechtsordnung sowie von Leben und Freiheit der Bürger *(innere Sicherheit)* durchzuführen, ist Aufgabe der Polizei bzw. der Verfassungsschutzorgane. - Klass. Form *internat. S.* war vom 17. bis zum 19. Jh. die Politik des Gleichgewichts der europ. Mächte, die durch die Ideologie des Nationalismus und das Aufkommen demokrat. Reg. sowie durch neue Kriegsstrategien unterhöhlt wurde und im 1. Weltkrieg zusammenbrach. Mit der Gründung des Völkerbundes sollte die „kollektive Sicherheit" als konstitutives Prinzip der neuen internat. Ordnung etabliert werden. Nach dessen Scheitern wurde nach dem 2. Weltkrieg mit der Gründung der UN erneut versucht, ein globales kollektives Sicherheitssystem zu schaffen. S. im Weltmaßstab ist heute abhängig von der S. der beiden Supermächte USA und Sowjetunion und ihrem wechselseitigen Konflikt- und Kooperationsverhalten. Zw. diesen und unter ihrer Führung zw. den Militärblöcken NATO und Warschauer Pakt entstand ein neues, „prekäres" Gleichgewicht des Schreckens, das auf dem atomaren Patt und der Möglichkeit beruht, einander mehrfach zu vernichten. Ziel der S. seit Anfang der 1960er Jahre ist es, dieses Gleichgewicht aufrechtzuerhalten und gleichzeitig zu entschärfen. Hierzu dienen Bemühungen, einen ungewollten Vernichtungskrieg zu verhindern (↑ auch Abrüstung). Wichtigstes Ereignis dieser Entspannungspolitik war die Konferenz über Sicherheit und Zusammenarbeit in Europa (KSZE) mit ihren Folgekonferenzen.

**Sicherheitspolizei,** Abk. Sipo, ↑ Schutzstaffel.

**Sicherheitsrat der UN** ↑ UN.

**Sicherheitsschloß** ↑ Schloß.

**Sicherheitsventil** (Überdruckventil), feder- oder gewichtsbelastetes Ventil zur Druckbegrenzung z. B. in Druckbehältern; öffnet automat. bei unzulässig hohem Innendruck.

**Sichern,** in der Waffentechnik das mechan. oder elektr. Verriegeln der Abfeuereinrichtung von Feuerwaffen.

**Sicherstellungsgesetz,** sog. einfaches Notstandsgesetz (↑ Notstand), das die für Zwecke der Verteidigung, insbes. zur Deckung des Bedarfs der Zivilbevölkerung und der Streitkräfte, erforderl. Versorgung mit Gütern und Leistungen sicherstellen soll, nämlich das Wirtschafts-S., das Wasser-S., das Ernährungs-S. und das Verkehrs-S. vom 24. 8. 1965, die - bis auf das Wasser-S. - im Okt. 1968 neu gefaßt worden sind, sowie das Arbeits-S. vom 9. 7. 1968. Die S. ermächtigen die Bundesregierung, im Wege der Rechtsverordnung für den Spannungs- und Verteidigungsfall weitreichende Lenkungs-, Bewirtschaftungs- und Bevorratungsvorschriften zu erlassen. Bundestag und Bundesrat stehen über das Verordnungsrecht erweiterte Kontrollrechte zu. Das *Arbeits-S.* enthält Ermächtigungen zu Eingriffen in das Arbeitsleben (z. B. Begründung von Zwangsarbeitsverträgen und Dienstleistungsverpflichtungen von Frauen in Sanitätsdiensten) und ist insoweit ein AusführungsG zu Art. 12a GG.

**Sicherung** (elektr. S.), Schutzvorrichtung gegen unzulässig hohe Erwärmung elektr. Leitungen (Brandschutz) und Betriebsmittel (Geräteschutz) bei Überstrom, verursacht durch Kurzschluß, Erdschluß oder Überlast. Die *Schmelz-S.* besteht aus einem mit Quarzsand gefüllten Porzellanrohr, in dem ein dünner [Schmelz]draht eingebettet ist, der bei Überstrom schmilzt. Bei *Fein-S.* befindet sich der Schmelzdraht in einem Glasröhrchen. *Siche-*

# Sicherungsabtretung

*rungsautomaten* arbeiten mit einem elektromagnet. Auslöser, der ab einem bestimmten Überstrom (Vielfaches des Nennstroms) das Schaltwerk unverzögert betätigt; im Bereich niedriger Überströme wirkt ein therm. Bimetallauslöser verzögert, damit nicht bereits eine kurzzeitige, vorübergehend zulässige Überlastung zu unnötiger Betriebsunterbrechung führt. *Fehlerstromschutzschalter (FI-Schalter)* vergleichen den in einen Stromkreis hineinfließenden mit dem zurückfließenden Strom und unterbrechen automat. bei einer bestimmten Differenz als Folge eines Erdschlusses. - Abb. S. 152.

**Sicherungsabtretung,** Sicherheitsleistung für eine Forderung durch ↑ Abtretung einer Forderung des Schuldners an den Gläubiger.

**Sicherungsgrundschuld,** eine ↑ Grundschuld zur Sicherung einer Forderung.

**Sicherungshypothek** ↑ Hypothek.

**Sicherungsübereignung,** Übereignung einer Sache des Schuldners an den Gläubiger (anstelle einer Verpfändung) zur Sicherung einer Forderung, wobei dem Schuldner Besitz und Nutzungsmöglichkeit verbleiben (Besitzkonstitut). Erfüllt der Schuldner seine Verbindlichkeit, so fällt das Eigentum an ihn zurück. Die S., die sich v. a. im Kreditgeschäft durchgesetzt hat, ist im Gesetz nicht vorgesehen, hat sich aber im Rechtsverkehr als eine Art Ersatz für das nach dt. Recht nicht mögliche besitzlose Pfandrecht eingebürgert.

**Sicherungsverfahren,** ein von der Staatsanwaltschaft zu beantragendes Verfahren, das die selbständige Anordnung von ↑ Maßregeln der Besserung und Sicherung (z. B. Unterbringung in einer sozialtherapeut. Anstalt oder Erziehungsanstalt, ↑ Sicherungsverwahrung, Anordnung des Berufsverbots, Aberkennung der Fahrerlaubnis) bei Schuld- oder Verhandlungsunfähigkeit eines Straftäters ermöglicht. Bei Jugendlichen darf das S. nicht durchgeführt werden.

**Sicherungsverwahrung,** schwerste freiheitsentziehende ↑ Maßregel der Besserung und Sicherung, die der Sicherung der Allgemeinheit vor gefährl. Hangtätern (§ 66 StGB) dient. Das Gericht ordnet die S. bei einer Verurteilung wegen einer vorsätzl. Straftat zu einer Freiheitsstrafe von mindestens zwei Jahren neben der Strafe an, wenn der Täter schon zweimal rechtskräftig zu einer Freiheitsstrafe von mindestens einem Jahr verurteilt wurde (Jugendstrafe oder zur Bewährung ausgesetzte Strafe genügt), er deshalb mindestens zwei Jahre Freiheitsstrafe verbüßt hat oder einer Maßregel der Besserung und Sicherung unterworfen war, und seine Gesamtwürdigung ergibt, daß er infolge eines Hanges zu erhebl. Straftaten für die Allgemeinheit gefährl. ist. Die S. kann unabhängig von einer früheren Verurteilung oder Freiheitsentziehung angeordnet werden, wenn der Täter drei vorsätzl. Straftaten begangen hat, durch die er jeweils Freiheitsstrafe von mindestens einem Jahr verwirkt hat und er wegen dieser Taten zu einer Freiheitsstrafe von mindestens drei Jahren verurteilt wird. Ab 1. 1. 1985 ist Voraussetzung für die Anordnung der S., daß der Täter 25 Jahre alt ist. Die S. dauert bei der ersten Unterbringung höchstens 10 Jahre, bei wiederholter Unterbringung ist sie zeitl. unbeschränkt, das Gericht muß jedoch alle 2 Jahre prüfen, ob die S. zur Bewährung ausgesetzt werden kann. Ähnl. Regelungen gelten im *östr.* und *schweizer. Recht.*

**Sichler** (Threskiornithinae), rd. 20 Arten umfassende Unterfam. bis 1 m langer ↑ Ibisse, v. a. in sumpfigen und gewässerreichen Landschaften der Tropen und Subtropen; stochern mit ihrem langen, sichelförmig nach unten gebogenen Schnabel in Böden und Schlamm nach Nahrung (bes. Insekten, Würmer, Weichtiere); Koloniebrüter, die ihre Nester vorwiegend auf Bäumen bauen. - Zu den S. gehören u. a. der **Hagedasch** (Hagedashia hagedash; etwa 70 cm lang, Gefieder grau- es olivbraun, Rücken metall. grün, Schwingen stahlblau; in Afrika südl. der Sahara), der **Heilige Ibis** (Threskiornis aethiopica; bis 75 cm lang, Gefieder weiß, Schwungfedern mit schwarzen Spitzen, innere Armschwingen schwarz, Schnabel, Kopf und Hals nackt und schwarz; in Afrika südl. der Sahara, Arabien und Mesopotamien; im alten Ägypten hl. Vogel), der **Rote Sichler** (Scharlach-S., Eudocimus ruber; etwa 65 cm lang; NO-Küste S-Amerikas), der einzige noch in Europa (bes. Donaudelta und S-Spanien) brütende **Braune Sichler** (Plegadis falcinellus; etwa 55 cm lang; Gefieder dunkelbraun mit metall. grün schimmernden Flügeln; S-Eurasien, Australien, Afrika, Westind. Inseln) und der **Waldrapp** (Schopfibis, Geronticus eremita; bis 75 cm lang, schwarz, nackter roter Kopf und roter Schnabel; in Marokko und SW-Asien).

**Sichote-Alin** [russ. sixa'tɛa'linj], Gebirgssystem im Fernen Osten der UdSSR, erstreckt sich 1 200 km lang zw. der Peter-der-Große-Bucht im S und der Mündung des Amur im N, 200–250 km breit, bis 2 077 m hoch.

**Sicht,** Bez. für die Güte der S.barkeit von Objekten (*S.zielen*) in der Atmosphäre (*atmosphär. S., meteorolog. S.*). Der ständig vorhandene, jedoch schwankende Gehalt der Luft an festen und flüssigen Bestandteilen (Dunst, Nebel) verursacht unterschiedl. Trübung der Luft und damit gute oder schlechte S.verhältnisse. Die größte Entfernung, bis zu der ein Objekt in horizontaler Richtung bei normalen Beleuchtungsverhältnissen noch deutl. erkennbar ist, wird als **Sichtweite** bezeichnet. Eine gesetzmäßige Begrenzung der S.weite ist durch die Erdkrümmung gegeben (*geometr. S., geograph. S.*).

**Sichtbeton,** im Rohzustand belassene Betonwand, -decke o. ä.; Oberflächengestaltung durch spezielle Betonverarbeitung oder Schalung.

**Sichteinlagen** ↑ Einlagen.

**Sichtfeld** ↑ Gesichtsfeld.

**Sichtflug,** Flug eines Luftfahrzeugs, bei dem der Pilot - im Ggs. zum ↑ Instrumentenflug - die Flugführung nach Sicht durchführt, d. h. gemäß den S.*regeln* (*VFR,* Abk. für engl. visual flight rules), die bestimmte Mindestsichtweiten, Mindesthöhen der Hauptwolkenuntergrenze, die Einhaltung von Mindestabständen von Wolken u. a. festlegen.

**Sichtgerät** (Sichtanzeigegerät), Bez. für ein Gerät einer elektron. Datenverarbeitungsanlage, einer Radaranlage u. ä., das dem Benutzer die gewünschte Information in Form von Schrift, einer graph. Darstellung u. ä. auf einem Bildschirm sichtbar macht.

**Sichtvermerk** (Visum), Urkunde über die Genehmigung des Grenzübertritts, meist in den Paß gestempelt. Der Antrag auf Erteilung eines S. ermöglicht den Behörden die präventive Kontrolle der Einreise und des Aufenthalts (↑ Aufenthaltserlaubnis). Ein S. ist internat. übl. für Ausländer, jedoch bestehen Ausnahmen, v. a. in Westeuropa, für Angehörige befreundeter Staaten u. a. In den kommunist. Staaten wird auch für die Ausreise eigener Staatsangehöriger ein S. verlangt. - ↑ auch Paßwesen.

**Sichtwechsel,** Wechsel, der nicht an einem bestimmten Kalendertag, sondern bei Vorlage (auf Sicht) oder eine bestimmte Zeit danach (Nach-S.) zur Zahlung fällig ist.

**Sichtweite** ↑ Sicht.

**Siciliano** [...tʃi...; italien.] (Siciliana, frz. Sicilienne), Vokal- oder Instrumentalstück des 17./18. Jh. in zunächst schnellem, im 19. Jh. langsamerem $^6/_8$- oder $^{12}/_8$-Takt, oft mit einer lyr. Melodie im punktiertem Rhythmus, einer Begleitung aus gebrochenen Akkorden und in Moll stehend. Zunächst in Opern und Kantaten, im 18. Jh. in der Klavier-, Kammer- und Orchestermusik.

**Sickeranlagen,** Vorrichtungen und Anlagen, die das Versickern von Niederschlags- und Abwasser im Boden beschleunigen; z. B. gelochte *Sickerrohre* oder mit Kies (Filterwirkung) gefüllte *Sickerschächte* oder *-gruben.*

**Sickerblutung,** diffuse, breitflächige Kapillarblutung (↑ Blutung).

**Sickerwasser,** Anteil des Niederschlags, der weder verdunstet noch an der Erdoberfläche abfließt, sondern im Untergrund versickert.

**Sickingen,** Franz von, * Ebernburg (= Bad Münster am Stein-Ebernburg) 2. März 1481, † Landstuhl 7. Mai 1523, Reichsritter. - Erwarb sich durch Fehden und Kriegszüge eine starke Stellung am Mittelrhein; 1515 geächtet, trat in frz., 1518 in kaiserl. Dienste. 1519 trug er durch Druck auf die Kurfürsten zur Wahl Kaiser Karls V. bei und beteiligte sich an der Vertreibung Hzg. Ulrichs von Württemberg. Von U. von Hutten für die Reformation gewonnen; 1522 Hauptmann eines Bundes der schwäb. und rhein. Reichsritterschaft. S. begann den Kampf gegen die Fürstenmacht (**Sickingensche Fehde**) mit einer Fehde gegen Trier, das er vergebl. belagerte; mußte sich im April 1523 den verbündeten Fürsten von Trier, Hessen und der Pfalz ergeben.

**sic transit gloria mundi!** [lat. „so vergeht die Herrlichkeit der Welt!"], dem altröm. Triumphzeremoniell entstammender, dem zu seiner Krönung einziehenden Papst geltender Zuruf (seit dem 12. Jh.), begleitet von der symbol. Verbrennung von Werg.

**Siddharta** [Sanskrit „der sein Ziel erreicht hat"], Beiname des ↑ Buddha.

**Siddur** [hebr. „(Gebets)ordnung"], das jüd. Gebetbuch für den tägl. Gottesdienst.

**Side,** antike Stadt an der S-Küste Kleinasiens auf einer Landzunge, heutiges Dorf Selimiye, sö. von Antalya, Türkei; in der röm. Kaiserzeit die Metropole Pamphyliens; eine 500 m lange Säulenstraße führt von Zentrum mit Forum, Bad (heute Museum) und Theater (für 15 000 Zuschauer; 2. Jh. n. Chr.) zur Landspitze, wo sich die Reste der beiden Haupttempel von S. (Apollon- und Athenatempel, 2. Jh.) und einer byzantin. Basilika (9. Jh.) befinden.

**Sideboard** [engl. 'saɪdbɔːd; eigtl. „Seitenbrett"], engl. Kredenztisch (frühe Beispiele im 16. Jh.), heute Bez. für ein langes flaches Anrichtemöbel.

**siderisch** [lat.], auf die Sterne bezogen.

**siderischer Monat** [lat./dt.] ↑ Monat.

**siderisches Pendel** [griech./mittellat.], im Okkultismus verwendetes Metallstück an einem dünnen Faden (oder einem Haar), das - ähnl. der Wünschelrute - in den Händen medial veranlagter Personen durch Ausschlagen Wasser, Erz u. a. nachweisen soll.

**siderische Umlaufzeit** [lat./dt.] ↑ Umlaufzeit.

**Siderographie** [griech.] (Stahlstichdruck), Tiefdruckverfahren mit gravierter Stahlplatte als Druckform; v. a. zum Drucken von Briefmarken, Wertpapieren.

**Siders** (frz. Sierre), Bez.hauptort im schweizer. Kt. Wallis, am rechten Rhoneufer, 533 m ü. d. M., 13 100 E. Weinhandel, Metallverarbeitung. - Kirche Notre-Dame-des-Marais (1331 und 1422) mit spätgot. Fresken, Viztumschloß (15. Jh.), zahlr. Häuser aus dem 17. und 18. Jahrhundert.

**Sidi-Bel-Abbès,** alger. Dep.hauptstadt im westl. Tellatlas, 470 m ü. d. M., 116 000 E. Garnison; landw. Handelszentrum; Nahrungsmittel- u. a. Ind., Straßenknotenpunkt an der Bahnlinie Oran-Oujda. - Gegr. 1849.

**Sidi Muhammad V. Ibn Jusuf** ↑ Muhammad V., König von Marokko.

# Sidney

**Sidney,** Sir Philip [engl. 'sɪdnɪ], * Penshurst (Kent) 30. Nov. 1554, † Arnheim 17. Okt. 1586, engl. Dichter. - Aus engl. Hochadel; hoher Würdenträger. Sein Roman „Arcadia" (1. Fassung begonnen um 1580, gedruckt 1926; 2. Fassung [Fragment] gedruckt 1590) ist ein bed. Beitrag zur engl. Schäferdichtung. Beeinflußte als Essayist die zeitgenöss. und spätere, v. a. die romant. engl. Poetik.

**Sidon** ↑ Saida.

**SIDS** [engl. sɪdz; Abk. für engl.: sudden infant **d**eath **s**yndrome; = plötzl. Tod im Kindesalter], meist während des Schlafs bei Säuglingen und Kleinkindern auftretender Atemstillstand, der zu einem plötzl. Tod führt. Als Ursachen werden eine Störung der Atemregulation und eine Unterentwicklung des Kinn-Zungen-Muskels vermutet. Diskutiert wird auch die These, daß die starke Luftverschmutzung ein zusätzliches Risiko für den besonders empfindl. Atmungstrakt der Säuglinge und ihr noch nicht voll ausgebildetes Immunsystem ist.

**Sieb,** Vorrichtung zum Abtrennen fester Substanzen aus fest-flüssigen Gemischen oder zum Trennen körniger Stoffe nach Korngrößen.

**Siebbein** (Riechbein, Ethmoid, Ethmoidale, Os ethmoidale), unpaarer, zweiseitigsymmetr. Schädelknochen zwischen den Augenhöhlen des Menschen an der Schädelbasis (↑ auch Schädel). Von einer horizontalen, längl., für den Durchtritt der Fasern des (paarigen) Riechnervs siebartig durchlöcherten Knochenplatte (**Siebplatte,** Lamina cribrosa)

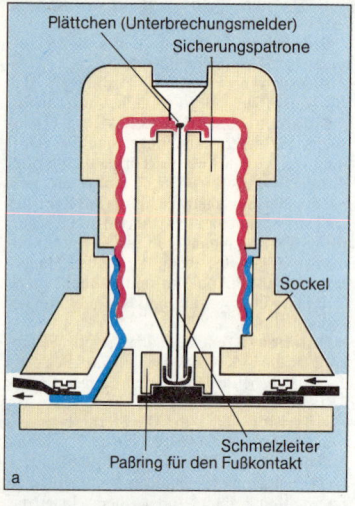

Sicherung.
a Schmelzdrahtsicherung;
b Sicherungsautomat mit elektromagnetischem Auslöser bei hohem Überstrom und thermischem Auslöser (Bimetall) bei niedrigem Überstrom (1 elektromagnetischer Auslöser, 2 thermischer Auslöser, 3 Festkontakt, 4 beweglicher Kontakt, 5 Festkontakt, 6 Schlaganker 7 Magnetkern, 8 Schlagbolzen, 9 Schlaghebel, 10 Auslöseklinke, 11 Klinkenhebel, 12 Feder, 13 Druckknopf; blaue Linie: Stromverlauf der thermischen, rote Linie: Stromverlauf der elektromagnetischen Komponente);
c Kipphebel-Sicherungsautomat

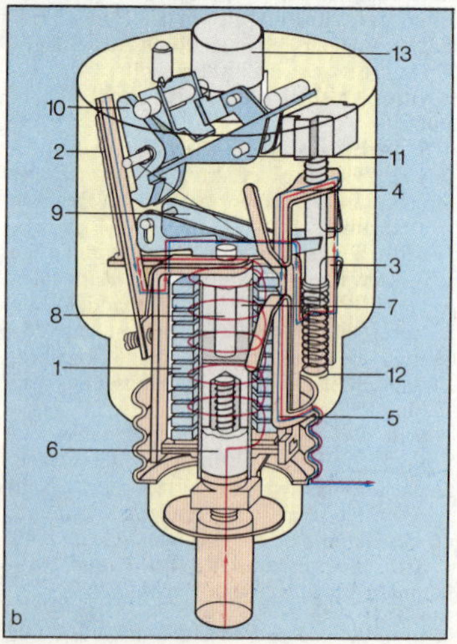

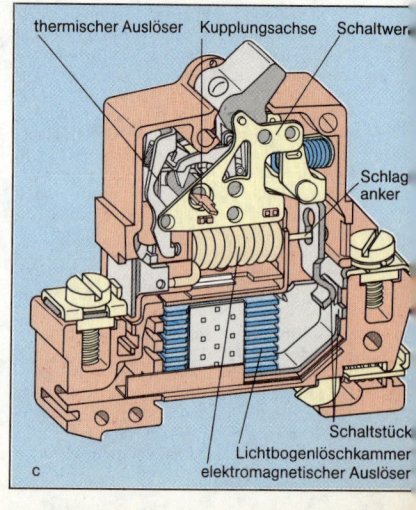

zw. Stirn- und Nasenhöhle ragt ein kleiner, medianer Knochenkamm (**Hahnenkamm**, Crista galli) in die Schädelhöhle vor, während nach der Nasenregion zu median eine den oberen Teil des Nasenseptums bildende Knochenlamelle verläuft. Seitl. von dieser verlaufen zwei voluminöse, von zu den Nasennebenhöhlen zählenden Hohlräumen (S.*zellen*, S.*höhlen*, Cellulae ethmoidales) durchsetzte Knochenkörper, die die in die Nasenhöhlen vorragenden mittleren und oberen Nasenmuscheln tragen.

**Siebdruck** (Serigraphie) ↑ Drucken.

**Siebeck**, Richard, * Freiburg im Breisgau 10. April 1883, † Heidelberg 15. Mai 1965, dt. Internist. - Prof. in Bonn, Berlin und Heidelberg. Sein bes. Interesse galt der Ganzheitsmedizin (u. a. „Medizin in Bewegung", 1949).

**Sieben**, die Primzahl S. spielt als vollkommene od. hl. Zahl im Zahlendenken vieler Völker eine herausragende Rolle. Für Astronomie und Astrologie sowie für die Einteilung der Woche stellte sie schon in babylon. Zeit ein Grundmaß dar. Die jüd. Religion kannte 7 Schöpfungstage, die Antike die ↑ Sieben Weltwunder. Für das christl. Denken wurden aus der Bibel wichtig: der siebenarmige Leuchter, das Buch mit den 7 Siegeln und die siebenfältige Gnade (gegenüber den 7 Hauptsünden). Im Volksglauben ist die „böse S." als Unglückszahl bezeugt.

**siebenarmiger Leuchter** ↑ Menora.

**Sieben Berge**, Bergzug im Niedersächs. Bergland, entlang dem rechten Ufer der Leine, in der Hohen Tafel 395 m hoch.

**Siebenbürgen** (rumän. Transilvania, Ardeal; Transsilvanien), Gebiet in Rumänien, umfaßt im wesentl. das von den Karpaten im N, O und S sowie dem Westsiebenbürg. Gebirge im W begrenzte **Siebenbürg. Hochland**, aber auch am Rand gelegene Teile dieser Gebirge selbst. Das Siebenbürg. Hochland, ein von Flüssen zerschnittenes Hügelland, liegt 300–800 m hoch. Das Klima ist gemäßigt kontinental. Der urspr. Buchen-Steineichen-Wald ist für die landw. Nutzung weitgehend gerodet worden: Anbau von Getreide, Obst und Wein, Viehzucht. Begünstigt durch die Bodenschätze des Hochlandes (Erdgas und Salz) und der umgebenden Gebirge (Stein- und Braunkohle sowie Erze) hat sich Ind. entwickelt. Größte Städte sind Klausenburg, Kronstadt, Hermannstadt und Tîrgu Mureș. Die Bev. ist ethn. nicht einheitl.: Neben den Rumänen bilden Ungarn und Deutsche bed. Minderheiten, kleinere daneben Zigeuner, Juden und Armenier.

*Geschichte:* Seit Beginn des 10. Jh. sind kleine Woiwodschaften der einheim. rumän. Bev. entstanden, die seit Beginn des 11. Jh. den Magyaren unterlagen. Magyaren, Siebenbürger Sachsen (ab etwa 1150) und der Dt. Orden (1211–25 im Burzenland) wurden angesiedelt; 1213 werden die Szekler erstmals urkundl. erwähnt. Ende des 13. Jh./Anfang des 14. Jh. kam es zu ersten Autonomiebestrebungen der siebenbürg. Woiwoden. Nachdem die Osmanen 1442 von dem siebenbürg. Woiwoden J. Hunyadi zweimal geschlagen worden waren, wurde S. 1541 eigenständiges Ft. unter osman. Oberhoheit. Seit 1683 mußte S. die östr. Oberhoheit anerkennen; 1691 wurde es dem Haus Österreich unterstellt. In der 1. Hälfte des 18. Jh. begann die Auseinandersetzung um die Gleichberechtigung der Rumänen mit den 3 anderen Nationen; Wortführer waren die Vertreter der griech.-kath. (unierten) Kirche und der Siebenbürg. Schule. 1867 wurde S. ungar. Die Magyarisierungspolitik stieß auf den entschiedenen Widerstand der Rumänen und Sachsen, die sich nach dem 1. Weltkrieg für den Anschluß an Rumänien aussprachen. 1940–47 gehörte Nord-S. mit dem Szeklergebiet vorübergehend zu Ungarn (↑ Rumänien, Geschichte).

📖 *Wagner, Ernst:* Histor.-statist. Ortsnamenbuch f. S. Köln u. Wien 1978.

**Siebenbürger Erzgebirge**, Gebirgsgruppe im S des Westsiebenbürg. Gebirges, Rumänien, bis 1438 m hoch; gold- und silberhaltige Erzvorkommen.

**Siebenbürger Sachsen**, dt. Volksgruppe in Siebenbürgen. Erstmals um 1150 kamen dt. Kolonisten nach Ungarn und siedelten wie in der Zips auch im südl. und sö. Teil Siebenbürgens, v. a. im Gebiet des oberen Alt (Hermannstadt), im Nösnergau (Bistritz) und im Burzenland (Kronstadt). Es waren wohl überwiegend Moselfranken; der Name „Sachsen" ist keine Herkunftsbez., sondern war in SO-Europa für dt. Bergleute in Gebrauch. König Andreas II. bestätigte 1224 die Freiheiten der S. S. und legte damit deren rechtl. und polit. Sonderstellung bis in die Neuzeit fest. Die Einfälle der Mongolen (1241) und später der Osmanen zwangen zur Errichtung von Befestigungen (v. a. Kirchenburgen). Die Reformation führte zur Entstehung einer selbständigen luth. Landeskirche, mit eigenem Bischof, die entscheidendes für die kulturelle Entwicklung und die Erhaltung der S. S. tat. Die Zahl der S. S. betrug 1940 rd. 250 000, die sich durch Umsiedlung, Kriegsverluste, Verschleppung und Abwanderung auf heute rd. 150 000 Personen verringerte.

**Siebenbürger Tracht** ↑ Volkstrachten.

**Siebenbürgische Schule** (rumän. Școala ardeleană), Gruppe rumän. Schriftsteller und Dichter in Siebenbürgen im 18./19. Jh. (↑ rumänische Literatur).

**Siebener-Schiiten** ↑ Ismailiten.

**Sieben Freie Künste** ↑ Artes liberales.

**Siebengebirge**, rechtsrhein., vulkan. Berggruppe im Rhein. Schiefergebirge. Die Erhebungen (Großer Ölberg 460 m, Löwenburg 455 m, Drachenfels 321 m, Petersberg 331 m) sind dicht bewaldet.

## Sieben gegen Theben

**Sieben gegen Theben,** in der griech. Mythologie Bez. für den trag. Höhepunkt des theban. Sagenkomplexes: den Heereszug von sieben Fürsten unter Führung des Adrastos gegen Theben, um Polyneikes, den Sohn des Ödipus, wieder in jene Rechte einzusetzen, um die ihn sein Bruder Eteokles, der nunmehrige König der Stadt, betrogen hat. An dem Unternehmen beteiligen sich neben Adrastos und Polyneikes: Tydeus, Kapaneus, Hippomedon, Amphiaraos und Parthenopaios. Den drohenden Sieg der Belagerer hindert der von dem Seher Teiresias geforderte freiwillige Opfertod von Kreons Sohn Menoikeus. Erst 10 Jahre später gelingt es den ↑Epigonen, Theben zu erobern. - Von den antiken Bearbeitungen des Stoffes haben sich u. a. Dramen von Aischylos und Euripides erhalten.

**Sieben Gemeinden,** italien. Großgemeinde auf dem Altiplano d'Asiago im westl. Venetien, Hauptort ↑Asiago. In den ehem. dt. Gem. haben sich dt. Siedlungsformen, Namen und Sprachreste erhalten.

**Siebengestirn** ↑Plejaden.

**Sieben Hügel** (italien. Sette Monti), histor. Name für die Erhebungen im Stadtgebiet von Rom: Aventin, Caelius mons, Esquilinischer Hügel, Kapitol, Palatin, Quirinal und Viminal.

**Siebenjähriger Krieg,** Bez. für den *3. Schles. Krieg* und den gleichzeitigen frz.-brit. Krieg in den Kolonien (1756-63). - Friedrich II. von Preußen, verbündet mit Großbrit., fiel nach dem Beitritt der Zarin Elisabeth zur russ.-östr. Allianz in Kursachsen ein (29. Aug. 1756), um eine Aufmarschbasis gegen Österreich zu haben. Bei Lobositz (1. Okt. 1756) zwang er die Sachsen zur Kapitulation und besiegte die Österreicher bei Prag (6. Mai 1757), mußte Böhmen aber nach der Niederlage bei Kolín (18. Juni 1757) wieder räumen. Im Herbst 1757 waren die Lausitz und Niederschlesien verloren, die Russen waren nach dem Sieg bei Groß Jägersdorf (30. Aug. 1757) in Ostpreußen, die Schweden in Pommern eingefallen. Die brit. Festlandsarmee wurde nach der Niederlage von Hastenbeck (26. Juli 1757) gegen die Franzosen in der Konvention von Kloster Zeven zur Auflösung gezwungen. Durch die Siege bei Roßbach (5. Nov. 1757) gegen Franzosen und Reichstruppen und bei Leuthen (5. Dez. 1757) gegen die Österreicher gelang es Friedrich, die drohende Niederlage abzuwenden. Nach einer gescheiterten Offensive gegen Mähren mußte er sich gegen einen Einfall der Russen wenden (Sieg bei Zorndorf, 25. Aug. 1758) und gegen die Österreicher, die das preuß. Lager bei Hochkirch erobert hatten (14. Okt. 1758). Während die Briten durch einen Sieg über die Franzosen bei Krefeld (23. Juni 1758) die Westfront gefestigt hatten, unterlag Friedrich den Russen bei Kunersdorf (12. Aug. 1759). Trotz zweier Siege (Liegnitz, 15. Aug. 1760; Torgau, 3. Nov. 1760) verschlechterte sich seine Lage, da W. Pitt d. Ä. gestürzt und die Zahlung der brit. Subsidien eingestellt worden war. Der Tod der Zarin Elisabeth (5. Jan. 1762) brachte die entscheidende Wende (preuß.-russ. Separatfriede und Bündnis 5. Mai/19. Juni 1762). Nach preuß. Erfolgen bei Burkersdorf (21. Juli 1762) und Freiberg (29. Okt. 1762) brachte der Friede von Hubertusberg (15. Febr. 1763) eine Bestätigung des territorialen Status quo und die preuß. Zusage zur Wahl des späteren Kaisers Joseph II. zum Röm. König. - Der Krieg in den *Kolonien* wurde nach den brit. Siegen über die frz. Flotten durch die brit. Kontrolle der überseeischen Nachschublinien entschieden. In N-Amerika mußten die Franzosen nach der Schlacht von Quebec (13. Sept. 1759) und nach der Kapitulation Montreals (8. Sept. 1760) Kanada sowie bis 1762 die Besitzungen im Karib. Meer aufgeben. Nach dem Kriegseintritt Spaniens (1761) besetzten die Briten auch Kuba (Juni 1762) und die Philippinen (Sept. 1762). - In Afrika eroberten die Briten im Mai 1758 die frz. Stützpunkte im Mündungsgebiet des Senegal; in Indien konnte sich R. Clive durchsetzen. Nach dem Sieg bei Plassey (23. Juni 1757) gegen den Nabob der Bengalen und bei Vandivash (Jan. 1760) fiel im Januar 1761 der letzte frz. Stützpunkt, Pondichéry (Pondicherry). Im Vorfrieden von Fontainebleau (3. Nov. 1762) trat Frankr. Louisiane östl. des Mississippi an Spanien ab; im Pariser Frieden (10. Febr. 1763) verlor es fast alle Besitzungen in N-Amerika und Indien an Großbritannien.

📖 *Schlenke, M.: England u. das friderizian. Preußen 1740-1763.* Freib. u. Mchn. 1963. - *Archenholtz, J. W. v.: Gesch. des S. K. in Deutschland.* Leipzig 1911. *Unveränderter Nachdruck Osnabrück 1983.*

**Siebenkampf,** leichtathlet. Mehrkampf für Frauen, bestehend aus 100-m-Hürdenlauf, Kugelstoßen, Hochsprung, 200-m-Lauf am 1. Tag, Weitsprung, Speerwerfen und 800-m-Lauf am 2. Tag.

**Siebenpunkt** ↑Marienkäfer.

**Siebenschläfer,** nach der Legende 7 christl. Brüder, die bei der Verfolgung unter Decius in eine Höhle bei Ephesus flüchteten, dort eingemauert wurden; durch ein Wunder in einen 200jährigen Schlaf versetzt, bezeugten sie anschließend die leibl. Auferstehung von den Toten; Tag: 27. Juni. - ↑auch Lostage.

**Siebenschläfer** (Glis glis), bes. in Laubwäldern, Obstgärten und Parkanlagen Europas und SW-Asiens weit verbreiteter ↑Bilch; Körperlänge 15-20 cm; Schwanz buschig behaart, 10-15 cm lang; Oberseite einfarbig grau, um die Augen etwas dunkler, Unterseite weiß; zieml. geselliger, überwiegend dämmerungs- und nachtaktiver, gewandter Springer und Kletterer; kommt bes. im Herbst nicht selten in Gebäude (Speicher); frißt vorwie-

Siebenschläfer

gend Knospen, junge Blätter, Früchte, Samen und Kleintiere. Nach einer Tragezeit von etwa einem Monat bringt das ♀ 2–8 nackte, blinde Junge zur Welt. - S. halten einen langen, je nach klimat. Bedingungen 7–9 Monate dauernden Winterschlaf etwa zw. Sept./Okt. und April/Mai. Sie bauen Nester aus Pflanzenmaterial in Erdlöchern oder über der Erde in Baumhöhlen, Nistkästen o. ä., selten auch freistehende kugelförmige Nester (Kobel). S. können bis fünf (selten sieben) Jahre alt werden. Sie sind ungeeignet als Haustiere. S. galten bei den Römern als Delikatesse.

**Siebenstern** (Trientalis), Gatt. der Primelgewächse mit nur 3 Arten in den gemäßigten und kälteren Gebieten der Nordhalbkugel; kleine Stauden mit wechselständigen Stengelblättern, obere Stengelblätter quirlig zusammenstehend; Blüten einzeln, an fadenartigen, langen Stielen mit 7 Kronblättern. In Deutschland v. a. in Mooren, Heiden und in Nadelwäldern heim. ist der mehrjährige **Europ. Siebenstern** (Trientalis europaea): mit aufrechten, bis 25 cm langen Stengeln, großen, oberen Rosettenblättern und weißen Blüten.

**Siebenstromland**, Landschaft im SO der Kasach. SSR, zw. Balchaschsee, Tienschan und Dsungar. Alatau; ben. nach den 7 Zuflüssen des Balchaschsees.

**Siebentagefieber**, svw. ↑Denguefieber.

**Siebenter Himmel**, nach islam. Vorstellung der oberste Himmel, in dem die Engel das Lob Allahs singen; beruht auf Zahlensymbolik.

**Sieben Weise**, Gruppe histor. Persönlichkeiten der griech. Geschichte, denen knapp formulierte Lebensweisheiten zugeschrieben werden: Kleobulos von Lindos („Maßhalten ist das Beste"), Solon von Athen („Nichts im Übermaß"), Chilon von Sparta („Erkenne dich selbst"), Bias von Priene („die meisten Menschen sind schlecht"), Thales von Milet, Pittakos von Mytilene, Periander von Korinth.

**Sieben Weltwunder**, im Altertum schon berühmte Bau- und Kunstwerke: 1. die ägypt. Pyramiden, 2. die hängenden Gärten der Semiramis, 3. der Tempel der Artemis in Ephesus (Mitte des 6. Jh. v. Chr.), 4. das Kultbild des Zeus von Olympia von Phidias (um 430 v. Chr.), 5. das Mausoleum zu Halikarnassos (Mitte des 4. Jh. v. Chr.), 6. der Koloß von Rhodos (Statue des Helios, um 285 v. Chr.), 7. der Leuchtturm der ehem. Insel Pharus bei Alexandria (vollendet 279 v. Chr.). *Ekschmitt, W.: Die S. W. Ihre Erbauung, Zerstörung u. Wiederentdeckung. Mainz 1984. - Radowitz, G. v.: Die s. W. Würzburg 1985.*

**Siebert**, Ilse, dt. Schriftstellerin, ↑Langner, Ilse.

**Siebhaut**, svw. ↑Decidua.

**Siebkette**, svw. ↑Siebschaltung.

**Siebmacher**, Johann, * Nürnberg, † ebd. 23. März 1611, dt. Maler und Kupferstecher. Hg. des nach ihm benannten Wappenbuches, aus dem bis heute etwa 19 000 Wappen veröffentlicht sind.

**Siebold**, Würzburger Gelehrtenfamilie. Bed. Vertreter:

**S.**, Karl Theodor Ernst von, * Würzburg 16. Febr. 1804, † München 7. April 1885, Arzt und Zoologe. - Prof. in Erlangen, Freiburg, Breslau und München. S. erarbeitete die Grundlagen der Systematik und der vergleichenden Anatomie der Wirbellosen; er erkannte die Einzeller als selbständige Gruppe und entdeckte die Jungfernzeugung bei Insekten.

**S.**, Philipp Franz Jonkheer (seit 1842) van, eigtl. P. F. von S., * Würzburg 17. Febr. 1796, † München 18. Okt. 1866, Arzt und Naturwissenschaftler. - Als Arzt in niederl. Diensten u. a. längere Aufenthalte (1823–29 und 1859–62) in Japan; veröffentlichte bed. Beiträge zur Erforschung Japans.

**Siebplatte** ↑Siebbein.

**Siebröhren**, Transportbahnen für Assimilate (Kohlenhydrate, Fette) im Siebteil (Phloem) der Farne und Samenpflanzen, bestehend aus langen Reihen lebender, kernloser Zellen, deren Quer- und Längswände von einer Vielzahl von Tüpfeln größeren (S.glieder der Bedecktsamer) oder kleineren Durchmessers (Siebzellen der Farne und Nacktsamer) durchbrochen sind, die eine plasmat. Verbindung über die gesamte Röhrenlänge ermöglichen. Die S. überdauern meist nur eine Vegetationsperiode.

**Siebs**, Theodor, * Bremen 26. Aug. 1862, † Breslau 28. Mai 1941, dt. Germanist. - Prof. in Greifswald und Breslau; Hauptforschungsgebiete waren das Friesische und die altfries. Rechtsquellen. Sein Werk „Dt. Bühnenaussprache" (1898, ¹⁹1969 u. d. T. „Dt. Aussprache") wurde das maßgebl. Werk für die Bühnenaussprache sowie für die Hochlautung des Deutschen.

**Siebschaltung** (Siebkette), elektron. Schaltung zur Aussonderung bestimmter Frequenzbereiche aus einem Frequenzgemisch elektr. Wechselspannungen. Mit einer S. lassen sich auch die restl. Wechselstromkomponenten in einem aus dem Netzwechselstrom mittels Gleichrichters gewonnenen, pulsierenden Gleichstrom beseitigen.

**Siebte Flotte,** Großverband der amerikan. Kriegsmarine, im westl. Pazifik stationiert; besteht aus 2 Flugzeugträgern, 20 Kampfschiffen und 2 amphib. Truppenteilen.

**Siebteil** ↑ Leitbündel.

**Siebtuch,** svw. ↑ Drahtgewebe.

**Sieburg,** Friedrich, * Altena 18. Mai 1893, † Gärtringen (Landkr. Böblingen) 19. Juli 1964, dt. Schriftsteller und Publizist. - 1924–42 Korrespondent der „Frankfurter Zeitung" in Kopenhagen, Paris, London und Afrika; 1948–55 Mithg. der Zeitschrift „Die Gegenwart"; ab 1956 Leiter der Literaturbeilage der „FAZ". S., der dem NS nahestand, versuchte nach 1945 in kulturkrit. Essays die Trennung von „Literatur" und „Dichtung" zugunsten einer elitären „Kulturkritik" im polit. Feuilleton aufzuheben („Die Lust am Untergang", 1954); auch histor. Biographien und Übersetzungen.

**Siebzehnter Juni 1953,** Bez. für den Aufstand in der DDR am 17. Juni 1953. Nachdem am 9. Juni 1953 das SED-Politbüro wirtsch. Zugeständnisse v. a. an Mittelschichten und Bauern beschlossen hatte, jedoch die am 28. Mai verfügte Erhöhung der Arbeitsnormen für Ind.betriebe um generell 10% aufrechterhalten worden war, streikten und demonstrierten am 16. Juni die Bauarbeiter der Berliner Stalinallee. Daraus entwickelte sich am 17. Juni der Arbeiteraufstand in der gesamten DDR, in dessen Verlauf es in mehr als 250 Orten, darunter allen Ind.zentren, zu Streiks und Demonstrationen kam. 10% der Arbeitnehmer beteiligten sich am Aufstand, dessen urspr. wirtsch. Forderungen rasch in weitgehende polit. Forderungen (z. B. Rücktritt der Reg. und freie Wahlen) umschlugen. Der Aufstand wurde von sowjet. Truppen niedergeschlagen (zw. 25 und 300 Todesopfer; etwa 1 200 Verhaftete). - ↑ auch Deutsche Demokratische Republik (Geschichte).
📖 *Baring, A.: Der 17. Juni 1953. Stg. 1983.*

**Siebzehn und Vier,** populäres Kartenglücksspiel, gespielt zw. 2 und mehr Spielern mit 32 frz. Karten und Spielmarken.

**Siedebarometer,** svw. ↑ Hypsometer.

**Sieden,** Übergang einer Flüssigkeit in den gasförmigen Aggregatzustand, der im Ggs. zum oberflächenhaften Verdunsten unter Dampfblasenbildung im ganzen Flüssigkeitsvolumen vor sich geht. Dieser Übergang erfolgt bei der vom äußeren [Luft]druck abhängigen, für die betreffende Flüssigkeit charakterist. *Siedetemperatur* (↑ Siedepunkt).

**Siedepunkt** (Kochpunkt), Abk. Sp oder Kp, ein Wertepaar von Druck und Temperatur, das den Zustand eines chem. einheitl. Stoffes kennzeichnet, bei dem dieser unter ↑ Sieden vom flüssigen in den gasförmigen Aggregatzustand übergeht; der zu einer bestimmten Temperatur gehörende Druck wird dabei als **Siededruck,** umgekehrt die zu einem bestimmten [Luft]druck gehörende Temperatur als **Siedetemperatur** bezeichnet. Unter dem *normalen S.* versteht man den S., bei dem der Stoff unter dem Normdruck von 1,01325 bar (760 Torr) siedet (bei Wasser 100 °C). Durch Druckerniedrigung wird die Siedetemperatur allg. herabgesetzt. - Während alle chem. Elemente und Verbindungen bei vorgegebenem Druck eine scharfe Siedetemperatur besitzen, haben Mehrstoffgemische (z. B. Benzine) keinen scharfen S., sondern zeigen ein Siedeverlauf innerhalb bestimmter Siedegrenzen (sog. **Siedeintervall**). Als **Siedepunktserhöhung** bezeichnet man die Zunahme der Siedetemperatur von Lösungen schwerflüchtiger Stoffe gegenüber den reinen Lösungsmitteln.

**Siedesalz** ↑ Kochsalz.

**Siedewasserreaktor** ↑ Kernreaktor.

**Siedlce** [poln. ˈɛdltsɛ], poln. Stadt 90 km östl. von Warschau, 160 m ü. d. M., 62 900 E. Hauptstadt des Verw.-Geb. S.; kath. Bischofssitz; PH, Metall-, Textil- und Nahrungsmittelind. - 1430 erstmals erwähnt, 1549 Stadtrecht. - Das Stadtbild ist von klassizist. Bauten geprägt.

**Siedlung,** jede menschl. Niederlassung. Nach der Benutzungsdauer unterscheidet man die ständig (*Dauer-S.*) von der kurzfristig oder nur in einer bestimmten Saison bewohnten Siedlung. Außer den Behausungen umfaßt die S. die Grundstücke, Verkehrs- u. a. öffentl. Flächen sowie Kult- und Schutzanlagen.
Das *S.recht* umfaßt alle gesetzl. Maßnahmen, die die Ansiedlung zu Wohn- und Erwerbszwecken auf land- und forstwirtsch. Grundstücken ermöglichen sollen. Rechtsgrundlage ist das Reichssiedlungsgesetz vom 11. Aug. 1919 in der Form des Grundstücksverkehrsgesetzes vom 28. 7. 1961. Danach stehen gemeinnützigen S.unternehmen (i. d. R. genossenschaftl. organisiert), Enteignungs-, Vorkaufs- und Wiederkaufsrechte zu.

**Siedlungsdichte,** in der *Ökologie* svw. Individuendichte (↑ Abundanz).

**Siedlungsformen,** bei Dauersiedlungen unterscheidet man zw. ländl. Siedlungen (Einzel- und Gruppensiedlungen), in denen die Landw. die tragende Rolle spielt, und städt. Siedlungen, die weitgehend durch nichtlandw. Funktionen bestimmt sind; zw. beiden gibt es viele Übergangsformen.

# Siegelbaumgewächse

**Siedlungsgeographie,** Zweig der Anthropogeographie, der sich mit Lage, Form, Größe, Verteilung, Struktur und Funktion der Siedlungen befaßt.

**Sieg,** rechter Nebenfluß des Rheins, entspringt im Rothaargebirge, mündet bei Bonn, 131 km lang, davon 17 km schiffbar.

**Siegbahn,** Kai Manne, * Lund 20. April 1918, schwed. Physiker. - Sohn von Karl Manne S.; Prof. in Stockholm und Uppsala. Erhielt für die Entwicklung der als ESCA (Electron spectroscopy for chemical analysis) bezeichneten Methode der Photoelektronenspektroskopie 1981 den Nobelpreis für Physik (zus. mit N. Bloembergen und A. L. Schawlow).

**S.,** Karl Manne, * Örebro 3. Dez. 1886, † Stockholm 26. Sept. 1978, schwed. Physiker. - Prof. in Lund und Uppsala; Direktor des Nobel-Instituts für Physik in Stockholm. S. war mit seiner systemat. Untersuchung der Röntgenspektren nahezu aller chem. Elemente einer der Pioniere auf dem Gebiet der Röntgenspektroskopie. Nobelpreis für Physik 1924.

**Siegbald,** alter dt. männl. Vorname (zu althochdt. sigu „Sieg" und bald „kühn").

**Siegbert** (Sigibert), alter dt. männl. Vorname (zu althochdt. sigu „Sieg" und beraht „glänzend").

**Siegburg,** Krst. in der Kölner Bucht, NRW, 67 m ü. d. M., 34 300 E. Verwaltungssitz des Rhein-Sieg-Kreises; Bundesfinanzakad., Konservatorium; Heimatmuseum; chem. Ind., Isolatorenwerke, Steinzeugherstellung, Verpackungsind., Apparate- und Rohrleitungsbau. - An der Stelle der Altstadt bestand schon im 9./10. Jh. eine Siedlung. 1065 erstmals als Sigeburch urkundl. erwähnt, entwickelte sich um das von Erzbischof Anno II. von Köln 1064 gegr. Benediktinerkloster; 1182 als Stadt bezeichnet. - Benediktinerabteikirche Sankt Michael mit frühroman. Krypta; das Langhaus wurde bis 1953 reromanisiert; Klostergebäude (17./18. Jh.). Pfarrkirche Sankt Servatius mit roman. W-Turm (12. Jh.) und bed. Kirchenschatz.

**Siegel,** Don, * Chicago 26. Okt. 1912, amerikan. Regisseur. - Zunächst Cutter, dann Dokumentarfilmer („Hitler lives?", 1945) übernahm 1946 seine erste Spielfilmregie. Drehte später realitätsnahe Thriller, Western und Actionfilme, u. a. „Terror in Block 11" (1954), „Der Tod eines Killers" (1964), „Ein Fressen für die Geier" (1969), „Dirty Harry" (1971), „Der große Coup" (1973) „Flucht von Alcatraz" (1979), „Der Löwe zeigt die Krallen" (1980).

**Siegel** [zu lat. sigillum „Abdruck des Siegelrings, Siegel"], Abdruck einer Metallplatte mit spiegelverkehrt eingravierten S.bild und Schrift (**Siegelstempel** [Petschaft], **Siegelring**) in eine weiche, später erhärtende Masse (z. B. Siegellack, Wachs) als Erkennungs- und Beglaubigungszeichen, auch als Verschluß von Schriftstücken oder Gefäßen zum Schutz vor unbefugter Kenntnisnahme bzw. Verfälschung des Inhalts; heute auch der Abdruck eines Farbstempels (z. B. **Amtssiegel**). S. sind seit den frühen Hochkulturen bekannt, v. a. in der Form des **Rollsiegels** (S.zylinder) in Mesopotamien, die mit negativ eingeschnittener bildl. Darstellung (z. B. mit Namensbeischrift) auf die noch feuchte Tontafel abgerollt wurden; seit dem 8. Jh. v. Chr. setzte sich das Stempel-S. durch. Die S. waren meist aus hartem Stein oder Halbedelstein z. T. auch aus Metall und dienten als Eigentumsvermerk auf Gefäßverschlüssen, als „Unterschrift" von Parteien und Zeugen auf Rechtsurkunden, als Behörden-, Privat-, Gottes-, und erbl. sog. dynast. Siegel. Über Assyrien, Syrien, Kleinasien gelangten die S. bis Ägypten, wo der Skarabäus als S. vorherrschte. S. bei Merowingerdiplomen hatten noch keine rechtl. Bed., in den Urkunden der Karolinger wurden sie wichtigstes und entscheidendes Beglaubigungsmittel (v. a. Erkennungszeichen für Schriftunkundige). Die frühesten europ. S. (bis 11. Jh.) wurden auf Pergamenturkunden aufgedruckt, dann mit Pergamentstreifen oder (seit dem 12. Jh.) Schnüren (Seide, Hanf) an die Urkunde angehängt. Seit dem 9./10. Jh. gingen Bischöfe und Äbte, ab dem 11./12. Jh. auch weltl. Fürsten zur Besiegelung ihrer Urkunden über. Als S.stoff dienten Wachs (farblos und gefärbt), Metall, seit dem 16. Jh. S.lack (Wachs-S. wurden als „sigillum", Metall-S. als „bulla" [↑Bulle] bezeichnet) ab 16. Jh. auch Oblaten (v. a. auf Notariatsurkunden). In der äußeren Gestaltung überwiegt die runde Form, aber viele andere sind mögl. (z. B. spitzovale bei Geistlichen). Auf S.bruch bzw. S.fälschung und Mißbrauch standen harte Strafen.

Die histor. Hilfswiss. der **Sphragistik** (**Siegelkunde**) befaßt sich mit der rechtl. Funktion und Bed. des S., den S.stoffen und den Arten. *Majestäts-S.* (für wichtige Angelegenheiten) zeigten das Bild des gekrönten und mit Insignien versehenen, auf dem Thron sitzenden Herrschers; weltl. Fürsten führten *Reiter-S.,* später auch Wappen. *Kleine* und *Sekret-S.* (urspr. für Geheimsachen) dienten für weniger wichtige Sachen, das *Rück-S. ( Kontra-S.)* sollte vor Mißbrauch schützen und wurde der Rückseite des Haupt-S. aufgedruckt. Zum Schutz des S. wurden Kapseln aus Holz, Blech, Messing u. a. verwendet.

📖 *Ewald, W.:* S.kunde. Nachdr. Mchn. 1975.
◆ ↑Trittsiegel.

**Siegelbaumgewächse** (Sigillariaceae), vom Unterkarbon bis zum Rotliegenden verbreitete, v. a. im Oberkarbon häufige, später ausgestorbene Fam. der Schuppenbäume mit der Gatt. **Siegelbaum** *(Sigillaria):* bis über 30 m hohe und über 2 m dicke, unverzweigte oder oben bis zweimal gegabelte Schopfbäume mit bandförmigen Blättern mit nur

## Siegelbewahrer

einer Mittelader. Die Blätter hinterließen nach dem Abfallen Narben, die die Stammoberfläche bienenwabenartig aussehen ließen. Die S. waren ein wichtiges Ausgangsmaterial für die Bildung der Steinkohle.

**Siegelbewahrer,** im MA der mit der Aufbewahrung des Staats- oder Regentensiegels beauftragte Beamte. Bis heute ist in Frankr. *Garde des sceaux,* in Italien *Guardasigilli* und in Großbrit. *Lord Keeper of the Great Seal* („Groß-S.") jeweils der Titel des Justizministers.

**Siegelbruch,** Beschädigung, Ablösung oder Unkenntlichmachung eines dienstl. Siegels, das angelegt ist, um Sachen in Beschlag zu nehmen (z. B. durch Pfandsiegel des Gerichtsvollziehers), dienstl. zu verschließen (z. B. entnommene Blutproben) oder zu bezeichnen (z. B. durch Stempel des Fleischbeschauers). Er wird mit Freiheitsstrafe bis zu einem Jahr oder mit Geldstrafe bestraft.

**Siegelkunde** ↑Siegel.

**Siegellack,** aus Schellack, Kolophonium, Terpentin und Farbstoffen bestehendes, beim Erwärmen schmelzendes Gemisch, das zum Versiegeln von Briefen, Urkunden u. a. dient.

**Siegelring** ↑Siegel.

**Siegelstempel** ↑Siegel.

**Siegen,** Krst. an der oberen Sieg, NRW, 240–380 m ü. d. M., 107 500 E. Verwaltungssitz des Kr. S.-Wittgenstein; Gesamthochschule; Eisen- und Stahlind., Metallverarbeitung, opt., Elektro-, Leder-, Papier- und Bekleidungsind. – In der 2. Hälfte des 11. Jh. erstmals gen.; spätestens 1224 als Stadt neu gegr., erhielt 1303 Soester Stadtrecht; 1607/23–1734/43 Sitz der Grafen bzw. Fürsten von Nassau-Siegen. – Ref. Nikolaikirche (13. Jh.), ref. spätroman.-frühgot. Martinikirche (13. und 16. Jh.), Oberes Schloß (16.–18. Jh.; jetzt Museum).

**Siegen-Wittgenstein,** Kreis in Nordrhein-Westfalen.

**Siegerland,** Bergland an der oberen Sieg, das als Becken von W her in das Rothaargebirge östl. von Siegen eingreift.

**Siegfried** (Sigfried), alter dt. männl. Vorname (zu althochdt. sigu „Sieg" und fridu „Schutz vor Waffengewalt, Friede").

**Siegfried,** Gestalt der dt. Heldensage (↑Nibelungenlied).

**Siegfriedlinie** (Siegfriedstellung), im 1. Weltkrieg durch dt. Truppen angelegte begradigte Verteidigungslinie von Arras über Saint-Quentin bis La Fère (Aisne); ab Febr. 1917 bezogen, bis Okt. 1918 gehalten (alliierte Bez.: Hindenburglinie). – Im 2. Weltkrieg auch Bez. für den Westwall.

**Sieglinde** (Sieglind, Siglind), alter dt. weibl. Vorname (zu althochdt. sigu „Sieg" und linta „Schild [aus Lindenholz]").

**Siegmund,** alter dt. männl. Vorname (zu althochdt. sigu „Sieg" und munt „[Rechts]-schutz").

**Siegmund** ↑Sigismund, Röm. Kaiser.

**Siegmund-Schultze,** Friedrich, * Görlitz 14. Juni 1888, † Soest 11. Juli 1969, dt. ev. Theologe und Sozialpädagoge. – 1912–22 Vors. der Dt. Zentrale für Jugendfürsorge, 1914 Mitbegr. des Internat. Versöhnungsbundes, gilt als Vorkämpfer der ökumen. Bewegung; 1948–55 Direktor des Sozialpädagog. Seminars Dortmund. 1959 errichtete er das Ökumen. Archiv Soest.

**Siegwurz,** (Gladiolus, Gladiole) Gatt. der Schwertliliengewächse mit rd. 250 Arten im Mittelmeergebiet, in M-Europa und im trop. und südl. Afrika. Einheim., jedoch sehr selten sind: **Sumpfsiegwurz** (Gladiolus palustris), 30–60 cm hoch, mit langen, linealförmigen Blättern; Blüten (4–6) in Ähren, purpurrot, untere Blütenhüllblätter mit einem weißen Streifen; auf kalkreichem Boden. **Wiesensiegwurz** (Gladiolus imbricatus), etwa ebenso hoch, mit purpurfarbenen, zu 5–10 in einseitswendiger Ähre stehenden Blüten; auf moorigen Wiesen.
◆ svw. ↑Allermannsharnisch.

**SI-Einheit** [ɛsˈiː], physikal. Einheit des ↑internationalen Einheitensystems.

**Siel** [niederdt.], schmaler, meist der Entwässerung des Binnendeichlandes dienender Durchlaß in einem Deich.

**Sielengeschirr** ↑Geschirr.

**Sielmann,** Heinz, * Rheydt (= Mönchengladbach) 2. Juni 1917, dt. Publizist. – Studium der Biologie; 1947–58 Mitarbeiter am Münchner Inst. für Film und Bild in Wiss. und Unterricht; danach eigene biolog. Filmproduktion (u. a. Fernsehserie „Expeditionen ins Tierreich"); auch Buchveröffentlichungen.

Siena. Dom (12.–14. Jh.)

**Siemens,** dt. Erfinder- und Industriellenfamilie. Bed. Vertreter:
**S.,** Carl Friedrich von, *Charlottenburg (= Berlin) 5. Sept. 1872, †Heinenhof (= Potsdam) 9. Sept. 1941, Industrieller. - Sohn von Werner von S.; ab 1919 Aufsichtsratsvorsitzender der Siemens & Halske AG; 1920–24 MdR (DDP); 1927 Leiter der dt. Delegation bei der Weltwirtschaftskonferenz in Genf.
**S.,** Friedrich, *Menzendorf (Landkr. Grevesmühlen) 8. Dez. 1826, †Dresden 26. Mai 1904, Industrieller. - Bruder von Werner von S.; erfand 1856 den Regenerativflammofen, der dann 1864 beim Siemens-Martin-Verfahren zur Anwendung kam.
**S.,** Georg von (ab 1900), *Torgau 21. Okt. 1839, †Berlin 23. Okt. 1901, Bankier. - Vetter von Werner von S.; ab 1870 Direktor der neugegründeten Dt. Bank, die er zu einem internat. operierenden Unternehmen ausbaute. Seit 1874 war S. wiederholt MdR und Mgl. des preuß. Abgeordnetenhauses für die Nationalliberale Partei.
**S.,** Werner von (seit 1888), *Lenthe (= Gehrden bei Hannover) 13. Dez. 1816, †Berlin 6. Dez. 1892, Ingenieur und Unternehmer. - Machte grundlegende Erfindungen auf dem Gebiet der Elektrotechnik, u.a. Zeiger- und Drucktelegraph, Induktor mit Doppel-T-Anker; entdeckte das dynamoelektr. Prinzip und wurde damit zum Begründer der Starkstromtechnik; erfand und konstruierte 1866 die Dynamomaschine; Herstellung und Verlegung von Tiefseekabeln; 1847 zus. mit J. G. Halske Begründer der Telegraphenbauanstalt S. & Halske.
**S.,** Wilhelm, seit 1883 Sir William S., *Lenthe (= Gehrden bei Hannover) 4. April 1823, †London 19. Nov. 1883, dt.-brit. Industrieller. - Ab 1850 Leiter der brit. Vertretung der Fa. S. & Halske; entwickelte mit Friedrich S. und P. Martin das S.-Martin-Verfahren.
**Siemens** [nach Werner von Siemens], Einheitenzeichen S, SI-Einheit des elektr. ↑Leitwerts; *Festlegung:* 1 S ist gleich der elektr. Leitwert eines Leiters vom elektr. Widerstand 1 Ω.
**Siemens AG,** dt. Unternehmen der Elektroindustrie, Sitz Berlin und München; größter privater Arbeitgeber in der BR Deutschland, gegr. 1847 von Werner von Siemens und J. G. Halske; 1903 Übernahme der „Elektrizitäts-AG, vormals Schuckert & Co" und Zusammenschluß mit den Starkstromabteilungen von Siemens & Halske zur „Siemens-Schuckertwerke GmbH" (ab 1927 AG). Bei der 1966 vorgenommenen Umstrukturierung erhielt die Firma ihren heutigen Namen; die Siemens-Schuckertwerke AG wurde in die S. AG eingegliedert. Tochtergesellschaften sind u.a. die Kraftwerk Union AG, die Osram GmbH, die Dr.-Ing. Rudolf Hell GmbH und die Transformatoren Union AG.
**Siemens-Martin-Verfahren** [nach F. und Wilhelm Siemens und nach E. und P. Martin] ↑Stahlerzeugung.
**Siemianowice Śląskie** [poln. cεmjanɔˈvitsɛ ˈɛlɔ̃skjɛ], poln. Stadt 5 km nördl. von Kattowitz, 270 m ü. d. M., 80 900 E. Steinkohlenbergbau, Hüttenindustrie.
**Siena,** italien. Stadt in der Toskana, 322 m ü.d. M., 60 200 E. Hauptstadt der Prov. S.; kath. Erzbischofssitz; Univ. (gegr. 1240), Hochschule für Ausländer, Musikakad., histor. und kunsthistor. Inst., mehrere Museen, Staatsarchiv. Kulturelles Zentrum der mittleren Toskana; Fremdenverkehr (u.a. Reiterspiele „Palio"); Nahrungsmittel-, Textil- und elektrotechn. Industrie; Weinhandel.
*Geschichte:* Wahrscheinl. unter Cäsar als röm. Colonia (**Sena Julia**) gegr.; stand im frühen MA unter langobard. und karoling. Herrschaft; wohl seit dem 4. Jh. Bischofssitz (seit 1459 Erzbischofssitz); wurde im 12. Jh. unabhängige Republik; erreichte im 13. Jh. den Höhepunkt seiner Macht und besiegte 1260 Florenz; seit dem 14. Jh. Verfall; fiel nach verschiedenen Besitzwechseln 1555 an Spanien, 1557 an das Hzgt. Toskana.
*Bauten:* Mittelpunkt der Stadt ist die halbkreisförmige Piazza del Campo („Il Campo"), an der SO-Seite der Palazzo Pubblico (1288–1309, 1327 und 1340 erweitert; im Innern Fresken u.a. von A. Lorenzetti) mit 102 m hohem Turm (Torre del Mangia, 1338–48). Der Dom (Ende des 12. Jh. begonnen, im wesentl. im 13. und 14. Jh. erbaut) hat eine Fassade aus schwarzem, weißem und rotem Marmor nach Plänen von G. Pisano (gegen 1290), der obere dreigieblige got. Teil von Giovanni di Cecco (1355 ff.). Im rechten Seitenschiff des „Duomo Nuovo" (Neuer Dom), der nur z. T. erbaut wurde (der heutige Dom sollte als sein Querschiff fungieren), befindet sich das Dommuseum mit der „Maestà" des Duccio di Buoninsegna (1308–11). Taufbecken im Baptisterium (eigtl. die Krypta des Doms) nach Entwurf von Iacopo della Quercia (1428–30) mit Reliefs u.a. von Donatello. Weitere Kirchen: San Domenico (1266–1465), San Francesco (1326–1475); Palastbauten.
**Sienkiewicz,** Henryk [poln. cεŋˈkjɛvitʃ], *Wola Okrzejska bei Maciejowice 5. Mai 1846, †Vevey (Schweiz) 15. Nov. 1916, poln. Schriftsteller. - Begann als Feuilletonist und Satiriker; schilderte in Erzählungen v.a. das schwere Leben der unteren Volksschichten oder der poln. Auswanderer. Wandte sich unter dem Einfluß der Romantik dem histor. Roman zu: Trilogie „Mit Feuer und Schwert" (1884), „Sturmflut" (1886), „Pan Wolodyjowski, der kleine Ritter" (1888). Ein Welterfolg war der Roman aus der Zeit der Christenverfolgung unter Nero „Quo vadis?" (1894–96). Erhielt 1905 den Nobelpreis für Literatur.
**Sienyang** (Xianyang) [chin. ciæn-jan], chin. Stadt im Weihotal, 70 000 E. Bed. Textil-

ind. - Unter der Ch'indynastie (2. Hälfte des 3. Jh. v. Chr.) Hauptstadt Chinas. - Reste des kaiserl. Palastes.

**Sieroszewski,** Wacław [poln. ɕɛrɔ-'ʃɛfski], Pseudonyme Sirko, K. Bagrynowski, * Wólka Kozłowska (Masowien) 21. Aug. 1858, † Piaseczno 20. April 1945, poln. Schriftsteller. - Wegen sozialist. Tätigkeit 1878–96 nach Sibirien verbannt. 1933–39 1. Präs. der poln. Literaturakademie; schrieb naturalist. und realist. Reiseschilderungen, später histor. Märchen und Romane, u. a. „Dalai-Lama" (1927).

**Sierpinski,** Wacław [poln. ɕɛr'pijski], * Warschau 14. März 1882, † ebd. 21. Okt. 1969, poln. Mathematiker. - Prof. in Lemberg und Warschau; Mitbegr. der poln. Mathematikerschule, die sich v. a. mit mathemat. Grundlagenfragen und der Mengentheorie beschäftigte.

**Sierra** [span. 'sjɛrra; eigtl. „Säge"], span. svw. [Hoch]gebirge.

# Sierra Leone

(amtl.: Republic of Sierra Leone), Republik in West-Afrika, zw. 7° und 10° n. Br. sowie 10° 15' und 13° 18' w. L. **Staatsgebiet:** S. L. grenzt im W und SW an den Atlantik, im N und O an Guinea und im SO an Liberia. **Fläche:** 71 740 km². **Bevölkerung:** 3,54 Mill. E (1984), 49,3 E/km². **Hauptstadt:** Freetown. **Verwaltungsgliederung:** 4 Prov. **Amtssprache:** Englisch. **Nationalfeiertag:** 19. April. **Währung:** Leone (Le) = 100 Cents (c). **Internat. Mitgliedschaften:** UN, OAU, Commonwealth, ECOWAS, GATT; der EWG assoziiert. **Zeitzone:** MEZ – 1 Std.

**Landesnatur:** Die westl. Landeshälfte ist ein Flachland in etwa 150 m Meereshöhe, dem die 40 km breite Küstenebene vorgelagert ist. Die östl. Landeshälfte ist eine Plateau- und Mittelgebirgslandschaft mit 400–500 m hohen Bergländern. Im äußersten O hat S. L. Anteil an höheren Gebirgszügen; höchste Erhebung ist der Bintimani (1 948 m) in den Loma Mountains.
**Klima:** S. L. hat randtrop. Klima mit einer Regenzeit (Mitte Juni–Ende Sept.). Die jährl. Summe der Niederschläge nimmt von der Küste zum Landesinneren und nach N hin ab. Die Temperaturmittelwerte liegen an der Küste und im Landesinneren bei 26–27 °C und im N bei 25 °C.
**Vegetation:** Im S Regenwald (weitgehend Sekundärwald), im N Feuchtsavanne; an der Küste Mangrovensümpfe, die nach O in grasbewachsene Sümpfe übergehen.
**Bevölkerung:** Von den 17 ethn. Gruppen, die in S. L. leben, gehören 34% der Bev. dem Stamm der Mende und 31% dem der Temne an, daneben leben zahlr. kleinere ethn. Gruppen. 52% sind Anhänger traditioneller Religionen, 39% Muslime sunnit. Richtung, 8% Christen. Die kreol. Minderheit lebt auf der Halbinsel Sierra Leone. In Freetown besteht eine Universität.
**Wirtschaft:** Die Landw. dient weitgehend der Eigenversorgung (Wanderhackbau mit Landwechselwirtschaft). Wichtigste landw. Exportprodukte sind Ölfrüchte, Kaffee, Kakao, Ingwer und Piassave. Viehzucht wird in den Savannen im N betrieben. S. L. gehört zu den an Bodenschätzen reichsten Ländern Westafrikas. Wichtigstes Produkt sind Diamanten. Weiter finden sich Eisenerz-, Bauxit- und Rutilvorkommen. Die Industrie ist nur schwach entwickelt und zu 90% in und um Freetown konzentriert.
**Außenhandel:** Die wichtigsten Handelspartner sind die EG-Länder, v. a. Großbrit., die BR Deutschland, Frankr. und die Niederlande sowie Japan, Nigeria und die USA. Exportiert werden Diamanten, Eisenerze, Kaffee, Palmkerne u. a. Importiert werden Maschinen, Gewebe, Kfz., chem. Erzeugnisse, Erdöl, Metallwaren und Getreide.
**Verkehr:** Die Staatsbahn (367 km) wurde stillgelegt, die private Erzbahn Marampa – Pepel (84 km) hat ihren Betrieb wieder aufgenommen. Das Straßennetz erreicht eine Länge von rd. 7 500 km. Wichtigster Hafen ist Freetown. Der Erzexport erfolgt über den Hafen Pepel, der von Bauxit und Rutil über Point Sam. Internat. ✈ ist Lungi (Freetown).

**Geschichte:** 1461 von Portugiesen entdeckt. 1787 gründeten brit. Philanthropen Freetown als Niederlassung für befreite Sklaven. 1808 übernahm die brit. Reg. Freetown und die dazugehörige Halbinsel als Kronkolonie; 1896 wurde auch das Hinterland unter brit. Protektorat gestellt. 1958 erhielt S. L. die volle innere Autonomie, am 27. April 1961 die Unabhängigkeit innerhalb des Commonwealth. Nach einem Militärputsch im März 1967 wurde die Verfassung außer Kraft gesetzt und ein National Reformation Council übernahm die Macht. Nach einem weiteren Militärputsch 1968 übernahm S. P. Stevens die Reg.; 1971 beschloß das Parlament die Einführung der republikan. Staatsform und vereidigte Stevens als Staatspräs. (Rücktritt Nov. 1985). Bei einer Verschärfung der innenpolit. Klimas (erfolglose Putschversuche, Ausnahmezustand, Ausschaltung der Opposition) verfolgt S. L. eine Politik der engeren Anlehnung an sozialist. und arab. Staaten. Die neue Verfassung vom Juni 1978 übertrug die Exekutivgewalt ganz auf den Präsidenten. 1982 wurde das Parlament neugewählt.

**Politisches System:** Nach der Verfassung vom Juni 1978 ist S. L. eine präsidiale Republik im brit. Commonwealth. *Staatsoberhaupt* und oberster Inhaber der *Exekutive* ist der Präs. (seit 1985 J. Momoh). Er ist Chef der Reg., deren andere Mgl. er ernennt und entläßt, und Vors. des 16köpfigen Verteidigungsrats (der ihn in verteidigungspolit. Fragen berät). Der Präs. wird von der nat. Delegiertenkonferenz des All People's Congress für 7 Jahre gewählt (einmalige Wiederwahl mögl.). Die *Legislative* liegt beim Einkammerparlament, dem Repräsentantenhaus (z. Z. 104 Mgl.; 85 [es dürfen nicht weniger als 60 sein] vom Volk für 5 Jahre gewählten Abg., die vom ZK der Einheitspartei nominiert werden, 12 Stammeshäuptlinge und 3 vom Präs. ernannte Mgl.). Durch Parlamentsbeschluß vom Mai 1978 (im Juni durch Referendum bestätigt) wurde das Einparteiensystem wiedereingeführt. Einzige *Partei* in S. L. ist seitdem der All-People's Congress (APC). *Verwaltungs*mäßig ist S. L. in 4 Prov. untergliedert, die durch das Innenministerium verwaltet werden. Neben brit. *Recht* gilt auch Stammes- bzw. islam. Recht. Der Gerichtsaufbau ist am brit. Vorbild orientiert. Die *Streitkräfte* umfassen rd. 3 100 Mann (Heer 3 000, Marine 100 Mann). Daneben gibt es rd. 800 Mann starke paramilitär. Kräfte.

 *Fyfe, C.: A short history of S. L. New York. Neuaufl. 1979. - Mühlenberg, F.: S. L. Wirtsch. u. soziale Strukturen u. Entwicklung. Hamb. 1978. - Levi, J.: African agriculture. Economic action and reaction in S. L. Slough 1976.*

**Sierra Leone, Halbinsel,** Vorgebirge an der westafrikan. Küste, bis 888 m hoch.

**Sierra-Leone-Becken,** Tiefseebecken im Atlantik vor der W-Küste Afrikas, bis 6 040 m tief.

**Sierra Morena,** Bergland in sw. Spanien, zw. dem Guadiana im N und W, der Mancha im NO, dem Guadalquivir im SO und Niederandalusien im SW, fast 450 km lang, bis 120 km breit, bis 1 323 m hoch.

**Sierra Nevada,** [span. sjɛrra ne'βaða] Gebirge in S-Spanien, etwa 90 km lang, 30–40 km breit, im Mulhacén 3 478 m hoch. Die Waldgrenze liegt bei etwa 2 300 m, die Siedlungsgrenze bei 2 200 m; Wintersportgebiet.

**S. N.,** [engl. sɪ'ɛrə nɛ'vɑ:də] 650 km langes, bis 150 km breites Hochgebirge in Kalifornien und Nevada, im Mount Whitney 4 418 m hoch. Die Waldgrenze liegt bei 3 000 m. Bed. ganzjähriger Fremdenverkehr.

**Siessen** ↑Saulgau.

**Siesta** [italien., zu lat. sexta (hora) „sechste (Stunde)"], Ruhepause [nach dem Mittagessen], [Mittags]ruhe.

**Siete partidas** [span. 'sjete par'tiðas „Sieben Bücher"], span. Gesetzessammlung, entstanden in der 2. Hälfte des 13. Jh.; in Kraft gesetzt 1348 unter Alfons XI. Der Kodex ist das bedeutendste ma. Gesetzeswerk, prägte Rechtspflege und -bewußtsein Spaniens und hat große sprachgeschichtl. Bedeutung.

**Sietland** [niederdt.] ↑Marsch.

**Sieur** [frz. sjœːr] ↑Seigneur.

**Sievers,** Eduard, * Lippoldsberg (Gem. Wahlsburg, Landkr. Kassel) 25. Nov. 1850, † Leipzig 30. März 1932, dt. Germanist. - Prof. in Jena, Tübingen, Halle/Saale und Leipzig. Bed. Grammatiker und Phonetiker; entwikkelte auf der Grundlage des Klanggefüges der gesprochenen Sprache, Poesie und Prosa die akust. Schallanalyse, die er für stil- und textkrit. Untersuchungen und bei der metr. Herstellung altgerman. Dichtung erfolgreich einsetzte. Hg. ahd. Dichtung.

**Sievert** [nach dem schwed. Radiologen R. Sievert (* 1896, † 1966)], Einheitenzeichen Sv, gesetzl. SI-Einheit der Äquivalentdosis (↑Dosis) insbesondere radioaktiver Strahlen:

$$1 \text{ Sv} = 1 \text{ J/kg}.$$

**Sieyès,** Emmanuel Joseph Graf (seit 1809) [frz. sjeˈjɛs], * Fréjus 3. Mai 1748, † Paris 20. Juni 1836, frz. Revolutionär. - 1780 Generalvikar u. 1788 Kanzler der Diözese Chartres. In seiner Kampfschrift „Was ist der 3. Stand?" (1788/89) forderte er eine Nation gleichberechtigter Bürger und verwarf jedes Standesprivileg. Auf seinen Antrag erklärten sich die Vertreter des 3. Standes am 17. Juni 1789 zur Nat.versammlung; führend an der Ausarbeitung der Verfassung von 1791 beteiligt. 1798 Botschafter in Berlin, von Mai–Nov. 1799 Mgl. des Direktoriums und nach dem von ihm unterstützten Staatsstreich Napoleon Bonapartes Konsul (Nov./Dez. 1799). Nach 1800 bekleidete S. nur noch Ehrenämter; 1815–30 in Brüssel im Exil.

**Sif** (Siv) [altnord. „die Verwandte, die Gattin"], in der nordgerman. Mythologie die Gattin des Gottes Thor. Nachdem Loki ihr das Haar abgeschoren hatte, erhielt sie von den Zwergen neues, goldenes Haar.

**Sifema** [Kw. aus Silicium, Ferrum, Magnesium] ↑Erde (Aufbau der Erde).

**Sifflöte** [zu frz. sifflet „kleine Pfeife"], Register der Orgel mit offenen, zylindr. Labialpfeifen zu 1-, auch $1^{1}/_{3}$- oder 2-Fuß, von hellem, prägnantem Klang.

**Sifnos** [neugr. 'sifnɔs], griech. Insel der Kykladen, nö. von Milos, 73 km².

**Sigel** (Sigle) [zu lat. sigillum „Zeichen"], feststehende Abkürzung eines Wortes (§ = Paragraph), einer Wortgruppe (usw. = und so weiter), eines Namens (P. = Publius) oder einer Silbe durch Buchstaben oder Zeichen.

**Siger von Brabant,** * in Brabant um 1235, † Orvieto vor 1284, brabant. scholast. Philosoph. - Nach Verurteilung von 13 Lehrsätzen (1270) 1276 Anklage wegen Häresie, der er sich durch Flucht entzog; 1277 Verurteilung von 219 Lehrsätzen. Gilt als erster und führender Vertreter der sog. lat. Averroismus im 13. Jh. an der Pariser Univ., postulierte v. a. die Eigenständigkeit der Philosophie gegenüber der Theologie.

**Siger von Courtrai,** † Paris 30. Mai 1341, frz. scholast. Philosoph und Theologe. - Vertreter des Thomismus; richtungweisend für die Entwicklung von Sprachphilosophie und -logik. Er versuchte die Grundlagen einer

Theorie der sprachl.-grammat. Ausdrucksformen zu schaffen, in der er die „Modi des Bezeichnens" („modi significandi") über die vermittelnden „Modi des Erkennens" („modi intelligendi") auf die Seinsformen („modi essendi") bezog.

**Sighișoara** [rumän. sigiˈʃoara] (dt. Schäßburg), rumän. Stadt in Siebenbürgen, 33 000 E. Glashütte, Fayenceind., Lederverarbeitung, Textil-, Bekleidungs-, Nahrungsmittelind. - Liegt an der Stelle einer dak.-röm. Siedlung. Die ma. Stadt gründeten die seit 1191 angesiedelten dt. Kolonisten. - In beherrschender Lage die spätgot. Bergkirche (14./15. Jh.); Burg (14. Jh.), gemeinsam mit 8–10 m hohen Mauern und 9 erhaltenen Türmen, darunter der Stundturm (14. Jh.).

**Sightseeing** [engl. ˈsaɪtˌsiːɪŋ], Besichtigung[sfahrt].

**Sigillaria** [lat.], svw. Siegelbaum (↑Siegelbaumgewächse).

**Sigillata** [lat.] ↑Terra sigillata.

**Sigiriya** [engl. ˈsɪgɪrɪjə], Ruinenstätte auf Ceylon, 90 km nördl. von Kandy. Der unzugängl. Fels wurde von dem Usurpator Kassapa I. (477–495) zur Festung und Hauptstadt Ceylons ausgebaut. Vermutl. war der ganze Felsen bemalt, erhalten (und restauriert) die sog. „Wolkenmädchen" (Apsaras) aus dem 6. Jh. An der glatten Kalkwand der „Spiegelgalerie" sind die ältesten singhales. Inschriften überliefert. Auch Baureste.

**Sigismund**, alter dt. männl. Vorname, Nebenform von ↑Siegmund.

**Sigismund**, Name von Herrschern:
Hl. Röm. Reich:
**S.** (Si[e]gmund), * Nürnberg 15. Febr. 1368, † Znaim (= Znojmo) 9. Dez. 1437, König von Ungarn (seit 1387) und Böhmen (seit 1419/36), Röm. König (seit 1410/11), Kaiser (seit 1433). - Sohn Kaiser Karls IV.; 1378 Markgraf von Brandenburg; seit 1385 ∞ mit Maria von Ungarn. Die Verteidigung Ungarns v. a. gegen die Osmanen (Niederlage bei Nikopolis, 25. Sept. 1396) zwang ihn 1388 zur Verpfändung der Mark Brandenburg an seinen Vetter Jobst von Mähren und 1402 zum Verkauf der Neumark an den Dt. Orden. Am 20. Sept. 1410 in einer Doppelwahl (Gegenkandidat: Jobst von Mähren) und am 21. Juli 1411 einstimmig zum Röm. König gewählt. S. verfolgte das Ziel einer europ. Koalition gegen die osman. Bedrohung; ihm gelang zwar als Vorbedingung die Wiederherstellung der kirchl. Einheit auf dem Konstanzer Konzil (1414–18), doch wurden seine Kräfte in der Folgezeit durch die Hussitenkriege in Böhmen gebunden, dessen Königskrone er 1419 erbte und am 28. Juni 1420 durch Krönung erlangte (1421–36 von einem Landtag für abgesetzt erklärt). Die von S. angestrebte Reichsreform (Programm von 16 Artikeln, Sept. 1434) scheiterte am Widerstand der Fürsten.

Ⓤ *Angermeier, H.:* Königtum u. Landfriede im dt. Spät-MA. Mchn. 1966. - Die Welt zur Zeit des Konstanzer Konzils. Reichenau-Vortrr. im Herbst 1964. Konstanz u. Stg. 1965.

Polen:
**S. I.**, der Alte oder der Große, * Krakau 1. Jan. 1467, † ebd. 1. April 1548, Großfürst von Litauen und König (seit 1506). - Sohn Kasimirs IV.; konnte durch den Ausgleich mit Habsburg, durch die Umwandlung des Ordensstaates in ein lehnspflichtiges weltl. Hzgt. Preußen (1525) und durch die Sicherung der Ostgrenze die außenpolit. Stellung Polens konsolidieren. Unter dem Einfluß seiner zweiten Frau Bona (Sforza) von Mailand (* 1494, † 1557) konnte sich eine bed. Renaissancekultur in Polen entfalten.

**S. II. August** (August I.), * Krakau 1. Aug. 1520, † Knyszyn (Woiwodschaft Białystok) 7. Juli 1572, Großfürst von Litauen (seit 1522[?]/44) und König (seit 1529/48). - Sohn Sigismunds I.; konnte 1561 Anschluß und Säkularisation Livlands und Kurlands erreichen, mußte aber im Krieg mit Moskau Polozk an Iwan IV. abtreten (1563). S. erreichte die Umgestaltung der Personalunion mit Litauen in eine Realunion (Union von Lublin, 1569), wobei weite Gebiete Litauens der Krone Polens einverleibt wurden.

**S. III. Wasa**, * Schloß Gripsholm 20. Juni 1566, † Warschau 30. April 1632, König von Polen (seit 1587) und Schweden (1592–99). - Sohn Johanns III. von Schweden und der Jagellonin Katharina (* 1526, † 1583). Wurde gegen Erzhzg. Maximilian (* 1558, † 1618) zum König von Polen gewählt, konnte sich aber erst nach zweijährigem Kampf durchsetzen. Die nach dem Tod seines Vaters (1592) errichtete poln.-schwed. Union löste wegen seiner gegenreformator. Interessen (1600 Abtretung des schwed. Estland an Polen-Litauen) den Widerstand der Schweden aus; 1598 wurde er von seinem Onkel (↑Karl IX.) besiegt und 1599 vom schwed. Reichstag abgesetzt; S. verlor im poln.-schwed. Krieg (1601–29) Livland bis zur Düna und die Küstenstädte in Preußen. 1609 griff er als Antwort auf ein russ.-schwed. Bündnis direkt in die russ. Thronwirren ein, ohne seinen Sohn Wladislaw (IV.) die Zarenkrone dauerhaft sichern zu können.

**Sigle** [ˈziːgəl] ↑Sigel.

**Sigma** [griech.], 20. Buchstabe des urspr., 18. des klass. griech. Alphabets mit dem Lautwert [s]: Σ, σ, am Wortende ς.

**Sigma** [griech.], svw. Sigmoid (↑Darm).

**Sigmaelektronen** (σ-Elektronen) ↑Pielektronen.

**Sigmaringen**, Krst. an der oberen Donau, Bad.-Württ., 574 m ü. d. M., 14 800 E. Fachhochschule für Bekleidungstechnik, Hauswirtschaft und Ernährung; Bildungszentrum der Bundesfinanzverwaltung; Fürstl.

Hohenzollernsches Museum, Staatsarchiv, Hoftheater; Garnison; Maschinenfabrik, Brauerei. - 1077 erstmals erwähnt; entstand bei einer Burg; im 13./14.Jh. planmäßig zur Stadt erweitert; erhielt 1362 Pfullendorfer Stadtrecht; seit 1575 Sitz der Linie Hohenzollern-S. (seit 1623 reichsfürstl.; 1806–49 selbständiges Ft.). - Schloß der Fürsten zu Hohenzollern-S. (12., 15. und 17.Jh.; romantisierender Wiederaufbau 1893ff.), barocke Pfarrkirche Sankt Johannes (18.Jh.).

**S.,** Landkr. in Baden-Württemberg.

**Sigmatismus** [griech.], svw. ↑Lispeln.

**Sigmoid** [griech.] ↑Darm.

**Sigmund,** männl. Vorname, ↑Siegmund.

**Sigmund** ↑Sigismund, Röm. Kaiser.

**Signac,** Paul [frz. si'nak], * Paris 11. Nov. 1863, † ebd. 15. Aug. 1935, frz. Maler und Graphiker. - Begründete gemeinsam mit G. Seurat den Neoimpressionismus (↑Impressionismus). Gab im Laufe seiner Entwicklung die pointillist. Technik zugunsten größerer Farbflächen auf, malte v. a. Häfen, Flußlandschaften, Seestücke: u. a. „Hafen von Portrieux" (1888; Stuttgart, Staatsgalerie), „Ansicht von Saint-Tropez" (1896; Saint-Tropez, Musée de l'Annonciade), „Der Hafen" (1907; Rotterdam, Museum Boymans-van Beuningen). Bed. Aquarelle, Farblithos und Radierungen. - Abb. S. 165.

**Signal** [frz., zu lat. signum „Zeichen"], allg. jedes durch opt., akust. oder andere techn. Mittel (*S.mittel*) gegebene Zeichen zur Übermittlung von Meldungen, Nachrichten u. a. über größere Entfernung.

♦ in *Physik, Technik* und *Kybernetik* Bez. für jeden energieübertragenden [physikal.] Vorgang, bestehend aus dem eigentl. *S.träger* (z. B. eine elektromagnet. Welle) und dem *S.parameter,* der zur Darstellung einer Information benutzten Kenngröße des S.trägers (z. B. die Amplitude, Frequenz oder Phase der elektromagnet. Welle), die entsprechend der zu übertragenden Information moduliert wird.

♦ (Signalmusik) zu kult., höf., militär., weidmänn. Zwecken meist auf Signalinstrumenten ausgeführte akust. Zeichen.

♦ in der *Verhaltensforschung* ↑Auslöser. - ↑auch Schlüsselreiz.

**Signalement** [zɪgnal(ə)'mãː; lat.-frz.], 1. kurze Personenbeschreibung mit Hilfe von charakterist. äußeren Merkmalen; 2. in der Pferdezucht die Gesamtheit der Merkmale, die ein bestimmtes Tier charakterisieren (z. B. Farbe, Abzeichen, Größe).

**Signalflaggen,** in der Schiffahrt zur opt. Nachrichtenübermittlung verwendete Flaggen, internat. festgelegt in einem Flaggensystem, bestehend aus 26 *Buchstabenflaggen* (ergeben das sog. **Flaggenalphabet**) zur Darstellung der Buchstaben A bis Z, aus 10 *Zahlenwimpeln* zur Darstellung der Zahlen 0 bis 9, 3 Hilfsstandern und einem Antwortwimpel. Einzelne Buchstabenflaggen und bestimmte Kombinationen aus Buchstabenflaggen stellen zusätzl. bestimmte Nachrichten bzw. Mitteilungen dar (**Flaggensignale**); sie sind im von der Weltorganisation für die Seeschiffahrt (IMCO) herausgegebenen Internat. Signalbuch zusammengestellt. - Das erste internat. Flaggenalphabet wurde 1857 eingeführt, das heutige ist seit 1934 in Gebrauch. - Abb. S. 164.

**Signalgast,** ein auf [Kriegs]schiffen zur Übermittlung von opt. Signalen eingesetztes Besatzungsmitglied.

**Signalgeschwindigkeit** ↑Gruppengeschwindigkeit.

**Signalinstrumente,** Geräte zur Erzeugung von akust. Signalen; dazu zählen Trommeln (z. B. die Schlitztrommel), Pfeifen, Hörner ohne Ventile (Signalhorn) und Glocken.

**Signalpatrone** ↑Leuchtmittel.

**Signalreiz,** svw. ↑Schlüsselreiz.

**Signatar** [lat.], Unterzeichner (eines Vertrages); **Signatarstaat,** der einen internat. Vertrag unterzeichnende Staat.

**Signatur** [lat.], allg. svw. [Kenn]zeichen, Kurzzeichen, Unterschrift, Namenszeichen.

♦ in der *Kunst* Kennzeichnung der Urheberschaft eines Künstlers durch vollständige, abgekürzte (Monogramm) oder verschlüsselte (Emblem) Namensangabe am Werk. Nach vereinzelten Beispielen aus der ägypt. Kunst wird die S. seit dem 7. Jh. v. Chr. in der griech. Vasenmalerei, seit dem 6. Jh. v. Chr. auf Statuenbasen, in röm. Zeit auch auf Kopien üblich. Im MA nur vereinzelt, seit dem 15. Jh. weithin üblich.

♦ im *Bibliothekswesen* Nummer (meist in Verbindung mit Buchstaben), unter der ein Buch im Magazin zu finden ist.

♦ in der *graph. Technik:* 1. Bez. für einen meist halbrunden Einschnitt in einer Drucktype, die dem [Hand]setzer die richtige Lage der Type anzeigt; 2. svw. ↑Bogensignatur.

♦ (Kartenzeichen) in der *Kartographie* ein Zeichen zur lage-, richtungs- und formgerechten, dem Maßstab angepaßten Darstellung von Gegenständen und Gegebenheiten.

**Signete** [lat.-frz.] ↑Drucker- und Verlegermarken.

**signieren** [zu lat. signum „Zeichen"], mit dem Namen[szeichen] versehen; bezeichnen, unterzeichnen.

**signifikant** [lat.], deutl. erkennbar, charakteristisch.

**Signifikant** [lat.] (frz. signifiant; Bezeichnendes), die Lautung, der Wortkörper als die eine Komponente des sprachl. Zeichens im Ggs. zum Signifikat. - ↑auch Saussure, Ferdinand de.

**Signifikat** [lat.] (frz. signifié; Bezeichnetes), der Wortinhalt, die Bedeutung, der Begriff als die andere Komponente des sprachl. Zeichens im Ggs. zum Signifikant.

**Signore** [zɪn'joːre, italien. siɲ'ɲoːre] „Herr" (zu ↑Senior), italien. Anrede für Herr

# Signorelli

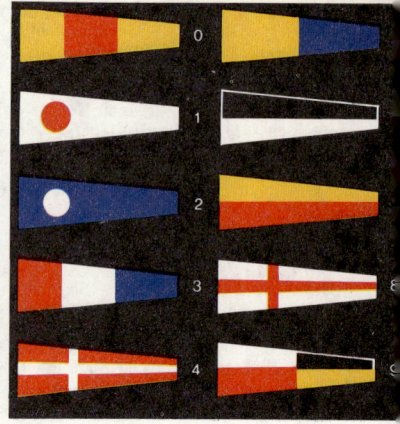

| | |
|---|---|
| A | mache Meilenfahrt/Probefahrt |
| B | lade/entlade Explosivstoffe |
| C | Bejahung |
| D | Abstand halten! |
| E | richte Kurs nach Steuerbord |
| F | bin havariert |
| G | benötige einen Lotsen |
| H | habe Lotsen an Bord |
| I | richte Kurs nach Backbord |
| J | melde Winken an |
| K | stoppen Sie sofort! |
| L | Stop, wichtige Mitteilung! |
| M | habe Arzt an Bord |
| N | Verneinung |
| O | Mann über Bord |
| P | alle an Bord zurück! |
| Q | erbitte freie Verkehrserlaubnis |
| R | habe keine Fahrt |
| S | Maschinen volle Kraft zurück! |
| T | nicht vor Bug passieren! |
| U | Gefahr! |
| V | benötige Hilfe |
| W | benötige ärztliche Hilfe |
| X | Vorhaben unterbrechen! |
| Y | habe Post an Bord |
| Z | für Anruf an Küstenstationen |
| | 1. Hilfsstander |
| | 2. Hilfsstander |
| | 3. Hilfsstander |
| | Antwortwimpel |
| 0–4 | (Zahlenwimpel) |

Signalflaggen

(bei syntakt. enger Verbindung mit dem folgenden Wort: *Signor*); **Signora** für Frau, Dame; **Signorina** für Fräulein.

**Signorelli,** Luca [italien. siɲɲoˈrɛlli], * Cortona um 1445/50, † ebd. 14. Okt. 1523, italien. Maler. - Malte überwiegend kirchl. Fresken, z. B. in Loreto (um 1480), Rom (1482–83), Perugia (1484) und v. a. im Dom von Orvieto (1499–1504). Auch religiöse und mytholog. Tafelbilder. Seine hart modellierten, anatom. exakten und oft in kühnen Verkürzungen wiedergegebenen Aktfiguren gruppieren sich zu dramat. Massenszenen, unter denen v. a. die Hölle des Zyklus in Orvieto, auf Michelangelos Jüngstes Gericht vorausweisend, von kraftvoller Wirkung ist.

**Signoret,** Simone [frz. siɲɔˈrɛ], eigtl. S. Kaminker, * Wiesbaden 25. März 1921, † Paris 30. Sept. 1985, frz. Schauspielerin. - Seit 1951 ∞ mit Y. Montand; differenzierte Darstellung gefühlsbetonter, reifer und welterfahrener Frauen, u. a. in „Der Reigen" (1950), „Der Weg nach oben" (1958), „Das Geständnis" (1970), „Ein Tag für die Königin" (1974), „Mädchenjahre" (1979).

**Signoria** [italien. siɲɲoˈriːa „Herrschaft"; zu lat. senior „älter"] (Signorie), monarch.-autokrat. Herrschaftsform in Italien seit dem Versagen des kommunalen Kollegialregiments im 13. Jh.: Übernahme der Stadtherrschaft durch einen Träger (**Signore**) entscheidender städt. Ämter. Im oligarch. Venedig und im republikan. Florenz Bez. für die leitende Behörde als den eigentl. Träger der polit. Macht.

**Signum** (Mrz. Signa) [lat.], Zeichen; verkürzte Unterschrift, Monogramm.

**Sigrid,** aus dem Nord. übernommener weibl. Vorname (zu altisländ. sigr „Sieg" und friðr „schön").

**Sigrist** [zu mittellat. sacrista „Kirchendiener"], schweizer. Bez. für ↑Küster.

**Sigrun** (Sigrune, Siegrune), alter dt. weibl. Vorname (zu althochdt. sigu „Sieg" und runa „Geheimnis, geheime Beratung").

**Sig-Rune,** Schriftzeichen verschiedener Runenalphabete für den s-Laut, dessen genaue Bez. umstritten ist; wohl wegen der Homonymie zu Sieg(-Rune) und auf Grund seiner aggressiv-dynam. Form fand die S.-R. als Symbol verschiedener faschist. Parteien und Bewegungen Europas Verwendung; ab 1933 Abzeichen des Dt. Jungvolks in der HJ (⚡) und - in Doppelform - seit 1935 der SS (⚡⚡).

**Sigtuna,** schwed. Stadt an einem nördl. Arm des Mälarsees, 3700 E. Sitz des Nord. Ökumen. Inst.; Schulstadt. - Um 1000 als Ersatz für das zerstörte Birka gegr.; um 1060 Bischofssitz (bis 1130). - Kirchenruinen (12.-14. Jh.), Kirche Sankt Maria (um 1240–50) mit Wandmalereien.

**Sigune,** Gestalt aus Wolfram von Eschenbachs Epos „Parzival" und der Minneerzählung „Titurel"; Geliebte des Schionatulander, dessen Tod sie leichtsinnig verschuldet. Sie büßt durch lebenslange Askese und Trauer.

**Sigurdlieder,** Lieder der edd. Sammlung über Sigurd, der den Drachen Fafner tötet und damit den Nibelungenhort erwirbt. Mit der sich anschließenden Sigurd- bzw. Bryn-

Simone Signoret (1959)

hildfabel wurde früh die Überlieferung vom Untergang der Burgundenkönige und ihrer Schwester (nach dt. Tradition Gunther, Gernot, Giselher und Kriemhild) durch die Hunnen und deren König Atli (Etzel) verknüpft, so daß sich ein folgerichtiger Übergang zu den Atliliedern ergibt.

**Sigurðsson,** Jón [isländ. 'sɪːɣyrðsɔn], * Rafnseyri 17. Juni 1811, † Kopenhagen 7. Dez. 1879, isländ. Politiker, Philologe und Historiker. - Setzte sich für die Wiederherstellung der Autonomie Islands und seiner gesetzgebenden Versammlung ein; 1849-57 und 1865-79 Vors. des Althings; entscheidend an der Beseitigung des dän. Handelsmonopols (1854) und der Einführung der isländ. Verfassung (1874) beteiligt; veröffentlichte v. a. Sagensammlungen.

Paul Signac, Félix Fénéon vor Emailgrund, rhythmisiert in Maßen, Winkeln, Tönen und Farben (1890). Privatbesitz

**Sigwart,** Christoph, * Tübingen 28. März 1830, † 5. Aug. 1905, dt. Philosoph. - Prof. in Tübingen. Neben theolog. und philosophiehistor. Arbeiten widmete sich S. v. a. der Ethik, die er als materiale Ethik vertrat, und der Logik, der er als Aufgabe die Ausarbeitung einer allg. Methodenlehre des Denkens zuwies. - *Werke:* Logik (1873–78), Vorfragen der Ethik (1886).

**Sihanuk** ↑ Norodom Sihanuk.

**Sihanukpfad** ↑ Ho-Chi-Minh-Pfad.

**Sik,** Sándor [ungar. ʃiːk], * Budapest 20. Jan. 1889, † ebd. 28. Sept. 1963, ungar. Schriftsteller. - 1930 Prof. für ungar. Literatur in Szeged, 1946 in Budapest. Bedeutendster Vertreter des Neukatholizismus in Ungarn (Lyrik, histor. Dramen, Mysterien- und Laienspiele, Erzählungen).

**Šik,** Ota [tschech. ʃik], * Pilsen 11. Sept. 1919, tschechoslowak. Politiker und Nationalökonom. - 1962–68 Mgl. des ZK der KPČ, April–Sept. 1968 stellv. Min.präs.; Vertreter einer liberalen Politik und einer stärker marktw. orientierten Wirtschaftsordnung; lebt seit 1968 im Exil in der Schweiz, seit 1974 Prof. in Sankt Gallen.

**Sikahirsch** [jap./dt.] (Cervus nippon), gedrungener, etwa 1–1,5 m langer und 85–110 cm schulterhoher Echthirsch in Wäldern und parkartigen Landschaften O-Asiens (in M-Europa und anderen Erdteilen vielerorts eingebürgert); im Sommer meist rotbraun mit weißen Fleckenreihen, im Winter dunkelbraun mit undeutl. oder fehlender Fleckung; ♂ mit relativ schwachem, 8- bis 10endigem Geweih. Man unterscheidet mehrere Unterarten (darunter z. B. der ↑ Dybowskihirsch), von denen einige in ihren Beständen bedroht sind.

**Sikeler** (lat. Siculi; Sikuler), Bewohner der O-Hälfte Siziliens in frühgeschichtl. (vorgriech.) Zeit; der antiken Überlieferung zufolge von N (Italien) her eingewandert, dann infolge der Ausbreitung der griech. Kolonien seit dem 8. Jh. v. Chr. ins Binnenland abgedrängt.

**Sikelianos,** Angelos, * Lefkas 28. März 1884, † Athen 19. Juni 1951, neugriech. Dichter. - Verf. ausdrucksstarker, nuancenreicher, z. T. philosoph. Lyrik. Mitbegründer der „Delph. Festspiele" (1927 und 1930), bei denen durch Vorträge, Wettkämpfe und Aufführungen antiker Dramen ein internat. geistiges Zentrum geschaffen werden sollte.

**Sikhs,** Bez. für die etwa 14 Mill. (1980) Anhänger des Nanak (Bez. ihrer Religion: Sikh). Die von Nanak († 1539[?]) gegr. synkretist. Reformsekte versuchte die Lehren von Hinduismus und Islam zu einer Einheit zu verschmelzen. Nach ihrer im ↑ Adigrantha niedergelegten Lehre gelten für die S. die Karmalehre und der Geburtenkreislauf. - Die S. sind durch Bart, ungeschnittenes Haar und das Tragen des Turbans kenntl.; sie lehnen das Kastenwesen ab. Unter Gobind Singh († 1708) wurden die S. zu einer militanten Gemeinschaft, die im 18. Jh. schweren Verfolgungen mit krieger. Verwicklungen ausgesetzt war. Für die S. wurde 1966 ein eigener ind. Bundesstaat (Punjab) geschaffen.

**Sikiang** (Xijiang) [chin. eidʒjaŋ „Westfluß"], Hauptzufluß des Perlflusses und größter Strom S-Chinas, entspringt (2 Quellflüsse) im Bergland von Yünnan, mündet mit einem Delta in den Perlfluß; 2 100 km lang; schiffbar über 550 km.

**Sikkative** [zu lat. siccativus „trocknend"], meist aus Lösungen von Metallseifen in organ. Lösungsmitteln oder Ölen bestehende, die Trocknung (Filmbildung) trocknender Öle beschleunigende Substanzen.

**Sikkim,** ind. Bundesstaat im östl. Himalaja, 7 298 km², 315 000 E (1981), Hauptstadt Gangtok. Vom tiefsten Punkt (227 m ü. d. M.) im Tal der Tista steigt das Land im Bereich von Hoch-S. mit dem vergletscherten Hauptkamm des Himalaja auf über 7 000 m an und erreicht im Kangchenjunga 8 598 m. Das Klima ist trop.; Süd- und Mittel-S. stehen unter dem Regime des Sommermonsuns. Die Bev. besteht überwiegend aus Nepalesen, außerdem leben in S. Lepcha, Bhotia, Tsongpa und Inder. Über die Hälfte sind Hindus, etwa 30 % bekennen sich zum Mahajana-Buddhismus. Dominierender Wirtschaftszweig ist die Landw. Die wichtigsten Exportprodukte sind Kardamom, Zitrusfrüchte und Bananen. Bergbau auf Kupfer-, Blei- und Zinkerze. - Über die Pässe Jelep La (4 700 m) und Nathu La (4 400 m) führte früher die wichtige Transhimalajastraße von Indien nach Tibet.

*Geschichte:* 1641 wurde Phun-tscho erster König von S. und gründete die Namgjaldynastie. S. geriet 1817 in Abhängigkeit von Brit.-Indien; trat 1815 Darjeeling ab, wurde 1861 brit. Protektorat, erhielt 1918 volle Selbstverwaltung. 1950 wurde ein Protektoratsvertrag mit dem unabhängigen Indien geschlossen. Nach einem Umsturzversuch der nepales. Bev. von S. 1973 gegen den König (seit 1963) Palden Thondup verstärkte sich der ind. Einfluß, die konstitutionelle Monarchie wurde eingeführt. 1974 erhielt S. den Status eines „assoziierten Staates" der Ind. Union; im Mai 1975 nach einer Volksabstimmung als 22. Bundesstaat der Ind. Union eingegliedert.

**Sikkurat** ↑ Zikkurat.

**Sikorski,** Władysław Eugeniusz [poln. ɕiˈkɔrski], * Tuszów Narodowy (bei Mielec) 20. Mai 1881, † bei Gibraltar 4. Juli 1943 (Flugzeugabsturz), poln. General und Politiker. - 1914–17 als Chef des Militärdepartements des Obersten Nat.komitees Vertreter einer austropoln. Lösung; Armeeführer im poln.-sowjet. Krieg 1920; leitete 1921/22 den Generalstab, 1923 Min.präs., 1924/25 Kriegsmin.; nahm nach Differenzen mit Piłsudski 1929 seinen Abschied; seit 30. Sept. 1939 Vors. der poln. Exilreg. in London und Oberbe-

# Silber

fehlshaber der poln. Truppen; führte im Dez. 1941 Gespräche mit Stalin über die poln. Nachkriegspolitik, ließ es im April 1943 jedoch zum Bruch mit der Sowjetunion kommen; sein Tod bleibt bislang ungeklärt.

**Sikorsky**, Igor [engl. sıˈkɔːskı], * Kiew 25. Mai 1889, † Easton (Conn.) 26. Okt. 1972, amerikan. Flugzeugkonstrukteur ukrain. Herkunft. - Konstruierte 1913 das erste viermotorige Flugzeug für die russ. Armee. 1919 emigrierte er in die USA; konstruierte zahlr. Hubschraubertypen.

**Sikuler** (lat. Siculi) ↑ Sikeler.

**Sikyon**, antike Stadt auf der nördl. Peloponnes, westl. von Korinth. Blüte im 6. Jh. v. Chr. unter dem Tyrannen Kleisthenes; auch im 5. und 4. Jh. bed., v. a. auch als künstler. Zentrum. 303 v. Chr. aus der Ebene an den Platz der alten Akropolis verlegt; unter Aratos ab 250 führende Stadt des Achäischen Bundes. Heimat von Kanachos, der den Apoll Philesios für Didyma fertigte, und Lysipp, Wirkungsstätte u. a. von Pamphilos und Pausias. - Reste der hellenist. Stadt sind erhalten.

**Sila**, italien. Gebirgsmassiv im N Kalabriens, im Botte Donato 1 929 m hoch.

**Silage** [ziˈlaːʒə] (Ensilage) [frz.], svw. ↑ Gärfutter.

**Silane** [Kw. aus Silikon und Methan] (Siliciumwasserstoffe), den gesättigten, aliphat. Kohlenwasserstoffen (Alkanen) entsprechende Silicium-Wasserstoff-Verbindungen mit der allg. Formel $Si_nH_{2n+2}$. S. sind sehr unbeständige, selbstentzündl., niedermolekular farblose, gasförmige und flüssige, hochmolekular hellbraune, feste Substanzen. Beständiger sind die organ. Derivate der S. (Organosilane; ↑ metallorganische Verbindungen). Zu den S. zählen die sehr reaktionsfähigen Halogen-S. (allg. Formel $SiH_nX_{4-n}$; X: Halogen, n = 1 bis 3). Den Alkoholen entsprechende Siliciumverbindungen (Wasserstoffatome sind durch Hydroxylgruppen ersetzt) heißen **Silanole**.

**Silanion**, griech. Erzbildhauer von Athen in der 2. Hälfte des 4. Jh. v. Chr. - In röm. Kopien erhalten ist der Kopf seiner berühmten Platonstatue in der Akademie (beste Repliken in Basel und Genf), etwa 370/360.

**Silas** (Silvanus), hl., angesehenes, durch Prophetengabe ausgezeichnetes Mgl. der Gemeinde von Jerusalem (Apg. 15, 22 und 27); begleitete Paulus auf Missionsreisen. - Fest: 13. Juli (griech. Kirche: 30. Juli).

**Silba**, eine der Norddalmatin. Inseln, 15 km²; bis 80 m ü. d. M.

**Silbe** [zu althochdt. sillaba (über lat. syllaba zu griech. syllabḗ, eigtl. „die zu einer Einheit zusammengefaßten Laute")], Teileinheit des Redestroms, die aus einem vokal. Schalldruckgipfel und diesen möglicherweise umgebenden konsonant. Lauten besteht; dabei wird unterschieden zwischen *offenen* S., die auf einen Vokal enden, und *geschlossenen* S., die auf einen Konsonanten enden.

**Silbenrätsel** ↑ Rätsel.

**Silbenschrift**, Bez. für eine Schrift, deren Zeichen („Silbenzeichen") im Idealfall jeweils Silben bezeichnen, im Unterschied zur Wort- und Einzellautschrift, die jeweils ein Wort bzw. einen Laut (Phonem) zum Ausdruck bringen (↑ Schrift).

**Silbentrennung**, durch orthograph. Regeln festgelegte Trennung der Wörter am Zeilenende; die wichtigsten Regeln im Dt. sind: Mehrsilbige Wörter werden nach Sprechsilben getrennt; dabei kommt ein einzelner Konsonant und der letzte von mehreren Konsonanten auf die folgende Zeile (bo-xen, Städ-te); ungetrennt bleiben Konsonantengruppen, die einen einfachen Laut bezeichnen (ch, ph, rh, sch, sh, th), ß (auch der Ersatz durch ss) und st; in Fremdwörtern bleiben nach dem Vorbild der klass. Sprachen bestimmte Lautverbindungen ungetrennt, z. B. bl, gl, cl, phl, br, tr, chth, gn u. a. *(Pu-bli-kum, Re-gle-ment, Ma-gnet)*; ck wird in k-k aufgelöst *(Brük-ke)*; einzelne Vokale, die eine Silbe bilden *(Abend)* oder mehrere Vokale, die eng zusammengehören oder eine Klangeinheit bilden *(Aale, Jeans)*, werden nicht getrennt.

**Silber**, chem. Symbol Ag (von lat. argentum); metall. Element aus der I. Nebengruppe des Periodensystems der chem. Elemente, Ordnungszahl 47, mittlere Atommasse 107,868, Dichte 10,50 g/cm³, Schmelzpunkt

Silber in gediegener Form

961,93 °C, Siedepunkt 2212 °C. Das weißglänzende, gut verformbare Edelmetall ist der beste Strom- und Wärmeleiter. In seinen Verbindungen liegt S. meist ein-, seltener zweiwertig vor. Von nichtoxidierenden Säuren (z. B. Salzsäure) wird S. nicht, von oxidierenden Säuren rasch angegriffen; z. B. bildet S. mit Salpetersäure das farblose, kristalline, wasserlösl. *Silbernitrat*, $AgNO_3$, das als Ausgangsprodukt zur Herstellung der lichtemp-

# Silberbaumfarn

findl. Silberhalogenide sowie medizin. als Ätzmittel verwendet wird. Mit Schwefelwasserstoff reagiert es zu schwarzem *Silbersulfid*, $Ag_2S$, worauf das Anlaufen von S.gegenständen an der Luft beruht, in der Schwefelwasserstoff in Spuren enthalten ist. S. ist mit anderen Edelmetallen und Quecksilber unbegrenzt legierbar. Mit $1 \cdot 10^{-6}$ Gew.-% Anteil an der Erdkruste steht S. in der Häufigkeit der chem. Elemente an 69. Stelle. S. kommt selten gediegen, häufig in Form von Sulfidmineralen sowie in Blei- und Kupfererzen vor (zur Gewinnung von S. aus Bleiglanz ↑Blei; aus dem bei der Verhüttung von Kupferglanz anfallenden Rohkupfer erhält man S. bei dessen elektrolyt. Reinigung aus dem Anodenschlamm). S. wird (meist mit Kupfer und Nickel legiert) als Münzmetall sowie zur Herstellung von Schmuck, Tafelbestecken, Spiegeln, in Form von Amalgamen als Zahnfüllmasse und v. a. in der photograph. Ind. in Form der Silberhalogenide verwendet. S. wird v. a. in Mexiko, Kanada und den USA gewonnen. Infolge der Verknappung der S.vorkommen wird zunehmend der S.gehalt von Münzen reduziert und S. aus Altmaterialien (z. B. Filmresten, gebrauchten Entwicklerlösungen) zurückgewonnen. - Schema des Scheidens von Gold, Silber und Platin (Bd. 8, S. 281).
*Geschichte:* S. wurde in der Frühzeit höher bewertet als Gold, da man es im Ggs. zu diesem kaum gediegen findet. Seit etwa 2500 v. Chr. ist S. als Münzmetall bekannt; es wurde in Kleinasien erstmals aus silberhaltigen Bleierzen gewonnen. Im MA wurde S. in Deutschland v. a. im Harz abgebaut.

📖 *Holland, M.: S. Dt. Übers. Freib. 1983. - Richter, E.: Altes S. Imitiert, kopiert, gefälscht. Mchn. 1982.*

| Silberproduktion 1975–85 in Tonnen | | | |
|---|---|---|---|
| Land | 1975 | 1980 | 1985 |
| Mexiko | 1 182 | 1 557 | 2 153 |
| Peru | 1 058 | 1 340 | 1 895 |
| Sowjetunion | 1 550 | 1 580 | 1 620 |
| USA | 1 087 | 1 006 | 1 224 |
| Kanada | 1 235 | 1 070 | 1 209 |
| Australien | 726 | 767 | 1 655 |
| Welt | 9 976 | 11 138 | 13 392 |

**Silberbaumfarn** ↑Becherfarn.
**Silberbisam** ↑Russischer Desman.
**Silberblatt** (Lunaria), Gatt. der Kreuzblütler mit nur 3 Arten, verbreitet in M- und S-Europa; ein- oder zweijährige oder auch ausdauernde Kräuter mit gestielten, herzförmigen Blättern und weißen oder purpurfarbenen Blüten in Trauben; Früchte flache Schoten, von denen die beiden Fruchtklappen abfallen und nur die papierartige, silbrige, durchscheinende Scheidewand stehenbleibt. Die bekannteste, häufig als Zierpflanze kultivierte Art ist *Lunaria annua* (Mondviole, Judassilberling, Pfennigblume) mit an beiden Enden abgerundeten Schötchen.
**Silberbromid** ↑Silberhalogenide.
**Silberbronze,** Bez. für eine Kupferlegierung (2 bis 6% Silber, bis zu 1,5% Cadmium).
◆ allg. übl. Bez. für ↑Aluminiumfarben.
**Silberdachse** (Amerikan. Dachse, Taxidea), Gatt. plumper Marder mit der einzigen Art **Präriedachs** (Silberdachs, Taxidea taxus) in trockenen, offenen Landschaften großer Teile N-Amerikas; Körper auffallend niedrig und kräftig, bis 70 cm lang; Fell seidenweich und dicht; Färbung oberseits silbergrau bis bräunl., mit weißem, auf der Nase beginnendem Mittelstreif; Gesicht schwarz-braun, weißl. gezeichnet, Beine schwarz; Pelz sehr geschätzt.
**Silberdistel** ↑Eberwurz.
**Silbereiche** ↑Grevillea.
**Silberfelchen,** volkstüml. Bez. für die silberhellen, in der Uferregion des Bodensees lebenden Felchenarten Kilch, Sandfelchen, Gangfisch und die Bastarde zw. Blaufelchen und Gangfisch.
**Silberfingerkraut** ↑Fingerkraut.
**Silberfischchen** (Lepisma saccharina), fast weltweit verbreitetes, etwa 1 cm langes Urinsekt; mit silberglänzend beschupptem Körper; in Europa v. a. in feuchtwarmen Räumen.
**Silberfleckbläuling** (Geißkleebläuling, Plebejus argus), vorwiegend auf Heideflächen und Mooren Eurasiens und Japans verbreiteter, etwa 3 cm spannender Falter der Fam. Bläulinge; Flügeloberseite des ♂ meist violettblau mit schmalem, dunklem Rand, beim ♀ braun mit blauer Basalbestäubung; Flügel unterseits hell- bis dunkelgrau mit orangegelben Flecken.
**Silberfuchs** ↑Füchse.
**Silbergibbon** ↑Gibbons.
**Silberglanz,** svw. ↑Argentit.
**Silbergras,** (Keulenschmiele, Corynephorus) Süßgräsergatt. mit nur wenigen Arten in Europa und im Mittelmeergebiet. Die bekannteste Art ist *Corynephorus canescens*, ein 15–50 cm hohes, graugrünes, teilweise rasenbildendes Gras mit abstehenden, silbergrauen Rispen; auf Sandböden, Heiden und in Kiefernwäldern.
◆ svw. ↑Pampasgras.
**Silberhalogenide,** die [auch als Minerale vorkommenden] Verbindungen des Silbers mit Fluor, Chlor, Brom und Jod. Von den *Silberfluoriden* $AgF$ und $AgF_2$ wird nur das letztere als Fluorierungsmittel verwendet. Wichtig sind die lichtempfindl., in der Photographie zum Beschichten von Filmen und Photopapieren verwendeten S.: *Silberchlorid*, $AgCl$, eine weiße, wasserunlösl. Substanz, in der Photographie meistverwendete *Silberbromid*, $AgBr$, und das lichtempfindlichste, gelbl. *Sil-*

# Silberstiftzeichnung

*berjodid*, AgJ. Diese S. färben sich am Licht durch photochem. Spaltung schwarz (Freiwerden von feinstverteiltem Silber).

**Silberhornerz**, svw. ↑Chlorargyrit.

**Silberkarausche** (Carassius auratus), bis 45 cm langer, seitl. zusammengedrückter, vorwiegend hellgelbl. gefärbter, silbrig glänzender Karpfenfisch in stehenden und langsam fließenden Süßgewässern Hinterindiens und O-Asiens; Stammform des Goldfischs.

**Silberkerze** ↑Cleistocactus.

♦ svw. ↑Wanzenkraut.

**Silberlinge**, Übersetzung Luthers für die Matth. 26, 15; 27, 3 f. genannten 30 Silbermünzen des Judaslohnes (sog. *Judasgeld*), wohl röm. Denare oder Tetradrachmen.

**Silbermann**, dt. Orgel- und Klavierbauerfamilie; bed. Vertreter:

**S.**, Andreas, * Kleinbobritzsch bei Frauenstein 16. Mai 1678, † Straßburg 16. März 1734. - Wurde 1702 Bürger in Straßburg; baute u. a. die Münsterorgeln von Basel und Straßburg sowie die Orgeln der ehem. Benediktinerabteien Maursmünster und Ebersmünster.

**S.**, Gottfried, * Kleinbobritzsch bei Frauenstein 14. Jan. 1683, † Dresden 4. Aug. 1753. - Bruder von Andreas S.; ließ sich 1711 in Freiberg nieder. Baute Orgeln u. a. in Freiberg, Dresden und Zittau. Förderte wie sein Bruder den Einheitsklang der Orgel (nach frz. Vorbildern) und war auch an der Verbesserung des Hammerklaviers beteiligt.

**S.**, Johann Andreas, * Straßburg 26. Juni 1712, † ebd. 11. Febr. 1783. - Sohn von Andreas S.; baute Orgeln im Elsaß, in Lothringen, Baden und in der Schweiz.

**Silbermantel**, svw. Alpenfrauenmantel (↑Frauenmantel).

**Silbermotten** (Argyresthiidae), Fam. kleiner, mottenähnl. Schmetterlinge mit silbriger oder goldfarbener Zeichnung. Bekannt z. B. die ↑Kirschblütenmotte.

**Silbermöwe** ↑Möwen.

**Silbermundwespen** (Crabro), Gatt. der ↑Grabwespen mit rd. 60 einheim. Arten; Körper meist schwarz-gelb gezeichnet, Gesicht mit auffallend silber- oder goldglänzender Behaarung.

**silberne Hochzeit** (Silberhochzeit) ↑Hochzeit.

**Silbernes Lorbeerblatt**, seit 1950 verliehene höchste Auszeichnung in der BR Deutschland für hervorragende sportl. Leistungen und vorbild. sportl. Haltung.

**Silbernitrat** ↑Silber.

**Silberpapier**, gemeinsprachl. Bez. für Stanniol oder Aluminiumfolie (oder auch für Papier, das mit diesen Metallfolien beschichtet ist).

**Silberpappel** ↑Pappel.

**Silberreiher** ↑Reiher.

**Silbersalzdiffusionsverfahren**, photograph. Direktpositivverfahren, bei dem das nicht zum Aufbau des Negativs verbrauchte Silberhalogenid durch den Fixierentwickler in Silbernatriumthiosulfatkomplexe verwandelt wird, die zu einem silberkeimhaltigen Übertragungspapier diffundieren, wo sie physikal. zum Positiv entwickelt werden. Weiterentwicklungen des S. sind die verschiedenen Verfahren der ↑Sofortbildphotographie.

**Silberscharte** (Bisamdistel, Filzscharte, Jurinea), Gatt. der Korbblütler mit rd. 120 Arten, v. a. in Vorder- und Zentralasien, nur wenige Arten im Mittelmeergebiet und in Europa; Kräuter oder Halbsträucher mit meist fiederteiligen Blättern und zweigeschlechtigen Blüten in einzelnen oder zu mehreren zusammenstehenden Köpfchen. In Deutschland kommt die 25–40 cm hohe **Sand-Silberscharte** (Jurinea cyanoides) vor: mit gefurchtem, flockig-weißfilzigem Stengel, fiederspaltigen, oberseits spinnwebenartig behaarten Blättern und purpurfarbenen Blüten in langgestielten einzelnen Köpfchen.

**Silberstahl**, Bez. für Stahl mit „silberblanker" Oberfläche; meist mit 1 % Wolfram und 1 % Kohlenstoff.

**Silberstiftzeichnung**, Handzeichnung mit einem dünnen, aus einer Blei-Zinn-Legierung bestehenden Griffel (sog. *Silberstift*) auf geglättetem Papier mit bes. Grundierung (Knochenpulver mit Leim- oder Gummiwasser gemischt, mit Mineral- oder Pflanzenfarben getönt). Der anfangs feingraue Strich oxidiert rasch nach Braun.

Gottfried Silbermann, Orgel in der Hofkirche in Dresden (1750–54; Photo um 1935)

## Silberstrauch

**Silberstrauch** (Silberbusch, Perowskie, Perovskia), Gatt. der Lippenblütler mit nur wenigen Arten in den gemäßigten Gebieten N-Asiens; bekannt ist die Art **Perovskia atriplicifolia**, ein bis 1,5 m hoher Halbstrauch mit stark duftenden, weiß behaarten Blättern und himmelblauen Blüten in Quirlen; Herbstblüher.

**Silberstrich,** svw. ↑ Kaisermantel.

**silbervergoldet,** ein Gefäß oder eine Statue aus Silber, mit einer Goldauflage versehen (auch als *Vermeil* bezeichnet).

**Silberwährung,** eine Metallwährung auf Basis des Realwertprinzips. Nur vollwertige Silbermünzen sind gesetzl. Zahlungsmittel von unbeschränkter Zahlungskraft; unterwertige sowie solche aus unedlen Metallen bleiben Scheidemünzen, Gold ist nur Handelsmünze.

**Silberwurz** (Dryas), Gatt. der Rosengewächse mit nur wenigen Arten in den arkt. und subarkt. Gebieten sowie in den Hochgebirgen der nördl. gemäßigten Zone; Zwergsträucher mit einfachen, gestielten, oberseits glänzenden, unterseits schneeweißen Blättern, deren Ränder umgerollt sind; Blüten groß, weiß oder gelb. In Deutschland kommt in Laubwäldern die **Achtblättrige Silberwurz** (Dryas octopetala) vor: bis 15 cm hoher Strauch mit gekerbt-gesägten, herzförmigen bis längl., runzeligen Blättern und einzelstehenden, weißen Blüten. - Abb. Bd. 1, S. 250.

**Silberzwiebel,** svw. ↑ Perlzwiebel.

**Silcher,** Friedrich, * Schnait (Gem. Weinstadt) 27. Juni 1789, † Tübingen 26. Aug. 1860, dt. Komponist und Musikerzieher. - Seit 1817 Universitätsmusikdirektor in Tübingen; einer der wichtigsten Volksmusikerzieher und Förderer des Laienchorwesens. Mit Volksliedsammlungen, -bearbeitungen („Ich hatt' einen Kameraden") und -kompositionen („Ännchen von Tharau", „Ich weiß nicht, was soll es bedeuten") war S. der bedeutendste Hg. von Volksliedern im 19. Jahrhundert.

**Sile** (Sileh) ↑ Orientteppiche (Übersicht).

**Silen** ↑ Satyrn.

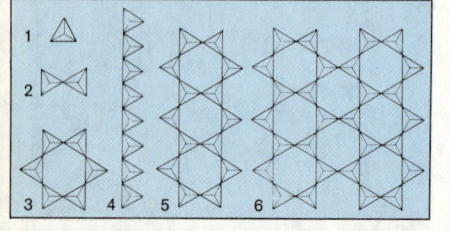

**Silene** [nach dem griech. Dämon Silen], svw. ↑ Leimkraut.

**Silesius,** Angelus ↑ Angelus Silesius.

**Siles Zuazo,** Hernán [span. 'siles 'suaso], * La Paz 19. März 1914, bolivian. Politiker. - Jurist; 1941 Mitgründer der Movimiento Nacionalista Revolucionario, 1946–52 im Exil, 1952–56 Vizepräs., 1956–60 Präs.; 1964–78 im Exil; gründete dann die Unión Democrática Popular. Nach erneutem Exil 1980–82 Präsident 1982–85.

**Silex** [lat.], ein gelb und braunrot gestreifter Jaspis; u. a. für Gemmenschnitzerei verwendet.
♦ für die europ. Vorgeschichte verwendete Bez. für Gesteinsmaterial, das „glasartig" splittert und ggf. zwar geschliffen, aber nicht durchbohrt werden kann (Jaspis [mit den Varietäten Feuerstein und Hornstein] und Obsidian); Ggs. „Felsgestein" (körniger und zäher strukturiert).

**Silhouette** [frz. si'lwɛt], Insel der ↑ Seychellen.

**Silhouette** [zilu'ɛtə; frz., nach dem frz. Finanzminister É. de Silhouette, * 1709, † 1767], Schattenriß.

**Silicagel** [lat.], svw. ↑ Kieselgel.

**Silicasteine** ↑ Silikasteine.

**Silicate** (Silikate) [zu lat. silex „Kiesel"], die Salze und Ester der Monokieselsäure $H_4SiO_4$ und ihrer Kondensationsprodukte (↑ Kieselsäuren). Die anorgan. S. sind als *Silicatminerale* wesentl. am Aufbau der Erdkruste beteiligt. Nach der Verknüpfungsart der tetraedr. gebauten $[SiO_4]^{4-}$-Anionen unterscheidet man folgende S.: die *Neso-S. (Insel-S.)* bestehen aus einzelnen, „inselartigen" $SiO_4$-Tetraedern; dazu zählen Olivinminerale und Granate. Bei den *Soro-S. (Gruppen-S.)* besitzen meist nur zwei benachbarte $SiO_4$-Tetraeder ein gemeinsames Sauerstoffatom, so daß $[Si_2O_7]^{6-}$-Einheiten entstehen. Bei den *Cyclo-S. (Ring-S.)* sind drei, vier oder sechs $SiO_4$-Tetraeder zu Ringen geschlossen (z. B. beim Turmalin und Beryll). Die *Ino-S. (Ketten-S.)* bestehen aus Ketten von $SiO_4$-Tetraedern bzw. die zwei parallelen Ketten; zu den Ino-S. mit Bandstruktur zählen z. B. die Hornblenden. Bei den *Phyllo-S. (Schicht-S., Blatt-S.)* ist jeder $SiO_4$-Tetraeder mit drei Nachbartetraedern verknüpft, wodurch $[Si_4O_{10}]^{4-}$-Gruppierungen entstehen. Auf dieser zweidimensionalen Struktur beruhen die leichte Spaltbarkeit der Glimmer, die Weichheit des Talks und die Quellbarkeit der Tone. Die *Tekto-S. (Gerüst-S.)* besitzen $SiO_4$-Tetraeder; z. B. ist beim Quarz jeder Tetraeder mit vier weiteren Tetraedern verknüpft. Bei anderen Tekto-S. ist Silicium im Anion z. T. durch Aluminium ersetzt, z. B. bei den Feldspäten.
⌑ *Hinz, W.: Silikate. Bln. 1970–71. 2 Bde.*

**Silicide** [zu lat. silex „Kiesel"], Verbindungen des Siliciums mit Metallen, die bis

Silicate. Beispiele für die Struktur der Anionen: 1 Nesosilicat, 2 Sorosilicat, 3 Cyclosilicat, 4 Inosilicat (Kette), 5 Inosilicat (Band), 6 Phyllosilicat

auf die Alkali- und Erdalkali-S. gegen Wasser und Säuren unempfindl. sind und als Desoxidationsmittel in der Stahlind. (v. a. Calcium- und Eisen-S.) sowie als harte Werkstoffe Bedeutung haben.

**Silicium** [zu lat. silex „Kiesel"], chem. Symbol Si; halbmetall. Element aus der IV. Hauptgruppe des Periodensystems der chem. Elemente, Ordnungszahl 14, mittlere Atommasse 28,086, Dichte 2,33 g/cm$^3$, Schmelzpunkt 1410 °C, Siedepunkt 2355 °C. Das dunkelgraue bis schwarze S. ist ein Halbleiter; in geschmolzenem Zustand besitzt es metall. Eigenschaften und leitet Strom. S. ist nicht sehr reaktionsfähig; es reagiert z. B. mit Sauerstoff erst bei hoher Temperatur zu **Siliciumdioxid**, SiO$_2$, das in der Natur in zahlr. Modifikationen, d. h. in Form zahlr. Minerale vorkommt. Entsprechend seiner Stellung im Periodensystem tritt S. fast immer vierwertig auf. In der Erdkruste ist es mit 25,8 Gew.-% das zweithäufigste Element. S. wird durch Reduktion von Quarz mit Kohle im Lichtbogenofen gewonnen; hochreines S. hat große Bedeutung zur Herstellung von Halbleiterbauelementen. - S. wurde 1823 von J. J. von Berzelius durch Umsetzen von S.tetrafluorid mit Kalium dargestellt.

**Siliciumcarbid**, SiC, Silicium-Kohlenstoff-Verbindung; dient als Schleifmittel (Carborundum ⓡ) und als feuerfester Werkstoff.

**Siliciumwasserstoffe**, svw. ↑Silane.

**Silicone** [zu lat. silex „Kiesel"] (Silikone, Polyorganosiloxane), synthetische, polymere siliciumorgan. Verbindungen mit der allg. Formel R$_n$SiO$_{(4-n)/2}$ (R organ. Rest, n = 1, 2, 3). Sie werden meist aus Organochlorsilanen, R$_n$SiCl$_{4-n}$ (n = 1, 2, 3) oder Organoalkoxysilanen, R$_n$Si(OR')$_{4-n}$ (n = 1, 2, 3) hergestellt, wobei die Reaktion über Organosilanole, R$_n$Si(OH)$_{4-n}$, verläuft, die unter Wasserabspaltung (Kondensation) miteinander reagieren. S. sind therm. u. chem. sehr beständig und wasserabstoßend; sie werden für viele Zwecke verwendet, z. B. die **Silikonöle** (mit kurzen Kettenmolekülen) als Hydraulikflüssigkeiten, Schmiermittel, Entschäumer und zum Imprägnieren von Textilien und Papier; die **Silikonfette** (mit längeren Kettenmolekülen) als Schmiermittel und Salbengrundlagen (Silikonöle mit Graphit- oder Metallseifenzusatz werden ebenfalls als S.fette bezeichnet und dienen als Hochtemperaturschmiermittel); der **Silikonkautschuk** (mit langen, durch Vulkanisieren z. B. mit Peroxiden vernetzten Kettenmolekülen) als dauerelast., witterungsbeständiges, säuren- und basenfestes Dichtungsmaterial und die **Silikonharze** (mit räuml. stark vernetzten Molekülen) als elektr. Isoliermaterial und Lackrohstoffe für temperaturbeständige Lacke.

**Silicothermie** [lat./griech.], techn. Verfahren der Reduktion hochschmelzender Metalloxide mit Silicium zur Herstellung kohlenstoffarmer Eisenlegierungen wie Ferromangan.

**Silieren** [span.], svw. ↑ Einsäuerung.

**Silifke**, türk. Stadt im südl. Anatolien, 15 000 E. Landw. Zentrum, Papierfabrik. - S. ist das antike ↑ Seleukeia in Kilikien.

**Siliguri**, Stadt im ind. Bundesstaat West Bengal, im Terai, 154 000 E. Eisenbahnknotenpunkt im strateg. bed. Korridor zw. Assam und dem übrigen Indien.

**Silikasteine** (Silicasteine) [lat./dt.], feuerfeste Steine (Erweichungstemperatur etwa 1 700 °C) aus zerkleinertem Quarzit und 1–2 % Kalkmilch; zur Auskleidung v. a. von Koks- und Glasöfen.

**Silikose** [zu lat. silex „Kiesel"], durch eingeatmeten kieselsäurehaltigen Staub verursachte Staublungenerkrankung.

**Silistra**, bulgar. Stadt in der Dobrudscha, am rechten Donauufer, 50 m ü. d. M., 57 700 E. Verwaltungssitz des Verw.-Geb. S.; Donauhafen; Elektrogerätebau sowie Textil-, Möbel- und keram. Ind., Schilfrohrverarbeitung. - Etwa 4 km östl. von S. lag das röm. **Durostorum**; entwickelte sich zu einer der bedeutendsten Städte der Prov. Moesia; wurde unter Kaiser Mark Aurel (161–180) Munizipium; unter Kaiser Diokletian (284–305) Hauptstadt der Prov. Scythia und Zentrum des dortigen Christentums; hieß im 8.–10. Jh. **Drstar**. - Aus röm. Zeit stammt u. a. eine Grabkammer (4. Jh. n. Chr.).

**Silja**, Anja, * Berlin 17. April 1940, dt. Sängerin (Sopran). - Singt an den bedeutendsten Opernbühnen der Welt. Neben Wagner-Partien umfaßt ihr Repertoire v. a. Rollen aus Opern von W. A. Mozart, G. Verdi, R. Strauss und A. Berg.

**Siljansee**, See in Dalarna, Schweden, 161 m ü. d. M., 290 km$^2$; bis 128 m tief; bed. Fremdenverkehr (altes Brauchtum).

**Silke**, weibl. Vorname, nicht selten niederdt. und fries. Koseform von Cäcilia (↑ Cäcilie).

**Sillanpää**, Frans Eemil [finn. 'sillampæ:], * Hämeenkyrö 16. Sept. 1888, † Helsinki 3. Juni 1964, finn. Schriftsteller. - Sohn eines Kleinbauern; schrieb handlungsarme impressionist. Romane über bäuerl. Themen, z. B. „Sonne des Lebens" (1916), „Silja, die Magd" (R., 1931), „Schönheit und Elend des Lebens" (R., 1945). - Nobelpreis 1939.

**Sillimanit** [nach dem amerikan. Geologen B. Silliman, * 1779, † 1864] (Faserkiesel, Fibrolith), orthorhomb., gelblichgraues, graugrünes oder bräunl., faseriges Mineral, chem. Al$_2$[O|SiO$_4$]. Mohshärte 6–7; Dichte 3,2 g/cm$^3$; zur Herstellung feuerfester keram. Werkstoffe.

**Sillitoe**, Alan [engl. 'sɪltoʊ], * Nottingham 4. März 1928, engl. Schriftsteller. - Sohn eines Gerbereiarbeiters; bedeutendster zeitgenöss. Chronist der modernen engl. Arbeitswelt. Seine engagierten realist. Erzählungen („Die Einsamkeit des Langstreckenläufers", 1959) und Romane („Samstag Nacht und Sonntag Morgen", 1958) schildern den Versuch jugendl. Arbeiter und Krimineller, sich gegen die repressive etablierte Obrigkeit sowie die stupide Routine in ihrem Leben zur Wehr zu setzen. - *Weitere Werke:* Der Tod des William Posters (R., 1965), Der brennende Baum (R., 1967), Start ins Leben (R., 1970), Nihilon (R., 1971), Der Sohn des Witwers (R., 1976), The lost flying boat (R., 1983).

**Sills,** Beverly, eigtl. Belle Silverman, \* New York 25. Mai 1929, amerikan. Sängerin (Sopran). - Feiert glänzende Erfolge in Rollen wie Lucia di Lammermoor von Donizetti oder der Zerbinetta aus R. Strauss' Oper „Ariadne auf Naxos"; ab 1980 Kodirektorin der New York City Opera.

**Silo** [span. „Getreidegrube"], Großspeicher für Getreide, Futtermittel, für Erz und andere Schüttgüter; als *Baustellen-S.* für Zement in Form eines transportierbaren Großraumbehälters.

**Siloah,** bibl. Bez. für eine Wasserleitung in Jerusalem, die wahrscheinl. urspr. ein oberird. (?) Kanal war; der Name wurde später auf die Mündung des wohl von Hiskia gebauten Tunnels übertragen; das Sammelbecken vor der Tunnelmündung ist der S.-Teich (Siloam-Teich) des N.T. (Joh. 9, 7).

**Siloé** [span. silo'e], Diego de \* Burgos um 1495, † Granada 22. Okt. 1563, span. Baumeister und Bildhauer. - Sohn von Gil de S.; Ausbildung wohl in Florenz; vermittelte Formen der italien. Hochrenaissance nach Spanien. Schuf die „Goldene Treppe" (1519-23) in der Kathedrale von Burgos; ab 1528 in Granada tätig (Neubau und Weiterführung des Baus der Kathedrale; Grabfiguren von Ferdinand II. von Aragonien und Isabella in der Capilla Real).

**S.,** Gil de, span. Bildhauer vermutl. flandr. Herkunft, nachweisbar 1486-99. - Vater von Diego S.; schuf spätgot.-niederl. beeinflußte Werke: Doppelgrabmal Johanns II. von Kastilien und Isabellas sowie Hochaltar in der Kartause von Miraflores in Burgos.

**Silofutter,** svw. ↑Gärfutter.

**Silone,** Ignazio, eigtl. Secondo Tranquilli, \* Pescina (Prov. L'Aquila) 1. Mai 1900, † Genf 22. Aug. 1978, italien. Schriftsteller. - 1921 Mgl. des ZK von ihm mitbegründeten italien. KP; ging nach der Machtübernahme der Faschisten (1922) in die Schweiz; Rückkehr 1925; mußte 1928 erneut fliehen; wurde nach 1945 Mgl. der sozialist. Partei. Seine sozial- und gesellschaftskrit. Romane schildern das Leben des verarmten und ausgebeuteten Proletariats, der verschuldeten Kleinbauern und Landarbeiter in den Abruzzen, v.a. „Fontamara" (R., 1930). - *Weitere Werke:* Der Faschismus (1934), Brot und Wein (R., engl. und dt. 1936, italien. 1937), Eine Handvoll Brombeeren (R., 1952), Das Geheimnis des Luca (R., 1956).

**Siloxane** [Kw.], Wasserstoff-Sauerstoff-Verbindungen des Siliciums mit der allg. Formel $H_3Si[-O-SiH_2-]_nO-SiH_3$. Beim Ersetzen der Wasserstoffatome durch Alkylgruppen entstehen die Alkyl-Siloxane, deren Polymerisationsprodukte die ↑Silicone sind.

**Silphion** [griech.], in der Antike in Kyrene kultivierte Gemüse-, Gewürz- und Heilpflanze. Die gesammelten und nach Griechenland exportierten Sprosse und Blätter begründeten den Reichtum der Cyrenaika.

**Sils im Engadin** (amtl. Sils im Engadin/Segl), Luftkurort und Wintersportplatz im schweizer. Kt. Graubünden, am N-Ende des 5 km langen *Silser Sees,* 1 806 m ü. d. M., 430 E.

**Silumin** ® [Kw.], Leichtmetallegierung aus 86-88 % Aluminium und 14-12 % Silicium; hohe Korrosionsbeständigkeit, schweiß- und gießbar.

**Silur** [nach dem vorkelt. Volksstamm der Silurer], erdgeschichtl. Formation des Paläozoikums, ↑Geologie, Formationstabelle.

**Silva,** José Asunción, \* Bogotá 27. Nov. 1865, † ebd. 24. Mai 1896 (Selbstmord), kolumbian. Lyriker. - Einer der bedeutendsten Lyriker des 19.Jh. im span. Sprachbereich; führte den Modernismo in die Literatur Kolumbiens ein. Bevorzugte Themen seiner außerordentl. nuancenreichen, musikal. Gedichte sind Zweifel, Pessimismus und Melancholie.

**Silvaner,** mittelfrühe Rebensorte mit mittelgroßen, grünen Beeren in dichten Trauben; liefert einen milden, fast geschmacksneutralen Weißwein, oft mit Riesling verschnitten. Der Wein ist im Elsaß als *Sylvaner* oder *Grünfränkischer*, in der Schweiz (Kanton Wallis) als *Johannisberg*, in der Steiermark und um Wien als *Zierfandler* bekannt. Um 1900 nahm die Sorte etwa 60 %, heute nimmt sie nur noch 17 % der dt. Weinbaufläche ein.

**Silvanus,** röm.-italischer Bauern- und Hirtengott, Schützer von Hain, Flur und Herde, Förderer des Wachstums.

**Silvaplana,** Luftkurort und Wintersportplatz im schweizer. Kt. Graubünden, im Oberengadin, 1 813 m ü. d. M., 790 E. Seilbahn auf den Piz Corvatsch (3 451 m).

**Silver,** Horace [engl. 'sılvə], \* Norwalk (Conn.) 2. Sept. 1928, amerikan. Jazzmusiker (Pianist, Komponist). - Stilist. von B. Powell beeinflußt, gilt als einer der stilbildenden Musiker des Hard-Bop.

**Silvester,** männl. Vorname lat. Ursprungs, eigtl. „der zum Wald Gehörende, Waldbewohner".

**Silvester,** Name von Päpsten:
**S. I.,** hl., † Rom 31. Dez. 335, Papst (seit 31. Jan. 314). - Erst die S.-Legende des 5.Jh. erfand seinen maßgebl. Einfluß (Taufe Konstantins und Heilung von Aussatz), der in dieser Tendenz in die ↑Konstantinische Schenkung einging. - Fest: 31. Dezember.

**S. II.,** * in der Auvergne um 940/950, † Rom 12. Mai 1003, vorher Gerbert von Aurillac, Papst (seit 2. April 999). - Um 983 Abt von Bobbio, 991 Erzbischof von Reims (ohne päpstl. Anerkennung). Sein Schüler, der spätere Kaiser Otto III., ließ ihm 998 das Erzbistum Ravenna übertragen und veranlaßte seine Wahl zum Papst (erster frz. Papst). S. trat mit Otto III. für die Erneuerung des Röm. Reiches im Sinn einer christl. Theokratie (Renovatio imperii) ein. Er galt als der größte abendländ. Gelehrte seiner Zeit, geriet aber wegen seiner mathemat. und naturwiss. Kenntnisse in den Ruf eines Zauberers.

**Silvester** (Silvesterabend, Altjahrsabend), der letzte Tag im Jahr, benannt nach dem Tagesheiligen (31. Dez.) Papst Silvester I.

**Silvesterorden,** päpstl. Orden, † Orden (Übersicht).

**Silvesterpatent,** Bez. für die kaiserl. Erlasse vom 31. Dez. 1851, durch die die oktroyierte östr. Märzverfassung von 1849 aufgehoben wurde.

**Silvia,** weibl. Vorname lat. Ursprungs (weibl. Form des männl. Vornamens † Silvester).

**Silvia,** urspr. Silvia Renate Sommerlath, * Heidelberg 23. Dez. 1943, Königin von Schweden. - Dolmetscherausbildung; Chef-Hosteß bei den Olymp. Spielen 1972; seit 1976 ∞ mit Karl XVI. Gustav, König von Schweden.

**Silvide** [zu lat. silva „Wald"] (silvide Rasse), menschl. Lokalrasse, die zu den Nordindianiden († Indianide) gerechnet wird; mit hohem Wuchs, wuchtigem Körperbau, großem und mäßig langem Kopf, flachem Gesicht, kleinen (manchmal geschlitzten) Lidspalten und hoher (häufig konvexer) Nase; v. a. im kanad. Waldgebiet und in den Hochprärie verbreitet (bes. mit den Indianerstämmen der Algonkin und Sioux).

**Silvrettagruppe,** Gruppe der Zentralalpen, über die die Grenze Österreich/Schweiz verläuft, bis 3 411 m hoch. Auf der N-Abdachung liegen der Vermunt-, Silvretta- und der Kopsstausee der Montafoner Illwerke.

**Silvretta-Hochalpenstraße,** Alpenstraße in Österreich, die das Montafon mit dem Paznauntal verbindet, 22,3 km lang; mautpflichtig; 1954 eröffnet.

**Sima** [Kw. aus **Si**licium und **Ma**gnesium], Bez. für das u. a. aus Silicium- und Magnesiumverbindungen bestehende Gesteinsmaterial der unteren Erdkruste.

**Sima** [griech.], in der griech. Tempel- und Hallenarchitektur um das Dach geführte Blende (aus Ton oder Stein), die an der Traufseite dachrinnenartig das Regenwasser auffing und es durch Wasserspeier (Tonröhren oder Löwenköpfe) abgab.

**Simarouba** [...'ru:ba; indian.], svw. † Quassia.

## Simbabwe

Staat in SO-Afrika, zw. 15° 30′ und 22° 20′ s. Br. sowie zw. 25° und 33° ö. L. **Staatsgebiet:** S. grenzt im N an Sambia, im NO und O an Moçambique, im S an die Republik Südafrika und im SW und W an Botswana. **Fläche:** 390 580 km². **Bevölkerung:** 8,67 Mill. E (1985), 22,2 E/km. **Hauptstadt:** Harare. **Verwaltungsgliederung:** 8 Prov. **Amtssprache:** Englisch. **Währung:** Simbabwe-Dollar (Z. $) = 100 Cents (c). **Internat. Mitgliedschaften:** UN, OAU, GATT, Commonwealth, der EWG assoziiert. **Zeitzone:** MEZ +1 Std.

**Landesnatur:** S. ist ein weites Hochland, das zur Umrahmung des Kalaharibeckens gehört, an dem es im äußersten W Anteil hat. Das Land gliedert sich in das zentrale Middle- und Highveld (900–1 200 m ü. d. M. bzw. über 1 200 m ü. d. M.), das im Inyangani im äußersten O eine Höhe von 2 593 m erreicht und sich nach S und N mit markanten Stufen gegen das anschließende Lowveld (im N 400–600 m ü. d. M., im S 600–800 m ü. d. M.) absetzt. Außerdem wird das Land von einer Hügelkette, dem Great Dyke, durchzogen, in die meisten Bodenschätze von S. liegen. Im NW verläuft die Grenze durch den 275 km langen und bis zu 48 km breiten, durch Stau des Sambesi entstandenen Karibasee.

**Klima:** Es herrscht randtrop. Klima mit einer Regenzeit von Nov. bis März/April. Die von O nach W abnehmenden Niederschläge erreichen im Jahresdurchschnitt im S 300 mm, im N 600 mm und im zentralen Hochland 700–800 mm. Die mittleren Julitemperaturen liegen im S bei 16 °C, im N bei 20 °C und im Hochland bei 14–15 °C; die mittleren Januartemperaturen erreichen im N und S 27 °C, im Hochland 21–23 °C.

**Vegetation:** Im Middle- und Highveld Savannen mit laubabwerfenden Bäumen; im Lowveld verbreitet Dornstrauchsavannen und Trockenwald. Im Gebirge des Ostens immergrüner Höhenwald, durchsetzt von offenen Grasflächen.

**Bevölkerung:** Sie besteht zu 96,5 % aus Afrikanern, zu 3 % aus Europäern und zu 0,5 % aus Mischlingen und Asiaten. Die Afrikaner gehören in der Mehrzahl den Stammesverbänden der Schona und Ndebele (Matabele) an. Die Bev. lebt zum größten Teil in ländl. Siedlungen. Die höchste Bev.-dichte findet sich im klimat. angenehmen Highveld. 80 % der weißen Bev. leben in Städten und Bergbausiedlungen. 95 % der schulpflichtigen Kinder (7.–15. Lebensjahr, einschl. Vorschule 5.–15. Lebensjahr) haben eine mehrjährige Volksschulausbildung. Die Univ. in Harare ist die einzige des Landes; daneben gibt es 2 techn. Colleges.

**Wirtschaft:** Mehr als 80 % der Bev. sind in der Landw. tätig; sie erbringt 18 % des Brutto-

# Simbabwe

sozialproduktes. Die wichtigsten landw. Produkte sind Rindfleisch, Zuckerrohr, Tee, Tabak und Baumwolle. Obst und Gemüse werden nach Europa geflogen. Wichtigste Nutzhölzer sind Rhodesisches Teak, das sog. „copalwood" und Padouk. – Der Bergbau ist von großer wirtsch. Bed., da etwa 70 verschiedene Mineralien auftreten, v. a. am Great Dyke. Ledigl. Steinkohle und Zinnerz werden im äußersten W bei Hwange gefördert. Die Steinkohle deckt den Inlandbedarf und wird darüber hinaus nach Malawi und Zaïre exportiert. Die Hauptvorkommen der Eisenerze (durchschnittl. 55% Fe-Gehalt) liegen bei Kwekwe und Bukwa. Bei der Chromerzförderung steht S. an 4. Stelle unter den Förderländern der Erde, bei Asbest nimmt es den 6. Platz ein. Neben Lithium- und Tantalerzen werden neuerdings Nickelerze exportiert. Hervorzuheben sind Metallverarbeitung (Eisen- und Stahlwerk in Redcliff), Nahrungsmittel-, Textil-, Tabakwaren- und chem. sowie holzverarbeitende Ind. (Papier, Möbel). Größte Ind.standorte sind Harare und Bulawayo. Wichtigste Energieträger sind die Steinkohle und Strom aus dem Großkraftwerk am Karibadamm. Hauptanziehungspunkt für Touristen sind die Victoriafälle im W des Landes sowie die Ruinen von ↑ Simbabwe.

**Außenhandel:** Die wichtigsten Handelspartner sind Großbrit., Sambia, Südafrika, die BR Deutschland und die USA. Ausgeführt werden Tabak, Baumwolle, Asbest, Nickel- u. a. Erze, Eisen und Stahl. Eingeführt werden Fahrzeuge, Maschinen und Geräte, Erdölderivate, Metallwaren. Wegen der (von Großbrit. und den UN bis 1979/80) gegen Rhodesien verhängten Sanktionen erscheint erst wieder seit 1981 eine aufgeschlüsselte Außenhandelsstatistik.

**Verkehr:** Länge des Eisenbahnnetzes 3 470 km (Kapspur), das Straßennetz ist 170 400 km lang, davon sind 12 000 km asphaltiert. Internat. ⚓ besitzen Harare und Bulawayo; nat. Fluggesellschaft ist die Air Zimbabwe.

**Geschichte:** Auf dem Gebiet von S. lag das Reich des ↑ Monomotapa, das Ende des 17. Jh. unter die Herrschaft der Rotse kam, zw. 1834 und 1836 mit dem Rotsereich von den Ndebele unterworfen wurde. Um die Mitte des 19. Jh. begannen von S her Europäer das Land zu erkunden (bes. D. Livingstone). 1888 erwarb ein Beauftragter C. Rhodes' vom Ndebelekönig Lobengula eine Landkonzession, die jedoch nur die Prospektion und Ausbeutung von Erzvorkommen beinhaltete. Dennoch begann die British South Africa Company unter Rhodes' Führung, Europäer anzusiedeln; 1889 erhielt die British South Africa Company durch eine Royal Charter Hoheitsbefugnisse. Um dt. und portugies. Ansprüche auszuschalten, erklärte die brit. Reg. 1891 das Land zum brit. Protektorat. 1894 war der Widerstand der Ndebele gebrochen; im selben Jahr erhielt das Land nach C. Rhodes den Namen Rhodesien. Bis 1923 wurde es von der British South Africa Company verwaltet. 1924 gingen die Hoheitsbefugnisse an die brit. Reg. über: Südrhodesien erhielt den Status einer von den weißen Siedlern selbst verwalteten Kolonie; die Afrikaner wurden an der Selbstverwaltung nicht beteiligt (Nordrhodesien wurde brit. Kronprotektorat). 1930 wurde Südrhodesien nach Siedlungsgebieten für europ. und afrikan. Einwohner aufgeteilt. 1953 vereinigte Großbrit. die Kolonie Südrhodesien mit den Protektoraten Nordrhodesien und Njassaland zur *Zentralafrikan. Föderation*, die aber 1963 zerbrach. Nordrhodesien und Njassaland wurden 1964 als Sambia und als Malawi unabhängig. Großbrit. gab der autonomen Kolonie Rhodesien (seit 1964 wurde das Präfix „Süd" weggelassen) nicht die Unabhängigkeit, weil die zahlenmäßig weit unterlegenen weißen Rhodesier nicht bereit waren, der brit. Forderung nach voller Reg.beteiligung der Afrikaner nachzukommen. Nach dem Sieg der radikalen „Rhodesian Front" erklärte Premiermin. I. D. Smith 1965 einseitig die Unabhängigkeit Rhodesiens. Die brit. Regierung erklärte daraufhin die Reg. Smith für abgesetzt und verhängte, wie die UN, ein Embargo und Sanktionen. Diese Maßnahmen waren jedoch nur begrenzt wirksam, da sie von Portugal (Moçambique) und Südafrika überhaupt nicht beachtet und von westl. Staaten immer wieder umgangen wurden. 1970 wurde die Republik Rhodesien ausgerufen und damit die endgültige staatsrechtl. Trennung von Großbrit. vollzogen. Die Unabhängigkeit Moçambiques und Angolas (1975) und das Bestreben der südafrikan. Reg., einen Modus vivendi mit den schwarzafrikan. Staaten zu finden, brachten die rhodes. Reg. Smith in eine prekäre Lage. Seit Mitte 1975 fanden Gespräche über die zukünftige Verfassung zw. der rhodes. Reg. und dem die schwarzen Rhodesier vertretenden African National Council statt, die im März 1976 scheiterten. Kurz zuvor hatte Moçambique den Kriegszustand proklamiert. Seitdem nahmen die Guerillaaktionen gegen das weiße Regime in Rhodesien ständig zu, das seinerseits militär. Aktionen gegen die schwarzen Nachbarstaaten, v. a. gegen Moçambique und Sambia (mit Tansania die sog. „Frontstaaten"), unternahm. Verbände der ZANU (Zimbabwe African National Union) operierten von Moçambique aus, Truppen der ZAPU (Zimbabwe African People's Union) bedrohten die Grenze von Sambia aus. Die Exilführer dieser beiden Bewegungen, J. Nkomo (ZAPU) und R. G. Mugabe (ZANU), schlossen sich zur sog. Patriotic Front zusammen, doch kam es weiter zu inneren Zerwürfnissen in der ZANU und zu Rivalitäten zw. ZAPU, die sich militär. auf die Sowjetunion stützt, und ZANU, die Hilfe bei

# Simbabwe

der VR China sucht. Nachdem Südafrika Rhodesien die militär. Unterstützung entzogen hatte und die USA nach der Umorientierung ihrer Afrikapolitik massiven Druck auf Rhodesien ausgeübt hatten, erkannte die Reg. Smith schließl. den Grundsatz der schwarzen Mehrheitsreg. an. Im Okt. 1976 wurde die Genfer Rhodesienkonferenz eröffnet, auf der unter brit. Vorsitz zw. der Reg. Smith und den Führern der rhodes. Schwarzen die Modalitäten des Übergangs zur schwarzen Mehrheitsreg. in Rhodesien geklärt werden sollten. 1977 leitete Smith neue Bestrebungen ein, eine „interne Lösung" zu erreichen, d. h. sich mit einigen schwarzen Politikern gegen die militanten Befreiungsbewegungen zu verbünden. Es gelang ihm, dafür 2 Führer des Widerstandes zu gewinnen: den Methodisten-Bischof A. Muzorewa und den ZANU-Gründer Pastor N. Sithole; mit ihnen erreichte Smith im März 1978 Einvernehmen über eine neue Verfassung: Sie überließ die Parlamentsmehrheit den Schwarzen und garantierte somit dem Führer der stärksten schwarzen Fraktion das Amt des Premiermin., sicherte gleichzeitig jedoch den Weißen eine parlamentar. Sperrminderheit gegen Verfassungsänderungen. Wichtige Führungsämter, v. a. in Militär und Polizei, blieben in weißen Händen. Die Weißen wählten im April 1979 erneut nur Kandidaten von Smith' Rodesian Front (RF); als Sieger ging Muzorewas United African National Council (UANC) mit 51 von 100 Parlamentssitzen hervor. Die Parteien der schwarzen Rhodesier erhielten insgesamt 72, die Partei von Smith 28 Sitze. Das Land wurde amtl. in S.-Rhodesien umbenannt; Ende Mai 1979 wurde als erstes schwarzes Staatsoberhaupt J. Gumede (* 1920) als Präs. vereidigt, Muzorewa zum Premiermin. gewählt; I. Smith wurde Minister ohne Geschäftsbereich. Am 1. Juni trat die neue Verfassung in Kraft. Angesichts des Widerstandes der Patriotic Front und der OAU gegen diese „interne Lösung" fand die neue Reg. vorerst keine internat. Anerkennung; die Sanktionen blieben in Kraft. Anfang Aug. 1979 ermächtigte die Konferenz der Reg.chefs des Commonwealth den brit. Premiermin., Frau Thatcher, erneut eine Verfassungskonferenz für S.-Rhodesien einzuberufen, die im Sept. in London begann und im Dez. 1979 schließl. erfolgreich war: S.-Rhodesien wurde als Rhodesien auch fakt. wieder brit. Kolonie unter dem Gouverneur Lord C. Soames; für März 1980 wurden Neuwahlen unter Teilnahme von ZANU und ZAPU vereinbart. Nachdem diese beiden Organisationen (ZANU 63% der Stimmen, ZAPU 24%) als Sieger aus der Wahl hervorgegangen waren, bildete R. Mugabe als Premiermin. am 11. März 1980 eine Reg. aus ZANU, ZAPU und Rhodes. Front. Nach den Senatswahlen und nach der Aufhebung des 1978 verhängten Kriegsrechts im März 1980 wurde am 18. April 1980 die brit. Kolonie Rhodesien als S. unabhängig. Die Spannungen insbes. zw. Mugabe und Nkomo blieben jedoch bestehen. Sie wurden überdies durch alte Stammesgegensätze verschärft; Mugabes Anhängerschaft rekrutiert sich hauptsächl. aus dem Mehrheitsstamm der Schona, Nkomos Gefolgschaft aus dem Stamm der Matabele. Nkomo wurde im Febr. 1982 aus der Reg. entlassen und floh im März 1983 ins Exil (bis Aug.). Bei den Wahlen 1985 konnte die ZANU 63 Sitze im Parlament gewinnen; von den 20 der weißen Minderheit vorbehaltenen Sitzen gingen 15 an die Konservative Allianz des ehem. Min.präs. Smith. Im Juni 1987 verabschiedete das Parlament einen Verfassungszusatz, der die Abschaffung der für die weiße Bev. reservierten 20 Abg.sitze vorsah und im Sept. 1987 in Kraft trat. Im Dez. 1987 einigten sich ZANU und ZAPU auf einen Zusammenschluß unter dem Namen ZANU (PF). Damit wurde der Weg zu dem von Mugabe angestrebten Einparteienstaat frei. Die neue Partei hat 93 der 100 Parlamentssitze inne. Am 31. Dez. 1987 wurde Reg.chef Mugabe als erster Präs. mit exekutiven Vollmachten vereidigt, er ist damit zugleich Staats- und Regierungschef.

**Politisches System:** Nach der auf der Londoner Verfassungskonferenz am 21. Dez. 1979 vereinbarten Verfassung (geändert 1987) ist S. präsidiale Rep. im Commonwealth. *Staatsoberhaupt* und Inhaber der *Exekutivgewalt* ist der vom Parlament auf 6 Jahre gewählte Staatspräsident; er ist zugleich Oberbefehlshaber der Streitkräfte und ernennt und entläßt die Mgl. der Regierung. Die *Legislative* liegt beim Staatspräs. und beim Zweikammerparlament. Es besteht aus dem Abg.haus (100 für 5 Jahre gewählte Abg.) und dem Senat (40 für 5 Jahre gewählte bzw. ernannte Mgl.: 14 durch ein Wahlkollegium aus Mgl. des Abg.hauses, die über die allg. Wählerliste gewählt wurden; 10 durch den Rat der Häuptlinge, 6 durch den Staatspräs. auf Vorschlag des Premiermin.; die 10 Sitze, die der weißen Minderheit reserviert, wurden durch die Verfassungsänderung abgeschafft und durch das Abg.haus bis zur Neuwahl 1990 besetzt). Das simbabw. *Parteien*sytem ist durch die Rassenfrage geprägt. Aus den Wahlen vom Juni 1985 ging als stärkste Partei die 1963 gegr. Zimbabwe African National Union/Patriotic Front (Abk. ZANU/PF) unter Führung von R. G. Mugabe mit afrikan.-sozialist. Ausrichtung hervor (63 Sitze im Abg.haus). Die Patriotic Front/Nkomo (bis 1979: Zimbabwe African People's Union, Abk. ZAPU) vertritt unter Leitung von J. Nkomo einen eher kapitalist. ausgerichteten Kurs (15 Sitze). Beide Parteien schlossen sich 1987 zusammen unter dem Namen ZANU (PF). Der United African National Council (UANC; 1970 gegr. als African National Council, Abk. ANC) unter Führung von Bischof A. Muzorewa befürwortet einen christl.,

# Simbabwe

gemäßigten Sozialismus. Die 1962 als Zusammenschluß konservativer weißer Gruppen gegr. und von I. Smith geführte Conservative Alliance of Zimbabwe (CAZ) hatte 15 der verfassungsmäßig den Weißen garantierten Sitze im Abg.haus inne; ihre Sitze fielen nach der Verfassungsänderung an die ZANU (PF). Als Dachverband der *Gewerkschaften* wurde 1981 der Zimbabwe Congress of Trade Unions gegr., ein Zusammenschluß der vormaligen Landesverbände der afrikan. und der weißen Gewerkschaften. *Verwaltungs*mäßig ist S. in 8 Prov. eingeteilt mit 163 lokalen Selbstverwaltungskörperschaften. Das *Recht* beruht auf der niederl. Tradition des südafrikan. Rechts, auf brit. Common Law und auf afrikan. Gewohnheitsrecht. Die *Streitkräfte* umfassen 47 000 Mann (Heer 46 000, Luftwaffe 1 000).

 *Reichert, C.: Das neue Zimbabwe. Gesellschaft im Übergang. Bonn 1984. - Martin, D./ Johnson, P.: The struggle for Zimbabwe. London 1981. - Rasmussen, R. K.: Historical dictionary of Rhodesia/Zimbabwe. Metuchen (N. J.) 1979. - Blake, R.: A history of Rhodesia. London 1978. - Gargett, E.: The administation of transition. African urban settlement in Rhodesia. Gwelo 1977. - Kirkmann, W. R., u. a.: Rhodesien 1975–76. Analyse u. Dokumentation zum Konflikt um Rhodesien/S. Hamb. 1976.*

**Simbabwe,** Ruinenstätte sö. von Fort Victoria (Simbabwe), im ehem. Bantureich Monomotapa. Ruinen von mehr als 100 Bauten aus Stein (v. a. 13.–18. Jh.), u. a. eine ellipt. Mauer, die 10 m hoch und bis 4,50 m breit ist; innen sind ein Turm, Treppen und zwei Monolithe erhalten. Funde von Gold, Gußformen, Specksteinschnitzereien (12.–18. Jh.), Holzschnitzereien (17. Jh.) u. a. sowie ind. und indones. (8.–10. Jh.), pers. (13. Jh.) und chin. Importwaren (13.–15. Jh.).

**Simbabwe-Rhodesien,** von April–Dez. 1979 Name von ↑ Simbabwe.

**Simberg,** Hugo [finn. ˌsimbærj], * Hamina 24. Juni 1873, † Ähtäri 12. Juli 1917, finn. Maler. - Malte romant.-phantast. und allegor. kleine Bilder, auch Porträts und Landschaften. Schuf Fresken und Glasfenster in der Domkirche in Tampere.

**Simchat Thora** [hebr. „Freude über das Gesetz"], jüd. Fest, der 23. Tischri, mit dem der einjährige Zyklus der Thoravorlesung endet und neu beginnt; wird deshalb mit Ausstellung der Thorarollen, Umzügen in der Synagoge, Festmählern und Beschenken der Kinder mit Früchten gefeiert.

**Simcoe, Lake** [engl. ˈlɛɪk ˈsɪmkoʊ], See im SO der kanad. Prov. Ontario, zw. der Georgian Bay des Huronsees und dem Ontariosee, 219 m ü. d. M., 733 km². Die größte Insel ist ein Indianerreservat.

**Simenon,** Georges [frz. simˈnõ], Pseud. G. Sim, * Lüttich 13. Febr. 1903, belg. Schriftsteller. - Seit 1957 in der Schweiz; verfaßte mehr als 200 Romane; weltbekannt durch seine psycholog. fundierten [rd. 100] Kriminalromane um die Gestalt des Kommissars Maigret, der, ohne ein moral. Urteil zu fällen, hinter dem äußeren Erscheinungsbild von Menschen aller Gesellschaftsschichten deren Fehler und Schwächen aufdeckt, wodurch die Fragwürdigkeit dieses Bildes deutl. gemacht wird. S. schrieb auch zahlr. psycholog. Zeitromane, z. B. „Der Schnee war schmutzig" (1948), „Der Präsident" (1958). - *Weitere Werke:* Wellenschlag (1939), Der Glaskäfig (1971), Brief an meine Mutter (Autobiogr., 1974), Zum Weißen Roß (1980), Stammbaum (autobiographischer R., 1982). - † 4. Sept. 1989.

Georges Simenon (um 1970)

**Simeon,** aus der Bibel übernommener männl. Vorname hebr. Ursprungs, eigtl. etwa „Erhörung".

**Simeon,** Patriarch des A. T.; zweiter Sohn Jakobs und Leas.

**Simeon I., der Große,** * um 864/865, † Preslaw 27. Mai 927, Khan (seit 893) und Zar (seit 918) der Bulgaren. - Eroberte einen Großteil der Balkanhalbinsel; kämpfte seit 894 gegen Byzanz; wiederholte Versuche, Konstantinopel einzunehmen und den Kaisertitel zu erringen, scheiterten; Gründer des ersten bulgar., von Byzanz unabhängigen Patriarchats.

**Simeon von Beth Arscham,** † Konstantinopel vor 548, pers. Bischof. - Einer der radikalsten Verfechter des Monophysitismus; verschaffte sich im pers. Reich Namen und Amt des Metropoliten. Durch sein Auftreten auf der Synode von Dwin (505/506) erreichte er von den Armeniern, Georgiern und Albanern eine klare Stellungnahme gegen die Nestorianer und für den Monophysitismus.

**Simferopol** [russ. simfɪˈrɔpəlj], Hauptstadt des sowjet. Geb. Krim, Ukrain. SSR, 331 000 E. Univ. (gegr. 1972), Hochschulen, Museen; Theater; Nahrungsmittel-, Textil-, Bekleidungs-, Leder-, chem. u. a. Ind. - 1784 an der Stelle der kleinen Siedlung Ak-Metschet als Verwaltungszentrum gegründet.

**Simi,** griech. Insel des Dodekanes, nördl.

von Rhodos, 58 km², bis 616 m hohe, wasserarme Insel mit buchtenreicher Küste.

**Simiae** [griech.-lat.], svw. ↑Affen.

**simile** [lat.-italien. „ähnlich"], in der Notenschrift bei ↑Abbreviaturen gebrauchter Hinweis, in gleicher Weise fortzufahren.

**Simili** [italien., zu lat. similis „ähnlich"], Bez. für Diamant- bzw. Brillantimitationen, meist aus stark lichtbrechendem Bleiglas.

**Similia similibus** [lat.], „Gleiches [wird] durch Gleiches [geheilt]"; Grundgedanke des Volksglaubens, fand seinen prakt. Niederschlag v. a. in der ↑Homöopathie.

**Simionato,** Giulietta, * Forlì 12. Mai 1910, italien. Sängerin (Mezzosopran). - Internat. gefeiert u. a. als Carmen (G. Bizet), Éboli (G. Verdi, „Don Carlos"), Rosina (G. Rossini, „Der Barbier von Sevilla").

**Simla,** Hauptstadt des ind. Bundesstaates Himachal Pradesh, im Vorderhimalaja, 2 160 m ü. d. M., 71 000 E. Kath. Bischofssitz; Univ. (gegr. 1970), landw. Forschungsinst., Observatorium; Höhenluftkurort, Wintersportort. - Kam 1816 in brit. Besitz; ab 1827 Sommersitz der Reg. von Brit.-Indien; 1972 Unterzeichnungsort des ind.-pakistan. Friedensvertrags.

**Simmel,** Georg, * Berlin 1. März 1858, † Straßburg 26. Sept. 1918, dt. Soziologe und Philosoph. - 1901 Prof. in Berlin, 1914 in Straßburg. Vertrat zunächst einen physikalist. Atomismus, der hinter den komplexen Erscheinungen der natürl. Wahrnehmung die sie konstituierenden Elemente rekonstruieren wollte: Erkenntnis ist ein biolog. Anpassungsprozeß des Menschen an seine Umwelt. Nach Studium Kants und des südwestdt. Neukantianismus deutete S. die darwinist. Wissenschaftstheorie apriorist. um: Erkenntnis ist jetzt die schöpfer. Leistung des erkennenden Subjekts, das mit Hilfe selbstgeschaffener, auf seinen Lebenskreis bezogener Kategorien ein diesem entsprechendes, relativ berechtigtes Wirklichkeitsbild aus dem Konglomerat der Empfindungen formt. Untersuchungsgegenstand seiner formalen Soziologie ist das Spektrum der abstrakt-generellen sozialen Formen (Über-/Unterordnung, Konkurrenz, Arbeitsteilung, Parteiung, Repräsentation usw.), in denen konkret-individuelle Bedürfnisse unabhängig von Historizität und Spezifität realisiert werden.

*Werke:* Über soziale Differenzierung (1890), Einleitung in die Moralwiss. (1892/93), Die Probleme der Geschichtsphilosophie (1892), Philosophie des Geldes (1900), Kant (1904), Soziologie (1908), Goethe (1913), Rembrandt (1916), Grundfragen der Soziologie (1917).

**S.,** Johannes Mario, * Wien 7. April 1924, östr. Schriftsteller. - Einer der populärsten zeitgenöss. deutschsprachigen Romanautoren. Die Einschätzung seiner zeitbezogenen Werke reicht von: „aktualisierte Trivialmythen" bis „demokrat. engagierte Gebrauchsschriftstellerei" (S. selbst versteht sich als „Volksschriftsteller"). - *Werke:* Affäre Nina B. (R., 1958), Es muß nicht immer Kaviar sein (R., 1960), Lieb Vaterland magst ruhig sein (R., 1965), Alle Menschen werden Brüder (R., 1967), Und Jimmy ging zum Regenbogen (R., 1970), Der Stoff, aus dem die Träume sind (R., 1971), Die Antwort kennt nur der Wind (R., 1973), Niemand ist eine Insel (R., 1976), Hurra, wir leben noch (R., 1978), Wir heißen Euch hoffen (R., 1980), Die im Dunkeln sieht man nicht (1985), Doch mit den Clowns kamen die Tränen (1987).

**Simmental,** Talschaft der Simme am N-Rand der Berner Alpen, 60 km lang. Milchwirtschaft, Holzverarbeitung, Fremdenverkehr.

**Simmern/Hunsrück,** Krst. am Simmerbach, Rhld.-Pf., 330 m ü. d. M., 5 700 E. Verw.sitz des Rhein-Hunsrück-Kreises; Maschinenbau, Lederwaren-, Textil- und Möbelind., Fertighausbau. - 1072 erstmals erwähnt, seit 1330 Stadtrecht; zeitweilig Residenz der Linie Pfalz-S. - Ev. spätgot. Pfarrkirche (1486 ff.) mit Grablege des Hauses Pfalz-S.; kath. barocke Pfarrkirche (1749–52); ehem. Neues Schloß (1708–13). Der „Schinderhannesturm" ist ein Rest der ma. Stadtbefestigung.

**Simmerring** ® [nach dem dt. Ingenieur W. Simmer], ↑Dichtung.

**Simmons,** Jean [engl. 'sımənz], * London 31. Jan. 1929, amerikan. Schauspielerin brit. Herkunft. - Seit 1944 beim Film; 1950–60 ∞ mit S. Granger, danach mit R. Brooks. Spielte u. a. in „Geheimnisvolle Erbschaft" (1946), „Hamlet" (1948), „Engelsgesicht" (1953), „Schwere Jungen, leichte Mädchen" (1955), „Elmer Gantry" (1960), „Das glückl. Ende" (1969).

**Simms,** William Gilmore, * Charleston (S. C.) 17. April 1806, † ebd. 11. Juni 1870, amerikan. Schriftsteller. - Neben E. A. Poe der bedeutendste zeitgenöss. Erzähler der Südstaaten. Verbindet in seinen Romanen Melodramatisches und Abenteuerliches mit histor. Fakten und realist. Schilderung sozialer Zustände.

**Simon,** aus der Bibel übernommener männl. Vorname, gräzisierende Umbildung von ↑Simeon.

**Simon,** hl., einer der vier ↑Brüder Jesu; 62/63 wurde er zum Bischof von Jerusalem gewählt; soll im Alter von 120 Jahren (wahrscheinl. 107) gekreuzigt worden sein. - Fest: 18. Febr. (röm. Kirche), 27. April (griech. Kirche), 18. Sept. (syr. Kirche).

**S.,** eigtl. Name des Apostels ↑Petrus.

**Simon von Kyrene,** aus Kyrene stammender Mann, der nach Matth. 27, 32, Mark. 15, 21 und Luk. 23, 26 gezwungen wurde, das Kreuz Jesu zum Richtplatz zu tragen.

**Simon,** Claude [frz. si'mõ], * Tananarivo

(Madagaskar) 10. Okt. 1913, frz. Schriftsteller. - Einer der führenden Vertreter des ↑ Nouveau roman. Sein Hauptthema ist die zerstörer. Wirkung der Zeit; u. a. „Das Seil" (1947), „Das Gras" (1958), „Der Palast" (1962), „Die Schlacht bei Pharsalos" (1969), „Die Leitkörper" (1971). S. erhielt 1985 den Nobelpreis für Literatur.

**S.,** Günther ['--], * Berlin 11. Mai 1925, dt. Schauspieler. - Einer der populärsten Filmdarsteller der DDR. Spielte u. a. in „Ernst Thälmann - Sohn seiner Klasse" (1954), „Eine alte Liebe" (1959), „Irrlicht und Feuer" (1966), „Zwei Briefe an Pospischiel" (1970), „Reife Kirschen" (1972).

**S.,** Herbert Alexander [engl. 'saımən], * Milwaukee (Wisc.) 15. Juni 1916, amerikan. Wirtschaftswissenschaftler. - Prof. in Chicago und Pittsburgh. In seinem Werk „Verwaltungsverhalten" (1947) entwickelte er eine neuartige Unternehmenstheorie, in der die Vielzahl der Beschlußfasser im heutigen Unternehmen und die Auswirkungen ihrer persönl., sozialen u. a. Bindungen berücksichtigt werden. Erhielt 1978 den sog. Nobelpreis für Wirtschaftswissenschaften.

**S.,** John Allsebrook S., Viscount (seit 1940) [engl. 'saımən], * Manchester 28. Febr. 1873, † London 11. Jan. 1954, brit. Politiker. - 1906-18 und 1922-40 liberaler Unterhaus-Abg.; 1915/16 Innenmin.; als Außenmin. (1931-35) v. a. an Abrüstungsvereinbarungen interessiert und Vertreter der Politik des Appeasement gegenüber Deutschland; 1935-37 erneut Innenmin.; 1937-40 Schatzkanzler; 1940-45 Lordkanzler.

**S.,** Jules, eigtl. Jules François S. Suisse, vorher Schweizer [frz. si'mõ], * Lorient 31. Dez. 1814, † Paris 8. Juni 1896, frz. Philosoph und Politiker. - 1839-51 (Suspendierung) Prof. an der Sorbonne; republikan. Abg. 1848/49, 1863-70 und 1871-75. In der 3. Republik 1870-73 Unterrichtsmin.; 1876/77 Min.präs. und Innenmin.; 1875 Senator und Mgl. der Académie française.

**S.,** Michel [frz. si'mõ], eigtl. François S., * Genf 9. April 1895, † Paris 30. Mai 1975, frz. Schauspieler schweizer. Herkunft. - Seit 1925 beim Film; wurde v. a. durch die Zusammenarbeit mit J. Renoir („Die Hündin", 1931) zu einem der begehrtesten Charakterdarsteller, der v. a. gescheiterte Menschen verkörperte. - *Weitere Filme:* Hafen im Nebel (1938), Der Pakt mit dem Teufel (1950), Der alte Mann und das Kind (1967), Blanche (1971).

**S.,** Neil [engl. 'saımən], * New York 4. Juli 1927, amerikan. Schriftsteller. - Autor zahlr. witziger Boulevardstücke und Musicals wie „Barfuß im Park" (Kom., 1964), „Sweet Charity" (Musical, 1966), „Der gute Doktor" (Kom., 1974), „The odd couple female version" (Kom., 1985).

**S.,** Paul [engl. 'saımən] ↑ Simon and Garfunkel.

**S.,** Pierre Henri [frz. si'mõ], * Saint-Fort-sur-Gironde (Charente-Maritime) 16. Jan. 1903, † Paris 20. Sept. 1972, frz. Schriftsteller. - Prof. für frz. Literatur in Lille, Gent, Freiburg (Schweiz); Literaturkritiker. Schrieb Gedichte, polit. und literar. Essays sowie Romane („Grüne Trauben", 1950; 1974 u. d. T. „Die Väter haben grüne Trauben gegessen"), in denen er vom Standpunkt eines christl.-liberalen Humanismus Unmoral und Ideenlosigkeit des Bürgertums kritisierte. 1966 Mgl. der Académie française.

**S.,** Richard [frz. si'mõ], * Dieppe 13. Mai 1638, † ebd. 11. April 1712, frz. kath. Theologe und Oratorianer. - 1663-78 Prof. für Philosophie in Juilly (Seine-et-Marne) und Bibliothekar in Paris; 1678 aus dem Orden ausgeschlossen; befaßte sich danach v. a. mit bibl. Exegese; vertrat als erster christl. Wissenschaftler die These von der literar. Zusammensetzung des Pentateuch; zog sich mit seinen histor.-krit. Werken zur Bibel (die meisten indiziert) die Gegnerschaft der Kirche zu; gilt als Mitbegr. der krit. Bibelexegese.

**Simon and Garfunkel** [engl. 'saımən ənd gɑ'fʌnkl], amerikan. Popgruppe, gegründet 1957 von Paul Simon (* 1942) und Art Garfunkel (* 1942), deren „Sound of silence" zur Hymne einer ganzen Generation wurde. Ihre Soft-Rock-Kompositionen mit von James Joyce und viktorian. Balladen inspirierten Texten machten das Duo zur erfolgreichsten Folk-Rock-Gruppe der USA. 1970 trennte sich das Duo.

**Simon Bar Kosiba** ↑ Bar Kochba.

**Simon Ben Schetach,** Gesetzeslehrer des Frühjudentums (1. Jh. v. Chr.). - Trug maßgebl. dazu bei, den Pharisäern gegenüber den bis dahin herrschenden Sadduzäern die Mehrheit im Synedrium zu verschaffen, dessen Vorsitz er zeitweise führte.

**Simonde de Sismondi,** Jean Charles Léonard [frz. simõddəsismõ'di], * Genf 9. Mai 1773, † ebd. 25. Juni 1842, schweizer. Nationalökonom und Historiker. - Sein Werk „Die zwei Systeme der polit. Ökonomie, oder..." (1803), in dem er die ökonom. Auffassungen des engl. Liberalismus vertrat, machte ihn bekannt. Das monumentale Geschichtswerk „Geschichte der italien. Freistaaten im MA" (1807-18) hatte Einfluß auf die Führer des ↑ Risorgimento. In seinem bedeutendsten Werk, „Neue Grundsätze der polit. Ökonomie" (1819), kritisierte er die harmonist. Theorien der engl. Klassiker. Ausgehend von der Erfahrung der Handelskrisen vertritt S. de S. die Auffassung, daß der durch staatl. Interventionen nicht beschränkte Kapitalismus den Effekt verschärfter sozialer Spannungen haben werde.

**Simone,** aus dem Frz. übernommener weibl. Vorname (weibl. Form von ↑Simeon).

**Simonet,** Henri François [frz. simɔ'nɛ], * Brüssel 10. Mai 1931, belg. sozialist. Politiker. - Seit 1966 Bürgermeister von Anderlecht; 1968–73 und seit 1977 Abg.; 1972/73 Wirtschaftsmin.; 1973–77 Vizepräs. der EG-Kommission; 1977–80 belg. Außenminister.

**Simonides von Keos,** * Iulis (= Kea) auf Keos (= Kea) um 556, † Akragas (= Agrigent) um 467, griech. Lyriker. - Auftragsdichter in Athen und Thessalien, ab 476 am Hof von Syrakus. Das Hauptverdienst seiner vielseitigen Dichtung ist die Lösung der Chorlyrik vom Kult und ihre Übertragung auf den Profanbereich.

**Simonie** [nach Simon Magus], Verkauf oder Ankauf geistl. Sachen (z. B. eines Amtes, einer Pfründe) gegen Entgelt. Nach röm.-kath. Kirchenrecht wegen der damit verbundenen Herabwürdigung der geistl. Sache verboten und unter Strafe gestellt; in der Kirchengeschichte jedoch häufig anzutreffen.

**Simonis,** Adrianus J., * Lisse 26. Nov. 1931, niederländ. kath. Theologe. - 1971–1983 Bischof von Rotterdam, seit 1983 Erzbischof von Utrecht und Primas der niederl. kath. Kirche.

**Simon Magus,** trat nach Apg. 8, 9 ff. in Samaria als Zauberer auf; von Philippus getauft, wollte er Petrus und Johannes die Gabe der Geistverleihung abkaufen († Simonie).

**Simon Makkabi,** Hoherpriester aus dem Geschlecht der Hasmonäer (143–135 v. Chr.), der die Unabhängigkeit Judäas von der Seleukidenherrschaft erreichte. - † auch Makkabäer.

**Simonow,** Konstantin Michailowitsch [russ. 'simɐnɐf], eigtl. Kirill M. S., * Petrograd 28. Nov. 1915, † Moskau 28. Aug. 1979, russ.-sowjet. Schriftsteller. - Wurde populär durch sein Liebesgedicht „Wart auf mich!" (1941); seit 1942 Mgl. der KPdSU; Kriegsberichterstatter; 1946–50 und 1954–58 Chefredakteur der Zeitschrift „Nowy Mir". Sein Stalingradroman „Tage und Nächte" (1943/44) wurde in der UdSSR zu einem der populärsten Bücher über den 2. Weltkrieg, auch Thema seiner Romantrilogie „Die Lebenden und die Toten" (1959; Leninpreis 1965), „Man wird nicht als Soldat geboren" (1965) und „Der letzte Sommer" (1972).

**Simons,** Anna, * Mönchengladbach 8. Juni 1871, † Prien a. Chiemsee 2. April 1951, dt. Schriftkünstlerin. - Schülerin von E. Johnston; schuf zahlr. Titel und Initialen für die † Bremer Presse.

**S.,** Menno † Menno Simons.

**S.,** Walter, * Elberfeld (= Wuppertal) 24. Sept. 1861, † Babelsberg (= Potsdam) 14. Juli 1937, dt. Jurist und Politiker. - Parteiloser Außenmin. 1920/21; 1922–29 Präs. des Reichsgerichts und des Staatsgerichtshofs, in dieser Eigenschaft nach Eberts Tod bis Mai 1925 geschäftsführender Reichspräs.; 1925–36 Präs. des Ev.-sozialen Kongresses.

**Simonstown** [engl. 'saɪmənztaʊn], Stadt in der Kapprov., Republik Südafrika, an der False Bay, 12 000 E. Fischölraffinerie; Heimathafen der südafrikan. Marine; Badeort. - Gegr. 1741 von den Niederländern; 1795 von Briten besetzt; 1814 Hauptquartier der brit. Südatlantikflotte und wichtigste brit. strateg. Marinebasis auf der Südhalbkugel; am 2. April 1957 ging der Hafen in südafrikan. Besitz über (1955–75 weiterhin brit. Flottenstützpunkt). - Altes Admiralitätshaus (1814), Residenz (1776), Kirche Saint Francis of Assisi (1814).

**Simon Zelotes,** hl., Apostel. - Im N. T. nur viermal erwähnt; trug auch den Beinamen Kananäus (zu aram. kanean „Eiferer"), womit nicht sein Charakter, sondern nur seine frühere Zugehörigkeit zur Partei der Zeloten ausge-

Halbinsel Sinai. Katharinenkloster (6. Jh.)

## Simplex

drückt wird. - Fest: 28. Okt. (röm. Kirche), 10. Mai (griech. und kopt. Kirche).

**Simplex** [lat. „einfach"], einfaches, nicht zusammengesetztes oder abgeleitetes Wort.

**Simplexbetrieb,** svw. ↑ Wechselsprechen.

**Simplicissimus,** von A. Langen und T. T. Heine 1896 in München gegr. polit.-satir. Wochenschrift, an der u. a. L. Thoma, Dr. Owlglaß, F. Wedekind sowie als Zeichner (Karikaturisten) O. Gulbransson, E. Thöny, B. Paul, W. Schulz, F. Frhr. von Reznicek, K. Arnold und R. Wilke mitarbeiteten; erschien bis 1944, erneut 1954–67 und kurzfristig 1980. - Abb. Bd. 9, S. 257.

**Simplicius Simplicissimus,** Titelheld in J. J. C. von Grimmelshausens Roman „Der Abentheurliche Simplicissimus Teutsch" (1669).

**simplifizieren** [zu lat. simplex „einfach"], vereinfachen, stark vereinfacht darstellen; *Simplifizierung* (**Simplifikation**), Vereinfachung.

**Simplikios** (latinisiert Simplicius) **aus Kilikien,** griech. Philosoph des 6. Jh. n. Chr. - Bed. Vertreter des Neuplatonismus, dessen Werke eine wichtige Quelle zur griech. Philosophie, bes. der Vorsokratiker sind. Ausgehend von der Annahme, daß alle Philosophen dieselbe Vernunft zur Geltung bringen wollen, versucht S., die unterschiedl. Lehrmeinungen zu harmonisieren und offenkundige Gegensätze als bloße verbale Diskrepanz zu interpretieren.

**Simplizität** [lat.], Einfachheit.

**Simplon** [...plo:n] ↑Alpenpässe (Übersicht).

**Simpson,** Sir James [engl. 'sɪmpsn], * Bathgate bei Edinburgh 7. Juni 1811, † Edinburgh 6. Mai 1870, brit. Gynäkologe. - Prof. in Edinburgh; führte 1847 die Chloroformnarkose (bei Geburten) ein.

**Simpsonsche Regel** [engl. 'sɪmpsn; nach dem brit. Mathematiker T. Simpson, * 1710, † 1761], Regel zur näherungsweisen Berechnung des bestimmten Integrals einer Funktion. Der Integrationsbereich wird dabei in eine Anzahl gleichgroßer Intervalle zerlegt, und der Graph der gegebenen Funktion in jedem dieser Intervalle durch einen Parabelbogen ersetzt.

**Simpsonwüste** [engl. 'sɪmpsn], inneraustral. Wüste im SO des Nordterritoriums, reicht bis in das nördl. Südaustralien und den SW von Queensland, 259 000 km²; zahlr. 20–60 m hohe Dünen mit Spinifexgräsern, vereinzelt mit Sträuchern.

**Simrishamn,** schwed. Hafenstadt an der O-Küste von Schonen, 5 500 E. Museen; Fischereihafen, fischverarbeitende Betriebe, Gerbereien; Fähre nach Bornholm. - Seit dem 12. Jh. als Handelsplatz belegt, erhielt im 14. Jh. Stadtrecht. - Nicolaikirche (12. Jh.); neuroman. Rathaus (1867).

**Simrock,** Karl, * Bonn 28. Aug. 1802, † ebd. 18. Juli 1876, dt. Germanist und Schriftsteller. - Seit 1850 Prof. für althochdt. Literatur und Sprache in Bonn. Förderte durch die Übertragung althochdt. Dichtungen ins Neuhochdeutsche die Rezeption der ma. Dichtung durch die Romantik außerordentlich; verfaßte Schwänke, Balladen und Lieder. Sammelte Sagen und Märchen, die er in zahlr. Anthologien z. T. erstmals herausgab.

**Sims** ↑ Gesims.

**Simse** (Binse, Scirpus), weltweit verbreitete Gatt. der Riedgräser mit 250 Arten; einjährige oder ausdauernde Kräuter mit ♂ und ♀ Blüten in einem Ährchen; von binsenähnl. Aussehen, auch ihn ähnl. Standorten. Europ. Arten sind u. a.: **Strandsimse** (Meer-S., Scirpus maritimus), 0,3–1,3 m hoch, mit dreikantigen Stengeln und linealförmigen Blättern; Blüten in braunen Ährchen, die eine Spirre bilden; auf Schlickböden der Küstengebiete. An Ufern stehender und fließender Gewässer wächst die 0,8–3 m hohe **Teichsimse** (Flecht-S., Scirpus lacustris); mit runden Stengeln und ebenfalls braunen, in einer Spirre angeordneten Ährchen. In wärmeren Gebieten wächst das winterharte, bis 20 cm hohe **Frauenhaargras** (Nickende S., Scirpus cernuus): dichte Büsche aus fadenförmigen, später überhängenden Stengeln mit borstenförmigen Blättern und endständigen, zu mehreren zusammenstehenden Ährchen; Zimmerpflanze.

**Simsenlilie** (Tofieldia), Gatt. der Liliengewächse mit 20 Arten in der nördl. gemäßigten und in der arkt. Zone; ausdauernde Stauden mit grasartigen Blättern und unscheinbaren, gelbl. oder grünl. Blüten in traubigem Blütenstand.

**Simson** (in der Vulgata Samson), im A. T. der letzte große Richter (Richter 13–16), mit übermenschl. phys. Kraft ausgestattet; viele Liebesaffären mit Philisterinnen sind ihm Anlaß zu schelm. und held. Streichen gegen die Philister; aus Liebe zu der Philisterin Delila verrät er ihr das Geheimnis seiner Kraft (ungeschorenes Haupthaar); Delila verrät S. an ihre Landsleute, die ihm das Haar abschneiden, ihn blenden und versklaven. Seine Kraft kehrt noch einmal zurück, als er sich auf sein Amt als Richter besinnt und beim Osterfest der Philister die Mittelsäulen des Tempels zum Einsturz bringt und so sich und 3 000 Philister tötet. Das S.motiv und das Motiv S. und Delila ist in der Kunst oft behandelt worden, u. a. Drama „Der Richter S." (1556) von H. Sachs; Oratorium von G. F. Händel (1743), Oper „Samson et Dalila" (1877) von C. Saint-Saëns.

**Simson,** Eduard Martin von (seit 1888), * Königsberg (Pr) 10. Nov. 1810, † Berlin 2. Mai 1899, dt. Jurist und Politiker. - Mgl. und ab Dez. 1848 Präs. der Frankfurter Nationalversammlung (Erbkaiserl. Partei), führte die

# Sinaia

Abordnung, die Friedrich Wilhelm IV. die Kaiserwürde anbot; 1867–70 Präs. des Norddt. Reichstages des Zollparlaments, 1871–74 des Dt. Reichstages, 1879–91 des Reichsgerichts.

**Simulant** [lat.], jemand, der etwas, bes. eine Krankheit, vortäuscht *(simuliert)*.

**Simulation** [lat.], die Verstellung, insbes. das bewußte [betrüger.] Vortäuschen von Krankheiten. S. wird gelegentl. zu Unrecht bei neurot. und depressiven Leiden angenommen; Fragebogen und Tests enthalten zur Aufdeckung einer S. meist eine sog. Lügenskala.

♦ in *Wissenschaft* und *Technik* Bez. für die modellhafte Nachbildung eines beliebigen Systems oder Prozesses durch ein anderes [kybernet.] System bzw. einen anderen Prozeß und das Experimentieren mit diesem Modell. Das verwendete Modell kann dabei insbes. physikal.-techn. oder abstrakter Natur sein. Im letzteren Fall ist es z. B. möglich, das Verhalten eines Systems durch mathemat. Gleichungen darzustellen und mit Hilfe von Computern und geeigneten Programmen alle mögl. Variablenkombinationen bzw. Lösungsmöglichkeiten durchzuspielen. S. findet u. a. Anwendung bei der Prüfung wiss. Theorien sowie bei der Planung techn. und betriebswiss. Systeme.

**Simulator** [lat. „Nachahmer"], ein Gerät, System oder auch Computer, mit dem gewisse Verhaltensweisen, Eigenschaften u. a. eines physikal., techn., kybernet. oder auch abstrakten Systems sowie Prozeßabläufe dargestellt bzw. nachgeahmt werden können.

**simulieren** [lat.], 1. sich verstellen; 2. vortäuschen; 3. [techn.] Vorgänge wirklichkeitsgetreu nachahmen.

**simul iustus et peccator** [lat. „zugleich Gerechter und Sünder"], das radikale Sündenverständnis Luthers kennzeichnender Begriff seiner Rechtfertigungslehre: Der gerechtfertigte Mensch bleibt immer auch Sünder, der ständig der Anrede und Annahme des im Wort verkündeten Christus zu seiner Rechtfertigung bedarf.

**simultan** [lat.], gemeinsam, gleichzeitig.

**Simultaneität** [...ne-i...; lat.], Gemeinsamkeit, Gleichzeitigkeit. In der bildenden Kunst die Darstellung von räuml. oder zeitlich auseinanderliegenden bzw. nicht zugleich wahrnehmbaren Fakten in einem Kunstwerk. Der Kubismus basiert u. a. auf der künstler. Methode der Darstellung von mehreren Ansichtsebenen in einer Komposition. Der Futurismus gibt auch zeitl. Phasen des Geschehens gleichzeitig wieder.

**Simultanimpfung**, gleichzeitige aktive und passive Impfung gegen Infektionskrankheiten.

**Simultankirche**, Kirchengebäude, das mehreren Bekenntnissen zur Verfügung steht.

**Simultankontrast** ↑ Kontrast.

**Simultanschule** ↑ Gemeinschaftsschule.

**Simultanspiel**, Form des Schachwettkampfs, bei der ein starker Spieler gleichzeitig gegen eine größere Anzahl weniger starker Spieler antritt.

**Simultantechnik**, moderne literar. Technik, mit der versucht wird, die Mehrschichtigkeit eines Wirklichkeitsausschnitts, seine Dichte, Komplexität und Verflochtenheit in heterogenen Zusammenhänge zu verdeutlichen; das für die Dichtung an sich konstitutive zeitl. Nacheinander einer Geschehniskette soll durchbrochen und der Eindruck eines zeitl.-räuml. Querschnitts vermittelt werden; u. a. bei J. Dos Passos, A. Döblin, J. Joyce.

**Simultanwährung**, svw. ↑ Parallelwährung.

**Sin**, Jaime L., * New Washington 31. Aug. 1928, philippin. kath. Theologe. - Seit 1972 Erzbischof von Jaro, seit 1974 Erzbischof von Manila, seit 1976 Kardinal. Sein Widerstand gegen Präs. Marcos trug wesentlich zu dessen Sturz 1986 bei.

**sin**, Funktionszeichen für Sinus († trigonometrische Funktionen).

**Sin**, der babylon. Mondgott, Vater des Sonnengotts Schamasch und der Ischtar.

**Sinai** ['ziːna-i], im A. T. Berg der Gesetzgebung und des Bundesschlusses zw. Jahwe und seinem Volk Israel in der gleichnamigen Wüste; eine genaue Lokalisierung ist nicht möglich.

**Sinai, Halbinsel** ['ziːna-i], Halbinsel zw. dem Golf von Sues und dem Golf von Akaba, oft auch bis zur Küste des Mittelmeeres gerechnet damit als Verbindungsglied zw. Afrika und Asien angesehen. Den N bildet ein verkarstetes Wüstenplateau, das bis etwa 1 600 m ü. d. M. ansteigt und im S und W in zwei steilen Schichtstufen abbricht. Im S erreicht ein kristallines, stark zerklüftetes Gebirge im Gabal Katrina 2 637 m. Überwiegend von Nomaden bewohnt, im SW Manganerzabbau, an der Küste des Golfes von Sues Erdölförderung bei Ras Sudr, Abu Rudais und Abu Sanima. Berühmt ist das Katharinenkloster am N-Fuß des Gabal Katrina (gegr. um 557). - Wurde im Israel.-Arab. Krieg vom Juni 1967 von Israel besetzt. Nachdem Ägypten in 2 Abkommen mit Israel (Jan. 1974 und Sept. 1975; Ergebnisse des Jom-Kippur-Krieges von 1973) einen Gebietsstreifen östl. des Sueskanals sowie die nördl. W-Küste (mit Erdölfeldern) zurückgewonnen hatte, wurde entsprechend dem israel.-ägypt. Friedensvertrag von 1979 die H. S. nach einem Stufenplan bis April 1982 an Ägypten zurückgegeben (Karte Bd. 10, S. 335). - Abb. S. 179.

**Sinaia**, rumän. Stadt in den Südkarpaten, 790–970 m ü. d. M., 14 000 E. Kurort, Wintersportzentrum. - Entstand 1874, ben. nach dem Kloster S. (1690–95 erbaut); wurde Ende des 19. Jh. königl. Sommerresidenz. - Klosterkirche (17. Jh.; mit Malereien von 1694), Schloß Peleş (19. Jh.; jetzt Museum).

**Sinaiticus** ↑ Codex Sinaiticus.

**Sinaloa,** Staat in NW-Mexiko, am Pazifik, 58 328 km², 2,07 Mill. E (1982), Hauptstadt Culiacán. S. reicht von der 20–80 km breiten Küstenebene bis in die bis über 2 000 m hohe, steil nach W abfallende Sierra Madre Occidental. In der Küstenebene Trockenwälder im S, von Riesenkakteen durchsetzter Buschwald im N, in der Sierra Madre Occidental Eichen- und Kiefernwald. In der Küstenebene Ackerbau und Viehzucht; bed. Küstenfischerei. In der Sierra Madre Occidental Bergbau auf Silber, Gold, Blei-, Zink- und Kupfererze. Die Ind. verarbeitet landw. und bergbaul. Produkte. - Ab 1530 von den Spaniern erkundet, gehörte in der Kolonialzeit zur Prov. Neubiskaya (später Intendencia); bildete seit 1824 mit Sonora den Staat Occidente, der 1830 in die beiden heutigen Staaten aufgeteilt wurde.

**Sinan,** * bei Kayseri 1491 (?), † Konstantinopel 1578 oder 1588, osman. Baumeister. - Kam als nichtmuslim. Janitschar an den Osmanenhof und war seit 1539 Hofbaumeister. Setzte sich mit der Hagia Sophia auseinander, baute u. a. Prinzenmoschee (1544–48), Mihrimah-Moschee (vollendet 1548 oder 1555), Sulaiman-Moschee (1550–57) und Rüstem-Paşa-Moschee (vollendet 1561) in Istanbul und die Selimiye-Moschee in Edirne (1567–75). - Abb. Bd. 6, S. 35, Bd. 10, S. 319.

**Sinanthropus** [griech.] ↑ Mensch.

Frank Sinatra (1960)

**Sinatra,** Frank [engl. sɪˈnɑːtrə], eigtl. Francis Albert S., * Hoboken (N. J.) 12. Dez. 1915, amerikan. Sänger und Filmschauspieler italien. Herkunft. - In den 1940er Jahren als Unterhaltungssänger bei Film, Funk und Fernsehen (Beiname „the voice") typ. Vertreter des amerikan. Showbusineß. 1951–64 ∞ mit A. Gardner, 1966–68 mit M. Farrow. Unter seinen zahlr. Filmen ragen hervor: „Verdammt in alle Ewigkeit" (1953), „Der Mann mit dem goldenen Arm" (1955), „Der ‚schärfste' aller Banditen" (1970). - *Weitere Filme:* Die erste Todsünde (1980), Auf dem Highway ist wieder die Hölle los (1984).

**Sinau** (Aphanes), Gatt. der Rosengewächse mit rd. 20, fast weltweit verbreiteten Arten; im Aussehen ähnl. den Frauenmantelarten; einjährige Stauden mit in den Blattachseln dicht gebüschelt stehenden Blüten. Eine früher als Heilpflanze verwendete Art ist der **Acker-Sinau** (Aphanes arvensis), eine bis 20 cm hohe Pflanze mit kleinen, grünl. Blüten und wenig geteilten Nebenblättern.

**Sincelejo** [span. sinseˈlɛxo], kolumbian. Dep.hauptstadt im Küstentiefland, 133 900 E. Kath. Bischofssitz; Handelszentrum.

**Sinclair,** Isaak von [ˈzɪŋklɛːr], * Homburg (= Bad Homburg v. d. H.) 3. Okt. 1775, † Wien 29. April 1815, dt. Diplomat, Dichter und Philosoph. - Ab 1795 Diplomat in Diensten des Landgrafen von Hessen-Homburg; Anhänger der Frz. Revolution und der Idee einer echten Republik; wirkte in dieser Richtung auf J. C. F. Hölderlin. Die eigenen Dichtungen (veröffentlicht unter dem Anagramm: Crisalin) sind von Hölderlin, Klopstock und Schiller beeinflußt.

**S.,** May [engl. ˈsɪŋklɛə, ˈsɪŋklə], * Rock Ferry (Cheshire) 17. Aug. 1870, † Aylesbury 14. Nov. 1946, engl. Schriftstellerin. - Frauenrechtlerin; verfaßte außer philosoph. Essays v. a. Romane und Kurzgeschichten, insbes. psycholog. angelegte Frauenporträts.

**S.,** Upton [engl. ˈsɪŋklɛə, ˈsɪŋklə], * Baltimore 20. Sept. 1878, † Bound Brook (N. J.) 25. Nov. 1968, amerikan. Schriftsteller und Sozialreformer. - Sozialist; Mgl. der literar. Bewegung der Muckrakers; wandte sich in seinen propagandist. Enthüllungsromanen, die v. a. in Europa erfolgreich waren (in den USA mußte er sie z. T. selbst verlegen), v. a. gegen die durch das kapitalist. System geschaffenen sozialen Mißstände in seinem Land. „Der Sumpf" (R., 1906) schildert die menschenunwürdigen Zustände in den Schlachthöfen von Chicago. Mit diesem Werk begann S. die Serie der Antikorruptionsromane wie „Metropolis" (1908), „König Kohle" (1917), „Hundert Prozent" (1920). „Drachenzähne" (1942) ist ein Roman über den NS in Deutschland; ist gehört zur sog. Lanny-Budd-Serie (11 Bde., 1940–49), einer Tatsachenchronik der 1. Hälfte des 20. Jh.

**Sind,** Prov. in SO-Pakistan, 140 914 km², 14,0 Mill. E (1972), Hauptstadt Karatschi. S. liegt überwiegend im Industiefland, am Rand gehören Teile der Kirthar Range im W und der Thar im O zur Provinz. Das Klima ist kontinental und trocken. Staudämme im Indus sind Ausgangspunkte eines weitverzweigten Bewässerungskanalsystems. Hauptanbauprodukte sind Reis, Weizen, Hirse, Futtergetreide, Baumwolle, Jute, Zuckerrohr und Ölsaaten. Abseits der bewässerten Fläche

# Sinfonie

wird eine extensive Weidewirtschaft (Schafe, Ziegen und Kamele) betrieben. Wichtigster Ind.standort ist Karatschi.

**Sindbad** (Syntipas, Sindabar, Sendban), Held einer in oriental. und abendländ. Versionen bekannten Sammlung von Erzählungen pers. Ursprungs (entstanden um 600 n. Chr.): Ein von S. erzogener Prinz, der durch falsche Anschuldigungen der Favoritin des Königs bedroht ist, wird durch Erzählungen der 7 Weisen vor der Hinrichtung gerettet.

**Sindelfingen,** Stadt am Rand des Schönbuchs, Bad.-Württ., 420–530 m ü. d. M., 55 500 E. Meisterschule für das Weberhandwerk; Heimatmuseum. Zus. mit der Nachbarstadt Böblingen bed. Ind.zentrum; v. a. Automobilbau, elektrotechn. Ind. und Herstellung von Büromaschinen. - 1133 erstmals erwähnt, seit 1263 Stadtrecht. - Roman. Stadtkirche (11. Jh., 16. Jh. verändert) mit freistehendem Glockenturm; spätgot. Altes Rathaus (1478), Salzhaus (1592), zahlr. Fachwerkbauten des 15. und 16. Jahrhunderts.

**Sindermann,** Horst, * Dresden 5. Sept. 1915, dt. Politiker. - Wurde 1929 Mgl. des Kommunist. Jugendverbands Deutschlands; 1934–45 im Zuchthaus und KZ; nach 1945 Mgl. der KPD, dann der SED; Chefredakteur verschiedener Zeitungen und des SED-Pressedienstes; 1955–63 Mitarbeiter des ZK der SED, ab 1957 als Leiter der Abteilung Agitation und Propaganda; ZK-Mgl. seit 1963; ab 1963 Kandidat, seit 1967 Mgl. des SED-Politbüros; 1971–73 1. Stellv. Vors., 1973–76 Vors. des Min.rats der DDR; seitdem Präs. der Volkskammer. Im Nov. 1989 aller Posten enthoben; zeitweise in Haft. - † 20 April 1990.

**Sindfeld** (Sintfeld), westfäl. Landschaft zw. Alme und Diemel, bis 377 m hoch.

**Sindhi,** zu den neuindoar. Sprachen († indische Sprachen) gehörende Sprache mit etwa 5 Mill. Sprechern in Pakistan und etwa 2 Mill. in Indien; wird in einer Variante der arab. Schrift geschrieben. Älteste Zeugnisse stammen aus dem 9. Jh.; die literar. Überlieferung setzt mit dem 14. Jh. ein.

**Sinding,** Christian, * Kongsberg 11. Jan. 1856, † Oslo 3. Dez. 1941, norweg. Komponist. - Bed. norweg. Komponist spätromant.-Wagnerscher Prägung. Komponierte u. a. die Oper „Der heilige Berg" (1914), 4 Sinfonien, Konzerte, Kammer- und Klaviermusik (u. a. „Frühlingsrauschen", 1896), Chöre, Lieder.

**Siné,** eigtl. Maurice Sinet, * Paris 30. Dez. 1928, frz. Karikaturist. - Vertreter des „schwarzen Humors", der jede bürgerl.-polit. Ordnung als Chaos entlarvt.

**sine anno** [lat.], Abk. s. a., ohne Jahr (Abk. o. J.), in Druckwerken: keine Angabe des Erscheinungsjahres.

**sine anno et loco** † sine loco et anno.

**sine ira et studio** [lat.], ohne Haß und (parteil. motivierten) Eifer; Aufgabe, die sich Tacitus („Annalen" 1, 1) für seine Geschichtsschreibung gestellt hatte; danach sprichwörtl. für objektiv, sachlich.

**Sinekure** [zu lat. sine cura „ohne Sorge"], 1. Pfründe ohne Amtsgeschäfte; 2. allg. müheloses, einträgl. Amt.

**sine loco** [lat.], Abk. s. l., ohne Ort (Abk. o. O.), Hinweis auf das Fehlen des Erscheinungsorts in Druckwerken.

**sine loco et anno** [lat.], Abk. s. l. e. a. (auch sine anno et loco, Abk. s. a. e. l.), ohne Ort und Jahr (Abk. o. O. u. J.), Hinweis auf das Fehlen von Erscheinungsort und -jahr in Druckwerken.

**Sines** [portugies. 'sinɪʃ], portugies. Ort im Alentejo, am Atlantik, 7 000 E. Museum (Geburtshaus von Vasco da Gama); Fischereihafen; Konservenfabriken; Badeort. In S. befindet sich ein neues Ind.gebiet mit Erdölraffinerie, petrochem. Komplex, Stahlwerk sowie Tiefwasserhafen (im Bau).

**sine tempore** [lat. „ohne Zeit"] † s. t.

**Sinfonia** [italien.; zu griech. symphōnía „Übereinstimmung, Zusammenklang"], im 16. und frühen 17. Jh. als Titel für Werke verwendet, in denen neben Gesang auch Instrumente vorgesehen sind („Symphoniae sacrae" von G. Gabrieli und H. Schütz), im Laufe des 17. Jh. zunehmend für reine Instrumentalstücke. Daneben wurde † Ouvertüre zu Opern, Oratorien, Kantaten S. genannt. Aus der neapolitan. Opern-S. mit der Satzfolge schnell–langsam–schnell entwickelte sich die † Sinfonie.

**Sinfonia concertante** [...tʃɛr...; italien.] (konzertante Sinfonie, Konzertante; frz. symphonie concertante), Komposition für mehrere Soloinstrumente und Orchester, meist dreisätzig, verbreitet v. a. in der zweiten Hälfte des 18. Jh.; entsprechende Werke des 19. Jh. hießen meist *Doppel-, Tripel-* oder *Quadrupelkonzert.* Vom † Concerto grosso, aus dem sie hervorging, unterscheidet sich die S. c. durch ein ausgedehntes Orchestertutti am Beginn, durch die Anlage des Kopfsatzes in Sonatensatzform sowie durch Eigenständigkeit und Virtuosität der Solostimmen gegenüber dem Orchester; u. a. von I. Holzbauer, J. Haydn, J. C. Bach, K. Ditters von Dittersdorf, F.-J. Gossec, C. Stamitz, W. A. Mozart; im 20. Jh. K. Szymanowski und F. Martin.

**Sinfonie** (Symphonie) [zu italien. † Sinfonia], die repräsentativste und bedeutendste Gattung neuerer Instrumentalmusik. Sie hat ihre Wurzel im Einleitungsstück der neapolitan. Opera seria († Sinfonia) mit der Satzfolge langsam–schnell–langsam. Ab etwa 1730 wurde die Sinfonia auch als selbständiges Konzertstück verwendet und dabei zugleich erweitert und gründlicher durchgearbeitet. Der erste Satz steht nun durchweg in † Sonatensatzform; an dritter Stelle vor dem Finale wird vielfach ein Menuett eingefügt. An dieser Entwicklung sind v. a. der Mailänder G. B.

183

## Sinfonietta

Sammartini, die ↑Wiener Schule, die ↑Mannheimer Schule sowie C. P. E. Bach und J. C. Bach beteiligt.
Der eigtl. Schöpfer der klass. S. ist J. Haydn. Seine über 100 S. verteilen sich auf alle Schaffensperioden. Stets neuartig, überraschend in der Erfindung und unmittelbarer Wirkung, zeugen sie zugleich in ihrer Satztechnik, themat. Arbeit, geistvollen Instrumentierung und klaren Formdisposition von höchster Meisterschaft. W. A. Mozart, dessen Jugend-S. bereits durch Themenfülle, Eleganz, Kantabilität gekennzeichnet sind, assimiliert allmähl. Haydns durchgearbeiteten Satz und findet in seinen letzten S. zu einer vollendet tiefen und persönl. Ausdrucksprache. Das sinfon. Schaffen L. van Beethovens hat die gesamte Musik des 19.Jh. nachhaltig beeinflußt. Seine neun S. sind ganz eigene, unverwechselbar individuelle Gestaltungen, die in jeder Hinsicht neue musikal. Bereiche erschließen (Größe und Prägnanz der Themen, Kühnheit der Harmonik, Dehnung der Form, Vitalität der rhythm. Bildungen, Erweiterung des Orchesterapparats, zwingender themat. Zusammenhang). Der erste Satz wird bei ihm zum Austragungsort großer musikal. Ideen, teilweise auch programmat. Bezügen („Eroica", 1804; „Pastorale", 1807/08), der langsame Satz erhält größere Dimensionen, aus dem Menuett wird ein ↑Scherzo, das Finale bekommt verstärktes Gewicht, z. B. in der 9. S. durch Einbeziehung der Singstimme.
Die Sinfonik nach Beethoven (bis Mahler) wird vielfach von außermusikal. Ideen getragen. Für die romant. S. (F. Schubert, R. Schumann, F. Mendelssohn Bartholdy) sind v. a. poet. Momente, kolorist. Werte sowie die Hinwendung zum Pittoresken und Liedhaften bezeichnend. Höchste sinfon. Kunst im klass. Sinne mit romant. Innigkeit und Stimmfärbung vereinen die vier S. von J. Brahms. Daneben verläuft die von H. Berlioz („Symphonie fantastique", 1830) ausgehende Entwicklung einer programmat. orientierten S. und ↑sinfonischen Dichtung, die über F. Liszt zu R. Strauss führt und literar.-philosoph. Ideengehalt mit Neuartigkeit der Form und Instrumentation verbindet. Zw. beiden Richtungen stehen die neun S. von A. Bruckner, die Beethoven, Schubert und R. Wagner entscheidende Impulse verdanken. G. Mahlers 10 S. knüpfen teilweise an Bruckner an, erweitern den Umfang zu riesigen Dimensionen, verfeinern zugleich der Orchestersprache, beziehen Solo- und Chorstimmen mit ein. Außerhalb Deutschlands und Österreichs traten in der 2. Hälfte des 19. Jh. v. a. B. Smetana, A. Dvořák, A. P. Borodin, P. I. Tschaikowski, A. K. Glasunow, E. Grieg, J. Sibelius, C. Franck, C. Saint-Saëns und G. Bizet mit bed. sinfon. Werken hervor.
Sehr uneinheitl. ist das Bild der sinfon. Musik des 20. Jh.; während viele Komponisten (z. B. S. S. Prokofjew und D. D. Schostakowitsch, J. Sibelius) den überkommenen S.typus beibehalten, jedoch mit neuen Inhalten zu füllen suchen, bemühen sich andere um eine Erneuerung der Gattung durch die Pflege eines linear polyphonen Stils (P. Hindemith, J. N. David, K. A. Hartmann), durch kammermusikal. Besetzungen (A. Schönberg) oder durch Schaffung eines verkleinerten Werktypus (M. Reger, A. Webern, D. Milhaud). Insgesamt tritt die S. als repräsentative Gattung in der Musik nach 1950 zurück. Sie ist u. a. noch vertreten bei H. Eisler, H. W. Henze, L. Berio, L. Penderecki, W. Rihm, S. Matthus, M. Trojahn und wird annäherungsweise fortgeführt in Werken mit Titeln wie „Musik für Orchester", „Orchestersuite".
📖 *Musikal. Gattungen in Einzeldarstellungen. Bd. 1: Symphon. Musik. Mit Einleitung v. P. Gülke. Kassel u. a. 1981. - Kloiber, R.: Hdb. der klass. u. romant. S. Wsb. ²1976. - Apfel, E.: Zur Vor- u. Frühgesch. der S. Baden-Baden 1972. - Die Welt der S. Hg. v. U. v. Rauchhaupt. Hamb. 1972.*

**Sinfonietta** [italien.], Bez. für kleinere sinfon. Werke mit kleinerer Orchesterbesetzung oder verringerter Satzzahl (u. a. bei M. Reger, A. Roussel).

**sinfonische Dichtung,** um 1850 entstandene Gatt. der orchestralen Programmusik, die begriffl. faßbare Inhalte in Musik übersetzt. Im Unterschied zur mehrsätzigen, zykl. durchgeformten Programmsinfonie, die neben der Konzertouvertüre ihr unmittelbarer Vorläufer ist, besteht die s. D. meist aus einem Satz oder aus einer lockeren Folge von Einzelsätzen. Ihre musikal. Mittel sind Leitmotivik, charakterist. Motivverwandlung, differenzierte Instrumentation, neuartig ausdrucksvolle Harmonik. Als Programm dienen Themen der Literatur oder Malerei, Landschaftseindrücke oder persönl. Erfahrungen des Komponisten. Formal kann die s. D. frei gestaltet sein oder sich traditionellen Formen wie Sonatensatz-, Rondoform oder Variation annähern. - Schöpfer der s. D. war F. Liszt, der die Bez. 1854 für seine Ouvertüre „Tasso" (1849) verwendete und in der neuen Gatt. eine Erneuerung der Musik durch deren enge Verknüpfung mit der Dichtung anstrebte. Liszt komponierte 17 s. D., die z. T. Programmsinfonien sind, vom Komponisten jedoch der s. D. zugerechnet wurden. Der nach Liszt bedeutendste Vertreter der Gattung, R. Strauss, schrieb zehn s. D. (von ihm meist Tondichtungen genannt). Trotz der Ablehnung, die die s. D. wegen ihrer außermusikal. Sinngebung vielfach von Verteidigern einer „absoluten" Musik erfuhr, wurde sie bis ins 20. Jh. von bed. Komponisten gepflegt, u. a. B. Smetana, H. Wolf, J. Sibelius, A. Schönberg, C. Debussy, M. Reger und O. Respighi.

**Sing.,** Abk. für: ↑Singular.

**Singakademie,** Vereinigung zur Pflege

des Chorgesangs, die sich v. a. der Aufführung von Oratorien und größeren A-cappella Werken für gemischten Chor zur Aufgabe macht. Die erste S. war die 1791 von C. F. Fasch gegründete Berliner S.; bes. bed. wurde die Wiener S. (gegr. 1858).

## Singapur

['zɪŋɡapuːr, zɪŋaˈpuːr] (amtl.: Republic of Singapore), Republik in SO-Asien, zw. 1° 05' und 1° 29' n. Br. sowie 103° 35' und 104° 07' ö. L. **Staatsgebiet:** Umfaßt die 572,2 km² große, vor der S-Spitze der Halbinsel Malakka gelegene und von dieser durch die 1,5 km breite Johore Strait getrennte Hauptinsel S. und 54 kleinere vorgelagerte Inseln. **Fläche:** 620 km². **Bevölkerung:** 2,56 Mill. E (1986), 4129,0 E/km². **Hauptstadt:** Singapur. **Amtssprachen:** Englisch (Verwaltungs- und internat. Verkehrssprache), Malaiisch, Chin. (Mandarin), Tamil. **Nationalfeiertag:** 9. Aug. **Währung:** Singapur-Dollar (S$) = 100 Cents (c). **Internationale Mitgliedschaften:** UN, Commonwealth, ASEAN, GATT, Colombo-Plan. **Zeitzone:** MEZ + 7 Std.

**Landesnatur:** Flachwelliges Gebiet, bis 174 m hoch. Durch Aufschüttungen ins Meer vergrößert S. seine Landfläche ständig.
**Klima:** Warm-feuchtes, innertrop.-maritimes Klima mit Jahresniederschlägen bis 2400 mm (regenreichste Zeit Nov. bis Jan.). Bei geringen Temperaturschwankungen beträgt die Jahresmitteltemperatur 26,4 °C.
**Vegetation:** Der urspr. trop. Regenwald ist bis auf wenige Reste vernichtet; an den Küsten teilweise Mangroven.
**Bevölkerung:** 76,5% sind Chinesen, 14,8% Malaien, 6,4% Inder und Pakistaner. Der starke Bev.anstieg bis zur Mitte des 20. Jh. wird seit 1966 durch erfolgreiche Familienplanung eingedämmt. In einzelnen Wohnbez. der Stadt S. werden Bev.dichten bis 200000 E/km² erreicht. Das Sozialwesen gilt als das beste in ganz Asien. Schulpflicht besteht von 6–12 Jahren. Neben 16 berufsbildenden Schulen gibt es 3 Hochschulen und 2 Universitäten.
**Wirtschaft:** Auf Grund der Lage am Schnittpunkt wichtiger Schiffahrts- und Flugrouten entwickelte sich S. zu einem bed. Verkehrs-, Handels-, Finanz- und Dienstleistungszentrum SO-Asiens. Seit 1965 vollzieht sich ein Wandel vom Handels- zum Ind.staat. S. ist mit 5 Erdölraffinerien (50 Mill. t Rohöl/Jahr) das drittgrößte Raffineriezentrum der Erde. Bed. sind darüber hinaus opt. und Elektronikind. sowie Schiff-, Maschinen- und Fahrzeugbau. Die Landw. spielt nur eine untergeordnete Rolle. Rd. 50% der Nutzfläche entfallen auf Kautschukbäume und Kokospalmen; Obst- und Gemüseanbau.
**Außenhandel:** Haupthandelspartner sind die USA, Malaysia, Japan, Hongkong, Thailand und Großbrit. Exportiert werden Erdölderivate, elektrotechn. und elektron. Geräte, Naturkautschuk, Textilwaren, Schiffe u.a. Importiert werden Erdöl, Rohkautschuk, Nahrungsmittel, Maschinen, Stahl u.a.
**Verkehr:** Die Länge des Straßennetzes beträgt 2569 km, der Eisenbahn 26 km. Von den internat. ✈ Changi und Paya Lebar aus befliegt die nat. Fluggesellschaft Singapore Airlines Strecken nach Asien, Australien und Europa.
**Geschichte:** Die Stadt S., schon im 13. Jh. eine bed. Hafenstadt, wurde 1365 von Javanern zerstört. Anfang 1819 errichteten die Briten an der Stelle des ma. Handelsplatzes eine Faktorei der brit. Ostind. Kompanie. 1824 erwarb die Kompanie die gesamte Insel, die 1867 brit. Kronkolonie wurde. 1942–45 jap. besetzt; erhielt 1946 den Status einer eigenen, von der Malayan Union getrennten Kolonie; schloß sich 1963 Malaysia an, schied aber im Aug. 1965 wieder aus und wurde als souveräner Staat Mgl. des Commonwealth. Seither unter der Reg. Lee Kuan Yew, erlebte S. einen bed. wirtsch. Aufschwung mit starker Kapitalkonzentration (Bankenzentrum SO-Asiens) und hohen ausländ. Investitionen. Zunehmender Kritik am rein wirtschaftsorientierten Kurs der Reg. wird mit polizeistaatl. Mitteln begegnet. 1976 zogen die Briten ihre letzten Truppen ab. Nachdem im Juni 1980 die Zahl der Wahlkreise von 69 auf 75 erhöht worden war, gewann die seit 1959 allein regierende People's Action

Singapur. Regierungsviertel am Empress Place im Zentrum der Hauptstadt

## Singapur

Party bei den Parlamentswahlen vom Dez. 1980 und Aug. 1984 erneut überlegen gewinnen. Im Aug. 1985 wurde mit Wee Kim Wee erstmals ein Angehöriger des chin. Bev.teils zum Staatspräs. gewählt.
**Politisches System:** Der Stadtstaat S. ist seit 1965 eine unabhängige Republik. Die Verfassung von 1958 (mit Zusätzen) ist in Kraft. Die polit. Institutionen der *Exekutive* sind der Präs. als *Staatsoberhaupt* (seit Aug. 1985 Wee Kim Wee) und die Reg. unter dem Premierminister. Die *Legislative* liegt beim Einkammerparlament (75 für 5 Jahre vom Volk gewählte Abg.). Seit 1969 besteht ein 21köpfiges Beratergremium des Präsidenten zur Überwachung der Verfassungsmäßigkeit der Gesetzgebung. Führende *Partei* ist die seit 1959 allein regierende People's Action Party (PAP), die zunehmend nach rechts tendiert. Die Oppositionsparteien, v. a. die sozialist. Parteien Barisan Sosialis (Sozialist. Front), Workers' Party und United People's Front, errangen angesichts massiver Restriktionen nur unbed. Mandate. Die Kommunist. Partei ist verboten. Die Reg. übt starken Einfluß auf die Gewerkschaften (Dachverband: Singapore National Trades Union Congress, SNTUC) aus. Die *Verwaltung* des Stadtstaates wird von der Reg. direkt ausgeübt. Das *Rechts-* und *Gerichtswesen* ist nach brit. Vorbild organisiert. Die Gesamtstärke der *Streitkräfte* beträgt rd. 55 500 Mann (Heer 45 000, Luftwaffe 6 000, Marine 4 500). Paramilitär. Kräfte sind rd. 37 500 Mann stark.

📖 *Atlas for Singapore*. Hg. v. Ooi Jin-Bee u. J. W. Humphrey. Glasgow 1985. - Drysdale, J.: *Singapore. Struggle for success.* Singapur 1984. - Luther, H. U.: *Ökonomie, Klassen u. Staat in S*. Ffm. 1980. - Niklas, K.-P.: *Singapore: Beispiel einer weltmarktorientierten Industrialisierungspolitik.* Stg. u. New York 1977. - Buchanan, I.: *Singapore in Southeast Asia. An economic and political appraisal.* London 1972.

**Singapur, Straße von** [ˈzɪŋgapuːr, zɪŋgaˈpuːr], Meeresstraße zw. dem S-Ende der Halbinsel Malakka und Singapur im N und dem Riauarchipel im S, verbindet die Malakkastraße mit dem Südchin. Meer.

**Singaraja** [indones. siŋaˈradʒa], Hauptort der indones. Insel Bali, nahe der N-Küste, 41 000 E. Marktort, Herstellung von Metall- und Webarbeiten; Hafen ist Buleleng, 3 km nördlich. - Zahlr. Hindutempel.

**Singdrossel** (Turdus philomelos), fast 25 cm langer, zweimal im Jahr brütender Singvogel (Fam. Drosseln), v. a. in Wäldern und Parkanlagen Europas und der nördl. und gemäßigten Regionen Asiens (bis M-Sibirien); oberseits braun, unterseits auf gelbl. (Brust) bzw. weißem Grund (Bauch) braun gefleckt; ♂ mit lautem Gesang; Zugvogel.

**singende Säge**, als Musikinstrument verwendete Holzsäge (Zirkus, Varieté) mit breitem Blatt, das mit einem Bogen angestrichen wird. Die Säge wird meist zw. den Knien und der linken Hand gehalten; durch Biegen des Blatts läßt sich die Tonhöhe stufenlos verändern.

**Singen (Hohentwiel)**, Stadt im Hegau, Bad.-Württ., 428 m ü. d. M., 41 800 E. Hegau-Museum; Aluminiumwalzwerk, Gießerei, pharmazeut. und Nahrungsmittelind. - 787 erstmals gen.; erhielt 1899 Stadtrecht.

**Singer,** Isaac [engl. ˈsɪŋə, sɪŋgə], * Pittstown (N. Y.) 27. Okt. 1811, † Torquay (= Torbay) 23. Juli 1875, amerikan. Mechaniker. - Verbesserte 1851 die Nähmaschine durch Einführung eines selbsttätigen Stoffschiebers mit Stahlzähnchen; gründete eine Nähmaschinenfabrik.

**S.,** Isaac Bashevis [ˈ- -], * Radzymin bei Warschau 14. Juli 1904, jidd. Schriftsteller. - Bedeutendster zeitgenöss. Erzähler jidd. Sprache; kam 1935 in die USA, seit 1943 amerikan. Staatsbürger. Seine Romane und Erzählungen spielen meist in der Welt des poln. Judentums; sie handeln von schalkhaften und skurrilen Typen, deren oft ergreifendes Schicksal zu allgemeingültigen Gleichnissen menschl. Lebens erhoben wurde; u. a. „Der Zauberer von Lublin" (R., 1960), „Jakob der Knecht" (R., 1962), „Mein Vater, der Rabbi" (Autobiogr., 1966), „Das Landgut" (R., 1967), „Leidenschaften" (dt. Auswahl, 1977), „Schoscha" (R., 1978); „Wahnsinns Geschichten" (dt. Auswahl, 1986); 1978 Nobelpreis für Literatur.

**Singer Co.** [engl. ˈsɪŋə, ˈsɪŋgə ˈkoʊ], amerikan. Unternehmen, gegr. 1873 von I. Singer, Sitz New York. Die S. Co. produziert v. a. Nähmaschinen, daneben auch elektron. Geräte, Möbel und anderes.

**Singh,** Charan, * Noorpur (Uttar Pradesh) 1902, ind. Politiker. - 1967/68 und 1970 Chefminister von Uttar Pradesh; eigtl. Organisator der Oppositionsfront gegen Indira Gandhi, der Janatapartei, 1977–79 deren stellv. Vors.; 1977/78 Innen-, 1979 Finanzmin. und stellv. Min.präs.; 1979/80 Min.präs. und Innenminister. - † 29. Mai 1987.

**S.,** Zail, * Sandhwan (Bez. Faridkot, Punjab) 5. Mai 1916, ind. Politiker (Kongreßpartei). - 1956–62 Mgl. des ind. Oberhauses; 1972–77 Min.präs. von Punjab; 1980–82 ind. Innenmin.; 1982–87 Staatspräsident.

**Singhalesen,** zahlenmäßig größte Bev.-gruppe in Sri Lanka, deren Vorfahren im 1. Jt. aus N-Indien nach Ceylon eingewandert sind; brachten den Reisanbau nach Ceylon.

**Singhalesisch,** zum indoar. Zweig der indogerman. Sprachen gehörende Sprache, die die Vorfahren der Singhalesen aus N-Indien nach Ceylon mitgebracht haben. Es hat sich trotz seiner Isolierung von den übrigen indoar. Sprachen in Wortschatz und Morphologie seinen indoar. Charakter gut bewahren können, in Syntax und Stil sich jedoch den drawid. Sprachen angenähert. Die Literatursprache tendiert zur Verwendung eines archaischen Formenschatzes und altertüml. Konstruktionen, so daß sich erhebl. Unterschiede zw. Schriftsprache und moderner Umgangssprache herausgebildet haben.

**singhalesische Literatur,** ältestes Dokument ist ein Kommentarwerk zum buddhist. Kanon mit histor. Einleitung (etwa 2. Jh. v. Chr. bis 2. Jh. n. Chr.); altsinghales. Gedichte (6.–10. Jh.) sind als Felsritzungen erhalten. Die Werke der klass. Epoche (12.–15. Jh.) sind meist buddhist. Themen gewidmet. Hauptthema der modernen Literatur (seit Mitte des 19. Jh.) ist die Auseinandersetzung der nat. Kulturtradition mit dem Einfluß der westl. Zivilisation.

**Singidunum** ↑ Belgrad.

**Singkep** [indones. ˈsɪŋkɛp], indones. Insel vor der NO-Küste Sumatras, rd. 830 km², bis 475 m hoch; z. T. untermeer. Bergbau auf Zinnerz.

**Single** [engl. sɪŋl; zu lat. singulus „einzeln"], Bez. einer Spielkarte des Kartenspiels, die als einzige ihrer Farbe im Blatt eines Spielers vertreten ist.
◆ ↑ Schallplatte.
◆ aus dem Amerikan. übernommene Bez. für - im Unterschied zu Alleinstehenden - bewußt und willentlich allein lebende Menschen. Kennzeichnend für diese Lebensform sind der Anspruch auf ökonom. Unabhängigkeit und persönl. Ungebundenheit.

**Singschwan** ↑ Schwäne.

**Singspiel,** allg. eine Komödie mit musikal. Einlagen, insbes. der deutschsprachige Typus des musikal. Bühnenstücks mit gesprochenem Prosadialog. Aus volkstüml. Sprechstücken meist heiteren Charakters mit Musik entwickelten sich im frühen 18. Jh. als bürgerl. Gegenstück zur jeweils vorherrschenden Oper großen Stils die nat. Gattungen der engl. Ballad-opera, der frz. Opéra comique und der italien. Opera buffa. Eigtl. Schöpfer des dt. S. war J. A. Hiller, der den Anteil der Musik gegenüber dem Dialog und die im Stück verwendeten musikal. Formen vermehrte (Ariette, Arie, einfache Ensembles, Schluß-Vaudeville mit Chor) und seine rührselig-idyll. Texte oft der Opéra comique entlehnte. S. komponierten ferner G. A. Benda, C. G. Neefe, J. F. Reichardt. Das Wiener „National-S.", 1778 mit J. Umlaufs „Bergknappen" eröffnet, verband spezif. Wiener Traditionen mit Elementen der Opera buffa. Neben K. Ditters von Dittersdorf, F. Gaßman war hier W. A. Mozart wichtigster Komponist, der die Entwicklung des S. auf einen Endpunkt führte und zum Leitbild der dt. romant. Oper und der Spieloper A. Lortzings wurde.

**Singular** [zu lat. singularis „einen einzelnen betreffend"] (Singularis, Einzahl), Abk. Sing., in der Sprachwiss. Bez. für den Numerus, der die Wesen oder Dinge ohne Rücksicht auf deren mehrfaches Vorhandensein benennt (Ggs. Plural), d. h. solche, die tatsächl. nur einmal vorkommen, aber auch solche, bei denen Zahl oder Zählbarkeit außer Betracht bleiben; ein Wort, das nur im S. vorkommt (z. B. Adel, Obst, Gold), heißt **Singularetantum.**

**singulär** [lat.], vereinzelt [vorkommend]; selten, eigenartig.

**Singularität** [lat.] (S. der Witterung, synopt. S.), in der *Meteorologie* Bez. für eine mehr oder weniger regelmäßig an bestimmten Kalendertagen auftretende Wetterlage bzw. Witterungserscheinung, z. B. die Kaltlufteinbrüche der Eisheiligen, die Schafkälte und der Altweibersommer.

**Singularsukzession** ↑ Rechtsnachfolge.

**Singulettsystem** [lat./griech.], Termsystem eines mikrophysikal. Mehrteilchensystems, bei dem alle [Energie]terme einfach sind (sog. *Singuletterme*), d. h. auch unter dem Einfluß einer Störung (z. B. eines äußeren Magnetfeldes) in mehrere dicht benachbarte Komponenten aufspalten. Die bei einem Quantensprung zw. zwei Termen eines S. emittierte einfache Spektrallinie wird als **Singulett** bezeichnet. – ↑ auch Multiplett.

**Singvögel** (Oscines), weltweit verbreitete, mit rd. 4 000 Arten fast die Hälfte aller rezenten Vögel umfassende Unterordnung der Sperlingsvögel; gekennzeichnet durch mehr als drei (meist 7 bis 9) Paar Muskeln, die am Lautäußerungsorgan (Syrinx) ansetzen und durch deren wechselseitige Kontraktion Syrinxmembranen mehr oder weniger gespannt und mit Hilfe der ausgestoßenen Atemluft zum Vibrieren gebracht werden. Trotz der für alle S. typ. Ausbildung solcher Muskeln können nicht alle S. wirkl. „singen" (Rabenvögel z. B. können nicht singen). Man unterscheidet 45 Fam., in systemat. Reihenfolge u. a. Lerchen, Schwalben, Stelzen, Bülbüls, Blattvögel, Würger, Seidenschwänze, Wasseramseln, Zaunkönige, Spottdrosseln, Braunellen, Timalien, Grasmücken, Fliegenschnäpper, Drosseln, Meisen, Kleiber, Baumläufer, Blütenpicker, Nektarvögel, Brillenvögel, Honigfresser, Kleidervögel, Vireos, Stärlinge, Finkenvögel, Webervögel, Prachtfinken, Stare, Drongos, Paradiesvögel, Laubenvögel und Rabenvögel.

**Singzikaden** (Singzirpen, Cicadidae), rd. 4 000 Arten umfassende, v. a. in den Tropen und Subtropen verbreitete Fam. bis 7 cm langer ↑ Zikaden; Pflanzensauger mit meist gedrungenem Körper und großen, durchsichtigen, bis 18 cm spannenden Flügeln; ♂♂ mit lauterzeugenden Trommelorganen an der Hinterleibsbasis (beidseitig eine trommelfellartig gespannte Hautplatte, die durch Kontraktionen eines kräftigen Innenmuskels in Schwingungen versetzt wird). S. erzeugen einen artspezif. Gesang zur Anlockung der stummen ♀♀. Beide Geschlechter haben

Gehörorgane am Hinterleib. Die Larven leben unterirdisch; ihre Vorderbeine sind zu Grabbeinen umgebildet; saugen an Pflanzenwurzeln. - Zu den S. gehört u. a. die 7 cm lange, auf den Großen Sundainseln vorkommende **Kaiserzikade** (Pomponia imperatoria; Flügelspannweite 18 cm, Körper dunkel, Flügel gefleckt). An wärmeren Orten M-Europas kommt die 1,6–2 cm lange **Bergzikade** (Cicadetta montana) vor; schwarz mit braungelber Zeichnung; Flügelspannweite 4–4,5 cm.

**sinh,** Funktionszeichen für Hyperbelsinus (↑ Hyperbelfunktionen).

**Sinhalit** [nach Sinhala (Sanskrit für Ceylon)], rhomb., gelbl. bis goldbraunes Mineral, chem. Mg(Al, Fe)BO$_4$; Schmuckstein. Mohshärte 6,5; Dichte 3,49 g/cm$^3$.

**Sinide** [griech.] (sinide Rasse), Unterform der ↑ Mongoliden; mit etwas längerem Kopf, höherem Gesicht, schmalerer Nase und höherem und schlankerem Wuchs als bei den ↑ Tungiden; Hauptverbreitungsgebiet: die dichtbesiedelten Lößlandschaften Chinas (speziell des Jangtsekiang und des Hwangho).

**Sinigrin** [Kw. aus lat. sinapis nigra „schwarzer Senf"], in den Samen des Schwarzen Senfs und in anderen Kreuzblütlern enthaltenes Glykosid (Senföl); Kaliumsalz der *M yronsäure*.

**Sining** (Xining) [chin. ɕinɪŋ], Hauptstadt der chin. Prov. Tsinghai, im Hochland von Tibet, 2 286 m ü. d. M., 364 000 E. Verarbeitung landw. Produkte, Eisen- und Stahlwerk, chem. Ind.; Eisenbahn von Lantschou; an der Fernstraße Lantschou–Lhasa; ✈.

**sinister** [lat., eigtl. „links"], düster, zwielichtig, unheilvoll.

**Sinistralität** [lat.], svw. ↑ Linkshändigkeit.

**Sinjawski,** Andrei Donatowitsch, * Moskau 8. Okt. 1925, russ.-sowjet. Schriftsteller und Literaturkritiker. - Veröffentlichte unter dem Pseud. Abram Terz im westl. Ausland u. a. den Roman „Der Prozeß beginnt" (frz. 1953) und „Phantast. Geschichten" (frz. 1961), in denen er den kommunist. Staat kritisierte und die zu seiner Verurteilung in der Sowjetunion führten; 1965–71 in Haft; emigrierte 1973 nach Frankr.; heute Prof. für russ. Literatur in Paris. - *Weitere Werke:* Was ist sozialist. Realismus? (Essay, 1956), Promenaden mit Puschkin (Prosa, 1966–68), Im Schatten Gogols (Prosa, 1970–73), Eine Stimme aus dem Chor (R., 1974), Klein Zores (E., 1980).

**Sinjen,** Sabine, * München 18. Aug. 1942, dt. Schauspielerin. - Arbeitete für Film (u. a. „Das Glas Wasser", 1960; „Es", 1966; „Die Schwärmer", 1985), Fernsehen (u. a. „Heinrich Heine", 1983) und Bühne.

**Sinkel,** Bernhard, * Frankfurt am Main 19. Jan. 1940, dt. Filmregisseur. - Realisierte meist in Zusammenarbeit mit **A. Brustellin** (* 1940, † 1981), die dt. Fassung der Fernseh-Kinderserie „Sesamstraße" sowie die Spielfilme „Lina Braake" (1975), „Berlinger" (1976); Literaturverfilmungen waren „Mädchenkrieg" (1977; nach M. Bieler), „Taugenichts" (1978; nach Eichendorff), „Der Sturz" (1979; nach M. Walser). - *Weitere Filme:* Deutschland im Herbst (1978; Mitregisseur), Kaltgestellt (1980), Väter und Söhne (1986).

**Sinkiang** ↑ Uigurische Autonome Region Sinkiang.

**Sinn,** in der *Physiologie* ↑ Sinne.

◆ im *allg.* und *philosoph.* Sprachgebrauch die Bed. bzw. der Wert einer Sache, eines Vorgangs, eines Erlebnisses für jemanden oder etwas (oft svw. Zweck, Funktion). Eine wiss.-theoret. wichtige Unterscheidung führte G. Frege (1892) in die philosoph. Semantik ein, indem er zw. sprachl. Zeichen, deren S. und deren Bed. unterschied, z. B. sei die Bed. von „Morgenstern" und „Abendstern" dieselbe, deren S. jedoch nicht. - Die Frage nach dem S., v. a. nach dem *S. der Geschichte*, ist urspr. religiöser Natur; sie ist entstanden in der jüd. und christl. Apokalyptik, die den S. der Geschichte als göttl. Zwecksetzung in einem ewigen, vor aller Zeit entworfenen Plan erkennen wollte (Teleologie). Die spekulative Geschichtsphilosophie versuchte, die Gegensätze von Notwendigkeit (Kausalität), Zufall und Freiheit in einem über- bzw. vorgeordneten S.zusammenhang aufzuheben. Geschichte erweist sich so als Ganzes und in ihren Handlungs- und Ereignisabfolgen als zweckgerichtet und zweckdienlich. - Die Frage nach dem *S. des Lebens* fragt nicht nur nach Zweck und Bed., sie beinhaltet zugleich den Aspekt der Forderung des Wertes: Das Leben soll „lohnen" und bejaht werden können. Wird nur nach dem Zweck oder der Bed. gefragt, versteht sich der Fragende - sich selbst entfremdend - nur als Mittel für bestimmte, fremde Zwecke. Die S.frage als S.forderung aber bedeutet darüber hinaus eine Befreiung zu sich selbst (von Selbstentfremdung) und von sich selbst (von Selbstbefangenheit), in der die Identifikation mit sich selbst gelingt, die Distanz zw. dem Menschen und seinem eigenem Leben als einer ihm gegenüberstehenden, von fremden Zwecken bestimmten Sache überwindet, so daß Änderungen und Neuentwürfe von Handlungsalternativen ermöglicht werden.

📖 *Hergemöller, B. U.:* Weder-Noch. Traktat über die S.frage. Hamb. 1985. - *Lay, R.:* Vom S. des Lebens. Mchn. 1985.

**Sinne,** physiolog. die Fähigkeit von Mensch und Tier, Reize diffus über den gesamten Körper oder mittels spezieller, den einzelnen S. zugeordneter ↑ Sinnesorgane zu empfinden bzw. wahrzunehmen und gegebenenfalls spezif. darauf zu reagieren. Auf Grund der Reizzuordnung können unterschieden werden: Gesichts-, Gehör-, Geruchs-, Geschmacks-, Tast-(Druck-), Temperatur-, Schmerz- und Gleichgewichtssinn.

**Sinnesepithel** ↑ Epithel.
**Sinneshaare,** die Sinneshärchen der Sinneszellen, z. B. in den tier. und menschl. ↑ Gleichgewichtsorganen.
♦ (Haarsensillen, Sensilla trichodea) bei Gliederfüßern haarartige, v. a. dem Tastsinn, auch dem Geruchs- und Erschütterungssinn dienende Sinnesorgane.

**Sinnesnerven** (sensible Nerven, Empfindungsnerven), allg. Bez. für diejenigen Nervenstränge, die die afferente (sensor.) Erregungsleitung zw. Sinnesorganen und nervösen Zentren (Ganglien, Gehirn) als Teil des peripheren Nervensystems übernehmen; bei Wirbeltieren bes. die Nervenstränge, die der Erregungsleitung dienen und die Hauptsinnesorgane (Nase, Auge, Ohr, auch die Seitenlinienorgane) mit dem Gehirn verbinden.

**Sinnesorgane** (Rezeptionsorgane, Organa sensuum), der Aufnahme von Reizen dienende, mit Sinnesnerven versorgte Organe bei Vielzellern (bei Einzellern sind Sinnesorganellen ausgebildet, z. B. der ↑ Augenfleck), bestehend aus ↑ Sinneszellen sowie diversen Hilfszellen bzw. -organen. Die Funktionsfähigkeit jedes S. beruht auf der Fähigkeit der einzelnen Sinneszelle, bestimmte, quantitativ und qualitativ begrenzte, als Reize wirkende Energieformen in neurale Erregung umzuwandeln, wodurch beliebige Energieformen in den gleichen organ. Code mit gleicher Leitungsbahn (Nervenleitung) und gleicher Reizstärkedarstellung (Aktionspotentialfrequenz) transformiert werden. Während bei indifferenten S. verschiedene Reize wahrgenommen werden können, da hier als einfachster Fall lediglich einzelne Sinneszellen oder freie Nervenendigungen über die gesamte Körperoberfläche verstreut sind (bei verschiedenen niederen Tieren), entstehen die eigtl. S. durch Zusammenlagerung von Sinneszellen und zusätzl. Ausbildung von Hilfseinrichtungen, wie z. B. beim Auge der dioptr. Apparat und die Pigmentzellen. Dadurch sind diese S. gegenüber inadäquaten Reizen abgeschirmt. Die Zuordnung adäquater Reize zu ihren spezif. S. ermöglicht die Identifizierung der verschiedenen Sinne. Allerdings reagiert jedes Sinnesorgan nur bei normaler Reizstärke auf die ihm zugeordneten Reize. Ein bei übersatrkem Reiz kann auch ein Fremdreiz beantwortet werden, jedoch immer nur mit der dem Sinnesorgan eigenen Sinnesempfindung. So erzeugt z. B. ein Schlag auf das Auge eine Lichtempfindung.
📖 *Culclasure, D. F.: Anatomie u. Physiologie des Menschen. Bd. 14: Die S. Dt. Übers. Weinheim* ³1984. - *Pernkopf, E.: Atlas der topograph. u. angewandten Anatomie... Mchn.* ²1980. - *Taschenatlas der Anatomie. Bd. 3: Kahle, W., u. a.: Nervensystem u. S. Stg.* ⁵1986.

**Sinnesqualitäten,** die Inhalte der sinnl. Empfindungen von Individuen (subjektiven Organismen) bezügl. der außersubjektiven (objektiven) Umwelt. Inwieweit die subjektiv empfundenen S. als exaktes und reales Abbild der Realität (außersubjektiven Umwelt) verstanden werden können, ist unter den verschiedenen Schulen der Philosophie (insbes. in bezug auf die Erkenntnistheorie) umstritten.

**Sinnestäuschungen,** Sinnesempfindungen, die auf Grund fehlerhafter Verarbeitung äußerer Reize (↑ Illusion, ↑ optische Täuschungen) oder bei völliger Abwesenheit äußerer Reize (↑ Halluzination) auftreten. Da in die menschl. Wahrnehmung emotionale Prozesse sowie frühere Erfahrungen und Denkvorgänge miteinfließen, sind S. u. a. bei ungewohnten Reizkonstellationen oder bei emotionalen Belastungen zu erwarten.

**Sinneszellen,** bes. differenzierte (ektodermale) Epithelzellen der Vielzeller, deren Protoplasma durch Reize von außen eine spezif. Zustandsänderung erfährt, die die Erregung erzielt (Nervenzellen übernehmen nur diese Erregung, bewirken sie also selbst nicht). Die S. können zerstreut in der Haut vorkommen oder in Sinnesepithelien oder Sinnesorganen angereichert sein. S. kommen in drei Typen vor: 1. *Primäre* S. leiten den Reiz durch eine eigene Nervenfaser weiter (beim Menschen Stäbchen und Zapfen im Auge). 2. *Sekundäre* S. wandeln den Reiz nur um, Synapsen übertragen die Nervenimpulse auf die Endfasern einer Nervenzelle, die die S. umgeben (z. B. Geschmacks-S. der Wirbeltiere). Freie Nervenendigungen *(Sinnesnervenzellen)* sind stark verzweigte Endfasern von Nervenzellen (z. B. Tastkörperchen).

**Sinn Féin** [engl. 'ʃɪn 'fɛɪn; ir. „wir selbst"], nationalist. ir. Partei, gegr. 1905 von A. Griffith; wurde nach 1916 zur Sammelbewegung der radikalen nationalist. und republikan. Kräfte; seit 1917 unter Führung E. de Valeras, errang 1918 bei den Unterhauswahlen 73 von 105 ir. Sitzen; nach dem brit.-ir. Vertrag von 1921 über die Errichtung des Ir. Freistaats im Rahmen des Commonwealth Spaltung in Vertragsanhänger (↑ Fine Gael) und Vertragsgegner (↑ Fianna Fáil); heute als Partei unbedeutend (aber Verbindungen zw. S. F. und IRA).

**Sinngedicht,** im Barock geprägte Bez. für Epigramm.

**Sinningie** (Sinningia) [nach dem dt. Gärtner W. Sinning, *1792, †1874], Gatt. der Gesneriengewächse mit 15 Arten in Brasilien; meist niedrige Kräuter mit dickem Wurzelstock, behaartem Stengel, gegenständigen, langgestielten Blättern und achselständigen, einzeln oder gebüschelt stehenden Blüten; eine bekannte Art ist die ↑ Gloxinie.

**Sinnkriterium,** 1. pragmat. S., *pragmatist. S.:* das von C. S. Peirce aufgestellte Kriterium, nach dem der Sinn von Sätzen nach der prakt. Konsequenz bestimmt wird, d. h. ob sie in der prakt. Anwendung zum Erfolg

## Sinnlichkeit

führen; 2. *empirist. S.:* das Kriterium, mit dem empir. sinnvolle (zulässige, wahre) Aussagen bzw. Sätze von sinnlosen (unzulässigen, falschen) unterschieden werden sollen.
**Sinnlichkeit,** im *kognitiven* Bereich das Wahrnehmungs- bzw. Rezeptionsvermögen der Sinne (bzw. der Sinnesorgane); bei I. Kant neben Verstand und Vernunft einer der Komponenten der Erkenntnis, die die Anschauung in Raum und Zeit ermöglicht.
♦ im *emotionalen* Bereich Sammelbegriff für die triebbestimmten Gefühle und Motive (Neigung zum „Sinnengenuß", bes. auf sexuellem Gebiet).
**Sinnpflanze** (Mimose, Mimosa), Gatt. der Mimosengewächse mit rd. 450 Arten, hauptsächl. im trop. und subtrop. Amerika; Kräuter, Sträucher oder Bäume, oft dornig oder stachelig; Blätter meist doppelt gefiedert, sie reagieren auf Berührungsreize durch Zusammenklappen der Fiedern und Absenken der Blattstiele; Blüten klein (mit fünf oder zehn Staubblättern; im Ggs. zu den zahlr. Staubblättern der Akazienarten, der sog. „Mimosen", wie man sie in Blumengeschäften erhält), in gestielten, kugeligen oder walzenförmigen Ähren. Eine als Zierpflanze bekannte Art ist die **Schamhafte Mimose** (Mimosa pudica), ein 30–50 cm hoher, stacheliger Halbstrauch mit kleinen, rosaweißen oder hellroten Blüten.
**sino..., Sino...,** Bestandteil von Zusammensetzungen mit der Bed. „China, chinesisch" (über spätlat. Sinae und mittelgriech. Sínai zu arab. sin „China").
**Sinoia** (heute Chinhoyi), Prov.hauptort im nördl. Simbabwe, 24 000 E. Fremdenverkehr zu einem nw. von S. gelegenen Nationalpark mit großen Tropfsteinhöhlen.
**Sinologie,** Erforschung der chin. Sprache, Literatur, Geschichte und Kultur. Die S. entstand im 19. Jh. u. a. mit der Aufgabe, den europ. und amerikan. Kolonialmächten spezif. Informationen zur Entwicklung kommerziell-kapitalist. Handlungsstrategien in China zur Verfügung zu stellen. 1814 wurde in Paris der erste europ. Lehrstuhl für S. eingerichtet, 1887 das Seminar für oriental. Sprachen in Berlin und 1909 der erste dt. Lehrstuhl für S. in Hamburg eingerichtet.
**Sinop,** Stadt an der türk. Schwarzmeerküste, 25 000 E. Hauptstadt des Verw.-Geb. S.; Museum; türk.-amerikan. Radarzentrum; Bootsbau; Fischerei. - Mitte des 7. Jh. v. Chr. von den Milesiern als **Sinope** gegr., seit Mitte des 6. Jh. unter pers. Oberhoheit, seit 183 v. Chr. beim Kgr. Pontus (Ende des 2./Anfang des 1. Jh. v. Chr. dessen Hauptstadt); 72 v. Chr. durch die Römer erobert; nach röm. und byzantin. Zeit seit 1214 n. Chr. beim Reich der Rum-Seldschuken; seit 1461 osmanisch.
**Sinopoli,** Giuseppe, * Venedig 1. Dez. 1946, italien. Komponist. - Seit 1972 Dozent für zeitgenöss. Musik am Conservatorio di Musica B. Marcello in Venedig
**sinotibetische Sprachen** (tibetochines. Sprachen), zusammenfassende Bez. für folgende große, in Ost- und Südostasien beheimatete Sprachen bzw. Sprachgruppen: chines. Sprache, Thaisprachen (beide werden gelegentl. zur thai-chin. Sprachgruppe zusammengefaßt) und die tibetobirmanischen Sprachen. Die Verwandtschaftsverhältnisse dieser Sprachgruppen untereinander gelten nur in den Grundzügen als hinreichend gesichert und bedürfen in einzelnen Fragen ihrer Zugehörigkeit weiterer Untersuchungen. Auch die wiederholt behauptete Verwandtschaft zw. den s. S. und den austroasiat. und austrones. Sprachen bedarf noch des überzeugenden Beweises. - Gemeinsame charakterist. Merkmale der s. S. sind Monosyllabität (einsilbige Wörter), bedeutungsdifferenzierende Worttonsysteme und isolierende Strukturen, hinter denen Übereinstimmungen der Syntax und des jeweiligen Wortschatzes zurücktreten.
**Sinowatz,** Fred, * Neufeld an der Leitha (Burgenland) 5. Febr. 1929, östr. Politiker. - Seit 1948 Mgl. der SPÖ; ab 1961 MdL im Burgenland, dort ab 1964 Landtagspräs., ab 1966 Kultusmin. (Landesrat); seit 1971 Abg. zum Nationalrat und östr. Unterrichtsmin., seit Jan. 1981 zugleich Vizekanzler; 1983 bis 1986 Bundeskanzler.
**Sinowjew** [russ. zi'nɔvjɪf], Alexandr, * Pachtino bei Kostroma 29. Okt. 1922, sowjet. Schriftsteller und Philosoph. - 1953–76 Mgl. der KPdSU; 1962–76 Prof. für Philosophie, 1967–69 für Logik an der Univ. Moskau; 1976 Berufsverbot; Entfernung aller Publikationen aus öffentl. Bibliotheken; 1978 Ausreise und Ausbürgerung; lebt heute in München. Weltweites Aufsehen erregten seine philosoph. Reflexionen „Gähnende Höhen" (1976), eine bittere, satir. Analyse des sowjet. Gesellschaftssystems. - *Weitere Werke:* Lichte Zukunft (1978), Ohne Illusion (Aufsätze, 1979), Kommunismus als Realität (1981).
**S.,** Grigori Jewsejewitsch, eigtl. G. J. Radomylski, * Jelisawetgrad (= Kirowograd) 11. Sept. 1883, † 25. Aug. 1936 (hingerichtet), sowjet. Politiker. - Schloß sich 1903 den Bolschewiki an und wurde enger Mitarbeiter Lenins; 1917 Vors. des Petrograder Sowjets; ab 1919 Mgl. des Politbüros und Vors. des Exekutivkomitees der Komintern; ab 1923 lag die kollektive Führung der Partei in Händen der „Troika" Stalin-S.-Kamenew; 1925 bildete S. mit Trotzki und Kamenew die „Vereinigte Opposition" gegen Stalin; nach deren Scheitern verlor er 1926/27 alle Parteiämter; 1935 zu 10 Jahren Gefängnis, 1936, im 1. Moskauer Schauprozeß, wegen „antisowjet.-trotzkist. Tätigkeit" zum Tode verurteilt. Verf. zahlr. Schriften, u. a. zum Aufbau des Rätesystems, zur Parteigeschichte und zu Problemen des Weltkommunismus.

**Sinsheim,** Stadt im Kraichgau, Bad.-Württ., 158–279 m ü. d. M., 27 400 E. Auto + Technik-Museum; metallverarbeitende und chem. Ind., Weinbau. - 770 erstmals erwähnt; zw. 1092 und 1100 nö. von S. Gründung einer Benediktinerabtei (1496 in ein adliges Kollegiatstift umgewandelt; 1565 aufgehoben); erhielt vermutl. 1192 Stadtrecht. - Ev. Stadtpfarrkirche (16. und 18. Jh.); Fachwerkrathaus (18. Jh.); ehem. Benediktinerabteikirche (11. Jh.) mit spätgot. Lettner; 5 km südl. Burg Steinsberg (12. Jh.).

**Sintenis,** Renée, * Glatz 20. März 1888, † Berlin 22. April 1965, dt. Bildhauerin. - Schuf hauptsächl. impressionist. modellierte Tierplastiken (vielfach Kleinplastiken), v. a. junge Tiere.

**Sinter,** mineral. Ausscheidung aus fließendem Wasser, bildet Krusten, Wälle und Terrassen (v. a. Kalk- und Kieselsinter).

**Sinterglas,** durch Sintern von Glaskörnern oder Glaspulver hergestellter poröser Werkstoff, der u. a. zu Filtern verarbeitet wird.

**Sinterhartmetalle** ↑ Hartmetalle.

**Sintermagnete,** svw. ↑ Pulvermagnete.

**Sintern,** das Verdichten (Zusammenfritten, Stückigmachen) hochschmelzender pulverförmiger bzw. körniger Stoffe unter Druck- und/oder Temperatureinwirkung (bei Temperaturen unterhalb des Schmelzpunktes), wobei es durch oberflächl. Aufschmelzen und Zusammenbacken bzw. durch Diffusionsvorgänge zur Bildung von Agglomeraten kommt.

**Sintflut** [zu gemeingerman. sin- „immerwährend, gewaltig"] (auch Sündflut), Inhalt von weltweit verbreiteten und in über 250 Berichten überlieferten *Flutsagen.* Die S. bewirkt die Vernichtung eines vorzeitl. Menschengeschlechts; an ihrem Ende steht das Überleben eines Paares oder die völlige Neuerschaffung von Menschen.

**Sinti,** Eigenbez. der dt. ↑ Roma.

**Sint Maarten** [niederl. sɪntˈmaːrtə] ↑ Saint-Martin.

**Sint-Niklaas** [niederl. sɪntniːˈklaːs], belg. Stadt im Waasland, 10–30 m ü. d. M., 68 300 E. Studienzentrum für Kriminologie und Gerichtsmedizin; Museum des Waaslandes, Ind.- und Handelszentrum des Waaslandes. - Ab 1217 eigene Pfarrei; im 15. Jh. Verleihung des Marktrechts. - Sint Niklaaskerk (14.–19. Jh.); neugot. Stadthaus (1876–78); Wasserschloß Walburg (16.–19. Jh.).

**Sintra,** portugies. Ort 20 km wnw. von Lissabon, am N-Fuß der *Serra de S.* (bis 528 m hoch; Parkanlagen mit subtrop. und trop. Flora), 16 000 E. Fremdenverkehr. - Schon in röm. Zeit besiedelt; nach 711 von den Arabern ausgebaut und befestigt; fiel nach mehreren Besitzwechseln 1147 an das Kgr. Portugal. - Palácio da Pena, ehem. Sommerresidenz der portugies. Könige, erbaut 1840–50 mit arab., got., Renaissance- und barocken Stilelementen an der Stelle eines got. Hieronymiten-Bergklosters; Ruinen eines Maurenkastells (7./8. Jh.); Stadtschloß (14.–16. Jahrhundert).

**Sint-Truiden** [niederl. sɪntˈtrœydə] (frz. Saint-Trond), belg. Stadt 35 km nw. von Lüttich, 40–80 m ü. d. M., 36 000 E. Museum; Zuckerraffinerie, Likörbrennereien, chem., metallverarbeitende, keram., Textil- u. a. Ind. - Entwickelte sich um die vom hl. Trudo im 7. Jh. gegr. Abtei (seit dem 8. Jh. Benediktinerabtei; 1795 aufgelöst); erhielt im 11. Jh. Stadtrecht; 1086 mit Wällen umgeben. - Roman. Kirche Sint-Pieter (11. Jh.); got. Kirche Onze-Lieve-Vrouwe (13.–15. Jh.); Belfried (1606) mit angebautem Rathaus (18. Jahrhundert).

**Sinuhe,** Held einer um die Mitte des 20. Jh. v. Chr. entstandenen, in zahlr. Abschriften überlieferten altägypt. Erzählung.

**Sinuiju** [korean. sinɰidʒu], Prov.hauptstadt in Nord-Korea, nahe der Mündung des Jalu ins Gelbe Meer, 165 000 E. Erzverhüttung, Metallverarbeitung u. a. Industrie.

**Sinuitis** [lat.], svw. ↑ Nasennebenhöhlenentzündung.

**Sinus** [lat. „Krümmung, Bucht"] ↑ trigonometrische Funktionen.

◆ in der *Anatomie* allg. Bez. für Hohlräume in Geweben und Organen (z. B. Nasennebenhöhlen), für Erweiterungen von Gefäßen (z. B. Venensinus).

**Sinusbedingung,** svw. ↑ Abbesche Sinusbedingung.

**Sinushaare,** bei allen Säugetieren mit Ausnahme des Menschen, bes. aber bei katzenartigen Raubtieren und bei Nagern fast stets im Kopfbereich (als Schnurrhaare auf Oberlippe und Wangen), z. T. auch an den Extremitäten und einigen anderen Körperstellen zusätzl. vorkommende steife, lange Sinneshaare als Tastsinnesorgane.

Sintra. Palácio da Pena (1840–50)

**Sinus hyperbolicus** [lat.] ↑ Hyperbelfunktionen.

**Sinusitis** [lat.], svw. ↑ Nasennebenhöhlenentzündung.

**Sinusknoten** ↑ Herzautomatismus.

**Sinusleistung** ↑ Verstärker.

**Sinussatz**, Lehrsatz der Trigonometrie: Sind $a$, $b$, $c$ die Seiten und $\alpha$, $\beta$, $\gamma$ die ihnen gegenüberliegenden Winkel eines Dreiecks, so gilt $a : b : c = \sin\alpha : \sin\beta : \sin\gamma$.

**Sinusschwingungen** ↑ Schwingung.

**Sinzig**, Stadt nahe der Ahrmündung in den Mittelrhein, Rhld.-Pf., 70 m ü. d. M., 14400 E. Heimatmuseum; keram., Kautschuk- und metallverarbeitende Ind., Mineralwasserabfüllung. Der Ortsteil **Bodendorf** ist Heilbad. - 762 erstmals erwähnt; in fränk. und stauf. Zeit Kaiserpfalz; seit dem 14. Jh. als Stadt bezeichnet. - Spätroman. Pfarrkirche.

**Siodmak**, Robert, * in der County Shelby (Tenn.) 8. Aug. 1900, † Locarno 10. März 1973, dt.-amerikan. Regisseur. - Drehte 1929 seinen ersten [Stumm]film (zus. mit E. Ulmer): „Menschen am Sonntag", ein Dokument des Berlin der 1920er Jahre; danach Tonfilme wie „Abschied" (1930), „Voruntersuchung" (1931), „Stürme der Leidenschaft" (1932), „Brennendes Geheimnis" (1933; während des NS verboten); 1933–40 in Frankr.; seit 1954 in Hollywood, wo er v. a. Kriminalfilme drehte, u. a. „Unter Verdacht" (1944), „Die Wendeltreppe" (1945), „Rächer der Unterwelt" (1946). - *Weitere Filme:* Der rote Korsar (1952), Nachts, wenn der Teufel kam (1957), Kampf um Rom (1969).

**Sion** [frz. sjõ] ↑ Sitten.

**Sioux** [ˈziːoks, ˈziːu; engl. suː], weit verbreitete indian. Sprachfamilie, zu der zahlr. Dialektgruppen und Stämme gehören, u. a. Dakota, Assiniboin, Winnebago, Iowa, Missouri, Omaha, Osage, Crow. Urspr. seßhafte Feldbauern im östl. Nordamerika; durch die europ. Kolonisierung wurden sie zum größten Teil in den Prärieraum abgedrängt. Mit Erwerb des Pferdes im 18. Jh. begannen einige S.stämme in die Great Plains einzudringen; sie wurden zu berittenen Bisonjägern, während die in der Prärie verbliebenen S. weiterhin vom Feldbau lebten, zusätzl. aber auch an der Bisonjagd und damit an der neuen Präriekultur teilnahmen.

**Sioux City** [engl. ˈsuː ˈsɪtɪ], Stadt in NW-Iowa, USA, am Missouri, 346 m ü. d. M., 82 000 E. Kath. Bischofssitz; Colleges. Fleischverarbeitung, metallverarbeitende u. a. Ind. - Entstand um 1848, seit 1857 City.

**Sioux Falls** [engl. ˈsuː ˈfɔːlz], größte Stadt in South Dakota, USA, am Big Sioux River, 81 100 E. Sitz eines anglikan. und eines kath. Bischofs; Colleges, Nahrungsmittel- u. a. Ind. - Gegr. 1856; 1862 wegen ständiger Überfälle durch die Sioux aufgegeben; entstand um 1866 neu nahe dem 1865 errichteten Fort Dakota; seit 1883 City.

**Sipho** (Mrz. Siphonen) [griech.], in der Zoologie: 1. Atemröhre bei vielen Schnecken; der Einleitung des Atemwassers in die Mantelhöhle dienender, lang ausgezogener Fortsatz des Mantel- bzw. Schalenrands; 2. bei primitiven Kopffüßern (fossile Nautiloideen, Nautilus) ein das gekammerte Gehäuse durchziehender, mit Blutgefäßen ausgestatteter Fortsatz des hinteren Körperendes; scheidet das die Gehäusekammern erfüllende Gas ab bzw. resorbiert es.

**Siphon** [ziˈfõː; griech.-frz.], svw. ↑ Geruchsverschluß.

♦ (Syphon) Gefäß zum Herstellen, Aufbewahren und Ausschenken von kohlensäurehaltigen Getränken. Beim Einleiten von komprimiertem Kohlendioxid [aus speziellen Patronen] in das mit Wasser gefüllte Gefäß wird ein Teil des Gases gelöst, der übrige Teil dient als Treibgas, das das kohlensäurehaltige Wasser bei Betätigen eines Ventilhebels aus dem Gefäß treibt. Nach dem gleichen Prinzip funktionieren *Sahne-S.*, bei denen Distickstoffmonoxid (Stickoxydul, Lachgas) eingeleitet wird, das teils zur Erzeugung von Schlagsahne aus flüssiger Sahne, teils als Treibgas dient.

**Siphonophora** (Siphonophoren) [griech.], svw. ↑ Staatsquallen.

**Sipo** [afrikan.] (Utile, Assié), hartes, dauerhaftes, rotbraunes, bläulichviolett getöntes Holz des Zedrachgewächses Entandrophragma utile im trop. Afrika. Verwendung u. a. für Innenausstattung (z. B. Parkett) und im Bootsbau.

**Sipo**, Abk. für: **Si**cherheits**po**lizei, ↑ Schutzstaffel.

**Sippe** [zu althochdt. sipp(e)a, urspr. „eigene Art"], völkerkundl. Bez. für eine im Ggs. zum Klan meist nicht an einem Ort zusammenlebende Bev.gruppe mit gemeinsamer Abstammung, die nur für die letzten Generationen auf Blutsverwandtschaft beruht, letztl. aber auf einen myth. Vorfahren zurückgeführt wird. Die S. steht oft unter Führung eines Ältesten und weist starken Zusammenhalt im wirtsch. und religiösen Bereich auf.

♦ in der *Biologie* eine Gruppe von Individuen gleicher Abstammung.

**Sippenhaft**, urspr. das Eintreten eines Sippschaftsverbandes für von einem seiner Mgl. begangenen Handlungen. In der Gegenwart ist S. unzulässig, findet aber in Unrechtsstaaten in veränderter Form Anwendung (z. B. im Dritten Reich durch unterschiedl. Terrormaßnahmen gegen Angehörige polit. Gegner praktiziert).

**SIPRI**, Abk. für: ↑ Stockholm International Peace Research Institute.

**Siqueiros**, David Alfaro ↑ Alfaro Siqueiros, David.

**Sir** [engl. səː; zu ↑ Senior], Titel des niederen engl. Adels (Baronet, Knight); außerdem Anredeform von Fremden, im Briefstil im Sinne von „mein Herr".

# Sisal

**Sirach** (Jesus S.; in der Vulgata Ecclesiasticus), von Jeschua Ben Eleazar Ben Sira um 190 v.Chr. verfaßte, von dessen Enkel um 130 v.Chr. ins Griech. übersetzte deuterokanon. bzw. apokryphe [Weisheits]schrift des A.T. mit einer Sammlung von religiös begründeten eth. Handlungsanweisungen.

**Sirdschan,** Stadt in S-Iran, im weiten Becken zw. den Ausläufern des Kuhrudgebirges und dem Sagrosgebirge, 20 000 E. Bewässerungsoase. - Östl. von S. liegen die Ruinen der Sassanidenstadt S., die im 14.Jh. zerstört wurde.

**Sire** [frz. siːr; zu ↑Senior], Anrede von Königen und Kaisern (gleichwertig mit Majestät); in Frankr. gebräuchl. Anrede für Lehnsfürsten, seit dem 16.Jh. dem König vorbehalten.

**Sirene** [griech.-frz.; nach den gleichnamigen griech. Sagengestalten], ein Schallgeber, bei dem der Schall durch die period. Unterbrechung eines Luftstromes und die dadurch bewirkten Druckschwankungen hervorgerufen wird. Die einfachste Bauart ist die **Lochsirene.** Bei ihr erfolgt die Unterbrechung des Luftstroms durch eine rotierende Lochscheibe. Bei der *Dampfsirene* wird Dampf auf die Lochscheibe geblasen; bei der **Motorsirene** drückt eine mit Schaufeln bzw. Schaufelkammern besetzte, von einem Elektromotor angetriebene Trommel die Luft durch an Löchern versehene feststehende Trommel.
◆ in der *Medizin* svw. ↑Sympus.

**Sirenen,** Fabelwesen der griech. Mythologie. Bei Homer zwei, dann drei (erst später vogelgestaltig gedachte) jungfräul. Schwestern: Thelxiepeia („die mit dem Wort bezaubert"), Aglaopheme („die Hellstimmige") und Peisinoe („die Sinnbetörende"). Auf einer Insel des Tyrrhen. Meeres beheimatet, locken die S. („Umstrickerinnen") vorüberfahrende Seeleute durch unwiderstehl. süßen Gesang an, um sie zu töten. - Für die christl.-moralisierende Mythendeutung verkörperten die S. die zu Sinnenlust verführenden Reize dieser Welt.

**Sirenen** [griech.], svw. ↑Seekühe.

**Sirius** [griech.-lat.] (Hundsstern), der Stern α im Sternbild Canis Maior (Großer Hund), der hellste Fixstern des Himmels; scheinbare visuelle Helligkeit −1,47 mag. Seine große scheinbare Helligkeit beruht auf seiner geringen Entfernung von der Sonne (2,7 pc = 8,8 Lichtjahre). S. ist ein Doppelsternsystem. Der Begleiter **Sirius B** ist ein weißer Zwerg; scheinbare Helligkeit 8,67 mag, Radius 0,02 Sonnenradien, mittlere Dichte etwa $10^5$faches der Dichte der Sonne. - ↑auch Hundstage.

**Sirk,** Douglas [engl. səːk], eigtl. Detlef Sierck, * Skagen (Dänemark) 26. April 1900, † Lugano 14. Jan. 1987, amerikan. Regisseur dän. Herkunft. - Ab 1935 Regisseur bei der UFA, u.a. in dem Film „Zu neuen Ufern" (1937). Ging 1937 über Frankr. in die USA, wo er mit „Hitler's madman" („Hitlers Wahnsinniger", 1942 [über Heydrich und die Zerstörung von Lidice]) seinen ersten amerikan. Film drehte. Danach große Erfolge mit den Melodramen „Was der Himmel erlaubt" (1955), „In den Wind geschrieben" (1956), „Duell in den Wolken" (1957).

**Sirleto,** Guglielmo, * Guardavalle (Prov. Catanzaro) 1514, † Rom 6. Okt. 1585, italien. Kardinal (ab 1565). - Lieferte mit Kardinal G. Seripando bed. Beiträge zu den Verhandlungen des Tridentinums; von Pius V. zur Neubearbeitung des Index, des Missale und des Breviers nach Rom berufen; Schlußredakteur des „Catechismus Romanus"; unter Gregor XIII. Mgl. der Kalenderkommission; bed. Arbeiten zur Erstellung eines gesicherten Vulgatatextes.

**Sirmien,** Zwischenstromland zw. Donau und Save östl. von Vinkovci in Jugoslawien, dank fruchtbarer Böden eine der Kornkammern des Landes.

**Sirmione,** italien. Gem. in der Lombardei, auf der Halbinsel S. im südl. Gardasee, 68 m ü. d. M., 4 600 E. Thermalbad. - Scaligerburg (14.Jh.); Reste einer röm. Villa.

**Sirmium** ↑Sremska Mitrovica.

**Široký,** Viliam [tschech. ˈʃiroki:], * Preßburg 31. Mai 1902, † Prag 6. Okt. 1971, tschechoslowak. Politiker. - 1929–63 Mgl. des ZK der KPČ; stellv. Min.präs. 1948–50, Außenmin. 1950–53, Min.präs. 1953–63; Mgl. des Parteipräsidiums; mitverantwortl. für die Übernahme stalinist. Reg.praktiken und die Liquidierung polit. Gegner; 1963 seiner öffentl. Ämter enthoben.

**Síros,** griech. Insel der Kykladen, 86,6 km², Hauptort Ermupolis.

**Sirtaki** [zu griech. syrtós „Rundtanz"], griech. Volkstanz, der langsam beginnt und immer schneller wird; er wird in Ketten- oder Kreisform getanzt. Durch M. Theodorakis' Filmmusik zu „Alexis Sorbas" (1964) wurde der S. internat. bekannt.

**Sirup** [mittellat., zu arab. scharab „Trank"], Bez. für eingedickten Obstsaft mit Zucker *(Frucht-S.)* oder Zuckerrübensaft (Rübenkraut).

**Sirventes** [provenzal. „Dienstlied"] ↑Troubadour.

**Sisak,** jugoslaw. Stadt an der Save, 99 m ü. d. M., 43 000 E. Eisenwerke, Erdölraffinerie, chem., Zement- u. a. Ind.; Heilbad (Jodquellen); Hafen. - Zur Römerzeit als **Siscia** bed. Militärstützpunkt; seit dem 13.Jh. Bischofssitz; wurde 1874 königl.-ungar. Freistadt. - Erhalten sind Reste einer großen Basilika aus dem 3.Jh. sowie Befestigungsanlagen (1544–50).

**Sisal** [nach der gleichnamigen mex. Hafenstadt] (Sisalhanf), Bez. für die aus den Blättern der Sisalagaven erhaltenen cremeweißen bis gelbl., glänzenden Blattfasern. S. hat einen harten Griff und ist leicht einzufärben; er

193

**Sisalagave** wird u. a. zur Herstellung von Garnen für Schnüre, Seile und Taue, ferner auch zur Herstellung von Läufern und Teppichen verwendet.

**Sisalagave** (Sisalhanfagave, Agave sisalana), 20 cm bis 1 m hohe, etwa 20 cm stammdicke, Ausläufer treibende Agavenart auf der Halbinsel Yucatán; mit derben, ledrigfleischigen, 110–180 cm langen Blättern mit kurzem, schwarzbraunem Endstachel; Blüten grün, etwa 6 cm lang, mit weit herausragenden, braun punktierten Staubblättern, in 6–7 m hohem, rispigem Blütenstand. Die S. wird auf Yucatán, in Brasilien, O- und W-Afrika, auf Madagaskar und in Indonesien zur Fasergewinnung (Sisal) angebaut.

**Sisley,** Alfred [frz. si'slɛ], * Paris 30. Okt. 1839, † Moret-sur-Loing (Seine-et-Marne) 29. Jan. 1899, frz. Maler engl. Abkunft. - Lernte in London die engl. Landschaftsmalerei kennen und befreundete sich in Paris mit dem Kreis der Impressionisten. Überwiegend zeigen seine Landschaften eine gedämpfte Palette und das dunstige Licht N-Frankreichs und Englands; lichter und in einem bewegten, freien Pinselduktus sind seine Bilder seit etwa 1874, z. B. „Marktplatz in Marly" (1876; Mannheim, Kunsthalle). - Abb. S. 334.

**Sismondi,** Jean Charles Léonard Simonde de, schweizer. Nationalökonom und Historiker, ↑Simonde de Sismondi, Jean Charles Léonard.

**Sistanbecken,** abflußloses Becken in O-Iran und SW-Afghanistan, etwa 500 m ü. d. M., weitgehend vom Hamun-i-Helmand, dem Endsee der südafghan. Flüsse, und, südl. von diesem, vom Darjatsche im Sistan erfüllt.

**Sistan und Belutschistan,** Verw.-Geb. im äußersten SO Irans, 182 000 km², 664 300 E, Hauptstadt Sahedan. Umfaßt neben dem iran. Anteil am Sistanbecken v. a. den iran. Anteil an Belutschistan, im wesentl. ein Bergland von 1 000–2 000 m Höhe, dem einige inselhafte, bis über 4 000 m hohe Gebirge aufsitzen.

**Sistema Económico Latinoamericano,** Abk. SELA, 1975 gegründete lateinamerikan. Wirtschaftsgemeinschaft; sie hat zum Ziel, unabhängig von den USA gemeinsame Unternehmen zur besseren Nutzung der wirtsch. Möglichkeiten und zur Hebung des Lebensstandards zu schaffen.

**Sister** ↑Cister.

**sistieren** [lat.], (vorläufig) einstellen, unterbrechen; aufheben.

**Sistrum** [griech.], antike Rassel, die aus einem Metallrahmen mit Handgriff besteht, in dem Metallstäbe oder -scheiben lose angebracht sind; durch Schütteln entsteht ein Klirren. Seit dem 2. Jt. v. Chr. bekannt, heute noch in der kopt. Liturgie in Gebrauch.

**Sisyphus** (Sisyphos), Gestalt der griech. Mythologie. Sohn des thessal. Königs Äolus, Gründer und erster König Korinths. Urbild des Götter und Menschen verachtenden „Frevlers", dem es durch seine skrupellose Schlauheit mehrfach gelingt, den Tod zu überlisten, bis ihn die Strafe ereilt: In alle Ewigkeit muß er in der Unterwelt einen Felsblock einen steilen Berg hinaufwälzen; bevor er den Gipfel erreicht, rollt der Stein wieder ins Tal, und S. beginnt seine Arbeit (**Sisyphusarbeit**) von neuem.

**SI-System,** svw. ↑Internationales Einheitensystem.

**Si tacuisses, philosophus mansisses** [lat.], „wenn du geschwiegen hättest, wärest du ein Philosoph geblieben" (nach Boethius' „Trostbuch der Philosophie" II, 7).

**Sitar** [pers.], ind. Langhalslaute mit birnenförmigem Schallkörper aus Holz oder Kürbis, dessen Decke mit kleinen Schallöchern versehen ist, und einem langen, flachen Hals mit 16–20 bewegl. Bünden. Der S. hat meist 4–7 Metallsaiten (davon wird eine als Melodie-, die restl. werden als Bordunsaiten gespielt), die mit einem Plektron aus Draht angezupft werden. - Abb. Bd. 10, S. 211.

**Sithole,** Ndabaningi, * Nyamandlovu 21. Juli 1920, simbabwischer Politiker. - Ab 1961 einer der führenden Politiker der Zimbabwe African People's Union (ZAPU); gründete 1963 die Zimbabwe African National Union (ZANU); 1963–74 in Haft; gründete 1977 die ZANU-Sithole; handelte zus. mit A. Muzorewa den Verfassungskompromiß von 1978/79 mit der weißen Minderheitsreg. aus; gehörte 1978/79 dem Exekutivrat an; bei den Wahlen vom April 1979 wenig erfolgreich mit seiner Partei, ging in die Opposition; blieb bei den Wahlen vom Febr. 1980 ohne Mandat.

**Sithonia** [neugriech. siðo'nia], mittlere der 3 Halbinseln der ↑Chalkidike, bis 20 km breit und 50 km lang.

Sistrum (ägyptisch; 19. Jh. v. Chr.). Brüssel, Musées Royaux d'Art et d'Histoire

**Sit-in** [engl. „teilnehmen"], von der amerikan. Bürgerrechtsbewegung übernommene, in der BR Deutschland v. a. in den 1960er und 1970er Jahren an Hochschulen praktizierte Form des Sitzstreiks (als gewaltfreier Protest oder auch Mittel zur Be- oder Verhinderung bestimmter Vorgänge); häufig mit einem ↑Go-in verbunden.

**Sitka** [engl. 'sɪtkə], Stadt im Panhandle von Alaska, USA, an der W-Küste von Baranof Island, 7 800 E. College, Indianerschule; Hafen; Fischfang und -verarbeitung; Holzfaserfabrik; Marinebasis. - Das 1799 errichtete russ. Fort **Michailowsk** wurde 1802 zerstört; 1804 neu gegr. als **Nowoarchangelsk** (Hauptquartier der Russ.-Amerikan. Kompanie und Verwaltungssitz des russ. Amerika); kam 1867 an die USA; hieß seitdem S.; bis 1900/06 Verwaltungssitz von Alaska.

**Sitkafichte** [nach der Stadt Sitka] ↑Fichte.

**Sitka Island** [engl. 'sɪtkə 'aɪlənd] ↑Baranof Island.

**Sitte,** Willi, * Kratzau (= Chrastava, Nordböhm. Gebiet) 28. Febr. 1921, dt. Maler. - Seit 1974 Präs. des Verbandes der bildenden Künstler der DDR; Bilder aus der Welt der industriellen Arbeit, Aktkompositionen und Porträts. - Abb. S. 196.

**Sitte,** bes. wichtige Form der sozialen Norm, die in ihrem Geltungsanspruch und der damit verknüpften Durchsetzbarkeit über Brauch und soziale Gewohnheit hinausgeht *(Mußnorm);* bezeichnet sowohl die übergeordnete Kategorie aller in einer Gesellschaft geforderten und erwarteten Mußverhalten als auch die einzelnen dazu zählenden Verhaltensweisen, im allg. Sprachgebrauch auch Kann- oder Sollnormen (z. B. Tischsitte).

**Sitten** (frz. Sion), Hauptort des schweizer. Kt. Wallis, an der Rhone, 518 m ü. d. M., 23 000 E. Kath. Bischofssitz; Priesterseminar, archäolog. Museum, Gemäldegalerie, Zentrum eines Wein- und Obstbaugebietes; Ind.- und Handelsstadt. - Entstand an der Stelle einer röm. Siedlung **(Sedunum);** seit 585 als Bischofssitz belegt; 1179 als Stadt gen.; rund 1840 Kantonshauptort. - Kathedrale (11., 13., 15./16. und 20. Jh.), spätgot. Theodulkirche (1512–14); spätgot. Haus Supersaxo (1505), Renaissancerathaus (1660/61); über der Stadt die Ruinen der ehem. bischöfl. Schlosses Tourbillon (1294) sowie die ehem. bischöfl. Burg Valeria mit der roman.-frühgot. Kirche Notre-Dame-de-Valère (darin eine der ältesten Orgeln Europas, Ende des 14. Jh.).

**S.,** schweizer. Bistum, im 4. Jh. gegr.; exemt. - ↑auch katholische Kirche (Übersicht).

**Sittenbild,** svw. Genrebild. - ↑auch Genre.

**Sittengesetz,** oberste Norm zur Begründung und Beurteilung menschl. Handelns; 1. in der kath. Moraltheologie Bez. für die natürl., verstehbare und absolut verpflichtende, vorpositive Ordnung als Sollensanspruch an den vernunftbegabten Menschen; 2. philosoph. Terminus, von Kant als ↑kategorischer Imperativ bezeichnet. - Die freie Entfaltung der Persönlichkeit wird nach Art. 2. Abs. 1 GG durch die Rechte anderer, die verfassungsmäßige Ordnung und das S. beschränkt. S. umfaßt in verfassungsrechtl. Verständnis alle sittl. Normen, die Allgemeingut aller Kulturvölker sind.

**Sittenlehre,** svw. ↑Ethik.

**Sittenpolizei,** Abteilung der Kriminalpolizei, die sich mit Sexualstraftaten, unerlaubtem Glücksspiel, Vergehen gegen das Gesetz über die Verbreitung jugendgefährdender Schriften u. ä. befaßt.

**Sittenstück,** Drama, das zeitgenöss. Gebräuche, Moden, sinnentleerte oder korrumpierte Sitten, oft nur einzelner Stände oder Gesellschaftsschichten, in moralisierender, krit. Absicht darstellt. Europ. Bed. hatte das S. seit dem 17. Jh.: im Spanien der Gegenreformation als *Mantel-und-Degen-Stück* (Lope de Vega Carpio), im Frankr. Ludwigs XIV. (Molière), im England der Restaurationszeit als *Comedy of manners* (J. Dryden, W. Congreve), im 19. Jh. in Frankr. als *Comédie de mœurs,* als ernstes Sitten- und Thesenstück (A. Dumas d. J., É. Augier, E. Brieux) bzw. witzig-iron. Salon-, Boulevard- oder Konversationskomödie, die auch in England ihre Vertreter fand (O. Wilde, F. Lonsdale, S. Maugham), in Deutschland als *Tendenz-* und *Zeitstück* oder *Lokalstück* im polit. Vormärz (Junges Deutschland; H. Laube, E. von Bauernfeld) und im Naturalismus sowie bei C. Sternheim.

**Sittenwidrigkeit,** Verstoß gegen die guten Sitten. Die guten Sitten ergeben sich allgemein aus dem Urteil „aller billig und gerecht Denkenden", im Einzelfall aus den in den beteiligten Kreisen herrschenden Ansichten, und unterliegen zeitl. Wandel. - Ein Rechtsgeschäft, das nach Inhalt, Zweck und Motiv gegen die guten Sitten verstößt, ist nichtig. S. liegt insbes. bei Wucher und häufig bei Vereinbarung einer Konkurrenzklausel oder eines Knebelungsvertrages vor.

**Sittewald,** Philander von, Pseud. des dt. Satirikers J. M. ↑Moscherosch.

**Sittiche** [zu griech.-lat. psittacus „Papagei"], zusammenfassende Bez. für alle kleinen bis mittelgroßen Papageien in Amerika, Afrika, S-Asien und Australien; meist schnellfliegende, oft recht bunt gefärbte, gesellige Schwarmvögel mit langem, keilförmigem Schwanz. Hierher gehören u. a. Wellensittich, Nymphensittich, Nachtsittich, Grassittiche, Edelsittiche und Keilschwanzsittiche.

**Sittidae** [griech.], svw. ↑Kleiber.

**Sitting Bull** [engl. 'sɪtɪŋ 'bʊl „sitzender Stier"] (indian. Tatanka Yotanka), * im heutigen South Dakota um 1831, † bei Fort Yates (N. Dak.) 15. Dez. 1890, Häuptling der Hunk-

# Sittlichkeit

Willi Sitte, Ballettprobe (1968).
Halle/Saale, Theater des Friedens

papa-Sioux (Gruppe der Teton-Dakota). - Seit den 1860er Jahren einer der Führer der indian. Freiheitskämpfe, berühmt für seinen 1876 zus. mit Crazy Horse errungenen Sieg am Little Bighorn River. Im Zusammenhang mit Unruhen unter den Dakota bei dem Versuch, sich der Festnahme zu entziehen, erschossen.

**Sittlichkeit** [lat.], in der prakt. Philosophie Inbegriff der Eigenschaften, der Begründungsprinzipien und das Bewertungskriterium des menschl. Handelns und Wollens; Gegenstand der ↑Ethik.

**Situation** [lat.-frz.], allg. Sachlage, Stellung, Zustand.

**Situla** [lat. „Eimer"] (Mrz. Situlen), vorgeschichtl. eimerartiges Gefäß, meist aus getriebenem Bronzeblech zusammengenietet, bes. typ. für die Eisenzeit. Die **Situlenkunst** ist gekennzeichnet durch den in Treibtechnik erzielten, reichen figürl. Schmuck; verbreitet im östl. Kreis der Hallstattkultur.

**Situs** [lat.], in *Anatomie* und *Medizin:* Lage, Stellung, v.a. der Organe im Körper.

**sit venia verbo** [lat. „dem Wort sei Verzeihung (gewährt)"], Abk. s. v. v., mit Erlaubnis zu sagen, mit Verlaub.

**Sitwell** [engl. 'sɪtwəl], Dame (seit 1954) Edith, * Scarborough 7. Sept. 1887, † London 9. Dez. 1964, engl. Schriftstellerin. - Wurde durch an Baudelaire und Rimbaud orientierte Gedichtexperimente sowie krit. Anthologien bekannt, mit denen sie die Modedichtung ihrer Zeit angriff. Wandte sich unter dem Eindruck des 2. Weltkrieges einer christl.-humanitären Thematik zu; auch Essays und Romane, u. a. „Ich lebe unter einer schwarzen Sonne" (R., 1937).

**S.,** Sir Osbert, * London 6. Dez. 1892, † Florenz 6. Mai 1969, engl. Schriftsteller. - Bruder von Dame Edith S.; nahm in Lyrik und Romanen satir. gegen soziale und polit. Mißstände und Vorurteile Stellung; schrieb auch Kurzgeschichten und [auto]biograph. Studien.

**Sitz** ↑Niederlassung.

**Sitzbacken,** svw. ↑Gesäß.

**Sitzball,** dem Prellball ähnl. Mannschaftsspiel (je 5 Spieler) v.a. für Behinderte. Die Spielfeldgröße beträgt 10 × 8 m. Die Netzkante, über die der Ball geschlagen wird, liegt 1 m hoch. Die Spieler sitzen auf der Erde und bewegen sich durch Rutschen zum Ball.

**Sitzstreik** ↑Streik.

**Sitzungspolizei,** Bez. für die Befugnis des Vorsitzenden Richters, die Ordnung während einer Gerichtssitzung aufrechtzuerhalten. Der Ordnungsgewalt des Richters unterliegen alle im Sitzungsraum Anwesenden; er kann Ermahnungen und Rügen erteilen, das Wort entziehen, Zuhörer aus dem Sitzungsraum entfernen sowie zu einer Ordnungshaft abführen lassen.

**Sivas** [türk. 'sivas], türk. Stadt am oberen Kızılırmak, 1 300 m ü.d.M., 197 300 E. Hauptstadt des Verw.-Geb. S.; Inst. Pasteur; Baumwollverarbeitung, Nahrungsmittelind., Zementfabrik, Stahlwerk. - Die Stadt, deren Anfänge in die Hethiterzeit zurückgehen, hieß in hellenist. Zeit **Kabeira,** um 66 v. Chr. **Diospolis** und in röm. Zeit **Sebaste.** - Große Moschee (vermutl. 12. Jh.); bed. seldschuk. Medresen (13. Jh.).

**Si vis pacem, para bellum** [lat. „wenn du Frieden willst, rüste zum Krieg"], auf Flavius Vegetius Renatus zurückgehendes geflügeltes Wort; urspr.: „Qui desiderat pacem, praeparet bellum" (wer den Frieden ersehnt, soll zum Krieg rüsten).

**Siwalikketten** ↑Himalaja.

**Siwan** [hebr.], dritter Monat (Mai/Juni) im jüd. Festjahr (neunter im bürgerl. Jahr).

**Siwaoasen,** westlichste Oasengruppe Ägyptens, in einer bis 24 m u. d. M. liegenden Senke in der Libyschen Wüste; 200 Quellen, meist jedoch Mineralthermen (26–30 °C), Salzseen; große Dattelpalmen- und Ölbaumbestände, Orangenkulturen.

**Siwasch,** Meeresgebiet vor der NO-Küste der Halbinsel Krim, durch eine schmale Wasserstraße mit dem Asowschen Meer verbunden; 2 560 km².

**Siwertz,** Sigfrid, * Stockholm 24. Jan. 1882, † ebd. 26. Nov. 1970, schwed. Schriftsteller. - Gestaltete in Novellen und Romanen das Verhältnis von Schein und Wirklichkeit, beispielhaft mit der Schilderung des Verfalls einer bürgerl. Familie in „Seelambs - Die Geldjäger (R., 1920).

**Six** [frz. sis „sechs"] (Les S.; Gruppe der S.), Name einer Gruppe der sechs Musiker D. Milhaud, A. Honegger, F. Poulenc, G. Tailleferre, G. Auric und L. E. Durey, die sich 1918 in Paris zusammenfanden, zu ihrem Oberhaupt E. Satie wählten und deren Wortführer J. Cocteau wurde. Gegen die dt. Spätromantik (Wagner) gerichtet, forderten sie für die frz. Musik Einfachheit und Klarheit des Ausdrucks. Gemeinschaftswerk war u. a. das Ballett „Les mariés de la tour Eiffel" (1921) nach einem Szenarium von J. Cocteau.

**Sixpence** [engl. 'sɪkspəns], engl. bzw. brit. Münze = $^1/_2$ Shilling = 6 Pence, geprägt 1551–1946 in Silber, 1947–69 in Kupfernickellegierung.

**Sixt von Staufen**, Hans, dt. Bildhauer der 1. Hälfte des 16. Jh. - Verbrachte seine Wanderjahre vermutl. in Franken; in Staufen im Breisgau ansässig, dort 1534 zuletzt erwähnt. Schuf v. a. den Schnitzaltar für die Lochererkapelle im Münster in Freiburg im Breisgau (1521–24) sowie vier Figuren habsburg. Kaiser und Könige am Kaufhaus ebd. (1530–32).

**Sixt z Ottersdorfa**, * Rakovník um 1500, † 25. Aug. 1583, tschech. Humanist. - Übersetzte geistl. Literatur und korrigierte die tschech. Bibelübersetzung nach dem griech. Original.

**Sixtinische Kapelle,** unter Papst Sixtus IV. 1473–84 im Vatikan als päpstl. Palastkapelle errichteter Bau; Fresken von S. Botticelli, D. Ghirlandaio u. a. verweisen auf die päpstl. Lehr-, Priester- und Regierungsgewalt. Die Deckenfresken mit Szenen des A. T. von der Schöpfung bis zu Noah und monumentalen Propheten- und Sibyllenfiguren (1508–12) sowie das „Jüngste Gericht" an der Altarwand (1534–41) sind Hauptwerke Michelangelos. ◆ nach dem vatikan. Kapellgebäude benanntes päpstl. Sängerkollegium; seit dem 14. Jh. nachweisbar, wurde im 15. und 16. Jh. (bei bis zu 30 Mitgliedern) eine der führenden Pflegestätten der Vokalpolyphonie.

**Sixtus**, männl. Vorname (vermutl. lat. Umbildung des griech. männl. Beinamens Xystós „der Geglättete, Feine").

**Sixtus**, Name von Päpsten:
**S. IV.**, * Celle (= Celle Ligure) 1414, † Rom 12. Aug. 1484, vorher Francesco della Rovere, Papst (seit 9. Aug. 1471). - Minorit; 1464 Ordensgeneral; überschüttete als Papst seinen Orden mit Privilegien, trieb systemat., schrankenlosen Nepotismus, suchte durch die päpstl. Finanzen u. a. durch Ablässe, erhöhte Pfründenbesteuerung und Vermehrung der käufl. Ämter aufzubessern. Seine Politik führte zu Adelskämpfen in Rom, Zerrüttung des Kirchenstaates, schweren Konflikten mit italien.

Sixtinische Kapelle. Michelangelo, Jüngstes Gericht (Altarwand, 1536–41)

Staaten und zum wachsenden Ruf nach Kirchenreform. Er förderte die bed. Mäzen Kunst und Wiss. (u. a. Bau der ↑Sixtinischen Kapelle), verkörperte aber im wesentlichen das skrupellose, verweltlichte Renaissancepapsttum.

**S. V.**, * Grottammare (Prov. Ascoli Piceno) 13. Dez. 1521, † Rom 27. Aug. 1590, vorher Felice Peretti, Papst (seit 24. April 1585). - Franziskanerkonventuale; kam aus ärml. Verhältnissen; vereinigte streng kirchl. Gesinnung im Geist der vom Tridentinum eingeleiteten Reform mit organisator. Talent und staatsmänn. Klugheit. S. schuf, z. T. mit drakon. Maßnahmen, Sicherheit und Ordnung im Kirchenstaat, führte die kath. Reform innerkirchl. und in der (gegenreformator.) Kirchenpolitik Europas konsequent fort, reformierte und straffte die Kurie, förderte die röm. Zentralisierung der kath. Kirche. Als einer der gewaltigsten Bauherrn unter den Päpsten schuf er maßgebl. das barocke Rom.

**Sixtus-Affäre**, die nach Sixtus von Bourbon-Parma (* 1886, † 1934; Bruder der östr. Kaiserin Zita und belg. Offizier) ben. geheimen östr. Friedensbemühungen im 1. Weltkrieg, von Sixtus im Frühjahr 1917 im Einverständnis mit Kaiser Karl I. und Außenmin. Czernin, jedoch ohne Wissen der dt.

Reichsleitung unternommen. In 2 sog. *Sixtus-Briefen* stellte Karl I. seine Unterstützung der frz. Ansprüche auf Elsaß-Lothringen in Aussicht. Die Aktion scheiterte v. a. an der Forderung Italiens nach Abtretung Südtirols.

**Siyaad Barre,** Maxamed, * im Distrikt Luuq (Oberer Juba) 1919, somal. General und Politiker. - Seit 1965 Befehlshaber der Armee; nach dem gemeinsamen Putsch von Polizei und Armee 1969 Staatsoberhaupt; 1969–76 Vors. des Obersten Revolutionsrats; seit 1976 Generalsekretär des ZK der Somal. Sozialist. Revolutionspartei und Vors. des Ministerrats.

**Sizilianische Dichterschule** (Scuola siciliana), Gruppe von Dichtern am Hofe Kaiser Friedrichs II. in Palermo, die die provenzal. Minnedichtung in der Landessprache pflegten.

**Sizilianische Vesper,** Aufstand der Bürger Palermos gegen die Herrschaft Karls I. von Neapel-Sizilien, der am Ostermontag (30. März) 1282 zur Vesper ausbrach und auf ganz Sizilien übergriff. Mit der Intervention Peters III. von Aragonien (Erbansprüche als Schwiegersohn des Staufers Manfred) nahm der Konflikt europ. Ausmaße an. Die Niederlage Karls bedeutete die Preisgabe Siziliens an Aragonien, eine entscheidende Voraussetzung für den Aufstieg des späteren Spanien zur Weltmacht.

**Sizilien** (italien. Sicilia), größte italien. Insel (25 426 km²), autonome Region (mit Nebeninseln 25 708 km²) am S-Rand des Tyrrhen. Meeres, 5,08 Mill. E (1985), Regionshauptstadt Palermo. Die 250 km lange und sich von N nach S von 50 auf 180 km verbreiternde Insel ist im O durch die 3 km breite Straße von Messina vom italien. Festland, im S durch die über 100 km breite Meeresstraße von S. vom afrikan. Kontinent getrennt. Eine Fortsetzung der kalabr. Gebirge bilden die Gebirgsketten im N der Insel. Südl. davon liegt ein Hügelland mit Gips-, Kalisalz- und Schwefellagerstätten. Im SO finden sich einförmige Tafelländer. An der O-Küste nimmt der Ätna eine Sonderstellung ein. Das Klima ist sommertrocken und heiß. Im Innern Weidewirtschaft und Getreideanbau, in den Küstenregionen Weinbau, Zitrusfrüchte, Mandeln u. a. Der Schwefelbergbau und die Meersalzgewinnung sind stark zurückgegangen; von wachsender Bed. sind der Abbau von Asphalt sowie die Erdöl- und Erdgasförderung in O und SO der Insel mit Raffinerien und petrochem. Werken. Der Fremdenverkehr spielt v. a. an der Küste im NO eine große Rolle.

**Geschichte:** Seit der Mitte des 8. Jh. v. Chr. gründeten die Griechen v. a. im O und S **Sikelias** (ben. nach den Sikelern) zahlr. Kolonien, u. a. Naxos, Syrakus, Megara und Gela, die ihrerseits bed. Tochterkolonien gründeten, während im W, dem Gebiet der Sikaner und Elymer, Niederlassungen der Phöniker entstanden (u. a. Panormos [ = Palermo]), die später unter karthag. Herrschaft gerieten. V. a. der Aufstieg von Syrakus rief das Eingreifen Athens hervor, das jedoch mit seiner im Rahmen des Peloponnes. Krieges unternommenen Expedition (415–413) keinen Erfolg hatte. 410–406 verwüstete eine karthag. Invasion bes. den S der Insel. Im 1. Pun. Krieg (264–241) von Rom erobert, wurde die Insel 228/227 zur röm. Prov. Sicilia; Syrakus blieb noch bis 212 selbständig. In röm. Zeit wurde Sicilia v. a. als Getreidelieferant rücksichtslos ausgebeutet und durch die Sklavenkriege (136–132 und 104–101) erschüttert. Kaiser Augustus bemühte sich, das einst blühende Land wieder zu kolonisieren. In der Völkerwanderungszeit und im Früh-MA abwechselnd von Vandalen (seit 440 n. Chr.), Ostgoten (seit 493), Byzanz (seit 535/555) und Arabern (seit 827) erobert. 1061–91 setzten sich die Normannen durch. Roger II. vereinigte die Insel 1130 mit seinen unteritalien. Besitzungen zu einem Kgr. († Neapel).

Nach dem 2. Weltkrieg (im Sommer 1943 wurde S. nach heftigen Kämpfen von brit. und amerikan. Truppen besetzt) versuchte die Zentralgewalt in Rom durch die Schaffung der autonomen Region S. (1946, mit eigenem Parlament in Palermo) neuen separatist. Strömungen entgegenzuwirken. Die strukturellen wirtsch. Schwierigkeiten konnten jedoch bisher nicht gemeistert werden, die spezif. Erscheinungen im polit. und gesellschaftl. Bereich Vorschub leisten (Mafia, Auswuchern der Bürokratie, Korruption, Abwanderung der ländl. Bev. in die Städte, nach Oberitalien und ins Ausland). - Karte S. 200.

⌘ *Gallas, K.: S. Insel zw. Morgenland u. Abendland.* Köln ⁷1984. - *Wallner, E. M.: Fischereiwesen u. Fischerbevölkerung in S.* Mchn. 1981. - *Finley, M. I.: Das antike S.* Dt. Übers. Mchn. 1979. - *Finley, M. I./Mack Smith, D.: A history of Sicily.* New York 1968. 3 Bde.

**SJ,** Abk. für: Societas Jesu († Jesuiten).

**Sjöberg** [schwed. 'ʃøːbærj], Alf Sven Erik, * Stockholm 21. Juni 1903, † ebd. 17. April 1980, schwed. Regisseur. - Seit 1925 am Königl. Dramat. Theater in Stockholm, zunächst als Schauspieler, seit 1930 auch als Regisseur; internat. bekannt v. a. durch Shakespeare- und Sartre-Inszenierungen und durch seine Filme, z. B. „Fräulein Julie" (1951) und „Der Vater" (1969).

**S.,** Birger, * Vänersborg 6. Dez. 1885, † Växjö 30. April 1929, schwed. Schriftsteller. - Schuf selbstvertonte, die kleinbürgerl. Welt iron. darstellende Lieder, aber auch Gedichte, die in düsterer Zukunftsschau Angst- und Schreckensbilder von beklemmender Aktualität gestalten; „Das gesprengte Quartett" (R., 1924) beschreibt die wirtschaftl. Krise um 1920/21.

**Sjöman,** Vilgot [schwed. 'ʃøːman], * Stockholm 2. Dez. 1924, schwed. Drehbuchautor und Regisseur. - Hauptthema seiner Filme, u. a. „Schlafwagenabteil" (1962), „Geschwisterbett" (1966), „Ich bin neugierig" (1967), „Troll" (1971), „Tabu" (1976) ist die Darstellung der aus der Sexualfeindlichkeit hervorgehenden menschl. Verkümmerung und Perversion.

**Sjöström,** Victor [schwed. ˌʃøːstrœm], * Silbodal (Värmland) 20. Sept. 1879, † Stockholm 3. Jan. 1960, schwed. Schauspieler, Regisseur und Drehbuchautor. - Seit 1912 beim Film; begründete (neben M. Stiller) den Ruf des schwed. Stummfilms v. a. mit „Terje Vigen" (1916), „Berg-Eyvind und sein Weib" (1917), „Der Fuhrmann des Todes" (1920). Drehte 1923–28 zahlr. Filme in Hollywood; ab 1938 vorwiegend Schauspieler, zuletzt in I. Bergmans „Wilde Erdbeeren" (1957).

**Skabies** [lat.], svw. ↑Krätze.

**skabiös** [lat.], mit Krätze behaftet, die charakterist. Hauterscheinungen der Krätze zeigend.

**Skabiose** [lat.] (Grindkraut, Krätzkraut, Scabiosa), altweltl., bes. mediterrane Gatt. der Kardengewächse mit rd. 80 Arten; einjährige oder ausdauernde, meist behaarte Kräuter oder Halbsträucher mit verschiedenfarbigen, in Köpfchen stehenden Blüten. Einheim. Arten sind u. a. die in den Alpen und im Mittelgebirge (über 1 000 m Höhe) wachsende **Glänzende Skabiose** (Glänzendes Grindkraut, Scabiosa lucida), eine 20–30 cm hohe Staude mit glänzenden Blättern und rotlilafarbenen, außen flaumig behaarten Blüten, und die auf Magerwiesen verbreitete **Taubenskabiose** (Scabiosa columbaria), eine bis 50 cm hohe, zweijährige oder ausdauernde Pflanze mit fiederteiligen Blättern und meist blauvioletten Blüten. Einige andere Arten (z. B. Purpur-S. und Stern-S.) sind anspruchslose, lange blühende Sommerblumen.

**Skagen** [dän. ˈsgaːʲɣən], dän. Stadt im nördlichsten Jütland, 14 000 E. - Fischereihafen; Fischverarbeitung; Fremdenverkehr. - Südl. von S. der Turm einer seit 1795 vom Flugsand verschütteten got. Kirche (14. Jh.).

**Skagens Horn** ↑Jütland.

**Skagerrak,** Meeresarm, der sich von der Nordsee im W zw. die Skand. Halbinsel und Jütland schiebt, geht im S in das Kattegat über, 225 km lang, 110 bis 150 km breit. - Die **Schlacht vor dem Skagerrak** zw. der brit. und der dt. Flotte (31. Mai/1. Juni 1916) war die einzige größere Seeschlacht im 1. Weltkrieg. Die brit. Flotte konnte gegenüber der dt. keine Entscheidung herbeiführen. Der dt. Vizeadmiral Scheer brach die Schlacht rechtzeitig ab, weshalb es keinen eindeutigen Sieger gab.

**Skagway** [engl. ˈskægweɪ], Stadt im Panhandle Alaskas, USA, 675 E. - Entstand 1897 als Ausgangspunkt zu den Goldfeldern von Klondike; 1897/98 10 000–20 000 E, damals größte Siedlung Alaskas; City seit 1920.

**Skai** ® [Kw.], Folienkunstleder aus leicht geschäumtem Polyvinylchlorid, Vinylchloridmischpolymerisat oder vernetztem Polyurethan.

**skål** [skoːl; skand., eigtl. „Trinkschale"], Zuruf beim Trinken in den skand. Ländern.

**Skala** [italien., zu lat. scalae „Treppe, Leiter"], (Skale) an Meßinstrumenten angebrachte Maßeinteilung (Striche und Zahlen); bei Maßstäben, Thermometern u. a. in geradliniger, bei Zeigergeräten meist in kreisförmiger Ausführung; man unterscheidet *lineare Skalen* (gleiche Teilstrichabstände) und *nichtlineare Skalen* (z. B. die logarithm. S. des Rechenschiebers).

♦ svw. ↑Tonleiter.

♦ (in den *empir. Sozial- und Verhaltenswiss.*) ↑Skalierung.

**Skalar** [lat.-italien.] ↑Segelflosser.

**Skalar** [lat.-italien.], in Mathematik und Physik Bez. für eine von der Wahl des Koordinatensystems unabhängige und damit gegenüber Koordinatentransformationen unveränderliche (invariante) Größe, die durch Angabe einer einzigen Zahl charakterisiert ist. Physikal. S. (z. B. Masse, Dichte, Energie, Temperatur) erfordern zur vollständigen Beschreibung die Angabe der Maßeinheit.

**Skalarprodukt** (inneres oder skalares Produkt), in der Vektorrechnung Bez. für das Produkt zweier Vektoren $a$ und $b$, das durch

$$a \cdot b = (a, b) = |a| \cdot |b| \cdot \cos \gamma = a \cdot b \cdot \cos \gamma$$

definiert ist, wobei $|a| = a$ und $|b| = b$ die Beträge (Längen) der beiden Vektoren sind und $\gamma$ der von ihnen eingeschlossene Winkel ist.

**Skaldendichtung,** 3. große Gatt. der altnord. Literatur. Die vom 9.–14. Jh. an den norweg. Königshöfen gepflegte lyr. Dichtung der **Skalden** (norweg. und isländ. Dichter, die meist hoch geachtet waren und von den heute noch rd. 250 namentl. bekannt sind) umfaßte umfangreiche *Preisgedichte* (Verherrlichung krieger. Taten, des Nachruhms der Ahnen, der Tapferkeit und der Freigebigkeit), *Gelegenheitsgedichte* (oft Spott- und Schmähverse) und *Liebesdichtung;* sie ist v. a. stroph. Formkunst, die sich eventuell unter ir. Einfluß entwickelt hat. Charakterist. für die S., die gesprochen, nicht gesungen wurde, sind extreme Freiheit der Wortstellung, Parenthesen und syntakt. Verschachtelungen, eine kunstvoll verrätselte Sprache durch preziöse Verwendung eines eigenen dichter. Vokabulars sowie durch anspielungsreiche metaphor. Umschreibungen und Bilder. Ihre Blüte erreichte sie durch die isländ. Skalden im 11. Jahrhundert.

**Skaldenmet,** in der nordgerman. Mythologie ein Getränk aus Honig und dem Blut ↑Kvasirs; bewirkt Weisheit und dichter. Geist.

**Skale** ↑Skala.

# Skalierung

**Skalierung** [lat.-italien.], in den empir. Sozial- und Verhaltenswiss. Verfahren zur Herstellung einer Skala zur Messung eines bestimmten Sachverhalts (z. B. Einstellungen, Meinungen, Werte), wobei die vielfachen Dimensionen eines Untersuchungsgegenstandes (z. B. Einstellung zu einem Objekt) durch modellhafte Eingrenzung als ein Kontinuum (z. B. von extrem positiver bis zu extrem negativer Einstellung) zu erfassen sind. Nach der Art, in der den (qualitativen) Dimensionen eines Objekts Zahlen zugeordnet werden, unterscheidet man zw. **Nominalskala** (willkürl. Zuordnung von Zahlen und Merkmalsklassen; unterschiedl. Zahlen bedeuten nur unterschiedl. Klassen), **Ordinalskala** oder **Rangskala** (durch Zahlen wird eine Größer-Kleiner-Beziehung ohne Berücksichtigung des Ausmaßes ausgedrückt), **Intervallskala** (gleiche Abstände zwischen den Skaleneinheiten) und **Ratioskala** oder **Verhältnisskala** (Intervall-S., die zusätzl. einen absoluten Nullpunkt besitzt).

**Skallagrímsson,** Egill ↑Egill Skallagrímsson.

**Skalp** [zu engl. scalp „Hirnschale, Schädel"] ↑Kopfjagd.

**Skalpell** [lat.], in der Chirurgie und Anatomie gebräuchl. Operations- bzw. Seziermesser unterschiedl. Ausführung mit schmaler Klinge.

**Skamander** (Skamandriten), poln. Dichtergruppe (↑polnische Literatur).

**Skamandrios** ↑Astyanax.

**Skanda,** der ind. Kriegsgott; gilt als Sohn Schiwas.

**Skandal** [frz., zu griech. skándalon, eigtl. „Fallstrick"], Ärgernis; aufsehenerregendes Vorkommnis.

**Skanderbeg** (Skandërbeg; alban. Skënderbeu), eigtl. Gjergj Kastriota, *1403 (1405?), †Alessio (= Lezhë) 17. Jan. 1468, alban. Feldherr und Nationalheld. - Kam 1423 als Geisel an den Sultanshof in Adrianopel (= Edirne), wurde hier militär. ausgebildet und trat unter dem Namen Iskender zum Islam über. S. floh 1443, nahm Krujë in seinen Besitz und schlug 1444 die Osmanen beim heutigen Debar (am Schwarzen Drin). Die vergebl. Belagerung von Krujë durch Murad II. (1450) begründete seinen Ruhm; nach seinem Tod wurde Albanien endgültig osmanisch. Sein Freiheitskampf wurde in alban. Heldenliedern gefeiert.

**skandieren** [zu lat. scandere, eigtl. „(stufenweise) emporsteigen"], 1. Verse taktmäßig ohne Rücksicht auf den Sinnzusammenhang sprechen; 2. rhythm. abgehackt, in einzelnen Silben sprechen (z. B. im Sprechchor).

**Skandinavien,** i. e. S. Bez. für die *Skand. Halbinsel,* also das Gebiet Norwegens und Schwedens, i. w. S. wird Dänemark zu S. gerechnet, im weitesten Sinn auch Finnland.

**skandinavische Sprachen** (nordgerman. Sprachen, nord. Sprachen), Bez. für eine Gruppe eng verwandter Sprachen german. Ursprungs, die heute in Skandinavien, auf Island, den Färöern und in Teilen Finnlands gesprochen werden: Dänisch, Färöisch, Isländisch, Norwegisch und Schwedisch.

**Skandinavismus,** Bez. für die v. a. von Dänemark und Schweden ausgehenden Bestrebungen des 19. Jh., die kulturelle, wirtsch. und polit. Einheit Dänemarks, Schwedens

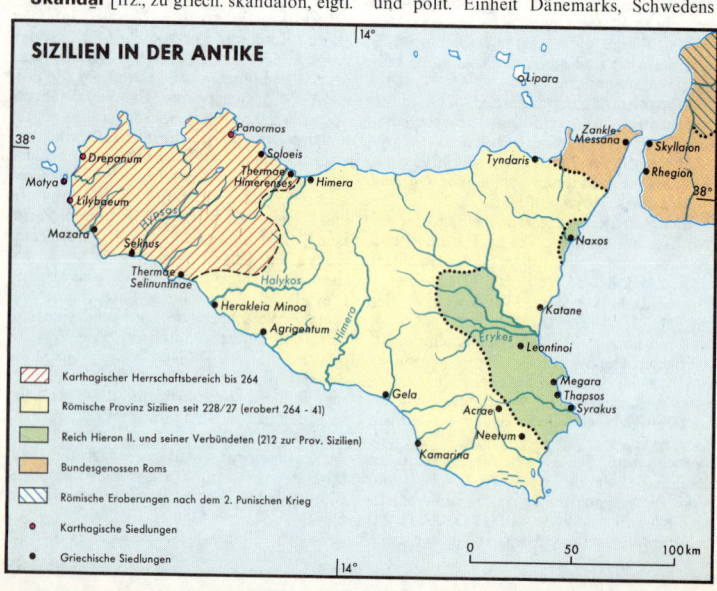

SIZILIEN IN DER ANTIKE

- Karthagischer Herrschaftsbereich bis 264
- Römische Provinz Sizilien seit 228/27 (erobert 264 - 41)
- Reich Hieron II. und seiner Verbündeten (212 zur Prov. Sizilien)
- Bundesgenossen Roms
- Römische Eroberungen nach dem 2. Punischen Krieg
- Karthagische Siedlungen
- Griechische Siedlungen

und Norwegens zu fördern. Die urspr. von der Romantik geprägte, akadem. und literar. Bewegung, die von der polit. Realität (Auflösung der dän.-norweg. Doppelmonarchie und Bildung der norweg.-schwed. Union [1814]) unberührt blieb, gewann in den Dt.-Dän. Kriegen 1848–50 und 1864 um Schleswig-Holstein vorübergehend polit. Charakter. Nach der Niederlage Dänemarks 1864 trat die kulturelle und wirtsch. Orientierung in den Vordergrund (1869 Postunion, 1873/75 bis zum 1. Weltkrieg Skandinav. Münzunion), die im 20. Jh. zur Kooperation der 3 skand. Staaten im Nord. Interparlamentar. Verband (seit 1907) und im Nord. Rat führte.

**Skandinavistik** (Nordistik, skand. Philologie, nord. Philologie), Wiss. von den skand. Sprachen und Literaturen in ihren gegenwärtigen und histor. Sprachräumen unter Berücksichtigung kulturgeschichtl. Phänomene. Die *ältere S.*, die u. a. die altnord. Literatur des MA erforschte, läßt sich bis ins 16. Jh. zurückverfolgen. Vom 17. bis 19. Jh. weitete sich die Sprach- und Literaturforschung ständig aus, bis sie in der vergleichenden Sprachforschung des Dänen R. Rask Grundlage einer modernen Wiss. wurde. Diese Entwicklung und die Ideen der Romantik von einer gemeinsamen kulturellen Tradition der german. Völker weckten in Deutschland das Interesse am Altnordischen und begründeten die bis heute fortwirkende Dominanz der älteren S. als Teilbereich der german. Philologie.

**Skansen**, 1891 gegr. schwed. ↑ Freilichtmuseum.

**Skapolith** [lat./griech.] (Wernerit), Sammelbez. für meist farblose bis weiße, perlmutt- oder glasähnl. glänzende Natrium- und Calciumsilicate, die ähnl. den Plagioklasen eine Mischkristallreihe bilden; Endglieder sind der Na-Skapolith *Marialith* $Na_3[Al_3Si_9O_{24}]$·NaCl und der Ca-Skapolith *Mejonit* $Ca_3[Al_6Si_6O_{24}]$·$Ca(CO_3, SO_4)$. Mohshärte 5–6, Dichte 2,54–2,77 $g/cm^3$; Entstehung meist im Bereich der Kontaktmetamorphose. Farbige Varietäten (gelb, rosa, violett) werden als Schmucksteine verwendet.

**Skapulier** [zu lat. scapula „Schulter"], Bez. für einen von manchen kath. Orden und Bruderschaften (z. B. Benediktiner, Dominikaner, Karmeliten, Serviten, Theatiner) getragenen breiten, über Brust und Rücken bis zu den Füßen reichenden Tuchstreifen; geht auf die histor. unsichere Marienvision des hl. Simon Stock († 1263) zurück, in der ihm Maria das S. überreicht haben soll.

**Skara**, schwed. Stadt 120 km nö. von Göteborg, 11 000 E. Luth. Bischofssitz, Freilichtmuseum Fornbyn; Nahrungsmittelind., Maschinenbau und Kunststoffverarbeitung. - Eine der ältesten Städte Schwedens; wurde um 1000 Missionszentrum, um 1050 erster schwed. Bischofssitz; zeitweise Residenz der schwed. Könige. - Got. Domkirche (um 1150 und später) mit Krypta.

**Skarabäen** [griech.-lat.] ↑ Pillendreher.

**Skarabäiden** (Scarabaeidae) [griech.-lat.], Fam. kleiner (1 mm) bis sehr großer (15 cm), weltweit verbreiteter Blatthornkäfer mit mehr als 20 000 Arten (davon etwa 140 Arten in M-Europa); oft bunt und (wie z. B. bei Nashornkäfern) mit Fortsätzen an Kopf und Halsschild; die letzten (art- oder geschlechtsspezif. variablen) 3–7 Fühlerglieder sind blattartig verbreitert, sie können durch Blutdruck gespreizt werden; Käfer und Larven (Engerlinge) ernähren sich von frischen Pflanzenteilen oder vom Kot pflanzenfressender Säugetiere. S. sind z. T. sehr schädl., z. B. Maikäfer.

**Skarabäus** [griech.-lat.], im alten Ägypten als Amulett oder Schmuck benutzte Nachbildung aus Fayence, Stein oder Halbedelstein des Hl. Pillendrehers (↑ Pillendreher; Symbol des Ur- und Schöpfergottes, zugleich der Sonne). S. waren auf der Unterseite oft reich ausgearbeitet; sie dienten ab 2100 v. Chr. auch als Siegel. Die großen **Herzskarabäen** wurden den Toten über dem Herzen in die Mumienbinde gewickelt.

**Skaramuz** (italien. Scaramuccia, frz. Scaramouche), Gestalt der ↑ Commedia dell'arte und des frz. Lustspiels; um 1600 in Neapel als Variante des Capitano entwickelt, bereichert er die herkömml. Karikatur des schwarzgewandeten span. Offiziers mit originalem Witz und den Zügen des antiken Miles gloriosus.

**Skarga**, Piotr, eigtl. P. Poweski, * Grójec 1536, † Krakau 27. Sept. 1612, poln. Schriftsteller und Jesuit (seit 1569). - 1588 Hofprediger von König Sigismund III.; Verfechter einer starken Monarchie und der religiösen Einheit Polens. Seine Schriften über die Einheit der Kirche und die Leben der Heiligen zählen zu den bed. Prosawerken poln. Sprache im 16. Jahrhundert.

**Skármeta**, Antonio, * Antofagasta 7. Nov. 1940, chilen. Schriftsteller. - Lebt seit 1974 im Exil in Berlin (West). „Ich träumte, der Schnee brennt" (R., 1978) und „Nix passiert" (Jugendbuch, 1978) schildern den Putsch gegen S. Allende Gossens sowie das Leben chilen. Emigranten in der BR Deutschland. Auch Drehbuchautor, u. a. „Es herrscht Ruhe im Land" (1978; P. Lilienthal), „Aus der Ferne sehe ich dieses Land" (1978; C. Ziewer).

**Skat** [von italien. scarto „Weggelegtes"; letztl. zu lat. charta „Papier"], Kartenspiel für 3 Personen mit dt. oder frz. Karten (32 Blatt). Jeder Spieler erhält 10 Karten, 2 Karten werden als „S." verdeckt abgelegt. Durch „Reizen" wird festgestellt, welcher Spieler gegen die beiden anderen zu spielen hat und den „S." erhält, für den er 2 Karten weglegen („drücken") muß, um wieder 10 Spielkarten zu haben *(Guckispiel)*. Mit Ausnahme der Variante „Ramsch" spielen immer 2 Spieler gegen den erklärten Solospieler. Von den Nullspielen abgesehen, gelten die Buben als die höchsten Trümpfe; sie stehen in der Farbrangfolge: Kreuz, Pik, Herz, Karo. Zu unterscheiden sind *Farbspiel*, *Normalspiel* (mit wechselnder Trumpffarbe), *Grand* ([Großspiel] nur die 4 Buben zählen als Trümpfe), *Nullspiel* (bei dem es keine Trümpfe gibt und der Solospieler keinen Stich machen darf) und *Handspiel* (der „S." bleibt verdeckt). Bei *Nullouvert* (Reizwert 46), *Nullouvert-Hand* (Reizwert offiziell 59) und *Revolution* (Reizwert 92; die beiden Gegenspieler dürfen ihre Karten und/oder die „S." austauschen [unterschiedl. Versionen]), die zu den Nullspielen gehören, muß nach den offiziellen Regeln der Solospieler seine Karten offen auf den Tisch legen. Es gelten folgende Kartenwerte: As (Daus) = 11, Zehn = 10, König = 4, Dame (Ober) = 3, Bube (Unter) = 2, Neun, Acht, Sieben = 0. Für den Gewinn (außer bei den Nullspielen, der Revolution und beim Ramsch) kommt es darauf an, mindestens 61 von den insges. 120 Punkten zu erzielen. - Die Spielvarianten „Ramsch" und „Revolution" werden offiziell nicht gespielt.

**Skateboard** [engl. 'skɛɪtbɔːd] (Rollerbrett), Freizeitsportgerät, bestehend aus einem Brett (55–90 cm lang, 15–25 cm breit), an dem 4 federnd gelagerte Rollen angebracht sind; der auf dem S. stehende Läufer steuert durch Verlagerung des Körpergewichts; dabei können u. a. Figuren, Sprünge, Slalom- und Geschwindigkeitsläufe (bis 30 km/h) durchgeführt werden.

**Skating** [engl. 'skɛɪtɪŋ], ↑Plattenspieler.

**Skatol** [zu griech. skōr (Genitiv: skatós) „Kot"] (3-Methylindol), weiße, kristalline, sehr unangenehm (in starker Verdünnung blumig) riechende heterocycl. Verbindung, die beim Eiweißabbau aus der Aminosäure Tryptophan entsteht; synthet. S. wird in geringen Mengen in der Parfümind. verwendet.

**Skatspiel** ↑Skat.

**SKE**, Einheitenzeichen für ↑Steinkohleneinheit.

**Skeetschießen** [skiːt; engl.] ↑Schießsport.

**Skeleton** ['skɛlətɔn] griech.-engl., eigtl. „Skelett"], niedriger [schwerer] Rennschlitten; wird bäuchlings mit Händen und Füßen, v. a. aber durch Gewichtsverlagerung gesteuert. S.fahren wird fast nur noch in der Schweiz (Sankt Moritz, Bahn: Cresta Run) betrieben. 1959 wurden zum letzten Mal Weltmeisterschaften ausgetragen.

**Skelett** [griech.], im weitesten Sinne der innere und/oder äußere Stützapparat (Endo- bzw. Ekto-S.) bei tier. Organismen und dem Menschen, wobei die zur Abstützung nötige Versteifung durch den Wasserinhalt des Körpers bzw. die Zölomflüssigkeit (z. B. bei den Ringelwürmern) bewirkt werden kann *(hydrostat. S.)*, i. d. R. jedoch durch bes. Stützstrukturen zustandekommt, die durch die Einlagerung von Kieselsäure oder, häufiger, von Kalk verfestigt bis extrem verhärtet sind. Im Unterschied zum v. a. bei den Wirbellosen häufig vorkommenden ↑Ektoskelett liegt das ↑Endoskelett im Körper, der von ihm durchsetzt bzw. durchzogen wird. Es findet sich v. a. bei den Schwämmen, Blumentieren und Wirbeltieren, wobei das Knorpel- oder Knochengerüst (**Gerippe**) der Wirbeltiere (bei den Schädellosen ↑Chorda dorsalis) das S. im engeren Sinne darstellt und neben seiner stützenden Funktion auch einen passiven Bewegungsapparat darstellt, indem die [S.]muskeln des Körpers an ihm ansetzen. Eine Grobunterteilung unterscheidet etwa das S. des Stamms (Rumpf-S.) vom S. der Extremitäten (Extremitäten-S.) oder das Deckknochen-S. vom Ersatzknochenskelett. Das *S. des Menschen* besteht (ohne die etwa 50 Sesambeine) aus 208–214 Knochenteilen folgender Zusammensetzung: 29 Schädelknochen (davon sechs Gehörknöchelchen und ein Zungenbein), 28–32 Knochen der Wirbelsäule, 25 Knochen des Brustkorbs, 4 Schultergürtelknochen, 2 Hüftbeine (als Beckenknochen Verschmelzungsprodukt aus dem paarigen Darm-, Scham- und Sitzbein), 60–62 Knochen der oberen und 60 Knochen (einschließl. Kniescheiben) der unteren Extremitäten (Arm und Hand bzw. Bein und Fuß).

**Skelettbauweise** (Gerippebauart), im Hochbau eine Bauweise, bei der Stützen gerippeartig den Bau tragen, z. B. als Stahlskelettbauweise.

**Skelettierfraß**, charakterist. Fraßbild an Blattspreiten, wobei das Gewebe zw. den Blattadern vollständig verzehrt ist; verursacht durch verschiedene Insekten, bes. Blattkäfer und deren Larven, Schmetterlingsraupen und Afterraupen.

**Skelettmuskeln**, an Teilen des Skeletts der Wirbeltiere (einschl. Mensch) ansetzende ↑Muskeln; umfassen, mit Ausnahme der Herzmuskulatur, das gesamte quergestreifte Muskelgewebe.

**Skelettsubstanzen** (Builder), Substanzen, die Waschmitteln zur Verbesserung der Waschwirkung zugesetzt werden, selbst aber nicht grenzflächenaktiv sind (z. B. Soda, Alkalipolyphosphate und Alkalisilicate).

**Skellefteå** [schwed. ʃɛˈlɛftɔoː], schwed. Stadt oberhalb der Mündung des Skellefteälv, 74 300 E. Metallverarbeitung, Baustoff- und Nahrungsmittelind.; Hafen **Skelleftehamn** mit Erzverhüttung (Produkte des Bergbaudistrikts **Skelleftefeld**) und Schwefelsäurefabrik. - 1845 Stadtrecht. - Neubarocke Stadtkirche (1927).

**Skellefteälv** [schwed. ʃɛˈlɛftaˈɛlv], Fluß in N-Schweden, entspringt nahe der norweg. Grenze, mündet unterhalb von Skellefteå in den Bottn. Meerbusen, 410 km lang.

**Skelton,** John [engl. skɛltn], * Diss (?) (Norfolk) um 1460, † Westminster (= London) 21. Juni 1529, engl. Humanist und Dichter. – 1498 Geistlicher; 1487–1502 Erzieher des späteren Königs Heinrich III.; Poeta laureatus; verfaßte im knittelversähnl. Metrum bissige Satiren auf Hofleben und Klerus.

**Skene** [griech.], im altgriech. Theater das Bühnenhaus bzw. die Bühnenwand.

**Skepsis** [griech.], allg. der krit. Zweifel; Bedenken, Mißtrauen, Zurückhaltung; i. w. S. svw. ↑Skeptizismus, i. e. S. die Positionen und Schulbildungen der antiken, bes. der griech. Philosophie. Typ. Züge der S. sind: Mißtrauen gegen die Sinneswahrnehmung, die überlieferten Denkgewohnheiten sowie gegen eth. und polit. Wertvorstellungen und Vorurteile. – Pyrrhon, der Begründer der *älteren (pyrrhon.) S.,* tritt für eine völlige „Enthaltung" (↑Epoche) des Urteils ein; nur aporet. Argumente (↑Aporetik) werden zugelassen. Die *mittlere (akadem.) S.* bestreitet die Möglichkeit der Unterscheidung von Illusion und Wirklichkeit und läßt nur das „Wahrscheinl." als prakt. Orientierung des Handelns gelten. In der *jüngeren S.* erörtert v. a. Sextus Empiricus alle systemat. bedeutsamen Argumente für die S. und weitet diese auf alle Wissensgebiete aus. – Im 3. Jh. n. Chr. wird die antike S. von dogmat. philosoph., religiösen und theolog. Strömungen verdrängt.

**Skeptiker** [griech.], Anhänger der philosoph. Position des Skeptizismus; allg. ein zu skept. Verhalten neigender Mensch.

**Skeptizismus** [griech.], philosoph. Position, die nur „geprüfte", d. h. begründete Behauptungen und den krit. Zweifel zum allg. Denkprinzip erhebt. – Der S. hat die Entwicklung der Geistes-, Philosophie- und Wissenschaftsgeschichte der abendländ. Kultur maßgebend beeinflußt. Er sieht sich als grundlegende Alternative des Denkens, dessen Stärke sich v. a. aus der Kritik der Leistungsfähigkeit des menschl. Erkenntnisvermögens ergibt. Nach den Gegenständen der Erkenntnis unterscheidet man den *erkenntnistheoret. S.,* der sich auf die Möglichkeit der Wahrheitsgewinnung allg. bezieht, den *log. S.,* der auf die Begründung von Schlußverfahren gerichtet ist, den die Rechtfertigung moral. Urteile betreffenden *eth. S.* und den *metaphys.-theolog. S.,* der sich mit dogmat. Sätzen befaßt. – In der antiken ↑Skepsis wird der S. für die weitere Entwicklung beispielhaft entfaltet. Nach deren Verdrängung im 3. Jh. n. Chr. setzt erst mit der Wiederentdeckung des Sextus Empiricus (um 1441) in der Renaissance eine erneute, rege Diskussion des S. ein. Seine Argumente dienen in dem Bemühen um eine neue Orientierung als willkommenes Rüstzeug zur Widerlegung der jeweiligen Gegner. Auch die Gegenreformation beruft sich ausdrückl. auf den S. und nötigt so den Kalvinismus, eine dem skept. Zweifel standhaltende theoret. Basis des Glaubens zu erarbeiten. – Auch in der nachkartes. Philosophie wird die grundlegende These des S., daß absolut gesichertes Wissen nicht zu erreichen sei, allg. akzeptiert. Auf dem Höhepunkt der Auseinandersetzung mit dem S. führt der Kritizismus Kants gegen den radikalen S. an, daß sichere Naturerkenntnis wirkl. sei. Er reduziert dabei den Anspruch der Erkenntnis, indem er die Aussagen nicht auf die Dinge an sich, sondern auf

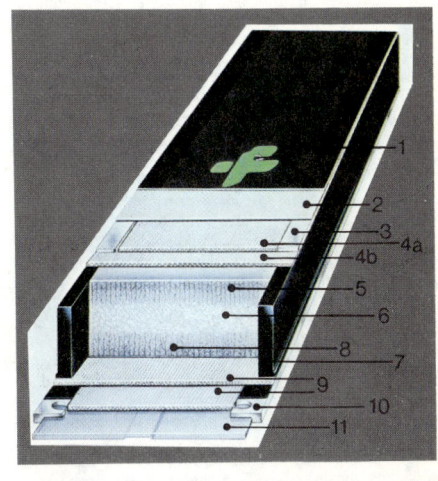

Ski. Oben: Aufbau eines Kunststoffskis: 1 Polyurethanlack, 2 Mischpolymerisat, 3 Oberkante aus legiertem Aluminium, 4a und 4b glasfaserverstärkte Laminate, 5 Tiefenverankerung, 6 Polyurethanschaumfüllung, 7 Seitenwangen, 8 Tiefenverankerung, 9 glasfaserverstärktes Laminat, 10 ungeteilte Winkelprofilstahlkante, 11 Polyäthylenlauffläche; unten: Sicherheitsbindung mit Sicherheitsbacken (links) und Fersenteil (rechts) mit Fersenautomatik

ihre Erscheinungsart bezieht. - In der neueren Zeit führt die Einsicht in die Grenzen der Erkenntnis und die Abhängigkeit des Urteils von sozialen, ökonom. und psycholog. Faktoren zu einer Rücknahme des Erkenntnisanspruchs: Nicht mehr das absolute, ewige Wahrheit, sondern die Absicherung wahrschein l. Aussagen ist das Problem. In der gegenwärtigen Philosophie ist - sofern sie sich nicht religiös oder metaphys. orientiert - der sprachl. und method. S. eine Selbstverständlichkeit, da an die Stelle eines absoluten Wahrheitsanspruchs ein neues Begründungs- und Bewährungsverständnis getreten ist.

📖 *Strawson, P. F.: S. u. Naturalismus. Königstein im Taunus 1985. - Die zweifelnde Gesellschaft. Perspektiven des Fortschritts. Hg. v. G. Chaloupek u. J. Lamel. Wien 1983. - Rudolph, E.: Skepsis bei Kant. Mchn. 1978. - Weischedel, W.: Skept. Ethik. Ffm. 1976. - Smith, T. G.: Moralische Skepsis. Freib. 1970.*

**Sketch** [skɛtʃ; engl., eigtl. „Entwurf", letztl. zu italien. schizzo „Skizze"], kleine dramat.-kabarettist. Form: kurze, effektvolle dramat. Szene, oft iron.-witzig, meist bezogen auf aktuelle Ereignisse.

**Ski** [ʃiː; norweg., eigtl. „Scheit"] (Schi), aus verschiedenen Materialien gefertigter brettförmiger sportl. Schneefläufer, der mit spezieller Bindung: Die **Sicherheitsbindung** beim S. für den alpinen S.sport besteht aus *Sicherheitsbacken* („Kopf") und *Fersenautomatik* und bewirkt, daß sich bei Stürzen nach vorn die Fersenautomatik, bei Drehstürzen Sicherheitsbacken und Fersenautomatik lösen. Zusätzl. *Steckbacken* ermöglichen bei S.touren die Beweglichkeit des Absatzes. Im nord. S.sport wird die **Rotafellabindung** (Rottafellabindung) benutzt, die den S.schuh an den Sohlenseitenkanten des S. festhält. Beim S.springen verwendet man eine **Kabelzugbindung**, die dem S.schuh in der Ferse Bewegungsfreiheit läßt. Der *Holz-S.* wird aus mehrfach verleimten Holzschichten gearbeitet und ist von relativ geringer Haltbarkeit. Beim *Metall-S.* sind nur die beiden Deckplatten aus Metall, die Füllung (Kern) besteht aus Holz und/oder Kunststoff. Zur Herstellung des *Kunststoff-S.* werden verschiedene Kunstharze verwendet, die z. T. in Verbindung mit Holz verarbeitet werden. Die Lauffläche der Kunststoff-S. ist aus gleitfähigem Polyäthylen. Zur Gleitflächenbehandlung dienen *Skiwachse*; zu unterscheiden sind u. a. *Grundwachse* zum Präparieren der Laufflächen, *Gleitwachse* zur Erhöhung der Gleitfähigkeit und *Steigwachse*, die das Abgleiten vermindern. Zur Erhöhung der Griffigkeit (z. B. auf Eis) dienen Kanten aus Stahl. Hinsichtl. seiner Verwendung unterscheidet man den Kurz-, Touren-, Abfahrts-, Riesenslalom-, Slalom-, Langlauf- und Sprungski.

**Geschichte:** Die Entwicklung des S. kann bis zu etwa 5000 Jahre zurückverfolgt werden (Moorfunde in Schweden, Norwegen und Finnland sowie Darstellungen von S.läufern). Skiähnl. Gebilde dienten urspr. zur Fortbewegung in schneereichen Gebieten und ermöglichten auch im Winter die lebensnotwendige Jagd. Aus ehem. runden oder längl. Trittlingen (Schneereifen) entwickelten sich die heute bekannten Formen. In die Alpenländer und europ. Mittelgebirge gelangte der S. von Norwegen aus erst gegen Ende des 19. Jahrhunderts. - Abb. S. 203.

**Skiaskopie** [griech., zu skía „Schatten"] (Retinoskopie, Schattenprobe), die Bestimmung der Brechkraft bzw. der Brechungsfehler eines Auges mit Hilfe eines Skiaskops. Wird mit dem Skiaskopspiegel Licht in das Auge geworfen, so tritt bei Drehen des Spiegels in der leuchtenden Pupille ein Schatten auf, der bei Kurzsichtigkeit gegensinnig, bei Weitsichtigkeit gleichsinnig zur Spiegeldrehung wandert *(skiaskop. Phänomen);* bei Normalsichtigkeit bzw. korrigierten Sehfehlern ist nur kurz ein helles Aufleuchten zu beobachten, wenn das Beobachtungsloch im Spiegel sich genau im Fernpunkt des untersuchten Auges befindet.

**Skibindung** [ˈʃiː] (Bindung), Haltevorrichtung des Skischuhs beim ↑Ski. Anfängl. bestand die S. ledigl. aus einem [Leder]riemen oder zurechtgebogenem Weidenzweig. Die erste S. im heutigen Sinne wurde um 1913 entwickelt. - Abb. S. 203.

**Skibine**, George [engl. ˈskɪbaɪn], * Jasnaja Poljana (Gebiet Donezk) 17. Jan. 1920, † Dallas (Tex.) 14. Jan. 1981, amerikan. Tänzer und Choreograph ukrain. Herkunft. - 1947-56 beim Grand Ballet du Marquis de Cuevas in Monte Carlo, 1957-62 an der Pariser Opéra, seit 1969 künstler. Direktor des Dallas Civic Ballet. Choreographien, u. a. „Der Gefangene aus dem Kaukasus" (1951), „Concerto" (1958), „Carmina Burana" (1970).

**Skibob** [ˈʃiːbɔp], Wintersportgerät; besteht aus einem Stahlrohrrahmen, der auf einen kurzen Ski (Gleitkufe) montiert ist, und einer Lenkvorrichtung mit Lenk- oder Leitkufe. Der Fahrer sitzt auf dem S. wie auf einem Fahrrad. An seinen Schuhen ist je ein kurzer Ski befestigt. Wettbewerbe im S. werden in den alpinen Disziplinen Abfahrt, Riesenslalom und Slalom ausgetragen. Seit 1963 Europa-, seit 1967 Weltmeisterschaften.

**Skidmore, Owings & Merrill** [engl. ˈskɪdmɔː ˈəʊɪŋs ænd ˈmɛrɪl], Abk. SOM, von L. Skidmore (* 1897, † 1962) 1935 zus. mit N. A. Owings (* 1903, † 1984) und (seit 1938) J. O. Merrill (* 1896, † 1975) in San Francisco gegr. Architekturbüro, mit weiteren Büros in Chicago, Portland (Oreg.) und New York eines der größten der USA. Beim Lever House in New York (1952; Entwurf von dem Firmenpartner G. Bunshaft [* 1909]) wurden Konstruktions- und Gestaltungsideen Mies van der Rohes (Metall-Glas-Bau) angewendet, die

# Skisport

in den späteren Geschäftshochhäusern (Inland Steel, Chicago, 1954; Chase Manhattan Bank, New York, 1957–61) weiterentwickelt wurden.

**Skien** [norweg. ˌʃiːən], Hauptstadt des norweg. Verw.-Geb. Telemark, 46 700 E. Zus. mit der südl. Nachbarstadt **Porsgrunn** (31 400 E) wirtsch. Schwerpunkt Telemarks.

**Skierniewice** [poln. skjɛrnjɛˈvitsɛ], poln. Stadt in Masowien, 130 m ü. d. M., 36 200 E. Hauptstadt des Verw.-Geb. S.; Forschungsinst. für Obstbau; Metallverarbeitung, Elektro- und Textilind. - 1457 Stadtrecht.

**Skiff** [althochdt.-roman.-engl.], svw. ↑ Einer.

**Skiffle** [engl. skɪfl; engl.-amerikan.], Bez. für eine aus der afroamerikan. Volksmusik abgeleitete volkstüml. Musik, die auf einfachen Instrumenten (Mundharmonika, Waschbrett, Teekistenbaß u. a.) ausschließl. von Amateuren gespielt wird.

**Skifliegen** [ʃiː] ↑ Skisport.

**Skikda**, alger. Hafenstadt am Mittelmeer, 141 200 E. Hauptstadt des Verw.-Geb. S.; Fischkonservenind.; Erdöl- und Erdgasexporthafen; Erdölraffinerie und petrochem. Komplex, Erdgasverflüssigung. - Von Phönikern gegr. (**Rusicada**); die moderne Stadt wurde 1838 von Franzosen gegr. - Reste eines röm. Theaters.

**Skineffekt** [zu engl. skin „Haut"] (Hauteffekt, Hautwirkung), eine v. a. bei hochfrequenten Wechselströmen auftretende physikal. Erscheinung: Infolge der Selbstinduktion fließt der Strom im wesentl. in einer dünnen Schicht entlang der Oberfläche des Leiters. Bei starkem S. genügen zur Stromleitung Rohre; bei Hochfrequenz setzt man zur Vergrößerung der Oberfläche den Leiter aus vielen dünnen, miteinander verdrillten Drähten (Litze) zusammen.

**Skinhead** [...hɛd; engl. eigtl. „Hautkopf"], meist in einer Clique organisierter, zu Gewalttätigkeiten neigender männl. Jugendlicher, mit kurz- oder kahlgeschorenem Kopf.

**Skinke** [griech.] (Glattechsen, Walzenechsen, Wühlechsen, Scincidae), fast ausschließl. die Tropen und Subtropen (v. a. Afrika, S-Asien und Australien-Polynesien) bewohnende, rd. 700 Arten umfassende Fam. meist 20–30 cm langer (maximal 65 cm messender) ↑ Echsen mit walzenförmigem, gestrecktem Körper und glatten, glänzenden, mit Knochenplättchen unterlegten Schuppen; Grundfärbung meist unscheinbar gelbl. bis grau oder braun, häufig dunkel gefleckt oder gestreift; Beine normal entwickelt oder (bei sehr langgestreckten Arten) bis zum völligen Verlust eines oder beider Paare schrittweise reduziert; Schwanz oft sehr lang, bei wenigen (baumbewohnenden) S. als Greifschwanz entwickelt. Die schlangenförmigen S. sind spezialisierte Bodenwühler, bei denen die Augen reduziert sind und die z. T. keine äußeren Ohröffnungen aufweisen. Die S. sind großenteils lebendgebärend. Sie ernähren sich v. a. von Insekten und von Pflanzenteilen.

**Skinner**, Burrhus Frederic [engl. ˈskɪnə], * Susquehanna (Pa.) 20. März 1904, amerikan. Verhaltensforscher. - Prof. u. a. an der Harvard University, wo er, ausgehend von Lernexperimenten mit Tauben und Ratten, die wiss. Grundlagen des lerntheoret. orientierten Behaviorismus entwickelte. S. leitet von seinen (umstrittenen) Theorien Konsequenzen für die menschl. Gesellschaft ab. Schrieb u. a. „Futurum Zwei" (1948), „Wissenschaft und menschl. Verhalten" (1953), „Analyse des Verhaltens" (1961; mit J. G. Holland), „Jenseits von Freiheit und Würde" (1971).

**Skipetaren** ↑ Albaner.

**Skira, Éditions d'Art Albert** [frz. edisjõdaralbɛrskiˈra] ↑ Verlage (Übersicht).

**Skiros**, griech. Insel der Nördl. Sporaden, 209,5 km², Hauptort S. (2 200 E) an der NO-Küste.

**Skisport** [ʃiː], Wettkampf- und Freizeitsport, der auf Skiern ausgeübt wird. Disziplinen des *alpinen* S.: **Abfahrtslauf** wird von Männern und Frauen auf einer abschüssigen Strecke ohne ebene Stellen oder Anstiege ausgetragen; in relativ großen Abständen sind mit Fähnchen sog. Richtungstore gesteckt, die durchfahren werden müssen. Der Höhenunterschied der Laufstrecke beträgt in Rennen der Männer 800–1 000, in Wettkämpfen der Frauen 500–700 m. Beim **Slalom** (Torlauf) müssen eine Anzahl von Toren (Männer 55–75, Frauen 45–60) durchfahren werden; der Höhenunterschied der Strecke beträgt bei Männern 180–220 m, bei Frauen 130–180 m. Im Wettkampf werden 2 Läufe durchgeführt, die auf 2 verschiedenen Strecken stattfinden müssen. Die Addition der Zeiten aus beiden Wettbewerben entscheidet über die Plazierung. Elemente des Slaloms und des Abfahrtslaufs vereinigt der **Riesenslalom** (Riesentorlauf), bei dem die Strecke mindestens 30 Tore aufweisen muß; Höhenunterschied im Wettbewerb der Männer zw. 250 und 400 m (2 Durchgänge), der Frauen zw. 250 und 350 m. Abfahrtslauf und Slalom sind Teile der *alpinen Kombination*. Der *nord*. S. gliedert sich in **Langlauf** (Strecken der Männer: 15, 30 und 50 km, der Frauen 5, 10 und 20 km) und **Sprunglauf** (Skispringen), der von Männern von einer Sprunganlage aus (↑ Schanze) ausgeübt wird. Die einzelnen Phasen sind Anlauf, Absprung, Flug und Landung. Über die Weite entscheiden v. a. der Absprung und der Flug, bei dem der Springer die günstigste aerodynam. Haltung finden muß. Ein Sprung ist gültig, wenn der Springer ohne Sturz von der Absprungstelle in den Auslauf gelangt. Bewertet werden Flughaltung und Weite. Im Unterschied hierzu wird beim **Skifliegen** nur die erzielte Weite gewertet (die Absprungge-

205

schwindigkeit liegt z. T. über 110 km/h). Die Verbindung beider Disziplinen ergibt die *nord. Kombination.* Im Freizeitbereich gewinnt der Skilanglauf auf Grund seiner gesundheitsfördernden Funktion zunehmend an Beliebtheit.

📖 *Hoppichler, F.: Ski mit uns. Die österr. Skischule. Salzburg 1985. - Dt. Skischule. Mchn. 1983. - Fetz, F.: Zur Biomechanik des Schilaufs. Innsb. 1977.*

**Skive** [dän. 'sgiːvə], dän. Stadt im westl. Jütland, 26 700 E. Museum mit bed. Grönlandsammlung; Maschinenbau, Möbel-, Holz- und Zementind.; kleiner Hafen. - 1326 Stadtrecht. - Roman. Alte Kirche (13. Jh.).

**Skiwachse** [ʃiː] ↑ Ski.

**Skizirkus** [ʃiː], in sich geschlossenes Skiliftsystem über ein ganzes Skigebiet.

**Skizze** [zu italien. schizzo, eigtl. „das Spritzen"], allg. das Festhalten eines Eindrucks oder einer Idee in einer vorläufigen Form.

◆ in der *bildenden Kunst* die erste rasche Fixierung einer Beobachtung, eines Bildgedankens, einer Komposition, eines Details in Zeichnung oder Öl. Von der Zweckgebundenheit der S. als Entwurf oder Nachzeichnung zeigen sich seit dem 16. Jh. (Tintoretto) fließende Übergänge zur verselbständigten S. als autonomer Kunstäußerung, deren Besonderheit in der Unmittelbarkeit und künstler. Spontaneität gesehen wird.

◆ aus der Kunst- in die *Literaturwiss.* übernommen 1. als Bez. für ersten Entwurf, Handlungsgerüst, vorläufige Fassung eines literar. Werks; 2. als nicht eindeutig definierbare Bez. für einen kurzen, formal und oft auch stilist. bewußt nicht ausgeformten Prosatext verschiedensten Inhalts.

**Skjaldbreiður** [isländ. 'skjaldbrɛjðʏr], größter Schildvulkan auf Island, Basisdurchmesser 12 km, relative Höhe 500 m, die Meereshöhe beträgt 1 060 m.

**Skladanowsky** (Skladanowski), Max [...ki], * Berlin 30. April 1863, † ebd. 30. Nov. 1939, dt. Erfinder und Filmproduzent. - Entwickelte u. a. eine Filmkamera, einen 50 mm breiten Film mit durch metall. Ösen verstärkter Perforation sowie einen 2 Filmstreifen alternierend projizierenden Bildwerfer („Bioskop"), mit dem er am 1. Nov. 1895 mit seinem Bruder Emil S. (* 1859, † 1945) im Berliner „Wintergarten" die erste Filmvorführung in Deutschland veranstaltete. Ihre selbstgedrehten Kurzfilme (meist kom. oder aktuelle Szenen) führten die Brüder S. [im Ausland meist unter dem Pseud. Max und Emil Hamilton] auf zahlr. Tourneen vor.

**Sklave** [zu mittelalt. sclavus, slavus „Unfreier", von mittelgriech. sklábos, eigtl. „Slawe" (da im MA die Sklaven im Orient meist Slawen waren)], in völliger persönl. Abhängigkeit stehender Mensch; Eigentum seines Herrn, rechtl. eine Sache. - ↑ auch Sklaverei.

**Sklavenameisen** (Serviformica), Untergatt. der Ameisengatt. Formica, deren Larven und Puppen von anderen Ameisenarten (Raubameisen) oft verschleppt werden (Sklavenraub), wobei die ausschlüpfenden Arbeiterinnen in den Nestern der Raubameisen als sog. Hilfsameisen *(Sklaven)* beim Nahrungserwerb, Nestbau und bei der Brutpflege helfen.

**Sklavenhaltergesellschaft,** Bez. des Marxismus für die auf die Urgesellschaft folgende Gesellschaftsformation, in der die Herrschenden (Sklavenhalter) sowohl über die Produktionsmittel als auch über die Produzenten (Sklaven) verfügen, deren Produkte sie sich aneignen. Als S. werden in erster Linie die griech. Stadtstaaten und das Röm. Reich verstanden.

**Sklavenhandel** ↑ Sklaverei.

**Sklavenkriege,** Bez. für mehrere große antike Sklavenaufstände; v. a. in Sizilien 136–32 und 104–101 sowie der Spartakusaufstand 73–71 in Italien.

**Sklavenküste,** veraltete Bez. für das Küstengebiet an der Bucht von Benin, zw. Goldküste und Nigerdelta.

**Sklavensee, Großer** ↑ Großer Sklavensee.

**Sklavenstaaten,** die Staaten der USA, in denen vor dem Sezessionskrieg die Sklaverei von Schwarzen legalisiert war: Delaware, Maryland, Kentucky, Missouri, Virginia, North und South Carolina, Georgia, Tennessee, Louisiana, Mississippi, Alabama, Arkansas, Florida und Texas.

**Sklaverei,** Bez. für den Zustand der völligen rechtl. und wirtsch. Abhängigkeit eines Menschen (Sklave), der Eigentum eines anderen Menschen (Sklavenhalter) ist; der Sklavenhalter konnte einzelne oder alle mit dem Eigentumsrecht (i. d. R. gesetzl. geregelt) verbundenen Befugnisse ausüben, den Sklaven auch verkaufen oder töten. S. wird deshalb von der Leibeigenschaft, mit der kein Eigentumsrecht verbunden ist, unterschieden.

**Zur Theorie der Sklaverei:** Über den Ursprung der S. gibt es folgende Theorie: Nachdem zunächst im Krieg erbeutete Frauen und Kinder versklavt worden waren, um Familien und Stämme zur Erhöhung ihres Ansehens zahlenmäßig zu vergrößern (Menschenraub), wurden die bei krieger. Auseinandersetzungen gefangenen (und bis dahin getöteten) Männer v. a. als Arbeitskräfte oder als Krieger genutzt. Da die von den Sklaven zu verrichtenden Tätigkeiten sehr bald als niedriger eingestuft wurden und deshalb Freie diese nicht mehr ausüben wollten, wuchs der Bedarf an Sklaven so stark, daß nun Beutezüge und Entführungen zur Versorgung mit den benötigten Sklaven durchgeführt oder auch Sträflinge und Schuldner als Sklaven verwendet wurden.

In allen Gesellschaften, in denen S. übl. war

# Sklaverei

oder ist, wird sie von den Freien i.d.R. als „natürl.", von Gott oder den Göttern zur Belohnung der Guten und zur Bestrafung der Schlechten eingerichtete Institution angesehen; damit werden die gesellschaftl. Unterschiede und Ungerechtigkeiten ideolog. gerechtfertigt. Privateigentum an Sklaven wird nicht allein nur aus wirtsch. Gründen angestrebt; die Herrschaftsausübung über andere Menschen, Prestigedenken und das Gefühl, rechtl. bessergestellt zu sein, sind ebenfalls Motive, das Eigentum an Sklaven zu vergrößern. Die S. verbreitete sich jedoch v. a., sobald die landw. Produktion nicht mehr allein der Deckung des Eigenbedarfs diente, sondern auf großen Ländereien mit vielen, möglichst disziplinierten Arbeitern für den Markt produziert wurde. In den Bereichen, in denen die Produktion auf die Handarbeit vieler Sklaven ausgerichtet war (z. B. in den Südstaaten der USA), hemmte das System der Sklavenarbeit den techn. Fortschritt, da neue und arbeitsparende techn. Geräte deswegen nur zögernd eingesetzt wurden, weil bereits größere Summen in die vorhandenen Sklaven investiert worden waren und diese bei reduziertem Arbeitskräftebedarf nicht einfach - wie bei freien Arbeitern mögl. - entlassen werden konnten.

**Zur Einschätzung der Sklaverei durch Religionen:** Das A. T. kennt, wie seine Umwelt, die S., die auch im N. T. als gegeben vorausgesetzt und unkrit. übernommen wurde. Die frühe Kirche übernahm diese Haltung, die in der naturrechtl. Ethik der kath. Kirche bis ins 19. Jh. galt. Einzelstellungnahmen schon in früherer Zeit verurteilte offiziell erst das 2. Vatikan. Konzil 1965 jegl. S.; Luther bestätigte für den Protestantismus noch die traditionelle Haltung, dagegen lehnten Zwingli und Calvin jede Form der Unfreiheit ab. Der Islam duldet zwar die S., die Stellung der Sklaven wurde jedoch durch Vorschriften des Korans erhebl. verbessert.

**Zur Geschichte der Sklaverei:** S. gab es seit dem Altertum, schon in den altorientalischen Kulturen Vorderasiens; für Ägypten ist S. seit etwa 2300 v. Chr. nachweisbar. Im griech. Bereich gibt es erst seit dem 6. Jh. v. Chr. Sklavenhandel größeren Stils; im Röm. Reich nahm er vom 4. Jh. v. Chr. ab größere Maßstäbe an.

Die S. hielt sich als wichtige gesellschaftl. Institution bis in die Neuzeit hinein, v. a. in den Ländern *Nordafrikas* und *Vorderasiens* (z. B. Ägypten, Marokko, Persien und Osman. Reich), wo sie seit dem Altertum verbreitet war. Erst 1842 erfolgte z. B. das Verbot des Sklavenhandels und 1848 die Aufhebung der S. durch den Bei von Tunis. Auch in *Südafrika* praktizierten die eingewanderten Buren S., die von den Briten bekämpft und schließl. 1834 abgeschafft wurde.

Mit der Entdeckung und Erschließung Amerikas durch die Europäer erhielt die S. einen bes. Auftrieb. In *Süd-* und *Mittelamerika* wurde zunächst die bereits unter den Eingeborenen bekannte Institution der S. übernommen. 1542 verboten die span. Krone für Span.-Amerika und 1570 (endgültig 1758) die portugies. Krone für Brasilien unter dem Einfluß der kath. Kirche die Versklavung der Indianer; an ihre Stelle traten aus Afrika importierte schwarze Sklaven.

In den brit. Kolonien *Nordamerikas* trat die S. als Institution erst spät auf und entwickelte sich nur langsam. Nachdem 1619 die ersten afrikan. Sklaven nach Virginia gebracht worden waren, wuchs der Sklavenhandel erst in der 2. Hälfte des 17. Jh. rasch an. 1860 lebten in den USA rd. 4 Mill. Sklaven bei einer Gesamtbev. von rd. 12 Mill. Die schwarze Sklavenarbeit in der Landw. wurde zur Grundlage des sozialen und wirtsch. Systems des amerikan. Südens, während sie im industrialisierten Norden eine geringe Rolle spielte.

**Bekämpfung und Abschaffung der Sklaverei:** Obwohl v. a. aus christl. und allg. humanitären Gründen in der Neuzeit die S. vereinzelt abgelehnt wurde, kann erst seit der mit der Aufklärung entstandenen Anti-S.bewegung des 18. Jh. von einer Bekämpfung der S. gesprochen werden: Verbot durch Dänemark 1792, Großbrit. 1807, gemeinsamer europ. Beschluß gegen die S. 1815; Abschaffung der S. 1794/1848 durch Frankr. in seinen karib. Besitzungen, in den span. sprechenden Gebieten in der 1. Hälfte des 19. Jh., im brit. Kolonialreich ab 1833, in den dän. Kolonien 1848, in den niederl. Kolonien 1863. Die span. Besitzungen Kuba und Puerto Rico folgten 1870 bzw. 1873, Brasilien 1888.

In *Nordamerika* gab es schon früh Gegner der S.: 1775 Gründung der Pennsylvania Anti-Slavery-Association durch die Quäker in Philadelphia. Bis 1804 wurde in den Nordstaaten und im Northwest-Territory die S. entweder abgeschafft oder die allmähl. Freilassung beschlossen, die den Schwarzen aber keine volle staatsbürgerl. Freiheit gewährte. 1807/08 verbot der Kongreß die S., dennoch gelang die Abschaffung der S. erst nach der Niederlage der Südstaaten im Sezessionskrieg und fand 1865 als 13. Zusatz Eingang in die amerikan. Verfassung.

Die internat. Zusammenarbeit zur Bekämpfung der S. wurde 1926 vom Völkerbund durch die Antisklavereiakte verstärkt; in der Menschenrechtskonvention der UN von 1948 wurde die S. verboten.

📖 *Brockmeyer, N.: Antike S. Darmst. 1979. - Wimmer, W.: Die Sklaven. Rbk. 1979. - Erler, A.: Ältere Ansätze zur Überwindung der S. Wsb. 1978. - Slavery and race relations in Latin America. Hg. v. R. B. Toplin. Westport (Conn.) 1974. - American negro slavery. Hg. v. A. Weinstein u. O. Gatell. London ²1973. - Hogg, P. C.: The African slave trade and its suppression.*

London 1973. - *Pope-Hennesy, J.:* Geschäft mit schwarzer Haut. Die Gesch. des transatlant. Sklavenhandels. Dt. Übers. Wien u. a. 1970. - *Vogt, J.: S. u. Humanität.* Wsb. 1965.

**Sklerallinsen** [griech./dt.] ↑ Kontaktlinsen.

**Sklerektomie** [griech.], die operative Entfernung eines Lederhautstreifens (↑ Auge) beim grünen Star.

**Sklerenchym** [griech.], Festigungsgewebe in nicht mehr wachsenden Pflanzenteilen (Ggs. ↑ Kollenchym); entweder aus langgestreckt-spindelförmigen, toten Zellen mit verdickten, unverholzten, elast. oder verholzten, starren Wänden oder aus Steinzellen. S.zellen treten, zu Strängen, Bändern oder Scheiden nach dem Prinzip der Verbundbauweise vereinigt und in andere Gewebe eingebettet, in allen pflanzl. Organen auf und werden z. T. wegen ihrer Länge (Lein und Brennessel bis zu 7 cm, Ramiefasern bis 55 cm) und ihrer großen Dehnbarkeit als Textilfasern verwendet.

**Skleroblasten** [griech.], Bindegewebszellen, die bei Tier und Mensch die Hartsubstanzen der Stützgewebe bilden. Nach Art des Stützgewebes unterscheidet man Osteoblasten (↑ Knochen), ↑ Odontoblasten, ↑ Adamantoblasten.

**Sklerodermie** [griech.] (Hautverhärtung), Bez. für eine Kollagenose mit krankhafter Quellung des Unterhautgewebes, die mit Verhärtung und später mit einer Hautatrophie endet; oft erkennbar am verdickten oberen Augenlid, das sich nicht nach oben klappen läßt.

**Sklerophyllen** [griech.], Bez. für die immergrünen Holzgewächse der trop. und subtrop. Gebiete, deren dicke, lederartige, mit reichl. Festigungsgewebe versehene Blätter auch bei anhaltender Trockenheit nicht absterben (z. B. Ölbaum, Eukalyptus). - Ggs. ↑ Malakophyllen.

**Sklerose** [griech.] ↑ Arteriosklerose.

**Sklerotien** [...i-ɛn; griech.] (Einz. Sklerotium), mehrzellige, unter Wasserverlust und Wandverdickung gebildete Plektenchyme (↑ Gewebe) bei Schlauchpilzen, die Dauerstadien (Dauermyzel) zur Überbrückung ungünstiger Vegetationsperioden darstellen; z. B. das Mutterkorn.

**Sklerotienfäule** [...i-ɛn] (Sclerotiniafäule), v. a. durch die Schlauchpilze Sclerotinia minor und Sclerotinia sclerotiorum hervorgerufene Pflanzenkrankheit, z. B. an Kopfsalat und Winterendivie *(Salatfäule)*; mit bis erbsengroßen Sklerotien an Jungpflanzen.

**sklerotisch** [griech.], im Zustand der Gewebsverhärtung befindlich, verhärtet (von Geweben gesagt); mit Gewebsverhärtung einhergehend.

**Sklerotium** ↑ Sklerotien.

**Sklerotome** [griech.], mesenchymat. Zellmassen, die während der Embryonalentwicklung der Wirbeltiere und des Menschen von der medialen Wand jedes Ursegments in metamerer Anordnung seitl. neben der Chorda dorsalis heraufwuchern, sich dann jederseits zu einer Skelettplatte *(Skleroblastem)* vereinigen, um von beiden Seiten her Chorda und Medullarrohr zur Bildung der Wirbelsäule zu umschließen.

**Sklerotomie** [griech.], bei der Glaukomoperation die Entfernung eines dünnen Sclerastreifens zur Herstellung einer künstl. Verbindung zw. der Augenvorderkammer und dem unter der Bindehaut befindl. Raum.

**Škocjanske jame** [slowen. 'ʃkoːtsjanske 'jame] (Höhlen von Sankt Kanzian), über 5 km lange Höhle 15 km östl. von Triest, Jugoslawien; Sinterterrassen, unterird. Lauf der Reka; prähistor. Funde.

**Skoda,** Albin, * Wien 29. Sept. 1909, † ebd. 22. Sept. 1961, östr. Schauspieler. - Engagements in Königsberg (Pr), Hamburg und Berlin (1933–43); 1946–61 Ensemble-Mgl. des Wiener Burgtheaters; bes. erfolgreich in klass. Rollen (Hamlet, Richard III., Mephisto).

**Škoda-Werke** [tschech. 'ʃkɔda], größtes tschech. Maschinenbauunternehmen, Sitz Pilsen; gegr. 1859, 1869 übernommen von Emil Ritter von Škoda (* 1839, † 1900), 1939 den Reichswerken Hermann Göring angegliedert, 1945 verstaatlicht. Produktion u. a. von Kfz., Lokomotiven, Walzwerken und Werkzeugmaschinen.

**Skodra,** altgriech. Name von ↑ Shkodër.

**Škofja Loka** ['ʃkoː...], jugoslaw. Stadt 20 km nw. von Ljubljana, 349 m ü. d. M., 5000 E. Leder-, Holz-, Metallverarbeitung. Eine der besterhaltenen ma. Städte Sloweniens, überragt vom Schloß der Bischöfe von Freising, denen die Stadt 973–1803 gehörte.

**Skolimowski,** Jerzy, * Łódź 5. Mai 1938, poln. Filmregisseur. - Befaßte sich nach dem Kompilationsfilm „Bes. Kennzeichen: keine" (1964) u. a. mit Jugendproblemen, u. a. in „Barriere" (1966), „Der Start" (1967), „Herzbube" (1971). - *Weitere Filme:* Die Gräfin und ihr Oberst (1968), Deep end (1970), Der Todesschrei (1979), Das Feuerschiff (1986).

**Skoliose** [zu griech. skoliós „krumm"] ↑ Wirbelsäulenverkrümmung.

**Skolopender** [griech.] (Riesenläufer, Scolopendromorpha), Ordnung 2–26 cm langer, meist gelbl., brauner oder grüner Hundertfüßer mit rd. 550 Arten, fast ausschließl. in den Tropen und Subtropen, auch im Mittelmeergebiet verbreitet, z. B. der über 15 cm lange, meist hell- bis dunkelbraune **Gürtelskolopender** (Scolopendra cingulata); nachtaktive, sich tagsüber unter Steinen oder in Erdgängen verbergende Tiere mit 21–23 Beinpaaren und großen, zangenförmigen Kieferfüßen (Giftklauen). Der Biß der großen S.arten ist sehr schmerzhaft, die Wirkungen (Schwellungen, Fieber) klingen jedoch nach einigen Stunden wieder ab. S. ernähren sich von anderen Gliederfüßern und Regenwürmern.

**Skonto** [lat.-italien.], Preisnachlaß; Zahlungskondition mit dem Anreiz zur vorzeitigen Zahlung.

**Skontration** [lat.-italien.], 1. im Rechnungswesen der Ausgleich von gegenseitigen Forderungen durch Auf- bzw. Abrechnung; 2. Methode der Bestandsermittlung: Die S. erfolgt durch Fortschreibung des jeweiligen Bestandes auf Grund der einzelnen Zu- und Abgänge.

**Skooter** (Scooter) ['skuːtər; engl., zu to scoot „flitzen"], elektr. angetriebenes, lenkbares Kleinfahrzeug [auf Jahrmärkten und in Vergnügungsparks].

**Skopas,** aus Paros stammender griech. Marmorbildhauer des 4. Jh. v. Chr. - Zahlr. literar. Belege, u. a. schuf er den Ostfries des Mausoleums von Halikarnassos (um 350 v. Chr.; heute London, Brit. Museum), den Tempel der Athena Alea in Tegea (350/340) und dessen Giebelsculpturen (Fragmente). In Kopien erhalten sind Meleager (340/330; u. a. Vatikan. Sammlungen) und eine Mänade (Dresden). Stilist. unruhige Plastik.

**Skopelos,** griech. Insel der Nördl. Sporaden, 96 km². - In der Antike *Peparethos* (wichtiger athen. Flottenstützpunkt).

**Skopje,** Hauptstadt der jugoslaw. Teilrepublik Makedonien, am Vardar, 240 m ü. d. M., 405 900 E. Sitz eines makedon.-orth. Bischofs und eines kath. Erzbischofs; Univ. (gegr. 1949), makedon. Akad. der Wiss. und Künste, Inst. für makedon. Sprache, Stadtarchiv, Kunstgalerie, archäolog., ethnolog. und naturhistor. Museum, Theater. Messestadt und bed. Ind.standort mit Eisenhütte und Stahlwerk, chem. Kombinat, Acety-

Skopas, Platte aus dem Ostfries des Mausoleums von Halikarnassos (um 350 v. Chr.). London, British Museum

len-, Zement-, Hohlglasfabrik. - In der Antike als **Scupi** Garnison, seit den Flaviern Munizipium, seit Hadrian Colonia; 518 durch ein Erdbeben zerstört; von Justinian I. als **Iustiniana Prima** neu aufgebaut; 535 als Sitz eines Erzbischofs erwähnt, 695 erstmals als S. gen.; bis ins 13. Jh. byzantin.; 1189–1393 zeitweise Residenz der serb. Könige; seit 1913 serb., kam 1918 zum späteren Jugoslawien. - 55 Bögen eines röm. Aquädukts (6. Jh.). Vom 1963er Erdbeben blieben einige Moscheen (v. a. 15. Jh.) verschont. Bed. ist der Daut Pascha Hammam (15. Jh.), die größte türk. Badeanlage auf dem Balkan (heute Kunstgalerie). Steinbrücke zur Altstadt (14./15. Jh.).

**Skopolie** [nach dem italien. Arzt G. A. Scopoli, *1723, †1788], svw. ↑Tollkraut.

**Skopus** [griech.-lat. „Ziel, Zweck, Absicht"], theolog. Begriff der bibl. Exegese: Aussage und Intention eines bibl. Textes sollen nach dessen Bearbeitung mit histor.-philolog. Methoden so formuliert werden können, daß eine sachl. richtige Beziehung des S. auf die Gegenwart ermöglicht wird (Hermeneutik).

**Skopzen,** Ende des 18. Jh. gegründete russ. Sekte; die S. steigerten die bereits bei den Chlysten vorhandene Leibverachtung ins Extreme und praktizierten die Selbstkastration (russ. skopec „Kastrat") als Zeichen vollkommener Absage an die Welt; Reste der nie sehr großen Sekte gab es bis ins 20. Jh.

**Skorbut** (Scharbock), die nach vier bis sechs Wochen bei völligem Fehlen von Vitamin C (Ascorbinsäure) in der Nahrung entstehende Vitaminmangelkrankheit; mit Hautblässe, Mattigkeit, Apathie, erhöhter Brüchigkeit der Kapillaren, multiplen punkt- und streifenförmigen Blutungen (in Haut, Unterhaut- und Fettgewebe), Lockerung und Ausfallen der Zähne, Verzögerung der Wundheilung und Störungen der Herztätigkeit. S. findet sich bes. bei Bev.gruppen mit ungenügender Gemüse- und Obstversorgung, z. B. in der Arktis, Antarktis und in trop. Ländern. - Zur Behandlung des S. dienen Vitamin-C-Gaben in hohen Dosen und Vitamin-C-reiche Ernährung.

**Skordatur**, svw. ↑Scordatura.

**Skorpion** [griech.] ↑Sternbilder (Übersicht).

**Skorpione** (Scorpiones) [griech.], seit dem Silur bekannte, heute mit über 600 Arten v. a. in den Tropen und Subtropen verbreitete Ordnung bis 18 cm langer Spinnentiere; primitive Tiere, deren Körper äußerl. in drei Abschnitte gegliedert ist: 1. ungegliederter *Vorderkörper*, relativ kurz und breit, mit vier Paar Laufbeinen, einem Paar kurzer, kleine Scheren tragender Kieferfühler (Chelizeren) und einem Paar langer, waagerecht getragener Greifarme mit großen, gezähnten Greifscheren; 2. *Vorderteil des Hinterkörpers* (Opisthosoma), ebenso breit wie der Vorderkörper, doch sehr viel länger, segmentiert und ohne Extremitäten; 3. *die letzten fünf Segmente des Hinterkörpers*, fast schwanzartig stark verschmälert, sehr beweg., letztes Segment mit Giftblase und Stachel. - S. sind nachtaktive Tiere, die versteckt vorwiegend in trockenen, wasserarmen Gebieten (z. B. Sand- und Steinwüsten, Steppen) leben. Sie ernähren sich v. a. von Insekten u. a. Gliederfüßern, die mit den Pedipalpenscheren zerquetscht oder durch einen Giftstich getötet werden. S. stechen den Menschen nur, wenn sie in Bedrängnis geraten; ihr Stich ist schmerzhaft, bei einigen Arten auch gefährl.; sie sind z. T. lebendgebärend (die Jungen halten sich dann eine Zeitlang auf dem Rücken der Mutter auf). Nördlichstes Vorkommen der S. in Europa (bis 4 cm lange Arten aus der Gatt. *Euscorpius*): in Südtirol und in der S-Schweiz.

**Skorpionsfische**, svw. ↑Drachenköpfe.

**Skorpionsfliegen** (Panorpidae), weltweit (mit Ausnahme von S-Amerika) verbreitete, rd. 120 Arten umfassende Fam. etwa 2 cm langer ↑Schnabelfliegen; Hinterleibsende des ♂ verdickt, zangenbewehrt, nach oben gekrümmt. In M-Europa kommen u. a. die Arten Panorpa germanica und Panorpa communis *(Gemeine Skorpionsfliege)* vor.

**Skorpionsklappschildkröte** ↑Klappschildkröten.

**Skorpionskrustenechse** ↑Krustenechsen.

**Skorpionsspinnen** (Pedipalpi), mit knapp 200 Arten in trop. und subtrop. Gebieten verbreitete Ordnung der ↑Spinnentiere; Pedipalpen meist zu großen Scheren oder zu einem kräftigen Fangkorb, erstes Laufbeinpaar zu sehr langen, fühlerartigen Tastern umgebildet; Körper bis fast 8 cm lang, entweder spinnenartig, mit kompaktem Hinterleib ohne Fortsatz (↑Geißelspinnen) oder skorpionsähnl., mit gestrecktem Hinterleib und einem Fortsatz am Ende (↑Geißelskorpione).

**Skorpionswanzen** (Nepidae), mit rd. 150 Arten weltweit verbreitete Fam. der ↑Wasserwanzen; bes. von anderen Insekten räuber. lebende Tiere mit breit abgeplattetem oder stabartig dünnem Körper, dessen Vorderbeine zu klappmesserartig zuschlagenden Fangbeinen umgebildet sind; Hinterleibsende läuft in eine lange, dünne Atemröhre aus. Einheim. Arten sind die 3-4 cm lange braungraue **Stabwanze** (Wassernadel, Ranatra linearis) und der etwa 2 cm lange, graubaune **Wasserskorpion** (Nepa rubra).

**Skotom** [griech.] (Gesichtsfeldausfall), Abdunkelung bzw. Ausfall eines Teiles des Gesichtsfeldes, u. a. infolge Erkrankung des Sehnervs.

**skotopisches Sehen** [griech./dt.], svw. ↑Dämmerungssehen.

**Skövde** [schwed. ˌʃœvdə], schwed. Stadt zw. Väner- und Vättersee, 46 300 E. Bau von Automotoren, Schiffswerft, Zementfabrik; Garnison. - Im MA bed. Wallfahrtsort; 1413 als Stadt belegt. - Roman. Kirche (12. Jh.).

**Skoworoda**, Grigori Sawwitsch [russ. skɐvɐra'da], *Tschernuchi (Gouv. Poltawa) 3. Dez. 1722, †Iwanowka bei Charkow 9. Nov. 1794, russ. Philosoph und Dichter. - Wanderphilosoph in der Ukraine; gilt als erster russ. Philosoph („russ. Sokrates"). S. führte Elemente der Mystik und des Rationalismus, der bibl. Anthropologie und Christologie zu einer die Ggs. dialekt. vermittelnden Synthese zusammen. Auf dieser Basis entwikkelte er einen platon. orientierten metaphys. Dualismus und eine christl.-neuplaton. Anthropologie sowie eine Religionsphilosophie. Er übersetzte u. a. Vergil, Horaz, Plutarch, verfaßte Dialoge, Briefe, geistl. Lieder, Fabeln und Epigramme.

**Skradin** [serbokroat. ˌskradi:n], jugoslaw. Ort an der Krka, rd. 2 000 E. Oberhalb von S. bildet der Fluß die *Krkafälle*, ein bed. Touristenziel. - Geht auf das antike **Scardona** zurück.

**Skram**, Bertha Amalie, geb. Alver, *Bergen 22. Aug. 1846, †Kopenhagen 15. März 1905, norweg. Schriftstellerin. - Lebte seit 1884 in Dänemark. Verf. realist. [psychologisierender] Romane und Erzählungen über soziale und sexuelle Probleme der Frau sowie über das harte Leben norweg. Fischer und Kleinbauern; u. a. „Ein Liebling der Götter" (R., 1900).

**Skript** (Scriptum) [lat.], 1. Schriftstück, schriftl. Ausarbeitung; 2. Nachschrift einer Vorlesung; 3. Drehbuch für Filme; 4. kurz für ↑Manuskript.

**Skriptgirl**, Regiesekretärin bei Filmaufnahmen, die alle techn. Daten als Grundlage für die weitere Filmbearbeitung notiert.

**Skriptorium** [lat.], spätantike oder mittelalterl. Schreibstube (Klosterschreibstube).

**Skrjabin**, Alexandr Nikolajewitsch, *Moskau 6. Jan. 1872, †ebd. 27. April 1915, russ. Komponist. - War 1898-1903 Lehrer am Moskauer Konservatorium, lebte 1904-10 in der Schweiz und in Brüssel, ab 1910 wieder in Moskau. S. war einer der bedeutendsten, eigenwilligsten Komponisten der krisenhaften Übergangsphase zur Moderne. Im Klavierwerk gelangte er bald zu einem differenzierten, klangl. dichten und harmon. zukunftsweisenden Stil. Der für sein späteres Schaffen bestimmende „myst. Akkord" (c-fis-b-e$^1$-a$^1$-d$^2$) ist Vorgriff auf die Atonalität. Bes. seine Orchestersprache ist durch (zunehmend myst.) Programme geprägt. Er schrieb u. a. 3 Sinfonien (1899/1900; 1901; 1903/04), 2 sinfon. Dichtungen („Le poème de l'extase", 1905-07; „Prometheus", 1909/10; mit Farbenklavier), ein Klavierkonzert und zahlreiche Klavierwerke.

**S.,** Wjatscheslaw Michailowitsch ↑ Molotow, Wjatscheslaw Michailowitsch.

**Skrofuloderm** [lat./griech.], tuberkulöse Hauterkrankung (v. a. im Anschluß an Lymphknotentuberkulose) mit Fistelbildung.

**Skrofulose** [lat.], tuberkulosebedingte Veränderungen im Bereich der Haut und der Lymphknoten von Gesicht und Hals.

**Skrotalhernie** [lat.], svw. ↑ Hodenbruch.
**Skrotum** [lat.], svw. ↑ Hodensack.
**Skrubber** (Scrubber) [engl. 'skrʌbə, zu to scrub „schrubben"] (Sprühwäscher), Gasreinigungsanlage zur Entstaubung und zum Auswaschen unerwünschter Gasbestandteile.

**Skrupel** [zu lat. scrupulus, eigtl. „spitzes Steinchen"], [nicht unbedingt begründeter] Zweifel, moral. Bedenken; [krankhafte] Gewissensbisse.

**Skua** [färöisch] ↑ Raubmöwen.
**Skuld** ↑ Nornen.
**Skulls** [engl.], kurze, über die Bordwand der Skullboote hinausragende Holme, an deren innerem Ende ein Ein-Hand-Griff, an deren äußerem Ende ein Ruderblatt angebracht ist. S. sind immer paarweise für jeden Ruderer an beiden Bootsseiten angebracht.

**Skulptur** [lat.], plast. Bildwerk (↑ auch Bildhauerkunst).

**Skunks** [indian.-engl.], Handelsbez. für den Pelz aus dem langhaarigen Fell des ↑ Streifenskunks.
◆ svw. ↑ Stinktiere.

**Skupa,** Josef, * Strakonice 16. Jan. 1892, † Prag 8. Jan. 1957, tschech. Marionettenspieler. - S. entwickelte in den 1920er Jahren die Figuren Spejbl - ein bedächtiger Vater - und Hurvínek - sein pfiffiger Sohn -; durch diese gewann er internat. Popularität. 1930 leitete er ein eigenes Marionettentheater in Pilsen. 1933-57 war Präs. der Union Internationale des Marionettes (UNIMA).

**Skurko,** Jewgeni Iwanowitsch [russ. 'skurkɐ], weißruss.-sowjet. Lyriker, ↑ Tank, Maxim.

**skurril** [lat.], sonderbar, absonderlich, verschroben, bizarr, [befremdend] possenhaft; **Skurrilität,** skurriles Wesen.

**Skutari,** alban. Stadt, ↑ Shkodër.
**Skutarisee,** größter See Südosteuropas, in Jugoslawien und Albanien, 12 m ü. d. M., rd. 390 km$^2$, bei hohem Wasserstand bis 540 km$^2$; durchschnittl. Tiefe 5-6 m, am W-Ufer einige Kolke mit maximal 44 m Tiefe; Abfluß durch die Bojana zur Adria.

**Škvorecký,** Josef [tschech. 'ʃkvɔrɛtskiː], * Náchod 27. Sept. 1924, tschech. Schriftsteller. - Emigrierte 1968; 1970 Prof. an der Univ. Toronto (Kanada). „Feiglinge" (R., 1958) stellt das Kriegsende 1945 in der tschech. Provinz aus der Sicht eines 20jährigen iron. dar; auch Gedichte und Erzählungen.

**Skye** [engl. skaɪ], mit 1 735 km$^2$ größte Insel der Inneren ↑ Hebriden.

**Skyeterrier** [engl. skaɪ], von der Insel Skye stammende Rasse bis 25 cm schulterhoher, langgestreckter Niederlaufhunde mit Steh- oder Hängeohren und langer Rute; Behaarung sehr reichl., hart, lang und glatt, blau, grau und sektfarben mit schwarzen Spitzen.

**Skykompaß** [engl. skaɪ], ein Navigationsgerät, das zur Kursbestimmung den Sonnenstand aus der ↑ Himmelslichtpolarisation ermittelt; vorwiegend in Polargegenden benutzt, da dort weder Kreisel- noch Magnetkompaß verwendbar sind.

**Skylab** [engl. 'skaɪlæb „Himmelslab(or)"], erste amerikanische Raumstation; sie wurde am 14. Mai 1973 (unbemannt) in eine Erdumlaufbahn (430 km Höhe) gebracht und am 25. Mai 1973 von der ersten Besatzung in Betrieb genommen (Programm S.2); neue Besatzungen am 28. Juli 1973 (S.3) und am 16. Nov. 1973 (S.4). Infolge einer starken Zunahme der Sonnenaktivität wurde die obere Atmosphäre der Erde in den letzten Jahren stärker aufgeheizt. Dies führte zu einem Dichteanstieg in der hohen Atmosphäre und bewirkte die stärkere Abbremsung der rd. 75 t schweren Raumlabors. Versuche, das seit 8. Febr. 1974 unbemannte S. durch Fernsteuerung so auszurichten, daß der Reibungswiderstand möglichst gering wird, schlugen fehl. Es kam daher am 11. Juli 1979 zum unkontrollierten Absturz, bei dem die nicht verglühten Trümmer in einem rd. 6 000 km langen Korridor im SW Australiens niedergingen. - Abb. S. 212.

**Skylax von Karyanda,** † frühestens 480 v. Chr., griech. Seefahrer und Geograph. - Fuhr zw. 519 und 510 vom Kabul und vom Indus aus in 30 Monaten erstmals um Arabien herum nach Ägypten; die erhaltenen Teile seines Fahrtberichts scheinen eine spätere Kompilation zu sein.

**Skylight** [engl. 'skaɪlaɪt], in das Oberdeck eines Schiffes eingelassenes oder darauf aufgesetztes Fenster.

**Skylightfilter** [engl. 'skaɪlaɪt] ↑ Filter (Photographie).

# Skyline

Skylab (1973)

**Skyline** [engl. 'skaılaın], Horizont[linie], Silhouette einer Stadt.

**Skylla,** zwei Gestalten der griech. Mythologie: 1. Tochter des Phorkys, ein Seeungeheuer mit sechs Hundsköpfen und zwölf Füßen. An einer Meerenge (später mit der von Messina identifiziert), der ↑Charybdis gegenüber, lauert sie den vorbeifahrenden Seeleuten auf, um sie zu fressen. Dem Odysseus raubt sie sechs Gefährten. - Die Wendung „zw. S. und Charybdis" bezeichnet heute noch eine Situation, in der von zwei Übeln eines gewählt werden muß. 2. Tochter des megar. Königs Nisos, dessen Stadt der Kreter Minos belagert. Von diesem bestochen (oder aus Liebe zu ihm), raubt S. dem Vater im Schlaf die purpurne Locke, an der sein Leben hängt. Nisos stirbt und Megara fällt in die Hand des Feindes, der aber S. als Landesverräterin töten läßt.

**Skyphomedusen** [griech.] (Lappenquallen, Scyphomedusae), freischwimmende, meerbewohnende Geschlechtsgeneration der ↑Scyphozoa; größte heute lebende Quallen, die einen Schirmdurchmesser von 1 bis 2 m erreichen können; unterscheiden sich dadurch von den ↑Hydromedusen, außerdem durch das Fehlen des inneren Schirmrandsaums (Velum) und den lappenförmigen Schirmrand; Mundrohr im Querschnitt meist viereckig, wobei die Ecken als sehr lange, gekräuselte Lappen ausgebildet sein können (z. B. bei Fahnenquallen; u. a. mit ↑Kompaßqualle, ↑Leuchtqualle, ↑Ohrenqualle) oder durch Verwachsung der Lappenränder sich zu röhrenförmigen Mundarmen entwickelt haben (↑Wurzelmundquallen).

**Skyphozoen** ↑Scyphozoa.

**Skysegel** [engl. skaı], Rahsegel oberhalb des Royalsegels. - ↑auch Segel.

**Skythen** (lat. Scythae), nur in griech.-lat. Quellen gebräuchl. Name für ein ostiran. Reiternomadenvolk aus der Gruppe der N-Iranier, das wohl seit dem 9./8. Jh., spätestens im 8./7. Jh. von den mittelasiat. Steppen in seine histor. Wohnsitze zw. Don und Karpaten eingewandert ist. Das Volk stieß etwa im 6. Jh. v. Chr. bis in das Gebiet des heutigen Rumänien vor und ging im 5./4. Jh. z. T. zur Seßhaftigkeit über; z. T. von Darius I. um 520/518 unterworfen; seit dem 4./3. Jh. von den Sarmaten verdrängt; das letzte skyth. Ft. auf der Krim wurde 109/108 von Mithridates VI. dem Pont. Reich eingegliedert. - Über Kultur, Religion und Lebensweise der S. berichtet v. a. Herodot (4. Buch); reiche archäolog. Funde v. a. aus Grabhügeln (Kurganen) haben diese Nachrichten bestätigt und ergänzt. Die S. waren Viehzüchter (v. a. Pferde) und gefürchtete Bogenschützen.

**Skythisch,** die nordostiran. Sprache der Skythen; bezeugt sind nur einige (altertüml.) Wörter und v. a. Eigennamen in Werken Herodots.

**skythische Kunst,** Kunst der skyth. Völkerstämme seit dem Ende des 7. Jh. v. Chr. Die s. K. ist ausschließl. angewandte Kunst

Skythische Kunst. Gewandbesatz in Form eines liegenden Pferdes (5./4. Jh.). Leningrad, Eremitage (oben); Scheidenbeschlag aus Vettersfelde (6. Jh. v. Chr.). Berlin (Ost), Museumsinsel (unten)

und durch ihren Tierstil gekennzeichnet. Waffen, Rüstungen, Pferdegeschirr und häusl. Gerätschaften sind mit Tierfriesen, Tierkampfszenen und Fabelwesen geschmückt. Hirsche, Elche, Steinböcke, Pferde und Raubkatzen erscheinen neben tiergestaltigen Mischwesen oder Tieren, deren Rumpf mit anderen Tieren gefüllt ist. Schon in den altoriental. Hochkulturen (Iran, China) sind Tierkampfszenen, Tiermischwesen und der mit eingeschlagenen Beinen schwebende Hirsch nachzuweisen und haben wohl die s. K. bereichert. Eigenständig sind die spiralig-ornamentale Formgebung der Tiere und eine scharfgratige Abgrenzung der Körperflächen, die von der anatom. Gestaltung im altoriental. und griech. Bereich abweicht. Es ist wahrscheinl., daß sich diese Technik von der Bein- und Holzschnitzkunst der nördl. Jägervölker herleitet, in der auch das Spiralmuster üblich war. Im 6. Jh. arbeiteten auch griech. Goldschmiede für die Skythen. Die Blütezeit der s. K. liegt zw. 600 und 300 v. Chr. Hauptfundorte sind die Hügelgräber (Kurgane) der Stammesfürsten am südl. Kuban (Aul Ulski, Kelermeskaja, Kostromskaja), am Dnjepr und auf der Krim (Solocha, Tschertomlyk, Kul Oba); ferner die Fürstengräber der sibir. Altaiskythen (Pasyryk, Baschadar). Der westlichste Fund ist der von Vettersfelde. Die s. K. bildet den wesentl. Teil der **Steppenkunst**, der Kunst der Nomadenvölker Eurasiens. Seit dem 3. Jh. v. Chr. übernahmen Sarmaten, Saken und Hunnen den skyth. Tierstil, mit dem Vorstoß der Hunnen nach W wandelte sich der Tierstil der Steppenvölker in einen mehr von Pflanzenmotiven und geometr. Mustern gekennzeichneten Ornamentstil. Awaren und Bulgaren pflegten einen neoskyth. Tierstil weiter, dessen Auswirkungen sich durch die Völkerwanderung bis nach Mitteleuropa verfolgen lassen und im Tierstil der Frühromanik nachweisen lassen.

📖 *Rolle, R.: Die Welt der Skythen. Mchn. u. Luzern 1980. - Charrière, G.: Die Kunst der Skythen; v. Sibirien bis zum Schwarzen Meer. Dt. Übers. Köln 1974.*

**s. l.,** Abk. für: ↑ sine loco.

**Slaby,** Adolf [...bi], * Berlin 18. April 1849, † ebd. 6. April 1913, dt. Elektrotechniker. - Prof. an der TH in Charlottenburg (= Berlin). S. entwickelte ab 1897 mit dem Grafen G. von Arco ein System der drahtlosen Telegrafie; 1903 Gründung der „Gesellschaft für drahtlose Telegraphie", der späteren Telefunken AG.

**Sládkovič,** Ondrej [slowak. 'slaːtkɔvitʃ], eigtl. O. Braxatoris, * Krupina (Mittelslowak. Gebiet) 30. März 1820, † Radvaň bei Banská Bystrica 20. April 1872, slowak. Dichter. - Einer der bedeutendsten Repräsentanten der slowak. Romantik; verfaßte religiöse und patriot. Lyrik und Epen, u. a. die lyr. Epen „Marína" (1846) und „Detvan" (1853).

**Slættaratindur** [färöisch 'slattaratindʏr], mit 882 m höchste Erhebung der Färöer, auf Eysturoy.

**Slagelse,** Stadt im SW der dän. Insel Seeland, 33 400 E. Garnison; Nahrungsmittel-, Eisen-, Möbel- und Schuhind., Verkehrsknotenpunkt. - Eine der ältesten dän. Städte, vom 11.–13. Jh. Münzstätte, erhielt 1280 Stadtrecht. - Got. Michaeliskirche (14. Jh.), roman. Peterskirche.

**Slalom** [norweg.] (Torlauf), Disziplin des alpinen ↑ Skisports.

**Slamet,** Vulkan im mittleren Java, 3 428 m hoch, letzter Ausbruch 1960.

**Slang** [engl. slæŋ], engl. Bez. für eine niedere Form der Umgangssprache, vulgäre Ausdrucksweise. Der engl. und der noch ausgeprägtere amerikan. S. werden, anders als das frz. Argot, meist von der noch tiefer einzusetzenden Schicht der Gaunersprache *(Cant)* unterschieden.

**Slánský,** Rudolf [tschech. 'slaːnskiː], eigtl. R. Salzmann, * Nezvěstice (bei Pilsen) 31. Juli 1901, † Prag 3. Dez. 1952 (hingerichtet), tschechoslowak. Politiker. - Ab 1921 Mgl. der KPČ, seit 1929 Mgl. des ZK und des Präsidiums der KPČ; nach Exil in Moskau und erfolgreichem Einsatz im slowak. Nat.-aufstand 1944 machte S. als Generalsekretär die KPČ zur mitgliederstärksten Partei der Tschechoslowakei und schuf so die Voraussetzungen für die kommunist. Machtübernahme im Febr. 1948; mit Zustimmung Stalins von seinem Rivalen K. Gottwald am 6. Sept. 1951 entmachtet, im Nov. 1951 verhaftet und nach einem - von antisemit. Tendenzen geprägten - Schauprozeß (20.–27. Nov. 1952) mit 10 seiner Mitangeklagten wegen „titoist. ... und zionist. Umtriebe" zum Tode verurteilt. Das Urteil wurde 1963 vom Obersten Gerichtshof aufgehoben, S. polit. aber erst 1968 voll rehabilitiert.

**Slaný** [tschech. 'slaniː] (dt. Schlan), Stadt im Mittelböhm. Gebiet, ČSSR, 280 m ü. d. M., 15 100 E. Museum. Maschinen- und Akkumulatorenbau sowie Textilind. - Auf dem die Stadt überragenden **Schlaner Berg** (Slanská hora) bis zu 3 m mächtige Kulturschichten prähistor. Höhensiedlungen, v. a. des Neolithikums, der Bronze- und der Hallstattzeit. 1239 erste Erwähnung, 1305 Magdeburger Stadtrecht. - Got. Sankt-Gotthards-Kirche (14. Jh.); Barockkirchen.

**Slapstick** [engl. 'slæpstɪk „Narrenpritsche"], Art der Lustspielkomik, die ausschließl. auf dem Bild- und Bewegungsmäßigen beruht; sie äußert sich in den Darstellertypen, deren übersteigerter Gestik und Mimik sowie in den unwahrscheinl.-grotesken und überraschenden Situationen; bes. entwickelt und ausgeprägt in der **Slapstick-Comedy** des frühen amerikan. Stummfilms (↑ Film); bed. Darsteller: L. Hardy, H. Lloyd, C. Chaplin und B. Keaton.

**slargando** [italien.] (slentando), musikal. Vortragsbez.: breiter, langsamer werdend.

**Slater,** John Clarke [engl. 'slɛɪtə], * Oak Park (Ill.) 22. Dez. 1900, † Sanibel Island (Fla.) 25. Juli 1976, amerikan. Physiker. - Prof. an der Harvard University, am Massachusetts Institute of Technology und an der University of Florida in Gainsville. Grundlegende Arbeiten zur theoret. Festkörperphysik, zur Atom- und Molekülstruktur sowie über Mikrowellen.

**Slatin,** Rudolf Karl Freiherr von (seit 1906), gen. S. Pascha, * Ober Sankt Veit (= Wien) 7. Juni 1857, † Wien 4. Okt. 1932, anglo-ägypt. General östr. Herkunft. - Wurde 1881 Gouverneur der Prov. Darfur, geriet im Mahdi-Aufstand 1884 für 11 Jahre in Gefangenschaft; 1900-14 Generalinspekteur des Sudan.

**Slatoust** [russ. slʌta'ust], sowjet. Stadt im Südl. Ural, RSFSR, 204000 E. Fakultät der Tscheljabinsker polytechn. Hochschule, Heimatmuseum; Theater; u.a. Herstellung von Qualitätsstahl und kunstgewerbl. Artikeln. - Gegr. 1754.

**Slauerhoff,** Jan Jacob [niederl. 'slɔuərhɔf], Pseud. John Ravenswood, * Leeuwarden 15. Sept. 1898, † Hilversum 5. Okt. 1936, niederl. Schriftsteller. - Schiffsarzt; einer der bedeutendsten niederl. Lyriker nach dem 1. Weltkrieg; schrieb auch phantast. Novellen.

**Slave River** [engl. 'slɛɪv 'rɪvə], Fluß im westl. Kanada, entfließt dem Athabascasee, mündet nö. von Fort Resolution in den Großen Sklavensee, 415 km lang.

**Slavíček,** Antonín [tschech. 'slavi:tʃɛk], * Prag 16. Mai 1870, † ebd. 1. Febr. 1910, tschech. Maler. - Bed. Vertreter des tschech. Impressionismus, malte v.a. Landschaften und Ansichten aus dem alten Prag.

**Slavici,** Ioan [rumän. 'slavitʃ], * Şiria (Kreis Arad) 18. Jan. 1848, † Panciu (Kreis Vrancea) 10. Aug. 1925, rumän. Schriftsteller. - Journalist; Mgl. des Dichterkreises „Junimea"; gilt mit seinen Erzählungen und Romanen („Mara", 1906) als Begründer der bäuerl. Prosa Rumäniens.

**Slaweikow** [bulgar. sla'vɛjkɔf], Pentscho, * Trjawna 27. April 1866, † Brunate (Como) 28. Mai 1912, bulgar. Dichter. - Sohn von Petko Ratschew S.; gilt als Wegbereiter des Symbolismus in Bulgarien; auch bed. Lyriker und Kritiker.

**S.,** Petko Ratschew, * Tarnowo 17. Nov. 1828, † Sofia 1. Juli 1895, bulgar. Schriftsteller. - Bed. Vertreter der nat. Aufklärung; sein in der Volkssprache geschriebenes lyr. und erzähl. Werk hatte nachhaltige Wirkung auf die stilist. Entwicklung der neueren bulgar. Literatur.

**Slawen,** urspr. nördl. der Karpaten zw. Weichsel und Dnjepr beheimatete, einheitl. europide Völkergruppe, heute in O-, SO- und M-Europa verbreitet.

Geschichte: Die Ausbreitung der S. begann nicht vor dem 1. Jh. n. Chr.; Bedeutung für ihre im wesentl. heute noch gültige Teilung in *Ost-S.* (v. a. Russen, Ukrainer, Weißrussen), *West-S.* (v. a. Polen, Masuren, Tschechen, Slowaken, Obotriten) und *Süd-S.* (v. a. Serben, Kroaten, Slowenen, Bulgaren, Makedonier) hatten die Züge der Gepiden und Goten durch ihr Gebiet. 584 überrannten die S. Griechenland und wurden gefürchtete Nachbarn Ostroms; einzelne Stämme (Obotriten) drangen über die Elbe nach W vor. Im 9./10. Jh. begann die Christianisierung der S. (in Polen 966, in Rußland 988). Da die Missionierung sowohl von Rom als auch von Byzanz ausging, entstanden Einflußbereiche der röm.-kath. (Tschechen, Polen, Slowenen, Kroaten) und der orth. Kirche (Russen, Weißrussen, Ukrainer, Bulgaren, Serben, Makedonen). Im 16. Jh. schlossen sich Teile der Sorben, Tschechen und Slowaken der Reformation an; zahlr. Bulgaren und Makedonier traten unter der osman. Herrschaft zum Islam über.

**slawische Mythologie und Religion,** Götterglauben und vorchristl. Religion der Slawen, die nur lückenhaft bekannt sind. Gemeinslaw. ist das Wort „bog" („Gott"; eigtl. „Reichtum, Fülle"); Götter galten somit als Spender des Wohlstands. In frühe Zeiten reicht wohl die Verehrung des Feuers, das im Gott Swarog personifiziert war. Als Herr der Sonne galt Daschbog. Der Name eines Gewittergottes ist in der russ. Form Perun („Schläger, Donner") überliefert. Über den Aufenthaltsort der Toten gebot Wolos, der auch als Beschützer des Viehs galt. - Die Stellung des Priestertums war offenbar nicht vornehm; seine Funktionen scheinen vornehml. Orakelerteilung und Opferhandlungen gewesen zu sein.

**slawische Sprachen** (slavische Sprachen), zu den indogerman. Sprachen gehörende Sprachen der slaw. Völker; werden gewöhnl. in drei Gruppen gegliedert: das *Ostslaw.* mit der russ., ukrain. und der weißruss. Sprache; das *Westslaw.* mit der poln., tschech. und slowak. Sprache sowie dem Ober- und Niedersorbischen († Sorbisch); das *Südslaw.* mit der slowen., serbokroat., bulgar. und der makedon. Sprache. Die westslaw. Gruppe wird weiter unterteilt in eine nördl. oder lechische Gruppe mit Polnisch sowie Elb- und Ostseeslawisch, von dem nur noch das Kaschubische gesprochen wird, während Slowinzisch und Polabisch ausgestorben sind, eine mittlere, sorb. Gruppe und eine südl., tschech.-slowak. Gruppe. Zu diesen heutigen 12 slaw. Schriftsprachen kommt noch das Altkirchen- bzw. Kirchenslawische mit bed. Einfluß auf die Ausbildung der slaw. Schriftsprachen. Alle s. S. gehen auf das bis zum 5./6. Jh. im Gebiet der Urheimat der Slawen südl. der Pripjetsümpfe (Polesje), nördl. des Karpatenbogens, westl. und östl. des mittleren

# Slawistik

Dnjeprs und östl. der Weichsel gesprochene Urslaw. zurück, aus dem sich im Zuge der slaw. Landnahme die einzelnen Dialekte differenzierten. Die sprachl. Gemeinsamkeiten und Besonderheiten sind u.a. verschieden stark ausgeprägte Palatalitätskorrelationen, Flexionsreichtum im Nominal- und Verbalsystem, einfache und zusammengesetzte Adjektivdeklinationen und unterschied. konsequent ausgebildete Verbalaspektsysteme.

📖 *Bahro, G., u.a.: Lit. u. Sprachentwicklung in Osteuropa im 20. Jh. Bln. 1982. - Arumaa, P.: Urslav. Gramm. Hdbg. 1964–76. 2 Bde. - Nahtigal, R.: Die slav. Sprachen. Abriß der vgl. Gramm. Dt. Übers. Wsb. 1961. - Bräuer, H.: Slav. Sprachwiss. Bln. 1961–69. 3 Bde.*

**Slawistik** (slawische Philologie), philolog. Wissenschaft, die sich mit den slaw. Sprachen und Literaturen (einschl. der mündl. Volksdichtung) beschäftigt; ihre Anfänge gehen bis ins 18. Jh. zurück; als ihre wiss. Begründer am Anfang des 19. Jh. gelten J. Dobrovský, J. Kopitar und A. C. Wostokow. Mit der Gründung slawist. Lehrstühle in Breslau (1842), Prag (1848) und Wien (1848/49) machte die S. schnelle Fortschritte in der Edition und Erforschung alter slaw. Sprachdenkmäler, in der vergleichenden slaw. Grammatik und der Lexikologie. Bis in die 1920er Jahre setzten die Junggrammatiker und andere Sprachforscher diese Tradition fort; schon während des 1. Weltkriegs und

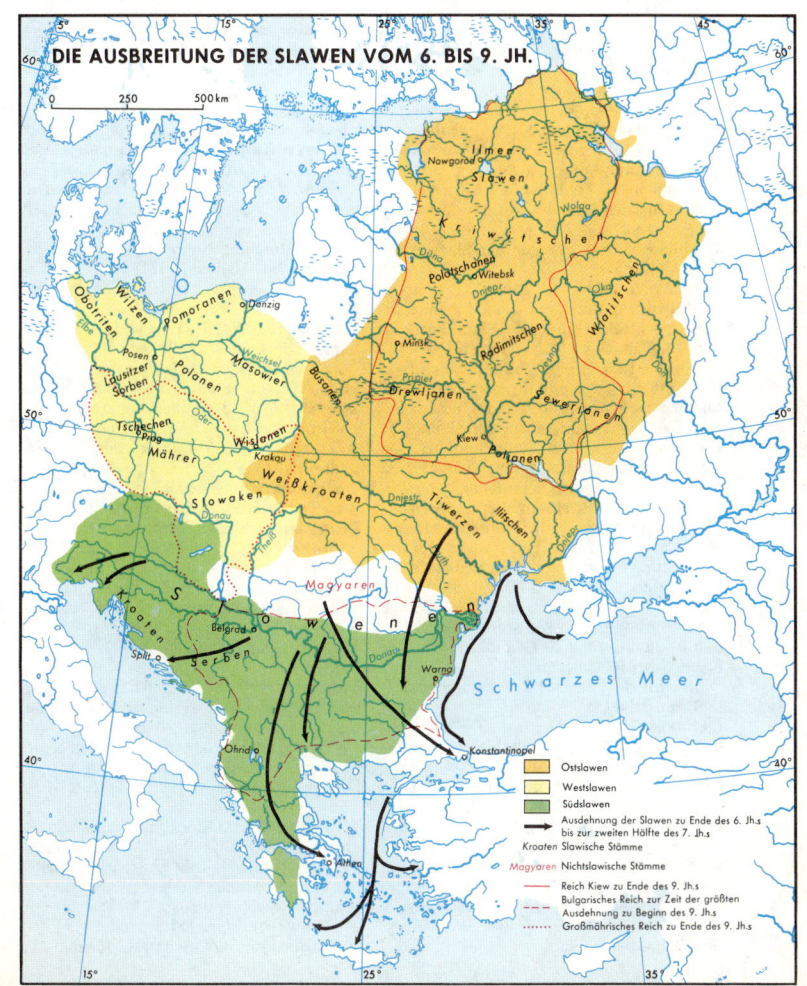

## DIE AUSBREITUNG DER SLAWEN VOM 6. BIS 9. JH.

Ostslawen
Westslawen
Südslawen
Ausdehnung der Slawen zu Ende des 6. Jh.s bis zur zweiten Hälfte des 7. Jh.s
Kroaten Slawische Stämme
*Magyaren* Nichtslawische Stämme
Reich Kiew zu Ende des 9. Jh.s
Bulgarisches Reich zur Zeit der größten Ausdehnung zu Beginn des 9. Jh.s
Großmährisches Reich zu Ende des 9. Jh.s

## Slawonien

verstärkt in den 1920er und 1930er Jahren begannen neue, allg.-literaturwiss. und -sprachwiss. Methodendiskussionen (russ. Formalismus, Prager Schule), die jedoch erst Anfang der 1960er Jahre von der dt. S. rezipiert wurden.

**Slawonien,** Gebiet in der jugoslaw. Republik Kroatien, Zwischenstromland zw. Drau und Donau im N, Save im S, Ilova im W und der Grenze Kroatiens im O. Nach Zugehörigkeit zum Röm. Reich (Pannonien) seit der Völkerwanderungszeit unter wechselnder Oberhoheit; gehörte seit dem 10. Jh. zu Kroatien, mit dem es 1091/1102 an Ungarn fiel; seit dem 16. Jh. von den Osmanen erobert. Nach dem Frieden von Karlowitz (1699) gehörte es ab 1699 zum Habsburgerreich, kam 1867/68 mit Kroatien zum ungar. Reichsteil.

**Slawophile,** Bez. für russ. romant. Geschichtsphilosophen (bes. A. S. Chomjakow, I. W. Kirejewski, K. S. Axakow u.a.), die die Eigenständigkeit und Überlegenheit der orth. russ. Kultur gegenüber dem Westen vertraten. Schwerpunkte slawophilen Denkens lagen u. a. in der Tradition östl. Christentums und im sozialen Ideal der russ. Dorfgemeinde (Mir).
◆ Anhänger bzw. Freunde der Slawen und ihrer Kultur.

**s. l. e. a.,** Abk. für: ↑sine loco et anno.

**Sleidanus,** Johannes, eigtl. Johann Philippi, * Schleiden um 1506, † Straßburg 31. Okt. 1556, dt. Geschichtsschreiber. - Ab 1537 im Dienst Franz I. von Frankr.; nach dem Übertritt zum Protestantismus (1541) Botschafter des Schmalkald. Bundes, dessen Beziehungen zum frz. Hof auf der Grundlage der antihabsburg. Politik er vermittelte. 1545 Gesandter des Bundes in England, 1551/52 im Auftrag Straßburgs beim Konzil von Trient. Seine einflußreichsten Werke waren die erste aus den Akten erarbeitete Reformationsgeschichte (1555) und eine universalhistor. Darstellung der 4 Weltmonarchien (1556).

**Slendro** (Selendro) [javan.], Materialtonleiter in der Musik Javas und Balis, die die Oktave in 5 gleich große Stufen teilt; bildet mit Pelog die tonartl. Grundlage der Gamelanmusik (↑Gamelan).

**slentando** [italien.], svw. ↑slargando.

**Slevogt,** Max ['sle:fo:kt], * Landshut 8. Okt. 1868, † auf Hof Neukastel (= Leinsweiler [Pfalz]) 20. Sept. 1932, dt. Maler und Graphiker. - Studierte 1884–90 an der Münchner Akad.; ausgehend von der realist. Malweise Trübners und Leibls, gelangte S. nach der Übersiedelung nach Berlin (1901) in seinen Figurenbildern, Porträts und Landschaften zu Transparenz und Lichtfülle in lockerem Farbauftrag. Leichtigkeit der Bewegung und des Ausdrucks finden sich noch gesteigert in seinem umfangreichen graph. Werk (v. a. Buchillustrationen, u.a. zu „Ilias", „Lederstrumpf", „Leben des B. Cellini"). Neben Liebermann und Corinth ist S. der wichtigste Vertreter des dt. Impressionismus. Zu den Hauptwerken zählt v. a. „Der weiße D'Andrade in der Rolle Don Giovannis" (1902; Stuttgart, Staatsgalerie). - Abb. S. 218.

**Slezak,** Leo ['slɛzak], * Mährisch-Schönberg (= Šumperk) 18. Aug. 1873, † Rottach-Egern 1. Juni 1946, östr. Sänger (Heldentenor). - 1901–26 Mgl. der Wiener Hof- bzw. Staatsoper; später auch Filmdarsteller. Schrieb humorvolle Lebenserinnerungen: „Meine sämtl. Werke" (1922), „Der Wortbruch" (1928), „Der Rückfall" (1940), „Mein Lebensmärchen" (hg. 1948).

**Slibowitz** [serbokroat.], Zwetschgenbranntwein aus O-Bosnien und W-Serbien.

**Sliding-tackling** [engl. 'slaɪdɪŋ'tæklɪŋ; eigtl. „Rutschangriff"], Abwehraktion im Fußball mit dem Ziel, den Angreifer vom Ball zu trennen, wobei der Verteidigende mit gespreizten Beinen vor die Füße des Gegners rutscht, um den Ball wegzuschlagen.

**Slieve Aughty** [engl. 'sli:v'ɑ:ktɪ], Bergland im westl. Irland, bis 368 m hoch.

**Sligo** [engl. 'slaɪgoʊ], ir. Hafenstadt an der S. Bay, 17 200 E. Verwaltungssitz der Gft. S., Sitz eines anglikan. und eines kath. Bischofs; Museum; Nahrungsmittel- und Bekleidungsind. - Bei einer 1242 erbauten Burg Mitte des 13. Jh. gegr.; erhielt 1613 Stadtrecht.
**S.,** Gft. in NW-Irland.

**Slink** [engl.], zu „Tafeln" zusammengenähte, zugerichtete Felle von bestimmten nordchin. Fettsteißschafen und deren Lämmern; kurzhaarig, mit fein gekräuselter Locke, glänzend weiß bis elfenbeinfarbig.

**Slip** [engl.], svw. ↑Aufschleppe.
◆ kurzer, beinloser Damen- oder Herrenschlüpfer.

**slippen** [zu engl. to slip „gleiten"] (schlippen), in der Schiffahrt svw. eine [belastete] Leine, Trosse u. a. schnell losmachen.

**Slipper** [engl.], flacher, auch ganz absatzloser Schlupfschuh.

**Sliwen** [bulgar. 'slivɛn], bulgar. Stadt am Südfuß des Ostbalkan, 260 m ü. d. M., 100 600 E. Verwaltungssitz des Verw.-Geb. S.; Museum; bed. Textilindustrie.

**Slobozia** [rumän. slobo'zia], rumän. Stadt an der Ialomița, 22 000 E. Verwaltungssitz des Verw.-Geb. Ialomița; Heimatmuseum; Nahrungsmittel-, Metall- u. a. Ind.; Verkehrsknotenpunkt. - 6 km nw. von S. der See Amara (schwefel-, chlorid-, natrium- und kohlensäurehaltiges Wasser; Badeort). - Im 17. Jh. erstmals genannt.

**Slogan** [engl. 'sloʊɡən, zu gäl. sluagh ghairm „Kriegsgeschrei, Schlachtruf"], Schlagwort oder Parole in der polit., später auch kommerziellen Werbung; treffende, einprägsame Redewendung.

**Sloka** [lett. 'slu̯ka] ↑Jūrmala.

**Słonimski,** Antoni [poln. swɔ'ɲimski],

*Warschau 15. Okt. 1895, † ebd. 4. Juli 1976 (Autounfall), poln. Schriftsteller. - Als Mgl. der Dichtergruppe Skamander einer der wichtigsten Vertreter des poln. Futurismus; 1939–46 in Großbrit.; 1956–59 Vors. des poln. Schriftstellerverbandes; erwies sich mit Sonetten, Komödien und Satiren, utop. Romanen und Feuilletons als hervorragender Formkünstler.

**Sloop** [engl. slu:p], svw. ↑Slup.
**Sloughi** ↑Slughi.
**Slovenj Gradec** [slowen. slɔ'veːnj 'graːdɛts] (dt. Windischgraz), jugoslaw. Stadt 40 km westl. von Maribor, 409 m ü. d. M., 6 000 E. Holz- und Lederverarbeitung. - Stadtkirche (1291); Heiliggeistkirche (1494). Auf dem 1 696 m hohen Ursulaberg Wallfahrtskirche; in der Nähe Ruinen einer röm. Siedlung.

**Słowacki,** Juliusz [poln. sųɔ'vatski], * Krzemieniec 4. Sept. 1809, † Paris 3. April 1849, poln. Dichter. - Nach dem erfolglosen poln. Aufstand (1831) freiwillige Emigration (meist in Paris); 1836/37 Orientreise. Gilt mit A. Mickiewicz und Z. Krasiński als einer der großen poln. Romantiker; Rivale von Mickiewicz, dessen Verbindung von nat. und kath.-religiösen Elementen er ablehnte; verfaßte sprachl. vollendete, bilderreiche Lyrik und nationalpolit., später mystizist. Poeme; seine Dramen entstanden unter dem Einfluß Byrons, Shakespeares und Calderóns, u. a. „Maria Stuart" (1830), „Balladyna" (1839), „Mazepa" (1840). S. wurde von seinen Zeitgenossen abgelehnt und erst von den Symbolisten des „Jungen Polen" in seiner nationalrevolutionären Bed. erkannt.

**Slowakei,** histor. Geb. und Nationalstaat (Slowak. Sozialist. Repubik) der ČSSR, mit den Verwaltungsgeb. Westslowak., Mittelslowak. und Ostslowak. Geb., 49 032 km², 5,18 Mill. E (1985), Hauptstadt Preßburg.
*Geschichte:* Die S. war als die seit dem 10. Jh. zu Ungarn gehörende Prov. „Oberungarn" nach den östr.-ungar. Ausgleich von 1867 intensiven Magyarisierungstendenzen ausgesetzt. Im Pittsburgher Abkommen vom 30. Mai 1918 empfahlen die in den USA ausgewanderten Slowaken und Tschechen einen Zusammenschluß der soziöokonom. unterentwickelten S. mit den böhm. Ländern. Am 28. Okt. 1918 wurde die S. Teil der Tschechoslowakei.

**Slowaken,** zu den Westslawen gehörendes Volk v. a. in der ČSSR und Ungarn.

**Slowakisch,** zu den westslaw. Sprachen gehörende Sprache der Slowaken mit etwa 4,5 Mill. Sprechern in der ČSSR und kleineren Sprachinseln v. a. in Ungarn; eine der beiden offiziellen Sprachen der ČSSR. - Das S. und das Tschech. wiesen bis ins 12. Jh. gemeinsame Sprachentwicklungen auf. Seit dem 15. Jh. wurde die tschech. Literatursprache von den Slowaken verwendet, erst 1843–45 gelang es v. a. L. Štúr, den mittelslowak. Dialekt zur Schriftsprache zu formen. - Das S. wird in lat. Schrift mit diakrit. Zeichen geschrieben. Von den drei Hauptdialektgruppen Ost-, Mittel- und West-S. weist das Mittel-S. einige sprachl. Gemeinsamkeiten mit slowen. Dialekten auf.

**slowakische Literatur,** nach der Verwendung der tschech. Bibelsprache seit dem 15. Jh. kam es erst in den 40er Jahren des 19. Jh. zur Schaffung einer slowak. Schriftsprache, die in der slowak. Romantik bes. bei dem Erzähler J. Kalinčiak (* 1822, † 1871) mustergültige Ausformung fand. Mit der Hinwendung zu sozialer Thematik Anfang der 1870er Jahre wurde (auch unter dem Einfluß russ. und westeurop. Vorbilder) der Anschluß zum Realismus gefunden, bed. waren der Erzähler M. Kukučín (* 1860, † 1928), die Schriftstellerinnen E. Maróthy-Šoltésová (* 1855, † 1939) mit Dorfgeschichten, Kindererzählungen und Emanzipationsproblematik, T. Vansová (* 1857, † 1942) mit moral. geprägten Novellen und Romanen über das Leben der Frau sowie den Erzähler und Dramatiker J. Gregor-Tajovský (* 1874, † 1940). Die slowak. *Moderne* nahm in den 1890er Jahren westeurop. und russ. symbolist. Elemente auf, v. a. die Lyriker J. Jesenský (* 1874, † 1945) und I. Krasko (* 1876, † 1958). In der neu gebildeten tschechoslowak. Republik konnte sich ab 1918 die slowak. *Zwischenkriegsliteratur* freier und vielfältiger entwickeln, auf die neben Einflüssen des tschech. Poetismus und des Proletkults auch Dadaismus, Futurismus und Surrealismus einwirkten. Zu den „Davisten" (nach ihrem Publikationsorgan „DAV" [„Masse"] 1924–37) zählten insbes. J. Poničan (* 1902), L. Novomeský (* 1904, † 1976). In der Prosa wurde die realist. Tradition mit impressionist. und expressionist. Elementen durchsetzt; Bauernromane schrieben u. a. A. Pockody (* 1906, † 1972), M. Urban (* 1904, † 1982), Gesellschaftssatiren und histor. Tragödien verfaßten u. a. J. Barč-Ivan (* 1909, † 1953), S. Králik (* 1909, † 1983). Nach der kommunist. Machtübernahme im Febr. 1948 wurde der *sozialist. Realismus* mit Ind.- und Partisanenkampfthematik vorherrschend; insbes. bei F. Hečko (* 1905, † 1960), F. Kral' (* 1903, † 1955). Die seit den 1960er Jahren entwickelten modernist. und zeitkrit. Strömungen wurden nach 1968 durch Publikationsverbote erneut unterdrückt; L. Mňačko, der bedeutendste zeitgenöss. slowak. Schriftsteller, lebt seit Aug. 1968 in der Emigration.

📖 *Verges, D.: Die Standardisierung der slovak. Literatursprache im 18. bis 20. Jh.* Ffm. 1984. - *Richter, L.: S. L.* Bln. 1979.

**Slowakisches Erzgebirge,** waldreiches Mittelgebirgsmassiv in den südl. Westkarpaten, rd. 130 km lang, bis 40 km breit, bis 1 480 m hoch. Der sö. Teil, an der ungar.

## Slowakische Volkspartei

Max Slevogt, Der weiße D'Andrade
in der Rolle Don Giovannis
(1902). Stuttgart, Staatsgalerie

Grenze, ist stark verkarstet (**Slowakischer Karst**) mit Dolinen und Tropfsteinhöhlen.
**Slowakische Volkspartei** (eigtl. S. V. Hlinkas), Abk. SVP, slowak. polit. Partei, 1918 von A. Hlinka gegr., kath.-konservativ ausgerichtet, vertrat ein slowak.-nationalist., den tschech. Zentralismus bekämpfendes Programm (Forderung nach kultureller, bald auch polit. Autonomie). Im Nov. 1938 zur Staatspartei erhoben (mit der Hlinka-Garde als Kampforganisation); pflegte eine faschistoide Ideologie; 1945 verboten.
**Slowenen,** südslaw. Volk in Jugoslawien (v. a. in Slowenien), in Italien (in Friaul-Julisch-Venetien), Österreich (v. a. in Kärnten, vereinzelt in der Steiermark) und Ungarn. Die S. gehören zur dinar. Rasse und sprechen eine eigene Sprache (↑ Slowenisch).
Die S. in Österreich erhielten durch den Staatsvertrag von 1955 volle Gleichberechtigung. Nach einer Verordnung der Bundesreg. vom Mai 1977 werden in 2 Gemeinden (Globasnitz und Zell) sowie in Teilen weiterer 6 Gemeinden (Ebental, Ferlach, Ludmannsdorf, Bleiburg, Eisenkappel-Fellach, Neuhaus) zweisprachige Ortstafeln aufgestellt. Für 13 Gemeinden Kärntens wird Slowen. als zusätzl. Amtssprache anerkannt. In Kärntner Gemeinden bestehen 85 Volksschulen und 24 Hauptschulen, an denen Unterricht auch in slowen. Sprache vorgesehen ist, seit 1957 in Klagenfurt ein Gymnasium mit slowen. Unterrichtssprache. - Die S. in Italien und Ungarn genießen ebenfalls Minderheitenschutzrechte.
Die S., um die Mitte des 6. Jh. n. Chr. vom oberen Dnjepr zur unteren Donau gezogen, breiteten sich seit 568 in Pannonien und um 590 in Noricum mediterraneum aus. Ihr Hauptort war die Karnberg (nördl. von Klagenfurt), nach der sie sich **Karantaner** nannten.

**Slowenien** (Rep. S. [seit 8. März 1990]), zweitkleinste der jugoslaw. Teilrepubliken, 20 251 km$^2$, 1,92 Mill. E (1984), Hauptstadt Ljubljana. Überwiegend Gebirgsland mit Anteil an den Alpen (im Triglav 2 863 m hoch), den Voralpen und am Karstgebiet der Innerkrain. Der SO (Unterkrain) ist ein fruchtbares Hügelland beiderseits der Krka. Das Klima hat mit Ausnahme des adriat. Küstenstreifens einen meist mitteleurop., schwach kontinentalen Charakter; 96 % der Bev. sind Slowenen, daneben gibt es 2 % Kroaten, 1 % Serben sowie Ungarn und Italiener. Das Tal der Save ist die Hauptleitlinie für Siedlung und Verkehr. Die landw. Nutzfläche besteht überwiegend aus Wiesen und Weiden. Auf dem Ackerland werden v. a. Weizen, Mais und Kartoffeln angebaut; bed. Obst- und Weinbau. Als Gebirgsland ist S. zu 45 % bewaldet (v. a. Mischwald); neben dem Holzeinschlag spielt die Jagd eine wichtige. Rolle (Rehe, Hirsche, Gemsen, Bären). S. ist reich an Bodenschätzen; Quecksilber-, Uran-, Eisen-, Blei-, Zink- und Kupfererze; Braunkohlen und Erdöl. Die Ind. umfaßt Metallerzeugung und -verarbeitung, Textil-, Holz-, Elektro- und chem. Betriebe. Wichtigster Ind.standort ist Ljubljana. Eine bed. Rolle spielt der Fremdenverkehr (Wintersport- und Luftkurorte, Heilbäder, Höhlen des Karstes und Seebäder an der Adriaküste). Als Durchgangsland ist S. verkehrsmäßig gut erschlossen; nach dem 2. Weltkrieg wurde das Straßennetz ausgebaut.
**Geschichte:** Die erstmals 1848 geforderte Verwaltungseinheit für die slowen. besiedelten Gebiete der Habsburgermonarchie wurde fast vollständig verwirklicht, als 1918 der slowen. Nationalrat die Lösung aus dem bisherigen Staatsverband erklärte und in der Folgezeit die an das neugegr. Kgr. der Serben, Kroaten und Slowenen (↑ auch Jugoslawien, Geschichte) gefallenen Teile der ehem. öst. Kronländer Krain, Kärnten und Steiermark mit dem ehem. ungar. Übermurgebiet (Prekmurje) zum Verw.-Geb. (Pokrajina) S. vereinigt wurden. Darüber hinaus beanspruchte Gebiete in Südkärnten blieben bei Österreich, das westl. Innerkrain kam 1920 endgültig an Italien. 1941 wurde S. erneut aufgeteilt: Oberkrain (ohne Ljubljana) sowie die ehem. kärntner.

und steir. Gebiete kamen an das Dt. Reich, Italien erhielt Unterkrain und Ljubljana, Ungarn das Prekmurje. Bei der polit. Neuordnung Jugoslawiens nach dem 2. Weltkrieg wurde S. wiederhergestellt, vergrößert um wesentl. Teile Julisch-Venetiens.
📖 *Sotriffer, K.: S. Linz 1973.*

**Slowenisch,** zu den südslaw. Sprachen gehörende Sprache der Slowenen mit etwa 1,7 Mill. Sprechern in NW-Jugoslawien, SO-Österreich (Kärnten) und NO-Italien und Ungarn; eine der drei offiziellen Sprachen Jugoslawiens. - Das älteste Sprachdenkmal sind die in lat. Schrift geschriebenen „Freisinger Denkmäler" (um 1000 n. Chr.); die Schriftsprache wurde jedoch erst in der zweiten Hälfte des 16. Jh. geschaffen und fand ihre endgültige literar. Gestaltung im Werk des Romantikers F. Prešeren. - Das S. wird in lat. Schrift mit diakrit. Zeichen geschrieben. Die slowen. Dialekte, die denen erhebl. Unterschiede bestehen, werden in fünf Hauptgruppen mit insgesamt 45 Unterdialekten gegliedert.

**slowenische Literatur** ↑ jugoslawische Literatur.

**Slowfox** [engl. ˈsloʊfɔks „langsamer Fox"] ↑ Foxtrott.

**Slowinzisch,** Dialekt des ↑ Kaschubischen, bis etwa 1900 von der slaw. Bevölkerung um die Ortschaften Garde und Schmolsin in NO-Pommern gesprochen, dann ausgestorben.

**Slughi** [arab.] (Sloughi, Arab. Windhund), alte Rasse bis 75 cm schulterhoher Windhunde mit Hängeohren, dünner Hängerute und extrem kurzem hinterem Mittelfuß; Haar kurz, fein und weich, graugelb oder sandfarben (in allen Abstufungen), teils mit schwarzer Maske oder gestromt, ferner weiß und schwarz; beliebter Jagdhund der Araber.

**Slums** [engl. slʌmz; zu engl. slum „schmutziges Hintergäßchen"], am Rande von [Groß]städten gelegene Elendsquartiere, in denen unterprivilegierte Bev.teile, v. a. die untersten Schichten sozialer Randgruppen und benachteiligter Gruppen (z. B. Farbige, Gastarbeiter, Neueinwanderer, aber auch Arme und sozial Schwache), in meist abbruchreifen Notunterkünften mit mangelhaften sanitären Einrichtungen in gesundheitsgefährdenden hygien. Verhältnissen und meist unerträgl. Enge in räuml. und sozialer Isolation leben. S. gibt es heute v. a. in den Großstädten Lateinamerikas (hier u. a. Barriadas, Favelas, Ranchos, Tugurios gen.) sowie Süd- und Südostasiens und Nordafrika (hier auch Bidonville genannt).

**Slup** (Schlup, Sloop) [niederl.-engl.], einmastiges Segelboot mit nur einem Groß- und einem Focksegel. Die meisten Segelboote haben heute Sluptakelung.

**Słupsk** [poln. sṷupsk] ↑ Stolp.

**Sluptakelung** ↑ Slup.

**Sluter,** Claus (Claes, Klaas) [niederl. ˈslyːtər], * Haarlem zw. 1355/60, † Dijon zw. 24. Sept. 1405 und 30. Jan. 1406, niederl. Bildhauer. - 1385 in Dijon im Dienste des burgund. Herzogs Philipp des Kühnen als Mitarbeiter und seit 1389 Nachfolger von J. de Marville für die Arbeiten an der Kartäuserkirche Champmol (1383–88 als herzogl. Grabstätte errichtet). Von S. u. a. die Tumba mit der Gestalt des Toten und Klagenden (1404–05; heute Dijon, Musée des Beaux-Arts) und als sein Hauptwerk der sog. Mosesbrunnen (1395–1402) im ehem. Kreuzgang der Kartause, eigtl. ein Kalvarienberg mit einem von einem Kruzifix gekrönten Brunnen; von den erhaltenen überlebensgroßen Figuren in schweren Gewändern eigenhändig die sechs Propheten Moses, David, Jeremias, Zacharias, Daniel und Jesaja sowie der Torso des Gekreuzigten (Dijon, Archäolog. Museum). In seinem Werk sind niederl. und frz. Elemente verarbeitet. S. führte den Weichen Stil durch krassen Naturalismus und den mächtigen Ausdruck von Bewegung und Mimik zur Monumentalität.

**sm,** Einheitenzeichen für ↑ Seemeile.

**Sm,** chem. Symbol für ↑ Samarium.

**SM,** Abk. für:
♦ Societas Mariae (↑ Marianisten).
♦ engl.: Service Module, Kurzbez. für die Versorgungseinheit eines Raumflugsystems. - ↑ auch Apollo-Programm.

**S. M.,** Abk. für: Seine Majestät.

**SMAD,** Abk. für: ↑ Sowjetische Militäradministration in Deutschland.

**Småland** [schwed. ˈsmoːland], histor. Prov. in S-Schweden, von der Eiszeit geprägte waldreiche Landschaft mit Seen und Mooren, bis 377 m hoch. Dünn besiedelt, abgesehen von der Küstenebene. Die Ind. konzentriert sich in den Städten Jönköping, Kalmar, Växjö und Nässjö. - Im 11. Jh. christianisiert; bis Mitte 17. Jh. schwed. Grenzland gegen Dänemark.

**Smalltalk** [engl. ˈsmɔːlˈtɔːk], beiläufige Konversation, unverbindliches Geplauder.

**Smalte** ↑ Schmalte.

**Smaltin** [italien.], svw. ↑ Speiskobalt.

**Smaragd** [griech.] (Emerald), durch Chromtrioxid, $Cr_2O_3$, tiefgrün gefärbte Varietät des ↑ Berylls.

**Smaragdeidechse** ↑ Eidechsen.

**smart** [engl.], 1. durchtrieben, gewitzt; geschäftstüchtig; 2. elegant [gekleidet].

**Smederevo,** jugoslaw. Stadt an der Donau, 74 m ü. d. M., 54 800 E. Eisen- und Stahlkombinat, Elektroind., Mühlen, Weinkellereien. - Geht auf das röm. **Mons aureus** zurück; zu Beginn des 15. Jh. durch den serb. Despoten Durad Branković als Residenz ausgebaut. Die seit 1429 errichtete dreieckige Festungsanlage mit 25 Wehrtürmen war eine der größten ma. Festungen Europas.

**Smegma** [griech.], gelblichweiße, talgige bis bröckelige Masse, die sich bei Unreinlich-

**smektische Struktur**

keit unter der Vorhaut des Penis (*Vorhautschmiere, -butter, -schmer*) bzw. bei der Frau in der Falte zw. Kitzler und kleinen Schamlippen ansammelt. Das S. besteht aus Talgdrüsensekret und abgeschilferten Epidermisschüppchen und wird von S.bakterien (Mycobacterium smegmatis) besiedelt. Durch die S.bildung kann es zu einer Entzündung der genitalen Schleimhaut kommen.

**smektische Struktur** [griech./lat.] ↑ Flüssigkristalle.

**Smetana,** Bedřich (Friedrich), * Litomyšl (Ostböhm. Gebiet) 2. März 1824, † Prag 12. Mai 1884, tschech. Komponist. - Studierte in Prag, gründete dort 1848 eine Musikschule, wurde 1856 Musikdirektor in Göteborg, kehrte 1861 nach Prag zurück und war ab 1866 Dirigent am Nationaltheater (1874 ertaubt). S. ist der Begründer eines tschech. nat. Stils auf den Gebieten Oper und sinfon. Dichtung; zugleich als Dirigent, Organisator und Kritiker ein Förderer gleichgerichteter Bestrebungen. Anregungen Wagners und Liszts verschmolz er in eine nat. gefärbte, volkstüml., bildkräftige Musiksprache. - *Werke:* u. a. 8 Opern, u. a. „Die verkaufte Braut" (1866, 2. Fassung 1870), „Dalibor" (1868), „Der Kuß" (1876), „Libussa" (1881); eine Sinfonie (1854), 9 sinfon. Dichtungen, die letzten 6 als Zyklus „Mein Vaterland" (1874–79; darin „Die Moldau", 1874), Ouvertüren; Kammermusik, u. a. Streichquartett e-Moll „Aus meinem Leben" (1876); Chöre und Lieder.

**Smetana-Quartett** (tschech. Smetanovo kvarteto), 1945 gegr. tschech. Streichquartett (J. Kybinský, später J. Novák, danach M. Škampa; L. Kostecký; V. Neumann; A. Kohout).

**Smetona,** Antanas, * bei Ukmergė 10. Aug. 1874, † Cleveland (Ohio) 9. Jan. 1944, lit. Politiker. - 1917 Präs. des lit. Landesrates, 1919/20 Staatspräs., 1924–40 Führer der Nat.partei (Tautinenkaepartei); errichtete 1926 durch Staatsstreich ein diktator. Regime nach dem Vorbild des italien. Faschismus; emigrierte 1940 in die USA.

**Smidt,** Johann, * Bremen 5. Nov. 1773, † ebd. 7. Mai 1857, hanseat. Politiker. - Ab 1800 im Rat seiner Vaterstadt, 1821–49 und ab 1852 ihr Bürgermeister; erreichte 1813 die Anerkennung der Unabhängigkeit der Städte Bremen, Hamburg und Lübeck durch die Großmächte; gründete 1827 Bremerhaven.

**Smirgel** (Schmirgel) [italien.] ↑ Korund.

**Smirke,** Sir (seit 1832) Robert [engl. smɔːk], * London 1. Okt. 1781, † Cheltenham (Gloucester) 18. April 1867, engl. Architekt. - Schüler von J. Soane; Vertreter des engl. Klassizismus; u. a. in London das alte Covent Garden Theatre nach antikem (dor.) Vorbild (1808; nicht erhalten), das Brit. Museum in griech.-ion. Stil (1823–47) sowie King's College (1829–35); Gerichtshöfe in Gloucester, Hereford und Perth; Klubhäuser.

**Smirnow,** Andrei Andrejewitsch, * Moskau 15. Okt. 1905, † ebd. 14. Febr. 1982, sowjet. Diplomat. - Mgl. der KPdSU seit 1930, seit 1936 im diplomat. Dienst; u. a. Botschafter in Bonn (1957–66), Ankara (1966–69); seit 1969 stellv. Außenmnin. der UdSSR.

**Smith** [smiθ], Adam, ≈ Kirkcaldy 5. Juni 1723, † Edinburgh 17. Juli 1790, schott. Nationalökonom und Moralphilosoph. - Ab 1751 Prof. in Glasgow; befreundet mit D. Hume; hatte während seines Aufenthaltes in Frankr. und Genf 1764–66 Kontakt mit bed. Vertretern der Aufklärung (u. a. Voltaire, d'Holbach, Helvétius, Quesnay, Turgot), wirkte anschließend als Privatgelehrter; ab 1779 war er Zollkontrolleur für Schottland. In seinem moralphilosoph. Hauptwerk „Theorie der Gefühle" (2 Bde., 1759) entwarf er eine Theorie des sozialen Handelns, die auch Grundlage für sein nationalökonom. Hauptwerk „Untersuchung über die Natur und die Ursachen des Nationalreichtums" (2 Bde., 1776) war. Für S. stellt der Zusammenhang des ökonom. Handelns ein sich selbst regulierendes System dar, das ohne Regulierung durch den Staat ein sinnvolles Ganzes ergibt. Er wendet sich damit insbes. gegen merkantilist. Handelspolitik und Monopole. Grundlage seiner nationalökonom. Theorie ist die ↑ Arbeitswertlehre, wonach der Wert einer Ware sich nach der in ihr vergegenständlichten gesellschaftl. notwendigen Arbeit bestimmt. Jedoch geht er in der Preistheorie implizit von der Arbeitswerttheorie ab und entwickelt eine Art Theorie der Produktionsfaktoren, wobei die Faktoreinkommen gemeinsam den Preis der Ware konstituieren. Auch gelang es S. nicht, die Grundrente auf der Basis der Arbeitswerttheorie zu erklären. S. gilt mit der Begründung der Arbeitswerttheorie auch als „Vater" der klass. Nationalökonomie. Mit seiner Theorie lieferte er der sich entfaltenden bürgerl.-kapitalist. Gesellschaft eine Selbstinterpretation, die es ihr möglich machte, gegen staatl. Restriktionen in der Wirtschaft wissenschaftl. Gründe geltend zu machen. Ohne seine wissenschaftl. Leistung wäre nicht nur die weitere Entwicklung der klass. Nationalökonomie durch Ricardo undenkbar gewesen, auch Malthus konnte sich bei seiner Bevölkerungstheorie bereits auf entsprechende Vorarbeiten von S. stützen; Marx schließlich entwickelte sein ökonom. System zu einem erhebl. Teil in krit. Rezeption der Werke von S.

📖 *Markt, Staat u. Solidarität bei A. S.* Hg. v. F. X. Kaufmann. Ffm. 1984. - Medick, H.: *Naturzustand u. Naturgesch. der bürgerl. Gesellschaft.* Gött. ²1981. - Dobb, M.: *Wert- u. Verteilungstheorien seit A. S.* Dt. Übers. Ffm. 1977. - Recktenwald, H.: *A. S. - Sein Leben u. sein Werk.* Mchn. 1976.

**S.,** Bessie, eigtl. Elizabeth S., * Chatanooga (Tenn.) 15. April 1898, † Clarksdale (Miss.)

26. Sept. 1937 (Autounfall), amerikan. Bluessängerin. - Begann ihre Laufbahn unter Anleitung der Bluessängerin Ma Rainey 1910 in Minstrel-Shows; gilt als bedeutendste Bluessängerin aller Zeiten („Kaiserin des Blues").
**S.,** David, * Decatur (Ind.) 9. März 1906, † Bennington (Vt.) 27. Mai 1965, amerikan. Bildhauer. - Schuf monumentale Metallplastik aus zusammengeschweißten Platten und anderen kub.-geometr. vorgeformten Teilen.
**S.,** George, * Chelsea ( = London) 26. März 1840, † Aleppo 19. Aug. 1876, brit. Assyriologe. - Entdeckte die babylon. Schöpfungs- und Sintflutberichte unter den Keilschrifttafeln des British Museum aus Ninive („The Chaldaean account of Genesis", 1875).
**S.,** Gladys M. † Pickford, Mary.
**S.,** Hamilton O., * New York 23. Aug. 1931, amerikan. Mikrobiologe. - Prof. an der Johns Hopkins University School of Medicine in Baltimore; grundlegende Arbeiten zur Molekularbiologie; erhielt 1978 zus. mit W. Arber und D. Nathans den Nobelpreis für Physiologie oder Medizin.
**S.,** Henry, * Dublin 2. Nov. 1826, † Oxford 9. Febr. 1883, ir. Mathematiker. - Prof. in Oxford; verallgemeinerte die Methoden von C. F. Gauß in der Zahlentheorie und arbeitete auf dem Gebiet der ellipt. Funktionen.
**S.,** Ian, * Selukwe 8. April 1919, rhodes. Politiker. - 1948-53 Mgl. des südrhodes. Parlaments; 1953-61 Vertreter des United Federal Party (UFP) im Bundesparlament der Zentralafrikan. Föderation; 1961 Mitbegr. der Rhodesian Front (1964-87 deren Präsident); 1962-64 Finanzmin.; 1964-79 rhodes. Premiermin., suchte die Herrschaft der weißen Minderheit durch Unterdrückung der Schwarzen und einseitige Erklärung der Unabhängigkeit von Großbrit. (1965) zu sichern; Mai 1979-März 1980 Min. ohne Geschäftsbereich in der schwarzen Mehrheitsreg. von Simbabwe-Rhodesien.
**S.,** Jimmy, eigtl. James Oscar S., * Norristown (Pa.) 8. Dez. 1925, amerikan. Jazzmusiker (Organist). - Wurde in den 50er Jahren als Leiter eines sehr populären Trios und als Orgelvirtuose im Rahmen des Funk- und Soul-Jazz bekannt.
**S.,** Joseph, * Sharon (Vt.) 23. Dez. 1805, † Carthage (Ill.) 27. Juni 1844, Stifter des Mormonentums. - Ab 1820 widerfuhren S. Erscheinungen eines Wesens, das er als Engel Moroni bezeichnete. Dieser überreichte ihm am 22. Sept. 1827 auf dem Berg Cumorah Goldplatten mit Inschriften in angebl. „reformägypt." Schrift, die S. ins Engl. übersetzte und 1830 als „Buch Mormon" herausgab. Das Buch wurde Grundlage der Mormonenkirche, die S. am 6. April 1830 in Fayette (N. Y.) ins Leben rief. S. kam wegen mehrerer Delikte ins Gefängnis, das seine Gegner erstürmten, wobei sie ihn erschossen.
**S.,** Patti, * New Jersey Dez. 1946, amerikan. Popsängerin. - Eine der bekanntesten Vertreterinnen des Punk Rock der 1970er Jahre (auch Gitarristin, Songschreiberin, Dichterin und Filmemacherin); P. S. versteht es, Lyrik (in der Rimbaud ihr Vorbild ist) und Rockmusik zu verbinden.
**S.,** William, * Churchill (Oxfordshire) 23. März 1769, † Northampton 28. Aug. 1839, brit. Ingenieur. - S. erkannte, daß bestimmte Fossilien nur in bestimmten geolog. Horizonten zu finden sind und begründete die Stratigraphie.
**S.,** William Robertson, * Keig (Grampian Region) 8. Nov. 1846, † Cambridge 31. März 1894, schott. Religionswissenschaftler und Semitist. - Prof. für Orientalistik und Exegese des A. T. in Aberdeen; nach seiner Entlassung wegen angebl. häret. Veröffentlichungen Mithg. der „Encyclopaedia Britannica"; ab 1883 Prof. in Cambridge; S., einer der Begründer der religionswiss. Bibelkritik in England, betonte in seinen Untersuchungen der semit. Religionen insbes. den kollektiv-verbindl. Charakter der rituellen Kulthandlungen, aus denen er die Glaubensvorstellungen abzuleiten versuchte. Seine Theorie vom Ursprung der Religion in den totemist. Opfermahlzeiten ist von E. Durkheim und S. Freud übernommen und ausgebaut worden.

**Smithson** [engl. smɪθsn], Peter, * Stockton-on-Tees 18. Sept. 1923, engl. Architekt. - S. und seine Frau Alison (* 1928) vertreten den frühen engl. Brutalismus mit Betonung der Gebäudegruppierung: Secondary school von Hunstanton in Norfolk (1950-54), Economist Building in London (1959-64). Zahlr. Veröffentlichungen.
**S.,** Robert, * Passaic (N. J.) 2. Jan. 1938, † Amarillo 20. Juli 1973, amerikan. Konzeptkünstler. - Ging von der Minimal art aus und realisierte große Projekte, z. B. Pflugschneisen in der Landschaft (Land-art).

**Smithsonian Institution** [engl. smɪθ'soʊnjən ɪnstɪ'tjuːʃən], von J. Smithson (* 1765, † 1829) gestiftete, 1846 begr. wiss. Einrichtung, Sitz Washington, die dem Präsidenten der USA untersteht. Aufgabenbereiche: Förderung von Forschungsvorhaben und Expeditionen sowie die Popularisierung aller Wissensgebiete, v. a. Ethnologie, Astronomie und Astrophysik.

**Smog** [Kw. aus engl. **smoke** „Rauch" und **fog** „Nebel"], starke Luftverunreinigung mit Dunst- oder Nebelbildung über städt. oder industriellen Ballungsräumen, insbes. bei Inversionswetterlagen (kein Luftaustausch mit den oberen Luftschichten). Man unterscheidet den *London-S.* (vorwiegend mit Schwefeldioxid und Ruß beladenen Nebel, bes. an naßkalten Herbst- und Winterabenden) und den *Los-Angeles-S.* oder *photochem. S.* (v. a. durch atmosphär. Schadstoffe wie Schwefeldioxid, Stickoxide, die unter dem Einfluß der Sonnenstrahlung neue, gefährl. Substanzen

# Smoking

und Reizstoffe wie Formaldehyd, Acetaldehyd, Akrolein bildet). - Um gesundheitsschädigenden Auswirkungen des S. zu begegnen, wurden in bes. gefährdeten Gebieten (u. a. im Ruhrgebiet und im Rhein-Neckar-Ballungsraum) S.*warn-* bzw. S.*alarmpläne* entwickelt, die in einzelnen Stufen in Kraft treten, sobald die Schwefeldioxidkonzentration der Luft bestimmte Werte überschreitet (bei S.alarm u. a. Drosselung der Emission industrieller Betriebe, Benutzungsverbot für Kfz.).

**Smoking** [kurz für engl. smoking jacket, eigtl. „Rauchjackett"] (engl. dinner jacket, amerikan. tuxedo), kleiner Abendanzug: lange, aufschlaglose Hosen mit Besatzstreifen (Galons) an der Seitennaht, Sakko mit seidenbelegten Revers oder Schalfasson sowie gleichfarbige Weste oder Kummerbund (breites Gürtelband), Krawattenschleife; urspr. im Rauchsalon getragen und aus schwarzem Tuch.

**Smoky Hill River** [engl. 'smoʊkı 'hıl 'rıvə], rechter Quellfluß des Kansas River, etwa 900 km lang.

**Smolensk** [russ. sma'ljɛnsk], sowjet. Geb.hauptstadt am oberen Dnjepr, RSFSR, 331 000 E. 3 Hochschulen, 2 Museen; Theater; Maschinen- und Gerätebau, Textil-, holzverarbeitende, keram., Baustoff- und Nahrungsmittelind. - Im 9./10. Jh. Stammeszentrum der Kriwitschen; seit 882 in der Kiewer Rus; wurde im 12.Jh. Mittelpunkt des selbständigen Ft. S.; mit Magdeburger Stadtrecht 1404–1514 im Besitz des Groß-Ft. Litauen, dann Rußlands; 1595–1602 Bau steinerner Festungsmauern, wichtigster strateg. Punkt der russ. Westgrenze; 1618–67 bei Polen; seit 1708 Gouvernementsstadt; im Juli 1941 bei der **Schlacht von Smolensk** weitgehend zerstört. - Erhalten sind die Peter-und-Paul-Kirche (1146 und 18.Jh.), die Johann-Bogoslow-Kirche (1173–76 und 18.Jh.), die Erzengel-Michael-Kirche (1191–94) und die Uspenski-Kathedrale (17. und 18.Jh.).

**Smolenskin,** Perez, * Monastyrschtschina (Geb. Smolensk) 25. Febr. 1842, † Meran 1. Febr. 1885, hebr. Schriftsteller und Publizist. - Kam 1868 nach Wien; 1869–84 Hg. der hebr. Zeitschrift Hasch-Schachar („Die Morgenröte"), wichtigstes Organ der jüd. Aufklärungsbewegung jener Zeit und von großer Bed. für die Wiederbelebung der hebr. Sprache. S. setzte sich in Romanen und histor. Werken für ein nat. Verständnis des Judentums ein.

**Smolensk-Moskauer Höhen,** 680 km langer Höhenrücken zw. dem Dnjepr bei Orscha und der Nerl, bis 320 m hoch.

**Smolikas,** mit 2 637 m höchster Berg des Pindos, Griechenland.

**Smoljan,** bulgar. Stadt in den Rhodopen, 1 100 m ü. d. M., 39 700 E. Verwaltungssitz des Verw.-Geb. S.; landw. Forschungs- und Versuchsstation; ethnograph. Museum; Textil-, Nahrungsmittelind., Holz- und Tabakverarbeitung; Sommerfrische.

**Smollett,** Tobias [engl. 'smɔlıt], ≈ Dalquhurn (= Dumbarton) 19. März 1721, † Artignano bei Livorno 17. Sept. 1771, schott. Schriftsteller. - Verfaßte Schelmenromane mit grobkom., karikaturist., grotesken Elementen; exzentr. Originale schildern v. a. „Die Abenteuer Roderick Randoms" (1748), „Peregrine Pickle" (1751), „Humphrey Klinkers Reisen" (1771).

**Smoluchowski,** Marian von, * Vorder-Brühl (bei Wien) 28. Mai 1872, † Krakau 5. Sept. 1917, poln. Physiker. - Prof. in Lemberg und Krakau; erklärte 1906 (unabhängig von A. Einstein) die Brownsche Molekularbewegung.

**Smörgåsbord** ['smø:rgɔ:s,bɔrt; schwed., eigtl. „Tisch mit Butterbroten"], schwed. kaltes Büfett.

**Smørrebrød** ['smœrəbrø:t; dän., eigtl. „Butterbrot"], Auswahl belegter Brote (zur Mittagszeit).

**smorzando** [italien.], musikal. Vortragsbez.: ersterbend, verlöschend.

**Smriti** [Sanskrit „Erinnerung"], hl. Texte, die im Ggs. zu der unmittelbar den urzeitlichen Sehern (Rischis) offenbarten Schruti den Indern durch menschl. Erinnerung überliefert gelten. Zur S. werden u. a. die Sutras, die Rechtsbücher, die Epen „Ramajana" und „Mahabharata" sowie die Puranas gerechnet.

**Smrkovský,** Josef [tschech. 'smrkɔfski:], * Velenice (Mittelböhm. Gebiet) 26. Febr. 1911, † Prag 14. Jan. 1974, tschechoslowak. Politiker. - Langjähriger Funktionär der KPČ; maßgebl. an der kommunist. Machtübernahme im Febr. 1948 beteiligt; als Antistalinist 1951 zu lebenslangem Kerker verurteilt, 1955 entlassen, 1963 rehabilitiert; danach Inhaber hoher Partei- und Reg.ämter; einer der konsequentesten Verfechter des „Prager Frühlings" 1968; 1970 aus der Partei ausgeschlossen.

**S. M. S.,** Abk. für: Seiner Majestät Schiff; in der preuß. und kaiserl. Marine.

**Smuta** (russ. auch Smutnoje wremja), in Rußland „Zeit der Wirren") Bez. für den durch Machtkämpfe, Erschütterungen der Sozialstruktur und ausländ. Interventionen gekennzeichneten Zeitraum vom Tod Boris Godunows bis zur Zarenwahl Michail F. Romanows, 1605–13.

**Smutje** [niederdt., eigtl. „Schmutzfink"], [urspr. abwertende] Bez. für Schiffskoch.

**Smuts,** Jan Christiaan [afrikaans smœts], * Farm Bovenplaats (Distrikt Malmesbury) 24. Mai 1870, † bei Pretoria 11. Sept. 1950, südafrikan. Politiker. - Führte im Burenkrieg Aufständische der Kapprov.; erreichte bis 1907 die Selbstverwaltung der brit. Kolonien; an der Gründung der Südafrikan. Union beteiligt, ihr 1. Innen- und Verteidigungsmin.; ab 1917 als Vertrauensmann der Dominions,

# Snow

deren Gleichberechtigung er im Rahmen des Commonwealth forderte, im Kriegskabinett Lloyd George; maßgebl. am Aufbau des Völkerbunds und seines Mandatssystems beteiligt; 1919–24 Premiermin., 1933–39 Justizmin.; 1939–48 Premiermin., Außenmin. und militär. Oberbefehlshaber, 1945 Mitbegr. der UN; Begr. des ↑Holismus.

**Smuul,** Juhan, * Kogura (auf Moon) 18. Febr. 1922, † Reval 13. April 1971, estn.-sowjet. Schriftsteller. - Bauernsohn; verfaßte neben Gedichten v. a. Erzählungen („Die Witwe und andere kom. Monologe", 1968), auch Tagebuchaufzeichnungen („Eisbuch", 1958), Hörspiele, Bühnenstücke („Der wilde Kapitän", 1964), Drehbücher und Liedertexte.

**Smyrna** ↑ Izmir.

**Smyrna** ↑ Orientteppiche (Übersicht).

**Smyslow,** Wassili Wassiljewitsch, * Moskau 24. März 1921, sowjet. Schachspieler. - Schachweltmeister 1957/58; unterlag 1984 im Finale des Kandidatenturniers G. Kasparow; bed. Schachtheoretiker.

**Smythson,** Robert [engl. 'smaɪðsən], * um 1536, † Wollaton 1614, engl. Baumeister. - Vertreter der elisabethan. Baukunst, ihm wird v. a. die Vollendung des engl. Landhausstils zugeschrieben; u. a. Neubau des Longleat House (Wiltshire, 1567–79), Wollaton House (Nottingham, 1580–88).

**Sn,** chem. Symbol für ↑ Zinn.

**Snack** [snɛk, engl. snæk, eigtl. „schnappen"], Appetithäppchen, v. a. bei Parties angeboten; **Snackbar,** svw. Imbißstube.

**Snæfellsnes** [isländ. 'snajfɛlsnɛːs] ↑ Faxabucht.

**Snake River** [engl. 'sneɪk 'rɪvə], größter linker Nebenfluß des Columbia River, entspringt im Yellowstone National Park, mündet 130 km sw. von Spokane, etwa 1 600 km lang; mehrere Cañons.

**Snamensk** ↑ Wehlau.

**SNAP** [engl. snæp], Abk. für engl.: system for nuclear auxiliary power, Sammelbez. für amerikan. Stromerzeugungsanlagen auf Kernenergiebasis v. a. für Raumfahrzeuge, Satelliten, automat. Wetterstationen und Leuchttürme: entweder therm. Isotopenbatterien oder ein kleiner Kernreaktor, dessen Wärme von thermoelektr. bzw. thermion. Wandlern in elektr. Energie umgewandelt wird.

**SNCF** [frz. ɛsɛnse'ɛf], Abk. für frz.: ↑ Société Nationale des Chemins de Fer Français.

**Snell,** Bruno, * Hildesheim 18. Juni 1896, † Hamburg 31. Okt. 1986, dt. klass. Philologe. - Seit 1931 Prof. in Hamburg, bed. Arbeiten über griech. Literatur, Sprache, Metrik, Mythologie und Philosophie („Die Entdeckung des Geistes", 1946; „Der Aufbau der Sprache", 1952). Mithg. der Zeitschriften „Philologus" (ab 1943), „Antike und Abendland" (ab 1945) und „Glotta" (ab 1953).

**S.,** George Davis, * Haverhill (Mass.) 19. Dez. 1903, amerikan. Physiologe. - Entdeckte die erbl. Faktoren, die die Möglichkeiten bestimmen, Gewebe von einem Individuum auf ein anderes zu übertragen; erhielt 1980 den Nobelpreis für Physiologie oder Medizin (zus. mit B. Benacerraf und J. Dausset).

**Snellius,** Willebrordus [niederl. 'snɛliːys], eigtl. Willebrord van Snel van Royen, * Leiden 1580, † ebd. 30. Okt. 1626, niederl. Mathematiker und Physiker. - Prof. in Leiden; Arbeiten zur Trigonometrie, zur geometr. Optik und Meridianmessung (1617 Einführung der Triangulierung, mit der ein neuer Abschnitt in der Geschichte der Geodäsie begann). S. fand 1621 das nach ihm ben. *Snelliussche Brechungsgesetz* (↑ Brechung).

**SNIAS,** Abk. für frz.: ↑ Société Nationale Industrielle Aérospatiale.

**Snijders** (Snyders), Frans [niederl. 'snɛjdərs], ≈ Antwerpen 11. Nov. 1579, † ebd. 19. Aug. 1657, fläm. Maler. - Schüler von P. Breughel d. J.; nach seiner Rückkehr aus Italien (1609) enge Verbindung mit Rubens; dramat. Jagd- und Tierbilder („Der Hahnenkampf", 1615; Berlin-Dahlem), Tierstudien, dekorative Küchenstücke, Stilleben.

**Snob,** Herkunft unsicher (so auch die Deutung aus lat. sine nobilitate [„ohne Adel"]), überhebl. Vornehmtuer, Wichtigtuer; Bez. für eine Person, die voller Verachtung für jedes bürgerl. Mittelmaß einen manierierten Anspruch auf extravagantes Verhalten zur Schau stellt (**Snobismus**).

**Snofru,** ägypt. König (um 2570–2545) und Begründer der 4. Dynastie. - S. unternahm mit Erfolg Feldzüge auf die Halbinsel Sinai (dort später im Lokalgott verehrt) und in den Süden; 2 Pyramiden bei Dahschur.

**Snøhetta** [norweg. ˌsnøːhɛta] ↑ Dovrefjell.

**Snorra-Edda** ↑ Edda.

**Snorri Sturluson** [isländ. 'snɔrɪ 'styrdlysɔn], * Hvamm 1178 (1179?), † Gut Reykjaholt 22. (23.?) Sept. 1241, isländ. Dichter, Historiker und Staatsmann. - Einer der reichsten, mächtigsten und bedeutendsten Männer seiner Zeit in Island; 1215–18 und 1222–31 Gesetzessprecher und damit Inhaber des höchsten Amtes im isländ. Freistaat. 2 Reisen nach Norwegen (1218–20 und 1237–39); schließl. auf Grund seiner Verwicklung in die Bestrebungen des norweg. Königs, Island zu unterwerfen, und der Beteiligung an erbitterten Familienrivalitäten auf Island auf Betreiben seines Schwiegersohnes ermordet. S. S. gilt als glänzender Vertreter der ma. isländ. Gelehrsamkeit, als Verf. der sog. jüngeren Edda („Snorra-Edda", ab 1220) und einer bis 1177 reichenden Geschichte der norweg. Könige („Heimskringla", um 1230).

**Snow,** Sir (seit 1957) Charles Percy [engl. snoʊ], Baron of Leicester (seit 1964), * Leicester 15. Okt. 1905, † London 1. Juli 1980, engl. Schriftsteller. - War Physiker (Arbeiten v. a.

zur Molekularphysik); in dem 11bändigen Romanzyklus „Strangers and brothers", nach dem Helden auch als Lewis-Eliot-Zyklus bekannt, wurden charakterist. Erscheinungen der gesellschaftl. Entwicklung in Großbrit. seit 1914, meist in den mittleren und oberen Schichten (Collegedozenten, Politiker, Regierungsbeamte) gezeigt. In dt. Übersetzung erschienen bisher: „Fremde und Brüder" (1940), „Die lichten und die dunklen Gewalten" (1947), „Jahre der Hoffnung" (1949, 1960 u. d. T. „Zeit der Hoffnung"), „Die Lehrer" (1951), „Entscheidung in Barford" (1954), „Wege nach Hause" (1956), „Das Gewissen der Reichen" (1958), „Die Affäre" (1960), „Korridore der Macht" (1964).

**Snowdon,** Anthony Armstrong-Jones, Earl of S. (seit 1961) [engl. snoʊdn], * London 7. März 1930, brit. Photograph. - 1960–78 ∞ mit der brit. Prinzessin Margaret Rose; internat. bekannter Porträt-, Mode- und Aktphotograph; auch Dokumentarfilme.

**Snowdon** [engl. snoʊdn], mit 1 085 m höchster Gipfel in Wales.

**Snowy Mountains** [engl. 'snoʊi 'maʊntɪnz], während der Eiszeit vergletscherter höchster Teil der Austral. Alpen, im Mount Kosciusko 2 230 m hoch. Die Waldgrenze liegt bei rd. 1 830 m Höhe. Schneebedeckung 3–6 Monate (Wintersport). Im Geb. der S. M. wurde das *S. M. Hydro-electric scheme* errichtet, eines der größten austral. Wasserbauprojekte; dient der Elektrizitätsgewinnung und der Bewässerung durch Umleitung von Flüssen.

**Soames,** Sir (seit 1972) Christopher [engl. soʊmz], * Penn (Buckingham) 12. Okt. 1920, brit. konservativer Politiker. - Schwiegersohn W. Churchills; 1950–66 Mgl. des Unterhauses. 1958–60 Heeres-, 1960–64 Landw.-min., 1968–72 Botschafter in Paris; Vizepräs. der EG-Kommission 1973–76; 1978 in den nichterbl. Adelsstand erhoben (Baron S. of Fletching in the County of East Sussex); Dez. 1979–April 1980 Gouverneur von Rhodesien. - † 16. Sept. 1987.

**Soane,** Sir (seit 1831) John [engl. soʊn], * Goring (Oxford) 10. Sept. 1753, † London 20. Jan. 1837, engl. Baumeister. - Vertreter des klassizist. Stils, der seine Anregungen v. a. in Italien empfing (in Rom 1778–80). Bauten in London: Erweiterungsbau der Bank von England (1788 ff.), sein eigenes Wohnhaus (1812; heute S.-Museum), Dulwich College Art Gallery (1811–14) und Stallgebäude des Royal Hospital in Chelsea (1814–17).

**Soap opera** [engl. 'soʊp ɔpərə „Seifenoper"], in den USA entstandener Typ von Familienserien, ausgestrahlt im Tagesprogramm des Hörfunks, dann auch des Fernsehens, z. T. von der Waschmittelind. finanziert; gefühlsbetonte Darstellung eines problemfreien, oft banalen Alltagslebens mit der Frau als Mittelpunkt.

**Soares,** Mario [portugies. 'sṷariʃ], * Lissabon 7. Dez. 1924, portugies. Politiker. - Als Gegner des Salazar-Regimes wiederholt inhaftiert; März–Nov. 1968 auf São Tomé verbannt; 1970–74 im Exil, gründete in der BR Deutschland 1973 die Sozialist. Partei Portugals, seitdem deren Generalsekretär; Außenmin. 1974/75, drängte in Portugal den kommunist. Einfluß zurück; 1976–78 und 1983–85 Premiermin.; seit 1986 Staatspräs.

**soave** [italien.], musikal. Vortragsbez.: sanft, angenehm, lieblich.

**Sobat** [engl. 'soʊbɔt], rechter und wichtigster Nebenfluß des Weißen Nil; im SO der Republik Sudan, entsteht durch den Zusammenfluß von **Pibor** (280 km lang) und **Baro** (410 km lang) an der Grenze gegen Äthiopien, mündet ssw. von Malakal, 330 km lang.

**Sobek** (griech. Suchos), ägypt. Gott in Krokodilsgestalt.

**Sobernheim,** Stadt an der mittleren Nahe, Rhld.-Pf., 152 m ü. d. M., 6 500 E. Heilbad (Felke-Bad). - Erste Erwähnung um 980, 1292–1798 und erneut seit 1857 Stadtrecht. - Ev. spätgot. Pfarrkirche.

**Sobhusa II.,** * 22. Juli 1899, † bei Mbabane 21. Aug. 1982, König von Swasiland (seit 1967). - Ab 1921 Oberhäuptling von Swasiland; hob 1973 die Verfassung auf.

**Sobieski,** Jan ↑ Johann III. Sobieski.

**Sobieskischer Schild** [nach Johann III. Sobieski] ↑ Sternbilder (Übersicht).

**Sobrero,** Ascanio, * Casale 12. Okt. 1812, † Turin 26. Mai 1888, italien. Chemiker. - Prof. am techn. Inst. in Turin; entdeckte das Nitroglycerin.

**Soccer** [engl. 'sɔkə, abgeleitet von association football „Verbandsfußball"], in angelsächs. Ländern Bez. für Fußball, im Ggs. zum Football.

**Soccus** [griech.-lat.], leichter Schuh in der Antike; als niedriger Schuh gehörte der S. zum Kostüm des Schauspielers in der antiken Komödie, im Ggs. zum ↑ Kothurn des Tragöden.

**Social Democratic Party** [engl. 'soʊʃəl dɛməˈkrætɪk 'pɑːtɪ], Abk. SDP, im März 1981 vom rechten Flügel der Labour Party abgespaltene brit. Partei, Vors. David Owen; 50 000 Mgl.; schloß im Herbst 1981 ein Wahlbündnis mit der Liberal Party, fusionierte 1988 mit ihr zu den Social and Liberal Democrats.

**Social Gospel** [engl. 'soʊʃəl 'gɔspəl „soziales Evangelium"], Bez. für die im letzten Drittel des 19. Jh. in den USA entstandene Bewegung amerikan. Protestanten mit dem Ziel, die Lehre Jesu auf gesellschaftl. Institutionen und das Wirtschaftsleben anzuwenden, um durch religiöse und eth. Bemühungen das „Reich Gottes auf Erden" auch gesellschaftl. aufzurichten; führte zu einem religiösen Liberalismus, der von R. Niebuhr scharf bekämpft wurde; dennoch Einfluß auf die ökumen. Bewegung.

**Società Dante Alighieri** [italien. sotʃe-ˈtadˈdante aliˈgjɛːri], 1889 gegr. italien. Gesellschaft zur Verbreitung und Pflege der italien. Sprache und Kultur im Ausland (im Unterschied zu den Dante-Gesellschaften, die sich v. a. der Danteforschung widmen); Hauptsitz Rom.

**Societas** [lat.], im röm. Recht der formlos geschlossene Gesellschaftsvertrag zur Erreichung eines gemeinsamen Zwecks. Unzulässig war die **Societas leonina**, in der ein „socius" nur am Verlust beteiligt war.

**Societas Jesu** [lat.], svw. ↑Jesuiten.
**Societas Mariae** [lat.] ↑Marianisten.
**Societas Verbi Divini** [lat. „Gesellschaft des göttl. Wortes"] ↑Steyler Missionare.

**Société Générale** [frz. sɔsjeˈte ʒeneˈral], Kurzbez. für die S. G. pour favoriser le développement du commerce et de l'industrie en France, zweitgrößte frz. Geschäftsbank, gegr. 1846, Sitz Paris.

**Société Générale de Banque S. A.** [frz. sɔsjetˈe ʒeneˈral də ˈbɑ̃kɛˈsa] (Generale Bankmaatschappij N. V.), größte belg. Geschäftsbank, Sitz Brüssel, entstanden 1965 durch Fusion; führte 1967 als erste westeurop. Bank eine Scheckkarte ein.

**Société Nationale des Chemins de Fer Français** [frz. sɔsjeˈte nasjɔˈnal dɛˈʃmɛ̃ dˈfɛr frãˈsɛ], Abk. SNCF, frz. Eisenbahngesellschaft, gegr. 1938, Sitz Paris. Die SNCF ist eine AG unter staatl. Aufsicht; sie betreibt ein Streckennetz von mehr als 30 000 km Länge.

**Société Nationale Industrielle Aérospatiale** [frz. sɔsjeˈte nasjɔˈnal ɛ̃dystriˈɛl aerospaˈsjal], Abk. SNIAS, frz. Unternehmen der Luft- und Raumfahrtindustrie, entstanden 1970 durch Fusionen, Sitz Paris.

**Society of Friends** [engl. səˈsaɪətɪ əv ˈfrɛndz „Gesellschaft von Freunden"] ↑Quäker.

**Socii** [lat.] ↑Foederati.
**SOCist**, Abk. für lat.: Sacer Ordo Cisterciensis, ↑Zisterzienser.

**Sockel** [lat.-roman.], Unterbau eines Bauwerks (*S.geschoß*), einer Statue oder eines Denkmals.
◆ in der *Elektrotechnik* Bez. für einen Halterungsteil, der gleichzeitig den elektr. Kontakt herstellt, z. B. Röhren-S., Lampensockel.

**Socken** [letztl. zu ↑Soccus], gestrickte oder gewirkte Bekleidung der Füße, z. T. bis in Wadenhöhe.

**Sockenblume** (Elfenblume, Epimedium), Gatt. der Sauerdorngewächse mit rd. 25 Arten, verbreitet von S-Europa bis Ostasien; Stauden mit z. T. immergrünen, meist zwei- bis dreifach dreizähligen Blättern; Blüten in einfachen oder verzweigten Trauben, mit meist gespornten Honigblättern (bei der eigtl. Blumenblättern) innerhalb von acht Hüllblättern; von diesen sind die inneren vier meist blumenblattartig ausgebildet und oft gefärbt. Eine einheim. Art ist die ↑Alpensokkenblume.

**Socompapaß**, argentin. Andenpaß, auf der Grenze gegen Chile, am Fuß des Vulkans *Socompa* (6 031 m), 3 857 m ü. d. M.; über den S. führt die Straße und Bahnlinie von Salta (Argentinien) nach Antofagasta (Chile).

**Soda** [span., italien.] (Natron, Natriumcarbonat), das farblose, kristalline Natriumsalz der Kohlensäure, das in der Natur mit unterschiedl. Kristallwassergehalt (als Deka- und Monohydrat) sowie in Form von Doppelsalzen, z. B. mit Natriumhydrogencarbonat, vorkommt. Durch Erhitzen entsteht kristallwasserfreie, sog. *kalzinierte (calcinierte) S.*, $Na_2CO_3$. In Wasser reagiert S. infolge Hydrolyse stark basisch. S. wird meist nach dem ↑Solvay-Verfahren hergestellt und wird in großem Umfang in der Glas- und Seifenind. sowie zur Wasserenthärtung verwendet. - S. wurde zu Reinigungs- und medizin. Zwecken schon im 5. Jt. v. Chr. im Vorderen Orient verwendet; Gewinnung aus Salzseen oder aus der Asche von Salzpflanzen bzw. Meeresalgen. Das erste techn. brauchbare Verfahren zur S.herstellung war der 1789 entwickelte Leblanc-Sodaprozeß, der in der 2. Hälfte des 19. Jh. vom Solvay-Verfahren verdrängt wurde.

**Sodalithgruppe** [span./griech./dt.], Gruppe von kub. Mineralen, die zu den Feldspatvertretern gehören; dazu gehören *Sodalith* $Na_8[Cl_2|(AlSiO_4)_6]$, *Nosean* $Na_8[SO_4|(AlSiO_4)_6]$, *Hauyn* $(Na,Ca)_{8-4}[(SO_4)_{2-1}|(AlSiO_4)_6]$ von sehr unterschiedl. Farbe; Mohshärte vom 5,5–6, Dichte 2,3 g/cm³. Nahe verwandt ist Lapislazuli.

**Sodawasser**, mit Kohlensäure versetztes Trinkwasser.

**Sodbrennen** (Pyrosis), brennendes Gefühl im Bereich der unteren Speiseröhre, das (v. a. bei Übersäuerung, aber auch bei vermindertem Säuregehalt des Magensaftes) durch Rückführung von Mageninhalt in die Speiseröhre zustande kommt.

**Soddy**, Frederick [engl. ˈsɒdɪ], * Eastbourne 2. Sept. 1877, † Brighton 22. Sept. 1956, brit. Chemiker. - Prof. in Glasgow, Aberdeen und Oxford. Als Mitarbeiter von E. Rutherford in Montreal (1901–1903) war S. an der Erforschung des radioaktiven Zerfalls beteiligt. Mit Sir W. Ramsay wies er die Entstehung von Helium beim Zerfall von Radium nach und führte den Begriff der Isotopie ein. 1912/13 formulierte er mit K. Fajans die Verschiebungssätze der Radioaktivität. 1921 erhielt S. für seine Arbeiten zur Chemie der radioaktiven Substanzen und seine Untersuchungen über Isotope den Nobelpreis für Chemie.

**Sode** (Suaeda), fast weltweit (außer in den kalten Zonen) verbreitete Gatt. der Gänsefußgewächse mit rd. 100 Arten. Bekannt ist die

# Sode

am Meeresstrand und auf salzhaltigem Boden im Binnenland wachsende, formenreiche **Strandsode** (Suaeda maritima): bis 30 cm hohe, sukkulente Pflanze mit schmalen Blättern und unscheinbaren Blüten in kleinen Büscheln.

**Sode,** kleines, rechteckiges Rasenstück (Rasen-S., Gras-S.); auch ein (in trockenem Zustand etwa ziegelsteingroßes) Stechtorfstück *(Torfsode)*.

**Soden,** Hans Freiherr von, * Dresden 4. Nov. 1881, † Marburg 2. Okt. 1945, dt. ev. Theologe. - Sohn von Hermann Frhr. von S.; Schüler A. von Harnacks; Prof. für Kirchengeschichte in Breslau, für Kirchengeschichte und N. T., Dogmengeschichte und altchristl. Kunst in Marburg; Begründer und Haupt der Bekennenden Kirche in Kurhessen, Verf. der Gutachten gegen die Anwendung des Arierparagraphen in der Kirche (1933).

**S.,** Hermann Freiherr von, * Cincinnati (Ohio) 16. Aug. 1852, † Berlin 15. Jan. 1914, dt. ev. Theologe. - Seit 1893 Prof. für N. T. in Berlin; seine Ausgabe des N. T., „Die Schriften des N. T. in ihrer ältesten erreichbaren Textgestalt" (4 Bde., 1902–13), ist noch heute unentbehrlich.

**S.,** Wolfram Freiherr von, * Berlin 19. Juni 1908, dt. Altorientalist. - Sohn von Hans Frhr. von S.; Prof. in Göttingen, Berlin, Wien, seit 1961 in Münster. Erwarb sich bes. durch seine grundlegenden Arbeiten zur akkad. Grammatik und Lexikographie große Verdienste. „Einführung in die Altorientalistik" (1985).

**Soden am Taunus, Bad** ↑ Bad Soden am Taunus.

**SODEPAX,** Abk. für: Society (engl. „Gesellschaft") Development (engl. „Entwicklung") Pax (lat. „Friede"), 1968 gegr. gemeinsamer Ausschuß der päpstl. Kommission *Iustitia et Pax* und des Ökumen. Rates der Kirchen mit Sitz in Genf; fördert die Zusammenarbeit mit allen Religionen und Völkern für soziale Gerechtigkeit, Entwicklung und Frieden.

**Söderbaum,** Kristina, * Stockholm 5. Sept. 1912, dt. Schauspielerin schwed. Herkunft. - Einer der Stars nat.-soz. Tendenzfilme; verkörperte [vorwiegend in den Filmen ihres Mannes V. Harlan] den Typ der naiven und liebl. Blonden. Nach einigen Filmen in den 1950er Jahren wurde S. zuletzt in H.-J. Syberbergs „Karl May" (1974) eingesetzt.

**Söderberg,** Hjalmar [schwed. ˌsøːdərbærj], * Stockholm 2. Juli 1869, † Kopenhagen 14. Okt. 1941, schwed. Schriftsteller. - Schrieb psycholog. Romane über das Kleinbürgertum wie „Irrungen" (1895), „Martin Bircks Jugend" (1901), „Doktor Glas" (1905) sowie iron.-resignative Erzählungen, auch Übersetzungen.

**Söderblom,** Nathan [schwed. ˌsøːdərblum], eigtl. Lars Olof Jonathan S., * Trönö (Gävleborg) 15. Jan. 1866, † Uppsala 12. Juli 1931, schwed. luth. Theologe und Religionswissenschaftler. - Prof. in Uppsala und Leipzig, seit 1914 Erzbischof von Uppsala und Prokanzler der Univ. Uppsala. S. arbeitete zunächst auf dem Gebiet der iran. Religion, später v. a. auf dem des Gottesglaubens; auf theolog. Gebiet widmete er sich dem Offenbarungsgedanken und Lutherstudien. Weltweite Bed. kommt ihm durch seine ökumen. Bestrebungen und die Initiative zur Stockholmer Weltkirchenkonferenz der Bewegung für prakt. Christentum (Life and Work) 1925 zu. 1930 erhielt S. den Friedensnobelpreis.

**Södergran,** Edith Irene [schwed. ˌsøːdərgraːn], * Petersburg 4. April 1892, † Raivola (= Roschtschino, Geb. Leningrad) 24. Juni 1923, schwedischsprachige finn. Lyrikerin. - Wirkte mit reimlosen, von innen her strukturierten und rhythmisierten Gedichten bahnbrechend für den skand. Expressionismus.

**Södermanland,** histor. Prov. im östl. Mittelschweden, umfaßt neben anderen Verw.-Geb. (Läns) das gleichnamige Län S.; eine reich gegliederte kuppige Landschaft, die an der Ostsee in einen breiten Schärenhof übergeht. 56% der Fläche sind mit Wald bedeckt. Die Landw. erzeugt Getreide, Gemüse und Obst; Milchviehhaltung. Ind.standorte sind Eskilstuna und Södertälje, die wichtigsten Häfen Oxelösund und Nynäshamn. - Wurde 1560 Hzgt.; 1719 Bildung des heutigen Län Södermanland.

**Södertälje** [schwed. søːdərˌtɛljə], schwed. Stadt 25 km sw. von Stockholm, 79 400 E. Kurort, Garnison; Lkw-, Maschinen-, Werkzeugbau, pharmazeut. Fabrik, Hafen am 3 km langen *S.kanal,* der den Mälarsee mit der Ostsee verbindet. - Besteht seit dem 11. Jh., hieß bis 1622 **Tälje**. - Ragnhildskirche (17. Jh.); altes Rathaus (18. Jh.).

**Sodoma,** eigtl. Giovanni Antonio Bazzi, * Vercelli 1477, † Siena 14. Febr. 1549, italien. Maler. - Nach Lehre und Tätigkeit in Oberitalien 1508 in Rom Fresken in der Stanza della Segnatura des Vatikans, 1512 in der Villa Farnesina („Hochzeit Alexanders d. Gr. mit Roxane"), später vorwiegend in der Toskana tätig. Bes. von Leonardo beeinflußte, schnell gearbeitete und durch die maler. Reize weicher und warmer, dunstig verschwimmender Töne ausgezeichnete Werke.

**Sodomie** [nach dem bibl. Stadt Sodom], sexueller Verkehr von Menschen mit Tieren. S. war bis zur Strafrechtsreform 1969 gemäß § 175 b StGB mit Gefängnis zu bestrafen.

**Sodom und Gomorrha,** Name zweier bibl. Städte (vielleicht am SO-Ufer des Toten Meeres), die nach 1. Mos. 18–19 wegen ihrer „himmelschreienden Sünden" (Homosexualität, sexueller Verkehr mit Tieren [Sodomie]) von Gott vernichtet wurden, wobei nur Lot gerettet wurde. „S. u. G." wird heute sprichwörtl. zur Beschreibung „lasterhafter" Zustände verwendet.

**Soemmering** ↑Sömmerring.

**Soest** [zo:st], Johann von ↑Johann von Soest.

**S.,** Konrad von ↑Konrad von Soest.

**Soest,** [zo:st] Krst. am Hellweg, NRW, 98 m ü. d. M., 41 400 E. Fachbereiche der Gesamthochschule Paderborn, ev. Predigerseminar; Stadt-, Dommuseum, Wilhelm-Morgner-Haus; Nahrungsmittel-, Elektro-, Textilind., Maschinenbau; Garnison.

**Geschichte:** 836 erstmals erwähnt, jedoch älter (merowing. Friedhof [etwa 500–700]); in spätkaroling., erneut in otton. Zeit befestigt (um 1179 ausgebaut); besaß um 1000 Münzrecht, um 1100 Marktrecht. Das **Soester Stadtrecht** (um 1120 aufgezeichnet) erhielten etwa 60 westfäl. Städte sowie Lübeck (1159; Grundlage der lüb. Rechts). Bis 1622 bed. Mgl. der Hanse; erhielt bis um 1200 eine (1260/83 revidierte und ergänzte) Ratsverfassung mit Beteiligung der Bürgerschaft an der Stadtreg. (gültig bis 1752). Errang in der **Soester Fehde** (1444–49) die Unabhängigkeit von Kurköln und die Bestätigung seiner Herrschaft über die **Soester Börde,** das seit 1274 erworbene städt. Territorium.

**Bauten:** Nach Zerstörungen im 2. Weltkrieg sind u. a. wiederhergestellt: ehem. Stiftskirche Sankt Patroklus, Höhepunkt der westfäl. Romanik (1166 vollendet, Westwerk um 1190–1230), roman. Pfarrkirche Sankt Petri (um 1150, v. a. got. Erweiterungsbauten um 1200–1322; mit bed. roman. Tympanonrelief, 12. Jh.), roman. Pfarrkirche Maria zur Höhe (Hohnekirche, um 1220–30), Hallenkirche mit fast quadrat. Langhaus, Ausgangspunkt des Soester Typs westfäl. Hallenkirchen, roman. Ausmalung (um 1220–60), got. Pfarrkirche Maria zur Wiese (Wiesenkirche, im Kern 14. Jh., bed. S-Portal; Skulpturen um 1400). In der roman. Nikolaikapelle ein Altarbild von Konrad von Soest (um 1400); zahlr. ehem. Adelshöfe v. a. des 13. bis 17. Jh., bürgerl. Fachwerkbauten des 16. bis 18. Jh., Wälle und Gräben, Kattenturm (13. Jh.) und Osthofentor (1523–26) der Stadtbefestigung.

**S.,** [zo:st] Kreis in Nordrhein-Westfalen.

**S.,** [niederl. su:st], niederl. Gem. unmittelbar westl. von Amersfoort, 40 600 E. Inst. für Organphysiologie; Leder-, Papier-, Baustoffu. a. Ind.; im S der Militärflugplatz *Soesterberg* mit Luftwaffenmuseum. - Got. Kirche (etwa 1400; Türme 16. Jh.).

**Soestdijk** [niederl. su:st'dɛjk] ↑Baarn.

**Soester Börde** ['zo:stər], Kernlandschaft der Hellwegbörden im SO der Westfäl. Bucht.

**Sofa** [zu arab. suffa, eigtl. „Vorsprung, Sims"], neuere Bez. für ↑Kanapee.

**Soffitte** [italien., zu lat. suffigere „anheften"], entsprechend der Bühnendekoration bemaltes, vom Schnürboden herabhängendes

Sodoma, Hochzeit Alexanders des Großen mit Roxane (Ausschnitt; 1512). Fresko in der Villa Farnesina in Rom

Sofia. Sofienkirche (5. Jh. ff.) im Vordergrund und Alexander-Newski-Kathedrale (1896–1912)

## Soffittenlampe

Dekorationsstück, das die Kulissenbühne nach oben abschließt.

**Soffittenlampe** (Linienlampe), langgestreckte, zylindr. Glühlampe mit je einem Anschlußkontakt an den Enden.

**Sofia** [ˈzɔfia, ˈzoːfia], Hauptstadt Bulgariens, am N-Fuß der Witoscha, 550 m ü. d. M., 1,09 Mill. E. Verwaltungssitz des Verw.-Geb. S., Sitz der Regierung, des Parlaments, der Zentralbehörden, des Sekretariats der bulgar. KP sowie weiterer polit. Institutionen und wirtsch. Vereinigungen; Sitz der Bulgar. Akad. der Wiss. u. a. Akad.; Univ. (gegr. 1888), 11 Hochschulen, Kunstakad., Konservatorium; Staatsarchiv; Nationalbibliothek, Nationalgalerie, Museen; Nationaloper, Theater, mehrere Symphonie- und Kammerorchester, Staatl. Ensemble für Volkslieder und -tänze; Observatorium; Zoo. S. ist der wichtigste Ind.-standort Bulgariens, u. a. Metall-, Elektro-, Nahrungsmittel-, Tabakwaren-, Textil-, chem. u. a. Ind.; Verlage und Druckereien; Heilquellen; 10 km nw. internat. ✈.

*Geschichte:* Seit dem Neolithikum besiedelt, seit dem 8./7. Jh. thrak. Siedlung. In der Römerzeit entwickelte sich **Serdica** (nach den thrak. Serden ben.) aus einem röm. Kastell der 1. Hälfte des 1. Jh. n. Chr.; zur Zeit Trajans Munizipium; gehörte urspr. zur Prov. Thracia; nach 271 n. Chr. Hauptstadt der Prov. Dacia mediterranea; 447 von den Hunnen erobert und zerstört; unter Kaiser Justinian I. wieder aufgebaut; 809 von den Bulgaren eingenommen; 1018–85 bei Byzanz; 1189 von den Kreuzfahrern Kaiser Friedrichs I. Barbarossas besetzt; hieß seit dem 9. Jh. **Sredez**, entwickelte sich als **Sofija** vom 12.–14. Jh. zu einer der wichtigsten Städte Bulgariens; 1382 von den Osmanen erobert, seit dem 15. Jh. bed. Verwaltungs- und Handelszentrum.

*Bauten:* Aus spätantiker Zeit ist ein röm. Profankomplex erhalten mit Rotunde, die im 5. Jh. zur Georgskirche umgebaut wurde; Fresken (10.–14. Jh.). Die Sophienkirche entstand im 5. Jh. (im 9. Jh. erneuert und abgeändert, mehrfach umgebaut, restauriert). Aus der Osmanenzeit stammen die Große Moschee (1474; heute archäolog. Museum), die Schwarze Moschee (1527, von Sinan, heute Siebenheiligenkirche), mehrere Klosterkirchen u. a. Nach 1878 klassizist. oder historisierender, sich auf byzantin. Formen stützender Baustil (Alexander-Newski-Kathedrale, 1896–1912), nach dem 1. und 2. Weltkrieg neben Monumentalarchitektur einige beachtl. Bauten von G. Owtscharow, u. a. Innenministerium (1936), Dimitrow-Mausoleum (1949). - Abb. S. 227.

**Sofie,** weibl. Vorname, ↑Sophie.

**Sofortbildphotographie,** Sammelbez. für photograph. Verfahren, die unmittelbar nach der Aufnahme ein fertiges Positiv liefern. Die Entwicklungschemikalien sind in den Bildschichten enthalten, die Entwicklung des Bildes vollzieht sich in der Kamera bzw. sofort nach dem Verlassen der Kamera bei Tageslicht (↑ Polaroid-Land-Verfahren).

**sofortige Beschwerde** ↑ Beschwerde.

**Softball** [engl. ˈsɔftbɔːl] ↑ Baseball.

**Soft copy** [engl. ˈsɔft ˈkɔpɪ], in der Datenverarbeitung Bez. für die [Text]ausgabe in Form einer Darstellung auf dem Bildschirm eines Datensichtgeräts.

**Soft-Eis** [engl./dt.], weiches Speiseeis, hergestellt in *S.-E.-Maschinen*, dabei stark mit Luft versetzt.

**Softie** (Softy) [zu engl. soft „sanft"], Bez. für einen (jüngeren) Mann mit sanftem Wesen.

**Soft Machine** [engl. ˈsɔft məˈʃiːn], 1967 in London gegr. Popgruppe, die mit wechselnder Besetzung (Trio, Quartett) eine esoter. Mischung aus Rock, Free Jazz und Effekten aus der avantgardist. E-Musik spielte.

**Soft Rock** [engl.], relativ leiser und sanfter Rock im Ggs. zum ↑ Hard Rock; S. R. ist kein Stilbegriff, man versteht darunter v. a. Folk-Rock, Country-Rock oder auch zeitgenöss. Folksong.

**Software** [engl. ˈsɔftwɛə; eigtl. „weiche Ware"], die Gesamtheit der für eine Datenverarbeitungsanlage verfügbaren (bzw. vom Hersteller als „immaterielle Ware" zur Verfügung gestellten) nichtapparativen Funktionsbestandteile, insbes. Programme, die eine optimale Ausnutzung der Anlage ermöglichen sollen. Man unterscheidet die zum Betrieb unerläßl. *Grund-* oder *System-S.* und die auf spezielle Probleme eines Benutzers oder einer Benutzergruppe zugeschnittene *problemorientierte* oder *Anwender-Software.*

**Software-engineering** [engl. ˈsɔftwɛə-ɛndʒɪˌnɪərɪŋ], in der Datenverarbeitung Bez. für die Gesamtheit der Prinzipien, Methoden, Verfahren und Hilfsmittel für alle Arbeitsphasen der Programmerstellung, von der Aufgabenanalyse über den Entwurf und die Strukturierung des Programms, die reale Einführung (Implementierung) und den Test bis hin zur Inbetriebnahme und Wartung.

📖 *Gewald, K., u. a.: S. E. Mchn.* ⁴*1984.*

**Softy** […ti] ↑Softie.

**Sogdiana** (altpers. Sugda, Sogdien), histor. Landschaft in M-Asien zw. Amu-Darja und Syr-Darja; wichtigste Stadt war Marakanda (= Samarkand). Die von den iran. **Sogdiern** besiedelte Oasenlandschaft gehörte seit Darius I. zum Achämenidenreich; 329–327 von Alexander d. Gr. unterworfen, kam dann zum seleukid., später zum gräkobaktr. Reich; erlag im 2. Jh. v. Chr. mit Baktrien dem Ansturm von Steppenvölkern; gehörte im 2./3. Jh. n. Chr. zum Reich des Kuschan, 260 n. Chr. Prov. des Sassanidenreiches. Zu Beginn des 8. Jh. von den Arabern erobert und Zentrum islam. Kultur; im 13. Jh. Eroberung durch die Mongolen; die iran. Bev. wurde z. T. ausgerottet.

**Sogdisch** (Soghdisch), die nordostiran.

Sprache der Sogdier, urspr. in der Sogdiana heim., wurde im 1. Jt. n. Chr. auf den zentralasiat. Karawanenwegen, v. a. den Seidenstraßen, die allg. zentralasiat. Verkehrssprache; S. wurde bis ins 10./11. Jh. verwendet und lebt heute im Jaghnobischen, einem der Pamirdialekte, fort.

**Soggetto** [zɔ'dʒɛto; italien. „Subjekt"], in der Musik das Thema einer kontrapunkt. Komposition (z. B. Ricercar, Fantasie, Kanzone), bes. der ↑ Fuge.

**Soghdisch** ↑ Sogdisch.

**Sogn** [norweg. sɔŋn], Geb. in W-Norwegen um den Sognefjord; bildet den Südteil des Verw.-Geb. ↑ Sogn og Fjordane.

**Sognefjord** [norweg. ˌsɔŋnəfjuːr], Fjord mit zahlr. Seitenarmen in W-Norwegen, mit 204 km längster und mit maximal 1 308 m auch tiefster Fjord Norwegens, etwa 4 km breit.

**Sogn og Fjordane** [norweg. 'sɔŋn ɔˌfjuːranə], Verw.-Geb. in W-Norwegen, 18 634 km², 106 200 E (1985), Verwaltungssitz Leikanger. Die Fjorde mit ihren Nebenarmen setzen sich in vielfach von Seen erfüllten Tälern fort. Das Innere wird durch den Plateaugletscher Jostedalsbre beherrscht; die östlichsten Teile gehören zum Hochgebirgsbereich von Jotunheim. Forst- und Landw., Fischerei; die Ind. basiert auf den reichen Wasserkräften (Aluminium-, Ferrosiliciumschmelzwerke).

**Sohar** [hebr. „Glanz"], Hauptwerk der jüd. Kabbala. Der S. stammt aus der 2. Hälfte des 13. Jh. und ist wahrscheinl. von dem span. Kabbalisten Moses Ben Schem Tov de Leon in aram. Sprache verfaßt worden. Hauptinhalt sind myst. Ausdeutungen der Thora und anderer bibl. Bücher.

**Sohle** [letztl. zu lat. solum (mit gleicher Bed.)], (Fuß-S., Planta pedis) die Unterseite des Fußes, an der die durch stärkere Hornhaut geschützten Fußballen liegen, deren Muskelzüge ein elast. Aufsetzen des Fußes ermöglichen.

◆ (Schuh-S.) bei *Schuhen* Bez. für den Bodenteil. An der meist aus Leder hergestellten *Brand-S.* werden der Schaft und die weiteren Bodenteile befestigt: die *Deck-S.* aus dünnem Leder oder Kunststoff, die *Zwischen-S.* zur Verstärkung des Bodens und für die sog. *Durchaus-* oder *Lang-S.* (von den Zehen bis zur Ferse reichend), deren vorderer Teil als *Lauf-S.* dient. Die Leder-S. wurde vielfach durch Kunststoff- und Gummi-S. verdrängt (z. B. Krepp-S. aus geschlossenporigem Gummi).

◆ im *Bergwesen* die unterste Begrenzungsfläche eines Grubenbaus.

◆ im *Wasserbau* Bez. für die untere Begrenzung eines Wasserlaufs (z. B. Flußsohle).

**Sohlengänger** ↑ plantigrad.

**Sohlental** ↑ Tal.

**Sohm,** Rudolph, * Rostock 29. Okt. 1841, † Leipzig 16. Mai 1917, dt. Jurist. - 1870 Prof. in Freiburg, ab 1872 in Straßburg, ab 1887 in Leipzig; ab 1890 „nichtständiges" Mgl. der 2. Kommission für die Ausarbeitung des BGB. Seine Forschung galt bes. der Geschichte des dt. und röm. Rechts und hat v. a. das ev. Kirchenrecht von seinem spirituellen Kirchenbegriff her problematisiert. Der urchristl. Kirchenbegriff, der keine organisierten Einzelgemeinden (also auch keine Rechtsgestalt) kannte, diente ihm zur Begründung seiner These, daß das „Kirchenrecht im Widerspruch zum Wesen der Kirche" stehe; die sichtbare Kirche sei nur Welt, nicht Kirche.

**Söhngen** ['zøːŋən], Gottlieb, * Köln 21. Mai 1892, † München 14. Nov. 1971, dt. kath. Theologe und Philosoph. - Prof. für Fundamentaltheologie an der theolog. Akad. in Braunsberg (Ostpr.), in Bonn und München; um eine Synthese von scholast. und moderner Philosophie und ihre Anwendung auf theolog. Gegenwartsfragen bemüht. - *Werke:* Philosoph. Einübung in die Theologie (1955), Gesetz und Evangelium (1957), Analogie und Metapher (1962).

**S.,** Oskar, * Hottenstein (= Wuppertal) 5. Dez. 1900, † Berlin (West) 28. Aug. 1983, dt. ev. Theologe. - Prof. an der Musikhochschule Berlin; 1951 Vizepräsident der EKU; Vors. der Ev. Gesellschaft für Liturgieforschung; bed. Arbeiten zur Erneuerung der ev. Kirchenmusik und ihrer theolog. Begründung.

**Sohn Gottes,** 1. sehr wahrscheinl. aus hellenist. Vorstellungen übernommener Würde- bzw. Hoheitstitel für ↑ Jesus Christus. Ein Zusammenhang zw. der Vorstellung vom S. G. *(Gottessohnschaft)* und der des Messias bereits im Judentum ist nicht eindeutig nachzuweisen, vielleicht wurde er erst sekundär im Judenchristentum hergestellt; 2. in der Tradition der Logos-Christologie dogmat. Bez. v. a. für die Vor- und Überzeitlichkeit des Sohnes und die Wesenseinheit bzw. -gleichheit von Vater (Gott) und Sohn (Jesus Christus).

**Söhnker,** Hans, * Kiel 11. Okt. 1903, † Berlin 20. April 1981, dt. Schauspieler. - Theaterengagements seit 1923 u. a. in Danzig, Bremen und Berlin; auch Charakterdarsteller in Filmen wie „Der Zarewitsch" (1933), „Der Mustergatte" (1937), „Große Freiheit Nr. 7" (1944), „Film ohne Titel" (1948), „Die Fastnachtsbeichte" (1960); zahlr. Fernsehrollen.

**soigniert** [zoan'jiːrt; zu frz. soigner „pflegen"], sorgfältig gekleidet; gepflegt.

**Soil erosion** [engl. 'sɔɪl ɪ'roʊʒən], svw. ↑ Bodenerosion.

**Soiree** [frz. swa'reː; lat.-frz.], Abendveranstaltung, festl. Abendempfang.

**Soissons** [frz. swa'sɔ̃], frz. Ind.stadt in der Picardie, Dep. Aisne, 30 200 E. Kath. Bischofssitz; Museum. Gießereien, Kesselschmieden, Elektro-, chem., Gummi- und Nahrungsmittelind. - Als röm. Garnisonstadt **Augusta Suessionum** nach Cäsars Eroberung

# Soja

des nahegelegenen Noviodunum gegr.; wurde 486/487 fränk., unter den Merowingern eine der Residenzstädte; seit dem 3. Jh. Bischofssitz; erhielt im 12. Jh. Stadtrecht; wurde 1325 Teil der frz. Krondomäne. - Got. Kathedrale (Gesamtweihe 1479; im 1. Weltkrieg beschädigt, wiederhergestellt); karoling. Krypta der ehem. Abteikirche Saint-Médard (9. Jh.); got. ehem. Abteikirche Saint-Léger (13. Jh.; mit älterer Krypta).

**Soja, Kap,** nördlichster Punkt Japans, an der N-Küste von Hokkaido; von Sachalin durch die La-Pérouse-Straße getrennt.

**Sojabohne** [jap./dt.] (Rauhhaarige Soja, Glycine max), Hülsenfrüchtler, Art der Gatt. Glyzine; alte Kulturpflanze (Wildform: Glycine soja), die v. a. in O-Asien, aber auch in allen gemäßigt-warmen Gebieten in vielen Kulturformen angebaut wird; 30–100 cm hoher, bräunl. behaarter Schmetterlingsblütler mit kleinen, kurzgestielten, weißl. oder violetten Blüten und etwa 8 cm langen Hülsen mit etwa 8 mm langen Samen (**Sojabohnen**). Die Samen enthalten bis 40% Eiweiß und bis 20% Fette sowie bis 20% Kohlenhydrate und 2% Lezithin. Aus den Samen wird durch Extraktion das **Sojabohnenöl** *(Sojaöl)* gewonnen. Nach der Raffination ist es geruch- und geschmacklos und wird für Speiseöle und -fette sowie zur Herstellung von Seifen, Glyzerin und Firnis verwendet. Die eiweißreichen Rückstände (**Sojabohnenkuchen** und **Sojaextraktionsschrot**) werden als Viehfutter verwendet, ferner wird daraus das **Sojabohnenlezithin** gewonnen. Das Sojaeiweiß enthält alle essentiellen Aminosäuren und ist zu 97% verdaulich. Als sog. Eiweißaustauschstoff ist es heute für die menschl. Ernährung bes. wichtig; als Zusatz vielseitig verwendbar (auch zeitweilig für die Herstellung von „Kunstfleisch").

**Geschichte:** Die Heimat der S. ist SO-Asien, von wo aus sich ihre Kultur in zahlr. Varietäten verbreitete. Erste Spuren der Kultur lassen sich in China bis um 2800 v. Chr. zurückverfolgen. Im übrigen Asien, in Amerika und in S-Europa breitete sich die Kultur erst gegen Ende des 19. Jh. aus.

**Sojasoße** [jap./dt.], in der ostasiat. Küche beliebte Würzsoße aus vergorenen Sojabohnen; die indones. Entsprechung: **Ketjap Benteng.**

**Sojus** [russ. sa'jus „Bündnis"], Name einer Serie bemannter sowjet. Raumflugkörper; Länge rd. 13 m, Durchmesser rd. 3 m, Masse rd. 6800 kg. Sie bestehen aus einer kugelförmigen Orbitalsektion (Arbeitsraum und Schlafkabine), einer als Rückkehreinheit ausgebildeten Kommandokabine und einer zylindr. Serviceeinheit mit Anlagen zur Energieversorgung (einschl. zwei 14 m² großen Solarzellenauslegern) sowie Triebwerken zur Bahnkorrektur und zur Lageregelung. - S. 1 wurde als erster von 40 Raumflugkörpern dieser Serie am 23. April 1967 auf eine Erdumlaufbahn gebracht. Seit 1979/80 ist ein neuer Typ, Sojus T, im Einsatz, der drei Kosmonauten Platz bietet, mit einem modernen Bordcomputer ausgerüstet ist und u. a. neue Bordsysteme für Funk- und Navigationszwecke besitzt.

**Sǫka Gakkai** [jap. „Gesellschaft zur Schaffung von Werten"], eine der neuen Religionen Japans (seit 1937), die über die von ihr gelenkte Partei auch polit. Einfluß ausübt. Die S. G. geht auf mehrere „Stiftungsvorstände" zurück und versteht sich als Fortführung der von Nitschiren verkündeten Deutung des Buddhismus, jedoch mit bes. Bewertung des Strebens nach Glück und einer diesem Ziel dienenden Relativitätsethik.

**Sokodé** [frz. sɔkɔ'de], Stadt in Z-Togo, 418 m ü. d. M., 33 500 E. Hauptstadt der Région Centrale; kath. Bischofssitz; techn. Schule, Handelszentrum für das nördl. Togo. - 1889 als dt. Verwaltungsposten gegründet.

**Sokolow,** Nahum ['zɔkɔlɔf, engl. 'soʊkəloʊv], * Wyszogród (Woiwodschaft Płock) 10. Jan. (3. Febr.?) 1861 (1860?), † London 17. Mai 1936, Publizist und Politiker poln. Herkunft. - Seit 1897 aktiv in der zionist. Bewegung; 1905-09 Generalsekretär der Zionist. Organisation; 1921-31 Präs. der Zionist. Exekutive, 1931-35 der Zionist. Weltorganisation und der Jewish Agency.

**Sokolowski,** Wassili Danilowitsch [russ. sʌkʌ'lɔfskij], * Kosliki (Gouv. Grodno) 21. Juli 1897, † Moskau 10. Mai 1968, sowjet. Marschall (seit 1946). - Ab 1931 Mgl. der KPdSU; 1943/44 Kommandeur der Westfront, 1946-49 Oberbefehlshaber der sowjet. Streitkräfte in Deutschland und Militärgou-

Soja. Links: Pflanze mit Schoten; Mitte: reife Schoten; rechts: Blüte und Bohnen

# Solararchitektur

verneur der SBZ; 1952–60 Mgl. des ZK der KPdSU und Chef des Generalstabs, 1955–60 auch 1. stellv. Verteidigungsminister.

**Sokoto** ['—, -'—, —'-], Stadt in NW-Nigeria, 134 000 E. Hauptstadt des Bundesstaates S.; Sitz eines kath. Bischofs und des Führers der nigerian. Muslime; Univ. (seit 1977); landw. Handelszentrum; Zementfabrik, Reismühle, Gerbereien. - Hauptstadt des Haussastaates Gobir; im 10. Jh. von Berbern erobert; im 14. Jh. islamisiert; entwickelte sich zu einem Zentrum der arab. Kultur im Sudan; 1903 brit. (Ende des Reiches der ↑ Fulbe).

**Sokotra**, Insel im Ind. Ozean vor Kap Guardafui, etwa 3 600 km², bis 1 503 m hoch, Hauptort Tamrida; gehört mit 3 ssw. vorgelagerten Inseln zur Demokrat. VR Jemen; sowjet. Flottenstützpunkt. - 1505 von Portugiesen, 1835 von Briten besetzt; gehörte bis 1967 zum Protektorat Aden (später Protektorat Südarabien).

**Sokrates**, *Athen um 470, †ebd. 399, griech. Philosoph. - Sohn des Steinmetzen Sophroniskos und der Hebamme Phainarete, ∞ mit Xanthippe. S. leistete Kriegsdienst und verwaltete polit. Ämter, wobei er ohne persönl. Rücksichten Gesetz und Gerechtigkeit verpflichtet war. Wegen angebl. Einführung neuer Götter und Verführung der Jugend wurde S. zum Tod durch den Schierlingsbecher (↑ Schierling) verurteilt. S. hinterließ keine Schriften, da er nur münd. lehrte, so daß über seine Philosophie nur die sekundären Quellen seiner Schüler (Antisthenes, Xenophon, Platon u. a.) Auskunft geben. - S. kritisiert die kosmolog. Spekulationen der Naturphilosophen, v. a. aber die Sophisten, deren Lehre mehr auf rhetor. Überredung als auf begründetes Wissen und Handeln gerichtet sei. Die Übereinstimmung zw. Wissen und Handeln sei das Hauptziel der Lehre des S., das er mit seiner Methode der ↑ Mäeutik (griech. „Hebammenkunst") zu erreichen versucht. Hierbei verfährt er in zwei Schritten: 1. In der *Elenktik* (griech. „Kunst der Überführung") wird der Gesprächspartner durch penetrantes Ausfragen seines Nichtwissens überführt; 2. in der *Protreptik* (griech. „Kunst der Hinwendung") wird der Gesprächspartner durch weiteres Fragen zur richtigen Erkenntnis geführt, die grundsätzl. schon in jedem Menschen verborgen liegt und deshalb nur ans Licht gebracht („entbunden") werden muß. Diese richtige Erkenntnis, das richtige Sachwissen ist für S. gleichbedeutend mit dem (eth.) richtigen Handeln: Wissen ist Tugend. Diese Übereinstimmung von Reden, Denken und Handeln stellte S. auch in seinem persönl. Leben bis zur letzten Konsequenz dar. - Bed. *Dichtungen* über S. verfaßten u. a. Hölderlin, T. de Banville, G. Kaiser, B. Brecht.

📖 *Patzer, A.: Bibliographica Socratica.* Freib. *1985.* - *Chatzidimou, D.: Die prakt. Relevanz des sokrat. Prinzips.* Ffm. *1980.* - *Döring, K.: Exemplum Socratis.* Wsb. *1979.* - *Gigon, O.: S. Sein Bild in Dichtung u. Gesch.* Bern u. Mchn. ²*1979.* - *Kierkegaard, S.: Über den Begriff der Ironie. Mit ständiger Rücksicht auf S.* Ffm. *1976.* - *Guthrie, W. K. C.: Socrates.* London *1971.*

**Sokratiker** [griech.], Sammelbez. für die Philosophen des 4. Jh. v. Chr., die im weitesten Sinne als Schüler des Sokrates gelten und meist eigene Schulen gründeten.

**Sol**, die fünfte der Solmisationssilben (↑ Solmisation); in den roman. Sprachen Bez. für den Ton G.

**Sol**, röm. Sonnengott, dem griech. Helios entsprechend; wurde unter Elagabal und Aurelian zum obersten Reichsgott (Sol invictus) und verdrängte so Jupiter.

**Sol** (jüngere Form Sou), Münzname, frz. Bez. für den karoling. Solidus (Schilling) = $^1/_{20}$ Livre = 12 Deniers; zunächst Rechnungsmünze, seit der Regionalisierung des Münzwesens in Frankr. mit Bestimmungszusatz (*S. tournois* [„S. von Tours"] u. a.).

**S.**, Münzname, span. Bez. für den Peso von Peru; Währungseinheit in Peru (S. de Oro; Abk. S/.), 1 S/. = 100 Centavos (cents.).

**Sol** [Kw. aus lat. *solutio* „Lösung"], in einem Dispersionsmittel kolloidal verteilter Stoff, dessen Teilchen in Ggs. zum Gel frei bewegl. sind; ist das Dispersionsmittel gasförmig, spricht man von **Aerosol**, bei Wasser von **Hydrosol**, bei anderen flüssigen Dispersionsmitteln von **Lyosol**, bei organ. Dispersionsmitteln von **Organosol**. - ↑ auch Kolloid.

**sola fide** [lat. „allein durch den Glauben"], mit der Feststellung s. f. bringt die Reformation gegenüber der scholast. Gnadenlehre zum Ausdruck, daß die Rechtfertigung des Sünders allein durch den Glauben an das allein in der Hl. Schrift bezeugte (**sola scriptura**), allein in der Gnade Gottes sich gründende (**sola gratia**), allein in Christus der Menschheit widerfahrende Heilsgeschehen (**solus Christus**) erfolgen kann.

**Solanaceae** [lat.], svw. ↑ Nachtschattengewächse.

**Solanin** [lat.], in zahlr. Arten der Gatt. Nachtschatten (u. a. in unreifen Tomaten, in den Früchten der Kartoffelpflanze, aber auch in unreifen bzw. vergrünten Kartoffelknollen und -keimen) vorkommendes, stark giftiges Alkaloid, das zu Vergiftungserscheinungen („Solanismus", u. a. mit Übelkeit und Erbrechen, Durchfall, Benommenheit, Atemnot und Bewußtlosigkeit führen kann.

**Solanum** [lat.], svw. ↑ Nachtschatten.

**solar** [lat.], zur Sonne gehörend, die Sonne betreffend.

**Solararchitektur**, im Rahmen des klimagerechten Bauens die Gesamtheit der baul. Vorrichtungen, Anlagen und Maßnahmen zur passiven Sonnenenergienutzung. Man unterscheidet: 1. passive Systeme mit direktem Gewinn, bei denen durch hinreichend große „Südfenster" mit 2- oder 3facher Verglasung, Klappläden u. a. im Winter verstärkt Sonnenenergie in Zimmerwärme umgewandelt wird und im Sommer ein Sonnenschutz besteht; 2. passive Systeme mit indirektem Gewinn, bei denen hinter den Südfenstern eine geschwärzte massive Speicherwand (Trombe-Wand) angeordnet wird, die nachts die gespeicherte Wärme an den Raum abgibt; 3. spezielle Einzelmaßnahmen, z. B. die Wärmespeicherung mit Hilfe eines Thermosiphonsystems, in dem die tagsüber in einem Luftkollektor erwärmte Luft durch Schwerkraftzirkulation [und durch einen Ventilator] bes. Wärmespeichern im Boden zugeführt wird und nachts zur Erwärmung der Räume genutzt wird.

**Solarbatterie,** svw. ↑Sonnenbatterie.

**Solari,** Santino, * Verna (= Ramponio Verna, Prov. Como) 1576, † Salzburg 10. April 1646, italien. Baumeister schweizer. Herkunft. - 1612 Dom- und Hofbaumeister in Salzburg. S. gilt zus. mit V. Scamozzi als bed. Vermittler oberitalien. Frühbarockarchitektur. Der von S. erbaute Salzburger Dom (1614–28 nach Plänen Scamozzis) mit Zweiturmfassade ist für die südtl. Barockarchitektur von Bedeutung. Das Lustschloß Hellbrunn (1613–19) bed. übernimmt erstmals nördl. der Alpen den Typus der röm. Villa. Zahlr. Entwürfe für Kirchen u. a.

**Solarisation** [lat.] ↑photographische Effekte.

**Solarium** [lat.], Raum, in dem man unter künstl. Lichtquellen mit sonnenähnl. Spektrum (Kombinationen von Quecksilberdampf- und Glühlampen, deren bes. kurzwelliges UV-Licht durch Spezialgläser herausgefiltert wird) „Sonnenbäder" nehmen kann.

**Solarkollektor,** svw. ↑Sonnenkollektor.

**Solarkonstante,** der Energiebetrag, den die Erde an der Grenze der Atmosphäre von der Sonne pro Quadratzentimeter in der Minute zugestrahlt bekommt. Der mittlere Wert der S. beträgt 8,12 J/(cm$^2 \cdot$min) = 1,94 cal/(cm$^2 \cdot$min) = 1,353 kW/m$^2$. - ↑auch Sonnenenergie.

**Solarplexus** [—'—-, -'—-], svw. ↑Eingeweidegeflecht.

**Solartechnik** (Heliotechnik), moderner Teilbereich der Energietechnik, der mit der energet., insbes. elektro- und wärmetechn. Ausnutzung der Sonnenenergie befaßt ist (einschließl. der Entwicklung hierfür geeigneter Methoden und Vorrichtungen sowie der Errichtung dazu dienender Solaranlagen). Die *therm. S.* umfaßt die durch Absorption von Sonnenstrahlung v. a. in ↑Sonnenkollektoren erfolgende aktive Umwandlung von Sonnenenergie in Wärme und deren anschließende Nutzung zur Raumheizung, Brauchwassererwärmung u. a. mit Hilfe eines geeigneten Wärmeträgers (z. T. auch in Kombination mit Wärmepumpen), weiter die Erzeugung von Prozeßwärme, außerdem die Techniken der passiven Sonnenenergienutzung. Die *elektr. S.* umfaßt die beiden auch großtechnisch mögl. Verfahren der Umwandlung von Sonnenenergie in elektr. Energie (solarelektr. Energiewandlung oder Stromerzeugung): 1. die indirekt über die Umwandlung in Wärme und Erzeugung von turbinenantreibendem Wärmeträgerdampf erfolgende Stromerzeugung in Sonnenfarm- und Sonnenturmkraftwerken, 2. die direkt erfolgende photovoltaische Umwandlung mit Hilfe von Sonnenzellen, Solarmodulen oder Sonnenbatterien in bewegl. oder festen Solar[zellen]anlagen, speziell in Solarzellenkraftwerken.

📖 *Lehner, G., u. a.: S.* Köln ³1981. - *Gygax, P.: Sonnenenergie in Theorie u. Praxis.* Karlsruhe ³1980.

**solarterrestrische Physik** [lat./griech.], moderne Forschungsdisziplin im Grenzbereich zw. Astro- und Geophysik, die sich mit der Auswirkung von Vorgängen in und auf der Sonne (insbes. der Sonnenaktivität) auf die Magnetosphäre, Ionosphäre und untere Atmosphäre der Erde sowie mit der Energieumsetzung der Sonnenstrahlung in der Atmosphäre befaßt.

**Solarwind,** svw. ↑Sonnenwind.

**Solarzelle,** svw. ↑Sonnenzelle.

**sola scriptura** [lat.] ↑sola fide.

**Solawechsel** [zu italien. sola di cambio „einziger Wechsel"], Wechsel, der nur in einer Ausfertigung ausgestellt werden kann. Der *eigene Wechsel* (**Eigenwechsel**), in dem sich der Aussteller selbst zur unbedingten Zahlung der Wechselsumme, eines ganz bestimmten Geldbetrages, verpflichtet, wird meist auch als S. bezeichnet.

**Solbad,** svw. Kochsalzbad (↑medizinische Bäder).

**Solca** [rumän. 'solka], rumän. Stadt in der Moldau, 5 000 E. Lungensanatorium; kochsalzhaltige Quellen. - Im 15. Jh. erstmals urkundl. erwähnt. - Nahebei Klosterkirche *Arbore* mit berühmten Außenfresken (1541).

**Sold** [zu spätlat. sol(i)dus (nummus) „gediegene (Münze)"], Lohn, Bezahlung für geleistete Dienste, v. a. Kriegsdienst; geregelte S.zahlung erst seit dem Aufkommen stehender Heere. In der Bundeswehr ↑Wehrsold, bei Wehrpflichtigen) bzw. Dienstbezüge bei Berufssoldaten und Soldaten auf Zeit (↑Besoldung).

**Soldat** [italien., eigtl. „der in ↑Sold Genommene"], Angehöriger der Streitkräfte eines Staates. In der BR Deutschland sind nach der Rechtsstellung zu unterscheiden: Wehrpflichtige, Soldaten auf Zeit, Berufssoldaten.

**Soldat auf Zeit,** Soldat, der sich freiwillig für eine bestimmte Zeit zum Dienst in der Bundeswehr verpflichtet (höchstens 15 Jahre); hinsichtl. ihrer Dienstbezüge den Berufssoldaten gleichgestellt, erhalten bei Beendigung ihrer Dienstzeit Übergangsbeihilfen.

**Soldaten,** bei Termiten und Ameisen Mgl. einer Kaste mit i. d. R. bes. großem Kopf, meist auch mit bes. großen Mandibeln. Bei den Ameisen, bei denen die S. auch *Giganten* heißen, sind es bes. große Arbeiterinnen; häufig haben sie Verteidigungsfunktion.

**Soldatenfische** (Stachelfische, Holocentridae), Fam. bis 60 cm langer, dämmerungs- und nachtaktiver Knochenfische (Ordnung Schleimkopffische) mit rd. 70 Arten in trop. Meeren (bes. an Korallenriffen); überwiegend rote, z. T. mit weißen Fleckenlängsreihen gezeichnete Fische mit großen Augen und meist stark bestachelten Flossen und Kiemendeckeln.

**Soldatengesetz,** Kurzbez. für das Gesetz über die Rechtsstellung der Soldaten vom 19. 3. 1956. Das S. trifft nähere Bestimmungen darüber, wann ein Wehrdienstverhältnis entsteht und endet, und enthält Grundsätze über die Ernennung und Verwendung der Soldaten. Im einzelnen regelt es die Rechtsstellung der Soldaten auf Zeit und der Berufssoldaten; es enthält Bestimmungen für alle Soldaten über ihre Rechte und Pflichten. Dazu zählt insbes. die Vorschrift, wonach der Soldat die gleichen staatsbürgerl. Rechte wie jeder andere Staatsbürger hat, beschränkt nur durch seine Pflichten im Rahmen der 'militär. Diensterfordernisse (Grundsatz des Bürgers in Uniform). Zu den Pflichten zählen v. a. die Pflicht zur Verteidigung von Recht und Freiheit. Die polit. Betätigung der Soldaten ist eingeschränkt. Darüber hinaus legt das S. dem Grundsatz nach die Ansprüche des Soldaten auf Geld- und Sachbezüge, Urlaub, Heilfürsorge, Versorgung und Seelsorge fest und enthält Bestimmungen über die Wahl von Vertrauensleuten und die Personalvertretung der Soldaten.

**Soldatenhandel,** Abtretung von Soldaten, einzeln oder in Truppenteilen, durch den Landesherrn gegen Bezahlung an ausländ. Staaten; in Deutschland v. a. im 18. Jh. von Klein- und Mittelstaaten praktiziert.

**Soldatenkaiser,** Bez. für röm. Kaiser des 3. Jh. n. Chr. (ab 235).

**Soldatenverbände** (Kriegervereine), in Deutschland seit der 1. Hälfte des 19. Jh. entstandene Organisationen ehem. Soldaten, insbes. Kriegsteilnehmer, mit dem Ziel, militär. Tradition und Kameradschaft zu pflegen, z. T. auch polit. Einfluß auszuüben. 1898 entstand der *Kyffhäuserbund der dt. Landeskriegerverbände* (1911: 2,5 Mill. Mgl.), der sich 1921 mit dem *Dt. Kriegerbund* (gegr. 1872) zum *Dt. Reichskriegerverband Kyffhäuser* zusammenschloß (1927: 3 Mill. Mgl.). 1938 war die Vereinigung aller dt. S. im *Nat.-soz. Reichskriegerbund* vollzogen. - In der BR Deutschland bilden ehem. Bundeswehrsoldaten den Verband der Reservisten der Dt. Bundeswehr e. V.

**Soldatenversorgungsgesetz,** Abk. SVG, Bundesgesetz, das die Grundlage aller versorgungsrechtl. Vorschriften für die Angehörigen der Bundeswehr bzw. für ihre Hinterbliebenen bildet. Während für Wehrpflichtige nur im Fall des Todes oder körperl. Dauerschäden Versorgungsleistungen in Betracht kommen, stehen bei den Regelungen für Zeitsoldaten Maßnahmen der Berufsförderung im Vordergrund. Lebenslange Versorgung, entsprechend den beamtenrechtl. Grundsätzen, sieht das S. nur für die Berufssoldaten vor.

**Soldateska** [italien.], abwertend für: disziplinloser, gewalttätiger Soldatenhaufen.

**Soldati,** Atanasio, * Parma 25. Aug. 1896, † Mailand 27. Aug. 1953, italien. Maler. - Vertrat einen streng geometr.-abstrakten Stil.

**S.,** Mario, * Turin 17. Nov. 1906, italien. Schriftsteller und Filmregisseur. - Behandelt in Romanen („Briefe aus Capri", 1954; „Der Schauspieler", 1970; „Die amerikan. Braut", 1977) und Erzählungen („Die geheimen Gründe", 1950) mit oft spannungsreicher Handlung in traditionsgebundener, klarer Sprache einfühlsam psycholog. und moral. Probleme.

**Sölden,** östr. Gem. im oberen Ötztal, Tirol, 1 377 m ü. d. M., 2 500 E. Sommerfrische und Wintersportplatz. Im Ortsteil **Obergurgl** Alpine Forschungsstelle der Univ. Innsbruck.

**Söldner** [zu ↑Sold], geworbener, für Sold dienender Krieger; vom Niedergang des Lehnsaufgebots des MA bis zur Frz. Revolution vorherrschende militär. Erscheinungsform; verschwand mit den stehenden Heeren und der Einführung der allg. Wehrpflicht; hielt sich in Restformen bis in die Gegenwart (z. B. Fremdenlegion).

**Soldo** [lat.-italien.], italien. Nachfolgemünze des karoling. Solidus, urspr. Rechnungsmünze = $1/20$ Lira = 12 Denari; als Silbermünze seit Ende des 12. Jh. geprägt, im 19. Jh. in Kupfer, zuletzt 1867 im Kirchenstaat. Der Name blieb volkstüml. für die Stücke zu 5 Centesimi.

**Sole** [verwandt mit dt. Salz] (Salz-S.), Bez. für eine aus Kochsalzquellen gewonnene Natriumchloridlösung, i. w. S. Bez. für jede Salzlösung. Als *S.salz* bezeichnet man aus S. gewonnenes ↑Kochsalz.

**Solebergbau,** Abbau von Steinsalz, bei dem das Salz innerhalb der Lagerstätte durch Einpumpen von Wasser gelöst (ausgesolt) und danach in Form einer künstl. Sole abgepumpt wird.

**Soleidae** [lat.], svw. ↑Seezungen.

**Soleier,** in Salzlake eingelegte hartgekochte Eier, deren Schale angestoßen wurde.

**Soleil** [frz. sɔˈlɛj; eigtl. „Sonne"], feingerippter Seiden- oder Kammgarnstoff; stark glänzende Oberfläche.

**solenn** [lat.-frz.], feierlich, festlich; **Solennität,** Feierlichkeit, Festlichkeit.

**Solesalz** ↑Kochsalz.

**Solesmes** [frz. sɔˈlɛm], frz. Ort 50 km sw. von Le Mans, Dep. Sarthe, 1 200 E. Bekannt als Sitz der Benediktinerabtei Saint Pierre (1010 gegr.). Die seit dem 19. Jh. in S. betriebenen Forschungsarbeiten auf dem Gebiet des Gregorianischen Gesangs, bes. dessen rhythmischer Interpretation (v. a. unter A. Mocquereau), begründeten den weltweiten Ruf der Abtei.

**Solf,** Wilhelm Heinrich, * Berlin 5. Okt. 1862, † ebd. 6. Febr. 1936, dt. Politiker. - 1900-11 Gouverneur von Westsamoa, 1911-18 Leiter des Reichskolonialamts; Okt.-Dez. 1918 Staatssekretär des Äußeren, leitete die Waffenstillstandsverhandlungen ein; ab 1919 Mgl. der DDP; Botschafter in Tokio 1920-28. Um ihn und seine Frau Johanna (* 1887, † 1954) bildete sich der *Solf-Kreis,* eine Widerstandsgruppe gegen den NS.

**Solfatare** [italien., nach dem Vulkan Solfatara bei Neapel], in vulkan. Gebieten auftretende Schwefeldämpfe mit Temperaturen von 100-200 °C.

**Solfège** [frz. sol'fɛ:ʒ] (Solfeggio), meist virtuose Gesangsübungen auf Solmisationssilben, Vokale *(Vokalise),* Tonnamen, die Grundlage der Stimmausbildung des Sängers. Daneben eine musikal. Elementarlehre, die mit Gesangsübungen Stimme, Gehör und rhythm. Empfinden schult.

**Solferino,** italien. Ort in der Lombardei, südl. des Gardasees, 1 900 E. - Im Sard.-Frz.-Östr. Krieg besiegten die verbündeten frz.-sardin. Truppen am 24. Juni 1859 hier die Österreicher. - ↑auch Dunant, Henri.

**solid** (solide) [lat.-frz.], haltbar, fest; gediegen; zuverlässig; **Solidität,** solide Beschaffenheit, solide Lebensweise.

**Solidago** [lat.], svw. ↑Goldrute.

**Solidarismus** [lat.-frz.], von der kath. Sozialphilosophie (v. a. G. Gundlach) vertretene polit.-soziale Vermittlungsposition auf der Grundlage des ↑Solidaritätsprinzips.

**Solidarität** [lat.-frz.], Zusammengehörigkeitsgefühl von Individuen oder Gruppen [in einem sozialen Ganzen], i. w. S. auch von Staaten in internat. Bündnissen, das sich in gegenseitiger Hilfe und Unterstützung äußert. Von der *Soziologie* allg. als Zustand gedeutet, in dem sich eine Vielheit als Einheit verhält, wobei dieses Verhalten i. d. R. durch störende Eingriffe neu motiviert ist. Neben den Formen der *S. der Gesinnung* (Einheitsbewußtsein) und *S. des Handelns* (gegenseitige Hilfsbereitschaft) gibt es die *Interessen-S.,* die lediglich durch sachl. begr. Interessengleichheit in einer bestimmten Situation wirksam ist und nach dem Erreichen des gemeinsamen Zieles endet. S. hat sich v. a. seit dem 19. Jh. in der Arbeiterschaft entwickelt und war eine Grundvoraussetzung für die Kämpfe der *Arbeiterbewegung* (z. B. Streiks). Voraussetzung für diese S. war das Bewußtsein der gemeinsamen Interessenlage oder (nach marxist. Sprachgebrauch) ein entwickeltes Klassenbewußtsein.

**Solidaritätsprinzip,** sozialmetaphys. und jurid.-eth. Prinzip des **Solidarismus** („Einer für alle, alle für einen"), das soziale Ausgleichsprozesse zw. Individuum und Gesellschaft begründen und regeln soll. In der gesetzl. *Sozialversicherung* ist das S. der Grundsatz, daß alle zu versichernden Risiken solidar. von allen Versicherten zu tragen sind, die Leistungen jedoch z. T. unabhängig von der Beitragshöhe gewährt werden.

**Solidarność** [poln. sɔli'darnɔctɕ; = Solidarität], unabhängiger poln. Gewerkschaftsverband, gegr. am 17. Sept. 1980 in Danzig. Der Gründung vorangegangen war eine Bewegung von Streiks und Betriebsbesetzungen im Sommer 1980, die erst durch das *Danziger Abkommen* vom 31. Aug. 1980 zw. der Reg. und dem überbetriebl. Streikkomitee beendet wurde. S. konnte rund 10 Mill. Mitglieder gewinnen; Vors. wurde L. Wałęsa. Mit der Verhängung des Kriegsrechts über Polen am 13. Dez. 1981 wurde jede Tätigkeit der Gewerkschaft untersagt. Kleine Gruppen arbeiteten jedoch illegal weiter, bis 1986 die Führung beschloß, ihrer Tätigkeit öffentl. nach zugehen. 1989 an den Gesprächen zw. Reg. und Opposition maßgebl. beteiligt, konnte das Bürgerkomitee S. die Parlamentswahlen gewinnen und mit T. Mazowiecki den Reg.chef stellen.

**Solidarpathologie** [lat./griech.], z. T. schon von Erasistratos und Asklepiades vertretene Lehre, die - im Unterschied zur ↑Humoralpathologie - nicht die flüssigen, sondern die festen Bestandteile des Organismus als Lebensträger ansieht, in deren Beschaffenheit jeweils die Ursache für Gesundheit oder Krankheit zu suchen sei.

**soli Deo gloria!** [lat. „Gott allein (sei) Ehre!"], Abk. S. D. G., Inschrift u. a. an Kirchenportalen.

**Solid-state** [engl. 'sɔulid stɛɪt „Festkörper"], allg. svw. feste Körper, den festen Aggregatzustand betreffend; in der Elektronik svw. aus Halbleitern, integrierten Schaltkreisen u. a. aufgebaut, d. h. ohne Elektronenröhren.

**Solidus** [lat. solidus (aureus) „massives, gediegenes (Goldstück)"], röm. Goldmünze

Solidus mit dem Kopf Konstans' I. (342/343)

= $^1/_{72}$ röm. Pfund, trat 324 n. Chr. im Röm. Reich an die Stelle des Aureus, bestand bis 1453 fort; als Dinar von den Arabern übernommen. Im MA haftete der Name am ↑ Schilling; Ableitungen z. B. Soldo, Sol (= Sou).

**Solifluktion** [lat.] (Bodenfließen, Erdfließen), in polaren, subpolaren und Hochgebirgsregionen anzutreffende Erscheinungen der Umlagerung und Fließbewegung von Bodenteilchen infolge Schwerkraftwirkung, bedingt durch tages- oder jahreszeitl. Auftauen und Wiedergefrieren des Bodens. Auf ebenem oder kaum geneigtem Gelände findet eine Bodenumlagerung am Ort statt; zu den Formen dieser sog. **Kryoturbation** gehören **Strukturböden** (Frostmusterböden) in Form von Steinringen und -netzen sowie die durch gefrierendes aufdringendes Grundwasser entstehenden Formen (u. a. ↑ Pingo, ↑ Aapa-Moor). Bei einer Hangneigung von über 2° beginnt der Boden zu fließen: es bilden sich Streifenböden und andere **Fließerden**, Blockströme, -meere u. a. Bei vorhandener Vegetationsdecke wird die Wirkung der S. gebremst, unter Zerreißen der Grasnarbe entstehen Girlandenböden, Fließerdeterrassen und -wülste.

**Solikamsk** [russ. sɐliˈkamsk], sowjet. Stadt im westl. Vorland des Ural, RSFSR, 102 000 E. Heimatmuseum; Kalisalz-, Magnesium-, Zellulose-Papier-Kombinat. - 1430 unter dem Namen **Sol Kamskaja** gegr.; 16.-18. Jh. bed. Zentrum der Salzsiederei und des Handels mit Sibirien. - Trinitätskathedrale, Erscheinungskirche (beide 17. Jh.).

**Solimena**, Francesco, gen. l'Abate Ciccio, * Canale (= Serino, Prov. Avellino) 4. Okt. 1657, † Barra (= Neapel) 3. April 1747, italien. Maler. - Lebte seit 1674 in Neapel, beeinflußte mit seinen virtuos gemalten Bildern die spätbarocke Malerei in ganz Europa. Seine großen figurenreichen Kompositionen in eigenartigem Kolorit sind vom Kontrast zw. schwärzl. Schatten und leuchtender Farbigkeit (gelbe, rote und lila Töne) bestimmt. *Werke:* Fresken in San Paolo Maggiore (1689-90), San Domenico Maggiore, Sakristei (1709) und v. a. Ausstattung der Kirche Gesù Nuovo (1725), alle in Neapel. - Abb. S. 236.

**Solin**, jugoslaw. Ort am Adriat. Meer, Teil der Stadt Split. Fremdenverkehr, v. a. Besuch der bed. Ruinen von **Salona**, der ehem. Hauptstadt der röm. Prov. Dalmatia (614 durch Slawen und Awaren zerstört); Amphitheater.

**Soling**, modernes, einmastiges Rennsegelboot aus Kunststoff, Kieljacht für 3 Mann Besatzung, seit 1972 Olympiaklasse, mit Ω als Klassezeichen im Großsegel.

**Solingen**, Stadt am Mittelberg. Land, NRW, 224 m ü. d. M., 158 100 E. Zentralfachschule für die dt. Süßwarenind.; Dt. Klingenmuseum, Berg. Museum auf Schloß Burg; Theater und Konzerthaus; Schneidwaren- und Besteckind., Maschinenbau, Elektro- u. a. Industrie. - 965 erstmals gen., 1420 erstmals als Stadt erwähnt, gab dem aus Gräfrath, Wald, Höhscheid, Merscheid (seit 1891 Ohligs), Dorp sowie Burg a. d. Wupper entstandenen und 1889/1929/1975 mit S. vereinigten heutigen Stadtgebiet den Namen. Die im 16./17. Jh. zu größter Bed. gelangte Klingenherstellung entstand aus Schwertschmieden. - Der Baubestand wurde im 2. Weltkrieg stark zerstört, erhalten blieb in S.-Gräfrath die ehem. Damenstiftskirche (13. Jh. und 1690), die ev. klassizist. Kirche (19. Jh.; W-Turm 12. Jh.) in S.-Wald; Stadttheater (1960-63).

**Sol invictus** [lat. „unbesiegte Sonne"], der von Kaiser Elagabal (218-222) in Rom eingeführte Gott „Sol Invictus Heliogabalus"; Kaiser Aurelian ließ den „Geburtstag der unbesiegten Sonne" („dies natalis Solis invicti") am 25. Dez. feiern; das Christentum hat dieses Datum später für das Fest der Geburt Christi übernommen. Der Kult des S. i. war in der Spätantike der ernsthafteste Gegner des Christentums.

**Solipsismus** [zu lat. solus „allein" und ipse „selbst"], Bez. sowohl für die eth. Position, nach der nur das Wert hat, was dem eigenen Selbst zugute kommt (*eth. S.;* auch Egoismus genannt), als auch für die erkenntnistheoret. Position (*erkenntnistheoret. S.*), die durch die Behauptung charakterisiert ist: „ich allein existiere", d. h. nicht nur die Gegenstände der Außenwelt, sondern auch fremde Ichs (Bewußtseinsträger) sind ledigl. meine Vorstellungen und damit Inhalt meines Bewußtseins. Beide Positionen schließen einander aus.

Virgil Solis, Justitia (undatiert). Kupferstich

**Solis**, Virgil (Virgilius), * Nürnberg 1514, † ebd. 1. Aug. 1562, dt. Graphiker und Formschneider. - Unter dem Einfluß von Dürer, B. Beham, P. Flötner u. a. entstand in seiner

Francesco Solimena, Heilige Cäcilia (undatiert). Privatbesitz

Nürnberger Werkstatt ein umfangreiches Werk an Holzschnitten, Kupferstichen, Radierungen und Zeichnungen, u. a. Illustrationen zur Bibel, Bildnisse, Landschaften sowie Entwürfe für kunsthandwerkl. Arbeiten.

**Solist** [zu lat. solus „allein"], Einzelspieler oder Einzelsänger, der in der Oper, Konzert und ähnl. Veranstaltungen (mit oder ohne Chor- bzw. Instrumentalbegleitung) auftritt. - ↑ auch Solo.

**Solitär** [lat.-frz.], einzeln gefaßter, bes. schöner und großer Brillant.
◆ einzeln [außerhalb des Waldes] stehender Baum.

**Solitude** [frz. sɔli'tyd „Einsamkeit"], Lustschloß westl. von Stuttgart (1763–67 im Rokokostil erbaut).

**S.,** Motorsportrennstrecke im Wildpark westl. von Stuttgart (Länge 11,453 km, Steigungen bis zu 15%, Gefälle bis zu 12%); v. a. für Motorradrennen.

**Soll** (Mrz. Sölle) [niederdt.], kleine, oft kreisrunde, trichterförmige, meist von Wasser oder Torf erfüllte Hohlform in ehem. vergletscherten Gebieten, entstanden durch Abschmelzen von Toteisblöcken.

**Soll,** linke Seite eines Kontos; bei Aktivkonten Eintragung der Vermögenszunahme, bei Passivkonten der Schuldenabnahme; bei den Erfolgskonten auf der S.seite Ausweis der Aufwendungen. - Ggs. ↑ Haben.

◆ vorgeschriebene Leistung; in der Planwirtschaft das zu erreichende Produktionsergebnis (Plansoll).

**Sölle,** Dorothee, * Köln 30. Sept. 1929, dt. ev. Theologin und Literaturwissenschaftlerin. - Bekannt durch den von ihr (mit F. Steffensky) 1969 in Köln ins Leben gerufenen Arbeitskreis „Polit. Nachtgebet"; vertritt eine kirchenkrit. Gott-ist-tot-Theologie, die die christl. Überlieferung in Bestimmungen einer säkularen Humanität zu interpretieren sucht.

**Söller** [zu lat. solarium „der Sonne ausgesetzter Ort"] ↑ Altan.

**Sollers,** Philippe, * Talence (Gironde) 28. Nov. 1936, frz. Schriftsteller und Literaturtheoretiker. - Zunächst traditioneller Erzähler („Seltsame Einsamkeit", R., 1958), wandte sich dann dem Nouveau roman zu („Der Park", 1960); entwickelte hierauf eine eigene Form, theoret. fundiert in der 1960 von ihm gegr. Zeitschrift „Tel Quel". Kennzeichen sind u. a. ständiger Wechsel der Bewußtseinsschichten, Austausch von Realität und Fiktion. - *Weitere Werke:* Paradis I (1981), Paradis II (1986).

**Solling,** zw. Weser und Leine gelegenes Bergland, in der Großen Blöße 528 m hoch. Waldreich; der N-Teil ist Naturpark. In einer Rodungsinsel liegen die Fremdenverkehrsorte Neuhaus im S. (Trakehnergestüt) und Silberborn (beide sind Ortsteile von Holzminden). Am westl. S.rand liegt über der Weser die Porzellanmanufaktur Fürstenberg.

**Soll-Kaufmann** ↑ Kaufmann.

**Soll-Maß,** das konstruktionsmäßig vorgeschriebene Maß (die Abmessungen) eines Bauteils.

**Soll-Wert,** der unter vorgegebenen Bedingungen erwartete bzw. gewünschte Wert einer Größe; der tatsächl. auftretende Wert wird als Ist-Wert bezeichnet.

**Solmisation** [italien.], System von Tonbezeichnungen unter Verwendung der Tonsilben ut (später do), re, mi, fa, sol, la (erstmals um 1025 von Guido von Arezzo beschrieben). Mit drei auf c, f und g einsetzenden Sechstonskalen (Halbtonschritt jeweils zwischen dem 3. und 4. Ton) und deren Transpositionen nach oben oder unten konnte der im MA benötigte Tonraum exakt bezeichnet werden. Im 16. Jh., mit dem Aufkommen des neuzeitl. Dur-Moll-Systems, wurde die Tonsilbe si für den Ton h eingeführt. Auf der S. beruht die seit Anfang des 20. Jh. in der dt. Musikpädagogik gebrauchte Tonika-do-Methode.

**Solms,** edelfreies Geschlecht im Lahngau mit Stammsitz Burgsolms (Gem. Solms, Lahn-Dill-Kreis); 1129 erstmals erwähnt; durch Heirat kamen Besitz und Name an die Grafen von Gleiberg. Dieses neue Grafengeschlecht S. teilte sich 1420/36 in den beiden Hauptlinien *S.-Braunfels* und *S.-Lich;* 1806 mediatisiert.

**Solna,** schwed. Stadt in nw. Nachbarschaft von Stockholm, 48 800 E. Medizin. Inst. und Fakultäten der Univ. Stockholm, nat. Forschungsinst. für Pflanzenschutz; U-Bahn nach Stockholm. - 1943 aus den Stockholmer Vororten **Solna, Hagalund, Nya Huvudsta, Lilla Alby** und **Råsunda** gebildet.

**Solnhofener Plattenkalke** (Solnhofener Schiefer), im S der Fränk. Alb verbreiteter, feinkörniger, dünnplattiger, fossilreicher Kalkstein aus dem oberen Malm; Verwendung als lithograph. Steine und in der Bautechnik.

**solo** [italien., zu lat. solus „allein"], allein, ohne Begleitung.

**Solo,** längster Fluß Javas, Indonesien, entspringt am Fuß des Vulkans Lawu, mündet mit einem Delta nw. von Surabaya in die Javasee, 540 km lang. In den pleistozänen Ablagerungen des S.tales wurden bed. Funde fossiler Menschen gemacht (Javamensch).

**Solo** [italien., zu lat. solus „allein"], solist. († Solist) auszuführende, meist techn. bes. anspruchsvolle Vokal- oder Instrumentalstimme mit oder ohne Begleitung; in übertragener Bed. auch Bez. für ein nur von einem Solisten vorzutragendes Musikstück.

**Sologne** [frz. sɔ'lɔɲ], Landschaft im Pariser Becken, zw. dem Knie der mittleren Loire bei Orléans und dem Cher; Erholungsgebiet für die Pariser.

**Sologub,** Fjodor [russ. sɐlaˈgup], eigtl. F. Kusmitsch Teternikow, * Petersburg 1. März 1863, † ebd. 5. Dez. 1927, russ. Schriftsteller. - Gehört zu den bedeutendsten Vertretern des russ. Symbolismus. Darstellung des Phantast., Grotesken, Dämon. und Makabren v. a. in Gedichten und erzählenden Werken, u. a. „Totenzauber" (R.-Trilogie, 1908–13), „Süßer als Gift" (R., 1908); auch Dramen.

**Solomos,** Dionisios, * auf Sakinthos zw. 15. März und 15. April 1798, † auf Korfu 9. Febr. 1857, neugriech. Lyriker. - Nationaldichter der Griechen; aus venezian.-kret. Adelsgeschlecht; seit 1828 auf Korfu; entwickelte als Haupt der „ion. Dichterschule" die neugriech. Volkssprache zum poet. Ausdrucksmittel, v. a. in lyr. Gedichten und den Freiheitskampf unterstützenden patriot. Gesängen. Seine Ode „Hymne an die Freiheit" (1823) ist seit 1864 die griech. Nationalhymne.

**Solon,** * Athen um 640, † ebd. um 560, athen. Staatsmann. - Aus athen. Königsgeschlecht; als Archon 594/593 zum „Friedensstifter" zw. den Ständen berufen; ordnete den Staat durch einschneidende Maßnahmen, v. a.: 1. Aufhebung von Hypothekenschulden für Bodenbesitz und Befreiung aus Schuldknechtschaft sowie deren Verbot; 2. Einteilung der Bürgerschaft in 4 Klassen auf der Basis des Jahresertrags an Getreide oder eines Geldäquivalents mit entsprechender Zuteilung der polit. Rechte und Pflichten, wodurch die bisherigen Adelsprivilegien aufgehoben wurden; 3. Einführung des Rates (Bule) der Vierhundert als Gegengewicht zum Areopag; 4. bed. Gesetze, die u. a. die Bindungen der einzelnen an die Geschlechter lockerten sowie Gesetze zur wirtsch. Stabilisierung; 5. Maß-, Münz- und Gewichtsreform mit großer Bed. für den Handel Athens. Die spätere Überlieferung malte Leben und Werk von S. dichter. aus und stellte ihn zu den Sieben Weisen.

**Solonez** [russ.] † Bodenkunde.

**Solontschak** [russ.] † Bodenkunde.

**Solothurn,** Hauptstadt des schweizer. Kt. S., an der mittleren Aare, 437 m ü. d. M., 15 400 E. Sitz des kath. Bischofs von Basel; Lehrerseminar, Stadttheater, Gemäldesammlung; Filmtage; Maschinenbau, feinmechan., elektron. sowie Textilindustrie.

**Geschichte:** In der Römerzeit als **Solodurum** bed. Umschlagplatz. Die ma. Stadt entstand um das im 10. Jh. gegr. Chorherrenstift Sankt Ursus; sie gehörte zunächst zum Kgr. Burgund, kam 1032/33 an das Hl. Röm. Reich; wurde um 1218 Reichsstadt; erwarb ab 1389 Gebiete im Aaretal, im 15. Jh. auch im Jura; wurde 1353 zugewandter Ort der Eidgenossenschaft; 1481 als Städteort aufgenommen; gehörte trotz anfängl. Erfolge der Reformation seit 1533 stets fest zum kath. Lager; wurde 1803 Hauptstadt des gleichnamigen Kantons.

**Bauten:** Barock-klassizist. Sankt-Ursen-Kathedrale (1762–73), barocke Jesuitenkirche (1680–88) mit Kreuzgang (jetzt Lapidarium); Rathaus (15., 17. und 20. Jh.), Altes Zeughaus (1610–14) mit Rüstkammer, zahlr. Renaissance- und Barockbauten, Reste von 4 Befestigungssystemen (röm., spätma., 16. und 17. Jh.).

**S.,** nordwestschweizer. Kt., 791 km², 218 700 E (1986), Hauptstadt Solothurn. - S. umfaßt im S das Aaretal zw. der Stadt S. und Grenchen sowie den Molasserücken des Bucheggberges (671 m) und greift nach NW auf den Kettenjura über. Bed. Uhrenind., v. a. im Jura, sowie Metallverarbeitung, Papierind., Zellulosegewinnung, Nahrungsmittel-, Textil- und Lederindustrie.

**Geschichte:** Der Kt. S. entstand 1803 in den Grenzen des ehem. Stadtgebiets; 1814 ständ. Verfassung (bis 1830); weitere Demokratisierung 1856 (Referendum) und 1875 (Initiative).

**Verfassung:** Nach der Verfassung vom 23. Okt. 1887 liegt die Exekutive beim vom Volk auf 4 Jahre gewählten Regierungsrat (5 Mgl.). Die Legislative bilden der vom Volk auf 4 Jahre gewählte Kantonsrat (144 Mgl.) und das Volk selbst (Volksabstimmung). Für kantonale Angelegenheiten besitzen die Frauen seit 1971 Stimm- und Wahlrecht.

**Solow,** Robert Merton [engl. ˈsouloʊ], * New York 23. Aug. 1924, amerikan. Nationalökonom. - Seit 1958 Prof. in Boston. Begründer der neoklass. Wachstumstheorie; im Gegensatz zur nachkeynesian. Wachstumstheorie versuchte er die Möglichkeit eines gleichgewichtigen wirtsch. Wachstums mit Vollbeschäftigung nachzuweisen. 1987 Nobelpreis für Wirtschaftswissenschaften.

**Solowjow,** Wladimir Sergejewitsch [russ. sɐlavj'jɔf], * Moskau 16. Jan. 1853, † Uskoje bei Moskau 31. Juli 1900, russ. [Religions]philosoph, Schriftsteller und Publizist. - Lehrte seit 1875 in Moskau, seit 1880 in Petersburg bis zum Lehrverbot 1881, da er für die Begnadigung der Zarenmörder eingetreten war. S. entwickelte unter dem Einfluß v. a. des Neuplatonismus und der christl. Mystik eine Religionsphilosophie, deren Zentrum die Idee der „All-Einheit" ist, die - vorherbestimmt durch die göttl. All-Weisheit („sophía") - durch die Wiedervereinigung von Gott und Welt wiederhergestellt werde. Dabei gilt der Mensch in bewußter Teilnahme am göttl. Heilsplan als der Mittler zw. Gott und Welt. Prakt. Konsequenz dieses Systems ist die Forderung nach Ausgleich zw. östl. Religion und Kirche und zw. westl. Wiss. und Kirchen. - S. gilt als einer der bedeutendsten Systematiker der russ. Philosophie des 19. Jh. mit Wirkung auch auf die russ. Literatur.
  *Mosmann, H.:* W. S. u. die werdende Vernunft der Wahrheit. Stg. 1984. - *Wenzler, L.: Die Freiheit u. das Böse nach Vladimir Solov'ev. Freib. 1978.* - *Gleixner, H.: Vladimir Solov'es Konzeption vom Verhältnis zw. Politik u. Sittlichkeit. Ffm. 1978.*

**Solschenizyn,** Alexander Issajewitsch [russ. sɐlʒɐ'nitsɨn], * Kislowodsk 11. Dez. 1918, russ.-sowjet. Schriftsteller. - Mathematiklehrer, 1945-53 in Straf- und Sonderlagern, bis 1956 nach Mittelasien verbannt, 1957 rehabilitiert. Mit Chruschtschows Erlaubnis erschien 1962 die Erzählung „Ein Tag im Leben des Iwan Denissowitsch", die erste Darstellung eines Zwangsarbeitslagers in der sowjet. Literatur. 1967 forderte S. in einem Brief an den 4. sowjet. Schriftstellerkongreß die Aufhebung der Zensur und die Freigabe seiner [autobiograph.] Romane „Der erste Kreis der Hölle" (dt. 1960) und „Krebsstation" (dt. 1968), die in der UdSSR nur durch Samisdat († Samisdat-Literatur) verbreitet werden konnten. 1969 Ausschluß aus dem Schriftstellerverband; erhielt 1970 den Nobelpreis für Literatur, den er nicht persönlich entgegennehmen durfte. Sein in Paris erschienener Roman „August Vierzehn" (1971; dt. 1972) und sein literar. dokumentierender Bericht über die sowjet. Straflager „Der Archipel GULAG" (1974-76) führten 1974 zur Ausbürgerung und Ausweisung aus der UdSSR; lebt seit Aug. 1976 in den USA. S., der als einer der schärfsten Kritiker der UdSSR galt, wurden später von A. Sacharow nationalist. und isolationist. Tendenzen im Denken sowie eine religiös-patriarchal. Romantik und antidemokrat. Einstellung vorgeworfen.

*Weitere Werke:* Kerze im Wind (Dr., 1968), Nemow und das Flittchen (Dr., 1968; 1977 u. d. T. Republik der Arbeit), Die Eiche und das Kalb, Skizzen aus dem literar. Leben (1975), Lenin in Zürich (R., 1975), November sechzehn (R., 1984, dt. 1986).

**Sols lessivés** [frz. sɔllɛsi've], ↑ Bodenkunde.

**Solstitium** [lat.] (Sonnenwende), der Zeitpunkt, an dem die Sonne während ihres jährl. Laufs ihren höchsten oder tiefsten Stand, d. h. ihre größte positive oder negative Deklination erreicht. Wenn die Sonne am 21./22. Juni im nördl. Wendepunkt (Solstitialpunkt) steht, hat die Nordhalbkugel der Erde ihren längsten Tag und jeweils den Anfang ihres Sommers (Sommersonnenwende), wenn sie am südl. Solstitialpunkt steht (am 21./22. Dez.), ist dies für die südl. Erdhemisphäre der Fall.

**Soltau,** Stadt in der Lüneburger Heide, Nds., 36 m ü. d. M., 18 900 E. Zinngießerei, Bettfedern-, Filz-, Konservenfabrik, Lederind. - 937 erste Erwähnung, 1388 Stadtrecht.

**Soltau-Fallingbostel,** Landkr. in Niedersachsen.

**Solti,** Sir (seit 1969) Georg (György) [ungar. 'ʃolti], * Budapest 21. Okt. 1912, brit. Dirigent ungar. Herkunft. - 1930-39 Kapellmeister der Budapester Oper, 1946-52 Generalmusikdirektor in München, dann in Frankfurt am Main; 1961-71 musikal. Direktor der Covent Garden Opera in London, 1969 Leiter des Chicago Symphony Orchestra, 1973-75 musikal. Leiter der Pariser Grand Opéra, 1979-83 Chefdirigent des London Philharmonic Orchestra. Sein Repertoire reicht von der Wiener Klassik bis zu Wagner, R. Strauss und G. Mahler.

**Sol tournois** [frz. sɔltur'nwa] ↑ Sol (Münzname).

**solus Christus** [lat.] ↑ sola fide.

**Solutréen** [zolytre'ɛ̃; frz.], nach der Fundstelle unterhalb des Kalksteinfelsens Solutré bei Solutré-Pouilly (Dep. Saône-et-Loire, Frankr.) ben. jungpaläolith. Kulturstufe W-Europas, zeitl. zw. Gravettien und jüngerem Magdalénien (mit lokalen Überschneidungen) eingeordnet, gekennzeichnet bes. durch schöne Blattspitzen und Kerbspitzen, die den Höhepunkt paläolith. Schlagkunst darstellen.

**Solvatation** [zu lat. solvere „lösen"], die Anlagerung von Lösungsmittelmolekülen an die Moleküle, Atome oder Ionen einer gelösten Substanz bzw. von Dispersionsmittelmolekülen an Kolloidteilchen. Die S. ist um so größer, je kleiner die Teilchen und je polarer das Lösungs- bzw. Dispersionsmittel ist. Die bei der S. gebildeten Produkte heißen **Solvate.** Ist das Lösungsmittel Wasser, liegt eine ↑ Hydratation vor.

**Solvay-Verfahren** [frz. sɔl'vɛ] (Ammoniak-Soda-Verfahren), von dem belg. Chemiker E. Solvay (* 1838, † 1922) entwickeltes

Verfahren zur Herstellung von Soda aus Natriumchlorid und Ammoniak mit Hilfe von Kohlendioxid. Das S.-V. ist ein bes. wirtsch. Verfahren, da aus dem entstehenden Ammoniumchlorid mit gebranntem Kalk Ammoniak zurückgewonnen wird.

**Solveig**, aus dem Nord. übernommener weibl. Vorname (eigtl. Bed. ungeklärt).

**Solvens** [lat.], das Lösende; das Lösungsmittel einer Lösung.

**solvent** [lat.-italien.], zahlungsfähig; **Solvenz**, Zahlungsfähigkeit.

**Solvolyse** [lat./griech.] (Lyolyse), die Erscheinung, daß chem. Verbindungen durch Wechselwirkung mit einem Lösungsmittel gespalten werden, d. h. mit dem Lösungsmittel reagieren. Nach dem die S. verursachenden Lösungsmittel unterscheidet man ↑Hydrolyse, **Ammonolyse** (Spaltung durch Ammoniak) und **Alkoholyse** (Spaltung durch Alkohol).

**Solway Firth** [engl. 'sɔlwɛɪ 'fə:θ], Bucht der Irischen See an der engl. und schott. W.-Küste, 35 km breit, greift über 50 km tief in das Land ein.

**Soma** [griech.], der Körper (im Ggs. etwa zum Geist).
◆ die Gesamtheit der Körperzellen eines Organismus.

**Soma** [Sanskrit], „Saft" einer gekelterten, bisher nicht identifizierten Pflanze, der von dem ind. Gott Indra zur Stärkung und von den Sehern des Weda zur Förderung der Konzentration getrunken wird.

**Somadewa**, ind. Dichter des 12. Jh. aus Kaschmir. - Verfaßte den „Kathāsaritsāgara" („Ozean der Erzählströme"), etwa 350 Märchen, die durch eine Rahmenhandlung zusammengehalten werden.

**Somal**, ostäthiopides Volk auf der Somalihalbinsel in Somalia, Äthiopien und NO-Kenia. Muslime; Hirtennomaden. Ihre Sprache, Somali, gehört zu den kuschit. Sprachen und ist Amtssprache in Somalia.

## Somalia

(amtl.: Jamhuuriyadda Dimuqraadiga Soomaaliya), Republik in O-Afrika zw. 1° 40' s. Br. und 12° n. Br. sowie 41° und 51° 23' ö. L. (Kap Hafun). **Staatsgebiet**: S. liegt auf dem sog. Osthorn Afrikas, es grenzt im N und im SO an den Ind. Ozean, im südl. W an Kenia, im zentralen W an Äthiopien und im NW an Dschibuti. **Fläche**: 637 657 km², 5,6 Mill. E (1985), 8,7 E/km². **Hauptstadt**: Mogadischu. **Verwaltungsgliederung**: 8 Regionen. **Amtssprachen**: Somali und Arabisch. **Staatsreligion**: Islam sunnit. Richtung. **Nationalfeiertage**: 26. Juni (Unabhängigkeitstag) und 1. Juli (Staatsgründung). **Währung**: Somalia-Schilling (So. Sh.) = 100 Centesimi (Cnt.). **Internationale Mitgliedschaften**: UN, OAU, Arab. Liga, der EWG assoziiert. **Zeitzone**: MEZ +2 Stunden.

**Landesnatur**: Nord-S., die Somalihalbinsel, ist eine steil gestellte Scholle (im Surud Ad 2408 m), die sich nach S abdacht, während sie zum Golf von Aden hin in Staffelbrüchen steil abfällt; ledigl. westl. von Berbera ist eine sich auf 100 km verbreiternde Küstenebene ausgebildet. Süd-S. ist eine Rumpfebene in etwa 500 m Meereshöhe, an die sich südl. die weite Aufschüttungsebene der Flüsse Juba und Webbe Shibeli anschließt; an der Küste ist ein 10–50 km breiter Dünenstreifen ausgebildet.

**Klima**: S. hat monsunales Klima mit Niederschlägen von April-Okt. (SW-Monsun) im S und Winterniederschläge (NO-Monsun) in N. Die Jahressumme der Niederschläge ist gering, im SO etwa 320–390 mm, an der N-Küste etwa 50 mm. Die mittleren Temperaturen der wärmsten Monate liegen bei 36–42 °C, der kühlsten Monate bei 28–33 °C.

**Vegetation**: S. ist im S weitgehend eine Trockensavanne, im N eine Halbwüste. An Juba und Webbe Shibeli, den beiden ständig wasserführenden Flüssen, wachsen Galeriewälder.

**Bevölkerung**: 95% der Bev. sind Somal mit den Hauptstämmen Dir, Darod, Hawija und Digil. Die Zahl der Analphabeten ist sehr hoch. Grundschulen und weiterführende Schulen sind ebenso vorhanden wie Fachhochschulen und eine Univ. in Mogadischu (seit 1960).

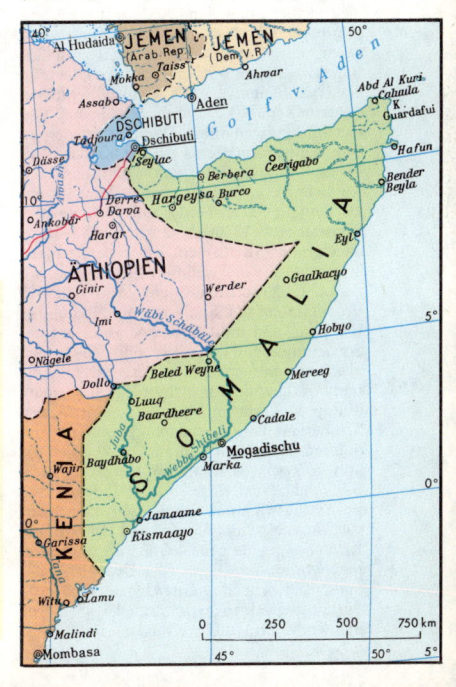

# Somalihalbinsel

**Wirtschaft:** Die Viehwirtschaft der Nomaden ist das wirtsch. Rückgrat des Landes. Daneben ist noch der Bananenanbau wichtig. Bodenschätze werden bisher noch nicht abgebaut. Die Ind. ist wenig entwickelt, sie beschränkt sich auf die Verarbeitung der Landesprodukte (Baumwollentkörnung, Zuckerfabrik, Fisch- und Fleischkonservenfabriken, Gerbereien, Schuhfabriken u.a.). Viele Bereiche der somal. Wirtschaft sind seit 1970 verstaatlicht, so u.a. die Im- und Exportfirmen, die Banken, die Elektrizitätswerke, die Zuckerind., der Groß- und Einzelhandel mit Konsumgütern, einschl. Benzin und Pharmazeutika.

**Außenhandel:** Wichtigste Handelspartner sind Saudi-Arabien und Italien; exportiert werden Rinder, Bananen, Fleischprodukte und Häute; importiert werden Gewebe, Kfz., Reis, Erdölderivate, Papierwaren, Tee und Mate.

**Verkehr:** Keine Eisenbahn; Länge des Straßennetzes 25 300 km, davon über 2 500 km mit festem Unterbau. Haupthäfen sind Mogadischu, Berbera, Kismayu und Merca. Der internat. ✈ von Mogadischu wird von 6 ausländ. Gesellschaften angeflogen.

**Geschichte:** Im 19. Jh. brachten die Sultane von Oman die Städte an der Benadirküste fest in ihre Hand. 1899–1920 beschränkte sich das brit. Protektorat nur auf die Küstenplätze um Zeila und Berbera. 1885–1905 erwarben die Italiener Somaliland. 1925 trat Großbrit. das Jubaland, das zum Protektorat Kenia gehört hatte, an Italien ab. 1960 entließen Italien und Großbrit. ihre somal. Gebiete in die Unabhängigkeit; die Gebiete schlossen sich zur Republik S. zusammen. Somal. Gebietsforderungen führten immer wieder zu Spannungen mit Kenia und Äthiopien. 1969 übernahm das Militär die Macht, das nach Auflösung von Parteien und Parlament - unter Leitung des Vors. des Obersten Revolutionsrates (bis 1976) Maxamed Siyaad Barre, gleichzeitig Staatsoberhaupt, die radikale Umgestaltung der traditionellen zu einer sozialist. Gesellschaftsordnung anstrebt (1976 Propagierung von S. als sozialist. Republik). Die polit. und militär. Kooperation mit der Sowjetunion und deren Verbündeten wurden allerdings infolge der sowjet. Parteinahme und Waffenhilfe für Äthiopien im somal.-äthiop. Konflikt im Nov. 1977 abgebrochen. S. unterstützt die Westsomal. Befreiungsfront in ihrem Krieg (seit Sommer 1977) gegen die äthiop. Reg. v.a. im äthiop. Gebiet Ogaden. Die somal. Niederlage gegen Äthiopien löste im April 1978 einen (erfolglosen) Putschversuch aus. Nachdem Ende Aug. 1979 durch Referendum eine neue Verfassung angenommen worden war, fanden im Dez. 1979 erstmals nach dem Staatsstreich von 1969 in S. Parlamentswahlen statt, zugleich wurde Staatspräs. Siyaad Barre wiedergewählt. Eine Reg.umbildung im Febr. 1980 sollte die Effizienz der staatl. Bürokratie erhöhen und zugleich die somal. Einheit stärken; dennoch verhängte Siyaad Barre - mit Hinweis u. a. auf die Sabotage seiner Politik durch Tribalismus - im Okt. 1980 den Ausnahmezustand (bis März 1982). Im Mai 1986 begannen somal.-äthiop. Friedensgespräche, die den seit 1977 andauernden Kriegszustand beenden und das Verhältnis zw. beiden Ländern normalisieren sollen.

**Politisches System:** Nach der Verfassung von Aug. 1979 ist S. eine präsidiale Republik. *Staatsoberhaupt* und Chef der Exekutive ist der vom Volk auf 6 Jahre gewählte Staatspräs. (seit 1976 M. Siyaad Barre), er ist zugleich Generalsekretär des ZK der SSRP. Die *Legislative* liegt beim Einkammerparlament, der Volksversammlung (121 gewählte, 6 vom Präs. ernannte Abg.). Einheits*partei* ist seit 1976 die Somal. Sozialist. Revolutionspartei (SSRP). *Verwaltungsmäßig* ist S. in 8 Regionen (die eigene Vertretungen wählen) und weiter in 78 Distrikte untergliedert. 1973 ersetzte ein neues Zivilrecht brit. Kolonialrecht und italien. *Recht*, für bestimmte Bereiche gilt noch islam. Recht. Die *Streitkräfte* umfassen 62 700 Mann (Heer 60 000, Luftwaffe 2 000, Marine 700), außerdem gibt es rd. 29 500 Mann paramilitär. Kräfte und rd. 20 000 Mann Volksmiliz.

📖 *S. A country study*. Hg. v. H. D. Nelson. Washington ³1982. - Grossherr, D.: *S. hantiwadaag. Gesch., Gesellschaft, wirtschaftl.-polit. Verhältnisse*. Hdbg. 1978. - Mirreh, A. G.: *Die zozialökonom. Verhältnisse der nomad. Bev. im Norden der Demokrat. Republik S.* Bln. 1978. - Matthies, V.: *Der Grenzkonflikt Somalias mit Äthiopien u. Kenya*. Hamb.; Pfaffenhofen a.d. Ilm 1977. - Matthies, V.: *Das „Horn von Afrika" in den internat. Beziehungen*. Mchn. 1976. - Castagno, M. F.: *Historical dictionary of S*. Metuchen (N.J.) 1975. - *The agricultural econonmy of S*. Washington 1971.

**Somalihalbinsel,** keilförmige (deshalb auch Horn gen.) Halbinsel im O Afrikas, zw. dem offenen Ind. Ozean und dem Golf von Aden, mit dem östlichsten Festlandspunkt Afrikas, Kap Hafun; weitgehend von Nomaden genutzte Trockensavanne; an der Küste Fischerei.

**somatisch** [griech.], den Körper betreffend, auf den Körper bezogen, körperlich; im Unterschied zu psychisch.

**somatogen** [griech.], körperl. bedingt oder verursacht (im Unterschied etwa zu psychogen)

♦ von Körperzellen (und nicht aus der Erbmasse) gebildet; von Veränderungen an Individuen gesagt.

**Somatologie** [griech.], die Lehre von den allgemeinen Eigenschaften der menschl. Körpers.

**Somatolyse** [griech.], durch bes. Körperfärbung und -zeichnung wie Streifung,

Fleckung, Gegenschattierung, auch durch ausgezackte Körperumrisse bewirkte Verminderung der Kontrastwirkung des Körpers gegenüber der Umgebung, so daß der Körper opt. weitgehend verschwimmt. Die S. bedeutet eine Schutzanpassung durch Tarnzeichnung bei manchen Tieren.

**Somatostatin** [griech./lat.], 1973 aus dem Hypothalamus isoliertes Polypeptid, das die Freisetzung des Somatotropins und gleichzeitig auch die von Thyreotropin, Insulin, Glucagon, Gastrin und Pankreozymin hemmt.

**somatotropes Hormon** [griech.], auf die Körpergewebe wirkendes Hormon. - Ggs. ↑adenotropes Hormon.
♦ ↑Somatotropin.

**Somatotropin** [griech.] (somatotropes Hormon, STH, Wachstumshormon), bei Wirbeltieren (einschl. Mensch) artspezif., aus 188 Aminosäuren bestehendes Polypeptidhormon aus dem Vorderlappen der Hypophyse, das das Wachstum der Körpersubstanzen und damit den aufbauenden Stoffwechsel fördert. Seine Wirkung erstreckt sich auf die Erhöhung des Blutzuckerspiegels, vermehrte Proteinsynthese und erhöhte Fettspaltung zu freien Fettsäuren. Ausfall der S.sekretion bewirkt ↑Zwergwuchs, Überproduktion an S. dagegen ↑Gigantismus oder ↑Akromegalie.

**Somazellen** (Körperzellen, somat. Zellen), Gesamtheit der diploiden Körperzellen im Ggs. zu den Geschlechtszellen.

**Sombart,** Werner, * Ermsleben (Landkr. Aschersleben) 9. Jan. 1863, † Berlin 18. Mai 1941, dt. Nationalökonom und Soziologe. - Ab 1890 Prof. in Breslau, ab 1906 in Berlin. S. untersuchte v. a. die Wirtschaftsentwicklung vom Kapitalismus zum Sozialismus. Er entwickelte in seinem Hauptwerk „Der moderne Kapitalismus" (1902) die bis heute verbreitete Einteilung des Kapitalismus in Früh-, Hoch- und Spätkapitalismus. In seinem Werk „Sozialismus und soziale Bewegung" (1896) setzte er sich als erster bürgerl. Wissenschaftler positiv-kritisch mit Marx auseinander. Zu dieser Zeit noch den sog. Kathedersozialisten zugehörig, wandelte er sich später zum sozialkonservativen Wegbereiter des Nationalsozialismus in der Weimarer Republik, von dem er sich jedoch in späteren Schriften („Vom Menschen", 1938) wieder distanzierte.

**Sombor,** jugoslaw. Stadt in der westl. Batschka, 90 m ü. d. M., 48 400 E. Textil-, Leder- und Elektroind., Marktzentrum. - Kath. Trinitätskirche (18. Jh.); orth. Johannes- und Georgskirche (19. Jh.); Stadthaus (19. Jh.).

**Sombrero** [zu lat.-span. sombra „Schatten"], in Zentral- und Südamerika getragener Strohhut mit hohem, kegelförmigem Kopf und breiter Krempe.

**Somerset** [engl. ˈsʌməsɪt], engl. Hzg.titel, 1443–71 der Fam. Beaufort verliehen; 1547–52 und endgültig seit 1660 ist die Fam. Seymour Träger des Titels. - Bed. Vertreter:
**S.,** Edward Seymour, Earl of Hertford (seit 1537), Hzg. von (seit 1547), * um 1500, † London 22. Jan. 1552 (enthauptet), Staatsmann. - Bruder von Jane Seymour (↑Johanna, Königin von England); 1547 zum Protektor für den unmündigen Eduard VI. ernannt. Außenpolit. Mißerfolge und eine bauernfeindl. Sozialpolitik riefen die Opposition des Adels hervor; wegen Hochverrats hingerichtet.

**Somerset** [engl. ˈsʌməsɪt], engl. Gft. auf der Halbinsel Cornwall.

**Somme** [frz. sɔm], Dep. in Frankreich.
**S.,** Fluß in der Picardie, Frankr., entspringt 12 km nö. von Saint-Quentin, mündet unterhalb von Abbeville mit einem Ästuar in den Kanal, 245 km lang.

**Sommer,** Ferdinand, * Trier 4. Mai 1875, † München 3. April 1962, dt. Indogermanist. - Prof. in Basel, Rostock, Jena, Bonn und ab 1926 in München. Bed. Arbeiten zur sprachgeschichtl. Erforschung der lat. Sprache („Handbuch der lat. Laut- und Formenlehre", 1902) und der griech. Sprache („Zur Geschichte der griech. Nominalkomposita", 1948); auch Forschungen zum Hethitischen.
**S.,** Harald, * Graz 12. Dez. 1935, östr. Dramatiker. - Mgl. des Grazer „Forum Stadtpark"; schreibt realist. [Dialekt]stücke wie „Ein unheiml. starker Abgang" (1970), „Der Sommer am Neusiedlersee" (1971), „Ich betone, daß ich nicht das geringste an der Regierung auszusetzen habe" (1973), „Scheiß Napoleon" (1975), deren Intention v. a. beißende Gesellschaftsattacke und polit. Satire sind.

**Sommer,** astronom. die Zeit zw. S.sonnenwende (S.solstitium; auf der N-Halbkugel um den 21. Juni) und der Herbst-Tagundnachtgleiche (Herbstäquinoktium; auf der N-Halbkugel um den 23. Sept.); auf der S-Halbkugel entspricht dies der Zeit zw. [etwa] 22. Dez. und 21. März.

**Sommeradonisröschen** (Adonis aestivalis), einheim. Art der Gatt. Adonisröschen auf Äckern; kalkliebende, einjährige, 30–50 cm hohe Pflanze mit dunkelgrünen, gefiederten Blättern und einzelnstehenden, roten oder gelben Blüten.

**Sommerannuelle,** einjährige (hapaxanthe) Kräuter, die ihre Entwicklung von der Keimung bis zur Samenreife innerhalb einer Vegetationsperiode durchlaufen und dann absterben; z. B. Getreidearten.

**Sommeraster** ↑Aster.
**Sommerazalee** ↑Godetie.
**Sommerbitterling** ↑Bitterling.
**Sommerblumen,** allg. gärtner. Bez. für nur einmal (meist im Sommer) blühende und vor dem Winter absterbende Pflanzen.

**Sömmerda,** Krst. an der Unstrut, Bez. Erfurt, DDR, 140 m ü. d. M., 23 400 E. Büromaschinenwerk, Dachziegelherstellung. - 918 erstmals erwähnt, 1386 Markt- und am Ende des 16. Jh. Stadtrecht. - Spätgot. Pfarrkirche

## Sömmerda

Sankt Bonifatius (15./16. Jh.); spätgot. Rathaus (16. Jh.); z. T. erhaltene Stadtbefestigung mit 6 Wehrtürmen und dem Erfurter Tor.
**S.,** Landkr. im Bez. Erfurt, DDR.
**Sommerendivie** [...ɛn,diːviə], svw. Römischer Salat († Lattich).
**Sommerfeld,** Arnold, * Königsberg (Pr) 5. Dez. 1868, † München 26. April 1951, dt. Physiker. - Prof. in Clausthal, Aachen und München. S. gehörte zu den frühen Anhängern der Relativitätstheorie und der Bohrschen Atomtheorie, die er zum Bohr-S.-Atommodell († Atommodell) ausbaute. 1915 formulierte er die Theorie der Feinstruktur des Wasserstoffspektrums, 1916 die Quantentheorie des normalen Zeeman-Effekts. 1928 wandte er die Quantenstatistik auf die Elektronentheorie der Metalle an und konnte die dort noch bestehenden Diskrepanzen beseitigen.
**Sommerflieder,** svw. † Schmetterlingsstrauch.
**Sommergetreide** (Sommerfrucht, Sommerung), Getreide, das im Frühjahr gesät und im gleichen Jahr geerntet wird; Ertrag geringer als beim **Wintergetreide,** das bereits im Herbst gesät wird.
**Sömmeringgazelle** [nach S. T. von Sömmerring] † Gazellen.
**Sommerkleid,** gemeinsprachl. Bez. für die (im Ggs. zum Winterkleid) kürzere, weniger dichte (oft auch andersfarbige) Behaarung *(Sommerfell)* vieler Säugetiere; auch Bez. bei einigen Vogelarten für das Gefieder im Sommer im Ggs. zum andersfarbigen Winterkleid.
**Sommerlinde** † Linde.
**Sommerrettich** † Rettich.
**Sömmerring** (Soemmering), Samuel Thomas von (seit 1808), * Thorn 25. Jan. 1755, † Frankfurt am Main 2. März 1830, dt. Arzt und Naturforscher. - Veröffentlichte [z. T. ausgezeichnet illustrierte] Werke über Anatomie, insbes. Neuroanatomie, Anthropologie und Entwicklungsgeschichte; beschrieb als erster den gelben Fleck († Auge). 1809 entwickelte er einen elektrochem. Telegrafen.
**Sommerruhr** † Ruhr.
**Sommersaat,** landw. Bez. für im Frühjahr ausgesäte und im Sommer geerntete Nutzpflanzen. - Ggs. † Wintersaat.
**Sommerschlaf,** schlafähnl. Ruhestadium bei manchen in den Tropen und Subtropen lebenden Tieren (z. B. bei manchen trop. Fröschen) während der Hitzeperiode im Sommer bzw. der Trockenzeit (dann auch *Trockenschlaf* bzw. *Trockenruhe* genannt). Für den S. graben sich die Tiere häufig im Boden ein; während von ihnen können auch schützende Hüllen bilden. Die *Sommerruhe* ist ein kürzeres ähnl., nicht sehr tiefgehendes Ruhestadium.
**Sommerschlußverkauf** † Saisonschlußverkauf.
**Sommersprossen** (Epheliden), anlagebedingte kleine, bräunl. Hautflecke (jahreszeitl. schwankende Pigmentanreicherung in der untersten Schicht der Oberhaut) an Körperstellen, die bes. dem Sonnenlicht ausgesetzt sind; bevorzugt bei Rotblonden.
**Sommertag** † Lätare.
**Sommertage,** in der Meteorologie Bez. für Tage, an denen die Temperatur von 25 °C erreicht oder überschritten wird.
**Sömmerung,** (Älpung) sommerl. Haltung von Vieh auf Gebirgsweiden.
♦ (Sömmern) sommerl. Trockenlegung eines Karpfenteichs zur Verbesserung der Bodenreaktion und Düngung.
**Sommerwurz** (Orobanche), Gatt. der S.gewächse mit rd. 100 schwer voneinander zu unterscheidenden Arten in den gemäßigten und subtrop. Gebieten; Parasiten an den Wurzeln von Schmetterlings-, Lippen- und Korbblütlern; Rachenblüten in mehr oder weniger dichter Ähre. Bekannte Arten sind u. a. **Kleeteufel** (Kleine S., Orobanche minor; bis 50 cm hoch, Blüten gelblich- oder rötlichweiß) und **Blutrote Sommerwurz** (Orobanche gracilis; bis 60 cm hoch; Blüten innen blutrot, außen gelb gefärbt).
**Sommerwurzgewächse** (Orobanchaceae), Fam. der Zweikeimblättrigen mit rd. 150 Arten in 13 Gatt., v. a. in der nördl. gemäßigten Zone; ausdauernde oder einjährige, auf den Wurzeln oft spezif. Wirtspflanzen schmarotzende Kräuter ohne Chlorophyll; mit schuppenförmigen Blättern und Saugorganen; Blüten mit mehr oder weniger gekrümmter Kronröhre, meist in Trauben oder Ähren stehend; Kapselfrüchte.
**Sommerzeit,** gegenüber der Zonen- bzw. Standardzeit um meist eine Stunde vorverlegte Zeit während der Sommermonate; seit 1980 auch in der BR Deutschland.
**Sommeschlacht** [frz. sɔm], eine der größten Materialschlachten des 1. Weltkriegs (Juli–Nov. 1916) im frz. Dep. Somme, zw. Albert und Chaulnes mit erstmaligem Einsatz brit. Panzer; brachte den brit.-frz. Verbündeten keinen strateg. bedeutsamen Durchbruch; Verluste auf dt. Seite rd. 500 000 Mann, bei den Alliierten rd. 650 000 Mann.
**Somnambulie** (Somnambulismus) [zu lat. somnus „Schlaf" und ambulare „umhergehen"], svw. † Schlafwandeln.
**Somnolenz** [lat.], Benommenheit, [krankhafte] Schläfrigkeit (Schlafsucht).
**Somoza** [span. soˈmosa], nicaraguan. Familie; wichtige Vertreter waren neben *Anastasio Somoza García* (* 1896, † 1956 [ermordet]), der die Nationalgarde ab 1932 zu seinem Machtinstrument ausbaute und nach Staatsstreich 1937 bis 1947 und 1950–56 diktator. regierender Staatspräs. war, v. a. seine Söhne *Luis Anastasio Somoza Debayle* (* 1922, † 1967), diktator. Staatspräs. 1956–63, und *Anastasio Somoza Debayle* (* 1925, † 1980 [ermordet]), der 1957 Kommandeur der Nationalgarde wurde, 1967–72 sowie ab 1974 Staats-

# Sonate

präs. war, aber im Juli 1979 - trotz brutaler, Mord miteinbeziehender Maßnahmen - nach einem Bürgerkrieg mit großen Zerstörungen und hohen Bev.verlusten gestürzt wurde und in die USA fliehen mußte; nachdem er über Guatemala nach Paraguay ins Exil gegangen war, wurde er am 17. Sept. 1980 in Asuncion ermordet.

**Somport** [frz. sõˈpɔːr], Pyrenäenpaß, über den die Straße Pau–Zaragoza führt, im Scheitelpunkt 1 632 m ü. d. M. (span.-frz. Grenze).

**Sonagraph** [lat./griech.], ein insbes. zur Schallanalyse von Sprachlauten, aber auch zur Analyse von Herzgeräuschen und in der Bau- und Lärmakustik verwendetes Gerät, das die verschiedenen Frequenzanteile eines Schalls aufzeichnet (**Sonagramm**).

**Sonant** [lat.], silbenbildender, silbentragender Laut; entweder Vokal oder sonant. Konsonant, z.B. [l] in Dirndl [ˈdɪrndl̩] oder in engl. people [ˈpiːpl̩].

**Sonar** [zoˈnaːr, ˈzoːnar], Abk. für engl.: **so**und **na**vigation and **r**anging, Schallortungsverfahren, bei dem Schall- oder Ultraschallimpulse ausgesandt werden und die Zeit bis zum Eintreffen der von einem Hindernis zurückgeworfenen Impulse zur Berechnung der Hindernisentfernung dient bzw. zur Sichtbarmachung des Objekts auf einem Bildschirm. Das S. läßt sich in festen Körpern (z. B. für zerstörungsfreie Materialprüfung), in Luft (z. B. zur Geschwindigkeitsbestimmung von Kraftfahrzeugen) und im Wasser (z. B. zur Unterwasserortung) anwenden.

**Sonata da camera** [italien.], Kammersonate (↑ Sonate).

**Sonata da chiesa** [kiˈeːza; italien.], Kirchensonate (↑ Sonate).

**Sonate** [italien. sonata, zu lat. sonare „klingen"], seit dem frühen 17.Jh. Bez. für eine meist mehrsätzige, zykl. angelegte Instrumentalkomposition in kleiner oder solist. Besetzung. Das Wort Sonata bezeichnete urspr. zur Unterscheidung von rein vokalen Kanzonen Stücke, die instrumentale Bearbeitungen von Vokalsätzen darstellen, jedoch instrumental konzipiert sind (Canzona da sonar). Bed. für die Entwicklung der Gattung waren die mehrchörig angelegten S. G. Gabrielis (1597 und 1615). Durch Umbildung der Kanzone zum monod. Instrumentalstück und Stimmenverminderung entstanden die **Solosonate** für eine Melodienstimme (meist Violine) mit Generalbaßbegleitung und die **Triosonate** für zwei Melodieinstrumente und Generalbaß; in Form und Besetzung bilden sie bis ins 18. Jh. die wichtigsten kammermusikal. Gattungen. Nach ihrer Bestimmung wurden die **Kirchensonate** *(Sonata da chiesa)* und die höf. **Kammersonate** *(Sonata da camera)* unterschieden. Seit Corelli (12 Triosonaten op. 1, 1681) hatte die Kirchen-S. vorwiegend vier motiv. und modulator. einheitl. gestaltete, tonartl. verwandte Sätze in der Folge langsam-schnell-langsam-schnell, wobei die langsamen Sätze imitator. oder homophon und die schnellen fugiert angelegt sind. Die Kammer-S. war meist dreisätzig (schnell-langsam-schnell) und bestand aus einem präludienartigen Eingangssatz und nachfolgen-

Sonate. Klaviersonate As-Dur Opus 26 (Marcia funebre sulla morte d'un Eroe, Takt 39ff. [1800/01]) von Ludwig van Beethoven

## Sonatenform

den Tanzsätzen. Ende des 17. Jh. vermischten sich beide Typen, doch blieb dabei die Vorbild der Kirchen-S. bestimmend für die Komponisten des späten 17. und frühen 18. Jh. Die Kirchen-S. wurde durch J. S. Bach von der Triobesetzung auf ein Melodieinstrument (Violine, Viola da gamba, Querflöte) und einen obligaten Klavierpart mit solist. Continuostimme oder auf Solovioline übertragen. Die Klavier- und die Violin-S. der Wiener Klassik (J. Haydn, W. A. Mozart, L. van Beethoven) sind gekennzeichnet durch themat. Arbeit, einen klaren period. und modulator. Aufbau, Gliederung des Zentralsatzes in Exposition, Durchführung und Reprise (↑Sonatensatzform) und in der Regel Dreisätzigkeit. In Mozarts Violin-S. entwickelt sich die Violinstimme von einer reinen Begleitstimme zum gleichberechtigten Partner des Klaviers. Beethovens großangelegte S. weisen 3, 4 oder 2 Sätze auf, die themat. aufeinander bezogen sind. Die Formprinzipien der klass. S. behielten für die nachfolgenden Komponisten des 19. Jh. ihre Gültigkeit. Im 20. Jh. verlor der Begriff S. durch die Anwendung neuer kompositor. Prinzipien an Bed.; die nicht seltene Bez. S. bei Werken der neuen Musik beruht entweder auf einem Rückgriff auf die histor. gewordene Form oder auf einer Gleichsetzung der S. mit einem instrumentalen Spielstück.

📖 Newman, W.S.: *The sonata since Beethoven.* Chapel Hill (N.C.)³ 1983. - Newman, W. S.: *The sonata in the Baroque era.* Chapel Hill (N.C.) Neuaufl. ⁴1983. - Newman, W. S.: *The sonata in the classic era.* Chapel Hill (N.C.) ²1972. - Schulte-Bunert, D.: *Die dt. Klaviersonate des 20. Jh.* Regensburg 1963.

**Sonatenform,** svw. ↑Sonatensatzform; die Bez. S. wurde vielfach auch für die Form des Sonatenzyklus bzw. dessen Satzfolge (↑Sonate) verwendet.

**Sonatensatz,** svw. ↑Sonatensatzform.

**Sonatensatzform** (Sonatensatz, Sonatenform, Sonatenhauptsatzform), Bez. für das Formmodell v. a. des ersten Satzes von Sonaten, Sinfonien und Kammermusikwerken seit der 2. Hälfte des 18. Jh. I. d. R. gliedert sich der Sonatensatz in Exposition, Durchführung und Reprise, der sich eine Koda anschließen kann. Am Beginn kann eine langsame Einleitung vorangehen. Die Exposition ist in Hauptsatz (Hs.) mit dem 1. Thema in der Grundtonart, Überleitung (Ü.) und Seitensatz (Ss.) mit dem 2. Thema in einer anderen Tonart (meistens Dominante oder Paralleltonart), unterteilt und wird oft durch einen Epilog abgeschlossen. Die Durchführung bringt eine Verarbeitung des themat. Materials der Exposition mit Modulationen in entferntere Tonarten. Ihr folgt die Reprise mit der Wiederaufnahme der Elemente der Exposition, vielfach in der Grundtonart, worauf eine Koda (gegebenenfalls mit erneuter themat. Verarbeitung) den Satz abschließen kann.

**Sonatine** [lat.-italien.], im 17. und frühen 18. Jh. gleichbedeutend mit ↑Sonate; nach 1750 allg. Bez. für eine kleinere, gewöhnl. nur 3 Sätze umfassende, leicht spielbare Sonate mit Sonatenaufbau, aber oft verkürzter ↑Durchführung, meist für Klavier oder Violine.

**Sonchus** [griech.], svw. ↑Gänsedistel.

**Sonde** [frz.], stab-, röhren- oder halbröhrenförmiges Instrument aus Stahl, Kunststoff oder Gummi zur Einführung in Körperhöhlen bzw. -hohlorgane zu diagnost. und therapeut. Zwecken; z. B. *Magen-S.,* u. a. zur Bestimmung des Magensäuregehaltes sowie zur künstl. Ernährung.

♦ Bez. für eine bewegl. Vorrichtung, die zur Abtastung, Prüfung oder Untersuchung örtl. variierender Verhältnisse eingesetzt wird, z. B. Elektronensonde, Radiosonde, Raumsonde.

**Sonderabschreibungen,** auf außerordentl. Faktoren und unvorhergesehene Wertminderungen sowie auf steuerl. Sondervorschriften zurückzuführende ↑Abschreibungen.

**Sonderangebot,** das Angebot nach Güte und Preis festgelegter Waren zu günstigen Verkaufspreisen innerhalb des ordnungsgemäßen Geschäftsbetriebes; nach dem Wettbewerbsrecht zulässig, sofern die Zulassungsvorschriften für ↑Sonderveranstaltungen erfüllt werden.

**Sonderausgaben** ↑Einkommensteuer.

**Sonderbehandlung,** ab 1939 v. a. im nat.-soz. Polizei- und SS-Apparat intern verwendeter Begriff für die „Exekution" ohne Gerichtsverfahren, d. h. Ermordung von [KZ]Häftlingen (v. a. Juden) und anderen als Gegner oder „lebensunwert" betrachteten Personen durch Polizei, SS und Einsatzgruppen.

**Sonderborg,** K. R. H., eigtl. Kurt Rudolf Hoffmann, * Sonderburg 5. April 1923, dt. Maler. - Seine dynam. Schwarzweißbilder gehören zum abstrakten Expressionismus; später auch Einbeziehung von Gegenständlichkeit.

**Sonderbriefmarken** ↑Briefmarken.

**Sonderbund,** am 11. Dez. 1845 gegr. Schutzbündnis der schweizer. konservativen Kantone Luzern, Uri, Schwyz, Unterwalden, Zug, Freiburg und Wallis, um dem Druck der freisinnig-radikalen bzw. liberalen Kantone standzuhalten. Im Sonderbundskrieg (1847) wurde der S. vollständig besiegt und aufgelöst. - ↑auch Schweiz (Geschichte).

**Sonderburg** (dän. Sønderborg [dän. 'sɶnərbɔr]), dän. Stadt auf der Insel Alsen, 27 800 E. Handels- und Sporthochschule; Garnison; Maschinenbau, Nahrungsmittel-, Möbel- und Textilind., Werft; Hafen. - Die Burg S. wird 1253, der Ort 1257 erstmals erwähnt; im MA starke Festung; erhielt 1461 Stadtrecht; im 16. Jh. zur Residenz der Linie Schleswig-Holstein-S. des Hauses Oldenburg

# Sonderschule

ausgebaut; gehörte stets zu Schleswig, 1871–1920 zum Dt. Reich, fiel dann an Dänemark. - Schloß (13. Jh.).

**Sonderdelikte** ↑ Delikt.

**Sonderdruck** (Separatum), 1. für den Autor bestimmter, zumeist broschierter Teildruck aus einem Sammelwerk, einer Zeitschrift usw.; 2. Sonderausgabe von Teilen einer Gesamtausgabe oder eines Sammelwerks.

**Sondererbfolge**, Erbfolge, die abweichend von dem erbrechtl. Grundprinzip der Gesamtnachfolge einzelne Vermögensgegenstände bestimmten Personen zuweist. Eine S. gibt es z. B. für das Eigentum an Bauernhöfen kraft landesrechtl. Anerbenrechts, bei Mietwohnungen durch die Regelung, daß der Ehegatte oder andere Familienangehörige des Mieters nach dessen Tod in das Mietverhältnis eintreten.

**Sondergerichte**, Gerichte mit einer allg. festgelegten, aber auf eine besondere Materie beschränkten Zuständigkeit, die anstelle der (allg.) ↑ Gerichte entscheiden. S. sind im Ggs. zu den Ausnahmegerichten zulässig (z. B. die Schiffahrtsgerichte nach § 14 Gerichtsverfassungsgesetz). Im NS wurden bei jedem Oberlandesgericht S. gebildet, deren Urteile unanfechtbar waren. Nach der Verordnung vom 21. 3. 1933 waren S. für die Aburteilung von polit. Straftaten und während des 2. Weltkrieges für die mit dem Kriegszustand zusammenhängenden Delikte zuständig.

**Sondergötter** (Funktionsgötter), in polytheist. Religionen Gottheiten, deren Funktionen auf einen ganz bestimmten, sehr eng abgegrenzten Wirkungsbereich in der Natur oder im Menschenleben beschränkt sind.

**Sondergut**, bei der ehel. Gütergemeinschaft alle einem Ehegatten gehörenden Rechtsgegenstände, die nicht durch Rechtsgeschäft auf einen anderen übertragen werden können (z. B. Schmerzensgeldansprüche). Jeder Ehegatte verwaltet sein S. (anders als das Gesamtgut) selbständig, aber für Rechnung des Gesamtgutes.

**Sonderkindergarten** ↑ Kindergarten.

**Sonderkorrespondent** ↑ Korrespondent.

**Sondermüll**, Abfallstoffe, die auf Grund ihrer bes. Beschaffenheit (z. B. Giftigkeit) in bes. Anlagen gesammelt, nach Möglichkeit entgiftet und ohne Umweltgefährdung beseitigt bzw. in S.deponien gelagert werden müssen. - ↑ auch Müll.

**Sonderpädagogik** (Sondererziehung, Heilpädagogik), allg. der Bereich der Erziehung, der sich mit der Betreuung von Kindern, Jugendlichen und Erwachsenen befaßt, die in ihrer psychosozialen Entwicklung infolge körperl. bzw. geistiger Schäden beeinträchtigt sind. Die Maßnahmen zielen auf eine optimale Eingliederung zu betreuenden Menschen in Gesellschaft und Beruf. So bemüht die S. sich zum einen um die aus den Behinderungen resultierenden Erschwernisse des Lernens und der ↑ Sozialisation, denen mit pädagog. Mitteln nicht zu begegnen ist, zum anderen um die Diagnostik (z. B. Hör- und Sehschaden, Körperbehinderung) und ihre pädagog.-psycholog. Therapie. Die S. gliedert sich in Sehgeschädigten-, Blinden-, Schwerhörigen-, Gehörlosen-, Sprachgeschädigten-, Körperbehinderten-, Lernbehinderten-, Verhaltensgestörten- und Geistigbehindertenpädagogik. Die pädagog. Maßnahmen erfolgen in 4 Förderungsabschnitten: 1. vorschul. Erziehung (Früherkennung, Sonder- und Schulkindergarten); 2. Sonderschulen; 3. Berufseingliederung (beschützende Werkstätten); 4. Erwachsenenbildung (Rehabilitation bei abweichendem sozialen Verhalten durch geeignete therapeut. Maßnahmen).

📖 *Sonderpädagog. Theorie u. Praxis.* Hg. v. Oldenburger Inst. f. S. 1985. - *Hdb. der S.* Hg. v. H. Bach u. a. Bln. 1976–86. 11 Bde. - *Zum Problem der pädagog. Förderung schwerstbehinderter Kinder u. Jugendlicher.* Hg. v. W. Dittmann u. a. Rheinstetten-Neu 1979. - Holzinger, F.: *S.* Wien 1978.

**Sonderschule**, eine allgemeinbildende Pflichtschule für behinderte Kinder und Jugendliche, die je nach Art und Schwere ihrer Behinderung nicht oder unzureichend in allg. Schulen gefördert werden können. Dazu gehören die S. bzw. Sonderschulklassen für Sehbehinderte und Blinde (↑Blindenschulen), für Hörbehinderte und Gehörlose, für Körperbehinderte, Sprachgeschädigte, Lernbehinderte, Verhaltensgestörte, Geistigbehin-

### SCHÜLER IN SONDERSCHULEN
nach der Art ihrer Behinderung und Behindertenquoten im Schuljahr 1985

| Klassen für... | Schüler Anzahl | %* |
|---|---|---|
| Lernbehinderte | 163 635 | 2,58 |
| Geistigbehinderte | 40 792 | 0,64 |
| Verhaltensgestörte | 13 857 | 0,22 |
| Körperbehinderte | 14 046 | 0,22 |
| Sprachbehinderte | 17 831 | 0,28 |
| Hörgeschädigte | 9 161 | 0,14 |
| Sehgeschädigte | 3 723 | 0,06 |
| Sonstige Behinderte | 8 379 | 0,13 |
| Insgesamt | 271 424 | 4,27 |

*Die Verteilungsquoten weisen aus, wie hoch der Anteil der Schüler der genannten Behinderungsarten an der Wohnbevölkerung im vollzeitschulpflichtigen Alter ist; bezogen auf 6 351 232 Personen (Deutsche und Ausländer) im Alter von 6 bis unter 16 Jahren (Quelle: Statistisches Bundesamt).

derte sowie die Schulen im Jugendstrafvollzug und für Kranke. Die Lernbehindertenschulen wurden früher als Hilfsschulen bezeichnet. Die Bez. hat man ersetzt, da mit ihr die Behinderung des Kindes nicht erklärt wird, sondern ledigl. eine deklassierende Wertung gegeben wird.

Für die einzelnen Gruppen von Behinderten sind gestufte qualifizierte Schulabschlüsse möglich - z. B. die Vorbereitung eines geistigbehinderten Schülers auf die Arbeit in einer Werkstätte für Behinderte, die Erlangung der Hochschulreife für Körperbehinderte, Sehbehinderte u. a. Die Beeinträchtigungen im Lern-, Leistungs- und Sozialverhalten werden mit behinderungsspezifischen Verfahren und Unterrichtsmethoden beseitigt oder zumindest reduziert; die durchschnittl. Klassenfrequenz aller S. ist wesentl. niedriger als in allg. Schulen, sie liegt ungefähr zw. 8 und 15 Kindern († auch Berufssonderschule).

**Sonderschullehrer** † Lehrer.

**Sondershausen,** Krst. im Tal von Wipper und Bebra, Bez. Erfurt, DDR, 230 m ü. d. M., 23 900 E. Schloß- und Heimatmuseum; Kalibergbau. - 1125 erstmals erwähnt, seit Beginn des 14. Jh. Stadtrecht, 1571–1918 Residenz der Grafen (seit 1697 Fürsten) von Schwarzburg-Sondershausen. - Schloß (16.–18. Jh.) mit Lusthaus („Karussel", 1708/09; jetzt Konzertsaal).

**S.,** Landkr. im Bez. Erfurt, DDR.

**Sondersprachen,** i. w. S. alle Sprachformen, die von sozialen, sachl.-begriffl., geschlechts- und altersspezif. Besonderheiten herrühren (Berufssprachen, Gruppensprachen, Geheimsprachen) im Ggs. zu der allen Sprachteilnehmern gemeinsamen Sprache. I. e. S. sozial gebundene Sprachen, die dem Interesse einer Gruppe, v. a. der Absonderung, dienen (in Abgrenzung von den Fachsprachen).

**Sonderstempel,** Bez. für einen zu zeitl. und örtl. begrenzten Anlässen (u. a. polit. Ereignisse, Gedenktage, Veranstaltungen und Ausstellungen) eingesetzten Poststempel, der durch zusätzl. Inschriften und/oder durch bildl. Darstellungen dokumentar. Charakter hat. Am Erscheinungstag einer Briefmarke werden mitunter S. *(Ersttagssonderstempel)* eingesetzt.

**Sonderveranstaltungen,** im kaufmänn. Bereich Verkaufsveranstaltungen mit Sonderangeboten außerhalb des übl. Geschäftsbetriebs, die nicht Ausverkauf, Räumungsverkauf oder Saisonschlußverkauf sind, z. B. *Jubiläums-* und *Restverkäufe.*

**Sondervermögen,** 1. im *Zivilrecht:* der Inbegriff von Vermögensgegenständen ohne eigene Rechtspersönlichkeit, die vom [übrigen] Vermögen einer oder mehrerer Personen rechtl. getrennt sind (z. B. das Vermögen einer † Erbengemeinschaft); 2. im *öffentl. Recht:* rechtlich unselbständige Teile des Erwerbsvermögens, z. B. † Deutsche Bundesbahn, † Deutsche Bundespost. Sie führen eigene Haushalte.

**Sonderziehungsrechte** † Internationaler Währungsfonds.

**sondieren** [frz.], Körperhohlorgane mit Hilfe einer † Sonde untersuchen.
♦ (übertragen:) ausforschen, vorsichtig erkunden.

**Søndre Strømfjord** [dän. 'sønrə 'sdrœmfjoːˈr], Bucht der Davisstraße an der W-Küste Grönlands, nahe dem O-Ende internat. ✈, Knotenpunkt des Luftverkehrs auf der Polarroute.

**Sonett** [italien.], italien. Gedichtform mit Nachbildungen in fast allen europ. Literaturen. Die Grundform bildet ein Gedicht von 14 Zeilen, die sich zu 2 Vierzeilern *(Quartette)* und 2 Dreizeilern *(Terzette)* gruppieren. Quartette und Terzette sind in sich durchgereimt; der äußeren Form des S. entsprechen der syntakt. Bau und die innere Struktur: Die Quartette stellen in These und Antithese die Themen des Gedichtes auf; die Terzette führen diese Themen in konzentrierter Form durch und bringen die Gegensätze abschließend zur Synthese. Die Thematik der S.dichtung ist, der anspruchsvollen Form und der dadurch bedingten Forderung gedankl. Klarheit entsprechend, beschränkt. Grundzug ist die intellektuelle Verarbeitung, die gedankl. Objektivierung subjektiven Erlebens: des Eros, Gottes, des Todes, des persönl. Schicksals, aber auch polit. und sozialen Geschehens. Häufig werden mehrere S. zum **Sonettenkranz** (Sonettenzyklus) verknüpft; er besteht meist aus 15 S., wobei das letzte aus den Anfangszeilen der 14 vorangegangenen S. zusammensetzt.

Das *italien.* S. wurde in der 1. Hälfte des 13. Jh. entwickelt. Höhepunkt im 14. Jh. war der „Canzoniere" F. Petrarcas. *Span.* und *portugies.* Nachbildungen des italien. S. finden sich zuerst im 15. Jh. *Frz.* Nachbildungen gibt es seit dem 16. Jh., *engl.* entstanden zu Beginn des 16. Jh.; die Blüte der engl. S.dichtung fällt in die 2. Hälfte des 16. Jh. (E. Spenser, P. Sidney, Shakespeare). Die *dt.* Nachbildungen des italien. Form. z. T. hatten ihre Blütezeit im 17. Jh. (M. Opitz, P. Fleming, A. Gryphius), in der Romantik (A. W. Schlegel, A. von Platen, K. L. Immermann, F. Rückert, Goethe) und um 1900 (S. George, R. M. Rilke, J. R. Becher, G. Heym, G. Britting, J. Weinheber).

**Song** [engl.], allg. nach dem angloamerikan. Sprachgebrauch svw. Lied (Folksong, Protestsong usw.); i. e. S. Bez. für eine Liedgattung, die nach dem 1. Weltkrieg als satir.-zeitkrit., auch lehrhafter Gesang bes. von B. Brecht, K. Weill, H. Eisler, P. Dessau vertreten wurde; Hauptform im ep. Musiktheater und sozialist. Kampf- und Massenlied. Meist

# Sonne

aus [Vor]strophe und Refrain bestehend, ist seine Musik betont einfach und greift Elemente von volkstüml. Liedtypen, Schlager, Jazz und zeitgenöss. Tanzmusik auf.

**Songhai,** ehem. westsudan. Reich, entstand aus einer berber. Gründung des 7. Jh. am mittleren Niger; wurde im 11. Jh. islam.; ab 1325 unter der Oberherrschaft von Mali, konnte aber wenig später östl. und nördl. Gebiete Malis sowie Timbuktu zurückerobern; erstreckte sich Anfang des 16. Jh. von der Landschaft Tekrur bis an die Grenzen von Bornu; zerfiel dann bald; 1590 kam der größte Teil unter die Herrschaft der Saaditen.

**Songhai,** Volk der Sudaniden, am Niger (Mali, Niger, NW-Nigeria), leben von Feldbau in der Savanne, Viehhaltung, Fischerei und Jagd; ihre Sprache, Songhai, gehört zum Nilosaharanischen.

**Songkhla,** thailänd. Stadt an der O-Küste der Halbinsel Malakka, 79 700 E. Verwaltungssitz des Verw.-Geb. S.; Univ. (gegr. 1964), techn. Lehranstalt, Lehrerseminare; Zentrum eines Agrar- und Bergbaugebietes; Hafen; Eisenbahnendpunkt, ⌘.

**Soninke,** zur nordwestl. Gruppe der Mandesprachen gehörende Gruppe eng verwandter Sprachen in Senegal, Mauretanien, Gambia und Burkina Faso mit etwa 2 Mill. Sprechern.

**Sonja,** weibl. Vorname, russ. Verkleinerungsform von Sofia († Sophie).

**Sonnabend** (Samstag), der 6. Tag der Woche (urspr. nur der Abend vor dem Sonntag; dann ausgedehnt auf den ganzen Tag).

**Sonne,** Zentralkörper des S.systems (innerhalb des ↑ Milchstraßensystems), dessen Planeten (samt Monden) und dessen Kleinkörper sie durch ihre große Masse (333 000 Erdmassen) auf kreisähnl. Bahnen hält. Die S. ist ein Stern, also ein glühender Gasball, chem. aus etwa 75% Wasserstoff, 23% Helium und 2% schwereren Elementen zusammengesetzt. Im Zentrum der S. herrscht eine Temperatur von etwa 15 Mill. K und ein Druck von rd. 200 Mrd. bar; Die Energieerzeugung verläuft im S.zentrum, und zwar wird aus Wasserstoff über einige Kernprozesse Helium aufgebaut (↑ Bethe-Weizsäcker-Zyklus), wobei ein geringer Bruchteil von Materie in Energie umgewandelt, dann durch Konvektion und Strahlung an die Oberfläche transportiert und von dort in einer etwa 400 km dicken Schicht, der **Photosphäre** (Temperatur rd. 5800 K), abgestrahlt wird. Die S. hat keinen völlig scharfen Rand; die Dichte fällt stetig (wenn auch schnell) nach außen ab. Das Spektrum der S.strahlung aus den oberen Photosphärenschichten zeigt, dem Kontinuum überlagert, etwa 24 000 Absorptionslinien (Fraunhofer-Linien). Die Oberfläche der S. ist nicht gleichmäßig hell, sie zeigt vielmehr eine körnige Struktur, hervorgerufen durch aufsteigende, etwa um 300 K heißere Gasmassen (Granulen; rd. 1 000 km Durchmesser). Größere fleckige Gebilde auf der S.scheibe sind die **Sonnenflecken** (rd. 2 000–50 000 km Durchmesser, gelegentl. bis über 100 000 km ⌀). Im . Kern (Umbra) solcher Flecken beträgt die Temperatur rd. 4 500 K, im Übergangsgebiet zw. Kern und ungestörter Oberfläche (Penumbra) etwa 5 500 K; die S.flecken sind stets von starken Magnetfeldern begleitet, die für einen geringeren Energiestrom zur Oberfläche (und die geringere Temperatur) verantwortl. sind. Mehrere Flecken ordnen sich zu Fleckengruppen, die im Mittel eine Lebensdauer von 6 Tagen haben, gelegentl. aber mehr als 100 Tage lang bestehen können. Die Fleckenhäufigkeit schwankt in Perioden von 11,07 Jahren, dem sog. **Sonnenfleckenzyklus. Fackeln,** Ausbrüche heißer Gase *(S.eruptionen),* lassen sich am S.rand beobachten. Sie entstehen meist in der Nähe von S.flecken. Größere Ausbrüche, in denen Gasmassen bis über 100 000 km hoch geschleudert werden, nennt man **Protuberanzen.** Über der Photosphäre (also außerhalb des „Randes" der hellen S.scheibe) liegt die **Chromosphäre.** Die Dichte dieser Schicht ist sehr gering; ihre Mächtigkeit beträgt etwa 6 000 km, in ihr herrscht eine Temperatur von rd. 5 000 K. Weiter nach außen steigt dann die Temperatur steil an, bis sie in der **Sonnenkorona** rd. 1 Mill. K erreicht. Die Korona (Strahlenkranz) wird bei totalen S.finsternissen sichtbar; ihre Struktur ändert sich ebenfalls in dem 11jährigen S.fleckenzyklus. Die von der S. ausgehende Strahlung (elektromagnet. Wellen unterschiedlichster Wellenlängen sowie Teilchenstrahlungen, der sog. S.wind) üben die vielfältigsten Einflüsse auf die Erde aus (solarterrestr. Erscheinungen). Von bes. Bed. ist z. B. die Beeinflussung der Ionosphäre und damit der Funkverbindungen über große Entfernungen, die v. a. bei S.eruptionen erhebl. gestört oder vollständig unterbrochen werden können.

Der Abstand der S. von der Erde beträgt 149,6 Mill. km (Mittelwert). Infolge der Rotation der Erde um ihre Achse erscheint die S. morgens im östl. Himmel und geht am Abend am westl. Himmel unter. Auf- und Untergangspunkt am Horizont verschieben sich von Tag zu Tag innerhalb bestimmter Grenzen, die von der geograph. Breite des jeweiligen Ortes auf der Erde abhängen (entsprechend ändert sich die Länge des Tages bzw. der Nacht). - Infolge der Bewegung der Erde auf ihrer Bahn um die S. verändert diese tägl. ihren Stand gegenüber den Fixsternen, sie beschreibt die ↑ Ekliptik.

**Geschichte:** Von den Babyloniern ist die älteste datierte (15. Juni 763 v. Chr.) Beobachtung einer S.finsternis überliefert. Um 265 v. Chr. unternahm Aristarchos von Samos den Versuch, die Entfernung der S. zu bestimmen. Außerdem stellte er (um 275) die Hypothese auf, daß die S. ruhendes Zentrum unseres Planetensystems sei; N. Kopernikus knüpfte bei der Erarbeitung des heliozentr. Systems hier an. 1843 entdeckte H. Schwabe die Periodizität der S.fleckenhäufigkeit und 1868 J. N. Lockyer im S.spektrum das Helium. 1908 wies G. Hale das Vorhandensein von Magnetfeldern in den S.flecken nach.

**Kulturgeschichte:** Im Denken der Menschheit hat die S. immer eine große Rolle gespielt: als wichtiger Naturgegenstand, Erzeugnis des Lichts, des Lebens, der Fruchtbarkeit, Teilerin der Zeit, Weiserin der Wege. Man stellte sich die S. als Ball, Rad oder Scheibe vor, von Tieren getragen oder gefahren. Im Tageslauf der S. sah man etwa folgendes Schicksal: Die S. entsteht in einer weibl. gedachten Tiefe, geht daraus hervor, fliegt oder fährt am Himmel hin, steigt, gelockt oder gezwungen, hinab in eine ebenfalls weibl. gedachte Tiefe. Sie fährt durch die Unterwelt, durchs Meer oder in einem goldenen Nachen übers Nordmeer nach Osten. Dort ersteht sie aufs neue: Entweder wird sie selbst wiedergeboren, oder eine neue S. wird geboren.

**Religion:** In vielen Religionen gilt die S. als der Held, der siegreich gegen die Finsternis und ihre Dämonen kämpft. Die tägl. und die jahreszeitl. Wiederkehr der S. wird ängstl. erwartet und mit kult.-mag. Mitteln gefördert. Bekannte S.gottheiten sind der ind. Surja, der sumer. Utu und der babylon. Schamasch. Im alten Ägypten wurde Re als S.gott verehrt, unter Pharao Echnaton (etwa 1364–um 1348) der Gott Aton. Dem griech. Helios entsprach der röm. Sol, dessen Kult in der Kaiserzeit als Sol invictus weit verbreitet war. Im alten Mexiko wurde Tonatiuh von den Azteken als S.gott verehrt; auch Itzamná, der Hauptgott der Maya, trug solare Züge. Im Pantheon der Inka nahm der S.gott Inti den ersten Platz ein. – Bekannte S.göttinnen sind die balt. Saule, die jap. Amaterasu, die churrit. Chebat und die südarab. Schams.

**Polit. Symbol:** Als polit. Symbol kennzeichnete die S. im Absolutismus die allgewaltige, zentrale Stellung des Monarchen (z. B. *Sonnenkönig* als Bez. für den frz. König Ludwig XIV.). In kommunist. Bewegungen ist die S. Symbol für Freiheit, Fortschritt und Zukunft.

**Sonneberg,** Krst. am S-Abfall des Thüringer Waldes, Bez. Suhl, DDR, 400 m ü. d. M., 28 300 E. Spielzeugmuseum; Sternwarte auf dem Erbisbühl; Mittelpunkt der thüring. Spielzeugind. – Im Schutz einer Burg vor 1260 entstanden, 1349 Stadtrecht.

**S.,** Landkr. im Bez. Suhl, DDR.

**Sonnenauge** (Heliopsis), nordamerikan. Korbblütlergatt. mit nur wenigen Arten; 0,5–1,5 m hohe, sonnenblumenähnl. Kräuter mit meist gegenständigen, gezähnten oder gesägten, gestielten Blättern und in Köpfchen stehenden, blaßgelben Blüten. Einige Arten sind reichblühende Schnitt- und Gartenblumen.

**Sonnenbarsche** (Sonnenfische, Centrarchidae), Fam. 4–50 cm langer (maximal 90 cm messender) Barschfische mit rd. 30 Arten in fließenden und stehenden Süßgewässern von S-Kanada bis M-Amerika; farbenprächtige Fische mit ungeteilter Rückenflosse, deren vorderer Abschnitt Stachelstrahlen aufweist. S. ernähren sich v. a. von niederen Wirbeltieren, Würmern und Schnecken. Zu den S. gehören u. a. die Schwarzbarsche (mit dem **Forellenbarsch**, Micropterus salmoides; etwa 40–60 cm lang; Kopf relativ groß, Rücken dunkelgrün, Körperseite silbrig glänzend, längs der Mitte ein sehr unregelmäßig begrenzter, schwärzl. Streifen) und Diamantbarsche, der Scheibenbarsch, Pfauenaugenbarsch und der **Gemeine Sonnenbarsch** (Boratsch, Gübit, Lepomis gibbosus): 10–20 cm (selten 30 cm) lang, Körperseiten olivgrün, bläul. schimmernd, mit dunklen Querstreifen, orangefarbenen Flecken.

**Sonnenbatterie** (Solarbatterie, Solarzellengenerator), eine durch Zusammenschalten vieler ↑Sonnenzellen entstehende Anordnung zur direkten Umwandlung von Strahlungsenergie der Sonne in elektr. Energie. Zur Erzeugung einer elektr. Leistung von 100 W benötigt man eine Sonnenzellenoberfläche von etwa 1 m$^2$.

**Sonnenblätter,** bes. bei Laubbäumen die dorsiventralen Lichtblätter der äußeren Laubkrone auf der sonnigen Südseite. S. haben im Ggs. zu den Schattenblättern höhere und vielfach in mehreren Schichten übereinanderliegende Palisadenzellen. Auch die Blattform kann durch Licht beeinflußt werden.

## CHARAKTERISTISCHE DATEN DER SONNE

| | | | |
|---|---|---|---|
| Radius | 696 000 km | Schwerebeschleunigung | |
| | (= 109 Erdradien) | an der Oberfläche | $2{,}740 \cdot 10^4$ cm/s$^2$ |
| Oberfläche | $6{,}087 \cdot 10^{12}$ km$^2$ | effektive Temperatur | rd. 5 800 K |
| | (= 11 930 Erdoberflächen) | Energieabstrahlung | |
| Volumen | $1{,}412 \cdot 10^{18}$ km$^3$ | an der Oberfläche | 6 300 W/cm$^2$ |
| | (= 1 304 000 Erdvolumen) | absolute Helligkeit (visuelle) | 4,71 Mag |
| Masse | $1{,}98 \cdot 10^{33}$ g | Neigung des Sonnenäquators | |
| | (= 333 000 Erdmassen) | gegen die Ekliptik | 7° 15′ 00″ |
| mittlere Dichte | 1,41 g/cm$^3$ | sider. Rotationsdauer | 25,380 d |
| | (= 0,26 Erddichte) | synod. Rotationsdauer | 27,275 d |

# Sonnenfisch

**Sonnenblende,** svw. ↑ Gegenlichtblende.
**Sonnenblume** (Helianthus), Gatt. der Korbblütler mit rd. 100 Arten in Amerika; einjährige oder ausdauernde, oft hohe, meist behaarte Kräuter mit ganzrandigen oder gezähnten Blättern; Blüten gelb oder (die Scheibenblüten) purpurfarben bis violett, in mittelgroßen bis sehr großen, einzeln oder in lockerer Doldentraube stehenden Köpfchen mit Spreublättern; Hüllkelch zwei- bis mehrreihig, halbkugelig oder flach. Die bekannteste Art ist die **Gemeine Sonnenblume** (Einjährige S., Helianthus annuus): bis über 3 m hoch, mit steifen Haaren besetzt und mit großen, gestielten, rauh behaarten, herzförmigen Blättern. Ihre Blütenköpfe haben einen Durchmesser von 20 bis 50 cm; sie werden von gelben, zwittrigen Röhrenblüten, großen orangegelben, sterilen Strahlenblüten und zahlreichen schwärzl. Spreublättern gebildet. Aus den Samen *(Sonnenblumenkerne)* wird Sonnenblumenöl gewonnen. Als Nutzpflanze wird die Gemeine S. v. a. in der südl. UdSSR, in Südosteuropa (Rumänien, Bulgarien, Ungarn) sowie in N- und S-Amerika kultiviert. Einige einjährige Arten und ihre Sorten sind beliebte Gartenzierpflanzen. - Eine weitere bekannte Art der S. ist der **Topinambur** (Roßkartoffel, Helianthus tuberosus), bis über 2 m hoch, herzförmige bis spitz eiförmige Blätter, Blütenkörbchen dottergelb. Die Knollen der unterird. Ausläufer enthalten u.a. 2,4% Eiweiß und 15,8% Kohlenhydrate; Verwendung als Gemüse oder Viehfutter und zur Alkoholherstellung. - Die Kulturform der Gemeinen S. entwickelte sich in vorkolumbian. Zeit im südl. Teil N-Amerikas. Aus Peru kam sie ab 1569 über Spanien nach Europa.

**Sonnenblumenöl,** ein aus den Samen der Sonnenblumen gewonnenes hellgelbes, angenehm riechendes fettes Öl, das chem. v. a. aus Glyceriden der Ölsäure (34%), der Linolsäure (58%), der Palmitin- und Stearinsäure besteht. S. dient als Speiseöl und als Rohstoff zur Margarineherstellung.

**Sonnenbrand,** (Dermatitis solaris, Erythema solare) Rötung, z. T. auch Schwellung der Haut mit Brennen und Schmerzen mit starkem S. Blasenbildung) und nachfolgender Pigmentierung, hervorgerufen durch übermäßige Sonnenbestrahlung (auch durch künstl. Ultraviolettstrahlen).
◆ Gewebszerstörungen an Pflanzen durch übermäßig starke Sonneneinstrahlung, v.a. nach feuchtkühler Witterung.

**Sonnenbraut** (Helenie, Helenium), amerikan. Korbblütlergatt. mit rd. 40 Arten; aufrechte, bis 1,5 m hohe, meist rauh behaarte Kräuter mit drüsig punktierten Blättern; Blütenköpfchen langgestielt, einzeln oder in lockeren Doldentrauben. Die Blüten haben zungenförmige, meist gelbe oder braune Randblüten und röhrenförmige, gelbe, schwarze oder purpurfarbene Scheibenblüten. Einige Arten sind beliebte Gartenzierpflanzen.

**Sonnenbrille,** mit Sonnenschutzgläsern ausgerüstete ↑ Brille.

**Sonnendachse** (Melogale), Gatt. dämmerungs- und nachtaktiver Marder mit drei Arten, v. a. in Wäldern und Baumsteppen S- und SO-Asiens (einschließl. der Großen Sundainseln); Körper mäßig gedrungen, bis etwa 45 cm lang, Schwanz von halber Körperlänge; Fell überwiegend braun, mit hellem Mittelstreif und maskenartiger Gesichtszeichnung; gut kletternde Tiere, die sich vorwiegend von Wirbellosen und Kleinsäugern ernähren. Zu den S. gehört der **Pami** (Chin. S., Melogale moschata), etwa 35 cm lang, graubraun, mit weißer Gesichtsmaske, Bauchseite gelborange; riecht stark nach Moschus.

**Sonnenenergie,** die im Innern der Sonne erzeugte Energie (sekundl. Erzeugungsrate 0,19 W je Tonne Sonnenmasse), die v. a. durch Strahlungstransport an die Sonnenoberfläche gelangt und abgestrahlt wird. Die je Sekunde abgestrahlte Energie beträgt insgesamt $3,9 \cdot 10^{26}$ J, d. h. 63 MJ pro m$^2$ Sonnenoberfläche. - In der Energietechnik versteht man unter S. die mit Hilfe von Sonnenkollektoren, Sonnenöfen und Sonnenbatterien techn. genutzte bzw. nutzbare Strahlungsenergie der Sonneneinstrahlung. Die der Erde durchschnittl. zugestrahlte Energie beträgt insgesamt $1,5 \cdot 10^{18}$ kWh pro Jahr; das entspricht außerhalb der Erdatmosphäre einer Sonnenstrahlungsintensität von 1,353 kW/m$^2$ (↑ auch Solarkonstante). Davon erreichen jedoch jeden m$^2$ der Erdoberfläche im Mittel nur 340 W. In der BR Deutschland beträgt das jährl. S.angebot im Flachland 3 600–4 000 MJ (1 000–1 100 kWh) pro m$^2$. - Auch die in traditioneller Weise genutzten Energiequellen der Erde (Kohle, Erdöl und Erdgas, Wind- und Wasserkraft) stellen letztl. „gespeicherte" oder umgewandelte S. dar. Darüber hinaus ist die S. die Quelle allen menschl., tier. und pflanzl. Lebens (↑ Photosynthese).

**Sonnenfels,** Joseph Reichsfreiherr (seit 1797) von, * Nikolsburg (= Mikulov, Mähren) 1733 (1732?), † Wien 25. April 1817, östr. Nationalökonom und Jurist. - Ab 1763 Prof. der Polizei- und Kameralwissenschaften; Vertreter eines reformierten Merkantilismus. S. befürwortete den polizeil. geordneten Wohlfahrtsstaat des aufgeklärten Absolutismus. Als Jurist wirkte er im Sinne der Aufklärung; so wurde auf seine Veranlassung 1776 in Österreich die Folter abgeschafft. Als Publizist und Kritiker warb er v. a. in seinem Wochenblatt „Der Mann ohne Vorurteil" für die neue dt. Literatur und setzte sich für die Erneuerung des Wiener Theaters im Sinne Gottscheds ein.

**Sonnenferne** svw. Aphel (↑ Apsiden).
**Sonnenfinsternis** ↑ Finsternis.
**Sonnenfisch** ↑ Mondfische.

249

## Sonnenflecken

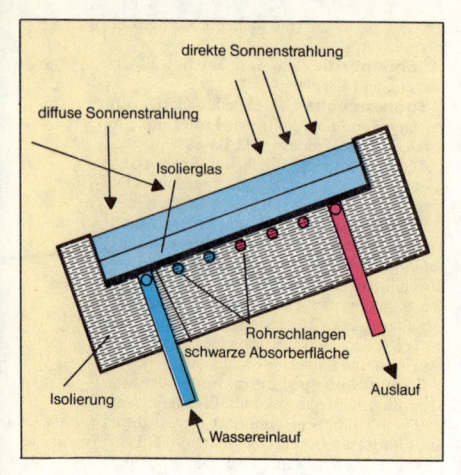

*Sonnenkollektor. Schnitt durch einen nichtfokussierenden Sonnenkollektor*

**Sonnenflecken** ↑Sonne.
**Sonnengeflecht,** svw. ↑Eingeweidegeflecht.
**Sonnengesang** (Cantico delle creature, Cantico di frate sole), um 1224 entstandener Hymnus in rhythm. Prosa von Franz von Assisi, in dem er Gott wegen der Schönheit und Vollkommenheit der Schöpfung preist.
**Sonnenhut** (Rudbeckie, Rudbeckia), nordamerikan. Korbblütlergatt. mit rd. 30 Arten; einjährige oder ausdauernde, oft rauh behaarte, hohe Kräuter mit meist wechselständigen Blättern und mittelgroßen oder großen Blütenköpfchen aus gelben Randblüten und meist purpurfarbenen Scheibenblüten. Bekannte und beliebte Gartenpflanzen sind u. a. die **Kleinblütige Sonnenblume** (Rudbeckia laciniata; bis 2,5 m hoch, mit großen, halbkugelförmigen Köpfchen, Scheibenblüten schwarzbraun, Zungenblüten gelb) und der **Rote Sonnenhut** (Rudbeckia purpurea; bis 1 m hoch, Köpfchen mit etwa 5 cm langen, weinroten, dreispitzigen Randblüten und schwarzbraunen, von den Spreublättern überragten Röhrenblüten).
**Sonnenjahr** ↑Jahr.
**Sonnenkollektor** (Solar[energie]kollektor), Bez. für jede Vorrichtung, mit der Sonnenenergie absorbiert und die entwickelte Wärme mit einem relativ günstigen Wirkungsgrad (30–50%) zur Erwärmung (u. a. zur Warmwasserbereitung, Gebäudeheizung, mit Hilfe von Wärmepumpen auch zur Gebäudekühlung) sowie zur Stromerzeugung genutzt wird. *Nichtfokussierende S.* enthalten eine Absorberplatte, die möglichst viel Sonnenstrahlung absorbiert und als Wärme an ein darunterliegendes, von einem geeigneten Wärmeträger, meist Wasser, durchflossenes Rohrschlangensystem abgibt. Bei *fokussierenden Systemen* wird die Sonnenstrahlung durch Spiegel bzw. durch Sammel- oder Fresnel-Linsen, die der Sonnenbewegung nachgeführt werden, auf den S. konzentriert.
**Sonnenkönig** (frz. Roi Soleil), Beiname ↑Ludwigs XIV. von Frankreich.
**Sonnenkraftwerke** (Solarkraftwerke), Anlagen, die die Sonnenenergie in großem Maßstab in elektr. Energie umwandeln. Bei **Solarturmkraftwerken** befindet sich innerhalb eines Feldes von Hohlspiegeln *(Heliostate)* ein Turm, auf dessen Spitze ein ortsfester Strahlungsempfänger *(Receiver)* installiert ist. Jeder Heliostat des Feldes wird der Sonne computergesteuert nachgeführt. Die eingestrahlte Sonnenenergie wird im Receiver gesammelt, wobei Arbeitstemperaturen bis zu 530 °C möglich sind. Als Wärmeträgermedien werden neben Wasser v. a. Flüssigmetalle und Salzschmelzen verwendet, wobei die Stromerzeugung durch einen über einen Dampferzeuger

*Sonnenkraftwerke. Solarturmkraftwerk in Mojave Desert bei Barstow (250 km nordöstlich von Los Angeles, Kalifornien). Inbetriebnahme 1982. Leistung 10 Megawatt. 1818 Heliostate*

angekoppelten zweiten Kreislauf erfolgt. Bei **Solarfarmkraftwerken** wird das Wärmeträgermedium (meist spezielles Öl oder Wasser) in hintereinandergeschalteten Sonnenkollektoren aufgeheizt. Die Sonnenkollektoren werden dem Sonnenstand ebenfalls computergesteuert nachgeführt, um eine optimale Ausnutzung der eingestrahlten Sonnenenergie zu erreichen. Die Betriebstemperaturen in Solarfarmkraftwerken betragen zw. 300 und 400 °C.

**Sonnennähe,** svw. Perihel (↑Apsiden).

**Sonnenofen,** Anlage zur Erzielung hoher Temperaturen durch Konzentrierung der Sonnenstrahlung; man verwendet dazu parabol. Zylinderspiegel (etwa 30fache Konzentrierung der eingestrahlten Energie) oder Parabolspiegel (bis 900fache Konzentrierung und Temperaturen bis 3 900 °C). Bei der S.-Großanlage in Odeillo in den frz. Pyrenäen werfen 63 als Sammler arbeitende, der Sonne nachführbare Planspiegel (sog. *Heliostate*; Gesamtfläche 2 835 m²) die Sonnenstrahlung auf einen rund 2 000 m² großen Parabolspiegel aus 9 500 Spiegelelementen, der die Strahlungsenergie auf einer Kreisfläche von 45 cm Durchmesser konzentriert; hier werden Temperaturen von 3 800 °C erzeugt.

**Sonnenralle** (Sonnenreiher, Eurypyga helias), etwa 45 cm langer, mit den Rallen nahe verwandter, schlanker, langhalsiger, relativ hochbeiniger Vogel, der an dichtbewaldeten Süßgewässern S-Mexikos bis SO-Brasiliens beheimatet ist; Oberseite bräunlichweiß mit zahlr. schwarzen Querstreifen und (mit Ausnahme eines weißen Über- und Unteraugenstreifs) schwärzl. Kopf; Schnabel zieml. lang; Körperunterseite gelblich-braun. Von den Indianern oft als Hausgeflügel gehalten.

**Sonnenröschen** (Helianthemum), Gatt. der Zistrosengewächse mit rd. 80 Arten, v. a. im Mittelmeergebiet; einjährige Kräuter, Stauden oder Halbsträucher mit gegenständigen Blättern und verschiedenfarbigen Blüten in traubenartigen Wickeln. In Deutschland wächst an sonnigen, trockenen Stellen das formenreiche **Gemeine Sonnenröschen** (Helianthemum nummularium), ein bis zu 10 cm hoher, niederliegender, wintergrüner Halbstrauch mit am Grunde verholzten Stengeln, eiförmigen Blättern und goldgelben Blüten; z. T. Steingartenpflanzen.

**Sonnenschein,** Carl, * Düsseldorf 15. Juli 1876, † Berlin 20. Febr. 1929, dt. kath. Theologe. - Gründete 1908 das Sekretariat Sozialer Studentenarbeit, 1919 das Akadem. Arbeitsamt, den „Kreis kath. Künstler" und andere Organisationen für die Akademiker- und Großstadtseelsorge; unter dem Einfluß der Sozialideen von F. Hitze, F. Naumann und A. Stoecker führend in der Entwicklung neuer Methoden der Großstadtseelsorge.

**Sonnenscheinautograph** (Heliograph), Gerät zur Aufzeichnung der Sonnenscheindauer.

Sonnenofen in Odeillo

**Sonnenschirm** ↑Schirm.
**Sonnenschutzgläser** ↑Brille.
**Sonnenschutzmittel,** Sammelbez. für Öle, Cremes, Emulsionen und Sprays, die bei einer Sonnenbestrahlung der Haut die Entstehung von Sonnenbrand verhindern sollen. S. enthalten meist Wirkstoffe, die die Hauptmenge der kurzwelligen Ultraviolettstrahlung (Wellenlänge 280 bis 320 nm) absorbieren und die durch den sog. **Lichtschutzfaktor** charakterisiert werden. Dieser gibt an, um das Wievielfache eine Sonnenbestrahlung verlängert werden kann, bis die gleiche Hautreaktion wie ohne S. erreicht wird.

**Sonnensonde** ↑Raumsonden.

**Sonnenstern** (Stachel-S., Crossaster papposus), bis knapp 35 cm spannender (meist jedoch kleinerer) Seestern in allen nördl. Meeren (südl. bis zur Nord- und westl. Ostsee); Färbung variabel, mit gelbl. bis weißl. Querbinden auf den 8–14 (zieml. kurzen) Armen.

**Sonnenstich** (Heliosis), durch langdauernde starke Sonneneinstrahlung auf unbedeckten Kopf und Nacken entstandene vermehrte Blutansammlung und Reizung der Gehirnhäute in Form einer serösen Entzündung (u. U. mit örtl. Gehirnödem und kleinsten Blutungen einhergehend); mit starken Kopfschmerzen, Ohrensausen, Schwindel, Übelkeit, u. U. auch Nackensteifigkeit, Krämpfen und Kreislaufkollaps; der S. kann in schwersten Fällen zum Tode führen.

**Sonnensystem** ↑Planetensystem.

**Sonnentanz,** bei einigen nordamerikan. Indianerstämmen eine jährl. im Hochsommer begangene mehrtägige religiöse Zeremonie, bei der junge Krieger in grausamen Riten (z. B. an Riemen hängend, die durch ihre Haut

gezogen sind) die Weltschöpfungsmythe darstellen.
**Sonnentau** (Drosera), vielgestaltige Gatt. der S.gewächse mit 90 Arten, v. a. auf der Südhalbkugel; fleischfressende Pflanzen, deren Blätter mit Verdauungsdrüsen und zahlr. reizbaren, rötl., klebrige Sekrettropfen zum Festhalten der Beutetiere (kleine Insekten) ausscheidenden Tentakeln besetzt sind; Blüten weiß oder rosenrot in einfachem oder astig verzweigtem Wickel. In Deutschland kommen auf Hoch- und Flachmooren drei Arten vor: **Rundblättriger Sonnentau** (Drosera rotundifolia; Blätter kreisrund, langgestielt), **Langblättriger Sonnentau** (Drosera anglica; Blätter vier- bis achtmal so lang wie breit) und **Mittlerer Sonnentau** (Drosera intermedia; Blätter zwei- bis viermal so lang wie breit, Kapselfrucht gefurcht). - Abb. S. 254.
**Sonnentaugewächse** (Droseraceae), Fam. fleischfressender Zweikeimblättriger mit über 90 Arten in vier Gatt. in den trop., subtrop. und gemäßigten Gebieten; meist ausdauernde Kräuter mit meist wechselständigen Blättern, die mit Drüsen und reizbaren Tentakeln (zum Fang tier. Nahrung) besetzt sind; Blüten einzeln in Wickeln angeordnet. Die Gatt. sind Sonnentau, Taublatt, Venusfliegenfalle und Wasserfalle.
**Sonnenthal,** Adolf von, * Pest (= Budapest) 21. Dez. 1834, † Prag 4. April 1909, östr. Schauspieler. - Seit 1856 am Wiener Burgtheater; von 1884 an dort Oberregisseur; berühmter Heldendarsteller (Othello, Egmont, Wallenstein).
**Sonnentierchen** (Heliozoa), Ordnung bis 1 mm großer, kugelförmiger Einzeller, v. a. in Süßgewässern, z. T. auch in Meeren; meist freischwebende, selten mittels eines Stielchens am Untergrund festsitzende Protozoen, die nach allen Seiten (von einem Achsenfaden gestützte) Scheinfüßchen aussenden, an deren fließendem Außenplasma Kleinstorganismen klebenbleiben und in das Zellinnere gebracht werden. Neben hüllenlosen Formen kommen auch Arten mit gallertigen Schalen vor, in die Fremdkörper und selbsterzeugte Kieselplättchen eingelagert sein können.
**Sonnenuhr,** ein die wahre Sonnenzeit angebender Zeitmesser, bestehend aus einem parallel zur Erdachse stehenden Stab, dessen Schatten auf eine waagrechte, eine zur Äquatorebene parallele oder eine senkrechte Ebene, das Zifferblatt, fällt. - Erste S. wurden von den Griechen aus dem Gnomon entwickelt. Etwa 100 Jahre später erfand Aristarchos von Samos die *Skaphe*, eine S. in einer hohlen Halbkugel. - Abb. S. 254.
**Sonnenvögel** (Leiothrix), Gatt. bis 17 cm langer, farbenprächtig gezeichneter Singvögel mit zwei Arten in Wäldern des Himalaja und Südostasiens (einschließl. Sumatra). Zu den S. gehört u. a. der † Chinesische Sonnenvogel.

**Sonnenweite** † astronomische Einheit.
**Sonnenwende,** svw. † Heliotrop (Pflanze).
**Sonnenwende,** svw. † Solstitium.
**Sonnenwendkäfer** † Junikäfer.
**Sonnenwind** (Solarwind), ständig von der Sonne ausgehender Partikelstrom aus Protonen (Wasserstoffionen), Alphateilchen (Heliumionen), kleinen Mengen weiterer Ionenarten und Elektronen, der in Erdnähe eine Geschwindigkeit von etwa 400 km/s hat.
**Sonnenwolfsmilch** † Wolfsmilch.
**Sonnenzeit** † Zeitmessung.
**Sonnenzelle** (Solarzelle), ein Halbleiterphotoelement (z. B. aus einem dünnen Galliumarsenid- oder Siliciumeinkristall mit p- und n-leitenden Zonen), mit dem durch Ausnutzung des inneren Photoeffekts Strahlungsenergie der Sonne bei relativ hohem Wirkungsgrad (bis zu 18%; theoret. bis 25%) direkt in elektr. Energie umgewandelt wird; Leistungsdichten um 0,2 W/cm$^2$ (Spannung 0,5 V, Stromdichte 40 mA/cm$^2$). Bei der techn. Anwendung werden mehrere hundert bis mehrere 10 000 S. zu Sonnenbatterien zusammengeschaltet. Neuerdings sind sog. *Dünnschicht-S.* entwickelt worden, die aus polykristallinen, auf einen metall. Träger aufgedampften Halbleiterschichten von etwa 10 bis 50 µm Stärke bestehen (Halbleitermaterialien v. a. Cadmiumsulfid, CdS, Cadmiumtellurid, CdTe, und Kupfersulfid, CuS$_2$). Sie haben ein beträchtl. höheres Leistungsgewicht und sind wesentl. billiger herzustellen. Außerdem lassen sich flexible Trägermaterialien (z. B. aus Kunststoff) verwenden, so daß zusammenrollbare großflächige Sonnenbatterien herstellbar sind; Kombination mit therm. Kollektoren zur Wärmenutzung ist möglich.
📖 *Diaz-Santanilla, G.:* Technik der Solarzelle. Mchn. 1984. - *Juster, F.:* Solar-Zellen. Mchn. $^2$1984.
**Sonnenzyklus,** die etwa elfjährige Periode der Sonnenaktivität, insbes. der Sonnenfleckenhäufigkeit.
◆ (Sonnenzirkel) der Zeitraum von 28 aufeinanderfolgenden Jahren, nach deren Ablauf die Wochentage wieder auf die gleichen Monatsdaten wie zu Beginn des Zirkels fallen.
**Sonnerathuhn** [frz. sɔn'ra; nach dem frz. Naturforscher P. Sonnerat, * 1749, † 1814] † Kammhühner.
**Sonnin,** Ernst Georg, * Quitzow (Bez. Schwerin) 10. Juni 1713, † Hamburg 8. Juli 1794, dt. Baumeister. - Zahlr. Profan- und Sakralbauten, u. a. Neubau der [1906 durch Brand zerstörten] Hauptkirche Sankt Michaelis in Hamburg (1751–62; zus. mit J. L. Prey).
**Sonnino,** Giorgio Sidney Baron, * Pisa 11. März 1847, † Rom 24. Nov. 1922, italien. Politiker. - Ab 1880 Abg.; 1893/94 Finanz-, 1894–96 Schatzmin., 1906 und 1909/10 Minpräs., bedeutendster liberalkonservativer Gegenspieler G. Giolittis; Außenmin. 1914–19,

# Sonthofen

führte den Kriegseintritt Italiens an der Seite der Entente herbei; scheiterte mit seinen annexionist. Forderungen auf der Pariser Friedenskonferenz; ab 1920 Senator.

**Sonntag,** der 7. (bis 1976 der 1.) Tag der Woche; 1. Werktag der jüd. Woche (nach dem Sabbat); im Christentum der 1. Tag der Woche (lat. Dominica „Herrentag"), an dem schon in apostol. Zeit der Tag der Auferstehung Christi gefeiert wurde. Erst Konstantin I. verordnete 321 die volle S.ruhe (analog der jüd. Sabbatruhe). In der christl. Lehre Betonung des „Zeichencharakters" (S. als Zeichen höherer Berufung des Menschen).

**Sonntagsarbeit,** an Sonn- und Feiertagen geleistete Arbeit; Arbeitnehmer können zu S. grundsätzl. nicht verpflichtet werden. Ausnahmen gelten u. a. für Arbeiten, die in Notfällen oder im öffentl. Interesse unverzügl. vorgenommen werden müssen, für Saisonbetriebe und Betriebe, die ständig in Gang gehalten werden müssen, für Gewerbe, deren Ausübung zur Befriedigung von Bedürfnissen der Bevölkerung auch an Sonn- und Feiertagen erforderl. ist, und für das sog. ↑Sonntagsgewerbe.

**Sonntagsblatt** (Dt. Allg. S.), dt. Wochenzeitung, ↑Zeitungen (Übersicht).

**Sonntagsgewerbe,** die von den Vorschriften zur ↑Sonntagsarbeit ausgenommenen Gewerbe (Gast- und Schankwirtschaftsgewerbe, Musikaufführungen, Schaustellungen, theatral. Vorstellungen oder sonstige Lustbarkeiten sowie Verkehrsgewerbe).

**Sonntagsschule,** in den ev. Kirchen am Sonntag erteilter freiwilliger religiöser Unterricht für Kinder und Jugendliche. In den USA entwickelte sich die S. zu einem siebenklassigen Modell (bis zum 25. Lebensjahr). In Deutschland ist die S. heute im Bereich der EKD meist nur noch Kindergottesdienst. - Die S. des 19. Jh. ist z. T. eine Vorläuferin der beruflichen Fortbildungsschule.

**Sonntagszeitungen,** eigenständige oder als bes. Ausgaben von Tageszeitungen sonntägl. erscheinende Blätter mit betont unterhaltendem Charakter; erschienen zuerst in Großbrit. („The Observer", seit 1791); bes. in den angloamerican. Ländern verbreitet.

**Sonnwendfeier,** Fest der Sommer- (21./22. Juni) und Wintersonnenwende (21./22. Dez.); heute noch übl. am Johannistag (↑Johannes der Täufer).

**Sonnyboy** [engl. ˈsʌnɪbɔɪ „Söhnchen"], junger Mann, der durch seinen Charme sympathisch wirkt.

**Sonoda,** Sunao, * in der Präfektur Kumamoto 11. Dez. 1913, † Tokio 2. April 1984, jap. Politiker (Liberal-Demokrat. Partei), seit 1947 Abg. des Unterhauses; 1967–70 Min. für Gesundheit und Wohlfahrt, 1967/77 Chefsekretär des Kabinetts, 1977–79 und Mai–Nov. 1981 Außenmin., 1980/81 Gesundheitsminister.

**Sonogramm** [lat./griech.] ↑Ultraschallprüfung.

**sonor** [lat.], 1. klangvoll, volltönend; 2. stimmhaft (↑Stimmhaftigkeit).

**Sonor** [lat.], nur mit der Stimme gesprochener Laut, z. B. [m, n, l, r]. - Ggs. ↑Geräuschlaut.

**Sonora,** mex. Staat am Golf von Kalifornien und an der Grenze gegen die USA. 182 052 km², 1,61 Mill. E (1982), Hauptstadt Hermosillo. S. erstreckt sich von der Küstenebene bis in die bis 3 200 m hohe Sierra Madre Occidental. Grundlage der Wirtschaft ist der Bewässerungsfeldbau in der Küstenebene; extensive Rinderhaltung, Fischerei, v. a. auf Krabben. Abbau von Kupfer, Silber, Gold. Blei, Zink, Molybdän und Graphit. **Geschichte:** Seit 1530 von den Spaniern erkundet, aber erst seit dem 17. Jh. von ihnen erschlossen; gehörte ab 1824 mit Sinaloa zum Staat Occidente; wurde 1830 eigener Staat.

**Sonsonate,** Dep.hauptstadt im SW von El Salvador, 220 m ü. d. M., 67 200 E. Handels- und Verarbeitungszentrum in einem Viehzuchtgebiet. - 1552 gegr.; 1834/35 Hauptstadt der Zentralamerikan. Föderation.

**sonstiges Recht,** bei ihrer Verletzung einen Schadenersatzanspruch begründende ausschließl. Rechte, insbes. der Besitz, dingl. Rechte und Persönlichkeitsrechte.

**Sontag,** Henriette, eigtl. H. Sonntag, * Koblenz 3. Jan. 1806, † Mexiko 17. Juni 1854, dt. Sängerin (Koloratursopran). - Sang zuerst in Wien, dann in Leipzig, Berlin und London; zog sich 1830 von der Opernbühne zurück, an die sie erst 1849 zurückkehrte. Berühmt wegen ihres Stimmumfangs.

**S.,** Susan, * New York 28. Jan. 1933, amerikan. Schriftstellerin, Filmregisseurin und -kritikerin. - Schreibt vom Nouveau roman beeinflußte Romane („Der Wohltäter", 1963) sowie Short stories („Ich, etc.", En., dt. Auswahl 1979); setzt sich in eigenwilligen literatur-, kunst- und kulturkrit. Essays für avantgardist. Künstler und Kunstrichtungen ein („Kunst und Antikunst", dt. Auswahl 1968; „Über Fotografie", 1977). - *Weitere Werke:* Reise nach Hanoi (Bericht, 1969), Krankheit als Metapher (Essay, 1978), Im Zeichen des Saturn (Essays, 1980).

**Sontheimer,** Kurt, * Gernsbach 31. Juli 1928, dt. Politologe. - 1960–62 Prof. in Osnabrück, 1962–69 in Berlin (West), seit 1969 in München; 1975 Präs. des Dt. Ev. Kirchentages; arbeitet v. a. auf dem Gebiet der Regierungslehre und der vergleichenden Politikwiss.; schrieb u. a. „Antidemokrat. Denken in der Weimarer Republik" (1962), „Grundzüge des polit. Systems der BR Deutschland" (1971), „Das Elend unserer Intellektuellen" (1976), „Die verunsicherte Republik" (1979), „Zeitenwende?" (1983).

**Sonthofen,** Krst. im Allgäu, Bay., 741 m ü. d. M., 20 800 E. Verwaltungssitz des

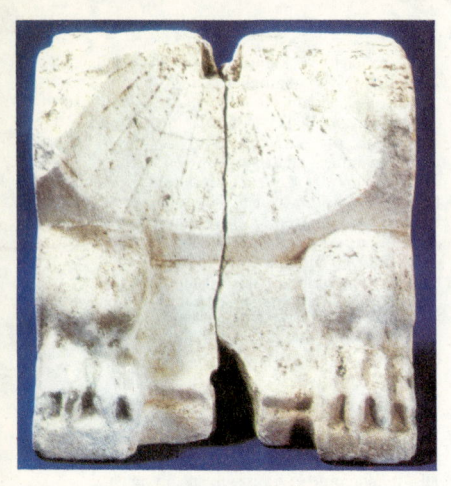

Sonnenuhr aus italienischem Marmor (um 280 v. Chr.). Kassel, Staatliche Kunstsammlungen. Am oberen Kugelsegment war ein Stift zur Schattenbildung und damit zur Anzeige der sogenannten Temporalstunden (in der Antike gebräuchliche Teilung des Lichttages in zwölf Stunden) angebracht

Rundblättriger Sonnentau

Landkr. Oberallgäu; Sportschule der Bundeswehr; Textil- u. a. Ind.; Luftkurort. - 839 erstmals gen.; 1429 Marktrecht, seit 1963 Stadt. - Barocke Pfarrkirche Sankt Michael.

**Sontra,** hess. Stadt am sw. Rand des Ringgaus, 230–450 m ü. d. M., 8 800 E. Textil-, Holz-, Metall- und Kunststoffind. - Erste Erwähnung 772, 1368 erstmals Stadt genannt; im 16. Jh. Kupfererzbergbau.

**Sony Corporation** [engl. 'soʊnɪ kɔːpəˈreɪʃən], jap. Unternehmen der elektrotechn. Ind.; gegr. 1946.

**Sooden-Allendorf, Bad** ↑ Bad Sooden-Allendorf.

**Soor** (Soormykose, Candidiasis, Kandidose, Kandidamykose, Moniliasis, Schwämmchen), durch Candidaarten hervorgerufene, endem.-epidem., durch Kontakt übertragbare Pilzerkrankung beim Menschen (und bei Tieren), deren Auftreten durch verminderte Widerstandsfähigkeit des Organismus, z. B. Krankheiten, Abzehrung, Schwangerschaft, gefördert wird; bes. gefährdet sind Säuglinge. S. äußert sich v. a. als weißl. bis grauer, erhabener, samtartiger, leicht blutender Belag, v. a. auf Schleimhäuten des Mundes (bzw. Mauls) und Rachens, der Geschlechtsorgane, bes. der Scheide. - Die Behandlung des Soors erfolgt mit Antimykotika.

**Sophia,** hl., wohl legendäre röm. Märtyrerin der Zeit Diokletians (3./4. Jh.); zählt zu den ↑ Eisheiligen („Kalte Sophie"). - Fest: 15. Mai.

**Sophia** [griech. „Weisheit"], allg. das meisterl., vollendete Können und die Summe allen Wissens. In der russ. Religionsphilosophie (**Sophiologie**) wird mit S. die im gesamte Weltall (S. als „Weltseele", „Vernunft der Schöpfung", „Leib Christi") niedergelegte, z. T. personifiziert gedachte Weisheit Gottes bezeichnet.

**Sophie** (Sophia, Sofie), weibl. Vorname griech. Ursprungs, eigtl. „Weisheit".

**Sophie,** Name von Fürstinnen:
Hannover:
**S. von der Pfalz,** * Den Haag 14. Okt. 1630, † Herrenhausen (= Hannover) 8. Juni 1714, Kurfürstin. - Tochter Friedrichs V. von der Pfalz, Enkelin Jakobs I. von England; 1701 vom engl. Parlament zur Erbin des engl. Throns erklärt; übertrug ihre Rechte auf ihren Sohn Georg Ludwig (↑Georg, Großbritannien und Hannover).

**S. Dorothea,** gen. Prinzessin von Ahlden, * Celle 15. Sept. 1666, † Schloß Ahlden 23. Nov. 1726, Kurprinzessin. - Erbtochter Hzg. Georg Wilhelms von Braunschweig-Lüneburg und der Eleonore Desmier d'Olbreuse, 1682–94 ∞ mit ihrem Vetter Georg Ludwig, dem späteren brit. König Georg I.; nach einem mißglückten Fluchtversuch Trennung der Ehe (1694); ab 1695 in Ahlden in Ehrenhaft. - Um ihre Gestalt entstanden heroischgalante Schlüsselromane (u. a. von Anton Ulrich, Herzog von Braunschweig-Wolfenbüttel, 1707), Dramen (u. a. P. Heyse, 1877), im 20. Jh. Romane.

Preußen:
**S. Charlotte,** * Iburg (= Bad Iburg) 30. Okt. 1668, † Hannover 1. Febr. 1705, Königin. - Tochter Kurfürst Ernst Augusts I. von Hannover; ab 1684 ∞ mit dem späteren König Friedrich I.; stand in enger Verbindung mit Leibniz; veranlaßte mit ihm die Gründung der „Kurfürstl.-Brandenburg. Societät der Wiss." (1700).

Rußland:
**S. Alexejewna,** * Moskau 27. Sept. 1657, † ebd. 14. Juli 1704, Regentin (1682–89). - Tochter des Zaren Alexei Michailowitsch; setzte, unterstützt von ihrem Favoriten, Fürst W. W. Golizyn, durch, daß ihr Halbbruder Peter I., d. Gr., zum Zaren erhoben wurde; mußte sich unter dem Druck Peters I. 1689 in ein Kloster zurückziehen.

**Sophienkraut,** svw. ↑Besenrauke.
**Sophiologie** [griech.] ↑Sophia.
**Sophisten** [zu griech. sophós „weise"], Sammelbez. für eine Gruppe griech. Philosophen und Rhetoren des 5./4. Jh., die eine neue, auf die Subjektivität des Menschen, auf seine Ethik und Erkenntnistheorie ausgerichtete Epoche der griech. Philosophie einleiteten. Zu den *älteren* S. gehören u. a. Protagoras, Gorgias aus Leontinoi, Hippias aus Elis, Prodikos aus Keos, zu den *jüngeren* Thrasymachos, Kritias, Theodoros, Antiphon, Xeniades u. a. Sie sind meist professionelle Wanderlehrer, die eine höhere, zum polit. Handeln befähigende Bildung vermitteln wollen. Ihre Lehrinhalte beziehen sich v. a. auf Sprachtheorie und Ethik. Ihre philosoph. Position ist gekennzeichnet durch einen prakt.-polit. Relativismus, ergänzt durch einen generellen erkenntnistheoret. Skeptizismus, der keine absolute, menschenunabhängige Wahrheit mehr anerkennt und Tradition, Religion, Dichterweisheit und Ontologie als Begründungsbasis für Theorie und Praxis ablehnt. Rhetorik ist für die S. unverzichtbares Kommunikationsmittel und theoret. Begründungsinstanz.
📖 *Dreher, M.:* S. u. Polisentwicklung. Die sophist. Staatstheorien des fünften Jh. v. Chr. Ffm. 1983. - *Graeser, A.:* Die Philosophie der Antike. S. u. Sokratik. Mchn. 1983. - Sophistik. Hg. v. *C. J. Clasen.* Darmst. 1976.

**Sophistik,** Bez. für die Lehre und die philosoph. Epoche der ↑Sophisten; auch abwertende Bez. für eine spitzfindige Scheinwissenschaft.

**Sophokles,** * Athen um 496, † ebd. um 406, griech. Tragiker. - Aus wohlhabender Athener Familie; 443/442 Schatzmeister des Att. Seebundes, befehligte 441/440 [zus. mit Perikles] die Flotte gegen Samos; seit 468 literar. Rivale des um 30 Jahre älteren Aischylos; wurde nach seinem Tod als Heros verehrt. Vollzog die Ausgestaltung des Dramas durch die Einführung eines 3. Schauspielers und kunstvollere Ausbildung des Chores, dessen Mgl.zahl von 12 auf 15 vermehrt wurde. Jede Tragödie war ein einheitl. Kunstwerk mit in sich abgeschlossener Handlung und sorgfältig durchgeführter [psycholog.] Charakteristik der Handelnden. Von seinen 123 Dramen sind nur 7 erhalten, u. a.: „Antigone" (442), „König Ödipus" (vor 425), „Elektra" (wahrscheinl. vor 409), „Philoktet" (409); schrieb auch Satyrspiele, Päanen und Elegien.

**Sophonias** ↑Zephanja.
**Sophonisbe,** † 203 v. Chr., numid. Fürstin. - Tochter des karthag. Feldherrn Hasdrubal, nach der Überlieferung Verlobte Masinissas; 206 ∞ mit dessen karthagofreundl. Gegenspieler Syphax; nach der Niederlage des Syphax 203 Gattin des mit Rom verbündeten Masinissa, der sie vergiftete, als Scipio Africanus d. Ä. ihre Auslieferung forderte. - Der Stoff wurde mehrfach dramatisiert, u. a. von P. Corneille (1663) und Voltaire (1770).

**Sophrosyne** [griech.], Begriff und Personifikation der „Besonnenheit"; eine der vier Kardinaltugenden der griech. Ethik.

**Sophus,** aus dem Lat. übernommener männl. Vorname (zu griech. sophós „klug, weise").

**Sopoćani** [serbokroat. 'sɔpɔtɕa:ni], orthodoxes Kloster in Raszien, Jugoslawien, 12 km sw. von Novi Pazar; die um 1265 vollendete Ausmalung der Dreifaltigkeitskirche bedeutet einen Höhepunkt der serb. Malerei.

**Sopor** [lat. „Schläfrigkeit"], Bewußtseinsstörung stärkeren Grades, bei der das Bewußtsein nur noch auf starke Reize hin wiederkehrt; Vorstufe des Komas.

**Sopot** ↑Zoppot.
**sopra** [italien., zu lat. supra „oben"], Anweisung beim Klavierspiel: mit gekreuzten Händen zu spielen bzw. Hinweis für die obenliegende Hand. - Ggs. ↑sotto.

Sopoćani. Apostelgruppe (um 1265). Fragment aus der Darstellung des Marientodes in der Dreifaltigkeitskirche

**Sopraceneri** [italien. sopra'tʃe:neri], Bez. für den nördl. des Monte Ceneri gelegenen Teil des schweizer. Kt. Tessin.

**Sopran** [lat.-italien.] (lat. Suprema vox), musikal. Stimmlagenbez. (Umfang [a] $c^1 - a^2$ [$c^3$, $f^3$]), die höchste Gattung der menschl. Singstimmen. Die Bühnenpraxis unterscheidet: lyr. S., jugendl.-dramat. S., hochdramat. S., Koloratur-S., Mezzo-S. und die Soubrette. - In der Komposition seit dem 17./18. Jh. die höchste Stimme (im 15./16. Jh. meist ↑Diskant). - Bei Musikinstrumenten die höchsten Vertreter von Instrumentenfamilien (z. B. S.blockflöte).

**Sopranschlüssel** (Diskantschlüssel) ↑C-Schlüssel.

**Sopraporte** (Supraporte) [italien.], im Innenraum ein Wandfeld über der Tür und das hier angebrachte Gemälde oder Relief.

**Sopron** [ungar. 'ʃopron] (dt. Ödenburg), Stadt in NW-Ungarn, nahe der östr. Grenze, 55 000 E. Hochschule für Forst- und Holzwirtschaft, bodenmikrobiolog. und geophysikal. Forschungsinst. der Ungar. Akad. der Wiss.; Textil-, Holzind., Maschinenbau. - In der Römerzeit **Julia Scarbantia**, im 9. Jh. als **Ödenburg** bezeugt, im 10. Jh. dt. Stadtrecht (älteste Stadt Ungarns); v. a. im 13./14. Jh. bed. Handelszentrum; fiel mit der ungar. Krone 1526 an das Haus Österreich. 1921 auf Grund eines Volksabstimmung vom Burgenland getrennt; blieb bei Ungarn. - Wahrzeichen der Stadt ist der etwa 61 m hohe, aus dem MA stammende Feuerturm; got. ehem. Franziskanerkirche (13. Jh.), ehem. Heilig-Geist-Kirche (13. Jh.), Pfarrkirche Sankt Michael (v. a. 14. Jh.), spätgot. Georgskirche (14./15. Jh.; barockisiert), Synagoge (13./14. Jh.); Dreifaltigkeitssäule (1701).

**Sorauer,** Paul, * Breslau 9. Juni 1839, † Berlin 9. Jan. 1916, dt. Botaniker. - Prof. in Berlin; begründete 1874 das „Handbuch der Pflanzenkrankheiten".

**Soraya** [zo'ra:ja] (pers. Soraija Esfandjari Bachtjari) [pers. sorænj'ja:], * Isfahan 22. Juni 1932. - Tochter eines Bachtiarenfürsten; 1951–58 ∞ mit dem ehemaligen Schah des Iran, Mohammad Resa Pahlawi.

**Sorben** (Wenden), nat. Minderheit in der DDR (Kulturautonomie seit 1945), v. a. in den Lausitzer Kreisen der Bez. Cottbus und Dresden; die rd. 100 000 S. sind Reste eines elbslaw. Volksstamms, der im MA nördl. des Erzgebirges zw. Saale und Lausitzer Neiße siedelte. Zeit wurden die S. in die **Sorbische Mark** (östl. der Saale bis zur Elster) einbezogen; im 10. Jh. christianisiert; konnten ihre nat. Eigenart bewahren. – ↑auch Sorbisch, ↑sorbische Literatur.

**Sorbens** [lat.] ↑Sorption.

**Sorbet** (Sorbett, Scherbett) [arab.-türk.-italien.], eisgekühltes Getränk aus Fruchtsaft oder Wein, Wasser und Zucker.

◆ Halbgefrorenes auf Fruchtsaftbasis und Süßwein oder Spirituosen; serviert mit Meringe oder Schlagsahne.

**Sorbinsäure** [zu lat. sorbum „Frucht der Eberesche"] (2,4-Hexadiensäure), zweifach ungesättigte, weiße, kristalline Monocarbonsäure, die in Vogelbeeren enthalten ist. Synthet. hergestellte S. wird als Konservierungsmittel verwendet.

**Sorbisch** (Lausitzisch, Wendisch), zur westl. Gruppe der slaw. Sprachen gehörende Sprache der Sorben in der DDR, heute von rd. 100 000 Menschen gesprochen; gegliedert in zwei Literatursprachen, das *Nieder-* und das *Obersorbische* mit den Zentren Cottbus bzw. Bautzen. Das S. und das sorb. Schulwesen sind in der DDR durch das Sorbengesetz vom 23. März 1948 bes. geschützt. – Beide sorb. Sprachen, in lat. Schrift mit diakrit. Zeichen geschrieben, zeigen Bewahrung des alten Duals, der Aorist- und Imperfektformen und weisen zahlr. lexikal. und syntakt. Germanismen auf. Die sprachl. Charakteristika des Nieder-S. zeigen manche Gemeinsamkeiten mit der lechischen Sprachgruppe, bes. dem Polnischen; das Ober-S. steht dem Tschechischen näher, mit dem es einige lautl. Gemeinsamkeiten hat.

**sorbische Literatur,** die Literatur der Sorben (Wenden) in nieder- bzw. obersorb. Sprache. In der Reformation entstand ein kirchl.-religiöses Übersetzungsschrifttum, in Barock entstanden grammat.-lexikal. Werke, weitere Bibelübersetzungen und ein obersorb. Gesangbuch. Daneben verfügte das Sorb. über eine reiche mündl. Erzählliteratur (Lieder, Märchen, Sagen), die auch in die dt. Literatur eingingen. Unter dem Einfluß der Romantik kam es Anfang des 19. Jh. zur nat. Selbstbesinnung. Der erste bed. Dichter ist der Obersorbe H. Zejleř (* 1804, † 1872) mit Naturlyrik sowie patriot. und religiösen Gedichten. Die 2. Hälfte des 19. Jh. wurde durch rege wiss. und kulturpolit. Arbeiten und Aktivitäten geprägt. Als Dichter ist der Obersorbe J. Bart-Ćišinski (* 1856, † 1909) von Bed., der den Anschluß an die zeitgenöss. europ. Literatur versuchte. In der Folge entstanden moralisierende Dorfgeschichten sowie histor.-romant. Erzählungen und Romane sowie Lyrik (M. Kubašec [* 1890, † 1976], K. Šwjela [* 1836, † 1922], M. Domaškojc [* 1872, † 1946]). Während des NS verfolgt und an der Ausübung eigener literar. und kultureller Tätigkeiten erhebl. gehindert, gewann das Sorbentum im gesellschaftspolit. Rahmen der DDR eine neue literar.-geistige Autonomie.

**Sorbit** [lat.] (D-Sorbit), sechswertiger, süß schmeckender Alkohol; wird u. a. als Zuckeraustauschstoff für Diabetiker sowie als Ausgangsmaterial für die Synthese von Vitamin C verwendet.

**Sorbonne** [frz. sɔr'bɔn], urspr. ein 1257 von Robert de Sorbon (* 1201, † 1274) gegründetes Kolleg für arme Theologiestudenten auf

Stipendienbasis. 1554 übernahm die theolog. Fakultät der Pariser Univ. dessen im Quartier Latin in Paris gelegene Räume und den Namen. Die S. spielte v. a. im ausgehenden MA eine wichtige Rolle in den kirchenpolit. Auseinandersetzungen und nahm in der Folgezeit auch Einfluß auf polit. Fragen. Unter dem Einfluß der Frz. Revolution geschlossen, wurde sie 1808 von Napoleon I. wiedergegr. und die Pariser Univ. nach 1885 zur größten Univ. Frankreichs ausgebaut. 1968 wurde die Pariser Univ. in 13 selbständige Univ. aufgegliedert.

**Sorbus** [lat.], Gatt. der Rosengewächse mit rd. 100 Arten (davon 8 Arten in M-Europa) in den nördl. gemäßigten Zonen; Bäume oder Sträucher mit ungeteilten oder gefiederten Blättern; Blüten klein, weiß, in endständigen Doldentrauben. Die kleinen, apfelartigen Früchte sind rot, braun, gelb, grünl. oder weiß. Bekannte Arten sind Eberesche, Elsbeere und Mehlbeere.

**SOrdCist,** Abk. für: Sacer **Ord**o **C**isterciensis, ↑ Zisterzienser.

**Sordello,** * Goito (Prov. Mantua) um 1200, † 1269 oder 1270, italien. Troubadour. - Einer der bedeutendsten italien. Troubadoure provenzal. Sprache, der von Dante in seiner "Divina Commedia" dargestellt wurde; erhalten sind rd. 40 Lieder.

**Sordun** [italien., zu lat. surdus „kaum hörbar, taub"], 1. Doppelrohrblattinstrument mit einer zylindr., 2–3fach durch ein Holzkorpus gebohrten Röhre, die in ein seitl. Loch endet, sowie 14 Tonlöchern. Anfang des 17. Jh. wurde es in Diskant-, Alt-Tenor-, Baß- und Großbaß-Lage gebaut; später vom Fagott verdrängt. - 2. Register der Orgel mit engen Zungenpfeifen im 16-, seltener 8-Fuß.

**Sorel,** Agnès, * Fromenteau (= Saint-Martin-du-Mont [Côte-d'Or]) um 1422, † Anneville-sur-Seine (Seine-Maritime) 9. Febr. 1450, Mätresse Karls VII. von Frankreich. - Übte seit 1444 als offizielle Mätresse („maîtresse de titre") großen Einfluß auf den König aus, der ihr u. a. die Seigneurie Beauté-sur-Marne schenkte (daher „Dame de Beauté" gen.).

**S.,** Charles, Sieur de Souvigny, * Paris 1602, † ebd. 7. März 1674, frz. Schriftsteller. - Bürgerl. Herkunft; Träger des Titels eines Ersten Historiographen von Frankr.; lebte ab 1663 jedoch nur noch von seinen bescheidenen Einkünften als Schriftsteller; schrieb neben histor. und philosoph. Werken v. a. Romane; vom span. Schelmenroman beeinflußt ist die „Wahrhaftige und lustige Historie vom Leben des Francion" (1623).

**S.,** Georges, * Cherbourg 2. Nov. 1847, † Boulogne-sur-Seine (= Boulogne-Billancourt) 30. Aug. 1922, frz. Publizist u. Sozialphilosoph. - Urspr. Ingenieur, ab 1892 freier polit.-philosoph. Schriftsteller; zuerst Anhänger eines orth. Marxismus, dann Verfechter des revolutionären Syndikalismus, schließl. Sympathisant der nationalist. Action française; trat nach dem 1. Weltkrieg gleichzeitig für Lenin und Mussolini ein, da ihm die russ. Revolution und der italien. Faschismus als Überwindung der europ. Dekadenz erschienen. Geprägt vom Kulturpessimismus, von den Ideen Nietzsches, Paretos, Bergsons und Proudhons, entwickelte S. seine Lehre vom sozialen Mythos und von der Gewalt, durch die er zum ideolog. Wegbereiter des Faschismus wurde.

*Werke:* Die Auflösung des Marxismus (1908), Über die Gewalt (1908), Matériaux d'une théorie du prolétariat (1919), De l'utilité du pragmatisme (1921).

**Sorel,** kanad. Stadt am Sankt-Lorenz-Strom, 70 km nö. von Montreal, 19 000 E.

Peter Sorge, Peep-Show I (1977).
Berlin, Berlinische Künste

**Sören**

Titanraffinerie, Herstellung von Manganstahl, Acetatseide, Schiffbau, Hafen. - An der Stelle von Fort Richelieu (17. Jh.) angelegte Stadt.

**Sören,** aus dem Dän. (Søren) übernommener männl. Vorname (zu ↑Severin).

**Sørensen** [dän. 'sœr'nsən], Søren, * Havrebjerg (Seeland) 9. Jan. 1868, † Kopenhagen 13. Febr. 1939, dän. Chemiker. - Leiter der chem. Abteilung des Carlsberglaboratoriums der Carlsbergstiftung; führte 1909 den Begriff des pH-Wertes ein.

**Sorg,** Anton, * Augsburg um 1430, † ebd. um 1493, dt. Inkunabeldrucker. - Berühmtester Druck ist das „Conciliumbuch zu Costencz" von Ulrich von Richental (1483).

**Sorge,** Peter, * Berlin 24. April 1937, dt. Graphiker. - Vertreter des krit. Realismus; v. a. sozialkrit. Thematik.

**S.,** Reinhard Johannes, * Rixdorf (= Berlin) 29. Jan. 1892, ⚔ bei Ablaincourt (Somme) 20. Juli 1916, dt. Lyriker und Dramatiker. - Sein Drama „Der Bettler" (1912) gilt als das erste weltanschaul. revolutionäre Drama des Expressionismus; schrieb später Mysterienspiele und religiöse Epen.

**S.,** Richard, * Baku 4. Okt. 1895, † Tokio 9. Juli 1944 (hingerichtet), dt. Journalist und Geheimagent. - Trat 1917 der USPD, 1919 der KPD bei; 1923 beim kommunist. Aufstand in Hamburg führend; ab 1925 Mgl. der KPdSU und im Dienst der Komintern, wirkte ab 1929 in China, ab 1933 in Japan als Pressekorrespondent und Geheimagent. Seine frühzeitigen Meldungen über den Termin des dt. Angriffs auf die Sowjetunion und über den geplanten jap. Überfall auf Pearl Harbor wurden von Stalin nicht beachtet. Im Okt. 1941 verhaftet, 1944 zum Tode verurteilt.

**Sorgerecht** ↑elterliche Sorge.

**Sorghumhirse** [italien., zu spätlat. syricum granum „Getreide aus Syrien"] (Sorgumhirse, Mohrenhirse, Sorgho, Sorgum), Gatt. der Süßgräser mit rd. 25 Arten in den Tropen und Subtropen; 1-5 m hohe Pflanzen mit großen rispigen Blütenständen, die aus in Wirteln stehenden Ährchen gebildet werden. Verschiedene Arten der S. sind neben dem Reis wichtige Nutzpflanzen der wärmeren Länder (auch in den USA und im Mittelmeergebiet), v. a. **Kaffernhirse** (Dari, Zuckerhirse, Sorgum saccharatum; bis 3 m hoch), **Kaffernkorn** (Kafir, Sorgum caffrorum), **Kauliang** (Kaoliang, Sorgum nervosum; v. a. in China angebaut), deren Früchte wie Reis gegessen, verfüttert oder gemahlen zu Brei, Fladen und zur Bierbereitung *(Pombebier)* verwendet werden. Aus den zuckerhaltigen Stengeln mehrerer Arten werden Sirup und Melasse gewonnen. Aus den Rispen werden Besen und Bürsten hergestellt. Andere Arten werden als Futtergräser angebaut.

**Soria,** span. Stadt am oberen Duero,

1056 m ü. d. M., 31400 E. Verwaltungssitz der Prov. S.; archäolog. Museum. Viehzucht, Woll- und Holzind. - 1111 von König Alfons I. von Aragonien neu gegr., im 13. Jh. befestigt. - Kollegiatkirche San Pedro (12./13. und 16. Jh.) mit roman. Kreuzgang; roman. Kirchen u. a. San Juan de Rabanera (12. Jh.) und Santo Domingo (13. Jh.); Gómarapalast (16. Jh.). Nahebei ↑Numantia.

**Soriano,** Francesco (Suriano), * Soriano 1549, † Rom 19. Juli 1621, italien. Komponist. - Schüler u. a. von Palestrina; 1603–20 Kapellmeister an Sankt Peter; bed. Komponist der röm. Schule (Madrigale, Messen, Motetten, Psalmen, Magnificat, Passion, Villanellen).

**Soriano,** Dep. in SW-Uruguay, 8913 km², 80600 E (1975), Hauptstadt Mercedes. Anbau von Weizen, Mais, Hafer und Flachs; v. a. im N Rinder- und Schafzucht. - Besteht seit 1816.

**Sorokin,** Pitirim Alexandrowitsch [russ. sa'rɔkin], * Turja (nördl. von Syktywkar) 21. Jan. 1889, † Winchester (Mass.) 10. Febr. 1968, amerikan. Soziologe russ. Herkunft. - 1919 Prof. in Petrograd, emigrierte 1922, ab 1923 in den USA; 1924–30 Prof. an der University of Minnesota, 1930–55 an der Harvard University; Hauptarbeitsgebiet war die Kultursoziologie.

**Soroti** [engl. sɔː'routi:], ugand. Distr.hauptort östl. des Kiogasees, 1190 m ü. d. M., 12500 E. Anglikan. Bischofssitz; ethnolog. Museum; landw. Handelszentrum.

**Sørøy** [norweg. ˌsøːrœj], Insel in N-Norwegen, westl. von Hammerfest, 816 km², bis 653 m hoch.

**Sorpetalsperre** ↑Stauseen (Übersicht).

**Sorption** [gekürzt aus ↑Absorption], Vorgang, bei dem ein Stoff (Gas, Flüssigkeit, das sog. *Sorbat, Sorptiv* oder *Sorbent*) durch einen anderen Stoff *(Sorbens, S.mittel)* aufgenommen (bei porösen, festen Substanzen, wie z. B. Aktivkohle) oder an dessen Oberfläche festgehalten wird. Man unterscheidet ↑Absorption, ↑Adsorption und ↑Chemisorption. Die Umkehrung der S. heißt *Desorption.*

**Sorrent,** italien. Stadt in Kampanien, an der N-Küste der Sorrentiner Halbinsel, 25 km südl. von Neapel, 50 m ü. d. M., 17600 E. Kath. Erzbischofssitz; Museum, Kunsthandwerk; Kurort; alljährl. Filmfestspiele. - Wohl im 7. Jh. v. Chr. von Griechen gegr., später von Etruskern und Oskern besiedelt (**Surrentum**); wurde nach 90 v. Chr. röm. Munizipium, wohl im 5. Jh. Bischofssitz (Anfang des 11. Jh. Erzbischofssitz); im 7. Jh. Hzgt. Kam 1137 zum normann. Kgr. und teilte im folgenden die Geschichte Neapels. - Stadttor aus griech. Zeit (5. Jh. v. Chr., im 16. Jh. ergänzt); Reste röm. Villen, u. a. ein gut erhaltenes Nymphäum. - Dom (15. Jh., neugot. Fassade 20. Jh.), Kirche Sant'Antonio (im Kern vor 1000) mit Portal des 12. Jh.; spätbarocke Kirche San Paolo (18. Jh.); got. Kreuzgang des ehem. Franziskanerklosters (14. und 15. Jh.); zahlr. Adelshäuser (13.–15. Jh. und später).

**Sorrentiner Halbinsel,** Halbinsel zw. dem Golf von Neapel und dem Golf von Salerno, bis 1443 m hoch.

**Sorsa,** Kalevi, * Keuruu (Mittelfinnland) 21. Dez. 1930, finn. sozialdemokrat. Politiker. - 1969–75 Generalsekretär der Sozialdemokrat. Partei, 1975–87 deren Vors.; seit 1970 Mgl. des Reichstags; 1972 Außenmin.; 1972–75 Min.präs.; 1975/76 Stellv. Min.präs. und Außenmin.; 1977–79 und 1982–87 Min.präs; 1987–89 Außenminister.

**Sorski, Nil** ↑ Nil Sorski.

**Sorte** [lat.-roman.] (Kulturvarietät), Zuchtform einer Kulturpflanzenart, die auf einen bestimmten Standardtyp hin gezüchtet ist und deren Individuen physiol. und morpholog. weitgehend übereinstimmen. Jede S. muß sich von jeder anderen durch mindestens ein morpholog. oder physiolog. Merkmal deutl. unterscheiden.

**Sorten** ↑ Devisen.

**Sortengeldprinzip,** im 17. Jh. entwickelte Einteilung des umlaufenden Münzgeldes in Gruppen („Sorten") mit gleichem Münzfuß und Realwert (Goldmünzen; Groschengeld usw.); freie Austauschbarkeit nur innerhalb einer Sorte; Aufgeld (Agio) für höherwertige, Abschlag (Disagio) für mindere Sorten auch im Inlandsverkehr.

**Sortenliste,** vom Bundessortenamt geführte beschreibende Liste der zur Vermehrung und zum Handel zugelassenen geschützten (↑ Sortenschutz) und ungeschützten ↑ Sorten bestimmter landw. und gärtner. Nutzpflanzenarten, die von bes. landeskulturellem Wert sind.

**Sortenschutz,** dem Patentrecht ähnl. vererbl. Recht des Züchters oder Entdeckers einer neuen Sorte von bestimmten Pflanzenarten, Vermehrungsgut der geschützten Sorte gewerbsmäßig zu erzeugen und zu vertreiben. Der S. wird vom *Bundessortenamt* erteilt und in die *S.rolle* eingetragen.

**Sortieren** [lat.-italien.], mechan. Verfahren zur Trennung eines Gemisches nach bestimmten Eigenschaften. Mit Hilfe von *Sortiermaschinen* läßt sich das S. automat. durchführen, z. B. nach der Größe der Bestandteile mit Hilfe von Sieben, nach der Dichte mit Hilfe von Flüssigkeiten bestimmter Dichte (in der bestimmte Bestandteile aufschwimmen), nach der Farbe mit Hilfe von Photozellen, nach magnet. Eigenschaften mit Hilfe von Magnetabscheidern.

**Sortiment** [lat.-italien.], Auswahl derjenigen Produkte, mit denen Unternehmer am Markt aufzutreten beabsichtigen.

**Sortimentsbuchhandel,** Buchhandelszweig, der in Läden für den Käufer ein Sortiment von Büchern aus den verschiedensten Verlagen bereithält. - ↑ auch Buchhandel.

**Sør-Trøndelag** [norweg. ˌsøːrtrœndəlaːg], norweg. Verw.-Geb., umfaßt den S-Teil der Landschaft ↑ Trøndelag, 18831 km², 246400 E (1985), Hauptstadt Drontheim.

**Sorus** (Mrz. Sori) [griech. „Haufen"], Gruppe von Antheridien und Oogonien bei einigen Braunalgen oder verschieden gestaltete (je nach Gatt.) Ansammlung von Sporangien bei Farnen.

**Sorviodurum** ↑ Straubing.

**SOS,** internat. [See]notzeichen (seit 1912); die nach dem Morsecode gesendete oder in Form von Lichtblitzen übermittelte Buchstabenfolge SOS, bei der keine Pause gemacht wird (··· – – – ···). Die wegen des eindringl. Rhythmus gewählte Buchstabenfolge wurde nachträgl. gedeutet als Abk. für engl.: „save our souls" („rettet unsere Seelen") oder „save our ship" („rettet unser Schiff"). - ↑ auch Mayday.

**Soschtschenko,** Michail Michailowitsch [russ. 'zɔʃtʃɪnkɐ], * Petersburg 10. Aug. 1895, † ebd. 22. Juli 1958, russ.-sowjet. Schriftsteller. - 1918 Offizier in der Roten Armee; seit 1921 Mgl. der „Serapionsbrüder". Seine Erzählungen und Kurzgeschichten mit humorist. und satir. Darstellungen sowjet. Alltagswirklichkeit gehören zu den meistgelesenen Werken der sowjet. Literatur, u. a. „Schlaf schneller, Genosse" (1937), „Bleib Mensch, Genosse" (Satiren und Grotesken, dt. Auswahl 1970). 1946 parteiamtl. Verurteilung, nach 1953 rehabilitiert.

**SOS-Kinderdörfer** ↑ Kinderdörfer.

**Sosnowiec** [poln. sɔsˈnɔvjɛts], Stadt im oberschles. Ind.gebiet, 260 m ü. d. M., 255000 E. Bergbaumuseum. Steinkohlenbergwerke; Metall-, Textil- und Nahrungsmittelind. - Seit 1902 Stadtrecht.

**sospirando** (sospirante) [italien.], musikal. Vortragsbez.: seufzend.

**sostenuto** [italien.], Abk. sost., musikal. Vortragsbez.: gehalten, getragen; bei Tempobez. zur Angabe der Verbreiterung des Zeitmaßes (z. B. *andante sostenuto*).

**Sotades,** um 460/450 tätiger att. Töpfer. - Für ihn malte der sog. *S.-Maler* in zartem lyr. Stil in weißgrundiger und rotfiguriger Technik.

**S.,** griech. Dichter der 1. Hälfte des 3. Jh. v. Chr. aus Maroneia (Thrakien). - Verfaßte vielseitige Dichtungen mit obszön-sexuellem bis zu eth.-moralisierendem Inhalt.

**Sotatsu,** Tawaraja, * Ende des 16. Jh., † Kioto 1643, jap. Maler. - Die Tuschmalerei verdankt ihm die Entstehung der *Taraschikomi* genannten Technik der „nassen" Tusche, die mit vielen Nuancen von Schwarz und Grau zu ausdrucksvollen Farbeffekten führte; u. a. Stellschirme, Schiebetüren. Zusammenarbeit mit dem Kalligraphen Koetsu; charakterist. große einheitl. Farbflächen (oft Gold), Stilisierung und kühne Komposition; belebte das ↑ Jamato-E wieder.

**Soter** [griech. „Retter, Heiland"], im Christentum Hoheitstitel für Jesus Christus, im Herrscherkult v. a. der hellenist. Staaten Titel der Herrscher zur Bez. ihrer sakralen Würde und Legitimität.

**Soteriologie** [griech.], in der christl. Theologie die Lehre vom Heilswerk Jesu Christi.

**Sotheby Parke Bernet Group** [engl. ˈsʌðəbɪ ˈpɑːk ˈbɜːnɪt ˈɡruːp], organisator. partnerschaftl. konzipierte Gruppe von Kunstauktionshäusern mit Sitz v. a. in London (Sotheby & Co.) und New York (Parke Bernet Galleries, Inc.).

**Sothisperiode** ↑ ägyptische Wissenschaft.

**Sotho**, Bantugruppe im südl. Afrika, die Nord-S., die Süd-S. und die Tswana umfaßt. Die Nord-S. leben in Südafrika, ihr Heimatland ist Lebowa, die Süd-Sotho in Lesotho und in Südafrika, ihr Heimatland Qwaqwa liegt im Oranjefreistaat, die Tswana in Botswana und in Südafrika, ihr Heimatland ist Bophuthatswana.

**Sotin**, Hans [...tiːn], * Dortmund 10. Sept. 1939, dt. Sänger (Baß). - Internat. erfolgreicher Opernsänger (Mozart, Wagner); daneben auch Konzerttätigkeit.

**Soto**, Domingo de (Dominicus de S.), * Segovia 1495, † Salamanca 15. Nov. 1560, span. scholast. Theologe und Philosoph. - Dominikaner; Prof. für Theologie in Salamanca. 1545-58 Teilnahme am Konzil von Trient; 1548-50 Beichtvater Kaiser Karls V.; 1550 Mgl. der kaiserl. Reformkommission für die Eingeborenen in Amerika; einer der Hauptvertreter der Schule von Salamanca.

**S.**, Jesus Raphael (Jesús Rafael), * Ciudad Bolívar 5. Juni 1923, venezolan. Op-art-Künstler. - Seine Reliefbilder rufen Vibrations- und Moiréeffekte hervor.

**Šotola**, Jiří [tschech. ˈʃotola], * Smidary (Ostböhm. Gebiet) 28. Mai 1924, tschech. Schriftsteller. - Wurde 1969 aus der KP ausgeschlossen; verfaßte unpathet. Gedichte über gesellschaftspolit. Realitäten und Emotionen im Alltag einfacher Menschen; auch [histor.] Romane wie „Grüß den Engel, richte ihm aus, daß ich warte" (1969) und „Vaganten, Puppen und Soldaten" (1972).

**Sotschi**, größtes Seeheilbad der UdSSR, am Schwarzen Meer, RSFSR. 310 000 E. Das Stadtgebiet erstreckt sich über einen fast 150 km langen Küstenabschnitt mit mehreren Kurorten (z. B. Adler). Schwefelwasserstoff-, jod- und bromhaltige Quellen. Fakultät der polytechn. Hochschule von Krasnodar, 3 Forschungsinst.; Museen, Passagierhafen, ⚓.

**Sottie** (Sotie) [frz., zu sot „Narr"], frz. Possenspiel in einfachen Versen, das in satir. Absicht, oft sehr derb, lokale, kirchl., polit. und v. a. soziale Mißstände bloßstellt; Blütezeit 15./16. Jahrhundert.

**sotto** [italien. „unten"], Anweisung beim Klavierspiel: mit gekreuzten Händen zu spielen bzw. Hinweis für die unten liegende Hand. - Ggs. ↑ sopra.

**Sottoceneri** [italien. sottoˈtʃeːneri], Bez. für den südl. des Monte Ceneri gelegenen Teil des schweizer. Kt. Tessin.

**sotto in su** (sott'in su) [italien.], in perspektiv. Untersicht dargestellt (von einem [angenommenen] unten stehenden Betrachter aus gesehen; v. a. bei Mantegna).

**sotto voce** [ˈvoːtʃe; italien., eigtl. „unter der Stimme"], Abk. s. v., musikal. Vortragsbez.: mit „halber", leiser Stimme, mit gedämpftem Ton bzw. Ausdruck.

**Sou** [frz. su], jüngere Form des Sol; seit dessen Einstellung volkstüml. 1. Münze zu 5 Centimes = $^1/_{20}$ Franc, 2. nicht nennenswerter Geldbetrag.

**Soubirous**, Bernadette [frz. subiˈru] (Ordensname: Marie-Bernard), hl., * Lourdes 17. Febr. 1844, † Nevers 16. April 1879, frz. kath. Ordensschwester. - Erlebte 1858 mehrere Marienerscheinungen in der Grotte von Massabielle bei ↑ Lourdes, auf Grund deren Lourdes später zu einem bed. Wallfahrtsort wurde. Nach der Bestätigung ihrer Visionen durch die Kirche (1862) trat sie 1866 in den Orden der „Sœurs de la Charité" in Nevers ein. Ihr Leichnam ist unverwest. 1933 heiliggesprochen. - Fest: 18. Februar.

**Soubrette** [zu...; lat.-frz., eigtl. „verschmitztes Mädchen, Zofe"], weibl. Rollenfach für Sopran, meist muntere, oft kom. Mädchenrolle (z. B. Susanna in W. A. Mozarts „Hochzeit des Figaro").

**Soudan** [frz. suˈdã], ehem. frz. Kolonie, ↑ Mali (Geschichte).

**Soufflé** [frz. suˈfle; frz., eigtl. „aufgeblasen"], durch geschlagenes Eiweiß schaumig aufgegangener Auflauf.

**Souffleur** [zuˈfløːr; frz., zu lat. sufflare „(hinein-)blasen"] (weibl. Souffleuse) ↑ Theater.

**Soufflot**, Jacques Germain [frz. suˈflo], * Irancy (Yonne) 22. Juli 1713, † Paris 29. Aug. 1780, frz. Baumeister. - Sein Hauptwerk ist die klassizist. Pariser Kirche Sainte-Geneviève (heute Panthéon).

**Soufrière** [frz. sufriˈɛːr], aktiver Vulkan im S der Insel Guadeloupe, mit 1 484 m ü. d. M. höchste Erhebung der Kleinen Antillen.

**Soul** [engl. soul „Seele"], musikal. Begriff, der erstmals im Jazz der 1950er Jahre verwendet wurde und eine Stilform des Hard-Bop bezeichnet, die an frühe Formen der afroamerikan. Musik anknüpft, insbes. Gospel und Work-Songs. Mitte der 1960er Jahre wurde der Begriff in die schwarze Populärmusik übernommen und bezeichnete dort eine Variante des späten Rhythm and Blues.

**Soulages**, Pierre [frz. suˈlaːʒ], * Rodez (Aveyron) 24. Dez. 1919, frz. Maler. - Vertreter der École de Paris. Seine Form- und Farbskala ist auf schwarze und braune Balken und Gitter auf hellem Grund begrenzt.

**Soult,** Nicolas Jean de Dieu [frz. sult], Hzg. von Dalmatien (seit 1808), *Saint-Amans-la-Bastide (= Saint-Amans-Soult [Tarn]) 29. März 1769, † ebd. 26. Nov. 1851, frz. Marschall (seit 1804) und Politiker. - Ab 1808 Oberbefehlshaber der frz. Truppen in Spanien; Dez. 1814 Kriegsmin. unter Ludwig XVIII.; schloß sich 1815 wieder Napoleon I. an; 1816–19 im Exil. 1832–34, 1839/40 und 1840–47 Ministerpräsident.

**Sound** [engl. saʊnd „Laut, Schall", zu lat. sonus „Klang"], im Jazz und in der Rockmusik Bez. für die jeweils charakterist. Klangfarbe eines Instrumentalisten, einer Gruppe oder eines Stilbereichs. Während der individuelle S. eines Musikers v. a. durch Tonbildung, Artikulation und Wahl des Instruments (Blattstärke, Mundstück usw.) bestimmt ist, wird der typ. S. einer Gruppe oder eines Stils im wesentl. durch die Instrumentation und elektroakust. Ausformung geprägt.

**Soupault,** Philippe [frz. suˈpo], *Chaville (Hauts-de-Seine) 2. Aug. 1897, frz. Schriftsteller. - Mitbegr. der literar. Dadabewegung und des Surrealismus in Frankr.; 1919 mit A. Breton und L. Aragon Begründer der Zeitschrift „Littérature"; schrieb mit Breton „Les champs magnétiques" (1920), bed. surrealist. Gedichte; seine Romane und Erzählungen („Der Neger", 1927) schildern hilflos durch eine zerfallende Welt gehetzte Menschen; auch Essays und Künstlerbiographien.

**Souper** [frz. suˈpe; frz.], festl. Abendessen; **soupieren,** ein S. einnehmen.

**Sousaphon** [zuza...], nach dem amerikan. Komponisten J. P. Sousa (*1854, †1932) ben. Blechblasinstrument, eine Baßtuba († Tuba) mit kreisförmig gewundenem Rohr (das der Spieler um den Oberkörper trägt) und großer Stürze (die in der Richtung verstellbar ist).

**Sousse** [frz. sus], tunes. Stadt am Golf von Hammamet, 83 500 E. Verwaltungssitz des Gouv. S.; Hotelfachschule; Fischkonservenind., Lkw-Montage, Herstellung von Treibhäusern und Kunststoffwaren, Spinnerei, Konfektionsbetriebe; Seebad; Hafen, Fischerei. - In der Antike **Hadrumetum;** im 9. Jh. v. Chr. von Phöniken gegr.; bed. karthag. Stadt, seit Trajan röm. Colonia, 255 als Bischofssitz nachweisbar, unter Diokletian Hauptstadt der Prov. Byzacena, von Justinian I. **Sozusa** gen.; im 7. Jh. durch Araber zerstört, im 9. Jh. neu errichtet. - Ausgrabungen (u. a. Thermen, Amphitheater, Theater und Villen mit Mosaiken); mauerumgebene Altstadt, islam. Klosterburg (9. Jh.); Kunstgewerbemuseum), Große Moschee (851); Kasba (Museum).

**Soustelle,** Jacques [frz. susˈtɛl], *Montpellier 3. Febr. 1912, frz. Ethnologe und Politiker. - Bildete sich auf Forschungsreisen in Mittelamerika zum Spezialisten für altmex. Kulturen aus; schloß sich 1940 in London de Gaulle an; 1945 Informations-, 1945/46 Kolonialmin., 1945/46 Mgl. der 1. Konstituante, 1951–58 und seit 1968 der Nat.versammlung; 1947–51 Generalsekretär der gaullist. RPF; Generalgouverneur von Algerien 1955/56; 1958 erneut Informationsmin. de Gaulles, dessen Berufung er maßgebl. mit vorbereitet hatte; amtierte 1959/60 als Sonderminister für Saharafragen, Überseegebiete und Atomenergie (wegen Widerstands gegen de Gaulles Algerienpolitik entlassen); 1961–68 als Mgl. der OAS im Exil.

**Soutane** (Sutane) [zu...; frz., zu italien. sottana, eigtl. „Untergewand"], bis zu den Knöcheln reichendes, heute kaum noch getragenes Obergewand des kath. Geistlichen; die nur knielange S. heißt **Soutanelle** (Sutanelle).

**Souterliedekens** [niederl. ˈsɔʏtərliːdəkəns], 1540 in Antwerpen erschienene Sammlung der 150 Psalmen (mittelniederl. souter „Psalter"), die erste vollständige gereimte Psalmenübersetzung überhaupt. Die den Texten beigegebenen Melodien gelten als wichtige Quelle für das altdt. Volkslied.

**Souterrain** [zutɛˈrɛ̃ː, ˈzuːtɛrɛ̃; lat.-frz. „unterirdisch"], Untergeschoß, Kellergeschoß.

**Southampton** [engl. saʊθˈæmptən], engl. Stadt auf einer Halbinsel zw. den Mündungen von Test und Itchen, Gft. Hampshire, 204 400 E. Univ. (gegr. 1952), Kunsthochschule; Museum, Kunstgalerie; Theater; Zoo. Haupthandelshafen der engl. S-Küste und bedeutendster brit. Überseepassagierhafen, Containerterminal, Ölhafen; Erdölraffinerie, Bau von Luftkissenfahrzeugen, feinmechan. und Elektroind., Schiffbau und -reparaturen, Maschinenbau, Auto-, chem., petrochem. u. a. Ind. - Entstand 43 n. Chr. als röm. Siedlung **Clausentum,** hieß in sächs. Zeit **Hamtune;** 1086 erstmals Stadt (ältestes erhaltenes Stadtrecht von 1154/55) gen., 1447 Stadtgrafschaft, 1964 City. - Zerstörungen im 2. Weltkrieg; normann. Kirche Saint Michael (11./12. Jh.), King John's Palace (12. Jh.), Häuser aus dem 12. bis 14. Jh., Tore der Stadtmauer (14. und 15. Jh.).

**Southampton Water** [engl. saʊθˈæmptən ˈwɔːtə], in den Solent mündendes gemeinsames Ästuar von Test und Itchen an der engl. Kanalküste.

**South Carolina** [engl. ˈsaʊθ kærəˈlaɪnə], Bundesstaat im SO der USA, 80 582 km², 3,35 Mill. E (1984), Hauptstadt Columbia.
**Landesnatur:** S. C. hat Anteil an 3 Großräumen: Auf die Küstenebene, dem sog. „low country", folgt, markiert durch die ↑Fall Line, das Piedmont Plateau. Im NW erreicht S. C. in den Appalachen 1 085 m (Sassafras Mountain). - Das Klima ist feucht subtrop., differenziert durch die Höhenlage. - Etwa 60 % des Staatsgebiets sind bewaldet.
**Bevölkerung, Wirtschaft, Verkehr:** Die Vertreter der weißen Bev. sind vorwiegend brit.

# South Dakota

Abkunft, etwa 30% sind Schwarze, daneben indian. und asiat. Minderheiten. Am wichtigsten sind die baptist., methodist. und presbyterian. Religionsgemeinschaften. Neben zahlr. Colleges bestehen 5 Univ., von denen die Univ. in Columbia die bedeutendste ist. - Die Landw. wird gehemmt durch Bodenerosion und -erschöpfung. Hauptanbauprodukte sind Tabak, Baumwolle, Sojabohnen, Pfirsiche und Mais. Daneben Rinder- und Schafhaltung sowie Geflügelzucht. Küstenfischerei, v. a. auf Krustentiere. S. C. verfügt an Bodenschätzen über Steine, Sand, Kies, Kaolin, Vermiculit und Baryt. Wichtigster Ind.zweig ist die Textilind., gefolgt von der chem. und Papierindustrie. Das Eisenbahnnetz ist rd. 4 800 km lang, das Highwaynetz rd. 63 700 km. Wichtigste Binnenwasserstraße ist der Intracoastal Waterway. Die wichtigsten Tiefwasserhäfen sind Charleston, Georgetown und Port Royal; zahlr. ✈.

**Geschichte:** Erste Europäer im Gebiet von S. C. waren 1521 Spanier, 1562 Franzosen; erste brit. Siedlung 1670; 1720 der brit. Krone unterstellt; 1776 gab sich S. C. eine eigene Verfassung; verabschiedete 1788 als 8. der 13 Gründerstaaten die Verfassung der USA. Wurde durch sein Beharren auf den Rechten der Einzelstaaten in den 1820er Jahren zum Unruheherd in der Union; trat 1860 als erster der Südstaaten aus der Union aus; die Beschießung des dem Hafen von Charleston vorgelagerten Fort Sumter löste den Sezessionskrieg aus; war zwar 1868 wieder als Staat zur Union zugelassen, blieb aber bis 1876 von Truppen der Union besetzt. Die Durchsetzung der Bürgerrechte der Schwarzen in S. C. trifft bis heute auf harten Widerstand.
📖 *Lander, E. M.: A history of S. C., 1865 to 1960. Columbia (S. C.)* ²*1970.*

**South Dakota** [engl. 'saʊθ dəˈkoʊtə], Bundesstaat im nw. Mittelwesten der USA, 199 730 km², 686 000 E (1981), Hauptstadt Pierre.

**Landesnatur:** Der mehrfach zu Seen gestaute Missouri teilt S. D. in einen östl. und einen westl. Teil. Der O gehört zum Zentralen Tiefland, der W, in dem die ↑Badlands liegen, steigt im Missouri Plateau allmähl. an. Im SW hat S. D. Anteil an den Black Hills, die im Harney Peak 2 207 m ü. d. M. erreichen. - Der Staat liegt im kontinentalen Klimabereich; Dürren sind nicht ungewöhnlich. - Große Teile des urspr. Graslandes sind heute Farmland. Wälder finden sich v. a. in den Black Hills. In den Nationalparks der Black Hills lebt neben kleiner Wildarten eine Bisonherde. In den Badlands kommen noch wenige Adler vor.

**Bevölkerung, Wirtschaft, Verkehr:** Die weiße Bev. ist v. a. brit., skand. und dt. Abstammung. Die Indianer leben meist in den 5 Reservaten, die 10% des Staatsgebiets einnehmen. Bei den zahlr. Religionsgemeinschaften überwiegen die luth. und die röm.-kath. Kirche. Erwähnenswert sind außerdem Mennoniten und Hutterer. Von den 7 Hochschulen haben 3 Univ.rang. - Wichtigster Wirtschaftszweig ist die Landw.; Hauptanbauprodukte sind Getreide und Futtermittel; Rinder-, Schweine- und Schafhaltung. Die wichtigsten Bodenschätze sind Gold- und Silbererze, Feldspat und Beryll, Braunkohle und Erdöl. Bedeutendster Ind.zweig ist die Nahrungsmittelind., gefolgt von Druckerei- und Verlagswesen sowie der Holzindustrie. Ein bed. Wirtschaftsfaktor ist der Fremdenverkehr, dessen Hauptanziehungspunkte die Badlands und die Black Hills mit dem ↑Mount Rushmore National Memorial sind. - Das Eisenbahnnetz ist rd. 1 700 km lang, das Highwaynetz rd. 27 300 km. S. D. verfügt über 70 ✈.

**Geschichte:** Erste Weiße im Gebiet von S.D. waren 1738 Franzosen; kam 1803 von ↑Louisiane in den Besitz der USA; blieb bis Mitte des 19. Jh. Durchgangsland für die am oberen Missouri tätigen Pelztierjäger; 1861 wurde das Territorium Dakota organisiert, das die beiden heutigen Staaten North Dakota und S. D. sowie große Teile der Staaten Montana und Wyoming umfaßte, die jedoch 1864 bzw. 1868 als eigene Territorien abgetrennt wurden; nach Teilung des Territoriums wurde S. D. 1889 als 40. Staat Mgl. der USA. - Noch dem Massaker bei ↑Wounded Knee in S. D. (29. Dez. 1890; über 400 Sioux, darunter zahlr. Frauen und Kinder, waren von amerikan. Kavalleristen abgeschlachtet worden) war der indian. Widerstand gebrochen.
📖 *Vexler, R. I.: S. D. Chronology and factbook. New York 1978.* - *Schell, H. S.: History of S. D. Lincoln (Nebr.)* ²*1975.*

**Southend-on-Sea** [engl. 'saʊθɛnd ɔn 'siː], engl. Stadt an der Mündung der Themse in die Nordsee, 156 700 E. Histor. Museum, Kunstgalerie, Freilichttheater; Seebad und Wohnstadt von London; metallverarbeitende Ind. - Entwickelte sich seit 1767 zu einem der größten engl. Seebäder; wurde 1892 Stadt, 1914 Stadtgrafschaft. - Ehem. Prittlewellpriorei (gegr. 1121), Southchurch Hall (13. Jh.; jetzt Bibliothek); Porters, ein ehem. Herrenhaus im Tudorstil.

**Southern,** Terry [engl. 'sʌðən], * Alvarado (Texas) 1. Mai 1926, amerikan. Schriftsteller. - Wendet sich in seinen Romanen („Candy oder Die sexte der Welten", 1958; „Der Superporno", 1971) und Erzählungen mit schwarzem Humor und grotesker Satire gegen gesellschaftl. Mißstände und menschl. Torheit; auch Filmdrehbücher, u. a. „Dr. Seltsam, oder: Wie ich lernte, die Bombe zu lieben" (1963).

**Southern Christian Leadership Conference** [engl. 'sʌðən 'krɪstjən 'liːdəʃɪp 'kɔnfərəns], Abk. SCLC, 1957 gegr. Organisation der amerikan. Bürgerrechtsbewegung, bis 1968 von M. L. King geleitet.

**Southern Pacific Railroad** [engl. 'sʌðən pə'sɪfɪk 'rɛɪlroʊd], die südlichste der großen, das Tal des Mississippi mit der Pazifikküste der USA verbindenden Eisenbahnlinien (New Orleans–Los Angeles über Houston und El Paso).

**Southern Uplands** [engl. 'sʌðən 'ʌpləndz], Bergland in S-Schottland südl. der Lowlands bis zur schott.-engl. Grenze, bis 842 m hoch.

**Southey**, Robert [engl. 'saʊðɪ, 'sʌðɪ], * Bristol 12. Aug. 1774, † Greta Hall am See von Keswick 21. März 1843, engl. Dichter. - 1794 Beginn der Freundschaft mit S. T. Coleridge, mit dem er eine „Pantisokratie", eine kommunist. Gemeinschaft mit demokrat. Prinzipien, plante. Ab 1813 Poet laureate mit staatl. Pension. Mit umfangreichen ep. Dichtungen und Balladen einer der Hauptvertreter der engl. Romantik; auch polit. Schriften und Biographien, u. a. „Admiral Nelson's Leben, Kämpfe und Siege" (1813).

**South Glamorgan** [engl. 'saʊθ glə'mɔːgən], Gft. in S-Wales.

**South Pass** [engl. 'saʊθ 'pɑːs], Übergang über die Rocky Mountains im S der Wind River Range, Wyoming, 2 300 m ü. d. M. Über ihn führten nach 1832 die für die Besiedlung des W der USA bedeutendsten Pionierwege.

**South Platte River** [engl. 'saʊθ 'plæt 'rɪvə], südl. Quellfluß des Platte River, entspringt (mehrere Quellflüsse) auf dem O-Abfall der Front Range, 711 km lang.

**South Saskatchewan River** [engl. 'saʊθ səs'kætʃɪwən 'rɪvə], rechter Quellfluß des Saskatchewan River, entsteht durch Vereinigung von Bow River und Oldman River im S der Prov. Alberta, 885 km lang, mit Bow River rd. 1 390 km.

**South Shields** [engl. 'saʊθ 'ʃiːldz], engl. Stadt an der Mündung des Tyne in die Nordsee, 87 200 E. Museum; Ind.- und Hafenstadt. - Im 13. Jh. gegr.; wurde 1850 Stadt.

**South West African People's Organization** [engl. 'saʊθ 'wɛst 'æfrɪkən 'piːplz ɔːgənaɪ'zɛɪʃən], Abk. SWAPO, von OAU und UN als authent. Vertretung der Bev. Namibias anerkannte Organisation; 1959 gegr.; ihr nicht verbotener interner Flügel setzt sich zwar für die Befreiung des Territoriums mit friedl. Mitteln ein, erklärt sich aber solidar. mit dem von außen her als Befreiungsbewegung kämpfenden Flügel. - ↑ auch Namibia (Geschichte und polit. Verhältnisse).

**South Yorkshire** [engl. 'saʊθ 'jɔːkʃɪə], Verw.-Geb. (Metropolitan County) in England.

**Soutine**, Chaïm [frz. su'tin], eigtl. Chaim Soutin, * Smilowitsch bei Minsk 1893, † Paris 9. Aug. 1943, frz. Maler litauisch-jüd. Abstammung. - Von Formvertretung und heftiger Farbigkeit geprägtes expressionist. Werk, u. a. Selbstbildnis (um 1918; Privatbesitz), Pyrenäenlandschaften (u. a. „Hügellandschaft bei

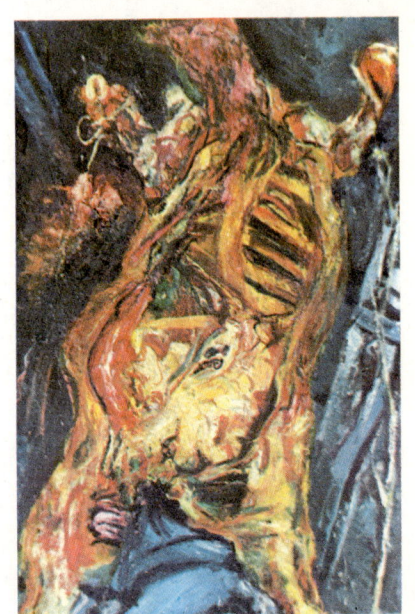

Chaïm Soutine, Ausgeweideter Ochse (um 1925). Grenoble, Musée de Peinture et de Sculpture

Céret", um 1921; Privatbesitz), „Ausgeweideter Ochse" (um 1925, Grenoble, Musée de Peinture et de Sculpture).

**Soutter**, Michel [frz. su'tɛːr], * Genf 18. Juni 1932, schweizer. Film- und Fernsehregisseur. - Gehört zu den wichtigsten Vertretern des neuen schweizer. Films. Während v. a. „Der Mond mit den Zähnen" (1966) und „Haschisch" (1967) gesellschaftl. und soziale Probleme des Individuums spiegeln, behandeln die poet. Filme „Die Landvermesser" (1972), „Der Seitensprung" (1973) v. a. Liebesbeziehungen; drehte auch „Signé Renart" (1985); auch Theaterinszenierungen.

**Souvanna Phouma**, Prinz [frz. suvana fu'ma] ↑ Suvanna Phuma.

**Souvannavong**, Prinz [frz. suvana'vɔŋ] ↑ Suvannavong.

**Souvenir** [zuvə'niːr; zu frz. se souvenir „sich erinnern"], Andenken, Erinnerungsgeschenk.

**Souverain d'or** [frz. suvrɛ̃'dɔːr] (Sovrano, Sovrana), habsburg. Goldmünzen: 1. Nachbildung des Sovereign in den span. bzw. östr. Niederlanden 1612–1800 = 6 Florins; 2. ein doppelter S. d'or (Sovrana nuova di Lombardia), geprägt für das östr. Lombardo-Venetien 1823–56 = 40 Lire austriache.

**souverän** [zuvə...; frz., zu mittellat. su-

## Souveränität

peranus „darüber befindl., überlegen"], die staatl. Hoheitsrechte [unumschränkt] ausübend; überlegen, [lässig] beherrschend; **Souverän,** [unumschränkter] Herrscher, Fürst eines Landes.

**Souveränität** [zuvə...; mittellat.-frz.], Bez. für die höchste unabhängige Herrschafts- und Entscheidungsgewalt eines Staates, die dessen oberste Hoheitsgewalt auf seinem Territorium sowie dessen Recht einschließt, seine Gesellschafts- und Staatsordnung, sein Verfassungs- und Rechtssystem frei und unabhängig zu gestalten sowie die Richtlinien seiner Innen- und Außenpolitik selbst zu bestimmen. - Unterschieden werden *innere S.* (rechtl. höchste unabhängige Staatsgewalt) und *äußere S.*, die eigtl. Staatssouveränität. Als ein Grundprinzip des Völkerrechts schließt die äußere S. Fremdherrschaft aus und Unabhängigkeit von anderen Staaten sowie ↑ Impermeabilität ein. Durch bestimmte Formen von Staatenverbindungen (v. a. der ↑ Suzeränität) kann die S. eingeschränkt werden (sog. **Halbsouveränität**); da v. a. in neuerer Zeit viele Staaten durch Verträge und Bündnisse ihre Hoheitsgewalt v. a. in polit., militär., aber auch wirtsch. Hinsicht eingeschränkt haben, bezeichnet man heute die völkerrechtl. selbständigen Staaten unter Vermeidung des Begriffes S. als ↑ Völkerrechtssubjekte.
Die polit. Forderung nach S. entstand mit der Bildung neuzeitl. Territorialstaaten, als die Fürsten etwa seit dem 13. Jh. Unabhängigkeit von Kaiser und Papst postulierten. Die S., der grundlegende Begriff der Staatslehre J. ↑ Bodins, die dieser den Fürsten zuerkannte, wurde von T. Hobbes auf den Gesellschaftsvertrag zurückgeführt; als Gegenposition entwickelte sich bereits seit dem MA die Forderung nach Volkssouveränität, als deren wichtigster Theoretiker J.-J. Rousseau gilt. - Nur 1806–15 besaßen alle dt. Fürsten die volle S., die 1866–70/71 nur den Landesherren von Baden, Bayern, Hessen-Darmstadt und Württemberg zukam. Im Dt. Reich 1871–1918 waren Kaiser und Fürsten nach der Verfassung gemeinsam Träger der S.; in der Weimarer Reichsverfassung von 1919 wurde der Grundsatz der Volkssouveränität verankert.

📖 *Quaritsch, H.: Staat u. S. Bd. 1. Die Grundll. Ffm. 1970. - Simson, W. v.: Die S. im rechtl. Verständnis der Gegenwart. Bln. 1965. - Dennert, J.: Ursprung u. Begriff der S. Stg. 1964.*

**Sovereign** [engl. 'sovrɪn], engl.-brit. Goldmünze = 1 Pfund Sterling, geprägt 1489–1656 in wechselndem Wert, seit 1816 als Standardmünze der neuen Goldwährung; seit 1814 durch Banknoten ersetzt.

**Sowchose** [russ. sowchos, Kw. aus *sowjetskoje chosjaistwo* „Sowjetwirtschaft"], staatl. landw. Großbetrieb in der Sowjetunion, seit 1919 aus staatl. und privaten Gutswirtschaften gebildet. Im Ggs. zur genossenschaftl. ↑ Kolchose sind Boden und Inventar der S. Staatseigentum und die dort Beschäftigten Lohnarbeiter. Zweck der Einrichtung der S. sollte sein, die Vorzüge des landw. Großbetriebs zu demonstrieren, um die Bauern zur Bildung von Genossenschaften anzuregen. Heute sind die S. in der Regel hochspezialisierte Produktionsbetriebe, bes. für Getreideanbau und Viehwirtschaft. Die S. produzieren knapp 50 % der agrar. Gesamtproduktion der UdSSR.

**Soweto,** Stadt im sw. Vorortbereich von Johannesburg (**South Western Township**). Republik Südafrika, 1,3 Mill. E Wohnsiedlung für Schwarze; Krankenhaus mit 3 000 Betten und 8 Außenstationen, 250 Schulen. zahlr. Sportanlagen. - Erbaut ab 1967 als Ersatz für abgerissene Slums um Johannesburg; mit [Bantu]selbstverwaltung; Wohnbezirke nach Stämmen unterteilt; seit 1976 wiederholt blutige Straßenkämpfe zw. schwarzen Bewohnern und der Polizei.

**Sowetsk** [russ. sa'vjetsk] ↑ Tilsit.

**Sowjet** [russ. „Rat"], Bez. für staatl. und gesellschaftl. Organe aller Ebenen und Sachgebiete in der Sowjetunion.

**Sowjetische Besatzungszone** (Sowjetzone), Abk. SBZ, Bez. für den Teil Deutschlands, der 1945 nach alliierten Vereinbarungen von sowjet. Truppen besetzt wurde und in dem 1949 die DDR errichtet wurde. In der BR Deutschland werden die Bez. S. B., Sowjetzone, SBZ, Ostzone, Zone z. T. noch heute abwertend für die DDR gebraucht.

**sowjetische Gewerkschaften** ↑ Gewerkschaften (Übersicht).

**Sowjetische Militäradministration in Deutschland,** Abk. SMAD, oberste sowjet. Besatzungsbehörde der SBZ, deren Chef der Oberbefehlshaber der sowjet. Besatzungstruppen war; am 9. Juni 1945 in Berlin-Karlshorst errichtet; benutzte die im Potsdamer Abkommen vorgesehenen Eingriffe in die polit., sozialen und ökonom. Strukturen zur Sowjetisierung der SBZ; am 10. Okt. 1949 durch die Sowjet. Kontrollkommission abgelöst, die nunmehr die sowjet. Besatzungspolitik leitete.

**Sowjetisierung,** Prozeß der zwangsweisen polit., sozialen und wirtsch. Umstrukturierung nach dem Vorbild der Sowjetunion in den nach 1945 unter deren Einfluß geratenen Staaten.

**Sowjetliteratur,** die Literatur der Sowjetunion seit etwa 1925 (↑ russische Literatur).

## Sowjetunion

(amtl.: Sojus Sowetskich Sozialistitscheskich Respublik, Abkürzung: SSSR; dt.: Union der Sozialist. Sowjetrepubliken, Abkürzung: UdSSR), Bundesstaat in O-Europa und N-Asien, zw. 81° 50' (Nordkap der Rudolfinsel.

# Sowjetunion

Franz-Joseph-Land im Nordpolarmeer) und 35° 08′ n. Br. sowie 19° 38′ ö. L. und 169° 02′ w. L. **Staatsgebiet:** Die S. grenzt im W an das Schwarze Meer, an Rumänien, Ungarn, die ČSSR und Polen, Im NW an die Ostsee, an Finnland und Norwegen; im N an das Nordpolarmeer mit Barentssee, Karasee, Laptewsee und Ostsibir. See; im NO an die Beringstraße; im O an den Pazifik mit Beringmeer und Ochotsk. Meer; im SO an das Jap. Meer, an Nord-Korea und China; im S an China, die Mongol. VR und Afghanistan sowie im SW an Iran und die Türkei. **Fläche:** 22,40 Mill. km². **Bevölkerung:** 278,7 Mill. E (1986), 12,4 E/km². **Hauptstadt:** Moskau. **Verwaltungsgliederung:** 15 Unionsrepubliken, innerhalb dieser außerdem 20 Autonome Republiken, 8 Autonome Geb., 10. Autonome Kreise. **Amtssprache:** Russisch, in einzelnen Republiken die jeweilige nat. Sprache. **Nationalfeiertage:** 7. Nov. (Jahrestag der Oktoberrevolution), 7. Okt. (Verfassungstag), 1. Mai, 8. März (Frauentag). **Währung:** Rubel (Rbl) = 100 Kopeken. **Internationale Mitgliedschaften:** UN, COMECON, Warschauer Pakt. Außerdem gehören die Ukrain. SSR und die Weißruss. SSR den UN an. **Zeitzonen** (von W nach O): MEZ + 2 Stunden (Moskauer Zeit; bis 40° ö. L.) bis MEZ + 11 Stunden (Neuseelandzeit; östl. 157° 30′ ö. L.).

**Landesnatur:** Mit 10 000 km W–O-Ausdehnung und 5 000 km N-S-Erstreckung besitzt die S. das größte zusammenhängende Staatsgeb. der Erde. Eine grobe naturräuml. Gliederung unterteilt in einen von der Ostsee bis zum Jenissei reichenden Raum mit vorherrschenden Tiefländern, einem weiter östl. sich anschließenden Bergland und den dominierenden Hochgebirgen an der südl. Peripherie. Die wichtigsten Tiefländer sind die Osteurop. Ebene, das Westsibir. Tiefland und die Kasp.-Turan. Niederung. Durch den Ural und die Kasach. Schwelle, die als Grenze zw. Europa und Asien gelten, werden die Tiefländer voneinander getrennt. Den gesamten W-Teil nimmt die Osteurop. Ebene ein, die im W in den mitteleurop. Tieflandsaum übergeht, im O bis zum Ural und im SO bis zum Großen Kaukasus reicht. Zum Rahmen dieses Großraumes gehören innerhalb der S. Teile der Ebenen und Bergländer des Balt. Schildes im N, ein Teil des Karpatenbogens im SW und das Jailagebirge und der Krim. Das Hochgebirge des Kaukasus (im Elbrus 5 642 m hoch) und der Ural (bis 1 894 m hoch) mit Nowaja Semlja als Fortsetzung vervollständigen als eigene Großräume diesen Rahmen. Östl. des Ural schließt sich bis zum Jenissei das Westsibir. Tiefland an, das im S durch die kasach. Berg- und Hügelländer vom Tiefland von Turan mit der Kasp. Senke getrennt wird. Zw. Jenissei und Lena liegen die mittelsibir. Ebenen und Bergländer. Sie grenzen im O an die nordostsibir. Gebirge, von denen das Werchojanski Gebirge (bis 2 389 m hoch) und das Tscherskigebirge (im Pobeda 3 147 m hoch) die wichtigsten sind. Der südl. Gebirgsrahmen Sibiriens wird durch eine Reihe hoher Bergländer und Gebirge gebildet. Die wichtigsten sind das Gebirgssystem des Tienschan (Pik Pobeda 7 439 m hoch), der Pamir (Pik Kommunismus mit 7 483 m höchster Punkt der S.), der Altai (Beluchа 4 506 m hoch), die Gebirgsketten Baikaliens (bis 2 840 m hoch im Barisangebirge) und Transbaikaliens (im Kodargebirge bis 2 999 m hoch) sowie das Dschugdschurgebirge (bis 2 264 m hoch). Hinzu kommen im Fernen Osten der S. einige weniger hohe Gebirge, die z. T. Mittelgebirgsrelief mit Verebnungen zeigen, unter denen der Sichote-Alin mit 2 077 m das höchste ist.

**Klima:** Das Territorium der S. wird vom Typ des kontinentalen Klimas in seiner reinsten Form beherrscht. Die gesamte S. unterliegt der nordhemisphär. Westdrift, die atlant. Luftmassen bis in das innerste Sibirien bringt. Durch sie kommt ein Feuchtestrom nach Sibirien, der diesem riesigen Naturraum Niederschläge zu allen Jahreszeiten sichert. Kennzeichen der atmosphär. Zirkulation über der S. ist die winterl. Kältehochdruckgebiet mit Wolkenarmut und hoher Ausstrahlung. So beginnt in NO-Sibirien am 21. Aug. die Frostperiode, die erst wieder am 21. Juni endet. Die frostfreie Zeit dauert nur etwa 60 Tage. Ebenso hart sind die Bedingungen im Mittelsibir. Bergland und am Rande der Gebirgszüge, die die sibir. S-Grenze begleiten. Mindestens 5 Monate im Jahr sind die großen sibir. Ströme eisbedeckt, ihre Mündungen bis zu neun Monate. Der Boden ist tief gefroren und taut in einem großen Teil Sibiriens nur oberflächl. auf. Mit Ausnahme sehr heftiger Schneestürme, der Burane, ist die Winterluft ruhig, trocken und klar. Außerordentl. rascher Temperaturanstieg im Frühjahr hat zur Folge, daß die Schmelzwässer bei weiterhin gefrorenem Boden starke Überschwemmungen und die berüchtigte Schlammperiode hervorrufen. Zum Abfangen der Hochwasserspitzen und zur Energiegewinnung sind an vielen Strömen große Talsperren errichtet worden. Die Niederschläge in der S. nehmen von W nach O ab. Westl. der Linie Leningrad-Moskau-Lemberg fallen durchschnittl. mehr als 600 mm Niederschlag jährl.; östl. davon, bis zum Mittelsibir. Bergland, etwa 500 mm. Im Ural und im Mittelsibir. Bergland erhöhen die Stauwirkungen den Niederschlag. Weiter nach O sinkt die Regenmenge auf 250 mm ab. Höhere Beträge erhalten naturgemäß die Hochgebirge an der S-Grenze des Landes. Großer Kaukasus, die Gebirge Tadschikistans und Kirgisistans erreichen jährl. weit über 1 000 mm Niederschlag. Sie bilden den Wasservorrat für die zahlr. Flüsse, die sich

# Sowjetunion

aus dem Gebirge in das große Trockengeb. südl. des 50. Breitengrades zw. Wolga und Altai ergießen. Hier liegen die jährl. Niederschlagsmengen bei 300–100 mm. Kasp. Meer, Aralsee und Balchaschsee sind die größten der zahlr. Endseen, in denen das Wasser der Zuflüsse aus den niederschlagsreichen Gebirgen durch Verdunstung aufgezehrt wird.

**Vegetation:** Im N herrscht die Tundra von der Halbinsel Kola bis Kamtschatka auf einer Fläche von 3 Mill. km². Nach S schließt sich die boreale Nadelwaldzone an (11 Mill. km²), die Taiga, die vornehml. aus Fichten, Kiefern, Arven, Tannen und Lärchen besteht. Im europ. Bereich folgt südl. der Taiga eine Laub-Mischwaldzone, die sich mehr und mehr gegen den südwärts verlaufenden Steppengürtel in Laubwaldinseln und Galeriewälder auflöst. Im N wird die Steppe wegen dieser Waldinseln auch als Waldsteppe bezeichnet. Die Steppe wird heute etwa zur Hälfte für Ackerbau und Viehzucht genutzt. Die Halbwüsten, die sich vom NW-Rand des Kasp. Meeres bis zum N-Rand des Tienschan hinziehen, haben eine schüttere Vegetation. Die Wüsten des asiat. Teiles der UdSSR bedecken rd. 1,75 Mill. km².

**Tierwelt:** Entsprechend dem unterschiedl. Klima ist die Tierwelt der S. vielgestaltig. Unter den Fischen ist der hohe Anteil an Stören kennzeichnend, auch Lachsfische sind zahlreich. Bes. bemerkenswert ist der Fächerfisch, eine Hechtart, die außer in NO-Sibirien auch in Alaska vorkommt. Lurche können große Teile der S. wegen ungünstigen Klimas nicht besiedeln; mit dem Sibir. Winkelzahnmolch gibt es in der S. die nördlichste Schwanzlurchart. Auch Kriechtiere sind größtenteils auf die mittleren und südl. Teile der S. beschränkt. Die Vogelwelt zeigt Beziehungen zu der Mitteleuropas, weniger zu der Südasiens. Unter den Säugetieren ist der ↑ Russ. Desman bes. erwähnenswert, unter den Hasenartigen die Pfeifhasen. Unter den Nagetieren sind Salzkrautbilche und Springmäuse typisch. Bei den Raubtieren ist der urspr. ostsibir. Marderhund nach seiner Ansiedlung in der westl. S. bis nach Westeuropa gewandert. Wolf und Braunbär sind gebietsweise noch sehr verbreitet. Der Zobel hat sich nach strenger Jagdregulation wieder ausgebreitet. Der Tiger kommt im Fernen Osten vor, der Leopard im Großen Kaukasus (äußerst selten), in Bergen S-Turkmenistans und S-Tadschikistans sowie im Amur-Ussuri-Gebiet; der Schneeleopard ist auf die mittelasiat. Hochgebirge beschränkt. Bes. bemerkenswert sind zwei Robbenarten in Binnengewässern, die Baikal- und die Kaspirobbe. Weit artenreicher als die Unpaarhufer sind die Paarhufer vertreten; viele sind spezialisierte Hochgebirgsbewohner; an das Leben in Trockensteppen extrem angepaßt ist die Saiga.

**Bevölkerung:** Die S. ist einer der größten Nationalitätenstaaten der Erde In ihren Grenzen leben 104 statist. ausgewiesene Nationalitäten mit eigener Sprache und Kultur. Die wichtigsten Völker der S. sind (Zahlen in Mill. nach den Ergebnissen der Volkszählung von 1979): Russen: 137; Ukrainer: 42,3; Usbeken: 12,5; Weißrussen: 9,5; Kasachen: 6,6; Tataren: 6,3; Aserbaidschaner: 5,5; Armenier: 4,2; Georgier: 3,6; Moldauer: 3; Litauer: 2,9; Tadschiken: 2,9; Turkmenen: 2; Deutsche: 1,9; Kirgisen: 1,9; Tschuwaschen: 1,8; Letten: 1,4; Baschkiren: 1,4; Mordwinen: 1,2; Polen: 1,2; Esten 1. 153,5 Mill. Menschen gaben Russ. als ihre Muttersprache an, weitere 61,3 Mill. Menschen Russ. als ihre Zweitsprache. Die Bev. ist sehr ungleich über das Land verteilt. Riesige Gebiete weisen Bev.dichten unter 1 bis höchstens 10 E/km² auf, so der nö. europ. Teil, der größte Teil Sibiriens u. weite Gebiete M-Asiens. Die größte Bev.dichte weisen die städt. Ballungsräume auf; dies sind die Moskauer Agglomeration (295 E/km²) sowie die Räume Andischan (300 E/km²), Fergana (224 E/km²), Taschkent (214 E/km²) und Donezk (194 E/km²). Insgesamt lebten 1985 65% aller Sowjetbürger in städt. Zentren. 25 Städte haben über 1 Mill. E., u. a. Moskau, Leningrad, Kiew, Taschkent, Baku, Charkow, Gorki, Nowossibirsk, Minsk, Kuibyschew, Swerdlowsk, Dnepropetrowsk, Tiflis, Odessa, Tscheljabinsk, Donezk, Jerewan und Omsk. - Kirche und Staat sind in der S. zwar dem Recht nach getrennt, in der Praxis übt der Staat jedoch großen Einfluß auf die kirchl. und religiösen Gemeinschaften aus. Neben 60–80 Mill. Christen der russ.-orth. Kirche gibt es Raskolniki (3 Mill.), röm.-kath. Christen (4,4 Mill.) und 1,4 Mill. Gläubige der armen. Kirche. Neben weiteren kleineren Glaubensgruppen gibt es v. a. 30 Mill. Muslime und 1,8 Mill. Juden. - Kernstück des Schulsystems ist die zehnklassige allgemeinbildende polytechn. Mittelschule (Einheitsschule). Die gesetzl. Schulpflicht beträgt 8 (nach Durchführung der Schulreform 9) Jahre. Es bestehen 892 Hochschulen, darunter 65 Universitäten.

**Wirtschaft:** Nach 1917 wurde in der Landw. durch staatl. Erlasse der bäuerl. Grundbesitz und damit der gesamte Boden in Staatseigentum überführt. Neben der Bodenbewirtschaftung durch Staatsgüter (↑ Sowchose) traten seit 1929 (Beginn der Zwangskollektivierung) Kollektivwirtschaften (↑ Kolchose). Die Mechanisierung in der Landw. wurde stark vorangetrieben. Hauptanbauprodukte sind Weizen (50% der Saatfläche aller Getreidekulturen), Roggen (Hauptroggenproduzent der Erde), Baumwolle, Hanf, Zuckerrüben und Sonnenblumen. Den wichtigsten Zweig der Viehhaltung bildet die Rinder- und Schweinezucht. Sie wird v. a. in der europ. Teil der RSFSR, in W-Sibirien, den balt. Republiken, der Ukrain. SSR, der Moldauischen SSR, in Kasachstan und Mittelasien betrieben. Ne-

# Sowjetunion

ben der Rinder- und Schweinehaltung spielt die Schafhaltung eine bes. Rolle. Nach Australien nimmt die S. dem Umfang der Wollproduktion und der Zahl der Schafe nach den 2. Platz ein. Die S., in der 130 Pelztierarten leben, ist der bedeutendste Pelzfellerzeuger der Erde. Aus ihrem Gebiet stammen fast alle Zobelfelle, etwa 50% aller Persianer- und Blaufuchsfelle sowie 30% aller Nerzfelle. Etwa 20% aller Felle, deren Gewinnung heute in Pelztierfarmen betrieben wird, werden exportiert. - Seit den 1950er Jahren findet in verstärktem Maße der Ausbau des Forstwesens und der modernen Holzind. statt. Der sehr ungleichmäßig über die S. verteilte Wald ist ungefähr $^1/_3$ des Waldbestandes der Erde. Aus dem Waldbestand von rd. 770 Mill. ha wurden 1983 356 Mill. m³ Holz geschlagen, davon 267 Mill. m³ Nutzholz. - Großen Veränderungen war in den letzten Jahrzehnten auch die Fischereiwirtschaft unterworfen. Die S. besaß 1984 die größte Fischfangflotte der Welt: 3058 Fischereifahrzeuge mit einer Tonnage von 3,6 Mill. BRT. Im Jahre 1984 betrug der Fangertrag zus. 10,6 Mill. t. Meeresfischfang wird im Atlantik, dem Nordpolarmeer, der Ostsee, im Pazifik und in den Randmeeren der Antarktis betrieben. Murmansk spielt als Fischereizentrum des NW die führende Rolle. Unter den Binnenfischereirevieren sind Wolga und Kasp. Meer am wichtigsten. Die zunehmende Verschmutzung der Wolga durch Ind.betriebe und die Senkung des Wasserspiegels des Kasp. Meeres haben rückläufige Fangergebnisse bei Karpfen, Zander und Stör zur Folge gehabt. Die Land- und Forstwirtschaft hatte 1981 am Nationaleinkommen (Summe der 1977 geschaffenen Neuwerte) einen Anteil von 15,1%, Bergbau und Ind. einen Anteil von 50,9%. Die S. ist ein an Rohstoffen reiches Land. Rohstoffvorkommen entfallen zu 80% auf die asiat. und osteurop. Gebiete. Bei Eisenerz (40% der Weltvorräte) steht sie an erster Stelle in der Welt. Rd. 60% entfallen auf den europ. Teil, 40% auf die östl. Regionen. Die größten Eisenerzvorkommen des europ. Teiles liegen bei Kriwoi Rog, Kursk, Kirejewsk und auf der Halbinsel Kertsch. Zus. mit der Kohle aus dem Donbass bilden die Eisenerze aus Kriwoi Rog die Grundlage der ukrain. Eisen- und Stahlindustrie. Auch mit den Manganerzvorkommen steht die S. in der Weltwirtschaft an erster Stelle. Die größten Lager befinden sich bei Nikopol in der Ukraine und bei Tschiatura in der Grusin. SSR. Bei allen Nichteisenmetallen sind die asiat. Gebiete von überragender Bed.; so befinden sich Kupfererzvorkommen in Kasachstan, im Ural und Ostsibirien. Durch die Erschließung neuer Lagerstätten und die Verbesserung der Aufbereitungsmethoden ist die S. seit 1954 Exportland für Kupfer. Sie verfügt über 50% der Weltvorräte an Kohle. Die wichtigsten Lagerstätten sind der Donbass im europ. Teil, in Sibirien der Kusbass, das Gebiet Nowossibirsk, das Kansk-Atschinsker Kohlenbecken sowie das Minussinsker Becken. Die wichtigsten Braunkohlenlager befinden sich im Moskauer Kohlenbecken und im west- und mittelukrain. Revier. Die S. verfügt auch über die größten Erdölvorräte der Erde und steht bei der Erdölgewinnung mit einem Anteil von 21% (1985) an der Weltförderung an erster Stelle. Baku wurde bereits 1950 durch das Zweite Baku (Ural-Wolga-Erdölgebiet) Erdölgebiet) an Bed. übertroffen. Neue Fundstätten in Westsibirien (Drittes Baku) sowie im W Kasachstans sollen künftig größte Fördermengen erbringen. Die Hauptförderungsgebiete von Erdgas liegen im nördl. Kaukasien, in der Ukraine, im Karpatenvorland (Daschawa), in Usbekistan und im Zweiten Baku. Erdöl und Erdgas haben in der S. die Kohle als Hauptenergieträger abgelöst. Nach der Republik Südafrika ist sie mit einem Anteil von knapp 30% zweitgrößter Goldproduzent der Erde (geschätzte Produktion 1981: 262 t Gold). Der Abbau von Diamanten wird auf jährl. 10,5 Mill. Karat geschätzt. - Die Gesamtleistung der Kraftwerke für die Energieversorgung betrug 1983 rd. 294000 MW, davon entfielen 57000 MW auf Wasserkraftwerke, die sich v. a. an Dnjepr, Wolga, Kama, Ob, Jenissei und Angara befinden. Die Wärmekraftwerke sind standortmäßig an Städte und Ind.zentren gebunden. 1984 waren 43 Kernreaktoren in Betrieb, deren installierte Leistung von rd. 20000 MW etwa 15% zur Erzeugung elektr. Stromes in der S. beitrugen. Ein Gezeitenkraftwerk gibt es auf der Halbinsel Kola, ein geotherm. Kraftwerk auf der Halbinsel Kamtschatka. - Die S. ist heute nach den USA die zweitstärkste Ind.nation der Erde. Die industrielle Entwicklung vollzog sich von W nach O. Auf die europ. Landesteile einschl. des Ural entfallen heute noch rd. 70% der Ind.produktion. Im Ural und in Sibirien wurden große Eisenmetallurgiezentren geschaffen (z. B. Magnitogorsker Kombinat und das Ural-Kusnezker Kombinat sowie die Werke von Tscheljabinsk und Nowosibirsk, die 48% des sowjet. Stahls produzieren). Weitere Ind.zentren sind: Wolgagebiet und nördl. Kaukasien (Maschinenbau), Moskau (Werkzeugmaschinenbau), Donbass und Dnjeprgebiet (Schwermaschinenbau), Mittelsibirien (Buntmetallind.). Der Ausbau der chem. Ind. wird seit 1962 bes. gefördert (Stickstoff, Kunststoff, Chemiefasern, synthet. Kautschuk, Farbstoffe). Wichtige Zentren der chem. Produktion befinden sich in der Ukraine, im Wolgagebiet, im Ural, in Sibirien, Kasachstan, Mittelasien, Transkaukasien und im Baltikum. Bed. Zweig der Leichtind. ist die Textilindustrie. Die von Importen unabhängige Baumwollind. hat ihre Zentren im Moskauer Gebiet, in der Ukraine, in Transkauka-

# Sowjetunion

# Sowjetunion

## Sowjetunion

sien, in Mittelasien, Kasachstan und im Fernen Osten. Gemessen am Umfang der Bruttoproduktion nimmt die Nahrungsmittelind. hinter Metallverarbeitung und Leichtind. den 3. Platz ein.
**Außenhandel:** Die S. besitzt auf Grund ihrer natürl. wirtsch. Ressourcen sowie des erreichten industriellen Produktionsniveaus die Voraussetzung zu weitgehender Autarkie. Sie nutzt seit 1950 jedoch die außenhandelspolit. Möglichkeiten, gewisse Güter, z. B. Spezialmaschinen, Präzisionsgeräte, Großröhren, verschiedene Rohstoffe und Ernährungsgüter aus kapitalist. Ländern zu importieren. Haupthandelspartner sind die DDR, ČSSR, Bulgarien, Polen, Ungarn, BR Deutschland, Kuba, Jugoslawien und Finnland. Exportiert werden: Elektroenergie, Kohle, Erdgas, Maschinen, Ausrüstungen, Transportmittel, Erze, Metalle, Metallerzeugnisse, Holz, Zellstoff, Papier, Nahrungsmittel, Pelze u. a. Importiert werden: Maschinen, Ausrüstungen, Anlagen, Nahrungsmittel, Konsumfertigwaren, chem. Erzeugnisse (Düngemittel), Textilrohstoffe u. a. 1984 stiegen die Exporte gegenüber dem Vorjahr um 9,6 % auf 74,4 Mrd. Rbl, die Importe ebenfalls um 9,6 % auf 65,3 Mrd. Rbl. Gestiegen im Importbereich ist der Anteil an Maschinen, Anlagen, Ausrüstungen und Transportmitteln. Fast die Hälfte dieser Waren kommt aus westl. Staaten.
**Verkehr:** Die großen Entfernungen und die Klimakontraste stellen an das Verkehrswesen bes. Anforderungen. Der NO des europ. Landesteils und das Gebiet östl. des Jenissei sind verkehrstechn. kaum erschlossen. Die Länge des Eisenbahnnetzes (Breitspur) beträgt 144 100 km (1984), davon 47 900 km elektrifiziert. Rd. 7 500 km entfallen auf die Transsibir. Eisenbahn von Tscheljabinsk nach Wladiwostok. Die zweite transsibir. Eisenbahnlinie, die Baikal-Amur-Magistrale, mit einer Länge von 3 102 km wurde im Okt. 1984 fertiggestellt. Die Gesamtlänge des Straßennetzes beträgt 1,5 Mill. km (1984), davon mit fester Decke 1,1 Mill. km. Von großer Bed. ist der Luftverkehr. Die staatl. Gesellschaft Aeroflot ist für das gesamte zivile Flugwesen der S. zuständig. Sie befliegt das größte Streckennetz der Erde (rd. 1 Mill. km), davon 350 000 km im Ausland. Wichtigster internat. ✈ ist Scheremetjewo bei Moskau, der von 20 ausländ. Gesellschaften angeflogen wird. Internat. ✈ haben auch Leningrad und Kiew. Wichtigste ✈ für den innersowjet. Verkehr sind die Moskauer ✈ Wnukowo und Domodedowo. - Die Länge der schiffbaren Wasserwege in Flüssen und Seen beträgt 137 900 km, dazu kommen 21 300 km Kanäle. Infolge langer Vereisungsperioden und Lage der S–N-Richtung der großen Flüsse, die damit quer zur westöstl. Ind.- und Wirtschaftsverbindung verlaufen, ist die Bed. der Binnenwasserstraßen gering. Für die Seeschiffahrt sind mehr als 70 % der sowjet. Küste ungeeignet. Bed. Güterumschlag haben die Ostseehäfen Leningrad, Riga und Memel, die Schwarzmeerhäfen Odessa und Ratuni sowie die Pazifikhäfen Nachodka und Wladiwostok.
**Geschichte:** Zur Vor- und Frühgeschichte ↑Europa.
Rußland bis zum Mongolensturm: Der nach dem Bericht der „Nestorchronik" 862 nach Nowgorod berufene Waräger Rurik war einer der normann. krieger. Fernhändler, die seit 8. Jh. auf den Wolga und dem Dnjepr folgenden Handelsstraßen nach Byzanz zogen und im 9. Jh. unterwegs Stützpunkte gründeten oder in slaw. Siedlungen die Herrschaft gewannen; Ruriks Nachfolger Oleg eroberte um 880 das für den Zugang nach S entscheidende Kiew und machte es zu seinem Hauptstützpunkt. Von Nowgorod-Kiew aus unterwarf die Kiewer Rus die im O und W lebenden slaw. Stämme ihrer Tributherrschaft. Das Christentum fand dauernden Eingang unter Wladimir I. (⚭ um 978–1015), als er 988 Kaiser Basileios II. Bulgaroktonos von Byzanz militär. unterstützte, dafür dessen Schwester Anna zur Frau erhielt und sich taufen ließ. Unter Wladimir I. und dessen Sohn Jaroslaw Mudry (⚭ 1019–54) erreichte die Macht des Kiewer Reiches ihren Höhepunkt. Die W-Grenze wurde im S bis 1031 bis zu den Karpaten vorgeschoben, im N kamen Teile der Lettgaller, Letten, Liven und Esten unter die Herrschaft Kiews. Unter Jaroslaw Mudrys Söhnen führten Thronstreitigkeiten rasch zum Niedergang des Kiewer Reiches. Wladimir II. Monomach (⚭ 1113–25) vereinte das Reich zum letzten Mal in einer Hand. Neue Machtzentren neben dem Kiewer Reich wurden im SW das Ft. Galitsch-Wolynien, im NW das Ft. Nowgorod, die sich untereinander ständig bekriegten; lediglich die Kirche und die Sprache bildeten ein einigendes Band. Den Vorstößen der Mongolen (1223, 1236–38 und 1241) konnte kein wirksamer Widerstand entgegengesetzt werden, so daß die Mongolen alle russ. Ft. (außer Nowgorod) unterwerfen konnten. 1252 mußte Alexander Newski, der Großfürst von Wladimir (der Residenz des Kiewer Reichs seit 1169), die mongol. Oberhoheit anerkennen.
Der Aufstieg Moskaus: Alexander Newskis jüngster Sohn Daniel Alexandrowitsch erhielt 1263 das kleine Teil-Ft. Moskau, in dem 1326 der Metropolit seinen Sitz nahm, ihm damit Autorität verschaffte und die Durchsetzung seines Führungsanspruchs erleichterte. 1328 erhielt Fürst Iwan Kalita vom Mongolenkhan die Würde des Großfürsten und begann die „Sammlung der russ. Erde" (Wiedervereinigung der Gebiete des Kiewer Reichs). Großfürst Dmitri Iwanowitsch Donskoi (⚭ 1359–89) gelang es 1380, das Tatarenkhanat der Goldenen Horde erstmals zu schlagen und damit den Moskauer Füh-

# Sowjetunion

## RUSSLAND/SOWJETUNION, REGENTEN UND STAATSOBERHÄUPTER

**Rurikiden**
*Fürsten von Kiew*
Rurik·g um 880–912
Igor 912–945
Swjatoslaw Igorjewitsch 945–973
Wladimir I. Swjatoslawitsch, der Heilige
  (der d. Gr.) um 978–1015

*Großfürsten von Kiew*
Swjatopolk 1015–1019
Jaroslaw Mudry (= der Weise) 1019–1054
Isjaslaw I. Jaroslawitsch 1054–1073
Swjatoslaw Jaroslawitsch 1073–1076
Wsewolod I. Jaroslawitsch 1078–1093
Swjatopolk Isjaslawitsch 1093–1113
Wladimir II. Wsewolodowitsch Monomach 1113–1125
Mstislaw I. Wladimirowitsch 1125–1132
Jaropolk Wladimirowitsch 1132–1139
Wsewolod II. Olgowitsch 1139–1146
Isjaslaw II. Mstislawitsch 1146–1154
Juri Wladimirowitsch,
n. Dolgoruki („Langhand") 1149–1157
Rostislaw Mstislawitsch 1154, 1159–1167(?)
Mstislaw II. Isjaslawitsch 1167/68–1169

*Großfürsten von Wladimir*
Andrei Jurjewitsch Bogoljubski 1169–1175
Wsewolod III. Jurjewitsch 1176–1212
Juri Wsewolodowitsch 1212–1238
Jaroslaw Wsewolodowitsch 1238–1246
Swjatoslaw Wsewolodowitsch 1246–1248
Michail Jaroslawitsch 1248
Andrei Jaroslawitsch 1248–1252
Alexander Newski 1252–1263
Jaroslaw Jaroslawitsch (von Twer) 1263–1272
Wassili Jaroslawitsch (von Kostroma) 1272–1276
Dmitri Alexandrowitsch (von Perejaslawl) 1277–1281
 und 1283–1293
Andrei Alexandrowitsch (von Gorodez) 1281–1283
 und 1293–1304
Michail Jaroslawitsch (von Twer) 1304–1318
Juri Danilowitsch (von Moskau) 1319–1322
Dmitri Michailowitsch (von Twer) 1322–1325
Alexander Michailowitsch (von Twer) 1326–1327

*Großfürsten von Wladimir–Moskau*
Iwan I. Danilowitsch,
 gen. Kalita („Geldbeutel") 1325/28–1340
Simeon Iwanowitsch, der Stolze 1341–1353
Iwan II. Iwanowitsch, der Schöne 1354–1359
Dmitri Iwanowitsch Donskoi 1359–1389
Wassili I. Dmitrijewitsch 1389–1425

*Großfürsten von Moskau*
Wassili II. Wassiljewitsch,
 gen. Tjomny („der Blinde") 1425–1433
 und 1434–1462
Juri Dmitrijewitsch (von Galitsch) 1433–1434
Iwan III. Wassiljewitsch 1462–1505
Wassili III. Iwanowitsch 1505–1533

*Zaren von Rußland*
Iwan IV. Wassiljewitsch, gen. Grosny
 („der Schreckliche") 1533/47–1584
Fjodor I. Iwanowitsch (letzter Rurikide) 1584–1598
Boris Fjodorowitsch Godunow 1598–1605
Wassili IV. Iwanowitsch Schuiski 1606–1610

*Interregnum* 1610–1613

**Haus Romanow**
Michail Fjodorowitsch [Romanow] 1613–1645
Alexei Michailowitsch 1645–1676
Fjodor III. Alexejewitsch 1676–1682
Iwan V. Alexejewitsch 1682–1696
Peter I. Alexejewitsch, d. Gr. 1682–1725
Katharina I. Alexejewna 1725–1727
Peter II. Alexejewitsch 1727–1730
Anna Iwanowna 1730–1740
Iwan VI. Antonowitsch 1740–1741
Elisabeth Petrowna 1741–1762
Peter III. Fjodorowitsch 1762
Katharina II. Alexejewna, d. Gr. 1762–1796
Paul I. Petrowitsch 1796–1801
Alexander I. Pawlowitsch 1801–1825
Nikolaus I. Pawlowitsch 1825–1855
Alexander II. Nikolajewitsch 1855–1881
Alexander III. Alexandrowitsch 1881–1894
Nikolaus II. Alexandrowitsch 1894–1917

**Sowjetrußland/Sowjetunion**
*Vorsitzender des Allruss. Zentralen Exekutivkomitees*
Jakow Michailowitsch Swerdlow 1917–1919
Michail Iwanowitsch Kalinin 1919–1922

*Vorsitzender des Zentralen Exekutivkomitees der UdSSR*
Michail Iwanowitsch Kalinin 1922–1937

*Vorsitzender des Präsidiums des Obersten Sowjets*
Michail Iwanowitsch Kalinin 1937–1946
Nikolai Michailowitsch Schwernik 1946–1953
Kliment Jefremowitsch Woroschilow 1953–1960
Leonid Iljitsch Breschnew 1960–1964
Anastas Iwanowitsch Mikojan 1964–1965
Nikolai Wiktorowitsch Podgorny 1965–1977
Leonid Iljitsch Breschnew 1977–1982
Juri Wladimirowitsch Andropow 1983–1984
Konstantin Ustinowitsch Tschernenko 1984–1985
Andrei Andrejewitsch Gromyko 1985–1988
Michail Gorbatschow 1988–1990

*Staatspräsident*
Michail Gorbatschow seit 1990

rungsanspruch endgültig durchzusetzen. Unter ↑Iwan III., d. Gr., wurde Rußlands Einigung weiter vorangetrieben: 1480 wurde die tatar. Oberherrschaft formell aufgehoben. Die Selbständigkeit der Teil-Ft. wurde beseitigt und Rußland ein autokrat. Einheitsstaat mit neuem Dienstadel, der auf Kosten des alten Bojarenadels und der Bauern gefördert wurde.

Gegen Ende des 15. Jh. begann sich Moskau

## Sowjetunion

in die mittel- und westeurop. Politik einzuschalten und suchte diplomat. Verbindungen mit Dänemark, dem Hl. Röm. Reich und anderen nicht unmittelbar benachbarten Mächten herzustellen. Nach der Heirat mit der Nichte des letzten byzantin. Kaisers, der Paläologin Zoe, verkündete Iwan III. den Anspruch Moskaus, der Erbe von Byzanz und das Dritte Rom zu sein.

Die Moskauer Periode: Der 1547 mit Anastasia Romanowna verheiratete und zum ersten „Zaren von ganz Rußland" gekrönte Iwan IV. Wassiljewitsch führte die auf Durchsetzung des absolutist. Machtanspruchs des Zaren gerichtete Politik fort. Er konsolidierte den Staat nach innen und außen, u. a. durch neue Rechtskodifizierung (1550) und durch eine Reihe von Reformen der Verwaltung (Zentralisierung) und des Heeres. Die Kräftigung im Innern war die Grundlage, auf der Iwans IV. außenpolit. Erfolge beruhten. Mit der Eroberung Kasans (1552) und Astrachans (1556) wandte sich Rußland Territorien zu, die nicht urspr. russ. Landgebiete waren. Mit diesen Steppengebieten beherrschte Rußland auch die gesamte Wolga von der Quelle bis zur Mündung, eine wichtige verkehrspolit. Voraussetzung für das weitere Ausgreifen nach O und SO. Im W suchte Iwan IV. einen Zugang zur Ostsee zu gewinnen, um Rußland aus der durch die Mongolenherrschaft begünstigten wirtsch., polit. und kulturellen Isolation zu lösen; den Ansatzpunkt dazu schien der in Auflösung begriffene Ordensstaat in Livland zu bieten. Der mit dem Einfall in Livland bewirkte Krieg (1558–1582/83) endete jedoch nach dem Eingreifen Schwedens und Polens mit dem Verlust aller Eroberungen und führte zum wirtsch. und sozialen Niedergang des russ. Staates. Im O begann gleichzeitig die Kolonisation Sibiriens unter Zuhilfenahme von Kosaken, die aber mehr privater als staatl. Initiative entsprang.

Anfang der 1560er Jahre begann der Zar einen Vernichtungskampf gegen die Fürsten- und Bojarenaristokratie unter weiterer Förderung des Dienstadels. Zur Durchsetzung seiner Ziele schuf er die ↑Opritschnina. Durch die Bindung der Bauern an die Scholle und ihre feudale Ausbeutung öffnete sich eine mit ständigen Unruhen verbundene soziale Kluft; die unmittelbaren Folgen waren eine fortgesetzte Massenflucht der Bauern zu den Kosaken und eine schwere wirtsch. Krise. Seinem Nachfolger, B. F. Godunow, gelang es zunächst, durch geschicktes Taktieren die Katastrophe hinauszuzögern; er konnte sogar äußere Erfolge erringen: Im W gewann er von den Schweden 1595 Ingermanland zurück, im O sicherte er Sibirien. Nach seinem Tod (1605) begann jedoch die „Smuta" („Zeit der Wirren"), in seine Rußland seine Erwerbungen im W wieder an Polen und Schweden verlor. Unter dem 1613 gewählten Zaren Michail

Fjodorowitsch, dem Begründer des bis 1917 regierenden Hauses Romanow, blieben die Bojaren entmachtet. Die Autokratie des Zaren ging aus der Zeit der Wirren ungeschwächt hervor. Rußland begann Mitte des 17. Jh., sich dem W zu öffnen und sich auch im Inneren moderner, im W entwickelter Methoden v. a. in den Bereichen der Gesetzgebung, des Verwaltungs- und des Militärwesens zu bedienen (1649 Kodifizierung des russ. Rechts). Die sozialen Spannungen entluden sich immer öfter in Aufständen; einer der gefährlichsten, der 1670/71 den gesamten SO erfaßte, wurde von dem Donkosaken S. Rasin angeführt. Verschärfend wirkte die religiöse Spaltung der „raskol" († Raskolniki). Durch die Sonderentwicklung in der Isolation war die russ. Kirche reformbedürftig geworden, doch als Patriarch Nikon (1652–67) mit Unterstützung des Zaren die Reform wagte, verweigerte das einfache Kirchenvolk dem Klerus zum guten Teil die Gefolgschaft: So spaltete sich Rußland auf religiösem Gebiet in eine auf wiss. Grundlage reformierte, offizielle und dem Staat zugehörige Kirche und in eine Schar sog. Altgläubiger, die den alten Riten und Bräuchen anhingen und vom Staat grausam verfolgt wurden.

Das imperiale Rußland: 1682 wurden Peter I., d. Gr., und sein debiler Halbbruder Iwan V. († 1696) gemeinsam Zaren unter der Regentschaft ihrer älteren Schwester Sophia (bis 1689) und von Peters Mutter; 1694 übernahm Peter die Reg.geschäfte. Seine Politik zielte darauf ab, die „Europäisierung" Rußlands, die bereits im 17. Jh. u. a. durch den Zustrom zahlr. Ausländer eingesetzt hatte, verstärkt weiterzutreiben. Ab 1695 intensivierte Peter I. mit Hilfe seiner neu aufgestellten, nach westl. Vorbild organisierten und ausgebildeten Truppen die Türkenkriege. Im Jahre 1700 griff er Schweden an, um die balt. Länder zu erobern; Ende 1699 hatte er Bündnisse mit Sachsen-Polen und Dänemark abgeschlossen, im Verlauf des 2. Nord. Krieges erreichte er mit der Einnahme von Narwa (1704) und Dorpat seine wichtigsten Kriegsziele. Mit dem Sieg über die Schweden bei Poltawa (1709) ging die Rolle der Vormacht im Ostseeraum von Schweden auf Rußland über; im Frieden von Nystad (1721) wurde es europ. Großmacht.

Die Reformtätigkeit Peters I. im Innern war auf die Erfordernisse des Krieges zugeschnitten und artete deshalb teilweise in ein ungeduldiges Experimentieren aus; die mit hartem Zwang durchgeführten Neuerungen überforderten zudem seine Untertanen. Der Aufbau von Heer, Flotte und neuer Hauptstadt sowie der lange Krieg verschlangen gewaltige Summen, die nur noch durch Erhöhung vorhandener und Einführung neuer Steuern aufgebracht werden konnten. Dieser zu den latenten Spannungen hinzutretende Druck

## Sowjetunion

führte zu mehreren Aufständen. Unter seiner Nachfolgerin, seiner Tochter Elisabeth Petrowna (⚭ 1741–62), setzte eine außenpolit. Reaktion ein, die Rußland am Siebenjährigen Krieg an der Seite Österreichs und Frankreichs gegen Preußen teilnehmen ließ. Unter Katharina II., d. Gr. (⚭ 1762–96), errang Rußland außerordentl. außenpolit. Erfolge: Der Friede von Küçük Kaynarcı schloß den ersten siegreichen Türkenkrieg (1768–74) mit dem endgültigen Gewinn von Asow und der Schwarzmeerküste zw. Dnjepr und Südl. Bug ab; 1783 annektierte Katharina die Krim. Rußland war nun Schwarzmeermacht mit freier Schiffahrt durch die Meerengen. Ein zweiter Türkenkrieg (1787–1792) erbrachte den Gewinn der Schwarzmeerküste bis zur Dnjestrmündung. Gegen das in staatl. Auflösung befindl. Polen setzte Rußland im Verein mit Preußen und Österreich seine territorialen Ziele durch († Polen, Geschichte).

Katharina II. begann ihre Innenpolitik in einer aufklärer. Geisteshaltung (Reorganisation der Zentralbehörden, 1763), verschärfte jedoch mit Rücksicht auf den Adel die bäuerl. Leibeigenschaft; in der Ukraine wurde die Kosakenautonomie durch die Leibeigenschaft ersetzt. Die dadurch ausgelösten Bauern- und Kosakenaufstände (bes. der Volksaufstand von J. I. Pugatschow) führten zu einer zunehmend reaktionären Innenpolitik. Auch im 19. Jh. setzte Rußland den Weg äußerer Expansion fort: 1801 geriet Grusinien, 1809 Finnland und 1812 Bessarabien unter russ. Herrschaft. Nach dem militär. Fiasko Napoleons I. bestimmte Alexander I. als „Retter Europas" auf dem Wiener Kongreß 1815 die neue Ordnung des Kontinents maßgebl. mit und legte der Hl. Allianz als monarch. Prinzip († Monarchie) zugrunde. Rußland gewann auf Kosten Preußens und Österreichs weite Gebiete Polens durch die Schaffung eines in Personalunion mit Rußland verbundenen Kgr. (Kongreßpolen).

Die für Rußland geplanten liberalen Reformen blieben jedoch unverwirklicht; die Enttäuschung darüber gipfelte nach dem Tod Alexanders 1825 im Aufstand der Dekabristen. Unter Nikolaus I. Pawlowitsch (⚭ 1825–55) verband sich ein kleinl. Polizeiregime im Innern mit einer unverhüllt imperialist. Außenpolitik. Das Hauptziel der Expansion blieb das Osman. Reich, daneben gewannen Zentralasien und ab 1850 auch der Ferne Osten zunehmende Bed., wo Rußland gegen das schwache, unter brit. Einfluß geratene China ab 1849 eine zunehmende, Großbrit. stark beunruhigende Aktivität entfaltete, die auf die Gewinnung der Amurgrenze und die Öffnung Chinas für den russ. Handel abzielte. 1858/60 mußte China Amur und Ussuri als Grenze anerkennen; bis 1884 erreichte Rußland die Grenzen Persiens, Afghanistans und des chin. Sinkiang.

In Europa spielte Rußland die Rolle eines Polizisten: Es schlug u. a. den poln. Aufstand von 1830/31 nieder und beseitigte die poln. Autonomie fast völlig, 1850 griff Nikolaus I. offen in die dt. Frage ein, als er auf Preußen Druck zur Annahme der östr. Forderung nach Aufgabe der preuß. Unionspläne (Olmützer Punktation) ausübte. Der siegreiche Russ.-Türk. Krieg von 1877/78 schien das Programm der Panslawisten, den polit. und kulturellen Zusammenschluß aller Slawen, zu verwirklichen: Serbien und Montenegro wurden vergrößert, Bulgarien, wenn auch noch unter osman. Oberhoheit, neu geschaffen. Österreich und Großbrit. erzwangen jedoch unter dt. Vermittlung den Berliner Kongreß, auf dem Rußland einen Schiedsspruch der europ. Mächte hinnehmen mußte: Die Territorien der Balkanstaaten wurden zugunsten des Osman. Reiches beschränkt, Österreich erhielt Bosnien und die Herzegowina, Großbrit. Zypern.

Im Fernen Osten konzentrierte Rußland seine Bestrebungen auf die Mandschurei und Korea; dabei ging es um Wirtschaftskonzessionen; 1896 sicherte sich Rußland die Konzession für die ostchin. Eisenbahn in der Mandschurei, außerdem erhielt es Port Arthur. Da in diesem Gebiet auch Japan stark engagiert war, kam es zu Auseinandersetzungen, die im Russ.-Jap. Krieg (1904/05) endeten. 1907 gelang der Ausgleich der russ. und brit. Interessengebiete in Asien: Rußland zog sich aus Afghanistan und Tibet zurück, behielt jedoch eine Einflußsphäre in N-Persien.

Die innere Entwicklung Rußlands bis 1917: Auch für das Rußland zw. Krimkrieg und 1. Weltkrieg war die Nichtbewältigung der inneren Probleme charakteristisch. Die Aufhebung der Leibeigenschaft der Bauern 1861 löste nur die zivilrechtl., nicht aber die wirtsch. Probleme, denn die befreiten Bauern erhielten bei der Neuverteilung zu wenig und nur minderwertigen Boden. Die übrigen Reformen Alexanders II. bezweckten eine Angleichung der Verwaltung an westeurop. Verhältnisse; der grundlegende Schritt dazu, die Einschränkung der Autokratie durch eine liberale Verfassung, wurde jedoch nicht getan. Die Ermordung Alexanders II. durch die radikale Opposition führte unter seinem Sohn Alexander III. zu einer Politik der schärfsten Unterdrückung; sie äußerte sich nicht nur im sozialen und polit. Bereich, sondern brachte auch die rücksichtslose Russifizierung der nichtruss. Völker des Reiches. Den eigtl. Anschluß an die Entwicklung in W-Europa fanden nur die Intellektuellen (Auseinandersetzung mit der dt. Philosophie, bes. mit Hegel). Vor dem Hintergrund des verkrusteten autokrat. Systems entstand so in den 1830er Jahren in Rußland eine Opposition, die den Staat grundsätzl. ablehnte. Die Mißerfolge der revolutionären Bewegung bereiteten in den Zir-

## Sowjetunion

keln der russ. Intelligenzija die Rezeption des Marxismus vor. Mit W. I. Uljanow (Lenin) besaß schließl. die revolutionäre Bewegung den Parteiführer, der die Revolution verwirklichen sollte. Um die Wende vom 19. zum 20. Jh. bot Rußland das Bild einer imperialist. Großmacht, die im Aufbau einer Großind. den Anschluß an W-Europa und westeurop. Investitionskapital gewann; eine moderne Fiskalverwaltung sicherte dem Staat eine halbwegs gesunde finanzielle Basis. Die Industrialisierung führte zur Bildung eines Industrieproletariats, das in den elendesten Verhältnissen lebte und bei der Fragwürdigkeit des staatl. Versuchs, polizeil. geführte Arbeiterorganisationen zu schaffen, der sozialist. Agitation zugänglich war. Die Revolution von 1905–07 zeigte die Unzufriedenheit der breiten Massen. Den allg. Aufstand löste der sog. Blutsonntag (22. Jan. 1905) aus, an dem die vor dem Winterpalast in Petersburg stationierten Truppen das Feuer auf eine friedl. Arbeiterdemonstration eröffneten. In der Revolution vereinigten sich das Verlangen der Intelligenz nach einer liberalen Verfassung, die Landforderungen der Bauern und die Versuch der marxist. geführten Arbeiterschaft, die staatl. Ordnung grundlegend zu verändern. In Petersburg und Moskau, später im ganzen Land, bildeten sich erstmals Sowjets (Räte) von Arbeiterdeputierten als Zentren des revolutionären polit. Kampfes. In ihnen stritten die seit 1903 in die den bewaffneten Aufstand fordernden Bolschewiki und in die gemäßigten Menschewiki gespaltenen Sozialdemokraten um den Vorrang ihrer Ziele. Als Nikolaus II. im Okt. 1905 den 1896 aus den lokalen Selbstverwaltungsorganen (↑ Semstwo) hervorgegangenen Liberalen eine gewählte Repräsentativversammlung mit gesetzgebender Funktion, die Duma, gewährte, waren deren Wünsche zunächst befriedigt. Die Sozialdemokraten hatten den Kampf verloren, ihre noch nicht verhafteten Führer gingen ins Exil.

Nachdem jedoch die I. und die II. Duma mit sozialist. Mehrheiten hartnäckige Opposition geleistet hatten, wurde das Wahlrecht 1907 geändert, um eine der Reg. genehme Zusammensetzung der Duma zu sichern.

Einen für den Ausbruch des 1. Weltkriegs mitentscheidenden Schritt tat Rußland mit der überstürzten Mobilmachung vom 27. Juli 1914. Nach Anfangserfolgen mußte der russ. Heer bereits 1915 den Rückzug antreten, nach 2 Jahren Krieg stand Rußland vor der wirtsch. Katastrophe. Die Demonstrationen zum Internat. Frauentag in Petrograd am 23. Febr. (8. März) 1917, die vier Tage später in den allg. Arbeiter- und Soldatenaufstand mündeten, brachten das Ende des Zarenreiches. Am 2. (15.) März unterzeichnete Nikolaus II. unter dem Druck der Generalität die Abdankungsurkunde (↑ Februarrevolution).

Die Machtergreifung der Bolschewiki: Die im März 1917 von bürgerl.-liberalen Kräften gebildete Provisor. Reg. verlor angesichts der sich verschlechternden inneren und äußeren Lage Rußlands zunehmend an Boden. Der Versuch einer Fortsetzung der Kriegspolitik gegen die Mittelmächte mit Hilfe einer neuen russ. Offensive im Juni/Juli 1917 scheiterte an einer dt. Gegenoffensive. Neben außenpolit. Geltung verlor die Reg. die letzten Eroberungen des 1. Weltkrieges in den östr. Randgebieten Galizien und Bukowina und wichtige Prov.: Estland proklamierte seine Autonomie, Juli 1917–Nov. 1918 folgten die Ukraine, Kurland (Lettland) und Finnland mit Selbständigkeitserklärungen. Durch das Fehlen einer starken Zentralgewalt zerfiel das Russ. Reich in nat. und eigenständige Teilgebiete. In Moskau und Petrograd hatten sich im Laufe des Jahres Arbeiter-und-Soldaten-Räte gebildet, die bei dem rapiden Autoritätsverlust der Provisor. Reg. unter A. F. Kerenski die einzigen Machtträger in diesen Städten darstellten. In dieser Phase der Stagnation entschlossen sich die Bolschewiki als Befürworter des revolutionären Kampfes und einer Diktatur des Proletariats unter Führung von Lenin und Trotzki zum Sturz der Reg. und zur Übernahme der Macht. Im Moskauer und Petrograder Sowjet hatten sie nach dem Putsch die Mehrheit erhalten, und das Militärrevolutionäre Komitee des Petrograder Sowjets wurde zur bolschewist. Aufstandszentrale. Am 25. Okt. (7. Nov.) 1917 besetzten bolschewist. Truppen und Arbeitermilizen ohne nennenswerte Gegenwehr alle wichtigen Zentren Petrograds. In der nächsten Nacht wurde der Winterpalast gestürmt, und die dort anwesenden Mgl. der Reg. wurden verhaftet. Trotzki erklärte die Provisor. Reg. für abgesetzt und das Militärrevolutionäre Komitee des Petrograder Sowjets zum Träger der Staatsgewalt (↑ Oktoberrevolution).

Kriegskommunismus und Bürgerkrieg: Der Sowjetkongreß, der nun formal die Macht ausübte, verabschiedete am 26./27. Okt. 1917 (8./9. Nov.) 3 Dekrete. Das Dekret über den Frieden bot allen kriegführenden Staaten einen demokrat. Frieden ohne Annexionen und Kontributionen auf Grund des Selbstbestimmungsrechts der Völker an, doch führte es schließl. nur zum Bruch mit den bisherigen Verbündeten und zum Sonderfrieden mit den Mittelmächten (Frieden von ↑ Brest-Litowsk vom 3. März 1918), in dem Rußland beträchtl. territoriale Gebiete im W, auch von wirtsch. Bedeutung, verlor. Das Dekret über das Land hob das Besitzrecht der Gutsbesitzer an Grund und Boden ohne Entschädigung auf und bedeutete prakt. die Nationalisierung von über 150 Mill. ha Land. Das 3. Dekret setzte als provisor. Arbeiter-und-Bauern-Regierung den Rat der Volks-

# Sowjetunion

kommissare unter dem Vorsitz Lenins ein (ab März 1918 nur Bolschewiki). Bei den Wahlen zur Konstituierenden Versammlung, die am 5.(18.)Jan. 1918 zusammentrat, erhielten die Bolschewiki 25%, die anderen sozialist. Parteien 62% und die bürgerl. Parteien 13% der Stimmen, was die gewaltsame Auflösung der Versammlung durch die Bolschewiki zur Folge hatte. Lenins Innenpolitik konzentrierte sich nun auf die völlige Ausschaltung aller nichtbolschewist. Kräfte. Die Staatssicherheitspolizei (Tscheka) wurde ins Leben gerufen, die Pressefreiheit aufgehoben, rigoros die Trennung von Staat und Kirche durchgeführt, Banken, Privathandel und Ind. verstaatlicht oder einer Arbeiterkontrolle unterstellt. Die im April 1918 beschlossene Ablieferungspflicht aller landw. Erzeugnisse zu niedrigen Preisen veranlaßte die Bauern zur Einschränkung der bebauten Flächen und zu Naturalwirtschaft und Schwarzhandel.

Weitere Gefährdungen kamen von außen. 1920 versuchte Polen, seine Grenzen von 1772 wiederherzustellen; der Krieg führte zur Abtretung eines Teils von Weißrußland und Wolynien an Polen durch Sowjetrußland im Frieden von Riga 1921. Die militär. Intervention der ehem. Verbündeten Rußlands 1918 erfolgte u.a. wegen der Verletzung der materiellen Interessen der Ententemächte (Nichtanerkennung der russ. Staatsschulden und Enteignung von Ind.betrieben seitens der Sowjetreg.); Ansatzpunkt dazu war der Versuch der Sowjets, die tschech. Legion, die seit Jan. 1918 Teil der frz. Armee war und über Sibirien und Wladiwostok an die Westfront gebracht werden sollte, aufzuhalten und zu entwaffnen; ab April 1919 bis Sommer 1920 zogen die Verbündeten ihre Truppen zurück.

Der fast 3jährige Bürgerkrieg gegen Monarchisten, bürgerl. Demokraten, Sozialrevolutionäre und Menschewiki („Weiße") brachte das Sowjetregime mehrfach in schwere Bedrängnis. Bei den „weißen" Armeen unter den Generalen A. W. Koltschak, N. N. Judenitsch, A. I. Denikin und P. N. Wrangel trugen polit., soziale und nat. Gegensätze, mangelhafte Koordination der militär. Aktionen und das Fehlen eines konstruktiven gesellschaftl. Programms entscheidend zur Niederlage (endgültig um die Jahreswende 1921/22) bei.

Neue Ökonomische Politik: Bürgerkrieg und überstürzte Sozialisierung ließen die Ind.produktion auf $1/7$ der Vorkriegsleistung absinken. Umfangreiche Streiks in Petrograd und ein von Truppen blutig niedergeschlagener Aufstand der Kronstädter Matrosen im Febr. und März 1921 führten zur Verstärkung der staatl. Sicherheitsmaßnahmen und zum weiteren Ausbau der Doktrin von der Diktatur des Proletariats im Sinne der unumschränkten Herrschaft der bolschewist. Partei. Der radikale Kurswechsel zur sog. Neuen Ökonom. Politik (NÖP) im März 1921 führte zu einer Erhöhung der Agrarproduktion etwa auf den Vorkriegsstand und hatte auch eine beachtl. wirtsch. Erholung im industriellen Bereich zum Ergebnis. Die NÖP hatte die Ersetzung der bisherigen, völlig willkürl. Zwangseintreibung von Agrarprodukten durch eine feste Naturalsteuer sowie die teilweise Rückkehr zu marktwirtsch. Gepflogenheiten (mit relativ freiem Binnenhandel, privatem Kleinunternehmertum, ausländ. Kapitalinvestitionen usw.) zum Inhalt. Die erste Verfassung der UdSSR (1924) organisierte den Staat als Bundesstaat nach dem Nationalitätenprinzip.

Stalinismus: In den letzten beiden Lebensjahren Lenins († 1924) und in den Jahren nach seinem Tode bestimmten der Machtkampf zw. den führenden Männern der bolschewist. Partei sowie Stalins Weg zur Alleinherrschaft die innere Geschichte der Sowjetunion. Stalin, 1922 zum Generalsekretär des ZK ernannt, konnte in den Jahren 1924–29 durch wechselnde Bündnisse mit Politbüro-Mgl. und durch die Besetzung aller entscheidenden Partei- und Staatspositionen mit seinen Anhängern alle Gegner und Konkurrenten aus dem polit. Leben ausschalten, viele wurden, insbes. 1936–38 während der großen ↑Säuberung (russ. „tschistka"), wegen „antisowjet.-trotzkist." Tätigkeit in Schauprozessen zum Tode verurteilt. Diese Schauprozesse der 1930er Jahre bildeten den Höhepunkt der Terrorpolitik, die mit der phys. Vernichtung der revolutionären Avantgarde Lenins die unbeschränkte Alleinherrschaft Stalins sicherte, zugleich aber auch eine tiefgreifende Umstrukturierung der führenden Schichten herbeiführte.

Kollektivierung und Industrialisierung: Die nach Lenin weitergeführte NÖP hatte eine wirtsch. Normalisierung und ein bed. Wachstum der Bev. (von 132 Mill. 1922 auf 147 Mill. 1926) zur Folge. Ihre soziale Gliederung veränderte sich wenig, doch nahm die Zahl der Bauernhöfe von 16,5 Mill. (1918) auf fast 26 Mill. (1929) bei Erstarken v. a. der mittelbäuerl. Schicht (Kulaken) zu. Der Entschluß zu einer forcierten Industrialisierung, die angesichts des Ausbleibens kommunist. Revolutionen in W-Europa für notwendig gehalten wurde, um in der kapitalist. „Einkreisung" zu bestehen, fiel auf dem XV. Parteikongreß 1927. Die Beendigung der NÖP, die zwangsweise Kollektivierung der Landw. und eine radikale Industrialisierung unter Bevorzugung der Grundstoff-, Investitionsgüter- und Rüstungsind. bei Vernachlässigung der Konsumgüterind. und des Wohnungsbaus kennzeichneten die stalinist. Wirtschaftspolitik. Die Schaffung von landw. Großbetrieben (↑Kolchosen, ↑Sowchosen) setzte überschüssige Arbeitskräfte für die Ind. frei und finanzierte den Ind.aufbau durch materiellen Druck auf die Bauernschaft. Die Zwangskollektivie-

## Sowjetunion

rung begann mit der Liquidierung des Kulakentums als Klasse (ein Teil kam in Sibirien um, ein anderer Teil ging im Ind.proletariat auf). Geringere Erträge sowie die Abschlachtung von 50–60% des Viehbestandes mit der Folge einer 2. großen Hungersnot in der S. mit etwa 10–11 Mill. Toten waren die Antwort der Bauern. 1929 waren 3,9%, 1931 58%, 1938 etwa 93% der Betriebe kollektiviert. Entscheidende Voraussetzung für den wirtsch. Erfolg der Kollektivierung war die Mechanisierung der Landw., die von der Entwicklung der Schwerind. abhing. 1928–37 erhöhte sich die Produktion bei Stahl von 4 auf 18 Mill. t, bei Steinkohle von 36 auf 128 Mill. t, bei Erdöl von 12 auf 29 Mill. t, bei Elektrizität von 6,2 auf 39,6 Mrd. kWh. Im Zuge der mit Stalins Revolution von oben verbundenen sozialen Strukturverbesserung wuchs die Stadtbev. bis 1939 auf 56 Mill. (fast $1/3$ der Gesamtbev.), verbunden mit einer sozialen Verelendung der meisten Arbeiter und Angestellten. Daneben entstand mit der sog. werktätigen Intelligenz eine neue soziale Schicht (1939 etwa 17% der erwerbstätigen Bev.; v. a. Funktionäre in Partei, Staat und Wirtschaft, Wissenschaftler, Ingenieure, Künstler, Offiziere, Kolchosvors.), die 1939 offiziell als „eigene Klasse" neben Arbeitern und Bauern anerkannt wurde. Die Führungsrolle der KPdSU in Staat und Gesellschaft der S. wurde erstmals staatsrechtl. in der Verfassung von 1936 verankert.

Die Außenpolitik bis zum Ende des 2. Weltkrieges: Die sowjet. Außenpolitik vertrat seit Beginn der 1930er Jahre das Konzept der „kollektiven Sicherheit", wobei den Ansatzpunkt der Briand-Kellogg-Pakt zur Ächtung des Krieges (1928) bildete. Verstärkt wurde it. die 1922 mit dem Vertrag von Rapallo eingeleitete sowjet.-dt. Zusammenarbeit auf wirtsch. und militär. Gebiet. 1932 schloß die S. Nichtangriffsverträge mit Finnland, Lettland, Estland, Polen und mit Frankr., dem Protektor O-Mitteleuropas. Eine beiderseitige Grenzgarantie enthielt nur der Vertrag mit Finnland. Der Dt.-Poln. Nichtangriffspakt 1934, den die S. als gegen sich gerichtet ansah, ließ künftig die Sicherung gegenüber dem aggressiven dt. NS in den Vordergrund treten. Im Nov. 1933 entschlossen sich die USA zur De-jure-Anerkennung der S., 1934 folgten dann die Staaten der Kleinen Entente. Im Sept. 1934 erfolgte die Aufnahme in den Völkerbund (Ausschluß im Dez. 1939 wegen des sowjet. Angriffs auf Finnland). Unter dem Eindruck der dt. faschist. Gefahr erlangte die S. 1935 den Abschluß militär. Beistandsverträge mit Frankr. und der ČSR. Doch das schnelle Tempo der Aktionen Hitlers drängte Großbrit. und Frankr. in die Defensive. Das außenpolit. Prestige der S. erreichte durch die Säuberungen einen absoluten Tiefpunkt. So erwies sich die Wirkungslosigkeit der von der Volksfronttaktik der Komintern unterstützten sowjet. Politik kollektiver Sicherheit in Europa 1938/39 beim Versuch Hitlers, die Tschechoslowakei zu zerschlagen. Am Abschluß des Münchner Abkommens war die S. nicht beteiligt. Angesichts ihrer außenpolit. Isolierung und des rapiden Anwachsens der dt. Machtstellung entschied sich die S. für ein Bündnis mit dem nat.-soz. Deutschland, das die Beteiligung an einer Aufteilung Osteuropas sicherte († Deutsch-Sowjetischer Nichtangriffspakt vom 23. Aug. 1939). Nach der Unterwerfung Polens durch das Dt. Reich zu Beginn des 2. Weltkriegs begann am 17. Sept. 1939 der Einmarsch der Roten Armee in Ostpolen. Die 4. Teilung Polens brachte der S. einen Landgewinn von rd. 200000 km$^2$ mit fast 13 Mill. E. Die balt. Staaten wurden gezwungen, im Sept. und Okt. 1939 militär. Beistandspakte abzuschließen; im Mai 1940 folgte ihre vollständige militär. Besetzung durch die S., im Juni die staatl. Integration in die S. als Sowjetrepubliken. Nur Finnland widersetzte sich im ↑ Finnisch-Sowjetischen Winterkrieg (1939/40) der Erpressungspolitik. 1940 zwang die S. Rumänien, Bessarabien und die N-Bukowina an sie abzutreten.

Auch nach dem gescheiterten sowjet. Versuch Ende 1940, die dt. und sowjet. Interessensphären an der Ostsee, auf dem Balkan und im Vorderen Orient weiter abzugrenzen, war Stalin um gute Beziehungen zu Deutschland bemüht, sicherte sich jedoch nach dem dt. Vordringen auf dem Balkan 1941 durch einen Nichtangriffs- und Neutralitätsvertrag mit Japan (13. April 1941) vor der Drohung eines Zweifrontenkrieges im Falle eines dt. Angriffs. Am 22. Juni 1941 begann der Angriff auf die S., der die dt. Truppen am Ende des Jahres bis vor die Tore Leningrads, Moskaus und an den Zugang zum Kaukasus führte und die S. an den Rand einer vernichtenden Niederlage brachte. Der Umschwung zugunsten der S. wurde v. a. durch die sofortige Hilfe der USA und den patriot. Widerstandswillen der S. erreicht und führte zur dt. Katastrophe von Stalingrad im Febr. 1943. In kürzester Zeit wurden über 1 000 Ind.betriebe aus den bedrohten Gebieten nach O verlegt, in den besetzten Gebieten führten Teile der sowjet. Bev. den Partisanenkampf. Die S. traf mit den westl. Alliierten militär. und wirtsch. Vereinbarungen (v. a. Pacht- und Leihvertrag mit den USA). Auf die Hilfe der Westmächte angewiesen, führte Stalin den Kampf nicht um die Weltrevolution, sondern mit nationalpatriot. Kurs für die Demokratie und gegen den Faschismus. So wurde die Komintern 1943 aufgelöst. Auf den Konferenzen von Teheran (1943), Jalta und Potsdam (beide 1945) konnte Stalin die weitgehende Billigung seiner Pläne durch die Westmächte erreichen. Die Einflußsphäre der S. reichte

# Sowjetunion

nunmehr von Deutschland, O-Mitteleuropa, Finnland und dem Adriat. Meer bis zur Mandschurei. Am 8. Aug. 1945 erklärte die S. Japan den Krieg. Sie verleibte sich den S der Insel Sachalin sowie die Kurilen ein und besetzte zunächst die Mandschurei.

Spätstalinismus und kalter Krieg: Mit der Volksfronttaktik und durch den Druck der Roten Armee erreichte die S. bis 1948 die Sowjetisierung O-Mitteleuropas und den Aufbau eines Satellitengürtels. 1949 wurde der Rat für gegenseitige Wirtschaftshilfe (RGW; ↑COMECON) gegründet. Nord-Korea bis zum 38. Breitengrad wurde von den Westmächten als Besatzungsgebiet der S. anerkannt. Jugoslawien, das einzige europ. Land, in dem die kommunist. Partei ohne sowjet. Unterstützung die Macht erlangen konnte, wurde 1948 aus dem Sowjetblock ausgestoßen. China mußte die Unabhängigkeit der Mongol. VR anerkennen und einem sowjet.-chin. Kondominium (bis 1950) über Port Arthur, Dalni sowie die ostchin. und südmandschur. Eisenbahn zustimmen.

Die *Ind.produktion* konnte auf vielen Gebieten gesteigert werden und erreichte bis 1952 durch forciertes Arbeitstempo, Wiedereinführung verlängerter Arbeitszeiten und nicht zuletzt durch große Lieferungen aus den Satellitenstaaten das Doppelte des Vorkriegsstandes. Große Schwierigkeiten dagegen bereitete das Wiederanlaufen der landw. Produktion. Mit der Zusammenlegung der etwa 252 000 Kolchosen zu Großbetrieben wurde daher 1950 begonnen.

Zur Durchsetzung ihrer Machtposition in der Welt unternahm die S. im Zuge des (aus den Interessengegensätzen der Siegermächte des 2. Weltkriegs hervorgegangenen) kalten Krieges gegenüber dem Westen Vorstöße bis hart an den Rand militär. Konflikte, erreichte aber weder mit der Berliner Blockade 1948/49 noch im Koreakrieg 1950–53 die gesteckten Ziele. Stalin konnte die dt. Frage nicht im kommunist. Sinne lösen und konsolidierte seinen unmittelbaren dt. Machtbereich durch die Gründung der DDR 1949. Im Sept. 1947 war das Kominform (↑Internationale) als Nachfolgeorganisation der Komintern gegründet worden. Mit Gründung der VR China 1949 erwuchs der S. ein ranggleicher kommunist. Partner.

Kollektive Führung und friedliche Koexistenz: Nach Stalins Tod 1953 trat an die Stelle der totalitären Diktatur eines einzelnen wieder das Prinzip der kollektiven Führung, das allerdings 1958, als N. S. Chruschtschow nach Ausschaltung von G. M. Malenkow, W. M. Molotow, L. M. Kaganowitsch und N. A. Bulganin die höchsten Staats- und Parteiämter auf sich vereinigte, erneut in Frage gestellt wurde. Chruschtschow bemühte sich in der Landw. wenig erfolgreich um Ertragssteigerungen durch umfangreiche Neulandaktionen, v. a. in der Kasach. SSR, durch Reformen in den Kolchosen und Schaffung neuer Großkolchosen und -sowchosen. Die einseitige Förderung der Schwer- und Rüstungsind. zu Lasten der Versorgung der Bev. blieb erhalten.

Die sowjet. Außenpolitik nach Stalins Tod ist geprägt durch die „rivalisierende Partnerschaft" mit den USA, den Kampf gegen alle westl. Militärblöcke sowie gegen die EWG (bis 1975/76), den seit den 1960er Jahren vertieften Ggs. zur VR China und die damit verbundene Konkurrenz um Sympathien und Gefolgschaft in den neu entstandenen Staaten der Dritten Welt. Parallel zur Auflockerung im Innern wurde eine Politik der Entspannung und begrenzten Kooperation eingeleitet (korean. Waffenstillstandsabkommen 1953, Östr. Staatsvertrag 1955). Das Verhältnis zu Jugoslawien wurde 1955/56 normalisiert. Die Einbeziehung der BR Deutschland in die NATO beantwortete die S. 1955 mit dem Abschluß des ↑Warschauer Pakts. Chruschtschows Abrechnung mit dem stalinist. Personenkult auf dem XX. Parteitag der KPdSU löste 1956 die Aufstände in Polen und in Ungarn aus, die militär. niedergeschlagen wurden. Auch im Weltkommunismus stieß der sowjet. Führungsanspruch auf Widerstand. In Ggs. zur VR China setzte sich Chruschtschow 1956 mit der Theorie der friedl. Koexistenz, die den Beginn der sowjet.-amerikan. Annäherung ausdrückte. Diese wurde auch durch die Phase aggressiver sowjet. Außenpolitik (Berlin-Ultimatum 1958 [↑Berlinfrage], Kubakrise 1962) nicht nachhaltig beeinträchtigt. Vielmehr leitete die sowjet. Einsicht in die Vergeblichkeit spektakulärer Aktionen einen neuen Abschnitt amerikan.-sowjet. Globalpolitik ein, die sich im Atomteststoppabkommen 1963 und im Atomwaffensperrvertrag 1968 niederschlug. Der endgültige Bruch mit China konnte auch durch das chin.-sowjet. Parteitreffen 1963 nicht verhindert werden. Die Grenzkämpfe am Ussuri 1969 waren nur der Höhepunkt zahlloser Zwischenfälle.

Nach dem v. a. innenpolit. bedingten Sturz Chruschtschows 1964 wurde die kollektive Führung mit L. I. Breschnew als 1. Parteisekretär (seit 1966 Generalsekretär, seit 1977 auch Vors. des Präsidiums des Obersten Sowjets) und A. N. Kossygin als Min.präs. an der Spitze wiederhergestellt. Sie mußte bei einem nur halb so großen Bruttosozialprodukt wie dem der USA die landw. Struktur verbessern, das Konsumbedürfnis der Bev. befriedigen, auf die Probleme einer modernen Ind.gesellschaft reagieren, den Rüstungsgleichstand mit den USA auf allen Gebieten erzielen und erhalten, weitgestreute kostspielige Militärhilfe leisten und schließl. den in ihrem unmittelbaren Vorfeld in Frage gestellten Hegemonialanspruch erneut durchsetzen. Im Bereich der militär. Rüstung veranlaßte die massive

## Sowjetunion

### VERWALTUNGSGLIEDERUNG
(Stand 1985)

| Republiken (Hauptstadt) | Fläche km² | Einwohner (in 1000) |
|---|---|---|
| Armenische SSR (Jerewan) | 29 800 | 3 320 |
| Aserbaidschanische SSR (Baku) | 86 600 | 6 614 |
| Estnische SSR (Reval) | 45 100 | 1 529 |
| Grusinische SSR (Tiflis) | 69 700 | 5 203 |
| Kasachische SSR (Alma-Ata) | 2 717 300 | 15 858 |
| Kirgisische SSR (Frunse) | 198 500 | 3 976 |
| Lettische SSR (Riga) | 63 700 | 2 604 |
| Litauische SSR (Wilna) | 65 200 | 3 572 |
| Moldauische SSR (Kischinjow) | 33 700 | 4 105 |
| RSFSR* (Moskau) | 17 075 400 | 143 078 |
| Tadschikische SSR (Duschanbe) | 143 100 | 4 500 |
| Turkmenische SSR (Aschchabad) | 488 100 | 3 197 |
| Ukrainische SSR (Kiew) | 603 700 | 50 843 |
| Usbekische SSR (Taschkent) | 447 400 | 17 989 |
| Weißrussische SSR (Minsk) | 207 600 | 9 941 |

*Russische Sozialistische Föderative Sowjetrepublik

Kriegführung der USA in Vietnam über größte Entfernungen hinweg den Aufbau ähnl. logist. Kapazitäten in der Sowjetunion. Die Situation im Nahen Osten führte nach 1967 zur Schaffung der - der 6. US-Flotte ebenbürtigen - 3. Eskadra mit Stützpunkten im Mittelmeer.

Innerhalb der kommunist. Staatenwelt sah sich die S. zunehmenden Selbständigkeits- und Liberalisierungstendenzen gegenüber. Während sie die eigenständige rumän. Außenpolitik tolerierte, schritt sie gegen die durch die KP der ČSSR seit Jan. 1968 eingeschlagene Politik der Erweiterung der Freiräume in Ideologie, Wirtschaft und Kultur im Aug. 1968 militär. ein (↑ auch Breschnew-Doktrin). Ihr Ziel der Festschreibung der Nachkriegsgrenzen verfolgte die S. mit dem ↑ Deutsch-Sowjetischen Vertrag von 1970 (↑ auch Berlinabkommen) und mit der ↑ Konferenz über Sicherheit und Zusammenarbeit in Europa (KSZE). Ein Friedensvertrag mit Japan scheiterte bisher an der Kurilenfrage. Ergebnislos blieben auch bisher die Verhandlungen über Truppenreduzierungen in Europa (seit 1973; ↑ Mutual Balanced Forces Reductions). Die seit 1969 (z.T. parallel dazu) geführten Gespräche zw. den USA und der S. über die Begrenzung strateg. Rüstungen führten im Mai 1972 zu einem ersten „SALT"-Abkommen (↑ Strategic Arms Limitation Talks). Im Rahmen langfristiger Pläne wie des RGW-Komplexprogramms von 1971 und des Entwicklungsplans für 1976-90, die den Import von westl. Technologie und Kapital erfordern, betreibt die S. seit 1973 mit Kooperations- und Kompensationsabkommen eine dynam. Außenwirtschaftspolitik. Doch ist im Innern weder die Lösung von Entscheidungs-, Koordinations-, Effizienz- und Kontrollproblemen noch die Motivation der Bev. befriedigend gelungen. Der 9. Fünfjahresplan (1971-75) ist in wichtigen Teilbereichen nicht erfüllt worden. 1979 verzeichnete die S. das schwächste Wirtschaftsergebnis der Nachkriegszeit. In vielen wichtigen Sektoren mußte ein stagnierendes oder stark gebremstes Wachstum hingenommen werden, die Produktionsergebnisse der Ind., der Landw. und des Energiesektors blieben deutl. hinter den Planvorgaben zurück; bes. schwach war die Entwicklung der Arbeitsproduktivität.

Insbesondere nach der Veröffentlichung der KSZE-Schlußakte macht sich eine Dissidentenbewegung bemerkbar, die, wenn auch von einer verschwindenden und polit. heterogenen Minderheit getragen, im Westen große Publizität genießt. Im Zeichen der sicherheitspolit. Vorbereitung zu den Moskauer Olymp. Spielen, die wegen der Invasion sowjet. Truppen in Afghanistan zahlr. Staaten boykottierten, wurden in den letzten Monaten des Jahres 1979 etwa 40 Bürgerrechtler verhaftet. Zw. 1975 und Mitte 1979 waren mindestens 400 weitere Personen wegen der Ausübung der Grundrechte inhaftiert worden. Ende Jan. 1980 wurden dem Bürgerrechtler und Friedensnobelpreisträger A. Sacharow alle Auszeichnungen und Titel des Staates aberkannt. Sacharow und seine Frau wurden in die 400 km östl. von Moskau gelegene Stadt Gorki verbannt (bis Dez. 1986).

In der Außenpolitik hielten sich bei neuerl. Erweiterung des militär. Potentials in den letzten Jahren Erfolge und Mißerfolge der S. in der internat. Welt etwa die Waage. Den mit sowjet. Waffen errungenen Siegen Hanois in ganz Vietnam (1975) und der prosowjet. Befreiungsfront in Angola (1976) steht die Aufkündigung des sowjet.-ägypt. Freundschaftsvertrags von 1971 durch Ägypten (März 1976) gegenüber. Nach langen Verhandlungen unterzeichneten Breschnew und US-Präs. Carter im Juni 1979 ein 2. SALT-Abkommen, dessen Ratifizierung durch den US-Senat allerdings infolge des sowjet. Einmarsches in Afghanistan im Dez. 1979 in weite Ferne gerückt ist. Diese Intervention, die der Sicherung des sowjet. Einflusses in Afghanistan dienen sollte und das globalstrateg. Gleichgewicht verschoben hat, verschlechterte unmittelbar das sowjet.-amerikan. Verhältnis massiv und hatte erhebl. weltpolit. Auswirkungen; nicht zuletzt erlitten die Bemühungen um eine Fortführung der Entspannungspolitik einen nachhaltigen Rückschlag. Der Entwicklung in Polen in den Auseinandersetzungen zw. freien Gewerkschaften und Reg. stand die S. ablehnend gegenüber; sie verzichtete jedoch auf eine militär. Intervention. Den Dialog mit dem USA prägten auch nach dem Amtsantritt des amerikan. Präs. Reagan (Jan. 1981) Fragen der Rüstungskontrolle und der Abrüstung.

# Sowjetunion

Nach dem Tod von Generalsekretär L. Breschnew im Mai 1982 folgten in schnellem, durch Tod bedingten Wechsel J. Andropow und K. Tschernenko im Amt des Generalsekretärs der KPdSU. M. Gorbatschow, seit 1985 im Amt, betrieb energisch eine Verjüngung der Führungsspitze der Partei und setzte die von Andropow begonnene Kampagne gegen Korruption fort, die im Sommer 1988 zu ersten Anklagen gegen führende Politiker aus der Zeit von Generalsekretär Breschnew führte. Gorbatschow setzte gleichfalls eine Kampagne gegen den übermäßigen Alkoholkonsum und mangelnde Arbeitsdisziplin durch.

Innenpolit. betreibt Gorbatschow einen Kurs der Liberalisierung und die Umstellung der Wirtschaft auf Leistung und mehr Eigenverantwortung. Zu diesem Kurs der Umgestaltung (Perestroika) gehört auch das Prinzip der öffentl. Information und Diskussion (Glasnost), mit dem Partei und Gesellschaft auf die Reformpolitik festgelegt werden sollen. U. a. wurde im Rahmen dieser Politik auch der Spielraum der Presse erweitert. Die im Juni 1988 abgehaltene XIX. Parteikonferenz der KPdSU forderte neben einer Beschleunigung der Wirtschaftsreformen auch personelle Konsequenzen und bestätigte damit den Reformkurs Gorbatschows. Bei der Ende Sept. 1988 überraschend einberufenen Plenumssitzung des ZK wurden personelle Veränderungen in der Führung der Partei und des Staates beschlossen. Ebenso erhielt die Partei eine neue Führungsstruktur. Das ZK-Sekretariat besteht künftig aus 6 Kommissionen, deren Vors. offiziell bestimmt sind; zur Straffung der Arbeit soll die Parallelbürokratie des ZK zur Reg.bürokratie abgebaut werden; das ZK soll im wesentl. polit. Anstöße für die Reg.arbeit geben und damit die ideolog. Führungsrolle haben, während der Reg. für die Ausführung verantwortl. bleibt. Die Leiter der ZK-Kommissionen sind zugleich Mgl. des Politbüros. Ähnl. Reformen soll es für die unteren Gliederungen der Partei geben, auch diese sollen die parallel zur örtl. Verwaltung aufgebauten Bürokratien abbauen. Die Stellung der Räte (Sowjets) soll gestärkt, der Oberste Sowjet soll umgewandelt und zu einem „Berufsparlament" werden. Die hierzu notwendigen Verfassungsänderungen sowie eine Reihe von Reformgesetzen (u. a. zur Reform der Justiz) wurden im Nov. 1988 vorgelegt und vom Obersten Sowjet am 1. Dez. 1988 verkündet. Generalsekretär Gorbatschow strebte außerdem die Vereinigung der Ämter des Staatsoberhaupts mit dem des Parteichefs an. Das Staatsoberhaupt soll nach diesen Plänen erweiterte Kompetenzen erhalten, ähnl. dem Präs. der USA oder Frankreichs.

Der für Ende Sept. 1988 ebenfalls überraschend einberufene Oberste Sowjet bestätigte die vom ZK vorgeschlagenen personellen Veränderungen in der Staatsführung und wählte Generalsekretär M. Gorbatschow zum neuen Vors. des Präsidiums des Obersten Sowjets (Staatsoberhaupt, seit Juni 1989 mit dem Titel Präsident des Obersten Sowjet). Neben dem bisherigen Amtsinhaber A. Gromyko wurden noch eine Reihe anderer Staats- und Parteifunktionäre pensioniert. Die für die Einführung der von Gorbatschow angestrebten Präsidialverfassung notwendigen Verfassungsänderungen verabschiedete der Kongreß der Volksdeputierten am 13. März 1990. Gleichzeitig strichen die Delegierten der Verfassungsbestimmungen über die führende Rolle der KPdSU und machten damit den Weg frei für ein Mehrparteiensystem. Am 14. März 1990 wählte der Kongreß der Volksdeputierten M. Gorbatschow zum ersten Präs. der Sowjetunion und statteten ihn mit weitreichenden Vollmachten aus.

Neben den Reformen in der Wirtschaft drängt außerdem das Nationalitätenproblem nach einer Lösung. Seit Frühjahr 1988 kommt es in der autonomen Region Nagorny-Karabach zu Aufständen und Streiks der armen. Bev.mehrheit gegen die aserbeidschan. Regierung Ebenso wie die Bev. in Nagorny-Karabach fordert die Nachbarrep. Armenien den Anschluß der armen. Enklave in Aserbeidschan an Armenien. Der Oberste Sowjet Aserbeidschans lehnt diese Forderung ebenso ab, wie die Parteiführung der KPdSU. In der balt. Rep. Estland sind ebenfalls nationalist. Tendenzen deutlich. Die Litauische SSR erklärte sich Anfang März 1990 für unabhängig. Der Oberste Sowjet und das ZK der KPdSU betrachten diesen Schritt als rechtswidrig und lehnen die Anerkennung ab.

In der *Außenpolitik* brachte Gorbatschow Bewegung, als er 1985 Außenmin. Gromyko auf den Posten des Vors. des Präsidiums des Obersten Sowjets abschieben und E. Schewardnadse zum neuen Außenmin. berufen konnte. Das Verhältnis zu den USA entkrampfte sich seitdem, so daß 1986 in Reykjavik ein Gipfeltreffen zw. dem amerikan. Präs. R. Reagan und Gorbatschow stattfinden konnte. Der einseitige Atomteststopp wurde von Gorbatschow mehrfach verlängert, erst im März 1987 nahm die Sowjetunion ihre Atomwaffenversuche wieder auf. Durch neue Vorschläge (u. a. beiderseitiger Verzicht auf Mittelstreckenwaffen) wurden auch die Genfer Abrüstungsverhandlungen wieder belebt. Mit dem Abschluß des INF-Vertrages und seiner Ratifizierung durch den Kongreß der USA im Dez. 1987 wurden die sowjet.-amerikan. Beziehungen verbessert. Die Verschrottung atomarer Trägerraketen begann im Frühjahr 1988 und wurde durch gegenseitige Militärkommissionen überwacht.

Der Konflikt um die Besetzung Afghanistans konnte unter Vermittlung der UN gelöst werden. In einem Friedensabkommen zw. Afghanistan und Pakistan, dem neben der S. auch

# Sowjetunion

die USA als Garantiemächte beitraten, wurde der Abzug der sowjet. Truppen bis Mitte Febr. 1989 bestimmt. Der Rückzug begann trotz andauernder Kämpfe am 15. Mai 1988.

**Politisches System:** Die seit dem 7. Okt. 1977 geltende Verfassung wurde durch den Obersten Sowjet am 1. Dez. 1988 und den Kongreß der Volksdeputierten am 13. März 1990 geändert. Höchstes Organ und *Legislativorgan* ist der Kongreß der Volksdeputierten der UdSSR. Seine 2 250 Mgl. werden für 5 Jahre in allg., gleichen, geheimen und direkten Wahlen gewählt. Ein Drittel der Volksdeputierten (750) wird aus gesellschaftl. Organisationen gewählt: der KPdSU, den Berufsverbänden, den Genossenschaftsorganisationen, dem Sowjet. Jugendverband u. a., die auf Grund von Gesetzen gegr. wurden und Organe auf Unions- oder Republikebene besitzen. Der ausschließl. Behandlung durch den Kongreß der Volksdeputierten der UdSSR unterliegen u. a. Verfassungsänderungen, Grenzänderungen zw. Unionsrepubliken, die Wahl des Obersten Sowjets, dessen Präs. und 1. Stellvertreters, die Bestätigung des Vors. des Min.rats der UdSSR, die Wahl des Kontrollausschusses für die Einhaltung der Verfassung. Der Kongreß der Volksdeputierten der UdSSR tritt im allg. einmal jährl. zusammen.

Als ständig handelndes Gesetzgebungs- und Kontrollorgan fungiert der Oberste Sowjet der UdSSR. Er wird vom Kongreß der Volksdeputierten der UdSSR gewählt und ist diesem verantwortlich. Der Oberste Sowjet besteht aus 2 Kammern, dem Unionssowjet und dem Nationalitätensowjet, die aus der gleichen Anzahl Abg. bestehen und beide gleichberechtigt sind. Ein Fünftel der Mgl. des Obersten Sowjets wird jährl. erneuert. Dem Obersten Sowjet obliegen insbes. die Ernennung des Vors. des Min.rats der UdSSR, Bildung des Verteidigungsrats, Wahl des Komitees für Volkskontrolle, Ernennung des Generalstaatsanwalts der UdSSR, Sorge für die Einheit der Gesetzgebung, Gesetzesauslegung, Außerkraftsetzung von Erlassen, Anordnungen usw. des Präsidiums des Obersten Sowjets, seines Präs., des Min.rats der UdSSR oder einer Unionsrepublik. Der Oberste Sowjet hat das Recht, Referenden zu Gesetzesvorhaben oder „anderen hochbedeutenden Fragen des staatlichen Lebens" zu veranlassen. Bei unterschiedl. Voten von Unionssowjet und Nationalitätensowjet hat eine paritätisch besetzte Schlichtungskommission eine Lösung zu erarbeiten. Bleibt dies erfolglos, entscheidet der Kongreß der Volksdeputierten der UdSSR. Das Präsidium des Obersten Sowjets ist dem Kongreß rechenschaftspflichtig. Es besteht aus dem Präs., seinem Stellvertreter (beide vom Kongreß der Volksdeputierten gewählt), den Vors. der Obersten Sowjets der Unionsrepubliken (als weitere stellv. Vors.), den Vors. des Unionssowjets und des Nationalitätensowjets, den Vors. des Komitees für Volkskontrolle und den Vors. der Ständigen Ausschüsse der Kammern und der Komitees des Obersten Sowjets.

*Staatsoberhaupt* ist der Präs. der Sowjetunion. Er wird in allg., gleicher, geheimer und direkter Wahl für 5 Jahre vom Volk gewählt, einmalige Wiederwahl ist möglich. Der erste Präs. der Sowjetunion, M. Gorbatschow, wurde ausnahmsweise vom Kongreß der Volksdeputierten gewählt. Zu seinen Vollmachten gehört u. a. die Möglichkeit, Teilrepubliken der UdSSR seiner direkten Verwaltung zu unterstellen. Er legt die Themen fest, die der Kongreß der Volksdeputierten der UdSSR und der Oberste Sowjet zu beraten haben, unterzeichnet die Gesetze, berichtet dem Kongreß der Volksdeputierten über wichtige innen- und außenpolit. Fragen, schlägt die Kandidaten für die Wahl zum Vors. des Min.rats, die Mgl. des Komitees für Verfassungsaufsicht usw. vor und ist Vors. des Verteidigungsrats. Auf der Grundlage der Verfassung kann der Präs. für das gesamte Staatsgebiet geltende Verordnungen erlassen sowie Beschlüsse und Verordnungen der Reg. vorübergehend außer Kraft setzen. Gegen Gesetze des Obersten Sowjets steht ihm ein Vetorecht zu.

Der Kontrollausschuß für die Einhaltung der Verfassung der UdSSR wird vom Kongreß der Volksdeputierten der UdSSR für 10 Jahre gewählt. Er ist formal unabhängig und nur der Verfassung unterworfen. Er überprüft die Gesetze und Verfassungen der Unionsrepubliken auf ihre Vereinbarkeit mit der Verfassung der UdSSR. Dem Kontrollausschuß für die Einhaltung der Verfassung der UdSSR steht ein direktes Berichtsrecht an den Kongreß der Volksdeputierten der UdSSR und den Obersten Sowjet oder den Min.rat der UdSSR zu. In den *Unionsrepubliken* ist als Legislativorgan ebenfalls ein Kongreß der Volksdeputierten vorgesehen. Die Volksdeputierten sämtl. Ebenen bilden nach der Verfassung ein einheitl. Organ.

Die *Exekutive* der Union, der Min.rat der S., wird vom Obersten Sowjet bestellt. Er besteht aus dem Vors. (Min.präs., seit 1985 N. I. Ryschkow), dem Ersten und 8 weiteren stellv. Vors., den Min., Vors. von Staatskomitees, zentralen Institutionen und den Vors. der Min.räte der Unionsrepubliken. Der Min.rat ist dem Obersten Sowjet und (zw. den Tagungen) dessen Präsidium verantwortl. und rechenschaftspflichtig, doch besteht weder verfassungsrechtl. noch prakt. eine Möglichkeit der beiden formal übergeordneten Organe, der Reg. das Vertrauen zu entziehen.

Einzige *Partei* ist die Kommunistische Partei der Sowjetunion (KPdSU). Die von ihr behauptete Einsicht in die geschichtsnotwenige Entwicklung der Gesellschaft und die Unterstellung einer Identität von Parteiwillen und Willen des gesamten Volkes bildeten die Legitimationsbasis ihrer Alleinherrschaft. Die

# Sowjetunion

Übertragung des Parteiwillens auf den Staatsapparat wurde sichergestellt 1. durch die häufige Vereinigung von Partei- und Staatsämtern in einer Hand, insbes. auch auf höchster Ebene; 2. durch die Weisungsgewalt einer Parteidienststelle gegenüber einem staatl. Organ auf gleicher und nachgeordneter Verwaltungsebene; 3. durch das Vorschlagsrecht der Partei für die Zusammensetzung von staatl. Organen. Durch die Verfassungsänderung vom 13. März 1990 verlor sie ihr Machtmonopol.

*Gesellschaftl. Organisationen:* Hierzu gehören u. a. der aus 30 Fachgewerkschaften bestehende Gewerkschaftsverband, ferner zahlr. Berufsverbände, die Jugendorganisation Komsomol, der „Verband der Pioniere" und die Freizeitorganisationen. Nicht organisiert sind die Kolchosbauern, sie haben ledigl. ein Spitzenvertretungsorgan.

Die *föderative Struktur* der S.: Das sowjet. Verfassungsrecht betrachtet die 15 Unionsrepubliken als souveräne Staaten („Jeder Unionsrepublik bleibt das Recht auf freien Austritt aus der S. vorbehalten"). Dem steht entgegen, daß jede auf die Loslösung vom Territorium der S. abzielende Bewegung unter Strafe gestellt ist. Die Union ist u. a. zuständig für Außen-, Verteidigungs- und Außenhandelspolitik, Änderungen der Republikgrenzen, staatl. Sicherheit, Rahmengesetzgebung im Rechtswesen, Budget, Steuer- und Währungshoheit, Verkehrs-, Post- und Fernmeldewesen und Versicherungswesen. Die Gesetzgebung in den (wenigen) nicht der Union vorbehaltenen Bereichen üben die Obersten Sowjets der Unionsrepubliken aus. Auf 5 Jahre gewählt und aus einer Kammer bestehend, wählen sie ihr Präsidium und bestellen ihren Min.rat. Bestimmte einzelstaatl. Ministerien sind auch den entsprechenden Unionsministerien untergeordnet, andere Ressorts dagegen nur dem Min.rat der Unionsrepublik (z. B. Sozialfürsorge, öffentl. Ordnung, Verkehr, regionaler Handel, kommunale Einrichtungen). National heterogene Unionsrepubliken sind in weitere Einheiten untergliedert. Je nach der zahlenmäßigen Stärke einer Nationalität gibt es Autonome Sozialist. Sowjetrepubliken (ASSR), Autonome Gebiete und Autonome Kreise. Den ASSR wird von der Union Staatscharakter zugesprochen. Ihre Selbständigkeit beschränkt sich jedoch im wesentl. wie bei den Autonomen Gebieten auf den kulturellen Bereich.

*Verwaltung:* Die Unionsrepubliken sind - ausgenommen Lett., Litauische, Estn., Moldauische und Armen. SSR - in Verw.geb. (Oblasti), in der RSFSR auch in Regionen, unterteilt. Der regionalen Verwaltungsebene zuzurechnen sind ferner die Hauptstädte der Unionsrepubliken sowie die Städte Leningrad und Sewastopol. Die lokale Verwaltungsorganisation bilden die Rayons, die der regionalen Verwaltungseinheit oder Unionsrepublik unmittelbar unterstellten größeren Städte, die einem Rayon unterstellten kleineren Städte, die Stadtrayons (in Städten mit über 100 000 E), die städt. Siedlungen und die Dörfer. In den verschiedenen Verwaltungseinheiten werden die legislativen und administrativen Funktionen von Sowjets der Volksdeputierten (auf 2 ½ Jahre gewählt) und deren Vollzugsausschüssen wahrgenommen. Der Kompetenzbereich der örtl. Sowjets umfaßt „alle Zweige des staatl., wirtsch., sozialen und kulturellen Aufbaus", doch können die übergeordneten Organe jede Kompetenz an sich ziehen.

Das *Gerichtswesen* ist zwar in ein bundeseigenes für den militär. Bereich (Militärtribunale), und ein ordentl. Gerichtswesen der Unionsrepubliken getrennt, jedoch im außerordentl. „Aufsichtsverfahren" des Obersten Gerichtshofs der S. miteinander verbunden. Dessen Mgl. werden - außer dem ihm kraft Amtes angehörenden Vors. der Obersten Gerichtshöfe der Unionsrepubliken - vom Obersten Sowjet der S. für 5 Jahre gewählt. Der Oberste Gerichtshof hat die Rechtsaufsicht über alle Gerichte der S. und der Unionsrepubliken, er entscheidet in 1. Instanz in Fällen von „außerordentl., öffentl.-polit. Bed.", in 2. Instanz über Urteile der Militärtribunale. Er kann durch das Mittel des „Protestes" jedes Urteil aufheben. Verfassungsgerichtsbarkeit und Normenkontrolle liegen beim Präsidium des Obersten Sowjets. Oberste Gerichtshöfe haben auch die Unionsrepubliken und die ASSR. Diese sind ebenso wie die ihnen nachgeordneten Gerichte der unteren Verwaltungsebenen Gerichte 1. und 2. Instanz; Richter werden von den entsprechenden Sowjets (auf lokaler Ebene von den Bürgern direkt) auf 5 Jahre, die Beisitzer für 2 ½ Jahre gewählt und sind jederzeit abberufbar. Außerhalb der staatl. Gerichtsbarkeit stehen die Kameradschaftsgerichte in allen Kollektiven und gesellschaftl. Organisationen. Die Staatsanwaltschaft ist zentralist. organisiert und nur dem Obersten Sowjet verantwortl.; an ihrer Spitze steht der vom Obersten Sowjet der S. auf 7 Jahre ernannte Generalstaatsanwalt der S., der die Staatsanwälte der Unionsrepubliken, ASSR, Autonomen Gebieten, Regionen und Gebiete ernennt.

Die sowjet. *Streitkräfte* haben eine Gesamtstärke von 5,1 Mill. Mann. Davon entfallen 706 500 Mann auf die strateg. Nuklearstreitkräfte (Raketentruppen 298 000, Luftverteidigungsstreitkräfte 520 000), 1,9 Mill. auf das Heer, 444 000 auf die Luftwaffe und 458 000 auf die Marine. Zusätzl. werden paramilitär. Verbände unterhalten (230 000 Mann Grenztruppen und 340 000 Mann Sicherheitstruppen). Es besteht allg. Wehrpflicht vom 18. bis 50. Lebensjahr (2 Jahre bei Heer und Luftwaffe, 2-3 Jahre bei Marine und Grenztruppen).

## Sowjetzone

📖 *Hill, R. J.:* The Soviet Union. Politics, economics and society. London 1985. - *Riasanowski, N. W.:* A history of Russia. Oxford ⁴1984. - *Der Westen u. die S.* Hg. v. G. Niedhart. Paderborn 1984. - *Zukunftsperspektiven der S.* Hg. v. B. Dietz. Mchn. 1984. - Hdb. der Sowjetverfassung. Hg. v. M. Fincke. Bln. 1983. 2 Bde. - *Karger, A.:* Die S. als Wirtschaftsmacht. Ffm. u. a.; Aarau u. a. ³1983. - *Lewytzkyj, B.:* Das Sowjetvolk. Nationalitätenpolitik als Instrument des Sowjetimperialismus. Hamb. 1983. - *Stökl, G.:* Russ. Gesch. v. den Anfängen bis zur Gegenwart. Stg. ⁴1983. - *Wein, N.:* Die S. Paderborn u.a. 1983. - The Cambridge encyclopedia of Russia and the Soviet Union. Hg. v. A. Brown u.a. London 1982. - Nationalitätenprobleme in der S. u. Osteuropa. Hg. v. G. Brunner u. B. Meissner. Köln 1981. - *Feichtner, W./Seyr, B.:* S. Mchn. 1981–82. 2 Bde. - *Lorenz, R.:* Sozialgesch. der S. 1917–1945. Ffm. 1981. - *Mehnert, K.:* Der Sowjetmensch. Bln. Neuaufl. 1981. - *Suniza, L.:* Die Landwirtschaft der S. Wien u. a. 1981. - *Wagner, Georg:* Das Wirtschaftssystem der S. Gernsbach 1981.

**Sowjetzone,** svw. ↑Sowjetische Besatzungszone.

**Sowjetzonenflüchtlinge,** Personen, die die SBZ bzw. DDR (unter Verstoß gegen die dortigen Vorschriften über Republikflucht) verlassen haben. Da S. die dt. Staatsangehörigkeit besitzen, sind sie keine Flüchtlinge im Sinne internat. Konventionen.

**Soxhlet-Apparat** ['zɔkslɛt; nach dem dt. Agrikulturchemiker F. von Soxhlet, *1848, †1926], zur kontinuierl. Extraktion fester Stoffe mit flüssigen Lösungsmitteln verwendeter Apparat.

**Soya,** Carl Erik Martin [dän. 'sɔja], *Kopenhagen 30. Okt. 1896, †Rudkøbing 10. Nov. 1983, dän. Schriftsteller. - Kam 1941 auf Grund einer satir. Novelle über die dt. Besatzungsmacht ins KZ; konnte nach Schweden fliehen. Sein Werk kennzeichnen Phantasie und Wirklichkeitssinn, realisiert in der Darstellung des Makabren und Realen in kleinbürgerl. Verhaltensweisen, z.B. „17 - Roman einer Pubertät" (1953/54); auch Dramen.

**Soyfer,** Jura, *Charkow 8. Dez. 1912, †KZ Buchenwald 16. Febr. 1939 (ermordet), östr. Schriftsteller. - Kam 1918 nach Wien. Ab 1934 Mgl. der KPÖ; wurde 1938 verhaftet; seine an Nestroy geschulten satir. Szenenfolgen für Kleinkunstbühnen wandten sich gegen soziale Ungerechtigkeit und prangerten die Borniertheit und den polit. Illusionismus des östr. Bürgertums an.

**Soyinka,** Wole [engl. soʊ'jɪŋkɑ:], *Abeokuta 13. Juli 1934, nigerian. Schriftsteller und Theaterwissenschaftler. - Wegen polit. Aktivitäten 1965 und 1967–69 in Haft; seit 1986 Präs. des Internat. Instituts in Paris (IPI). Seine in engl. Sprache geschriebenen, vorwiegend gesellschaftskrit. Dramen, Romane („Die Plage der tollwütigen Hunde", 1973; „A play of giants", 1984) und Erzählungen behandeln nigerian. Themen und existentielle Fragen des modernen Menschen. „Der Mann ist tot" (autobiograph. Bericht, 1972) ist eine erschütternde Bestandsaufnahme der innenpolit. Situation Nigerias. Schrieb auch Lyrik sowie literar. und polit. Essays. Literatur-Nobelpreis 1986.

**Soyka,** Otto, *Wien 9. Mai 1882, †ebd. 2. Dez. 1955, östr. Schriftsteller. - Mitarbeiter der Zeitschriften „Die Fackel", „Der Sturm" und „Simplicissimus"; 1938–45 im Exil in Frankr.; schrieb spannende, psycholog. nuancierte Romane, in denen er sensationelle Ereignisse des Tagesgeschehens verarbeitete (oft kriminalist. Motive), u.a. „Herr im Spiel" (1910), „Die Söhne der Macht" (1912), „Das Geheimnis der Akte K." (1934); auch Novellen („Überwinder", 1926) und Komödien.

**SOZ,** Abk. für: Straßenoktanzahl (↑Oktanzahl).

**Soziabilität** [zu lat. sociabilis „gesellig"], in den *Sozialwiss.* 1. die (individuelle) Fähigkeit gesellschaftl. Ein- oder Anpassung eines Menschen; 2. svw. Geselligkeit auf Grund des menschl. Kontaktbedürfnisses.

**sozial** [lat., zu socius „Teilnehmer, Genosse"], 1. die Gesellschaft betreffend, gesellschaftl.; 2. gemeinnützig, hilfsbereit, mildtätig; 3. gesellig lebend (von Tieren, bes. von staatenbildenden Insekten).

**Sozialabgaben** (Sozialbeiträge), vom Arbeitgeber (Arbeitgeberanteil) und Arbeitnehmer (Arbeitnehmeranteil) aufzubringende Beiträge für die Einrichtungen der Sozialversicherung.

**Sozialakademie,** Lehr- und Forschungsstätte im Bereich der Sozialwiss. für wiss. nicht vorgebildete Berufstätige; die Ausbildung bereitet auf die Übernahme von Ämtern in wirtsch. und öffentl. Leben vor. Zu den wichtigsten in der BR Deutschland gehören die ↑Akademie der Arbeit und die **Sozialakademie Dortmund**; 1947 gegründet, Träger sind das Land NRW, die Stadt Dortmund und der DGB. Ihre Aufgabe ist die Weiterbildung von Arbeitern, Angestellten und Beamten im Rahmen eines sozialwiss. Studiums, bei dem sie zu unabhängigem Urteil und zu selbständiger Tätigkeit in Arbeitswelt, Wirtschaft und Politik befähigt werden. Die Studienbereiche sind Wirtschaft, Recht und Gesellschaft. Dauer des Studiums: 2 Semester mit der Möglichkeit zur Teilnahme an einem einsemestrigen Ergänzungsstudiengang. Die Abschlußprüfungen berechtigen nicht zu einem Hochschulstudium.

**Sozialamt,** die von Landkreisen bzw. kreisfreien Städten eingerichtete Behörde, die für die Durchführung aller gesetzl. vorgeschriebenen Maßnahmen der ↑Sozialhilfe verantwortlich ist.

**Sozialanthropologie** (Bevölkerungsbiologie, Ethnobiologie, Sozialbiologie, Ge-

# Sozialdemokratie

sellschaftsbiologie), interdisziplinärer Wiss.-zweig, der sich mit den Wechselbeziehungen zw. der biolog. (bes. genet.) Beschaffenheit des Menschen und den sozialen Vorgängen befaßt. Von der S. werden u. a. die Probleme der Auslese und Siebung beim Menschen, z. B. der unterschiedl. Fortpflanzungsstärke gesellschaftl. Schichten oder der Auswirkung einer durch den wiss.-techn. bzw. medizin. Fortschritt bedingten Änderung der Selektionsbedingungen für den Menschen untersucht; in angelsächs. Ländern versteht man unter *Social anthropology* die ↑ Ethnosoziologie.

**Sozialarbeit,** die persönl. Betreuung von Personen oder Gruppen auf Grund ihres Alters, ihrer sozialen Stellung, ihres körperl. oder seel. Befindens (z. B. Kinder, Jugendliche, alte Menschen, Nichtseßhafte, Obdachlose, Behinderte, Pflegebedürftige, Suchtkranke, Straffällige); S. schließt Beratung, Erziehung, Pflege und verschiedene andere Hilfeleistungen ein und hat das Ziel, Hilfesuchende zu befähigen, unabhängig von öffentl. Hilfe zu leben *(Hilfe zur Selbsthilfe)*. S. wird nach prakt. Arbeitsfeldern unterschieden, z. B. Familienfürsorge, Gesundheitsfürsorge, Heimerziehung, Bewährungshilfe, Jugendarbeit, Freizeitpädagogik. Ihre wichtigsten Methoden sind *Einzelfallhilfe* oder *Casework* (Auswahl bes. Hilfsmaßnahmen, auf den Einzelfall abgestimmt), ↑ Gruppenarbeit und *Gemeinwesenarbeit* (Hilfestellung für sozial unterprivilegierte Gruppen oder die ganze Bev. in überschaubaren Wohngebieten oder gesellschaftl. Funktionsbereichen). - Heute sind die bisher getrennten Disziplinen S. und *Sozialpädagogik* (↑ Pädagogik) nach ihren Zielsetzungen und Methoden kaum noch zu trennen.

**Sozialbeiträge,** svw. ↑ Sozialabgaben.

**Sozialbericht,** 1. jährl. von der Bundesregierung abzugebender Bericht über Maßnahmen und Vorhaben im Bereich der Sozialpolitik, dessen Teil B das **Sozialbudget** enthält, eine zahlenmäßige Zusammenstellung aller von staatl. Einrichtungen, öffentl.-rechtl. Körperschaften von Arbeitgebern vermittelten Sozialleistungen; 2. in der *Rentenversicherung* von der Bundesregierung jährl. bis zum 30. Sept. zu erstattender Bericht über die Finanzlage der Rentenversicherungen, der gleichzeitig den Vorschlag für die (jährl.) Rentenanpassung enthält; 3. Teil des *Geschäftsberichts*, in dem auf die Beschäftigtenverhältnisse, die Arbeitsbedingungen und die sozialen Leistungen des Betriebs eingegangen wird.

**Sozialbilanz,** irreführende Bez. für die gesellschaftsbezogene Berichterstattung von Wirtschaftsunternehmen (mit der ↑ Bilanz nicht vergleichbar); sie weist Kosten und Nutzen der unmittelbaren und mittelbaren Auswirkungen der wirtsch. Tätigkeit eines Unternehmens in sämtl. gesellschaftl. Bereichen aus, auch wenn sie sich zahlenmäßig nicht in Geldwerten ausdrücken lassen, und berücksichtigt i. d. R. folgende Gruppen, mit denen das Unternehmen in Beziehung steht: natürl. Umwelt (Umweltschutz), Mitarbeiter (Löhne, Gehälter, sonstige Leistungen), Kapitalgeber (z. B. Bruttodividenden, Zinsen), andere Unternehmen (z. B. Lieferanten), Staat (Steuern, Abgaben, Gebühren), Öffentlichkeit (z. B. Spenden, kulturfördernde Maßnahmen). Während von seiten der Unternehmen die sog. S. als Ausweis ihrer sozialen Verantwortung interpretiert wird, kritisieren die Gewerkschaften sie als eine bes. subtile Form von Öffentlichkeitsarbeit bzw. Propaganda der Unternehmen.

**Sozialbindung des Eigentums** ↑ Eigentum.

**Sozialbrache,** landw. nutzbare Flächen, deren Bearbeitung aus wirtsch. Gründen (z. B. mangelnde Ertragsfähigkeit des Bodens, bessere Verdienstmöglichkeiten in der Ind., Spekulation auf Verkaufsmöglichkeiten als Bauland) aufgegeben wurde.

**Sozialbudget** ↑ Sozialbericht.

**Sozialcharakter,** derjenige Teil der Persönlichkeit, der nicht durch Anlage und Vererbung, sondern auf Grund der Gleichförmigkeit der Sozialisationsprozesse innerhalb einer bestimmten sozialen Schicht, Bevölkerungsgruppe oder einer ganzen Gesellschaft geprägt wird und sich in für die jeweilige soziale Einheit spezif. Einstellungen, Wertvorstellungen und Verhaltensweisen zeigt.

**Sozialdarwinismus,** nach C. R. Darwin ben. soziolog. Theorienrichtung aus der 2. Hälfte des 19. Jh., die Darwins Lehre von der natürl. Auslese (Selektionstheorie) auf die Entwicklung von Gesellschaften übertrug und eng mit Evolutionismus, Biologismus und der Organismustheorie verbunden ist. Im S. wird die menschl. Gesellschaft als Teil der Natur und den Naturgesetzen unterworfen angesehen: Die Menschen seien von Natur aus ungleich; diese Ungleichheit führe zur Bildung gesellschaftl. Hierarchien, denn im Lebenskampf, in den sozialen Konflikten („**Kampf ums Dasein**") setzten sich die „Tauglichen" durch, während sich die weniger Geeigneten unterordneten. Der S., der die gesellschaftl. Entwicklung gleichsam als biolog. notwendigen, natürl. Anpassungs- und Ausleseprozeß zw. Individuen wie zw. verschiedenen Gruppen, Gesellschaften, Rassen oder Völkern versteht, dient als Rechtfertigungsideologie für jeweils bestehende gesellschaftl. Ungleichheiten und Ungerechtigkeiten und für Theorien des Rassismus. Hauptvertreter des S. waren W. G. Sumner, F. H. Giddings und W. Bagehot.

**Sozialdemokratie,** polit. Bewegung der Arbeitnehmer (urspr. der Arbeiter [↑ Arbeiterbewegung]), die in einer gerechten und solidar. Gesellschaft umfassende Freiheitsrechte durch die Demokratisierung aller wirtsch., sozialen und staatl. Bereiche verwirklichen

# Sozialdemokratische Arbeiterpartei

will († auch Sozialismus). Das Wort S. taucht in Deutschland erstmals 1848 auf. Viele im letzten Drittel des 19. Jh. gegr. † sozialistische Parteien in Europa folgten überwiegend dem im frühen Begriff der S. angelegten Konzept polit. und sozialer Reformen. Bereits in der Frühphase der Arbeiterbewegung wird der Dualismus von Revolution und Reform, von Klassen- und Staatspolitik, von revolutionärer Diktatur und von Bemühungen zur Demokratisierung des Gesamtstaates und seiner Teileinheiten deutlich.

In Deutschland läßt sich dieser Dualismus nicht streng nach „Eisenachern" und „Lassalleanern" scheiden. Zwar bereitete J. B. von Schweitzer, Nachfolger F. Lassalles in der Führung des Allg. dt. Arbeitervereins (ADAV), die Gründung einer „Social-Demokrat. Partei" vor. Seit dem Eisenacher Kongreß (1869) nannte sich die von A. Bebel und W. Liebknecht geführte Richtung Sozialdemokrat. Arbeiterpartei (SDAP). Beide Organisationen vereinigten sich 1875 zur Sozialist. Arbeiterpartei Deutschlands (SAP), die sich das *Gothaer Programm* gab. Die Programme der frühen S. waren zum einen von den Forderungen der radikalen bürgerl. Demokraten, zum anderen von der Begriffswelt Lassalles geprägt. Erst unter dem Sozialistengesetz hat in größerer Breite die Durchsetzung marxist. Vorstellungen in der S. begonnen. Die Überzeugung vom zwangsläufigen Zusammenbruch der kapitalist. Gesellschaft und naturgesetzl. Sieg des Sozialismus wurde im 1. Teil des *Erfurter Programms* (1891) der Sozialdemokrat. Partei Deutschlands (SPD; seit 1890) von K. Kautsky formuliert. Demgegenüber stellte E. Bernstein im 2. Teil tagespolit. Forderungen auf und erkannte zumindest indirekt den bestehenden Staat als Rahmen für prakt. Politik an. 1899 forderte Bernstein die S. auf, überlebte Phraseologien und Doktrinen zu revidieren und sich zu dem zu bekennen, was sie in Wirklichkeit schon sei: eine demokrat.-sozialist. Reformpartei († Revisionismus). Doch erst das Görlitzer Programm von 1921 (Entwurf von Bernstein) sah die SPD als Volkspartei, in der alle „körperl. und geistig Schaffenden" für „Demokratie und Sozialismus" zusammengeführt werden sollten. Nach der Wiedervereinigung der seit 1916/17 in Mehrheits-S. (MSPD) und Unabhängige Sozialdemokrat. Partei Deutschlands (USPD) gespaltenen Partei wurde unter der Federführung K. Kautskys das Heidelberger Programm von 1925 erarbeitet, das auf Positionen des Erfurter Programms zurückgriff und das im Görlitzer Programm formulierte Eintreten für den parlamentar.-demokrat. Staat erhebl. abschwächte. Während sich die Programmdiskussion der S. 1925 stark mit sozialist. Planwirtschaft (R. Hilferding) und „Wirtschaftsdemokratie" beschäftigte, machte die Weltwirtschaftskrise 1929/30 deutl., daß die S. keine einheitl. theoret. Konzeption zur Bekämpfung der ökonom. und polit. Krise besaß. Nach der totalen Niederlage der S. durch die NS-Machtergreifung 1933 wurden im Exil anfangs wieder sozialrevolutionäre Theorien und aktivist. Mobilisierungsstrategien diskutiert. So distanzierte sich die S. im *Prager Manifest* (1934), dessen Bed. freil. gering blieb, von der Legalitätstaktik und einem ziellosen Reformismus. Seit Ende der 1930er Jahre verstärkte sich jedoch, v. a. im skand. und angelsächs. Exil, die Neubesinnung auf die freiheitl. Grundlagen der westeurop. Demokratie.

Wegweisend für die Programmdiskussion der Nachkriegs-S. in Westdeutschland und Berlin waren K. Schumachers „polit. Richtlinien" vom Aug. 1945: enge Verbindung von Sozialismus und Demokratie, Anlehnung an das Görlitzer Programm von 1921, Aufbau eines pluralist. Parteiensystems anstelle eines bürokrat. regierten Obrigkeitsstaates, Gewinnung der alten und neuen Mittelschichten für die soziale Demokratie, Absage an eine Einheitspartei mit den Kommunisten, die an die „großruss.-imperialist." Interessen der Sowjetunion gebunden seien. Das Godesberger Grundsatzprogramm von 1959 nimmt endgültig Abschied vom Sozialismus als Weltanschauung. Freiheit, Gerechtigkeit und Solidarität sind die wesentl. Grundwerte des demokrat. Sozialismus. Der in Mannheim 1975 verabschiedete „Orientierungsrahmen '85" der SPD versucht, auf den einzelnen Feldern der Politik die Aussagen des Godesberger Grundsatzprogramms über die Grundwerte, insbes. über das Grundwert der Solidarität, zu präzisieren und zu konkretisieren.

📖 *Antoni, M. G.: S. u. Grundgesetz.* Bln. 1986. - *S. u. Verfassung.* Hg. v. M. Matzka. Wien 1985. - *Schwan, G.: Sozialismus in der Demokratie?* Stg. 1982. - *Pelinka, A.: S. in Europa.* Wien 1980. - *Zur Mühlen, P. von: S. in Europa.* Mchn. 1980. - *Winkler, H. A.: Die S. u. die Revolution v. 1918/19.* Bln. u. Bonn 1979. - *Fenner, C.: Demokrat. Sozialismus u. S.* Ffm. u. New York 1977. - *S. zwischen Klassenbewegung und Volkspartei.* Hg. v. H. Mommsen. Ffm. 1974.

**Sozialdemokratische Arbeiterpartei,** Abk. SDAP, dt. Partei 1869-75, † Sozialdemokratie.

**Sozialdemokratische Arbeiterpartei Österreichs,** an der Jahreswende 1888/89 auf dem Hainfelder Parteitag unter maßgebl. Beteiligung V. Adlers gegr. Organisation, die aus den in den 1860er Jahren entstandenen Arbeiterbildungsvereinen hervorging und sich als „internat. Partei" für alle Länder der östr. Reichshälfte verstand; häufig auch als Sozialdemokrat. Partei Österreichs (Abk. SPÖ) bezeichnet. Konnte 1896 im Reichsrat 14 Sitze gewinnen, wurde 1907 mit 87 Sitzen zweitstärkste Fraktion; zerfiel im 1. Weltkrieg endgültig in ihre nat. Bestand-

## Sozialdemokratische Partei Deutschlands

teile, die dt.-östr. Sozialdemokratie konnte jedoch - anders als die SPD - ihre Einheit aufrechterhalten und war ab 1918 zunächst entscheidender polit. Faktor: stellte mit K. Renner den ersten Reg.chef, konnte wichtige sozialpolit. Reformen durchsetzen und verhinderte die Errichtung einer Räterepublik nach ungar. Vorbild; seit 1920 in der Opposition, betrieb - geprägt durch Austromarxismus, Antikommunismus und Anschlußbestrebungen - bis zum Ende der parlamentar. Demokratie (1934) gegen die bürgerl.-konservative Staatsführung eine kämpfer. Opposition, die u. a. ein Anwachsen der KPÖ zur Massenpartei verhinderte; nach den bürgerkriegsähnl. Februarunruhen 1934 Verbot sämtl. Organisationen der Sozialdemokratie und der freien Gewerkschaften durch die autoritäre Reg. Dollfuß; die sozialdemokrat. Führung emigrierte z. T. in die ČSR, wurde z. T. verhaftet, viele Funktionäre der mittleren und unteren Ebene kämpften als *Revolutionäre Sozialisten* in der Illegalität gegen den autoritären Ständestaat; zahlr. Sozialdemokraten mußten nach dem „Anschluß" Österreichs an das Dt. Reich ihren Einsatz mit dem Leben bezahlen. - ↑ auch Sozialistische Partei Österreichs.

**Sozialdemokratische Arbeiterpartei Rußlands,** Abk. SDAPR (russ. Rossiskaja sozial-demokratitscheskaja rabotschaja partija, Abk. RSDRP), russ. Partei 1898-1918, 1903 in Menschewiki und Bolschewiki gespalten, ↑ Kommunistische Partei der Sowjetunion.

**Sozialdemokratische Partei der Schweiz,** Abk. SPS, schweizer. polit. Partei, gegr. 1888; bis 1914 stark reformist. geprägt; im 1. Weltkrieg radikalisiert (grundsätzl. Kritik am Kapitalismus, Ablehnung der Landesverteidigung, Solidarisierung mit dem Generalstreik [1918]); nach Abspaltung des linken Flügels als KP der Schweiz 1921 entwickelte sich die SPS zur Volkspartei und gewann zunehmend ein positives Verhältnis zur bürgerl. Demokratie; setzte sich mit dem Programm „Die Neue Schweiz" weitreichende Reformziele in der Wirtschafts-, Sozial- und Innenpolitik; 1943-53 und seit 1959 Reg.partei; hat im Nationalrat 41 (von 200), im Ständerat 5 (von 46) Sitze.

**Sozialdemokratische Partei Deutschlands,** Abk. SPD, älteste bestehende polit. Partei in Deutschland (↑ auch Sozialdemokratie). - Als erste Partei der 2. Internationale wurde die SPD zur Massenpartei (1890 mit 19,7% stärkste dt. Wählerpartei; 1898: 27,2%; 1903: 31,7%). 1912 stellte sie mit 34,8% und 110 (von 397) Abg. die stärkste Reichstagsfraktion und hatte 1913 rd. 1 Mill. Mgl. Die prakt.-polit. Arbeit der zahlr. SPD-Vertreter in Parlamenten u. a. Einrichtungen wie auch der zunehmende Einfluß der Gewerkschaftsführungen brachten den Reformismus in die Partei. Die SPD und die ihr befreundeten Organisationen und Vereine (Arbeitersport- und Gesangvereine, Bildungsvereine, Konsumvereine, freie religiöse Gemeinden) mit ihren Funktionären und ihrer eigenen Presse bildeten als polit. soziale Subkultur eine Art Gegenmodell zur Kultur des Dt. Reiches. „Organisationsfetischismus" und der Mangel an polit. Perspektiven wirkten sich auch 1914 auf die Entscheidung der SPD-Reichstagsfraktion für Kriegskredite aus, ohne daran konkrete Forderungen nach Demokratisierung von Staat und Gesellschaft zu knüpfen. 1917 spaltete sich die ↑ Unabhängige Sozialdemokratische Partei Deutschlands (USPD) ab. Im Herbst 1918 entschied sich die SPD mehrheitl. für die parlamentar. Demokratie; doch trotz einiger polit. und sozialer Reformmaßnahmen wurde weder eine umfassende Mitbestimmung in den Betrieben noch eine Bindung von Beamtenschaft und Armee an den demokrat. Staat erreicht. Als feste Organisation für die seit Beginn des Jh. betriebene sozialdemokrat. Jugendarbeit wurde 1919 die *Sozialist. Arbeiterjugend (SAJ)* gegründet. Ab 1919/20 wurde die Handlungsfähigkeit der SPD durch die schwierige außenpolit. Situation und durch das Schwinden der Wählerbasis entscheidend eingeschränkt: 1919 37,9% (USPD: 7,6%); 1920 21,7% (USPD: 17,9%); für die wieder vereinigte SPD im Mai 1924 20,5%, im Dez. 1924 26,0%. Seit 1923/24 im Reich wie in den meisten Ländern in der Opposition, konzentrierte sich die SPD mit Erfolg auf Preußen sowie auf die Kommunalpolitik. Die nach dem Wahlerfolg von 1928 (29,8%) gebildete große Koalition unter Hermann Müller (SPD) scheiterte in der Weltwirtschaftskrise. Von der KPD als „Sozialfaschisten" bekämpft, erlitten die Sozialdemokraten in der doppelten Frontstellung gegen rechts und links große Einbußen an Wählern (Sept. 1930: 24,5%; Nov. 1932: 20,4%; März 1933: 18,3%). Zur wirkungsvollen Abwehr der nat.-soz. Machtergreifung war die SPD nicht mehr fähig. Für die Sozialdemokraten folgten 12 Jahre schwerster Verfolgung, Hunderte ihrer Anhänger wurden in den KZ- und Zuchthaushaft ermordet, Tausende aus Deutschland vertrieben. Der Vorstand der Exil-SPD („SoPaDe") amtierte 1933-37 in Prag, 1938-40 in Paris und 1941-45 in London. Die im Reich illegal tätigen SPD-Gruppen wurden größtenteils 1938/39 zerschlagen. Führende Sozialdemokraten waren an der Widerstandsbewegung beteiligt.

Nach 1945 reorganisierte sich die SPD. In den 3 Westzonen und in Berlin gelang es ihr unter K. Schumacher (ab Mai 1946 Vors.), 3 weitreichende staatspolit. Entscheidungen durchzusetzen: 1. die Ablehnung der Vereinigung von SPD und KPD, wie sie in der SBZ unter starkem sowjet. Druck erfolgte; 2. die polit. Konsolidierung von Berlin (West) während der sowjet. Blockade (1948/49); 3. die Verankerung einer funktionsfähigen bundesstaatl. Ordnung im GG. Nach der Gründung der BR Deutschland in der Opposition, bekämpfte die SPD die Restauration ökonom. und sozialer Strukturen und strebte die gemeinsame Lösung von nat. und sozialer Frage an. Nach der vollständigen Einbindung beider dt. Staaten in das westl. bzw. östl. Paktsystem (1955) vollzog die SPD im Godesberger Grundsatzprogramm von 1959 den Schritt zur linken Volkspartei und strebte Bündnisfähigkeit zum Westen hin und Koalitionsfähigkeit im Innern an. Sie verließ in den folgenden Bundestagswahlen den „30%-Turm" (1949: 29,2%; 1953: 28,8%; 1957: 31,8%) und erhielt 1961 36,2% und 1965 39,3%. Nach 3 Jahren Koalition mit der CDU/CSU (ab 1966) bildete sich nach den Wahlen von 1969 (42,7%) unter W. Brandt eine Koalition mit der FDP, die eine Neuorientierung der Deutschland- und Ostpolitik vornahm und innere Reformen einleitete. Die sozialliberale Koalition wurde auch nach den Wahlen von 1972 (45,8%), 1976 (42,6%) und 1980 (42,9%) fortgesetzt (ab 1974 unter Bundeskanzler H. Schmidt). Nach dem Reg.wechsel durch ein konstruktives Mißtrauensvotum der CDU/ CSU und der FDP (1. Okt. 1982) erlitt die SPD bei den Wahlen 1983 und 1987 Einbußen (38,2% bzw. 37,0%). 1987 trat W. Brandt vom Amt des Parteivors. zurück, sein Nachfolger wurde H.-J. Vogel. Im Aug. 1988 führte die SPD für Parteiämter und Mandatsträger eine Quotenregelung zugunsten der Frauen ein. Danach müssen stufenweise bis 1992 den Frauen 40% der Ämter und Mandate eingeräumt werden.

**Organisation:** Der Parteitag wählt den Parteivors., seine beiden Stellvertreter, den Schatzmeister sowie die übrigen Mgl. des Parteivorstandes. Dieser bestellt aus seiner Mitte das Parteipräsidium. Der Parteirat setzt sich aus Vertretern der Bezirke und Landesverbände, den sozialdemokrat. SPD-Reg.chefs der Länder, den SPD-Fraktionsvors. in Bund und Ländern und den SPD-Mgl. der Bundesreg. zusammen. Die Arbeitsgemeinschaften, wie die für Arbeitnehmerfragen, der Frauen, der Selbständigen und der **Jungsozialisten** (Juso; SPD-Mgl. bis zu 35 Jahren) sind Teile der Partei.

**Sozialdumping** [engl. ...dʌmpɪŋ] ↑ Dumping.

**soziale Aufwendungen,** zusammenfassende Bez. für: 1. gesetzl. soziale Aufwendungen (Arbeitgeberanteile zur Renten-, Arbeitslosen- und Krankenversicherung, Berufsgenossenschaftsbeiträge), 2. freiwillige soziale Aufwendungen (u. a. Altersversorgung, betriebl. Veranstaltungen, Kantinenaufwand, Unterstützungen, Jubiläumszahlungen).

**soziale Entwicklung,** Bez. der Soziologie für Veränderungsprozesse von Sozialstrukturen. - ↑ auch sozialer Wandel.

**soziale Frage,** i. w. S. Bez. für aus der sozialen Lage der jeweils unterprivilegierten Gesellschaftsschicht resultierende Probleme, seit dem 19. Jh. Schlagwort bes. für die ökonom. Lage der Lohnabhängigen (**Arbeiterfrage**) und die entsprechenden, auch polit., moral. usw. Probleme. In diesem Sinne entstand die s. F. mit der Veränderung der gesellschaftl. Strukturen durch die industrielle Revolution, in deren Verlauf eine Arbeiterklasse entstand, die ohne rechtl. Schutz und politisch nicht gleichberechtigt der wirtsch. Überlegenheit der Fabrikbesitzer ausgeliefert war (↑ auch Deutschland [Wirtschafts- und Sozialgeschichte]). Die s. F. konzentrierte sich dadurch in erster Linie auf das Problem, einer Verelendung der Arbeiter entgegenzuwirken und insbes. Erscheinungen wie Frauen- und Kinderarbeit, elende Wohnverhältnisse, geistigen und moral. Verfall zu beseitigen. In dieser Richtung engagierten sich, zumal nach dem Entstehen einer v. a. am Marxismus orientierten ↑Arbeiterbewegung, in der 2. Hälfte des 19. Jh. vielfach auch bürgerl. Kreise. Dieses Engagement fand seinen Ausdruck z. B. in den sog. ↑Kathedersozialisten bzw. dem ↑Verein für Socialpolitik. Beginnend mit der ↑Sozialpolitik Bismarcks, der polit. Gleichberechtigung der Arbeiterschaft durch Beseitigung des Dreiklassenwahlrechts, später durch den Ausbau eines Systems der sozialen Sicherung und zunehmenden materiellen Wohlstand, wurde die s. F. im genannten Sinne gelöst.

⚇ Brakelmann, G.: Die S. F. des 19. Jh. Witten ⁷1981.

**soziale Indikation** ↑Schwangerschaftsabbruch.

**Sozialeinkommen,** alle vom Staat einschließl. der staatl. Versicherungsorgane geleisteten Unterstützungszahlungen an Wirtschaftssubjekte, die ein Leistungseinkommen aus der Beteiligung am Produktionsprozeß noch nicht, vorübergehend nicht oder nicht mehr beziehen.

**soziale Insekten** (staatenbildende Insekten), Insektenarten, bei denen alle Nachkommen eines oder mehrerer ♀♀ (Königin) in einer Nestgemeinschaft mit strenger Arbeitsteilung (↑Kaste) zusammenleben. Der Zusammenhalt der einjährigen (Wespen, Hummeln) oder mehrjährigen Nestgemeinschaften (Termiten, Ameisen, Bienen) ist teils instinktgesteuert, teils hormonal (über ↑Ektohormone) gesteuert.

**soziale Kosten,** Kosten, die nicht in der Wirtschaftsrechnung der sie verursachenden Wirtschaftssubjekte erscheinen, sondern auf dritte Personen oder die gesamte Volkswirtschaft abgewälzt werden; s. K. können z. B. aus der Luft- und Gewässerverunreinigung durch die Industrie entstehen.

## SOZIALE SICHERHEIT
### Aufteilung des Sozialbudgets in der BR Deutschland
(in Millionen DM)

| Leistungen | 1973 | 1976 | 1981 | 1985 |
|---|---|---|---|---|
| Rentenversicherung | 79 242 | 131 702 | 159 186 | 188 150 |
| Krankenversicherung | 43 384 | 67 162 | 96 357 | 114 543 |
| Pensionen im öffentl. Dienst | 22 026 | 28 080 | 36 678 | 36 793 |
| Arbeitsförderung (z. B. Arbeitslosengeld, Berufsförderung, Rehabilitation) | 6 822 | 16 517 | 31 388 | 38 990 |
| Lohnfortzahlung | 8 865 | 19 000 | 29 100 | 26 000 |
| Kindergeld | 3 207 | 14 430 | 19 165 | 14 485 |
| Sozialhilfe | 5 290 | 9 693 | 14 781 | 22 182 |
| Familienzuschläge und Beihilfen für Beamte | 9 717 | 10 702 | 13 821 | 15 246 |
| Kriegsopferversorgung | 9 172 | 11 825 | 13 790 | 13 435 |
| Sparförderung | 13 800 | 13 950 | 12 375 | 10 296 |
| Arbeitgeberleistungen | 5 550 | 8 400 | 11 250 | 15 795 |
| Unfallversicherung | 5 868 | 7 921 | 10 598 | 11 673 |
| Jugendhilfe | 2 780 | 3 990 | 7 248 | 7 761 |
| Zusatzversicherung im öffentl. Dienst | 2 091 | 3 371 | 4 894 | 8 205 |
| Ausbildungsförderung | 1 924 | 2 706 | 3 167 | 469 |
| Altershilfe für Landwirte | 1 475 | 2 095 | 2 904 | 3 327 |
| Wohngeld | 1 230 | 1 720 | 2 664 | 2 648 |
| Wiedergutmachung | 2 436 | 2 170 | 2 153 | 1 980 |
| öffentl. Gesundheitsdienst | 1 220 | 1 350 | 1 651 | 1 939 |
| Lastenausgleich | 1 728 | 1 875 | 1 628 | 1 297 |

Quelle: Statist. Jahrbuch für die BR Deutschland 1986.

**soziale Marktwirtschaft,** von A. Müller-Armack mitgeprägte und so bezeichnete, von L. Erhard realisierte wirtschaftspolit. Konzeption des Ordoliberalismus (↑ Neoliberalismus) für eine ↑ Marktwirtschaft mit begrenzter, v. a. ordnungspolit. Intervention des Staates.

**Sozialenzykliken,** Bez. für die päpstl. Rundschreiben, die sich aus der Sicht des kath. Lehramtes mit Problemen des menschl. Zusammenlebens im Zeitalter der Industrialisierung befassen, zur Lösung der sozialen Frage beitragen wollen und das Fundament der kath. Soziallehre bilden; S. sind „Rerum novarum", „Quadragesimo anno", „Mater et Magistra", „Populorum progressio" und „Laborem exercens".

**sozialer Wandel,** von W. F. Ogburn geprägte Bez. für qualitative und quantitative Veränderungen der Struktur einer Gesellschaft. Als s. W. gelten sowohl grundlegende Veränderungen der gesamten Sozialstruktur (z. B. Übergang von der Stände- zur Klassengesellschaft) als auch Veränderungen innerhalb einer bestehenden Struktur (z. B. Veränderungen der Bev.gliederung und der sozialen Schichtung) oder in Teilbereichen (z. B. Wirtschaft [v. a. industrielle Revolution], Herrschaftsverhältnisse, gesellschaftl. Institutionen und Ideologien). Als Ursachen von s. W. werden *innere* (*endogene* [z. B. innergesellschaftl. Interessengegensätze und Konflikte]) und äußere (*exogene* [z. B. Umweltveränderungen, Erfindungen und Entdeckungen]) unterschieden. S. W. kann langsam (z. B. bei grundlegender Änderung von Normen und Wertvorstellungen) oder rasch (Modeerscheinungen), kontinuierl. (Evolution) oder abrupt (Revolution), kontrolliert (Entwicklungsplanung) oder unkontrolliert (z. B. bei Krisen) erfolgen und sich systemerhaltend (funktional) oder systemstörend (dysfunktional) auswirken. - An soziolog. Erklärungsversuchen konkurrieren geschichtsphilosoph. orientierte Theorien, die sozialen W. als Entwicklungsprozeß zu höheren, humaneren Stufen menschl. Gesellschaft über größere Zeiträume hinweg betrachten, mit erfahrungswiss. ausgerichteten Analysen, die mit den Methoden empir. Sozialforschung Aussagen über bestehende soziale Verhältnisse und daraus ableitbare Veränderungsmöglichkeiten anstreben.

**sozialer Wohnungsbau,** durch öffentl. Mittel geförderter Bau von Wohnungen, die hinsichtl. Miete bzw. Belastung, Ausstattung und Größe für sozial benachteiligte Bevölkerungsgruppen bestimmt sind (Sozialwohnungen). Die Mittel für den sozialen W. werden in Form von [zinslosen] Darlehen, Zuschüssen, Bürgschaften, Steuervergünstigungen sowie durch Bereitstellung von [billigem] Bauland gewährt.

**soziales Handeln** ↑ Handeln. - ↑ auch Interaktion.

**soziale Sicherheit** (soziale Sicherung),

**soziales Jahr**

i. e. S. Bez. für die Gesamtheit der gesellschaftl. Einrichtungen, auf deren Leistungen der einzelne in wirtsch. und persönl. Not- und Ausnahmesituationen (Krankheit, Arbeitslosigkeit, Alter u. a.) Anspruch hat; gründet auf der Solidargemeinschaft der Gesellschafts-Mgl. und der durch ihr soziales Zusammenleben gebotenen Leistungsmöglichkeiten; ist Teil staatl. und gesellschaftl. Sozialpolitik und wird v. a. von der Sozialhilfe, Sozialversicherung und Versorgung getragen; umfaßt i. w. S. auch Einrichtungen, die den einzelnen vor sozialen Härtefällen schützen (z. B. Kündigungsschutz im Arbeits- und Mietrecht, Arbeitsschutzgesetzgebung, Maßnahmen der Arbeitsförderung, Mitbestimmung und Betriebsverfassung) und sein soziales Wohlbefinden verbessern (z. B. Humanisierung der Arbeitswelt).

**soziales Jahr** ↑ freiwilliges soziales Jahr.

**soziales Verhalten,** svw. ↑ Sozialverhalten.

**Sozialethik,** institutioneller oder allg. gesellschaftl. Rahmen zur moral. Begründung und Beurteilung von menschl. Handlungen. Mit der Hervorhebung des Handlungsrahmens verbindet sich bes. in der Tradition der evangelischen Soziallehre das Verständnis, daß eth. Probleme erst im Zusammenleben der Menschen und dessen institutioneller Regelung entstehen. Nach diesem Verständnis ist die S. nicht ein Teilgebiet der ↑ Ethik, sondern eine bestimmte Ethikkonzeption, nach der alle Ethik S. sein soll.

**soziale Verhaltensweisen,** svw. ↑ Sozialverhalten.

**soziale Verständigung** ↑ Sozialverhalten.

**Sozialfaschismus,** kommunist. ideolog. Kampfbegriff zur Bez. der Sozialdemokratie, nach G. J. Sinowjew 1924 entwickelt, nach 1928 durch Stalin dogmatisiert; Sozialdemokratie und Faschismus wurden als „Zwillingsbrüder" apostrophiert; der sog. S. wurde als „Hauptfeind" bekämpft.

**Sozialforschung** ↑ empirische Sozialforschung, ↑ auch Soziologie.

**Sozialgeographie** ↑ Geographie.

**Sozialgerichtsbarkeit,** bes. Zweig der Verwaltungsgerichtsbarkeit, der im *SozialgerichtsG* (Abk. SGG) vom 3. 9. 1953 i. d. F. vom 23. 9. 1975 geregelt ist. Die Gerichte der S. entscheiden über öffentl.-rechtl. Streitigkeiten in Angelegenheiten der Sozialversicherung (Kranken-, Unfall-, Rentenversicherung), der Arbeitslosenversicherung und der übrigen Aufgaben der Bundesanstalt für Arbeit sowie der Kriegsopferversorgung; ferner sind die Gerichte der S. zuständig in Angelegenheiten des Kassenarztrechts sowie bei öffentl.-rechtl. Streitigkeiten, die auf Grund des Lohnfortzahlungsgesetzes entstehen oder die der S. durch bes. gesetzl. Regelung zugewiesen sind (§ 51 SGG). Für die übrigen sozialrechtl. Streitigkeiten (z. B. in Angelegenheiten des Wohngeld-, Sozial- und Jugendhilferechts) sind die Verwaltungsgerichte zuständig. Im Verfahren zur Geltendmachung und Durchsetzung von Rechten (**Sozialgerichtsverfahren**) entscheiden erstinstanzl. die Sozialgerichte, in der Berufungsinstanz die Landessozialgerichte (Sprungrevision mögl.) und in der Revisionsinstanz das Bundessozialgericht in Kassel. Die **Sozialgerichte** sind als Landesgerichte errichtet; mehrere Länder können gemeinsam Sozialgerichte bilden oder die Ausdehnung von Gerichtsbezirken über die Landesgrenzen hinaus vereinbaren. Die Sozialgerichte sind fachl. in Kammern gegliedert, die mit einem Berufsrichter als Vorsitzendem und zwei ehrenamtl. Richtern entscheiden. Die **Landessozialgerichte** sind in Fachsenate gegliedert. Sie entscheiden über Berufung und Beschwerde gegen Entscheidungen der Sozialgerichte. Die Senate bestehen aus 3 Berufsrichtern (einem Vorsitzenden und zwei weiteren Berufsrichtern) sowie zwei ehrenamtl. Richtern. Das **Bundessozialgericht** ist zuständig für die Revision gegen Urteile der Sozialgerichte; es entscheidet ferner erst- und letztinstanzl. über bestimmte sozialrechtl. Streitigkeiten zw. dem Bund und einem Land sowie zw. zwei Ländern. Es untersteht der Dienstaufsicht des Bundesministers für Arbeit und Sozialordnung und ist in Fachsenate gegliedert, die wie die Senate der Landessozialgerichte besetzt sind. Für die Entscheidung in grundlegenden Fragen und in Fällen der Abweichung eines Senats von der Entscheidung des Großen Senats ist letzterer zuständig; dieser umfaßt elf Mitglieder (ein Berufsrichter als Präsident, sechs weitere Berufs- und vier ehrenamtl. Richter).

In *Österreich* existiert keine dem dt. Recht vergleichbare einheitl. Sozialgerichtsbarkeit. In der *Schweiz* werden Streitigkeiten in sozialversicherungsrechtl. Angelegenheiten auf kantonaler Ebene von den ordentl. Gerichten oder den Rekurskommissionen bei der Alters-, Hinterlassenen- und Invalidenversicherung entschieden. Das Eidgenöss. Versicherungsgericht (↑ Bundesgerichte) ist zweite und letzte Instanz. – Abb. S. 290.

📖 *Bley, H.: Grundzüge der S. Bln. 1976. - Doetsch, W./Ortlepp, H. P.: Das Sozialgerichtsverfahren. Bergisch Gladbach 1976.*

**Sozialgeschichte,** urspr. Spezialdisziplin der Geschichtswiss., die sich im Ggs. zur traditionellen, an der polit. Geschichte orientierten Geschichtsschreibung v. a. mit der Geschichte der sozialen Klassen und Gruppen, Institutionen und Strukturen befaßte und deren Leitvorstellungen von M. Weber, K. Lamprecht und deren Schülern geprägt wurden; heute method. Prinzip, mit dem Gegenstände der Verfassungs-, Wirtschafts-, Ideen- und Politikgeschichte auf ihre gesellschaftl. Trägergruppen, Ursachen und

# Sozialimperialismus

Bedingungen hin untersucht werden. Insbes. in Verbindung mit der Wirtschaftsgeschichte und ihren Methoden wurde die S. des industriellen Zeitalters (z. B. H.-U. Wehler) wie auch des Altertums (M. Rostovtzeff), des MA und der früheren Neuzeit (H. Pirenne, A. Dopsch, O. Brunner, O. Hintze) erforscht.

**Sozialgesetzbuch,** die Zusammenfassung des gesamten Sozialrechts in einem Gesetzbuch. In der BR Deutschland entsteht z. Z. ein S. (Abk. SGB), das sich in folgende Bücher gliedern soll: 1. Allg. Teil (im wesentl. bereits am 1. 1. 1976 in Kraft getreten); 2. Ausbildungsförderung; 3. Arbeitsförderung; 4. Sozialversicherung, deren Allg. Teil, die „Gemeinsamen Vorschriften für die Sozialversicherung", bereits am 1. 7. 1977 in Kraft getreten ist; die weiteren Kapitel sollen Vorschriften über die bisher in der Reichsversicherungsordnung geregelte Kranken-, Unfall- und Rentenversicherung sowie über die Handwerkerversicherung und die Altersversicherung für Landwirte enthalten; 5. soziale Entschädigung für Gesundheitsschäden; 6. Kindergeld; 7. Wohngeld; 8. Jugendhilfe; 9. ↑Sozialhilfe; 10. Verwaltungsverfahren; Beziehungen der Leistungsträger zueinander sowie zu Dritten. Das Verfahren vor den Sozialgerichten (↑Sozialgerichtsbarkeit) wird im S. nicht geregelt. Einzelvorschriften sozialpolit. Inhalts waren schon in älteren Gesetzen enthalten. Als Beginn einer selbständigen dt. Sozialgesetzgebung wird meist das preuß. Regulativ über die Beschäftigung jugendl. Arbeiter in Fabriken von 1839 angesehen. Im weiteren Verlauf des 19. Jh. diente die Sozialgesetzgebung als Beitrag zur Lösung der ↑sozialen Frage. Die schichtenspezif. Orientierung trat im Laufe des 20. Jh. allmähl. zurück, nachdem sich der Sozialgesetzgebung mit der sozialen Entschädigung von Kriegs- und Nachkriegsfolgen sowie durch das Verständnis der Sozialpolitik als Gesellschaftspolitik weitere Wirkungsfelder eröffnet hatten.

**Sozialhaushalt,** die im Sozialbudget (↑Sozialbericht) erfaßten Teile des Staatshaushalts.

**Sozialhilfe,** (staatl. S.), Gesamtheit der im Bundessozialhilfegesetz (BSHG) geregelten und früher als öffentl. Fürsorge bezeichneten Hilfen, die einem Menschen in einer Notlage von öffentl. Seite gewährt werden; neben der Sozialversicherung und der Versorgung ein wichtiges Glied im System der sozialen Sicherung in der BR Deutschland. Die S. ist das letzte vom Staat bereitgestellte Mittel, individuelle Notlagen zu beheben und setzt nur ein, wenn der Bedürftige sich nicht selbst helfen kann und keine andere Leistung von anderer Seite erhält *(Nachrang der staatl. S.);* sie wird allen hilfsbedürftigen Personen sowohl in Form von Geld und Sachleistungen als auch in Form individueller Betreuung gewährt **(persönl. Hilfe;** ↑auch Sozialarbeit). Das BSHG unterscheidet 1. die **Hilfe zum Lebensunterhalt (HzL),** die ein Existenzminimum ohne Rücksicht auf die Ursache der Bedürftigkeit garantieren soll, und 2. die **Hilfe in besonderen Lebenslagen (HbL),** umfassend die Hilfen zum Ausbau oder zur Sicherung der Lebensgrundlage, Ausbildungshilfe, vorbeugende Gesundheitshilfe, Krankenhilfe, Hilfe zur Familienplanung, Hilfe für werdende Mütter und Wöchnerinnen, Eingliederungshilfe für Behinderte, Tuberkulosehilfe, Blindenhilfe, Hilfe zur Pflege, Hilfe zur Weiterführung des Haushalts, Hilfe zur Überwindung bes. sozialer Schwierigkeiten sowie die Altenhilfe. - *Träger* der S. sind städt. und Kreissozialämter *(örtl. Träger)* und von den Bundesländern bestimmte *überörtl. Träger* (Landeswohlfahrtsverbände, Reg.bezirke, Landschaftsverbände oder die Bundesländer selbst). 1984 nahmen rd. 2,6 Mill. Menschen in der BR Deutschland staatl. S. in Anspruch. - In *Österreich* ist die S. noch als Fürsorge landesgesetzl., in der *Schweiz* durch kantonales Recht geregelt.

**Geschichte:** Die heutige S. hat sich aus der Armenpflege entwickelt, die etwa bis 1300 nur von Einzelpersonen, später dann v. a. von Klöstern und Orden betrieben wurde. Zünfte und Gilden, ebenso die Genossenschaften und Bruderschaften der Handwerker und Gesellen sorgten in den Städten für ihre verarmten Mgl. sowie für die Witwen und Waisen ihrer Mgl.; Armut wurde vornehml. als Problem öffentl. Ordnung verstanden; viele Städte erließen z. B. Bettelverbote und Armenverordnungen. Seit dem 16. Jh. übernahmen zunehmend die Städte selbst die Aufgabe der Armenfürsorge, v. a. in Armenhäusern und Hospitälern. Von großer Bed. für die Entwicklung staatl. S. in Deutschland war das Gesetz des Norddt. Bundes über den Unterstützungswohnsitz (1870), das die Gemeinde, in der ein Hilfsbedürftiger seinen Wohnsitz hatte, zur Unterstützung verpflichtete. 1924 erfolgte eine Neuordnung der Armenfürsorge durch die „Verordnung über die Fürsorgepflicht". Dieses Fürsorgerecht blieb trotz mehrfacher Änderungen im Kern bis 1961 unverändert, als es durch das BSHG zu einer Erweiterung und Vereinheitlichung des S.rechts und zu der neuen Zielsetzung kam, in Not geratenen Menschen die Grundlage für eine selbstbestimmte und menschenwürdige Lebensführung zu geben.

📖 *Bundessozialhilfegesetz.* Hg. v. H. Denk. Mchn. 1980. - Freudenthal, H.: *S.recht.* Herford ³1979.

**Sozialhygiene,** als Teilgebiet der Hygiene die Wiss. von den Wechselbeziehungen zw. dem Gesundheitszustand des Menschen und seiner sozialen Umwelt. Sie umfaßt Präventiv- und Rehabilitationsmedizin sowie das öffentl. Gesundheitswesen.

**Sozialimperialismus,** 1. v. a. von Lenin

entwickelte Bez. für die im 1. Weltkrieg die Politik ihrer jeweiligen nat. Reg. unterstützenden Teile der Sozialdemokratie, die damit nach leninist. Auffassung ins Lager des Imperialismus überwechselten; 2. in der VR China und seitens maoist. Gruppen Bez. für die [außen]polit. Praxis der Sowjetunion.

**Sozialisation** [lat.], zentraler Begriff der Verhaltens- und Sozialwiss., der die Gesamtheit der Phasen bezeichnet, durch die der Mensch zur sozialen, gesellschaftl. handlungsfähigen Persönlichkeit wird, indem er in gesellschaftl. Struktur- und Interaktionszusammenhänge (z. B. in Familien, Klassen, Schichten) hineinwächst; gleichzeitig mit der S. findet eine Verteilung der Individuen auf die verfügbaren, unterschiedl. bewerteten Positionen innerhalb einer Gesellschaft statt. Die *primäre S.*, in der wichtige, Sprache, Denken, Fühlen und Handeln betreffende Persönlichkeitsmerkmale ausgeformt werden, die den Menschen dazu befähigen, die Bedingungen und Formen des sozialen Handelns und Erlebens sowie den arbeitsteiligen Reproduktionsprozeß seiner Gesellschaft zu verstehen und selbst daran teilzunehmen, findet i. d. R. größtenteils in der Familie als der wichtigsten S.instanz statt. *Sozialisationsinstanzen* sind alle gesellschaftl. Einrichtungen, die die S.prozesse (bewußt oder unbewußt) steuern und bestimmte Normen und Wertvorstellungen, Ziele und Verhaltensformen vermitteln. Etwa nach Vollendung des 3. Lebensjahres beginnt die *sekundäre S.*, in der das Individuum lebenslang auf der Basis der Ergebnisse der primären S. neues soziales Rollenverhalten hinzulernt; Erziehung als bewußtes und abgrenzendes Handeln kann dabei bestimmte Einflüsse des S.prozesses unterstützen, anderen entgegenwirken.

Die Bestimmung des S.begriffes ist allerdings nicht eindeutig: Zum einen meint er die Anpassung des Individuums an die gesellschaftl. Rollen- und Verhaltensanforderungen *(affirmative Funktion)*, zum anderen die Entwicklung des Menschen zur autonomen, gefestigten Persönlichkeit *(emanzipator. Funktion)*. Kritiker der bestehenden gesellschaftl. Verhältnisse heben hervor, daß gerade durch eine überwiegend affirmative Funktion der S. das soziale System über das wertgebundene Handeln der Gesellschafts-Mgl. ständig reproduziert wird, S. systemstabilisierend und traditionsbewahrend wirkt. Als S.instanzen, die i. d. R. in diesem Sinne wirken, werden Schule, Univ., berufl. Ausbildungsstätte, Arbeitsstätte, Kirche, Militär, traditionelle Vereine usw. angesehen. Im S.ablauf und -erfolg gibt es erhebl. Unterschiede zw. Unterschicht- und Mittelschichtangehörigen; dadurch findet ständig eine Reproduktion der sozialen Schichtung und der damit verbundenen sozialen Ungleichheiten statt.

📖 *Baumgärtel, F.: Familien-S. Braunschweig 1979. - Helbig, L.: S. Ffm. 1979. - Götz, B.: S. oder Erziehung. Freib. 1978. - S. u. Lebenslauf. Hg. v. K. Hurrelmann. Rbk. 1976. - S.forschung. Hg. v. H. Walter. Stg. 1973–75. 3 Bde.*

**Sozialisierung** (Vergesellschaftung), die Übertragung von Eigentum an bzw. Verfügungsgewalt über Produktionmittel auf kollektive (gesellschaftl.) Instanzen, mit der - im Unterschied zur † Enteignung - eine Änderung der Wirtschafts- und Gesellschaftsstruktur angestrebt wird. Unter S. wurde urspr. als Forderung sozialist. Kreise die Beseitigung des Privateigentums an Produktionsmitteln

Sozialgerichtsbarkeit. Schema des Sozialgerichtsverfahrens in der Bundesrepublik Deutschland

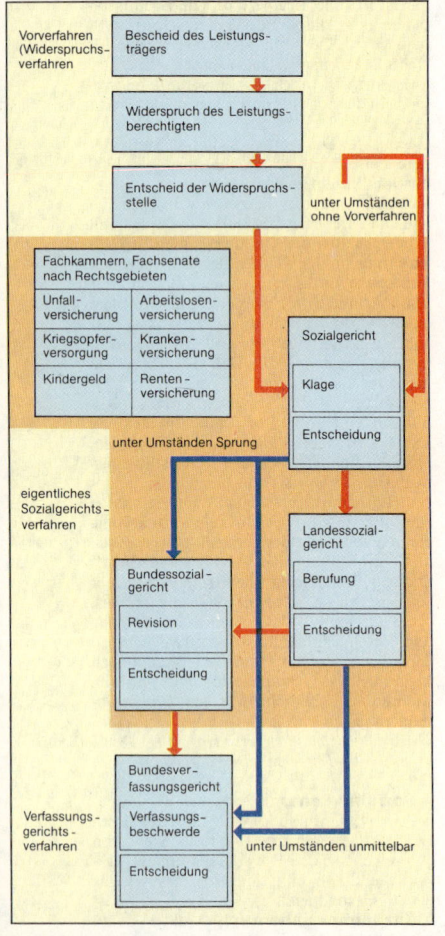

# Sozialismus

verstanden, wogegen heute als S. jede Überführung des Eigentums an Produktionsmitteln aus privater sowohl in öffentl. Hand als auch in Formen der Gemeinwirtschaft bezeichnet wird, die das Eigentum nicht entzieht, sondern nur die Verfügungsrechte der Eigentümer beschneidet. Die in der BR Deutschland rechtlich generell auf Grund Art. 15 GG mögliche S. steht in einem Spannungsverhältnis zur ↑ Eigentumsgarantie.

**Sozialismus** [lat.], eine als Gegenmodell zum Kapitalismus entwickelte polit. Lehre, die bestehende gesellschaftl. Verhältnisse mit dem Ziel sozialer Gleichheit und Gerechtigkeit verändern will, eine nach diesen Prinzipien organisierte Gesellschaftsordnung sowie eine polit. Bewegung, die diese Gesellschaftsordnung anstrebt; im *Marxismus* das Übergangsstadium von der kapitalist. zur kommunist. Gesellschaftsformation. - Die Kritik des S. an bestehenden gesellschaftl. Verhältnissen bezieht sich nicht auf die Funktionsfähigkeit einer Gesellschaft, sondern orientiert sich an den *Interessen* der Bev.schichten, die an der Herrschaftsausübung nicht teilhaben oder dieser Gesellschaft entfremdet sind. S. klagt deshalb die jeweils bestehende Ordnung an, die Armut, Unrecht, Abhängigkeit und Unterdrückung zuläßt, entwickelt als Gegenmodell die *Utopie* einer besseren Ordnung nach dem Prinzip der sozialen Gleichheit und Gerechtigkeit und der Möglichkeit der Befriedigung materieller Bedürfnisse für alle, um dann zu versuchen, die kritisierte Ordnung (wenn nötig, mit Gewalt) umzustürzen.

**Frühsozialismus, Vorsozialismus, utopischer Sozialismus:** Die Lehre des S. verbreitete sich v. a. seit Beginn des 19. Jh. im Zusammenhang mit der Durchsetzung der industriellen Produktionsweise, dem sich mit ihr entfaltenden kapitalist. Wirtschaftssystem und der sich immer dringlicher stellenden sozialen Frage. Dennoch gab es dem S. vergleichbare oder ihn vorbereitende Lehren bereits vor dem Entstehen der industriellen Gesellschaft, so v. a. im Frankr. des 18. Jh., wo u. a. Morelly Kritik am Privateigentum übte und F. N. Babeuf und É. Cabet Gesellschaftsutopien entwickelten, die als Vorläufer sozialist. und kommunist. Ordnungsvorstellungen anzusehen sind. Erst C. H. de Rouvroy, Graf von Saint-Simon, erkannte den Zusammenhang von wirtsch. und gesellschaftl. Verhältnissen und wies darauf hin, daß auf Grund des wiss.-techn. Fortschritts nur u. a. wirtsch. Faktoren die gesellschaftl. Verhältnisse formten. Mit Hilfe genossenschaftl. Organisationsformen (**genossenschaftlicher Sozialismus**) wollten u. a. C. Fourier, P. J. B. Buchez und L. Blanc sozialist. Gesellschaftsformen erreichen. F. Lassalle reklamierte für die Arbeiter das Recht auf den vollen Arbeitsertrag und forderte zur Verwirklichung dieses Rechts die Bildung von sog. Produktionsassoziationen als Mittel kollektiver Selbsthilfe. Mit Hilfe des allg. Wahlrechts - zentraler Punkt seiner Programmatik - sollte der Staat im Interesse der Arbeiterschaft umgewandelt werden, da der Staat als Träger gesellschaftl. Entwicklung angesehen wurde. Diese Auffassung eines **Staatssozialismus** teilte Lassalle v. a. mit J. K. Rodbertus und L. von Stein.

**Marxistisch[-leninistischer] Sozialismus:** Von diesen Vorläufern wird der von K. Marx entwickelte *wissenschaftl. S.* (↑ Marxismus) unterschieden, der v. a. als Instrument der Analyse bestehender Gesellschaftsformen diente und nur wenig über die Gestaltung einer neuen Gesellschaftsordnung aussagte; der S. als Gesellschaftsordnung ist für den Marxismus-Leninismus nur ein Übergangsstadium zur klassenlosen kommunist. Gesellschaft. Diese Übergangsgesellschaft zeichnet sich durch gesellschaftl. Eigentum an Produktionsmitteln (i. d. R. Staatseigentum) sowie durch das Prinzip gesamtgesellschaftl. Planung durch den Staat aus. Durch die Partei der Arbeiterklasse als einzige oder dominierende Partei geschieht die staatl. Tätigkeit im Interesse der Arbeiterklasse, so daß über diesen Umweg eine *Identität der Produzenten mit den Eigentümern an Produktionsmitteln* (wichtigstes Merkmal dieser Gesellschaftsform) hergestellt wird. Die tatsächl. Herrschaft der Partei, die sich von den von ihr vertretenen Produzenten entfremdet hat, bestimmt die Wirklichkeit in den existierenden sog. sozialist. Gesellschaften (**realer Sozialismus).**

**Freiheitlicher** oder **demokratischer Sozialismus:** Insbes. die Auseinandersetzungen mit dem sog. realen S. haben zu sozialist. Modellen geführt, die davon ausgehen, daß die Vergesellschaftung von Produktionsmitteln nicht ausreiche, um menschl. und sozial gerechte Verhältnisse zu schaffen; sie streben deshalb eine Gesellschaft an, die v. a. die freie Entfaltung der Individuen, die Gültigkeit aller Grundrechte und die demokrat. Mitwirkung aller Gesellschaftsmitglieder in allen sozialen Bereichen (z. B. Politik, Wirtschaft, Bildung) ermöglicht. Dabei gehen die Auffassungen z. B. darüber erhebl. auseinander, in welchem Umfang Eigentum an Produktionsmitteln sozialisiert werden soll, welche Formen der Vergesellschaftung gewählt werden sollen, wie groß die Unabhängigkeit der Produktionseinheiten (Betriebe, Genossenschaften) von staatl. Planung und Kontrolle sein soll, aber auch, in welchem Maß eine *sozialist. Marktwirtschaft* gesamtgesellschaftl. Planung und Kontrolle unterworfen werden müsse. Darüber hinaus gibt es unterschiedl. Vorstellungen über die Verwirklichung einer *sozialist. Demokratie* (durch Parlamentarismus, Rätesystem oder eine Kombination von polit. [Parlament] und wirtsch. [betriebl. und überbetriebl. Räte] Demokratie). - Die Hoffnung auf die Möglichkeit einer friedl., schrittweisen

# Sozialistengesetz

Gesellschaftsänderung auf dem Wege über demokrat. Reformen, gewerkschaftl. Arbeit und wachsende Einsicht (auch der besitzenden Klassen oder Schichten) v. a. während der langen Periode wirtsch. Aufschwungs nach dem 2. Weltkrieg hat jedoch eine Anzahl ehemals ausgesprochen sozialist. Politik betreibender Parteien bewogen, ihr Ziel der Überwindung des Kapitalismus aufzugeben und ledigl. bestimmte Nachteile der ungleichen Eigentums- und Einkommensverteilung, nicht diese selbst aufzuheben. Auch diese reduzierte Programmatik wird *demokrat. S.* († auch Sozialdemokratie) genannt. - Weitere *nichtmarxist. S.vorstellungen* finden sich im Anarchismus, Gildensozialismus, Syndikalismus sowie im Reformismus mit seinen Ausformungen Revisionismus in Deutschland und Austromarxismus in Österreich.

📖 *Demokrat. S. Hg. v. Thomas Meyer. Mchn. u. Wien* ²*1982. - Kernig, C. D.: S. Bd. 1: Von den Anfängen bis zum kommunist. Manifest. Stg. u. a. 1979. - Meyer, Gerd: Sozialist. Systeme. Opladen 1979. - Gesch. des S. Hg. v. H. Droz u. a. Dt. Übers. Ffm. u. a. 1974–80. 15 Bde.*

**Sozialistengesetz** [lat./dt.], Bez. für das (nach 2 von Bismarck den Sozialdemokraten angelasteten Attentaten auf Kaiser Wilhelm I.) am 21. Okt. 1878 vom Reichstag mit den Stimmen der Konservativen und Nationalliberalen verabschiedete Ausnahmegesetz „gegen die gemeingefährl. Bestrebungen der Sozialdemokratie". Es sollte die sozialdemokrat. Parteiorganisation in Dt. Reich durch Versammlungs-, Organisations- und Publikationsverbot (erfaßte auch die Gewerkschaftspresse) zerschlagen und ermöglichte darüber hinaus die verschärfte polizeil. Kontrolle aller Versammlungen sowie das Verbot der öffentl. Verbreitung von Druckschriften. Das S. war auf zweieinhalb Jahre befristet und wurde bis 1890 regelmäßig verlängert.

**Sozialistische Arbeiter-Internationale,** Abk. SAI, † Internationale.

**Sozialistische Arbeiterjugend,** Abk. SAJ, † Sozialdemokratische Partei Deutschlands.

**Sozialistische Arbeiterpartei Deutschlands,** Abk. SAP, dt. Partei 1875–90, † Sozialdemokratie.

**S. A. D.,** Abk. SAP, 1931 durch Abspaltung von der SPD entstandene linkssozialist. (Splitter-)Partei, der sich 1932 eine Gruppe rechter Kommunisten anschloß (1932 rd. 57 000 Mitglieder); stand zw. SPD und KPD, arbeitete nach 1933 illegal gegen das NS-Regime und war in der Emigration aktiv; nach 1945 schlossen sich die meisten ihrer Funktionäre der SPD an.

**Sozialistische Einheitspartei Deutschlands,** Abk. SED, nach Art. 1 der DDR-Verfassung die führende Partei der DDR, entstanden durch den (mit Hilfe der sowjet. Besatzungsmacht erreichten) Zusammenschluß von KPD und SPD in der SBZ im April 1946. Die SED verkündete anfangs einen „dt. Weg" zum Sozialismus; sie war bis 1948 eine Massenpartei, deren Leitungen parität. mit Sozialdemokraten und Kommunisten besetzt waren (Parteivors.: W. Pieck und O. Grotewohl), wurde dann (bis 1955) in eine marxist.-leninist. „Partei neuen Typus" nach dem Vorbild der KPdSU umgewandelt. Die SED beherrschte in der Nat. Front die übrigen Parteien und Massenorganisationen; mit bürokrat.-diktator. Methoden dirigierte sie Staat und Gesellschaft. Unter Führung W. Ulbrichts (Generalsekretär 1950–53, 1. Sekretär 1953–71) verkündete die SED auf der II. Parteikonferenz (1952) den planmäßigen „Aufbau des Sozialismus". Nach Überwindung der im Zusammenhang mit Stalins Tod entstandenen Führungskrise nach dem 17. Juni 1953 (Ausschaltung R. Herrnstadts und W. Zaissers) wurde die Entstalinisierung ab 1956 nur halbherzig vollzogen. Die Opposition in der Führung (K. Schirdewan, E. F. Wollweber, F. Oelßner) konnte sich aber nicht gegen Ulbricht durchsetzen. Die Phase von 1961–71 brachte die ökonom. Stabilisierung der DDR. Der VI. Parteitag der SED (Jan. 1963) verkündete das Neue ökonom. System der Planung und Leitung und verabschiedete erstmals ein förml. Parteiprogramm, das den Kommunismus sowjet. Prägung als Ziel festlegte und den Sozialismus als „Zukunft des ganzen dt. Volkes" propagierte. Nach der Ablösung Ulbrichts als 1. Sekretär durch E. Honecker im Mai 1971 wandte sich die SED auf dem VIII. Parteitag (Juni 1971) von technokrat. Tendenzen ab und räumte der Ideologie wieder Vorrang ein. Die Abgrenzung von der BR Deutschland und die Absage an die „Einheit der Nation" wurden auch im neuen Parteiprogramm von 1976 festgeschrieben. E. Honecker, 1976 zum Generalsekretär der SED gewählt, im gleichen Jahr auch Vors. des Staatsrates, konnte seine Führungsposition ausbauen. Unter Honecker erlebte die SED und mit ihr die DDR nach einer Phase internat. Anerkennung (u. a. Bonn-Besuch Honeckers 1987) eine Phase der Stagnation und der Resignation, in der der gesellschaftl. und wirtschaftl. Verfall der DDR deutl. wurde. Nach Massenfluchten und Demonstrationen wurde Honecker am 18. Okt. 1989 gestürzt. Sein Nachfolger E. Krenz mußte bereits am 3. Dez. ebenfalls zurücktreten. Am 8. Dez. wählte ein außerord. Parteitag G. Gysi zum neuen Vors. und änderte den Parteinamen zunächst in S. E. D. - Partei des demokrat. Sozialismus, Anfang 1990 dann in **Partei des Demokrat. Sozialismus (PDS).** Bei den Wahlen in der DDR vom 18. März 1990 erhielt die PDS 16,4% der Stimmen und damit 66 Mandate in der Volkskammer.

**Sozialistische Einheitspartei Westberlins,** Abk. SEW, organisator. selbständi-

## sozialistische Parteien

ge kommunist. Partei in Berlin (West); 1962 hervorgegangen aus den Westberliner Kreisorganisationen der SED; seit 1969 SEW; erreichte bei den Wahlen zum Abg.haus 1979 1,1% der Stimmen.

**Sozialistische Internationale,** Abk. SI, ↑ Internationale.

**sozialistische Marktwirtschaft** ↑ Marktwirtschaft.

**sozialistische Parteien,** i.w.S. alle Parteien, die sich in ihrer Zielsetzung auf die Ideen des Sozialismus berufen; i.e.S. und nach überwiegendem Sprachgebrauch Sammelbez. für die Parteien, die dem *demokrat. Sozialismus* verpflichtet sind und heute größtenteils in der Sozialist. Internationale zusammengeschlossen sind.

Die 1889 gegr. 2. Internationale vereinigte in sich die unterschiedlichsten sozialist. Gruppierungen. Vor 1914 sind innerhalb der s. P. in Europa 3 wichtige Tendenzen erkennbar: 1. (v.a. von K. Kautsky und vom Austromarxismus beeinflußt) der „Zentrismus", der infolge seiner marxist.-orth. Theorie in der Praxis meist eine Politik des Abwartens oder gar des Stillhaltens vertrat; 2. der Revisionismus (in Deutschland theoret. von E. Bernstein entwickelt, der stark von der Gedankenwelt der brit. Fabian Society geprägt war); 3. die Linken („Linksradikalen"), zu deren Vertretern in Deutschland R. Luxemburg und K. Liebknecht zählten, in Rußland die Bolschewiki, aber auch jenseits der marxist. Tradition anarchosyndikalist. Strömungen, innerhalb deren es 2 auseinandergehende theoret. Grundpositionen gab, die am schärfsten von R. Luxemburg einerseits und von Lenin andererseits formuliert worden waren.

Unter den s. P. in Europa können, v.a. für die Zeit von 1890–1914, 4 nat. Parteien als Modelle gelten, die in ihrer unterschiedl. Ausprägung die sozialist. Parteibildungen in anderen Ländern beeinflußt haben: 1. Die Sozialdemokratische Partei Deutschlands beeinflußte stark die Bildung der s. P. in Österreich-Ungarn (↑ Sozialdemokratische Arbeiterpartei Österreichs), in der Schweiz (↑ Sozialdemokratische Partei der Schweiz), in Nordeuropa und in den USA. 2. Der frz. Sozialismus, der seinen revolutionären Anfängen eine enorme Vielgestaltigkeit verdankte (die auch nach dem Zusammenschluß der verschiedenen sozialist. Gruppen in der Section Française de l'Internationale Ouvrière [SFIO; seit 1969 heißt sie Parti Socialiste] erhalten blieb) und in dem der Marxismus keine dominierende Bed. erlangte, wirkte stark auf die Bildung s. P. in Spanien, Italien und Belgien. 3. Die 1900/06 entstandene brit. Labour Party, in der der Marxismus keine zentrale Bed. hatte, beeinflußte die Bildung s. P. in Irland sowie in Australien und Neuseeland. 4. In Rußland, wo bis in die 1890er Jahre eine Arbeiterklasse kaum vorhanden war, wurde 1898 die Sozialdemokrat. Arbeiterpartei Rußlands (SDAPR) gegründet, die beispielhaft wirkte auf die Bildung s. P. in Serbien, Bulgarien und Rumänien vor 1914. Der von Lenin seit 1903 geprägte Typus der kommunist. Kaderorganisation wurde zum Vorbild all jener Parteien, die ab 1919 zur Komintern stießen (↑ kommunistische Parteien).

Zur Entwicklung sozialistischer Parteien in **Europa:** Die Geschichte der tschech. Sozialisten war von ihren Anfängen 1878 bis zur Gründung der *Tschechoslowakei* 1918 eng mit der Entwicklung der Sozialdemokrat. Arbeiterpartei Österreichs verbunden. Die 1918 gegr. Tschechoslowak. Sozialdemokrat. Arbeiterpartei war 1920–26 und 1929–38 an Koalitionsreg. mit bürgerl. Parteien beteiligt. 1945 wiedergegr., stellte sie 1945/46 den Min.-präs.; nach hartem Widerstand aus der Partei kam es 1948 zum Zusammenschluß mit der KPČ. In den deutschsprachigen Gebieten der ČSR wurde 1919 die Dt. Sozialdemokrat. Arbeiterpartei gegr. (1929–38 in den tschechoslowak. Reg. vertreten). In *Ungarn* wurde 1869 die kurzlebige Allg. Arbeiter-Assoziation gegründet. Erst 1890 konnten sich die verschiedenen sozialist. Gruppen auf ein gemeinsames Programm einigen. Nach Gründung der Räterepublik (1919) ging die Mehrheit der Sozialdemokraten zu den Kommunisten über. Nach 1945 zunächst stärker als die KP, stimmte die Sozialdemokrat. Partei unter sowjet. Druck 1948 der Vereinigung mit den Kommunisten zu. Die Entwicklung des Sozialismus in *Polen* litt bes. stark unter der Dreiteilung des Landes. 1892 war im russ. beherrschten Teil die Poln. Sozialist. Partei (PPS), im östr. beherrschten Teil die Poln. Sozialdemokrat. Partei Galiziens (PPSG) gebildet worden. In poln. Gebieten Preußens 1893 die Poln. Sozialist. Partei des preuß. Teilgebietes (PPSZP). Die im gleichen Jahr von R. Luxemburg und L. Jogiches (* 1867, † 1919) gebildete Sozialdemokratie des Kgr. Polen und Litauen (SDKPiL) war revolutionär und internationalistisch. Sie schloß sich 1918 mit dem linken Flügel der PPS zusammen und bildete die KP Polens. Der verbliebenen Mehrheit der PPS schlossen sich die sozialist. Parteien der anderen Gebiete an. Sie war bis 1926 mehrfach an Koalitionsreg. beteiligt und wurde im Dez. 1948 mit der KP Polens zur Poln. Vereinigten Arbeiterpartei (PZPR) verschmolzen.

In *Dänemark* wurde 1880 der Socialdemokratisk Forbund gegründet; die Sozialdemokratie, 1924–26 und 1929–42 führend an Koalitionsreg. mit bürgerl. Parteien beteiligt und ab 1932 stärkste Parlamentsfraktion, war während der dt. Besetzung verboten und betätigte sich im Untergrund. Nach 1945 blieb sie die größte Partei und stellte meist die Ministerpräsidenten. In *Schweden* wurde 1889

die Sozialdemokrat. Arbeiterpartei gegründet. Die schwed. Sozialdemokratie wurde nach dem 1. Weltkrieg zur stärksten Partei und bildete zw. 1921 und 1926 mehrfach Minderheitskabinette. Nach 1932 bildete sie eine Koalitionsreg. mit der Bauernpartei und führte (nur 1936 kurz unterbrochen) die schwed. Politik bis 1976. In *Norwegen* entstand 1887 die Norweg. Arbeiterpartei. Sie war, wie die dän. und schwed. Partei, mehrheitlich reformistisch. Eine linke Minderheit gründete 1921 die Norweg. Sozialdemokrat. Arbeiterpartei. Beide Gruppierungen vereinigten sich wieder 1927 in der Norweg. Arbeiterpartei, die 1928 zum erstenmal den Min.präs. stellte. Seit 1933 stärkste Partei im Storting, hatte die Arbeiterpartei 1935–63 (1940–45 im Exil) die Reg.-verantwortung ununterbrochen inne. Die sozialist. Parteientwicklung in *Finnland* vor 1918 war von der nat. Frage geprägt. 1899 wurde eine Arbeiterpartei Finnlands gegründet, die sich 1903 unter dem neuen Namen Demokrat.-Sozialist. Partei Finnlands der 2. Internationale anschloß. 1907 zur stärksten Fraktion im Reichstag aufgestiegen, hatte sie 1913 mit 90 Abg. den höchsten Anteil einer sozialist. Partei in Europa vor 1914. In den 1920er und 1930er Jahren mehrfach Reg.partei, seit 1948 wieder stärkste Partei. 1966 bildete die Sozialdemokrat. Partei eine Volksfrontreg., die bis heute besteht.
In den *Niederlanden* wurde 1894 die Sociaal-Democratische Arbeiderspartij gegr.; aus dieser und anderen polit. Gruppen entstand 1946 die Partij van de Arbeid, 1946–58 und 1973–77 Reg.partei. In *Belgien* gelang in der 1885 entstandenen Parti Ouvrier Belge (POB) eine Synthese verschiedener polit. Theorieansätze. Die belg. Sozialisten bekannten sich zum Reformismus. 1938 bildeten sie erstmals die Regierung. Die 1940 mit der dt. Besetzung aufgelöste Partei wurde 1944 als Parti Socialiste Belge (PSB) wiedergegründet, war 1945–49 Reg.partei und in den 1960er und 1970er Jahren mehrfach an Koalitionsreg. beteiligt. In *Irland* wurde erst 1895 die (nationalrevolutionäre) Irish Socialist Republican Party gegründet, die (später als Labour Party) relativ unbedeutend blieb.
In *Spanien* kam es 1879 zur Gründung der marxist. orientierten Sozialist. Arbeiterpartei, aus der 1888 der Partido Socialista Obrero Español (PSOE; Span. Sozialist. Arbeiterpartei) wurde, die sich 1889 der 2. Internationale anschloß. Ihr zunächst sehr starker Einfluß in der Volksfrontreg. ab 1936 ging während des Bürgerkriegs gegenüber Anarchisten und Kommunisten entscheidend zurück. Nach dem Sieg Francos ging die Führung ins frz., dann mex. Exil. Die seit Anfang der 1970er Jahre in Spanien wiederentstandene PSOE setzt sich weitgehend aus neuen Kräften zusammen. Die seit Beginn des 20. Jh. in *Portugal* entstandenen kleinen sozialist. Gruppen führten während der Diktatur im Untergrund und in der Emigration ein Schattendasein. Die 1973 gegr. Partido Socialista wurde 1976 stärkste Partei (bis Juli 1978 und seit Juni 1983 Reg.partei). Die in *Italien* 1892 gegr. Partito Socialista Italiano (PSI) orientierte sich an den Prinzipien der 2. Internationale. Nach 1900 setzte sich der reformist. Flügel durch. Ihr revolutionärer Flügel erreichte 1912 unter der Führung B. Mussolinis den Ausschluß der reformist. Gruppe. Die Abspaltung der Kommunist. Partei 1921 und innere Streitigkeiten, die 1922 zur Spaltung führten, schwächten die Partei erheblich. Nach dem Verbot der PSI (1926) schlossen sich die verschiedenen sozialist. Gruppen im Exil zur Partito Socialista Italiano di Unità Proletaria (PSIUP) zusammen, die sowohl im antifaschist. Widerstand als auch in der Anfangszeit der Republik eine wesentl. Rolle spielte. Wegen der unterschiedl. Einschätzung der kommunist. Politik spaltete sich die PSIUP 1947 in den Nenni-Flügel, der den alten Namen PSI annahm, und in eine Gruppe unter G. Saragat, die mit anderen demokrat.-sozialist. Gruppen 1951 die Partito Socialista Democratico Italiano (PSDI) bildete. Die PSDI war seit 1954 an mehreren Reg. mit der DC beteiligt und stellte 1964–71 den Staatspräs., 1966 vereinigten sich PSI und PSDI zur Partito Socialista Unificato (PSU), die 1969 wegen der Frage der Zusammenarbeit mit den Kommunisten wieder in ihre alten Teilgruppen PSI und PSDI zerfiel.

📖 *Pelinka, A.: Sozialdemokratie in Europa. Wien 1980. - Timmermann, H.: Wohin marschiert die Linke in Europa? Freib. 1979. - Sozialist. u. kommunist. Parteien in Westeuropa. Hg. v. D. Oberndörfer. Leverkusen 1978–79. 2 Bde. - Sozialdemokrat. Parteien in Europa. Hg. v. W. E. Paterson u. Kurt T. Schmitz. Bonn 1978.*

**Sozialistische Partei Österreichs,** Abk. SPÖ, östr. sozialdemokrat. Partei; Mgl. der Sozialist. Internationale; gegr. 1945; verstand sich als Nachfolgerin der 1934 verbotenen Sozialdemokrat. Arbeiterpartei Österreichs wie der illegalen Organisation der „Revolutionären Sozialisten"; sprach sich im Aktionsprogramm von 1947 für ein unabhängiges Österreich und eine Mehrparteiendemokratie aus; bekannte sich im „Neuen Parteiprogramm" von 1958 erneut zum Ziel einer klassenlosen Gesellschaft, betonte jedoch, daß dieses Ziel nur durch schrittweise Reformen auf parlamentar. Wege erreicht werden solle; erreichte bei den Nationalratswahlen Stimmenanteile zw. 38,7 % (1949) und 51,0 % (1979) und folgende Mandate: 1945: 76, 1949: 67, 1953: 73, 1956: 74, 1959: 78, 1962: 76, 1966: 74, 1970: 81, 1971: 93, 1975: 93, 1979: 95, 1983: 90, 1986: 80. Die Vors. der SPÖ (1945–57 A. Schärf, 1957–67 B. Pittermann) waren bis zum Ende der großen Koalition (1966) jeweils

## sozialistischer Realismus

auch Vizekanzler. Bei sämtl. Bundespräsidentenwahlen konnten sich die Kandidaten der SPÖ (K. Renner, T. Körner, A. Schärf, F. Jonas, R. Kirchschläger) durchsetzen. Ab 1966 in der Opposition, konnte die SPÖ unter dem Vorsitz B. Kreiskys (seit 1967) 1970 eine Minderheitsreg. mit Kreisky als Bundeskanzler bilden, der dieses Amt behielt (bis 1983), nachdem die SPÖ 1971 die absolute Mehrheit im Nationalrat errungen hatte, die sie 1975 und 1979 ausbauen konnte, jedoch 1983 verlor. Nach den Wahlen im Nov. 1986 ging sie nach langwierigen Verhandlungen eine große Koalition mit der ÖVP ein. Die SPÖ umfaßt mit rd. 720 000 Mgl. fast 10% der östr. Gesamtbevölkerung.

**Sozialistischer Deutscher Studentenbund,** Abk. SDS, 1946 als Studentenverband der SPD gegr., marxist. orientierter Hochschulverband, von dem sich 1960 der Sozialdemokrat. Hochschulbund abspaltete (seit 1972 ↑Sozialistischer Hochschulbund). Propagierte in der 1. Hälfte der 1960er Jahre das Konzept der neuen Linken; Aktivitäten von Teilen seiner Kräfte mündeten in die jugendl. Protestbewegung und die außerparlamentar. Opposition; innere Gegensätze führten 1969 zur endgültigen Auflösung.

**Sozialistische Reichspartei,** Abk. SRP, im Okt. 1949 durch Abspaltung des rechten Flügels der Dt. Reichspartei gegr. neofaschist. Partei; erreichte bei den Landtagswahlen in Niedersachsen und Bremen 1951: 11% bzw. 7,7% der Stimmen; 1952 als NSDAP-Nachfolgeorganisation vom BVG für verfassungswidrig erklärt und aufgelöst; Teile ihrer Anhänger gingen zur Dt. Reichspartei über.

**Sozialistischer Hochschulbund,** Abk. SHB, marxist. ausgerichteter, wegen der Abspaltung des Sozialist. Dt. Studentenbundes von der SPD 1960 als **Sozialdemokratischer Hochschulbund** gegr. Studentenverband mit dem Ziel, die SPD an den Hochschulen zu vertreten; stellte sich immer stärker gegen die Parteiführung und mußte deshalb 1972 seinen Namen ändern; hat in 50 Hochschulgruppen rd. 1 600 Mitglieder. Nachdem seit 1972 Juso-Hochschulgruppen als parteinahe SPD-Studentenorganisationen gearbeitet hatten, wurden diese im Okt. 1974 institutionalisiert.

**sozialistischer Realismus,** Bez. für die mit Beschluß des Zentralkomitees der KPdSU vom 23. April 1932 festgesetzte offizielle sowjet. Schaffensmethode für Literatur, Film, bildende Kunst und Musik, die auf dem 1. Allunionskongreß der sowjet. Schriftsteller 1934 definiert wurde: Hiernach sind die [gesellschaftl.] Bedingungen des Schaffens, die Wahl der Mittel der Darstellung, die gezielte Wirkung auf den Leser und wiederum die Rückwirkung davon auf den Schaffensprozeß an den beiden Polen des s. R., den Anforderungen des *Sozialismus* als ideolog.-polit. Position und des *Realismus* als künstler. Prinzip der Wirklichkeitsdarstellung zu messen. Durch die Verbindung dieser beiden Komponenten unterscheidet sich der R. vom bürgerl. Realismus (aus der Sicht des s. R. auch *krit. Realismus* gen.), in dem die bürgerl. Gesellschaft zwar kritisiert, nicht aber der Weg in den Sozialismus aufgezeigt wird. Der s. R. versteht das Kunstwerk nicht nur als Ergebnis der gesellschaftl. Wirklichkeit, das die Realität widerspiegelt, sondern auch als diese Wirklichkeit auf die Zukunft hin transzendierend und dadurch auf sie im Sinne der Veränderung aktiv einwirkend. Insbes. Literatur und Literaturkritik sowie Film werden dabei als parteil. Mittel ideolog. Beeinflussung im Sinne des histor. Materialismus eingesetzt („Parteilichkeit"), so daß für eine subjektiv realist. oder gesellschaftskrit., d.h. staatskrit. Kunst kein Platz bleibt. Hierfür bezeichnend

Sozialistischer Realismus.
Walter Arnold, Vorwärts und nicht vergessen – Die Solidarität! (1967)

## sozialistisches Eigentum

Sozialistischer Realismus.
Isaak Israilewitsch Brodski, Lenin vor dem Kreml in Moskau (1924). Moskau, Zentrales Lenin-Museum

ist der *positive Held* als kommunist. Idealgestalt, gekennzeichnet durch Klassenbewußtsein, Treue zur Partei und unerschütterl. Kampfeswille für den Sozialismus und der allg., an „typ." Erscheinungen dargestellte und konfliktfreie Optimismus in bezug auf die Erreichung des kommunist. Idealzustandes. Von Stalin und A. A. Schdanow wurde der s. R. bes. hartnäckig verfochten, so daß nichtkonforme Künstler emigrieren oder verstummen mußten, z. T. verfolgt wurden. Nach 1945 wurde der s. R. auch in den anderen osteurop. Ländern offizielle Kunstdoktrin; nach Stalins Tod (1953) gelang in der UdSSR (z. T. andauernd in anderen sozialist. Ländern) eine krit. Auseinandersetzung mit den polit.-ideolog. Maximen des s. R.; heute wird die Verpflichtung auf den s. R. in den einzelnen kommunist. Staaten unterschiedl. streng gehandhabt. Voraussetzung für die Verbindlichkeit des s. R. in der *bildenden Kunst* war der 1932 verfügte Einheitsverband der bildenden Künstler. Für die sowjet. Malerei wurde zunächst ein weithin anekdot. Naturalismus der Mgl. der 1922 gegr. „Assoziation der Künstler des revolutionären Rußland" (AChRR) bestimmend. Bevorzugte Sujets waren Porträts von polit. Führern, Szenen aus der Arbeitswelt, auch vom Sport. Als prominente Maler etablierten sich I. I. Brodski (* 1884, † 1939), A. M. Gerassimow, A. A. Deineka (* 1899, † 1969), in der Plastik vertrat W. I. Muchina ein heroisches Pathos. Bemerkenswert ist die Entwicklung des s. R. in der DDR seit Ende der 1960er Jahre: W. Sitte, B. Heisig (* 1925), W. Mattheuer (* 1927) und W. Tübke verarbeiten spätimpressionist. und neusachl. Stileinflüsse sowie solche aus der älteren Kunstgeschichte (bes. Renaissance und Barock).
   *Zeitvergleich: Malerei u. Grafik aus der DDR.* Ausstellungskat. Hamb. 1982. - *Thomas, K.:* Die Malerei in der DDR 1949–1979. Köln 1980. - *Lang, L.:* Malerei u. Graphik in der DDR. Ffm. 1979. - *Mozejko, E.:* Der s. R. Bonn 1977. - *Realismustheorien in Lit., Malerei, ...* Hg. v. R. Grimm u. J. Hermand. Stg. u. a. 1975.

**sozialistisches Eigentum,** in sozialist. Staaten Bez. für das Gemeineigentum in den Formen des staatl. (z. B. volkseigene Betriebe) und des genossenschaftl. (z. B. bei landwirtschaftl. Produktionsgenossenschaften) Eigentums und des Eigentums gesellschaftl. Organisationen, wobei das staatl. Eigentum - entsprechend der theoret. Bestimmung des Staates - als entwickeltste Form des gesellschaftl. Eigentums aufgefaßt wird. Der Schutz des s. E. ist z. T. in der Verfassung festgelegt.

**Sozialklausel** ↑ Miete.

**Sozialkritik,** svw. Gesellschaftskritik (↑ Gesellschaft).

**Sozialkunde,** Bez. für das Unterrichtsfach, das der polit. Bildung dient. Die Ständige Konferenz der Kultusminister in der BR Deutschland empfahl 1950 die Einrichtung eines bes. Unterrichtsfaches für die zusammenhängende Darstellung gesellschaftl. Fragen. Die Benennung dieses Faches wurde den einzelnen Bundesländern freigestellt, die seither entsprechende Richtlinien und Lehrpläne herausgegeben haben. Als Gesellschaftslehre i. w. S. begriffen, umfaßt die S. u. a. auch die Wirtschafts- und die Rechtskunde. Die Bez. S. wird v. a. in Hauptschulen verwendet, in weiterführenden Schulen wird die S. im Rahmen der ↑ Gemeinschaftskunde unterrichtet. - ↑ auch politische Bildung.

**Soziallehre** ↑ Sozialethik, ↑ katholische Soziallehre.

**Sozialleistungen,** Geld-, Sach- und Dienstleistungen, die Personen oder Personengruppen von staatl. und gesellschaftl. Institutionen und Verwaltungen (öffentl.-rechtl. Leistungsträger) oder von Unternehmen (Arbeitgeber) erhalten und mit denen bestimmte soziale Risiken abgedeckt werden. - ↑ auch soziale Sicherheit.

**Soziallohn** ↑ Lohn.

**Sozialmedizin,** als Teilgebiet der Medizin die Wiss. von den durch die soziale Umwelt bedingten Ursachen für Erkrankung, Invalidität und frühen Tod.

# Sozialpolitik

**Sozialpädagogik** ↑ Pädagogik.

**Sozialparasitismus** (Synklopie), das Leben einer staatenbildenden (sozialen) Insektenart oder auch (häufiger) eines einzelnen Insekts auf Kosten der Bewohner eines fremden Insektenstaats und in Abhängigkeit von diesem.

**Sozialpartner,** im Sinne des sozialen Harmoniebegriffs verwendetes Schlagwort für die die Tarifverträge aushandelnden Parteien (Arbeitgeberverbände und Gewerkschaften).

**Sozialpfarrer,** von den ev. Landeskirchen abgeordnete Pfarrer (seit 1921; auch *Arbeiterpfarrer* gen.) mit sozialeth. Aufgabenbereich: Zusammenarbeit mit Gewerkschaften und Arbeitgeberverbänden sowie Koordinierung der sozialen Aktivitäten der Kirchen.

**Sozialphilosophie,** im einzelnen unterschiedl. bestimmter Bereich prakt.-philosoph. Grundlagenforschung, die den Menschen als „gesellschaftl. bestimmtes Wesen" und die Gesellschaft als Bedingung und Ziel seines sozialen Handelns zum Gegenstand hat. Seit dem 19. Jh. zunehmend eigenständig, steht die S. in enger Verbindung zur Rechts-, Staats- und Geschichtsphilosophie.

**Sozialplan,** schriftl. Einigung zw. Arbeitgeber und Betriebsrat über den Ausgleich oder die Milderung wirtsch. Nachteile, die Arbeitnehmern infolge einer (geplanten) Betriebsänderung einschließl. einer Betriebsstillegung entstehen; eine Betriebsänderung in diesem Sinne ist ein Eingriff in die betriebl. Organisation, der wesentl. Nachteile für die Belegschaft zur erhebl. Teile von ihr haben kann. Der S., in dem üblicherweise v. a. Abfindungen wegen Entlassung und vorzeitige Ruhegeldleistungen geregelt werden, hat die Wirkung einer Betriebsvereinbarung. Soweit auch üblicherweise in Tarifverträgen festgelegte Leistungen geregelt werden, dürfen die Regelungen des S. die Leistungen des Tarifvertrages nicht unterschreiten. Von den (unmittelbar und zwingend geltenden) Bestimmungen des S. kann nur zugunsten des Arbeitnehmers abgewichen werden. - Nach dem *Städtebauförderungsgesetz* sind die Gemeinden verpflichtet, während der Dauer der Durchführung einer Sanierung alle Maßnahmen mit den unmittelbar Betroffenen zu besprechen und dabei v. a. Berufs-, Erwerbs- und Familienverhältnisse, Lebensalter, Wohnbedürfnisse, soziale Verflechtungen, örtliche Bindungen und Abhängigkeiten in einem S. zu berücksichtigen.

**Sozialpolitik,** Gesamtheit der staatl. und privaten Maßnahmen zur Sicherung eines Minimums an sozialer Sicherheit. Die private S. kann nach ihren Trägern in kirchl., betriebl., gewerkschaftl. oder auch allg. karitative S. aufgeschlüsselt werden; seitens des Staates wird die Durchführung einzelner sozialpolit. Aufgaben auch auf nichtstaatl. Institutionen übertragen. Zugleich besteht innerhalb der staatl. S. Arbeitsteilung zw. den verschiedenen Ebenen der öffentl. Hand: Während rechtl. Maßnahmen in der BR Deutschland v. a. Aufgabe des Bundes sind, liegt bei Ländern und Kommunen die Verantwortung für Durchführung und Verwaltung von Sozialinvestitionen, wie im Gesundheits- und Bildungswesen; v. a. auf kommunaler Ebene und insbes. im Bereich des Gesundheitswesens gibt es eine Zusammenarbeit mit privaten Trägern, die großenteils auch staatl. Mittel zur Durchführung ihrer Aufgaben erhalten. - Zu den *Mitteln* staatl. S. gehören v. a.: 1. gesetzl. (nichtfinanzielle) Maßnahmen, die die gesellschaftl. Stellung sozial schwächerer Gruppen (insbes. zum Schutz vor wirtsch. Stärkeren) absichern sollen (z. B. Arbeitsrecht, Kündigungsschutz); 2. die Bereitstellung öffentl. Güter, die sonst auf Grund ihrer Anschaffungs- und/oder Unterhaltungskosten Privilege weniger wären (z. B. Bäder, Verkehrsmittel); 3. Steuererleichterungen oder direkte finanzielle Zuwendungen an nach sozialen Kriterien abgrenzbare Personengruppen, z. B. in Form von Sozialhilfe, Kinder-, Wohngeld; 4. Maßnahmen der Sozialversicherung und der Versorgung. - Auch finanz-, wirtschafts-, bildungs- und gesundheitspolit. Maßnahmen können sozialpolit. Auswirkungen haben; zielen diese Maßnahmen auf eine Änderung der Gesellschaftsstruktur *(Sozialreform)* ab, werden sie in ihrer Gesamtheit als **Gesellschaftspolitik** bezeichnet.

S. im heutigen Sinn entstand als Folge der Industrialisierung und der mit ihr einhergehenden sozialen Frage. Die ersten gesetzl. Schritte im Rahmen staatl. S. waren gegen Kinderarbeit gerichtet; hier war v. a. die *Bildungspolitik* mit der Einführung der Schulpflicht ein sozialpolit. Instrument. Es folgten Einschränkungen für die *Arbeitszeit* von Frauen und Jugendlichen, dann auch generelle Beschränkungen der Arbeitszeit. Schließl. wurde auch die Ausgestaltung der *Arbeitsbedingungen* Gegenstand staatl. S. durch den Erlaß von *Arbeiterschutzbestimmungen* und *Unfallverhütungsvorschriften.* Im Bereich der Unterstützung von Alten und Kranken traten zunehmend private, kirchl. und genossenschaftl. Einrichtungen; bes. Handwerker bildeten genossenschaftl. Selbsthilfeorganisationen wie Knappschafts- und Innungskassen. Erst in den 1880er Jahren griff der Staat mit Einführung gesetzl. Sozialversicherungen ein. In der Weimarer Republik kamen als wesentl. Maßnahmen die Regelung der gesetzl. Grundlagen für den Abschluß von *Tarifverträgen* und erste gesetzl. Festlegungen der *Rechte der Arbeiter* in den Betrieben hinzu. In der BR Deutschland wurde der S. von vornherein durch die Verankerung des *Sozialstaatsprinzips* im GG bes. Bedeutung zugewiesen. Aufgabe staatl. S. sollte die Gewähr-

leistung möglichst großer sozialer Sicherheit und Chancengleichheit für alle Gesellschaftsmitglieder sein. Seit Mitte der 1960er Jahre wurde jedoch auf Grund von Krisenerscheinungen in der Wirtschaft die Erreichung der angestrebten Chancengleichheit fraglich: Die sich ergebenden Zielkonflikte zw. sozialpolit. Aufgaben und wirtschaftsfördernden Maßnahmen führten zu Einschränkungen bei Sozialinvestitionen.
Durch die Herausbildung multinat. Konzerne und v. a. durch die Bildung immer engerer, zunächst v. a. wirtsch. Zusammenschlüsse verstärkte sich die Notwendigkeit einer *internat.* koordinierten S.; dem soll in W-Europa im Rahmen der EG Rechnung getragen werden.
📖 *Lampert, H.: Lehrb. der S. Bln. 1985. - Hentschel, V.: Gesch. der S. 1880–1980. Ffm. 1983. - Schachtschabel, H. G.: S. Stg. 1983. - Brück, G. W.: Allgemeine S. Köln ²1982. - Ehling, M.: Theoret. Ansätze in der S. Ffm. 1982. - Burghardt, A.: Kompendium der S. Bln. 1979.*

**Sozialprestige** [...prɛstiʒ] ↑ Prestige.

**Sozialprodukt,** zusammengefaßte Wertsumme der Produktion in einer Volkswirtschaft, die über die Konten der ↑volkswirtschaftlichen Gesamtrechnung ermittelt wird. Die verschiedenen S.begriffe ergeben sich als Kombination der folgenden Begriffspaare: 1. **Brutto...** meint stets die Gesamtwertschöpfung, d. h. alle Investitionen werden mit eingerechnet, **Netto...** die um die Abschreibung verminderte Wertschöpfung, d. h. es werden nur die Nettoinvestitionen berücksichtigt; 2. das S. wird entweder in gewerteten **Marktpreisen** ausgedrückt, oder vermindert um indirekte Steuern, vermehrt um staatl. Subventionen zu **Faktorkosten;** 3. beim (Brutto- bzw. Netto-) **Inländerprodukt** wird der gesamte, allen Inländern (auch im Ausland tätigen) zuzurechnende Produktionswert berücksichtigt, beim (Brutto- bzw. Netto-) **Inlandsprodukt** der in den geograph. Grenzen der nat. Volkswirtschaft (auch von Ausländern) geschaffene Produktionswert. - Von bes. Bedeutung ist das **Nettosozialprodukt** zu Faktorkosten, das sowohl die Wertschöpfung der gegebenen Periode als auch das Volkseinkommen bezeichnet, deshalb häufig selbst **Volkseinkommen** genannt wird.
Die verbreiteten Vergleiche nat. Wohlstands durch die Ermittlung verschiedener S.größen pro Kopf der Bev. stoßen auf die Schwierigkeit unterschiedl. Erfassungskonzeptionen. So werden z. B. in westl. Ländern i. d. R. alle Güter und Dienstleistungen erfaßt („System of national account"), während in sozialist. Ländern nur direkt der Produktion zugeordnete Dienstleistungen berücksichtigt werden („System of material production"). Weiter ist zu berücksichtigen, daß das („in jeweiligen Preisen" ausgedrückte) *nominale* S. wenig aussagekräftig ist gegenüber dem auf ein bestimmtes Basisjahr (in der BR Deutschland z. Z. 1970) bezogenen preisbereinigten *realen* Sozialprodukt.
📖 *Jürgensen, H.: Marktprodukt, S., Wohlfahrtsprodukt. Bln. 1979. - Steiger, A.: S. oder Wohlfahrt? Diessenhofen 1979.*

**Sozialpsychiatrie** (soziale Psychiatrie, Soziatrie), Teilgebiet der Psychiatrie, das die krankheitsverursachenden Tendenzen sozialer (familiärer oder gesellschaftl.) Strukturen, die Häufigkeit psych. Krankheiten in bestimmten Bevölkerungsgruppen und die sozialen Bedingungen der Erhaltung oder Wiedererlangung psych. Gesundheit untersucht. Bevorzugte Ziele heutiger S. sind: der Entstehung psych. Störungen vorzubeugen, Hospitalisierung weitgehend zu vermeiden (möglichst ambulante Behandlung), gemeindenahe psychiatr. Dienste einzurichten und für mehr Toleranz gegenüber Verhaltensweisen, die von der Norm abweichen, einzutreten.

**Sozialpsychologie,** interdisziplinäre Wiss., die sich mit den sozialen Einflüssen (v. a. dem Einfluß einer sozialen Gruppe) auf die Entwicklung und das Verhalten eines Individuums sowie den Rückwirkungen dieses Verhaltens auf die Gesellschaft befaßt. - Die moderne S. entwickelte sich um 1930, als die experimentelle Methode der Erforschung von Gruppenphänomenen führend innerhalb der sozialpsycholog. Forschung wurde. Wichtige Themen und Bereiche sozialpsycholog. Untersuchungen sind neben Intra- und Intergruppenbeziehungen (↑ Gruppendynamik): Sozialisation, soziale Einstellungen, Einstellungsänderungen, Vorurteile und Stereotypien, Einfluß der sozialen Umwelt auf die Wahrnehmung von Dingen und Personen, Konformität, Normen und Rollenverhalten bzw. Rollenkonflikten. Die Ergebnisse sind von Bed. für die angewandte Psychologie.

**Sozialrevolutionäre,** aus der Vereinigung von Gruppen der Narodniki der 1890er Jahre 1901 entstandene russ. Partei; suchten in entschiedenem Ggs. zum Marxismus auf revolutionärem Weg einen bäuerl. Sozialismus zu erreichen, unterstützten die provisor. Reg. und bekämpften seit Nov. 1917 die Bolschewiki. Im Kampf gegen den Zarismus verwendeten sie den Individualterror (Ermordung u. a. der Min. D. S. Sipjagin [1902], K. Plewe [1904], des Min.präs. A. Stolypin [1911]); 1917 hatte die Partei rd. 400 000 Mgl. und stellte, u. a. mit A. F. Kerenski, mehrere Min. der Provisor. Reg.; bis 1922 wurden die S. von den Bolschewiki ausgeschaltet.

**Sozialstaat,** Bez. für einen Staat, der gemäß seiner Verfassung soziale Gerechtigkeit in den gesellschaftl. Verhältnissen anstrebt. In der dt. Geschichte wurde ein solches **Sozialstaatsprinzip** erstmals im GG (Art. 20 und 28) verankert. Dieses S.prinzip wird als Erweiterung des dem Rechtsstaat immanenten Strebens nach Gerechtigkeit um eine soziale

# Sozialversicherung

Komponente interpretiert, d. h. Inhalt der Gesetzgebung sowie Auslegung der Gesetze sind im Rahmen der rechtsstaatl. Ordnung auch am sozialstaatl. Auftrag zu orientieren. Ein Beispiel für das aus dieser Verbindung von S. und Rechtsstaat entstehende Spannungsverhältnis ist die Sozialbindung des Eigentums.

**Sozialstruktur**, svw. Gesellschaftsstruktur (↑Gesellschaft).

**Sozialtarif**, Bez. für ein Preis- bzw. Gebührenverzeichnis, dessen Sätze nach sozialen Merkmalen gestaffelt sind (z. B. verbilligte Fahrkarten für Schüler oder Rentner für öffentl. Verkehrsmittel).

**sozialtherapeutische Anstalten**, organisator. und räuml. selbständige Einrichtungen des Strafvollzugs zur Unterbringung und intensiven Behandlung erhebl. rückfallgefährdeter und persönlichkeitsgestörter Verurteilter. Die Einweisung erfolgt als ↑Maßregel der Besserung und Sicherung durch Verlegung aus dem allg. Strafvollzug oder wird durch richterl. Urteil angeordnet. Die Regelung über s. A. in § 65 StGB tritt erst am 1. 1. 1985 in Kraft.

**Sozialtherapie**, i. w. S. jede Therapie, die sich an einem das soziale Wohlbefinden unmittelbar einschließenden Gesundheitsbegriff orientiert. Die Aufgabe therapeut. Einwirkung auf soziale Bedingungen von Störungen bzw. Krankheiten stellt sich vorrangig bei sozial benachteiligten Schichten und sonstigen sozial bes. gefährdeten Rand- und Risikogruppen. In der Praxis erfolgt S. i. d. R. als interdisziplinäre Teamarbeit, die die Klärung und Behebung von Konflikten und Krisen in den Bezugsfeldern Familie, Gemeinwesen und Institutionen anstrebt.

**Sozialverhalten** (soziales Verhalten, soziale Verhaltensweisen), Sammelbez. für Verhaltensformen von Tieren, die in Gruppen leben, sowie vom Menschen als sozialem Wesen. Soziale Verhaltensweisen sind z. B. die Kind-Eltern-Beziehungen, Rangordnungs- und Statusbeziehungen sowie Sexual- und Aggressionsverhalten. Ein wesentl. Teil des S. dient der sozialen Verständigung bzw. Kommunikation. Hierzu haben viele Tierarten z. T. hochritualisierte Verhaltensweisen entwickelt. Dem tier. Kommunikationsverhalten dienen opt., akust. oder chem. Verständigungsmittel, z. B. bestimmte Körperbewegungen (etwa bei der Demuts- oder Drohgebärde oder beim Imponiergehabe), Lockrufe und Warnlaute oder das Absetzen von Duftmarken. – Das S. der Tiere wird zwar weitgehend instinktiv gesteuert und durch bestimmte Signale (↑Auslöser, ↑Schlüsselreize) veranlaßt, doch spielen (bes. bei höherentwickelten Tieren) auch soziale Lernprozesse eine bed. Rolle. Das S. des Menschen wird überwiegend durch kulturelle Symbole (v. a. in sprachl. Hinsicht) und Normen gesteuert.

**Sozialversicherung**, öffentl.-rechtl., genossenschaftl. Vorsorge gegenüber bestimmten Risiken (Versicherungsfällen). Dabei ist Grundsatz der S. in der BR Deutschland, daß die S. aus Beiträgen finanziert wird, deren Höhe sich zwar nach dem jeweiligen wirtsch. Leistungsvermögen der Versicherten richtet, daß die Leistungen jedoch z. T. unabhängig von der Beitragshöhe gewährt werden *(Solidaritätsprinzip)*. Die S. ist keine Einheitsversicherung, sondern in verschiedene Versicherungszweige gegliedert; die wichtigsten Versicherungszweige sind die ↑Krankenversicherung, die ↑Rentenversicherung, unterteilt in

| SOZIALPRODUKT (BR Deutschland) | Einheit | 1970 | 1980 | 1984 | 1985 |
|---|---|---|---|---|---|
| Bruttoinlandsprodukt (zu jeweiligen Preisen) | Mrd. DM | 675,3 | 1 481,4 | 1 748,2 | 1 830,4 |
| Bruttowertschöpfung der Wirtschaftsbereiche | | | | | |
| Land- und Forstwirtschaft | Mrd. DM | 23,1 | 30,5 | 34,8 | 30,9 |
| Warenproduzierendes Gewerbe | Mrd. DM | 360,7 | 640,5 | 715,3 | 760,1 |
| Handel und Verkehr | Mrd. DM | 108,7 | 228,2 | 266,3 | 247,6 |
| Dienstleistungsunternehmen | Mrd. DM | 118,3 | 327,5 | 448,7 | 473,0 |
| Staat, private Haushalte u. a. | Mrd. DM | 72,5 | 199,1 | 234,3 | 244,2 |
| Bruttosozialprodukt (zu jeweiligen Preisen) | Mrd. DM | 657,7 | 1 485,7 | 1 756,9 | 1 837,9 |
| Verwendung | | | | | |
| Privater Verbrauch | Mrd. DM | 367,6 | 834,7 | 990,3 | 1 027,3 |
| Staatsverbrauch | Mrd. DM | 108,1 | 298,4 | 350,5 | 365,7 |
| Anlageinvestitionen | Mrd. DM | 173,7 | 338,0 | 354,6 | 359,3 |
| Ausrüstungen | Mrd. DM | 68,4 | 127,9 | 137,6 | 153,9 |
| Bauten | Mrd. DM | 105,3 | 210,1 | 217,0 | 205,4 |
| Vorratsveränderung | Mrd. DM | + 15,4 | + 17,5 | + 11,2 | + 14,2 |
| Außenbeitrag (Ausfuhr minus Einfuhr) | Mrd. DM | + 14,3 | – 4,3 | + 50,3 | + 71,4 |
| Ausfuhr von Waren und Dienstleistungen | Mrd. DM | 152,7 | 431,6 | 588,3 | 647,4 |
| Einfuhr von Waren und Dienstleistungen | Mrd. DM | 138,4 | 435,9 | 538,0 | 576,0 |

Quelle: Wirtschaft und Statistik, Heft 6/1986. Hg. Statistisches Bundesamt.

## Sozialwahlen

*Angestelltenversicherung* (mit der Bundesversicherungsanstalt für Angestellte als Träger) und Arbeiterrentenversicherung (früher: Invalidenversicherung); Träger sind hier die Landesversicherungsanstalten sowie die ↑Altershilfe für Landwirte, die ↑Unfallversicherung und die ↑Arbeitslosenversicherung. Ein eigener Zweig der S. ist die **Knappschaftsversicherung**, in der alle Arbeitnehmer und Lehrlinge in knappschaftl. [Bergbau]betrieben pflichtversichert sind. Die Knappschaftsversicherung gliedert sich ihrerseits weiter in Krankenversicherung und Rentenversicherung.

**Geschichte:** Die dt. S. entstand im Laufe des 1880er Jahre. 1883 führte der Reichstag durch Gesetz die Krankenversicherung der Arbeiter, 1884 die Unfallversicherung und 1889 die Invaliditäts- und Altersversicherung ein. Die so entstandene öffentl.-rechtl. Zwangsversicherung für große Teile der Arbeiterschaft und gering verdienende Angestellte wurde zusammenfassend **Arbeiterversicherung** genannt. Dahinter stand die Absicht v. a. O. von Bismarcks, durch Milderung der schlimmsten Folgewirkungen der Lohnabhängigkeit für die Arbeiter und ihre Familien die brisante ↑soziale Frage zu lösen bzw. wenigstens zu entschärfen und so der Sozialdemokratie die [Massen]basis zu entziehen. Abgesehen von Rückschlägen durch den 1. Weltkrieg, später durch die wirtsch. Krisen von 1923 und 1931 wurde die S. in der Folgezeit immer weiter ausgebaut. In den versicherten Personenkreis wurden nach und nach auch Angestellte, Handwerker und schließl. Landwirte einbezogen; durch die Einführung von Hinterbliebenenrenten (1911), Erweiterung des Schutzes der Unfallversicherung auf Berufskrankheiten und Wegeunfälle sowie Schaffung einer Arbeitslosenversicherung (1927) und einer Konkursausfallversicherung (1974) wurde auch der Bereich der Versichertenrisiken ausgedehnt. Der Katalog der Leistungen wurde vielfach erweitert und verbessert, insbes. durch Neuregelungen bei der Rentenversicherung (z. B. Dynamisierung der Rente, Einführung der flexiblen Altersgrenze, ↑Rentenversicherung).

In *Österreich* wurden ein ArbeiterunfallG 1887, ein ArbeiterkrankenversicherungsG 1888 erlassen; 1906 wurde eine Pensionsversicherung für die Angestellten eingeführt. Die Einbeziehung der Arbeiter in die Altersversicherung erfolgte erst Ende der 1930er Jahre. Seit 1956 sind Kranken-, Unfall- und Pensionsversicherung im Allg. SozialversicherungsG geregelt.

In der *Schweiz* erging 1911 das BG über die Kranken- und Unfallversicherung. Es folgten das BG über die Alters- und Hinterlassenenversicherung 1946, das BG über die Arbeitslosenversicherung 1951, das BG über die Invalidenversicherung 1959. - Abb. S. 302.

📖 *Grüner, H.: Sozialgesetzbuch. Kommentar u. Materialien. Losebl. Stand 1980. Percha 1980. - Jäger, H.: S.recht u. sonstige Bereiche des Sozialgesetzbuches. Stand 1. Jan. 1980. Bln. 1980. - Schoele, W.: Die S. Stg. ⁹1978.*

**Sozialwahlen,** Bez. für die alle 6 Jahre stattfindenden Wahlen zu den Selbstverwaltungen der Renten-, Kranken- und Unfallversicherungen. Die S. ermöglichen den Versicherten die Mitbestimmung über die Arbeit der Sozialversicherungen (d. h. über Einnahmen und Ausgaben, Beiträge, Gesundheitsprogramme, Heilverfahren u. a.). Gewählt wird bei den (1980 insgesamt rd. 1 400) Versicherungsträgern nur dort, wo sich die Versichertenvertreter nicht auf eine gemeinsame Liste einigen konnten, und bei allen Angestelltenersatzkassen. Mit den von den verschiedenen Gewerkschaften aufgestellten Kandidatenlisten konkurrieren von „Unabhängigen" aufgestellte sog. freie Listen. Wahlberechtigt ist, wer das 16. Lebensjahr vollendet hat, bei einem oder mehreren Versicherungsträgern eine Versicherungsnummer hat (d. h. mitversicherte Familienangehörige sind nicht wahlberechtigt) und im Bundesgebiet bzw. in Berlin (West) wohnt. Jedem Wahlberechtigten werden die Wahlunterlagen zugesandt; gewählt wird i. d. R. durch Briefwahl.

**Sozialwissenschaften** (Gesellschaftswissenschaften), Bez. für die Gesamtheit der Wiss., die das Verhältnis von Mensch und Gesellschaft zum Gegenstand ihrer theoret. und prakt. Untersuchung haben. Stehen im Ggs. zu den Naturwiss., denen sie sich allerdings in ihren positivist. und empir. orientierten Richtungen annähern; die Abgrenzung gegenüber den sog. Geisteswiss. sowie die Gliederung der S. ist bislang nicht gelöst, so daß sich unter dem Begriff S. ganz oder teilweise folgende Wiss. einordnen lassen: Soziologie, polit. Wiss., [Sozial- und Kultur]anthropologie, Ethnologie, Pädagogik, [Sozial]geschichte, [Sozial]psychologie, [Sozial]philosophie, Sprach- und Kunstwiss., Wirtschafts- und Rechtswissenschaften.

**Sozialwohnungen,** nach dem 20. Juni 1948 bezugsfertig gewordene Wohnungen, für deren Bau öffentl. Mittel verwendet wurden und die nur gegen ein Entgelt zur Deckung des laufenden Aufwands (Kostenmiete) vermietet werden dürfen (↑auch Mietpreisbindung). Alle S. werden behördl. erfaßt und dürfen nur an Personen vermietet werden, die eine Bescheinigung über die Wohnberechtigung vorweisen.

**Sozietät** [zu lat. societas „Gesellschaft"], eine v. a. bei Angehörigen freier Berufe (Ärzte, Rechtsanwälte) häufige, zur gemeinschaftl. Berufsausübung gebildete Gesellschaft des bürgerl. Rechts.

**Sozinianer,** im 17. Jh. entstandene, von dem Namen Sozzini (F. Sozzini, L. Sozzini) abgeleitete Bez. für eine seit dem 16. Jh. zu-

# Soziologie

nächst in Polen, dann auch in W-Europa bestehende nachreformator., unitar. und antitrinitar. Religionsgemeinschaft. Die S. selbst nannten sich „Christen", „Brüder" oder „poln. Brüder". Die von der ref. Kirche Polens abgespaltenen S. („Ecclesia minor") wurden 1579 von F. Sozzini geeinigt, unter dessen Führung 1605 der Raków er Katechismus als grundlegendes Werk des Sozinianismus entstand: Quelle der Lehre ist die Hl. Schrift, v. a. das N. T.; die göttl. Wahrheit eignet sich der Christ mit Hilfe seiner Vernunft an; die Trinität gilt als vernunftwidrig; Erbsünde, Erlösung und Notwendigkeit der Gnade werden geleugnet; strenge Lebensführung und karitative Nächsenliebe werden gefordert als Konsequenz der Frömmigkeit. 1658 aus dem Land gewiesen, zerstreuten sich die S. allmähl.; sie ließen sich dann v. a. in Siebenbürgen, Schlesien und den Niederlanden nieder. Einflüsse ihrer Ideen lassen sich noch in der Aufklärung nachweisen.

**Soziogramm** [lat./griech.] ↑ Soziometrie.

**Soziographie** [lat./griech.], von S. R. Steinmetz 1913 als Gegenposition zur theoret. Soziologie begr., empir. arbeitende sozialwiss. Diszplin, die die gesamte Sozialstruktur einer Einheit (z. B. Dorf, Stadt, Region) unter Verzicht auf vorherige Theorie- und Hypothesenbildung beschreiben will; als eigenständige Forschungsrichtung kaum noch bedeutend.

**Soziolekt** [lat./griech.], im Ggs. zum ↑ Idiolekt, dem sprachl. Verhalten eines einzelnen, das Sprachverhalten von gesellschaftl. Gruppen, Schichten oder Klassen.

**Soziolinguistik** [lat.], Teilgebiet der Sprachwiss. mit der Aufgabe, die sozialen Bedingungen sprachl. Veränderung zu erforschen. Erscheinungsformen wie Sprachwandel und sprachl. Heterogenität führen zum Nachdenken über den Zusammenhang zw. Sprechsituation, sozialem Hintergrundmilieu, Funktionalität des Sprachgebrauchs und sprachl. Normen. Die 3 wichtigsten Forschungsansätze der modernen S. sind: Der **linguist. Relativismus** (Sapir-Whorf-Hypothese) nimmt an, daß die der Sprachstruktur inhärenten und in ihr „kristallisierten" sozialen Erfahrungen einer Gesellschaft durch den Prozeß der sprachl. Sozialisation die Denkweisen und die sozialen Einstellungen bestimmen. Nach der **Defizithypothese** B. Bernsteins prägt die in Schichten oder Klassen unterteilbare Sozialstruktur einer Gesellschaft verschiedene Sprechweisen, die ihrerseits die Sozialstruktur reproduzieren und stabilisieren. *Elaborierter* und *restringierter Code* bilden auf der sprachl. Ebene der Untergliederung der Sozialstruktur in Mittel- und Unterschicht ab. Sie stellen eine Sprachbarriere insofern dar, als durch die höhere kommunikative Geschicklichkeit die elaborierten Sprecher höheres Sozialprestige und damit mehr Privilegien gewinnen können. Dagegen setzt die **Differenzkonzeption** auf die im Prinzip gleichwertige Funktionalität sprachl. Verschiedenheiten. Gruppenspezif. Kommunikationssysteme „funktionieren" in sich bzw. sind in sich geordnet, und die in ihnen geltenden unterschiedl. sprachl. Ausdrucksgestalten sind prinzipiell übersetzbar. Die auftretenden Normen- und Wertkonflikte kennzeichnen soziale Bedeutung, sie sind ausgerichtet auf die Normen der Mittelschicht. Sie spiegeln aber keine Defekte im Sprach- und Kommunikationsverhalten.

📖 *Löffler, H.: Germanist. S.* Bln. 1985. - *S.* Hg. v. *H. Steger,* Darmst. 1982. - *Dittmar, N.: S.* Ffm. ⁴1980. - *Ammon, U./Simon, G.: Neue Aspekte der S.* Weinheim 1975. - *Ammon, U.: Probleme der S.* Tüb. 1973.

**Soziologe** [lat./griech.], Hochschulabsolvent mit dem Hauptfach Soziologie bzw. Sozialwiss. einschl. der Soziologie.

**Soziologie** [lat./griech.], Wiss., die die Bedingungen und Formen menschl. Zusammenlebens, die komplexen Struktur- und Funktionszusammenhänge der Gesellschaft und ihrer Institutionen in der geschichtl. Entwicklung und der Gegenwart systemat. untersucht und beschreibt, um den Menschen bei Verständnis, Planung und Steuerung ihrer Gesellschaft zu helfen. Ihr *Gegenstandsbereich* umfaßt das gesamte soziale Handeln des Menschen, das in Gruppen und Institutionen einer bestimmten Gesellschaft und Kultur durch soziale Prozesse geprägt ist; darin eingeschlossen die Beschäftigung mit sozialen Normen, Rollen und Handlungsmustern, Einstellungen, Wertorientierungen, mit regelgemäßem und abweichendem Verhalten, die Analyse sozialer Prozesse (Wandel, Mobilität, Konflikte), die Erforschung sozialer Lebensbereiche (Familie, Schule, Betrieb; Stadt, Land) und Lebensalter sowie die Untersuchung sozialer Klassen und Schichten, sozialer Gebilde (Gruppen, Organisationen) und Institutionen, z. B. in Wirtschaft, Politik, Kultur und Recht. Neben mehr problemorientierter Einzelforschung im Rahmen vielfältiger Teildisziplinen (z. B. *Familien-, Alters-, Erziehungs-, Industrie-, Betriebs-, Medizin-, Religions-S.*) stehen: die Betrachtung übergreifender Zusammenhänge des sozialen Lebens als Ganzes (z. B. Sozialpsychologie), die Darstellung einzelner sozialer Erscheinungen, Vorgänge, Abläufe in ihrem wechselseitigen Bedingungsverhältnis und ihrer Ordnung zu einem geschlossenen Beziehungsmodell; der soziokulturelle, polit.-ökonom. Vergleich verschiedener Gesellschaften und die Aufdeckung und Erklärung der Verursachungszusammenhänge; die Untersuchung und Einschätzung der histor.-sozialen Entwicklung einer Gesellschaft in Vergangenheit, Gegenwart und Zukunft.

Als *Begründer* der S. gilt A. Comte, nach dessen Auffassung sich die S. den Naturwiss.

# Soziologie

entsprechend nicht an Sinngehalten, sondern nur an „positiven" Tatsachen zu orientieren hatte. Einflüsse der Frz. Revolution und die auf eine Lösung drängende soziale Frage prägten die S. des 19. Jh. Im Ggs. zu bis dahin vorherrschenden liberalen Harmonie- und Gleichgewichtsvorstellungen und zur positivist. S. entwickelte K. Marx mit dem *histor. Materialismus* (↑Marxismus) eine Gesellschaftstheorie, die davon ausgeht, daß die histor.-soziale Entwicklung durch gesellschaftl. Konflikte, v. a. durch Klassengegensätze zw. Besitzenden und Besitzlosen, vorangetrieben wird. Eine eigene Methode und eigene Forschungstechniken entwickelte die S. erst seit É. Durkheim, der sie als empir., exakte Wiss.

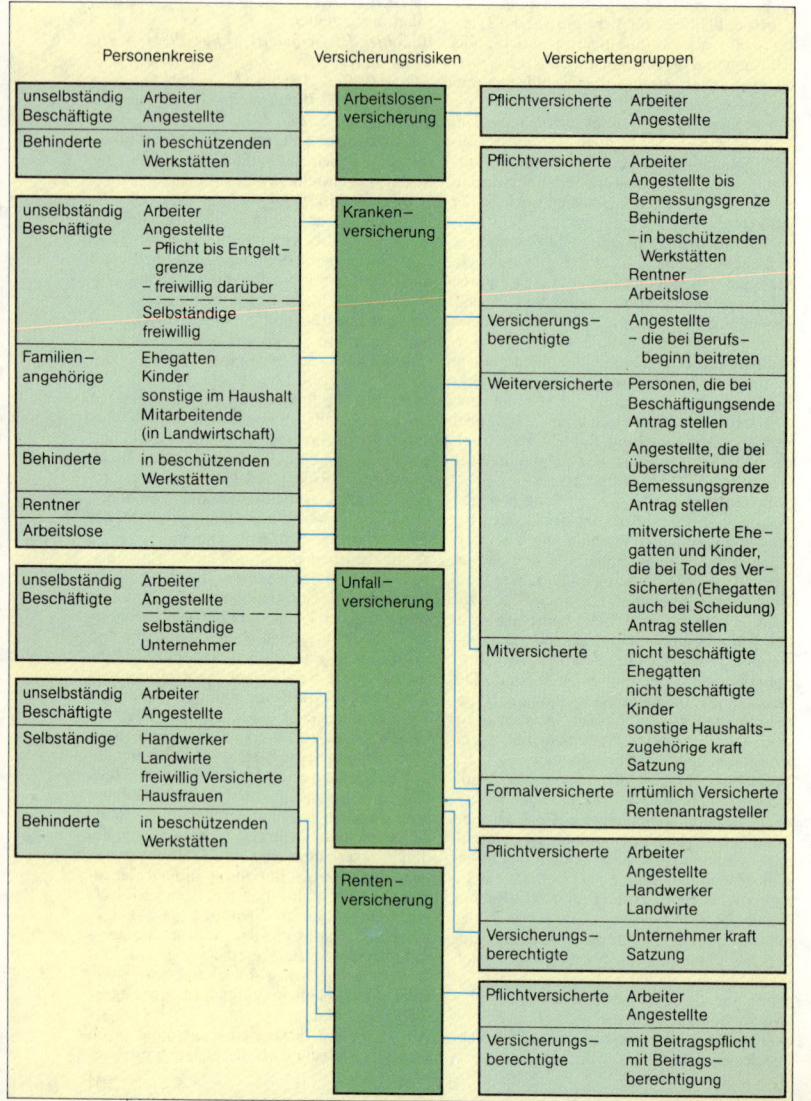

**Sozialversicherung in der Bundesrepublik Deutschland nach Versicherungsrisiken**

| Personenkreise | | Versicherungsrisiken | Versichertengruppen | |
|---|---|---|---|---|
| unselbständig Beschäftigte | Arbeiter Angestellte | Arbeitslosenversicherung | Pflichtversicherte | Arbeiter Angestellte |
| Behinderte | in beschützenden Werkstätten | | | |
| unselbständig Beschäftigte | Arbeiter Angestellte – Pflicht bis Entgeltgrenze – freiwillig darüber | Krankenversicherung | Pflichtversicherte | Arbeiter Angestellte bis Bemessungsgrenze Behinderte –in beschützenden Werkstätten Rentner Arbeitslose |
| | Selbständige freiwillig | | Versicherungsberechtigte | Angestellte – die bei Berufsbeginn beitreten |
| Familienangehörige | Ehegatten Kinder sonstige im Haushalt Mitarbeitende (in Landwirtschaft) | | Weiterversicherte | Personen, die bei Beschäftigungsende Antrag stellen |
| Behinderte | in beschützenden Werkstätten | | | Angestellte, die bei Überschreitung der Bemessungsgrenze Antrag stellen |
| Rentner | | | | |
| Arbeitslose | | | | mitversicherte Ehegatten und Kinder, die bei Tod des Versicherten (Ehegatten auch bei Scheidung) Antrag stellen |
| unselbständig Beschäftigte | Arbeiter Angestellte | Unfallversicherung | Mitversicherte | nicht beschäftigte Ehegatten nicht beschäftigte Kinder sonstige Haushaltszugehörige kraft Satzung |
| | selbständige Unternehmer | | Formalversicherte | irrtümlich Versicherte Rentenantragsteller |
| unselbständig Beschäftigte | Arbeiter Angestellte | Rentenversicherung | Pflichtversicherte | Arbeiter Angestellte Handwerker Landwirte |
| Selbständige | Handwerker Landwirte freiwillig Versicherte Hausfrauen | | Versicherungsberechtigte | Unternehmer kraft Satzung |
| Behinderte | in beschützenden Werkstätten | | Pflichtversicherte | Arbeiter Angestellte |
| | | | Versicherungsberechtigte | mit Beitragspflicht mit Beitragsberechtigung |

betrieb und der als Begründer der experimentellen, erfahrungswiss. S. *(empir. Sozialforschung)* gilt. F. Tönnies und G. Simmel entwickelten eine *begriffl. (formale)* S., die Formen des gesellschaftl. Lebens, die sie als überzeitl. und gleichbleibend verstand - etwa Streit, Konkurrenz, Freundschaft (Simmel) oder Gemeinschaft und Gesellschaft (Tönnies) - zu erfassen suchte. Für Max Weber sollte die S. soziales Handeln in seinem Ablauf und seinen Wirkungen erklären; gesellschaftl. Institutionen wie Staat, Recht, Wirtschaft wurden als ↑Idealtypen herausgearbeitet und wertfrei dargestellt, da Wiss. nur unabhängig von Werten und Normen rational und objektiv sein könne. Beeinflußt von Weber und anderen europ. Soziologen, entwickelte T. Parsons in den USA die ↑strukturell-funktionale Theorie und überwand damit die in der amerikan. S. bis dahin übl. Beschreibung zugunsten einer Analyse sozialer Zusammenhänge. - Großen Einfluß auf die S. der Gegenwart hatte die wissenschaftstheoret. Debatte (sog. Positivismusstreit) zw. Vertretern des ↑kritischen Rationalismus (K. R. Popper, H. Albert u. a.) und der ↑kritischen Theorie (T. W. Adorno, J. Habermas u. a.), die auch heute die Fachwiss. in 2 Lager teilt. Der *krit. Rationalismus* geht davon aus, daß die erfahrbare Realität durch unveränderl. Gesetzmäßigkeiten charakterisiert sei, die es durch eine erfahrungswiss. abgesicherte Methode aufzudecken gelte. Die aus dieser Prämisse resultierende Trennung von Erkenntnis und Erkenntnisinteresse, Forschungsobjekt und -subjekt, objektiven Sachgesetzen und subjektiven Wertungen lehnt die *krit. Theorie* ab; ihrer Meinung nach hat sich die sozialwiss. Theorie vorrangig der Angemessenheit ihrer Kategorien an dem jeweiligen Gegenstand zu versichern, was ein reflektiertes Vorverständnis des Untersuchungsobjekts erfordert. S. in diesem Sinne übt Gesellschaftskritik, die handlungsweisende Aufklärung bezweckt.
📖 *Wiswede, G.:* S. *Landsberg 1985. - Bellebaum, A.: Soziolog. Grundbegriffe. Stg.* [10]*1984. - Dechmann, B./Ryffel, C.:* S. *im Alltag. Weinheim* [3]*1984. - Der Positivismusstreit in der dt.* S. *Mit Beitr. v. T. W. Adorno u. a. Darmst.* [11]*1984. - Simmel, G.:* S. *Bln.* [6]*1983. - Arbeitsgruppe S.: Denkweisen u. Grundbegriffe der S. Ffm.* [5]*1983. - Bergmann, W.:* S. *im Faschismus 1933-1945. Köln 1981. - Elias, N.: Was ist* S.*? Mchn.* [4]*1981. - Jonas, F.: Gesch. der* S. *Opladen* [2]*1981. 2 Bde.*

**Soziologismus,** krit. Bez. für eine Tendenz in der Soziologie, die gesellschaftl. Bedingtheit menschl. Bewußtseinsinhalte überzubewerten.

**Soziometrie** [lat./griech.], i. w. S. alle Verfahren zur quantitativen Messung sozialer Beziehungen in Gruppen; ihre Resultate werden dargestellt mit Hilfe des **Soziogramms** (in einem konzentr. Kreis- oder Koordinatensystem werden die Personen als Punkte und die von ihnen geübten positiven oder negativen Wahlen, d. h. Bevorzugung oder Ablehnung von Gruppen-Mgl., als Linien oder Pfeile abgebildet; informiert über Führer, Außenseiter, Rangordnung, Cliquenbildung in der Gruppe) oder - v. a. bei größeren Gruppen - der **Soziomatrix** (tabellar. sind in der horizontalen Reihe [Wähler] und der vertikalen Spalte [Gewählte], in denen jeweils die Namen aller Gruppen-Mgl. aufgeführt sind, die Wertungen [+ oder −] eingetragen; die Reihen- und Spaltensummen ergeben dann den soziometr. Status der einzelnen Personen); i. e. S. v. a. der von J. Moreno entwickelte soziometr. Test zur Ermittlung der Intensität der gegenseitigen Ab- oder Zuneigung der Mgl. einer Gruppe und/oder der bestehenden Kontakte in dieser Gruppe. - Abb. S. 304.

**Sozius** [lat.], 1. Teilhaber, Gesellschafter; 2. Beifahrer auf einem Motorrad, -roller.

**Sozusa,** byzantin. Name von ↑Sousse.

**Sozzini,** Fausto, * Siena 1537 (1539?), † Lucławice bei Krakau 3. März 1604, italien. Theologe. - Durch seinen Onkel Lelio S. mit der Theologie der Reformatoren bekannt gemacht; ab 1579 in Polen. Mit der Ablehnung der traditionellen Christologie und Trinitätslehre wurde er zum Sammelpunkt älterer antitrinitar. Bewegungen (↑Sozinianer).

**S.,** Lelio, * Siena 1525, † Zürich 1562, italien. Theologe. - Begegnungen mit Täufern, Spiritualisten und Antitrinitariern führten S. um 1540 zum Protestantismus; seine theolog. Schriften hinterließ er seinem Neffen Fausto S.; mit diesem zus. gilt er als Urheber des Sozinianismus (↑Sozinianer).

**Sp,** Abk. für: ↑Siedepunkt.

**sp.,** Abk. für: ↑Species.

**Spa,** belg. Heilbad in den Ardennen, 218 bis 430 m ü. d. M., 10 000 E. Museen; Theater, Spielbank; Mineralquellen. Nahebei die Grand-Prix-Rennstrecke Spa/Francorchamps. - Die Heilquellen sind seit dem 16. Jh. bekannt; im 18. und 19. Jh. Modebad. - Im 1. Weltkrieg März-Nov. 1918 Sitz des dt. Hauptquartiers. - Die **Konferenz von Spa** zur Regelung der Entwaffnungs- und Reparationsfrage (5.-16. Juli 1920) erbrachte bis auf einen Verteilerschlüssel für die dt. Gesamtschuld kein Ergebnis.

**Spaak,** Paul Henri [frz. spak, niederl. spa:k], * Schaerbeek 25. Jan. 1899, † Brüssel 31. Juli 1972, belg. Politiker. - 1932-56 und 1961-66 sozialist. Abg.; wiederholt Außenmin.; Mai 1938-Febr. 1939, März 1946, 1947-49 Min.präs., 1961-65 stellv. Min.präs.; maßgebl. daran beteiligt, die Rückkehr König Leopolds III. auf den belg. Thron zu verhindern; förderte entscheidend die Bildung von Benelux und setzte sich für die europ. Integration unter Einschluß von Großbrit. ein; leitete 1950-55 den Internat. Rat der Europ. Bewegung; 1957-61 Generalsekretär der NATO.

303

# Spacelab

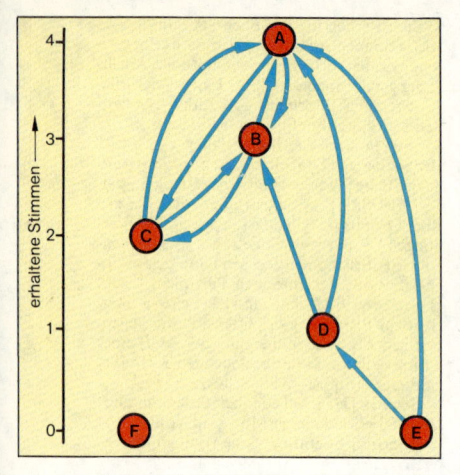

Soziometrie. Soziogramm einer aus sechs Personen bestehenden formellen Gruppe, von denen fünf zueinander in Beziehung stehen

**Spacelab** [engl. 'speɪslæb „Raumlabor"], von der europ. Weltraumorganisation ESA in Zusammenarbeit mit der NASA entwickeltes Raumlabor, das mit Hilfe des in den USA entwickelten Raumtransporters („Space shuttle") in eine Erdumlaufbahn in 250–1000 km Höhe gebracht werden kann. Das Labor bleibt während eines sieben- bis dreißigtägigen Aufenthalts im Weltraum integraler Bestandteil des Raumtransporters. Es kann sowohl für wiss. Grundlagenforschung als auch für anwendungstechn. Untersuchungen verwendet werden und vier Wissenschaftlern als Arbeitsraum dienen. – Der erste Einsatz (unter Beteiligung des dt. Astronauten U. Merbold) erfolgte mit dem Raumtransporter Columbia, der am 28. Nov. 1983 zu einem zehntägigen Raumflug mit dem S. startete.

**Space shuttle** [engl. 'speɪs 'ʃʌtl] ↑Raumtransporter.

**Spachtelmasse,** zum Ausgleich von Unebenheiten (vor dem Aufbringen eines Anstrichs) oder zur Herstellung einer plast. Oberflächenstruktur verwendete, meist pastenartige, nach dem Trocknen schleifbare Masse aus Füllstoffen (Kreide, Schwerspat, Lithopone u. a.) und einem Bindemittel (Polyester, Epoxidharze, Nitrozellulose, Leinöl).

**Spadolini,** Giovanni, * Florenz 21. Juni 1925, italien. Politiker (Partito Repubblicano Italiano). – Historiker; seit 1972 Senator; 1974–76 Min. für Umweltschutz und Kultur, 1979 Unterrichtsmin.; seit 1979 Polit. Sekretär der PRI; Juni 1981–Dez. 1982 erster nicht der DC angehörender italien. Min.präs. der Nachkriegszeit; 1983–87 Verteidigungsmin.; seit 1987 Senatspräsident.

**Spagat** [italien., zu spaccare „spalten"], Körperhaltung bei Ballett, Kunstturnen, Eis- und Rollkunstlauf, bei der die in entgegengesetzter Richtung ausgestreckten Beine eine Linie bilden.

**Spaghetti** [...'gɛti; italien., eigtl. „dünne Schnürchen"], lange, dünne, stäbchenförmige Teigwaren.

**Spagirik** (Spagyrik) [griech.-nlat.], vermutl. von Paracelsus geprägte Bez. für denjenigen Zweig der Alchimie, der durch hermet. Manipulationen des Trennens und Wiedervereinigens aus Roharzneistoffen mineral., pflanzl. und tier. Ursprungs gereinigte, geläuterte und in der Vorstellung der *Spagiriker* wirksamere Arzneimittel herzustellen lehrte.

**Spagnuolo, lo** [italien. lospaɲ'ɲɔːlo], italien. Maler, ↑Crespi, Giuseppe Maria.

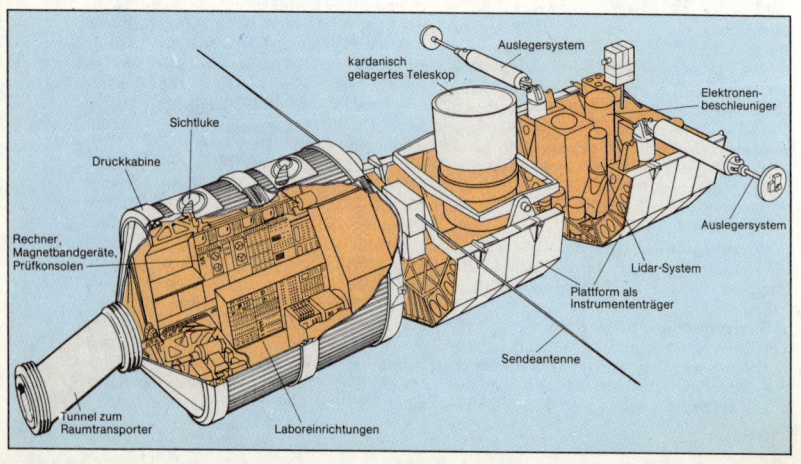

Spacelab. Darstellung einer typischen Anordnung des Raumlabors

**Spahi** (Sipahi) [pers. „Soldat"], 1. im Osman. Reich die von der osman. Militäraristokratie aufgebotenen Reiter (15.–19. Jh.); 2. Bez. für die von den Franzosen in N-Afrika aufgestellten einheim. Reiterregimenter.

**Spähtrupp**, zur Gefechtsaufklärung oder Verbindungsaufnahme (auch für Sicherungsaufgaben) eingesetzter Trupp von Soldaten; Stärke zw. 2 Mann und mehreren Gruppen.

**Spaichingen**, Ind.stadt am Austritt der Prim aus der sw. Schwäb. Alb, Bad.-Württ., 669 m ü. d. M., 9 400 E. Schuhfabrik, Holz-, Uhren-, metallverarbeitende, Textil- und Bekleidungsind. - 791 erste Erwähnung, 1828 Stadtrecht. - Barocke Wallfahrtskirche (17., 18., 19. Jh.) auf dem Dreifaltigkeitsberg.

**Spalatin**, Georg, eigtl. G. Burckhardt, *Spalt 17. Jan. 1484, †Altenburg 16. Jan. 1545, dt. reformator. Theologe. - Mgl. des Erfurter Humanistenkreises um C. Mutianus Rufus; 1508 Priester und Prinzenerzieher in Torgau, Geschichtsschreiber des sächs. Kurfürsten Friedrich III., des Weisen; 1517–22 Förderer M. Luthers; 1530 Berater bei den Religionsverhandlungen in Augsburg und 1532 in Schweinfurt und Nürnberg; Mitorganisator des landesherrl. Kirchenregiments. Durch seine Stellung am Hof war S. wichtiger Verbindungsmann zw. Luther, Melanchthon und den Kurfürsten und trug durch Übersetzungen, Vermittlungsversuche und eigene Schriften zum Gelingen der Reformation bei.

**Spalier** [italien., eigtl. „Schulterstütze, Rückenlehne"; letztl. zu lat. spatula „Schulterblatt"], 1. im Garten- und Obstbau eine freistehende, im Boden verankerte oder an einer Mauer befestigte *(Wand-S.)* senkrechte Gerüstwand unterschiedl. Konstruktion zur Bildung einer „lebenden Wand" aus angehefteten Pflanzen. 2. Anlage nach einem S.gerüsten befestigten, niedrigstämmigen Zier- oder Obstbäumen, Weinreben, Sträuchern (z. B. Rosen, Himbeeren) oder Stauden. - Von den vielen kunstreichen Formen früherer Zeiten (z. B. Vasen, Spiralen) findet man heute prakt. nur noch die *Palmette* in U-Form *(Verrier-Palmette)* oder mit schrägen Leitzweigen *(Fächer-S.)* und den senkrechten oder waagrechten ↑Schnurbaum (Kordon).
◆ Ehrenformation beiderseits eines Weges.

**Spalierobst**, die Anlage niedrigstämmiger Formobstbäume *(Spalierobstbäume;* v. a. Apfel- und Birnbaum), deren Mitteltriebe und Verästelungen erster Ordnung (Leittriebe) unmittelbar das Fruchtholz tragen und so schwach bleiben, daß die Bäume eines tragenden Gerüstes (Spalier) bedürfen.

**Spallanzani**, Lazzaro, *Scandiano (Prov. Emilia-Romagna) 12. Jan. 1729, † Pavia 11. Febr. 1799, italien. Biologe. - Kath. Geistlicher; Prof. in Reggio nell'Emilia, Modena und Pavia (ab 1769). Wies u. a. experimentell die Befruchtung von Eiern durch Spermien nach und führte die erste künstl. Besamung (bei Hunden) durch.

**Spallation** [engl.] (Vielfachzerlegung, Kernzersplitterung), Bez. für eine Kernreaktion, bei der aus dem von einem energiereichen Teilchen getroffenen Kern mehrere Nukleonen (bzw. Cluster) herausgeschlagen werden und ein schwerer Restkern zurückbleibt.

**Spalt**, Stadt im Mittelfränk. Becken, Bay., 357 m ü. d. M., 4 700 E. Mittelpunkt des Spalter Hopfenlandes (zweitgrößtes Hopfenbaugebiet der BR Deutschland). - Entstand in Anlehnung an das um 800 erstmals erwähnte Salvatorkloster (seit dem 9./10. Jh. Stift; 1802/03 aufgehoben); erhielt zw. 1356 und 1370 Stadtrecht. - Barocke Pfarrkirche Sankt Emmeram (1698 ff.), spätbarocke ehem. Stiftskirche Sankt Nikolaus (1767 ff.) mit Rokokodekoration; zahlr. Fachwerkhäuser.

**Spaltalgen**, svw. ↑Blaualgen.

**Spaltbarkeit**, die Eigenschaft kristallisierter Substanzen, bevorzugt nach ebenen Flächen zu spalten, bedingt durch die gitterartige Anordnung der Mineralbestandteile.
◆ die Eigenschaft bestimmter Atomkerne (v. a. von Uran 233, Uran 235, Plutonium 239), sich durch Einfangen von therm. Neutronen unter Energiefreisetzung in zwei etwa gleich große Bruchstücke spalten zu lassen (↑Kernspaltung).

**Spaltblättling** (Schizophyllum commune), meist stielloser, 2–4 cm großer, seitl. an Holz festsitzender, weitverbreiteter Ständerpilz; Hut grauweißl, filzig, undeutl. gezont; Rand eingerollt; Lamellen grauviolett bis rötlichgrau, Lamellenschneiden gespalten; ganzjährig v. a. auf (frisch gefälltem) Nadelholz.

**Spalte**, in der Geologie Bez. für einen breiten Riß im Gestein.
◆ im graph. Gewerbe Bez. für einen Block untereinandergesetzter Zeilen, der mit einem oder mehreren gleich großen Zeilenblöcken beim Umbruch zu einer Seite zusammengestellt wird; auch Bez. für die untereinander angeordneten Zahlen u. a. einer Tabelle.

**Spaltfrucht** (Schizokarp), bes. bei Doldenblütlern ausgebildete mehrsamige Schließfrucht (↑Fruchtformen).

**Spaltfuß**, (Spaltbein) Hemmungsmißbildung des Fußes, bei der die beiden äußeren Mittelfußknochen jeweils miteinander verwachsen sind und der mittlere mangelhaft oder gar nicht ausgebildet ist; der Fuß erscheint daher scherenartig gespalten.
◆ die für die Krebstiere typ., zweiästige Extremität, die mannigfach umgewandelt sein kann; besteht in ihrer ursprüngl. Ausbildungsform aus dem Stammglied, dem die Fortsetzung des Stamms bildenden inneren Ast *(Endopodit)*, der oft als *Gehfuß ast* dem Gehen dient, und dem seitl. entspringenden äußeren Ast *(Exopodit)*, der häufig als Schwimmorgan *(Schwimmfußast)* verbreitet ist. Bei vornehml. am Boden sich

**Spaltfüßer**

fortbewegenden Krebsen kann der Exopodit gänzl. fehlen. An der Außenseite des Stammgliedes entwickelte Anhänge *(Exite)* dienen häufig als Kiemen.

**Spaltfüßer** (Spaltfußkrebse, Mysidacea, Schizopoda), Ordnung sehr primitiver Ranzenkrebse mit rd. 450 fast ausschließl. meerbewohnenden Arten; wenige Millimeter bis 35 cm lang; Körper garnelenähnl., schlank, durchscheinend; Thoraxbeine als Spaltfüße entwickelt; Augen gestielt.

**Spaltfußgans** (Anseranas semipalmata), etwa 85 cm langer, gut fliegender, langhalsiger Entenvogel, v. a. in Sümpfen Australiens (einschließl. Tasmaniens) und S-Neuguineas; auf dem Schädel ein Knochenkamm; Gefieder schwarz mit weißen Rückenpartien und weißem Bauch; Schwimmhäute der langen, gelben Beine sehr klein.

**Spaltkapsel** ↑ Kapselfrucht.

**Spaltklappe**, Wölbungsklappe zur Auftriebserhöhung an der Hinterkante von Flugzeugtragflächen.

**Spaltleder** ↑ Lederherstellung.

**Spaltöffnungen** (Stomata), in der Epidermis der grünen, oberird. Organe (krautige Sproßachsen, Laub- und z. T. auch Blütenblätter) der Farn- und Samenpflanzen sowie in den Blättchen verschiedener Moosarten in meist großer Anzahl (bis zu mehreren tausend pro mm$^2$) auftretende Strukturen aus zwei, meist bohnen- oder hantelförmige Chloroplasten enthaltenden Schließzellen, die zw. sich einen Spalt (Porus) einschließen, der eine Verbindung zw. Außenluft und Interzellularsystem der Pflanze herstellt. Gelenkige Verbindungen der Schließzellen untereinander und ungleiche Zellwandverdickungen bewirken bei Turgoränderungen, die durch Wassergehaltsschwankungen auf Grund von Außenreizen (Wasser- und $CO_2$-Gehalt von Pflanze und umgebender Luft, Belichtung) gesteuert werden, Form und Stellungsänderungen der Schließzellen und damit verbundene Änderungen der Spaltweite, womit der lebenswichtige Gasaustausch ($CO_2$-Aufnahme und $O_2$-Abgabe) für Photosynthese und Atmung sowie die Transpiration geregelt werden können.

**Spaltpflanzen** (Schizophyta, Schizophyten), ältere Bez. für die ↑ Prokaryonten.

**Spaltprodukte**, die bei einer ↑ Kernspaltung als Bruchstücke des Ausgangskerns auftretenden radioaktiven Atomkerne und ihre Folgekerne.

**Spaltschlüpfer** (Orthorrhapha), gelegentl. Bez. für eine systemat. stark umstrittene Gruppe der ↑ Fliegen, bei denen das schlüpfende Tier die Hülle der Puppe durch einen T-förmigen Längsspalt sprengt (Gegensatz ↑ Deckelschlüpfer); umfaßt u. a. Bremsen und Raubfliegen.

**Spaltstoff**, svw. ↑ Kernbrennstoff.

**Spaltung** ↑ Kernspaltung.

**Spaltungsirresein** ↑ Schizophrenie.

**Spaltungsregel** ↑ Mendel-Regeln.

**spanende Bearbeitung** (spanabhebende Bearbeitung), Sammelbez. für alle werkstückformenden Verfahren, bei denen Material in Form von *Spänen* (bei sprödem Werkstoff: Bruch- oder Reißspan; bei zäherem Werkstoff: Scher-, Band- oder Spiralspan [z. B. Hobelspäne]) oberflächig abgetragen wird. Dieses **Abspanen** erfolgt mit Hilfe ein- oder mehrschneidiger, meist keilförmiger Werkzeugschneiden. Als *Schneidwerkstoffe* werden Werkzeugstähle, HSS- und Widia-Stähle, gesinterte Hartmetalle, oxidkeram. Werkstoffe sowie Diamantwerkstoffe und Diamanten verwendet. Schneidflüssigkeiten und Schneidöle dienen der Schmierung und Kühlung (v. a. bei Bearbeitung von Metallen), zur Erhöhung der Schnittgeschwindigkeit und zur Verringerung der Reibung (Krafteinsparung), wodurch eine höhere Standzeit des Werkzeugs und eine bessere Oberflächengüte des Werkstücks erzielt werden. Material (Holz, Metall, Gestein, Kunststoff u. a.) sowie die gewünschte Endform und Genauigkeit des Werkstücks bestimmen die Art der s. B., für deren einzelne Verfahren eine Fülle von Werkzeugformen vorliegt und deren Ausführung vom Handbetrieb bis zu vollautomat. Maschinen reicht. Die gebräuchlichsten Verfahren der s. B. sind: *Meißeln, Hobeln, Sägen, Fräsen, Schleifen, Bohren, Stoßen, Feilen, Räumen*. Eines der wichtigsten Verfahren ist das *Drehen* an der ↑ Drehbank. Oft sind zum Erreichen der gewünschten Endform eines Werkstücks mehrere Verfahren der s. B. erforderl., z. B. das Sägen, Hobeln und Schleifen eines Brettes, oder die Nachbearbeitung von Bohrungen (Beseitigung von Unrundheiten, Bohrriefen, Rattermarken u. a.) durch das *Honen* (Feinziehschleifen).

**Spanferkel** [zu mittelhochdt. spen „Zitze, Muttermilch"], im allg. bis zu drei Wochen altes, noch saugendes Ferkel.

**Spangenberg**, August Gottlieb, * Klettenberg (Landkr. Nordhausen) 15. Juli 1704, † Berthelsdorf (Landkr. Löbau) 18. Sept. 1792, dt. ev. Theologe. - Bekanntschaft mit N. L. Zinzendorf (1727), der ihn 1732 nach Herrnhut berief; S. begründete den nordamerikan. Zweig der Herrnhuter Brüdergemeine und baute ihn auf. Nach Zinzendorfs Tod kehrte S. 1762 zurück und wurde zum „zweiten Gründer" Herrnhuts, indem er das Werk Zinzendorfs theologisch absicherte und verkirchlichte.

**Spangenberg**, hess. Stadt 30 km sö. von Kassel, 6 400 E. Textil-, Arzneimittel- u. a. Ind.; Luftkurort. - 1261 erstmals erwähnt; Stadtrecht 1309 bestätigt. - Ev. Pfarrkirche (13.–15. Jh.), ehem. Hospital (16. Jh.) mit spätgot. Kirche (14. Jh.); ehem. Burg (sog. Schloß) (13.–17. Jh.). Teile der Stadtummauerung (14. Jh.).

**Spaniels** [engl., zu frz. épagneul, eigtl. „spanisch(er Hund)"], v. a. in England und Amerika herausgezüchtete Rassengruppe etwa 40–60 cm schulterhoher Stöberhunde (z. B. ↑Cockerspaniel).

## Spanien

(amtl.: Reino de España), parlamentar. Monarchie in SW-Europa, zw. 36° und 43° 47′ n. Br. sowie 9° 19′ w. L. und 3° 19′ ö. L. bzw. 4° 19′ ö. L. (Balearen). **Staatsgebiet:** S. grenzt im N an Frankr. und Andorra, im W an Portugal, im S an Gibraltar; ansonsten von Atlant. Ozean und Mittelmeer begrenzt. Zu S. gehören: Balearen, Islas Columbretes, Alborán, Kanarische Inseln, Spanisch-Nordafrika (Ceuta, Melilla, Islas de Alhucemas, Islas Chafarinas und Peñón de Vélvez de la Gomera). **Fläche:** 504 750 km². **Bevölkerung:** 38,5 Mill. E (1986), 76,2 E/km². **Hauptstadt:** Madrid. **Verwaltungsgliederung:** 17 Autonome Regionen, einschließl. Kanar. Inseln und Balearen, 50 Prov. **Amtssprache:** Spanisch. **Nationalfeiertag:** 24. Juni (Namenstag des Königs). **Währung:** Peseta (Pta) = 100 Céntimos (cts). **Internat. Mitgliedschaften:** UN, EG, Europarat, NATO, OECD, GATT. **Zeitzone:** MEZ (mit Sommerzeit).

**Landesnatur:** Den Kernraum von S. bildet die Hochfläche der Meseta. Sie wird unterteilt vom Kastil. Scheidegebirge (in der Sierra de Gredos 2 592 m) in die N-Meseta (durchschnittl. 800 m hoch), die sich nach Portugal hinein fortsetzt, und in die S-Meseta (durchschnittl. 650 m hoch), die sich nach SW entlang dem Tajo und Guadiana abdacht. Fast allseits ist die Meseta von Randgebirgen umgeben, die meerwärts nur schmalen Küstentiefländern Raum geben. Die Gebirgsumrahmung bildet im N das Kantabr. Gebirge, das nach W in das Bergland N-Galiciens übergeht. Im O liegt das Iber. Randgebirge und im S die Sierra Morena bzw. die Betische Kordillere (im Mulhacén 3 478 m). Zw. Sierra Morena und Bet. Kordillere liegt das breitangelegte, zum Atlantik hin geöffnete Guadalquivirbecken. Im NO des Landes erstreckt sich zw. Iber. Randgebirge und Pyrenäen, deren Hauptkamm die Grenze gegen Frankr. bildet, das durch das Katalon. Bergland gegen das Mittelmeer abgeschlossene Ebrobecken.

**Klima:** Ein immerfeuchter Klimabereich ist der N-Saum der Iber. Halbinsel. Hier bringen W-Winde ganzjährige Niederschläge bis zu 3 000 mm/Jahr. Die Temperaturen sind durch die Meeresnähe sehr ausgeglichen (Vigo: Temperaturmittel im Aug. 19,2 °C, im Jan. 10,2 °C). Das übrige S. hat ein sommertrockenes mediterranes Klima, das in den Binnenlandschaften stark kontinentale Züge aufweist. Zwar sind die Sommer an der Mittelmeerküste ebenso heiß wie im Landesinnern (Aug.mittel: Madrid 24,2 °C, Valencia 24,7 °C), doch besitzt die Küste wesentl. mildere Winter als die Meseta (Jan.mittel: Madrid 5 °C, Valencia 15 °C). Auf der N-Meseta können kurzfristig Temperaturen bis − 25 °C auftreten. Die Hauptniederschläge fallen im Frühjahr und Herbst. Je nach Lage zu den vorherrschenden W-Winden erhalten die im Lee gelegenen Teile der Meseta, die Binnenbecken und die O-Küste oft nur bis zu 300 mm Niederschläge/Jahr, die Gebirge jedoch Steigungsregen (800–2 000 mm/Jahr).

**Vegetation:** In den Wäldern des immerfeuchten S. herrschen Eichen, Buchen und Edelkastanien vor. Im sommertrockenen Teil dominieren Steineichenwälder bis zu einer Höhenlage bis 1 200 m; darüber schließen trockenresistente Eichenarten an, die ihrerseits in eine Zone mit Buchen- und Kiefernwäldern übergehen. Die Esparto- und Alfagrassteppen des inneren Ebrobeckens, der Mancha und SO-Spaniens sind Vorposten Afrikas. Werden die Wälder zerstört, so treten im atlant. Bereich Stachelginster- und Erikaheiden auf, im mediterranen Bereich Macchien und Gariguen.

**Tierwelt:** Neben der übl. westeurop. Tierarten kommen noch Wolf und Bär vor. Bezeichnend für die mediterrane Tierwelt ist das Auftreten zahlr. Eidechsenarten.

**Bevölkerung:** Sie spricht zu 63 % Span. (Kastilisch), zu 24 % Katalanisch, zu 10 % Galicisch und zu 3 % Baskisch. 99,9 % der Bev. sind röm.-kath., geringe Minderheiten sind Protestanten, Juden und Muslime. Es besteht allg. Schulpflicht von 6 bis 14 Jahren. Das Unterrichtswesen ist kommunal, kirchl. oder privat. Es bestehen 33 Universitäten, darunter 4 polytechn. Univ. und eine Fernuniversität. Der für S. kennzeichnende hohe Bev.-überschuß führte zu einer umfangreichen, jedoch zeitl. befristeten Auswanderung von Arbeitskräften in die europ. Nachbarländer, insbes. nach Frankr., in die BR Deutschland und die Schweiz. Größere Ausmaße besitzt auch die Binnenwanderung, die nicht nur vom Land auf die größeren Städte, sondern auch, entsprechend dem regionalen Wohlstandsgefälle, auf wirtsch. hochentwickelte Geb. von Madrid, das Baskenland und Katalonien gerichtet ist. So erbringt Katalonien 25 % der gesamten span. Ind.produktion, nimmt jedoch nur 6,3 % der Gesamtfläche des Landes ein, beherbergt aber rd. 16 % der Bevölkerung. Abwanderungsgebiete sind v. a. die Regionen Andalusien, Murcia und Kastilien. Nach Volkstum und Sprache nehmen die Katalanen, Basken und Galicier eine Sonderstellung ein. Seit Nov. 1975 sind die nichtspan. Sprachen des Landes, Baskisch, Katalanisch und Galicisch offiziell als Nationalsprachen anerkannt. In Schulen werden diese Sprachen als Wahlfächer unterrichtet.

**Wirtschaft:** Rd. 18 % aller Erwerbstätigen

# Spanien

## Spanien. Wirtschaftskarte

sind in der Landw. beschäftigt. Die landw. Betriebsgrößen liegen im nördl. und nw. S. bei 5 ha, in Mittel- und Süd-S. herrscht dagegen extensiv bewirtschafteter Großgrundbesitz vor. Neben dem Trockenfeldbau (Dauerkulturen: Ölbäume, Feigen- und Mandelbäume) hat der Bewässerungsfeldbau große Bed.; Haupterzeugnisse sind: Getreide, Hülsen- und Zitrusfrüchte, Olivenöl, Wein, Zuckerrüben, Gemüse, Baumwolle und Tabak. 51% der Gesamtfläche wird von Wald eingenommen (planmäßige Wiederaufforstung). Wirtsch. bed. ist die Korkeiche. Fischerei wird im Atlantik und im Mittelmeer betrieben. Gefangen werden v.a. Sardine, Schell- und Thunfisch. Die wichtigsten Bergbauprodukte sind Kohle, Eisen-, Kupfer-, Blei-, Zink-, Zinn-, Manganerze, Quecksilber, Pyrit, Phosphate, Stein- und Meersalz. Kleine Erdöllagerstätten finden sich im Ebrobecken,

# Spanien

Hauptfördergebiet ist jedoch seit Anfang der 70er Jahre der Off-shore-Bereich vor der NO-Küste. Da S. rd. 70% der Primärenergie importieren muß, wurden bis 1986 11 Kernkraftwerke gebaut. Die wichtigsten Ind.-zweige sind Metallurgie, Schiff- und Maschinenbau sowie Schuh-, Textil- und Bekleidungsind., ferner Nahrungs- und Genußmittelindustrie. Stark expandierende Tendenz hat die chem. und pharmazeut. Industrie. Die span. Zementind. steht an der Spitze der zementexportierenden Länder. Ein bed. Erwerbszweig ist der Fremdenverkehr.

**Außenhandel:** Rd. die Hälfte der Außenhandelsumsätze werden z. Z. mit europ. Ländern abgewickelt. Ausgeführt werden Maschinen, Erdölderivate, Obst, Schuhe, Kfz., Eisen und Stahl, Gewebe, chem. Produkte, Wein und Fisch. Eingeführt werden Rohöl, Erze, elektr. Maschinen und Geräte. Von den EG-Handelspartnern steht die BR Deutschland an erster Stelle, gefolgt von Frankr., Großbrit. und Italien; zweitwichtigster Handelspartner sind die USA. Seit 1. Jan. 1986 ist S. EG-Mitglied.

**Verkehr:** Von den 13 575 km des Schienennetzes (Staatsbahnen) sind 6 200 km elektrifiziert. Das Straßennetz hat eine Länge von 154 000 km befestigten Straßen, davon 2 069 km Autobahnen. Die wichtigsten Häfen sind Bilbao, Cartagena, Gijón und Barcelona. Die nat. Fluggesellschaft IBERIA unterhält Fluglinien nach allen Erdteilen. Die wichtigsten ✈ sind Madrid, Barcelona, Palma de Mallorca und Valencia.

**Geschichte:** Zur Vorgeschichte ↑Europa. Antike und Völkerwanderung: Wahrscheinl. noch während des Neolithikums wanderten die Iberer von Afrika her nach S. ein und entfalteten eine blühende Stadtkultur; seit etwa 1100 v. Chr. kam es zu einer von Tyrus ausgehenden phönik. Kolonisation im S der Iber. Halbinsel; früheste phönik. Gründung war Gadir (röm. Gades, heute Cádiz). Im 6. Jh. v. Chr. hatten sich die Phöniker entlang der gesamten S-Küste festgesetzt; im 5. Jh. v. Chr. gerieten diese Kolonien unter den beherrschenden Einfluß Karthagos. - Seit dem 7. Jh. v. Chr. griff auch die griech. Kolonisation nach S. über, wobei die Kolonien im S schon seit der Mitte des 6. Jh. unter karthag. Herrschaft gerieten; dagegen konnten die griech. Handelszentren im NO behauptet und erweitert werden. Zw. 237 und 218 erweiterten Hamilkar Barkas, Hasdrubal († 221) und Hannibal den karthag. Herrschaftsbereich nach N (Gründung u. a. von Carthago Nova [ = Cartagena]); 226 v. Chr. wurde mit den von Gallien her vordringenden Römern der Ebro als Grenze der beiderseitigen Einflußbereiche vereinbart. Im Verlauf des von Hannibal ausgelösten 2. Pun. Krieges (218–201) eroberte Scipio Africanus d. Ä. 209 Carthago Nova; 206 wurde Gades römisch. Im Frieden von 201 mußten die Karthager ihr gesamtes span. Gebiet an Rom abtreten.

Bis in die Zeit des Augustus dehnten die Römer ihre Herrschaft in harten Auseinandersetzungen mit den einheim. Stämmen über die ganze Pyrenäenhalbinsel aus, ihre Herrschaft führte zu einer tiefgreifenden Romanisierung. Aus den urspr. 2 Prov. wurden unter Augustus die 2 kaiserl. Prov. Hispania citerior bzw. Tarraconensis und Lusitania sowie die senator. Prov. Baetica gebildet. Caracalla verselbständigte dann Asturien und Galicien zu einer eigenen Prov. Hispania nova citerior oder Callaecia (Gallaecia); Diokletian schließl. gliederte Hispania citerior in 2 Prov. auf, schlug die nordafrikan. Prov. Mauretania Tingitana zu S. und faßte die 6 Prov. zu einer Diözese zusammen. Die ökonom. Bed. der Kolonie übertraf die des Mutterlandes in mancher Beziehung (bed. Exportleistungen). Für die Leistungsfähigkeit der span. Landw. war die Umorientierung ihres Exports vom traditionellen Getreide auf Wein und Öl bezeichnend; im 3. Jh. n. Chr. deckte Rom rd. die Hälfte seines Bedarfs an diesen Gütern aus S.; ferner war S. der größte Lieferant von Edelmetallen (Gold und Silber) des Imperiums.

409 n. Chr. überschritten Sweben, Alanen und Vandalen die Pyrenäen und strömten tief nach S. ein (Vandalusia = Andalusien). Kurz darauf fielen auch die Westgoten erstmals in die Tarraconensis ein. In der Folgezeit drängten sie als Foederati Roms die anderen german. Stämme in den NW ab; im Frieden von 475 mußte Rom die Unabhängigkeit des westgot. Tolosan. Reichs in S-Frankr. einschließl. seiner span. Eroberungen anerkennen. - Nach dem Sieg des Frankenkönigs Chlodwig I. über die Westgoten (507) beschränkte sich deren Reich auf Spanien. In den zwei Jh. ihrer Herrschaft wurde zum ersten Mal die polit. Einheit der Pyrenäenhalbinsel realisiert. Der Westgotenkönig Leowigild (⚭ 568–586) unterwarf 585 das bis dahin selbständige Swebenreich. Vorher schon hatte er Toledo zu seiner Residenz und zum Zentrum des Reichs gemacht. Die rechtl. Angleichung der beiden Bev.teile (Westgoten, hispanoroman. Bev.) hatte zwar erhebl. Fortschritte gemacht, doch spaltete der religiöse Ggs. zw. den kath. Hispanoromanen und arian. Westgoten die Bev.; sie wurde erst überwunden, als Rekkared I. (⚭ 586–601) mit den Bischöfen und den Vornehmsten seines Volkes 587 zum kath. Bekenntnis übertrat. Die unmittelbare Folge war eine deutl. Stärkung der Loyalität der Bev. gegenüber der Westgotenherrschaft. Eine weitere Folge war ein enges Bündnis zw. der Krone und der kath. Kirche. Thronstreitigkeiten, die mit dem Tod des Westgotenkönigs Witiza († 710) ihren Höhepunkt fanden, führten zum Ende der westgot. Herrschaft. Als nicht Witizas Sohn zum Nachfolger gewählt wurde, wandte sich

# Spanien

dessen Familie um Hilfe an die nordafrikan. Mauren, die das Heer des Gegenkandidaten Roderich, Hzg. der Baetica, 711 bei Jerez de la Frontera vernichtend schlugen. In wenigen Jahren unterwarfen sie fast ganz S., ledigl. im N konnten sich christl. Kleinreiche behaupten.

Das maurische Spanien: Seit 714 bildete das muslim. S. (arab. Al Andalus = Andalusien) ein abhängiges Emirat des Kalifats der Omaijaden von Damaskus. Bei deren Sturz durch die Abbasiden gelang es Abd Ar Rahman I., 756 in S. das polit. selbständige Emirat (ab 929 Kalifat) von Córdoba zu errichten. Unter Abd Ar Rahman III. (912–961), der sich im Jahre 929 durch seine Selbsterhöhung zum Kalifen auch religiös unabhängig machte, erreichte das Kalifat eine glanzvolle Machtstellung, die es indessen nur kurze Zeit behaupten konnte. Nach dem Tode des leitenden Min. Al Mansur (976–1002), der den Machtbereich des Kalifats durch die Einverleibung Marokkos noch einmal erweitert hatte, kam es zu schweren inneren Auseinandersetzungen. 1030 zerfiel das Kalifat nach dem Sturz des letzten Omaijaden in eine Reihe von Teil-Ft. (arab. Taifa), die in der Folgezeit ein Opfer der christl. Reconquista wurden. Seit dem letzten Drittel des 13. Jh. war das Kgr. von Granada das letzte maur. Reich in S., das 1492 nach einem mehr als 10jährigen Krieg gegen das Kath. Königspaar mit der Kapitulation von Granada sein Ende fand.

Die Gesellschaft des muslim. S. war deutl. geschieden und hatte keine Ähnlichkeit mit dem im übrigen Europa der Zeit verbreiteten Feudalsystem. Als prinzipiell einziger Inhaber der öffentl. Gewalt in Gesetzgebung, Verwaltung und Rechtsprechung galt der Kalif. Der ebenso rasche wie andauernde Erfolg der muslim. Eroberung hatte seinen Grund in der Effektivität der muslim. Verwaltung, in der weitgehenden religiösen Toleranz der Eroberer und in dem von ihnen etablierten, in Stadt und Land auf den Ausgleich sozialer Spannungen hinwirkenden Sozialsystem. Der christl. gebliebene Teil der Bev. namentl. in den Städten, hatte zwar bes. Steuerlasten zu tragen, ansonsten aber konnten sich diese sog. Mozaraber ökonom. und geistig frei entfalten. Auch die Juden genossen volle Toleranz und spielten im Handelsleben bald eine führende Rolle. Unter wirtsch. Gesichtspunkten bedeutete die muslim. Herrschaft eine Blütezeit, wie sie S. bis in die Moderne nicht wieder erlebt hat. - Mit der wirtsch. Prosperität ging eine kulturelle Blüte einher; neben der Wiss. blühten Literatur und Architektur; die muslim. Bauten in Córdoba und Granada (Alhambra) geben davon bis heute eindrucksvolles Zeugnis.

Das Spanien der Reconquista: Schon in der ersten Hälfte des 8. Jh. kam es im nordspan. Bergland zu lokalen Aufstands- und Widerstandsbewegungen gegen die Araber. Die hier erzielten Erfolge schufen die Voraussetzungen für autonome regionale Herrschaftsbildungen, die sich im 8. und 9. Jh. zu einem System christl. Randstaaten in N-S. formierten. Das früheste christl. Herrschaftszentrum seit dem Untergang des Westgotenreichs lag in *Asturien*. Die Herrscher, die sich als legitime Nachfolger der Westgoten betrachteten, führten den Titel eines Königs von León, gelegentl. den eines Rex Hispaniae oder eines Imperators. Seit der 2. Hälfte des 10. Jh. kam es zu schweren sozialen und regionalen Auseinandersetzungen. Bereits 961 hatte sich Kastilien verselbständigt; bald nach der Jt.wende wurden andere Reichsteile, v. a. Asturien, durch Sancho III. von Navarra (⚭ 1000–1035) seiner Herrschaft eingegliedert; das Kgr. León fiel 1037, endgültig 1230, an Kastilien.

Im Ggs. zu Asturien bzw. León standen die christl. Staaten des Pyrenäenraumes unter starkem fränk. Einfluß und damit in sehr viel engerer Verbindung zum übrigen Europa. Das gilt v. a. für die Gft. Barcelona, die als ein Teil der zu Beginn des 9. Jh. eingerichteten Span. Mark des Fränk. Reiches zu bestimmendem Einfluß in Katalonien aufstieg. Auch Navarra, das dank des traditionellen bask. Unabhängigkeitswillens von der Maurenherrschaft frei geblieben war, gelangte erst unter dem Einfluß frz. Ritter, Pilger und Händler im 10. Jh. zu einer bed. Staatsbildung: Sancho III. beherrschte Navarra mit Pamplona, dazu die Gft. Aragonien, Asturien und Teile Leóns sowie Kastilien. Die hier aufscheinende Möglichkeit einer staatl. Einigung des gesamten christl. S. wurde nicht realisiert; stattdessen entstand aus den Erbteilungen nach dem Tode des Königs das für die nächsten Jh. bestimmende Nebeneinander der Kgr. Kastilien und Aragonien; Navarra selbst sank zum Objekt langdauernden Streits zw. Kastilien und Frankr. herab.

Das seit 1035 selbständige *Kastilien* nahm unter seinem ersten König, Ferdinand I., d. Gr. (⚭ 1035–65), einen raschen Aufstieg (1037 Erwerb Leóns mit Asturien und Galicien, nach dem Zerfall des Kalifats von Córdoba weites Vordringen nach S). Alfons VI. (⚭ 1065–1109) konnte die Expansion Kastiliens fortführen (bis um 1085 Eroberung Neukastiliens); eine Reihe von muslim. Taifas zahlte ihm Tribut. Nach Rückschlägen Ende des 11. Jh. wurde die Reconquista Ende des 12. Jh. unter Alfons VIII. (⚭ 1158–1214), Ferdinand III. (⚭ 1217–52) und Alfons X. (⚭ 1252–84) neu aufgenommen und zu entscheidenden Erfolgen gebracht. 1212 gelang es den verbündeten christl. Heeren, in der Schlacht von Navas de Tolosa (Prov. Jaén) die Almohaden zu schlagen; 1236 wurde Córdoba erobert, 1248 Sevilla, 1262 Cádiz. Als einzi-

# VERWALTUNGSGLIEDERUNG (1981)

| Autonome Region/ Provinz | Fläche (km²) | Einwohner (in 1000) | E/km² | Hauptstadt |
|---|---|---|---|---|
| Andalusien | 87 268 | 6 442 | 74 | |
| Almería | 8 774 | 406 | 46 | Almería |
| Cádiz | 7 385 | 1 002 | 136 | Cádiz |
| Córdoba | 13 718 | 717 | 52 | Córdoba |
| Granada | 12 531 | 762 | 61 | Granada |
| Huelva | 10 085 | 414 | 41 | Huelva |
| Jaén | 13 498 | 628 | 47 | Jaén |
| Málaga | 7 276 | 1 036 | 142 | Málaga |
| Sevilla | 14 001 | 1 477 | 105 | Sevilla |
| Aragonien | 47 669 | 1 213 | 25 | |
| Huesca | 15 671 | 220 | 14 | Huesca |
| Teruel | 14 804 | 151 | 10 | Teruel |
| Zaragoza | 17 194 | 842 | 49 | Zaragoza |
| Asturien Oviedo | 10 565 | 1 127 | 107 | Oviedo |
| Baskenland | 7 261 | 2 135 | 294 | |
| Alava | 3 047 | 261 | 86 | Vitoria |
| Guipúzcoa | 1 997 | 693 | 347 | San Sebastián |
| Vizcaya | 2 217 | 1 181 | 533 | Bilbao |
| Estremadura | 41 602 | 1 050 | 25 | |
| Badajoz | 21 657 | 635 | 29 | Badajoz |
| Cáceres | 19 945 | 415 | 21 | Cáceres |
| Galicien | 29 434 | 2 754 | 94 | |
| La Coruña | 7 876 | 1 083 | 138 | La Coruña |
| Lugo | 9 803 | 399 | 41 | Lugo |
| Orense | 7 278 | 411 | 56 | Orense |
| Pontevedra | 4 477 | 860 | 192 | Pontevedra |
| Kantabrien Santander | 5 289 | 511 | 97 | Santander |
| Kastilien-León | 94 147 | 2 577 | 27 | |
| Ávila | 8 048 | 179 | 22 | Ávila |
| Burgos | 14 269 | 363 | 25 | Burgos |
| León | 15 468 | 518 | 33 | León |
| Palencia | 8 029 | 187 | 23 | Palencia |
| Salamanca | 12 336 | 368 | 30 | Salamanca |
| Segovia | 6 949 | 149 | 21 | Segovia |
| Soria | 10 287 | 99 | 10 | Soria |
| Valladolid | 8 202 | 490 | 60 | Valladolid |
| Zamora | 10 559 | 224 | 21 | Zamora |
| Kastilien-La Mancha | 79 226 | 1 628 | 21 | |
| Albacete | 14 858 | 334 | 22 | Albacete |
| Ciudad Real | 19 749 | 468 | 24 | Ciudad Real |
| Cuenca | 17 061 | 210 | 12 | Cuenca |
| Guadalajara | 12 190 | 143 | 12 | Guadalajara |
| Toledo | 15 368 | 472 | 31 | Toledo |
| Katalonien | 31 930 | 5 958 | 187 | |
| Barcelona | 7 773 | 4 619 | 594 | Barcelona |
| Gerona | 5 886 | 468 | 80 | Gerona |
| Lérida | 12 028 | 355 | 30 | Lérida |
| Tarragona | 6 283 | 516 | 82 | Tarragona |
| Madrid | 7 995 | 4 727 | 591 | Madrid |
| Murcia | 11 317 | 958 | 85 | Murcia |
| Navarra | 10 421 | 507 | 49 | Pamplona |
| La Rioja | 5 034 | 253 | 50 | Logroño |
| Valencia (Comunidad valenciana) | 23 305 | 3 647 | 156 | |
| Alicante | 5 863 | 1 149 | 196 | Alicante |
| Castellón | 6 679 | 432 | 65 | Castellón de la Plana |
| Valencia | 10 763 | 2 066 | 192 | Valencia |
| Balearen | 5 014 | 685 | 137 | Palma |
| Kanarische Inseln | 7 273 | 1 444 | 199 | |
| Las Palmas | 4 065 | 756 | 186 | Las Palmas de Gran Canaria |
| Santa Cruz de Tenerife | 3 208 | 688 | 214 | Santa Cruz de Tenerife |

# Spanien

## SPANIEN, HERRSCHER UND PRÄSIDENTEN

*Westgotenreich*

| | |
|---|---|
| Althaulf | 410–415 |
| Sigerich | 415 |
| Wallia | 415–418 |
| Theoderich I. | 418–451 |
| Thorismund | 451–453 |
| Theoderich II. | 453–466 |
| Eurich | 466–484 |
| Alarich II. | 484–507 |
| Gesalech | 507–511 |
| Amalarich | 511–531 |
| Theudis | 531–548 |
| Theudegisel | 548–549 |
| Agila | 549–554 |
| Athanagild | 554–567 |
| Leowa I. | 567–573 |
| Leowigild | 573–586 |
| Rekkared I. | 586–601 |
| Leowa II. | 601–603 |
| Witterich | 603–610 |
| Gundemar | 610–612 |
| Sisibut | 612–621 |
| Rekkared II. | 621 |
| Swintila | 621–631 |
| Sisinand | 631–636 |
| Chintila | 636–639 |
| Tulga | 639–642 |
| Chindaswind | 642–653 |
| Rekkeswind | 653–672 |
| Wamba | 672–680 |
| Erwich | 680–687 |
| Egica | 687–701 |
| Witiza | 702–710 |
| Roderich (Rodrigo) | 710–711 |

*Emirat bzw. (seit 929) Kalifat von Córdoba*
† Omaijaden.

*Kgr. Asturien*

| | |
|---|---|
| Pelayo (Pelagius) | etwa 718–737 |
| Favila | 737–739 |
| Alfons I. | 739–757 |
| Fruela I. | 757–768 |
| Aurelio | 768–774 |
| Silo | 774–783 |
| Mauregato | 783–788 |
| Bermudo I. | 788–791 |
| Alfons II., der Keusche | 791–842 |
| Ramiro I. | 842–850 |
| Ordoño I. | 850–866 |
| Alfons III., d. Gr. (Asturien geht 909/910 im Kgr. León auf) | 866–909 |

*Kgr. León*

| | |
|---|---|
| García | 910–914 |
| Ordoño II. | 914–924 |
| Fruela II. | 924–925 |
| Alfons IV. | 926–932 |
| Ramiro II. | 932–950 |
| Ordoño III. | 950–956 |
| Sancho I. | 957–966 |
| Ramiro III. | 966–985 |
| Bermudo II. (Gegenkönig seit 982) | 985–999 |
| Alfons V. | 999–1028 |
| Bermudo III. | 1028–1037 |
| Ferdinand I., d. Gr. (seit 1035 König von Kastilien) | 1037–1065 |
| Alfons VI., der Tapfere (seit 1072 auch König von Kastilien) | 1065–1109 |
| Urraca (zugleich Königin von Kastilien) | 1109–1126 |
| Alfons VII. (zugleich König von Kastilien) | 1126–1157 |
| Ferdinand II. | 1157–1188 |
| Alfons IX. (1230 endgültige Vereinigung Leóns mit Kastilien) | 1188–1230 |

*Kgr. Navarra*

| | |
|---|---|
| Sancho I. Garcés | 905–925 |
| García [I.] Sánchez | 925–970 |
| Sancho II. Garcés Abarca | 970–994 |
| García [II.] Sánchez | 994–1000 |
| Sancho III., d. Ä. oder d. Gr. (beherrschte auch Aragonien, Kastilien [seit 1029] und Teile Leóns) | um 1000–1035 |
| García [III.] de Najera | 1035–1054 |
| Sancho IV. de Peñalén | 1054–1076 |
| Sancho V. Ramírez (seit 1063 als S. I. König von Aragonien) | 1076–1094 |
| Peter I. (zugleich König von Aragonien) | 1094–1104 |
| Alfons I., der Schlachtenkämpfer (zugleich König von Aragonien) | 1104–1134 |
| García [IV.] Ramírez | 1134–1150 |
| Sancho VI. | 1150–1194 |
| Sancho VII. | 1194–1234 |
| Theobald I. (Thibaut I.) | 1234–1253 |
| Theobald II. (Thibaut II.) | 1253–1270 |
| Heinrich I. | 1270–1274 |
| Johanna I. | 1274–1305 |
| Ludwig I. | 1305/07–1316 |
| Johann I., das Kind | 1316 |
| Philipp II. | 1317–1322 |
| Karl I. | 1322–1328 |
| Johanna II. | 1328–1349 |
| Karl II. | 1349–1387 |
| Karl III. | 1387–1425 |
| Blanka | 1425–1441 |
| Johann II. (seit 1458 auch König von Aragonien) | 1441–1479 |
| Leonore | 1479 |
| Francisco Febo | 1479–1483 |
| Katharina von Foix | 1483–1512 |

*Gft. Barcelona (Katalonien)*

| | |
|---|---|
| Wifredo I. | 878(?)–898 |
| Wifredo II. | 898–911 |
| Suniario | 912/914–950 |
| Borrell II. | 950–992 |
| Ramón Borrell II. | 992–1018 |

# Spanien

## SPANIEN, HERRSCHER UND PRÄSIDENTEN (Forts.)

| | |
|---|---|
| Berenguer Ramón I. (Berengar Raimund I.) | 1018–1035 |
| Ramón Berenguer I. | 1035–1076 |
| Berenguer Ramón II. | 1076–1096 |
| Ramón Berenguer III., d. Gr. | 1096–1131 |
| Ramón Berenguer IV. (Vereinigung von Barcelona/Katalonien mit Aragonien) | 1131–1162 |

*Kgr. Aragonien*

| | |
|---|---|
| Ramiro I. | 1035–1063 |
| Sancho Ramírez (seit 1076 auch König von Navarra) | 1063–1094 |
| Peter I. | 1094–1104 |
| Alfons I., der Schlachtenkämpfer | 1104–1134 |
| Ramiro II. | 1134–1137 |
| Ramón Berenguer IV. | 1137–1162 |
| Alfons II. | 1162–1196 |
| Peter II. | 1196–1213 |
| Jakob I., der Eroberer | 1213–1276 |
| Peter III., d. Gr. | 1276–1285 |
| Alfons III., der Freigebige | 1285–1291 |
| Jakob II., der Gerechte | 1291–1327 |
| Alfons IV., der Gütige | 1327–1336 |
| Peter IV. | 1336–1387 |
| Johann I. | 1387–1395 |
| Martin I. | 1395–1410 |
| Ferdinand I. (von Antequera) | 1412–1416 |
| Alfons V., der Großmütige | 1416–1458 |
| Johann II. | 1458–1479 |
| Ferdinand II., der Katholische (1479 Vereinigung der Kronen Aragonien und Kastilien) | 1479–1516 |

*Gft. bzw. (ab 1035) Kgr. Kastilien*

| | |
|---|---|
| Fernán González | 923–970 |
| Garci Fernández | 970–995 |
| Sancho García | 995–1017 |
| García Sánchez | 1017–1028 |
| Sancho I., d. Gr. (seit etwa 1000 König von Navarra) | 1029–1035 |
| Ferdinand I., d. Gr. | 1035–1065 |
| Sancho II. | 1065–1072 |
| Alfons VI. | 1072–1109 |
| Urraca | 1109–1126 |
| Alfons VII. | 1126–1157 |
| Sancho III. | 1157–1158 |
| Alfons VIII., der Edle | 1158–1214 |
| Heinrich I. | 1214–1217 |
| Berenguela | 1217 |
| Ferdinand III., der Heilige (seit 1230 endgültige Vereinigung mit León) | 1217–1252 |
| Alfons X., der Weise | 1252–1284 |
| Sancho IV. | 1284–1295 |
| Ferdinand IV. | 1295–1312 |
| Alfons XI., der Gesetzgeber | 1312–1350 |
| Peter I., der Grausame | 1350–1369 |
| Heinrich II. (von Trastámara) | 1369–1379 |
| Johann I. | 1379–1390 |
| Heinrich III. | 1390–1406 |
| Johann II. | 1406–1454 |
| Heinrich IV. | 1454–1474 |
| Isabella I., die Katholische | 1474–1504 |

*Spanien von der Vereinigung der Kronen Kastilien und Aragonien bis zur Ersten Republik*

| | |
|---|---|
| das „Kath. Königspaar": Isabella I. von Kastilien († 1504) und Ferdinand II. von Aragonien († 1516); in den kastil. Reichen: 1504–06/16 Johanna die Wahnsinnige († 1555) und (1504/06) ihr Gemahl Philipp I., der Schöne († 1506); 1506–16 Regentschaft Ferdinands II. | 1479–1504/16 |
| Karl I. | 1516–1556 |
| Philipp II. | 1556–1598 |
| Philipp III. | 1598–1621 |
| Philipp IV. | 1621–1665 |
| Karl II. | 1665–1700 |
| Philipp V. von Anjou | 1700–1724 |
| Ludwig | 1724 |
| Philipp V. von Anjou | 1724–1746 |
| Ferdinand VI. | 1746–1759 |
| Karl III. | 1759–1788 |
| Karl IV. | 1788–1808 |
| Ferdinand VII. | März–Mai 1808 |
| Joseph (BONAPARTE) | 1808–1813 |
| Ferdinand VII. (BOURBON) | 1814–1833 |
| Isabella II. | 1833–1868 |
| Francisco Serrano y Domínguez, Hzg. de la Torre (Regent) | 1869–1871 |
| Amadeus (SAVOYEN) | 1871–1873 |

*Erste Republik (Präsidenten)*

| | |
|---|---|
| Estanislao Figueras | Febr.–Juni 1873 |
| Francisco Pi Margall | Juni–Juli 1873 |
| Nicolás Salmerón y Alonso | Juli–Sept. 1873 |
| Emilio Castelar y Ripoll | Sept. 1873–Jan. 1874 |
| Francisco Serrano y Domínguez, Hzg. de la Torre | 1874 |

*Restauration*

| | |
|---|---|
| Alfons XII. (BOURBON) | 1874–1885 |
| Maria Christine (Regentin) | 1885–1886 |
| Alfons XIII. | 1886–1931 |

*Zweite Republik (Staatspräsidenten)*

| | |
|---|---|
| Niceto Alcalá Zamora y Torres | 1931–1936 |
| Manuel Azaña y Díaz | 1936–1939 |

*Franco-Regime*

| | |
|---|---|
| Francisco Franco Bahamonde | 1939–1975 |

*Königreich*

| | |
|---|---|
| Juan Carlos I. (BOURBON) | seit 1975 |

# Spanien

ges muslim. Reich in S. konnte sich Granada behaupten (trotz formeller Lehnsabhängigkeit von Kastilien weitgehend selbständig). – Die soziale Struktur Kastiliens war zunächst durch eine offene Gesellschaft bestimmt, in der Stadt und Land eng verbunden waren. Städt. wie ländl. Siedler in den neu eroberten Gebieten genossen zahlr. Privilegien, der Aufstieg in den Adel war leicht möglich. Durch die rasche Entwicklung Kastiliens wurden jedoch die Strukturmängel bes. deutlich: Die Neubesiedlung der eroberten Gebiete führte zu Bev.verlusten und damit zu einem wirtsch. Niedergang; die neuen Grenzgebiete waren jedoch wegen ihrer noch geringen Bev. nicht in der Lage, diese Verluste auszugleichen.

In *Aragonien*, ebenfalls seit 1035 selbständig, gelang es Alfons I. (⚭ 1104–34) mit Hilfe frz. Ritter, den Muslimen Zaragoza zu entreißen (1118) und den Herrschafts- bzw. Siedlungsbereich Aragoniens bis zum Ebro auszuweiten. 1137 kam es durch Heirat zum Zusammenschluß von Aragonien und Katalonien. In dieser neuen polit. Einheit kamen alsbald die außenpolit., auf S-Frankr. gerichteten Zielsetzungen Kataloniens zum Tragen, das in der 2. Hälfte des 12. Jh. über erhebl. Teile des Languedoc und der Provence herrschte und 1172 das Roussillon erwarb. Nachdem jedoch die Albigenserkriege den Ansätzen einer katalan. Hegemonie vom Ebro bis zur Rhone ein Ende gemacht hatten, waren die außenpolit. Initiativen der Krone Aragoniens ganz auf den Mittelmeerraum gerichtet, v.a. im Interesse des katalan. Bürgertums, das sich in der Folge von seinem Zentrum Barcelona aus im Handel und Gewerbe eine Position von europ. Rang erwarb. Seine ökonom. Interessen bestimmten auch die innerspan. Reconquista; seinen Höhepunkt erlebte das Reich unter Alfons V., der 1442 auch noch das unteritalien. Kgr. Neapel gewann.

In ihrer inneren Struktur waren die aragones. Reiche föderalist. organisiert (eigene Verfassungs- und Sozialordnung in Aragonien, Katalonien und Valencia). Im Rahmen dieser föderalist. Prinzipien erlebte auch Aragonien einen erhebl. Machtzuwachs der seit dem 12. Jh. in den Cortes organisierten Stände; in der polit. Praxis war die Macht der Krone jedoch kaum geringer als in Kastilien, zumal das Königtum dem Adel mit Hilfe des starken katalan. Bürgertums entgegenwirken konnte.

**Spanien unter dem Kath. Königspaar und den Habsburgern (1479–1700):** Nach jahrhundertelangen Rivalitäten wurden die beiden Kgr. Kastilien und Aragonien als Folge der Heirat Isabellas I. von Kastilien-

### SPANIEN ZUR ZEIT DER RECONQUISTA

Spanien um 1000
- Größte Ausdehnung des Omaijadenreiches in Spanien
- Königreich Asturien
- Königreich Navarra
- Spanische Mark

Spanien um 1180
- Reich der Almohaden
- Königreich Kastilien und Königreich Leon
- Königreich Navarra
- Königreich Aragonien
- Königreich Portugal

Spanien 1458
- Königreich Navarra

**Spanien**

León (⚭ 1474–1504) und Ferdinands II. von Aragonien (⚭ 1479–1516) nach dem Kastil. Erbfolgekrieg 1479 in einer Personalunion vereinigt. Im Rahmen dieser Personalunion blieb mit den je bes. Verfassungs- und Sozialordnungen der Ggs. zw. dem unitar. Kastilien und dem föderalist. Aragonien erhalten. Das Kath. Königspaar widmete sich in beiden Reichsteilen im Zeichen einer zur Souveränität drängenden Krongewalt der Wiederherstellung einer geordneten Staatsgewalt. Im polit. Bündnis, namentl. mit den kastil. Städten, gelang es, den Adel zur Rückgabe der entfremdeten Krongüter zu zwingen. Die Macht der Cortes (in Kastilien zw. 1483 und 1498 nicht einberufen) ging zurück. Wichtigstes polit. Werkzeug des Kath. Königspaares war die ↑ Inquisition (im Unterschied zur röm. Inquisition eine Institution des Staates). Die religiöse Einheit förderte die polit. Einheit, und beide waren im wesentl. ein Werk des Königtums. Für die äußere Staatenbildung Spaniens war zunächst der Abschluß der Reconquista mit der Eroberung Granadas (1492) wichtig. Die Entdeckung Amerikas durch Kolumbus im gleichen Jahr sowie der Vertrag von ↑ Tordesillas (1494) schufen die Grundlagen für die überseeischen Reiche der Krone Kastiliens. Das Kath. Königspaar hatte mehrfach vergebl. versucht, durch dynast. Heiraten eine Verbindung ihrer Reiche mit Portugal zustande zu bringen. Nach dem Tode Ferdinands II. (1516) wurde dessen Enkel Karl, Sohn Johannas der Wahnsinnigen und Philipps des Schönen von Burgund, span. König. Von mütterl. Seite Erbe der span. Reiche, war Karl I. von väterl. Seite zugleich Herr der habsburg. Besitzungen in Österreich und Burgund einschließl. der Niederlande. 1519 wurde er überdies als Karl V. zum Röm. König gewählt. Damit wurde S. stärker als bisher in die Verwicklung der europ. Politik hineingezogen. Nach anfängl. Widerstand wurde S. zum Kernland der polit. Herrschaft des Kaisers. In der 2. Hälfte des Jh. war S. die bedeutendste europ. Macht, obwohl die Kaiserwürde bei den dt. Habsburgern lag. Philipp II. konnte 1559 gegenüber Frankr. im Frieden von Cateau-Cambrésis die span. Vorherrschaft in Italien wie in ganz Europa behaupten. Mit dem Seesieg von Lepanto (1571) wurde die bis dahin kaum bestrittene Seeherrschaft der Muslime im westl. Mittelmeer gebrochen. Die Annexion Portugals mitsamt seinen überseeischen Kolonien (1580) legte den Grund für die Verlagerung der Außenpolitik auf den atlant. Raum mit dem Hauptgegner England.
Die überragende Bed. Kastiliens (1561 Bestimmung Madrids zum festen Reg.sitz) ließ den Ausbau der kastil. Zentralverwaltung als vordringl. erscheinen. Unter dem Großkanzler M. A. di Gattinara entstand in den 1520er Jahren ein System zentraler Ratsgremien (Consejos). Der kastil. Staatsrat (Consejo de Estado) fungierte - seit der Reg.zeit Philipps II. auf Dauer - zugleich als oberstes Ratsgremium für die Gesamtmonarchie. - Wie im Verfassungsleben blieben auch in der Sozialstruktur des 16. Jh. die herkömml. regionalen Ausprägungen lebendig, ohne daß sich die aristokrat.-hierarch. Gliederung der Gesellschaft prinzipiell geändert hätte. Damit blieb der Ggs. einer zahlenmäßig sehr kleinen, dafür aber um so reicheren Schicht des höheren Adels - einschließl. der Kirchenfürsten - zur großen Mehrheit der bedrückend armen Bev. erhalten.
Das Jh. vom Tode Philipps II. bis zum Aussterben der span. Habsburger (1700) war für S. eine Epoche des Niedergangs. So konnte die für die Sicherung der span. Niederlande wichtige Landbrücke von Mailand nach dem N nur mit Glück gegen ein frz.-savoyisches Kriegsbündnis behauptet werden; vollends scheiterte der Versuch, das östr. unter span. Herrschaft zu bringen. 1648 kam es zu einem span.-niederl. Sonderfrieden, in dem S. die Unabhängigkeit der Generalstaaten und ihrer Kolonien anerkannte. 1659 mußte es im Pyrenäenfrieden mit Frankr. den Verlust des Artois und von Teilen Flanderns, aber auch des Gft. Roussillon und eines Teils der Cerdagne hinnehmen, im Frieden von Nimwegen (1678) gingen die Franche-Comté an Frankr. verloren; im Frieden von Rijswijk (1697) konnte sogar Katalonien nur mit knapper Not behauptet werden. Hinzu kam der Niedergang der span. Herrschaft in Übersee: Niederländer, Franzosen und Engländer brachen tief in das span. Kolonialreich ein, seit der Mitte des Jh. dominierte die engl. Flotte im Atlantik. Kennzeichen des inneren Niedergangs in S. im 17. Jh. war ein starker Rückgang der Bev. und, eng damit verbunden, eine Wirtschaftskrise, in deren Verlauf der span. Außenhandel völlig in ausländ. Hände geriet. Überdies scheiterte die Assimilation der Morisken, deren Vertreibung (1609) die Wirtschaftskrise noch verschärfte. Reformversuche scheiterten an den regionalist. und ständ. Widerständen in den peripheren Reichsteilen: Die Aufstände in Katalonien (1640) und in Neapel-Sizilien (1647) wie der Abfall Portugals (1640) ließen statt der Stärkung des Reichs dessen Auflösung erwarten.
Spanien unter den ersten Bourbonen (1700–1808): Im Span. Erbfolgekrieg (1701–13/14) konnte der Bourbone Philipp V. (⚭ 1700–46) sein Königtum behaupten, sein Herrschaftsbereich wurde auf Kastilien, Aragonien und die amerikan. Reiche beschränkt. Damit war die Chance einer staatl. und nat. Konzentration gegeben. Das wichtigste Element der Reformpolitik bestand in der besseren Eingliederung der peripheren Reichsteile in das Staatsganze, u. a. durch Aufhebung der Cortes von Aragonien und Valencia (1707)

315

# Spanien

und Beseitigung der Autonomie Kataloniens (1716). Die Zentralverwaltung wurde ausgebaut und in ihrer Effektivität verbessert. Zum Ausbau der Staatsmacht gehörte auch die Neuordnung des Verhältnisses zur Kirche. Hier führte der „Regalismus" als span. Ausprägung des Gallikanismus zu erhebl. Konflikten mit Rom, die auch durch die Konkordate von 1737 und 1753 nicht ausgeräumt wurden. Die Stärkung der polit. Macht des Königtums verlangte ergänzend nach der Sanierung der Staatsfinanzen, deren Voraussetzung - Beseitigung oder doch Beschränkung der Steuerfreiheit von Adel und Kirche - sich nicht realisieren ließ. Auch die Wirtschaftspolitik der Bourbonen erzielte keine durchschlagenden Erfolge. Grundlage der bourbon. Außenpolitik war der Neuaufbau von Heer und Flotte; bereits um die Mitte des 18. Jh. war S. wieder eine der stärksten Seemächte Europas. Mit seinem außenpolit. Handeln begann S. wieder eine eigene und aktive Rolle in der europ. Politik zu spielen. Wichtigster Bündnispartner war seit den Bourbon. Familienpakten (1733, 1743, 1761) Frankr.; durch eine ganze Serie von Friedens- und Handelsabkommen mit nordafrikan. Staaten konnte überdies der Einfluß Spaniens im Mittelmeerraum nachhaltig gestärkt werden. Unter der Reg. Karls IV. (⚭ 1788–1808) beteiligte sich S. 1793 auch am 1. Koalitionskrieg, schwenkte aber ab 1795 außenpolit. auf die frz. Seite über. Die daraus folgenden verlustreichen Auseinandersetzungen mit Großbrit. und Portugal (Vernichtung der frz.-span. Flotte bei Trafalgar, 1805) führten zu einer immer stärkeren Abhängigkeit von Frankr.; März 1808 dankte Karl IV. zugunsten seines Sohnes Ferdinand ab; im Mai 1808 zwang ihn Napoleon I. zum Thronverzicht und machte seinen Bruder Joseph zum König von Spanien.

Von der frz. Fremdherrschaft bis zur Republik (1808–74): Am 2. Mai 1808 brach in Madrid ein Aufstand aus, der sich zum span. Unabhängigkeitskrieg ausweitete. 1812 verabschiedeten die in Cádiz zusammengetretenen Cortes eine Verfassung, die von nat. und liberalem Geist geprägt war. In der künftigen konstitutionellen Monarchie sollte die Legislative allein bei den Cortes liegen, die Inquisition sollte abgeschafft, ein großer Teil des Kirchengutes eingezogen werden. 1814 kehrte Ferdinand VII. (⚭ 1814–33) zurück, weigerte sich jedoch, auf die Verfassung von 1812 den Eid abzulegen, und regierte absolutist. mit Unterstützung konservativer Kreise. Thronfolger Ferdinands VII. war seine Tochter Isabella II. Der jüngste Bruder Ferdinands, Carlos, erkannte jedoch die weibl. Erbfolge nicht an und ließ sich als Karl V. zum Gegenkönig ausrufen. Der folgende blutige Bürgerkrieg († Karlisten; 1833–39) entschied den Thronfolgestreit zugunsten Isabellas (⚭ 1833–68). Er mobilisierte dynast. u. tiefgehende regionalist., verfassungs- und kirchenpolit. Ggs., die fortbestanden und während Isabellas gesamter Reg.zeit die staatl. Ordnung bedrohten. Auf Grund der dadurch wachsenden polit. Bed. des Militärs wurden in der Folgezeit fast alle wichtigen polit. Entscheidungen durch Offiziersputsche initiiert oder durchgesetzt. Die Folge waren zahlr. Reg.wechsel und blutige Auseinandersetzungen zw. den polit. Gruppierungen der Progressisten um J. B. F. A. Espartero und der Moderados um R. M. de Narváez. Der Versuch der polit. zw. beiden Gruppen stehenden Unión Liberal, das Land zu innenpolit. Ausgleich zu bringen, scheiterte. Die Königin selbst vermochte nicht als positiv einigender Faktor zu wirken; durch ihre zunehmenden klerikal-absolutist. Neigungen machte sie sich beinahe allen Parteien verhaßt. Ab 1864 konnte das Land nur noch mit Hilfe diktator. Vollmachten regiert werden. Als die Progressisten unter General J. Prim y Prats 1868 eine Militärrevolte gegen die Königin unternahmen, hatten sie die Unterstützung nicht nur der Republikaner, sondern auch der Unionisten und selbst eines großen Teils der Moderados. Isabellas Reg. endete mit ihrer Flucht nach Paris. Der im Nov. 1870 von den Cortes zum König gewählte Amadeus konnte sich gegen den Widerstand der Republikaner wie des Adels und des Klerus nicht durchsetzen. Angesichts eines neuen Karlistenkrieges (1872–76) verzichtete er 1873 auf den Thron. Die Cortes proklamierten S. zur Republik. Die jetzt maßgebenden Republikaner versuchten v. a. die regionalist. Ggs. durch den Aufbau einer föderalist. Struktur zu entschärfen. Bereits im März 1873 wurde jedoch ein katal. Staat proklamiert; radikale Gruppen versuchten die öffentl. Gewalt überhaupt auf die Gemeinden zu beschränken, Massenunruhen in vielen Städten verstärkten den Eindruck einer allg. Auflösung von Staat und Gesellschaft. So setzten sich schließl. die Anhänger des alten bourbon. Königtums wieder durch. Alfons, der Sohn Isabellas, wurde im Dez. 1874 durch den Putsch des Generals A. Martínez de Campos in Sagunto zum König proklamiert.

Von der Restauration bis zum bourbon. Exil (1875–1931): Die Reg.zeit Alfons' XII. (⚭ 1875–85) und noch die ersten Jahre danach waren durch eine relative Stabilität der polit. Verhältnisse gekennzeichnet. Mit dem Ende des 3. Karlistenkrieges 1876 konnte auch der bask. Separatismus zurückgedrängt werden. Der Aufschwung des Weinbaus, des bask. Erzbergbaus und der katal. Wollindustrie schien, wenngleich mit erhebl. regionalen und sozialen Unterschieden, ein Zeitalter wirtsch. Prosperität einzuleiten. Bald zeigte sich aber, daß die grundlegenden polit. und sozialen Probleme nach wie vor ungelöst

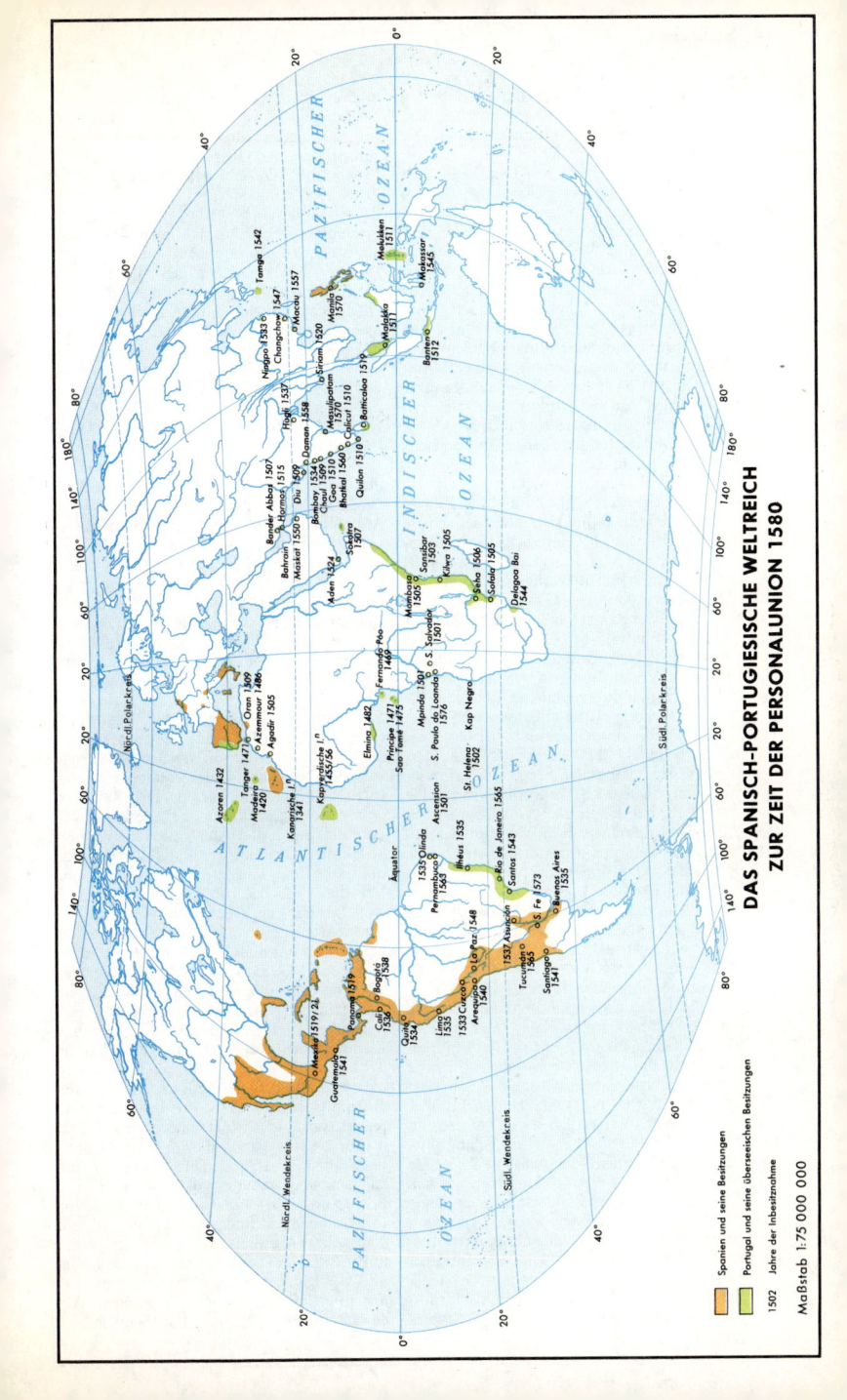

# DAS SPANISCH-PORTUGIESISCHE WELTREICH ZUR ZEIT DER PERSONALUNION 1580

Maßstab 1:75 000 000

- Spanien und seine Besitzungen
- Portugal und seine überseeischen Besitzungen
- 1502 Jahre der Inbesitznahme

**Nordamerika / Mittelamerika:**
- Mexiko 1519/21
- Guatemala 1541
- Panama 1519

**Südamerika:**
- Cali 1536
- Bogotá 1538
- Quito 1534
- Lima 1533
- Cuzco 1533
- Arequipa 1540
- La Paz 1548
- Tucumán 1565
- Santiago 1541
- S. Fé 1573
- Buenos Aires 1535
- Asunción 1537
- Santos 1543
- Rio de Janeiro 1565
- Ilhéus 1535
- Pernambuco 1565
- Olinda 1535

**Atlantik:**
- Azoren 1432
- Madeira 1420
- Kanarische Inseln 1341
- Kapverdische Inseln 1455/56
- Ascension 1501
- St. Helena 1502
- Kap Negro
- S. Paulo do Loanda 1576
- Principe 1471
- São Tomé 1475
- Fernando Poo 1469
- Elmina 1482

**Nordafrika:**
- Tanger 1471
- Oran 1509
- Azemmour 1486
- Agadir 1505

**Asien / Indischer Ozean:**
- Aden 1524
- Bahrain
- Maskat 1550
- Hormoz 1515
- Bander Abbas 1507
- Diu 1509
- Bombay 1534
- Daman 1558
- Chaul 1509
- Goa 1510
- Bhatkal 1560
- Quilon 1510
- Calicut 1510
- Batticaloa 1519
- Sokotra 1507
- Mombasa 1500
- Kilwa 1505
- Sansibar 1503
- Quiloa 1506
- Sofala 1505
- Delagoa Bai 1544

**Ostasien / Südostasien:**
- Ningpo 1533
- Changchow 1547
- Macau 1557
- Hoifu 1537
- Siam 1511
- Meguilipatam
- Pulicat
- Manila 1570
- Molukken 1511
- Makassar 1545
- Malakka 1511
- Banten 1512
- Bantam

Nördl. Polarkreis
Südl. Polarkreis
Nördl. Wendekreis
Südl. Wendekreis
Äquator

PAZIFISCHER OZEAN
ATLANTISCHER OZEAN
INDISCHER OZEAN

# Spanien

waren und daß sie jederzeit akute Krisen von Staat und Gesellschaft auslösen konnten. Das polit. System der Restauration war durch eine enge Verbindung liberaler und konservativer Prinzipien im Interesse von Landbesitz und Industriebürgertum bei gleichzeitiger Unterdrückung regionalist., sozialist. und v. a. anarchist. Gruppen bestimmt. Die nach der Einführung des allg. Wahlrechts (1893) unternommenen Reformversuche, die die verfassungsmäßige Ausübung des Wahlrechts garantieren sollten, scheiterten jedoch schon am Desinteresse der Landbevölkerung, die eine Verbesserung ihrer Situation vom Staat nicht mehr erwartete, sondern allenfalls von direkten Aktionen gegen die Grundbesitzer und lokalen Autoritäten, zu denen sie von den Anarchisten aufgerufen wurde. Auch die neu entstandene Ind.arbeiterschaft v. a. Kataloniens wurde in das polit. und gesellschaftl. System der Restauration nicht integriert. Da seit 1873 gewerkschaftl. Zusammenschlüsse verboten waren, entlud sich auch hier soziale Unzufriedenheit in spontanen Einzelaktionen. Der 1888 von P. Iglesias Posse gegr. marxist. Gewerkschaftsverband Unión General de Trabajadores (UGT) gewann nur in den bask. Bergbaugebieten und in Madrid größeren Einfluß; in Katalonien dagegen setzten sich ebenso wie in den ländl. Andalusien anarchist. Konzeptionen durch und prägten seit der Jh.wende zunehmend die Gewerkschaftsbewegung. 1910 schlossen sich diese anarchosyndikalist. Gruppen in der Confederación Nacional del Trabajo (CNT) zusammen. Neben der sozialen Frage war das wichtigste ungelöste Strukturproblem seit Ende des 19. Jh. der katalan. Regionalismus; der Aufstieg Kataloniens zum wichtigsten, ökonom. am weitesten fortgeschrittenen span. Ind.gebiet verstärkte noch das Bewußtsein regionaler Bed. und Eigenständigkeit. Der liberale Min.präs. J. Canalejas y Méndez versuchte, den katalan. Autonomiebestrebungen etwas entgegenzukommen; das Verhältnis Kataloniens zum Gesamtstaat blieb jedoch auch in den folgenden Jahren prekär.

Für die span. Außenpolitik dieser Epoche war der Span.-Amerikan. Krieg 1898, der zum Verlust Kubas, Puerto Ricos und der Philippinen führte, das wichtigste Geschehen. Ersatz für die Verluste von 1898 suchte S. seit 1904 in Marokko, konnte aber die Herrschaft über Span.-Marokko erst 1926 wirkl. sichern. Im 1. Weltkrieg blieb S. neutral, es gelang ihm, den kriegführenden Mächten sogar gewisse Vorteile auf den Weltmärkten abzugewinnen. Das änderte sich indessen schon gegen Ende des Kriegs; die folgende schwere Depression trug wesentl. zur Verhärtung der inneren Auseinandersetzungen seit 1919 bei. Im Sept. 1923 errichtete M. Primo de Rivera y Orbaneja mit Zustimmung des Königs eine Militärdiktatur, um die drohende Auflösung des Staates notfalls mit Gewalt abzuwehren. Er unterdrückte regionalist. wie anarchist. Bewegungen; Arbeitsgerichte unter militär. Vorsitz sollten dem Arbeitsfrieden dienen, öffentl. Programme zur Arbeitsbeschaffung die Arbeitslosigkeit mindern. Im Februar 1930 trat Primo de Rivera y Orbaneja zurück. Sein Nachfolger vermochte sich noch ein Jahr an der Macht zu halten, aber schon im Sommer 1930 zeigte sich, daß mit der Diktatur auch der König selbst die Unterstützung der polit. Öffentlichkeit verloren hatte. Als bei den Gemeindewahlen im April 1931 die Republikaner in den großen Städten triumphierten, verließ Alfons XIII. ohne förml. Abdankung das Land. Unmittelbar darauf wurde die Republik proklamiert.

Die 2. Republik und der Bürgerkrieg (1931–39): Die 2. Republik wollte in ihren Anfängen S. zu einem demokrat., regionalist. und laizist. Staat umformen und fand dafür zunächst breite Zustimmung. Sowohl die Anarchosyndikalisten als auch die revolutionären Marxisten verfolgten jedoch im Grunde sehr viel weitergehende Ziele; außer diesen Gruppen standen dem Großgrundbesitz und das Großbürgertum in Opposition, sondern in steigendem Maße auch die Katholiken, die sich in ihrem Glauben bedroht fühlten. 1934 wurde auf beiden Seiten der Trend zur gewaltsamen Auseinandersetzung unverkennbar; er führte 1936 zum Bürgerkrieg.

Schon im Okt. 1934 wurde die Reg. durch einen von den Bergbaugebieten Asturiens ausgehenden Revolutionsversuch der Sozialisten, dem sich alsbald auch katalan. Nationalisten anschlossen, bedroht. Die Rebellion wurde niedergeschlagen, aber die „rote" Revolution galt hinfort der gesamten Rechten als akute Bedrohung der Republik, während die Linke ihren Gegnern vorwarf, die Republik durch ein faschist. Regime ersetzen zu wollen. Der Ggs. verschärfte sich, als die Linksparteien einschließl. der Kommunisten eine Volksfront bildeten und bei den Wahlen vom Febr. 1936 eine knappe Mehrheit erhielten. Die daraufhin von den Republikanern gebildete Reg. geriet bald unter immer stärkeren Druck und Einfluß der Sozialisten und Kommunisten. Am 17./18. Juli 1936 kam es in Marokko zu einer Militärrevolte, die sofort auf das Mutterland übergriff und zum ↑ Spanischen Bürgerkrieg (1936–39) führte. Die Führer des Aufstandes bildeten noch im Juli 1936 in Burgos eine Junta, die im Sept. General F. ↑ Franco Bahamonde zum Chef der nationalspan. Reg. und des span. Staats ausrief. Bereits im Nov. 1936 wurde seine Reg. von Deutschland und Italien anerkannt und seitdem polit. wie militär. unterstützt. Die republikan. Reg. behauptete anfangs außer Madrid v. a. Katalonien und das bask. Prov., denen weitgehende Autonomie zugesichert wurde. Im republikan. Herrschaftsbereich kam es sofort nach Beginn des Bürgerkrieges zu einer von Anarchisten und Linkssozialisten getragenen sozialrevolutionären Umwälzung, deren Charakteristikum die Kollektivierung der Wirtschaft und die Errichtung räteähnl. Macht- und Verwaltungsorgane (Komitees) mit dem Ziel einer sozialist. Wirtschafts- und Gesellschaftsordnung war. Zum Hauptgegner dieser Revolution entwickelten sich sehr bald die stalinist. KP und - in ihrem Gefolge - die übrigen Parteien der Volksfront, die 1937 viele revolutionäre Neuerungen rückgängig machten. Anfang 1939 brach die Republik zusammen; am 28. März 1939 zogen die nationalspan. Truppen in Madrid ein.

Das Regime Francos (1936/39-75): Das Regime Francos beruhte auf der Verbindung von traditionell konservativen Vorstellungen mit faschist. Prinzipien, letztere v. a. von der Falange Española Tradicionalista y de las J. O. N. S. verfochten. Der Einfluß der Falange selbst nahm jedoch bald ab, schon 1937 wurde sie gegen ihren Willen von Franco mit konservativen Parteigruppierungen in eine neue Einheitspartei eingeordnet (ab 1970: Movimiento Nacional). Der Idee eines „organ." Staats mit dem ↑Caudillo an der Spitze entsprach die Unterdrückung aller demokrat. und liberalen Prinzipien (allg. Wahlrecht, Parteien, Gewaltenteilung, Rede-, Versammlungs- und Vereinigungsfreiheit usw.). Der Anspruch auf eine fortschrittl. Sozialpolitik sollte im Rahmen einer staatl. Zwangsgewerkschaft eingelöst werden, in der Arbeiter und Unternehmer zusammengeschlossen waren. In kompromißlosem Zentralismus wurden alle regionalist. Bestrebungen verfolgt: Die von der 2. Republik zugestandene oder in Aussicht gestellte Autonomie für Katalonien, das Baskenland und Galicien wurde zurückgenommen; sogar die Pflege nichtkastil. Sprachen, Folklore usw. wurde verboten. Widerstand jeder Art wurde mit Hilfe der Guardia civil, notfalls der Armee unterdrückt. Strukturelle Ähnlichkeiten mit den faschist. Systemen in Italien und Deutschland sowie die polit. Sympathien Francos für die Achsenmächte ließen S. nach dem 2. Weltkrieg in außenpolit. und wirtsch. Isolierung geraten. Schon nach wenigen Jahren wurde diese Isolierung allerdings zunehmend durchbrochen, v. a. auf Betreiben der USA, die im Zeichen des kalten Kriegs nicht auf die polit. und militär. Bastion des antikommunist. S. verzichten wollten; erste, noch sehr begrenzte innenpolit. Milderungen des Regimes entsprachen dieser außenpolit. Wendung. In seiner Afrikapolitik suchte Franco v. a. die traditionell guten Beziehungen zu den islam. Staaten zu pflegen, um Unterstützung für die span. Ansprüche auf Gibraltar zu gewinnen. Seit den 1950er Jahren gab S. nach und nach seine afrikan. Besitzungen auf (↑spanische Kolonien). Ökonom. bedeutete v. a. die teilweise erzwungene, teilweise auch selbst gewollte Isolation bzw. Autarkie nach dem 2. Weltkrieg eine schwere Belastung für S.; 1949 war das span. Volkseinkommen geringer als 1900, die Reallöhne waren gegenüber 1936 um 50% gesunken. Eine durchgreifende Besserung trat erst Ende der 1950er Jahre ein, als mit Hilfe des Internat. Währungsfonds und der OEEC umfassende Stabilisierungs- und Entwicklungsprogramme realisiert werden konnten. Zu den Grundbedingungen dieser Programme gehörte auch eine gewisse Liberalisierung des span. Wirtschaftslebens. Die Reihe der span. Verfassungsgesetze vom Syndikatgesetz (1940) über den sehr beschränkten Grundrechtskatalog des Fuero de los Españoles (1945) bis zur Ley orgánica del Estado und zum Protestantenstatut von 1967 brachte eine allmähl. Milderung der diktator. Züge des Franco-Regimes, jedoch nirgends einen grundsätzl. Kurswechsel. Parallel dazu regte sich polit. Widerstand, am frühesten erkennbar in den großen Streiks, die seit 1951 v. a. Katalonien und das Baskenland erschütterten. Hier entstanden auch die Arbeiterkommissionen (Comisiones Obreras), die durch Ausnutzung aller legalen Möglichkeiten die sozialen und polit. Rechte der Arbeiterschaft zu erweitern versuchten und schließl. sogar die Staatssyndikate zu unterwandern vermochten. Der Widerstand illegaler terrorist. Untergrundorganisationen wie z. B. der radikalen regionalist. ETA (Euzkadi ta Azkatasuna „Baskenland und Freiheit"; seit 1959) konnte überhaupt nicht gebrochen werden. Auch in der kath. Kirche, die urspr. sehr eng mit dem Franco-Regime zusammengearbeitet hatte und großen Einfluß v. a. im Bildungswesen besaß, regte sich seit den späten 1950er Jahren zunehmend Kritik an den polit. und sozialen Verhältnissen. Für die Nachfolge Francos war bereits 1947 die Wiedereinführung der Monarchie vorgesehen worden. Unter den verschiedenen Thronprätendenten der Bourbonen und Karlisten entschied Franco sich für Juan Carlos, den Enkel Alfons' XIII. Seit 1969 war die Nachfolge Juan Carlos' gesetzl. gesichert, seit 1971 er an Stellvertreter des Staatschefs. Zwei Tage nach dem Tode Francos wurde er im Nov. 1975 als Johann Karl I. zum span. König proklamiert.

Der Weg in die Demokratie (seit 1975): Bereits im Nov. 1975 wurde in der Sprachenfrage eine Entscheidung gefällt: Baskisch, Katalanisch und Galicisch wurden als Staatssprachen anerkannt. Seit der Ernennung von A. Suárez González zum Min.präs. im Juli 1976 kam die Demokratisierung in Gang, die als Reform von oben die Unruhe in der span. Gesellschaft auffangen und in geordnete Bahnen lenken sowie die Isolierung in W-Europa beenden und die Mitgliedschaft in den EG ermöglichen soll. Der Plan der Reg. zur Reform der polit. Institutionen wurde in einer

**Spanien**

319

# Spanien

Volksabstimmung im Dez. 1976 mit großer Mehrheit gebilligt. Aus den ersten demokrat. Wahlen seit dem Bürgerkrieg im Juni 1977, in denen die beiden Kammern des Parlaments bestimmt wurden, ging die Union des Demokrat. Zentrums unter Suárez González als stärkste Gruppierung, wenn auch ohne absolute Mehrheit hervor. Um eine neue demokrat. Verfassung auszuarbeiten, schlossen die größeren Parteien aller Richtungen im Okt. 1977 den sog. Moncloapakt ab. Er beinhaltete ein polit. und ein wirtsch. Programm und sollte den weiteren Demokratisierungsvorgang bis zur Fertigstellung der Verfassung absichern. Eine Verfassung demokrat. Natur wurde ausgearbeitet, indem Kompromisse zwischen den Vorstellungen der Linken (Sozialisten und Kommunisten) und jenen der regierenden Union des Demokrat. Zentrums gesucht wurden. Die Verfassung wurde am 7. Dez. 1978 vom Volk angenommen (87,79 % Jastimmen bei einer Wahlbeteiligung von 67,66 %).

Störversuche, die darauf ausgingen, den Demokratisierungsprozeß zu verhindern, fanden von Seiten der extremen Linken und der extremen Rechten statt. Es kam zu zahlr. polit. Morden, Entführungen, Erschießungen von Polizisten und Offizieren, deren Urheber entweder Vertreter der extremen Rechten, Mgl. der sich linksextrem gebenden Gruppe „Grapo" oder schließlich der bask. terrorist. Organisation ETA, die zwischen 1968 und 1979 130 Menschen ermordet hatte, waren und deren Eindämmung den staatl. Stellen bisher kaum gelang, obwohl v. a. gegen linksgerichtete Extremisten mit z. T. brutaler Härte (u. a. Folterungen in Gefängnissen) vorgegangen wurde. Nach Annahme der Verfassung wurden die Reg. aufgelöst und Neuwahlen ausgeschrieben. Diese ergaben am 1. März 1979 eine relative Mehrheit für die bisherige Reg.partei, die Union des Demokrat. Zentrums unter A. Suárez González (168 Sitze). Die Sozialisten mit 121 und die Kommunisten mit 23 Sitzen folgten. Doch in den ersten Kommunalwahlen seit dem Regime Francos (April 1979) erhielten die Sozialisten und die Kommunisten die Mehrheit in allen größeren Städten und bildeten in ihnen gemeinsam die Stadträte.

Nach den Wahlen vom März 1979 wurden Autonomiestatute für das Baskenland und Katalonien (sog. Autonome Gemeinschaften) ausgearbeitet, die in Volksabstimmungen im Oktober 1979 angenommen wurden. Das Autonomiestatut für Galicien wurde im Nov. 1979 vom Verfassungsausschuß verabschiedet und im Dez. 1980 in einer Volksabstimmung mit geringer Stimmbeteiligung angenommen, während das andalus. Autonomiestatut im Febr. 1980 daran scheiterte, daß es zwar in der Volksabstimmung insgesamt mehrheitl., aber nicht in allen andalus. Prov. angenommen wurde. Im Jan. 1982 wurde auch das andalus. Autonomiestatut gebilligt. Die Statuten bereiteten die Umwandlung des bis dahin zentralist. regierten S. in einen föderalist. Staat vor. Bis Februar 1983 billigte der Kongreß der Deputierten 13 weitere Autonomiestatuten für das übrige Spanien; Ceuta und Melilla haben einen Sonderstatus.

Nach Reg.umbildungen im Mai und im Sept. 1980 trat Min.präs. Suárez González Ende Jan. 1981 von seinem Amt zurück; zu seinem Nachfolger nominierte die Union des Demokrat. Zentrums den stellv. Min.präs. L. Calvo-Sotelo (* 1926). Vor dessen Bestätigung durch die Cortes kam es am 23./24. Febr. 1981 zu einem rechtsgerichteten Putschversuch: Ein 2 Kompanien starkes Aufgebot der Guardia Civil unter Führung des Oberstleutnants A. Tejero Molina besetzte das Parlamentsgebäude in Madrid und nahm die dort tagenden Abg. als Geiseln; hinter dieser Aktion stand leitend der Generalkapitän von Valencia, Generalleutnant J. Milan del Bosch. (Gerüchte über eine Verschwörung hatte es in den noch überwiegend von Offizieren aus der Franco-Zeit geführten Streitkräften schon ab 1979 gegeben.) Nach einer über Hörfunk und Fernsehen verbreiteten Erklärung des span. Königs Juan Carlos I. gegen die Ziele der Putschisten gaben diese ihr Vorhaben auf. Am 25. Febr. wurde Calvo-Sotelo zum neuen Min.präs. gewählt. Die Wahlen vom Okt. 1982 und im Juni 1986 brachten den Sozialisten die absolute Mehrheit der Sitze im Parlament. Neuer Min.-präs. wurde F. González Márquez (* 1942). - Innenpolit. beherrschende Themen waren der Beitritt zur NATO, der im Mai 1982 erfolgte und in einem Referendum im März 1986 bestätigt wurde, sowie der beantragte Beitritt zu den EG. Nach langwierigen Verhandlungen billigte das Parlament einstimmig den Beitritt; am 1. Jan. 1986 wurde S. Mitglied der EG.

**Politisches System:** Nach der in der Volksabstimmung vom 7. Dez. 1978 von der span. Bev. gebilligten und am 29. Dez. 1978 in Kraft getretenen Verfassung ist S. eine konstitutionelle Monarchie mit parlamentar. Reg.system. *Staatsoberhaupt* ist der König, dessen Person unverletzlich ist und der nicht zur Rechenschaft gezogen werden kann. Die Monarchie ist erblich im Hause Bourbon-Anjou (erst männl. dann weibl. Thronfolge). Der König hat im wesentl. die Funktionen eines republikan. Staatsoberhaupts nach innen und außen, seine Urkunden bedürfen der ministeriellen Gegenzeichnung. Ihm obliegen u. a. Billigung und Bekanntmachung der Gesetze, Einberufung und Auflösung des Parlaments sowie Festsetzung der Wahlen, Vorschlag des Kandidaten für das Amt des Min.präs., gegebenenfalls dessen Ernennung bzw. Entlassung, ebenso die der übrigen Mgl. der Reg. auf Vorschlag des Min.präs.; ferner obliegen ihm der Oberbefehl über die Streitkräfte und

# Spanisch

die Ausübung des Begnadigungsrechts. Die *Exekutive* liegt bei der Reg.; der vom König nach Beratung mit den von dem parlamentarisch vertretenen polit. Gruppen bestimmten Repräsentanten vorgeschlagene Kandidat für das Amt des Min.präs. bedarf des Vertrauens des Kongresses der Deputierten (absolute Mehrheit der Stimmen seiner Mgl., bei einer nötigen zweiten Abstimmung einfache Mehrheit). Die weiteren Reg.mitglieder ernennt der König auf Vorschlag des Min.präs. Die Reg. ist dem Kongreß der Deputierten verantwortlich, der der Reg. mit absoluter Mehrheit das Mißtrauen aussprechen kann. Der Min.präs. kann (einmal innerhalb eines Jahres) eine oder beide Kammern des Parlaments auflösen. Die *Legislative* liegt beim Parlament, das aus dem Kongreß der Deputierten (mindestens 300, höchstens 400 auf 4 Jahre gewählte Abg.) und dem Senat besteht. Der Senat ist die Kammer der territorialen Vertretung, seine Mitglieder werden in den Prov. (jeweils 4 Senatoren in den meisten Prov.) direkt auf 4 Jahre gewählt; die Autonomen Gemeinschaften benennen je einen Senator und einen weiteren für jede Mill. Einwohner in ihrem Gebiet. Beide Kammern kommen jährl. zu 2 ordentl. Sitzungsperioden zusammen. Die Gesetzentwürfe werden zuerst im Kongreß der Deputierten beraten, nach Billigung dem Senat zugeleitet, der binnen 2 Monaten mit absoluter Mehrheit sein Veto einlegen oder Änderungen vorschlagen kann, die der Kongreß der Deputierten zurückweisen kann. Die wichtigsten überregionalen *Parteien* sind die Partido Socialista Obrero Español (PSOE) unter der Leitung von F. González Márquez und die bis Dez. 1986 von M. Fraga Iribarne geführte Alianza Popular (AP); die ehem. Reg.-partei Unión Centro Democrático (UCD) beschloß nach der Abspaltung u. a. des Centro Democrático y Sociale (CDS) unter A. Suárez González und ihrer Wahlniederlage 1983 ihre Auflösung; vergleichsweise bedeutungslos ist die Partido Comunista de España (PCE).

Daneben existiert eine Vielzahl regionaler Parteien. Die sich seit 1975 entwickelnden *Gewerkschaften* dürfen sich zwar parteipolit. nicht binden, de facto sind sie jedoch an den verschiedenen Parteien orientiert. Es sind dies v. a. die PCE nahestehenden Confederación Sindical de Comisiones Obreras (CCOO, 1,6 Mill. Mgl.) und die Unión General de Trabajadores (UGT, 1,3 Mill. Mgl.), die der PSOE nahesteht; die Unión Sindical Obrera (USO 640 000 Mgl.) ist parteiunabhängig und vertritt ein sozialist. Programm. *Verwaltung:* S. ist in 17 Autonome Gemeinschaften, die in 50 Prov. weiter unterteilt sind, gegliedert. Die Autonomen Gemeinschaften haben eine eigene Legislative und Exekutive; ihnen wurden zahlreiche Angelegenheiten übertragen außer der Landesverteidigung, der Justizverwaltung, der Regelung der internationalen Beziehungen; v. a. sind sie in der Haushaltsplanung autonom. Die Koordinierung der Beziehungen zwischen den Autonomen Gemeinschaften erfolgt über die Zentralregierung.

Das *Rechtswesen* ist mehrstufig: Den Bezirks-/Friedensgerichten übergeordnet ist ein dreistufiges Gerichtssystem mit Gerichten 1. Instanz für Zivil- und Strafsachen, mit Territorialgerichtshöfen für Zivilsachen in 2. Instanz bzw. mit Provinzialgerichtshöfen v. a. für Strafsachen in 2. Instanz. Als oberste Instanz und Kassationsgericht fungiert der Oberste Gerichtshof. Außerdem besteht ein eigener Militärgerichtshof. Die *Streitkräfte* umfassen insgesamt rd. 309 000 Mann (Heer 232 000, Luftwaffe 32 000, Marine 45 000). Daneben bestehen paramilitär. Kräfte in Stärke von rd. 119 000 Mann (Guardia civil 72 700, Policía Nacional 47 000).

📖 *Harrison, J.: The Spanish economy in the twentieth century.* London 1985. - *Preston, P.: The coming of the Spanish Civil War.* New York. Neuaufl. 1983. - *Geología de España. Hg. v. Instituto Geológico y Minero de España.* Madrid 1983 ff. 3 Bde. - *Breuer, T.: S. Stg.* 1982. - *Goytisolo, J.: S. u. die Spanier.* Dt. Übers. Ffm. 1982. - *Herzog, W.: S. Die zerbrechl. Einheit.* Zürich 1982. - *Madariaga, S. de: S.* Dt. Übers. Stg. ³1980. - *Stegger, M.: Fremdenverkehr u. Regionalentwicklung dargestellt am Beispiel S.* Hamburg. 1980. - *Allemann, F. R., u.a.: S.* Luzern u. Ffm. 1978. - *Brenan, G.: Die Gesch. Spaniens.* Dt. Übers. Bln. 1978. - *Meyer, Heinz/Woyke, W.: S.: Eine polit. Länderkunde.* Opladen 1978. - *Tamames, R.: Demokrat. Umgestaltung.* Dt. Übers. Hamb. 1978. - *Lepiorz, G.: S.* Heroldsberg ²1977. - *Maier, Lothar: Spaniens Weg zur Demokratie.* Meisenheim 1977. - *Der Span. Bürgerkrieg in der internat. Politik (1936–1939). Hg. v. W. Schieder u. C. Dipper.* Mchn. 1976. - *Payne, S. G.: A history of Spain and Portugal.* Madison (Wis.) 1973. 2 Bde. - *Islamische Gesch. Spaniens. Hg. v. W. Hoenerbach.* Zürich u. Stg. 1970.

**Spaniolen** [zu frz. espagnol „Spanier"] ↑ Sephardim.

**Spanisch**, zu den roman. Sprachen gehörende Sprache, die aus dem auf der Iber. Halbinsel gesprochenen Latein (Vulgärlatein) hervorgegangen ist. Früheste Formen bildeten sich in der Westgotenzeit auf dem Gebiet Altkastiliens etwa 60 km östl. und westl. von Santander heraus (daher auch „castellano" [„Kastilisch"] genannt). Durch das Vordringen des Kastilischen nach S in der Zeit der Reconquista wurden die Nachbarmundarten (Leonesisch, Aragonesisch) sowie das Katalan. zurückgedrängt. Nach der Vereinigung der Kgr. Kastilien und Aragonien (1479) wurde das Kastilische zur Schriftsprache des Kgr. Spanien; seitdem hat sich die Bez. „español" („Spanisch") durchgesetzt. Nach der Eroberung Amerikas wurde S. zur Sprache ganz S- und M-Amerikas mit Ausnahme von Brasi-

# Spanisch-Amerikanischer Krieg

Spanische Kunst. Von oben: Santa María de Naranco (9. Jh.); Fernando Gallegos, Anbetung der Könige (um 1490). Toledo (Ohio), Museum of Art

heiten gekennzeichnet: Dreistufigkeit im Vokalismus, Armut an Diphthongen, im Konsonantismus nur 19 Phoneme (gegenüber 36 im Italien.), häufiges Vorkommen von Reibelauten (z. B. [θ, s, ɣ]), Doppel-r ist ein bes. Phonem: rojo ['rroxo] („rot"). In der *Formenlehre* bewahrt das S. altertüml. Züge, z. B. die Erhaltung des lat. Plusquamperfekts und Futurs II. Der span. *Wortschatz* weicht erhebl. von dem der übrigen roman. Sprachen ab; die Gründe dafür sind: 1. infolge der frühen Kolonisierung durch die Römer (zwei Jh. vor Gallien) und durch die abseitige Lage ist das lat. Element altertümlicher; 2. während der Westgotenzeit wurden etwa 300 westgot. german. Elemente übernommen; 3. sein bes. Gepräge erhielt das S. im Zusammenleben mit den Arabern; es wurden etwa 1 500 Wörter aus dem Arab. entlehnt; 4. dazu kommen Entlehnungen aus dem benachbarten Baskischen und Französischen.

An lautl. Besonderheiten des S. in Lateinamerika fällt v. a. das sog. „Seseo", d. h. der Ersatz von [θ] durch [s], und das sog. „Yeísmo" auf, d. h., ll wird nicht [ʎ] gesprochen, sondern [j], in Argentinien und Uruguay [ʒ].

📖 Messner, D./Müller, Hans J.: *Ibero-Romanisch. Einf. in Sprache u. Lit.* Darmst. 1983. - Tovar, A.: *Einf. in die Sprachgesch. der Iber. Halbinsel.* Dt. Übers. Tüb. ²1983. - Halm, W.: *Moderne span. Kurzgramm.* Mchn. ⁴1978.

**Spanisch-Amerikanischer Krieg** (1898), Krieg zw. Spanien als kuban. Kolonialmacht und den USA, die im Zuge ihrer imperialist. Politik die kuban. Unabhängigkeitsbewegung aus wirtsch. Interessen unterstützten. Die span. Flotte wurde in 2 Seeschlachten vernichtet. Im Pariser Frieden vom 10. Dez. 1898 wurde Kuba von den USA die Unabhängigkeit zugesichert. In den USA hatte der Erwerb span. Kolonien (zugleich Annexion von Wake Island und Hawaii) innenpolit. Auseinandersetzungen zur Folge. In Spanien führte das Ende des Kolonialreichs zu einer geistigen und polit. Krise.

**Spanische Fliege** ↑ Ölkäfer.

**Spanische Galeere,** svw. ↑ Portugiesische Galeere.

**Spanische Hofreitschule** ↑ Spanische Reitschule.

**spanische Kolonien,** der überseeische Besitz Spaniens. Im Laufe des 15. Jh. sicherte sich Spanien die Kanar. Inseln, 1497 in Marokko Melilla sowie 1580 Ceuta. Nach der Entdeckung *Amerikas* durch Kolumbus baute es dort ein Kolonialreich von Florida und Kalifornien bis zur Magalhãesstraße auf, das zunächst in Prov. eingeteilt war. Die gefährdeten Randgebiete wurden später Generalka-

lien. Es hat heute etwa 190 Mill. Sprecher, davon etwa 33 Mill. in Europa. - Die ältesten Zeugnisse des S. sind Glossen in einer Handschrift des 10. Jh. aus dem Kloster San Millán de Cogolla; die span. Prosa setzt mit Alfons X., dem Weisen, und der von ihm gegründeten Übersetzerschule in Toledo ein. Der Wandel von Alt-S. zum Neu-S. fand vom 15.–17. Jh. statt.

Das heutige S. ist u. a. durch folgende Eigen-

Spanische Kunst. Von oben: El Greco, Der heilige Lukas als Maler (um 1608). Toledo, Kathedrale; Francisco José de Goya Lucientes, Der Schrecken (um 1808). Madrid, Prado

pitanate; ab 1528 entstanden Audiencias als kollegiale Gerichts- und Verwaltungsbehörden. Unter Karl III. wurden nach frz. Vorbild als Verwaltungsbezirke Intendencias eingerichtet. - Ab dem 16. Jh. entstanden eine Reihe von Vize-Kgr.: 1535 Neuspanien, 1543 Peru, 1717/39 Neugranada, 1776 Río de la Plata; 1777 wurde das im Tausch gegen Florida und das westl. Louisiane 1763 erworbene Kuba, 1778 Chile Generalkapitanat. Im Laufe der amerikan. Unabhängigkeitsbewegungen verlor Spanien seine Kolonien mit Ausnahme von Kuba und Puerto Rico, die nach dem Span.-Amerikan. Krieg von 1898 den USA überlassen wurden. Santo Domingo war 1861–65 noch einmal span.; Jamaika war schon 1655/60 an die Engländer verlorengegangen. Im *asiat.-ozean. Bereich* wurden die Philippinen (ab etwa 1571 von den Spaniern besiedelt) 1898 an die USA abgetreten. 1899 wurden die Marshallinseln, die Karolinen und die Palauinseln an das Dt. Reich verkauft. In *Afrika* suchte Spanien seit 1904 für die Verluste von 1898 in Marokko Ersatz, wo es die Herrschaft über Span.-Marokko (Rifgebiet) jedoch erst 1926 wirkl. sichern konnte. 1954 verzichtete es auf die heutige südmarokkan. Prov. Tarfaya, 1956 auf seine nordafrikan. Kolonie Tétouan mit Ausnahme der Häfen Ceuta und Melilla, die im wesentl. das heutige *Span.-Nordafrika* bilden. 1969 trat es Ifni ab. Der N-Teil der Westsahara wurde 1976 Marokko angegliedert, der S-Teil Mauretanien, das jedoch im Aug. 1979 in einem Vertrag mit der Befreiungsbewegung FPOLISARIO auf seine Ansprüche verzichtete. Span.-Guinea wurde 1968 als Äquatorialguinea unabhängig.
 *Fieldhouse, D.: Die Kolonialreiche seit dem 18. Jh. Dt. Übers. Ffm. ⁶1979.* - Miller Bailey, H./Nasatir, A. P.: *Lateinamerika. Vom Iber. Kolonialreich zur autonomen Republik. Essen 1976.*

**spanische Kunst,** die Kunst auf der iber. Halbinsel setzt mit altsteinzeitl. **Felsbildern** in etwa 60 Höhlen in N-Spanien ein (Altamira), im O des Landes finden sich Felsmalereien aus der mittleren Steinzeit, die Beziehungen zu N-Afrika zeigen. Aus den letzten vorchristl. Jh. stammen die **iber.** („Dame von Elche", 4. Jh., Madrid, Archäolog. Museum) und **kelt. Zeugnisse** („Stiere von Guisando" bei Ávila). Die **Römer** hinterließen v. a. Nutzbauten; hervorzuheben sind die Aquädukte in Mérida und Segovia. Wichtige Denkmäler **westgot. Kunst** sind die Kirchen des 9. Jh., z. B. Santa María de Naranco (ehem. königl. Palast) und San Miguel de Lillo bei Oviedo sowie die Votivkronen westgot. Könige. Das bedeutendste sakrale Bauwerk der **islam. Kunst** in Spanien ist die Moschee von Córdoba (785 ff. von Abd Ar Rahman I. errichtet); der bedeutendste maur. Profanbau entstand im 14. Jh.: die ↑Alhambra. Elemente maur. Zeit (11./12. Jh.) von christl. Künstlern aufgegriffen (↑mozarabischer Stil).

## spanische Kunst

Hauptbauten der **Romanik** stehen in Zusammenhang mit der ma. Pilgerstraße nach Santiago de Compostela, dessen Kathedrale 1075ff. errichtet wurde. Ihre Skulpturen im Pórtico de la Gloria (1168–1211) u. die Reliefs des Kreuzganges von Santo Domingo de Silos (Prov. Burgos) aus dem 11./12. Jh. sind plast. Höhepunkte dieser Epoche. Für die monumentale Malerei sind u. a. die Wandfresken von San Clemente und Santa María in Tahull (um 1123), heute in Barcelona (Museo de Arte de Cataluña), sowie die Wand- und Deckenmalereien vom Portikus von San Isidoro in León (1167–88) herausragend.

In der Baukunst der **Gotik** gehen die großen Kathedralen von Cuenca (um 1197ff.), Burgos (1221 ff.), Toledo (1226 ff.) und León (1255 ff.) auf hochgot. frz. Formengut zurück, während die Kathedralen von Barcelona (1298 ff.), Palma de Mallorca (um 1306 ff.) und Sevilla (1402 ff.) einen spezif. Beitrag der Iber. Halbinsel darstellen. – Auch die **Spätgotik** zeigt eine charakteristische span. Variante im sog. **Isabellastil,** in dem sich fläm. und dt. Einflüsse mit der maur. Vorliebe für flächenbezogene Dekorationsprinzipien neuartig verbinden (z. B. Kartäuserklosterkirche von Miraflores bei Burgos, nach 1478ff., mit dem Hauptaltar des G. de Siloé, 1496–99; die Fassaden der Klosterkirchen San Pablo und des Colegio San Gregorio in Valladolid, beide spätes 15. Jh.). In der Plastik wurden erste monumentale Altarretabel in den Kathedralen von Sevilla (1482–1525) und Toledo (1502 ff.) entwickelt, deren hohe, bis ins Gewölbe emporreichende Aufbauten auch für die zahlr. Retabel des 16. und 17. Jh. vorbildl. blieben. In der Malerei herrschte im 15. Jh. nach der Assimilierung von Einflüssen der italien. und frz. Gotik, bedingt durch die Wirkung großer fläm. Meister, der sog. **hispano-fläm. Stil** vor. Vertreter waren L. Dalmau, J. Huguet (* um 1418, † 1492), F. Gallegos (* um 1440, † nach 1507) sowie als erster Vermittler des Formengutes der italien. Renaissance P. Berruguete († 1504; Hochaltar des Klosters Santo Tomás in Ávila).

Die Baukunst der **Renaissance** fand ihren spezif. span. Ausdruck im **platereresken Stil,** dessen Flächenornamentik den Isabellastil fortführte unter Einbeziehung der Groteske, die die übl. spätgot. Dekorationselemente ablöst. Hauptwerke dieser Stilstufe waren die Fassaden der Univ. von Salamanca (um 1525), der Univ. von Alcalá de Henares (1543), sowie die des Klosters San Marcos in León (1533–41). – Ein Höhepunkt der **klass. Renaissance** in Spanien ist der Palast Karl V. auf der Alhambra in Granada von P. Machuca (1527 ff.). Ein zentrales Denkmal der Gegenreformation stellt der Escorial dar, der 1563 ff. von J. B. de Toledo und J. de Herrera erbaut wurde.

Spanische Kunst. Links: Antoni Gaudí, Pförtnerhaus am Park Güell (1882). Barcelona; rechts: Eduardo Chillida, Lob des Eisens (1956). Privatbesitz

## spanische Literatur

Trotz seines klass. Formengutes gilt er in der Gesamtkonzeption als typ. span. Variante und war 2 Jh. vorbildlich. In der Skulptur dominierte das von span. Religiosität geprägte expressive, an Michelangelo orientierte Werk A. Berruguetes; in der Malerei war der ab 1577 in Toledo tätige El Greco beherrschend, ein Hauptvertreter des europ. **Manierismus.**
Eine bes. Bauaufgabe des **Barockzeitalters** war die Anlage von Rathausplätzen (plazas mayores), von denen der in Madrid und am Ende der Entwicklung der um die Mitte des 18. Jh. von A. Churriguera in Salamanca fertiggestellte Rathausplatz herausragen. Mit dem Namen der Künstlerfamilie Churriguera, die v. a. in Salamanca tätig war, wird eine im Ornamentalen bes. reiche Ausprägung des Barock bezeichnet: **Churriguerismus.** In der Bildhauerei führten G. Fernández im N, im S J. Martínez Montañéz, A. Cano und P. de Mena (* 1628, † 1688). In den Figuren für die großen Prozessionen während der Karwoche fanden span. Bildhauer im 18. Jh. neue Aufgaben (u. a. F. Salzillo, * 1707, † 1783). Bezogen auf den gesamteurop. Barock nahm die span. **Barockmalerei** einen hervorragenden Platz ein: D. Rodríguez de Silva Velázquez, B. E. Murillo, J. de Ribera und F. de Zurbarán. Angeregt von Caravaggio kennzeichnet die span. Malerei des Barock neben einer dramat. Hell-Dunkel-Kontrastierung v. a. ein neues Verhältnis zur Wirklichkeit. Während Velázquez bevorzugt Themen des Hofes behandelte, gab Murillo das Volksleben mit einem neuartigen Naturalismus wieder.
Im **18. Jh.** vollzog F. J. de Goya y Lucientes die Abkehr von der Welt des Rokoko mit einem schonungslosen Realismus sowohl in seiner Malerei als auch in der Graphik. Er erscheint wie ein visionärer Vorläufer moderner Ausdruckstendenzen, sein Werk stellte eine Gipfelleistung europ. Kunst dar. Span.
Künstler nehmen innerhalb der **Kunst des 20. Jh.** eine hervorragende Stellung ein. Außer A. Gaudí, der seine dem Jugendstil verpflichteten architekton. und handwerkl. Konzepte in Barcelona verwirklichen konnte, arbeiteten die meisten Künstler in Frankreich. P. Picassos Werk stellt einen der zentralen und einflußreichsten Höhepunkte der Kunst dieses Jh. dar. Ihm folgte während seiner kubist. Stilphase J. Gris und auf dem Gebiet der Plastik später J. Gonzáles. S. Dalí und J. Miró zählen zu den Hauptvertretern des Surrealismus. Nach dem 2. Weltkrieg hat die s. K. mit dem Maler A. Tàpies (materialbetonte Auffassung) und dem Bildhauer E. Chillida (monumentale, architekturale Auffassung von Plastik) bed. Vertreter, deren Einfluß bis in die unmittelbare Gegenwart reicht. - Abb. auch S. 326.

📖 *Székely, A.: Span. Malerei. Bayreuth 1977. -* *Tisné, P.: Spanien. Bildatlas der s. K. Dt. Übers. Köln 1968. - Palol, P. de/Hirmer, M.: Spanien. Kunst des frühen MA vom Westgotenreich bis zum Ende der Romantik. Mchn. 1965. - Gudiol, J.: Die Kunst Spaniens. Dt. Übers. Mchn. u. Zürich 1964.*

**spanische Literatur,** die Literatur Spaniens in span. Sprache.
**Mittelalter** (12.–15. Jh.): Älteste literar. Schöpfungen in span. Sprache sind die Jaryas, 4zeilige *Frauenlieder* aus dem 11. und 12. Jh.; bedeutendstes, nur in einer Kopie von 1307 überliefertes *Heldenepos* ist „Poema del Cid" († Cid). Hauptvertreter der *gelehrten, didakt.-erzählenden Dichtung* war G. de Berceo. In der 2. Hälfte des 14. Jh. entwickelte die *Lyrik* (zuvor v. a. in Katalan. bzw. Provenzal. verfaßt), eine eigenständige kastil. Kunstsprache. Unter Alfons X. von Kastilien, dessen Gedichte in Galic. abgefaßt sind (das bis ins späte MA Sprache der span. Lyrik blieb), begann in Toledo eine rege *Übersetzertätigkeit* aus dem Lat., Arab., Hebr. ins Spanische. Bed. *Chroniken* verfaßten P. López de Ayala, der die ständ. Gesellschaft seiner Zeit sozialkrit. und moralist. darstellte und J. Ruiz, der Schilderungen des Alltagslebens mit moral. Didaktik verband. In dieser Zeit entstanden auch Vorläufer des Ritterromans. Mit der Herstellung der nat. Einheit durch die Vereinigung von Aragonien und Kastilien erhielt die s. L. neue Impulse. Noch im 15. Jh. entstanden wichtige Sammlungen der höf. Lyrik (Cancioneros). Italien.-humanist. Einflüsse verarbeiteten I. L. de Mendoza, Marqués de Santillana, J. de Mena, J. Manrique (* 1440, † 1479). Das bedeutendste Zeugnis span. Geistes ist die *Volksromanze* († Romanze) des 15. Jh.; die polit. Auseinandersetzungen der Zeit fanden ihre Widerspiegelung in der [anonymen] *volkstüml. Satire*; bekannt ist eine frauenfeindl. Satire von A. Martínez de Toledo. Während auf dem Theater Mysterienspiele, Passions- und Krippenspiele erschienen, wurden, v. a. nach Einführung des Buchdrucks, philosoph., pädagog., jurist. und histor. Schriften verbreitet; bes. berühmt wurde das F. de Rojas zugeschriebene *Lesedrama* „Celestina" (1499); in den *Ritterromanen* wurde versucht, ideale ritterl. Bewährung in Abenteuer und Minnedienst zu entwickeln, um den Verfall adliger Normen zu verhindern.
**Siglo de oro** („goldenes Zeitalter", 16./17. Jh.): Nach den ersten Berührungen mit Italien im 15. Jh. erfolgte in der Zeit Karls V. eine intensive Auseinandersetzung mit der italien. Dichtung und Literatur. Humanismus. Im Ggs. zur frz. gab es in der span. Renaissance jedoch keinen Bruch mit dem MA: Die einheim. lyr. Gattungen des MA wurden weiter gepflegt, die Romanzendichtung und der Ritterroman; die religiöse Tradition blieb ungebrochen und lebte in den Dichtungen der

# spanische Literatur

Spanische Kunst. Von oben: Juan Gris, Stilleben auf einem Stuhl (1917). Paris, Musée d'Art Moderne; Joan Miró, Paysage (1924). Essen, Museum Folkwang

res). In der Lyrik übernahmen J. Boscán Almogáver und G. de la Vega Dichtungsformen (Sonett, Kanzone) und -inhalte Petrarcas sowie der italien. Petrarkisten. In der klass. Epoche des Siglo de oro (1556–1681) bildeten sich 2 Lyrikrichtungen heraus: um Fray L. de León die Gruppe von Salamanca, um F. de Herrera die Gruppe von Sevilla, die eine Sondersprache der Lyrik anstrebte, weitergeführt von L. de Góngora y Argote (↑ Gongorismus); im Ggs. zu dessen kult. Lyrik stand Quevedo, der den geistreichen Pointenstil in die Lyrik einführte. Neben einer großen Anzahl humanist. gelehrten Schrifttums entstand (v. a. ab Mitte des 16. Jh.) auch eine umfangreiche fiktionale *Prosa;* dem ersten *Schelmenroman* „Lazarillo de Tormes" (1554) folgten etwa 35 weitere, die das realist. Gegenstück zu den idealist. Ritter- und *Schäferromanen* der Folgezeit bilden. Ein Meisterwerk der Weltliteratur schuf M. de Cervantes Saavedra mit seinem als Satire des Ritterromans angelegten Roman „Don Quijote de la Mancha" (1605–15); mit seinen wirklichkeitsnahen „Exemplar. Novellen" (1613) löste er sich von italien. Vorbildern. *Gesellschaftssatiren* verfaßten A. de Valdés, F. Quevedo. Bedeutendster span. Moralist der Zeit war B. Gracian y Morales. In der *Geschichtsschreibung* fanden Maurenkriege und koloniale Eroberungen hervorragende Darstellungen. Religiöses Erleben wurde in einem umfangreichen *myst. Schrifttum* zur Darstellung gebracht. Die Eigenart span. *Bühnendichtung* fand in Ablösung italien. Muster (L. de Rueda, J. de la Cueva) durch die ↑Comedia und das ↑Auto sacramental überzeugendsten Ausdruck. Bedeutendste Autoren der rd. 30 000 Stücke in dieser Zeit sind Lope F. de Vega Carpio und P. Calderón de la Barca.

**18. und 19. Jh.:** Die im 17. Jh. beginnende Abkapselung Spaniens wurde im 18. Jh. durch frz. Einflüsse durchbrochen (Umarbeitung der klass. Comedias nach dem Muster der frz. Komödie; bed. v. a. L. Fernández de Moratín [* 1760, † 1828]). Wie die *Aufklärung* (vertreten u. a. durch J. Cadalso y Vázquez [* 1741, † 1782] und G. M. de Jovellanos y Ramírez [* 1744, † 1811]), erreichte auch die Romantik Spanien mit zeitl. Abstand und hielt sich bis gegen Ende des 19. Jh. Während des Befreiungskampfes gegen Napoleon I. gewann die unter dem Einfluß der Frz. Revolution stehende Dichtung M. J. Quintanas nat. Bedeutung. Zur *Romantik* leitete das Werk von A. Lista (* 1775, † 1848). Den Durchbruch brachte die nach der Amnestie von 1834 erfolgte Rückkehr der liberalen Emigranten. Für die Lyrik bed. waren J. L. de Espronceda

Mystiker weiter, der Humanismus stellte sich in den Dienst der Bibelauslegung. Daneben entwickelten sich eigenständige span. Formen: der *Schelmenroman* und die *Comedia.* Mittelpunkte geistigen Lebens wurden die Universitäten (Salamanca, Alcalá de Hena-

## spanische Musik

y Delgado, G. A. Bécquer; für die Dramatik F. Martínez de la Rosa, A. de Saavedra, Herzog von Rivas sowie J. Zorilla y Moral. Den Übergang zum *Realismus* und Naturalismus bildeten die wirklichkeitsgetreuen Darstellungen der engeren Heimat (Regionalismus) im Roman (R. de Mesonero Romanos, [*1803, †1882], F. Caballero [*1796, †1877], P. A. de Alarcón y Ariza [*1833, †1891], A. Palacio Valdés, J. Valera y Alcalá Galiano). Zum *Naturalismus* führten B. Pérez Galdós, E. Pardo Bazán, V. Blasco Ibáñez; bed. Bühnenstücke verfaßten u. a. auch A. López de Ayala y Herrera, J. Echegaray y Eizaguirre. Wichtigster Literaturkritiker dieser Zeit war M. Menéndez y Pelayo.
**20. Jh.:** Die Niederlage im Kubakrieg (1898) und die damit verbundene Ausschaltung Spaniens aus S-Amerika durch die USA löste bei den Intellektuellen eine geistige Erneuerungsbewegung aus; es bildete sich die Gruppe der „*Generation von 98*", die nicht nur die span. Geschichte überprüfen, literar. und künstler. Schöpfungen der Vergangenheit aufarbeiten, sondern auch in die polit. Praxis eingreifen wollte. Ihr gehörten an: M. de Unamuno y Jugo, Azorín, P. Baroja y Nessi, A. Machado y Ruiz und R. Menéndez Pidal. Führend in der Lyrik war Rubén Darío, der den *Modernismo* begründete, dessen bedeutendste Autoren R. M. del Valle-Inclán, A. Machado y Ruiz und J. R. Jiménez waren. Um 1920 bildete sich eine neue Dichtergruppe, die „*Generation von 1927*", die vom Symbolismus über den Futurismus zum Surrealismus u. Hermetismus gelangte: u. a. P. Salinas, J. Guillén, V. Aleixandre, R. Alberti, J. Benavente; bedeutendster Bühnendichter war F. García Lorca. Als Romanciers traten R. Pérez de Ayala und R. Gómez de la Serna, als Kulturkritiker J. Ortega y Gasset hervor. Nach dem Bürgerkrieg (1936–39), der zahlr. Schriftsteller zur Emigration zwang, wurde zunächst modernist. Lyrik verfaßt, u. a. von L. Rosales (*1910), J. M. Valverde (*1926); daneben trat die polit. engagierte, gegen den Modernismo gerichtete Dichtung z. B. von B. de Otero (*1916, †1979), G. Celaya (*1911); unter den Dramatikern sind A. Buero Vallejo (*1916) und A. Sastre (*1926) sozial engagiert, orientiert ist A. Casona. Im Roman herrscht der *Neorealismus* vor. Mit der zunehmenden Lockerung der Zensur fanden die Werke der im Exil lebenden Autoren (u. a. R. Alberti, J. Guillén, J. R. Jimenéz, P. Salinas) in Spanien Verbreitung und konnten dort gedruckt werden. Nach Beendigung des Franco-Regimes und in der Folge der polit. Liberalisierung dringen zunehmend literar. und literaturkrit. Einflüsse aus anderen europ. Ländern nach Spanien.
📖 *Kreutzer, W.:* Grundzüge der span. Lit. des 19. u. 20. Jh. Darmst. 1982. - *Flasche, H.:* Gesch. der s. L. Bd. 1: Von den Anfängen bis zum Ausgang des 15. Jh. Mchn. u. Bern 1977. - *Karlinger, F./Antón Andrés, A.:* S. L. Stg. 1975. - S. L. im Goldenen Zeitalter. Hg. v. H. Baader u. E. Loos. Ffm. 1972.

**Spanische Makrelen** (Scomberomorus), Gatt. schlanker, mittelgroßer Thunfische im Atlantik und Pazifik, oft in großen Schwärmen; größte Art ist die **Königsmakrele** (Scomberomorus cavalla): an der amerikan. Atlantikküste, bis 1,7 m lang; Speisefisch.

**spanische Musik,** die seit der Antike einander folgenden Besetzungen der Iberischen Halbinsel oder einzelner Teile durch Phöniker, Griechen, Römer, Goten und Araber haben die bodenständige Musiktradition mehr oder weniger stark beeinflußt. In der arab. Zeit wurden die Musikinstrumente ↑Rabab und ↑Ud übernommen. Hymnen des Spaniers Prudentius Clemens (4. Jh.) fanden Eingang in die christl. Liturgie. Eine überragende abendländ. Bedeutung gewann Isidor von Sevilla mit seinen um 600 verfaßten Schriften. Im 6. und 7. Jh. wurde das Repertoire des ↑mozarabischen Gesangs ausgebildet, mit bes. Zentren seiner Pflege u. a. in Zaragoza, Segovia und Toledo. Vielfach bezeugt ist eine reiche Musikpflege im Kalifat von Córdoba sowie an den späteren christl. Höfen. Sie spiegelt sich in der ein- und mehrstimmigen Überlieferung des 12. Jh. von Santiago de Compostela ("Codex Calixtinus") ebenso wie in der im 12. Jh. einsetzenden Bewegung der Trovadores (↑Troubadour) und den "Cantigas de Santa María" von Alfons X., dem Weisen. Die Vertrautheit mit der Entwicklung der Mehrstimmigkeit des 13. Jh. erweist der bed. "Codex Las Huelgas" (aus dem Zisterzienserkloster Las Huelgas bei Burgos). Nach dem großen Musiktheoretiker Ramos de Pareja (*um 1440, †nach 1491) treten um 1500 P. de Escobar (†1513 oder 1514) und J. del Encina als internat. bekannte Komponisten hervor. Die hohe Blüte der s. M. im 16. Jh. belegen die Namen von A. de Cabezón, C. Morales, D. Ortiz und F. Guerrero (*1528, †1599), in der Lauten- und Gitarrenmusik die Tabulaturen von L. Milán (*um 1500, †nach 1561), M. de Fuenllana (*um 1500, †um 1599) und J. Bermudo (*um 1510, †um 1565). T. L. de Victoria vertrat in seinen Messen und Motetten den Palestrina-Stil. Zu Beginn des 17. Jh. wurde auch in den s. M. ein starker italien. Einfluß wirksam, der sich in mehrchöriger Kirchenmusik und im raschen Vordringen der instrumentalbegleiteten Monodie äußert. In der ↑Zarzuela mit ihren Musikeinlagen bringt Spanien einen eigenen Beitrag zu den Bühnenwerken des 17./18. Jh. Die Stärke der span. Orgelmusik dokumentiert sich u. a. in den Kompositionen von F. Correa de Arauxo (*zw. 1575 und 1580, †1665) und J. Cabanilles. Im 18. Jh. weiteten die Italiener ihren Einfluß als Opernkomponisten, Sänger, Cembalisten und Kammermusiker weiter aus. In Zarzuela und ↑Tonadilla, die jetzt an Singspiel und Opera buffa anknüpften, blieben aber span. Elemente weiter lebendig. Hervortretende Komponisten dieser Zeit waren u. a. A. Soler (*1729, †1783) und V. Martín y Soler (*1754, †1806). Der große Einfluß der Wiener Schule zeigt sich u. a. bei J. C. Arriaga y Balzola (*1806, †1826). Umgekehrt drang mit span. Formen (nach Folia, Sarabande, Passacaglia seit dem 16./17. Jh. nun Bolero, Fandango, Flamenco, Malagueña, Seguidilla, Zapateado) span. Kolorit in die europ. Musik ein. Mit dem Wirken von F. Pedrell verbanden sich im 19. Jh. nat.-span. Tendenzen, die bis in die Gegenwart lebendig blieben. Neben den auch hier spürbaren Einfluß R. Wagners trat um und nach 1900 der der frz. Musik, wie er etwa in Kompositionen von I. Albéniz, E. Granados y Campiña, M. de Falla und J. Turina deutl. wird. Den hohen Rang span. Interpreten belegen u. a. die Namen von J. Nin y Castellanos (*1879, †1949), J. Iturbi (*1895), P. Casals und G. Cassadó, A. Segovia sowie N. Zabaleta. In der Musikwiss. nahm H. Anglés internat. Rang ein.

📖 *Livermore, A.: Historia de la musica española. Barral 1974. - Falla, M. de: Spanien u. die neue Musik. Dt. Übers. Zürich 1969. - Stevenson, R.: Spanish cathedral music in the golden age. Berkeley (Calif.) 1961. - Chase, G.: The music of Spain. New York ²1942.*

**spanische Philosophie,** sie setzt erst in der Hoch- und Spätscholastik ein. Dominicus Gundissalinus (12. Jh.), Vermittler des islam.(-arab.) Philosophie durch Übersetzungen ins Lat., nahm v. a. arab.-aristotel. Traditionen auf und verband sie systemat. mit neupythagoreischen, insbes. neuplaton. Elementen. R. Lullus strebte eine christl. Universalwiss. an, aus der durch Deduktion der Glaubenswahrheiten herleitbar sein sollen. Der an ihn anschließende *Lullismus*, eine der bedeutendsten Strömungen der s. P., wirkte u. a. auf Leibniz. Die Schule von Salamanca mit F. de Vitoria, D. de Soto, F. Suárez ist nicht nur mitbestimmend für die Entwicklung der europ. Rechtsphilosophie, sondern vermittelt auch der Aufklärung maßgebl. Impulse. Trotz dieser Ausgangssituation blieb die Aufklärung als europ. Gesamtbewegung ohne nennenswerte Rückwirkung auf die s. P., die bis ins 19. Jh. in subsidiärer Stellung zur Theologie scholast.-thomist. Prägung verharrte. Erst J. L. Balmes entwickelte das erste große philosoph. System außerhalb der Scholastik. Mit dem an K. C. F. Krause orientierten *Krausismus* und seiner Breitenwirkung auf das span. Geistesleben setzte ein grundlegender Wandel ein. Der Religionsphilosoph J. F. M. Donoso Cortés setzt sich mit den Auswirkungen der Technokratie und des Kommunismus auseinander. Die Philosophie des M. de Unamuno y Jugo ist als Position des Skeptizismus zu kennzeichnen. J. Ortega y Gasset vertrat einen „Ratio-Vitalismus", der die Vernunft nur als Form und Funktion des Lebens betrachtet. Gegen die Entwicklung der neuzeitl. Philosophie verteidigt J. Roig Gironella (*1912) die scholast. Philosophie.

**Spanischer Bürgerkrieg,** als Folge des von nationalist., traditionalist., falangist.-faschist. und konservativen Kräften getragenen und von Militärs geführten Aufstandes gegen die 2. span. Republik entstandene kriegerische Auseinandersetzung 1936–39; unmittelbar ausgelöst wurde die Militärrevolte vom 17./18. Juli 1936 durch die Ermordung des Monarchistenführers J. Calvo Sotelo (13. Juli 1936).

*1. Phase* (Juli 1936 bis Frühjahr 1937): Die Aufständischen konnten rd. $^{1}/_{3}$ des Landes unter ihre Kontrolle bringen. Nachdem sie mit Hilfe dt. Flugzeuge die Fremdenlegion und marokkan. Truppen nach Spanien übergesetzt hatten, eroberten sie den W und stellten damit die Verbindung zw. Nord- und Südarmee her. Sie nahmen den SW sowie den N und NW ein (außer dem Baskenland, Santander und Asturien). - *2. Phase* (Frühjahr 1937 bis Frühjahr 1938): Den Nationalisten gelang die Eroberung der N-Prov.; am 26. April 1937 zerstörten dt. Bomber der Legion Condor Guernica, die „hl. Stadt" der Basken. Mitte Juni 1937 wurde von den Nationalisten Bilbao eingenommen, im Aug. Santander, im Sept./Okt. Asturien. - *3. Phase* (Frühjahr bis Dez. 1938): Mitte April 1938 stießen die Aufständischen in der Prov. Castellón de la Plana an das Mittelmeer durch. Im Juli gelang den Republikanern ein letzter großer Sieg über die Nationalisten am Ebro. Danach befand sich das republikan. Heer nur noch in der Defensive. - *4. Phase* (Dez. 1938 bis März 1939): Katalonien wurde in relativ wenigen Wochen erobert; 1939 endete hier im Febr. der Widerstand. Nachdem der republikan. Staatspräs. im Febr. ins frz. Exil gegangen und dann zurückgetreten war, ergriff im republikan. Madrid am 28. März eine Junta die Macht, die, entgegen dem sinnlos gewordenen Durchhaltewillen der Reg. und der Kommunisten, einen Verständigungsfrieden mit Franco aushandeln wollte. Dieser ließ sich auf das Verhandlungsangebot jedoch nicht ein; er besetzte Madrid am 28. März und erklärte am 1. April 1939 den Bürgerkrieg für beendet. Der S. B. erregte von Anfang an in der europ. und amerikan. Öffentlichkeit heftige Anteilnahme, die von literar.-publizist. Parteinahme bis zu persönl. Kriegsdienst, zumeist auf seiten der Republik, reichte. Eine internat. Dimension gewann der Krieg aber v. a. durch das Eingreifen ausländ. Mächte. Das Dt. Reich und Italien unterstützten die Aufständischen (das gemeinsame Vorgehen führte zur Achse Berlin-Rom; die italien. Kräfte umfaßten rd. 20 000 reguläre Soldaten und rd. 27 000 Mgl. der Milizia volontaria, die dt. Kräfte

# Spanischer Erbfolgekrieg

**DER SPANISCHE BÜRGERKRIEG**
- Gebiet der Nationalen bis 21. Juli 1936
- Gebiet der Nationalen bis 31. Dezember 1937
- Gebiet der Nationalen bis Juli 1938
- Gebiet der Nationalen bis Februar 1939
- Gebiet der Republikaner im März 1939
- × Wichtige Schlachten

zuletzt fast 15 000 Mann), die Sowjetunion half der Republik (seit Okt. 1936, wobei der genaue Umfang der sowjet. Militärhilfe nicht bekannt ist), Großbrit., Frankr. und die USA bekannten sich zum Prinzip der Nichteinmischung. Neben die sowjet. Hilfe trat die Unterstützung durch die internat. Brigaden, die im Nov. 1938 aufgelöst wurden. Hauptziel der v. a. von Frankr. und Großbrit. betriebenen Politik der Nichteinmischung war es, die Ausweitung des S.B. zum europ. Konflikt zu verhindern. Der Nichteinmischungsausschuß trat am 9. Sept. 1936 erstmals in London zusammen. In ihm waren 25 Staaten vertreten (u. a. Frankr., Großbrit., Sowjetunion, Italien, Deutschland), nicht jedoch die USA, die ihrerseits eine strenge Neutralitätspolitik betrieben.

Der Sieg Francos im Bürgerkrieg, der durch die dt.-italien. Unterstützung, durch die Politik der Nichteinmischung und die innere Zerrissenheit der polit. Kräfte der Republik ermöglicht wurde, bedeutete für Spanien den Beginn einer fast 40jährigen Diktatur, für Tausende von Flüchtlingen jahrzehntelanges Exil. Die Zahl der Getöteten beläuft sich wahrscheinl. auf mehr als eine halbe Million.

📖 *Lara, M. T. de, u. a.: Der s. B.* Ffm. 1986. - *Borkenau, F.: Kampfplatz Spanien.* Dt. Übers. Stg. 1986. - *Jaenecke, H.: Es lebe der Tod.* Hamb. 1980. - *Souchy, A.: Nacht über Spanien. Bürgerkrieg u. Revolution in Spanien.* Ffm ³1979. - *Oven, W. v.: Hitler u. der S. B.* Tüb. 1978. - *Der S. B. in der internat. Politik (1936–1939).* Hg. v. W. Schieder u. C. Dipper. Mchn. 1976. - *Broué, P./Témime, E.: Revolution u. Krieg in Spanien.* Dt. Übers. Ffm. 1975. 2 Bde.

**spanische Reiter** (fries. Reiter), bewegl. militär. Hindernis vor Feldbefestigungen, zum Sperren von Straßen u. a.; urspr. Balken, die mit sich kreuzenden, angespitzten Stäben besetzt waren, später mit Stacheldraht bespannte Gestelle.

**Spanische Reitschule,** 1572 als „Span. Reithsall" gegründete, bis 1919 und 1939–45 als „Span. Hofreitschule" geführte, die Hohe Schule pflegende Reitschule in Wien; Dressur- und Reitpferde sind die Lipizzaner.

**Spanischer Erbfolgekrieg** (1701–1713/14), Konflikt um das span. Erbe nach dem Tod des letzten span. Habsburgers Karl

II. (1700) zw. Frankr. (verbündet mit Bayern und Köln) und Österreich (verbündet mit England, den Generalstaaten, Portugal sowie dem Reich). Die wichtigsten Kriegsschauplätze waren Spanien, Oberitalien, S-Deutschland und die span. Niederlande. In Italien errang Prinz Eugen rasche Anfangserfolge, am Niederrhein und an der Maas siegte der Hzg. von Marlborough über frz. Truppen. Die Siege der Alliierten (Höchstädt a. d. Donau, 13. Aug. 1704; Ramillies [-Offus], 23. Mai 1706; Turin, 7. Sept. 1706, Malplaquet, 11. Sept. 1709) brachten Bayern, die span. Niederlande und Italien in die Hand der Alliierten. Ein frz.-schwed. Bündnis verhinderte Kaiser Joseph I. durch die Konvention von Altranstädt (1707). - Ein polit. Umschwung trat durch den Sturz der hinter Marlborough stehenden Kriegspartei in Großbrit. (1710) und durch die Nachfolge des span. Thronanwärters, des östr. Erzhzg. Karl (als Karl VI.), auf dem Kaiserthron ein, die eine Machtkonzentration unter östr. Führung befürchten ließ. Im Frieden von Utrecht (11. April 1713) erhielt der Bourbone Philipp V. Spanien und die span. Kolonien, Österreich und Savoyen die europ. Nebenländer, Großbrit. erhielt Gibraltar und v. a. umfangreichen frz. Kolonialbesitz in N-Amerika, wodurch Großbrit. zum eigtl. Sieger wurde. Karl VI. und die Reichsstände traten dem Frieden in den Friedensschlüssen von Rastatt (6. März 1714) und Baden [im Aargau] (7. Sept. 1714) bei.
📖 Feckl, K. L.: Preußen im S. E. Ffm. 1979. - Kamen, H. A. F.: The war of succession in Spain, 1700–1715. London 1969.

**Spanischer Mustang** ↑ Mustang.
**Spanischer Sandläufer** ↑ Eidechsen.
**spanischer Unabhängigkeitskrieg** ↑ Napoleonische Kriege, ↑ auch Spanien (Geschichte).
**Spanische Sahara** ['zaːhara, za'haːra], ehem. span. Überseeprovinz, ↑ Westsahara.
**Spanisches Rohr,** svw. ↑ Peddigrohr.
**spanische Thronkandidatur,** Bez. der Kandidatur des Erbprinzen Leopold von Hohenzollern-Sigmaringen für den span. Thron 1870. Die s. T. spitzte die latenten frz.-preuß. Spannungen zu und führte über die Emser Depesche zum Ausbruch des Dt.-Frz. Krieges 1870/71.
**spanische Wand,** svw. ↑ Wandschirm.
**spanische Weine,** meist alkoholreiche, säurearme schlichte Rotweine; Qualitätsweine kommen v. a. aus La Rioja. Die schweren weißen Dessertweine, wie Malaga- und Tarragonaweine, haben - im Unterschied zu Sherry (aus Jerez de la Frontera) - an Bed. für den Export verloren.
**Spanish Town** [engl. 'spænɪʃ 'taʊn], Stadt im südl. Jamaika, 41 600 E. Textil-, keram. Ind., Herstellung von Zucker, Rum und Konserven. - 1534 von Spaniern unter dem Namen **Santiago de la Vega** gegründet; bis 1872 die Hauptstadt Jamaikas. - Anglikan. Kathedrale (1714), Fassade des King's House (1759–64).

**Spann,** Othmar, *Altmannsdorf (= Wien) 1. Okt. 1878, † Neustift an der Lafnitz (Burgenland) 8. Juli 1950, östr. Nationalökonom, Soziologe und Philosoph. - 1909 Prof. in Brünn, ab 1919 in Wien, 1938 amtsenthoben. Entwickelte im Rahmen einer idealist. Metaphysik einen Universalismus mit der Ganzheit als zentralem Grundbegriff. Nach S. ist die Gesellschaft keine Summe von Individuen, sondern das „Erstwesentliche", das Ganze; die sozialen Erscheinungen beruhen nicht auf kausaler Wechselwirkung von Individuen, sondern auf sinnbestimmter Aus- und Umgliederung geistiger Ganzheiten. Diese Gesellschaftstheorie übte bes. Einfluß auf den östr. Konservatismus aus und lieferte zentrale Programmpunkte für den von S. entworfenen austrofaschist. „Korneuburger Eid" der östr. Heimwehren.

**Spann,** Oberseite des menschl. Fußes.
**Spannbeton,** Stahlbeton, der mit Hilfe von gespannten Stahleinlagen im unbelasteten Zustand vorgespannt (unter Druck gesetzt) wird; dadurch wird nach Erhärten und nach Lockerung der Spannvorrichtungen eine große Zugfestigkeit erzielt.
**Spanndienste** ↑ Hand- und Spanndienste.
**Spanne,** alte Längeneinheit, entsprach dem Abstand der Daumenspitze von der Spitze des Mittelfingers oder des kleinen Fingers (große S.) bei gespreizter Hand (etwa 20–25 cm).
**Spanner** (Geometridae), mit rd. 15 000 Arten weltweit verbreitete Fam. kleiner bis mittelgroßer, überwiegend dämmerungs- und nachtaktiver Schmetterlinge, davon rd. 400 Arten einheimisch; in Färbung und Zeichnung meist sehr gut an die Umgebung angepaßte, großflügelige Falter, die mit flach ausgebreiteten Flügeln ruhen; Raupen (*Spannerraupen*) schlank, unbehaart, außer den drei Brustbeinpaaren mit nur zwei Afterfüßen am hinteren Körperende; Fortbewegung durch S.bewegung (buckelndes Hochkrümmen des Körpers beim Heranziehen des Hinterendes an die Thoraxregion nach anschließendes Strecken des Körpers nach vorn). Extreme Zweigähnlichkeit und eine starre, von der Unterlage steif weggestreckte Körperhaltung lassen die Raupen wie blattlose Zweiglein erscheinen.
**Spannfutter** ↑ Drehbank.
**Spannlack,** Bez. für einen Lack (meist ein Acetyl- oder Nitrozelluloselack) zum Spannen und Imprägnieren von Stoff- oder Papierflächen; wird v. a. im Modellflugzeugbau verwendet.
**Spannsäge** ↑ Säge.
**Spannung,** (elast. S.) die Flächenkraftdichte der bei Beanspruchung und Deforma-

# Spannungsreihe

tion eines elast. Körpers durch äußere Kräfte wirksam werdenden Reaktionskräfte, die die Formänderung des Körpers wieder rückgängig zu machen suchen. Je nach Art der Beanspruchung unterscheidet man dabei zw. Zug-, Druck-, Knick-, Biege-, Scher- und Torsionsspannungen. Jede elast. S. läßt sich in eine senkrecht zu einem Flächenelement gerichtete Komponente *(Normal-S.)* und in zwei tangential zum Flächenelement in zwei zueinander senkrechte Richtungen weisende Komponenten *(Schub-* oder *Tangential-S.)* zerlegen. Die Normal-S., die für positive Werte als *Zug*, für negative Werte als *Druck* bezeichnet werden, bewirken eine Volumenänderung eines [würfelförmigen] Volumenelements, an dessen Oberfläche sie angreifen, die Schub-S. dagegen eine Scherung des Volumenelements.

♦ (elektr. S.) Formelzeichen $U$, die bei unterschiedl. elektr. Ladung zw. zwei Punkten meßbare elektr. Potentialdifferenz († Potential). Die zw. den beiden Anschlüssen einer Steckdose herrschende S. läßt sich z. B. (modellhaft) mit dem Druckunterschied vergleichen, der zw. einer Druckluftleitung (entspricht dem „spannungführenden" Pol) und einer Rohrleitung mit Atmosphärendruck (entspricht dem Nulleiter) herrscht.

**Spannungsabfall,** der in einem stromdurchflossenen elektr. Leiter zw. seinem Anfang, z. B. der Klemme einer Spannungs- oder Stromquelle, und seinem Ende, z. B. einem Verbraucher, vorhandene Spannungsunterschied.

**Spannungsfall,** eine Zeit größerer internat. Spannungen, die die Herstellung erhöhter Verteidigungsbereitschaft erfordert; als Vorstufe des † Verteidigungsfalles eine bes. Notstandsfall, der in der Notstandsverfassung im GG († Notstand) geregelt ist. Wenn der Bundestag den Eintritt des S. förmlich festgestellt hat, können die sog. einfachen Notstandsgesetze († Sicherstellungsgesetze) angewandt werden.

**Spannungsirresein,** svw. † Katatonie.

**Spannungskoeffizient** (Druckkoeffizient), die für Gase (Druck $p$, Temperatur $T$) bei konstant gehaltenem Volumen $V$ definierte Größe

$$\beta = \frac{1}{p_0}\left(\frac{\partial p}{\partial T}\right)_V,$$

wobei $p_0$ der Druck bei 0 °C ist. Für ideale Gase gilt ($R$ allg. Gaskonstante) $\beta_{ideal} = R/(p_0 V) = 1/273,15$ K.

**Spannungsmesser,** (elektr. S.) svw. Voltmeter. - † auch elektrische Meßgeräte.

♦ (mechan. S.) Gerät zum Messen elast. Spannungen in deformierten Körpern; z. B. Dehnungsmesser (stat. S.) und Dehnungsmeßstreifen (dynam. Spannungsmesser).

**Spannungsoptik** (Elastooptik), die Lehre von der prakt. Anwendung der Spannungsdoppelbrechung († Doppelbrechung) zur Untersuchung der Spannungsverhältnisse in stark beanspruchten und deformierten Bau- und Maschinenteilen. Dazu wird ein dem Original nachgebildetes Modell aus durchsichtigem Werkstoff (Epoxidharz, Plexiglas, Polyesterharz u. a.), dessen opt. Eigenschaften (Brechungszahl u. a.) sich bei Auftreten innerer Spannungen verändern, mit polarisiertem Licht durchstrahlt. Simuliert man an diesem Modell die tatsächl. Spannungsverhältnisse, so beobachtet man hinter dem Analysator des Spannungsprüfers infolge der auftretenden Spannungsdoppelbrechung ein aufgehelltes Bild des Modells, das von dunklen bzw. farbigen Linien (Interferenzlinien) durchzogen ist, die Orte gleicher Spannungszustände miteinander verbinden.

**Spannungsprüfer,** svw. † Spannungssucher.

**Spannungsquelle** † Stromquelle.

**Spannungsreihe,** die Einordnung der chem. Elemente, v. a. der Metalle, nach bestimmten elektr. Eigenschaften. Bei der *elektrochem. S.* (Redoxreihe, S. der chem. Elemente) werden die sich zw. den Elementen und wäßrigen Lösungen ihrer positiven oder negativen Ionen entstehenden Potentialdifferenzen, die Normalpotentiale $E_0$, in einer Tabelle eingeordnet (z. B. die elektrochem. S. der Metalle):

| Metall | Metallionen | $E_0$ [in Volt] |
|--------|-------------|-----------------|
| K  | $K^+$     | $-2{,}92$ |
| Ca | $Ca^{2+}$ | $-2{,}87$ |
| Mg | $Mg^{2+}$ | $-2{,}37$ |
| Al | $Al^{3+}$ | $-1{,}66$ |
| Zn | $Zn^{2+}$ | $-0{,}76$ |
| Fe | $Fe^{2+}$ | $-0{,}44$ |
| Co | $Co^{2+}$ | $-0{,}28$ |
| Ni | $Ni^{2+}$ | $-0{,}23$ |
| Sn | $Sn^{2+}$ | $-0{,}14$ |
| Pb | $Pb^{2+}$ | $-0{,}13$ |
| Cu | $Cu^{2+}$ | $+0{,}34$ |
| Ag | $Ag^+$    | $+0{,}80$ |
| Hg | $Hg^{2+}$ | $+0{,}85$ |
| Au | $Au^{3+}$ | $+1{,}42$ |

Je negativer das Normalpotential eines Metalls ist, desto unedler ist es, d. h. desto leichter gibt es Elektronen ab (wird es oxidiert); je positiver das Normalpotential ist, desto edler ist das Metall, d. h. desto leichter nehmen seine Ionen Elektronen auf (werden reduziert). Die Differenz der Normalpotentiale zweier Metalle gibt die Spannung an, die ein aus ihnen gebildetes elektrochem. Element liefert. Je positiver das Normalpotential eines Nichtmetalls ist, desto stärker wirkt es als Oxidationsmittel (unter Aufnahme von Elektronen). Die *elektr. S.* (Voltasche S.) ist die Einordnung von Metallen nach Größe ihrer Kontaktpotentiale in Bezug auf ein anderes

## Spannungssucher

Metall; Metalle mit positiver Kontaktspannung stehen vor denen mit negativer Kontaktspannung: Rb, K, Al, Zn, Pb, Sn, Sb, Bi, Fe, Cu, Ag, Au, Pt. Eine *thermoelektr. S.* erhält man bei Einordnung der Metalle nach der Größe der Thermospannung gegen ein Bezugsmetall (meist Kupfer). Bei Erwärmen eines aus zwei dieser Metalle gebildeten Thermoelements erhält das in der thermoelektr. S. voranstehende Metall eine positive, das andere eine negative Spannung. Metalle der thermoelektr. S. sind: Sb, Fe, Sn, Au, Cu, Ag, Pb, Al, Pr, Hg, Ni, Bi.

**Spannungssucher** (Spannungsprüfer, Phasenprüfer, Polsucher, Polprüfer), Nachweisgerät für elektr. Spannungen; eine Metallspitze mit isolierendem Griffteil (oft in Form eines Schraubenziehers), die über einen hochohmigen Widerstand mit der einen Elektrode einer Glimmlampe verbunden ist. Bei Anlegen der Spitze an eine Spannung und Berühren eines mit der anderen Elektrode verbundenen Kontaktes am Griffende mit dem Finger fließt durch den S. ein durch den hochohmigen Widerstand begrenzter sehr geringer Strom, der die Glimmlampe aufleuchten läßt.

**Spannungsteiler,** svw. ↑Potentiometer.

**Spannweite,** (Stützweite) der Abstand zw. zwei Auflagern eines Trägers (z. B. einer Brücke).

◆ zw. den Tragflügelspitzen gemessene Gesamtbreite eines Flugzeugs.

◆ (Flügel-S.) in der *Biologie* Bez. für die Entfernung zw. den Spitzen der ausgebreiteten Flügel; gilt v. a. bei Vögeln als Größenmerkmal.

**Spanplatten,** svw. Holzspanplatten.

**Spant** [niederdt.], im *Schiffbau* Bez. für: 1. einen Querschnitt durch den Schiffsrumpf, dargestellt im ↑Linienriß; 2. eine Außenhautversteifung aus Winkelstahl, Flachstahl oder Flachwulststahl, im Bootsbau auch aus Holz; meist querschiffs angeordnet *(Quer-S.)*, bei Großschiffen häufig auch längsschiffs *(Längsspant)*.

◆ im *Luftfahrzeugbau* Bez. für ein ring- bzw. rahmenförmiges Bauteil von Rümpfen, Gondeln und Leitwerkträgern (quer zu deren Längsachse).

**Spantenriß** ↑Linienriß.

**SPAR** [niederl. spar „Tanne"], Name von Handelsketten in 16 Ländern, die durch freiwilligen Zusammenschluß von Groß- und Einzelhändlern zur Rationalisierung von Einkauf, Verkauf, Werbung und Verkaufsförderung zuerst 1932 in den Niederlanden (1952 in der BR Deutschland) entstanden sind.

**Sparbrief,** von Kreditinstituten ausgegebene Urkunde über eine Sparsumme, die zu einem bestimmten Zeitpunkt ausgezahlt werden soll.

**Sparbuch,** das bei Eröffnung eines Sparkontos von einer Sparkasse *(Sparkassenbuch)* oder Bank auszuhändigende Buch, in dem alle Ein- und Auszahlungen sowie Zinsgutschriften vermerkt werden.

**Spareckzins,** der Zinssatz, mit dem Einlagen auf Sparkonten mit gesetzl. Kündigung zu verzinsen sind; wird als „Eckzins" bezeichnet wegen seiner Funktion als Richtsatz für die Verzinsung anderer Einlagen.

**Spareinlagen** ↑Einlagen.

**Sparganium** [griech.], svw. ↑Igelkolben.

**Spargel** [griech.-roman.], (Asparagus) Gatt. der Liliengewächse mit rd. 300 Arten in den gemäßigten und subtrop. Gebieten der Alten Welt; Kräuter oder Halbsträucher mit meist stark verzweigten, zuweilen kletternden Stengeln; Blätter sehr klein, schuppenförmig; Stengel außerdem mit zahlr. blatt- oder nadelförmigen Flachsprossen (Phyllokladien); Blüten klein, grünl., am Grunde der Phyllokladien, einzeln, gebüschelt, doldig oder traubig; Frucht eine kleine, kugelige, breiige Beere. Einige Arten werden feldmäßig kultiviert und liefern Schnittgrün.

◆ (Gemüse-S., Echter S., Asparagus officinalis) in M- und S-Europa, N-Afrika, Vorderasien und W-Sibirien heim., heute überall in den gemäßigten Gebieten kultivierte Art des S.; 0,30–1,50 m hohe, reich verzweigte Staude mit 6–25 mm langen, nadelartigen Flachsprossen, grünl. Blüten und 6–9 mm dicken, scharlachroten Früchten. Das horizontal im Boden wachsende Rhizom entwickelt jedes Frühjahr bis zu sechs aufrecht wachsende, oberird. Hauptsprosse, die durch Aufschütten von Erde in der Länge von etwa 20 cm bleich und zart bleiben *(S.stangen)*. Sobald die Knospen dieser Sprosse die Erdoberfläche durchstoßen, werden die Sprosse „gestochen". Die Ernte kann im 3.–4. Jahr nach der Pflanzung beginnen und dann 15–20 Jahre lang fortgeführt werden. Die nährstoffarmen S.stangen enthalten etwa 2% Eiweiß, viel Vitamin C und Vitamine der B-Gruppe. Ihr Aroma wird durch den hohen Gehalt an freier Asparaginsäure bewirkt. - S. war bereits bei Ägyptern, Griechen und Römern beliebt, die ihn nördl. der Alpen bekanntmachten. Der Anbau war zunächst erfolglos. Erst in der Renaissance wurde er wieder bekannt (1539 als teure Delikatesse genannt, kurz darauf Verbreitung in Deutschland vom Oberrhein. Tiefland aus).

**Spargelbohne** (Spargelerbse, Flügelerbse, Tetragonolobus), Gatt. der Schmetterlingsblütler mit nur zwei Arten in S- und M-Europa. In Deutschland auf feuchten Wiesen und Sümpfen kommt die **Gelbe Spargelbohne** (Tetragonolobus maritimus) vor; eine rasenbildende Staude mit großen, langgestielten, hellgelben Blüten; Früchte mit vier glatten Flügeln.

**Spargelfliege** ↑Fruchtfliegen.

**Spargelhähnchen** (Crioceris asparagi), 5–7 mm langer Blattkäfer; Halsschild braun-

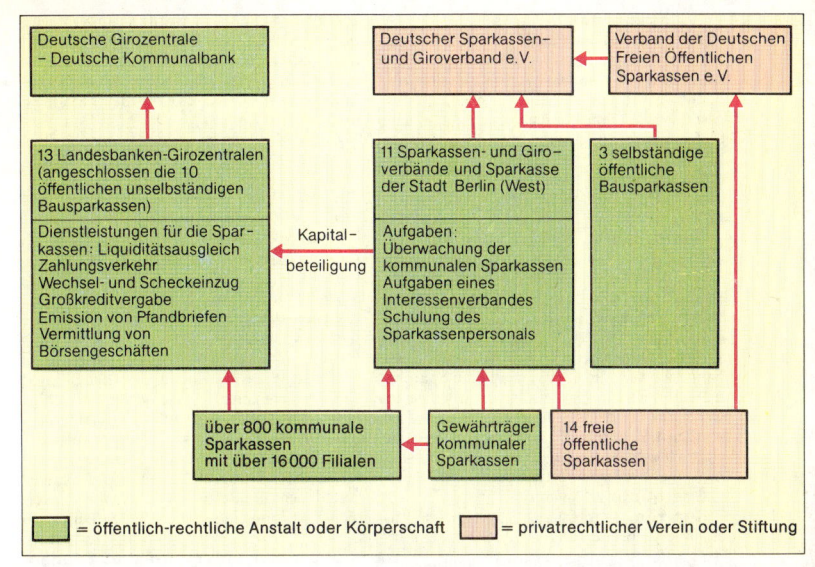

## Sparkassen

**Deutsche Girozentrale – Deutsche Kommunalbank**

**Deutscher Sparkassen- und Giroverband e.V.**

**Verband der Deutschen Freien Öffentlichen Sparkassen e.V.**

**13 Landesbanken-Girozentralen** (angeschlossen die 10 öffentlichen unselbständigen Bausparkassen)

Dienstleistungen für die Sparkassen: Liquiditätsausgleich Zahlungsverkehr Wechsel- und Scheckeinzug Großkreditvergabe Emission von Pfandbriefen Vermittlung von Börsengeschäften

Kapitalbeteiligung

**11 Sparkassen- und Giroverbände und Sparkasse der Stadt Berlin (West)**

Aufgaben: Überwachung der kommunalen Sparkassen Aufgaben eines Interessenverbandes Schulung des Sparkassenpersonals

**3 selbständige öffentliche Bausparkassen**

**über 800 kommunale Sparkassen mit über 16 000 Filialen**

**Gewährträger kommunaler Sparkassen**

**14 freie öffentliche Sparkassen**

▇ = öffentlich-rechtliche Anstalt oder Körperschaft    ▇ = privatrechtlicher Verein oder Stiftung

Sparkassen.
Schema der deutschen Sparkassenorganisation

rot, Flügeldecken metall. blaugrün, mit braunrotem Seitenrand und drei blaßgelben Fleckenpaaren; Käfer und Larven werden durch Blatt- und Wurzelfraß an Spargelpflanzen schädlich.

**Spargelkohl** (Brokkoli, Broccoli), mit dem Blumenkohl verwandte Varietät des Gemüsekohls mit zahlr. Formen, z. B. dem **Sprossenbrokkoli** (mit zahlr. verzweigten, sproßähnl. Blütenstandsästen) und dem weniger und kürzere Blütenstandsäste aufweisenden sog. **Bukett-Brokkoli**. Am Ende jedes Asts stehen die geknäuelten Blütenknospen. Der noch unentwickelte, relativ klein bleibende Blütenstand wird herausgeschnitten und wie Spargel zubereitet.

**Spark**, Muriel Sarah [engl. spɑ:k], geb. Camberg, *Edinburgh 1. Febr. 1918, engl. Schriftstellerin. - Stellt in Romanen und Erzählungen mit den Mitteln der Satire, Groteske und des Tragikomischen menschl. Fehler und Eigenheiten, meist in eng abgegrenzten Bereichen der Gesellschaft, dar; auch iron. desillusionierende Alltagsschilderungen; u.a. „Memento Mori"(R.,1959), „Junggesellen"(R., 1960), „Mädchen mit begrenzten Möglichkeiten" (R., 1963), „In den Augen der Öffentlichkeit" (R., 1968), „Die Äbtissin von Crewe" (R., 1974), „Das einzige Problem" (R., 1984).

**Spark** [lat.] (Spergula), Gatt. der Nelkengewächse mit fünf Arten in den gemäßigten Gebieten der Alten Welt; Kräuter mit schmalen Blättern in Scheinquirlen und kleinen, weißen Blüten. Neben dem v. a. in Sand- und Heidegebieten häufigen, nur 5–30 cm hohen **Frühlingsspark** (Spergula morrisonii) ist in Deutschland der **Spörgel** (Feld-S., Spergula arvensis; 10–50 cm hoch) verbreitet.

**Sparkassen,** als Anstalten des öffentl. Rechts, seltener auch auf privater Rechtsgrundlage organisierte Kreditinstitute, die insbes. den Sparverkehr pflegen, aber (in der BR Deutschland) auch Bankgeschäfte aller Art betreiben.

**Geschichte:** Die ersten S. entstanden aus privaten Initiativen Ende des 18. Jh. zu dem erklärten Zweck, die Angehörigen der untersten sozialen Schichten durch die Möglichkeit, Ersparnisse zu bilden, zu Fleiß und Sparsamkeit anzuhalten, wie es z. B. in der Anordnung der 1778 in Hamburg gegründeten Ersparniskasse für die „Ersparungs-Classe" hieß. In der Schweiz wurde bereits 1786 in Bern die erste Sparkasse gegründet, ebenfalls 1786 die Ersparungskasse in Oldenburg (Oldenburg). Die „Erste Österreichische Spar-Casse" wurde am 4. Okt. 1819 eröffnet. In Deutschland wurde die Bildung weiterer (kommunaler) S. v. a. durch das preuß. S.reglement von 1838 gefördert, das hauptsächl. dem Ziel diente, die Ausgaben der Gemeinden für die Armenunterstützung zu verringern. In Österreich erfolgte die erste gesetzl. Regelung 1844. Der Zusammenschluß von S. zu Kreis- und Bezirks-S. und die Bildung regionaler S.verbände erfolgte in Deutschland in der 2. Hälfte des 19. Jh.; über einen eigenen Giroverkehr verfügen die S. seit 1909.

# Sparkassenbuch

**Sparkassenbuch** ↑Sparbuch.

**Sparkonto**, bei einem Kreditinstitut geführtes Konto, auf dem Einlagen zur Ansammlung oder Anlage von Vermögen verbucht werden und über die ein Sparbuch ausgestellt wird. Sparkonten dienen nicht dem laufenden Zahlungsverkehr und werden höher verzinst als Girokonten.

**Sparmannia** [nach dem schwed. Naturforscher A. Sparrman, *1748, †1820], svw. ↑Zimmerlinde.

**Sparprämien**, vom Staat gewährte Prämien, die unbeschränkt einkommensteuerpflichtige Personen für auf 6 Jahre festgelegte Sparbeiträge erhalten, falls sie weder eine Wohnungsbauprämie noch den Abzug von Bausparbeiträgen als Sonderausgaben in Anspruch nahmen. Nach dem Subventionsabbaugesetz vom 26. 6. 1981 wird eine Sparprämie nur noch für Sparbeiträge für Verträge gewährt, die vor dem 13. 11. 1980 abgeschlossen wurden (Altverträge). Nach diesem Stichtag abgeschlossene Verträge (Neuverträge) sind nicht mehr prämienbegünstigt.

**Sparquote** ↑Konsum.

**Sparren**, schrägstehende, paarweise aneinanderstoßende Balken bei der Dachkonstruktion.

**Sparring** [engl.], Trainingsboxen, bei dem die Boxer schwere Boxhandschuhe und einen Kopfschutz tragen.

**Sparta**, griech. Stadt in der sö. Peloponnes, 11 900 E. Hauptort des Verw.-Geb. Lakonien; orth. Bischofssitz; zentraler Ort für das obere und mittlere Eurotasbecken.
*Geschichte:* Von eingewanderten Doriern zw. 950 und 800 v. Chr. durch Zusammenschluß von 5 Ortschaften als **Lakedaimon** (lat. **Lacedaemon**) gegr.; eroberte umliegende Landschaften und im 8./7. Jh. Messenien. Die Unterworfenen wurden zu ↑Heloten oder ↑Periöken; Vollbürger waren nur die Spartiaten. Durch die Gründung des Peloponnes. Bundes (Ende des 6. Jh.) wurde S. neben Athen zur Vormacht in Griechenland (↑griechische Geschichte). Seit dem Ende des 7. Jh. kam es zu einer rigorosen Militarisierung (↑auch Chilon). Zwar wurde der staatl. Aufbau beibehalten, doch führte bewußte wirtsch. und geistige Abschirmung gegenüber dem Ausland zu allg. Rückschritt bis hin zu Barbarisierungssymptomen. Nach entscheidender Beteiligung an den Perserkriegen (490–449/448), nach dem Sieg über Athen im Peloponnes. Krieg (431–404) und vorübergehend führender Stellung nach dem Königsfrieden 387/386 verlor S. seine Macht durch die Niederlagen gegen Theben 371 und 362 auf immer (Verlust Messeniens und damit der Existenzgrundlage); das Königtum in S. endete nach dem Scheitern polit. und sozialer Reformen 222 v. Chr. mit der Niederlage gegen die Makedonen. 192/191 mußte S. dem Achäischen Bund beitreten. 395 n. Chr. wurde S. durch Alarich I. zerstört. Erst im 13. Jh. wurde S. ganz aufgegeben, an seine Stelle trat Mistra. 1834 wurde die Stadt jedoch an die Stelle des antiken S. zurückverlegt; außerhalb der modernen Stadt sind spärl. Reste der antiken Stadt erhalten.

📖 *Claus, M.: S. Mchn. 1983. - Hooker, J. T.: S. Gesch. u. Kultur. Dt. Übers. Ditzingen 1982. - Forrest, W. G. G.: A history of S. 950–192 B. C. New York; London 1968. - Kiechle, F. S.: Lakonien u. S. Mchn. u. Bln. 1963.*

**Spartakiade** [nach Spartakus], Bez. für große Sportveranstaltungen in sozialist. Staaten (z. B. Kinder- und Jugend-S. in der DDR; Völker-S. in der Sowjetunion).

**Spartakus** (lat. Spartacus), ✕ in Lukanien 71 v. Chr., röm. Sklave thrak. Herkunft. - Entfloh 73 aus einer Gladiatorenschule in Capua, fand großen Zulauf unter den Sklaven sowie anderen niedrigen Schichten und schlug mit seinen Anhängern (zuletzt 60 000?) mehrere röm. Heere in verschiedenen Teilen Italiens. S. wurde durch Marcus Licinius Crassus Dives nach S abgedrängt und in Lukanien geschlagen; die Reste des Sklavenheeres vernichtete Pompejus. Dichter. Bearbeitungen u. a. von G. E. Lessing und F. Grillparzer.

**Spartakus, Marxistischer Studentenbund** (MSB Spartakus), 1971 gegr., ist aus der traditionalist. Fraktion des ehem. Sozialist. Dt. Studentenbundes (SDS) rekrutierender und der DKP nahestehender marxist. Studentenverband.

**Spartakusaufstand** (Januaraufstand), Massendemonstration der Berliner Arbeiter am 5./6. Jan. 1919, initiiert von den Kommunisten, der USPD und den revolutionären Obleuten (Vertrauensleute) der Metallarbeiter; von Freikorps blutig niedergeschlagen; Anlaß zur Ermordung R. Luxemburgs und K. Liebknechts.

**Spartakusbund**, ab 11. Nov. 1918 Bez. für den früheren äußersten linken Flügel der SPD, am 1. Jan. 1916 von K. Liebknecht, R. Luxemburg und F. Mehring aus Opposition gegen den Burgfrieden als „Gruppe Internationale" konstituiert, nach ihrem illegal erscheinenden Organ, den „Spartakusbriefen" zunächst als Spartakusgruppe bezeichnet (April 1917–Dez. 1918 der USPD angeschlossen). Das von R. Luxemburg verfaßte „Spartakusprogramm" tendierte im Unterschied zur bolschewist. Konzeption Lenins v. a. hinsichtl. der Funktion der Partei zu einem demokrat. Kommunismus. Am 30. Dez. 1918 gründeten S. und Bremer Linksradikale die KPD. - ↑auch Novemberrevolution.

**Spartaner**, Sammelbez. für die Angehörigen (sowohl Spartiaten als auch Periöken) des antiken Stadtstaates; die dt. (auch antike) Bez. lautet „die Lakedämonier".

**spartanisch** [nach der altgriech. Stadt Sparta], streng, hart; genügsam, anspruchslos, einfach.

**Spartel, Kap,** NW-Spitze Marokkos, an der westl. Einfahrt zur Straße von Gibraltar.

**Sparterie** [griech.-frz.], Bez. für Flechtwerk aus Bast oder Holzspan.

**Spartiaten** [griech.], die vollberechtigten Bürger von Sparta im Ggs. zu den ↑ Periöken. Voraussetzung für die Aufnahme unter die S. war spartiat. Abstammung, Landbesitz und die seit Lykurg staatl. geregelte Erziehung.

**Spar- und Darlehnskassen,** ländl. Kreditgenossenschaften, deren Aufgabe v. a. das Kredit- und Spargeschäft ist. Spitzenkreditinstitut ist die ↑ Deutsche Genossenschaftsbank.

**spasmisch** (spasmodisch, spastisch) [griech.], krampfhaft, zu Krämpfen neigend, krampfartig.

**Spasmolyse** [griech.], Krampflösung, z. B. durch Anwendung von Spasmolytika.

**Spasmolytika** [griech.] (krampflösende Mittel), Arzneimittel, die im Bereich der glatten Muskulatur krampflösend wirken; Anwendungsbeispiel: die Behandlung kolikartiger Schmerzen durch Papaverin, Atropin.

**Spasmophilie** [griech.], kindl. Tetanie; Ursache: Stoffwechselstörung des Kindes mit patholog. Übererregbarkeit des Nervensystems und Neigung zu Krämpfen infolge ↑ Hypokalzämie.

**Spasmus** [griech.], „Krampf", Verkrampfung; i. e. S. svw. Muskelkrampf.

**Spasski,** Boris Wassiljewitsch, * Leningrad 30. Jan. 1937, sowjet. Schachspieler. - 1969–72 Schachweltmeister.

**Spastik** (Spastizität) [griech.], vermehrter Muskeltonus mit zunehmendem Widerstand gegen passive Bewegungen; z. B. nach einem Schlaganfall.

**Spastiker** [griech.], an einer spasm. Erkrankung Leidender.

**spastischer Gang,** langsame, kurzschrittige Gangart mit steif vorgeschobenem Bein und am Boden haftender oder im Kreis herumgeführter Fußsohle bei spast. Lähmung der Beinmuskulatur.

**spastische Spinalparalyse** (Spinallähmung, Spinalparalyse), fortschreitende spast. Lähmung der Beine bei degenerativer Erkrankung der Pyramidenbahn, v. a. der Pyramidenseitenstrangbahn; keine Atrophien oder Sensibilitätsstörungen, Pyramidenzeichen vorhanden. Die s. S. kann auf die Nacken-, Hals- und Armmuskulatur übergreifen und ist als Folgeerkrankung verschiedener Rückenmarkskrankheiten, von Syphilis oder multipler Sklerose anzusehen; erbl. bedingtes Auftreten ist selten.

**Spat,** in der *Mathematik* svw. ↑ Parallelepiped.
◆ Bez. für ein Mineral mit guter Spaltbarkeit, z. B. Feldpat oder Flußspat.

**Spätburgunder** ↑ Burgunderreben.

**Spateisenstein** (Spateisenerz, Siderit), svw. ↑ Eisenspat.

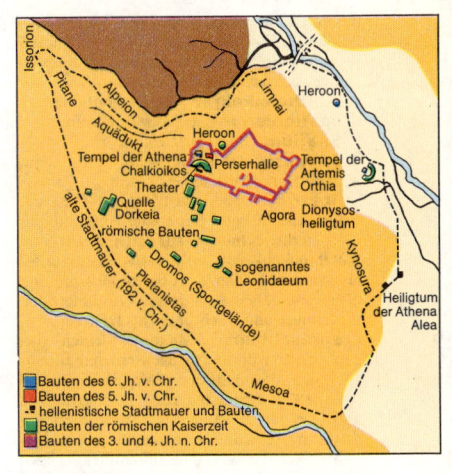

Sparta. Plan

**Spatel** [zu lat. spatula „kleiner Rührlöffel"], kleiner Metall-, Glas-, Holz- oder Kunststoffstab mit abgeflachtem Ende. - ↑ auch Spachtel.

**Spaten** (Grabscheit), Handgerät zum Abstechen, Ausheben und Umschichten von Erdboden, bestehend aus einem rechteckigen, leicht gewölbtem (beim *Hohl-S.* stark gewölbtem) Blatt mit Tülle (starkes Stahlblech) und Holzstiel. Zum Umgraben und Lockern schweren und festen Bodens eignet sich bes. die *Grabgabel* mit vier flachen Stahlzinken.

**Spatenpflug** ↑ Pflug.

**Spätentwicklung,** auffällige Verlangsamung der individuellen phys. und/oder psych. Entwicklung von Kindern oder Jugendlichen, die gleichwohl das Erreichen eines durchschnittl. Endniveaus erwarten läßt. - Ggs. ↑ Frühreife.

**Spätfliegende Fledermaus** ↑ Fledermäuse.

**Spätgeburt** (Übertragung), Geburt, die erst mit einer Verzögerung von mehr als 14 Tagen nach dem vorausberechneten Geburtstermin erfolgt bzw. eingeleitet wird.

**Späth,** Gerold, * Rapperswil 16. Okt. 1939, schweizer. Schriftsteller. - Übt in modernen Schelmenromanen („Unschlecht", 1970; „Stimmgänge", 1972) und Erzählungen („Phönix, die Reise in den Tag", 1978) Kritik an der Gesellschaft. - *Weitere Werke:* Die heile Hölle (R., 1974), Commedia (R., 1980), Unser Wilhelm! Unser Tell (Stück, 1985).

**S.,** Lothar, * Sigmaringen 16. Nov. 1937, dt. Politiker (CDU). - In Bad.-Württ. seit 1968 MdL, 1972–78 Vors. der CDU-Landtagsfraktion, 1978 Innenmin., seit Aug. 1978 Min.-präs.; seit Juni 1979 Landesvors. der CDU.

**Spatha** [griech.] (Blütenscheide), großes,

häufig auffallend gefärbtes, den Blütenstand (Spadix) in Ein- oder Mehrzahl scheidig überragendes Hochblatt bei Palmen und Aronstabgewächsen.

**Spätheimkehrer** ↑Heimkehrergesetz.

**spationieren** [lat.], svw. ↑sperren.

**Spatium** [lat.] ↑sperren.

**Spätlese,** Qualitätswein mit Prädikat zw. Kabinett und Auslese.

**Spätreife,** bei Haustieren im Ggs. zur Frühreife erbl. bedingter später Abschluß der Körperentwicklung bis zur vollen Zucht- und Nutztauglichkeit, wichtiges Beurteilungsmerkmal in der Tierzucht. Spätreife Tiere sind meist widerstandsfähiger, ausdauernder, langlebiger und fruchtbarer als frühreife.

**Spätschmerz,** Magenschmerzen bei pept. Geschwür und Magenschleimhautentzündung, die nahrungsabhängig sind und mehr als 2–4 Stunden nach einer Mahlzeit auftreten. Der S. ist im allg. für ein Zwölffingerdarmgeschwür, der **Frühschmerz** (unmittelbar nach der Nahrungsaufnahme) dagegen für ein Magengeschwür bezeichnend, doch ist eine sichere Zuordnung der Ulkuskrankheit danach nicht möglich.

**Spatz,** volkstüml. Bez. für Haus- und Feldsperling.

**Spätzle,** v. a. in Württemberg beliebte, traditionell mit S.brett und S.schaber zubereitete, in siedendem Salzwasser gegarte Teigware.

**SPD,** Abk. für: ↑Sozialdemokratische Partei Deutschlands.

**Spe** von Langenfeld, Friedrich ↑Spee von Langenfeld, Friedrich.

**Speaker** ['spiːkər, engl. spiːkə; eigtl. „Sprecher"], in englischsprachigen Ländern Bez. für den Parlamentsvors.: in Großbrit. für den Vors. des Oberhauses (Lord Chancellor) und den Vors. des Unterhauses, in den USA für den Vorsitzenden des Repräsentantenhauses.

**Spearman,** Charles Edward [engl. 'spɪəmən], *London 10. Sept. 1863, †ebd. 17. Sept. 1945, brit. Psychologe. - Prof. in London; entwickelte die Grundlagen der ↑Faktorenanalyse (1904) und erstellte die Zweifaktorentheorie der Intelligenz, nach der es einen allg. Intelligenzfaktor und eine Gruppe untergeordneter, spezif. Intelligenzfaktoren unterscheiden lassen.

**spec.,** Abk. für lat.: species [„Art"], in der biolog. Systematik Zusatz hinter Gattungsnamen von Tieren und Pflanzen, wenn deren genaue Artzugehörigkeit nicht angegeben werden kann oder soll.

**Spechte** (Picinae), mit nahezu 200 Arten fast weltweit verbreitete Unterfam. (häufig auch als Fam. *Picidae* aufgefaßt) 10–55 cm langer Vögel (Ordnung Spechtvögel); ausgesprochene Baumvögel, die mit Hilfe kräftiger Greifüße an Baumstämmen ausgezeichnet klettern können, wobei der Körper bei den Kletterbewegungen von steifen Schwanzfedern unterstützt wird. Schnabel kräftig, meißelartig, dient sowohl zum „Auszimmern" von Bruthöhlen in Stämmen als auch zum Freilegen von im Holz verborgenen Insekten, die mit Hilfe einer weit vorstreckbaren Zunge aufgespießt oder „angeleimt" werden. Der Schnabel wird außerdem zum „Trommeln" benutzt, indem das ♂ in schneller Folge an einen resonanzfähigen (häufig abgestorbenen) Ast schlägt, ine Verhaltensweise, die dem Anlocken von ♀♀ dient. - S. sind meist einzeln lebende Standvögel. Zu ihnen gehören u. a. **Buntspecht** (mit dem Großen Buntspecht, dem Mittelspecht und dem Kleinspecht), Grünspecht, Schwarzspecht, Weißrückenspecht und **Grauspecht** (Picus canus; 25–30 cm lang, grauer Kopf und Hals, schmaler, schwarzer Bartstreif und [beim ♂] leuchtend rote Stirn).

**Spechtmeisen,** svw. ↑Kleiber.

**Spechtvögel** (Piciformes), seit der Kreidezeit bekannte, heute mit 380 Arten fast weltweit verbreitete Ordnung 8–60 cm langer Vögel; häufig bunt befiederte, sich vorwiegend von Insekten, Früchten, Sämereien und auch von Bienenwachs ernährende Tiere mit (bes. bei Spechten) einem Paar kräftiger Greiffüße (1. und 4. Zehe nach hinten, die beiden Mittelzehen nach vorn gerichtet) und einem kräftigen Schnabel; Höhlenbrüter, deren Junge blind und meist nackt schlüpfen.

**Species** [...tsi-es] ↑Spezies.

**Specimen** [lat.], Probe, Beispiel; Exemplar, Muster.

**Speck,** durch Pökeln und Räuchern haltbar gemachtes Fettgewebe vom Schwein, u. a. Bauch-S. (mit Fleisch durchwachsen), Frühstücks-S. (vom Rücken), Schinken-S. (meist vom Hinterlauf).

**Speckbacher,** Joseph, gen. der Mann von Rinn, *Gnadenwald (bei Hall in Tirol) 13. Juli 1767, †Hall in Tirol 28. März 1820, Tiroler Freiheitskämpfer. - Schützenhauptmann und Vertrauter A. Hofers; einer der Führer des Tiroler Freiheitskampfes 1809; mußte nach Wien flüchten (1810).

**Speckkäfer** (Dermestidae), mit fast 900 Arten weltweit verbreitete Fam. rundl. bis längl.-ovaler, 2–10 mm langer Käfer (davon 35 Arten einheim.); im Frühjahr häufig Blüten besuchende, sich bei Beunruhigung totstellende Insekten, deren meist lang behaarte Larven mit Haarbüscheln an den Seiten und am Hinterleibsende versehen sind; Larven fressen an organ. (fetthaltigen) Stoffen meist tier. Herkunft, sie werden oft schädl. in Insektensammlungen sowie an Vogel- und Säugetierbälgen. Am bekanntesten sind ↑Pelzkäfer, ↑Kabinettskäfer, **Museumskäfer** (Anthrenus museorum; 2–3 mm groß), die Vertreter der Gatt. *Dermestes* (Eigtl. S.) mit 14 einheim., 5–10 mm großen, längl. Arten (u. a. **Gemeiner Speckkäfer** [Dermestes lardarius]; 7–9 mm lang, mit hellgrauer vorderer und schwarzer hinterer

# Speichel

Hälfte der Flügeldecken) und **Teppichkäfer** (Anthrenus scrophulariae; 3–4,5 mm groß).
**Speckstein,** svw. ↑Steatit.
**Spector,** Phil [engl. 'spɛktə], * New York 25. Dez. 1940, amerikan. Rockmusiker (Arrangeur und Produzent). - Schrieb im Alter von 17 Jahren seinen ersten Mill.-Hit und gründete 1961 seine eigene Schallplattenmarke für seine lauten und bombast. Rockmusik-Arrangements, die ihn als 21jährigen zum Multimillionär machten; zog sich 1966 ins Privatleben zurück; Come-back-Versuche 1970 (Zusammenarbeit mit den Rolling Stones und den Mgl. der Beatles) und 1974.
**Speculum** [lat. „Spiegel"], häufiger Titel spätma. Kompilationen v. a. theolog. und didakt. Art.
◆ ärztl. Instrument (↑Spekulum).
**Spediteur** [...'tøːr; lat.-italien.], Kaufmann, der es gewerbsmäßig übernimmt, Güterversendungen durch Frachtführer als ↑Speditionsgeschäft zu besorgen; dabei hat der S. das Interesse des Versenders wahrzunehmen und dessen Weisungen zu befolgen.
**Speditionsgeschäft** [lat.-italien./dt.], Handelsgeschäft, bei dem der Spediteur als Vermittler im eigenen Namen, aber auf Rechnung des Versenders Güter durch einen Frachtführer versendet.
**Spee,** Maximilian Reichsgraf von, * Kopenhagen 22. Juni 1861, ✕ bei den Falklandinseln 8. Dez. 1914, dt. Admiral (seit 1910). - 1912 Chef des dt. Kreuzergeschwaders in Ostasien; siegte am 1. Nov. 1914 bei Coronel, konnte aber die Vernichtung seines Geschwaders bei den Falklandinseln am 8. Dez. 1914 nicht verhindern.
**Spee** von Langenfeld, Friedrich (Spe), * Kaiserswerth (= Düsseldorf) 25. Febr. 1591, † Trier 7. Aug. 1635, dt. Theologe und Dichter. - Jesuit; 1623–26 Prof. für Philosophie und Domprediger in Paderborn, danach Seelsorger in Wesel und Lehrer in Köln; 1629–31 Prof. für Moraltheologie in Paderborn, danach in Köln und Trier; Beichtvater vieler in Hexenprozessen zum Tode verurteilter Frauen; starb bei der Krankenpflege der Pest. Gilt mit seinen myst.-geistl. Liedern in der Vorstellungswelt des Hohenliedes als bedeutendster kath. religiöser Lyriker des Frühbarock; z. B. „Trutz-Nachtigall ..." (1649), das „Güldene Tugend-Buch ..." (hg. 1649). 1631 erschien anonym seine „Cautio criminalis ...", mit der die allmähl. Befreiung Deutschlands vom Hexenwahn eingeleitet wurde.
**Speech** [engl. spiːtʃ], Rede, Ansprache.
**Speed** [engl. spiːd „Geschwindigkeit"], Tempostegerung eines Rennläufers oder eines Rennpferdes; Spurt.
**Speedway** [engl. 'spiːdwɛɪ „Schnellweg"], engl. Bez. für Motorrad- und Autorennstrecke; heißt v. a. der S. bei Indianapolis; auch Kurzbez. für Speedwayrennen bzw. Eisspeedway.

**Speedwayrennen** [engl. 'spiːdwɛɪ] (Dirt-Track-Rennen), Motorradrennen auf einem 400-m-Aschenbahnrundkurs. Die Fahrzeuge sind Sonderanfertigungen ohne Wechselgetriebe und Bremsanlagen. Die Fahrer tragen am linken Fuß einen Stahlschuh als Bremshilfe (Weltmeisterschaften seit 1936). Ähnl. **Eisspeedway,** bei dem die Reifen mit 120 (28 mm langen) Spikes gespickt sind (Weltmeisterschaften seit 1965).
**Speer,** Albert, * Mannheim 19. März 1905, † London 1. Sept. 1981, dt. Architekt u. Politiker. - Errichtete bzw. plante ab 1933 für und mit Hitler gigant. Repräsentationsbauten in Berlin, München und Nürnberg; 1937 Generalbauinspekteur für Berlin; 1942 Reichsmin. für Bewaffnung und Munition (1943 für Rüstung und Kriegsproduktion), Generalinspektor für das dt. Straßenwesen und für Wasser und Energie; im Nürnberger Kriegsverbrecherprozeß 1945/46 zu 20 Jahren Haft verurteilt, 1966 entlassen; schrieb u. a. „Erinnerungen" (1969), „Der Sklavenstaat" (1981).
**Speer,** einfachste und früheste (seit dem Paläolithikum) Stangenwaffe für Stoß und Wurf; hölzerner, ursprünglich zugespitzter, später mit Spitze (Klinge) aus Stein, Bronze oder Eisen versehener Stab; im MA abgelöst von Langspieß und Lanze; bei Naturvölkern z. T. bis heute verwendet.
◆ Sportgerät der Leichtathletik; Wurfstange aus Holz oder Metall mit einer Metallspitze (mindestens 25 cm, höchstens 35 cm lang); für Frauen soll der S. 2,20–2,30 m (für Männer 2,60–2,70 m) lang und 600 g (Männer: 800 g) schwer sein. Der Anlauf beim S.werfen variiert zw. 30 und 36,50 m; gültig ist ein Wurf nur dann, wenn die S.spitze vor dem Schaft zu Boden kommt.
**Speerkies** ↑Markasit.
**Speermagen** ↑Agnaten.
**Speerschleuder,** v. a. unter den Naturvölkern Australiens, Melanesiens, Polynesiens und Amerikas verbreitete Waffe, die zum Werfen von Speeren, Pfeilen oder Harpunen dient.
**Speiballen** ↑Gewölle.
**Speiche,** stabförmiger Radteil; Verbindungsglieder zw. Nabe und Felge.
◆ (Radius) Unterarmknochen an der Daumenseite der vierfüßigen Wirbeltiere; bildet zus. mit der ↑Elle das Skelett des Unterarms, wobei es bei den Säugern häufig zur Verschmelzung beider Knochen kommt. Beim Menschen weist die S. am unteren Ende eine starke Verdickung mit einer gelenkigen Verbindung zu den Handwurzelknochen auf (↑auch Arm).
**Speichel** (Saliva), von Speicheldrüsen gebildetes in die Mundhöhle im Anfangsteil des Darmtrakts abgegebenes Sekret von entweder wäßriger (seröser) oder schleimiger (muköser) Konsistenz. Beim S.

## Speicheldrüsen

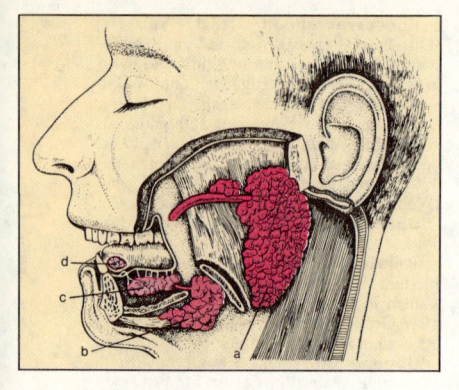

Speicheldrüsen des Menschen.
a Ohrspeicheldrüse,
b Unterkieferdrüse,
c Unterzungendrüse,
d Zungendrüse

der Säugetiere (einschließl. Mensch) aus Ohrspeicheldrüse, Unterkieferdrüse und Unterzungendrüse sowie aus Drüsen der Mundschleimhaut handelt es sich um einen *Misch-S.*, dessen chem. Zusammensetzung und Menge (beim Menschen normalerweise 1–1,5 l pro Tag; beim Rind bis zu 60 l pro Tag), abhängig von der Nahrung sowie von psych. und nervösen Einflüssen, erhebl. variieren kann (trockene Speisen, aber auch Milch, führen zur Abgabe eines muköses *Gleit-S.*; Säuren und Laugen bewirken einen wäßrigen *Verdünnungs-* bzw. *Spülspeichel*).
Der *S. des Menschen* ist meist (durch die Tätigkeit der in der Mundhöhle vorkommenden Mikroorganismen) schwach sauer (pH 5,8–7,8, im Mittel 6,4), wasserklar (er wird jedoch beim Stehen durch entstandenes Calciumcarbonat trüb) und viskos. Er enthält zu über 99 % Wasser, 0,6 % feste Bestandteile (zerfallende und als *S.körperchen* Kugelform annehmende, bakterizid wirkende Leukozyten, v.a. aus den Mandeln, abgeschilferte Epithelzellen sowie Bakterien), außerdem Schleimstoffe (Muzine), ein Enzym (Ptyalin, durch das z. B. Brot bei längerem Kauen süßl. schmeckt) und andere Eiweiße sowie Salze. - Der S. stellt kein einfaches Filtrat des Blutes dar. Seine Zusammensetzung weicht z. T. wesentl. von der des Blutplasmas ab. Die Funktion des S. ist es, die Nahrung anzufeuchten, zu verdünnen und schlüpfrig zu machen, um das Schlucken zu erleichtern. Außerdem bringt der S. Geschmacksstoffe in Lösung, und die dauernde, wenn auch geringe (im Schlaf zusätzlich stark verminderte) S.abgabe hat Spülfunktion, d. h., sie dient der Selbstreinigung der Mundhöhle und führt zu ständigem Leerschlucken. Durch die S.amylase (Ptyalin) kommt es zu einer Spaltung von Stärke und Glykogen, d. h. zu einer Vorverdauung (die im Magen noch einige Zeit weitergeht). Im Ggs. zu anderen Verdauungssekreten erfolgt die Sekretion des S. unter nervöser Kontrolle. Die Auslösung kann reflektorisch (durch mechan. oder chem. Reize wie Geschmack, Geruch), mit der Tätigkeit der Kaumuskeln assoziiert oder rein psych. bedingt (über bedingte Reflexe) erfolgen (z. B. beim Anblick von Speisen). Die Innervation der S.drüsen geschieht durch das vegetative Nervensystem, v. a. den Parasympathikus.

**Speicheldrüsen** (Mundspeicheldrüsen, Glandulae salivales), in die Mundhöhle mündende, den Mundspeichel sezernierende Drüsen v. a. bei Landwirbeltieren; kleine und verstreut in der Mundschleimhaut liegende Drüsen und größere Drüsenkörper, die bei den Säugetieren (einschließl. Mensch) neben kleineren Drüsen in Dreizahl als paarige Ohrspeicheldrüse, Unterkieferdrüse und Unterzungendrüse vorkommen (wiegen beim Menschen insgesamt gut 60 g) und mit serösen und muköses Drüsenzellen ausgestattet sind, die eine hohe Stoffwechselleistung erbringen. Die S. einiger Amphibien (Salamander und Blindwühlen) und v. a. der Reptilien sind als Lippendrüsen an den Kieferrändern lokalisiert. Ihr Sekret wirkt ledigl. eiweißspaltend. Bei den Giftschlangen dient es, mit den Giftzähnen übertragen, zur Tötung der Beute (die verdauende Wirkung bleibt jedoch erhalten). Die Vögel besitzen Zungen- und Unterzungendrüsen. Der Speichel dient bei der Mehlschwalbe und vielen Seglern als Bindemittel für den Nestbau. - In Analogie zu den S. bei den Wirbeltieren werden auch bei den Wirbellosen alle in den Mund oder in die Speiseröhre mündende, häufig Verdauungsenzyme produzierende Drüsen als S. bezeichnet.

**Speichelstein** (Sialolith, Ptyalolith), v. a. aus phosphor- oder kohlensaurem Kalk gebildetes, als Kern oft einen Fremdkörper (z. B. eine Granne) enthaltendes, stecknadelkopf- bis pfirsichkerngroßes Konkrement in einem der Ausführgänge der großen Speicheldrüsen; kann eine Speicheldrüsenentzündung bewirken.

**Speicher**, urspr. ein [Dachboden]raum, Gebäude oder Bauwerk zur Lagerung von Gegenständen, insbes. von landwirtsch. Produkten; i. w. S. jede techn. Einrichtung, Anlage u. a., die feste, flüssige oder gasförmige Stoffe, Energie oder Daten (↑ Datenspeicher), Signale u. a. aufbewahren und zu einem späteren Zeitpunkt wieder zur Verfügung stellen kann.

**Speicherblätter,** parenchymreiche, meist verdickte pflanzl. Blattorgane, die der Speicherung von Wasser (bei Sukkulenten) oder Reservestoffen (Niederblätter bei Zwiebeln) dienen.

**Speicherembryo,** pflanzl. Embryo, der

# Speisegesetze

Nährstoffe in eigenen, verdickten Organen, z. B. in der Keimachse (u. a. bei der Paranuß) oder in den Keimblättern (bei vielen Hülsenfrüchtlern, Stein- und Kernobstarten) speichert.

**Speichergestein** ↑ Erdöl.

**Speichergewebe,** funktionell differenziertes pflanzl. Grundgewebe. Die Zellen enthalten Zucker, Stärke, Öle und Eiweiß, jedoch keine Chloroplasten. Ein S. wird v. a. in Mark und Rinde von Sproß und Wurzel (Rübe, Knolle) und in Samen ausgebildet.

**Speicherkraftwerk** ↑ Kraftwerke.

**Speichernieren,** Bez. für bestimmte Zellen, Gewebe oder Organe, die bei manchen Tieren Exkretstoffe speichern; z. B. der Fettkörper bei den Insekten.

**Speicherofen** (Nachtstrom-S.) ↑ Heizung.

**Speicherring** ↑ Teilchenbeschleuniger.

**Speicherwurzeln,** Reservestoffe speichernde parenchymat. Wurzeln mehrjähriger Pflanzen; die Verdickung kann die gesamte langgestreckte Hauptwurzel (Rübe) oder nur kurze Abschnitte davon umfassen (Wurzelknollen der Orchideen).

**Speidel,** Hans, * Metzingen 28. Okt. 1897, † Bad Honnef 28. Nov. 1984, dt. General. - Im 1. Weltkrieg Berufsoffizier; 1939-44 in hohen Stabsstellen, zuletzt bei E. Rommel; als Vertrauter L. Becks nach dem 20. Juli 1944 verhaftet; nach 1949 militär. Berater Adenauers; führend an den Verhandlungen um die EVG und um den Beitritt der BR Deutschland zur NATO beteiligt. 1955-57 Leiter der Abteilung Gesamtstreitkräfte im Bundesverteidigungsministerium; 1957-63 Oberbefehlshaber aller NATO-Landstreitkräfte in Mitteleuropa.

**Speierling** (Sperberbaum, Zahme Eberesche, Schmerbirne, Sorbus domestica), der Eberesche ähnl. Art der Gatt. ↑ Sorbus, verbreitet im Mittelmeergebiet sowie vom mittleren Frankr. über Deutschland bis zum Schwarzen Meer; 10-20 m hoher Baum, der 500 bis 600 Jahre alt werden kann; unpaarig gefiederte Blätter mit 11 bis 21 lanzenförmigen, bis 8 cm langen Fiederblättchen; weiße oder rötl., meist fünfgriffelige Blüten in Doldentrauben. Die apfel- oder birnenähnl., bis 3 cm großen, fünffächerigen Früchte (**Spieräpfel**) wurden früher gegessen und werden des hohen Gerbstoffgehalts als Heilmittel gegen Durchfall, Erbrechen u. a. verwendet.

**Speigatt** ↑ Gatt.

**Speik** [lat.], (Echter S., Gelber S., Roter S., Valeriana celtica) in den Alpen von 2 000 bis 3 500 m Höhe vorkommende Art des ↑ Baldrians; 5-15 cm hohe Staude mit ungeteilten, kahlen, dunkelgrünen, längl.-eiförmigen Blättern; Blüten gelblichweiß, außen oft etwas rötlich; in traubigem, aus wenigblütigen Trugdolden gebildetem Blütenstand; auf Alpenmatten und Schutthalden. - Die Wurzel enthält etwa 1 % äther. Öl und wird bei der Parfümherstellung verwendet.

◆ (Kleiner S.) svw. Echter Lavendel (↑ Lavendel).

◆ (Großer S.) ↑ Lavendel.

**Speischlangen** (Speikobras), zusammenfassende Bez. für drei Brillenschlangenarten, die in offenen Landschaften (bes. Savannen) Afrikas südl. der Sahara und S-Asiens vorkommen und die ihr Gift durch Muskeldruck über 1 m zielsicher gegen Angreifer speien (Gift ruft auf Schleimhäuten, z. B. im Auge, schmerzhafte Entzündungen hervor). Hierher gehört neben der *Eigtl. Brillenschlange* (↑ Kobras) die bis 2 m lange, hell- bis dunkelbraune *Speikobra* (Schwarzhalskobra, Naja nigricollis; mit schwarzer Kehle und schwarzem „Hals").

**Speise,** bei der metallurg. Verarbeitung von Nickel-, Kobalt- und Kupfererzen sich abscheidendes, u. a. Edelmetalle enthaltendes legierungsartiges Zwischenprodukt.

**Speisebrei** (Chymus), die halbflüssige, aus der mechanisch zerkleinerten und mit Speichel versetzten Nahrung unter Einwirkung des Magensaftes gebildete Masse im Magen der Wirbeltiere (einschl. Mensch). Der S. reagiert auf Grund der im Magensaft befindl. Salzsäure sauer. Kohlenhydrate und Proteine sind in ihm durch die Einwirkung von Verdauungsenzymen schon teilweise aufgespalten. Der S. wird durch den Magenpförtner portionsweise zur weiteren Verdauung in den Darm abgegeben.

**Speiseeis** (Gefrorenes, Glace), gefrorenes süßes Genußmittel, meist nur Eis genannt; **Milcheis** enthält mindestens 70 % Milch, **Sahneeis** 60 % Sahne (z. B. Fürst-Pückler-Eis, Eistorte, Cassata), **Fruchteis** 20 % Obstanteil (bei Zitroneneis 10 % Saft). **Eiscreme** (Eiskrem) ist lagerfähig.

**Speisefette,** der menschl. Ernährung dienende, tier. und pflanzl. feste Fette und aus ihnen hergestellte Fettzubereitungen (z. B. Margarine). Man unterscheidet *Aufstrichfette* (Butter, Margarine), *Backfette* (Shortenings) und bes. wasserarme, hitzebeständige *Bratfette*. Wichtige S. sind Kokos-, Palmkern- und Palmfett, hydrierte Baumwollsaat-, Erdnuß-, Maiskern-, Soja- und Rüböle, Schweineschmalz und Rindertalg.

**Speisegesetze,** in einigen Religionen die gesetzl. Unterscheidung von erlaubten bzw. bei bestimmten kult. Handlungen vorgeschriebenen (**Speiseverbote**) Speisen und Getränken. Bes. ausgeprägte S. kennt das jüd. Religionsgesetz, das zw. reinen und unreinen Tieren unterscheidet (↑ auch koscher). Ähnl. verbietet der *Islam* den Genuß von Schweine-, Hunde-, Esel- und Maultierfleisch, Wein und nicht rituell geschlachteten Tieren. Während orth. und konservative Judentum die S. streng beachten, hat sich das Reformjudentum weitgehend von ihnen gelöst.

**Speisekelch**, svw. ↑Ziborium.
**Speisekürbis** ↑Kürbis.
**Speiselorchel**, svw. ↑Frühlorchel.
**Speisemorchel** ↑Morchel.
**Speiseöle**, der menschl. Ernährung dienende flüssige Fette v. a. pflanzl. Herkunft. Wichtige S. sind Baumwollsaat-, Erdnuß-, Maiskern-, Oliven-, Rüb-, Sesam-, Soja- und Sonnenblumenöl.
**Speiseopfer,** rituelle Darbringung von pflanzl. oder tier. Nahrung, auf primitiver Stufe wohl zur Ernährung von Gottheiten, in vergeistigterer Form ein Dankopfer, das für [Segnung mit] Viehbesitz und für reiche Ernten gespendet wird (↑ auch Opfer).
**Speisepilze,** Sammelbez. für die eßbaren Schlauch- und Ständerpilze ohne Rücksicht auf ihre Stellung im System der Pflanzen.
**Speiseröhre** (Ösophagus, Oesophagus), meist ausschließlich als Gleitrohr dem Nahrungstransport dienender, mit Schleimhaut und gut entwickelter Muskulatur versehener Teil des Darmtrakts (Vorderdarm) der Wirbeltiere zw. Kiemenregion (bei Kiementatmern) oder hinterer Mundhöhle bzw. Schlund und dem Mitteldarmbereich bzw. Magen. Primär ist die S. mit einem muköse Becherzellen aufweisenden Flimmerepithel ausgekleidet (bei vielen Fischen, Amphibien, Reptilien sowie embryonal auch beim Menschen). Bei den Vögeln und Säugetieren (einschl. Mensch) besitzt die S. ein mit oft nur wenigen kleinen Schleimdrüsen ausgestattetes, vielschichtiges, nicht selten auch verhorntes Plattenepithel. Oft ist die Schleimhaut in Falten gelegt und dadurch sehr erweiterungsfähig. Eine spezielle Ausstülpung der S. stellt der ↑Kropf der Vögel dar. - Beim *Menschen* ist die S. ein rd. 25 cm langer, muskulöser Schlauch, der hinter dem Ringknorpel des Kehlkopfs beginnt, etwa in der Höhe des elften Brustwirbels das Zwerchfell durchbricht und am Magenmund in den Magen übergeht. Ihre Dehnbarkeit ist an drei Stellen (hinter dem Kehlkopf, neben dem Aortenbogen und beim Durchtritt durch das Zwerchfell) beim Erwachsenen bis auf maximal 15 mm Weite eingeengt, so daß größere verschluckte Objekte steckenbleiben können.
**Speiseröhrenentzündung** (Ösophagitis), durch Verätzungen, anhaltendes Erbrechen, durch den Konsum konzentrierter Alkoholika und bes. durch den Rückfluß von saurem Magensaft bedingte Entzündung der Speiseröhre.
**Speiseröhrenverengung** (Ösophagusstriktur, Ösophagusstenose), durch Mißbildung, Narbenzug nach Verätzungen oder einen Tumor (Speiseröhrenkrebs) bedingte Einengung oder Verlegung der Speiseröhrenlichtung.
**Speisesalz,** svw. ↑Kochsalz.
**Speisetäubling** (Russula vesca), Ständerpilz (Täubling) mit regelmäßig halbkugelig bis flach ausgebreitetem Hut, 5-10 cm groß, in der Mitte niedergedrückt, fast genabelt; je nach Alter fast weiß über fleischfarben bis blutrot gefärbt, im Alter oft wieder ausblassend, feinrunzelig und glanzlos; Lamellen weißl., alt braungefleckt, schmal, dicht gedrängt stehend, am Stiel angewachsen; Stiel weiß, 4-7 cm hoch, walzenförmig, runzelig; Fleisch fest, weiß, unter der Oberhaut violett; Juni bis Okt. in Wäldern, bes. unter Eichen und Buchen; sehr schmackhafter, nußartig schmeckender Speisepilz.
**Speiseverbote** ↑Speisegesetze.
**Speisewagen** ↑Eisenbahn (Reisezugwagen).
**Speisewasser,** zum Betrieb von Dampferzeugeranlagen bes. aufbereitetes Wasser.
**Speisezwiebel** ↑Zwiebel.
**Speiskobalt** (Smaltin, Skutterudit), zinnweißes bis hell stahlgraues Mineral, chem. $(Co,Ni)As_3$; bildet kub. Kristalle, tritt in derben, körnigen oder dichten Aggregaten meist zus. mit Nickelerzen auf, Mohshärte 5,5 bis 6; Dichte 6,4-6,8 g/cm³; wichtiges Kobalterz.
**Speispinnen** (Sicariidae), überwiegend in trop. und subtrop. Gebieten heim., rd. 180 Arten umfassende Spinnenfam.; Körperlänge bis 3 cm; einheim. nur die 5,5 mm lange, auf gelbl. Grund dunkel gefleckte **Speispinne** (Scytodes thoracica) mit auffallend gewölbtem Vorderkörper; in SW-Deutschland im Freien an Felsen, Baumstämmen, sonst v. a. in Gebäuden; heftet kleine Insekten durch Bespeien mit einem sehr klebrigen Sekret am Boden fest.
**Speitäubling** (Speiteufel, Kirschroter Speitäubling, Russula emetica), Ständerpilz (Täubling) mit 3-8 cm breitem, meist kirschrotem Hut, dessen Haut abziehbar ist; Lamellen rein weiß; Stiel 5-8 cm hoch, schlank; Fleisch weich, weiß und sehr scharf schmeckend; von Juli bis Nov. in Wäldern zw. Moos auf feucht-moorigem Grund; schwach giftig.
**Speke,** John Hanning [engl. spi:k], * Jordans (Somerset) 4. Mai 1827, † Neston Park (Wiltshire) 18. Sept. 1864, brit. Afrikaforscher. - Entdeckte zus. mit Sir R. F. Burton im Jan. 1858 den Tanganjikasee, gelangte am 30. Juli 1858 allein zum Victoriasee und stellte im Juli 1862 endgültig fest, daß der Victorianil aus dem Victoriasee fließt.
**Spektakel** [lat.], 1. die Schaulust befriedigendes Theater-, Ausstattungsstück; 2. Lärm, Krach, Geschrei, Gepolter.
**Spektiv** [lat.], svw. ↑Perspektiv.
**Spektor,** Jizchak Elchanan, * Rossi bei Grodno 1817, † Kaunas 6. März 1896, russ. Rabbiner und Religionsgelehrter. - Eine der führenden rabbin. Persönlichkeiten der osteurop. Judenheit im 19. Jh.; setzte sich in einer Vielzahl von Entscheidungen zum religiösen Gesetz für zeitgemäße Erleichterungen ein.
**spektral** [lat.], auf das Spektrum bezogen.

## SPEISEPILZE (Auswahl)

| dt. Name (lat. Bezeichnung) | Aussehen | Standort |
| --- | --- | --- |
| Austernseitling (Pleurotus ostreatus) | graubrauner bis schwarzer Hut, randständiger, weißer Stiel | an Laubbäumen |
| Birkenpilz (Leccinum scabrum) | brauner Hut, hoher, weißer Stiel mit schwarzen Schuppen | Birkenwald |
| Brätling (Lactarius volemus) | orangebrauner Hut, Stiel heller | Laubwald |
| Brauner Ledertäubling (Russula integra) | rotbrauner Hut, ockergelbe Lamellen, weißer Stiel | Nadelwald |
| Butterpilz (Suillus luteus) | gelbbrauner Hut mit meist schmieriger Oberhaut | Kiefernwald |
| Goldgelber Ziegenbart (Clavaria aurea) | hell- bis ockergelb, blumenkohlartiges Aussehen | Nadel- und Laubwald |
| Goldröhrling (Suillus grevillei) | orangegelber bis goldgelber Hut, weißer, beringter Stiel | Lärchenwald |
| Hallimasch (Armillariella mellea) | gelber bis hellbrauner, schuppiger Hut, schuppiger Stiel | auf Baumstümpfen |
| Kiefernblutreizker (Lactarius deliciosus) | orangeroter, gezonter Hut, Stiel mit dunkleren Flecken | Kiefernwald |
| Krause Glucke (Sparassis crispa) | gelb, blumenkohlartiges Aussehen | an Kiefern |
| Maronenröhrling (Xerocomus badius) | brauner Hut, hellbrauner Stiel | Nadelwald |
| Parasolpilz (Lepiota procera) | grauer bis rötlichbrauner schuppiger Hut, Stielknolle | Nadel- und Laubwald |
| Perlpilz (Amanita rubescens) | fast weißer Hut mit bräunl. Warzen, rötlicher Stiel mit Manschette | Nadel- und Laubwald |
| Pfifferling (Cantharellus cibarius) | Hut und Stiel eigelb | Nadel- und Laubwald |
| Rotkappe (Leccinum rufescens) | orangefarbener bis ziegelroter Hut, weißer Stiel mit dunklen Schuppen | Nadel- und Laubwald |
| Schafporling (Polyporus ovinus) | weißlicher Hut, dicker Stiel | Nadelwald |
| Schopftintling (Coprinus comatus) | hoher, walzenförmiger, schuppiger, weißer Hut | Schuttplätze, Parkanlagen |
| Speisemorchel (Morchella esculenta) | braungelber, tiefgrubiger Hut, blasser Stiel | Laubwald (kalkhaltige Böden) |
| Speisetäubling (Russula vesca) | rosa-violetter Hut, weißer Stiel | Nadel- und Laubwald |
| Steinpilz (Boletus edulis) | dunkelbrauner Hut, Röhren erst weiß, später gelb | Nadel- und Laubwald (saure Böden) |
| Stockschwämmchen (Pholiota mutabilis) | honiggelb, schuppiger Stiel | auf Baumstümpfen (Laubwald) |
| Totentrompete (Craterellus cornucopioides) | ganzer Pilz düster bis dunkel gefärbt, Hut tief getrichtert | Buchenwald |
| Waldchampignon (Agaricus silvaticus) | dunkelbrauner, schuppiger Hut, beringter Stiel | Fichtenwald |
| Wiesenchampignon (Agaricus campestris) | weißer, feinschuppiger Hut, rosa Lamellen (später braunschwarz), kurzer Stiel mit Ring | Wiesen, Weiden |

# Spektralanalyse

**Spektralanalyse** (spektrochem. Analyse), Methode zur qualitativen und quantitativen chem. Analyse fester, flüssiger oder gasförmiger Stoffe durch Erzeugung ihres Spektrums und dessen Beobachtung sowie Ausmessung mit einem Spektralgerät nach Verfahren der Spektroskopie. Bei der *Absorptions-S.* werden die von der gelösten, flüssigen oder dampfförmigen, meist organ. Probensubstanz aus einem kontinuierl. Spektrum bekannter Intensität absorbierten Wellenlängen gemessen. Bei der *Emissions-S.* wird die gas- oder dampfförmige Probensubstanz zum Leuchten angeregt und ihr Emissionsspektrum untersucht. Die Anregung kann rein thermisch in der Flamme eines Bunsenbrenners *(Flammen-S.)* erfolgen, oder elektrisch im Lichtbogen *(Lichtbogen-S.)* bzw. in einer Funkenstrecke *(Funken[entladungs]-S.)*, wobei die Metalle als Elektrode dienen können.
**Geschichte:** Die Färbung von Flammen durch chem. Verbindungen war in Europa schon im 18. Jh. bekannt und wurde u. a. von A. S. Marggraf (1758) zur Unterscheidung von Natrium- und Kaliumverbindungen verwendet. 1814 entdeckte J. von Fraunhofer die nach ihm benannten Absorptionslinien im Sonnenspektrum. R. W. Bunsen und G. R. Kirchhoff entwickelten das erste Spektroskop, und 1860 entdeckte Bunsen spektralanalytisch die Elemente Cäsium und Rubidium. - ↑ auch Röntgenspektroskopie.
📖 *Mannkopff, R./Friede, G.:* Grundll. u. Methoden der chem. Emissionsspektralanalyse. Weinheim 1975. - *Seith, W./Ruthardt, K.:* Chem. S. Bln. u. a. ⁶1970.

**Spektralgeräte** (Spektralapparate), opt. Geräte, mit denen einfallendes Licht bzw. elektromagnet. Strahlung benachbarter Wellenlängenbereiche in die spektralen Anteile zerlegt und beobachtet bzw. registriert werden kann. S. bestehen im Prinzip aus einem Eintrittsspalt, einem im abbildenden Linsensystem, einem strahlungszerlegenden Teil (Dispersionsprisma, Beugungsgitter, Farbfilter oder Interferenzvorrichtung) und einem zweiten Linsensystem bzw. einem Austrittsspalt. Nach der Art des spektral zerlegenden Teiles unterscheidet man *Prismen-, Gitter-, Filter-* und *Interferenz-S.,* nach der Beobachtungs- bzw. Registrierungsart **Spektroskope** (mit im allg. auf Unendlich eingestelltem Fernrohr zur visuellen Beobachtung von Spektren), **Spektrographen** (mit Kamera) und **Spektrometer** (mit Präzisionsskalen zur Wellenlängenmessung der im untersuchten [Linien]spektrum enthaltenen Spektrallinien). Die Kombination von S. und Photometer bezeichnet man als **Spektralphotometer,** das zur Ermittlung der Intensität von Licht als Funktion der Wellenlänge bzw. Frequenz dient.

**Spektralklassen** (Spektraltypen), die von A. J. Cannon aufgestellte Reihe der Sternspektren (sog. *Harvard-Skala*). Die Reihenfolge der S. wird 1. durch die Intensitätsverteilung im kontinuierl. Spektrum, 2. durch die spektralen Merkmale des Linienspektrums, z. B. Wasserstofflinien der Balmerserie bei A-Sternen (die von Klasse zu Klasse - bezeichnet mit O, B, A, F, G, K, M - einen stetigen Übergang zeigen), gegeben. Später zeigte sich, daß die Spektralreihe eine Skala abnehmender Oberflächentemperatur darstellt. Da der Spektraltyp eines Sterns als Äquivalent für die Oberflächentemperatur (z. B. 10 000 K bei A-Sternen) relativ leicht zu bestimmen ist, wird dieser als Zustandsgröße zur Charakterisierung der Sterne benutzt.

**Spektrallampe,** eine Metalldampflampe, die monochromat. Strahlung bestimmter Wellenlängen aussendet; zum Eichen von Spektralgeräten und Monochromatoren verwendet.

**Spektrallinie,** das von einem Spektralgerät von einer monochromat. Strahlung der Frequenz $\nu_0$ erzeugte linienförmige Spaltbild; i. w. S. auch Bez. für die von Atomen, Molekülen oder Atomkernen einheitl. Art emittierte *(Emissionslinie)* oder absorbierte *(Absorptionslinie)* monochromat. Strahlung selbst bzw. für ihre Frequenz oder Wellenlänge. - Die Messung von Lage und Form der S. liefert Aussagen über Atom- und Kerneigenschaften. Aus der Linienbreite können daneben in vielen Fällen Druck und Temperatur leuchtender Gase (z. B. in der Gashülle von Sternen) bestimmt werden.

**Spektralphotometer** (Spektrophotometer) ↑ Spektralgeräte.

**Spektralserie,** die Zusammenfassung derjenigen Spektrallinien eines Linienspektrums, die in den strahlenden Atomen durch Elektronenübergänge aus angeregten Ausgangszuständen in denselben Endzustand entstehen. Die Frequenzen der Linien einer S. genügen einer sog. **Serienformel.** So gilt z. B. für die Frequenzen $\nu$ der verschiedenen Spektralserien des Wasserstoffs (H), also $\nu = c R_H (1/n^2 - 1/m^2)$ ($n = 1, 2, 3, ...$; $m = 1, 2, 3, ...$; $m > n$; $c$ Lichtgeschwindigkeit; $R_H$ ↑ Rydbergkonstante für Wasserstoff); dann erhält man jeweils eine Serie, wenn man $n$ fest wählt und $m$ (die sog. *Laufzahl*) alle ganzen Zahlen größer als $n$ durchlaufen läßt. Für $n = 1$ erhält man die ↑ Lyman-Serie, für $n = 2$ die ↑ Balmer-Serie, für $n = 3$ die ↑ Paschen-Serie, für $n = 4$ die ↑ Brackett-Serie und für $n = 5$ die ↑ Pfund-Serie. Läßt man in der Serienformel die Laufzahl gegen Unendlich gehen, so häufen sich die zugehörigen Frequenzen bzw. Wellenlängen. Man nennt diesen Häufungspunkt **Seriengrenze.**

**Spektraltypen,** svw. ↑ Spektralklassen.

**Spektralverfahren** ↑ Farblehre.

**spektro..., Spektro...** [lat.], Bestimmungswort von Zusammensetzungen mit der Bed. „auf das Spektrum bezogen".

**Spektrograph,** ein Spektralgerät, bei dem anstelle eines Beobachtungsfernrohrs eine Kamera zur photograph. Aufnahme von Spektren *(Spektrogramm)* eingebaut ist. Je nachdem, ob die Zerlegung des zu untersuchenden Lichtes durch ein Beugungsgitter oder ein Dispersionsprisma erfolgt, liegt ein *Gitter-S.* oder ein *Prismen-S.* vor.

**Spektroheliograph,** Gerät zur photograph. Aufnahme der Sonnenoberfläche *(Spektroheliogramm)* im Lichte eines sehr engen Spektralbereichs bzw. einer Spektrallinie.

**Spektroskop** [lat./griech.] ↑ Spektralgeräte.

**Spektroskopie** [lat./griech.], die Lehre von der Erzeugung, Beobachtung und Registrierung der von Atomen, Ionen, Molekülen (bei der *Atom-* und *Molekül-S.*) und Atomkernen (bei der *Kern-S.*) sowie ihren Aggregationen (Flüssigkeiten, Kristallen u. a.) als elektromagnet. Strahlung emittierten bzw. absorbierten Spektren, einschl. ihrer Ausmessung (Bereich der *Spektrometrie*) und Deutung. I. w. S. bezeichnet man mit S. und Spektrometrie jede mit physikal. Mitteln vorgenommene Beobachtung und Ausmessung eines beliebigen Spektrums, z. B. der Massen- und Energieverteilungen von Atom- und Molekülgemischen in der Massenspektroskopie oder von Elementarteilchen in der Hochenergiephysik. - Die S. ermöglicht einen Einblick in die Wechselwirkungen zw. Materie und elektromagnet. Strahlung und weiter in die Struktur der Materie, wenn die Spektren mit Hilfe der Quantenmechanik gedeutet werden. Sie hat die Aufgabe, die Wellenlängen und Intensitäten der in den Spektren der verschiedenen Stoffe (Elemente) enthaltenen Spektrallinien und ihre gesetzmäßigen Zusammenhänge zu ermitteln. Die *direkte Messung* nutzt die Wellenlängenabhängigkeit der Brechungs- und Beugungserscheinungen und erlaubt bei genauer Ausmessung die Festlegung von Wellenlängennormalen bzw. Vergleichsspektren. Die S. erlaubt Rückschlüsse auf die in einer Lichtquelle oder durchstrahlten Substanz vorhandenen chem. Elemente oder Verbindungen (z. B. bei der Spektralanalyse) sowie auf deren Zustandsgrößen (z. B. Temperatur, Druck u. a.). Als Teilgebiete (nach den Spektralbereichen benannt) unterscheidet man u. a.: Hochfrequenz-, Infrarot-, Ultraviolett-, Röntgen- und Gammaspektroskopie. In der *Hochfrequenz-* oder *Mikrowellen-S.* werden durch Einstrahlen von Hochfrequenz- oder Mikrowellen Übergänge zw. Atom- und Molekülzuständen induziert und deren energet. Abstände sehr genau bestimmt. Die *Molekül-S.* untersucht die im Vergleich zu Atomspektren (Linienspektren) sehr viel komplizierteren Molekülspektren (Bandenspektren); sie ist wichtiges Hilfsmittel bei der chem. Analyse und liefert Aussagen über die Molekülstruktur. - ↑ auch Laserspektroskopie.

📖 *Gauglitz, G.:* Prakt. S. Tüb. 1983. - *Hensen, K.:* Molekülbau u. Spektren. Darmst. 1983. - *Membrane spectroscopy.* Hg. v. E. Grell. Bln. u. a. 1981. - *Sixl, H.:* Festkörper-S. Bd. 1: Opt. S. Freib. 1978.

**spektroskopische Hauptkonstanten** ↑ Atomkonstanten.

**Spektrum** [lat. „Erscheinung, Schemen, Gesicht"], allg. die Häufigkeits- bzw. Intensitätsverteilung der Bestandteile eines Gemisches in Abhängigkeit von einer gemeinsamen Eigenschaft, z. B. der Energie bzw. Geschwindigkeit oder der Masse, v. a. von der Wellenlänge bzw. Frequenz. Urspr. verstand man unter einem S. nur das bunte Lichtband, das entsteht, wenn weißes Licht (z. B. Sonnenlicht) durch ein Glasprisma fällt und dabei in Licht unterschiedl. Wellenlänge zerlegt wird, von denen das Auge den Bereich von 380–780 nm als Farbfolge von Blau über Grün zu Gelb und Rot sieht. Licht von glühenden festen oder flüssigen Körpern (Temperaturstrahlern) zeigt eine kontinuierl. Farbfolge und somit ein kontinuierl. S.; das Licht leuchtender Gase (z. B. das von Gasentladungslampen und Metalldampflampen) hingegen liefert ein aus einzelnen farbigen Linien bestehendes S., ein sog. *Linienspektrum,* das für die einzelnen chem. Elemente bzw. Atome des Gases charakterist. ist und daher zu deren Nachweis verwendet werden kann (z. B. bei der Spektralanalyse). Das S. des Lichts, ausgehend von den Atomen eines glühenden Körpers, heißt *Emissionsspektrum;* als *Bogenspektrum* bezeichnet man insbes. das S. von neutralen Atomen. Läßt man weißes Licht durch ein relativ kühles, selbst nicht leuchtendes Gas hindurchtreten, so zeigen sich im S. schwarze Linien. Man spricht dabei von einem *Absorptionsspektrum.* Da ein Gas Strahlung derselben Wellenlänge absorbiert, die es auch aussendet, stimmt die Lage der dunklen Linien im Absorptionsspektrum mit der Lage der farbigen Linien im Emissionsspektrum desselben Gases überein. - Abb. S. 344.

◆ (akust. S.) svw. Schall-S. (↑ Schallanalyse).

**Spekulation** [zu lat. speculatio „das Auskundschaften"], in der *Philosophie* Begriff zur Bestimmung desjenigen Denkens, das jeden Erfahrungsbezug überschreitet. Der Anspruch auf Gültigkeit der durch S. gewonnenen Erkenntnis wird über eine methodolog. definierte Schlüssigkeit der Argumentation oder durch eine über Intuition gewonnene Evidenz begründet.

In der *Wirtschaft* jedes Verhalten, das darauf abzielt, unter Inkaufnahme eines Risikos aus einer erwarteten Veränderung des Preises eines Gutes bzw. des Kurses eines Wertpapiers oder einer Währung einen Gewinn zu erzielen. Berufsmäßige S. findet v. a. an der Börse statt; der Käufer rechnet mit steigenden *(Hausse-S.)* und der Verkäufer mit fallenden Kursen *(Baissespekulation).*

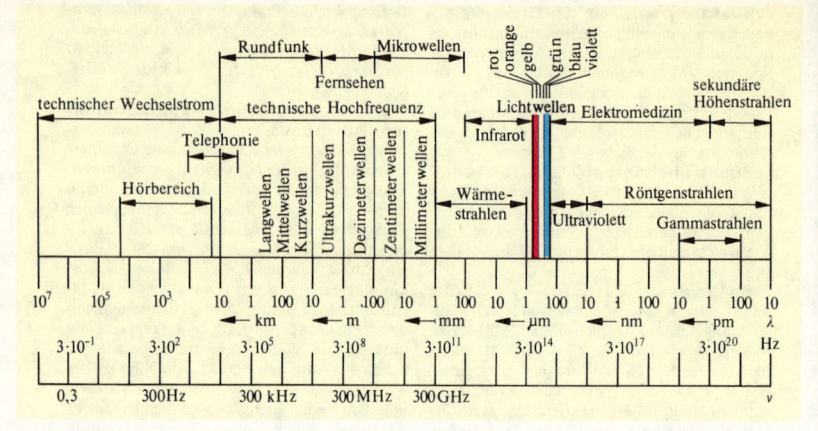

Spektrum. Graphische Darstellung des gesamten elektromagnetischen Spektrums ($\lambda$ im logarithmischen Maßstab aufgetragene Wellenlänge, $\nu$ Frequenz)

**Spekulationsgeschäft,** im Steuerrecht ein Veräußerungsgeschäft, bei dem der Zeitraum zw. Anschaffung und Veräußerung nicht mehr als sechs Monate, bei Grundstücken und grundstücksgleichen Rechten nicht mehr als zwei Jahre beträgt oder wenn die Veräußerung früher erfolgt als der Erwerb.

**Spekulatius** [niederl.], Weihnachtsgebäck in Figurenform, das durch Nelken, Kardamom, Muskatblüte und Zimt seinen spezif. Geschmack bekommt.

**spekulative Theologie** [lat./griech.], eine in der prot. Theologiegeschichte seit Ende des 18. Jh. einsetzende Denkrichtung, die die christl. Lehre mit den Methoden des spekulativen Idealismus ausdeuten und das kirchl. Dogma in freier Wiss. Forschung begriffl. verarbeiten wollte; bed. Vertreter waren u. a. P. K. Marheineke, D. F. Strauß und F. C. Baur.

**Spekulum** (Speculum) [lat.], röhren- oder trichterförmiges ärztl. Instrument zur Untersuchung (Besichtigung) von Hohlorganen bzw. -räumen, z. B. der Scheide mit dem Scheidenspekulum.

**Speläologie** [zu griech. spélaion „Höhle"] (Höhlenkunde), Wiss., die sich mit allen Fragen befaßt, die Höhlen betreffen. Auf die Erkundung und Vermessung von Höhlen, deren Ergebnisse im **Höhlenkataster** festgehalten wird, folgt die wiss. Untersuchung über Entstehung, Entwicklung, Alter, Klimabedingungen, Höhlensedimente und Fossilien, Analyse der im Höhleneis eingeschlossenen Pollen, Bestimmung der Stein- und Knochenwerkzeuge, Tonscherben, Feuerstellen und Kunst der prähistor., in Höhlen hausenden Menschen und der rezenten Flora und Fauna.

**Spelling checker** [engl. 'spɛlɪŋ 'tʃɛkər], in der (computerunterstützten) Textverarbeitung ein Rechtschreibprüfprogramm.

**Spellman,** Francis Joseph [engl. 'spɛlmən], * Whitman (Mass.) 4. Mai 1889, † New York 2. Dez. 1967, amerikan. kath. Theologe. - 1925–32 als Vertreter der amerikan. Kirche im päpstl. Staatssekretariat und gleichzeitig des State Departments beim Vatikan; 1939 Erzbischof von New York; 1943 zugleich Militärbischof; 1946 Kardinal.

**Spelt** (Spelz), svw. ↑Dinkel.

**Spelzen,** trockenhäutige, zweizeilig angeordnete Hochblätter im Blütenstand der Gräser; auf die an der Basis des Ährchens (Teilblütenstand) angeordneten, schuppenförmigen, trockenhäutigen *Hüllspelzen* folgen die oft begrannten, kahnförmigen *Deckspelzen* (beide häufig paarig), in deren Achsel die mit einer meist zweikieligen *Vorspelze* beginnenden Einzelblüten stehen. - ↑auch Abb. Bd. 8, S. 332.

**Spemann,** Hans, * Stuttgart 27. Juni 1869, † Freiburg im Breisgau 12. Sept. 1941, dt. Zoologe. - Prof. in Rostock, Berlin und in Freiburg im Breisgau; führte die Entwicklungsmechanik weiter und förderte mikrochirurg. Arbeitstechniken. Für die Entdeckung des Organisatoreffekts während der embryonalen Entwicklung 1935 Nobelpreis für Physiologie oder Medizin.

**Spencer,** Herbert [engl. 'spɛnsə], * Derby 27. April 1820, † Brighton 8. Dez. 1903, engl. Philosoph. - Kennzeichnend für seine Werke ist das Bemühen um eine übergreifende, alle Wiss. umfassende Systematik und ein wiss. fundiertes Weltbild. Das einigende Prinzip in allen Gegenstandsbereichen wiss. Forschung, dessen universelle Gültigkeit erst die von S. angestrebte einheitl. Methodologie allen wiss. Handelns ermöglicht, ist die Evolution. Entsprechend der Evolution der biolog. Arten glaubt S. auch bei menschl. Kulturen und Staatsformen eine Entwicklung zu immer heterogeneren, komplexeren und „besseren" Formen feststellen zu können. - *Werke:* System der synthet. Philosophie (11 Bde., 1855–96), Erziehungslehre (1861).

**Spende** [zu lat. expendere „(Gold oder Silber) auf die Waage zuwiegen; auszahlen; aufwenden"], freiwillige und unentgeltl. Leistung, Geld- oder Sachzuwendung.

**Spender,** Stephen [engl. 'spɛndə], * London 28. Febr. 1909, engl. Schriftsteller. - In den 1930er Jahren zus. mit W. H. Auden, L. MacNeice und C. Day-Lewis Mgl. einer marxist. Literaturgruppe; kurze Zeit Mgl. der KP, seit 1970 Prof. für Englisch an der University of London. Nach Anfängen mit revolutionärer Lyrik Wendung zu einer intellektbetonten Dichtung des allg. Humanismus; auch erzählende Prosa, Dramen und Essays („Das Jahr der jungen Rebellen", 1969; über die Studentenbewegung); wichtiger Übersetzer v. a. moderner dt. Dichtung.

**Spener,** Philipp Jakob, * Rappoltsweiler (Elsaß) 13. Jan. 1635, † Berlin 5. Febr. 1705, dt. ev. Theologe. - 1663 Freiprediger am Straßburger Münster, 1686 Oberhofprediger in Dresden, 1691 Propst und Pfarrer an der Nikolaikirche in Berlin. Mit seiner Hauptschrift „Pia Desideria oder Herzl. Verlangen nach gottgefälliger Besserung der wahren Ev. Kirchen" (1675) legte S. zus. mit der Frankfurter Pfarrerschaft (Collegia pietatis) das Reformprogramm des luth. Pietismus vor, das den Stiftungs- u. Vereinscharakter der Kirche auf der Basis einer grundsätzl. individualist. Gesamtauffassung des Christentums betont. Dieser theolog. Ansatz blieb nicht unumstritten, war jedoch durch Gründung der Univ. Halle und auf Grund der weiten Verbreitung seiner theolog. und erbaul. Schriften und Predigten schulebildend.

**Spengler,** Oswald, * Blankenburg/Harz 29. Mai 1880, † München 8. Mai 1936, dt. Kultur- und Geschichtsphilosoph. - Gymnasiallehrer in Hamburg, seit 1911 Privatgelehrter in München. In seinem Hauptwerk „Der Untergang des Abendlandes" (2 Bde., 1918–22) wendet sich S. gegen die übl. Periodisierung Altertum, MA, Neuzeit mit ihrer teleolog. Geschichtskonzeption sowie gegen die Vernachlässigung der nichtwestl. Kulturen. Kulturen sind überindividuelle Wesenheiten, die S. als „Organismen" auffaßt, und die somit jeweils einen Zyklus von Blüte, Reife und Verfall durchlaufen. Seine Zyklentheorie faßt S. als histor. Verlaufsgesetzlichkeit auf, deren Charakter als „Schicksal" fatalist. anerkannt werden muß. Unabänderl. sind auch die Formen von Herrschaft und Knechtschaft oder „Rasse". Auf Grund des Zyklengesetzes prognostiziert S. den „Untergang des Abendlandes". In seinen weiteren Schriften führt er die pessimist. Kultur- und Geschichtsphilosophie seines Hauptwerkes weiter aus, die vom dt. Bürgertum nach dem verlorenen Weltkrieg und dem ihn begleitenden Zerfall bürgerl. Werte und Normen begeistert rezipiert wurde. In seiner antidemokrat. Einstellung gilt S. als geistiger Wegbereiter des NS, dem er jedoch nach 1933 krit. gegenüberstand. - *Weitere Werke:* Neubau des Dt. Reiches (1924), Der Mensch u. die Technik (1931), Jahre der Entscheidung (1933), Frühzeit der Weltgeschichte (hg. 1966).

**Spenser,** Edmund [engl. 'spɛnsə], * London 1552 (?), † ebd. 16. Jan. 1599, engl. Dichter. - Sohn eines Tuchmachers; ab 1580 Sekretär des Statthalters von Irland; floh während des ir. Aufstands 1598 nach England. Erster bed. engl. Dichter nach G. Chaucer und wichtigster engl. Renaissancedichter neben Shakespeare. Sein Hauptwerk, das auf 12 Bücher angelegte, unvollendete allegor. Epos „Fünf Gesänge der Feenkönigin" (1589–96) läßt im Rückgriff auf den Artusstoff alte Ritterideale wieder lebendig werden. Er verwendete dabei die sog. **Spenserstanze,** eine neunzeilige Strophenform (8 jamb. Fünfheber und ein schlußbeschwerender Alexandriner); schrieb ferner satir. und Gelegenheitsgedichte, Sonette („Amoretti", 1595).

**Spenzer** [nach dem brit. Politiker und Bibliophilen Earl G. J. Spencer, * 1758, † 1834], Ende des 18. Jh. aufgekommene, enge, taillenlange Überjacke mit Kragen und meist langen Ärmeln.

**Speranski,** Michail Michailowitsch Graf (seit 1793), * Tscherkutino (Gouv. Wladimir) 12. Jan. 1772, † Petersburg 23. Febr. 1839, russ. Staatsmann. - 1808–12 engster Vertrauter Zar Alexanders I. Pawlowitsch. 1808/09 entwarf S. das erste auf der Grundlage strikter Gewaltentrennung basierende Verfassungsprojekt. Durch Hofintrigen gestürzt, 1812 nach Sibirien verbannt; 1816 Gouverneur von Sibirien; Mgl. des Staatsrates (seit 1824); mit der Kodifizierung des russ. Rechts betraut.

**Speratus,** Paulus, eigtl. Paul Offer (Hofer) von Spretten, * Rötlen (= Ellwangen [Jagst]) 13. Dez. 1484, † Marienwerder 12. Aug. 1551, dt. luth. Theologe und Kirchenliederdichter. - Als Schloßprediger Herzog Albrechts in Königsberg (Pr) (1524) und als Bischof von Pomesanien (ab 1529) setzte sich S. für die Verbreitung der luth. Reformation und die Einführung von Kirchen- und Visitationsordnungen in Ostpreußen ein; verfaßte bed. Kirchenlieder.

**Sperber,** Manès [frz. spɛr'bɛːr], * Zabłotów (= Sabolotow) bei Kolomyja 12. Dez. 1905, † Paris 5. Febr. 1984, frz. Schriftsteller östr. Herkunft. - Emigrierte 1933 über Jugoslawien nach Frankr.; bis 1937 Mgl. der KP; Verlagsdirektor in Paris. Setzte sich in Romanen, u. a., „Wie eine Träne im Ozean" (R.-Trilogie [„Der verbrannte Dornbusch", „Tiefer als der

# Sperber

Abgrund", „Die verlorene Bucht"] 1949–53) und Essays mit dem Kommunismus und jegl. Form von Totalitarismus auseinander; Georg-Büchner-Preis 1975, Friedenspreis des Börsenvereins des Dt. Buchhandels 1983. - *Weitere Werke:* Bis man mir Scherben auf die Augen legt (Erinnerungen, 1977), Churban oder Die unfaßbare Gewißheit (Essays, 1979).

**Sperber** ↑ Habichte.

**Sperbertäubchen** (Zebratäubchen, Malakkatäubchen, Geopelia striata), etwa 20 cm lange, oberseits (mit Ausnahme des grauen Kopfs) braune, mit schwarzen Federkanten gezeichnete Taube in SO-Asien, Australien und S-Neuguinea; Brust rötl., Bauch weiß, zw. Körperoberseite und Unterseite mit schmalem, schwarzweiß quergebändertem (gespertem) Streifen; Außenfedern des Schwanzes weißspitzig; Käfigvogel.

**Spergula** [lat.] ↑ Spark.

**Sperlinge** (Passerinae), mit rd. 25 Arten weltweit verbreitete Unterfam. 12–20 cm langer, meist unscheinbar gefärbter Singvögel (Fam. ↑ Webervögel), die sich vorwiegend von Sämereien, z. T. auch von Kerbtieren (bes. zur Aufzucht der Jungen) ernähren; mit kräftigem, kegelförmigem Schnabel; brüten entweder in Baumhöhlen oder in frei gebauten Nestern (z. B. an Mauern oder in Büschen), die, im Unterschied zu denen der Finken, überdacht sind. S. bewohnten urspr. trockene, warme Landschaften Afrikas und S-Asiens, von wo aus sie (als einzige Gruppe der Webervögel) in die nördl. gemäßigten Regionen der Alten Welt vorgedrungen sind. - Zu den S. gehören u. a.: **Schneefink** (Montifringilla nivalis; bis knapp 20 cm lang, unterscheidet sich vom ♂ der ↑ Schneeammer v. a. durch die etwas grauere Unterseite mit schwarzem Kehlfleck, dem grauen Kopf und dem braunen Rücken), **Steinsperling** (Petronia petronia; fast 15 cm lang, oberseits graubraun, dunkel gestreift, unterseits heller; ♀ und ♂ mit undeutl. gelbem Kehlfleck; v. a. an felsigen Berghängen, an Ruinen und in Städten der Mittelmeerländer und Asiens) und die Hauptgatt. *Passer* (Sperling i. e. S.) mit dem **Feldsperling** (Passer montanus; etwa 14 cm lang, lebhafter gefärbt als der Haus-S., mit schwarzem Fleck auf den weißen Wangen; lebt im offenen Gelände), dem **Haussperling** (Passer domesticus; knapp 15 cm groß, Oberseite dunkelstreifig braun, Unterseite graubraun, ♂ mit grauem Scheitel, kastanienbraunem Nacken und schwarzer Kehle) und dem **Weidensperling** (Passer domesticus hispaniolus; ♂ mit charakterist. „Kehlfleck" und braunem Scheitel).

**Sperlingskauz** ↑ Eulenvögel.

**Sperlingsvögel** (Passeriformes), stammesgeschichtlich die jüngste, seit dem Tertiär bekannte, heute mit über 5 000 Arten in fast allen Lebensräumen weltweit verbreitete Ordnung 7 bis 110 cm langer Vögel, deren Junge blind schlüpfen und Nesthocker sind. Man unterscheidet vier Unterordnungen: Zehenkoppler, Schreivögel, *Primärsingvögel* (Leierschwanzartige, Suboscines; mit Leierschwänzen und Dickichtschlüpfern als einzigen Fam.) und Singvögel.

**Sperlonga,** italien. Badeort am Tyrrhen. Meer, im südl. Latium, 5 m ü. d. M., 3 800 E. Im Museum die (wieder zusammengesetzten) Marmorfiguren (um 50 v. Chr.), die in einer zu einer ehem. Villa des Tiberius gehörenden Höhle am Meer gefunden wurden.

**Sperma** [griech.] (Samenflüssigkeit, Samen, Semen), das beim Samenerguß (↑ Ejakulation) vom ♂ Begattungsorgan abgegebene Ejakulat: eine die Spermien enthaltende schleimige, alkal. reagierende Flüssigkeit mit Sekret v. a. aus dem Nebenhoden, der Prostata u. der Bläschendrüse. Außer den Spermien kommen im menschl. S. noch 1 % andersartige Zellelemente vor wie Spermatogonien, Spermatozyten, Sertoli-Zellen, vereinzelt auch Leukozyten; außerdem finden sich im S. u. a. Fett- und Eiweißkörper, die Amine Spermin und Spermidin (die dem S. den charakterist. Geruch verleihen), Fructose (als Energiequelle für die Spermienbewegung), Inosit und Zitronensäure (bis 0,6 %). Beim Abkühlen und Eintrocknen des S. entstehen sehr verschieden gestaltete Sperminphosphatkristalle *(Böttcher-Kristalle).* Das menschl. S. enthält im Normalfall pro Ejakulation rd. 200–300 Mill. Spermien.

**Spermatogenese** (Spermiogenese, Spermatogonie) [griech.], der Prozeß der Bildung und Reifung der Samenzellen (Spermien), der bei den Säugetieren (einschl. Mensch) in den Hodenkanälchen der ♂ Keimdrüsen (↑ Hoden) unter der Einwirkung des follikelstimulierenden Hormons (FSH; ↑ Geschlechtshormone) aus dem Hypophysenvorderlappen vor sich geht. Die von den Urgeschlechtszellen der Keimbahn durch zahlr. mitot. Teilungen (Vermehrungsphase) entstehenden, sehr kleinen, diploiden *Ursamenzellen (Spermatogonien, Spermiogonien)* werden nach einer Wachstumsphase zu relativ großen (diploiden) *Spermatozyten (Spermiozyten, Spermienmutterzellen, Samenbildungszellen) erster Ordnung;* diese wiederum werden nach einer ersten meiot. Teilung (erste Reifeteilung) zu je zwei (kleineren) *Spermatozyten zweiter Ordnung (Spermatoden, Präspermatiden).* Am Ende der sofort darauf folgenden zweiten Reifeteilung sind aus jeder urspr. Spermatozyte erster Ordnung vier (wieder sehr kleine) haploide *Spermatiden* entstanden. Erst nach einem Differenzierungsprozeß *(Spermiozytogenese, Spermiohistogenese )* gehen aus den Spermatiden funktions-, d. h. befruchtungsfähige, reife Spermien hervor. - Die S. setzt beim Menschen mit der Pubertät ein und kann bis ins hohe Alter andauern.

**Spermatophore** [griech.] (Samenpaket, Samenträger), bei verschiedenen Tiergruppen

# Spermien

(viele Würmer, Gliederfüßer, Weichtiere, Schwanzlurche) von den ♂♂ abgegebenes, eine oft bizarr geformte, auch gestielte Kapsel aus erhärtetem Sekret (von Anhangsdrüsen der ♂ Geschlechtsorgane) darstellendes Gebilde, das eine größere Menge loser Spermien oder mehrere Spermienbündel *(Spermiozeugmen, Spermiodesmen)* enthält. Die S. wird entweder bei der ↑Kopulation durch primäre oder sekundäre Kopulationsorgane (Penis, Hectocotylus, Spadix) direkt in die ♀ Geschlechtsöffnung oder Begattungstasche übertragen, oder das ♀ übernimmt aktiv die bereits vom ♂ auf dem Untergrund abgesetzte S., wobei die Partner ein kompliziertes Verhalten an den Tag legen können (z. B. bei Skorpionen, Molchen). Das Platzen der S. wird meist durch einen einfachen Quellungsvorgang bewirkt.

**Spermatophyten** [griech.], svw. ↑Samenpflanzen.

**Spermatorrhö** [griech.] (Samenfluß, unwillkürl. Samenerguß), der ohne geschlechtl. Erregung erfolgende Abgang von Samenflüssigkeit bei Schließunfähigkeit des Ductus ejaculatorius.

**Spermatozoen** [griech.], svw. ↑Spermien.

**Spermaturie** [griech.] (Seminurie), Ausscheidung von Sperma im Urin.

**Spermazetöl** [griech./griech.-lat.], svw. ↑Spermöl.

**Spermidin** [griech.], zu den biogenen Aminen zählendes aliphatisches Triamin mit charakterist. Amingeruch; kommt u. a. (gebunden an die Phosphatgruppen der Nukleinsäuren) im Sperma vor.

**Spermien** [griech.] (Einz. Spermium; Spermatozoen, Samenzellen), aus den Spermatiden über eine Spermiozytogenese (↑Spermatogenese) entstehende, nicht mehr teilungsfähige, i. d. R. bewegl. ♂ Geschlechtszellen der tier. Vielzeller (einschl. Mensch). S. sind je nach Art charakterist. gestaltet. Meist sind sie durch eine lange Geißel (bei manchen Strudelwürmern kommen auch zwei Geißeln vor) fadenförmig *(Samenfäden, Geißel-S., Flagello-S.)*, so bei Hohltieren, Stachelhäutern, Ringelwürmern, Insekten und Wirbeltieren (einschl. Mensch). Beim typischen menschl. **Geißelspermium**, das 0,05–0,06 mm lang ist, unterscheidet man drei Hauptabschnitte: 1. den Kopf (3–5 μm lang, 2–3 μm breit, abgeplattet-oval, in Kantenansicht birnenförmig) mit dem sehr kompakten Zellkern, dem (unter einem dünnen Zytoplasmaüberzug) ein vom Golgi-Apparat gebildetes kappenförmiges Gebilde (Akrosom) aufliegt; 2. das Mittelstück aus dem Hals und dem Verbindungsstück: Im Hals liegt ein Zentriol, aus dem in der Eizelle der Teilungsapparat (Spindel, Polstrahlen, Zugfasern) für die Furchungsteilung hervorgeht. Im Verbindungsstück verläuft ein Achsenfaden aus den Geißelfibrillen,

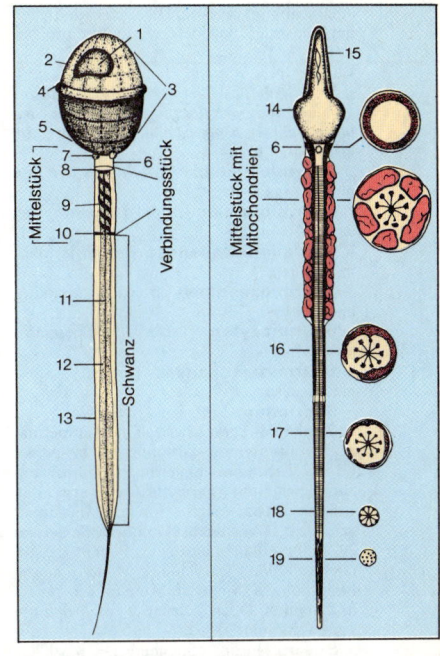

Spermien. Menschliches Spermium in verschiedenen Seitenansichten.
1 Vakuole, 2 Kopfkappe mit Fibrillen, 3 Kopf, 4 Randreifen, 5 Becherhülse, 6 Hals, 7 Kopfscheibe, 8 Querscheibe, 9 Spiralfaden, 10 Schlußring, 11 Zentralfibrille, 12 Achsenfaden, 13 Schwanzfibrille (Plasma), 14 Zellkern, 15 Akrosom, 16 mittlerer Teil des Schwanzes, 17 hinterer Teil des Schwanzes, 18 Schwanzende mit Zentral- und Mantelfibrillen, 19 Schwanzende (Fibrillen ungeordnet)

der von einem Mantel schraubig angeordneter Mitochondriensubstanz umhüllt ist; 3. den langen Schwanz *(Geißel, S.geißel)* als Bewegungsorganell, dessen Zytoplasma von einem Achsenfaden aus einer zentralen Doppelfibrille und neun weiteren, diese im Kreis umstehenden Doppelfibrillen durchzogen ist. - Die S. werden in sehr großer Anzahl in den Hodenkanälchen gebildet und, noch bewegungsunfähig, in den Nebenhoden gespeichert (bei den Säugern). Die Lebensdauer der menschl. S. beträgt in der Vagina etwa 60 Minuten, in den übrigen ♀ Geschlechtswegen einen bis drei Tage. Die Bewegungsfähigkeit ist nur im schwach alkal. Milieu (pH 7,14–7,37) des Sekrets der Prostata und der Bläschendrüse

# Spermiodesmen

(↑ Samenblase) gegeben. Die Geschwindigkeit der menschl. S. liegt bei etwa 3,5 mm pro Minute.
□ *The spermatozoon.* Hg. v. D. W. Fawcett u. J. M. Bedford. Mchn. u. Wien 1979. - *Austin, C./Short, R.: Fortpflanzungsbiologie der Säugetiere. Bd. 1: Keimzellen u. Befruchtung.* Dt. Übers. Bln. 1976.

**Spermiodesmen** [griech.] ↑ Spermatophore.

**Spermiogonien** [griech.] ↑ Spermatogenese.

**Spermiohistogenese** [griech.] ↑ Spermatogenese.

**Spermiozeugmen** [griech.] ↑ Spermatophore.

**Spermiozyten** [griech.] ↑ Spermatogenese.

**Spermiozytogenese** [griech.] ↑ Spermatogenese.

**Spermium,** Einz. von ↑ Spermien.

**Spermöl** [griech./griech.-lat.] (Spermazetöl), aus Walrat gewonnenes, hellgelbes Öl, u. a. als Spezialschmiermittel und Rohstoff zur Gewinnung von Fettsäuren verwendet.

**Sperontes,** eigtl. Johann Sigismund Scholze, * Lobendau bei Goldberg (Schlesien) 20. März 1705, † Leipzig 12. Febr. 1750, dt. Dichter. - Veröffentlichte 1736-45 die Lyrikanthologie „Singende Muse an der Pleisse in 2 mahl 50 Oden", denen er bes. bekannte Tanzweisen unterlegte.

**Sperr,** Martin, * Steinberg (= Marklkofen bei Dingolfing) 14. Sept. 1944, dt. Dramatiker. - Stellt in seinen realist., in stilisiertem Dialekt geschriebenen gesellschaftskrit. Stükken („Jagdszenen aus Niederbayern", 1966 [als Oper Uraufführung 1979]; „Landshuter Erzählungen", 1967; „Münchner Freiheit", 1972; alle 1972 u.d.T. „Bayr. Trilogie") Verhaltensweisen, v.a. gegenüber Außenseitern, im bayr. Alltagsmilieu bloß. - *Weitere Werke:* Der Räuber Mathias Kneissl (Fsp. 1970, mit R. Hauff), Koralle Meier (Schsp., 1971), Adele Spitzeder (Fsp., 1972, mit P. Raben; Dr., Uraufführung 1977).

**Sperrbeton,** wasserdichter Beton.

**Sperrbrecher,** bes. ausgerüstetes Schiff, meist altes Handelsschiff, zum gewaltsamen Durchbrechen einer feindl. Minenketten-, Netz- oder Bewachersperre. Durch in den Laderäumen gestaute Auftriebsmittel auf vergrößerte Sinksicherheit und durch Ballast auf ausreichenden Tiefgang gebracht, waren S. fähig, wertvolle Handels- und Kriegsschiffe ohne Schädigung durch Sperren zu führen. Schiffe, die feindl. ↑ Blockaden durchbrechen, heißen Blockadebrecher.

**sperren** (spationieren), in der graph. Technik: die Buchstaben eines oder mehrerer Wörter durch einen kleinen Zwischenraum (*Spatium*; Mrz. *Spatien*) trennen und dadurch hervorheben.

**Sperren,** künstl. Hindernisse, die den militär. Gegner aufhalten sollen, z. B. Minen-, Draht-, Baum-, Wasser-S., Panzergräben.

**Sperrfeuer,** bei gegner. Panzer- oder Infanterieangriff schlagartig ausgelöstes Feuer der Artillerie und der schweren Infanteriewaffen.

**Sperrfrist,** in der *Publizistik* die vom Urheber einer Nachricht (z. B. Text einer noch nicht gehaltenen Rede) festgesetzte Zeitspanne, während der die Nachricht nicht veröffentlicht werden soll.
♦ im *Recht* ein durch Gesetz oder Vertrag festgelegter Zeitraum, in dem bestimmte Handlungen nicht vorgenommen werden dürfen.

**Sperrholz,** Holzplatten aus mindestens drei aufeinandergeleimten Holzlagen. *Furnierplatten* bestehen aus mindestens drei Furnierlagen, deren Faserrichtungen (benachbarter Lagen) jeweils nahezu senkrecht zueinander verlaufen (bei *Diagonal-S.* unter einem Winkel von rd. 45°). *Tischlerplatten* enthalten eine Mittellage aus plattenförmig aneinandergesetzten Holzleisten und mindestens eine Furnierlage auf jeder Seite.

**Sperrhorn,** kleiner Amboß.

**Sperrklausel** ↑ Wahlen.

**Sperrkraut** (Himmelsleiter, Jakobsleiter, Polemonium), Gatt. der S.gewächse mit über 20 Arten, v.a. im westl. N-Amerika, einige Arten auch in Asien und Europa; meist Stauden mit fiederteiligen Blättern und blauen, violetten oder weißen Blüten in endständigen, locker doldentraubigen oder köpfchenförmigen Blütenständen. In Deutschland wächst vereinzelt im Alpenvorland das **Blaue Sperrkraut** (Polemonium coeruleum), eine 30-80 cm hohe Staude mit unpaarig gefiederten Blättern und glockigen, himmelblauen Blüten in endständigen Rispen; auch Gartenpflanze.

**Sperrkrautgewächse** (Himmelsleitergewächse, Polemoniaceae), Pflanzenfam. mit rd. 320 Arten in 18 Gatt., fast ausschließl. in Amerika; meist einjährige Kräuter (selten Sträucher oder Lianen) mit fünfzähligen Blüten (Kronblätter miteinander verwachsen) in Trugdolden, Doldentrauben oder Köpfchen. Wichtige Gatt. (v. a. als Zierpflanzen) ↑ Phlox und ↑ Sperrkraut sowie als Kletterpflanze die ↑ Glockenrebe.

**Sperrminorität,** im Aktienrecht Bez. für eine Beteiligung von mindestens 25% des Aktienkapitals. Durch eine S. können solche Beschlüsse der Hauptversammlung vereitelt werden, für die Gesetz oder Satzung Dreiviertelmehrheit vorschreiben, z. B. Satzungsänderungen.

**Sperrschicht,** in der *Meteorologie* svw. Temperaturumkehr (↑ Inversion).
♦ in der *Halbleiterphysik* Bez. für einen schmalen, durch elektr. Felder stark beeinflußbaren Bereich (Schichtdicke etwa $10^{-5}$ cm) zw. zwei Halbleiterzonen verschiedener Dotierung (p-n-S.) oder an der Grenz-

fläche zw. einem Metall und einem Halbleiter *(Schottky-S. oder Schottky-Barriere).*

**Sperry,** Roger Wolcott [engl. ˈspɛrɪ], *Hartford (Conn.) 20. Aug. 1913, amerikan. Psychobiologe. - Seit 1954 Prof. am California Institute of Technology in Pasadena; erhielt 1981 für seine Entdeckung der Funktionsspezialisierung der Gehirnhälften den Nobelpreis für Physiologie oder Medizin (zus. mit D. H. Hubel und T. N. Wiesel).

**Sperrylith** [nach dem kanad. Chemiker F. L. Sperry, 19. Jh.], zinnweißes, stark metall. glänzendes, kub. Mineral, chem. $PtAs_2$. Es tritt in Kupferkies-, Magnetkies- und Pentlanditlagerstätten auf; wichtiges Platinmineral. Mohshärte 6–7; Dichte 10,6 g/cm$^3$.

**Sperry Rand Corporation** [engl. ˈspɛrɪ ˈrænd kɔːpəˈreɪʃən], amerikan. Unternehmen der elektron. Industrie, Sitz New York; entstanden 1955 aus der Fusion der Remington Rand Inc. mit der Sperry Corporation.

**Sperrzeit,** die nach dem GaststättenG durch Verordnung der zuständigen obersten Landesbehörde festzusetzende Zeit (i. d. R. 1 Uhr nachts), in der Gast- und öffentl. Vergnügungsstätten geschlossen werden müssen; sog. *Polizeistunde.*

**Spes** [lat.], bei den Römern Begriff und vergöttlichte Personifikation der „Hoffnung".

**Spesen** [italien., zu lat. expensa (pecunia) „die Ausgabe, der Aufwand"], die Auslagen oder Kosten, die in Verbindung mit der Erledigung eines Geschäfts (z. B. einer Geschäftsreise) erwachsen.

**Spessart,** waldreiches Bergland zw. Main (im O, S und W) und Kinzig (im N), im Geiersberg 585 m hoch; z. T. Naturpark; Naherholungsgebiet für die Städte des Rhein-Main-Gebietes.

**Speusippos,** *um 408, †Athen 339, griech. Philosoph. - Neffe und Nachfolger Platons in der Leitung der Akademie. Versuchte in seinem Werk „Ähnlichkeiten", die Tier- und Pflanzenwelt vollständig nach Art und Gatt. einzuteilen und die Klassifikationstypen jeweils durch „Ähnlichkeiten" zu verbinden.

**Speyer,** Stadt an der Mündung des Speyerbachs in den Oberrhein, Rhdl.-Pf., 104 m ü. d. M., 43 600 E. Sitz eines kath. Bischofs und des Prot. Landeskirchenrats der Pfalz; Hochschule für Verwaltungswiss., Museen, u. a. Histor. Museum der Pfalz, Weinmuseum, Feuerbachmuseum, Landesarchiv; kirchenmusikal. Institut. Metallverarbeitung, chem., Textil-, Nahrungsmittel- und Getränkeindustrie, Tabakverarbeitung, Druckereien; Hafen.

**Geschichte:** Um 150 n. Chr. erstmals als **Noviomagus** erwähnt; kelt. Oppidum, das 70 v. Chr. von den Nemetern in Besitz genommen, 58 v. Chr. von Cäsar unterworfen wurde; wurde Hauptort des Civitas Nemetum (2 röm. Kastelle des 1. Jh. n. Chr., 1 spätröm. Kastell); 496 von den Franken erobert und im 6. Jh. erstmals als **Spira** bezeichnet, seit Erhebung zum Bischofssitz (614 erstmals bezeugt) stets Stadt gen.; geriet seit dem 7. Jh. immer mehr unter den Einfluß der Bischöfe; 969 wurde der Bischof alleiniger Stadtherr; doch erhielten die Bürger 1111 ständ. und gerichtl. Freiheiten, so daß S. sich 1294 von der bischöfl. Herrschaft befreien und in der Folge zur freien Reichsstadt entwickeln konnte; war Schauplatz zahlr. Hof- und Reichstage. 1529 protestierten die ev. Reichsstände gegen den von Kaiser Karl V. veranlaßten Reichsabschied (Protestation von S.); 1527–1689 Sitz des Reichskammergerichts; 1689 von frz. Truppen schwer zerstört; im 18. Jh. allmähl. Wiederaufbau; fiel 1816 an Bayern und war bis 1945 Sitz der rheinpfälz. Bezirksregierung.

**Bauten:** Außer dem ↑Speyerer Dom bed. ev. Dreifaltigkeitskirche (1701–17), Reste der ehem. Synagoge (11. Jh.) mit unterird. Frauenbad (12. Jh.); barockes Rathaus (18. Jh.), Reste der Stadtbefestigung, u. a. das Stadttor, sog. Altpörtel (13. und 16. Jh.).

⫽ *Gesch. der Stadt S.* Hg. v. der Stadt S. Stg. u. a. 1982. - Roland, B.: *S. Bilder aus der Vergangenheit.* Bad Honnef $^2$1976.

**S.,** Bistum, erstmals 614 bezeugt (ein Bischof von S. wird schon um 346 erwähnt); bis 1801 Suffragan von Mainz; durch das frz. Konkordat (1801) fiel der größte Teil des Bistums an das neue Bistum Mainz, der rechtsrhein. Teil wurde durch ein Bischöfl. Vikariat verwaltet. Als Folge des Konkordats mit Bayern (1817) wurde 1821 ein neues Bistum S. geschaffen, das auf den linksrhein. Rheinkreis (seit 1838 Pfalz) beschränkt blieb und zur Kirchenprovinz Bamberg gehört. - ↑ auch katholische Kirche (Übersicht).

**Speyerer Dom,** einer der drei großen Kaiserdome am Rhein. In zwei Bauperioden errichtet: 1. von Kaiser Konrad II. um 1030, 1061 geweiht; 2. kurz vor 1082 von Kaiser Heinrich IV., um 1106 vollendet. 1689 und 1794 verwüstet; seit 1816 Wiederherstellung. 1854–57 Beseitigung des Neumannschen Westbaus von 1772–78 und Rekonstruktion des urspr. Westbaus durch H. Hübsch. Der S. D. ist eine dreischiffige Basilika mit Querhaus. Die Krypta (1041 geweiht) unter Chor und Querhaus ist die Grablege von 8 Königen und Kaisern des Hl. Röm. Reiches. Restaurierung des Doms 1957–72. - Abb. Bd. 5, S. 176.

⫽ *Kubach, H. E.: Der Dom zu S.* Darmst. $^2$1976.

**Spezia, La,** italien. Hafenstadt im östl. Ligurien, 110 100 E. Hauptstadt der Prov. La S., kath. Bischofssitz; archäolog. und Marinemuseum, Gemäldegalerie, Erdölraffinerie, Werften, Eisenhütten und Stahlwerk, Maschinenbau; Muschelzucht. - In röm. Zeit kleiner Hafen (**Portus Lunae**); kam 1274 an Genua, errang im 15. Jh. Bed. als Handelsplatz; Ende des 16. Jh. befestigt; nach 1860 zum wichtigsten

## spezial

Marinestützpunkt ausgebaut; seit 1923 Prov.-hauptstadt. - Nach Zerstörungen im 2. Weltkrieg planmäßig wieder aufgebaut.

**spezial,** svw. ↑speziell.

**Spezialisation** [lat.], in der Biologie Bez. für die Umformung von Organismen in Richtung einer zunehmenden Eignung für bes., enger gefaßte Lebensbedingungen.

**spezialisieren** [lat.-frz.], 1. gliedern, sondern, einzeln anführen, unterscheiden; 2. (sich s.) sich [berufl.] auf ein Teilgebiet beschränken.

**Spezialist** [lat.], Fachmann, Facharbeiter, Facharzt.

**Spezialität** [lat.], Besonderheit; Liebhaberei; Feinschmeckergericht.

**Speziation** [lat.], svw. ↑Artbildung.

**speziell** (spezial) [lat.], vor allem, besonders, eigens; eigentümlich; einzeln.

**Spezies** (Species) [lat.], in der Philosophie svw. ↑Art.

◆ in der *Biologie* ↑Art.

**Spezieskauf,** svw. ↑Stückkauf.

**Speziesschuld,** svw. ↑Stückschuld.

**Speziestaler** [zu lat. species „Art, Sorte"], svw. „eigtl. Taler", das wirkl. geprägte Talerstück im Ggs. zum bloßen Rechnungstaler (d. h. zur Rechnungsmünze), der gegen den S. vielfach im Wert absank (↑Taler).

**Spezifikum** [lat.], 1. Besonderes, Entscheidendes; 2. Arzneimittel, das gegen eine bestimmte Krankheit oder einen bestimmten Krankheitserreger wirksam ist.

**spezifisch** [lat.], arteigen, kennzeichnend.

◆ in *Physik* und *Technik* svw. auf eine bestimmte Größe (z. B. Masse, Fläche, Volumen) bezogen; nach DIN 5490 soll die Bez. nur dann verwendet werden, wenn die Bezugsgröße die Masse ist.

**spezifische Masse,** svw. ↑Dichte.

**spezifisches Gewicht,** svw. ↑Wichte.

**spezifische Wärme** (spezif. Wärmekapazität), die Wärmemenge je Masseneinheit, die erforderl. ist, um 1 g eines Stoffes *(wahre s. W.,* Formelzeichen *c)* oder ein Mol eines Stoffes *(molare s. W.* oder *Molwärme C)* um 1 °C zu erwärmen. Die wahre (bzw. molare) s. W. ist gleich dem Verhältnis der Wärmekapazität d$Q$/d$T$ eines Körpers der Temperatur $T$ zu seiner Masse $m$ (bzw. Molmasse $M$):

$$c = \frac{1}{m}\frac{dQ}{dT} \text{ bzw. } C = \frac{1}{M}\frac{dQ}{dT}.$$

Führt man einem Körper die Wärmemenge d$Q$ zu, wird nicht nur die Temperatur des Körpers erhöht, sondern ein Teil wird bei der Wärmeausdehnung des Körpers verbraucht, da dabei Arbeit gegen äußeren Druck bzw. innere Kräfte zu leisten ist.

**spezifizieren** [lat.], einzeln aufführen, verzeichnen; zergliedern.

**Sphagnum** [griech.], svw. ↑Torfmoos.

**Sphalerit** [griech.], svw. ↑Zinkblende.

**Sphäre** [zu griech. sphaĩra „Ball, Kugel"], svw. Bereich, [Um]kreis, z. B. Macht-, Einfluß-, Verantwortungsbereich, Gesichts-, Wirkungskreis.

◆ svw. Kugel; in der *Astronomie* Bez. für die Himmelskugel.

**Sphärenharmonie,** die in Zahlenverhältnissen ausdrückbare Entsprechung von Bewegungen und Entfernungen der Himmelskörper (Mond, Sonne, Planeten, Fixsterne) und von Grundlagen des Tonsystems (Zahlenproportionen der Intervalle). Die Vorstellung von einer Entsprechung von Welt- und Tonsystem geht auf die Pythagoreer (u. a. Archytas von Tarent) zurück, wurde von Platon und Aristoteles übernommen und ging durch Boethius in die ma. Musiktheorie ein. Die Frage nach der Hörbarkeit der *Sphärenmusik* wurde mit der erneuten Beschäftigung mit Aristoteles im 13. Jh. wieder aufgegriffen. Mit einer verstärkt empir. Orientierung von Philosophie und Musiktheorie seit dem 14. Jh. verlor die Vorstellung von der S. ihre musiktheoret. Bed., blieb aber als Denkform (z. B. bei J. Kepler; thematisiert in P. Hindemiths Oper „Die Harmonie der Welt", 1957) bis in die Barockzeit erhalten.

**sphärisch,** auf die Kugel bezogen, mit der Kugel zusammenhängend.

**sphärische Aberration** ↑Abbildungsfehler.

**sphärische Geometrie,** die ↑Geometrie auf der Kugeloberfläche.

**sphärische Koordinaten,** Koordinaten auf einer Kugeloberfläche (↑Koordinaten).

**sphärisches Dreieck,** aus Großkreisbögen auf der Kugeloberfläche gebildetes Dreieck.

**Sphärit** [griech.], Mineral mit der chem. Zusammensetzung $Al_5[(OH)_9/(PO_4)_2]$.

**Sphäroid** [griech.], allg. Bez. für einen kugelähnl. Körper bzw. eine nur wenig von einer Kugel verschiedene Fläche; i. e. S. Bez. für ein Rotationsellipsoid (↑Ellipsoid).

**Sphärometer** [griech.], mit einer ringförmigen oder zwei stiftförmigen Meßschneiden und einem verstellbaren Meßstift ausgerüstetes Gerät zur Bestimmung der Krümmungsradien von Linsen u. a.

**Sphenoidale** [...no-i...; griech.], Kurzbez. für Os sphenoidale (↑Keilbein).

**Spherics** [engl. 'sferiks; griech.-engl.] (Atmospherics), Funkstörungen, die von Blitzen herrühren und sich beim [Rund]funkempfang als Knack- und Kratzgeräusche bemerkbar machen. Der Blitzkanal stellt mit seinen schnellen Stromschwankungen einen Sender dar, der elektromagnet. Impulse im Rundfunkwellenbereich abstrahlt. Aufnahme und Analyse der S. dienen der Gewitterforschung.

**Sphingidae** [griech.], svw. ↑Schwärmer.

**Sphingomyeline** [griech.], zu den Phospholipiden zählende, v. a. in Nervenzellen enthaltene Substanzen aus Cholin, Phosphorsäure, **Sphingosin** (ein Aminoalkohol; 2-Amino-4-trans-octadecen-1,3-diol) und einer an die Aminogruppe des Sphingosins gebundenen Fettsäure.

**Sphinkter** [griech. „Schnürer"], svw. ↑Ringmuskel.

**Sphinx,** Fabelwesen der ägypt. und griech. Mythologie. In Ägypten symbolisiert sie den Pharao (Löwenleib) oder später auch einen Gott (Widderleib). Die griech. S. (geflügelter Löwenrumpf mit Mädchenkopf) ist ein Todesdämon, sie haust auf einem Felsen bei Theben und tötet jeden Wanderer, der ihr Rätsel („Was ist am Morgen vierfüßig, zu Mittag zweifüßig, am Abend dreifüßig?") nicht lösen kann. Als Ödipus die richtige Antwort („der Mensch") findet, stürzt sich die S. in die Tiefe. - Das bekannteste Bildwerk ist die große S. von Gise, 57 m lang aus dem anstehenden Felsen gehauen. Die S. erscheint auf assyr. Rollsiegeln, in der griech. Kunst in der Vasenmalerei und Plastik, bes. als Akroter (auf Grabstelen u. a.); lebt fort in der roman. Bauskulptur v. a. an den Kapitellen, erneut aufgegriffen seit dem 15./16. Jh. Im Symbolismus erfuhr sie eine erot. Umdeutung.

📖 *Demisch, H.: Die S. Stg. 1977.*

**Sphinx** [griech.], Gatt. der Schwärmer mit zahlr. Arten auf der Nordhalbkugel, davon der ↑Ligusterschwärmer als einzige Art in M-Europa.

**Sphinxpavian** (Guineapavian, Roter Pavian, Papio papio), mit 50–60 cm Körperlänge kleinste Art der Paviane (Gruppe ↑Babuine) in W-Afrika; Fell rotbraun bis ockerfarben; ♂ mit kräftig entwickelter Rückenmähne; in Savannen, bes. in felsigem Gelände.

**Sphragistik** [zu griech. sphragís „Siegel"], svw. Siegelkunde, ↑Siegel.

**Sphygmograph** [zu griech. sphygmós „Puls"] (Pulsschreiber), bei medizin. Untersuchungen verwendetes Registrierinstrument zur Wiedergabe schnell erfolgender Schwingungen, wie z. B. des Pulses und Herzspitzenstoßes (mit einem *Kardiosphygmographen*).

**Sphyrnidae** [griech.], svw. ↑Hammerhaie.

**Spica** (Spika) [lat. „Kornähre"], der hellste Stern im Sternbild Virgo (Jungfrau), α Vir; Entfernung etwa 230 Lichtjahre.

**spiccato** [italien.], Spielanweisung für Streicher, jeden Ton mit einem neuen Bogenstrich zu spielen, bei schnellem Tempo in ↑Springbogen übergehend.

**Spickaal** [niederdt.], sehr fetter, geräucherter Flußaal.

**spicken,** bei magerem Fleisch (v. a. Wild) Speckstreifen mit der Spicknadel in die obere Fleischschicht schieben.

**Spiegel** [zu lat. speculum „Spiegel(bild), Abbild"], Vorrichtung, die auffallendes Licht

Sphinx (um 560 v. Chr.). Delphi, Archäologisches Museum

entsprechend dem Reflexionsgesetz (↑Reflexion) zurückwirft (reflektiert). Die Wirkung beruht auf einer dünnen *S.schicht,* meist aus Silber oder Aluminium (bei hochwertigen S. im Vakuum aufgedampft) oder auch anderen Metallen, die auf die Vorderfläche (*Vorderflächen-S.,* z. B. bei S.teleskopen und Scheinwerfern) oder auf die Rückfläche (*Rückflächen-S.,* z. B. alle im Haushalt übl. Glas- bzw. Kristall-S.) einer sehr glatten, meist polierten Trägerfläche aufgebracht ist. - Man unterscheidet ebene S. (*Plan-S.*) und *gekrümmte S.;* reflektieren die gekrümmten S. mit ihrer hohlen Seite das Licht, so werden sie als *Sammel-, Hohl-* oder *Konkav-S.* bezeichnet, andernfalls als *Zerstreuungs-, Wölb-* oder *Konvexspiegel.* Nach der Form der Flächenkrümmung unterscheidet man sphär. S. (*Kugel-S.*) und *asphär. S.* (z. B. parabol., hyperbol., ellipt. oder zylindr. Spiegel).

Der ebene S. liefert von einem vor ihm stehenden Gegenstand ein virtuelles (scheinbares) Bild gleicher Größe, das ebensoweit hinter dem S. zu liegen scheint, wie der Gegenstand sich vor dem S. befindet. Hohl- bzw. Wölb-S. sind in ihrer Wirkung den Sammel- bzw. Zerstreuungslinsen ähnl. (ihre Brennweite ist gleich dem halben Krümmungsradius); man kann mit ihnen wie mit Linsen vergrößerte oder verkleinerte (z. B. bei Rück-S. an Kfz.),

## Spiegel

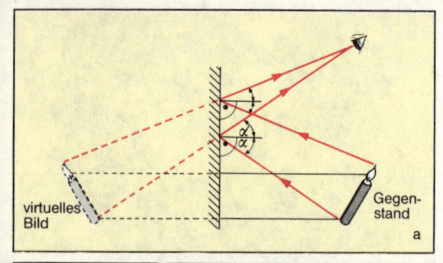

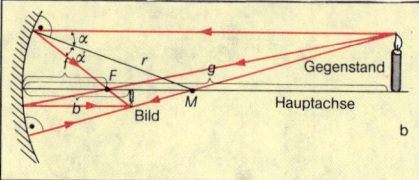

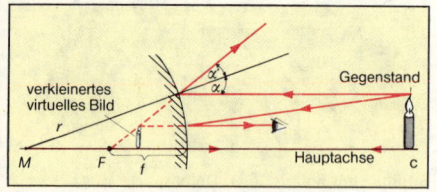

Spiegel. Schematische Darstellung der Abbildungsverhältnisse beim ebenen Spiegel (a), Konkavspiegel (b) und beim Konvexspiegel (c). α Einfalls-, α′ Reflexionswinkel, $M$ Krümmungsmittelpunkt, $r$ Krümmungsradius, $F$ Brennpunkt, $f$ Brennweite, $g$ Gegenstandsweite, $b$ Bildweite

reelle bzw. virtuelle Bilder (↑Abbildung) erzeugen. Für große astronom. ↑Fernrohre verwendet man anstelle von Linsen häufig S.systeme, da die Abbildung mit S. keine Farbfehler zeigt und größeren S. entsprechende Linsen mit genügender Homogenität des Glases nicht herstellbar sind (↑Spiegelteleskop).

**Geschichte:** Die ältesten bekannten S. waren aus Metall und stammen aus dem 3./2. Jt. v. Chr. Die S. der Römer waren meist auf der Vorderseite mit Silber belegt. Während im Mittelmeerraum vorwiegend mit einem Griff (Stiel) versehene Hand-S. in Gebrauch waren, kannten die Chinesen etwa vom 7. Jh. v. Chr. an Rund-S. aus Bronze zum Aufhängen. - Im MA wurden S. meist aus Metall, später aus Glas gefertigt und mit Quecksilber verspiegelt. Vom 16. Jh. an wurde Venedig zum Zentrum der S.industrie, die nach einem neuen Guß- und Walzverfahren ebene S. herstellte. Die dadurch ermöglichte Fabrikation großflächiger S. wurde bei der Ausstattung fürstl. Räume genutzt, die in den S.kabinetten des Barock (z. B. der S.saal des Schlosses von Versailles) und der Rokokozeit ihren Höhepunkt erreichte. - Zum Bau von Teleskopen werden S. seit den Vorschlägen von J. Gregory und I. Newton verwendet.

In der Sprache der *Mystik* ist S. ein Symbol für Gott, Christus und die Seele („S. der Gottheit"). - Der S. ist ferner ein Sinnbild göttl. Allwissenheit, so daß in *Magie* und *Märchen* (z. B. „Schneewittchen") der Zauber-S. Fragen beantwortet.

📖 *Enzyklopäd. Hdb. zur Ur- u. Frühgesch. Europas. Hg. v. J. Filip. Bd. 2. Stg. u. a. 1969. - Hartlaub, G. F.: Zauber des S. Mchn. 1951. - Gerhard, E., u. a.: Etrusk. S. Bln. 1843-97. 5 Bde. in 6 Tlen. Nachdr. Bln. 1974. 5 Bde.*

◆ in der *graph. Technik* ↑Satzspiegel.
◆ in der *Geologie* ↑Harnisch.
◆ (Scheibe) *wm.* Bez. für den weißen bzw. heller gefärbten Fleck um den After beim Reh-, Rot- und Damwild.
◆ bei *Uniformen* ein Besatzstück aus Tuch an den Kragenecken.
◆ im MA Buchtitel für belehrende, moral.-religiöse, jurist. und satir. Werke, meist in Prosa; z. B. die Rechtsbücher „Sachsenspiegel", „Deutschenspiegel", „Schwabenspiegel".

**Spiegel, Der,** dt. Nachrichtenmagazin. 1946 von brit. Presseoffizieren in Hannover als „Diese Woche" gegr.; ging 1947 in dt. Hände über und wurde von R. Augstein als Hg. seitdem als „D. S." weitergeführt (seit 1952 in Hamburg).

**Spiegelaffäre,** innenpolit. Krise in der BR Deutschland 1962, ausgelöst durch eine Polizeiaktion gegen das Nachrichtenmagazin „Der Spiegel". Unter dem Vorwurf des publizist. Landesverrats wurden die Hg. R. Augstein und mehrere Redakteure verhaftet, die Redaktion längere Zeit besetzt, was im In- und Ausland heftige öffentl. Reaktionen auslöste, zumal durch die bes. Aktivität des (damaligen) Verteidigungsmin. F. J. Strauß der Eindruck einer gegen den „Spiegel" gerichteten Kampagne entstanden war. Strauß und 2 Staatssekretäre verloren ihre Posten. Der Bundesgerichtshof lehnte 1965 die Eröffnung des Hauptverfahrens gegen Augstein und den verantwortl. Redakteur C. Ahlers (* 1922, † 1980) ab.

**Spiegelfuge,** Fuge, bei der der gesamte Satz umkehrbar ist, wobei die tiefste Stimme zur höchsten wird (z. B. J. S. Bach, „Kunst der Fuge", Contrapunctus 16, 17, 18).

**Spiegelgänse** ↑Halbgänse.
**Spiegelgewölbe** ↑Gewölbe.
**Spiegelglas** (Kristallspiegelglas), beidseitig geschliffenes und poliertes, bes. homogenes Flachglas zur Herstellung von Spiegeln.
**Spiegelheck** (Plattgattheck), Schiffsheck mit ebener, quer zum Schiffskörper verlaufen-

der Heckplatte (Spiegel); v. a. bei Jachten und Kriegsschiffen.
**Spiegelkarpfen** ↑ Karpfen.
**Spiegellinse**, Linse, deren Rückseite als Spiegel ausgebildet ist.
**Spiegelreflexkamera** ↑ photographische Apparate.
**Spiegelteleskop** (Reflektor, Spiegelfernrohr), ein Fernrohr, dessen Objektiv aus einem Hohlspiegel oder einem zusammengesetzten (aplanat.) Spiegelsystem besteht. Das Bild entsteht dabei stets durch Reflexion des Lichtes an einem konkaven Spiegel (mit Vorderseitenverspiegelung). Die Vorteile von Spiegeln gegenüber Linsen liegen einmal in Fehlen jegl. Farbabweichungen, zum andern ist bei den verwendeten Vorderseitenspiegeln nur eine Fläche opt. zu bearbeiten; die verwendete Spiegelscheibe muß spannungs- und blasenfrei, nicht aber (wie bei Linsen) auch noch schlierenfrei sein.
Das größte S. war für viele Jahre das Hale-Teleskop auf dem Mount Palomar (Spiegeldurchmesser 5,10 m). 1975/76 wurde ein S. mit einem Spiegeldurchmesser von 6,10 m im nördl. Großen Kaukasus (Selentschukskaja) in Betrieb genommen. - ↑ auch Fernrohr, ↑ Schmidt-Spiegel.
**Spiegelung**, in der *Optik* Bez. für die gerichtete Reflexion (z. B. durch einen Spiegel).
♦ in der *Medizin* svw. ↑ Endoskopie.
♦ (affine S.) in der *Mathematik* eine spezielle ↑ affine Abbildung in der Ebene oder im Raum. Bei der S. *an einer Geraden (Umklappung, Achsenaffinität)* konstruiert man zu einem gegebenen Punkt *P* den Bildpunkt *P'*, indem man durch *P* den Affinitätsstrahl (Strahl parallel zur Affinitätsrichtung = S.richtung) legt. Dieser mit der Affinitätsachse *(S.achse)* den Winkel ψ einschließende Strahl *a* trifft die S.achse in einem Punkt *Q*. Von *Q* trägt man in S.richtung die Strecke *PQ* ab: der Endpunkt ist *P'*. Bei der S. *an einer Ebene E* erfolgt die Konstruktion des Bildpunktes zu einem gegebenen Punkt analog zur S. des Punktes an einer Geraden. Zur Konstruktion des Bildes *P'* von *P*, das sich bei der S. *an einem Punkt Z* ergibt, zieht man den Strahl von *P* nach *Z* über *Z* hinaus und trägt von *Z* aus die Strecke $\overline{PZ}$ nach der anderen Seite ab; der Endpunkt ist *P'*; entsprechend erhält man *Q'* und *R'*.
**Spiegel zum Desenberg**, Ferdinand August Graf von (seit 1816), * Schloß Canstein (Gem. Marsberg, Hochsauerlandkreis) 25. Dez. 1764, † Köln 2. Aug. 1835, dt. kath. Theologe. - 1813 von Napoleon I. zum Bischof von Münster ernannt; Anhänger der nat.kirchl. Bewegung von I. H. von Wessenberg, von der er sich 1818 trennte; 1817 Mgl. des preuß. Staatsrats; 1821 von der preuß. Reg. zum Erzbischof des neuerrichteten Erzbistums Köln ernannt, jedoch erst 1825 inthronisiert; maßgebl. an der Organisation der Unabhängigkeit der Kirche von der staatl. Kirchenpolitik beteiligt; seine Unterzeichnung der „Berliner Konvention" vom 19. Juni 1834 (feierl. Einsegnung konfessionsverschiedener Eheleute ohne Garantie der kath. Kindererziehung) führte zu den ↑ Kölner Wirren.
**Spiegler**, Franz Joseph, * Wangen im Allgäu 5. April 1691, † Konstanz 15. April 1757, dt. Maler. - Sein Hauptwerk sind die illusionist., hochdramat. Fresken in der ehem. Abteikirche in Zwiefalten (1747–51).
**Spieker** [niederdt.], früher im Schiffbau verwendeter großer Nagel mit quadrat. Querschnitt.
**Spiekeroog** [...'o:k], eine der Ostfries. Inseln, zw. Langeoog im W und Wangerooge im O, 17,4 km². Am sw. Rand der Dünen liegt das Seebad S. (915 E); Fähre von Neuharlingersiel.
**Spiel**, Hilde, * Wien 19. Okt. 1911, östr. Schriftstellerin, Journalistin und Kritikerin. - Ging 1936 [mit ihrem Mann P. de Mendelssohn] nach Großbrit.; lebt seit 1963 in Wien. Verf. von Romanen („Lisas Zimmer", 1961), Novellen, Essays („Welt im Widerschein", 1960) und Hörspielen; Übersetzerin. - *Weitere Werke:* Verwirrung am Wolfgangsee (R., 1935, 1961 u. d. T. Sommer am Wolfgangsee), Fanny von Arnstein oder die Emanzipation (Biogr., 1962), Kleine Schritte, Berichte und Geschichten (1976), Mirko und Franca (E., 1980), Engl. Ansichten (Essays, 1984).
**Spiel**, Tätigkeit, die ohne bewußten Zweck, aus Vergnügen an der Tätigkeit als solcher bzw. an ihrem Gelingen vollzogen wird und stets mit Lustempfindungen verbunden ist. Das S. des Menschen wird als ein durch unterschiedlichste Faktoren bestimmtes Verhalten verstanden, das im Wechselverhältnis zw. Individuum und Gesellschaft eine wesentl. Vermittlerrolle einnimmt und in jeder Lebensperiode unentbehrl. ist.
Das S. des *Kindes* kann neben der Funktion, kognitive Fähigkeiten zu trainieren, dessen soziale Identität entwickeln und stabilisieren. V. a. in den ersten beiden Lebensjahren übt das Kind mit Hilfe häufig wiederholter Bewegungen und Handlungsabläufe körperl. Funktionen ein *(Funktions-S.:* Motiv ist der Betätigungsdrang); meist während des 2. Lebensjahres setzt die Form des *Fiktions-S.* (auch *Rollen-, Illusions-* oder *Deutungs-S.)* ein, in dem das Kind mit Mimik und Gestik Handlungen und Verhaltensweisen anderer nachahmt. Nimmt das Kind das Material zu Hilfe und versucht es, Gegenstände miteinander in Beziehung zu setzen, spricht man von *Konstruktions-S.* Bis zum Vorschulalter bleibt das S. meist Einzelbeschäftigung *(Einzel-S.)*, erst später, als *Gruppen-S.*, bekommt es Wettbewerbscharakter *(Wettbewerbs-S.)* und wird durch die Einigung auf bzw. Vorgabe von Vorschriften zum *Regel-S.;* Wettbewerbs-

und Regel-S., v. a. die sog. Gesellschafts-S. dienen auch der Erholung und Entspannung *Erwachsener*.
Die klass. *Theorien vom S.* verstehen S. z. B. als Ausfluß eines Kraftüberschusses, als Rekapitulation der kulturellen Entwicklung des Menschen, als Ein- und Vorübung wichtiger Anlagen und Instinkte, als Erholung und Entlastung oder als Abfuhr von Affekten und Triebregungen. - In der Geschichte der *Pädagogik* steht neben der Wertschätzung des S. auch eine Tradition zurückhaltender oder negativer Bewertung. Zum einen wird das S. als „törichtes Treiben" (J. Locke) bezeichnet, andererseits wird es als „höchste Stufe der Kindesentwicklung" (F. Fröbel) beschrieben.
Zum Spiel im rechtl. Sinn ↑ Glücksspiel, ↑ Lotterie.
📖 *Eigen, M./Winkler, R.: Das S. Mchn.* ⁵*1983.* - *Hdb. der S.pädagogik. Hg. v. K. J. Kreuzer. Düss. 1983.* 2 *Bde.* - *Stöcklin-Meier, S.: Spielen u. Sprechen. Ravensburg* ⁴*1983.* - *S.pädagogik. Hg. v. N. Kluge. Bad Heilbrunn 1980.* - *Scheuerl, H.: Das S. Weinheim Neuausg. 1979.*
◆ wm. Bez. für den Schwanz von Auerhahn, Fasan und Birkhahn, der auch *Spielhahn* genannt wird.

**Spielautomaten,** Geräte mit einer vom Spieler zu betätigenden, den Spielausgang beeinflussenden Vorrichtung, die als Geschicklichkeits-S. der Unterhaltung dienen oder als Geld-S. die Möglichkeit eines Gewinns bieten. Bei Geschicklichkeits-S. sind neben dem ↑ Flipper v. a. elektron. Geräte verbreitet, die z. B. in Autorennen, militär. Aktionen u. ä. simulieren. Bei Geld-S. ist i. d. R. Ziel des Spiels, bei drei sich drehenden, mit Symbolen oder Zahlen versehenen Scheiben oder Walzen beim Stoppen der Scheiben bzw. Walzen eine der Kombinationen von Zahlen bzw. Symbolen zu erreichen, die zu einem Gewinn führen. Die gewerbl. Verwendung von S., insbes. von Geld-S. ist u. a. in der Gewerbeordnung reglementiert.

**Spielbanken,** gewerbl. Unternehmen, die Gelegenheit zu öffentl. Glücksspiel geben (Spielkasino). Sie bedürfen bes. staatl. Zulassung.

**Spielbein** ↑ Kontrapost.

**Spielberg,** Steven [engl. 'spi:lbə:g], * Cincinnati (Ohio) 18. Dez. 1947, amerikan. Filmregisseur. - Drehte u. a. die Actionfilme „Duell" (1971) und „Der weiße Hai" (1974), die Science-fiction-Filme „Unheiml. Begegnung der dritten Art" (1978), „E. T." (1982), „1941" (1979), „Zurück in die Zukunft" (1985), „Die Goonies" (1985), „Die Farbe Lila" (1986).

**Spieldose,** mechan. Musikinstrument, bei dem die Töne durch das Anzupfen von Metallzungen mittels Stiften entstehen. Die Stifte sitzen auf einer rotierenden Metallscheibe oder Walze.

**Spieler,** Josef, * Walldürn 5. Aug. 1900, dt. Erziehungswissenschaftler. - Lehrte u. a. in Freiburg (Schweiz), Luzern und Karlsruhe. Seine Veröffentlichungen gelten v. a. der pädagog. Psychologie und der Heilpädagogik.

**Spielfilm,** ein Film, der den Verlauf einer wahren oder erfundenen Handlung darstellt (z. B. Abenteuer-, Kriminal-, Liebes-, Kriegsfilm) und mit einer Dauer von durchschnittl. 1½ Stunden Hauptbestandteil des Programms der Kinos ist. Der **Kriminalfilm** ist in verschiedene Untergruppen zu gliedern: Der *Detektivfilm* (Agenten- oder Polizeifilm) schildert die Aufklärung von Verbrechen, der *Gangsterfilm* setzt sich mit der Welt der Berufsverbrecher auseinander, der *Thriller* will v. a. Nervenkitzel vermitteln. Beim **Kriegsfilm** wird das Geschehen entweder als Hintergrundhandlung zum Thema dargestellt; zu unterscheiden ist zw. indifferenten, lediglich schildernden und parteil., nat. oder internat.-pazifist. orientierten Tendenzfilmen. Oft klischeehaft, werden der Kampf, das Hinterland, oder eine kampfentscheidende Situation als wichtigster Ausdruck des Krieges dargestellt.

**Spielgeschäft** ↑ Differenzgeschäft.

**Spielgewinne,** Einnahmen aus der Beteiligung an einem Glücksspiel; S. unterliegen nicht der Einkommensteuer, sind aber als Vermögensbestandteil zu versteuern.

**Spielhagen,** Friedrich, * Magdeburg 24. Febr. 1829, † Berlin 25. Febr. 1911, dt. Schriftsteller. - 1860-62 Feuilletonredakteur in Hannover, dann in Berlin. Einer der erfolgreichsten dt. Romanciers der 2. Hälfte des 19. Jh.; seine auf der Darstellung der zeitgenöss. gesellschaftl. Realität zielenden Romane verarbeiten sowohl Sympathien mit der Revolution von 1848 („Problemat. Naturen", 1861) als auch die Probleme des industriellen Fortschritts („Hammer und Amboß", 1869); realist. Erfassung sozialer Interessen des liberalen Bürgertums bes. in „Sturmflut" (1877). Schrieb auch Novellen, Lyrik und Dramen. Heute von Bed. v. a. als Theoretiker des Realismus und der Erzählstrategie.

**Spiel im Spiel** (Theater auf dem Theater), in ein Bühnenwerk als Theateraufführung eingefügte dramat. oder pantomim. Handlung oder Szene, z. B. in Shakespeares „Hamlet".

**Spieliothek** [gebildet in Anlehnung an Bibliothek], i. d. R. öffentl. Einrichtung, in der Spiele für alle Altersstufen gesammelt und an Interessenten ausgeliehen werden. Oft sind die S. an Stadtbüchereien angegliedert.

**Spielkarten,** Kartenblätter zum Spielen, Wahrsagen oder Lehren. In Europa haben S. meist ein rechteckiges Format, in Indien sind sie meist rund; in China sind S. lange schmale Streifen. Auf der Vorderseite der S. befinden sich Symbole (Farbzeichen oder auch Farben gen.) und Figuren. Die Symbole geben dem Spieler den Wert des einzelnen

# Spieltheorie

Blattes an. Meist werden 4 gleiche Reihen durch unterschiedl. Farbzeichen gekennzeichnet. Innerhalb einer Farbzeichenreihe haben die einzelnen Karten eine unterschiedl. Rangfolge. Zu den *Zahlenkarten* 1-10 (oder weniger, je nach Spielregel) treten die *Figurenkarten*: König, Königin, Reiter oder Bube. Die **Farbzeichen** werden in Europa nach den Ländern benannt, in denen sie am meisten verbreitet sind. Man unterscheidet v. a. zw. italien., dt. und frz. Farbzeichen. Die italien. Farbzeichen sind: *Spade* (Schwerter), *Bastoni* (Stäbe), *Coppe* (Becher) und *Denari* (Münzen). Die dazugehörigen Figurenkarten: Re (König), Cavallo bzw. Cavaliere (Reiter) und Fante (Bube), manchmal folgt dem König noch die Regina (Königin). Im dt. Sprachgebiet werden die Farbzeichen *Eichel, Blatt, Herz* und *Schelle* verwendet. Die Figuren sind König, Ober[mann] und Unter[mann]. Die Zahlenkarten umfassen 3 bis 20 und das Daus ( = 2). Die schweizer. Farben *(Eichel, Schilten, Blumen* und *Schellen)* sind eine Variante der deutschen. Mit den frz. Farbzeichen *Tréfle* (Treff oder Kreuz), *Pique* (Pik), *Cœur* (Herz) und *Carreau* (Karo) spielt man in französisch- und englischsprachigen Gebieten, aber auch in Deutschland. Die Figurenkarten König, Dame und Bube sehen in den einzelnen Ländern verschieden aus. Die Zahlenkarten umfassen 2 bis 10 und das As, dazu kommt - je nach Spielregel - der Joker. Die Rückseiten eines Kartenspiels müssen völlig ident. sein, damit nicht zu erraten ist, welche Karten der Gegner in der Hand hält. - Abb. S. 356.

⌑ *Hoffmann, Detlef: Die Welt der Spielkarte: eine Kulturgesch. Mchn. 1983. - S. Ihre Kunst u. Gesch. in Mitteleuropa. Ausstellungskat. Hg. v. Detlef Hoffmann u. a. Wien 1974.*

**Spielkartenmeister** ↑ Meister der Spielkarten.

**Spielkasino** ↑ Spielbanken.

**Spielmannsdichtung,** i. e. S. eine Gruppe von 5 anonymen [frühhöf.] **Spielmannsepen,** denen das Strukturschema der Brautwerbung gemeinsam ist: „König Rother", „Herzog Ernst", „Sankt Oswald", „Orendel" und „Salman und Morolf". Umstritten sind die Einheitlichkeit dieser um die Mitte des 12. Jh. datierten Gruppe, der Grad ihrer Absetzung von der Helden- und Geistlichenepik wie auch vom höf. Roman. Auch ihre Zuordnung zum **Spielmann,** der als [recht- und ehrloser] fahrender Sänger keinem bestimmten Stand angehörend, seinen Lebensunterhalt u. a. durch artist. und musikal. Darbietungen und wohl auch durch den Vortrag literar. Kleinkunst (Lieder, Balladen u. a.) bestritt, ist fraglich. Angebl. typ. „spielmänn." Züge, wie additiver Stil, Unbekümmertheit in Sprache und Vers, starke Formelhaftigkeit, Freude am vordergründig Gegenständlichen, zeitgenöss. Stoffe (Kreuzzüge), aber auch spätantike Stoffquellen, Hang zur Drastik und Komik, finden sich auch in anderen Gatt. des 12. Jahrhunderts.

**Spielmannszug,** in der Militärmusik die Trommler und Pfeifer; der S. (auch in vielen nichtmilitär. Vereinigungen verbreitet) wechselt sich z. B. bei Umzügen und beim Zeremoniell mit dem reicher besetzten Musikkorps ab.

**Spielmethoden** (spieler. Gestaltungsverfahren, Spieltests), in der psycholog. Diagnostik (bes. bei Kindern) verwendete Verfahren oder Tests. Es werden unterschiedl. strukturierte Materialien (Klötze, Tiere, Puppen, Bilder) zur spieler. Benutzung ohne nähere Anweisungen angeboten. Der Diagnostiker zieht Schlüsse aus der Verwendung der Gegenstände und aus den begleitenden Erklärungen über das, was dargestellt oder gespielt wird. Folgerungen lassen sich über Persönlichkeitsmerkmale sowie über aktuelle Konfliktsituationen, in denen sich der Spielende befindet, ziehen.

**Spielplatz,** i. e. S. der für Kinder zum Spielen geeignete und bes. ausgestaltete Platz im Freien, i. w. S. jeder von Kindern genutzte Raum. Seit 1960 (Dt. Musterbauordnung) wird die Einrichtung von S. für Kinder bis zu 6 Jahren für jedes größere Wohnungsbauvorhaben gefordert, um das Spielen dem Bereich des Straßenverkehrs zu entziehen. Außer der unzureichenden Anzahl von S., deren oft mangelhafter Ausstattung und deren teilweise beängstigender Verschmutzung, wird zunehmend das Fehlen von Spiel- und Sportgelände für ältere Kinder und Jugendliche kritisiert. Neben den herkömml. S. mit Rutschbahnen, Klettergerüsten, Schaukeln, Wippen, Sandkästen werden in jüngster Zeit (nicht selten durch Elterninitiativen) Ballspielplätze, **Spielstraßen** (Rollschuhbahnen, Asphaltflächen), Kleinkinderspielplätze (möglichst in Wohnungsnähe), mobile Spielbusse, Spielhöfe (Hinterhöfe, Pausen- und Schulhöfe) sowie ↑ Abenteuerspielplätze, Indianer- und Bauspielplätze mit veränderbaren Materialien, wie Geräten, Brettern, Balken, Steinen, eingerichtet, die den Kindern wirkl. Spiel- und Gestaltungsmöglichkeiten bieten.

**Spieltheorie** (Theorie strateg. Spiele), ein Anwendungsgebiet der Mathematik, das - im Unterschied zur Wahrscheinlichkeitsrechnung - nicht nur reine Glücksspiele behandelt werden, sondern auch Spiele mit Entscheidungsproblemen, deren Ausgang auch (oder ausschließl.) vom Verhalten der Spieler abhängt *(strateg. Spiele).* Der Begriff *Spiel* umfaßt dabei auch soziolog., wirtsch. und polit. Gegebenheiten (Wettstreit und Wettbewerb, Konkurrenz- und Machtkampf, Konflikt bzw. Kooperation), die die gleichen formalen Strukturen aufweisen wie die übl., durch feste Spielregeln bestimmten Spiele. Das Hauptziel der S. ist das Auffinden der für einen Spieler

# Spieltherapie

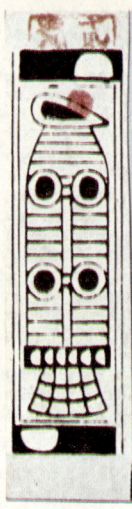

Spielkarten. Von links: Becher-König (Venedig; 16. Jh.); zwei chinesische Geldspielkarten (um 1910)

günstigsten Spielverfahren, d. h. der bestmögl. Strategie. I. w. S. befaßt sich die S. mit der optimalen Steuerung von techn. Systemen, in denen zwei oder mehrere Steuereinrichtungen wie zwei oder mehrere konkurrierende Spieler mit entgegengesetzten Interessen Konfliktsituationen hervorrufen können. – Die S. wurde von J. von Neumann begründet und erstmals angewandt (1928).

**Spieltherapie,** Form der Psychotherapie, die versucht, im spieler. Darstellen und Durchleben psych. Konfliktsituationen, die meist nicht bewußt sind und sich in Verhaltensstörungen oder neurot. Zügen kenntl. machen, zu klären. Gewöhnl. wird diese Methode bei Kindern in Einzel- oder Gruppensituationen angewandt.

**Spieluhr,** eine Uhr, die neben oder anstelle des Schlagwerks ein mechan. Musikwerk (↑ mechanische Musikinstrumente) besitzt.

**Spielzeug,** i. w. S. jeder Gegenstand, der Menschen und Tiere zum Spielen veranlaßt; i. e. S. ein Hilfsmittel, das als Impulsquelle erzieherische und bildende Wirkung bei allen Altersgruppen ermöglicht. Das S. stellt häufig Dinge der Umwelt dar und fordert zu bestimmten Handlungen heraus. Es gibt S., mit dem beobachtete Sachverhalte abgebildet, spezif. Beziehungen herausgefordert (z. B. Puppe), Natur und Technik kennengelernt werden können. Die Wirkungen des S. sind von dessen Beschaffenheit, aber auch von der Persönlichkeit des/der Spielenden, der Spielsituation sowie der Anregung und Hilfestellung anderer Personen abhängig. Maßstab für die Beurteilung von S. sind unterschiedl. funktionale Schwerpunkte sowie die Vielseitigkeit der Wirkung. – S., das gezielt auf die Förderung bestimmter Fähigkeiten ausgerichtet ist, wird *didakt. S.* genannt.

**Geschichte:** S. ist bereits aus vorgeschichtl. Zeit bekannt: z. B. Tontiere und Kinderrasseln aus Bronze oder Ton; Puppen aus verschiedenen Materialien kannte man bereits in Ägypten und im klass. Altertum. Aus Griechenland sind S.pferde auf Rädern, kleine Wagen, Reifen, Bälle u. a., aus Rom Puppenmöbel und -stuben, aus dem MA S.reiter und -pferde aus Ton überliefert. – Seit dem 15. Jh. entwickelten sich S.fabrikationen und -handel; mit ihnen wurde das S. vielfältiger (z. B. Puppen, Puppenstuben, -kleidung, -möbel, -geschirr) und kunstvoller. Dt. Zentren der S.fabrikation waren v. a. Nürnberg, Frankfurt am Main, Augsburg und Ulm. Zinnfiguren (v. a. Soldaten und Tiere) werden seit dem 18. Jh. handwerksmäßig hergestellt. Am verbreitetsten war S. aus Holz (z. B. Steckenpferde, Pferdewagen, Hampelmänner). In waldreichen Gegenden (z. B. Tirol, Bayern, Thüringer Wald, Erzgebirge) hat die S.herstellung mit Hilfe kunstvoller Holzschnitzerei ihre Tradition gewahrt, auch wenn heute Bleche und Kunststoffe die am häufigsten verwendeten S.materialien sind. Seit dem 19., v. a. aber im 20. Jh., entwickelte sich das *mechan. S.* (z. B. Automaten, Maschinen, Eisenbahnen, Autos, Dampfer, Traktoren, aber auch Kriegs-S.), das durch Federwerk, Dampf oder Strom angetrieben wird (heute auch unter Verwendung elektron. Bauelemente). Immer mehr werden S. in den letzten Jahren nach

didakt. Gesichtspunkten hergestellt, die den Bedürfnissen der Kinder und Jugendlichen entsprechen (Lernspiele, Experimentierkästen u.a.). Durch die zunehmende Freizeit hat sich auch bei den Erwachsenen eine Nachfrage nach neuen Formen von S. entwickelt (z. B. Modellbau).
*Jaffke, F.: S. Stg. 1985. - Kutschera, V.: S. Spiegelbild der Kulturgesch. Mchn. 1983. - Hahn, H.: Vom Ernst des Spielens. Stg. ³1982. - Retter, H.: S. Hdb. zur Gesch. u. Pädagogik der Spielmittel. Weinheim 1979. - Kluge, R.: S. als Zugang zur Physik. Ffm. 1973.*

**Spiere** [niederdt.], jedes Rundholz an Bord eines Schiffs oder Boots, mit Ausnahme von Mast, Rah und Stenge.

**Spierstrauch** [griech./dt.] (Spiraea), Gatt. der Rosengewächse mit über 90 Arten in der nördl. gemäßigten Zone; sommergrüne Sträucher mit einfachen, meist gesägten Blättern, ohne Nebenblätter; Blüten klein, mit 4–5 Blütenblättern, zahlr. Staubblättern und meist 5 freien Fruchtblättern, die sich zu mehrsamigen Balgfrüchten entwickeln; Blütenstände doldig oder traubig; z. T. als Ziersträucher kultiviert.

**Spieß,** Stangenwaffe mit (eiserner) Spitze; urspr. auch als Wurfwaffe (Jagd-S.) verwandt; bed. v. a. der Lang-S. (↑Pike).
♦ in der Soldatensprache Bez. für den Kompanie- bzw. Batteriefeldwebel.

**Spießblattnase** (Große S., Falsche Vampirfledermaus, Vampyrus spectrum), größte Art der neuweltl. Kleinfledermäuse (Fam. Blattnasen) im trop. S- und M-Amerika; Körperlänge etwa 12–14 cm; Flügelspannweite rd. 70 cm; mit großen, weit abstehenden Ohren und sehr großem, dolchähnl. Nasenaufsatz.

**Spießbock,** (Oryxantilope, Oryxgazelle) früher (mit Ausnahme der Regenwaldgebiete) über ganz Afrika und die Arab. Halbinsel verbreitete Art der Pferdeböcke, heute im N und äußersten S ausgerottet; etwa 1,6–2,3 m körperlange und 0,9–1,4 m schulterhohe Tiere mit sehr langen, spießförmigen Hörnern; überwiegend braun bis sandfarben, meist mit schwarz-weißer Zeichnung an Kopf und Beinen; mehrere Unterarten, u. a. **Beisaantilope** (Oryx gazella beisa; etwa 1,2 m schulterhoch, rötl.-braungrau mit schwarzweißer Gesichtszeichnung), **Säbelantilope** (Oryx gazella dammah; bis 1,3 m schulterhoch, gelblichweiß mit rostfarbenem Hals, Hörner bis 1,2 m lang, nach hinten geschwungen), **Weiße Oryx** (Oryx gazella leucoryx; blaß sandfarben, wahrscheinl. ausgerottet).
♦ svw. ↑Heldbock.
♦ (Spießer) ↑Geweih.

**Spießbürger,** urspr. spött. Bez. für den bewaffneten Stadtbürger; heute (abwertend) svw. kleinl., engstirniger Mensch; seit Ende des 19. Jh. meist als *Spießer* bezeichnet (↑Kleinbürger).

**Spieße** ↑Geweih.
**Spießente** ↑Enten.
**Spießer** ↑Spießbürger, ↑Kleinbürger.

**Spießflughuhn** (Pterocles alchata), über 30 cm lange, einem kleinen, hellen Rebhuhn ähnl., jedoch lange, nadelartig zugespitzte Mittelschwanzfedern, einen weißen Bauch und eine weiße Flügelbinde besitzende Art der Flughühner in S-Europa (v. a. S-Spanien, Portugal, untere Rhone), Vorderasien.

**Spießgeselle,** urspr. der Waffengefährte; heute svw. Helfershelfer, Komplize.

**Spießglanze,** Gruppe meist nadeligspießig, z. T. aber auch faserig oder derb ausgebildeter Sulfidminerale, deren einzelne Glieder viele Gemeinsamkeiten besitzen (meist hydrothermal auf Gängen entstanden), sich in der Zusammensetzung aber z. T. deutl. unterscheiden. Eine bes. große Gruppe bilden die bleihaltigen *Bleispießglanze.*

**Spießhirsche** (Mazamas, Mazamahirsche, Mazama), Gatt. kleiner bis sehr kleiner Hirsche mit vier Arten (↑auch Neuwelthirsche).

**Spießrutenlaufen** (Gassenlaufen), etwa seit Ende des 16. Jh. überlieferte Militärstrafe: Der u. a. wegen Fahnenflucht oder Trunkenheit Verurteilte mußte ein- oder mehrmals durch eine von bis zu 300 Mann gebildete Gasse laufen und erhielt dabei Rutenhiebe auf den entblößten Rücken. Im 19. Jh. abgeschafft.

**Spießtanne** (Cunninghamia), Gatt. der Sumpfzypressengewächse mit drei Arten im südl. China und auf Taiwan; immergrüne, in ihrer Heimat bis 15 m hohe Bäume mit unregelmäßig in Quirlen stehenden Ästen; Blätter schmal, ledrig, spiralig in zwei Zeilen angeordnet; Blüten endständig, entwickeln sich zu kugeligen Zapfen mit locker dachziegelartig angeordneten Schuppen.

**Spiez,** schweizer. Kurort am Thuner See, Kt. Bern, 600 m ü. d. M., 9800 E. - Schloß (13., 16.–18. Jh.; jetzt Museum) mit Bergfried. Nahebei frühroman. Alte Kirche, eine dreischiffige, flachgedeckte frühroman. Pfeilerbasilika (11. und 17. Jh.).

**Spikes** [engl. spaɪks; eigtl. „lange Nägel, Stacheln"], (Dornschuhe) im *Sport* Laufschuhe der Leichtathleten mit Dornen aus Metall, die unter der Sohle angebracht sind.
♦ (Spikereifen) mit Hartmetallstiften bestückte Spezialwinterreifen für Kraftwagen; in der BR Deutschland nicht mehr zugelassen.

**Spiköl** [lat./griech.-lat.] (Nardenöl, Oleum Spicae), äther. Öl aus verschiedenen Lavendelarten; wird in der Parfümind. verwendet.

**Spill** [niederdt.], maschinell oder von Hand betriebene windenähnl. Vorrichtung; die Leine, Trosse oder Kette wird in mehreren Windungen um die senkrecht *(Gang-S.)* oder waagrecht *(Brat-S., Pump-S.)* stehende S.trommel gelegt und bei der Drehung durch

357

Reibung mitgenommen, jedoch (im Ggs. zur Winde) nicht aufgewickelt (sie läuft auf der Abgangsseite frei ab); zum Ankerhieven *(Anker-S.)*, zum Bedienen der Ladebäume auf Frachtschiffen u. a. verwendet.

**Spin** [engl. spin „schnelle Drehung"], allg. Bez. für den Eigendrehimpuls, d. h. den ↑ Drehimpuls eines um eine körpereigene Achse rotierenden Körpers. I. e. S. eine an Elementarteilchen und Atomkernen meßbare, als ihr Eigendrehimpuls zu interpretierende, unveränderl., vektorielle physikal. Größe *S*, deren Quadrat den durch eine *S.quantenzahl s* festgelegten quantenmechan. Erwartungswert $\langle S^2 \rangle = \hbar^2 \cdot s(s+1)$ besitzt ($\hbar$ ist das durch $2\pi$ dividierte Plancksche Wirkungsquantum). Diese S.quantenzahl *s* ist ein ganzzahliges Vielfaches von $^1/_2$ oder (bei nicht vorhandenem S.) Null; sie wird als *Wert des Spins* oder kurz als *Spin* bezeichnet. In diesem Sinn hat z. B. das Elektron den Spin $^1/_2$. Für Mehrteilchensysteme kann ein sich aus den S. der einzelnen Teilchen zusammensetzender *Gesamt-S.* definiert werden. Bei zwei Teilchen können die Spins parallel oder antiparallel eingestellt sein. Hat z. B. jedes von ihnen den S. $^1/_2$, so kann sich ein Gesamt-S. von 1 oder 0 ergeben. Der Gesamt-S. ist eine Konstante; er bleibt unverändert, solange das System bestehen bleibt (Erhaltungssatz vom Spin).

*Geschichte:* Die von W. Pauli 1924/25 eingeführte vierte Quantenzahl zur Charakterisierung eines Elektrons wurde 1925 von G. E. Uhlenbeck und S. A. Goudsmit mit dem S. identifiziert.

**Spina**, untergegangene antike Stadt, nw. von Comacchio, in der Emilia Romagna, Italien; griech.-etrusk. Handelsstadt, gegr. im 6. Jh. v. Chr., um 300 v. Chr. aufgegeben; in nachantiker Zeit überflutet; archäolog. Grabungen seit 1922 ergaben etwa 2 500 Gräber mit großen Mengen v. a. griech. Keramik, bes. der klass. Zeit.

**Spina** [lat.], in der *Anatomie* Bez. für einen spitzen oder stumpfen, meist knöchernen Vorsprung in Form eines Dorns, Stachels, Höckers, einer Leiste oder eines Kamms.

**spinal** [lat.], in der *Anatomie* und *Medizin:* zur Wirbelsäule, zum Rückenmark gehörend, im Bereich der Wirbelsäule liegend oder erfolgend.

**Spinalanästhesie** ↑ Anästhesie.

**spinale Kinderlähmung** ↑ Kinderlähmung.

**Spinalkanal**, svw. Wirbelkanal.

**Spinalnerven** (Rückenmarksnerven, Nervi spinales), paarige, meist in jedem Körpersegment vorhandene, vom Rückenmark über je eine ventrale (vordere; *Radix ventralis*) und eine dorsale (hintere; *Radix dorsalis*) Wurzel entspringende Nerven der Wirbeltiere (einschl. Mensch, der 31 Paar S. besitzt). In den ventralen Wurzeln verlaufen efferente Fasern, deren Zellkörper als graue Substanz im Rückenmark liegen. In den dorsalen Wurzeln verlaufen nur afferente Fasern, deren Zellkörper im Spinalganglion dieser Wurzeln lokalisiert sind. Jeder Spinalnerv teilt sich wiederum (am Ende des Zwischenwirbellochs) in zwei Hauptäste, von denen der hintere (obere; *Ramus dorsalis*) die Streckmuskulatur des Rückens sowie die darüberliegenden Hautbezirke innerviert, der vordere (untere; *Ramus ventralis*) dagegen die ventrale Rumpfmuskulatur, die Extremitätenmuskulatur und die entsprechenden Hautbezirke. Ein weiterer kleinerer Ast mit vegetativen Fasern zieht zum ↑ Grenzstrang. Während die S. für den Rumpfbereich meist selbständige Einheiten darstellen, bilden sie für die Innervation der Extremitäten untereinander Verflechtungen *(Plexus)*, die die Versorgung eines Extremitätenmuskels durch mehrere S. ermöglichen.

**Spinat** [pers.-arab.-span.], (Spinacia) Gatt. der Gänsefußgewächse mit nur drei Arten, verbreitet vom Mittelmeergebiet bis Zentralasien. Die wichtigste Art ist der als Wildpflanze nicht bekannte, einjährige **Gemüsespinat** (Echter S., Spinacia oleracea; weltweit verbreitet) mit 20–30 cm hohen Stengeln und langgestielten, dreieckigen, kräftig grünen Blättern. Der Gemüse-S. ist eine in vielen Sorten als *Winter-* oder *Sommer-S.* kultivierte Gemüsepflanze. Durch den hohen Gehalt an Vitaminen (Provitamin A, Vitamine der B-Gruppe und Vitamin C) sowie an Chlorophyll (der Eisengehalt ist wesentl. geringer als man lange Zeit annahm) wird der Gemüse-S. als Kochgemüse v. a. in der Kranken- und Säuglings- bzw. Kinderernährung verwendet.

◆ (Engl. S.) svw. ↑ Gartenampfer.

◆ (Ind. S.) svw. ↑ Malabarspinat.

**Spin-Bahn-Kopplung** [engl. spin], svw. ↑ L-S-Kopplung.

**Spindel**, bei der Hand- und Maschinenspinnerei der zum Verdrillen der Fasern und zur Aufnahme des Garns dienende Stab bzw. Maschinenteil.

◆ Gewindewelle zur Übertragung einer Drehbewegung oder zur Erzeugung einer Längsbewegung aus einer Drehbewegung.

◆ (S.baum) im Unterschied zum Schnurbaum ein freistehender Formobstbaum, dessen kräftiger Mitteltrieb in ganzer Stammhöhe gleich lange, kurze Seitenäste besitzt, an denen das Fruchtholz ansetzt.

**Spindelbaumgewächse** (Baumwürgergewächse, Celastraceae), Pflanzenfam. mit rd. 850 Arten in 60 Gatt., v. a. in den Tropen und Subtropen; Bäume oder Sträucher, auch Dorn- oder Klettersträucher, mit einfachen Blättern; einige Arten mit guttaperchahaltigem Milchsaft; Blüten meist klein, in verschiedenartigen Blütenständen; Früchte als Kapseln, Steinfrüchte oder Beeren; Samen häufig mit lebhaft gefärbtem Samenmantel. Die wichtigsten Gatt. sind Baumwürger und Spindelstrauch.

**Spindelhaar** (Monilethrix, Spindelhaarkrankheit), erbl., nicht heilbare Haarkrankheit, die auf einem abnormen Verhornungsvorgang in den Haarfollikeln beruht und beim Einzelhaar in unregelmäßigen Abständen zu Einschnürungen und lufthaltigen Auftreibungen führt.

**Spindelmagen** ↑Agnaten.

**Spindelstrauch** (Pfaffenbaum, Euonymus), Gatt. der Spindelbaumgewächse mit über 200 Arten in den gemäßigten Zonen, den Subtropen und Tropen; Hauptverbreitung in SO-Asien; sommer- oder immergrüne, oft niederliegende oder kletternde Sträucher mit meist vierkantigen Zweigen und überwiegend gegenständigen Blättern; Blüten vier- bis fünfzählig, zwittrig oder eingeschlechtig, meist unscheinbar; Frucht eine drei- bis fünffächerige Kapsel, je Fach mit einem bis zwei von einem fleischigen, roten oder gelben Samenmantel umhüllten Samen. Neben dem einheim. **Pfaffenhütchen** (Gemeiner S., Euonymus europaeus; 3–6 m hoch, mit gelblichgrünen Blüten, vierkantigen roten Kapselfrüchten und weißen Samen; alle Pflanzenteile sind giftig) werden zahlr. Arten und Sorten als Ziersträucher angepflanzt.

**Spindler,** Karl, Pseud. C. Spinalba, Max Hufnagl, *Breslau 16. Okt. 1796, †Bad Freyersbach (= Bad Peterstal-Griesbach) 12. Juli 1855, dt. Schriftsteller. - Zeitweilig Wanderschauspieler; verfaßte breitangelegte, publikumswirksame Romane und Novellen, v. a. mit histor. Themen, u. a. „Der Jude" (R., 1827), „Für Stadt und Land" (En., 1849).

**Spinelle** [lat.-italien.], Gruppe isomorpher kub. Minerale der allg. Zusammensetzung $MeMe_2^IO_4$ bzw. $MeO \cdot Me_2^IO_3$, wobei Me ein zweiwertiges Metall (meist Mg, Zn, Mn, Fe) und $Me^I$ ein dreiwertiges Metall (meist Al, Fe, Cr) bedeutet. Die S. werden meist nach dem dreiwertigen Metall in die Gruppen der *Aluminat-,* der *Ferrit-* und der *Chromit-*S. unterteilt. Zu den Aluminat-S. zählt neben *Hercynit, Galaxit* und *Gahnit* bes. das als *Spinell* bezeichnete Mineral, chem. $MgAl_2O_4$, das in Form glasig glänzender, farbloser oder je nach Beimengungen roter, grüner, blauvioletter Kristalle auftritt (Mohshärte 8; Dichte $3,5-3,7 g/cm^3$); bes. schön ausgebildete Kristalle *(Edelspinell)* werden als Schmucksteine verwendet. Zu den Ferrit-S. zählen u. a. Magnetit, Jakobsit und Franklinit, zu den Chromit-S. z. B. Chromit und Magnesiochromit.

**Spinello Aretino,** eigtl. Spinello di Luca Spinelli, †Arezzo 14. März 1410, italien. Maler. - Nachweisbar ab 1373. Schuf an zahlr. Orten der Toskana lebhaft bewegte Altarbilder und Fresken in der Tradition Giottos.

**Spinett** [italien., Herkunft unklar, entweder nach dem venezian. Erfinder G. Spinetti (um 1500) oder zu lat. spina „Dorn"], Bez. für mehrere Kleinformen von Kielinstrumenten (die Saiten werden mit einem Kiel angerissen), bei denen die Saiten im Ggs. zum Cembalo spitzwinklig zur Klaviatur angeordnet sind. Außerdem verfügt das S. meist nur über

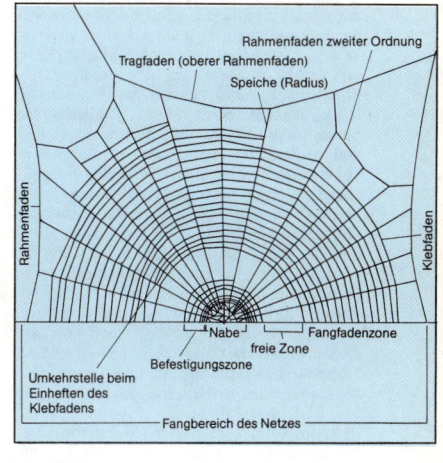

Spinnennetz; unten: Spinnen. Querschnitt

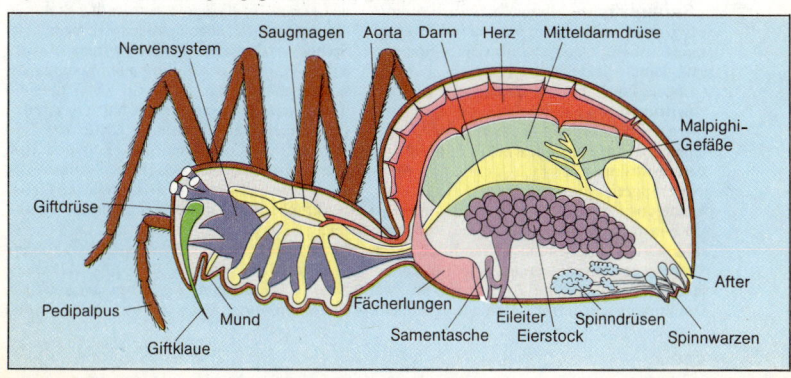

## Spinnaker

eine Saite je Taste, also nur über ein Register (Umfang meist C-c$^3$ oder f$^3$). Im heutigen Sprachgebrauch besteht die Tendenz, die Bez. S. für die nicht rechteckigen Formen in Anspruch zu nehmen, die Bez. *Virginal* dagegen für die rechteckigen.

**Spinnaker** [engl.], ein leichtes, großflächiges Ballonsegel, das auf Sportsegelbooten gesetzt wird, wenn sie vor dem Wind fahren.

**Spinnapparat** (Arachnidium), dem Herstellen von ↑Gespinsten dienende Einrichtung am Hinterleib der Spinnen: Die Ausführungsgänge der über hundert (bis mehrere tausend) **Spinndrüsen**, von denen es bis zu sechs verschiedene, jeweils eine ganz spezielle Fadenqualität liefernde Arten geben kann (im Hinterleib von Radnetzspinnen), verlaufen zu mehrgliedrigen, sehr bewegl., verschieden langen **Spinnwarzen** hin; diese sind aus den Anlagen der beiden Beinpaare des 10. und 11. Körpersegments hervorgegangen. Die Ausmündung der einzelnen Spinndrüsen erfolgt auf den abgeschrägten Kuppen (**Spinnfelder**) der Spinnwarzen, oft auch auf einer modifizierte Spinnwarzen darstellenden Porenplatte (Spinnsieb) bzw. oder vor den Spinnwarzen über entsprechend zahlr. feine, bewegbare, hohle, kanülenartige Haare (**Spinnröhren, Spinnspulen**). Durch das Zusammenwirken von bis zu 200 Spinnspulen entstehen die bes. dicken, gleichsam ein Kabel aus entsprechend vielen Einzelfäden darstellenden Haltefäden (Sicherheitsfäden) der Kreuzspinnen. Hilfsorgane beim Spinnen sind die beiden Klauen am Endglied der Beine, die zu kammförmig gezahnten **Webeklauen** ausgebildet sind. Bei Vorhandensein eines Spinnsiebs ist außerdem oben auf dem vorletzten Fußglied beider Hinterbeine noch eine als *Calamistrum* (Kräuselkamm) bezeichnete Doppelreihe kammförmig angeordneter, starrer Borsten anzutreffen, die zur Bildung der sog. Fadenwatte dienen.

**Spinnbad**, bei der Herstellung von Chemiefasern verwendete, zum Ausfällen der durch Düsen gepreßten Fasern dienende wäßrige Lösung von Säuren und/oder Salzen.

**Spinndrüsen**, Sammelbez. für bestimmte tier. Drüsen, die ein an der Luft erhärtendes Sekret aus Proteinen in Form eines Spinnfadens (↑auch Seide) ausscheiden. S. besitzen v. a. viele Insekten bzw. deren Larven.

**Spinnen** (Webespinnen, Araneae), seit dem Devon bekannte, heute mit über 30 000 Arten weltweit (bes. in warmen Ländern) verbreitete Ordnung etwa 0,1–9 cm langer Spinnentiere; getrenntgeschlechtige Gliederfüßer, deren Körper (ähnl. wie bei den Insekten) von einem chitinigen Außenskelett umgeben ist (muß bei wachsenden Tieren öfter durch Häutung gewechselt werden), aber (im Unterschied zu den Insekten) äußerl. nur in zwei Abschnitte gegliedert ist: Von einem einheitl. Kopf-Brust-Stück (Cephalothorax) ist ein weichhäutiger, ungegliederter Hinterleib deutl. abgesetzt. Der vordere Abschnitt weist in der Brustregion (im Unterschied zu den Insekten) stets vier Laufbeinpaare auf und in der Kopfregion ein Paar ↑Kieferfühler (mit einschlagbaren Giftklauen), ein Paar Kiefertaster (↑Pedipalpen) sowie zwei bis (meist) acht Augen. Der Gesichtssinn ist im allgemeinen gut ausgebildet, bes. bei den frei jagenden Arten. Daneben spielen der Tastsinn (Sinneshaare) und der Erschütterungssinn (Vibrationsorgane an den Beinen) eine große Rolle. Im Hinterleib finden sich fast stets zwei Paar Atemorgane, von denen das vordere meist als Fächer-, das hintere als Röhrentrachee angelegt ist. Am Hinterleibsende stehen die Spinnwarzen des ↑Spinnapparats. Die ♂♂ sind meist kleiner als die ♀♀ und tragen an den Pedipalpen einen bes. Kopulationsapparat. Die Paarung erfolgt oft mit einleitendem Vorspiel („Tänze" oder Übergabe eines Beutetiers durch den ♂), mit dem der Beutetrieb des ♀ ausgeschaltet werden soll. Nach der Begattung wird das ♂ mitunter von dem ♀ gefressen. Die Eier werden in Kokons abgelegt, die entweder in einem Gespinst aufgehängt oder vom ♀, zw. den Kieferfühlern oder an den Spinnwarzen befestigt, umhergetragen werden. Auch die ausgeschlüpften Jung-S. können noch eine Zeitlang auf dem Rücken des Muttertiers verbleiben. Bei vielen Arten verbreiten sich die Jung-S. durch „Fliegen" an Spinnfäden, bes. während des sog. Altweibersommers. S. können mehr als 10 Jahre alt werden (z. B. bestimmte Vogelspinnen), die meisten einheim. Arten sind jedoch einjährig. - Als Beutetiere werden Insekten bevorzugt, die in unterschiedl. angelegten Netzen gefangen werden. Bei anderen Gruppen werden die Beutetiere beschlichen und im Sprung gefangen. - Die Giftwirkung des Bisses kann bei wenigen Arten auch für den Menschen gefährl. werden (↑Giftspinnen).

**Geschichte:** Im Altertum glaubte man, S. seien aus dem Blut eines Ungeheuers, der Titanen oder der Gorgonen hervorgegangen. Nach der griech. Mythologie wurde die Weberin Arachne von der eifersüchtigen Athene in eine Spinne verwandelt. Im Christentum wurden S. zu Symbolen des Satans; man glaubte, sie kündigen die Pest an, führen zu Wahnsinn und rufen Ausschlag hervor. Nur die Kreuzspinne hielt man wegen ihres sichtbaren Zeichens für ein Glückstier, das Haus und Hof vor Blitzschlag bewahre. - In der Volksmedizin wurden S. gegen Fieber, Gelbsucht, Augenkrankheiten und Nasenbluten verabreicht.

📖 *Bellmann, H.: S. Melsungen 1984. - Pfletschinger, H.: Einheim. S. Stg. ³1983. - Stern, H./Kullmann, E.: Leben am seidenen Faden. Neuausg. Mchn. 1981.*